2008年1月21日，国土资源部部长、党组书记、国家土地总督察徐绍史在全国土地执法百日行动总结电视电话会议上作重要讲话。（李振涛 摄）

2008年1月21日，全国土地执法百日行动总结电视电话会议在部机关B503会议室召开。国土资源部部长、党组书记、国家土地总督察徐绍史在会上作重要讲话，副部长、部党组成员鹿心社主持会议，王世元、王寿祥、甘藏春、王瑞生出席主会场会议。（李振涛 摄）

2008年1月21日，国土资源部副部长、部党组成员鹿心社在全国土地执法百日行动总结电视电话会上主持会议。（李振涛 摄）

2008年1月21日，国土资源部副部长、部党组成员王世元出席全国土地执法百日行动总结电视电话会议。（李振涛 摄）

2008年1月21日，国土资源部党组成员、中纪委驻部纪检组组长王寿祥出席全国土地执法百日行动总结电视电话会议。（李振涛 摄）

2008年1月21日，国土资源部党组成员、国家土地副总督察甘藏春出席全国土地执法百日行动总结电视电话会议。（李振涛 摄）

2008年1月21日，国土资源部党组成员王瑞生出席全国土地执法百日行动总结电视电话会议。（李振涛 摄）

2008年2月1日，国土资源部部长、党组书记、国家土地总督察徐绍史在国家土地督察工作座谈会上作重要讲话。

2008年2月1日上午，国家土地督察工作座谈会在北京召开。国土资源部部长、党组书记、国家土地总督察徐绍史，副部长、党组副书记、国家土地副总督察李元，副部长、部党组成员、国家测绘局局长鹿心社，副部长、部党组成员贠小苏，副部长、部党组成员、中国地质调查局局长汪民，副部长、部党组成员王世元，部党组成员、中纪委驻部纪检组组长王寿祥，部党组成员、国家土地副总督察甘藏春，部党组成员王瑞生出席会议。

2008年2月1日，国土资源部副部长、党组副书记、国家土地副总督察李元出席国家土地督察工作座谈会。

2008年2月1日，国土资源部副部长、党组成员贠小苏出席国家土地督察工作座谈会。

2008年2月1日，国土资源部副部长、党组成员、中国地质调查局局长汪民出席国家土地督察工作座谈会。

State Land

国家土地督察

2008年2月19～20日，国家土地督察工作务虚会在广东省佛山市召开。部党组成员、国家土地副总督察甘藏春出席会议，国家土地总督察办公室和各派驻地方的国家土地督察局主要负责同志参加了会议。

2008年2月20日，部党组成员、国家土地副总督察甘藏春在国家土地督察工作务虚会上作总结讲话。

2008年2月19日，国土资源部党组成员、国家土地副总督察甘藏春在广东省佛山市与出席国家土地督察工作务虚会的同志合影。

Supervision

2008年3月20日，国土资源部“巩固百日行动成果，强化土地执法监管”第一期研讨班在厦门举行。国土资源部党组成员、国家土地副总督察甘藏春（中），福建省人民政府副省长苏增添（右二）出席并讲话，厦门市人民政府副市长裴金佳（右一）出席，来自全国18个省（区、市）、2个计划单列市和新疆生产建设兵团等54个受表彰单位的地方政府负责人、国土资源管理部门负责人共132人参加。

2008年4月12日，国家土地督察条例研讨会在济南召开。

2008年7月8～9日，甘藏春副总督察主持召开了国家土地督察工作形势分析会，并作重要讲话。会议的主要议题是总结上半年国家土地督察工作，研究分析国家土地督察工作形势。国家土地总督察办公室及各派驻地方的国家土地督察局主要负责同志参加了会议。

2008年7月10日，国土资源部党组成员、国家土地副总督察甘藏春在国家土地督察网站开通仪式上讲话。

2008年7月10日，国家土地督察网站开通仪式在京举行，国土资源部党组成员、国家土地副总督察甘藏春出席。

2008年7月10日下午3：00，国家土地督察网站开通仪式在京举行。

2008年8月5日，国土资源部召开《国家土地督察条例（征求意见稿）》专家座谈会，甘藏春副总督察出席会议并讲话。全国人大常委会法工委、环资委、农委，国务院法制办农林司、中央编办法规司、监察部、审计署法规司等部门有关领导及应松年、姜明安等专家出席论证会。总督察办、法规司、法律中心有关负责同志参加。

2008年8月11日，国土资源部党组成员、国家土地副总督察甘藏春（前排右四），部党组成员王瑞生（前排右五）与出席国家土地督察机构管理工作座谈会的代表合影。

2008年10月9日，国家土地督察机构信息化建设现场会在西安召开。

2008年10月10日，国家土地督察机构人事管理工作研讨会在西安召开。

2008年12月4日，国土资源部部长、党组书记、国家土地总督察徐绍史出席国家土地督察干部整训座谈会，在听取大家的座谈发言后作重要讲话。他强调，回顾，要充满信心；看势，要迎难而上；做事，要推进工作；展望，要创新发展。（李振涛 摄）

2008年12月4日，徐绍史总督察（前排左八）与国家土地督察机构2008年度干部整训班学员合影。（李振涛 摄）

Supervision

2008年7月10日，国家土地总督察办公室主任马毅主持国家土地督察网站开通仪式。

2008年10月9日，国家土地总督察办公室副主任纪东义在西安召开的国家土地督察机构信息化工作现场会上讲话。

2008年4月29日，国家土地总督察办公室副主任李全人主持国家土地督察上海局揭牌仪式。

2008年8月27日，国家土地总督察办公室副主任牛珏陪同中央编办有关部门负责同志到广东调研国家土地督察制度实施情况。

2008年4月23～25日，国家土地总督察办公室根据部深入开展学习实践科学发展观活动安排，组织进行“解放思想、改革创新”和“转变作风、提高执行力”大讨论。

国家土地督察

State Land Supervision

2008

国家土地总督察办公室

地质出版社

·北 京·

图书在版编目（CIP）数据

国家土地督察：2008/国家土地总督察办公室．—北京：地质出版社，2010.7
ISBN 978-7-116-06742-4

Ⅰ.①国…　Ⅱ.①国…　Ⅲ.①土地管理：监督管理-中国-2008　Ⅳ.①F321.1

中国版本图书馆CIP数据核字（2010）第126318号

责任编辑：郑长胜　赵根华　林　建
责任校对：田建茹　谭　英
出版发行：地质出版社
社址邮编：北京海淀区学院路31号，100083
咨询电话：（010）82324575（编辑室）
网　　址：http：//www.gph.com.cn
电子邮箱：zbs@gph.com.cn
传　　真：（010）82310749
印　　刷：北京天成印刷有限责任公司
开　　本：889mm×1194mm　1/16
印　　张：44.25　　插页：48面
字　　数：1200千字
版　　次：2010年7月北京第1版·第1次印刷
定　　价：238.00元
书　　号：ISBN 978-7-116-06742-4

目录 CONTENTS

综述

重要文献

重要会议及活动

基础工作

业务工作

专题工作

抗震救灾

汇报与总结材料

2008年各派驻地方的国家土地督察局工作总结

派驻地方的国家土地督察局工作

重要文件

地方人民政府及办公厅文件

地方其他文件

国土资源部及办公厅文件

国家土地督察工作文件

国家土地督察机构文件

综　　述
ZONGSHU

国家土地总督察公告

（第2号）

前　言

2008年，按照党中央、国务院的部署，在有关部门和地方人民政府的配合和支持下，国家土地督察机构以深入学习实践科学发展观活动为契机，解放思想，改革创新，完善机制，积极探索，进一步加强机构、队伍和制度建设，不断巩固、持续拓展土地督察工作局面，取得一定成效。

一、坚守红线，完善耕地保护目标责任制

国家土地督察机构始终把加强督察区域内耕地保护目标责任制落实情况作为重点工作任务，采取多种措施督促省级及计划单列市人民政府完善耕地保护目标责任制。

——通过日常巡察、与地方人民政府共同开展构建保障和促进科学发展土地管理新机制试点、督促省级人民政府与地市人民政府签订耕地保护目标责任书、参与省级人民政府耕地保护责任目标考核等方式，对耕地保护目标责任制落实情况进行监督检查。

——积极配合并参与由国土资源部、农业部和国家统计局组织开展的2007年度省级政府耕地保护目标责任履行情况抽查工作。

——开展土地利用年度计划执行情况督察，采取召开督察区域座谈会、建立土地利用计划季报制度、实地检查评估等多种形式跟踪、督促各地做好土地利用计划分解下达和使用工作，掌握各地土地利用计划指标使用进度及结构。

通过以上工作，基本掌握了各省（区、市）耕地保护责任目标履行情况，总结了地方土地管理的典型经验和做法。针对监督检查中部分地区存在耕地保护责任目标不完善、责任主体不明确、责任制度不健全、考核措施不落实等问题，提出了加强耕地保护工作的意见和建议，提高了地方党委、政府对严格耕地保护的认识，完善了耕地保护目标责任制度。

二、突出重点，推进违规违法问题专项督察

2008年，国家土地督察机构根据媒体披露、群众举报、实地巡察等所掌握的情况，对存在问题的9个省（区、市）、66个市（县、区）开展专项督察，实地巡查地块228宗，涉及土地面积23468公顷，其中耕地面积11696公顷，对土地违法违规问题突出的6个省发出整改意见，要求有关省级人民政府组织纠正整改。

有关省级人民政府高度重视，认真组织开展纠正整改工作。截至2008年底，各地共清理违规违法行为183件，立案175件，结案167件；拆除违法建筑物面积26.7万平方米，没收违法建筑物面积107万平方米，罚款6475万元，复垦耕地面积2126公顷，行政处分65人，党纪处分21人，追究刑事责任10人。

——针对海南省海口市和文昌市存在严重“以租代征”问题开展专项督察。根据有关方面反映，并经国家土地督察广州局核实，香港骏豪集团在海南省海口市大规模租地建设高尔夫球场、海口市秀英区“以租代征”建生态体育公园、文昌市“以租代征”建航天新居和热带观光园。国家土地督察广州局向海南省人民政府发出整改意见书，国土资源部暂停海口和文昌两市2008年土地利用计划指标执行。海南省人民政府积极组织整改，海口市人民政府向国家土地督察广州局作书面检讨，对秀英、龙

华两个区政府的领导班子以及相关的两个镇政府给予通报批评，文昌市纪委对有关责任人员进行诫勉谈话，并在全市通报批评。海口市国土环境资源局对骏豪公司下达《行政处罚决定书》，责令退还了非法占用的42.1公顷土地，并罚款421万元。

——针对浙江省东阳市横店圆明新园项目违法用地问题开展专项督察。根据群众举报并经实地调查核实，浙江省东阳市将横店圆明新园项目拆分为7个项目并自行核准，规划用地411公顷，其中206.44公顷（其中农用地194.22公顷，含基本农田70.49公顷）不符合土地利用总体规划。国家土地督察上海局向浙江省人民政府提出整改意见，国土资源部暂停东阳市2008年土地利用计划指标执行。浙江省人民政府积极督促整改，东阳市委、市政府撤销了“横店圆明新园项目筹建工作协调小组”，终止了政府组织实施圆明新园项目行为，撤销了横店影视产业实验区圆明新园鸿慈永祜工程等7个项目的核准文件，对有关责任人给予行政记过处分。

——针对河北省石家庄市公安干警在农村圈地建别墅的问题开展专项督察。根据互联网披露信息，国家土地督察北京局对河北省石家庄市多名公安干警在鹿泉市骗取宅基地批准并超面积、异地建设别墅的违法占地行为进行核查，并向河北省人民政府发出整改意见书，要求河北省人民政府进行依法处理，并对全省农村宅基地审批管理中的类似问题进行清理，严格宅基地审批管理。河北省人民政府高度重视，责令当事人退还非法占用的土地并恢复土地原状，对有关责任人员作出行政处分。目前，国家土地督察北京局正在跟踪督促处理。

——针对吉林省东辽县违反土地利用总体规划和城市总体规划，违规设立经济开发区和“未批先用”等问题开展专项督察。国家土地督察沈阳局经实地调查后向吉林省人民政府发出整改意见书。吉林省人民政府高度重视，撤销了违规设立的工业园区及违规文件，6宗违规用地案件全部结案，对有关责任人给予行政警告处分，完善了耕地保护和开发区用地管理，整改工作基本到位。

——针对山东省茌平县信发铝电集团非法占用基本农田问题开展专项督察。根据群众举报并经调查核实，山东省人民政府未经国务院批准，同意茌平县调整土地利用总体规划占用基本农田90.67公顷；信发铝电集团未经批准非法占地186.67公顷，涉及基本农田173.33公顷；信发铝电集团建设项目大部分属于国家明令限制和禁止类用地项目，国家土地督察济南局向山东省人民政府发出整改意见书，国土资源部暂停茌平县2008年土地利用计划指标执行。山东省人民政府高度重视，迅速成立联合调查组进行处理。茌平县委、县政府向国家土地督察济南局作书面检查，复耕土地86.5公顷，对信发铝电集团罚款4418.5万元，对相关违法责任人做出严肃处理，其中行政记过处分1人（副厅级），行政记大过处分3人，降级处分1人，撤职1人，党纪处分12人，追究刑事责任5人。

——针对山东省德州市违规擅自调整土地利用总体规划问题开展专项督察。根据群众举报并经调查核实，山东省德州市违反国家规定，擅自调整土地利用总体规划违规占用基本农田，擅自扩大开发区用地规模，违规新设工业园区，国家土地督察济南局向山东省人民政府发出整改意见书。德州市人民政府采取有效措施进行整改，撤销3个违规设立的园区，纠正了开发区违规违法用地，对违法用地进行复耕。山东省人民政府在全省范围内开展了以整治开发区违规扩区违法用地为重点的专项行动，清理出违规违法案件136件，涉及土地300.73公顷；自行纠正2件，立案134件，结案131件；拆除违法建筑物面积14.58万平方米，没收违法建筑物面积31.36万平方米；退回土地75.4公顷，复耕土地42.48公顷。给予党政纪处分68人，移送公安机关8人。

——针对贵州省凯里市违规调整基本农田的问题开展专项督察。国家土地督察武汉局在建设用地审批督察中发现，贵州省凯里市人民政府擅自调整土地利用总体规划、调整基本农田。国家土地督察武汉局向贵州省人民政府发出整改意见书，贵州省人民政府高度重视，撤销了凯里市2008年第一批次城市建设用地批复，停止了项目建设。

三、持续拓展，丰富土地督察核心业务

——积极探索开展例行督察。国家土地督察北京、沈阳、南京、济南、广州、武汉、成都和西安局等，在河北省沧州市，辽宁省抚顺市，山东省平度市、淄博市张店区、巨野县，河南省罗山县、禹州市、淇县，江苏省连云港市，安徽省蚌埠市，广西壮族自治区玉林市，湖北省武汉市新洲区，重庆市渝北区、南岸区，云南省玉溪市和陕西省西安市未央区等16个市县开展了例行督察试点工作，对试点地区一定时期内的土地利用和管理情况进行全面监督检查。审核各类土地管理文件和卷宗11209份，实地核查用地项目5963个，涉及土地面积28736公顷，其中耕地面积17320公顷，发现违规违法用地面积11866公顷，其中耕地面积8986公顷，督促地方人民政府依法查处纠正违规违法案件1325件。

——开展农用地转用和土地征收审批事项审核督察。采用日常审批备案和集中核查相结合的办法，对省级人民政府报国务院审批和自行审批的农用地转用和土地征收事项及批后实施情况进行监督检查。全年共收到报国务院审批和由省级人民政府自行审批的农用地转用和土地征收备案材料6334件，抽查检查1358件，清理出不符合法定审批权限、程序和违法审批的76件，其中60%属于未批先用和不符合用地政策。针对存在的问题，国家土地督察机构向有关省级国土资源管理部门发函通报11次，向有关省级人民政府发出国家土地督察意见1次。各地在查处整改中，共撤销调整土地利用总体规划面积34.7公顷，纠正违反土地利用政策用地10件，立案15件，拆除违法建筑物面积10.89万平方米，罚款253.35万元，行政处分7人。

——开展土地管理形势分析。充分发挥国家土地督察机构身处土地管理一线、贴近基层的优势，全面了解各地土地利用和管理工作的实际，以土地执法形势分析、热点问题分析等为主要内容，每季度组织开展针对全国土地管理形势的分析、监测和预警，全面掌握土地违法违规形势，发现倾向性、苗头性问题，提出加强和改进土地管理的政策建议。

——围绕土地管理热点、难点开展调查研究。在构建共同责任机制、“未批先用”对策、土地违规违法成因与对策、土地执法监管长效机制、农村宅基地管理和新农村建设用地、广东产业和劳动力双转移土地政策、成渝统筹城乡综合配套改革试验区土地制度改革创新、成都市建立耕地保护基金制度等方面形成了20余项调研成果。其中国家土地督察成都局提出的关于支持四川省抗震救灾和灾后重建土地政策的建议，为国土资源部迅速出台灾后恢复重建特殊支持政策提供了第一手材料。

四、严格监管，促进土地管理形势好转

——巩固和扩大全国土地执法百日行动成果。全面跟进和督促各地百日行动后续措施、制度和机制的落实和完善。国家土地督察机构共组成23个督察组，深入到29个省（区、市）的43个县（市、区），针对百日行动收尾工作、重点案件和重点地区查处整改、“未批先用”整体性处理意见落实等问题，继续保持高压态势，督促地方政府和有关部门认真开展查纠整改工作，确保整改落到实处，立案率和结案率明显提高。

在实地检查的基础上，对北京市海淀区等103个成效显著地方的保持情况进行了评估，提出计划指标奖励建议，为实施差别化的土地利用计划管理提供决策支持。积极培育正面典型，举办“巩固百日行动成果，强化土地执法监管”研讨班。推动各地建立土地执法监管长效机制，从发现防范、完善内部协作机制、建立外部联动机制和落实土地监管共同责任等方面，督促省级人民政府改进管理，加强监管，形成百余项制度性成果，促进了地方土地管理工作不断完善。

据统计，截至2008年3月20日，全国土地执法百日行动共查处“以租代征”、违反土地利用总体规划扩大工业用地规模和“未批先用”等三类土地违规违法案件31737件，涉及土地25.04万公顷，其

中，已自行纠正2871件，应立案28866件，已立案26905件，已结案22294件，立案率为93.2%，结案率为82.9%；共收缴罚没款40亿元，没收违法建筑物面积1690.7万平方米，拆除违法建筑物面积937.2万平方米；移送纪检监察机关3857人，已追究党纪政纪责任2864人；移送司法机关2797人，已追究刑事责任535人。

——督促第八次卫片执法检查整改查处到位。全力投入第八次卫片执法检查工作，对9个违规违法问题严重城市和15个违规违法问题上升较快城市的整改查处工作，进行了实地验收和评估。通过督促整改，24个城市共发现违规违法用地4686件，自行纠正364件，立案4310件，立案率99.7%，结案3916件，结案率91%。共收缴罚款43777万元，拆除违法建筑物面积620.4万平方米，没收违法建筑物面积441.9万平方米，复耕土地面积1240公顷。提出党政纪处分670人，移送司法机关追究刑事责任529人。

——针对领导批示、来信来访、动态巡察、媒体披露的有关问题，建立案件督办快速反应机制。国家土地督察机构全年共处理领导批办事项77件，群众来信来访2370次。国家土地督察北京局对京沪高速铁路廊坊段施工单位与被征地农民发生冲突、河北省永年县“永焦公路”占用基本农田、山西省中阳县建滔腾阳煤化工业园占地问题等重点案件进行了现场督察，及时向有关省级人民政府发出通报，并要求当地政府依法处理。国家土地督察南京局根据中央电视台《焦点访谈》等专题报道，开展了对江苏省部分地区违法用地和土地闲置问题专项督察，督促地方政府自行整改到位。国家土地督察济南局对河南省郑州市布瑞克房地产开发有限公司违法占地建设帝湖花园、山东省乳山市荒芜基本农田被《焦点访谈》曝光等20余起案件进行了核查和督促整改。国家土地督察成都局对四川省彭山县恒大集团“以租代征”修建别墅、江油市巴蜀燃煤发电厂“未批先用”，重庆市九龙坡区博士农业科技园“以租代征”、大渡口区建桥工业园违法用地、荣昌县城市建设违法用地，云南省玉溪市红塔区乡镇企业违法用地等重大案件，及时督促有关地方政府进行严肃查处或自行纠正。

——集中开展重点、难点问题的专项整治。国家土地督察沈阳局对辽宁省阜新市违规设区、违法用地，吉林省公主岭市违法占用基本农田擅自设立开发区，黑龙江省七台河市违规批准开发区搞项目建设等问题采取约谈地方政府负责人方式开展督察。国家土地督察济南局加强对山东省开发区用地专项整治的督察，及时掌握情况。国家土地督察广州局在督察区域内开展以土地调控政策落实情况为重点的土地利用及管理情况专项检查，指导和督促广东省开展违规违法用地集中整治行动。国家土地督察西安局以土地执法百日行动后期压反弹为专题，确定5个市、县（区）为土地违规违法重点反弹区，采取了约谈等方式督促整改，遏制违法用地高发势头。

——加强卫星遥感监测技术的运用。国家土地督察武汉局选择督察区域内的4个重点市（区）进行了卫星遥感监测，国家土地督察西安局先后布置了11个批次、涉及5省（区）和兵团的53个市（地、州）、93个县（区）的卫星遥感监测。

五、规范管理，探索建立共同责任新机制

——国家土地总督察致函各省（区、市）人民政府领导。目前，全国31个省（区、市）、5个计划单列市人民政府和新疆生产建设兵团均发文支持和配合国家土地督察机构开展工作。国家土地总督察徐绍史先后两次致函各省级和计划单列市人民政府、新疆生产建设兵团领导同志，感谢各地对国家土地督察工作的有力支持，希望各地与国土资源部和国家土地督察机构共同落实全国土地利用总体规划纲要，共同应对“两碰头，一忧虑”形势，坚守18亿亩耕地“红线”。地方党委和政府领导高度重视，就进一步做好土地管理工作做出了指示，一些地方及时出台了严格依法规范管理土地的措施。

——推进保障和促进科学发展土地管理新机制共建试点。一年来，国家土地督察机构与有关地方

人民政府确定了30个共建试点和联系点，从预防、查处、监管、问责、部门联动、集约用地等多方面推进了共同责任机制和执法监管长效机制建设。国家土地总督察办公室与江西省人民政府办公厅联合印发《关于共同推进建立保障科学发展土地管理新机制试点工作的通知》，上海市政府常务会议审议通过了《共建保障上海科学发展土地管理新机制的试点方案》，江西省人民政府办公厅出台了《关于建立土地执法监管长效机制落实耕地保护共同责任的意见》，江西省高级人民法院、省人民检察院、公安厅、监察厅和国土资源厅联合下发了《关于在调查处理国土资源违法犯罪案件中加强协调配合的意见》。江西省赣州市推行了建设用地挂牌公示制度。一些地方把耕地保护纳入党政干部科学发展政绩考核指标体系，建立多部门联席会议、沟通磋商、联合执法机制等。

——与地方人民政府建立联席会议制度。2008年，国家土地督察机构与各省级人民政府、省级国土资源部门召开联席会议74次，联合发文16件，联合动态巡查160次，通报案件98件，联合查办案件76件，联合调研62次。签署了《国家土地督察机构与天津市人民政府联席会议框架协议》，国家土地督察北京、武汉局分别与天津市、湖北省人民政府召开了联席会议，国家土地督察广州局与广东、广西、海南省（区）和深圳市人民政府及国土资源部门建立了土地督察工作座谈会和督察联系人工作制度。

——宣传贯彻《违反土地管理规定行为处分办法》（监察部、人力资源和社会保障部、国土资源部令第15号）。采取召开政府分管秘书长座谈会、全覆盖实地宣讲、邀请地方政府领导撰文和编印宣传手册等多种形式，积极宣传贯彻15号令。国家土地督察济南局集中2个月时间，由局领导带队分3个宣讲组，赴山东、河南省有关地市进行全覆盖宣讲，召开宣讲会40场，参加人员近2万。国家土地督察北京局编印25000册宣传手册，分发给华北五省（区、市）的省、市、县、乡四级党委、政府领导及国土资源部门领导。宣传措施有力推进了土地管理共同责任机制和土地管理违法问责制的落实。宁夏回族自治区政府办公厅已出台《关于违反土地管理规定行为处分办法的实施意见》。一些省（区、市）也积极举办各种形式的学习班、培训班。

六、夯实基础，加强和改进自身建设

——深入学习实践科学发展观试点活动取得实效。开展“解放思想，改革创新”和“改进作风，增强执行力”大讨论，召开支部扩大会议、处级干部座谈会和专题民主生活会，认真检查问题，剖析思想根源，撰写分析报告，明确工作思路，落实整改措施，圆满完成学习实践活动确定的重点任务和调研工作，深化了对科学发展观的认识，增强了落实科学发展观的自觉性和坚定性。

——不断完善制度建设。《土地督察条例》立法前期工作稳步推进，与《土地管理法》修订工作密切衔接。制定了督察机构工作规范、专员派驻、督察、信访等多个制度，建立了土地督察工作统计和登记台账制度，完善了公文处理、信息网络管理等制度。

——加快信息化建设。国家土地督察网站正式开通并投入使用，各派驻地方的国家土地督察局局域网和办公自动化系统建设基本完成，建立土地监管信息分析系统，开通视频会议系统。

——推进机构和队伍建设。派出督察专员试点工作进展顺利，国家土地督察广州、成都局等派出有关省（市）的督察专员已经开展工作。全年新招录土地督察干部88名，督察干部总人数达到216人，达到编制总数的2/3。先后组织两期培训研讨班，对新录用的公务员进行了业务培训。举办2008年国家土地督察机构整训班，对处以上干部进行集中整训。进一步加强党风廉政建设，各派驻地方的国家土地督察局都签订了廉政责任承诺书。督察文化建设进一步丰富，后勤保障条件逐步改善。

七、2009年国家土地督察重点工作

2009年，国家土地督察机构将紧紧围绕服务扩大内需和农村改革发展两个大局，以落实最严格的

耕地保护制度和最严格的节约用地制度为核心，监督保证国家土地调控政策和农村土地改革政策执行为主线，抓好核心业务建设、综合能力建设和基础建设，基本完成机构组建，全面提升工作水平，加快构建保障和促进科学发展的土地管理新机制，促进经济社会平稳较快发展。

——服务扩大内需，开展保增长保红线行动。对2008年底和2009年国家为扩大内需、促进经济平稳较快发展中央投资新增建设项目用地情况进行监督检查，确保项目用地的及时供应和开发，维护土地管理秩序，确保国家土地调控政策的全面、准确、规范执行。加强宣传指导，督促地方人民政府正确执行土地法律法规和国家土地调控政策。持续跟踪调研扩大内需项目用地的需求、结构、分布、时序和利用情况。对省级人民政府新增建设用地的审批情况进行审核督察，对严重影响国家土地调控政策落实的突出问题进行整改。

——严格规范管理，巩固和拓展土地督察核心业务。规范例行督察程序，开展对26个地级市和13个县（市）的例行督察。加强督察区域土地利用和管理形势监测、分析和预警，探索建立形势分析观测点，制定统一的形势观测分析指标体系，加强调查研究成果的转化和运用。全面开展建设用地审核督察，重点监督检查省级人民政府审批的农用地转用和土地征收事项。保持专项督察力度，对耕地保护不落实、征地补偿安置不到位、违反土地供应政策等性质恶劣和影响重大的问题进行纠正，加强对突发事件、重大事项的实地核查，建立早发现、早报告和早制止的快速反应机制。强化耕地保护目标责任督察，督促地方政府层层签订责任书，督促省级及计划单列市人民政府完善耕地保护考核目标，积极配合耕地保护目标责任考核，根据考核结果督促地方人民政府组织整改。督促省级及计划单列市人民政府建立和完善土地管理违法问责制，建立问责预警机制。探索开展耕地和基本农田保护领导干部离任审计试点工作。

——完善工作机制，进一步提升土地督察综合能力。进一步健全制度，完善工作规范，积极参与《土地管理法》修订，继续推进《国家土地督察条例》立法工作，研究督察战略规划和顶层设计。加强调研，重点关注扩大内需土地调控政策的执行情况和农村土地管理制度改革情况。推进土地管理新机制共建试点和联系点建设再上新台阶。加强与地方人民政府和省级国土资源部门的沟通协作，完善与省级及计划单列市人民政府的磋商对话机制，建立日常交流和高层交流两个对话平台。探索建立督察外部监督机制，开展社会监督评议机制建设。进一步加强督察文化建设，提高督察队伍的凝聚力和向心力。

——加强基础建设，基本完成土地督察机构组建工作。充实队伍，加快司局级和处以下干部配备，在各派驻地方的国家土地督察局设立局党组，落实纪检监察职责，完善党建工作体制。建立廉政约束和责任机制，推广廉政承诺书制度，推进党风廉政建设。扩大督察专员派出工作试点范围，完善督察专员派出工作。进一步改善办公和生活条件，增强督察技术装备配备，加强督察信息化建设。完善督察干部管理、生活和学习制度，做好年度整训和各类业务培训，全面提高督察干部业务素质和工作水平。

重要文献

ZHONG YAO WEN XIAN

国务院领导重要批示抄清

2008年12月19日，温家宝总理在部函报〔2008〕76号上批示：土地督察一定要认真负责、一丝不苟。对重要问题要亲临现场调查，了解真实情况。望以此为训，改进工作。李克强副总理12月18日圈阅。

2008年2月23日，曾培炎副总理在部《关于国家土地督察制度组织实施工作情况的报告》（国土资发〔2008〕2号）上批示：一年多来，国家土地督察队伍边组建、边工作，在开展土地执法百日行动等活动中经受了考验和锻炼。希望今后继续按照“严明勤廉”的要求加强机构、队伍和制度建设，解放思想，创新方法，扎实工作，为深入贯彻落实科学发展观，实现最严格的土地管理制度，促进经济社会又好又快发展，发挥应有作用。

国土资源部领导重要讲话

在全国土地执法百日行动总结电视电话会议上的讲话

徐绍史

（2008年1月21日，根据录音整理）

刚才，北京、福建、四川国土资源厅和国家土地督察沈阳局分别作了发言，山西省晋城市和山东省青岛胶南市国土资源局分别代表107个先进单位和12个重点整改地区也作了发言，他们的发言从不同角度谈了对土地执法百日行动的认识、做法、取得的成效以及下一步的打算，介绍了很多情况，也给我们很多启示。下面，我谈两点意见。

一、百日行动实现了预期目标，取得了明显成效

百日行动分为三个阶段，设定了四项目标，历时120天，是近年来国土资源系统时间最集中、参与人数最多、规模最大的一次土地执法行动。在各级地方政府的高度重视和领导下，在相关部门的配合和支持下，在广大新闻媒体的关注和帮助下，在各级国土资源管理部门以及各派驻地方的国家土地督察局的共同努力下，认真完成了百日行动的“规定动作”，不少地方还从实际出发增加了一部分“自选动作”，扎扎实实开展了各项工作。整个百日行动重点突出、领导有力、措施得当、工作扎实，实现了预期目标，取得了明显成效。

（一）实现了四项目标

一是基本摸清了三类违规违法用地的情况。截至2007年10月30日，三类违规违法用地共计3.1万多件，涉及土地面积330多万亩，其中：“以租代征”1.8万多件，涉及土地32万多亩；违规新设、扩区1500多件，涉及土地约100万亩；未批先用1.1万多件，涉及土地约200万亩。未批先用先占的情况比较复杂，我们对此做了比较系统的分析，按实事求是的原则进行了处理。

二是查处纠正了三类违规违法用地的行为。按照法律和规定，全国共立案查处了2.6万多起案件，立案率达到85%左右。其中下达处罚决定书2.3万多件，下达处罚通知书后自我纠正的3100多件，达到14%；已经执行的9500多件，占下达处罚通知书的41%；申请强制执行的8300多件，占36%。对申请强制执行的处罚，真正执行到位还需要一段时间。罚款和罚没非法所得近20亿元，没收地面建筑和拆除非法建筑物2000多万平方米。按照既处理事又处理人的原则，各地已经移送纪检监察机关共计3700多人，已经给予党纪和政纪处分的2300多人；移送司法机关追究刑事责任的2700多人，已经追究刑事责任的300多人。

三是遴选和查处了正反两方面的典型。我们通过各种渠道推选，经过各派驻地方的国家土地督察局审核，遴选出107个县（市、区）作为依法依规批地用地的先进单位，名单已经在《中国国土资源报》上进行了公示，即将进行通报表扬。同时，在全国圈定了58个重点整改地区和251个典型案件。其中，部圈定的重点整改地区共12个，11个已经基本查处纠正到位，1个因为出现一些新的情况还没有通过验收。各地圈定的46个重点整改地区的整改也正在收尾。部圈定的重大典型案件37件，其中31

件基本查处到位，1件没有通过，5件准备列入专项行动中继续调查处理。各地圈定的214个典型案件的查处工作，也正在陆续收尾。

四是探索构建土地执法的长效机制。这是百日行动的一项重要目标。通过一段时间的工作，已经初步形成了一批制度性的成果。经过系统梳理，各地围绕土地违规违法行为，从预防、查处、监管和部门联动四个方面形成了19项制度，其中预防4项、查处8项、监管3项、部门联动4项，已经做了系统的梳理归纳，准备印发供各地参考、借鉴。各地在百日行动中还认真地开展一些调研活动，辽宁7项，吉林9项，海南4项，其他一些省份也不同程度地开展了一些调查研究，形成了一批形式不同的制度性成果。同时，部里正在着重研究改进改革土地审批管理和加强批后监管。改进改革审批管理主要是简化手续、优化程序、提高效率，特别是单独选址的重点建设项目土地审批。今后要逐步把管理的重心转移到批后监管上来。

（二）取得了四方面的效果

一是耕地保护和土地执法监管的共识程度大大提高。近年来，各级政府和相关部门依法依规批地用地、节约集约用地的意识明显提高。通过这次百日行动，更加有力地促进地方政府依法依规批地用地意识的提高。更为可贵的是，百日行动进一步促进了各级领导干部发展理念上的转变，在一定程度上促进了发展方式的转变，也促进了科学发展观的贯彻落实。

二是耕地保护和土地执法监管的社会影响不断扩大。这次百日行动是一次面向全社会的土地执法宣传，针对性很强。各地的媒体特别是中央的主流媒体，宣传中央关于耕地保护的大政方针，宣示了各级地方政府和国土资源部门强力打击土地违规违法行为的坚强决心；解读土地管理的法律法规，通报百日行动的整治成果，宣扬土地管理的先进典型，曝光违规违法的重大案件，营造了良好的社会舆论氛围，使耕地保护和土地执法监管的社会影响日益扩大。

三是土地违规违法高发态势有所遏制。集中一段时间打击土地违规违法行为，声势大、力度大，充分发挥了教育和震慑作用。各地违规违法批地用地的行为有所收敛。

四是国土资源队伍经受了锻炼。百日行动以来，各级国土资源管理部门和各派驻地方国家土地督察局的同志们付出了辛勤劳动。很多同志没有休过节假日，始终工作在第一线，非常辛苦。但也正是通过百日行动，坚定了我们坚守18亿亩耕地红线的信心和决心，展示了这支队伍敢打硬仗、善打硬仗的良好形象，提高了国土资源系统依法行政的执行力和公信力。

（三）收获了三点体会

百日行动态势好于预期，实现了预定目标，取得了积极成效，也收获了一些深刻的体会。

一是土地执法监管必须紧紧依靠各级地方政府的大力支持和坚强领导。百日行动中，绝大多数地方政府领导亲自挂帅、加强指导，把国土资源部门的执法监管行动上升为政府主导的全局性执法行动，各相关部门协调配合，国土资源系统广大干部职工不遗余力，深入一线，真抓实干，使百日行动达到了预期目标，进一步坚定了构建耕地保护共同责任机制的决心。通过百日行动，我们深深地体会到，土地执法监管必须紧紧依靠地方政府的大力支持和坚强领导，也恳请各级地方政府一如既往地给予国土资源管理工作大力支持和帮助。

二是土地执法监管必须更严、更硬。百日行动综合运用法律、经济、行政、科技手段，明确要求并基本做到了严格清理、严肃查纠，既要查处事又要查处人，而且违规违法的成本要从新从高，让违规违法者付出沉痛的代价，这些做法有效地发挥了震慑作用。通过百日行动，我们深深地体会到，要坚定地维护法律的尊严，维护政府的公信力和执行力，要坚定地履行国土资源管理职责，土地执法监管必须更严、更硬。

三是土地执法监管必须着力于制度建设。百日行动梳理了107个先进单位的经验，他们的共同经验在于制度建设和落实到位。一些违规违法用地突出的地方则还存在制度缺失、现行制度执行不到位等问题。通过百日行动，我们深深地体会到，必须着力于制度建设，要把新的情况和新的问题梳理出来，探索改进和改革的办法；要把好的做法和好的经验归纳出来，使其规范上升为制度，使最严格的土地管理制度化、经常化。

在总结百日行动实现目标、取得成果和体会的同时，也应该看到百日行动存在的问题和不足，主要是处罚偏轻偏软、整改工作尚未完全到位、制度建设任重道远等，这些问题需要高度重视，切实做好后续工作。

回顾总结百日行动，我们认为，国土资源部党组对土地执法形势的研判是准确的，开展百日行动的决定是正确的，百日行动的设计和部署是符合实际的，部党组对百日行动的组织领导是坚强有力的。更为重要的是，正因为有各级地方党委和政府的高度重视和坚强领导，有各相关部门的协作和配合，有广大新闻媒体的帮助和支持，有全国国土资源系统广大干部职工包括各派驻地方的国家土地督察局同志们的辛勤工作，百日行动才得以顺利启动，环环相扣，有序推进，实现了预期目标。借此机会，我代表国土资源部党组，向各级地方党委和政府，向积极参与百日行动的相关部门，向新闻媒体的朋友们，向全系统的广大干部职工和各派驻地方的国家土地督察局的同志们，向部机关和直属单位的同志们，表示衷心的感谢！

二、深入学习贯彻党的十七大精神，坚持不懈地强化土地执法监管

百日行动是一项集中整治的土地执法行动，到今天作了小结。但是，严格土地管理和强化土地执法是一项长期、艰巨的任务。要以党的十七大精神为指导，深入贯彻落实科学发展观，扎扎实实做好百日行动的后续工作，进一步巩固和扩大百日行动的成果，坚持不懈地强化土地执法监管。

（一）继续抓紧督察整改，巩固和扩大百日行动的成果

要抓好三项工作：一是部和省圈定的重点整改地区及典型案件要继续扭住不放，整改和查处要落实到位。二是面上的查纠整改工作要继续跟进和落实。要抓立案，一些该立案的、符合立案条件而没有立案的要继续立案；要抓结案，特别是申请强制执行的案件、移送纪检监察的案件和移送司法系统的案件，各项处罚执行要到位，处分处理要到位。三是整体性处理意见要逐项落实到位。为做好这三项工作，各级国土资源管理部门要对整改情况全面梳理，对整改方案中制订的各项政策措施，要按照预定的目标善始善终地抓好落实。各派驻地方的国家土地督察局，对部圈定的重点地区和典型案件要包区包案继续跟踪，对省圈定的重点地区和典型案件要进行抽查，加强督促检查。今年一季度末，各省级国土资源管理部门和各派驻地方的国家土地督察局要将督察整改情况写出报告报部。刚才胶南市讲，要再干一百天，就体现了巩固和扩大成果的要求，后续工作应争取在今年一季度末全部落实到位。

（二）构建长效机制，切实加强土地执法监管

土地执法监管的集中整治是必要的，但更重要的是构建长效机制。要重点抓好三项工作：

一是抓制度建设。根据大家总结出的经验，要积极探索和构建预防为先的土地违法的执法监管体系，执法关口要前移，做到早发现、早报告、早制止，有效遏制土地违规违法行为，降低执法成本。部要抓紧落实两件事，一件是监察部、人事部、国土资源部共同制定的《违反土地管理规定处分办法》争取尽快下发；另一件是尽快与公安部、监察部、司法部、高法、高检联合出台《关于加强土地行政执法和刑事处罚衔接的意见》。

二是抓基层建设。百日行动中，不少省（区、市）总结了很多基层建设的经验，如基层国土所建

设、基层信息员、协管员、调解员制度等。基层建设非常重要，请各地认真抓实抓好。部要集中总结和宣扬107个先进典型的制度建设和基层建设的经验。

三是抓深层次问题研究。要对百日行动清理出的三类土地违规违法行为的特点、成因和规律做深入、全面的分析和研究，提出相应的对策、措施和建议。部分地方已经开展了深层次问题研究，要继续做好。部要将重大问题研究列为今年重点工作之一。

同志们，扎扎实实做好百日行动后续工作，巩固和扩大百日行动成果，任务繁重而艰巨。今年国民经济宏观调控的重要任务就是“两防”，严把土地闸门承担重要责任。中央强调，今年一季度要防止固定资产投资反弹。当前，各地政府都在换届，将给土地管理带来一些新的情况。所以，我们一定要牢牢把握学习贯彻党的十七大精神、贯彻落实科学发展观的有利契机，做好充分的思想准备、组织准备和工作准备，一鼓作气，一抓到底，继续巩固百日行动的成果，扩大百日行动的成效，进一步做好土地执法监管工作。

新春佳节就要来临，借此机会给大家拜个早年。祝同志们身心健康、工作顺利、阖家幸福!

解放思想　改革创新　加快构建保障科学发展的新机制

——在全国国土资源管理工作会议上的报告

徐绍史

（2008年1月30日）

同志们：

这次会议要认真学习贯彻党的十七大精神和深入贯彻落实科学发展观，回顾总结过去五年的工作，分析形势，统一认识，进一步明确当前和今后一个时期国土资源管理工作思路和方向，部署2008年工作。曾培炎副总理对这次会议高度重视，会议期间将接见与会同志并作重要讲话，我们一定要认真学习领会，抓好贯彻落实。

下面，我代表部党组，讲三方面意见。

一、国土资源管理工作取得明显成效

过去五年，我国经济平稳快速发展，工业化、城镇化步伐不断加快，资源供需矛盾加剧，资源利益诉求增多，资源管理面临复杂局面，压力进一步增大。国土资源系统坚持以邓小平理论和“三个代表”重要思想为指导，深入学习贯彻党的十六大、十七大精神和党中央、国务院的一系列重大决策部署，全面履行国土资源调查、评价、规划、管理、保护与合理利用职能，各项工作都取得了重大进展，为经济社会发展作出了积极贡献。

（一）积极参与宏观调控，促进经济平稳快速发展的作用进一步显现

以资源政策特别是土地政策参与宏观调控，是我国重大的管理创新。我们按照中央要求，严把土地闸门，严格土地规划、计划和建设用地审批管理，每年实际新增建设用地规模基本控制在600万亩。土地供应优先保障国家重点项目和民生项目。严格执行限制和禁止供地目录，推行工业用地招标拍卖挂牌出让和工业用地最低价标准，遏制了工业用地低成本粗放扩张。用地指标适当向中西部和东北地区倾斜。五年来，土地调控约束了固定资产投资过快增长，促进了产业结构优化升级和区域协调

发展。

探索运用矿产资源政策参与宏观调控。科学编制并严格实施矿产资源规划，优化了矿产勘查开发布局。实行优势矿产开采总量控制，强化集中管理，初步扭转了“优势不优”的状况。实施国家煤炭规划矿区管理制度，暂停受理煤炭探矿权申请，有效控制了煤炭勘查开采投资过热的势头。

（二）坚持开源节流并举，资源保障能力进一步增强

落实最严格的耕地保护制度。着力控制建设占用耕地、推进土地整理复垦开发、建立耕地保护目标责任制，耕地锐减的势头得到遏制。五年来，全国建设用地审批共核减用地近100万亩，土地整理复垦开发补充耕地2289万亩。全国设立116个国家级基本农田保护示范区。重庆、湖北“移土培肥”工程、江西“造地增粮富民”工程、湖北“兴地富农”高标准基本农田建设工程、四川“金土地”工程成效明显。浙江、江苏、广东等地节约集约用地经验和湖南长沙节地模式产生了良好的示范效应。

认真贯彻落实国务院关于加强地质工作的决定，公益性地质工作明显加强，中央和省级地勘基金相继启动，商业性矿产勘查机制初步建立，全国地勘投入地方高于中央、社会高于政府，五年翻了一番多。在西藏雅鲁藏布江带、西南“三江”、大兴安岭等重点成矿区带，在老矿山深部及外围，油气、铁、铜、铝、铅、锌等重点矿种取得一批重要发现。新一轮全国油气资源评价和战略选区成果发挥了重要作用。五年来，尽管开采强度不断加大，但石油、天然气、煤炭保有储量仍然分别增长了17.3%、54%和17.4%，铁、铜、铝、铅、锌等重要矿产保有储量也有所增加。开展了煤炭回采率检查，推进了综合利用试点。青海盐湖等一批矿山（田）资源综合利用水平不断提高。全国186家先进矿山企业受到表彰。境外矿产勘查开发合作迈出新步伐。

（三）持续治理整顿，资源开发利用秩序进一步好转

2003年以来，开展以开发区清理为重点的土地市场治理整顿，分别核减开发区数量和规划面积约77%和74%，促进了规范用地。持续推进土地执法，加强土地督察，与国务院有关部门联合开展专项行动。2007年下半年，专门开展了全国土地执法百日行动，查出“以租代征”、擅自设区扩区、未批先用三类违规违法案件3.1万多件，涉及土地330多万亩；查处纠正了违规违法用地行为；遴选出山西晋城市等107个土地执法先进典型；圈定了重点整改地区和典型案件；开展了土地执法长效机制的探索。通过开展百日行动，地方政府在耕地保护、土地执法监管等方面的共识程度大为提高，违规违法用地高发态势得到遏制，国土资源管理队伍特别是刚刚组建的土地督察队伍经受了锻炼，产生了积极广泛的社会影响。

全面整顿规范矿产资源开发秩序，治乱、治散、治小、治本取得明显成效。2005年以来，全国共查处无证勘查1200多起，无证采矿11万多起，越界越层开采7700多起，非法转让矿业权2100多起，依法关闭矿山近4万座，违规违法开采上升势头得到了遏制。积极推进资源开发整合，全国已有2954个矿区编制了整合实施方案，953个矿区已完成整合任务，共减少矿业权8400多个，规模化、集约化开采成效明显，河南、内蒙古、山西、湖北、辽宁、云南、黑龙江等省（区）走在前列。矿山地质环境治理力度不断加大，吉林、安徽、海南、西藏等20个省份建立了保证金制度，五年来中央财政共安排矿山地质环境治理项目1089个，累计投入资金36亿多元。

（四）更加关注民生，维护权益服务社会的水平进一步提高

国有土地使用权、集体土地所有权登记发证率明显提高，积极调处土地权属纠纷，有效维护了土地权利人的合法权益。土地市场治理整顿期间，清偿被征地农民补偿安置费175亿元。深入开展矛盾纠纷排查和重信重访专项治理，征地突出问题逐步得到解决。开展征地制度改革试点，按照“被征地农民生活水平不降低、长远生计有保障”的要求，提高征地补偿标准，制定征地统一年产值标准和区

片综合地价，落实就业安置和社会保障措施，有效维护了被征地农民的合法权益。

地质灾害监测预防成效明显。部发布了《全国地质灾害防治规划》，建立了地质灾害预警预报、群测群防、巡查排查制度和应急处理机制，开展了地质灾害危险性评估、防治知识“万村培训活动”。特别是加强汛期和三峡库区等重点地区地质灾害防治。五年来，成功避让地质灾害3500多起，安全转移16万多人，避免直接经济损失24亿多元。

地质工作及其成果资料服务社会的领域不断拓展。五年来，加强了农业地质、城市地质和水文、工程、环境地质工作，推进了地质遗迹保护和地质公园、矿山公园建设。宁夏、四川等地实施找水示范工程成效明显。

（五）注重基础建设，管理支撑能力进一步提升

深入开展土地利用总体规划修编前期工作。开展了全国地质勘查规划和第二轮全国矿产资源规划编制工作。国土资源大调查“一项计划五项工程”取得重要成果并广泛应用。第二次全国土地调查，矿产资源潜力评价、储量利用调查和矿业权核查全面展开。矿山储量动态监管已覆盖5万多个矿山，辽宁、新疆、广西等近半数省份覆盖了全部矿种。改革国土资源综合统计制度，完善形势分析制度，国土资源重大专题调研取得阶段性成果。国土资源信息化建设加快推进，金土工程一期基本完成，上海、福建、贵州、北京等地电子政务建设成效明显。全国所有省份、77%的市（地）和47%的县（市）国土资源管理部门通过门户网站向社会公开政务信息。大力实施科技兴地战略，遥感等技术手段在国土资源领域广泛应用。中国大陆科学钻探工程等一批重大科技项目取得重要成果。国土资源领域对外开放不断扩大。

（六）推进改革创新，国土资源管理体制机制法制进一步完善

国土资源管理体制改革力度加大。省以下国土资源管理体制改革和干部管理体制改革基本到位。基层国土所机构、编制、经费问题逐步解决，江苏、山东、甘肃等地建立了国土所的标准化管理模式。地质调查管理体制改革取得新进展，中国地质调查局升格为副部级事业单位，部、省两级地质勘查行业管理体系初步形成。国有地勘单位改革发展步伐不断加快，内蒙古等地的地勘队伍改革提供了有益经验。国家土地督察制度基本建立，“一办九局”边组建边工作，发挥了重要作用。

国土资源管理机制逐步完善。深化资源有偿使用制度改革，不断规范土地和矿业权市场建设，积极推进建设用地招标拍卖挂牌出让和矿业权分类出让。2007年，全国招标拍卖挂牌出让土地收入超过9000亿元，占出让总收入的80%，比2003年提高了23个百分点。改革完善资源税费等经济政策，提高了新增建设用地土地有偿使用费标准，调整了分配方式。调整矿业权价款收益中央与地方的分成比例，进一步向基层倾斜。在山西、陕西等8省开展了煤炭资源有偿使用制度改革试点。加强地质勘查资质管理，积极探索勘查区块退出机制。矿山地质环境治理恢复补偿机制初步建立。建立了耕地保护目标责任制、土地违法问责制等制度，各负其责、协调联动的工作机制逐步推进。深化行政审批制度改革，部取消行政审批事项19项，各地取消一大批行政许可事项，管理方式明显转变。

国土资源法制建设不断加强。国务院出台了关于严格土地管理、加强土地调控、促进节约集约用地、整顿规范矿产资源开发秩序、加强地质工作等一批重要规范性文件。对《土地管理法》进行了适宪性修改。出台了《地质灾害防治条例》和《土地登记办法》等30多部法规规章。开展了《土地管理法》和《矿产资源法》修改论证。大多数省级厅局都建立了窗口办文、听证等行政程序，依法行政水平明显提高，河北省国土资源厅被授予全国政务公开先进单位。深入普法宣传，开展全国县乡村干部国土资源法律知识宣传教育培训活动。

（七）加强队伍建设和党风廉政建设，行政执行力进一步提高

保持共产党员先进性教育活动成效明显，提高了全系统干部的行政执行力。加强干部队伍建设，严格干部管理。制定了《国家土地督察机构工作人员选配暂行办法》，公开规范选配了一批干部，保障了督察工作的顺利开展。大规模开展教育培训，编制统一教材，改进培训方式，效果明显。

党风廉政建设和反腐败工作进一步加强。坚持教育、制度、监督并重，着力从源头上有效预防腐败，严肃查办违纪违法案件，认真开展巡察工作，深入治理商业贿赂，反腐倡廉力度进一步加大。

我们在推进工作、取得成效的同时，也不断深化了对国土资源管理工作规律的认识，主要体会有：

——党中央、国务院的高度重视和正确领导是做好国土资源管理工作的根本保证。五年来，针对资源环境与经济社会发展中的突出问题，党中央、国务院作出了坚守18亿亩耕地红线、土地管理参与宏观调控、土地市场治理整顿、整顿规范矿产资源开发秩序、实现找矿突破等一系列重大决策部署，为我们的工作指明了方向。

——必须始终把集中力量解决突出问题作为做好国土资源管理工作的突破口。针对土地违规违法屡禁不止、矿产资源开发秩序混乱等突出问题，坚持原则、严格执法，集中多方力量，开展专项行动，实现重点突破，在有效解决问题的同时，促进了长效机制建设，锻炼了队伍，树立了良好形象。

——必须注重把综合运用经济、法律、行政、科技手段作为提高国土资源监管和调控有效性的着力点。注重理顺土地、矿产资源经济利益关系。改革调整新增建设用地土地有偿使用费、耕地占用税、城镇土地使用税、探矿权采矿权价款、矿山环境恢复治理保证金等税费价政策，经济调节作用进一步凸显。简化程序，严格审批，强化执法监察，严肃查处各类违规违法行为，充分利用3S等现代科技加强对国土资源开发利用的动态监测。

——必须坚持把齐抓共管、协调联动作为推进国土资源管理工作的有效方法。国土资源管理涉及方方面面和千家万户。我们的各项工作只有得到各级政府、相关部门的支持，才能不断推进、取得成效。

总体上看，过去的五年，是国土资源管理工作任务十分繁重、成效相当明显的五年。这是党中央、国务院正确领导的结果，是地方政府、相关部门和社会各界大力支持的结果，是全系统广大干部职工共同努力的结果。在此，我代表部党组，向全系统广大干部职工，向长期支持关心国土资源管理工作的地方各级政府、各有关部门以及新闻媒体和社会各界的领导、同志们、朋友们，表示衷心的感谢！

二、加快构建保障科学发展的新机制

当前，我们正在学习贯彻党的十七大精神。去年底召开的部党组理论学习中心组（扩大）务虚会，主要围绕国土资源管理形势怎么看，国土资源管理工作今后怎么干，进行了深入研讨，统一了思想，提高了认识。大家一致认为，党的十七大之后，我国已经站在一个新的历史起点上，经济社会发展正处在步入科学发展轨道的关键时期，国土资源管理工作既迎来了大好机遇，也面临着重大挑战。要使党的十七大精神在国土资源管理工作中落地生根，必须把十七大精神具体转化为国土资源管理的工作部署和政策措施。最核心的是要进一步解放思想、改革创新，准确把握科学发展观的科学内涵和精神实质，进一步统一对国土资源管理形势的认识，加快构建保障科学发展的新机制。

（一）认清形势，增强构建保障科学发展新机制的责任感和紧迫感

一是要全面认识我国发展的阶段性特征在国土资源领域的反映。总体判断就是国土资源管理工作当前矛盾突出，今后压力很大，是经济社会发展的热点和难点。进入新世纪新阶段，我国仍处于并将长期处于社会主义初级阶段的基本国情没有变，人民日益增长的物质文化需要同落后的社会生产之间的矛盾这一社会主要矛盾没有变。当前我国发展的阶段性特征，是社会主义初级阶段基本国情在新世

纪新阶段的具体表现。结合国土资源管理工作，要从以下两个方面来深化认识：

第一，我国长期形成的结构性矛盾和粗放型增长方式尚未根本改变，经济增长的资源环境代价过大。首先是结构性矛盾。从总需求结构来看，固定资产投资过大，消费需求总体不足。从总供给结构来看，第二产业特别是重化工业比重过大，第三产业比重低，第一产业特别是农业基础仍然薄弱。从城乡、区域发展不平衡来看，城乡差距和东中西部的发展差距仍在扩大，土地、矿产资源分布的不均衡，对地区协调发展带来了一定程度的影响。耕地数量南少北多，水资源南多北少，水土和光热条件比较好的优质耕地仅占全国耕地的1/3，主要分布在东南部地区。矿产资源基本上是内陆多、沿海少，煤炭总体上是北富南贫、西多东少，铁矿主要分布在华北、东北和西南，铜矿主要集中在江西、西藏、云南、甘肃和安徽等地。从产业结构来看，近些年来第一、第三产业比重相对下降，第二产业强劲上升。当前我国正处于工业化中期阶段，这种第二产业特别是重化工业比重大的结构，给经济持续平稳快速发展增加了难度，也给宏观调控提出了艰巨的任务。其次是粗放型增长方式。基本特点就是高投入、高能耗、高物耗、高污染和多占地（“四高一多”）。在经济快速增长的同时，付出了沉重的资源环境代价。最后是土地、矿产资源相对不足。我国人均耕地只有1.39亩，不到世界平均水平的40%。北京、天津、上海、浙江、福建和广东6省（市）的人均耕地已经低于联合国粮农组织确定的0.8亩警戒线。矿产资源人均探明储量仅占世界平均水平的58%，位居世界第53位。长期形成的结构性矛盾和粗放型增长方式带来的土地、矿产资源粗放利用大量存在，加剧了这种资源供求紧张状况，最终形成了土地紧约束和矿产资源保障能力总体不足的局面。

第二，影响发展的体制机制法制障碍依然存在，改革攻坚面临深层次矛盾和问题，国土资源改革和发展的难度加大。首先，贯彻落实科学发展观将是今后经济体制改革的出发点和落脚点，但贯彻落实科学发展观又是一项艰巨的任务和一个较长的过程。各级干部发展理念和观念的转变需要一个过程，现有不利于科学发展的体制机制法制障碍的调整需要一定的时间，有利于贯彻落实科学发展观的理念、制度、政策设计和出台也需要时间，进而使科学发展观成为广大干部群众的自觉行动更是一个较长的过程。其次，改革攻坚面临深层次矛盾和问题。当前，深化经济体制改革的任务十分繁重。财税体制改革不断深入，中央和地方的事权需要进一步界定，金融体制和结构不适应经济社会发展的问题日益显现。现代市场体系的建设还有不小差距，资源和要素价格形成机制不够完善，社会信用体系不够健全。社会主义基本经济制度仍在不断完善，利益分配机制不尽合理，统筹兼顾各方面利益的难度不断加大。由于体制机制法制方面存在障碍，改革攻坚面临深层次矛盾，社会利益格局发生深刻变化，使得土地、矿产资源方面的利益诉求和矛盾纠纷凸显。当前国土资源领域违规违法乱占滥用耕地、乱采滥挖矿产资源屡禁不止，正是这种利益诉求和矛盾纠纷的集中反映。国土资源改革和发展的难度也进一步加大。

这种阶段性特征和特殊的资源国情，决定了我们的一切工作都要立足于我国仍处在社会主义初级阶段的基本国情没有变和社会主要矛盾没有变这个最大的实际，把解决保障发展与保护资源“两难”问题放在首位。

二是要深刻把握党的十七大对国土资源管理工作提出的新的更高要求。要使党的十七大精神在国土资源管理工作中落地生根，必须在贯穿、结合、转化上下功夫，进一步适应经济社会发展对国土资源管理工作提出的新要求。第一，基本形成节约能源资源和保护生态环境的产业结构和增长方式。坚守耕地保护红线，合理开发利用矿产资源，走出一条节约集约利用资源的新路，为实现到2020年人均GDP翻两番目标提供资源保障。第二，从制度上更好地发挥市场在资源配置中的基础性作用，形成科学的宏观调控体系。进一步加强和改善宏观调控，加强与财政政策、货币政策的协调，增强针对性和有效性。当前尤其要注意“防止经济增长由偏快转为过热、防止价格由结构性上涨演变为明显通货膨胀”。要建立健全资源有偿使用制度，理顺资源价格形成机制，大力推进土地、矿产等要素市场建设。第三，走新型工业化、城镇化道路，形成城乡经济发展一体化新格局。区域协调发展、优化国土开发格局的任务很重，已经和即将部署的综合改革都涉及国土规划、土地管理制度和矿产资源开发格局等重大问题。一些地方正在推进和酝酿的许多重大改革，如上海浦东新区、天津滨海新区等综合改革配套试验区，成都、重庆城乡统筹试点，武汉城市群、湖南长株潭城市群建设资源节约型和环境友好型社会试点，都有改革土地、矿产资源管理和创新土地、矿产资源政策的迫切需求。第四，加快形成可持续发展的体制机制法制，涉及国土资源领域更广，内涵更深刻。国土规划、土地利用总体规划与其他方面的各种规划的衔接、资源立法体系的完善以及国土资源管理体制的改革等问题，都要求我们必须按照党的十七大精神，认真研究，主动介入。正在开展的征地制度改革和农村集体建设用地流转试点、城镇建设用地增加与农村建设用地减少挂钩试点、国土规划试点、煤炭资源有偿使用制度改革试点、地质找矿统一部署试点等，都需要按照党的十七大精神，认真总结和深化探索。

三是要深入研究经济全球化和科技快速发展给国土资源管理工作带来的新挑战。第一，资源配置和矿业全球化趋势明显。不少国家实施资源全球战略，进行资源战略储备。资源开发和消费迅速增加，生产和供应更加活跃，资本和科技影响越来越大，渗透融合程度越来越高，矿产勘查开发合作空间进一步扩大，同时“走出去”利用国外资源的风险也在加大。第二，全球地质工作全面复苏，进入快速发展期。当前，需求旺盛，投资增加，高新技术应用更加广泛，服务领域不断拓展，社会功能日益增强，促进了人类生存质量的提高和生活条件的改善。如何进一步加强国际交流与合作，学习借鉴国外同行的做法和经验，同时向国外同行推介我们自身的做法和经验，都是面临的课题。第三，新兴国家和发展中国家工业化、城镇化进程加快，土地供需矛盾突出。城市与农村争地、燃料与粮食争地、住房与庄稼争地，城市无序扩张与过度耕种、过度放牧并存。资本要素的流动进一步加剧了用地矛盾。随着国际资本流动性过剩，大量热钱出于对人民币升值的预期涌入中国，利用房地产、股市等“圈地”、“圈钱”，不仅对金融安全带来隐患，也对土地管理提出了新课题。近两年，国际粮食市场的总量、结构和价格的波动，更加警示我们必须增强忧患意识，严格保护耕地，立足国内保障粮食安全。第四，高新技术特别是信息技术在国土资源领域广泛应用。国土资源调查评价、保护与利用的广度、深度、精度不断提高，管理与服务的理念、方式、手段也发生了深刻变革。3S技术在国土资源领域广泛运用，三维地质填图、深部快速探测、数字化调查等技术，对地质资料的二次开发以及地质调查工作的全程信息化处理，对国土资源管理起到极大的推进作用，促使国土资源社会化服务和总体功能有了大的拓展。现在，一些发达国家在资源管理上注重各门类资源协调，注重处理资源与环境的关系，注重处理资源与产业的关系，推动资源管理向数量、质量、生态综合管理转变。倡导循环经济、绿色矿业等新型资源观，宏观调控与市场机制结合的新型资源管理理念，向更加理性、综合和平衡方向发展。这些都要求我们积极拓展对外开放广度和深度，用世界眼光和战略思维系统谋划国土资源工作。

我们还应该清醒地看到：与新形势相比，我们的思想观念、管理水平和工作作风还很不适应，亟待转变和提高。如果我们现在不是这样提出问题和认识问题，我们将跟不上经济社会发展的步伐，跟不上改革开放的步伐，将落后于时代的新要求，有负于人民的新期待。

总之，党的十七大提出的新的更高要求，我国经济社会发展阶段性特征、资源国情、全球化及科技发展带来的新挑战，都要求我们认真探索，化被动为主动，变挑战为机遇，增强做好国土资源管理工作的责任感和紧迫感。

（二）明确思路，加快构建保障科学发展的新机制

十七大报告提出的全面建设小康社会的新目标，有总量要求和速度要求。总的来看，实现总量

和速度要求并不太难，难的是优化结构、提高效益、节约资源、保护环境，处理好结构、质量和效益的关系，关键是处理好又好又快的关系。我们要在这种背景下来思考贯彻落实科学发展观，构建保障科学发展的新机制。构建保障科学发展的新机制，根本目标在于提高国土资源对经济社会全面协调可持续发展的保障能力；核心是处理好保障发展与保护资源的关系，坚持开源与节流并举，走出一条节约集约利用资源的新路子；重点是要强化调控和严格监管，落实坚守18亿亩耕地红线和合理开发利用矿产资源的共同责任；关键在于进一步解放思想、改革创新，不断完善体制机制法制，进一步更新观念、转变作风，不断增强执行力。

必须进一步解放思想、改革创新。国土资源领域面临着大量需要改革的问题，这些问题大多数是内外交织、上下关联的难题，涉及面广、相关性强。改革开放发展到今天，改革发展的受益群体出现了从下到上演变的趋向，既得利益格局出现部门化、行业化现象。在这种情况下，我们必须进一步增强坚持改革的坚定性和自觉性，不断解放思想、改革创新。五年来，国土资源管理工作之所以能够取得明显成效，主要得益于解放思想、改革创新。构建保障科学发展的新机制，要进一步解放思想、改革创新。要深刻反思我们自己的思想和精神状态，把我们的思想从不合时宜的观念、做法和体制束缚中解放出来，切实解决不想改、不敢改、不能改的问题。第一，要坚决克服安于现状的思想，树立强烈的忧患意识。始终保持清醒的头脑，居安思危，及时查找我们思想上的差距，与时俱进，增强对形势变化的敏感性，增强工作的主动性。第二，要坚决克服畏首畏尾的思想，增强攻坚克难的决心。以积极的精神状态，直面矛盾和挑战，调整复杂的权益关系，克服求稳怕乱、无过便是功的思想，真正解放思想，勇于改革创新。第三，要坚决克服狭窄视野的局限，增强服务全局的观念。紧紧围绕党和国家的中心工作，树立世界眼光，培养战略思维，想大事、谋大事、出主意，加快构建保障科学发展的新机制。

必须进一步更新理念，正确认识保障发展与保护资源的关系。保障发展与保护资源是辩证的统一。资源是发展的基础，资源的状况在一定程度上影响着发展的质量和潜力。发展是第一要务，发展可以为真正有效的保护提供条件。保护是为了资源的永续利用，实现可持续发展，保护反过来可以提高发展的质量和潜力。我们既不能不顾资源保护盲目求发展，也不能超越发展阶段消极谈保护。构建保障科学发展的新机制，必须树立在发展中保护、在保护中发展的理念，走出一条开源节流、节约集约利用资源的新路，实现发展与保护的双赢。

必须进一步明确职能定位、转变管理方式。要按照完善社会主义市场经济体制和深化行政管理体制改革的要求，使国土资源管理部门真正成为保障发展和保护资源的职能部门，参与宏观调控、加强市场监管的综合部门，维护群众权益、构建和谐社会的工作部门，提供资源公共信息的服务部门。正确处理好政府与市场、企业、中介组织的关系，进一步理清政事关系、政企关系。从管理上看，要从注重审批转变到审批、监管并重上来，从注重事后查处转到预防、查处并重上来。只有职能定位准确、管理方式转变，才能有效构建保障科学发展的新机制。

必须进一步统筹谋划、整体设计。构建保障科学发展的新机制，涉及方方面面的改革，是一项复杂的系统工程。既要继续解决经济社会发展中长期存在的、关系国土资源管理的深层次问题和结构性矛盾，又要解决发展中新积累的各种矛盾和问题；既要扫除计划经济体制下遗留的弊端，又要克服市场经济体制本身固有的缺陷；既要加快重点领域和关键环节的改革步伐，又要全面推进各方面改革；既要在利益格局多元化情况下大刀阔斧积极推进改革，协调好各方面的利益，又要在更加复杂的国内外环境和利益格局下趋利避害。第一，要对改革作出总体设计。从解决当前突出问题入手，着眼长远发展目标，加强与相关改革的互动，切实增强改革的针对性、预见性、协调性和有效性。第二，要对相应的体制机制法制进行配套完善。把改革的成果及时上升为法律法规，特别是要加快《土地管理法》和《矿产资源法》及其配套法规的修改，并做好与其他相关法律法规修订、制定的协调工作。第三，要对战略研究和规划工作做出安排。要根据新形势新要求，深入开展国土资源重大战略研究，提高国土资源规划的层次和水平，明确发展方向、目标、原则和重点任务。

必须进一步突出重点、不懈探索。要坚持宏观调控与市场配置有机结合、激励与约束双管齐下、法律经济行政科技手段综合运用、决策执行监督紧密衔接、政府企业社会积极互动，着力在以下几个方面进行探索：

——宏观调控机制。综合研究国土资源政策参与宏观调控的目标、政策工具、传导机制和配套办法。在继续使用规划、计划、审批等手段的同时，更多运用土地、矿产价格及租税费等经济手段，注重国土资源政策与货币政策、财政政策、产业政策的协调配合，增强调控的针对性和有效性。

——共同责任机制。变国土资源“一家管、大家用”为“大家管、大家用”。在耕地保护方面，主要是耕地保有量、基本农田面积、土地利用总体规划和年度计划执行情况四个指标的落实。在矿产资源管理方面，重点处理好中央、地方、企业和当地群众的责权利关系，健全分类分级管理、有偿使用、总量与布局调控、矿山地质环境补偿等制度。在执法监管方面，探索建立事前事中事后紧密衔接、覆盖批供管用全程、相关部门协调配合的监督管理制度。

——开源节流机制。在开源方面，按照规划引导、政策激励、多元投入、规范管理的思路，加大土地整理复垦开发补充耕地力度，不断拓展土地利用新空间。遵循市场经济规律和地质工作规律，完善鼓励矿产勘查风险投资制度，市场引导、政府扶持、企业投资，中央、地方、企业三方联动，公益性与商业性地质工作合理分工、相互促进，勘查与开发紧密衔接、良性循环，地质找矿与地勘单位改革、矿业权市场建设相互促进，拉动地勘大投入、争取找矿大突破。在节流方面，建立完善以规划和标准控制为前提、以政策约束激励为导向、以监管考核为保障、以有偿使用和市场配置为基础的资源节约集约制度。

——科技创新和国际合作机制。进一步明确国土资源科技工作的定位和发展方向，加强基础、强化应用，推进产学研相结合，实行跨部门跨行业合作，实现资源成果共享。研究制定国土资源国际合作战略，以推动地质矿产工作跨国经营为出发点，建立全球合作网络和多边、双边的合作交流机制，探索政府搭台、外援配合、地质先行、企业跟进的“走出去”新路子。

构建保障科学发展的新机制，是关系国土资源管理工作全局的大事，也是紧迫的任务。全系统都要以高度的政治责任感和历史使命感，把这项工作摆在更加突出的位置，加强组织领导，深入调查研究，勇于改革创新，切实抓出成效。

三、扎实做好2008年国土资源管理工作

当前和今后一个时期，国土资源管理工作的总体要求是：全面贯彻党的十七大精神，高举中国特色社会主义伟大旗帜，以邓小平理论和“三个代表”重要思想为指导，深入贯彻落实科学发展观，以解决突出问题为切入点，以改革创新为动力，以构建保障科学发展的新机制为主线，着力改善宏观调控、推进节约集约、坚守耕地红线、规范矿政管理、实现找矿突破、维护群众权益、强化公共服务，全面提高国土资源调查评价、规划、管理、保护与合理利用水平，为促进经济社会全面协调可持续发展作出新的贡献。2008年，重点做好以下五方面工作：

（一）严格土地调控和监管，坚守18亿亩耕地红线

一是要大力推进节约集约用地。认真贯彻落实《国务院关于促进节约集约用地的通知》，继续推行土地招标拍卖挂牌出让制度，全面落实工业用地最低价标准，适时修订土地等别。探索国家机关办

公和交通、能源、水利等基础设施（产业）、城市基础设施用地有偿使用。严格执行新修订的《工程项目建设用地指标》、《工业用地控制指标》等用地标准。开展重点城市和开发区土地集约利用潜力评价及集约用地考核。依法查处闲置囤积土地行为，4月底前完成闲置土地的清理，6月底前全面完成处置工作。鼓励优先开发利用工矿废弃地、空闲和低效用地、地上地下空间。总结推广“节地型城市发展模式”、“节地型企业”等典型经验。

二是要努力提高土地调控的针对性和有效性。围绕“两防”加强和改善土地调控，把握调控节奏和力度，管住总量，严控增量，优化结构。加快土地利用总体规划修编，严防“两减一增”（即减少耕地和基本农田数量、增加建设用地规模）。严格执行土地利用总体规划和年度计划，严格审查规划修改，严格新增建设用地审批。坚决控制高耗能、高排放和产能过剩行业用地，从严控制工业用地。保障民生用地供应，落实好廉租房、经济适用房和限价房、90平方米以下中小套型普通商品住房用地不得低于住宅用地供应总量70%的规定。

三是要认真落实耕地保护共同责任。统一组织开展2007年度耕地保护目标履行情况检查和考核。继续推进国家级和省级基本农田保护示范区建设。会同有关部门，规范土地出让收入使用管理，制定实施好中央分成新增建设用地土地有偿使用费资金使用管理和稽查办法，加强对地方征收和使用耕地开垦费、土地复垦费等补充耕地资金的指导和检查，抓好土地整理复垦开发项目的实施管理和国家重大项目的论证。做好农村土地信访和纠纷排查调处工作。

四是要切实加强土地执法监管。认真贯彻落实《国务院办公厅关于严格执行有关农村集体建设用地法律和政策的通知》，严格实施用途管制，坚决遏制“以租代征”等土地违法行为。百日行动各项工作要落实到位，3月底前各地要向部作出报告。建立与人民法院、人民检察院、公安、司法和监察机关协作配合的工作机制，修订并严格执行《违反土地管理规定行为处分办法》，强化对重大典型案件的联合处理和责任追究。执法关口前移，全面开展土地执法动态巡查和卫片执法检查，推广设立村级执法监察信息员的做法，建立违规违法早发现、早报告、早制止的工作机制。建立完善全国土地遥感监测体系，推进以图管地并构建统一的土地监管平台。充分发挥国家土地督察机构的作用。针对影响耕地保护和土地宏观调控政策落实等突出问题，继续开展各类专项督察。完善“发现、审核、纠正”的督察工作机制，向各省派驻土地督察专员。

五是要深化建设用地审批制度和征地制度改革。调整报国务院批准单独选址建设项目用地审批方式，进一步改进城市建设用地审查报批工作。继续推进征地制度改革试点工作。

（二）巩固整顿规范成果，促进矿产资源合理开发利用

一是要组织开展矿产资源开发秩序整顿规范工作“回头看”。清查所有矿区，查处违规违法行为。完善部门联动机制，将无证勘查开采案件增减率、矿业权人违规违法案件发生率指标与日常监督、重点矿区卫片监测相结合，切实加强开发秩序监管。推进解决煤炭、煤层气矿业权重叠问题。

二是要全面完成资源开发整合任务。各地要将国办通知确定的重要矿种全部纳入整合范围，年底前基本完成整合任务。编制完成并严格实施全国和省级矿产资源规划，新建矿山必须符合规划，从源头上防止出现新的散乱。

三是要全面推进矿产资源有偿使用制度改革。认真总结煤炭资源有偿使用制度改革试点经验。制定加强探矿权、采矿权管理的政策和国家出资形成的矿业权处置办法。调整矿业权使用费标准，修订矿产资源补偿费征收管理规定。

四是要促进矿产资源合理开发利用与矿山地质环境保护。加强指导监督，促进矿产资源综合勘查、综合利用。提高油气资源采收率考核标准。鼓励充分利用低品位矿石，推动废石、废渣的资源化利用，开展尾矿综合利用试点。总结推广矿山企业发展循环经济的经验和技术。组织实施省级矿山地

质环境保护和治理规划，全面落实矿山地质环境恢复治理保证金制度。

五是要进一步提高矿政管理水平。严格实行钨、稀土开采总量控制。深入开展矿产资源潜力评价、储量利用调查和矿业权核查，加强矿政技术支撑能力建设。全面实施勘查许可证统一配号，推进采矿许可证统一配号和矿业权信息卡建设。强化油气勘查区块退出机制，督促油气企业加大勘查投入。研究制定矿业权评估、矿产资源储量评审等管理办法。落实国家矿产督察员、矿产资源开发利用年检和矿山储量动态监管制度，充实基层矿管力量。

（三）切实加强地质工作，努力实现找矿重大突破

一是要继续加强地质勘查。按照“找新区、上专项、挖老点、走出去、依靠科技和人才”的思路，实施《全国地质勘查规划》，完善矿产资源勘查部署。强化公益性地质工作的引导作用，推进整体勘查，引入大企业，形成大投入，力争取得具有宏观影响的大成果。制定和实施大兴安岭、长江中下游等重点成矿区带地质找矿统一部署试点方案，组织实施好新疆专项、青藏高原专项和危机矿山专项，加强深部找矿部署研究。大力推进地质矿产工作跨国经营。

二是要认真做好汛期和三峡库区地质灾害防治工作。全面落实《地质灾害防治“十一五”规划》，完成山区丘陵区地质灾害普查，强化监测预警和群测群防，推进防治机构建设，建立完善应急指挥系统。加快三峡库区地质灾害防治项目建设。组织编制《全国地面沉降防治规划》，推进重点地区地面沉降防治。

三是要积极拓展地质工作服务领域。继续做好基础地质工作，加强区域海洋地质调查，加快国家级地下水监测网建设、重点地区地下水污染和环境水文地质调查，建设城市地质结构可视化平台和环境地质信息系统，推进浅层地热能的开发利用，开展农业水土地球化学调查评价研究，加强地质及矿业遗迹、古生物化石保护。继续开展地质资料清理，加强实物地质资料的研究和管理。

四是要加强和改善地勘行业管理。深入研究地勘行业发展改革的政策，强化宏观指导。总结地勘单位改革发展的经验，开展信息服务和技术培训，研究地勘行业国家职业标准。开展困难地勘单位的调研和政策扶持工作。严格勘查资质管理，推进行业自律。

（四）大力推进基础基层建设，不断增强支撑保障能力

一是要切实加强国土资源法制建设。抓紧《土地管理法》和《矿产资源法》修改论证研究。做好《古生物化石保护条例》、《土地复垦条例》、《矿山地质环境保护条例》、《国家土地督察条例》等法规的起草送审以及与《能源法》、《海岛法》等相关法律法规的立法协调。推行依法行政五年规划。

二是要深入开展国土资源重大专题调研和战略研究。紧紧围绕构建保障科学发展的新机制，加快已有调研专题成果的转化，开展滚动研究。加快研究论证，适时部署国土资源战略研究。进一步加强国土资源管理形势分析。

三是要稳步推进国土规划试点和国土资源调查。继续开展国土规划编制试点。落实国土资源大调查计划，加强项目管理和成果转化，提早谋划明年及“十二五”大调查及专项延续工作。加快推进第二次全国土地调查，东部要完成调查并上交成果，中部要基本完成调查，西部要全面开展调查。

四是要不断提高国土资源科技和信息化水平。加强国土资源领域重大科技攻关，组织实施公益性行业科研专项，注重科技人才培养。金土工程要完成一期、立项二期、谋划三期。建立完善土地审批监管、土地市场和地价监测、执法监察、矿业权管理、地质灾害预防应急指挥等信息系统。加强政务大厅和门户网站建设。土地市场动态监测实现全国所有市、县全覆盖，扩大地价监测城市数量。实行新的调查统计月报、季报和年报制度。

五是要认真搞好教育培训和宣传工作。深入开展和全面完成全国县乡村干部国土资源法律知识宣传教育培训活动。全面落实国土资源管理培训规划和计划，编好专业培训教材，办好各级国土资源机构负责人培训班。及时广泛深入宣传国土资源法律法规。

六是要积极开展国土资源领域的国际合作。编制国际合作中长期规划，开展地勘工作走出去规划编制研究，建立境外矿产资源勘查开发资质认证制度，推进国外地质矿产资源调查评价，加强境外矿产资源勘查开发数据系统建设。开好2008中国国际矿业大会。

七是要深化国土资源管理体制改革。系统总结建部以来国土资源管理体制运行实践，研究提出更好履行职能的建议。坚持国土资源相对集中统一管理原则，做好相关工作。起草加强全国基层国土所建设指导性意见。进一步发挥事业单位的服务支撑作用。

（五）全面加强干部队伍建设和党风廉政建设，进一步增强执行力和公信力

一是要深入学习贯彻党的十七大精神。以改革创新精神，全面加强党的思想、组织、作风、制度和反腐倡廉建设。开展深入学习实践科学发展观活动。开展解放思想、改革创新、整顿作风、增强执行力的学习大讨论。以依法行政、廉政勤政、效能建设为重点内容，在全系统开展作风建设活动。

二是要加强干部队伍建设。按照民主、公开、竞争、择优和德才兼备、注重实绩、群众公认的原则，推进干部人事制度改革。加大干部轮岗交流力度，提高干部选拔任用的民主参与程度。推进土地督察干部选配。开展国土资源人力资源状况调查研究。加强对省级国土资源主管部门领导干部的协管。热心、精心、细心、耐心地全面做好离退休干部工作。

三是要加强国土资源系统反腐倡廉建设。在坚决惩治腐败的同时，更加注重治本，更加注重预防，更加注重制度建设，拓展从源头上防治腐败工作领域。完善反腐倡廉工作协调机制，深入推进惩治和预防腐败体系建设。强化对领导班子和主要负责人的监督，强化对重点环节和重点部位的监督，强化对行政权力运行的监督。开展巡视工作。大力推进政务公开。严格执行财务管理各项规定，加强领导干部离任审计。

关于海洋工作和测绘工作。两个国家局都进行了系统总结部署。总体上看，五年来，海洋工作和测绘工作都取得了明显成效。海洋规划、法规体系基本形成，海域使用管理和海洋环境保护不断加强，海洋维权执法取得重大突破，海洋重大专项进展顺利，极地和大洋工作跨上新台阶，海洋经济得到快速发展。测绘监管不断加强，基础测绘稳步推进，数字中国地理空间框架建设步伐加快，测绘自主创新能力不断提高，测绘成果在新农村建设、土地调查、环境监测、极地考察等各个方面得到广泛应用，测绘保障服务能力显著提高。

2008年，要进一步做好海洋工作和测绘工作。制定《中国21世纪海洋政策》，部署实施“十一五”海洋事业发展规划，推动出台《海岛保护法》，深入开展海洋专项调查，全面清理规范用海行为，全面监测和重点整治近海生态环境，实施全海域维权巡航工作，推进科技兴海，加快第三个南极考察站和深海基地建设，努力开创海洋工作新局面。全面推进落实《国务院关于加强测绘工作的意见》，继续抓好测绘重大项目，做好公益性测绘保障服务，促进地理信息产业发展，加强测绘科技工作，推进关键技术攻关，加快信息化测绘体系建设，开展地理信息服务网站和地理空间信息数据市场秩序专项整治，严格对外国人来华测绘活动的监管，加强测绘立法和测绘监管工作，不断提高测绘依法行政水平。

做好当前和今后一个时期的国土资源管理工作，一是要加强领导。各单位主要负责同志要加强调查研究，既要研究当前突出问题，采取有效措施，积极争取主动；又要结合本地实际，想大局，谋大事，加强战略研究和形势分析，为科学决策、做好工作提供有力支撑。二是要增强责任意识。要以高度的职业敏感性，对形势的变化、苗头性问题，正确而快速地作出反应。重大事项要及时报

告。不能因为我们的反应迟钝和麻木，给科学发展和社会和谐带来隐患。三是要抓好贯彻落实。对每项工作任务，都要进一步分解细化，发挥领导班子成员的作用，明确责任和进度，及时督促检查，确保落实到位。

同志们，春节将至，各地要关心干部职工生活，做好离退休干部和困难职工的慰问工作。在此，我代表部党组，向大家拜个早年，并请大家转达部党组对全系统干部职工的衷心祝福！

在国家土地督察工作座谈会上的讲话

徐绍史

（2008年2月1日，根据录音整理）

全国国土资源管理工作会议期间，我们召开国家土地督察座谈会，主要目的是沟通情况，回顾总结前一阶段工作，明确2008年工作要求。刚才，江苏、陕西省国土资源厅，国家土地督察武汉局、成都局，部法规司、财务司、人教司、规划院的负责同志分别发言。藏春同志对国家土地督察一年来的工作进行了全面总结，对2008年的督察工作提出了部署意见。同志们的发言和藏春同志的讲话都很好，我听了很受启发。各派驻地方的国家土地督察局，部机关各司局以及各省（区、市）的国土资源部门要按照座谈会提出的要求相应开展工作。下面，我谈几点意见。

一、土地督察工作阔步前进，打开了局面

党中央、国务院高度重视国家土地督察工作，2006年7月13日，国务院办公厅下发了《关于建立国家土地督察制度有关问题的通知》（国办发〔2006〕50号），建立国家土地督察制度，这是一个很重要的制度创新。党中央、国务院领导同志都非常关注，部党组也十分重视。2007年7月，我们在国务院新闻办公室召开了一次新闻发布会，向媒体和社会介绍了这项工作的进展情况。这项制度实施了一年半时间，确实很不容易。总体来看，国家土地督察工作阔步前进，打开了局面，主要体现在以下三个方面。

一是机构组建工作有序推进。“三定”规定很快确定，搭建了机构，配备了人员，到2007年底，人员总数达到编制数的三分之一。

二是基础业务建设逐步加强。办公条件、规章制度和督察手段等都逐步加强。

三是督察工作全面展开。督促各地方政府落实耕地保护目标责任制，开展了14次专项督察，配合部里开展土地执法监管，督促地方查处了相当一批违规违法用地的案件。最重要的、对各督察局来说压力最大的是去年下半年以来部开展的全国土地执法百日行动。九个督察局按照部的总体部署，协助督促各地推进百日行动的具体工作，发挥了特殊重要的作用。

从这几个方面来看，土地督察工作阔步前进，打开了局面，对这一年多来的工作应该充分肯定。之所以能够取得这样的成绩，首先是党中央、国务院的高度重视。国务院领导同志对做好土地督察工作多次作出重要指示，培炎副总理还专门接见并座谈。第二是部里抓得比较实。部机关各司局协调配合，共同推进土地督察的业务建设、队伍建设和能力建设。第三是靠各地方政府的支持配合。尤其是九个督察局所在省份的国土资源部门给予了大力支持，创造了很好的条件。刚才江苏、陕西两省国土资源厅负责同志的发言都讲到了这个情况，一些基本的工作条件都是靠九个督察局所在省份国土资源

部门的全力支持。最后是我们这支督察队伍自身的努力。督察干部队伍是一支能打硬仗，也善打硬仗的队伍，边组建、边探索、边工作，难能可贵，这样的局面来之不易。

二、对土地督察面临的形势要有清醒的认识

在全国国土资源管理工作会议上，我们对目前土地管理的形势做了比较详细的分析。具体到土地督察工作，再强调三点。

一是对严管土地的长期性要有清醒的认识。这与我国经济发展态势有直接关系。当前经济发展中结构性矛盾和粗放型增长方式还没有根本转变，我们正处在工业化、城镇化快速发展时期，对土地资源的需求还会持续增长，国土资源管理体制机制法制尚不完善，有的还不适应形势发展的需要。因此，这种艰难的局面具有长期性，大家要有思想准备。

二是对土地督察工作的艰巨性要有清醒的认识。国家土地督察机构督察的对象主要是地方政府，而当前大量违规违法用地的主体也是地方政府，并且已经主要延伸到县（市）、乡（镇）和村，量大面广，查处难度很大。2008年尤其如此，大家要有思想准备。首先是今年一季度还要下很大功夫巩固百日行动成果，扩大百日行动成效。百日行动中移送法院强制执行和移送纪检监察、司法机关处理的跟踪落实，重点地区的整改和典型案件的处理，未批先用整体性处理意见的逐项落实，任务都非常艰巨。第二是注意“换届效应”。对“换届效应”给土地管理、资源管理带来的影响，要有思想准备。我在2007年年底给各省（区、市）政府的主要领导和分管国土资源工作的负责同志写信，也是想请他们在政府工作报告中突出强调耕地保护和资源保护问题。今年宏观调控“两防”任务非常重，最近又要应对抗御低温雨雪冻灾。第三是土地管理和执法监管的长效机制还处在构建过程之中。百日行动中大家动了很多脑筋，也初步形成了一些制度性的规定，还需要在实践当中探索。因此，对土地督察工作的艰巨性，大家要有清醒的认识。

三是对加快落实国家土地督察制度的紧迫性要有清醒的认识。国家土地督察机构仍处在边建设、边工作过程中，业务建设、队伍建设和能力建设任务都非常重，土地督察工作任务本身又非常艰巨。大家对加快落实国家土地督察制度的紧迫性应该有清醒的认识。

总之，希望我们保持清醒的头脑，增强忧患意识，增强责任感和紧迫感，在已有的基础上更好地推进土地督察工作。

三、开创性地做好土地督察工作

一是认真学习贯彻党的十七大精神。结合全国国土资源管理工作会议的精神，解放思想、改革创新、大胆探索。国家土地督察制度现在依然需要完善制度设计。如何有效地开展土地督察工作，探索的空间还非常大。我们要以党的十七大精神为指导，继续解放思想、改革创新，推进土地督察工作。“一办九局”也要参加下一步部机关贯彻党的十七大精神、“解放思想、改革创新”和“整顿作风、增强执行力”的学习大讨论，这对我们推进工作是十分必要的。

二是认真总结工作。总结工作十分重要，要力求通过总结，梳理出一些带有规律性的认识，打完一仗，总结一次，前进一步。总结工作要形成两个具体成果，一个成果是国家土地督察机构工作规范，通过对一年半实际工作中一些行之有效的做法和经验进行总结梳理和提炼，已经初步形成成果。还有一个成果，就是总结一些工作方法、思想方法，怎样保证既有坚定的原则性，在处理方式上又有一定的灵活性，怎样处理好与地方政府的关系，怎样处理好与地方国土资源部门的关系等。刚才座谈发言中有一些很好的经验，要很好地总结。

三是形成今年工作安排。今年工作安排很重要，与经济社会发展全局有关。第一是宏观调控的

“两防”任务，第二是应对“换届效应”。部的要求已经非常明确。国家土地督察机构既要站在经济社会发展全局来看待督察工作，又要按照部里的要求安排督察工作。

四是推进协调机制建设。目前已做了一些工作，主要是部机关内部各司局与国家土地督察机构的协调，包括部内的一些重要工作精神、重大改进与改革措施、重大工作部署、日常工作和信息的沟通、协调。对国家土地督察机构来说，协调机制建设的思路应该更加开阔，包括与省（区、市）人民政府及国土资源部门协调沟通。协调沟通机制的建设非常关键，应该形成一些规范性的做法。

五是争取地方政府和部门的理解、支持和合作。这一点非常重要。座谈发言中，大家谈了一些做法和体会，我觉得很好。首要的是一定要坚持原则。国家土地督察队伍的核心工作就是督察落实耕地保护目标责任制，要求各级地方政府依法依规批地用地。在开展这些工作中，矛盾比较集中、阻力比较大，没有坚定的原则性是做不好的。在这个前提下，也要考虑方式方法上必要的灵活性。百日行动中圈定重点整改地区和典型案件，目的就是要真打、狠打，保持高压态势。否则，督察工作没有办法深入开展。对此，地方政府和国土资源部门的认识肯定是会一致的，大家不要有顾虑。

六是继续加强队伍建设和党风廉政建设。藏春同志讲得比较具体，我要强调的就是抓好队伍的思想和作风建设，特别是反腐倡廉建设，要始终紧抓不放。国家土地督察机构的负责同志一定要绷紧这根弦，常抓不懈，警钟长鸣。

以党的十七大精神为指导
切实加强国土资源系统反腐倡廉建设

——在国土资源系统党风廉政建设工作电视电话会议上的讲话

徐绍史

（2008年3月28日，根据记录整理）

同志们：

这次会议是继全国国土资源管理工作会议之后，国土资源系统召开的又一次重要会议。刚才，寿祥同志作了工作报告，总结了2007年党风廉政建设和反腐倡廉工作，对今年的工作进行了部署，我完全赞同。广州海洋地质调查局、辽宁省国土资源厅、山东省国土资源厅和河北省廊坊市国土资源局的负责同志作了会议发言，各具特色。下面，就加强国土资源系统反腐倡廉建设，我再讲几点意见。

一、深入学习领会中央关于加强反腐倡廉建设的新要求

当前，我们正在深入学习贯彻党的十七大精神，结合国土资源工作实际，在各个领域、各个方面抓紧研究推进改革发展的思路和措施。党的十七大以来，中央对反腐倡廉工作提出了一系列新的要求。一是党的十七大第一次提出要把反腐倡廉建设与党的思想建设、组织建设、作风建设和制度建设一起确定为党的建设的基本任务，强调要坚决惩治和预防腐败，要求全党一定要充分认识反腐败斗争的长期性、艰巨性和复杂性，把反腐倡廉建设放在更加突出的位置，旗帜鲜明地反对腐败，而且进一步明确了反腐倡廉建设要坚持标本兼治、综合治理、惩防并举、注重预防的方针，要求更加注重治本，更加注重预防，更加注重制度建设。二是在中央纪委第二次全会上，胡锦涛总书记就反腐倡廉建设发表了重要讲话，全面分析了当前反腐倡廉工作的形势，深刻阐述了新形势下加强反腐倡廉建设的重要性和紧迫性，明确了当前和今后一个时期加强反腐倡廉建设的指导思想、基本要求、工作原则和

主要任务，号召全党要把反腐倡廉建设放在突出位置，更加坚决地惩治腐败，更加有效地预防腐败。三是温家宝总理在刚刚召开的国务院第一次廉政工作会议上，对今年政府系统的反腐倡廉工作作出了具体部署。四是贺国强同志在中央纪委第二次全会工作报告中，重点阐述了党的十七大对反腐倡廉工作的总体要求，明确了2008年的工作任务。党中央、国务院如此高规格、高频率地强调反腐倡廉工作，其重要性不言而喻。中央的部署和要求，各级国土资源部门一定要认真学习，深刻领会，切实贯彻落实到反腐倡廉工作中去。

国土资源领域是中央确定的反腐倡廉的重点领域，中央纪委第二次全会确定的涉及国土资源领域的主要任务有五个方面： 第一，要加强对土地管理法律法规和节约集约用地政策执行情况的检查，从严控制新增建设用地，着力纠正违反耕地保护制度的行为；第二，要坚决纠正征地拆迁中群众反映强烈的问题，严肃查处征收征用土地和矿产资源开发中的违纪违法行为；第三，要严肃查办非法批地批矿、低价出让土地和矿产资源，或者擅自变更规划获取利益的案件；第四，要治理领导干部违规插手招标投标、土地出让、产权交易、政府采购等市场交易活动及谋取私利的问题；第五，要严格执行经营性土地和工业用地招标拍卖挂牌出让制度，规范协议出让行为，落实探矿权、采矿权招标拍卖挂牌出让制度。这五项任务涉及土地、矿产领域的制度建设、市场监管和维护群众利益等诸多方面，既需要治标，更需要治本，任务非常艰巨。

国土资源系统一定要把思想和行动统一到中央的要求上来，认真贯彻落实党中央、国务院的部署，明确重点工作和主要任务，以更加坚决的态度、更加有力的措施、更加扎实的工作，切实加强国土资源系统反腐倡廉建设。

二、充分认识新时期国土资源系统反腐倡廉建设的紧迫性

近年来，按照党中央、国务院的部署，在部党组和地方各级党委、政府的领导下，国土资源系统积极推进教育、制度、监督并重的惩治预防腐败体系建设，经过全系统的共同努力，国土资源系统党风廉政建设和反腐败工作有了新的进展，总的形势是好的。主要表现在六个方面：第一，加强监督检查，维护了政令的畅通；第二，开展廉洁从政教育，党员干部的廉洁自律意识进一步增强；第三，加强制度建设，治本抓源头工作取得了新的成效；第四，认真贯彻党内监督制度，开展巡视、财务审计监督，加强对领导班子和领导干部以及重点环节和重点部位权力运行的监督；第五，加强土地和矿产的执法力度，开展专项行动，维护了群众的合法权益；第六，深入开展治理商业贿赂工作，查处了一批违法违纪案件。

总体上看，国土资源系统党风廉政建设和反腐败工作成绩是主要的。但同时也存在着一些不适应的方面，思想认识和工作水平在全系统发展还不平衡，有些工作部署落实还不到位，监督和制约机制还不完善，滥用职权和以权谋私等现象仍然存在。这些问题直接影响国土资源部门全面正确履行职能，制约了国土资源管理改革和发展，我们必须高度重视。

第一，从职能上看。土地和矿产都是稀缺资源，国土资源管理系统拥有行政许可权、行政执法权、巨额预算资金的管理和支配权，还有一定的自由裁量权。虽然已经制定了一系列制度对权力进行制约，但是由于制度不完善、不落实，监督不到位、不落实，惩治和预防腐败体系建设还有一个过程，国土资源系统反腐倡廉方面的问题还是比较突出的。从近年来发生的一些违法违纪案件来看，有七个方面的问题需要大家高度重视：一是土地和矿业权审批发证环节的问题比较突出，超越权限、违反程序和违反政策等违法违规批地、供地、批矿，违法违规发放土地使用权证和矿业权证，在一些地方还不同程度地存在；二是土地执法中失之以宽、失之以软，责任追究不到位，有的甚至瞒案不报、压案不查等；三是土地整理复垦开发中存在挤占挪用资金、招标不规范、弄虚作假等问题；四是土地

和矿业权招拍挂出让围标、串标、搞虚假挂牌等违规操作也不是个别现象；五是土地和矿业权评估中行贿受贿、弄虚作假、故意高估或者故意低估的问题也还不少；六是征地补偿政策不落实，土地信访群体性事件仍然居高不下；七是预算和财务管理中的问题也屡有发生，有的是屡审屡犯，不规范使用资金，甚至行贿贪污。对于这些环节和部位，必须高度关注，进一步健全制度，强化监管。

第二，从改革发展的任务看。党的十七大之后，我们召开了理论务虚会，集中解决一个问题，就是“对当前的形势怎么看，今后的工作怎么干？”总体形势就是当前矛盾突出，今后压力很大。具体来讲：一是我国人均耕地少、优质耕地少、耕地后备资源少；二是矿产资源总量大、人均少、禀赋差；三是资源利用粗放浪费严重；四是资源供需矛盾突出；五是违法违规现象严重。之所以出现这样的局面，首先是由于我国特殊的资源国情所决定的，其次就是深层次的结构性矛盾和粗放型增长方式所决定的。从我们自身来看，工作跟不上，改革跟不上，制度设计还需要进一步完善。我们通过认真分析研究，在全国国土资源管理工作会议上对今后工作进行了部署，要贯彻落实党的十七大精神，解放思想、改革创新，构建保障科学发展的新机制。保障科学发展的新机制，具体细化为宏观调控机制、共同责任机制、开源节流机制、科技创新和国际合作机制，要求大家积极探索。这是关系到国土资源管理改革和发展全局的大事。加强反腐倡廉建设既是构建新机制的内在需要，也是推动构建新机制的重要保障。因为人的因素是关键，加强反腐倡廉建设，有利于提高干部队伍的综合素质、执行能力和管理水平。国土资源系统的反腐倡廉建设，要站在国土资源管理工作全局的高度，扎实推进教育、制度、监督、惩治和预防的各项工作，为加快构建保障科学发展的新机制提供坚强保障。

第三，从队伍状况看。这支队伍总体上是好的，在履行职能过程中，造就了一支政治过硬、业务熟悉、素质较高的队伍。特别是通过去年开展的土地执法“百日行动”也证明了这一点。各级国土资源管理部门在地方的行风评议中，有的排名始终比较靠前，有的排名也在逐步上升，得到方方面面的好评。但是面对新的形势、新的任务，我们的干部队伍还有许多不适应的地方：一是有的同志改革创新的坚定性和自觉性不够强，安于现状、畏首畏尾、视野狭窄，而且自我感觉良好，不想改、不敢改的问题还比较突出；二是有的地方对土地、矿产资源法律法规和政策措施贯彻执行的态度不够坚决，执行力不够强，遇到违规违法问题，有的故意回避矛盾，甚至瞒案不报、压案不查，个别人在非法批地、批矿中帮着出歪点子、想邪办法，甚至同流合污；三是有些单位和部门办事拖拉、推诿扯皮、敷衍塞责，对新情况、新问题深入调查研究不够，办法也不多；四是有的干部仍然存在不廉洁的行为，甚至违法违纪。最近几年，大体上每年都有三四百人受到党纪政纪处分，其中一二百人要移送司法机关处理。尽管这些人对我们这支30多万人的队伍来说是极少数，但是危害严重，影响极坏。

总体上来看，国土资源系统反腐倡廉建设的形势依然严峻，任务依然繁重，我们一定要保持清醒的头脑，不能有丝毫的懈怠。各级国土资源部门领导，特别是主要领导同志一定要切实担负起反腐倡廉建设的主要责任，把国土资源系统党风廉政建设放在更加突出的位置，切实抓紧抓好。

三、集中精力抓好当前重点工作的落实

部党组关于今年党风廉政建设和反腐败工作的实施意见已经印发，请各地、各单位结合实际，认真抓好贯彻落实。这里，我再强调几项重点工作：

第一，要把深入学习实践科学发展观活动作为当前首要的政治任务抓紧抓好。中央已经部署开展学习实践科学发展观活动的试点工作，国土资源部是试点单位之一。最近一段时间，我们已经启动了试点工作，方案也已经得到批准。关于这项试点工作，一是要做好部署，以构建保障科学发展的新机制为主线，把“解放思想、改革创新”和“转变作风、增强执行力”的学习大讨论贯穿学习实践活动的始终，把查摆和解决问题贯穿学习实践活动的始终，把领导干部作表率贯穿学习实践活动的始终。

二是要解决问题，要增强贯彻落实科学发展观的自觉性和坚定性，提高贯彻落实科学发展观的执行能力。从全系统来说，要突出解决三个问题：第一是破解经济社会发展中遇到的疑难问题；第二是破解国土资源监管、服务中的重大问题；第三是破解影响群众权益的突出问题。要围绕这三个方面，通过试点来解决问题。对于涉及全国性的一些重大制度问题，可以给国务院提出建议，或者给相关部门提出建议。三是要完善制度，要加强调研，深入到国土资源管理工作做得好、富有经验的地方，深入到国土资源领域矛盾和问题比较集中特别是管理问题比较突出的地方，深入到国家各类综合改革试验区、基层联系点等地方调查研究，总结实践经验，进一步规范、完善国土资源管理工作制度，指导长远发展。这是当前的一项重点工作，部要尽全力搞好这次试点，也希望各地国土资源管理部门帮助、支持我们搞好试点。搞好这个试点对全系统都意义重大。

第二，要进一步提高国土资源系统依法行政水平。党的十七届二中全会对深化行政管理体制改革作出重大部署。当前，深化行政管理体制改革最核心的就是要转变职能、理顺关系、提高效能。根据这个要求，部要认真回顾总结建部十年来履行职能和体制运行的情况，按照行政管理体制改革的总体要求，进一步提高依法行政的水平。一是要增强干部依法行政的意识，提高落实国土资源管理政策措施的执行力。二是要加大监督检查力度，切实加强执法监察，认真开展各类专项督察，落实行政责任考核及追究制度。三是要推进法制建设，健全和完善国土资源法律法规。四是要坚持民主决策，规范决策程序，确保民主科学决策。五是要提升政务公开水平，坚持深化和完善权力公开、透明运行的体系，尤其要推进电子政务建设，搭建政务公开的平台，真正实现阳光行政。

第三，要认真抓好干部队伍作风建设。良好的作风是推进工作的巨大力量，也是维护清正廉洁的重要保障。要从思想作风、学风、工作作风、领导作风和生活作风等方面全面加强国土资源系统干部队伍的作风建设。一是要实现思想作风的与时俱进。要在解放思想、改革创新的学习大讨论中，积极引导干部职工树立强烈的忧患意识，增强攻坚克难的决心和服务经济社会发展全局的观念。二是要改进工作作风，增强执行力。在转变作风、增强执行力的学习讨论中，进一步明确职能定位，转变管理方式。要从习惯和热衷于审批转变到审批和监管并重上来，从注重事后查处转变到预防和查处并重上来。要着力解决群众反映强烈的问题，纠正损害群众利益的不正之风。要树立节俭意识，改进文风、会风，努力做到高效率、低成本。三是要切实加强领导作风建设。各级领导都要讲实话、出实招、办实事、求实效，把工作精力真正放到调查研究和解决问题上来，提高推动科学发展的能力和水平。要认真执行领导干部廉洁自律的各项规定，增强党性修养，保持奋发进取的精神和勤政廉洁的作风。

第四，要着力推进惩治和预防腐败体系建设。一是要加大教育的力度，以各级领导干部为重点开展党风廉政教育和廉政文化建设。各地、各单位也要结合实际，积极营造本地、本单位的勤政廉政文化氛围，及时宣传和推广好经验、好做法。二是要进一步完善反腐倡廉的制度体系，把治本抓源头寓于国土资源日常管理工作中。三是要进一步加强对权力运行的监督和制约，重点加强对领导班子和领导干部、重点环节和重要部位权力运行的监督。部要加强对机关各司局和在京直属事业单位的巡视工作，同时要进一步规范对事业单位的管理。四是要推进行政审批制度改革，深化征地制度改革，加快土地和矿业权市场建设，促进资源管理方式和配置方式的转变，着力从源头上防治腐败。五是要进一步加大对违纪违法行为的惩处力度，严肃查处领导干部和其他各类人员滥用职权、贪污受贿、失职渎职等违纪违法案件。部党组的态度很明确，对腐败问题绝不姑息，绝不手软，要充分发挥查办案件在治本方面的作用。

四、以改革创新精神不断提高反腐倡廉工作水平

适应经济社会发展和改革的进一步深化，不断推进新形势下的反腐倡廉建设，必须进一步解放思想、改革创新，以发展的眼光、改革的精神、创新的思路，不断提高反腐倡廉的能力和水平，使国土

资源系统的反腐倡廉建设更富有时代气息，更富有实际成效。

一是要坚持把反腐倡廉建设纳入国土资源管理工作的全局。反腐倡廉建设要围绕国土资源管理的中心工作，服务于国土资源改革发展的全局，增强反腐倡廉建设的针对性、协调性和有效性。反腐倡廉工作要与国土资源管理的业务工作一起部署、一起推进、一起检查、一起考核。要坚持两结合、两促进，国土资源管理工作改革到哪里，反腐倡廉的工作就要延伸到哪里；国土资源行政的权力在哪里，制度建设与监督工作的着力点就放到哪里。要在抓巩固、抓深入、抓提高上下功夫，把各项工作做细、做实、做具体，不断取得新的成效。

二是要坚持反腐倡廉思想方法和工作方法的与时俱进。把反腐倡廉建设与党的先进性建设和干部队伍建设结合起来，及时发现和总结全系统反腐倡廉工作的好经验、好做法，认真研究新情况、解决新问题，努力探索新形势下反腐倡廉建设的新规律。要充分运用科技手段，加强动态管理，增强监督的针对性和实效性。要完善反腐倡廉建设协调机制，加强与纪检监察机关、审计机关、政法机关、组织人事部门的联系协作。部要加强对地方厅、局工作的协调指导，形成多方联动、上下互动的反腐倡廉工作格局。

三是要坚持把制度创新作为反腐倡廉建设的重要任务。当前，无论是推动国土资源管理改革与发展，还是全面加强反腐倡廉建设，都迫切需要制度创新。首先，要按照市场配置资源的要求，推动国土资源管理制度改革，坚持用制度管人、管事、管权，充分发挥制度的保障性作用。第二，要突出前瞻性和预见性，把廉政建设和反腐败的要求，作为国土资源管理制度建设的重要原则和内容，通过制度创新，强化对权力运行的制约，寻求预防腐败的治本之策。第三，要加强对各种违纪违法现象的分析研究，当前违纪违法手段不断翻新，形式也变化多样，更具隐蔽性和复杂性。从最近几年揭露出来的案例来看，平均案值在增长，潜伏时间在延长，窝案、串案在增多。要分析研究这些现象，及时发现制度设计中的缺位和不到位问题，对现行的制度认真进行修改、补充和完善，需要建立的抓紧建立，需要修改的抓紧修改，需要废止的抓紧废止，逐步形成有效的制度体系，充分发挥制度的根本性作用。

四是要坚持反腐倡廉建设的领导体制和工作格局。首要的是坚持党组（党委）统一领导，党政齐抓共管，纪检监察机构组织协调，有关部门各负其责，依靠群众支持和参与的领导体制和工作机制。第二，要坚持主要领导负总责，谁主管谁负责。集体领导和个人分工相结合，认真分解、落实责任分工，形成有效的党风廉政建设责任体系。第三，要把责任制目标完成情况与干部选拔任用结合起来，进一步完善反腐倡廉目标责任考评机制。国土资源系统各级纪检监察部门要加强自身的思想政治建设和纪检监察能力建设，充分发挥组织协调作用，严格教育、管理、监督，全面履行职责。各级国土资源部门的党组（党委）要加强工作指导，经常听取纪检监察部门和审计部门的工作汇报，为纪检监察和审计工作创造有利的条件，支持他们的工作，做纪检监察和审计部门的坚强后盾，切实推进反腐倡廉工作。

我们一定要坚定不移地按照中央的部署，深入贯彻落实科学发展观，开拓进取、扎实工作，进一步推进反腐倡廉建设，努力推动国土资源事业的发展。

在全国土地执法百日行动领导小组第五次扩大会议上的讲话

徐绍史

（2008年3月31日，根据记录整理）

今年1月21日全国土地执法百日行动总结电视电话会议要求，到3月底前把百日行动后续工作继续抓好，继续巩固和扩大百日行动成果。根据这个要求，各级国土资源管理部门做了大量工作，9个派驻地方的国家土地督察局、全国土地执法百日行动领导小组办公室，也在这期间加强了现场督察，进行了调研，与有关地方政府和国土资源管理部门协商，共同巩固和扩大了百日行动成果。今天的汇报比较全面地反映了这一情况。

关于下一步工作，我讲两点意见。

一、百日行动后续工作正在较好地推进，但是还要继续加强跟踪督察

百日行动后续工作有三个非常明显的特点：一是指向明确，就是要抓住部和地方圈定的重点整改地区、典型案件，抓整体性处理意见的落实；二是百日行动领导小组办公室，特别是9个派驻地方的国家土地督察局根据部的要求，积极地进行督察；三是标本兼治，通过对部和省圈定的重点整改地区、典型案件、整体性处理意见的落实，以及各地建立长效机制的督察，从总体情况来看百日行动效果还是不错。截至目前，各地罚没款从21亿元增加到40亿元，比1月份增加了1倍；没收和拆除违规违法面积从2000万平方米增加到2600万平方米。纪检监察机关处理有关责任人员比1月份增加了400多人，公安和司法机关处理人员从333人增加到535人。重点地区整改工作总体进展顺利，部圈定的重点地区除了5个进展比较慢外，其他7个都有新进展。地方圈定的重点地区27个已经整改到位，没有到位的是19个。部里抓的典型案件三分之二已经到位，剩下的三分之一，有5个上收，4个还在协调。各地的典型案件立案率比较高，行政处罚比较高，在行政处分上还较差。“未批先用”的整体性处理意见大部分都已经批了，26个省份做了整体处理方案。现在总的情况还可以，但同时反映出来的问题，也折射出当前土地执法监管中的一些难点。

下一步工作：一是要继续跟踪督察。对没有处理到位、没有查处到位的，各督察局要求各省（区、市）一个月报告一次。整体处理报告意见到年中搞一次集中的调查和督察。

二是对一些确实进展迟缓、工作拖拉的重点整改地区和典型案件，有关督察局要坚决开展督察，要求地方整改。

三是对一些案情性质恶劣、但地方处理态度不积极、不坚决、不明朗的案件，要坚决上收，逐级上收处理。地（市）收县（区）的，省（区、市）收地（市）的。如果有必要，部里也可以上收省（区、市）的。

四是对百日行动后续工作情况的通报、宣传和计划挂钩要拿出操作性强的意见。

这四项工作，办公厅、总督察办、执法局、规划司都要拿出可操作的意见，要扭住不放、一抓到底。通报可以在系统内，也可以公开。宣传形式要多样，方式要灵活。既要宣传107个百日行动成效显著单位的先进经验，也要抓一些其他好的典型进行宣传。头脑中始终要有这根弦：宣传工作要长流水、不断线。不仅要加强国土资源报的宣传影响，还要考虑扩大社会影响。要一直保持兴奋点，好的、差的，需要报给领导的，需要披露给社会的，要去组织策划。所需要的素材，办公厅给总督察办和执法局提出要求。所谓高压态势，除了平时加强执法检查和督察外，媒体宣传非常重要，宣传要紧跟上去。年度土地利用计划指标的下达，要与地方百日行动重点地区的整改、典型案件的查处以及整体性处理意见的落实情况挂钩，也要一并考虑拿出可操作的意见。

二、土地执法监管任务艰巨，任重道远

土地执法监管任务艰巨，一是拆除难、查处难、结案难。这既有历史的原因，也是一个现实的难题。拆除难可能相对少一些，但是后两难没有有效的机制是解决不了的。

二是土地违规违法现象反弹的压力很大。这里既有换届效应，也有“路径依赖”，中、西部地区

还在模仿东部地区上世纪80年代的发展模式，这是客观存在的。大家仔细研究一下，各地政府换届都完成了，政府工作报告都作了，都在讲又好又快发展，讲“快”的政策非常明确，措施非常得力；但是讲“好”相对来说就弱了。今年前两个月固定投资增长率还是24%的增幅，所以对“反弹”要有思想准备。

三是土地违规违法手段不断翻新，更加隐蔽。比如所谓的“设施农业”、“农家乐旅游”等，把耕地逐步蚕食，还有就是“只征不转”，不占指标且规避审批。对这些情况大家一定要有敏感性，要抓早、抓小，及时处置。

四是建立长效机制难度很大，任务也很艰巨。

针对以上问题，我讲三点意见：

第一，加强业务建设，强化日常督察。今年2月19日到20日，国家土地督察机构召开了一次务虚会，大家开阔思路，说真话、说实话，开得很好。应该有这种鼓励大家说真话的氛围，这样才能够把真实的想法、真实的情况凑到一起形成解决方案，研究出一些可操作的办法。在推进国家土地督察工作中，大家要注意三点。

一是要结合国土资源管理中心工作开展督察。要围绕土地利用总体规划修编、第二次全国土地调查、耕地保护责任制落实情况检查、土地利用计划执行情况检查等部的重点工作开展督察。从目前看，土地利用总体规划修编“两减一增”的倾向非常明显，“两减一增”的倾向现在又蔓延到第二次全国土地调查工作中。所以，还是要结合中心工作来开展督察，这一条要引起注意。

二是要集中督促地方政府，着重防止新的违规违法用地。“两会”期间部里接待了几个省（区、市）的领导，我跟省里的同志讲，省里依法依规管地用地，确实有困难可以商量解决，但是一方面在违规违法用地，另外一方面还要部里照顾，部里就难办了。刚才有的同志讲到，一些地方国土资源管理部门的负责同志认为督察工作是在找地方的麻烦，这是不对的，实际上是地方的违规违法行为给我们添了麻烦。所以我们要理直气壮，加强督察。要特别注意防止新的违规违法，海南的两宗违法用地要特别注意，还有浙江的横店、东阳本身就是部圈定的重点整改地区。对这些情况，各个督察局要敏感，要密切关注。

三是要树好的，打坏的。督察局准备和省里搞共建，我非常赞成，要宣扬这些共建的经验，扶持好的典型，但同时对那些违法违规的地方要毫不手软，绝不姑息。

第二，加强调查研究，强化长效机制建设。构建保障科学发展的新机制，其中一条就是共同责任机制，包括两层含义：一是纵向的共同责任，中央和地方共同负责，地方包括省、市、县、乡各级政府；二是横向的共同责任，就是相关部门，大家共同管地，共同用地。除了纵向和横向的关系之外，土地执法长效机制最核心的就是“三早”，即“早发现、早报告、早制止”。部已经下发了要求各地建立长效机制的通知，最近在总督察办调研报告的基础上，我请小苏和藏春同志考虑，形成一个建立土地执法长效机制的指导性文件。各督察局也要集中力量，把基层成功的做法和好的经验都收集起来，包括已经做了的和正在做的，认真加以梳理，来完善、出台一个高质量的文件，指导各地的工作。这也是我们在开展深入学习实践科学发展观活动中完善机制和制度建设的一个重要环节。目前，推动长效机制建设具备了非常有利的条件：一是《违反土地管理规定的处分办法》即将出台，4月中旬监察部、人力资源和劳动保障部、国土资源部将联合开一个新闻发布会，5月1日就要实施。这个《处分办法》有一条很硬的杠杠，就是每年违规违法占用的耕地超过新增建设用地耕地面积的15%，将实行问责；二是我部与公安部、监察部、司法部，高法、高检联合出台《关于加强土地行政执法和刑事处罚衔接的意见》，执法局正在抓紧协调。这两个文件的出台力度会很大，对地方的震动也会很大。

第三，加强队伍建设，完善反腐倡廉建设。土地督察机构建立已经是第三个年头了，队伍越来越大，尤其要重视队伍建设和反腐倡廉工作。督察队伍没有行政执法权，但是有督察权，所以队伍建设和反腐倡廉建设一定要警钟长鸣。刚才有同志提到信息共享，部已经发过文件，到底是执行的问题，还是仍然存在没有解决好的问题。提出一个问题，最好能够有操作办法解决一个问题。一个问题如果在一段时间内反复提出来，这说明我们的工作不行，没有改进，没有长进。提出问题，如果这个问题是合理的，就马上想办法把它解决，特别是有些问题一次出现、两次出现、三次出现，就应该有意识去规范这件事情。信息共享的问题，如果还没有解决，我们再来想办法。

土地执法监管工作和国家土地督察工作难度很大，百日行动对加强土地执法监管工作和国家土地督察工作起到了很大的促进作用，同时各级政府、各级国土资源管理部门的管地用地行为都通过百日行动得到了很大加强。希望通过下一步的工作，使这样的局面进一步保持和发展下去，使土地执法监管工作和国家土地督察工作更有实效。

在国土资源部开展深入学习实践科学发展观活动动员大会上的讲话

徐绍史

（2008年3月31日，根据录音整理）

同志们：

在全党开展深入学习实践科学发展观活动，是党的十七大作出的重大战略部署。中央确定国土资源部为开展深入学习实践科学发展观活动的试点单位，充分体现了中央对国土资源工作的高度重视，对国土资源部的关心和信任。这是一项十分重大的政治任务。按照中央的部署，我部认真开展了前期准备工作，经过一个多月的工作形成了试点工作方案，试点工作方案已报经中央试点工作领导小组批准。今天，我们在这里召开深入学习实践科学发展观活动动员大会，全面启动我部的学习实践活动。下面，我讲四个方面的意见。

一、充分认识开展深入学习实践科学发展观活动的重要性和必要性，党的十六届三中全会以来，以胡锦涛同志为总书记的党中央提出并逐步丰富完善了科学发展观的重大战略思想

党的十七大进一步确立了科学发展观作为我国经济社会发展的重要指导方针。深入学习实践科学发展观，对于全面建设小康社会具有重大的现实意义和深远的历史意义。

（一）开展深入学习实践科学发展观活动，对于全面建设小康社会具有重大意义

改革开放30年，我国的经济社会发展取得了重大成就：经济快速平稳发展、综合国力不断增强，宏观调控不断加强和改善，经济结构调整取得新进展，经济增长方式转变也在积极推进，建设资源节约型、环境友好型的社会已经开始起步，人民生活向好，发展更加全面协调。党的十七大之后，我国经济社会发展已经进入到一个新的阶段。但从种种情况看，现阶段我国两大基本国情没有变。我国仍然处于并将长期处于社会主义初级阶段的基本国情没有改变，人民日益增长的物质文化需要同落后的社会生产力之间的矛盾这一社会主要矛盾没有改变。全面建设小康社会任务艰巨，面临着诸多矛盾和困难，30年高速发展过程中的一些问题也逐渐显露出来。主要是四个方面：一是发展不平衡，区域之间、城乡之间发展不平衡；二是发展不全面，经济增长、社会发展、资源环境还不够均衡协调；三是

发展低水平，自然资源、人力资源、环境资源消耗与产出之比，差距还很大；四是发展的社会效益不明显，人民的满意度和幸福感还有待提高。开展深入学习实践科学发展观活动，对于破解当前经济社会发展的重大矛盾和突出问题，推动经济社会又好又快发展，意义重大。

（二）开展深入学习实践科学发展观活动，对于用马克思主义中国化的最新成果武装头脑、领导发展具有重大意义

30年改革开放的进程，不断丰富和深化了我们党对发展的认识。党中央在深刻把握世情、国情、党情的情况下，特别是在把握当前我国经济社会发展的阶段性特征的基础上，着眼于把握发展规律、丰富发展内涵、创新发展理念、转变发展方式、破解发展难题，系统完整地提出了以人为本、全面协调可持续发展的科学发展观。科学发展观是我们党对三代中央领导集体关于发展理论的继承和发展，也是马克思主义中国化的最新成果，是中国特色社会主义理论体系的重要组成部分。科学发展观既是重大的理论问题，也是重大的实践问题，为新时期我国社会主义现代化建设提供了重要的理论指导和实践指南。我们要更好地走科学发展的道路，就必须用科学发展观武装头脑。同时，新世纪新阶段对党领导发展的能力提出了新的更高的要求，十七大报告要求我们党必须进一步提高执政能力，不断提高科学判断形势的能力、驾驭市场经济的能力、应对复杂局面的能力、依法执政的能力和总揽全局的能力。要领导科学发展，就必须以马克思主义中国化最新成果武装头脑、指导实践、推进工作。简要地说，就是要进一步更新发展观念，转变发展方式，走向科学发展。

（三）开展深入学习实践科学发展观活动，切实搞好试点工作具有重大意义

中央决定，今年3月份到8月份选择23个单位先行试点。从部委来讲，有中央组织部、财政部和国土资源部，一个是负责干部管理的，一个是负责财政管理的，一个是负责资源配置的；从地区来看，东部地区选择江苏，中部地区选择江西，西部地区选择四川；还有17个是企业、高校、市（地）、县（市）。中央制定了试点方案，对试点工作进行了系统部署。中央强调，试点工作成效如何，直接关系到全党学习实践活动的顺利开展，直接关系到中央对这项活动的总体认识和把握，直接关系到广大党员干部对开展这项活动的信心。我们必须以强烈的政治责任感，举全部之力把试点工作搞好。

二、切实增强开展深入学习实践科学发展观活动的责任感和紧迫感，试点既是党中央赋予我部的一项重大政治任务，也是国土资源工作改革与发展的现实需要

我们一定要提高认识，切实增强搞好试点工作的责任感和紧迫感。

（一）开展深入学习实践科学发展观活动，是探索科学配置资源、服务经济社会发展全局的重要契机

国土资源是经济社会发展的重要物质基础。当前，我国处在工业化、城镇化快速推进的发展时期，对土地、矿产等资源的需求持续上升。由于我们特殊的资源国情、长期积累的深层次结构性矛盾和粗放型经济增长方式，使得土地和矿产资源成了经济社会发展的瓶颈之一。具体可从以下几方面来看：一是我国资源国情特殊。我国耕地有“三少”：人均耕地少，截止2007年底，全国耕地面积18.26亿亩，人均耕地1.38亩；优质耕地少，中低产田占七成，高产田仅占三成，而这些高产田大部分集中在东南部，也是近几年建设占地最多最快的地区；耕地后备资源少，理论数据约2亿亩，但水土光热条件好的只有8000万亩。我国矿产资源总量大、人均少、禀赋差。我国现有矿产171种，已探明储量的有159种，占世界探明储量的12%，排在美国、俄罗斯之后，居第三位；人均探明储量只有

世界平均水平的58%，排在第53位；禀赋差，大宗、支柱性矿产不足，大矿、富矿、露采矿少，区域分布很不均匀。二是资源开发利用粗放浪费。建设用地盲目扩张，土地利用效率低下。矿产资源开发“小、散、乱”的问题普遍，矿产资源综合利用率较低。三是资源供需矛盾日益突出。建设用地供应难以满足需求；自20世纪90年代以来，重要矿产消费增长快于生产增长，生产增长快于储量增长，对外依存度不断上升，资源保障能力不足。四是土地、矿产违规违法问题严重。违规违法用地屡禁不止，在去年“百日行动”中，查出违规违法用地3.1万余宗，面积达336万多亩；矿产资源乱采滥挖严重，近年来查处违法勘查开采矿产资源12万余起，关闭不具备安全条件、严重浪费资源和破坏环境的矿山4.6万多家。破解科学发展的资源瓶颈难题，构建科学配置资源的新机制，要求我们深入学习实践科学发展观，不仅要做科学发展观的忠实实践者，还要做科学发展观的有力推动者，把科学发展观的要求落实到国土资源工作的各个方面，落实到经济社会发展的方方面面。

（二）开展深入学习实践科学发展观活动，是破解资源监管服务难题、构建保障科学发展新机制的重要契机

近年来，国土资源部按照科学发展观的要求，在参与宏观调控、优化资源配置、加强监管服务上取得了明显的成效，发挥了重要的作用。但目前还存在不少突出的问题。一是土地参与宏观调控还处在探索阶段。如何利用规划、计划和土地审批等行政手段，从建设用地的总量、布局、结构、时序上来参与宏观调控，还需要深入探讨；如何利用土地、矿产资源的价格、税费、价款等经济手段参与宏观调控，也需要深入探索；土地“闸门”如何与财政政策、货币政策、产业政策配合参与宏观调控，同样需要深入探索；土地参与宏观调控的目标、调控工具、传导机制、政策措施和配套办法等，都需要深入探索。二是资源的规划统筹和市场配置缺乏制度性保障。国土资源规划体系不健全，规划层级关系不明晰，规划参与宏观调控缺乏制度化的保障，权威性、约束力不强，对资源配置的统筹和调控作用发挥不够。资源配置的市场机制缺乏制度化保障，资源价格、税费、价款关系不顺，资源领域的利益诉求和权益矛盾日益凸显。三是资源监管服务方式转变不到位。重审批、轻监管，重微观、轻宏观，管理方式亟待改进，服务水平亟待提高，监管成效亟待增强。资源违规违法的查处协调机制不健全、手段不多，案件查处难、查处不到位的问题突出。国土资源服务经济社会发展水平也亟待提高。形成这些问题的原因是多方面的，也是复杂的，既有我们自身思想、工作和作风上的问题，又有体制、机制、法制上的问题。我们必须用科学发展观武装头脑，进一步解放思想、改革创新，积极破解资源监管服务中的疑难问题，切实把科学发展观转化为具体的工作部署和政策措施，加快构建保障科学发展的新机制。

（三）开展深入学习实践科学发展观活动，是加强自身建设、提高改革创新能力和行政执行力的重要契机

总体来看，国土资源基础业务建设在不断加强，干部队伍整体素质是好的。但是，与新形势的要求特别是科学发展观的要求相比，还有不少差距。一是思想不够解放、作风不够扎实。思想观念、管理职能、工作方式和工作作风转变都还不够到位，在一些同志当中不同程度地存在安于现状、畏首畏尾、视野狭窄和工作主动性、执行力不强等问题，党员干部综合素质和能力有待进一步提高。二是基础业务和基层工作亟待加强。国土资源发展战略、规划、改革、制度等重大问题的顶层设计、统筹谋划不够，充分利用现代科技手段、掌握基础数据、促进信息共享、增强快速反应能力不够，基层监管和服务能力不强。因此，必须按照科学发展观的要求，进一步增强忧患意识、责任意识和服务全局的意识，转变观念、转变职能、转变工作方式、转变工作作风，切实增强干部队伍的改革创新能力和行政执行力。从这三方面来看，这次试点工作既是中央赋予我们的一项重大政治任务，同时又是国土资源工作改革与发展的现实需要。我们一定要提高认识，加深理解，切实增强搞好试点工作的责任感和紧迫感。

三、精心实施深入学习实践科学发展观活动试点工作方案，刚才世元同志宣读了经中央批准的我部试点工作方案

我部试点工作从3月初开始准备，今天全面启动，到7月底结束，历时5个月左右。活动分为准备动员、学习调研、分析检查、解决问题、完善制度和评议总结共6个阶段。这次活动，主要在部机关、派驻地方的国家土地督察局、中国地质调查局及部其他直属单位的党员干部中开展，以部、司局级领导班子和处级以上党员领导干部为重点，欢迎党外人士参加。做好试点工作，要着力把握好四个方面。

（一）牢牢把握试点工作的指导思想和基本原则

我部试点工作的指导思想，主要是高举旗帜，突出主题，抓住重点，四个着力。这一指导思想，充分体现了党的十七大精神和中央的要求，既考虑国家机关普遍性特点，又结合我部工作实际，始终贯穿了以构建保障科学发展新机制为核心。具体来说，一要高举中国特色社会主义伟大旗帜；二要突出学习实践科学发展观，增强贯彻落实科学发展观自觉性、坚定性的主题；三要始终抓住领导班子和党员领导干部这个重点；四要围绕构建保障科学发展新机制，着力转变党员干部不适应、不符合科学发展观的思想观念，着力提高推进改革创新、贯彻落实科学发展观的能力，着力解决影响和制约科学发展的突出问题，着力解决基层和群众反映强烈的突出问题，使科学发展观在国土资源工作中落地生根。基本原则是开展这次试点活动的准绳。在活动开展过程中，坚持好四条原则：

第一条原则是正面教育为主。就是要坚持理论教育与实践教育相结合，着眼于自我教育、自我提高，着眼于保护和调动广大党员干部推动科学发展的积极性。学习实践活动必然要回顾前一阶段工作，分析存在的问题，一定要历史地、辩证地看待过去。要通过正面教育，解放思想，转变观念，统一对重大问题的认识。要注重总结经验教训，振奋精神、唤起激情，团结一致向前看、往前走。

第二条原则是突出实践特色。就是要正确处理“知”与“行”的关系，把试点工作与改革推进国土资源工作紧密结合起来。学习实践科学发展观，要学习，要提高，更要实践，这次学习实践活动要突出三方面的实践。一要总结实践，对实践中成功的做法和经验及时总结提炼；二要探索实践，主动参与各类综合改革试点和试验工作，研究解决新情况新问题；三要推动实践，注重推广典型经验，把改革成果、实践经验归纳提炼及时形成政策和制度，进一步推动面上的工作。

第三条原则是坚持群众路线。群众是实践和创造历史的主体。坚持群众路线要把握三点：一是要充分尊重群众的首创精神，善于发现和总结群众在实践中的创意、创见、创造和创新。二是机关干部只有深入群众、深入基层，才能不断从群众中汲取智慧和营养，丰富我们的知识、认识和经验。三是要主动接受群众监督，广泛听取意见和建议，把群众满意度作为衡量学习实践活动成效的重要标准。

第四条原则是解决突出问题。学习实践活动要将部机关自身、部系统和国土资源工作服务经济社会发展等不同层面的问题梳理出来，按照统筹考虑、当前与长远衔接的要求，分类研究解决。

（二）牢牢把握试点工作的目标任务

一要明显增强落实科学发展观的自觉性和坚定性；二要提高改革创新能力和行政执行力；三要切实解决影响科学发展的突出问题；四要努力形成构建保障科学发展新机制的基本框架。中央对试点单位提出了8个问题，希望大家在试点中认真研究、大胆探索。一是如何在活动中突出实践特色，引导广大党员把改造主观世界和改造客观世界有机结合起来，使学习科学发展观理论与推动科学发展的实践紧密结合、相互促进？二是如何在活动中突出抓好县处级以上领导班子和党员领导干部这个重点？三是如何在活动中坚持以正面教育为主，坚持务求实效？四是如何从实际出发，确定活动的阶段和具

体步骤？五是如何加强对活动的组织领导，搞好分类指导？六是如何坚持群众路线，吸收群众参与，组织好群众评议？七是如何评价活动取得的成效？八是如何巩固、发展学习实践活动取得的成果？

（三）牢牢把握试点工作的专门考虑

我部试点工作方案的专门考虑有四个方面：

一是形式要新。我们已经开展过“三讲”教育，开展过先进性教育，这次学习实践活动既与“三讲”、先进性教育有相似之处，也有不同的地方，要抓住这次学习实践活动的特点。这次我们强调开门学习，强调深入调研，强调把改造主观世界和客观世界紧密结合，强调学习实践活动和推进工作相结合。这些方面，试点方案中都有所体现，大家一定要认真把握、抓好落实。

二是安排要细。学习实践活动分六个阶段，每个阶段都有阶段要求、阶段安排和阶段成果。要通过细致的安排，保证学习实践活动扎扎实实推进，不走过场。

三是成果要实。预期成果是中央关心的，群众期盼的，也是我们经过努力能做到的，基层和群众能得到实惠的。成果以四个层面为主，即思想层面、理论层面、实践层面、制度层面。理论创新成果也非常重要，传统的发展经济学已经不能完全解释中国改革开放30年所取得的成就，也不能完全指导当前中国经济社会发展实践。科学发展观是马克思主义中国化的最新成果，是建设有中国特色社会主义的理论基础，我们要在理论上进行更深入的探讨。

四是特色要显。国土资源部作为试点单位具有特殊性，既是中央国家机关，又是资源配置部门，我们就针对这两个特殊性来考虑和设计试点工作。作为中央国家机关，要切实转变观念、转变职能、转变工作方式和工作作风。作为资源管理部门，学习实践活动的重要任务就是要构建保障科学发展新机制，主要是资源配置新机制。在完善制度阶段，要将建设用地、矿业权审批制度改革、用地计划管理制度改革、土地和矿产资源执法监察制度改革等都纳入进去，还包括制定部机关干部考核和选拔任用办法，促进机关干部进一步解放思想，提高改革创新能力和行政执行力，加强基础业务和基层工作。涉及国家层面的主体制度改革问题，比如中央和地方事权划分、干部考核指标体系、财税体制等方面的改革，我们积极向有关部门提出意见和建议。

（四）牢牢把握试点工作的核心要求

简单地说是一条主线、四个贯穿。一条主线就是构建保障科学发展新机制。构建保障科学发展新机制是我部深入开展学习实践科学发展观活动的主要特色和具体实践行动，是与学习实践科学发展观的实质要求完全一致的。我们一定要进一步解放思想、改革创新，加快构建保障科学发展新机制，把试点活动推向深入，取得实效。四个贯穿。一是把“解放思想、改革创新”和“转变作风、增强执行力”两个学习大讨论贯穿于学习实践活动全过程。通过学习大讨论，认清形势、提高认识，更新观念、转变作风，提高思想和政策水平，提高改革创新和行政执行能力，增强贯彻落实科学发展观的自觉性和坚定性。二是把查摆和解决问题贯穿于学习实践活动全过程。要把问题找准，有个人的、班子的、机关的、系统的和全局的，要认真研究解决，这是学习的关键。前一段，我们已经把部党组学习贯彻十七大精神务虚会上查找出来的问题进行了梳理，这次活动中要进一步查找和认真解决。同时要对规范性文件进行清理，要从有利科学发展角度，安排立、改、废。当下能够解决的必须抓紧解决；当下不能解决的要研究思路，作出安排，创造条件予以解决；属于国家层面的制度问题，包括需要综合改革和对政策做出重大调整的，也要积极提出解决的意见和建议。同时，还要争取回答中央提出的8个问题。三是把深入调研和推动实践贯穿于学习实践活动全过程。学习实践活动中，我们要分别深入到国土资源工作做得好、富有经验的地方，深入到国土资源领域矛盾和问题比较集中特别是管理问题比较突出的地方，深入到国家各类综合改革试验区、基层联系点等去调研。带着问题和解决问题的初步思路，争取在调研当中催熟解决问题的对策措施，成熟一个，决策一个，实施一个，推动面上的工作。四是把发挥党员领导干部的表率作用贯穿于学习实践活动全过程。领导班子承担着学习实践活动的主要责任，也决定整个学习实践活动的成效，要始终抓住党员领导干部和领导班子这个重点。我部的试点方案，充分体现了这个重点。方案明确提出，部党组、各司局各单位领导班子，全体部党组成员、司局级领导和处级党员干部，要带头学习，带头解放思想，带头调研，带头分析检查、撰写贯彻落实科学发展观情况的分析报告，带头接受群众评议。

四、扎实推进深入学习实践科学发展观活动，这次动员会之后，各司局各单位要迅速行动起来，按照部试点工作方案的要求，精心组织，扎实推进，务求实效

（一）加强组织领导

各司局各单位领导班子负总责，党组织主要负责同志是第一责任人，要认真负责，精心组织安排。大家要积极探索，大胆创新，做到规定动作不走样，也非常希望大家多做一些自选动作。试点本身就是一种探索，就是要趟出一条路子。全体党员特别是党员领导干部都要开动脑筋，大胆探索创新，充分发挥想象力，积极贡献智慧，把试点工作搞得有声有色。活动期间，各司局各单位的主要负责人要尽可能不安排与学习实践活动无关的出差出访。

（二）加强工作协调、指导和督查

部领导小组要切实负起责任。领导小组办公室要做好三件事，一是要组织实施，统筹协调，整体推进；二是要沟通联络，宣传发动，注意总结各司局各单位好的做法，及时推广；三是要向上级反映情况，争取指导和支持。领导小组办公室的同志要脱离原岗位，集中到试点办公室办公。被抽调人员的单位要大力支持，抽调人员本人要安心工作。

（三）努力做到“两不误、两促进”

今年上半年的业务工作非常繁重，学习实践活动的任务也非常艰巨。各司局各单位要相互协调，统筹兼顾，合理安排，整体推进。深入开展学习实践科学发展观活动，意义重大，影响深远。我们一定要按照中央的部署和要求，举全部之力，上下结合，扎扎实实、富有成效地抓好试点工作，完成好这一重大而又光荣的政治任务。

在全国国土资源厅局长座谈会上的总结讲话

徐绍史

（2008年7月27日）

座谈会就要结束了。两天来，大家沟通情况、交流意见，氛围非常好，达到了预期的目的。

今年上半年，国土资源系统大事多、急事多，尽管任务庞杂，但紧张有序、忙而不乱，系统上下表现出很强的大局意识，各方面工作按照年初工作会议的部署积极推进。部学习实践科学发展观活动试点工作得到了各省厅（局）的积极支持，我们向省厅（局）征求了一轮意见，并坚持向前再迈一步，就一些重大问题与有关省人民政府达成协议，共同商讨，限期拿出研究成果；部党组贯彻落实科学发展观情况的分析检查报告发到省厅（局）后，省厅（局）领导班子成员都非常负责，认真评议，并提出很多很好的意见和建议。这些意见和建议集中反映了部机关特别是部党组在国土资源工作中需要关注和改进的问题。

在1月份抗击低温雨雪冰冻灾害中，10多个省（市）国土资源厅（局）的广大干部职工到一线做了大量的工作。“3 · 14”西藏骚乱事件发生后，西藏、甘肃、四川、青海等省（区）国土资源厅特别是西藏自治区国土资源厅，讲政治、讲大局，在当地党委、政府领导下，积极维护和谐稳定的局面。在“4 · 28”胶济铁路重大事故中，部地质勘查司宋伯庆同志不幸遇难。在善后处理过程中，山东省委、省政府，淄博市委、市政府，山东省国土资源厅以及淄博市国土资源局给予了真诚的关心、支持，专门成立工作组与部里的同志一起处理善后，做了大量的工作，处理得非常好。“5 · 12”四川汶川大地震发生以后，四川、陕西、甘肃等省厅第一时间冲到一线抗震救灾，中国地质调查局、10多个省（区、市）和中国地质大学（北京）派出近500名专家奔赴一线开展次生地质灾害应急排查评估，工作非常出色。6月15日，中国地质调查局航遥中心在内蒙古自治区执行遥感拍摄任务中飞机失事，三名机组成员遇难，一名技术人员受重伤，当地政府、老百姓，自治区国土资源厅的同志们很快到一线抢救、治疗伤员，由于抢救及时，受伤的同志幸免于难。7月21日，成都地调中心在执行地质灾害排查任务中汽车坠崖，一位同志不幸遇难，四川省国土资源厅很快派人赶到现场，积极参与救治。

通过上半年这些大事、急事和突发事件的考验，充分证明我们是一支特别能吃苦、特别能战斗、特别能奉献、非常有凝聚力的队伍。在此，我代表部党组向同志们表示感谢和敬意！

下面，我对座谈会做一个小结，同时再谈一些认识和看法。

一、会议主要收获和意见

（一）会议的主要收获

同志们普遍反映，这次会议的六个通报信息量很大，既肯定成绩，也不回避问题。在两个半天的讨论中，大家踊跃发言，积极建言献策。大家没有照本宣科，而是根据会议的主题和自己平时工作的感受，谈看法、谈认识，提出了很多很好的意见和建议。大家感到，会议主要有三个方面的收获：一是扩大了共识。年初工作会议提出构建保障科学发展新机制，通过半年来的工作实践，大家进一步增强了贯彻落实科学发展观的自觉性和坚定性，对于构建保障和促进科学发展新机制进一步扩大了共识。二是明确了方向。当前和今后一个时期，要将解放思想、改革创新，构建保障和促进科学发展的新机制作为一条主线，贯穿整个国土资源管理工作。三是坚定了信心。尽管上半年急事多、大事多、难事多，但国土资源管理工作的势头很好。我们要乘势推进，加快构建保障和促进科学发展新机制。

（二）提出的主要问题

对同志们提出的意见和建议，会后我们将认真梳理，深入研究。集中反映的有这么几个问题。一是建设用地审批制度改革问题。部一直在做这项工作。现在城市批次建设用地审批比以前进展得要快，去年的计划到10月份批完，今年的计划上半年已经全部批完。单独选址项目的审批相对慢一些。部里今年2月份就研究这个问题，原则有两条：一是简化手续、优化程序、提高效率；二是不为今后改革设置障碍，要与监管同步，监管到哪一步审批就放到哪一步，权力责任一起放。会议印发的征求意见稿，准备将原来的35个要件压缩到10个。同时加强预审，把土地审批的内容尽可能拿到预审阶段，不影响项目立项、可行性研究甚至开工。我们已经启动修改27号令，将压覆矿产资源评估和地质灾害隐患评估的审查提前到预审阶段。二是土地管理的差别化政策和精细化管理问题。部里正在研究，但情况比较复杂，需要认真设计。土地利用总体规划需要进一步精细化。《城乡规划法》出台后，土地利用总体规划如何与城乡规划衔接？目前土地利用总体规划到县一级还可以，但乡镇、村庄缺少详规，没有精细化的管理，规划的地位和作用受到影响。农村土地管理要加强，主要是宅基地、承包地、集体建设用地。现在城市土地比农村土地管得好。城市国有土地征收、出让、划拨，形成了一整套程序，市场比较规范。农村土地管理问题比较大。十年间农村转移出1.23亿人，但农村居民点用地不减反增，现在农村宅基地还不够用。河北石家庄市管理农村宅基地采取“两图一表、三榜公布、三到现场”，这个经验很好。建设占用耕地长期以来占而不补、占多补少、占优补劣的问题也很突出，要采取措施真正做到先补后占。50万人口以上城市由过去的84个增加到168个，部正在研究，明年要不要扩大监测的范围。广东、福建、浙江、上海、江苏、山东、天津、辽宁、广西等地都在填海造地，相应的管理问题必须抓紧跟进研究，不然将来会很被动。三是耕地保护问题。很多同志说要有新的思路。这方面成都做得很好，建立了耕地保护基金，从土地出让收入中专门列出一块资金，每年根据承包耕地的等级给农民买养老保险，农民保护耕地的积极性就调动起来了。耕地保护不仅是政府的责任，还应该调动全社会特别是广大农民群众的积极性。林权制度改革即将大范围开展，林地和耕地的矛盾问题，大家要抓紧研究对策。所有这些问题，需要系统上下一起研究解决，解决一个问题，工作就会向前推进一步。

二、把握全局，正确认识国土资源工作的形势

（一）上半年经济形势

第一，国内外经济环境呈现十分复杂困难的局面，我国经济社会发展正经受着最为严峻的挑战和考验。从国际上看，一是国际经济增速趋缓，全面下滑。二是国际市场能源、原材料、粮食价格全面上扬，全球通货膨胀压力加大。原油、铁矿石等原材料、粮食等价格快速上涨。三是国际金融动荡加剧，美国次贷危机、美元贬值，货币金融风险加大。全球发展的不利因素、不确定因素和潜在风险明显增多。从国内来看，接连遭受年初南方低温雨雪冰冻灾害、“5·12”汶川大地震和目前的洪涝等重大自然灾害的冲击，经济社会发展面临很大困难和压力。

第二，国内经济平稳较快发展，总量矛盾趋于缓解。一是总量问题得到了缓解。上半年GDP增长10.4%，比上年回落1.8个百分点。二是结构矛盾得到了缓解。上半年贸易顺差990亿美元，同比减少132亿美元。社会消费品零售总额同比增长21.4%，比上年同期加快6个百分点。投资、消费、出口三大需求正朝着协调的方向发展。三是收入和就业增加，经济发展质量和效益进一步提高。今年上半年财政收入增长幅度也不小，企业的利润也在上升，城乡居民收入增加。更可喜的是，夏粮连续第五年丰收，增收60.8亿斤。油菜籽增收了72万吨，减少了我国对大豆进口的依赖。

第三，经济面临着一些困难，同时也具有有利条件。困难主要是物价上涨的压力比较大、农业基础薄弱、煤电油供应紧张、财政减收增支因素增多以及部分行业和中小企业经营困难。同时要看到有利的方面，一是经济发展仍处在重大的战略机遇期，基本面没有变；二是劳动力和资金的供给比较充裕；三是国内市场大，潜力大，回旋余地大；四是企业的活力和竞争力在不断提高；五是宏观调控在不断改善。中央要求我们既要充分估计和重视面临的困难，也要充分认识各种有利条件和积极因素，积极应对各种复杂局面的挑战，巩固和发展当前的好形势。

第四，努力做好下半年工作。一是保持经济平稳较快增长，避免出现大的起落；二是综合运用经济、法律和必要的行政手段，有效抑制物价过快上涨；三是切实加强“三农”工作，促进农业增产和农民增收；四是千方百计增加就业，促进经济社会协调发展；五是保持进出口的稳定增长，积极拓展对外开放的广度和深度。总的说，要保持经济平稳较快发展，防止物价过快上涨。

（二）上半年地产和矿产市场基本态势

总体上看，上半年地产和矿产市场的发展是健康的。主要有以下七方面情况：

一是土地供应总量下降，结构得到调整。今年上半年供应土地130万亩，同比下降25%。从结构上看，工矿用地下降，居住用地增加，居住用地中保障性住房用地增加。工矿用地供应43万亩，同比下降47%，占土地供应总量的33%，而以往工业用地要占到土地供应总量的40%，有的地方甚至达到60%，比重偏高。房地产用地供应51万亩，上升10%，占土地供应总量的40%；房地产用地中，居住用地供应37.7万亩，增长8.25%，占房地产用地供应总量的73.6%。经济适用房、廉租房和中低价位、中小套型普通商品房的用地供应近15万亩，增长8.6%，占居住用地供应的38.7%，虽然离要求的70%还有小一半的距离，但从总的趋势来看是上升的。二是地价涨速总体趋缓。监测的35个城市综合地价平均上升12%。其中，居住用地价格同比上升15%，环比上升3%，低于去年下半年9%的涨幅。太原、福州、成都、深圳等地的地价出现了负增长。三是地产市场竞争降温。根据对北京等8个城市的监测，一季度有269宗地出让，其中流标流拍占10%，溢价出让不到一半，底价出让大约一半。一部分房地产商采取联合开发、股权转让等方式来降低风险。四是土地抵押面积和金额双双增加。截至6月底，监测的84个城市，共抵押土地7万宗200万亩，抵押贷款总额1.54万亿，土地抵押面积和金额分别比年初上升了16%和19%。五是矿产勘查进一步加强，矿产价格继续上涨。油气勘查开采势头比较好，上半年发现了10多口高产油气井，产油将近1亿吨。安徽庐枞铁矿和江苏宁镇大金山地区的铁铜矿都有新的进展。矿产品价格还在上扬，上半年8种主要矿产价格同比上升32%，原油、煤炭、铁矿、钾盐、黄金价格涨幅都超过了40%。六是矿产勘查开发投资强劲。今年以来，煤、黑色金属、有色金属和非金属的勘查开发投入增长了45%，远远高于全社会固定资产投资26.3%的增速。七是土地矿产违规违法高发态势有所缓解。今年1～6月，全国土地违规违法案件立案数约2.5万件，涉及土地面积约21.8万亩，同比分别下降16%和20%。上半年整顿规范矿产资源开发秩序，查处无证开采1.3万件，整合矿区3000个，减少了1.5万个矿业权。

根据以上七方面情况，我们研究后得出以下五个判断：一是地产和矿产市场反映出来的情况，是符合宏观调控预期的。土地政策与货币政策配合，使得地价涨速趋缓，工业用地比例下降，居住用地比例上升。矿产虽然价格上涨，但是勘查开发投资进一步加大。二是土地供应对房地产开发影响不大。去年11月份，据对一些有代表性的开发商所作的调查表明，在开发土地面积171万亩，待开发面积66万亩，今年上半年房地产用地供应51万亩，三项合计约290万亩。下半年，各地政府对经济适用房、廉租房和中低价位、中小套型普通商品房的供地还将会增加。因此，房地产开发用地问题不会太大。三是土地供应对工业发展的影响也不大。据今年上半年完成的调查显示，全国闲置土地约有2.7万宗100万亩，加上下半年继续供地，能够满足固定资产投资所需要的土地。四是矿产勘查开发需要引导规范。上半年矿产勘查开发投资增长45%，勘查开发强度非常大，不排除有炒作的可能，需要加强引导和规范。五是宏观调控和监管的任务非常艰巨。土地和矿产违规违法的大背景没有大的变化，加上今年下半年宏观调控的目标是一保一控，换届效应可能会有更强烈的反应。东部地区现在意识到，目前这种低成本、高消耗的路已经走不通，在经济平稳回落的同时，开始注重结构的调整。随着一些产业转移到中西部地区，下半年中西部地区供地压力很大，大家要有思想准备。今年耕地保护的任务非常艰巨。四川、甘肃、陕西等省灾毁耕地约200万亩，加上灾民的临时安置点、永久安置点和倒塌建（构）筑物的废墟堆放点，占地非常大。全国其他地区洪涝灾害造成的灾毁耕地，根据以往的经验大概是80万亩左右。这两方面加起来就是280万亩，给补充耕地带来了相当大的压力。

总之，要密切关注地产和矿产市场的变化，根据国务院确定的宏观调控目标，及时调整完善土地和矿产政策，促进经济平稳较快发展。

给大家通报这些情况，主要是让大家了解、掌握当前的形势，统一思想认识，树立全局观念，按照中央宏观调控的统一部署，做好国土资源管理工作。

三、要把握有利时机构建保障和促进科学发展新机制

去年年底部党组理论学习中心组（扩大）会议上提出要构建保障科学发展的新机制，今年年初全国国土资源工作会议正式提出这样一个目标。我们的设想是一边统筹谋划、整体设计，一边探索实践、持续充实。目前，发展战略、规划体系、综合改革和制度建设的顶层设计架构已基本形成；下一个层次是六项国土资源重大专题的滚动研究；再下一个层次是软课题研究项目配合。顶层设计由这三个层次构成。顶层设计是核心，管定向、定位、定思路，引领整个新机制的构建。四大机制是制度建设的平台。新机制是一个框架性的开放系统，从内涵到外延、从内容到形式都是发展的、动态的、逐步充实和完善的。应该以实践第一的观点、发展的眼光、科学的态度来对待新机制的构建、丰富和发展。今年4月3日，李源潮同志来我部检查指导工作时，对构建新机制给予了充分肯定并提出了更高的要求。按照李源潮同志的指示，我们将构建保障科学发展新机制调整为构建保障和促进科学发展新机制。同时，宏观调控机制还加上了市场配置内容。

现在，构建新机制的时机很好。一是国家正在推进综合改革试点。主要有上海浦东新区、天津滨海新区综合改革试点，长株潭城市群、武汉城市圈两型社会的试点，成渝城乡统筹试点，唐山科学发展试点等。各项具体改革措施也在不断出台，像林权制度改革、电信重组、成品油和电价改革、金融改革等。更值得关注的是今年10月份将召开的十七届三中全会要研究农村改革发展问题。按照中央要求，部正在开展完善和规范土地制度的研究。这些改革都是我们构建新机制的大好时机。二是学习实践科学发展观活动全面展开。今年8月底，中央部署的学习实践科学发展观活动试点工作将基本结束。奥运会后，要在全党全面铺开学习实践活动。这也是我们构建保障和促进科学发展新机制的一次重大契机。三是政府机构改革深入推进。这不仅会带来管理职能的转变，还会推动新机制的构建。我们要把握住有利时机，乘势大力推进。

四、构建保障和促进科学发展新机制要坚持解放思想、改革创新

解放思想、改革创新，首先要有强烈的忧患意识和危机感。国土资源工作取得了很大的成绩，也面临着许多难题，基层的同志比部机关的同志感触更深刻、更真切。我在成都讲过，一些农村现在土地不流动、农民不养地、承包不稳定，主要原因是农村土地“产权不明晰、流转不规范、分配不公平”。地质勘查的体制机制和矿业权市场建设也不适应，存在的问题不比土地少。这些问题大多是内外交织、上下关联、涉及面广、政策性强的难题，如果得不到很好的解决，国土资源管理工作就难以开拓新的局面。造成这些问题的原因是多方面的、复杂的，客观上与我国特殊资源国情和特定发展阶段在国土资源领域的反映有关，主观上与我们解放思想、改革创新的自觉性不够强，新办法、新措施不够多有关。事物的发展是永恒的，人的认识和实践也是不断发展的。思想观念的更新和守旧，管理工作的先进和落后，经济社会的发展和停滞都是相对的，并依据一定条件相互转化。如果因循守旧、故步自封，就如逆水行舟、不进则退，永远处于被动局面。唯有解放思想、改革创新才能破解难题，保障和促进科学发展。面对这种形势，我们必须要有强烈的忧患意识和危机感，使解放思想、改革创新成为既有内力驱动又有外力拉动的主动的、理性的自觉。其次，要从“三不”走向“三勇”。坚决克服“安于现状不想改、畏首畏尾不敢改、视野狭窄不会改”的思想状态，努力做到“勇于革思想的命、勇于削手中的权、勇于去部门的利”，在解放思想、改革创新，构建保障和促进科学发展新机制的过程中，自我超越、舍弃利益。第三，解放思想、改革创新要落地。解放思想、改革创新的着力点是制度创新，就是要从思想层面走到实践层面，通过制度创新使大量在实践探索中合理的做法合法

化。在这次学习实践科学发展观活动中，我们对各种规范性文件进行清理，提出立、改、废的意见，就是为了让解放思想、改革创新落地，让它变成可操作的制度政策和具体措施。规范性文件是有生命周期的，三五年情况就会发生很大变化，只依据以前的文件办事，搞不好就会阻碍生产力的发展。

五、构建保障和促进科学发展新机制要全面布局、重点推进

首先要理清思路、理顺关系、搞好布局，在此基础上区别难易程度，分清轻重缓急，积极稳妥推进。目前能解决的要抓紧解决，近期能解决的要积极创造条件加快推进，中长期能解决的问题要抓紧研究。构建新机制需要上下联动、齐心协力、共同推进。这次学习实践科学发展观活动试点中，我们请了福建省厅的林依标副厅长和江苏金坛局的庄六孝局长参加试点办工作，对我们帮助非常大。今后我们还会请省厅（局）的同志与我们一起搞调查研究。

六、构建保障和促进科学发展新机制要搞好学习实践科学发展观活动

土地和矿产资源的管理直接关系到可持续发展，在学习实践科学发展观活动中，国土资源系统担负着重大责任。我们把学习实践科学发展观活动试点工作，当做一项重大的政治任务和国土资源管理改革发展的重要契机。通过深入学习实践科学发展观，构建保障和促进科学发展新机制，使资源配置更加科学，使干部受教育、发展上水平、群众得实惠。有三个方面的建议请大家把握：一是要认真制订方案，做到形式要新、安排要细、成果要实、特色要显。形式要新，跟以往活动既有相同点，又要有所不同，要帮助同志们克服“疲劳感”。安排要细，就是每一个阶段都有阶段要求、阶段安排和阶段成果，环环相扣，扎实推进，确保不轰轰烈烈地走过场。成果要实，就是要取得一批领导关心的、群众期盼的、我们能做的、基层也能得到实惠的成果。如果还有更高的水平，应力争在理论、思想、制度和实践上收获更多的成果。特色要显，就是一定要有特色。我们的做法是“一条主线、四个贯穿”，“一条主线”是解放思想、改革创新，构建保障和促进科学发展新机制，“四个贯穿”是解放思想、改革创新和改进作风、增强执行力的学习大讨论贯穿始终，深入调研和推动实践贯穿始终，检查、分析和解决问题贯穿始终，发挥领导干部的表率作用贯穿始终。二是要抓关键环节。要转变观念，就是要从那些陈旧的、不合时宜的、不符合科学发展的思想观念中解放出来。要创新制度，这是保障和促进科学发展的根本举措。要改进作风，特别是要提高执行力。要解决问题，包括影响和制约科学发展的重大问题、国土资源服务和监管中的疑难问题、群众最关心的现实问题。对省以下国土资源行政主管部门而言，更为主要的是群众关心的问题，服务和监管中的疑难问题居中，影响和制约科学发展的重大问题更多由中央层面来解决。三是要推进构建新机制。这项工作要与部的工作部署衔接，上下协调，齐抓共建，也可以联合相关部门，结合地方实际积极探索。对于超出我们职责范围的一些不利于科学发展的体制机制问题要向省委、省政府提出改革建议，同时要努力把国土资源保护和合理开发利用纳入地方经济社会发展综合评价体系，纳入干部考核指标体系，并要提高其权重。

七、构建保障和促进科学发展新机制要积极推进政府机构改革

政府机构改革包含着相互关联的双重含义，两者不可偏废。第一是组织机构的改革，涉及职能配备、机构设置和人员编制；第二是运行机制的改革，即转变思想观念、管理职能、工作方式和工作作风。中央确定这次政府机构改革有三个重点：一是改善宏观调控，促进科学发展；二是加强社会监管和公共服务；三是按照大部制方向推进改革。我们要坚定不移地推进资源的相对集中统一管理。国务院刚刚颁布实施的国土资源部“三定”规定中，部主要职责由原来的12条增加到16条，我们将尽快提

出落实方案并进一步理清与相关部门的职责分工。同时，以此为契机，大力推进运行机制的改革，转变思想观念、管理职能、工作方式和工作作风。

八、构建保障和促进科学发展新机制要开创性地推进工作

构建新机制是一项开创性的工作，需要进行新的实践，形成新的认识，开创新的局面。第一，要保持锐意开拓、探索创新的精神。我们要振奋精神，深刻认识担负的责任、工作中的问题和自身的不足，要关注新情况、新问题，积极应对，主动作为，化压力为动力，变挑战为机遇。第二，要发扬雷厉风行、狠抓落实的作风。要增强居安思危、奋发图强的责任感和紧迫感，始终保持迎难而上、一往无前的精神状态，雷厉风行、扎实苦干，重点工作要扭住不放、一抓到底、抓出成效。全系统都要形成这种作风。第三，要提高总揽全局、统筹兼顾的能力。现在构建新机制的框架性设计已经形成，零敲碎打的做法不能再继续下去了。要把国内外、省内外、系统内外的情况综合起来，把经济的、政治的、思想的、科技的各种情况汇总起来。谋全局、想大事，有计划、有步骤地全面推进构建保障和促进科学发展的新机制。

在国土资源部开展深入学习实践科学发展观活动试点工作总结大会上的讲话

徐绍史

（2008年8月21日，根据录音整理）

同志们：

今年3月到8月，按照中央的部署，我部开展了深入学习实践科学发展观活动试点工作。中央领导同志对我部试点工作非常重视。中央政治局常委、国务院总理温家宝在《国土资源部党组贯彻落实科学发展观情况的分析检查报告》上批示："要紧密联系实际，认真开展调查研究，着力改进政府部门工作，注重取得实际效果。"中央政治局常委、国务院副总理李克强批示："国土资源部党组以开展深入贯彻落实科学发展观为契机，查找问题，分析原因，提出今后工作基本思路，这对推动国土资源管理工作发展与改革有重要意义。要着眼于注重取得实效，着力构建统筹资源保障与保护、推动科学发展、促进资源节约的体制机制。"试点期间，中央政治局常委、中央纪委书记贺国强，中央政治局委员、中央组织部部长李源潮分别来我部检查指导工作，听取我部试点工作汇报，作出重要指示，为我部开展试点工作进一步指明了方向。中央领导同志的关心和重视为我部试点工作提供了强有力的保障。

五个多月来，在中央试点办和中央国家机关工委的指导下，经过各级党组织和全体党员同志的共同努力，我们顺利完成了深入学习实践科学发展观活动试点工作任务，取得了明显成效。

一、认识和回顾

2月23日，中央试点工作领导小组召开了第一次会议，明确国土资源部作为试点单位。试点工作从2月下旬开始准备，历经准备动员、学习调研、分析检查、解决问题和完善制度四个阶段。我们在深化认识、精心设计、加强领导上下功夫，实现了预期目标。

（一）部党组对试点工作的认识站位比较高

经过一个多月的学习准备，3月31日，部召开试点工作动员大会，我代表部党组从三个方面谈了学习贯彻落实科学发展观的重要性和必要性，并从三个方面要求增强做好试点工作的责任感和紧迫感。部党组深刻认识到，贯彻落实科学发展观是党的十七大作出的一项重大战略部署。科学发展观是重要的理论指导和实践指南，事关破解经济社会发展中的重大矛盾和突出问题、推动经济社会又好又快发展的大局。我们清醒地认识到，深入学习实践科学发展观活动试点工作是一项重大的政治任务，关系全党开展深入学习实践科学发展观活动的顺利进行，关系中央对活动的总体认识和把握，关系广大党员干部对搞好活动的信心。我们强烈感觉到，试点工作对我部是一次重要的发展契机，关系到国土资源管理工作破解难题、提升能力、构建新机制，关系到国土资源管理事业的改革与发展。

（二）部党组对试点工作精神认识把握比较好

部党组通过认真学习中央的试点工作方案，深刻把握试点工作的指导思想、基本原则和目标任务，结合我部实际，提出了试点工作“形式要新、安排要细、成果要实、特色要显”四项专门考虑和“一条主线、四个贯穿”（即以构建保障和促进科学发展新机制为主线，把“解放思想、改革创新”和“改进作风、增强执行力”两个学习大讨论、查摆和解决问题、深入调研和推动实践、发挥党员领导干部的表率作用贯穿学习实践活动全过程）的核心要求，从而确保我们围绕实现目标、积累经验两大任务，持续、扎实、有效地推进试点工作。

（三）试点工作的组织领导有力有效

五个多月来，我们在思想、工作和组织方面都作了充分的准备，开展了有效的工作。各级党组织和全体党员领导干部坚决贯彻工作方案的部署，强有力地推进试点工作。“5·12”汶川大地震发生后，试点工作丝毫没有松懈，我们按照“三结合、三不误、三促进”的要求，扎实有效地推进深入学习实践科学发展观活动试点、抗震救灾和日常业务工作。

（四）试点工作实现了预期目标

部机关18个司局、9个派驻地方的国家土地督察局、20个在京直属单位，共59个党组织、4731名党员干部全身心投入到试点工作中，努力做到了“规定动作不走样、自选动作有创新”，思想观念受到了洗礼，执行能力得到了锤炼。大家普遍反映，通过学习实践活动，思想观念有了新的转变，工作作风有了新的改进，执行能力有了新的提高，制度建设有了新的成果，业务工作有了新的进展。试点工作较好地实现了“统一认识，提高能力，解决问题，创新机制”的目标任务。同时，积极探索，积累了学习实践科学发展观活动的初步经验。

通过对试点工作的简要回顾表明，我部试点工作方案符合实际、机关特色突出、方式创新、工作扎实、成效明显。如果说，五个多月前我们制订的试点工作方案是一种主观认识，那么，五个多月来的试点工作就是一次很好的实践，今天的总结又是在实践基础上的再认识。我们学习实践科学发展观不会停步，要在今天总结的基础上进行再实践，这样才能使我们学习贯彻落实科学发展观的思想认识和执行能力，在“认识、实践、再认识、再实践”的循环往复的过程中持续不断地得到提升。这次学习实践活动形成了试点工作方案、动员报告、分析检查报告、整改落实方案和总结报告等重要文件，凝聚着大家的智慧和心血，也是我们这次试点工作的真实写照。

二、特点和成效

按照中央的要求，紧密结合部的实际，创造性地开展工作，主要有以下四个方面的特点和成效。

（一）深入学习研讨、努力转变观念，贯彻落实科学发展观的自觉性和坚定性明显增强

学习贯彻落实科学发展观，首要任务是解放思想、转变观念。在学习实践活动中，我们针对部机关部分单位、部分同志中存在的“三不”，即安于现状不想改、畏首畏尾不敢改、视野狭窄不会改的突出问题，着力从三个方面促进机关干部思想观念的转变：一是抓学习。组织党员干部认真学习中央“两个读本”和“一个篇目”，结合部门实际编印了三册学习资料，供大家日常学习使用。认真组织学习胡锦涛同志6月13日在省（自治区、直辖市）和中央部门主要负责同志会议上的讲话、6月30日在抗震救灾先进基层党组织和优秀共产党员代表座谈会上的讲话精神。向党员干部推荐了一批经典书目，组织党员干部认真自学，撰写读书笔记。邀请中央党校专家、地方党委领导、系统基层同志，从理论和实践等不同层面作辅导报告。这些学习对于我们提高认识、扩大共识都发挥了重要作用。二是抓大讨论。在第一阶段，开展了“解放思想，改革创新”学习大讨论，大家从自身、本单位、部机关三个层面，查找思想认识上影响和阻碍科学发展的突出问题。部党组成员、168名司局级干部撰写学习心得，在部局域网上公开交流。三是抓分析检查。部党组和各司局、各单位深入查找突出问题，透彻分析主观原因，认真撰写分析检查报告。部、司局级班子认真召开专题民主生活会，开诚布公地开展批评和自我批评。部党组先后召开10次党组会，研究撰写分析检查报告，查找出5个方面的突出问题，剖析了4个方面的主观原因，提出了6个方面的对策措施。

通过学习大讨论和分析检查，广大党员干部的思想受到了触动，认识有了新的提高。集中表现在三个方面：一是对科学发展观的理解越来越深刻。大家认识到科学发展观不是看不见、摸不着的抽象概念，它是具体的，就在身边，就在日常工作中，与我们的思想和工作密切相关，是需要实实在在付诸实施的思想革命和科学实践。二是忧患意识和危机感越来越强烈。在学习实践活动中，我们既看到了十六届三中全会以来贯彻落实科学发展观取得的巨大成绩，更看到了当前国土资源管理工作中存在的突出矛盾和重大问题。破解难题、保障发展、保护资源的忧患意识和危机感越来越强。三是解放思想、开拓创新的氛围越来越浓厚。在学习实践活动中，我们着力克服“三不”的突出问题，走向“勇于革思想的命，勇于削手中的权，勇于去部门的利”，自我超越，舍弃利益，推进思想观念、管理职能、工作方式和工作作风的转变，开拓创新的意识和能力都在不断增强。总体上看，广大党员干部贯彻落实科学发展观的自觉性和坚定性明显增强。

（二）深刻反思总结、努力改进作风，贯彻落实科学发展观的执行力明显提升

总体上看，我们这支队伍的素质和作风都是好的。但是，面对贯彻落实科学发展观的新形势、新要求，我们还有不少差距。因此，在学习实践活动中，我们努力克服不足，抓紧“充电扩容”，提升能力。一是深入开展“改进作风，增强执行力”的学习大讨论。在工作作风和行政执行力上查找问题，寻求对策。普遍受到教育，认识有了新的提高。二是党员领导干部和部、司局两级领导班子以及党员个人，围绕在贯彻落实科学发展观上存在的突出问题，从党性、党纪、党风三个方面查找原因，认真分析检查，接受群众评议。三是边查边改。这次学习实践活动中，我们讲成本、求实效，倡导节俭的风气，集中学习讨论都在部机关举行，部试点办利用部机关会议室和其他场所集中办公，利用视频系统开展培训、召开会议，事业单位也都充分利用现有的办公设施，大大减少了活动开支。司局级干部集中精力抓工作、抓主业，以专家的身份参加评审或者讲课的现象已经大大减少，把更多的精力投入到了业务工作中。

通过学习实践活动，我们的作风有了明显的改进，主要表现在三个方面：一是坚持高标准、严要求、快节奏的共识大大提高。对于一定程度上存在的作风飘浮、运行不畅、落实不力、执行力不强

等突出问题，大家认为还是应该坚持标准要高、要求要严、节奏要快，这方面的认识有了比较大的提高。二是工作的责任心和主动性不断增强。不少同志在学中干、在干中学，利用业余时间“充电扩容”，提高自己的业务素质。在学习实践活动期间，有些工作取得了很好成效。例如，整顿规范矿产资源开发秩序工作集中力量抓了“回头看”；全国土地执法“百日行动”的后续工作特别是建立长效机制有了很大进展；贯彻落实《国务院关于促进节约集约用地的通知》，节约集约用地工作有序推进；汶川大地震发生后，按照中央的部署，国土资源系统全力投入抗震救灾工作，开展地质灾害应急排查、遥感监测和解译以及灾后重建规划等工作；各司局齐心协力，顺利修改完成了新的部“三定”规定；全国土地利用总体规划纲要修编工作顺利推进，已经国务院第22次常务会议审议通过。特别值得一提的是，土地矿产法律中心积极主动地开展工作，利用两个月时间，成功开发了土地交易合同网上填报服务系统，既为基层服务，同时又获取了所需的监管信息，这种精神非常值得学习和推广。三是工作质量和效率不断提高。公文质量、有关行政审批事项和政务大厅运转效率在不断提高，特别是报国务院领导的专报、函报，越写越好。机关运行的效率也在提高，督查工作不断强化。重点工作扭住不放、一抓到底、抓出成效的观念越来越强。

（三）着力解决问题、积极推动实践，保障和促进经济社会发展的作用日益显现

学习实践科学发展观就是要知行合一，推动实践、推动发展是贯彻落实科学发展观的根本目的。针对国土资源管理工作中存在的与国民经济社会发展衔接不够、跟进不快、保障不够有力、服务不够主动等问题，我们从三个方面积极总结、探索和推动实践：一是开门试点、咨询问策。学习实践活动期间，我们召开8个座谈会，发放1000多份调查问卷，开设4个媒体专栏，通过多种方式广泛征求全国人大、全国政协相关专委会，中央、国务院有关部门，各省（自治区、直辖市）人民政府和国土资源厅（局），中央党校和国家行政学院部分学员，工业部门地勘单位，部机关和直属单位等方面的意见和建议，收集到各种意见3470多条。征求意见坚持“走出去，请进来”，向前再迈一步，及时向提出重要意见的部门和地方政府复函，有关司局主动上门沟通，召开各方参加的座谈会，共同研究解决问题的对策措施，形成正式的意见和建议。二是深入调研、理清思路，破解科学发展的难题。4月份，我们集中力量开展了一轮调研。通过实地、委托、蹲点和问卷等多种调研方式，带着各种各样的问题，包括影响和制约科学发展的重大问题、服务和监管中的疑难问题、群众反映最直接最现实的问题；带着解决问题的初步思路和政策措施的雏形；带着土地、矿产信访案件和违规违法案件，深入到国土资源管理工作做得好、富有经验的地方，深入到矛盾和问题比较集中特别是管理问题比较突出的地方，深入到国家各类综合改革试验区、基层联系点，共23个省（自治区、直辖市）进行实地调研，总结基层经验，解决疑难问题，完善政策措施。还在成都等11个市（区、县）部署开展了专题蹲点调研。同时委托18个地方国土资源行政主管部门和相关单位，进行8个重点问题研究。通过调研，督办了一批信访和违规违法典型案件，形成了22份破解突出问题的调研报告。部党组及时召开调研成果汇报交流会，推进对策建议转化应用，成熟一个、决策一个、实施一个、推动工作。三是主动参与国家综合改革试验区的相关改革。超前部署、及时跟进，结合国家综合改革试验区，探讨土地资源管理的创新和改革。与广东省节约集约用地示范试点，天津市滨海新区综合改革试点，福建省构建海峡西岸经济区，湖南省长株潭城市群、湖北省武汉城市圈两型社会综合改革试验区，成渝城乡统筹改革试验区等，分别签署了协议、备忘录或会议纪要，把这些综合改革试验区作为平台来共同探讨推进国土资源管理工作的改革创新，争取在试验区形成新思路，推出新举措，提升国土资源管理水平，更加有力地服务经济社会发展的大局。通过这些工作，国土资源保障和促进科学发展的作用日益显现，也得到了地方的好评。

（四）着力完善制度、努力创新机制，保障和促进科学发展新机制的框架初步形成

学习贯彻落实科学发展观，关键是要把经济社会发展的需求转化为保障和促进科学发展的政策和制度。学习实践活动期间，我们主要抓了三方面的工作。一是制订整改落实方案。针对查找出的5个方面的突出问题，我们认真研究制订了整改落实方案，既抓突出问题的解决和体制、机制的创新，又抓思想观念的转变和执行力的提高；既抓当下能够完善的制度，也抓近期和长远需要研究制定的政策措施，逐项明确了负责的部领导、责任司局、完成时间和成果要求。二是努力抓制度的立、改、废。我们围绕规划统筹和宏观调控、提高资源保障能力和利用效率、加强执法监管、维护群众资源权益等方面的问题，积极开展政策制度的立、改、废，包括与相关部门联合制订、与地方政府联合制订以及我部自己制订规范性文件。对涉及一些主体制度的改革，我们向中央和有关部门提出了建议。初步统计，试点期间经过审议成型或者已经形成思路的规范性文件近40件。三是推进顶层设计，加强重大问题研究。从年初开始，我们从战略、规划、改革和制度四个方面开展顶层设计。目前，顶层设计的框架已经形成。通过顶层设计，最终形成《国家可持续发展国土资源战略纲要》。按照“大国土、大资源、大地质”的思路，启动了覆盖土地、矿产、地质、海洋和测绘等各个领域的战略研究工作。组织力量开展国土资源法制建设、土地宏观调控、土地管理、矿产资源管理、地质勘查新机制、思想作风和党风廉政建设等6大专题的滚动研究。制订了国土资源管理软科学研究指南，启动了28项支撑顶层设计的软科学研究项目。在此基础上，我们提出了构建保障和促进科学发展新机制的框架，主要包括宏观调控和市场配置、共同责任、开源节流、科技创新和国际合作等四个机制。顶层设计和新机制的框架是一个动态的开放系统，我们一边统筹规划、系统设计，一边探索实践、持续充实。其中，顶层设计是核心，它主要为国土资源事业定向、定位、定思路，引领构建新机制的工作；四个机制是制度平台，从内涵到外延、从内容到形式都是动态发展的、逐步充实完善的。总体上看，顶层设计和构建新机制的框架已经初步形成。

在看到成效、肯定成绩的同时，我们也不回避问题。试点工作中还存在着三个方面的不足和问题：一是整个试点工作发展不平衡。有的单位业务工作和试点工作统筹不够有力，对试点工作投入的精力不够多。二是解放思想、改革创新还没有完全落地，还需要做大量的工作。三是转变思想观念、管理职能、工作方式和工作作风还需要继续努力。这些问题需要引起我们高度重视，在今后工作中很好地克服。

三、体会和打算

成效固然可喜，问题不容回避，但经验和体会更为可贵。回顾总结我部学习实践科学发展观活动试点工作，我们有以下五个方面的体会：

（一）坚持解放思想、改革创新，贯彻落实科学发展观才能真正落地

贯彻落实科学发展观就是不断解放思想、改革创新的过程。解放思想、改革创新，就是要切实转变思想观念，破除文化保守和体制保守。要树立群众观念，善于从群众中汲取营养，接受群众监督。要坚持实践探索，努力在实践中试，在实践中闯。解放思想落地就是要制度创新，要使大量在实际工作中合理的做法规范化，从思想层面走到实践层面，形成可操作的制度政策和具体措施，使贯彻落实科学发展观真正落地。

（二）搞好整体设计、抓住关键环节，学习实践科学发展观活动才能扎实推进

我们精心设计试点工作方案，十易其稿，对学习实践活动作出了四点专门考虑：形式要新，学习实践科学发展观活动跟以往活动既有相同点，又要有所不同，强调改造主观世界与改造客观世界结

合，学习与推进工作结合，强调开门学习实践，开展多种形式的调研，注重平台设计和形式创新，帮助同志们克服“疲劳感”；安排要细，每一个阶段都有阶段要求、阶段安排和阶段成果，环环相扣，扎实推进，确保不走过场；成果要实，就是要取得一批中央关心的、群众期盼的、我们能做的、基层和群众也能得到实惠的成果，要努力收获思想、理论、制度和实践四个方面的成果；特色要显，要抓住机关的特点，抓住思想观念、管理职能、工作方式和工作作风的转变，抓住机制创新。我们提出了“一条主线、四个贯穿”。在活动开展过程中，注重抓关键环节。要转变观念，就是要从那些陈旧的、不合时宜的、不符合科学发展的思想观念中解放出来。要创新制度，这是保障和促进科学发展的根本举措。要改进作风，特别是要提高执行力。要解决问题，包括影响和制约科学发展的重大问题、国土资源服务和监管中的疑难问题、群众最关心的现实问题。通过精心设计、把握关键，确保了学习实践活动扎实而富有成效地推进。

（三）坚持领导带头、发挥不同层面干部的积极性，学习实践科学发展观活动才能提高效用

领导班子和领导干部承担学习实践科学发展观活动的主要责任，对活动的成效起关键作用。我们始终抓住党员领导干部和领导班子这个重点。部党组，各司局、各单位领导班子，全体部党组成员、司局级领导带头学习，带头讨论，带头解放思想，带头撰写心得体会，带头调研，带头分析检查，撰写贯彻落实科学发展观情况的分析检查报告，带头接受群众评议，做学习实践科学发展观的先行者、组织者、推动者。离退休党员干部占我部机关和直属单位党员总数的50%以上，通过积极开展“科学发展观在我身边”活动，围绕构建保障和促进科学发展新机制建言献策，做学习实践活动的支持者、参与者、推动者、实践者。部机关和直属单位35岁以下的团员青年近1500人，通过积极开展“学习实践科学发展观，国土资源青年在行动”主题活动，积极参与，乐于奉献，成为学习实践科学发展观的生力军。处级干部在部机关和直属单位承上启下、人数多、作用大，重点安排处级干部调研，接待群众来访，列席司局领导班子专题民主生活会，专门召开处长座谈会听取意见和建议。由于我们在突出领导带头的同时，关注“一老一少”和处级干部，充分调动了广大党员干部的积极性，扩大参与面和覆盖面，整体提高了学习实践活动的效用。

（四）突出实践特色、努力创新机制，学习实践科学发展观活动才能取得实效

我们注重突出实践特色，着力总结实践、探索实践、推动实践。总结实践就是要及时总结提炼实践中的有效做法和成功经验；探索实践就是要主动参与综合改革试验区的工作，研究解决新问题；推动实践就是要通过具体的政策措施推动各项工作。同时，着力推进部机关、部系统的制度创新、机制创新，确保学习实践活动取得实实在在的成效。

（五）着眼长远、构建长效机制，学习实践科学发展观活动才能巩固和发展

贯彻落实科学发展观是一项长期的任务，具有长期性、艰巨性和复杂性。必须要构建长效机制，巩固和发展学习实践活动成果。我们从两方面构建长效机制：一是从国土资源系统层面，开展国土资源战略、规划、改革和制度顶层设计，解决国土资源管理工作的定位、定向和思路问题，并通过国土资源重大问题的滚动研究和年度软课题的支撑研究来支持，从而引领保障和促进科学发展新机制的构建、丰富和发展。二是从部机关层面，制订部党组《关于解放思想、改革创新，改进作风、增强执行力的决定》，鼓励机关的同志树立与时俱进的思想观念、昂扬奋进的精神状态和雷厉风行的工作作风，同时通过健全完善干部的考核、任用、巡视和监督制度进行鼓励、监督和规范，形成一种鼓励勤于学习思考、勇于开拓创新、善于真抓实干的导向，为贯彻落实科学发展观提供思想、组织和人才保障。

（六）下一步打算

下一步，我们要抓好四项工作：一是继续学习、提高认识、扩大共识，把学习实践科学发展观落实到日常工作中；二是继续抓好整改方案的落实，抓好近期和长期的制度研究；三是继续推进顶层设计和部党组《关于解放思想、改革创新，改进作风、增强执行力的决定》的贯彻落实；四是要搞好满意度测评，请各司局、各单位负责人和广大党员同志认真严肃地对待这项工作。

回顾五个多月的试点工作，同志们付出了辛劳，倾注了心血，奉献了智慧，使试点工作顺利推进，取得明显成效。借此机会，我代表部党组向大家表示感谢和敬意。学习实践科学发展观已经迈出了艰辛而可喜的第一步，但贯彻落实科学发展观还任重道远，希望大家振奋精神，在贯彻落实科学发展观的道路上阔步前进！

深入学习实践科学发展观　构建保障和促进科学发展新机制

——在全党深入学习实践科学发展观活动动员大会暨省部级主要领导干部专题研讨班上的发言

徐绍史

（2008年9月22日）

今年3月至8月，按照中央的部署，国土资源部党组把深入学习实践科学发展观活动试点工作作为一项重大政治任务，作为推动国土资源管理改革发展、统筹资源保障与保护的重要契机，积极探索，扎实推进，力求做到“规定动作不走样、自选动作有创新”，较好地完成了试点工作的目标任务，国土资源管理工作和机关建设取得了一些新的进展，出现了一些新的气象。

一、精心设计方案、作出专门考虑，努力增强学习实践活动的针对性和实效性

学习实践科学发展观是深刻的思想革命和科学实践。我部被中央确定为试点单位，广大党员干部深受鼓舞。同时也有同志顾虑，当前影响和制约科学发展的问题比较多，解决难度比较大，学习实践活动时间紧、任务重、要求高，担心搞形式、走过场；还有同志担忧，经历了“三讲”和“先进性教育活动”，个别党员可能出现“心理疲劳障碍”，影响参与热情和活动实效。

针对上述情况，力求把握党内集中教育活动的规律，精心设计试点工作方案。一是深刻把握试点工作的指导思想、目标任务、基本原则等重要精神。二是深入分析国土资源管理的总体态势和党员干部的思想状况，梳理存在的突出问题。三是上下互动、达成共识，在不同层面上反复研讨，不断完善方案。

试点工作方案突出了四点专门考虑：一是力求形式新。坚持开门试点、深入调研，注重学习教育与推进工作结合，注重平台设计和形式创新，注重广泛参与和互动交流，努力激发党员干部的参与热情。二是力求安排细。每个阶段都有阶段要求、阶段安排和阶段成果，环环相扣、滚动推进，便于落实、督查和验收。针对部门实际，强调抓住转变观念、改进作风、解决问题、创新制度四个关键环节。三是力求成果实。围绕中央关心的、群众期盼的、我们能做的、基层和群众能受惠的实事，努力取得思想、理论、制度和实践四个方面的成果。四是力求特色显。抓住中央国家机关和国土资源工作的特点，提出“一条主线、四个贯穿”的核心要求，把构建国土资源保障和促进科学发展新机制作为

主线，把“解放思想、改革创新”和“改进作风、增强执行力”两个学习大讨论贯穿始终，把查摆和解决问题贯穿始终，把深入调研和推动实践贯穿始终，把发挥党员领导干部的表率作用贯穿始终。由于针对性较强、精细度较高，试点方案为学习实践活动扎实推进、取得实效打下了基础。

二、深入学习研讨、推进观念转变，着力提高贯彻落实科学发展观的自觉性和坚定性

学习实践科学发展观，首要任务是解放思想、转变观念。对照科学发展观要求，认真查找机关党员干部思想观念上的问题，最突出的是部分单位、部分同志缺乏强烈的忧患意识和危机感，存在思想保守和体制保守，“安于现状不想改革、畏首畏尾不敢改革、视野狭窄不会改革”等问题。

针对上述问题，一是开展学习培训。组织党员干部认真学习“两个读本”和“学习篇目”，认真学习胡锦涛同志6月13日、6月30日的重要讲话，结合部门实际编印学习资料，邀请中央党校专家、地方党委领导、系统基层同志作辅导报告。二是开展“解放思想、改革创新”学习大讨论。从个人、本单位、部机关三个层面，深入查找思想观念上影响和制约科学发展的突出问题，剖析深层次原因，提出改进措施。部党组成员、司局级干部人人撰写学习心得，在部机关局域网上公开交流。三是开展分析检查。部党组和各司局、各单位领导班子认真召开专题民主生活会，开展批评和自我批评。部党组认真研究撰写分析检查报告，查找突出问题，透析主观原因，提出改进措施。

通过学习讨论，广大党员干部的思想受到了触动，忧患意识和危机感有所增强，“勇于革思想的命，勇于削手中的权，勇于去部门的利”的共识逐步扩大，开始转变不适应、不符合科学发展的思想观念，树立与时俱进、锐意创新的意识；把该放的权力连同责任一并给地方、中介和企业，特别注重削除行政审批和行政执法中的自由裁量权；发挥市场配置资源的基础性作用，去除行政配置资源的谋利现象；贯彻落实科学发展观的自觉性和坚定性明显增强。

三、着力破解难题、践行科学发展，充分发挥国土资源对经济社会发展的保障和促进作用

探索实践、推动发展是学习实践科学发展观的根本目的。对照经济社会发展的需要，我们真切地感到，国土资源管理面临许多突出矛盾和问题，统筹资源保障与保护的任务十分艰巨。

针对上述情况，一是开门试点，咨询问策。通过请进来、走出去等多种方式，召开不同类型座谈会，发放上千份调查问卷，在媒体上开设专栏，收集到数千条意见，但没有就此止步，而是向前再迈一步，与提出重要意见的部门和地方共同研究对策措施。二是深入调研，破解难题。由部党组成员带队，带着问题、解决问题的初步思路和政策措施的雏形，带着信访案件和违规违法案件，深入到23个省（区、市）的部分市县、乡村、地勘单位和矿山企业实地调研，督办了一批典型案件，学习、总结了群众的创造和实践的经验，提出了一批政策建议。三是主动参与综合改革试验区改革。与部分省、市政府共同探索国土资源管理的创新和改革。四是切实加强执法监管。推进耕地保护督察工作，严格问责，推动“天上看、网上管、地上查”的执法机制建设。汶川地震发生后，我部迅速开展地质灾害应急排查、遥感影像航拍和解译、灾后重建规划等工作，出台灾后恢复重建的八方面特殊支持政策，以实际行动践行科学发展观。

通过学习实践，针对中央关心、地方关注、群众关切的突出问题，边学边查、边查边改，努力总结实践、探索实践、推动实践，在规划统筹和宏观调控、资源审批和执法监管、耕地保护和土地整理、地质找矿和矿政管理等方面，研究制定了一批具体的政策措施，成熟一个、决策一个、推出一个，统筹资源保障与保护的手段不断丰富，作用日益显现。

四、深刻反思总结、切实改进作风，大力提升贯彻落实科学发展观的执行能力

学习实践科学发展观，必须有过硬的思想作风和执行能力作保障。对照新形势、新要求，认真查找干部队伍在素质、作风和能力上的差距，最突出的是工作标准不够高、要求不够严、节奏不够快，行政执行能力有差距。

针对上述问题，一是开展“改进作风、增强执行力”学习大讨论。党员干部认真检查工作作风和执行能力方面的突出问题，从党性党风党纪三个方面查找原因，研究改进措施。二是改进工作方式。注重谋全局、想大事，抓重点工作，抓薄弱环节，扭住不放、一抓到底、抓出实效。学习实践活动不到部外宾馆集中学习培训，利用视频系统举办全国性的会议和培训，大大降低了学习实践活动和行政成本。安排机关干部轮流到信访室接访，了解民声民情，解决民生问题。三是健全规章制度。部党组制定《关于解放思想改革创新改进作风增强执行力的决定》，完善干部任用、考核、巡视和监督制度，形成鼓励勤于学习思考、勇于开拓创新、善于真抓实干的导向。

通过学习教育，坚持高标准、严要求、快节奏的共识逐步扩大，工作责任心和主动性不断增强；与时俱进的思想观念、昂扬向上的精神状态、雷厉风行的工作作风逐步形成，工作质量和效率不断提高，贯彻落实科学发展观的执行能力得到提升。

五、推进顶层设计、完善政策制度，加快构建国土资源保障和促进科学发展新机制

学习实践科学发展观，关键是要把经济社会发展的需求转化为保障和促进科学发展的政策制度。按照科学发展观要求审视国土资源管理工作，还存在站位不高、制度滞后的问题，对资源管理特点和规律把握还不够准确，工作定位和定向不够清晰；政策制度立、改、废不够及时，没有完全跟上现实的需求。

针对上述问题，一是狠抓整改落实。制定整改“路线图”，既抓突出问题解决、体制机制创新，又抓思想观念转变和执行能力提高；既抓当下能够完善的制度，又抓需近期和长远研究制定的政策；逐项明确负责的部领导、责任司局、完成时间和成果要求，狠抓落实。二是推进政策制度立、改、废。着力把相对成熟的实践经验提炼上升为政策制度，自行制定或与相关部门、地方政府联合制定规范性文件，推进政策制度立、改、废。对涉及国家重大管理制度的改革调整，向中央和有关部门提出建议。三是推进顶层设计，加强重大问题研究。从发展战略、规划体系、综合改革、制度建设四个方面开展顶层设计，为国土资源改革和发展定向、定位、定思路，最终形成《国家可持续发展国土资源战略纲要》。开展国土资源管理重大问题的滚动研究，启动了一批软课题研究项目作为支撑。提出建立保障和促进科学发展的国土资源管理共同责任机制、宏观调控和市场配置机制、开源节流机制、科技创新和国际合作机制等四个制度平台，一边统筹规划、系统设计，一边探索实践、持续充实。

通过学习实践，形成了国土资源管理的顶层设计和新机制的框架，提出了《土地管理法》、《矿产资源法》修改的原则和思路，完成了一批规范性文件的立、改、废，推动了管理职能和管理方式的转变，逐步从注重审批向审批、监管并重，从注重事后查处向预防、查处并重，从注重行政手段向经济、法律、行政、科技手段并重转变，国土资源管理水平得到提高。

在部传达学习贯彻党的十七届三中全会精神大会上的讲话

徐绍史

（2008年10月16日）

同志们：

10月9日至12日，党的十七届三中全会在北京召开。10月20日，全会审议通过的《中共中央关于推进农村改革发展若干重大问题的决定》（以下简称《决定》）将正式公布，胡锦涛总书记的两次重要讲话中办也将以通报形式下发。我们要认真深入地学习领会、贯彻落实。根据我部的实际情况，今天上午，我们召开大会，传达学习贯彻党的十七届三中全会精神。下面，我对学习贯彻全会精神讲三点意见。

一、认真学习领会，准确把握全会精神实质

党的十七届三中全会是在国际形势发生深刻变化，我国改革发展进入关键时期召开的一次极为重要的会议。全会充分体现了我们党一贯高度重视农业、农村、农民工作的战略思想，对于全面贯彻党的“十七大”精神，深入贯彻落实科学发展观，夺取全面建设小康社会新胜利，开创中国特色社会主义新局面，具有重大而深远的意义。

（一）全会全面分析当前形势和任务，明确了当前和今后一个时期党和国家各项工作的方向和要求

当前，国际金融危机正在加剧。从去年开始，美国的次贷危机很快演变成了信贷危机，信贷危机又演变成了金融危机，并向全球扩散，迅速波及欧洲、日本和一些新兴国家，国际经济整体下滑。国内经济形势总体向好，上半年GDP增长10.4%，经济保持平稳较快发展，金融市场也比较稳定。金融危机对我国的影响是有限的、可控的。但是，整个经济形势中不确定的因素还比较多。中央要求坚定信心，冷静应对，采取审慎灵活的宏观调控措施，保持经济平稳较快发展，保持金融市场和资本市场稳定，保持房地产市场健康发展，更好地推动经济社会发展。

全会指出，在复杂多变的国内外形势下，最重要的是要把我们国家自己的事情办好，要更加自觉、更加坚定地抓好发展这个党执政兴国的第一要务，更加自觉、更加坚定地推进科学发展。胡锦涛总书记强调，要继续抓好党的“十七大”精神的贯彻落实，继续加快转变经济发展方式，继续抓好统筹城乡发展，继续抓好能源资源节约、环境保护和节能减排，继续抓好区域协调发展，继续抓好营造良好的思想舆论环境，继续加大民生工作力度，继续抓好社会管理，继续抓好安全生产和食品安全，继续加强党的建设。胡锦涛总书记还就做好当前党和国家的工作作出了部署，提出了要求。一是保持经济平稳较快发展。二是切实做好意识形态工作。三是切实做好保护和改善民生工作。四是切实做好维护社会稳定工作。五是切实加强思想政治、基层基础和法制教育工作。

全会分析了当前形势和任务，明确了当前和今后一个时间党和国家各项工作的方向和要求，这是全会的重要精神。

（二）全会紧紧把握我国农村改革发展这个关键环节，就新形势下推进农村改革发展的若干重大问题作出决定，意义重大，影响深远

我国三十年改革开放始于农村。这次全会对三十年来农村改革作出了高度评价。三十年来，我国农村改革从制度、体制和机制上作出了积极探索，从温饱不足到整体小康，实现了历史性的跨越，为

我国的改革发展作出了巨大贡献，为战胜前进道路上各种困难和风险、保持大局稳定奠定了坚实的基础，为开辟中国特色社会主义道路，形成有中国特色社会主义理论体系积累了宝贵经验。三十年的农村改革，为我国的改革开放、经济和社会发展奠定了坚实的物质基础。

胡锦涛总书记指出，中国的全面改革开放需要推进农村改革发展，要有效应对农业农村工作遇到的新形势新任务需要推进农村改革发展，为实现全面建设小康社会新目标需要推进农村改革发展。三中全会把推进农村改革发展作为深化改革开放和经济社会发展的关键环节，作出了《中共中央关于推进农村改革发展若干重大问题的决定》，明确了推进农村改革发展的总体思路、目标任务、重大任务、重大举措和重大安排。

为统一全党认识，回良玉同志主要对《决定》中的农村改革发展目标问题、农村基本经营制度问题、耕地保护问题、国家粮食安全问题、农村金融问题、扶贫工作问题等六大问题专门作了说明。在谈到耕地保护问题时，回良玉同志指出，坚守18亿亩耕地红线形势异常严峻、任务非常艰巨。因此，我部一定要把国土资源工作放到经济社会发展的全局，放到农村改革发展的关键环节中去思考、谋划和推进。

（三）全会特别是《决定》对国土资源管理工作提出了新的更高要求

《决定》指出，土地制度是农村的基础制度。《决定》立足于我国的基本国情，着眼于最大限度保护耕地资源和农民土地权益，明确了进一步加强农村土地管理制度建设的几项重大原则。一是强调实行“两个最严格制度”，就是坚持实行最严格的耕地保护制度，坚守18亿亩耕地红线，坚持实行最严格的节约用地制度，严格控制城乡建设用地总规模。要求落实耕地保护责任、划定永久基本农田、推进土地整理复垦开发、确保耕地占补平衡、严格宅基地管理等。二是土地承包经营权流转要在依法自愿有偿的原则下，做到“三个不得”，就是不得改变土地集体所有性质、不得改变土地用途、不得损害农民土地承包权益。三是明确了推进征地制度改革的方向和原则要求。严格界定公益性用地和经营性用地，逐步缩小征地范围，完善征地补偿机制。四是逐步建立城乡统一的建设用地市场。土地利用规划划定的城镇建设用地范围外的经营性建设用地，允许农民以不同方式参与开发经营。五是抓紧完善相关法律法规和配套政策，规范推进农村土地管理制度的改革。另外，从我部的业务来看，在建立耕地保护激励机制，发挥土地利用总体规划在城乡经济、社会一体化发展新格局中的作用，防灾减灾、改善农村生产生活条件特别是饮用水、灌溉用水，做好征地拆迁、维护农村的社会和谐稳定等方面，《决定》都提出了一些新的要求和新的任务。全面贯彻落实三中全会精神，我们责任十分重大，任务非常艰巨。我们一定要把健全严格规范农村土地管理制度作为贯彻落实三中全会精神的重点来思考探索和推动工作。

二、抓紧完善制度政策，努力贯彻落实《决定》

《决定》涉及国土资源管理工作的内容非常丰富，主要有17个方面，既有需要我们改进和加强的工作，又有需要改革和创新的制度。当前我们最为紧迫的是边学习、边研究，抓紧完善制度政策，抓好三中全会精神的贯彻落实。初步归纳起来，重点有以下七个方面。

（一）严格规范集体经营性建设用地流转

我们一定要认真总结本世纪以来在芜湖、苏州、湖州、安阳、南海、顺德等地开展的集体土地流转试点经验，根据这几年的实际情况，尽快出台一个管理办法。一方面要认真贯彻落实三中全会精神，积极稳妥地推进集体经营性建设用地流转；另一方面务必要防止一哄而起的现象。这项工作是当前最紧迫的。

（二）做好农村土地确权登记颁证工作

农村的承包地、宅基地、集体建设用地等各类用地，都需要确权、登记和颁证。我们要利用正在开展第二次全国土地调查这个有利条件，按照既定的要求，强力推动农村集体土地的确权、登记和颁证。《物权法》规定土地承包经营权是用益物权，在流转的实际操作中还会出现不少问题，要扎实做好基础性工作。

（三）推进征地制度改革和城乡统一的建设用地市场建设

征地制度改革方向是逐步缩小征地范围，严格界定公益性和经营性用地。国土资源部门要加快研究，尽快拿出意见。征地制度改革的一个重要方面就是完善征地补偿机制，解决农民就业、住房、社保。我部要积极与人力资源和社会保障部协商，提出相关政策措施。要尽快就建立健全城乡统一的建设用地市场研究提出规范性意见。

（四）坚持最严格的耕地保护制度

目前国务院正式批准了全国土地利用总体规划纲要，各地都在修编土地利用总体规划。一是要把耕地保有量和基本农田面积落实到地块，落实到责任人。二是要研究制定划定永久基本农田的办法。三是要严格耕地占补平衡，坚决实行先补后占，不允许跨省区搞占补平衡。年度建设用地计划安排要与补充耕地挂钩。要搞好耕地保护目标责任制落实情况年度检查工作，加强土地督察和执法监察。

（五）实行最严格的节约用地制度

要抓紧落实《国务院关于促进节约集约用地的通知》（国发〔2008〕3号）提出的各项工作要求。一是严格规划和节约用地管理。公路、铁路、民航、水利、能源等基础设施建设的专项规划应该符合土地利用总体规划确定的用地规模，城乡建设也应该按照土地利用总体规划控制用地规模。要抓紧推进划拨用地目录的编制，加快推进土地有偿使用。二是完善宅基地管理。现在有的地方宅基地管理没有建设用地计划指标保障，有的地方出现一户多宅，超标准建设，占地多。违规违法用地宗数的80%属于此类情况。完善宅基地管理，要有计划保障，要有标准控制，要鼓励探索有偿使用和退出机制。相关司局要认真研究。三是继续推进土地整理复垦开发。农村土地整理出来的地首先要复垦耕作，多出来的要用于农村公益事业建设，还有剩余可通过增减挂钩拿到城镇用，但是城镇建设用地的级差收益应该反哺农村，改善农村的生产生活条件。要从城乡统筹、建设社会主义新农村的高度出发，把土地整理复垦开发作为一个具体抓手，集中各方面土地整治资金开展“田水路林村”的综合整治。这项工作潜力很大，需要我们找到可行的操作办法大力推进。

（六）加强地质灾害防治和农业地质工作

我国1600多个县是地质灾害易发地区，人民生命财产安全受到严重威胁。经过与财政部协商，明年开始将大量增加防治资金投入。饮用水、灌溉用水以及土壤检测等农业地质工作，都涉及农村的改革发展，需要认真谋划。

（七）抓紧修订有关的法律法规

《土地管理法》、《基本农田保护条例》等法律法规，有关司局要系统梳理一下，根据三中全会的最新精神，抓紧完善，规范推进农村土地管理制度改革。

三、贯彻落实《决定》的几点要求

学习贯彻落实《决定》，主要提三点要求：

（一）要迎难而上，以改革创新的精神抓好《决定》的贯彻落实

要认真学习领会精神，深入研究，抓紧工作，关注动态，加强宣传。当前一些地方已经开始建立农村土地有形交易场所，涉及集体建设用地流转要尽可能慎重。一些地方搞的“宅基地换住房、承包地换社保”，很容易引起歧义。我们要很敏锐地发现各地在贯彻落实三中全会精神过程中可能出现的偏差，及时做工作予以引导。

（二）要落实任务和责任，把工作重点放在完善制度政策上

请办公厅牵头做一个落实《决定》的任务分解。各相关司局要主动研究贯彻落实《决定》，明确工作任务。贯彻落实三中全会精神要与巩固和发展学习实践科学发展观活动成果结合起来。要尽快修改部27号令，加强和完善土地预审工作，研究制定土地计划管理差别化政策等。这些规定必须最晚在11月中旬拿出来，以便统一认识和进一步修改完善，并给各地留有准备时间，从明年起正式实施。

贯彻落实三中全会精神还要与中央办公厅制定的分解任务的方案衔接。各司局不仅要考虑机关，还要考虑整个系统和全国。

（三）要抓紧传达贯彻，积极行动起来

部党组研究决定，近期开一次电视电话会议，在全系统传达学习三中全会精神，防止出现偏差。同时，对各地土地利用总体规划修编、第二次土地调查、矿产资源规划及矿政管理等工作进行部署、提出要求、抓好落实。通过这次会议，统一认识，明确任务，积极推动三中全会精神的贯彻落实。

贯彻落实三中全会精神关键是行动起来。希望大家认真学习贯彻，抓紧研究工作，着力完善制度政策，以贯彻落实三中全会精神为契机，推动国土资源工作改革创新，加快构建保障和促进科学发展的新机制。

在服务扩大内需和第八次卫片执法检查整改工作电视电话会议上的讲话

徐绍史

（2008年12月1日，根据录音整理）

同志们：

今天的电视电话会在全国共设1570个会场，到会人数63000多人。首先，我代表国土资源部，感谢各省（区、市）、计划单列市人民政府、新疆生产建设兵团分管秘书长，感谢福州、长沙、广州、西安、宁波、郑州、太原、合肥、唐山、洛阳、枣庄11个城市政府主要负责人出席会议，特别是要感谢新疆自治区政府主席助理田建荣和新疆生产建设兵团副司令员刘新齐出席会议。10月28日，我们召开电视电话会议就贯彻落实十七届三中全会精神作出部署，今天又召开电视电话会议，就服务扩大内需和第八次卫片执法检查整改工作提出要求。在不到40天的时间里，我们连续召开两次电视电话会议，这是形势发展的需要，是在关键时刻明确国土资源工作的方向。

刚才，心社同志对国土资源系统服务扩大内需下发的文件作了介绍，小苏同志对全国第八次卫片执法检查情况作了通报，我都同意。福州市、长沙市、广州市、郑州市和唐山市分别介绍了严格依法管地、节约集约用地、促进经济发展和第八次卫片执法检查整改查处工作情况。他们讲得都很好，

认识比较到位，措施比较有力，成效比较明显。我相信今天参加电视电话会的同志们都会从中受到启发，他们的经验也值得我们借鉴。

下面，我再讲三点意见。

一、清醒认识国土资源系统在扩大内需促进经济平稳较快发展中肩负的重大责任

（一）认清肩负的重任，切实履行好职责

当前，由美国次贷危机引发的全球金融危机依然在扩散和蔓延，我国经济受到的影响日益显现。国家采取灵活审慎的宏观调控政策，年初是“两防”，年中调整为“一保一控”，四季度开始采取积极的财政政策和适度宽松的货币政策，重点是“保增长”。最近，中央召开会议要求重拳出击，提出了保增长的十项措施。为了进一步提振信心、刺激经济，今年四季度，中央投资1000亿，带动固定资产投资4000亿。明年和后年，共有4万亿的新增固定资产投资来促进经济平稳较快发展。这些投资集中在七大领域：第一是保障性住房工程，第二是农村民生工程和基础设施，第三是铁路、公路、机场等基础设施建设，第四是医药卫生、教育文化等公共社会事业建设，第五是节能减排和生态环境建设，第六是自主创新和产业结构建设；第七是灾后恢复重建。

当前，我们面临“两碰头、一忧虑”的局面。首先，中央和地方投资力度之大、涉及范围之广、建设时间之集中，都非同寻常。中央要求，出手要快，出拳要重，措施要准，工作要实。所有的投资项目及其带动的相关产业，都离不开国土资源特别是土地的支撑，其需求势必会呈井喷式大幅上扬趋势。对此我们要有思想准备和工作准备。其次，我们还面临着十七届三中全会《决定》所激发出来的改革热情，承包地和集体建设用地流转必须慎之又慎，绝不能出现乱象，积极稳妥和规范推进农村土地管理制度改革的任务十分紧迫。第三，根据今年开展的全国第八次卫片执法检查显示，2006年10月至2007年10月违规违法用地总体上呈较大幅度下降趋势，但一些城市违规违法用地问题仍然严重。明年开始依据《违反土地管理规定行为处分办法》（15号令）对地方政府进行问责，若违规违法批地用地不能有效遏制，可能出现大量问责的局面令人忧虑。我们面临着重大挑战和严峻考验。在这种情况下，我们必须保持清醒，迎难而上，讲两分法，既积极主动服务，又严格规范管理。坚持两手抓、两手硬，两手并举、不可偏废，避免造成严重后果。

（二）积极主动服务，保障经济平稳较快发展

发展是科学发展观的第一要义。扩大内需促进经济平稳较快发展，是当前国民经济发展的重中之重，也是国土资源工作的重中之重。因此，我们必须服务大局，积极主动搞好服务和保障工作。

一是加强规划的统筹和管控。有些地方过去对土地利用总体规划编制重视不够，没有统筹好城乡建设用地，结果是只要一搞建设，就会碰到规划线，占用耕地和基本农田。各地要抓住新一轮土地利用总体规划修编的有利时机，极其认真地做好修编工作，在确保耕地保有量、基本农田面积和城乡建设用地总规模规划数的基础上，把本地区的经济社会发展规划、城乡建设规划、产业发展规划、基础设施规划等，统统叠加到土地利用总体规划上去。新上项目尽可能纳入规划，确需调整规划的，一定要按程序报批。这个规划要管到2020年，大家应该极其认真地对待。这是最大的主动，也是长久的主动。

二是调整土地利用计划和安排。部里正在根据形势的需要，调整建设用地计划。年底还要对今年建设用地计划作一次调剂。计划指标应该保重点，一般项目可以靠挖潜。各地一定要把非常有限的计划指标管好用好。

三是加快土地审批和供应。第一，要积极参与项目的前期论证。一些在建项目需要加快进度，一些规划内项目需要提前开工，还有一些准备新上的项目需要加快论证。不同项目的用地需求不一样，各级国土资源部门要积极参与项目前期运作，主动跟进做好服务工作。第二，改进并加快用地预审。部已经对《建设项目用地预审管理办法》作出修改，即日印发，将进一步提前并加快用地预审。土地项目预审要在项目开工之前做完，即可申请先行用地，不会影响重点项目开工建设，避免出现不必要的重点项目未批先用和未批先占现象。第三，适当扩大先行用地范围，有些项目有工期要求，有些地区有施工季节要求，经批准后可允许先行用地。第四，建立审批快速通道，特别是一些跨地区的项目，允许分批次报批。

四是强化地质矿产勘查和信息服务。第一，有针对性的加快矿产勘查工作。新疆等地区加快修建铁路保障资源外运，要注重开展整装勘探，争取找到大型资源基地。交通可以抵达的地方，资源勘探应该加快进行。第二，加强经济建设急需紧缺矿产勘查。江西正在搞紧缺矿产和优势矿产保障工程，国土资源部门应该积极支持。第三，矿业权管理和服务要跟上。抓住时机，积极推进矿产资源开发整合、规模化开采和集约化利用。第四，做好地质信息服务。积极为工程选址、工程建设提供优质高效的地质信息服务。

五是要协助政府对投资做好引导和把关。所有投资项目都应该符合产业政策和土地供应政策。从总量、结构、布局和时序上协助政府把好土地供应关，防止高能耗、高消耗、高污染、高投入、多占地的项目搭车用地。同时，部正在商国家发改委、住房和城乡建设、交通、铁道、水利、环保、卫生、教育、文化等在扩大内需中用地较多的部门，做好工作衔接，共同行文提出依法依规、节约用地的要求。

（三）严格规范管理，防止违法批地用地反弹

我们有集中力量办大事的优越性，在抵御风险、激发信心方面发挥了重要作用，殊为可喜。但由于多方面原因，当经济增长与资源环境发生矛盾的时候，一些地区往往不惜牺牲资源环境来保经济快速增长、造成资源环境透支。为避免借扩大内需圈地占地、造成违规违法批地用地反弹，我们绝不能放松管理要求，不能降低管理标准，要及时发出预警，未雨绸缪，坚决实行最严格的耕地保护制度和最严格的节约用地制度。

一是绝对不能碰耕地红线。第一，土地利用总体规划、建设用地计划、耕地保有量和基本农田面积这四条线不要碰。第二，严格用途管制。农地农用，农地“农民”用（这里的“农民”泛指从事农业生产的人员，包括农业龙头公司等）。农地转用必须履行审批手续。第三，确保占补平衡。按照三中全会《决定》要求，先补后占，占一补一，坚决克服只占不补、多占少补、占优补劣的倾向和问题。

二是坚持节约集约用地。第一，科学规划节约。要以土地利用总体规划为龙头来统筹经济社会发展、城乡建设、产业发展、基础设施建设等各项专项规划，科学合理安排用地总量、结构、布局和时序。第二，盘活存量用地。要充分利用闲置地、空闲地、批而未供地、供而未用地和用而未尽地。开发利用废弃地和未利用地。对低效用地特别是工业园区的低效用地进行二次开发，提高投资强度、建设容积率和产出效率。开辟土地利用新空间，综合利用土地的地下、地表和地上空间。第三，要积极开源。更好地利用土地整理复垦开发这个平台，集中新增费、土地出让金纯收益的15%、农业综合开发资金、中低产田改造资金、水利资金、扶贫资金、以工代赈资金等，开展“田水路林村”的综合整治。国土资源部将进一步加大农村建设用地减少和城镇建设用地增加挂钩试点工作力度，配合各地利用土地整理复垦开发这个平台来推进社会主义新农村建设，推进城乡统筹发展。

三是切实保障农民权益。第一，依法依规征地。征地必须符合规划，纳入计划，必须经过批准。第二，征地过程要公开透明。征地之前必须履行告知、确认、听证等程序，维护农民的知情权、参与权、监督权和申诉权。第三，合理补偿。部已经组织各地完成了统一年产值标准和区片综合地价的制定工作，从明年开始，各省（区、市）政府陆续公布实施。第四，拓展安置渠道。单一的货币安置存在诸多弊端。各地可以积极探索留地开发安置、参与经营安置、入股安置等安置方式。根据三中全会《决定》要求，妥善解决被征地农民的住房、就业和社保。

四是继续严格执法监管。第一，健全机制。认真贯彻落实《国务院办公厅关于严格执行有关农村集体建设用地法律和政策的通知》（国办发〔2007〕71号）、《国务院关于节约集约用地的通知》（国发〔2008〕3号）要求，会同发展改革、住房与城乡建设、工商、金融等相关部门构建土地执法的共同责任机制。要落实《国土资源部、最高人民检察院、公安部关于国土资源行政主管部门移送涉嫌国土资源犯罪案件的若干意见》（国土资发〔2008〕203号）、《最高人民法院、最高人民检察院、公安部、国土资源部关于在查处国土资源违法犯罪工作中加强协作配合的若干意见》（国土资发〔2008〕204号）等文件，健全国土资源执法机制。第二，改进手段。部正在利用科技手段建立卫星遥感数据全国“一张图”，并将审批、供应、使用、补充、执法监察等业务系统整合为计算机网络综合监管平台，实现“天上看、网上管、地上查”。还可以采取一些简便实用的手段，如在施工现场设立土地审批公示牌，公布土地批准文号、用地面积、四至范围等信息，便于社会监督。第三，违法问责。根据15号令的规定，严格土地违法问责。

总之，要以科学发展观为指导，胸怀全局，服务大局，统筹当前与长远、保障与保护，切实履行好为扩大内需促进经济平稳较快发展的服务和监管职责。

二、继续做好第八次卫片执法检查整改查处工作

第八次卫片执法检查整改查处工作已经作了通报，整改查处的工作正在推进，但整改查处的任务还非常重。我们今天邀请福州市、长沙市作了介绍。这两个市经济发展非常快、非常健康，土地管理也搞得非常好。他们的经验给我们很多启示，也值得我们学习。上午，我们召开了广州等9个城市政府主要负责人的约谈会。主要是两个目的：一是肯定成绩、检讨问题。面对面地开展批评与自我批评，面对面地进行督察，面对面地商议整改查处工作，进一步坚定大家实行两个“最严格”制度的信心和决心。二是15号令正式问责前的预警。给违规违法用地严重的地方黄牌警告，提出预警，督促更好地整改查处。同时也给大家一支尚方宝剑，请大家按照部里的部署要求，严肃整改和查处。上午的会开得非常成功，广州等9个城市政府主要负责同志对参加约谈震动很大，作了深刻检讨，提出了切实可行的措施，并启动整改工作，处理了一批责任人。广州等9个城市表示一定要按照部的统一部署和要求，下决心做好整改查处工作，建立长效机制，并确保在明年卫片执法检查中违规违法用地有显著下降，建立依法有序的用地秩序。根据广州等9个城市发言中提出的建议和意见，我也代表国土资源部作了自我批评。现在的违规违法用地问题与我们工作跟不上、改革跟不上也有一定关系。通过约谈，进行了沟通，达到了预期目的，收到了良好效果。

（一）违规违法用地有所遏制，但问题依然严重；整改工作力度很大，但是查处尚不到位

这是第八次卫片执法检查到今天为止的一个总体判断。与第七次卫片执法检查相比，违规违法用地从50万亩下降为27万亩，其中耕地从25万亩下降为13万亩，均下降了近50%，是从2001年开展卫片执法检查以来第一次大幅度回落，这要充分肯定。同时也要看到，第八次卫片执法检查所发现的问题

是在《国务院关于加强土地调控有关问题的通知》（国发〔2006〕31号）印发之后出现的。此次约谈的广州等9个城市，违规违法用地9.2万亩，其中耕地5.2万亩，分别占第八次卫片执法检查违规违法用地的总量35%和违法占用耕地的40%。另外，还有15个城市的违规违法用地不降反升。请这15个城市认真反思，严肃查处。最近一段时间，大多数城市都大力推进整改查处工作，取得积极成效，但任务依然艰巨。查处尚不到位主要体现在两个方面：一是处理到位率比较低，立案率是91%，立案之后提出处理意见只有51%；二是处罚处理偏轻偏宽。因此，第八次卫片执法检查整改任务还很重。

（二）认真整改，严肃查处，争取主动

要根据卫片执法检查结果严格清理，严肃查处，既要查事，又要查人。一是凡是能立案的都要立案查处，做到事实认定清楚、行为定性准确、责任主体明确。二是整改措施要落实到位、处罚执行要落实到位、处分处理要落实到位。三是加大违法成本，经济上要重罚，绝对不能让违法者占便宜，还要追究违法者的行政责任乃至法律责任。请各城市特别是部里检查过的28个城市要主动进行查改，加大力度，加快进度。84个城市在年底之前都要基本上结束整改和查处。今年年底或明年年初，省（区、市）厅（局）、派驻地方的土地督察局到9个约谈城市验收，到15个违规违法用地上升的城市和其他城市抽查。希望各地争取主动，整改查处到位。如果有的城市查处不到位，明年年初部里进行公开查处。

（三）分析原因，完善机制，综合惩防

违规违法用地屡禁不止，要从思想认识、日常工作、体制机制方面深入分析原因，找到症结所在，有针对性地解决这些问题。一是思想上要提高认识。对各地领导干部来说，是不是真正树立了科学发展理念和正确的政绩观，这是最为关键的。对一些基层乡村干部来说，有些确实不懂法，有些是一知半解，也有的是顶风上。要加强国土资源法律法规知识的宣传教育，要认识到违规违法用地问题的严重性和危害性。二是日常工作要改革创新。审批制度、计划管理、规划评估等等，都需要不断根据形势发展改革和创新。三是体制机制要健全完善。第一是构建共同责任机制。各地要根据国务院文件和几部委的文件精神认真研究，构建具有自身特点的共同责任机制。要改革考核评估机制，通过开展深入学习实践科学发展观活动，力争把国土资源要素纳入到地方经济社会发展综合评价指标体系，纳入到领导干部考核指标体系。建立长效机制，最重要的是建立“早发现、早制止、早处置”的预防、查处和监管机制。在依法查处、依法移送、及时函告各方等方面，各地都有很好的经验。

我还要强调的是，加强党风廉政建设，加强干部教育，要爱护我们的干部。党培养一个干部不容易，现在很多村官都是大学毕业生，更不用说乡镇和县（市）负责人。我们的干部成长发展到今天也不容易，千万不要在耕地红线这个问题上栽跟头、受处分。这个问题请大家重视。我相信，在大家的努力下，第八次卫片执法检查一定能够整改查处到位。我们要通过第八次卫片执法检查汲取教训、总结经验，提升土地管理工作水平。

三、迎难而上，牢牢把握服务保障和严格监管的主动权

当前，我们面临三中全会要求规范推进农村土地管理制度改革的重大挑战，面对四万亿投资带动的土地新需求，违规违法用地可能反弹的严峻考验，担忧依据15号令可能出现一批干部被问责的不利局面。摆在我们面前的是“两碰头、一忧虑”的局面。这是挑战、是考验、是压力，更是我们牢牢把握服务保障和严格监管的主动权、服务经济社会发展、构建保障和促进科学发展新机制的一个良机。我们要振奋精神、迎难而上，变压力为动力，变挑战为机遇，奋发进取，改革创新，不断提高国土资源管理水平和推动国土资源事业的健康发展。

（一）深入学习实践科学发展观

目前，各地都在开展深入学习实践科学发展观活动。这对于解决我们当前面临的问题来说，正逢其时。我们面临很多问题，原因也很复杂，一个根本原因就是我们贯彻落实科学发展观的自觉性和坚定性并不强。推动经济社会又好又快发展，是学习实践科学发展观的根本目的。国土资源系统在学习实践科学发展观活动中，要切实有效解决国土资源系统以往不同程度存在的与经济社会发展衔接不够紧、跟进不够快、服务不够主动、资源保护不够有力等问题，努力在学习实践科学发展观当中破解重大难题，有效解决各种矛盾，切实提高统筹保障和保护的能力，牢牢把握为扩大内需和促进经济平稳较快发展服务和监管的主动权。

（二）坚持解放思想，改革创新

发展中碰到的问题要用改革的办法来解决。要推进重点领域和关键环节的改革。三中全会要求规范推进农村土地管理制度改革，核心就是落实最严格的耕地保护制度和实行最严格的节约用地制度，建立健全承包地流转市场和城乡统一的建设用地市场，保护农民土地承包经营权和农民宅基地用益物权，推进土地确权登记颁证、征地制度改革、完善制度政策等工作。农村土地管理制度改革，一不能等，要积极探索；二不能急，要稳步推进；三不能乱，要依法规范。要密切关注可能出现的权力、资本和宗族强势干扰改革的苗头性和倾向性问题，及时有效地予以解决。同时，加快构建地质勘查新机制，中央、地方、企业三者如何联动，公益性地勘资金和商业性地勘资金如何配合，勘查和开采如何结合，地质找矿和地勘单位改革发展和矿业权的设置如何衔接，还包括我们的地勘行业管理、矿产勘查开发走出去等等都需要我们认真思考和探索。加强矿业权市场建设，改革矿业权审批制度和矿产资源税费款制度，也需要深入思考和探索。要通过持续改革创新来牢牢把握服务保障和严格监管的主动权。

（三）增强执行能力，切实履行职责

在当前复杂的国内外经济形势下，我们应当更加自觉地转变管理职能，转变思想观念，转变工作方式，转变工作作风，增强执行能力。国土资源系统所有同志都应该树立强烈的忧患意识和危机感，增强政治辨别力和职业敏感性。领导干部、管理干部、技术人员和执法人员，都要深入基层、深入一线、深入实践，谋全局、抓大事、促落实。要主动作为，依法行政，不能因为我们的工作滞后、反应迟钝甚至职业麻木，给经济发展和社会和谐埋下隐患或者带来风险。过一段时间我们还要开展警示教育，会有大量事例说明这一点。

同志们，我们这支队伍是具有光荣传统的队伍，是一支很出色的队伍。特别是近几年，经过全国土地执法百日行动、整顿和规范矿产资源开发秩序，历经了“5·12”汶川大地震，还有深入学习实践科学发展观试点活动的考验和历练，我们的行政能力大大增强。我坚信，我们一定能够肩负起重任，在服务扩大内需、规范推进改革、遏制违规违法批地用地上，牢牢把握主动权，继续再有新作为。

在国家土地督察机构2008年度干部整训座谈会上的讲话

徐绍史

（2008年12月4日，根据录音整理）

召开这个座谈会，一是来看望大家。我到督察机构去得不多。从去年开始到今年，有三个特殊的情况，一个是中央确定国土资源部作为深入学习实践科学发展观试点单位；第二个是汶川地震后国土资源部有很多工作要做；第三个是机构改革。这些工作需要投入大量的精力和时间，出去就相对少一些。所以我想利用这个机会来看望大家，向大家表示慰问。二是利用这个机会听听大家的意见和建议。同志们都工作在一线，碰到的具体问题最多，感触最深，对工作中的问题、制度上的缺陷，感受要比机关的同志深，能够启发我们考虑问题，对我们改进工作、改革创新是非常有利的。

这个整训班办得很好。课程可以分为三个大的单元，一是土地管理的业务。二是金融危机和宏观经济形势。国家统计局总经济师姚景源同志和国家行政学院副院长韩康同志来讲一讲金融危机和宏观经济形势，便于我们了解全局、开阔思路，对国土资源工作如何围绕中心、服务大局很有好处。三是压力管理和情绪调节。督察干部长期离开家庭在异地工作，工作、生活都会有许多困难，在这方面做些辅导，对同志们的身心健康，对我们的工作都有非常好的作用。三个单元的安排，内容非常丰富，信息量也很大，而且有人性化的因素，对大家了解全局、推进工作、提升水平都很有好处。这次整训非常成功，根据大家刚才的座谈情况，我谈一些自己的看法。

一、回顾，要充满信心

从2006年7月13日《国务院办公厅关于建立国家土地督察制度有关问题的通知》（国办发〔2006〕50号）下发到现在，国家土地督察机构成立不到两年半，土地督察工作已经取得了非常明显的成效。

（一）干部队伍不断壮大

到现在，整个国家土地督察干部队伍已经到位219人，达到编制数的2/3，完成了年初部党组确定的目标。从两批选配的干部来看，学历都比较高，年纪都比较轻，相当一部分同志有很丰富的阅历和经验。这支队伍基础比较好，而且工作环境又具有特殊性，只要组织得好、带得好，在这支队伍当中能够成长起一批干部。最近的干部调整工作当中，我一直讲坚持三个流动：部机关、事业单位、土地督察局要流动，专业和业务之间要联动，关键岗位干部要流动。实实在在地说，我对这支队伍抱有很大希望。年底部党组还准备对各督察局的领导班子做进一步的充实，把局党组建起来。

（二）业务建设不断加强

一是制度建设正常推进。《国家土地督察条例》制订工作正在进行，《农用地转用和土地征收审批事项督察办法》已经出台，构建保障和促进科学发展的土地管理新机制，建立共同责任机制都在正常推进。现在已经有31个省、自治区、直辖市，5个计划单列市和新疆生产建设兵团，发文支持国家土地督察工作。各督察局内部的管理制度也在不断完善。与部机关各司局的沟通协调和工作衔接也有了一个初步的办法。

二是信息化建设进展迅速。各个督察局局域网建设、视频系统建设，特别是门户网站的建设等进步都非常快。门户网站特别重要，将来要发挥更大的作用，如网上举报、网上监督，还有很多事情可以做。

三是调研工作深入开展。我读过很多督察局的调查报告，有一些调研成果非常实用，启发大家去改进工作。

（三）督察工作逐步深化

今年以来，百日行动的后续工作扎实开展。3月，邀请107个先进地区的政府负责同志和国土资源管理部门的同志集中到厦门培训中心进行研讨学习。最近，又进行跟踪回访并相应调整，在土地计划指标差别化管理中，对103个先进地区给予了奖励。

各督察局还开展了例行督察、派驻专员试点、建设用地计划执行情况的督察，农用地转用和征地审批事项的督察。还有两项工作，督察机构也都做得很好：一是15号令的宣讲，二是积极参与第八次卫片执法检查的整改查处工作。

（四）积极探索创新

各督察局从督察工作的理念、方式和制度等方面做了大量的探索和创新，给我的感觉是生机勃勃，听了以后很令人鼓舞，令人振奋！

今年年初召开的督察工作座谈会上，我对2007年工作的评价是：阔步前进，打开了局面。我对2008年工作的初步评价是：巩固局面，持续地拓展。

二、看势，要迎难而上

看势，就是要看大势，眼睛不能只看到鼻子底下的事。当前我们面临的局面，我把它归纳为“两碰头一忧虑”。“两碰头”一个是党的十七届三中全会激发出来的改革热情，需要很好的规范，稳妥地推进农村土地管理制度改革，这是一个重大的挑战；第二个是扩大内需促进经济平稳较快发展的投资所带来的土地需求，在这种情况下要防止违规违法用地反弹，这也是一个严峻考验。“一忧虑”是违规违法的形势依然严峻，今年上半年还是不错的，第三季度比第二季度有所反弹，第四季度的情况还不是十分清楚，反弹的压力还是很大的。明年就要按照15号令实行问责，若不能有效地遏制违规违法用地，问责的局面令人忧虑。具体到国家土地督察工作来说，我们自身的工作依然是处于巩固、探索和完善当中。所以说内外这么一碰，面临的挑战非常严峻。在这种情况下，大家应迎难而上，关注三个问题：

（一）要关注贯彻落实《决定》当中出现的苗头性、倾向性问题

党的十七届三中全会《决定》提出，要稳定农村基本经营制度，健全严格规范的农村土地管理制度。严格规范的农村土地管理制度实际上是“三个两、一个三”。“三个两”是两个最严格制度、两个市场、两个权益；“一个三”就是土地确权登记颁证、征地制度改革和法律制度的完善。其中最容易出问题的是在土地确权登记颁证和土地流转方面。一些不合时宜的观念，特别是一些地方政府由于科学发展观和正确的政绩观还没有完全地树立起来，经济发展沿用粗放式、外延式的思路；认识理解上的偏差和物质利益上的诱惑导致权力、资本和宗族甚至黑恶势力乘机强制流转、巧取豪夺，侵害农民合法权益等，这些都需要引起我们高度关注。

所以落实十七届三中全会精神，最重要的是准确把握精神实质，积极探索改革路径，抓紧完善制度政策，稳步推进各项改革。要避免因为认识理解上的偏差，可能带来的问题，要防止因为工作指导上的偏离，可能造成的后果。

（二）要关注扩大内需政策的取向和完善

为适应扩大投资，促进经济平稳较快发展的需要，部制定了8个方面24条措施，核心是规划统筹和管控、计划调剂和安排、土地审批和供应，发挥土地闸门的作用。最近部正联合国家发改委、建设部、环保部、交通部、铁道部、文化部、教育部、卫生部、水利部等九个部门，争取统一制定出台一个文件。各督察局要关注和研究扩大内需政策在执行过程中的取向，提出进一步完善的建议。

（三）要关注新形势下土地违规违法及其问责的态势

针对土地违规违法问题，我们从制度设计上做了很多改进，如改进城市批次用地审批方式。我们

还对土地预审做了比较大的改革，来解决未批先占、未批先用的问题。最近我们又形成了一个差别化的计划管理办法，今年年初对2007年的计划执行情况进行了考核，排出了位序，对计划执行得好的省份进行了奖励，对计划执行不好的后五位省份进行了警告。今后要根据各省（区、市）建设用地计划执行情况、节约集约用地情况、耕地占补平衡情况、违规违法用地情况等作评估，每个指标都排出前五名和后五名，对前五名奖励计划指标，对后五名进行处罚。从明年开始，争取上半年对计划执行情况、补充耕地情况、节约集约用地情况、土地违规违法情况和耕地保护情况等五大要素区分权重，在下达2009年计划的时候直接兑现，实行差别化管理，形成激励机制。

在执法监管上，《违反土地管理规定行为处分办法》《最高人民法院最高人民检察院公安部国土资源部关于在查处国土资源违法犯罪工作中加强协作配合的若干意见》《国土资源部最高人民检察院公安部关于国土资源行政主管部门移送涉嫌国土资源犯罪案件的若干意见》都已经下发。在这种情况下，违规违法用地的冲动会不会再形成新的表现形式或新的趋势，对违规违法用地的问责如何具体操作，要有清醒的认识，要求我们要迎难而上，关注新形势下土地违规违法问题以及问责的态势。

总的来说，局面严峻，不可掉以轻心。要迎难而上，敏锐关注新情况、新问题、新趋势，使我们的工作有预见性、有针对性，这样工作才能做好。今年，深入学习实践科学发展观活动试点、汶川地震抗震救灾等工作，部里都跟得比较紧。10月28日召开的“传达学习贯彻党的十七届三中全会精神”电视电话会议，以及12月1日召开的“服务扩大内需和第八次卫片执法检查整改工作”电视电话会议，都是关注整个全局作出的灵敏反应，这是看势。

三、做事，要推进工作

（一）督察工作离不开大势

要把规范推进农村土地管理制度改革，在扩大内需中积极主动服务和严格规范管理，贯彻15号令落实问责制等，融会贯通到督察工作中去。

（二）要积极推进与地方共建保障和促进科学发展的新机制

一是与地方各级政府的纵向责任机制，广东已经明确地方政府负主要责任，河北省将各级党委、浙江省嘉兴市将人大也纳入了共同责任体系。二是横向责任机制，部要积极主动地协同相关部门，齐抓共管，落实共同责任机制。各地委、办、厅、局横向责任机制建设也要推进。三是综合考核指标体系，要把国土资源管理要素纳入地方经济发展综合评价指标体系，纳入干部实绩考核指标体系。

（三）要形成科学高效的工作布局

各督察局都应该明晰工作思路，理顺工作关系，搞好工作布局。督察工作的面很广、层次很高。督察局局长的主要任务，是根据大势投子布局。要围绕国务院确定的国家土地督察的五项任务，围绕前面所讲的三大任务，把面上的督察、例行督察、专项督察、派出督察专员试点等，很好地结合起来，相辅相成、相互衔接、有机结合；从工作方式、技术手段、重点环节等几方面配合起来。

（四）要加强制度建设

要进一步完善发现、审核、纠正机制、应急反应机制、沟通协调互动机制以及执法的长效机制，使工作布局能够有力、有序、有效得到实施。

（五）要配合第八次卫片执法检查，做好相关工作

对约谈的9个城市重点验收，把15个不降反升的重点城市好好查一查，其他的根据实际情况开展抽查。

四、展望，要创新发展

国家土地督察制度创新空间还很大，还有大量工作要做。

（一）首要的是切实加强调研

督察局的工作要深入一线，能在工作当中了解情况，要勤于思索，特别针对一些新情况、新问题，对改进制度多提一些好建议。调研能培养一个同志、一个单位深入实践、深入一线、勤于思考、勤于探索的好习惯，能真正地为改进工作、改革创新作出贡献。

（二）要善于梳理、总结和提高

我们一些同志对梳理、总结和提高不是很重视。工作做得很多，也做得很好，但是如果不善于梳理、总结，就很难提高。成功的经验不会自觉的应用，失误的教训也不会自觉的汲取。一年下来，我们要认真总结工作，到年底或是明年年初，围绕突出问题很好地进行梳理、总结，这对提升我们的工作水平非常关键。

（三）要勇于开拓，大胆工作

各督察局要对三年至五年的工作做一个计划，明确方向，定位定向。这样能够看得远一些，考虑得深一些，工作的主动性、预见性、前瞻性、准确性都会大大加强。要大胆开拓，善于借势，借地方政府之势，借地方媒体之势，借地方国土资源厅局之势推进工作。要把大家的积极性调动起来，一起来推进工作。在地方工作，跟地方打交道，要适应地方运行的情况，要充分利用和调动地方的积极性来推进督察工作。

（四）要营造创新发展的氛围，鼓励学习、鼓励思考、鼓励探讨、鼓励实践

我们每一个同志都很有潜能，要充分发挥大家的作用。领导班子要帮助同志们发掘潜能。只有这样，才能够有生动活泼的工作局面。30年改革开放的一条重要的经验，就是营造一种宽松的氛围，鼓励大家探索创新。这是社会发展的动力，也是事业发展的动力。

（五）要打造一支奋发进取、勤于探索、善于攻坚、乐于奉献的干部队伍

我希望每一个同志充分发挥作用，奉献你的经历、经验、学识和智慧。部党组及各级组织也要更加关心每一个同志，特别是部党组要给督察局更多的关心指导，充分发挥督察局的作用。

在看到严峻形势的同时，我们也要看到一些有利的因素，现在各个省（区、市）正在开展深入学习实践科学发展观活动，这对于国土资源管理工作是一件好事，给我们创造了很好的条件，严格耕地保护和严格节约用地正在逐步深入人心。还有一个有利条件就是部党组坚强、稳定、有力、有序的工作部署。当然更重要的还是有中央的重视。所以说，不利条件是形势比较严峻，但是有利条件也不少。我们要做最艰难的准备，去争取最好的局面。大家都离家在外工作，非常辛苦，党组、部机关各司局、各个督察局要把同志们照顾好，同志们自己也要严格要求，严格自律。工作上、学习上、生活上，都要求同志们要严格自律、清正廉洁，走好自己的路。

这次整训班非常令人满意，非常成功。再一次向筹备整训班的领导和同志们，向全体参加整训工作的同志们，表示感谢！

在司局级干部会议上的讲话

徐绍史

（2008年12月8日，根据录音整理）

同志们：

中央经济工作会议今天召开。利用中午时间，把部机关、直属单位的司局级干部和土地督察局局长请来，开一个司局级干部会议，主要把部组织人事和干部调整工作的情况向大家作个通报。党组非常重视组织人事和干部调整工作，大家也很关心。在11月15日召开的第14次部务会上，我已经就干部调整工作向与会人员通了气并打了招呼。12月5日下午，党组召开会议专门研究今年年底到明年年初干部调整问题。今天就把党组的考虑向大家通报，共五个方面的情况。

一、坚定不移地贯彻落实党的十七大精神和全国组织工作会议精神

党的十七大对组织人事工作有过专门的论述，把不断深化干部人事制度改革、着力造就高素质的干部队伍和人才队伍，作为党的建设新的伟大工程的重要组成部分。在干部的选拔、任用、教育和监督等方面，提出了一系列新要求。在今年2月召开的全国组织工作会议上，胡锦涛总书记、习近平同志和李源潮同志都作了重要讲话，强调要贯彻落实党的十七大关于党的建设和组织人事工作的总体部署，深刻阐明了组织工作改革创新的重点任务和战略部署，明确了加强对组织工作领导的新要求。全国组织工作会议后，党组对中央领导同志的讲话进行了传达学习，提出了贯彻意见。人教司组织部机关和事业单位的人事干部进行了传达学习，对贯彻落实组织工作会议精神提出了明确要求。党组对党的十七大精神和全国组织工作会议精神认识一致，坚决贯彻，并着力推进组织人事和干部工作的改革创新。

二、对我部的组织人事工作应予以充分肯定

这些年来，我部的组织人事工作总体不错。具体表现在四个方面：一是党组重视，坚持贯彻落实组织人事工作的各项政策规定。二是积极探索，改进干部选拔任用的办法和机制，党组做了不少工作。三是党组注重加强领导班子建设和干部队伍建设。四是坚持公开、公平、公正，考录土地督察干部。去年8月份1200人报名，最后考录了61名；今年650多人报名，最后考录了51名。对这项工作，中央组织部以及参加考录的广大干部都认为做得比较到位，确实贯彻了公开、公平、公正的选人用人原则。

从这四个方面看，我部的组织人事工作应予以充分肯定。11月10日至14日，中央组织部派出的干部选拔任用政策法规执行等情况检查二组通过各种方式，对近年来我部干部选拔任用工作进行了检查，我部有225名同志参加了检查组组织的民主评议和测评。检查组最后向部党组反馈，根据检查了解的情况和225名同志民主评议和测评情况，大家充分肯定了党组的干部选拔任用工作。这从另外一个角度肯定了党组的干部选拔任用工作。

我们也注意到，自2006年12月至今，部机关司局级干部基本没调整。主要原因有两个，一是部领导班子调整。去年4月和今年2月及11月，部领导班子作了调整，中央组织部对部领导班子调整前后的干部工作有明确要求，原则上在这个阶段一般不进行干部的选拔任用。二是今年以来大事多、急事多、难事多。年初开始深入学习实践科学发展观活动试点工作，5月份发生汶川地震，紧接着是机构改革，客观上使得司局级干部的调整很难摆到议事日程上来。9月份之后，党组开始酝酿干部调整工作。

三、党组重视组织人事工作并做了大量实际工作

主要做了4项工作。第一项是在深入学习实践科学发展观活动试点工作中，通过问卷调查了解部机关干部对组织人事和干部工作的意见建议，梳理出8个问题，最核心的是两个：一是大家都迫切希望并要求加强干部交流，认为部组织人事工作最突出的一个问题是干部交流、流动不够；二是大家普遍反映要进一步完善公开、公平、公正的干部选拔任用制度。这对党组很有帮助。

第二项是党组注重在日常工作特别是重大活动和重要工作中，培养、锻炼、考察和考验干部。从去年年中开始，搞了国土资源6大专题研究，年底召开了党组理论学习中心组（扩大）务虚会，同时开展了全国土地执法百日行动，又部署了整顿和规范矿产资源开发秩序工作，联合5部委开展了全国县乡村干部国土资源法律知识培训；今年的深入学习实践科学发展观活动试点工作、抗震救灾工作、部和机关的机构改革，还有党的十七届三中全会文件起草的辅助工作，以及最近服务于扩大内需促进经济平稳较快发展等工作。党组注重在这些部的重大活动和重要工作中，培养、锻炼、考察和考验干部。

第三项是利用一些时机测评、监督和考察干部。一是在深入学习实践科学发展观活动试点工作中，把部领导和司局长们学习体会文章全部上网，让大家来监督，这实际上也是对干部的考察。二是利用全国国土资源工作会议的机会，请参加会议的地方国土资源厅（局）长和部直属事业单位负责人对部机关各司局和各司局“一把手”进行民主测评，测评结果进行通报，对干部测评结果由分管部领导分别反馈给每个干部，这也是一种很好的考察。从去年开始还建立了巡视制度，去年到9个单位进行了巡视，今年11月开始又进驻3个单位巡视，通过巡视考察、监督和管理干部。

第四项是党组反复研究讨论，并不止一次地公开征求意见，制定了部党组干部选拔任用办法和干部考核办法，规范和改进组织人事工作。现在的干部管理工作，就是按照这两个办法在进行。

通过上述四个方面的工作，总体感觉干部选拔任用制度进一步完善，广大干部对干部的交流、轮岗也达成共识，党组以及全体干部对干部队伍和司局级干部也有了更多的了解。现在推进干部的交流、轮岗，比较集中地进行干部的选拔任用，应该说条件比较成熟。

四、党组对组织人事和干部调整工作的一些考虑

（一）总体考虑

在用人的导向上，党组坚持德才兼备、注重实绩、群众公认的原则，选拔认真负责、作风扎实、勇于创新、锐意进取的干部。这是中央一再明确的用人原则，对国土资源部来说针对性非常强。我到部后就讲过，改革和创新无时不在、无处不在，希望大家能够很好地审视我们的思想和工作，不断提出建设性意见，不断改革创新。通过一年多的观察，我觉得在国土资源部的干部队伍中，最需要提倡和强化的就是这种精神。所以党组强调，一定要选拔认真负责、作风扎实、勇于创新、锐意进取的干部。

在指导原则上，党组坚持民主、公开、竞争、择优的原则，在发扬民主的基础上，探索多样化的选拔任用方式。

在具体操作上，把民主推荐、民主测评作为干部选拔任用的必经程序，进一步完善竞争上岗、差额考察、公开选拔的办法，积极推进干部轮岗和交流。

在选拔目标上，是选出政治上靠得住、工作上有本事、作风上过得硬、广大干部职工信得过的干部，让想干事的人有机会、能干事的人有舞台、干成事的人有发展，形成生龙活虎、生机勃勃的工作局面，推动国土资源事业快速发展。毛主席说过，政治路线确定以后干部就是决定因素。对当前国土资源事业来说，干部队伍建设起着至关重要的作用。

（二）具体安排

共有6个方面的安排。第一步就是配好新设置的司局级领导职务，这一步实际已经完成了。此次机构改革后，国务院同意我部设总规划师和总工程师，国务院同意增设调控和监测司，这样就需要有3名司局级干部来出任“两总师”和调控司的司长。人事司做了大量具体工作，我找了28名司局和事业单位“一把手”谈话，请他们推荐。这4名人选已经确定。

第二步，副司局级领导干部竞争上岗。这一步也已经开始走了，但还没有走完。党组研究拿出6个副司长职位进行竞争，120人报名，118人参加了11月23日在中国地质大学的考试。我去了考场，看到这么多人报名，感到非常高兴。我跟大家讲，希望大家以积极的态度参加竞争，以平和的心态看待结果，要振作精神、不懈努力，机会始终向有准备的人敞开怀抱。笔试考得都很好，成绩非常接近，每个职位选了前5名，共30人进入面试。面试的主考官是中央组织部的，还请了一些中介组织的老同志，最后党组根据综合成绩，确定了12名同志进入考察。考察之后，再最终确定任职人选。有的司局拿出了职位，但本司局的同志都没有入围。大家不要郁闷，也不要气馁，要很好地总结，看问题到底出在哪里，如何努力克服，迎头赶上去，机会有的是。

第三步，推进正司局级领导干部的交流。党组一再强调要推进三个流动：一是部机关、事业单位、土地督察局要流动。这是为了进一步打开渠道，激发活力，增强干部队伍的凝聚力，三支队伍应该经常流动，不能一岗定终身。二是专业和业务之间要流动。这是为了打开业务工作界限，锻炼培养干部，拓展干部的才干，提高干部队伍整体的行政能力。三是关键岗位干部要流动。党组决定，在同一职位任职满3年的可以交流，任职满5年的应该交流，任职满8年的必须交流。一些同志在行政审批、行政执法、管人、管钱等关键岗位，已经工作了6、7年，7、8年，最长的有11年，对这样的同志，党组创造条件进行交流，是为了确保工作顺利、健康地推进，同时也是爱护关键岗位上的干部。这三方面正司局级领导干部的交流，党组已经有了初步的意向，充分考虑到了工作需要、班子结构和个人的发展。今天会后，分管部领导将与有关同志分别进行谈话。谈话后，人事司还要听取各司局、各直属单位和各督察局“一把手”的意见。如果大家的认识都比较统一，听取意见后，就准备上党组会，同时要报中央组织部。中央组织部同意后我们再正式公示，把正司局级领导干部的交流轮岗确定下来。

第四步，提高正司局级领导干部选拔任用的民主程度。正司局级领导干部轮岗交流后，有6至7个督察局和直属单位的“一把手”职位将出现空缺。党组研究后，决定不实行定岗定人的考察，让大家都来参与。有两年以上副司局长工作经历，在“一把手”岗位上能干满一届，以及其他条件设定后，由符合条件的人报名。报名名单出来后，再组织今天参加会议的人员，请大家民主推荐，还可以请“一把手”职位出缺单位的干部职工推荐人选。根据推荐情况，综合考虑和平衡各方面因素后进行考察，最后确定这些单位的“一把手”。这实际上是公开报名、民主推荐、党组研究之后来产生考察对象的选拔任用方法，是提高民主程度的方法。

第五步，非领导职务的补充。部机关有关司局和土地督察局都有一些非领导职务空缺，党组考虑为了充分调动干部的工作积极性，对一些工作有实绩、工作能力比较强的干部，可以安排到督察专员、副专员位置上；对一些工作表现好，群众反映也好，但受到年龄等其他因素的影响，不能安排领导职务的，可以考虑任巡视员、副巡视员，通过这种方式肯定这部分长期兢兢业业、埋头苦干，在自己工作岗位上做出成绩的同志。

第六步，处级干部的交流。这一步可能要到明年，处级干部也可以自己报名、单位同意，单位也可以推荐，在司局之间或在事业单位、督察局之间交流。这只是初步的想法，还要研究制订具体的方案。

这些基本上是党组对近期干部工作，对干部进行系列调整的总体考虑和安排。组织人事工作和干部调整工作事关重大，它既是党组的重要工作，也是大家关注的重大事项。党组认为需要与大家加强沟通，充分商议，共同努力，扎实推进。具体有三点要求：

一要统一思想。干部工作是全体干部大家的事，并不完全是党组的事，所以统一思想极端重要。党组现在的考虑体现了中央关于组织人事和干部工作的要求，结合了国土资源部干部队伍建设的实际，也顺应了国土资源部广大干部的意愿。同志们应该统一思想，自觉以实际行动来支持做好组织人事和干部调整工作。

二要顾全大局。在座的都是司局级干部，讲政治讲全局是对司局级干部的基本要求。大家都要着眼全局，对于党组的整体考虑和具体安排，要从全局角度来认识，从加强干部队伍建设的客观要求来理解，自觉地服从大局，自觉地贯彻执行党组的决策和部署。每个同志都要处理好个人与组织的关系，正确地对待组织、他人和自己，正确地对待职位和权力的变化。当然，党组也要考虑尽可能充分发挥每个同志的作用，关照每个同志的实际困难。最终目的是加强干部队伍建设，推动国土资源事业发展，我们都要服从这个大局。

三要遵守纪律。司局级干部有责任有义务守纪律、做工作。大家要严格遵守干部工作纪律，服从党组的决定和安排，不发表不讲原则的意见，不讲不利于团结的话，不做不利于干部调整的事情。当然，党组欢迎同志们加强监督，提出合理化建议。大家可以通过正常渠道反映情况、提出意见，可以找人事司谈，可以跟分管的副部长谈，也可以找我谈，我们一定认真地听取大家的意见，凡是有利于做好组织人事和干部调整工作的意见，我们都会积极予以采纳。我坚信，通过大家的共同努力，部里的组织人事和干部工作一定能够扎扎实实地推进，使我们的干部有新的风貌、新的状态，使我们的工作有新的气象、新的局面。

现在已经到了岁末年初，正在召开中央经济工作会议，我们要结合会议精神做好收尾盘点和春节前的工作安排。对照年初和年中的重点工作安排、深入学习实践科学发展观活动试点工作整改落实重点任务分解安排、贯彻落实党的十七届三中全会精神任务分解，从已经完成的、必须完成的、明年要实施的、还将延续的4个方面进行清清楚楚地盘点。部里现在考虑，春节前需要大家提前考虑三个方面的重要工作，一是年度工作总结，二是要在12月下旬召开务虚会，三是争取在春节前召开国土资源工作会议。对这些安排还有什么意见建议，希望各个司局提出来。

在部党组务虚（扩大）会议上的总结讲话

徐绍史

（2008年12月27日，根据录音整理）

同志们：

这次务虚会开了两天半，就要结束了。下面，我谈三方面想法。

一、对会议的评估

这次务虚会开得不错。会议开始时9个地方国土资源部门的负责同志作了十分精彩的发言，给我们带来很多鲜活的情况，非常丰富的信息，也提出了很多急需研究解决的问题和基层服务监管当中碰到的一些困难。昨天上午、下午、晚上和今天上午进行了四个单元的讨论。刚才四个小组的代表将讨论的情况向大家作了通报。心社、小苏、汪民、世元同志都谈了自己的看法。

这次务虚会主要有五个特点：第一，准备比较充分，务虚比较认真。我翻阅了机关司局、事业单位和地方督察局同志准备的务虚材料，听了9个地方同志的发言，参加了两个半天的讨论，觉得大家思考深入、发言踊跃，务虚会取得了预期效果。第二，上下沟通交流，不断扩大共识。这次请了9个地方同志参加务虚会，有利于上下沟通交流、扩大共识。这个做法很好。第三，既充分肯定成绩，也深刻认识问题。同志们在发言和书面材料中对即将过去一年的工作都给予了充分肯定，同时又指出了我们所面临的严峻形势以及存在的突出问题。第四，意见建议中肯，可操作性比较强。第五，坚持勤俭节约，务实高效。这次务虚会利用机关办公场所，利用周休日的时间，费用非常节省。在此，我代表党组，向参加和筹备务虚会的全体同志，特别是9位地方的同志表示感谢。

这次务虚会，大家围绕着怎么看、怎么干，解放思想、开动脑筋，帮助党组出主意、想办法、提建议。请办公厅和调控司把大家提出的问题、建议和意见做一个归类梳理，明确重点领域和关键环节。这对筹备即将召开的工作会议非常有帮助。

二、客观分析形势，保持清醒头脑

对形势到底怎么看是这次务虚会的重点。总结大家的想法，我认为可以从以下四方面来把握。

（一）金融危机冲击影响重大

这与中央的判断是一致的。主要有四点：一是心理和市场。这次金融危机的传导跟1998年完全不一样。1998年金融危机基本上是通过流通、贸易渠道传导的。由于现代通信技术的发展特别是互联网的普及，这次金融危机的传导信息是全球同步的，直接影响到资本市场和消费市场，企业家的投资愿望和公民的消费愿望迅速下降。在地域上，不仅影响美国经济，还迅速波及欧元区经济、日本经济乃至整个新兴国家的经济，直接影响到投资、消费和信心。二是进出口。进出口行业的效益、就业、税收一起下降。三是对外金融投资。我国一些对外金融投资有不小的损失。四是我国经济受到外部环境恶化、政策结构调整和自身发展周期的多重影响。从第四季度开始，我国经济全面下滑，而且比预料的要严重。

同时，我们也要看到积极的一面。最重要的是党中央的重视、决心和果断措施。还有三方面有利条件：一是我国中长期发展的动力依然强劲，消费、投资、出口的基本面没有变。二是财政政策和货币政策的空间很大。目前我国财政收入盈余较多，减税、发债、赤字空间都比较大。存款准备金率和利率调整的空间也比较大。三是我国始终保持了高储蓄。目前全国储蓄余额达40多万亿，其中企业存款和居民个人存款约各占一半，能够支持投资和内需。我们应该坚定信心。对许多国家来说，明年都是最困难的一年，但我国与美国、欧元区、日本不同。世界一些权威评估机构总体上认为，中国是中短周期的调整，它的曲线是“U”形，而美国、欧元区和日本是长周期的调整，它的曲线是“L”形，即使将来经济复苏，其增长速度也比较低。

（二）地产和矿产市场变化比较大

今年前三季度，地产市场土地供应总量大幅下降，土地供应结构进一步优化，地价涨势趋缓，土地抵押面积和抵押金额双增长，土地市场竞争降温。从四季度开始地产市场已经有了一些新的变化。一是划拨用地的数量和速度可能会双双上升。因为投资拉动的大量是基础设施建设、环保建设、民生建设，尤其是保障性用房建设。土地管理的压力也主要来自这里。二是土地出让状况难以预料。土地出让升温一方面要依赖于房地产市场的回暖。而房地产市场回暖，一要靠开发商自救，二要靠地方政府自律，三要靠房市、股市信心恢复。土地出让升温另一方面要靠工业和商业投资的回升。三是土地财政状况可能会有转机。主要因为地根持续紧缩将会导致地方政府土地出让预期目标下降，但究竟走势会怎么样现在也很难判断。现在不少地方政府对房地产采取了一些托市的做法。国务院近日出台了房地产方面的扶持政策，现在效果还未显现。有些地方允许开发商按比例付款，随后分割发放土地使用权证，以便开发商抵押融资。这种做法去年我部已发文明令禁止，要予以纠正。

矿产市场方面，从上世纪末到今年上半年，整个矿业呈现繁荣振兴的局面。这是新兴国家工业化、城镇化进程加快对矿产品的客观需求和矿业与资本结合形成的投资需求共同造成的。最近一个时期，矿产品价格全线跳水，矿业公司股价下跌，有的减产或关闭，勘查预算全面紧缩；同时矿业投资环境趋松，国内外企业间的收购、兼并、参股增多。从根本上看，矿产市场的现状是金融危机冲击和矿业高速发展之后产能集中释放这两方面因素叠加作用的结果。

对于矿业调整，我们应该有一个比较客观的看法，对于矿业的发展应该充满信心。世界经济的发展特别是新兴国家的发展，包括通常所说的金砖四国（中国、印度、俄罗斯和巴西），对矿产品的需求非常强劲，全球矿产稀缺的长期趋势很难从根本上改变。矿产勘查应依据矿产品市场、矿业资本市场和矿业权市场的发展来权衡、部署和实施。

（三）国土资源管理工作面临严峻挑战

土地方面是“两碰头一忧虑”。矿产勘查开采进入了“震荡调整期”。现在估计明年最困难；也有的同志认为，明年上半年最困难，到下半年由于投资力度加大，整个状况可能会有所好转。

（四）主动作为，积极应对

一年来，我们落实中央部署、服务地方发展、加强自身建设都贯彻了这一方针。

在落实中央宏观调控政策、应对金融危机方面，我们及时发出了《国土资源部关于为扩大内需促进经济平稳较快发展做好服务和监管工作的通知》（国土资发〔2008〕237号），明确了8方面24条措施。12月1日召开全国电视电话会议，强调“积极主动服务、严格规范管理”两手并举、不得偏废的要求。主动联合十部委印发了《关于切实做好扩大内需促进经济平稳较快发展的用地保障和管理的通知》（国土资发〔2008〕298号）。

在贯彻落实党的十七届三中全会精神、推进农村土地管理制度改革方面，我部联合有关方面于10月24日在天津举办了高层论坛，提出了稳妥推进改革的要求。部党组专门发文作了全面部署。10月28日又召开全国电视电话会议，进一步要求准确把握三中全会精神实质，稳妥规范推进农村土地管理制度改革。11月份，我们还利用中央举办全国县委书记培训班的机会，给县委书记介绍农村土地管理制度改革的情况和要求。

5·12汶川地震发生后，我们迅速组织全系统的力量开展遥感测量和地灾应急排查。5月15日开始研究支持灾后恢复重建的土地矿产政策，6月1日到四川、陕西、甘肃进行对接，6月10日经过国务院领导同意及时发文。随后，我部参与国务院的灾后重建规划编制，按时完成了两个半规划的编制任务。

同时，我们还注重加强打基础、利长远的各项工作。去年联合五个部委开展县乡村干部国土资源法律知识宣传教育培训活动。全面推进统计改革。认真做好全国土地利用总体规划、矿产资源规划、地质勘查规划和地灾防治规划工作。着力开展第二次全国土地调查以及矿产资源潜力评价、储量核查和矿业权核查。部署了顶层设计和战略研究。圆满完成了深入学习实践科学发展观试点活动的各项任务，着力改进作风，增强执行力。

总的来看，我们主动作为，积极应对，管理基础不断夯实，工作思路逐步清晰，各项措施扎实有效，自身建设着力推进，为我们更好地落实中央部署、服务地方发展打下了很好的基础。

存在的突出问题主要有：一是忧患意识和危机感还需要进一步增强；二是解放思想尚未通过制度创新完全落地；三是统筹协调和行政执行力还亟待提高。

三、冷静观察、积极应对，深入谋划明年国土资源工作

明年主要做好以下五方面的工作。

（一）积极主动服务发展大局

一是要保障供地。坚持供给和需求双向调节。主动跟进、提前介入，就是一种需求调节。要提高审批效率，建立快速通道。二是要坚持完善差别化计划管理。目前已经考虑了计划执行、耕地保护、占补平衡、违规违法等情况，要在此基础上进一步完善。三是加强规划的统筹和管控。四是强化地质矿产勘查和信息服务。重点是加强优势矿产和紧缺矿产勘查以及做好重大建设项目选址和建设的地质信息服务。五是加强矿政管理。主要是巩固矿产资源开发秩序整顿规范成果，继续开展矿产资源开发整合工作。

（二）严格规范管理和保护资源

认真研究两个最严格的制度如何落地，真正守住耕地红线，控制住城乡建设用地总规模。在加强监管方面，从明年开始一张图工程和综合监管平台要正式运行，年内还要把矿政管理的应用系统整合进去。应当探索和总结推广在建设工地和矿区设立告示牌、聘用信息员，组织青年志愿者等简便有效的监管办法。

（三）坚定不移地深化改革、创新思路

应该更多地深入调查研究。深入调查研究有利于已经部署的顶层设计和战略研究，有利于“两法”修改，有利于三中全会精神的贯彻落实，有利于我们掌握第一手资料，作出符合实际的决策和部署。通过调查研究，进一步找准体制机制障碍和深层次矛盾和问题，进一步明确国土资源工作改革的重点领域和关键环节。

在土地方面，一是稳妥推进农村土地管理制度改革。要加紧出台规范性办法。最近各地土地流转加快，各种探索踊跃，如不及早加以规范，就可能出现乱象，局面难以收拾。在这个过程中，还要注意研究解决历史遗留问题。二是完善土地规划体系。现在正在开展的土地利用总体规划修编，各省（区、市）都是按照行政区划进行的，不一定能够满足经济社会发展需要。规划体系的设计一方面要往宏观走，编制国土规划，处理好与主体功能区规划的关系。另一方面要往微观走，编制村级规划。《城乡规划法》已经颁布实施，如果村级规划跟不上，现在遇到的宅基地问题、集体建设用地问题都难以有效解决。要研究编制区域性规划，并使其在推动整个国土开发和经济发展中发挥积极作用。从区域发展看，现在全国大约有十几个城市群，包括长三角、珠三角、京津冀、山东半岛、辽中南、海峡西岸、长江中游、中原、川渝和关中城市群，有的已经形成，有的已具雏形，有的正在形成。这些城市群占全国1/10的国土面积、1/3的人口和将近一半的GDP。还有一些城市群值得关注，像江淮、吉林中部、黑龙江中南部的齐大哈工业走廊、北部湾、天山北坡城市群等。这一轮基础设施建设完成之后，一小时、半小时活动半径的城市群很快就会形成。区域规划问题要早日提上日程。我国还有一万八千多公里的海岸线，围海造地如火如荼，要认真研究围海造出土地的管理问题。三是深化审批制度改革。原则是不给以后的改革设置障碍，监管一定要跟上，坚持权责双放。违规违法用地量大面广、屡禁不止的原因是多方面的，但与我们的管理有很大关系，比如宅基地没管好、重点建设项目预审审批没有做好。在违规违法用地中，宅基地宗数占近80%、面积占近20%，国家和地方重点项目宗

数占20%、面积占80%。如果审批制度改革搞好了，在重点项目开工之前预审都能完成，开工就先行用地，那么重点项目用地违规违法宗数和面积可以大大下降；如果宅基地从计划到标准管好了，违法违规宗数和面积也会大大下降，整个违规违法用地的局面就会大大改观。但我们现在做得还不够。要进一步健全完善执法监管体系和督察制度。执法局的主要任务是执法体制机制建设，而不是查案子。

在矿产方面，主要是矿业权市场建设、矿业权审批制度改革、矿产资源税费款改革和矿业开发秩序管理。

在地质找矿方面，基本思路是：找新区、上专项、挖老点、走出去、依靠科技和人才。构建新机制的内容主要是中央、地方、企业如何联动，公益性地质工作、商业性地质工作和地勘基金怎样衔接，勘查与开发怎么结合，地质找矿、地勘单位改革发展和矿业权设置如何配合。这些都要靠实实在在的工作去推进，今年做了一些工作，但进度还不够快。要进一步加强行业管理和区域性、基础性、公益性地质工作。国土资源大调查经费没有完全放到这方面，而中央地质勘查基金又没有充分利用。

环境地质工作要加强。在城市群的区域性规划、海岸线调查、资源环境承载力评价等方面，环境地质工作都要跟上。要关注低碳经济的发展，大力推进地热等清洁能源的开发利用。使用地源热泵技术，又能制冷又能供暖，节能和保温效果非常好。要大力实施海洋工程。海洋工程涉及面非常广，从我国管辖的300万平方公里海域到近海，要认真研究如何开发利用的问题。

我们的视野要开阔一些，要结合经济社会发展的需要考虑问题，要坚定不移，深化改革，创新思路。

（四）继续加快构建保障和促进科学发展的新机制

新机制是一个开放的框架性系统。现在制定一个构建新机制的综合性指导文件的条件已基本具备。通过一年的探索，四个新机制的建设取得了重要进展，但不平衡。现在进展比较快的是共同责任机制。在执法方面已经印发了三个文件。一是监察部、人力资源和社会保障部与我部下发的《违反土地管理规定行为处分办法》（15号令），二是最高人民检察院、公安部与我部下发的《关于国土资源行政主管部门移送涉嫌国土资源犯罪案件的若干意见》（国土资发〔2008〕203号），三是最高人民法院、最高人民检察院、公安部与我部下发的《关于在查处国土资源违法犯罪工作中加强协作配合的若干意见》（国土资发〔2008〕204号）。在中央层面上，我们与工商、建设等部门尚未建立共同责任机制，很多地方则先行一步，有的甚至包括了市政、供水、供电等部门。还要考虑建立部门与地方的共同责任机制。就开源节流机制而言，工作在推进，但怎样形成机制还需要进一步考虑。宏观调控和市场配置机制更是一个问题。要加强与国家统计局的合作，使土地和矿产更好地参与宏观调控。科技创新机制还有比较大的问题。国家实验室我部一个都没有，三项重大科技计划要继续推进落实。汪民同志关于“走出去”的思路，我非常赞同。商务部积极性很高，每年那么多的援外款，拿出一部分开展矿产调查，企业再跟进。商务部还有120多个驻外商务处，掌握大量的法律、经济和矿产信息。进出口银行、开发银行、中投等金融机构的积极性也非常高。财政部有用于支持企业到国外开展矿产勘查的基金。我们要注意收集“走出去”从事矿产勘查开采企业的信息，同时为他们做好服务。

（五）提高素质，增强行政执行力

这是非常重要而紧迫的任务。一是要切实增强忧患意识和危机感，特别是部领导和机关司局、事业单位和省厅的负责同志。二是要增强政治辨别力和职业敏感性，见微知著、未雨绸缪、迅速反应。三是要主动作为、有效应对，全面贯彻落实中央的决策部署，积极服务地方经济发展。

总之，明年的工作任务十分繁重。对国土资源系统特别是领导干部的精神状态和能力水平都是一次全面检验。我们一定要振奋精神，善于应对复杂局面，更好地贯彻落实中央部署，更好地服务地方经济发展，更好地保护土地和矿产资源。

在综合改革试验区国土资源管理制度配套改革座谈会上的讲话

鹿心社

（2008年4月27日，根据录音整理）

根据部深入学习实践科学发展观试点综合调研安排，我和部有关司局、有关单位的同志一起，重点就如何推进各类综合改革试验区国土资源管理制度配套改革，解决国土资源管理突出问题，破解难题，构建新机制，保障和促进科学发展进行专项调研。调研组先到了武汉，召开了武汉城市圈“1+8”分管市长座谈会，然后到广东东莞调研节约集约用地和闲置土地处置情况。由于时间所限，这次调研不能每个综合改革试验区都去，所以把大家请来开个座谈会，了解各综合改革试验区国土资源管理制度配套改革进展情况，需要解决的问题和解决问题的意见、建议。

今年是改革开放30年。深圳是中国改革开放的发源地，在这里召开综合改革试验区的座谈会，具有特殊的意义。同志们的发言，介绍了各类综合改革试验区国土资源管理制度配套改革的进展情况、思路、做法，提出了需要解决的问题、意见和建议，谈得都很好，听后很受启发。大家的意见和准备的文字材料，含金量很高。进一步梳理、深入研究之后，有助于形成保障和促进科学发展新机制的意见和建议。通过座谈，省市之间相互交流、相互借鉴，可进一步完善试点方案，共同推进试验试点。从这个角度讲，今天这个会，既是部贯彻落实科学发展观试点活动调研会、座谈会，也是各个改革试验区交流经验、交流做法的交流会、促进会，对推进综合试验区国土资源管理制度配套改革、创新国土资源管理体制、机制都将起到重要作用。

受大家发言的启发，结合调研思考，讲三点意见。

一、充分认识推进国土资源管理制度配套改革的重大意义

改革开放以来，我国经济建设快速发展，社会事业全面进步，取得了举世瞩目的成就。国外有关人士称作“中国奇迹”。但我们确实在资源、环境方面付出了沉重代价。地区之间、城乡之间发展也不够平衡。当前，我国的发展处在一个新的起点上，要实现全面建设小康社会的奋斗目标，就必须进一步解放思想，改革创新，形成有利于科学发展的体制、机制，促进经济发展方式的根本转变，走科学发展道路。就国土资源管理来讲，多年来在党中央、国务院领导和各级党委政府领导支持下，国土资源系统广大干部职工开拓进取，努力工作，国土资源管理取得显著成绩。

一是严格保护耕地，保护了粮食的生产能力；二是严格实施宏观调控，较好地保障了经济社会发展的用地需求；三是深化资源使用制度改革。建立了土地、矿产资源市场，优化了资源配置，促进资源合理利用；四是较好地保护了被征地农民的合法权益，维护了社会稳定；五是加大地质矿产勘查力度，实现找矿重要突破，为经济社会发展提供了矿产资源支撑；六是整顿矿产资源开发秩序，形成了适合中国国情的矿政管理制度，实施了有效的管理等。

但不可否认，国土资源管理还存在着不少问题，面临不少难题。大家在发言中谈了许多具体问题，概括起来主要是三个方面：第一，是如何处理好保障发展与保护资源的关系。尽管这些年我们努力地去破解，但这永远是我们工作的主题、难题。第二，如何处理好改革创新和现行法律法规规定的关系。法律有规定，但工作实践中遇到了一些新问题，需要改革创新。第三，如何处理好宏观调控和利益协调的关系。怎么更好地实施宏观调控，如何比较好地处理好各方面利益关系。

破解这些难题，最根本的出路就在于改革创新，构建起保障和促进科学发展的新机制。我国的发展不走科学发展的道路，资源支撑不了，环境承受不了，社会问题将越来越突出，发展将难以为继。国土资源管理如果不改革创新，就难以破解当前各种问题和难题，必须进一步解放思想，改革创新，加快构建国土资源保障和促进科学发展的新机制。各类改革试验区是先行先试先探索的单位，责任重大。试验好了，国土资源管理就能够破解难题，实现新发展。大家讨论中提的一些观点我非常赞同，要解决国土资源问题，不能光局限在国土资源圈子里，不能就国土资源谈国土资源，否则是破解不了难题的。大家在发言中提到现在影响科学发展的最主要因素：一是地方经济社会发展的评价和干部考核体系；二是财税体制和资源环境补偿机制；三是资源配置机制。国土资源部门首先要下功夫研究资源配置机制，构建国土资源保障和促进科学发展新机制。同时要研究在资源保护和利用上，如何科学评价地方经济社会发展和干部的政绩；如何完善资源税费体系，建立健全资源补偿机制、环境补偿机制，提出意见和建议。

二、准确把握国土资源管理制度配套改革的基本要求

各类改革试验区或试点，内容不一样，侧重点也不一样，核心都是要构建保障和促进科学发展的国土资源管理新机制。

在保护好资源的同时，全面提高国土资源对经济社会发展的保障支撑能力，促进科学发展。核心是构建新机制，关键是改革创新，目标是保障促进科学发展。各地的改革创新侧重点可以不同，但要把握好共性的基本要求。第一，宏观调控能力要增强。国土资源特别是土地是国家宏观调控的重要手段，通过改革试点、改革试验，利用国土资源调控经济、调控市场的能力，要明显增强。要把土地调控手段与货币、财政、产业政策很好地结合起来，形成宏观调控的合力，落实国家宏观调控的要求，规范土地市场、资源市场。第二，耕地保护的目标要落实。保住18亿亩耕地红线，基本农田数量不减少、质量不降低是硬指标。通过改革试点试验，试验区必须实现这个目标。这个目标不是局限在很小的范围，而是在试验区，在一个省级区域，是必须做到的。不能因为改革试验，耕地保护面积下降，基本农田减少。第三，保障发展的能力要提高。保护、管理资源的目的，最终还是为了更合理利用，保障科学发展。对于保障科学发展，体现集约节约利用的土地需求，国土资源部门有责任、有义务想办法去保障。我们不是怕用地，而是怕用不好地，怕的是大手大脚、粗放利用。要通过综合改革试验，大胆创新，切实提高资源保障能力。发展是硬道理，发展是执政兴国的第一要务，科学发展观的第一要义是发展，解决中国的问题靠发展，通过改革试验，要进一步提高保障科学发展的能力。第四，开发利用的秩序要规范。不管是开发还是利用，都要按规矩办事，依规办事，依法办事，按程序办事。要针对当前存在的主要问题，通过改革试验，探索研究使资源开发利用更加规范、有序。第五，群众的合法权益要保护。不管是城镇建设用地增加与农村建设用地减少挂钩，还是土地征收、迁村并点，凡是涉及群众合法权益的，都要依法保护，不能损害、侵害群众利益。科学发展观是以人为本的，发展最终是为了群众。各类改革试验区内容可以有侧重，但是上面几条，我希望各类改革试点试验都要遵守。如果这些最基本的要求没有做到，改革试点的成效是要打折扣的。按照这些基本要求，改革中应该注重以下几个方面的内容：第一，加强规划，健全宏观调控体系。各类改革试点试验区，都要科学编制、有效实施好国土资源规划。从总体上对资源开发的规模、结构、布局做出统筹合理的安排。当然这个规划不是孤立地做，要和经济社会发展规划、城市群规划、各类专项规划很好的衔接起来。规划包括国土规划、土地利用总体规划、矿产资源规划等。同时要加强土地利用计划和供地计划管理，对一个年度的土地供应量、供应结构甚至投放的时间，都要做出科学合理安排，配合其他政策措施实施好宏观调控。第二，明确责任，构建共同责任机制。大家发言中说得非常对，保护耕

地、集约用地是国土资源部门的职责，但管好用好国土资源，不仅是国土资源部门一家的事。目前相关责任确实不够明确。要通过各类综合改革试验探索，中央是什么责任、省是什么责任、市县是什么责任，各有关部门应该承担什么责任，土地使用者甚至包括农民有什么责任。共同责任机制，得先把责任弄清楚，各类改革试验都可以大胆探索，提出意见。责任明确了，用制度确定下来，大家共同遵守、共同落实，这样就可以改变“一家管、多家用”问题，用的要关心管、支持管、服从管，用的过程当中要履行好法律责任。这需要我们认真探索。第三，要创新激励机制，调动各方面的积极性。机制创新是最核心的。光靠号召，什么事都不能很好地贯彻落实，核心是要通过一些经济机制、经济手段，使那些保护资源、保护耕地、节约集约利用资源的人受益。通过机制的建立，使被动的保护、受约束的集约，变成主动地保护、自觉地集约。节约集约利用资源，不在机制上下功夫，难以做到。改革试验要从有利于资源保护、有利于资源合理利用角度，大胆探索。第四，明晰产权，探索建立城乡统筹的土地市场。一要明晰土地产权。现在产权设置比较简单，各类产权要进一步明晰界定。二要规范推进集体建设用地流转。在产权分类明晰之后，有序流转。三要继续深化征地制度改革。征地制度改革和集体建设用地流转，各方面看法不完全一致，但试点可以大胆地去探索。第五，推进管理改革，形成实用高效的管理模式。要对土地计划管理，农地转用、土地征用、土地出让、土地供应和利用监管等各个环节，以改革创新的精神去分析、改进、完善。管住关键环节，减少繁杂的、不必要的程序和要求，提高工作效率。一切从实际出发，不断完善管理制度，更好地服务科学发展、保障科学发展。第六，健全预防机制，从源头上防止违规违法案件的发生。这几年，我们治理、整顿、清查一个接一个，一波接一波，取得了突出的成效，发挥了至关重要的作用，但有些问题还没根本解决。原因在哪？应该采取什么样的措施从根本上预防？这值得我们认真地去思考、研究和探索。改革试验区如果能形成一套管用的制度，有效防止违法违规，那就是一大贡献。当然，需要探索和试验的内容还很多，上述这些，应该是试验当中应该关注的重点内容。在抓住这些共性问题和重点内容的同时，要根据各个试验区的侧重点去设计改革内容，做到特色突出。综合改革试验区，要加强制度机制创新和管理创新；统筹城乡改革试验区，要解决好城乡一体化中的国土资源问题；“两型”社会类的试验区要走出节约资源、保护环境、科学利用国土资源的新路子。

三、扎实推进国土资源管理制度配套改革

从这次座谈会看，推进各类综合改革试验区国土资源管理制度配套改革，都有很好的思路和打算。有的已经开始起步，并且取得了初步的成效。但要完成改革试验的任务，构建新机制，任务还非常艰巨。为了把这项工作做得更好，我再提三点建议：第一，编制好规划。各类改革试点试验区都要把规划编制好。按照行政区划部署的常规性的规划，按常规做好。由于综合改革试验带来的跨区域的、更大范围的、内容更综合的规划，要通过更高层次规划来统筹。在湖北武汉调研时，我说过统筹是关键，创新是根本。武汉城市圈是“1+8”个城市，一个武汉，周围八个中小城市，不统筹怎么行？怎么统筹？要靠规划。有的需要编国土规划；有的区域如果需要，也可以编区域土地利用总体规划。要编好矿产资源规划，还有一些其他规划。另外，凡是涉及综合改革试验区的各类综合规划、专业规划和专项规划，国土资源部门要积极参与，统筹考虑。因为不论发展产业、调整结构，最终都少不了资源的保障，最终都离不开土地的支撑，最终要落到地上。如果我们不参与，规划与土地利用规划不能衔接，我们职能就没发挥好，也会造成用地困难。国家已经批准的试验区，在规划上要加强与部沟通，部将加强指导。其他类的试验区也要加强与部的沟通。第二，制订好方案。国土资源部门要积极参与试点试验总体方案制订。据了解，所有试验区都把国土资源管理制度创新作为重要内容，国土资源部门要积极参与。国家批准设立的试验区改革总体方案报国务院前，一般会征求国土资源部意

见。如果我们把工作做到前面，在省市制订总体方案的时候，地方国土资源管理部门就积极参与，及时与部沟通，到征求意见的时候，部里会很快的出具意见，有助于总体方案的早日批准。在总体方案的指导下，国土资源部门要制订国土资源管理制度配套改革的专项方案。如滨海新区，国务院就明确土地管理的专项改革方案，要按程序报批才能实施，我们正与天津市一起完善方案。方案做好了，我们的改革试点试验才有所遵循。其他综合改革试点试验制订总体和专项方案，可与部加强沟通。第三，加强沟通协调。部对各类综合改革试验区国土资源管理制度配套改革非常重视，已经明确由规划司牵头，各有关司、有关单位参加，一起研究、协调、支持和指导。初步考虑部和有关省市通过适当方式，如签备忘录或者协议等，共同推进各类改革试验区国土资源管理制度配套改革。有关省市可以先考虑，提出意见和建议，及早与部里沟通，适当的时间确定下来。总的说，各类国家综合改革试验区国土资源管理制度的配套改革有了很好的开始，只要我们解放思想、改革创新，大胆探索，上下努力，就一定能够完成综合改革试验国土资源管理制度配套改革任务，就一定能建立起有利于科学发展、保障和促进科学发展的新机制，为保障促进科学发展做出我们应有的贡献。

在服务扩大内需和第八次卫片执法检查整改工作电视电话会议上的讲话

鹿心社

（2008年12月1日）

同志们：

近日，党中央、国务院作出了进一步扩大内需促进经济增长的重大决策。为贯彻落实党中央、国务院的决策部署，部研究制定了《国土资源部关于为扩大内需促进经济平稳较快发展做好服务和监管工作的通知》（以下简称《通知》）。为准确理解和把握《通知》精神，我对《通知》的总体考虑和主要内容作一简要通报：

一、《通知》的总体考虑

为积极应对复杂多变的经济形势，中央决定实行积极的财政政策和适度宽松的货币政策，出台了进一步扩大内需促进经济增长的十项措施，明确提出要加快民生工程、基础设施、生态环境建设和灾后重建，提高城乡居民特别是低收入群体的收入水平，促进经济平稳较快发展。特别强调，要按照“出手要快、出拳要重、措施要准、工作要实”的要求，开展扩大内需的各项工作。按照国务院的部署，到2010年底总投资达4万亿元，中央拟安排投资1.18万亿元。其中，今年第四季度先增加安排中央投资1000亿元，提前安排明年灾后重建基金200亿元。

中央关于扩大内需促进经济增长的决策事关经济社会发展全局，意义重大。落实中央一系列政策措施，需要土地和矿产资源的有力支撑和保障。要在严格落实保护资源基本国策的前提下，统筹好经济发展与资源保护的关系，解决好土地和矿产资源的供需矛盾，任务十分艰巨。对此，部党组高度重视，多次召开部务会议，认真学习、全面理解和准确把握中央精神，经认真研究，制定了《通知》，并以不同方式征求了地方意见。日前，《通知》报经国务院领导同意正式印发。

《通知》以贯彻落实党的十七届三中全会精神和中央决策部署要求为指导，紧紧围绕“积极主动服务，严格规范管理”，提出了扩大内需促进经济平稳较快发展的国土资源保障措施和监管要求。积极主动服务，就是要将扩大内需促进经济增长作为当前国土资源工作的重中之重，进一步加强统筹协调，提高工作效率，为落实中央决策部署提供强有力的国土资源保障和服务；严格规范管理，就是进一步明确责任，强化监管，切实落实两个最严格的土地管理制度，维护好被征地农民的合法权益，加大地质环境保护力度，防止出现乱象，确保中央各项政策措施取得更好效果。

《通知》主要把握了四条原则：

一是统筹安排与突出重点相结合。扩大内需新增投资项目的实施，将进一步增大对土地和矿产资源的需求，要搞好统筹协调。结合土地利用总体规划修编，区分轻重缓急，统筹安排已规划项目和拟规划新上项目，切实发挥规划对投资项目的统筹和管控作用。同时，突出重点和急需，优先安排新增中央投资计划项目，抓紧土地预审、审批和供应，特别是要加大力度，确保今年第四季度1000亿新增投资项目用地尽快到位。

二是提高效率与深化改革相结合。扩大内需是当前经济工作的重中之重，是一项重要的政治责任，为保证新增投资项目尽快落地，各级国土资源管理部门要加快工作，提高审批效率，提供及时保障。要从有利于构建保障科学发展的国土资源管理新机制出发，与土地管理改革的方向和重点相结合，深化用地审批制度、征地制度、土地使用制度、农村土地管理制度、矿业权管理制度等方面的改革，探索提高效率、规范管理的有效途径，完善相关政策措施。

三是保障资源供应与促进资源利用方式转变相结合。做好扩大内需促进经济平稳较快发展的国土资源保障，既要有利于促进经济增长，又要有利于推动结构调整和发展方式转变。既要为拉动当前经济增长提供有力的国土资源保障和监管，又要通过优化资源配置和供应结构，转变资源利用和管理方式，节约集约利用国土资源，促进经济发展方式转变，增强经济发展后劲。

四是主动服务与加强监管相结合。为确保中央各项政策措施取得良好效果，对列入新增中央投资计划的项目和符合国家产业政策、用地政策的地方项目，要主动做好服务，及时提供保障。同时，要协助有关部门和地方政府严格把关，加强新增投资项目用地的全程监管，强化执法监察和土地督察，坚决防止“两高”行业低水平重复建设和盲目扩张，严防搭车用地，促进经济又好又快发展。

二、《通知》的主要内容

《通知》共分八个部分、二十四条，提出了为扩大内需促进经济平稳较快发展做好服务和监管工作的政策措施，主要包括：

（一）统一认识、迅速行动

《通知》要求，各级国土资源管理部门要把思想和行动统一到中央的决策部署上来，统一到贯彻落实科学发展观的要求上来，把促进经济平稳较快发展作为当前国土资源工作的重中之重。按照“依法依规、突出重点、节约集约、优质高效”的原则，迅速行动，加强协调配合，优化审批程序，切实履行职责，强化监察，确保各项政策措施取得实效。

（二）加强土地利用总体规划对投资项目的统筹和管控

《通知》要求各地要进一步加快土地利用规划修编工作，将新增中央投资计划项目纳入规划统筹安排，重点保障。要切实发挥规划的统筹和引导作用，对新增投资计划的在建项目、相关规划已安排提前实施的项目和拟论证新上的项目在规划中统筹考虑。新一轮土地利用总体规划批准实施前，凡列入新增1000亿中央投资计划清单的项目，因选址难以避让基本农田的，可以提出土地利用总体规划修改方案，其中，中央直接下达计划的大中型项目，规划修改方案随同用地报件按程序报国务院批准，切块下达地方的新增中央投资项目，规划修改方案报省级政府批准，并在一个月内报部备案。

（三）保障新增建设用地计划指标

《通知》要求，各级国土资源管理部门积极配合相关部门，选准选好新增中央投资计划项目，合理安排建设用地计划指标，今后两年土地利用计划编报，要重点保障列入新增中央投资计划建设项目的用地计划指标，部将根据国家宏观经济政策，统筹土地利用年度计划安排。要切实落实新增中央投资项目用地计划指标，列入新增1000亿中央投资计划清单的大中型建设项目所需的用地计划指标，在用地审批时由部相应安排。切块下达地方的新增中央投资项目，建设用地计划指标由各地统筹安排，部将根据计划执行情况相应调剂。

（四）提高用地审批效率

《通知》明确，一是进一步提高用地预审效率，新增中央投资计划项目已完成地质灾害危险性评估和掌握压覆矿产资源情况的，可在申请用地预审时报审有关材料，用地报批时不再重复审查。二是适当扩大先行用地范围。主要有两类，一类是新增中央投资计划建设项目的控制工期的单体工程，以及有工期要求或受季节影响急需开工工程的用地，在完成项目批准（核准）与初步设计后，可由省级国土资源管理部门向部申请先行用地。其中列入新增1000亿中央投资计划清单的项目申请用地预审时，在完成初步设计、确保征地补偿安置落实到位的前提下，可同时申请先行用地。另一类是依法须由国务院批准用地的地方批准（核准）建设的民生工程、基础设施、生态环境和灾后重建项目，且不占用基本农田的控制工期的单体工程，可以向部申请先行用地。三是加快建设项目用地报批。《通知》明确，对省域内跨多个市、县的线型工程，可按地（市）为单位分次报批用地。符合要求的项目用地，部在一个月内完成用地审查。同时，各地要抓紧做好2009年城市建设用地申报工作。

（五）保障重点项目建设用地供应

《通知》要求，各地要加大对民生工程建设用地的供应力度，加快供应速度，尽快落实到具体地块。要采取有效措施，积极盘活存量建设用地，并优先用于新增中央投资计划项目。对使用原土地进行增资扩建的工业项目，不再增收土地价款，鼓励提高土地利用率和增加建设容积率。《通知》同时要求，要及时提供土地产权保障服务。

（六）提高矿产资源保障程度

《通知》要求，一要加快矿产资源勘查，在重点成矿区带统一部署，提高基础地质工作程度，引导企业加大资金投入，实现整装勘查和形成大型资源基地的目标。二要加大地质信息资料社会化服务力度，最大限度地满足新增投资项目对地质信息的需求，为工程选址和工程施工提供基础地质信息服务与支撑。三要加强矿业权管理和市场服务，科学调整矿业权，引导企业采取收购、兼并和参股控股等方式对小矿山实施整合，进一步提高各类矿产资源规模化开采和集约化利用，有效保障国家安居工程、重点基础设施、生态环境等方面的工程建设对矿产资源的需求。

（七）严格规范用地管理

《通知》强调，一要坚持最严格的耕地保护制度。各类建设项目必须尽量不占耕地或少占耕地，确需占用耕地的，要按照“先补后占”的要求，在用地报批前完成经国土资源管理部门验收的补充耕地。二要落实最严格的节约用地制度。要严格执行用地标准，坚决核减超标准用地面积。移民搬迁、被征地农民集中安置、游牧民定居、农村危旧房改造等项目，应优先利用空闲地等存量建设用地和未利用地，切实提高土地集约利用水平。三要维护被征地农民的合法权益。要按照党的十七届三中全会精神要求，严格履行征地程序，采取多元化补偿安置途径，解决好被征地农民的就业、住房和社会保障等问题。申请先行用地的，要先行制定征地补偿安置方案并征得农民同意。动工用地前，要将有关费用支付到被征地村组和农户，做到足额补偿。四要加大地质灾害防治工作力度。各地要积极争取财政支持，加大投入力度，严格执行地质灾害危险性评估制度，提供及时和高质量的服务，保证农村民生工程、农村基础设施以及铁路、公路和机场等重大基础设施建设安全。五要强化动态实时监控。各地要严格执行建设用地备案制度，及时掌握建设用地审批、供应、使用、耕地补充和违规违法等情况。加强保障性住房用地供应和批后监管，进一步加强土地和房地产市场运行的动态监测和分析。

（八）强化执法监察和国家土地督察

《通知》要求，加强对新增中央投资计划项目的动态巡查和执法监察，对违反规划计划、未批先用、征地补偿安置和补充耕地不到位、违规操作的，要及时制止、坚决查处。对大面积非法占用基本农田，侵犯被征地农民利益造成严重后果的，要严肃处理、公开曝光，并依法追究有关责任人员的责任。强化国家土地督察，各派驻地方的国家土地督察局要加强对新增中央投资计划项目用地的监管，将监管不力、违规操作、侵犯农民权益和搭车用地，作为专项督察和例行督察的重点，严格落实问责制。

同志们，扩大内需、促进经济平稳较快发展，是中央作出的重大战略部署，我们要认真履行职责，积极主动服务，严格规范管理，切实做好扩大内需促进经济增长的国土资源服务和监管工作，为经济又好又快发展作出新的贡献。

着力推进惩治和预防腐败体系建设
为国土资源管理改革和发展提供有力保障

——在国土资源系统党风廉政建设工作电视电话会议上的报告

王寿祥

（2008年3月28日）

同志们：

我就国土资源系统党风廉政建设和反腐败工作报告如下：

一、2007年主要工作回顾

2007年是国土资源系统深化改革、完善管理的重要一年，国土资源部党组和各级国土资源部门认真贯彻落实党中央、国务院关于党风廉政建设和反腐败工作的部署，积极推进国土资源系统党风廉政建设工作。党组书记、部长、国家土地总督察徐绍史同志，对党风廉政建设工作高度重视，提出了明确要求。部党组成员按照责任分工，各负其责，认真抓好任务落实。中央纪委、监察部非常关心和支持国土资源部的工作，多次听取汇报，及时给予指导。各地和部机关各单位认真学习贯彻党的十七大精神，积极推进教育、制度、监督并重的惩治和预防腐败体系建设，不断创新思路和工作方法，拓展从源头上防治腐败工作领域。经过全系统广大干部职工的共同努力，党风廉政建设和反腐败工作取得了新的成效。

第一，采取有力措施，保障国土资源系统贯彻落实科学发展观。各级国土资源部门把贯彻落实科学发展观作为党风廉政建设的重要任务，围绕全面履行职能，切实加强管理，各项工作更加严格规范、更加持续有力、更加积极主动。

加强土地调控和监管，积极完善和落实坚守18亿亩耕地红线的措施，严格执行土地利用规划计划和审批管理，大力推进工业用地招标拍卖挂牌出让，加强对土地开发整理项目和资金使用管理的监督检查。严格控制新增建设用地规模，在合理安排经济社会发展各类必需用地的基础上，全年批准建设用地面积同比有所减少。继续推进整顿和规范矿产资源开发秩序，在巩固原有成果的基础上取得新的成效。加大土地执法和督察，在全国土地执法百日行动中，集中清理了“以租代征”、违反规划扩大工业用地规模、未批先用三类土地违规违法行为，立案查处案件2.67万件，移交各地纪检监察机关3700多人，给予党纪政纪处分2300多人，移送司法机关追究刑事责任2700多人，土地违规违法案件的高发态势有所遏制。

全系统各级纪检监察部门围绕国土资源管理工作，积极促进落实科学发展观，履行监督检查职责。认真开展行政执法监察，积极参与国有土地使用权出让专项清理，土地、矿产专项执法行动和涉及农村土地问题的专项治理，严肃处理违纪违法行为。

第二，加强作风建设，领导干部廉洁从政意识进一步增强。各级国土资源部门结合实际，普遍开展了多种形式的加强作风建设、促进廉洁从政的党风廉政教育活动。江苏、湖北、西藏等地国土资源部门开展了评选廉政文章、唱正气歌等内容丰富的廉政文化活动；广西、重庆等地国土资源部门开展了加强作风建设的主题活动，认真解决领导干部作风方面存在的突出问题；新疆、四川等地国土资源部门开展了为期三个月的作风整顿教育活动，增强了干部职工做好国土资源管理工作的责任感；上海、吉林等地国土资源部门认真总结发生案件的教训，用身边的人和事开展警示教育，增强干部廉洁从政意识。部机关思想作风建设进一步加强，开展了多种形式的党风党纪教育，举办了近几年规模较大、层次较高的国土资源系统纪检监察干部培训班，对加强纪检监察干部的作风建设、提高履行职责的能力起到了促进作用。

全系统各级领导干部认真落实廉洁从政各项规定和中央纪委关于严格禁止利用职务上的便利谋取不正当利益的若干规定。部机关召开部署大会，徐绍史部长作了动员讲话。各地和部机关各单位积极开展自查自纠活动。全系统共有614名领导干部主动上交现金、有价证券和支付凭证，涉及金额共416.83万元；查处领导干部违反规定收受礼金约54.92万元，对违纪人员给予了处分。黑龙江省国土资源部门276名副处级以上干部以书面形式做了廉洁自律承诺，建立了廉政档案。

第三，强化监督制约，进一步规范权力运行。各级国土资源部门认真落实党内监督的各项规定，严格执行领导干部个人收入申报和重大事项报告制度，开展了领导干部述职述廉、任前廉政谈话、诫勉谈话等工作。全系统领导干部述职述廉14349人，任前廉政谈话5496人，诫勉谈话541人，询问质询310人，纪委负责人同下级党政主要负责人谈话4450人，实行党风廉政建设责任追究58人，纪律处分19人。部党组对9个派驻地方的土地督察局领导任职进行了集体廉政谈话。各督察局在认真履行监督职能的同时，不断规范权力运行。在2007年述职述廉工作中，对部机关和直属单位33个领导班子、127名司局级干部落实党风廉政建设责任制和廉洁自律情况进行了考核测评，并在全国国土资源管理工作会议上对部机关司局和主要领导进行了测评。部机关进一步加强干部队伍建设，在领导班子配备、干部竞争上岗、干部轮岗交流、选人用人机制等方面都取得了新的成效。部机关加强了对主要领导的离任审计，对审计署在审计中发现的问题高度重视，认真整改。湖南、浙江等省国土资源厅规定行政一把手不直接分管资金和业务项目，建立了领导班子主管与协管相结合的制约机制。

各级国土资源部门加强了对土地和矿业权审批、重大项目管理、资金使用及工程项目招投标的监督检查。河北、福建等省国土资源厅着力构建行政权力公开透明运行系统。北京市国土资源局以“奥运举办年”为契机，强化了对“三重一大”情况的监督。贵州省对政务窗口和网上审批实行了电子监察，进一步强化了监督。部机关政务大厅已建成投入使用，为规范权力运行搭建了平台。

为加强对部机关和直属单位领导班子和领导干部的有效监督，部党组建立了巡视工作制度，成立了巡视组，已经分3批对9个单位开展了巡视，重点检查了党的基层组织建设、领导班子建设、执行党风廉政建设责任制、领导干部廉洁自律、权力运行等情况的检查，被巡视单位高度重视，针对发现的问题及时制定整改措施。中国地质调查局和山东省国土资源厅也在本系统开展了巡视工作，强化了对领导班子和主要负责人的监督。

第四，推进政风建设，切实维护被征地农民的合法权益。各级国土资源部门着力加强政风行风建设，通过建立“政风行风热线”、创建基层国土所行风建设示范窗口、积极参与当地民主评议行风，在提高效率、改善服务、树立国土资源队伍良好形象上下功夫。内蒙古、安徽、云南等地国土资源厅主要领导，通过新闻媒体解答群众关心的问题，为群众办实事。各级国土资源部门在当地民主评议行风中，普遍取得良好成绩，有的省国土资源厅排名大幅度提升，天津、山西、黑龙江等省、市国土资源部门在当地连续被评为政风行风建设优秀单位。

各地把解决农民土地权益问题作为纠风工作的一项重要内容，落实国务院有关政策和要求，制定征地统一年产值标准和区片综合地价，落实就业安置和社会保障措施，有效维护了被征地农民的合法权益。海南省国土资源厅清理纠正了征地中久拖未决的历史遗留问题。青海省国土资源厅及时完成了兰青铁路1.82亿元的征地补偿金发放任务。河南、甘肃、宁夏等地集中开展清理拖欠农民征地补偿费工作，三省共清欠10多亿元。广东省国土资源厅建立了预存征地补偿款等制度，努力构建征地安置补偿的长效机制。各地深入开展农村土地信访和矛盾纠纷排查调处工作，加快实施基层协管员、人民调解员制度，维护被征地农民的合法权益。

第五，严肃查办案件，深入开展治理商业贿赂专项工作。各级国土资源部门重点查处以权谋私、贪污受贿、失职渎职等案件。2007年共受理信访举报4345件，初核2851件，立案472件，189人受到党纪处分，243人受到政纪处分，82人受到组织处理，189人被移送司法机关，共挽回经济损失约1773万元。各地在加大查处案件力度的同时，积极建立查处案件联办机制。江西省国土资源厅与司法机关密切配合，加大查办案件的力度，完善了有效预防案件发生的措施。

治理商业贿赂专项工作进一步深入，取得新的成效。全系统共清理、整改有问题的项目266个，涉及90人获取非法金额863.42万元；查结商业贿赂案件16件，涉案金额3562万元，对涉案人员进行了刑事处理和纪律处分；出台规范性文件1145个。部治理商业贿赂办公室开展了治理商业贿赂难点及对策课题研究，为建立长效机制发挥了指导作用。

第六，完善制度建设，源头防治工作不断深入。充分发挥市场配置资源的基础性作用，推进土地市场和矿业权市场建设。发布实施了《招标拍卖挂牌出让国有建设用地使用权规定》，与监察部联合印发了关于落实工业用地招标、拍卖、挂牌出让制度有关问题的文件。工业用地“招”、“拍”、“挂”出让全面实施，土地使用权“招”、“拍”、“挂”出让大幅增长，比例显著提高。2007年全国招标、拍卖、挂牌出让土地面积和价款分别同比增长62.1%和64.8%；“招”、“拍”、“挂”出让面积占出让总面积的50.9%,比上年提高了20个百分点。继续推进探矿权、采矿权“招”、“拍”、“挂”出让，矿业权市场建设进一步规范，市场化程度显著提高。辽宁省国土资源厅停止了商业性矿业权的行政审批，确保矿业权进入全省统一市场公平、公开、公正交易。各级国土资源部门针对管理工作的薄弱环节，进一步加强了制度建设。陕西省国土资源厅完善了土地征收、矿业权审批、专项资金管理等方面的监督制度。国土资源部改革土地整理复垦开发项目审批制度，进一步加强了对项目的监管。对部直属单位投资办企业初步摸清了底数，分析了情况。中国地质调查局新建、修订涵盖项目管理、财务管理、基建、采购等方面的有关制度401个，基本形成了较为健全的反腐倡廉制度体系。

国土资源系统惩治和预防腐败体系建设工作取得新的进展，完成了中央确定的2007年底前牵头负责的工作任务，开展了国土资源系统惩防体系建设课题研究和党风廉政建设深层次问题调研，着手研究制定2008～2012年惩防体系《工作规划》实施意见。

回顾过去一年的工作，各级国土资源部门坚定地贯彻党中央、国务院的部署，反腐倡廉工作得到了很好的落实，领导更加坚强有力，作风更加深入扎实，工作更加富有成效，总体形势是好的。在工作中我们切实感到，推进国土资源系统反腐倡廉建设，必须做到以下几点：

一是必须坚持解放思想、开拓创新，以改革统领国土资源系统的反腐倡廉建设。要坚持用改革的思路和发展的办法解决国土资源管理改革和发展进程中廉政建设方面的问题，以更加开阔的思路和与时俱进的精神，放在更广领域、更高层次来谋划和部署反腐倡廉建设，不断推进各项工作。

二是必须坚持围绕中心、服务大局，把反腐倡廉建设融入国土资源管理工作。要从国土资源管理改革发展大局的高度来考虑和把握反腐倡廉建设，正确处理好党风廉政建设与国土资源行政管理和业务工作的关系，把反腐倡廉建设同国土资源管理工作紧密结合起来，同步推进、协调发展。

三是必须坚持惩治和预防并重，在惩治腐败的同时更加注重治本。要坚持“标本兼治、综合治理、惩防并举、注重预防”的反腐败战略方针，在坚决惩治腐败的同时，更加注重治本，更加注重预防，更加注重制度建设，拓展从源头上防治腐败的工作领域。

四是必须坚持以人为本，把加强监督与充分发挥干部的主观能动性结合起来。既要对干部严格管理、严格要求，又要关心和爱护干部，支持他们锐意改革、大胆创新的积极性，保护他们知难而进、干事创业的主动性。要宽严相济，严格区分一般错误和违纪违法的界限，及时为同志澄清是非、消除困惑，使他们放下包袱、轻装上阵。

同志们，国土资源系统党风廉政建设虽然取得了新的成效，但是我们对成绩不能估计过高。党风廉政建设责任制在一些单位还没有得到很好的落实，对出现的新情况新问题研究不够；有的单位对党风廉政建设的紧迫性认识不足、重视不够，也没有抓好工作落实，甚至出现违纪违法问题，暴露了管理中的薄弱环节；极少数干部违纪违法，影响恶劣；纪检监察队伍力量较为薄弱，组织协调的能力和水平有待进一步提高，在充分发挥职能作用方面还需要进一步加强。对于这些问题，我们要高度重视，在今后工作中认真加以解决。

二、2008年工作任务

今年是全面贯彻落实党的十七大做出的战略部署的第一年。我们要认真学习贯彻胡锦涛总书记在中央纪委第二次全会上的重要讲话精神和温家宝总理在国务院廉政会议上的重要讲话精神，切实推进国土资源系统反腐倡廉建设。2008年工作的总体要求是，全面贯彻落实党的十七大精神，高举中国特色社会主义伟大旗帜，以邓小平理论和“三个代表”重要思想为指导，深入贯彻落实科学发展观，按照十七届中央纪委第二次全会和国务院廉政工作会议的部署，坚持反腐倡廉的战略方针，以推进惩治和预防腐败体系建设为重点，努力建设拒腐防变教育长效机制、反腐倡廉制度体系、权力运行监控机制，以改革创新为动力，促进构建科学发展新机制，为国土资源管理改革和发展提供有力保障。

（一）认真开展国土资源管理重大决策执行情况的监督检查，促进构建保障科学发展新机制

要加强对国土资源管理法律法规和政策执行情况的监督检查，严格土地调控和监管，坚守18亿亩耕地红线，坚决刹住乱占滥用农用地之风。巩固整顿规范的成果，加大对矿产资源开发中违规违法行为的查处力度，促进矿产资源合理开发利用。认真组织开展“深入学习实践科学发展观活动”试点工

作，在学习实践中增强贯彻落实科学发展观的自觉性和坚定性。

全面推进节约集约用地。从严控制新增建设用地，严格审查新开工项目建设用地，坚决停止供应别墅类房地产开发项目用地，从严控制新设各类开发区，推进耕地保护目标责任制落实。加大保障性住房建设的土地供应，依法依规有效解决民生工程、新农村建设、重大基础设施建设等用地问题。继续会同监察部门开展执法监察，严格执行新修订的《违反土地管理规定行为处分办法》。坚决纠正和查处在土地审批和供应中不符合国家产业政策、不符合土地利用总体规划和计划、不落实耕地占补平衡措施和征地补偿安置措施的问题。加强对土地使用权出让情况的监督检查，坚决纠正和查处违反工业用地和经营性用地规定、规避"招"、"拍"、"挂"出让的行为。着力纠正违反耕地保护制度的行为，严厉惩处顶风违法违纪行为。建立与司法机关和监察部门协调配合的办案机制，强化对违反宏观调控政策重大典型案件的联合处理和责任追究，切实将严格土地监管、节约集约用地的有关政策措施落到实处。

（二）深入开展反腐倡廉教育，加强领导干部廉洁自律和作风建设

在深入学习实践科学发展观试点活动中，巩固和发展先进性教育活动成果，把加强反腐倡廉教育和开展作风建设紧密结合起来，以树立正确的权力观为重点，以廉洁从政为重要内容，切实加强理想信念、党风党纪和艰苦奋斗教育。切实改进干部队伍的思想作风、学风、工作作风、领导作风和生活作风，做到为民、务实、清廉。创新教育方式，扎实开展先进典型示范教育和反面案例警示教育，增强教育的针对性和有效性。开展丰富多彩的廉政文化活动，努力营造以廉为荣、以贪为耻的氛围。以依法行政、效能建设、廉洁从政为重点内容，在全系统开展作风建设活动。大力提倡勤俭节约、艰苦奋斗的作风，坚决反对和制止奢侈浪费。大力宣传尽职守责、勤政廉政的先进典型，努力塑造国土资源系统党员干部的良好形象。

根据中央纪委对领导干部廉洁从政方面的部署和要求，重点抓好以下工作：深入治理领导干部违反规定收送现金、有价证券、支付凭证和收受干股，以及以赌博和交易等形式收受财礼、利用婚丧嫁娶等事宜收敛钱财等问题。严禁党员干部利用职务上的便利获取内幕信息进行股票交易。清理纠正领导干部在住房上以权谋私的问题，严禁领导干部超标准建房、多占住房、违规购买经济适用房，坚决处理领导干部违规违法收受房屋的问题。纠正和查处领导干部放任、纵容配偶、子女和身边工作人员利用其职权和影响经商办企业等问题。治理领导干部违规插手招标投标、土地出让、矿业权出让、产权交易、政府采购等市场交易活动谋取私利的问题。认真执行国土资源系统行政为民"十项措施"和工作人员"五条禁令"。

认真开展"小金库"专项治理，加强对"小金库"自查自纠工作的督促检查，严肃查处违反各项廉洁自律的规定。认真落实中央关于加强因公出国（境）管理的有关要求，坚决制止公款出国（境）旅游。严格执行中央关于党政机关国内公务接待管理的有关规定。纠正超标准超编制配备使用小汽车、违规新建和装修办公用房等行为。

（三）进一步加强监督，促使领导干部正确使用权力

认真落实党内监督各项制度，加强对领导干部特别是主要领导干部的监督，加强对人财物管理使用、关键岗位的监督，不断完善制约和监督机制，提高监督的有效性。开展对党内监督条例实施情况的专项检查，严格执行述职述廉、诫勉谈话、函询和党员领导干部报告个人有关事项等制度。坚持民主集中制，加强党内生活的原则性，积极开展批评与自我批评，提高民主生活会的质量。

继续开展对部机关和直属单位的巡视工作，制定巡视工作暂行规定。研究制定对部机关司局和直属单位领导班子主要负责人的监督办法，强化对领导班子贯彻民主集中制、选拔任用干部、贯彻党风廉政建设责任制和廉洁勤政情况的监督。对不抓不管、敷衍塞责，导致风气不正、违纪违法案件发生

的，要按照党风廉政建设责任制的规定追究责任。

着力加强对权力运行的监督，加强对管理工作中重大决策、重要干部任免、重大项目安排和大额度资金使用等部位和环节的监督。认真执行法定行政许可、重大资金项目安排、规划计划等重大事项会审制度。推进政务公开，加强部政务大厅和门户网站建设，实现网上申报和审批，着力制定行政审批网上效能监察管理办法。加强财务管理，特别是加强专项资金的使用和管理，开展整顿规范直属单位投资办企业专项工作，进一步规范和完善财务管理制度。加强对党政主要领导干部的经济责任审计。

（四）继续做好纠风工作，维护被征地群众的利益

严格控制征地规模，严格农用地转用审批，严格禁止“以租代征”使用农村集体土地，严格落实征地补偿安置各项政策。加强土地执法，严肃查处违规违法占用农民集体土地、侵犯农民土地合法权益的行为。加快实施征地补偿安置争议协调裁决制度，扎实做好农村土地信访和矛盾纠纷排查调处工作。深化征地制度改革试点，完善征地补偿标准，规范征地程序，建立征地补偿监管机制，严禁拖欠、截留、挪用征地补偿费。

（五）保持查办案件的工作力度，坚决惩治腐败行为

重点查处在土地和矿产资源管理中以权谋私、贪污贿赂、滥用职权、失职渎职的案件。查处通过非法批地、批矿，低价出让土地和矿业权或擅自变更规划获取利益的案件；查处土地、矿业权出让和评估、项目发包中的商业贿赂案件；查处征收征用土地和矿产资源开发中的违纪违法案件；查处规避和虚假招标、贪污挪用专项资金以及严重损害群众利益的案件。综合运用组织处理和纪律处分手段，加大组织处理的力度。

加强和改进办案工作，健全查办案件的协调机制，严格依纪依法办案，确保办案质量。认真执行重大案件报告制度，各省级国土资源部门发生重大案件，必须及时向国土资源部党组报告。做好信访举报工作,加强综合分析，发挥查办案件在治本方面的作用。

深化治理商业贿赂工作，巩固自查自纠成果，把专项治理与构建惩防腐败体系相结合，防止和纠正国土资源管理工作中的不正当交易行为，推进防治商业贿赂长效机制建设，增强源头上防治商业贿赂的实效。

（六）构建惩治和预防腐败体系，扎实推进治本抓源头工作

以深化改革和制度创新为动力，积极构建国土资源系统惩治和预防腐败体系。继续开展国土资源系统思想作风建设和党风廉政建设情况的调研，加强国土资源系统惩治体系建设课题研究，组织制定国土资源部落实中央《建立健全惩治和预防腐败体系2008—2012年工作规划》的实施意见。

以规范审批程序、强化监督制约、健全行政权力公开运行机制为重点，进一步完善土地和矿业权审批管理。加强对权力运行的有效监督和制约，探索建立行政问责制，防止权力滥用和行政不作为，提升国土资源部门的执行力和公信力。

继续完善土地出让制度，进一步提高市场配置土地资源的比重。全面落实经营性用地、工业用地招标拍卖挂牌出让制度，严格实施工业用地最低价标准，发挥地价机制对土地优化配置的积极作用。严格规范土地出让行为，实行划拨用地和协议出让土地公示制度。深化土地使用制度改革，逐步缩小划拨用地范围，探索对国家机关办公用地、交通能源水利等基础设施用地、城市基础设施用地以及各类社会事业用地，实行有偿使用的办法。全面推进矿产资源有偿使用制度改革，落实探矿权、采矿权招标拍卖挂牌出让制度，积极推进矿业权市场建设。加强矿业权评估管理，完善矿业权评估制度，着力从源头上预防腐败。

同志们，2008年工作任务已经明确，各级国土资源部门领导班子要按照党的十七大对党风廉政建设和反腐败工作的总体要求，把反腐倡廉建设放在更加突出的位置，纳入总体安排，加强领导，狠抓落实。主要领导要履行好第一责任人的职责，领导班子成员要抓好分管部门和单位的党风廉政建设，把反腐倡廉的要求寓于各项工作之中，在抓巩固、抓深入、抓成效上下功夫。各级纪检监察干部，要增强履行监督职责的主动性，不断探索新形势下国土资源系统反腐倡廉建设的特点和规律，坚持理论创新和实践创新，围绕中心工作，积极组织协调，加强监督检查，努力实现思想观念和思想方法、工作思路和工作方法、人员素质和工作作风的与时俱进，进一步提高反腐倡廉工作的水平。

同志们，国土资源工作已经站在构建保障科学发展新机制的起点上，我们要全面贯彻落实党的十七大精神，深入贯彻落实科学发展观，从国土资源管理全局的高度，坚持改革创新，以良好的精神状态和扎实的工作作风，全面落实反腐倡廉各项任务，为国土资源管理改革和发展提供有力保障。

在国家土地督察工作座谈会上的讲话

甘藏春

（2008年2月1日，根据录音整理）

同志们：

这次国家土地督察工作座谈会的主要任务是认真学习贯彻全国国土资源管理工作会议精神，深刻理解绍史同志代表部党组作的工作报告，回顾总结国家土地督察2007年工作，研究部署2008年工作。部党组全体同志出席了这次座谈会，绍史同志还要作重要讲话，充分体现了国土资源部党组对国家土地督察工作的重视、支持。在座谈会上，有关地方的同志、机关司局的同志、事业单位的同志和国家土地督察局的同志，就围绕如何加强土地督察工作作了很好的发言，我都赞成。根据绍史同志的安排，我讲几点意见。

一、2007年的主要工作

刚刚过去的2007年对于国家土地督察工作来说是极不寻常的，值得认真总结和回顾。这一年既是沙场点兵、决战疆场的一年，又是我们信心、勇气、毅力和智慧不断经受实战考验的一年；这一年既是精彩亮剑、勇夺胜利的一年、又是牢记使命、探索创新的一年，更是攻坚克难、成效显著的一年。回顾土地督察一年的工作，主要做了三个方面的工作。

（一）攻坚硬仗取得胜利

2007年，国家土地督察打了三场大的战役，都取得了预期的胜利。

一是督察耕地保护目标责任制的落实。督察机构建立之初，当时9个督察局都只有筹备组负责人一人。为了尽快开展工作，我们将9个负责人分成两个组，围绕耕地保护目标责任制进行调研。从调研结果看，有的省份没有签耕地保护目标责任状，有的省份签了，但仅仅就是基本农田的保护面积，和《国务院关于加强土地调控有关问题的通知》（国发〔2006〕31号）文件要求不一致。所以第一仗就要求各省（区、市）重新按照31号文件要求完善责任制，确定目标，增加刚性的考核内容。后来在签订过程当中又遇到一个新的问题，就是耕地保护的目标，因为全国土地利用总体规划修编没有确立下来，无法进行考核。经过反复考虑，最后决定以年度计划的执行情况作为考核目标责任制的内容。

到目前为止，全国有24个省（区、市）按照31号文件的要求，重新完善并签订了耕地保护目标责任状，甚至签到了乡（镇）一级。与此同时，各督察局对耕地保护目标责任制的履行情况也进行了考核，对履行情况不好的地方要求整改。

二是针对一些地方土地违规违法的特殊问题开展专项督察。这一年在全国对14个省（区、市）和计划单列市发出了督察建议书、整改意见书和限期整改意见书，按照慎重初战、务求全胜的原则精心部署每一个战役。到目前为止，14个省（区、市）经过整改后，撤销了开发区63个，归还土地7500亩，拆除违法建筑物133万平方米，没收违法建筑物300万平方米，部分相关责任人受到相应的党纪政纪处分。

三是全力投入百日行动。绍史同志在全国土地执法百日行动电视电话会议上已经对百日行动的成果作了总结。在整个百日行动中，刚刚组建的国家土地督察机构抱着“首战用我、用我必胜”的信念，全身心地投入到百日行动中，和省级国土资源管理部门一起对百日行动的每个环节进行督察。在绍史同志的直接指挥下，百日行动取得了预期成果，刚刚组建的国家土地督察队伍，在百日行动中精彩亮相，经受了实战锻炼。

（二）运行机制的框架图案已经初步形成

《国务院办公厅关于建立土地督察制度的通知》（国办发〔2006〕50号）确定了国家土地督察制度的具体方针，但要组织实施，必须探索运行机制的框架。经过一年的实践探索，我们逐步明确土地督察应该怎么干，干什么，运行机制的框架初步形成。

一是形成了符合土地督察工作实际的总体工作思路，即“一条主线、三个重点、三项机制”。一条主线是监督省级和计划单列市人民政府土地利用和管理行为；三个重点是耕地保护目标责任制、国家土地法律法规和土地调控政策的实施、土地政策制度的完善；三项机制，就是发现机制、审核机制、纠正机制。

二是在工作机制上进行了丰富多彩的探索。在发现机制方面，各督察局都进行了探索；在审核机制方面，上海局开展试点取得了成功；在纠正机制方面，尝试过各种类型的纠正措施包括最严厉的责令限期整改措施，取得了实战经验。

三是与省级人民政府协调合作机制开始形成。一年来各省级人民政府和土地督察机构密切配合，目前，辽宁、黑龙江、安徽、江西、内蒙古等省级人民政府专门出台了支持土地督察工作的文件，各督察局与省级政府的分管秘书长建立了定期的磋商机制。

四是各督察局经受了突发公共事件的考验。在应对信访、媒体、突发事件等方面，各督察局的领导都经历了考验，取得了新的经验。

（三）基础建设扎实推进

一年来主要做了几项工作：一是干部队伍建设。按照培训上岗和公开、竞争、择优的原则充实督察队伍。二是狠抓党风廉政责任制建设。党风廉政建设是国家土地督察工作的基石，我们在监督别人的同时，别人也在监督我们。各督察局都签订了责任制承诺书。针对部分地方反映的特殊问题，我们与个别同志进行了专门谈话。三是后勤保障工作。在各省级国土资源部门，特别是督察局驻地省级国土资源部门的大力支持下，督察局初步的办公条件用房已经全部解决。在部规划司的支持下，基建立项的前期工作已经基本完成，现在最后一道程序就是发改委审批，经费保障也是充足的。此外，还探索运用高科技手段、信息化技术进行土地督察工作，取得了丰富的实践。同时我们与部机关各司局，与各事业单位的关系经过一年的磨合，达成共识，建立协调工作机制的文件正在签发。

总体来看，这一年国家土地督察工作在部党组的领导下，在部各有关司局和地方国土资源管理部门的支持下，取得了一定的成效。从全社会到国土资源系统，国家土地督察工作由被动适应转变到主动适应。这支队伍在各种行动中逐步融入土地管理的行列，并且以一支生力军的形象活跃在土地管理的舞台上，活跃在960万平方千米的神圣国土上，这是了不起的成绩。一年来的实践充分证明，党中央、国务院关于建立国家土地督察制度的决策是完全正确的，国土资源部党组组织实施国家土地督察工作的领导是坚强有力的，地方政府和国土资源系统对国家土地督察工作是理解和支持的。一年来的实践还充分证明，国家土地督察这一支年轻的队伍，正在实战当中不断地健康成长和壮大。

当前国家土地督察的工作，面临最大的问题是土地督察工作能力与严格土地管理的责任和要求不相适应，这里面涉及体制、机制，涉及人员配备、涉及土地督察工作水平能力等方面。作为一个新生事物，我们要不断探索，努力扭转这个局面。

二、初步体会

总结一年来国家土地督察工作，有以下三点体会。

（一）正确处理国家土地督察机构与省级人民政府的关系，是做好国家土地督察工作的前提。按照国办发〔2006〕50号文件规定，土地督察机构的职责是监督省级人民政府和计划单列市人民政府，省级人民政府是被监督的对象。但是另一方面，要管住管好土地，必须紧紧依靠省级人民政府。一年来，已经形成共识：就是通过土地督察工作，支持省级人民政府统筹管理好本行政区域内的土地，同时紧紧依靠省级人民政府的支持，做好土地督察工作，两者不可偏废。

（二）正确处理原则的坚定性和统一性与方式方法的多样性的关系，是做好国家土地督察工作的关键。土地督察工作必须坚持原则，守住国家土地管理的法律法规、土地宏观调控政策和坚守18亿亩耕地红线这些底线，如果国家土地督察机构放弃和动摇了这个原则，就没有存在的理由。另一方面，在具体工作的处理上，必须充分考虑各种因素，在工作艺术、力度和方式上充分考虑各地实际，形成管住管好土地的良好氛围。在全国国土资源管理工作会议的分组座谈中，一些百日行动重点整改地区反馈情况表明，虽然国家土地督察机构采取的整改措施比较严厉，但是最后双方关系比较融洽，这需要一点工作艺术。

（三）正确处理典型案例的纠正与面上工作改进的关系，是做好国家土地督察工作的基本要求。在当前土地管理工作中，土地违规违法行为不少，必须根据面上土地管理的一些趋势性的问题，选择典型案例，不能充当“草莽英雄”，简单地“路见不平、拔刀相助”。一方面，对典型案件的整改，必须与推进面上工作的完善和改进有机结合，2007年针对14个地区专项督察发出的整改意见，都是采取点面结合的打法，实现了查处纠正一点、督促整改一片的目标。另一方面，作为国家土地督察机构，具有自身的优势，除了发现问题之外，还要努力发现正面典型，通过总结、解剖正面典型的经验和做法，向面上推广，实现整个面上土地管理秩序的好转。

三、2008年的工作安排

2008年的工作安排，总的思想是坚持“边工作、边组建，以工作促组建”的方针。主要抓好以下几方面的重点工作：

（一）攻坚克难要有新的突破

一是坚决按照中央经济工作会议部署的宏观调控的方针，严把土地供应闸门。今年中央经济工作会议已经定调，主要任务是“两防”，土地作为宏观调控的闸门，土地督察机构要监督地方政府执行国家的土地调控政策，加强对新增建设用地供应的总量、结构、节奏、分布和时序等情况的督察。

二是巩固百日行动成果，严防反弹。主要做好三项工作：一要督促检查整体性处理意见的落实；二要督促重点地区整改和典型案件查处到位；三要督促各省厅建立和完善土地管理长效机制到位。

三是建立落实共同责任制。今年的耕地保护目标责任制考核工作将要开展，监察部、人事部、国土资源部《关于违反土地管理法律法规的行政处分规定》也将出台，按照总体要求，各督察机构要做两项工作，一要督促各级人民政府落实共同责任制，把18亿亩耕地保护落实到乡镇；二要建立问责制。

四是根据不同地区的特点开展专项督察。

（二）机制探索要有新的进展

今年在机制探索方面主要做几项工作，一是启动国家土地督察条例立法工作；二是全面开展建设用地审批事项的审核工作；三是探索试点，向部分重点省（区、市）派驻督察专员；四是进一步完善与省政府的磋商机制，形成框架结构；五是深入调查研究当前土地管理中出现的倾向性、苗头性问题，及时向部党组提交调查报告。

（三）基础建设要上新的台阶

一是干部队伍建设要加快步伐。部党组初步决定，今年要争取把国家土地督察机构人员数量从目前占编制数量的1/3扩充到2/3。

二是党风廉政和机关文化建设要有新的进展。总的要求是要努力建设一支“有理想、有文化、有知识，能谋事、能干事、能共事”的国家土地督察队伍。

三是加快基建工作。今年全国人大会议以后就要抓好这项工作，包括后勤保障工作。

四是接受社会监督，拓宽与社会沟通的渠道。今年要做好以下工作：一是发布国家土地督察工作报告，以后每年要定期发布一次，向全社会通报土地督察工作实施进展；二是各督察局每年要发布一份督察范围内分省的督察报告，向省（自治区、直辖市）政府提出建议。

总而言之，新的一年国家土地督察工作任务十分繁重，要根据今年经济社会发展形势，做好应对土地调控复杂形势的各项准备，做好打大仗、恶仗、难仗的各项准备。因此必须认真贯彻此次会议精神，力争把国家土地督察工作提高到新水平。

解放思想　以改革创新的精神推进
国家土地督察能力建设

——在国家土地督察工作务虚会开幕式上的讲话

甘藏春

（2008年2月19日，根据录音整理）

这次请大家来，主要是务虚。为方便讨论，我先讲几点意见：

一、关于会议的主题

会议主题就定为：解放思想，贯彻落实科学发展观，提高国家土地督察能力。大家就围绕这个主题来讨论。

为什么定这个主题？一是党的十七大确定，要在全党范围内开展一次深入学习科学发展观的教育活动，已经开始部署，我部是第一批试点单位之一。二是2008年部党组决定要开展“解放思想、改革创新”和“整顿作风、提高执行力”的大讨论，土地督察系统也有要继续解放思想、大胆探索的责任和任务。三是从一年多的国家土地督察工作来看，我们“边组建、边工作”，积累了丰富的经验，有许多体会和感悟，信心、勇气和毅力不断增强，同时也接受了考验，需要认真总结和反思，明确下一步工作方向。

二、关于会议的主要任务

在全国国土资源管理工作会议和国家土地督察工作座谈会上，徐绍史部长对国家土地督察一年多的工作给予了高度评价，同时要求我们对面临的形势要有清醒的认识，并就2008年如何开创性地做好国家土地督察工作提出了6个方面的明确要求。根据徐绍史部长的要求，这次会议要重点完成以下4个方面的任务：

一是国家土地督察系统在贯彻科学发展观当中，承担什么样的任务，扮演什么样的角色；在与国土资源系统、与地方政府的关系中如何定位。

二是从一年多的工作实践来看，国家土地督察工作应把握哪些环节，明确什么思路。

三是如何加强国家土地督察的队伍建设和文化建设，提高服务水平和质量。

四是还有哪些需要改进、需要提高的方面。

三、关于会议的开法

总的原则是畅所欲言，要体现解放思想、改革创新的精神，体现整顿作风、增强执行力的精神。既要实事求是、有的放矢，又要形成火花碰撞，产生思想风暴。希望大家敞开讲，如果两个白天时间不够，可以晚上加班继续谈，给大家充分发言的时间。

一是大家既要讲问题，又要提出有建设性的意见和建议。

二是会议分为两个单元。第一单元是国家土地督察工作的定位、思路、队伍建设，第二单元是2008年的工作任务。

总督察办要做好会议的记录和总结。

在国家土地督察工作务虚会上的总结讲话

甘藏春

（2008年2月20日，根据录音整理）

这次务虚会开得很好。一天半的时间，晚上还挑灯夜谈。会议始终贯彻了解放思想、实事求是的精神；始终贯彻了不断回顾总结国家土地督察的丰富实践、审视存在问题与挑战的精神。的确是一次解放思想的会议，也是一次鼓干劲、促实干的会议，同时还是一次思想碰撞、产生灵感火花的会议。两天的会议取得了丰硕的成果：一是对国家土地督察的发展方向有了更为清醒的认识；二是对土地督察工作面临的形势、面临的问题有了更深刻的认识；三是对下一步土地督察工作的展开和拓展有了更深更广的思考。我相信，随着时间的推移，这次会议也一定能够载入国家土地督察的史册。根据会议的讨论情况，我讲几点意见：

一、对国家土地督察工作面临的严峻形势要有清醒认识，但对土地督察的前景更要充满信心

两天来的会议始终按照徐绍史部长提出的解放思想的要求，始终围绕回答和解决国家土地督察工作"怎么看、怎么走、怎么干、怎么带"，深入展开讨论。对以上问题，通过一年来的实践，有了更加清醒、更加坚定的认识。

（一）国家土地督察制度作为中国行政管理体制改革的新生事物，正在茁壮成长，前景光明

在国家土地督察制度的组织实施过程中，我们曾经有过疑问：这项制度我们能不能组织实施好？能不能发挥这项制度预期的效用？社会上也常常有这样的疑问：这个制度有没有效果？这个制度有没有必要？经过一年多的实践，我们对国家土地督察制度的前景是充满信心的。

一是经过一年来的努力，我们不仅探索了国家土地督察工作的思路、实现途径，还漂亮地打赢了几场艰苦硬仗。我们以自身的工作赢得了社会的普遍承认，赢得了各级党委、政府的肯定，也得到了中央领导的肯定。这充分说明国家土地督察制度是适应中国社会经济发展要求的，是按照可持续发展的战略需要产生的，是有其客观必然性的。

二是实践证明国家土地督察的制度设计符合党的十七大提出的政府机构改革的总体思路。随着经济体制改革的推进，必然要求对上层建筑进行改革，和上层建筑联系最密切的就是行政管理体制改革，这就涉及中央和地方的事权划分问题，涉及中央对各部门的职责划分问题，还涉及政府特别是中央政府的职能转变问题。将来行政管理体制改革的路子可能还会不断地探索，方案也可能不尽相同，不同的时代有不同的方案。从世界范围来讲，世界各国包括西方发达的市场经济国家的政府部门也都在不断地进行调整。但是，从改革的方向来讲，将来始终要贯彻一个权力制衡的原则，也就是说决策权、执行权和监督权要互相制衡。国家土地督察制度的设计是符合十七大确定的我国行政管理体制改革方向的，这一点随着时间的推移大家将看得越来越清楚。

三是国家土地督察制度也符合当今发达市场经济国家政府体制变动的趋势。世界各国自20世纪70年代开始都实行了大部制，在处理中央与地方的关系上，也都开始加强了中央对地方的监督、控制。从国家体制上划分，有美国、加拿大等国家实行的联邦制，也有英国、日本、法国等实行的单一制。在单一制国家结构形式内部有中央集权的单一制和地方分权的单一制。我国实行的是中央集权为主的单一制。从实行联邦制的国家看，也都普遍加强了对土地管理的监督检查。所以，我们对国家土地督察制度的前途应该充满信心。随着经济社会的发展，随着改革的推进，国家土地督察制度只会加强，不会削弱。当然，在一定程度也取决于我们的工作。因此，认清形势首先对这个制度本身要有个清醒地认识。

（二）对土地督察工作面临的形势也要有清醒地认识

一年来，通过我们的努力，国家土地督察制度无论在思路、框架、制度以及具体工作上，都取得了骄人的业绩。徐绍史部长概括为"阔步前进，打开了局面"，社会上对我们工作的公认度也比较大。但是，我们也应该看到，国家土地督察工作仍面临着严峻的形势。

一是从面临的特殊时期看，我们正处在一个快速工业化、城市化的进程当中，加上中国特殊的国情，土地管理在保障落实科学发展观的机制上面临很大挑战，土地资源的紧缺在相当长的时期不会缓解只会加剧。适应科学发展观要求的体制、机制形成还有一个较长的过程。在这样的背景下，国家土地督察将面临越来越严峻的挑战。因此，对督察任务的艰巨性要有清醒的认识。

二是督察能力尚需加强。督察能力建设涉及整个土地督察的全部，包括思路、制度、程序、队伍等。我们目前的状况与新时期土地督察任务的要求都有相当大的差距。虽然我们打赢了几场硬仗，但并不能说我们的“根据地”就已经牢固了，我们还处在打基础、探路子的阶段。这也是我们面临的一个挑战。

三是国家土地督察制度作为一项崭新的制度，受到关注的程度远远高于其他机构。党中央、国务院对我们寄予厚望，人民群众对我们寄予厚望，社会舆论也对我们寄予厚望。从一年多的舆论看，都是要求我们更严、更坚决，期望值很高。但我们又面临着许多体制性、机制性的问题，困难很大，在相当长的一段时间内，我们将处于一个单打独斗的局面之中。这就要求我们要有更扎实的精神、更聪明的睿智来应对目前的局面，不辜负党和人民对我们的重托。

二、要进一步拓宽土地督察工作的领域

过去的一年，我们按照“边组建、边工作”的要求，开展了一系列卓有成效的工作，国家土地督察工作的框架已经基本形成。今后相当长的一段时间内，我们要认真总结一年来的工作实践，研究今后的工作方向。我们还要有一个全新的思路，在原有工作的基础上，要积极拓宽土地督察工作的新领域，开创土地督察工作的新境界。

（一）在做好专项督察工作的同时，探索开展一般督察和重点督察

2007年，国家土地督察重点是以专项督察为主，这是必要的。今年，也要探索一般督察和重点督察。一般督察，也可称之为例行督察，比如说每年将此作为一项常规性工作，对每个省的土地管理形势进行一次整体评估，分省报告。重点督察可以针对某市县，全面监督检查市县人民政府土地利用和管理情况，提出督察意见。也可以就一个省在土地管理工作中出现的难点问题、热点问题或者是趋势性问题，向省政府提出督察建议。这项工作的开展也有利于防患于未然，即使将来不得已采取专项督察的措施，我们也有理有据。因此，要继续探索开展一般督察（例行督察）和重点督察工作，要调整当前以处理问题为主的思路向处理和防范结合的督察思路转变，使专项督察与一般督察和重点督察互相促进、互相结合。只有专项督察做得越坚决，一般督察才会越有效；相反，只有一般性督察做得到位，专项督察才能有声威，才能做到有理有据。

（二）要在做好纠正违法违规行为的基础上，开展正面典型的培养和扶持

这是徐绍史部长在土地执法百日行动中总结出的一条经验，就是既要抓住重点地区、典型案件的整改，又要抓正面典型的培养。督察工作要立足于打，立足于精准打击。监督督促地方对违法违规行为的整改是督察工作的根本之一，但是今后在强调精准打击时，要讲战术意识，强化对整个局面的认识和控制。在做好以上工作的同时，还要加强对正面典型的培养和扶持。要探讨和省政府、和监督对象一起走出一条按照科学发展观的要求有益于土地管理工作的新路子。这项工作做好了，我们就实现了两手抓，两手都要硬，国家土地督察工作的内容就会更加丰富。

（三）在总结完善督察工作机制的建设上拓展新空间

去年在整改意见书、责令整改意见书的基础上，探讨使用了督察建议书。那么在今年及以后的工作中，能否在一般性督察中采取一些提示性的做法，分层次进行，以达到“不战而屈人之兵”的作用。在其他督察工作中，能否研究探索其他的督察形式，在发整改意见书之前，先不要一步到位，要逐步升级，通过其他形式先与督察对象交流沟通，从而使我们的督察方式丰富多彩。

（四）在做好防范的基础上，在完善土地管理制度、政策方面取得新进展

国家土地督察机构有一个优势，就是处在第一线，对土地管理的热点问题、难点问题能够有第一手的了解；同时又由于国家土地督察职责的特殊性，可以亲身体验土地管理政策哪些是可行的，哪些是存在缺陷可以进一步改进完善的。因此，我们既要做到依照法律法规开展国家土地督察，还要与加强调研、促进土地管理制度及政策的完善和落实结合起来。

（五）在依靠土地督察机构工作的基础上，做好相关有益于土地管理、有益于耕地保护的社会资源的整合利用工作

要调整思路，学会整合、规划、利用好有利于督察工作的社会资源。对老专家、老领导、社会中介机构，我们都可以考虑吸收进来，还要争取舆论、媒体对我们的支持，争取广大人民群众对我们的支持，形成一个全社会支持国家土地督察工作的良好氛围。按照毛泽东同志的战略思想就是全民皆兵、人民战争，我们就是人民督察。从我国情况看，凡是违反了土地管理法律法规的行为，一是侵害经济社会发展的长远利益，再就是侵害人民的利益。因此，在这种情况下，我们就要有全民皆兵的思想，走人民督察的道路，发动整个社会，动员多方面力量开展国家土地督察。专家学者加上有志于土地管理的人是一支力量，还有专业人员，这又是一支社会力量。同时我们还要与省政府、与国务院有关部门形成合力，此外，人大、政协也是一支力量，我们都要用。这篇文章做好了，国家土地督察的力量、能力，就是几何倍数的增长，就是无穷大。总而言之，我们要在去年工作的基础上，努力开拓国家土地督察工作的新空间、新境界，要解放思想、拓宽领域、拓展思路。此外，国家土地督察软实力的建设，如理论研究、国际交流合作以及国家土地督察精神和文化建设等，都应该加强提升。

三、基础建设、队伍建设也要有新思路

（一）内部管理要加强

有的同志在会上提出“半军事化管理”，就是要加强我们这支队伍的集中统一管理，应该强调统一指挥，当前要重点解决几个问题：第一，要强化局长负责制。在局党组还没有建立起来之前，局长不仅对业务工作要承担全部责任，对党风廉政工作也要承担全部责任。局长要大胆管理，包括对督察专员、对副局长的管理，这一点必须明确。既然我们这支队伍是半军事化的队伍，要求就要高，就不能等同于一般的单位，要强调集中统一。第二，要针对当前突出问题制定有针对性的措施。因为我们督察对象的特殊性，要求我们对外表态、对外发言都要有约束性。以下几点要明确：一是与省政府的交涉，各个局长要把关，要做到每次出去，无论是督察专员带队还是副局长带队，表态范围和表态口径要统一研究，确定之后再表态。二是要发扬集体智慧，每一次活动都要精心设计、安排，特别是对外表态，包括对新闻媒体表态，局长要负责。三是督察建议书、整改意见书、限期整改书在发出之前，都要报总督察审定；除了根据需要拟发的日常工作函件外，对省政府的发文一定要报上来，以总督办的名义发；和省政府的联系，和省长会谈，要提前报告内容。

（二）要鼓励创造性

一年的国家土地督察实践，一条最成功的经验就是尊重实践、鼓励创新。按照实践是检验真理的唯一标准来检验，不强求模式的统一，要追求效果，目标管理为主，少一些规定动作，敢闯敢冒敢试，对目前一些拿不准的问题要大胆去试。

（三）要强调差异性

什么叫战略，战略就是差别化。一个没有差异性、没有差别化的战略是不成功的，这方面我们还

没破题。在整个土地管理的大格局中，国家土地督察的工作必须要体现出不同于其他部门、其他机构的特色。所以每个督察局干任何事，都不要想着这个事是不是该我做，而要想到差别在哪里？督察的定位在哪里？这是一个值得大家深入思考探索的问题。九个督察局，各自的监督对象、监督区域都不同，文化背景也有区别，也要有不同的对策，怎么样有针对性地开展督察。在服从一个总目标、总要求的情况下，允许各督察局差别化，各放异彩。

（四）加强队伍建设特别是督察文化建设

形成有土地督察特色的文化要提到议事日程上来，总的要求是培炎同志提出的“严、明、勤、廉”。一是要看到国家土地督察工作的特殊性质，跳出土地管理去看土地管理，这就要求我们要学习；二是要探索确立国家土地督察队伍的核心价值理念。从一年的实践来看，一个是“韧”，就是要有韧劲，要坚韧不拔，有毅力；另一个是“忍”，要有忍耐力，受得了委屈；再一个就是“和”，要和谐。我们要探索，要培养一些核心价值理念。一个队伍在初创时期，核心价值理念不形成，这个队伍就没法带。电视剧《亮剑》里面有句话：一支队伍的风格精神，跟这支队伍的第一任的创始人有关，一旦形成，就成为这个队伍的灵魂，代代相传。所以我们这一代的任务不仅是干好工作，还要留下精神财富。大家要认真思考，归纳出几个字，体现土地督察特色。文化建设还要有一些载体，将来基础条件好了，可以把读书活动、文艺体育活动等组织起来、结合起来。

（五）加强基础业务建设

要充分考虑市场经济的特点，通过多种形式来加强基础建设。比如说，能不能探索购买服务的方式。要有宁可花钱办事、不要花钱养人的思想。包括将来的房子、物业后勤管理，能够社会化的，都要社会化。在目前体制下怎样运用市场经济来加强自身基础设施建设，把基础工作做好，我们要抓紧探索，做些研究。此外，关于队伍建设、班子建设、淘汰机制、交流机制等，将来也要逐步进行探索和研究。

四、要以更解放的思想、更扎实的精神、更大的魄力和胆略、更扎实的措施来全面推进今年的工作

2008年的工作任务很重，压力很大。强调几点：一是今年国家土地督察工作以打基础、练内功为主，要抓紧有利时机来做好长效性的基础工作，这是指导思想。二是完成工作任务的过程也是一个解放思想的过程，还要继续解放思想、大胆创新。三是一方面积极创造各种保障条件，包括后勤保障、物质保障、人才保障等，另一方面要继续发扬艰苦奋斗的精神，不等不靠不怨，受得起委屈，经得起考验，保持一个良好的精神状态。我们承担着国家土地督察这个新兴事业的开拓、奠基，要深深意识到这个责任的重大，一定要走稳、走准，还要走好、走快，力争把国家土地督察制度建成中国土地行政管理制度中运行的最好的制度。要有雄心壮志，要有克服万难、披荆斩棘的精神和气概。

深入学习实践科学发展观
加快构建保障科学发展的土地管理新机制

——在巩固百日行动成果强化土地执法监管研讨班开班式上的讲话

甘藏春

（2008年3月20日，根据录音整理）

这次研讨班是在全党、全国认真学习贯彻“十七大”精神和“两会”精神，学习实践科学发展观的背景下举办的。我们邀请了全国土地执法百日行动当中成效显著的107个市、区、县人民政府的主要负责同志、分管国土资源工作的负责同志和国土资源管理部门的负责同志，大家共聚在一起，研究探讨如何按照科学发展观的要求，破解当前土地管理的难题，保护与发展的难题，交流各个地方土地管理的经验，达成共识。107个地方政府的负责同志在百忙当中参加这次研讨活动，这本身就是对落实科学发展观，加强土地管理的重视和支持，意义重大。在此我代表国土资源部，向参加研讨活动的同志们表示热烈的欢迎和衷心的感谢！

这次研讨班的主题是：深入学习实践科学发展观，加快构建保障科学发展的土地管理新机制。选择这样一个主题，主要基于以下三方面的考虑：一是百日行动结束后，全国都在关注土地管理究竟如何走的问题。从2003年的土地市场治理整顿，到2007年的百日行动，专项行动一个接一个，都在提出一个问题：土地管理究竟如何走？土地管理不能总靠运动式的管理方式，究竟怎么样建立一个长效机制？107个地方的同志，在土地管理中提供了不少新鲜的、能解决问题的经验。大家聚集在一起探讨研究土地管理深层次问题，这是这次研讨班的目的之一。二是从中国发展阶段来看，当前土地管理面临的压力依然较大。一方面18亿亩耕地红线不能破，另一方面经济社会发展速度不能降。又好又快，理论上是统一的，但实践中真正做到有机统一，还需要进行一系列的改革。三是按照“十七大”精神，中央已经开始部署开展深入学习实践科学发展观的教育活动。国土资源部承担了试点工作。国土资源部承担试点活动的一个重点内容，就是破解学习实践科学发展观中的难题，突出实践特色。这次研讨班就是要诚心诚意地向大家请教，一起寻找一个能解决问题的办法。

为了便于大家研讨，我先谈几点自己的看法。

一、开展全国土地执法百日行动实质上是学习实践科学发展观的一次有益实践

从2007年下半年开始，国土资源部在全国开展了土地执法百日行动，到目前已基本结束。应该说百日行动实现或超过了预期目标。百日行动基本摸清了土地违法违规的底数。全国共清查出3.1万件土地违规违法案件，涉及土地336万多亩。在地方党委政府的支持下，31360个违法案件，已经立案查处了2.6万件，立案率为85%。其中属于违法圈占土地的417件，已经纠正了296件，核减土地43万亩。

百日行动突出了两个重点：一是土地违法违规比较严重的地区和典型案件。全国共圈定了58个重点地区，确定了251个典型案件。除个别地区外，这些重点地区的整改已基本结束；另一个就是通过百日行动，发现了一大批强化土地执法，特别是加强土地执法监管的先进地区。这些先进地区总结了不少土地执法的经验，也是百日行动的成果。

总结百日行动，有以下几个特点：一是百日行动由部门行为上升为政府行为。参战的队伍已经远远超出国土资源系统，基本上是党委政府组织，各个部门配合的行为。声势之大，范围之广，历次行动不多见。二是百日行动开始把治标和治本结合在一起。这次研讨班就是要把百日行动的有效经验转

化为长效机制。总结、推广、巩固百日行动的成果。温家宝总理和曾培炎副总理都作了专门批示，对百日行动予以表扬和肯定。社会上对百日行动的反响也很大。三是坚持依法行政，实事求是地处理了清查出的违法违规案件。百日行动实事求是地区别了若干情况，基本上做到不遗留问题。这是在总结历次土地执法行动经验当中形成的一套比较好的政策。

总结百日行动的部署、历程、特点和所取得的成效，我们得出的结论是：百日行动实际上是学习实践科学发展观的一次有益实践。主要体现为：

第一，百日行动是对各级党委政府学习实践科学发展观，转变经济增长发展方式的一种促进，更是一次检验。是否按照国家的土地法律法规进行管理，按照土地政策进行调控，已不仅仅是一般的依法行政问题，实质上是对贯彻落实科学发展观的一个政治态度问题。百日行动当中，各级党委政府已经积极靠前指挥，组织协调，充分体现出各级党委政府在土地管理上是能够贯彻落实科学发展观，是和中央保持一致的。特别是在座的107个地方，创造了很多好的经验，这本身就是一个政治态度。

第二，百日行动也是对国土资源系统贯彻落实科学发展观能力的一次锻炼和考验。三个多月时间里，很多同志基本上没有休息，对我们的队伍也是一次锻炼和提高。

第三，百日行动也是一次集中解决影响科学发展的土地管理深层次问题的行动，是一次探索土地管理新机制的活动。因此，认真总结巩固好百日行动成果，对于破解土地管理难题，探索土地管理新机制有极其重要的意义。

二、破解当前土地管理的深层次问题是学习实践科学发展观的重要内容

回顾总结我国土地管理的历史，每一次的进步都是和集中解决当时土地管理的难题联系在一起的。

中国土地的集中统一管理开始于上世纪80年代中后期，是先有《土地管理法》后有土地管理部门。1986年之前，整个中国的土地管理分散在若干个部门之中。80年代初，针对征地难的问题，国务院出台了《国家土地征用条例》，第一次力求规范解决征地问题。1982年的《宪法》，第一次规定城市土地归国家所有，农村土地归农民集体所有。1983年之后乡镇企业蓬勃发展，村村点火、户户冒烟，滥占滥用耕地现象极为严重，最高的一年耕地净减少1500万亩。所以，1985年国务院开始对非农业建设用地进行了第一次大清理。在这期间，一是1986年出台了的《土地管理法》，二是中央决定加强土地管理，确立城乡地政统一管理的原则，把分散在各个部门的土地管理职能集中在一起，形成统一的土地管理机构，城乡地政统一管理的原则写进了《土地管理法》。此后，开始切实加强管理，耕地减少速度明显减缓，进步明显。

90年代初，土地有偿使用制度改革开始推进，土地所有权和使用权分离，出台了《城镇国有土地使用权出让转让暂行规定》。90年代中期，全国普遍开始了"以地生财"，还一度出现了蔓延全国的"房地产热"，圈占浪费土地现象严重。于是，出台《城市房地产管理法》，对城市房地产开发用地的管理作出了明确规定。1997年，经过中央财经领导小组办公室一年多的调查，国务院常务会议多次听取报告，政治局常委两次听取了汇报，中共中央国务院出台了11号文件《关于进一步加强土地管理切实保护耕地的通知》，全党进一步统一了加强土地管理切实保护耕地的认识。11号文件作了几项决定：一是冻结土地审批一年；二是对《土地管理法》进行全面修改；三是解决土地管理的体制机制问题。这时中央提出了一个新的土地管理方针，就是要在中国实行最严格的土地管理制度。人多地少的国情，决定了中国的土地管理必须是世界上最严格的。11号文件实际上回答了中国如何建立最严格的土地管理制度的问题。

1998年，新修订的《土地管理法》颁布，1999年1月1日《土地管理法》开始实施。而同时亚洲

金融危机出现，拉动内需刺激经济增长，成了当时经济工作的重点。刺激经济增长，除了基础设施建设，新一轮的投资热也同时开始，全国各地都出现了圈占土地建设开发区的情况，每年占地达到了1000万亩左右。2003年国务院开展了以清理整顿开发区为重点的土地市场治理整顿，2004年国务院出台了28号文件，即《国务院关于深化改革严格土地管理的决定》，综合运用经济手段、法律手段和必要的行政手段来强化改革和严管。2006年国务院出台了31号文，从调整利益机制、完善责任制度、健全法律机制等方面来加强土地宏观调控。

从以上过程看，土地管理始终都处在一个不断面临挑战，不断解决问题的局面当中。应该说这几年土地管理的执法行动是密集的，国务院出台的政策文件也是比较多的，2004年出台28号文件，2006年出台《国务院关于加强土地调控有关问题的通知》（国发〔2006〕31号），2007年出台《国务院办公厅关于严格执行有关农村集体建设用地法律和政策的通知》（国办发〔2007〕71号），2008年出台《国务院关于促进节约集约用地的通知》（国发〔2008〕3号）。但客观上看，土地管理依然面临诸多矛盾和挑战，土地违规违法问题不断花样翻新，层出不穷。到现在为止我们只能说百日行动有效地遏制了土地违法上升的势头，问题的根本解决还有一个过程。这就不能不引起我们的深思，当前土地管理究竟面临什么样的问题，为什么管不住？理性分析，造成土地管理中多种问题的原因是多方面的，既有我们管理方式不到位的问题，也有大的背景、大的气候问题，是各种因素综合作用的结果。

第一，科学发展观的真正贯彻落实需要一个长期的过程。2008年是改革开放30周年，30年前中国面临最大的问题，是发展经济的问题。当时全党全国面临的重要任务就是尽快把经济搞上去，最核心的就是加快工业化。所以那个时期需要动用一切可能的外来条件，把经济搞上去。在这个政策的鼓励下，东部沿海的两个地区，长三角和珠三角发展起来了，为中国经济发展起到了巨大的作用。当时中国经济快速增长有几个原因：一是改革开放的大背景，二是13亿人口的大市场，三是廉价的劳动力，四是廉价的土地资源，五是强有力的政府主导。相当长的时间里，政府主导型的经济模式是中国经济增长的一个重要原因，当时不这样就干不起来。

但是，现在已经到了工业化的中期阶段，如果不自觉地去转变发展方式，恐怕资源条件、国际环境都不可能支撑这种发展。现在中、西部地区奋起直追，他们也有理由，前些年东部靠特殊政策发展了，为什么我们就不能。现在东部企业又向中、西部转移，各个地方都开始承接这种转移，但问题是现在的资源、环境状况能否再继续支持这种发展模式。牺牲资源、牺牲环境的发展模式我们不能再坚持下去。现在是靠自己觉悟，下一步就将变成国际的约束。有些地方的土地资源，即使现在不去管，他自己也没地可用，加上真正严格的环境监测，重金属污染，尽管是耕地，种的粮食也不能吃。在这样一个情况下，假如发展方式不改变，土地管理将面临越来越大的压力。

中国还有一个特殊性，就是比发达国家进入现代化的时间晚，但同时，全世界都没有像中国这样一个13亿人口的大国进入现代化的先例。这个阶段的发展速度是井喷式的，资源消耗量相当大。在现代化进程中还存在地区的不平衡性，除沿海地区像上海已经进入工业化的第三阶段，多数地区还处在从工业化的第一阶段向第二阶段转变，西部和其他地区还处在第一阶段。在中国广阔的土地上，同时出现了工业化的三个阶段，用地需求相当大。我们的城市建设，改革开放30年的时间走过了西方发达国家城市化几百年的历程。所以出现问题，也是在所难免。

在这个过程当中，土地管理承担着既要支持工业化进程，又要保护耕地的双重任务。为什么提出18亿亩耕地红线不能突破？ 一是国情决定了中国必须依靠自身的力量来保证粮食安全，这是个最大的问题。中国的粮食问题依靠国际市场，可能解决一些品种调剂，但真正完全解决可能不行。二是2030年前后的人口高峰。联合国粮农组织的研究结论，要想把16亿人养活，至少要保持18.2亿亩耕地。其中还有两个前提条件，一个是保持东方人的膳食结构不改变，另一个是现有的草场、草原50%以上要改造成人工优良草场。生物技术革命有可能带来粮食的巨大增长，但总体上讲，18亿亩是个底线。

第二，符合科学发展观要求的机制体制的形成还需要一个长期过程。当前土地管理之所以难，宏观层面有几个机制性的问题没有解决。一是有差别的区域性政策没有形成。战略就是差别化，没有差别化就没有战略。讲功能区域化，不同的区域应该有不同的区域政策，体现不同的区域特点。对东部讲，东部沿海要率先实现现代化；对中部讲，中部崛起现在是最好的战略机遇期，东部沿海的产业向中部转移，我们还同时承担着粮食安全的重任；对西部讲，要加快西部大开发；对东北讲，东北老工业基地要振兴，都希望用地方面支持。这些要求，落实到国土资源系统，就一个“地”字。作为这么大的一个国家，必须要有一个合理的区域分工，什么地方搞工业，发展金融中心；什么地方保山清水秀，保耕地。现在不论有没有条件，各县都要搞工业，这就是区域政策没有形成。二是现行财税体制还需要完善。西方国家的财税体制，地方的税收主要依靠财产的取得、保有和流转等财产性收入。中国的税收主要是来源于工商企业。国外地方政府不办工业，没有招商引资任务，而是通过创造良好的人居环境，吸引人在这个地方居住，从而通过征收不动产税、消费税保证正常的财政支持。我们的地方政府主要依赖工商税收。人口就业、城市建设和人民生活水平上不去，干部工资解决不了，地方领导压力就很大。办工业没有条件怎么办，你优惠，我比你更优惠。你拿土地是10万元一亩，我就5万元或者零地价，或者通过财政返还的方式进行补贴。这么下去，我们的土地管理就很难办。三是干部考核机制还需要完善。干部考核始终都以GDP来衡量。耕地保护的权重几乎是零。保护耕地增加粮食产量，还要承担粮食储备、财政贴息的负担。保护耕地是为全国作贡献，对地方财政没贡献。干部政绩考核还不包括这方面的内容，自然也就没有保护耕地的积极性。这一块机制不调整，土地管理也很难办。

第三，土地管理新机制的形成也有一个长期的过程。1997年之后，土地管理探索了一些东西，也解决了一些问题。但总体上看：一是存在机制还不太健全的问题。比如激励机制和惩处机制。正常来说，政府鼓励了一个目标，激励刺激要到位，大家都愿意去朝着这个目标努力。惩处机制要真正让人家怕。但现在是激励机制乏力，惩处机制无力。责任人不怕违规违法，只要钱没装进自己口袋，“因公违法”，即使给个处分，也是为当地作贡献，反倒成了“英雄”。过去违法用地成本远远低于合法用地成本，包括经济成本，包括行政成本，还有更多的是机会成本。激励机制也不行，我们鼓励盘活存量，但是总体看，盘活存量的成本要远远大于新增用地的成本，1998年修改《土地管理法》曾经大幅度提高新增建设用地成本，国发〔2004〕28号文件、〔2006〕31号文件又再次强调提高新增建设用地成本。但总体来看还没到位。使用存量建设用地，一个是成本比较高，再就是法律关系比较复杂。在保护耕地方面，我们现在也基本做不到让保护耕地的地方不吃亏。二是体制法制的变革必须和机制的调整相适应。从1998年开始，体制在调整，法律也在调整，但总体看与新体制新法律相适应的新机制的变革是滞后的。好制度如果还用一个旧的机制来执行，效果肯定不行；相反即使一个不好的制度如果用新机制来执行，也可以把负效应降低到最小。比如，《土地管理法》设计审批制度，中央和省政府管总量，市县管“零售”，试图解决审批效力。但后来用旧的机制执行，副作用反倒更大了。土地执法问题也是一样，诸如此类的问题很多。机制性的矛盾不解决，很多问题都不好办。三是国土资源系统自身的管理水平和能力亟待提高。百日行动开始之后，国土资源部党组对百日行动暴露出来的问题进行了反思总结，对问题作了分类处理。百日行动清查出的问题有几类应当坚决惩处。比如“以租代征”，2004年后土地管理的审批闸门基本上管住了，基本杜绝各级政府违法批地的行为，但是“以租代征”又大面积出现了。地方政府不承担责任，但实际上是鼓励或者是漠视这种集体土地流转既不要审批也不要交费的现象，这类问题要坚决打击。对未批先用采取了比较慎重的态度，未批先用占地面积很大，共11517件，涉及土地面积197万亩。197万亩中除少部分属于城市批次用地外，绝大多数都属于程序性违法。因为审批滞后，地方政府等不及就先行开工使用了。对这类问题的处理，国土资源部实事求是地反思总结自身存在的问题。一是审批制度不适应当前施工建设的要求。审批制度要体现管得住、管得好。国发〔2006〕31号文对审批方式做了重大的调整，就是对84个城市的城市批次用地的权力、义务、责任交给省级政府，主要是省级国土资源管理部门来处理，中央政府主要是管总量。单独选址项目用地的审批也要改革，单独选址的前期立项，比如公路、铁路、码头都是国务院批准的，只不过办个手续而已，为什么不能简化。让合理合法的大门多敞开一点，违法行为就会大量减少，特别是减少了人为造成的违法。所以国土资源部党组下决心要改革土地审批制度。另一个问题是批后监管不力。中央要求国土资源部门参与宏观调控，我们这个系统怎样从微观审批转到加强总量控制，参与宏观调控，加强监管，还有很多没有解决的问题。国土资源部党组也下决心要改，要从重微观审批转向重总量控制。下一步怎样把总量控制好，把批后监管做好，把微观审批放下去，是我们要解决的问题。国土资源部党组实事求是，属于我们自身应该改的问题，坚决要改；属于大的背景机制问题，我们要坚决地建议，然后全国上下一齐努力，形成贯彻落实科学发展观的一种氛围，一种气氛。

三、在实践的基础上加快构建保障科学发展土地管理新机制

解决当前土地管理深层次的问题，出路只有一条，就是各级政府一起探讨构建保障科学发展的土地管理新机制，这是当前土地管理面临的一个战略性任务。“十七大”以后，各级党委政府按照科学发展观的要求，对保障科学发展的土地管理新机制进行很多有益探索，创造了许多鲜活的经验。这些探索和实践虽然还没有形成体系，还只是星星点点地散见于全国各地。但星星之火，终可成燎原之势。如果我们对这些好的做法和经验加以归纳总结、提炼规范、发展完善，就可寻找到保障科学发展土地管理新机制的路子。中央部署的深入学习实践科学发展观活动的试点，有个重要的要求就是突出实践。国土资源系统突出实践特色，主要就是围绕构建保障科学发展土地管理新机制开展。

一是努力构建土地管理的共同责任体系。这有两层含意：一方面，保护耕地不仅是中央政府的责任，也是地方政府的责任，是各级政府共同的责任。去年温家宝总理的政府工作报告明确了18亿亩耕地红线不能突破。国发〔2004〕28号文件、〔2006〕31号文件确定了耕地保护目标责任制。以行政手段来管理，也是中国的国情所决定的。耕地保护的核心问题是共同责任。国发〔2004〕28号文件、〔2006〕31号明确规定耕地保护的目标有三个指标，耕地总量，基本农田面积和土地建设用地的总量，再加上实际新增建设用地面积。最近国土资源部、监察部和人事部将联合出台《违反土地管理规定行为处分办法》，其中核心的一条就是建立问责制，假如一个地方土地违法面积超过新增建设用地计划指标的15%，就要实行问责。即使不是你审批的，也要承担责任，一把手负责，分管领导也要负责。另一方面，土地管理也是政府各有关部门的共同责任。土地部门参与宏观调控，土地总量就这么多，但各个部门都要用地，重点工程要上，教育达标要上，城市建设要上，一个部门管地，多个部门用地的局面要改变。2007年底国务院办公厅下发的《关于严格执行有关农村集体建设用地法律和政策的通知》强调了各个部门都要有责任。要建立一个共同责任的机制，违法用地要处罚到底，城建验收、工商注册、税务登记、银行贷款、电业供电统统不开绿灯，哪个部门“放水”就是哪个部门的责任。总结百日行动之所以成功的原因，最主要就是各级地方党委政府的支持，各个部门的积极参与。因此，土地执法监管的关键是建立部门联动机制，仅靠国土部门一家是难以做到的。

二是加强国土规划建设。国土规划建设滞后，是落实科学发展观面临的最大问题。区域政策雷同化导致了种种的土地管理问题。发改委正在组织编制主体功能区规划，以此来调整生产力布局。国土资源部在广东、辽宁、天津一些地方开展了国土规划的试点。通过国土规划的编制和实施发挥其控制、优化、协调、保障的作用，推进土地利用结构的调整和空间布局的优化，形成可持续和谐的各类国土空间组合和国土开发格局。这些工作做起来后，土地政策、财政政策等都会更合理。

三是建立耕地保护的新机制。目前耕地保护主要立足于“守”，下一步要转“守”为“建”。“守”的方面，按照国发〔2004〕28号文件规定，在土地利用总体规划修编完成之后，基本农田要落实到地块和农户，并在所有权和承包经营权证上注明。“建”的方面，要奖励积极开源，开发未利用地，提高耕地质量，开发高产高效农田。新增建设用地土地有偿使用费，耕地占用税，耕地开垦费，城市土地的出让金当中的15%都是要用在这方面。对那些在耕地保护上作出贡献的省（区、市），在资金支持上还要倾斜。把这个资金用好，比增加耕地总量，提高耕地质量有更大的作用。国发〔2006〕31号文件作了专门规定：新增建设用地土地有偿使用费的分配使用同实际耕地保有量和基本农田数量挂钩，新增建设用地土地有偿使用费，部里除少数示范项目外，其他全部下放。此外，建设用地指标也要适当倾斜。

百日行动当中一些地方也创造了一些经验，如成都市的耕地保护基金，每年从新增建设用地有偿使用费，城镇土地出让金当中，集中26个亿资金做耕地保护基金，做好保护基本农田农民的社会保障。湖北搞高产示范田建设，把农田水利的资金绑在一起，主要以配套建设为主。

四是要推进集约节约利用土地。这几年在集约节约用地方面做了不少的工作，最大的成效是工业项目准入在用地上有了统一标准。下一步，一是对于其他行业用地标准，进一步提高，使将来新增建设用地除了基础设施外是零增长。二是基础设施布局，要有统筹，杜绝重塑建设导致的土地浪费。三是努力探索节地的新模，国土资源部在长沙市搞了节地模式试点，国务院也很重视，总理有专门的批示。四是探索土地的二次开发。以前各地招商引资导致了不少土地的闲置，也有一些地方产业升级换代工业用地退出，这部分土地要利用起来。

五是农村土地管理要有新突破。农村土地始终是土地管理的一个弱项，也是一个难点，面临的压力也大。1998年之后，国土资源部在芜湖、苏州、顺德等地方开展了农村集体建设用地流转的试点。农村集体建设用地流转的关键是土地收益的分配问题：一是集体土地进入市场之后的利益分配，学界争论很大。二是政府在基础设施、公共设施建设上的投入如何收回，也很难办。因此这一类问题也要统筹解决。另外，《物权法》将农民宅基地确定为物权，目前对农民宅基地的管理也没有找到一个很好的办法。

六是征地补偿方式要改革。征地问题是这几年社会上的热点、难点、焦点问题。各级政府征地时也承受着巨大压力。理论界、舆论界对于现行征地制度提出很多意见，开的药方主要就是要界定征地范围，政府征地必须是公益性用地，其他经营性用地由用地者到土地市场和农民直接谈判买地。但是，从世界各国来看，很难界定哪些是公益性项目用地，从国外来看也没解决好这个问题。再者，中国处在快速工业化的进程中，目前简单界定公益性和经营性，还不是时候。解决征地问题，矛盾的焦点不在区别公益性、经营性用地，而在于改革征地补偿制度。国发〔2004〕28号文件确定的原则是，被征地农民原有生活水平不降低，长远生计有保障。关键是解决长远生计有保障的问题。

七是加强基层国土资源所建设。基层国土所的建设改革经历了一个发展过程。这几年，基层国土所建设做了几件事情：一是从乡（镇）政府管理变成县级国土资源管理部门直管；二是机构、编制、人员和经费基本到位；三是理顺工作职责，开展多项基础业务工作，开展执法巡察，做好普法宣传和纠纷调解等。基层国土所怎么样和村民委员会的自治组织结合起来，充分发挥自治组织的作用来管地用地。福建莆田建立的调解员制度和协管员制度，花小钱，解决大问题，趟出了一条很好的路子。通过建立行业纠纷调解机制，引用法院的民事调解制度，对很多土地纠纷进行调解，形成协议，法院承认效力，调解协议的执行率能达到99%。建议下一步再发展征地纠纷的协商裁决机制。研究基层国土所的职能转变，重点放在基础工作，发现土地违法、报告土地违法。

四、争做构建保障科学发展土地管理新机制的排头兵

请107个地方的主要领导和分管领导共同研讨，还有一个目的就是希望同志们争做构建保障科学发展土地管理新机制的排头兵。部党组已经部署各派驻地方的国家土地督察局和各省级政府开展联合共建保障科学发展新机制的试验。根据地方的实际，既要管住管好土地，又要促进经济社会发展，摸索一套新经验、新体系。我表个态，107个地方可以分为若干类，有的可以作为各督察局的联系点开展单项的试验，有的可以作为综合试点进行探索。试点过程当中，要解放思想，实事求是，真正拿出解决破解难题的有效机制。

在全国土地执法百日行动领导小组第五次扩大会议上的讲话

甘藏春

（2008年3月31日，根据记录整理）

这次百日行动领导小组扩大会议，重点是听取百日行动后续处理情况的督办跟踪情况。我完全同意百日行动领导小组办公室和各派驻地方的国家土地督察局的评估报告，也完全赞同大家对下一步工作的建议。

做好百日行动的后续工作，就要抓住有利时机，继续做好百日行动成果的巩固、扩大、开拓和提高工作。为什么叫抓住有利时机？一是贯彻落实科学发展观。今天上午部里召开了深入学习实践科学发展观活动的动员大会，全党都在开展深入学习实践科学发展观的教育活动。二是百日行动起到了促进地方政府落实科学发展观，转变经济发展方式的作用，国土资源系统执行科学发展观的能力也得到了锻炼；三是通过百日行动找准了、解决了科学发展中的一些疑难问题，同时总结发现了一批好的经验和做法。百日行动作为一个活动基本结束了，但是百日行动留下的一些精神财富，对我们来说还有如何巩固、如何提高、如何扩大、如何拓展的问题。围绕这个问题，我讲五点建议：

第一，要把百日行动中的重点地区、重点案件，特别是整改尚不到位的地区，查处尚不到位的案件，纳入各督察局的日常督察工作。一些地区、一些重点案件之所以整改不到位，原因是多方面的：一是思想认识有松懈，有的地方从主观上想松一口气。二是尚未处理到位的案件恐怕的确比较难处理。三是涉及协调的部门、包括司法、纪检监察等，处理起来有一个过程。这就要求我们要坚持不懈地继续做好下一步工作。

第二，积极宣传、推广和提高百日行动中总结出来的先进地区、先进经验。根据部党组的决定，部近期在厦门举办了两期研讨班，总结和推广了一些经验。经验总结有两方面：一是在百日行动过程中产生的政府主导、多部门协调配合的机制，这个机制要长期化，要提炼出来。第二是在百日行动之前和之后，一些地方从不同侧面、不同角度抓土地管理长效机制建设的经验和做法。所以总结百日行动发现的长效机制，也包括两个方面，一个是百日行动中的一些经验机制，另一个是百日行动前前后后一些地方的经验机制。我们的任务是要把这些经验定型化、普遍化，然后再不断地扩大，坚持下去。各个督察局要沉下来摸清楚，善于发现和总结这些典型。

第三，要抓好对土地管理形势的预警预测工作。从目前看，通过百日行动遏制了土地违法现象上升的势头，但是动因性的、机制性的因素还远远没有消除。只要不按住，这个东西就要冒出来。我们

提治标和治本相结合，但是治本需要一定的过程。最近，又有几个地方开始出现反弹，这都是我们要关注的重点地区。对这些问题，有关督察局已经发了几个整改意见书。各督察局还要加强研究，密切关注一些土地违规违法的新动向、新趋势。

第四，要抓好和省级政府的共建工作。国家土地督察南京局和江西省人民政府已经开始商谈共建工作。和省级政府共建，我希望除了建立一个机制外，每一次会议都要抓一个实质性的内容，争取有所突破。比如说今年可以抓与省共建长效机制，建设模范市、模范县，每年推进一批，"根据地"就会不断扩大和巩固。每年解决一个问题，形成一个机制，成果就会不断积累和扩大。要建立激励机制，对于百日行动中表现好的，整改工作到位的，包括年度土地利用计划执行好的，部还要加以鼓励。

第五，处理好百日行动之前的历史遗留问题。2003年土地市场治理整顿，查出了一大批土地违规违法案件。这些案件如果不处理好，将会影响土地利用总体规划修编和第二次土地调查。建议有关司局牵头研究从严处理的政策，严防借机搭车。

在国家土地督察上海局揭牌仪式上的讲话

甘藏春

（2008年4月29日，根据录音整理）

同志们：

今天对于全国土地督察战线是一个值得纪念的日子。在国家土地督察制度实施一年多的今天，国家土地督察系统终于在中国最大的都市——上海市有了办公、生活的正式地点，这对于国家土地督察系统来说，是一个标志性的事件。在此，我代表绍史同志，代表国土资源部，代表全国土地督察战线的同志们，向上海督察局表示热烈的祝贺！

在这个特殊的日子里，我们特别不能忘记在国家土地督察制度实施过程中，各省（区、市）党委、政府对土地督察工作的理解、支持。我们要特别感谢在上海督察局开展工作的一年多的时间里，上海市委、市政府、上海市房屋土地资源管理局对上海督察局在政治上关心，在工作上支持，在物质上保障，为上海督察局全面开展工作提供了无私慷慨的支持。在此，我代表绍史同志，代表国土资源部，代表全国土地督察系统，向上海市委、市政府表示衷心的感谢！上海督察局在一年多来的工作当中，始终得到了浙江、福建省委、省政府，宁波、厦门市委、市政府的支持、理解和重视，我也表示衷心的感谢！

国家土地督察制度的实施是党中央、国务院做出的一项重大的战略决策。这项制度从酝酿到实施，历时了十多年的时间。早在上个世纪90年代，原国家土地管理局提出了加强土地管理，建立国家土地督察制度。10年多来，我们一直探索研究，2004年国务院下发了国发〔2004〕28号文件，明确建立国家土地督察制度。根据28号文件的精神，监察部、国土资源部、财政部、国务院法制办经过一年多时间的工作，2006年形成了实施国家土地督察制度、组建国家土地督察局的方案。温家宝总理两次主持国务院常务会议，研究国家土地督察制度实施方案，最后，胡锦涛总书记主持中央政治局常委会做出决策。

回顾国家土地督察制度的创立和实施过程，始终是伴随着中国经济增长方式由粗放到集约的转变，经济体制由计划经济向市场经济的转变这个进程而不断前进的，也是伴随着科学发展观的贯彻和深入而不断完善的。土地督察工作经过一年的实践有了很多体会，也有了很多收获。通过工作实践，我们深深地感到，实施国家土地督察制度是构建保障科学发展新机制的具体体现。国家土地督察工作必须把督促建立保障科学发展的土地管理新机制作为根本任务。土地督察工作是监督各省、自治区、直辖市人民政府的土地利用和管理行为，这种监督更重要的是支持各省（区、市）人民政府建立保障科学发展新机制。

按照这个要求，在今后的土地督察工作当中，重点要抓好以下几项工作：

一是建立共同责任机制。保护耕地不仅仅是中央政府的责任，而是各级政府的共同责任；不仅仅是国土资源部门的责任，而是社会各个部门、各个用地者的共同责任。土地督察工作的重点是督促建立共同责任机制。

二是建立保障科学发展的土地管理新机制。要研究探索土地管理激励和约束机制。当前土地管理取得了很多成效，但是在利用经济手段调节上，激励不够有力。我们鼓励盘活存量用地，但盘活存量用地成本较大，不仅经济成本支出较多，而且由于历史关系、法律关系复杂，导致利用存量土地难度很大，因此还是要占增量，但目前对增量用地控制和约束不够有力，违法付出的成本还不高。要在各级党委、政府的共同努力下，研究有利于盘活存量和节约集约用地的经济机制和法律机制。另一方面，惩处手段也不够有力，违法成本必须始终高于守法成本，违法现象才能下降，这方面面临很多研究课题。完全依靠惩处手段，恐怕不能解决中国的土地问题，要研究开源、节流、激励、约束和惩处的机制性办法，综合运用经济、法律和行政手段。

三是建立土地政策参与宏观调控的机制。运用土地政策参与宏观调控是党中央、国务院赋予国土资源管理部门的一项新职责，在当代世界各国的经济学当中，是中国的一项制度创新，具有鲜明的中国特色。从凯恩斯主义开始，宏观调控工具主要是货币政策和财政政策，而中国又运用了产业政策和土地政策。如何有效地运用土地政策参与宏观调控，对各级政府和各级国土资源管理部门是一个崭新的课题。目前依法依规管理土地已经很难，但是，在新的形势下，仅仅做到依法依规还不够，还要符合国家的土地调控政策，这方面难度更大。在工作中要把握调控的针对性、及时性和有效性，准确把握调控的度。

四是建立土地执法监管长效机制。百日行动创造了一些经验，譬如对土地违规违法行为的惩处，动员各个部门参与查处，改变了过去土地管理部门单打独斗的局面。从土地问题来说，用地者通过违法占地获得土地到最后建成投产，需要很多环节和部门，涉及开工审批、验收审批、工商注册、银行开户和税务登记等方面，土地管理部门只是其中的一道环节。假如从这个环节通知后面各个部门，这块土地是违法的，不能办理相关手续，就不会花费很大的社会成本。我们下决心抓一个典型案件，拆除成本很高，要研究不战而屈人之兵的一套机制，建立保障科学发展土地管理新机制。督察系统应该和各省（市）人民政府联合开展共建活动，共建活动是一个平台。在一个省、一个市，选择一个地方建立保障科学发展的土地管理新机制的试点，试点工作遇到特殊问题单独解决，希望能够趟出一条新路子。

最近监察部、国土资源部、人力资源和社会保障部即将出台《关于违反土地管理规定行为处分办法》。处分办法是在原来9号令基础上修改的，修改的一项重大内容是实行问责制。问责制的一项具体内容是对辖区内土地违法面积超过新增建设用地面积的15%实行问责。问责不是谁签字谁负责，而是要追究政府主要负责人的责任。下一步督察局的工作要结合建立保障科学发展的土地管理新机制层层落实问责制。

上海督察局一年多来，承担着试点单位的重任，在局主要领导的带领下，克服人手少、任务重、条件艰苦等不利因素，边工作、边探索，为国家土地督察工作提供了很多新鲜的经验，如建设用地审批事项的督察，共同责任的建立，闲置土地的清理，和督察区域内党委、政府的沟通联系，都走在了全国的前列。希望上海督察局以办公条件的改善为新的起点，再接再厉，全面完成土地督察工作，重点抓好与上海市房屋土地资源管理局共建保障科学发展土地管理新机制的试点工作，力争在不太长的时间内，趟出一条新路子，为全国提供新鲜经验。

谢谢大家！

团结起来　坚决打赢地灾防治保卫战

——在国土资源部抗震救灾四川前线指挥部第三次会议上的讲话

甘藏春

（2008年5月24日，根据记录整理）

同志们：

今天我们召开国土资源部“5 · 12”抗震救灾前线指挥部第三次会议，主要任务是总结前一阶段国土资源系统抗震救灾工作的情况，听取部系统支援四川开展地质灾害应急监测和调查工作部署的情况汇报，对下一阶段工作作出安排部署。刚才，四川省国土资源厅、部地质环境司、国家测绘局、地调局成都地质矿产研究所等单位的负责同志作了发言，我都同意。下面，我讲几点意见。

一、关于部抗震救灾前线指挥部前一阶段的主要工作

国土资源部抗震救灾四川前线指挥部成立以来，主要做了以下几项工作：一是统一整合了中央在川的地勘单位、科研院校和地质科技人员，按照四川省国土资源厅的统一部署，积极投身到抗震救灾工作中。二是安排部署了国土资源系统地质灾害应急调查、监测及隐患排查工作。截至目前已布防到位，并在青川、理县等地成功预报、安排避险，保障了人民的生命和财产安全，成效显著。三是协调指导部派出的几批专家组开展实地调查工作，协调国家测绘局、部航遥中心在第一时间实施航摄，组织强有力的专家队伍进行航片解译工作，特别是都江堰—茂县地质灾害发生情况的航片及时提供交通部门，北川堰塞湖的航片及时提供水利部门，在调整工作部署和防灾避险中发挥了重大作用。四是代表部党组在灾后第一时间走访慰问了灾区国土资源系统的干部职工，包括部分基层国土资源系统的干部职工，送去了部党组和徐绍史部长的关心和问候。五是及时向国务院抗震救灾四川前线指挥部报告了地震引发的地质灾害情况，提出了应对的措施建议，引起了高度重视。六是深入灾区调查情况，先后赴都江堰、彭州、崇州、绵竹、什邡和绵阳的一些重灾区、县察看灾情，指导抗震救灾工作。

二、关于国土资源系统抗震救灾的工作方针

按照部党组和徐绍史部长制订的国土资源系统抗震救灾工作方针，前线指挥部坚持贯彻了以下几点：一是必须最大限度地相信、依靠和支持四川省国土资源厅及各级国土资源系统的工作。地方有长期的实际工作基础，熟悉情况，了解需要，要相信他们有能力办好自己的事情，指挥部的工作是指导、帮助、协调和支持，绝不能越俎代庖、越级指挥。凡是四川能办的事情，决不包办代替；凡是四川办不了的，要竭尽全力帮助办好。二是一切从灾区的实际需要出发，遵循管用、实用、快捷的原则，把握好抗震救灾各项工作的时序、节奏和度，真心诚意地为四川灾区做好服务。三是要尽最大努力，协调各方力量支持四川抗震救灾工作。四是要准确把握国土资源系统在抗震救灾工作中的定位、角色和技术优势，准确把握不同阶段的任务重点，特别是在灾后重建阶段，国土资源系统要发挥主力

军和生力军的作用。

三、关于下一阶段的工作

目前抗震救灾工作正在转入灾民安置和灾后重建阶段，国土资源系统的抗震救灾工作要紧紧围绕全力抓好灾民生产生活恢复和尽早谋划恢复重建两项工作来进行统筹安排。

要把地质灾害的预防、监测和调查作为国土资源系统抗震救灾工作的重中之重。一要加强对重大经济目标、重要基础设施和重点集镇次生地质灾害的隐患调查、监测和防护，为生产恢复提供安全保障。二要为灾民安置点提供地质灾害危险性评估报告，为灾民生活恢复和安全保障服务。三要做好援川的地质灾害调查队伍的组织协调工作。四要尽可能地启动群测群防体系。五要关心和保护灾区国土资源系统的干部职工，尤其要做好困难职工和困难单位的慰问工作。

要加快谋划灾后重建工作。一要围绕国土资源系统的管理职能，对灾后重建涉及的工作做出系统考虑、统筹安排。二要解放思想，切实把灾后重建与国土资源管理改革结合起来，根据重建的需要，把不符合科学发展和市场经济要求的政策制度改掉。三要统筹运用部系统的技术力量，坚持科学救灾，发挥部门优势。四要抓紧编制地质灾害防治规划和灾后重建的土地利用总体规划。五要做好因地震、地灾损毁耕地情况的调查评估，认真调查研究灾后重建的土地政策。还要参与社会秩序调控等相关工作。

让我们团结起来，坚决打赢地质灾害防治保卫战，为地震灾区的灾后重建作出应有的贡献。

在华北五省区市土地督察工作座谈会上的讲话

甘藏春

（2008年6月30日，根据录音整理）

同志们：

这次座谈会的主题是认真学习监察部、人力资源和社会保障部、国土资源部联合发布的《违反土地管理规定行为处分办法》，会议的重点是研究建立土地违法问责制的实施路径，探索共同构建保障和促进科学发展的土地管理新机制。刚才申省长作了热情洋溢的讲话，各个省（区、市）都准备了很充分的交流材料，我们一定把这次会议认真总结好、交流好，研究出一条实施土地违法问责制的具体途径。受绍史部长的委托，我代表国土资源部，向参加会议的各省（区、市）政府的秘书长表示热烈的欢迎，同时也感谢你们这些年来对土地管理工作的重视和支持，特别是国家土地督察制度实施以来对国家土地督察工作的支持和理解。在百日行动中，华北五省（区、市）政府积极行动，取得很大成效。今年上半年，华北五省（区、市）的土地违法量同比明显下降。目前，北京市、天津市、河北省、内蒙古自治区人民政府办公厅都专门发了积极支持北京督察局工作的文件，我们深感督察工作每前进一步，都是各省（区、市）政府支持和帮助的结果。根据会议主题，我讲几点意见，供大家参考。

一、充分认识实施土地违法问责制的重大意义

建立土地违法问责制的思想是在2003年土地市场治理整顿过程当中逐步形成的。2004年在起草国

务院28号文，也就是《国务院关于深化改革严格土地管理的决定》这个文件时，征求了地方政府、中央有关部门和专家学者的意见，都一致认为要实行最严格的土地管理制度，必须加强对政府的问责，在各级政府建立起问责制。28号文里出现了问责制的雏形，其中有这样一段话：地方各级人民政府要对本行政区域内土地利用总体规划确定的耕地保有量和基本农田保护面积负责，政府主要负责人是第一责任人。28号文件颁布之后，各地贯彻实施当中也深感落实问责制的重要性，所以在2006年《国务院关于加强土地调控有关问题的通知》，也就是31号文件中，旗帜鲜明地写上了问责制，并且是文件的第一条："严格实行问责制。对本行政区域内发生土地违法违规案件造成严重后果的，对土地违法违规行为不制止、不组织查处的，对土地违法违规问题隐瞒不报、压案不查的，应当追究有关地方人民政府负责人的领导责任。"31号文件同时指出：地方各级人民政府主要负责人应对本行政区域内耕地保有量和基本农田保护面积、土地利用总体规划和年度计划执行情况负总责。31号文件明确了问责制的责任主体、责任内容。责任主体主要是各级人民政府的主要负责人，包括省长、市长、县长、乡长。责任内容，主要是对土地管理四个方面的情况负总责。28号文件、31号文件颁布之后，国土资源部、监察部及当时的人事部，也就是现在的人力资源和社会保障部反复研究，今年5月出台了《违反土地管理规定行为处分办法》。其中《办法》的第三条规定了问责制的内容，写得很具体，有标准、有内容。第三条规定，有下列行为之一的，对县级以上地方人民政府主要领导人员和其他负有责任的领导人员，给予警告或者记过处分；情节较重的，给予记大过或者降级处分；情节严重的，给予撤职处分：一是土地管理秩序混乱，致使一年度内本行政区域违法占用耕地面积占新增建设用地占用耕地总面积的比例达到15%以上或者虽然未达到15%，但造成恶劣影响或者其他严重后果的；二是发生土地违法案件造成严重后果的；三是对违反土地管理规定行为不制止、不组织查处的；四是对违反土地管理规定行为隐瞒不报、压案不查的。三部门规章的出台标志着土地违法问责制制度设计、程序设计已经完成，土地违法问责制就要正式启动了，这是中国土地管理史上的一个重大事件。

为什么实施土地违法的问责制，主要要从三个方面深刻认识：

一是实施土地违法问责制是贯彻落实科学发展观的重大举措。党的十六届三中全会提出科学发展观，全党上下都在认真贯彻落实。科学发展观的核心是以人为本，基本方法是统筹协调。如何统筹经济发展和耕地保护之间的关系，是各级政府贯彻落实科学发展观的一个重要内容。实施土地违法问责制要求各级政府要把耕地保护、加强土地管理与发展经济放在同等重要的位置，要认识到保护耕地也是发展，也是保护发展。对于粮食安全问题，过去我们老喊狼来了，但是大家不相信。今年出现了紧张形势，同志们都感受到了国际粮食市场的价格明显增高。因为粮食价格的攀升，全世界有几亿人口处于饥饿之中。党中央、国务院始终坚持把保护耕地、维护粮食安全作为头等大事，始终坚持依靠自己的力量做到粮食基本自给，所以中国粮食安全没有出现问题。中国依靠自己的力量保证粮食安全，不仅是对中国人民负责任的表现，也是对世界各国人民负责任的表现。今年粮食一紧张，原来出口大米的几个国家都宣布禁止出口大米，美国搞生物能源又把很多粮食转成了柴油，结果全世界的粮食价格攀升，对整个世界经济产生了重要影响。中国有13亿人，假定出现粮食危机，我看国际市场是远水难解近渴。因此，从正反两方面的经验看，都要求我们一定要把保护耕地与发展经济放在同等重要的位置上。要保证放在同等重要的位置，关键要靠制度、靠机制。目前，尽管我们出台了很多支农惠农的政策，也下了很大的决心向产粮区倾斜，但是农业作为弱势产业，特别在当前的财税体制下，地方政府保护耕地的动力可能不是一个正系数，而是一个负系数。为了保证地方政府把保护耕地落到实处，就必须实施土地违法问责制。

二是实施土地违法问责制是建立责任政府的重大举措。中国已经在宪法上确认建立法治国家，依法行政是法治政府的一个基本要求。政府必须对自己的行为承担责任，违法都必须追究法律责任，这就是责任制政府。按照宪法、地方各级人民代表大会和地方各级人民政府组织法的规定，各级人民政府必须保证国家的法律在本行政区域内贯彻执行，贯彻执行国家法律本身就是各级政府的重要职责。《土地管理法》也规定，各级政府要采取切实措施，确保本行政区域耕地总量不减少，这也是一个重大责任，28号文件、31号文件对此有更为具体、明确的规定。但是，光提倡责任政府，光有口号，光有原则是不行的，必须要有标准，要有措施。三个部的规章，按照法律和国务院规定的原则和标准，确定了土地违法问责制的启动程序，是我国建立责任政府的一个重要标志。在土地管理方面实施问责制，也表明了党中央国务院加强土地管理的决心，也表明了中国实施法治的决心。

三是实施土地违法问责制，是近年来土地管理经验的提升和总结。这些年来全党、全国贯彻落实科学发展观，加强土地管理严格耕地保护，采取了各种措施，探索形成了很多好的经验，但是这些经验上升到一条，就是政府的主要领导重视。一个地方土地管理抓得好不好，耕地保护抓得好不好，关键一条就是看这个地方的主要领导是不是重视，是不是放在第一位，放在高度重视的地位。“一把手”重视是推动各项工作最有力的措施，这是我国行政体制的一个特点。要把这个行政体制的优势、特点发挥好，关键是要建立一套让“一把手”重视的机制。当前，重视土地管理在某种程度上是靠“一把手”的觉悟、阅历和经验。建立土地违法问责制就是要从依靠政府主要领导的觉悟、意识转化为一个程序、制度，从而要求“一把手”必须重视土地管理。启动土地违法问责制的意义也就在这里。

二、实施土地违法问责制的核心是建立共同责任机制

贯彻实施土地违法问责制需要建立起一系列的具体工作机制予以保障，核心是建立共同责任机制。过去土地管理出了事，谁签字谁负责，今后不仅签字的要负责，没签字的“一把手”也要负责。政府工作千头万绪，怎么样实施启动违法问责制，我认为必须明确以下几个问题：

一是必须明确土地违法问责制的重点内容。第一，责任主体要明确。土地违法问责制的责任主体是双重的，一个是县级以上的地方人民政府主要领导人员，一个是其他负有责任的领导人员。第二，责任性质要明确，既是行政责任，又是政治责任。行政责任是指对有过错的行政行为必须追究责任，分管领导要负直接责任。主要领导负责是一种政治责任。在宪政国家、法治国家，政府对选民要负政治责任，属下违法或者犯罪了，或者出现了问题，除了本人辞职，政府负责人还要向选民承担政治责任。我们实行土地违法问责制，讲政治责任，就是政府的主要负责人要负总责，负全责，跟“一把手”有没有直接责任没有关系，对出现的所有问题都要负责。第三，责任的内容要明确。责任的内容很多，归纳起来就一句话，就是土地管理法律法规在本行政区域内的执行情况，这是追究责任，进行问责的一个法定标准。

二是履行土地违法问责制的关键环节是建立共同责任机制。政府工作涉及经济社会发展的方方面面，要保证各级政府的主要负责人履行好责任主体的义务，关键是要积极主动地推进共同责任机制的建立。

第一，要明确保护耕地、加强土地管理，不仅是中央政府的责任，也是地方各级政府的责任；不仅是省级人民政府的责任，也是市、县、乡各级政府的责任。要通过层层建立责任制，把耕地保护目标，把控制土地违法的责任层层分解落实到市、县、乡，国务院28号文件、31号文件对此都已做了明确的规定。全省这么大，每个县、每个乡发生的情况，不仅是省长，就是市长也说不清。如果没有建立这样的责任制度，恐怕我们这个问责制最后打板子都打到省长身上。

第二，要明确保护耕地、加强土地管理，不仅仅是国土资源管理部门的责任，也是所有政府部门的责任。长期以来，人们习惯上把土地管理的责任看做是国土资源部门的责任。毫无疑义，国土资源部门是法律、法规授权负责土地管理的重要部门，但并不等于说其他部门在土地管理、保护耕地上没

有责任，没有义务。比如解决滥设开发区的问题，就得依靠发展改革部门来纠正；交通、水利等部门也涉及节约用地的问题。比如，工厂要建起来，工商部门要发营业执照，税务部门要登记。如果用地是违法的，工商部门不发执照，税务部门不登记，银行不贷款，电力部门不供电，水务部门不供水，这样一来就形成了合力。目前，我们很多违法用地拆除需要申请法院强制执行。《土地管理法》尽管规定了作出处罚决定的机关依法申请人民法院强制执行，所产生的费用由违法者承担，但实际上多由政府承担，这也造成社会管理成本的增加。现在，我们的民生用地要保证，基础设施用地要保证，怎么办呢？必须调动各个部门来共同保护耕地，加强土地管理，改变“一家管，大家用”的局面，实现各个部门密切配合、齐抓共管，形成部门联动机制。

三是要明确保护耕地、加强土地管理，不仅仅是政府的责任，也是所有公民和法人的责任。《土地管理法》规定，十分珍惜、合理利用土地和切实保护耕地是我国的基本国策。既然是国策，每个公民就都要遵循。现在来看，怎么样把人民群众、企业法人都纳入到责任体系，切实保护耕地，加强土地管理，也是我们要解决的问题。目前，部分地区已经开展了有益尝试。上海已经建立了土地管理的监管信息系统，所有的房地产公司开工、动工、土地闲置情况全都非常清楚，甚至包括物业管理，房地产管理信息，国土部门全部掌握。今后，在共同责任体系和制度中如何落实公民、法人保护和合理用地的责任，还需要继续进行积极探索。

三、要按照实施土地违法问责制的要求加快推进土地管理改革

实施土地违法问责制，对国土资源战线来说，对地方各级政府来说，都是推进改革的重大契机。实施好这项制度需要从多个方面创造条件：

一是要按照权责一致的要求，合理划分中央和地方政府土地管理职责，充分发挥省级人民政府在土地管理中的作用。中央为加强土地管理，建立世界上最严格的土地管理制度，采取了一系列的改革措施。有些人不理解，总以为实行最严格的土地管理制度就是中央收权。实际上，从2004年开始，整个土地管理改革的总体思路主要是“两个加强”：第一个是加强省级人民政府土地管理的权力和责任。近年来，已实施了几个方面的重要改革。一是实施省以下国土资源管理体制改革，省以下国土资源部门领导班子的管理发生重大变化，收到上一级国土资源部门管理。二是改革报国务院批准的城市建设用地审批制度。三是新增用地有偿使用费的分配上做到中央分成的30%，直接落实到省。将新增建设用地有偿使用费的预算按照若干因素进行测算，一次性下到省里面去。第二个是加强中央对土地的调控和监管。为了治乱，1998年修订颁布的《土地管理法》把以前县级政府的土地审批权收起来了，现在也面临深化改革的问题，主要是中央政府在土地管理上加强总量的控制，改革审批程序。国土资源部在深入学习实践科学发展观的活动中，一致认为要解决当前保障发展和保护资源的两难问题，一定要深化改革。一是改革土地审批的问题。要按照责权一致的要求，中央主要管总量，管监督。比如说，中央批了山西省一年3万亩的农转用指标，年底我有一定的手段来判断你的管理是不是有效，征地是不是合法。还有一个大的问题就是重点建设项目违法问题，我们也在反思，这么多年重点建设项目用地违法，主要是没有经过批准就动工，实际上最后还得批。这个问题要求我们实事求是地看待，要从程序上进行改革，不能人为地制造违法，最后解决不了，处罚不了。将来要在预审环节严格把关的情况下，简化程序，一定要开通正门走大门，最大限度地减少违法问题。二是要加快土地利用规划修编。应该说，当前对各地感到制约最大的是土地规划修编滞后的问题。但是这个问题也要仔细分析，比如华北地区不像少数发达地方存在耕地保有量减少的问题，制约华北地区的主要问题是基本农田划了以后动不了，你们要求的只是通过规划修编调整建设用地空间布局和基本农田空间布局。目前，国土资源部正在加快组织规划修编工作，《全国土地利用总体规划纲要（2006—2020

年）》已经上报到国务院，这为我们实施问责制创造了良好的条件。

二是要综合运用行政、经济、法律和技术手段，进一步提高中央和国土资源部门的监管能力。在这次深入学习实践科学发展观的活动当中，国土资源部党组也进行了反思，认为国土资源部这几年工作非常辛苦，但是管理上也存在重审批、轻监管的问题。今后的改革重点，主要是国土资源部门要综合运用行政、经济、法律和技术手段来提高监管能力。监管的重点，一是规划，二是总量，三是批后监管，要把用地的全过程管起来。

三是探索切实有效的监管机制，充分发挥国家土地督察机构的作用。按照中央政治局常委会的决定，建立了国家土地督察制度。土地督察的重要职责就是监督检查地方政府土地利用和管理行为。经过这两年的实践，我们最重要的一条认识，就是要寓支持和服务于监督中，通过支持和服务来履行我们的监督职责，这是我们最成功的一个经验。对省级政府的监督，主要是依靠省级政府，支持省级政府管好、管住土地。从督察机构来说，就是把临时性的检查变为经常性的监督。前两年主要是针对违法现象打了几仗，将来可能要转入常规性的土地管理督察。今年试点开展例行督察，争取每五年把一个省土地管理的全部审批事项检查一遍，看看审批、用地有什么问题，好的就支持，不好的就提出意见。今年还有一项工作就是开展建设用地审批的督察，重点不是增加一道审批手续，而是改善土地批后监管的薄弱环节，解决监管难点问题，促进合理利用，为宏观调控服务。总而言之，发挥好土地督察机制，也希望与各位秘书长、厅长、局长一起结合起来，来完成中央交给我们的任务。

四是加快各项衔接程序的建设，形成部门合力。实施土地违法问责制，也要解决部门配合机制。国土资源部正在会同最高法、最高检、公安部等制订土地违法行政执法与司法衔接、案件移送程序等。问责制实施后，将来要建立追究、移送的程序，形成合力，把问责制落到实处。

五是抓好共建试点，构建保障和促进科学发展的土地新机制。从今年开始，土地督察系统有一个新的任务，就是和各省政府开展联合共建保障和促进科学发展土地管理新机制的试点，目前在江西、上海等地已经陆续展开。通过试点，重点是和省政府在一起，对符合土地管理改革方向的政策进行探索，为整个土地管理改革创造经验。另外，部里已决定要建立奖罚机制。今后国家土地督察机构在监督检查中发现有的地方土地管理出现大问题，就要进行惩罚，扣减用地计划指标。今年我们对三个地方冻结了年度计划指标，主要原因是这三个地方在百日行动之后仍然出现重大违法问题。这些地方的违法用地什么时候整改合格了，什么时候解除冻结。对于土地执法抓得好的地方，要在用地计划指标和土地整理资金上予以奖励。国家土地督察局要加强对各督察区域内的监管，形成动态管理，要做到情况搞得准，问题抓得准，到年底做到奖罚要分明。要通过形成这样的机制，来推动土地管理新机制的建设。

土地违法问责制对我们来说是一个新事物，对各省（区、市）来说也是一个新事物，希望今天参加会议的各位秘书长，把这个意思带回去：中央要实施问责制，各个省（区、市）怎么办，要研究贯彻落实的具体措施。当前，实施土地违法问责制不是愿意不愿意的问题，而是怎么做的问题，回去后一定要把这个意思向主要领导汇报清楚。

我就讲这么多，不对的地方请各位同志指正。

在国家土地督察网站开通仪式上的讲话

甘藏春

（2008年7月10日，根据录音整理）

各位来宾、各位新闻界的朋友：

下午好！连雨不知春去，一晴方觉夏深。国家土地督察制度实施已近两年。今天我们在这里举行国家土地督察网站开通仪式。我受绍史同志委托，代表国土资源部，代表整个国家土地督察系统，向两年来支持国家土地督察信息化建设的机构和同志们，向支持和关心国家土地督察工作的新闻界的朋友们，表示衷心的感谢。

在部信息化工作领导小组的领导下，在部信息中心的支持下，国家土地督察机构门户网站全面开通，标志着督察网络建设已进入一个从分散到整合、从无序到规范、从粗放到集约的新的发展阶段。

（一）督察网站是信息公开的平台。网站开通恰逢《政府信息公开条例》颁布生效的大背景，因此有着非常特殊的意义。国家土地督察网站的建设和顺利开通，是创新督察工作方式、推行督察事务公开、建设法治政府的重要举措，同时也是依法行政、政务信息公开的有效贯彻。自此，国家土地督察工作将为更多的人，更多的网民所了解和关注。

（二）督察网站是沟通交流的平台。2008年，国家土地督察将借助网络，实现更广、更远、更快的目标。督察网站作为沟通交流的平台，凭借先进的网络技术、现代的资讯手段，开拓崭新的生存与思考方式，使督察工作者同世界接轨，我们的视野将更宽广，触角将更深入，思路将更深邃。

（三）督察网站是宣传展示的平台。督察网站的开通为宣传展示国家土地督察自身工作情况提供了平台，同时也为宣传国家土地管理的宏观政策，地方各级人民政府土地利用管理的鲜活案例、先进经验做法提供了平台。疏堵结合，警示教育同鼓励引导并重，为国家土地督察创新工作方式履行职责提供有益尝试。

（四）督察网站是公开监督的平台。我们监督别人，别人也在监督我们。督察网站开通，为我们广泛了解社情民意、倾听群众的直接呼声、接受人民监督提供了一个有益平台。权力缺乏监督必将导致腐败，监督机构作为践行科学发展观的产物，同样也需要以科学的精神面对自身的发展，同样需要制约我们的行为，规范我们的权力，增加行为透明度。接受监督是国家土地督察制度科学发展的必由之路。

国家土地督察事业的道路很长，督察信息化建设的道路也很长，国家土地督察网站的开通标志着国家土地督察机构信息化建设迈出了扎实的第一步。接下来，各派驻地方的国家土地督察局局域网络设计、视频会议系统、基础数据库切割、土地管理业务系统的连通和数据的集成整合等还需要逐步完善。下一步，信息化建设的任务还很多，担子还很重，我们需要有更大的勇气，更大的决心，迈出更大的步子。

“乐其始而勉其终”，网站开通固然不易，要坚持办出特色和影响则要付出更多的智慧和劳动。希望督察机构的全体同志，把督察网站当做自己的精神家园，精心呵护，为缔造成有影响、有特色、有内容的网络阵地加倍努力。在中国信息化园地里，我们一定会培养出一枝独具特色的奇葩。

关于上半年国家土地督察工作进展和下半年工作安排的通报

甘藏春

（2008年7月26日）

同志们：

这次会议十分重要。根据会议安排，我将上半年国家土地督察重点工作和下半年工作安排向大家做简要通报。

一、上半年国家土地督察工作的主要进展

今年上半年，国家土地督察机构按照部党组的统一部署，认真贯彻落实年初全国国土资源管理工作会议和国家土地督察工作座谈会的精神，继续贯彻边组建，边探索，边工作，以工作促组建，以组建促工作的方针，各项工作按照预定目标顺势推进，步伐坚实。

（一）百日行动成果得到巩固，土地违规违法行为高发态势得到有效遏制

去年下半年，部党组对全国土地违规违法形势作出正确判断，在全国部署开展了土地执法百日行动，集中时间，集中力量，集中目标，取得了明显成效，三类违规违法问题基本摸清并得到查处纠正，违规违法用地高发势头得到遏制，加强耕地保护和加强土地执法监管的共识不断扩大，国土资源系统和督察干部队伍经受了锻炼。

在百日行动之后，如何从机制上遏制土地违规违法行为的周期性反弹，巩固百日行动成果，建立长效机制，是部党组高度重视的问题。上半年，国家土地督察机构全面跟进和督促各地百日行动后续措施、制度和机制的改革完善，主要做了以下工作：一是督促重点地区和典型案件整改查处到位，案件立案率和结案率显著提高；二是督促各地整体性处理意见落实到位，依法依规完善用地手续；三是培育107个正面典型，按照绍史同志的指示，举办了两期“巩固百日行动成果，强化土地执法监管”研讨班，部署开展了对107个成效显著单位2008年度保持情况的评估和遴选工作；四是全面推进土地执法监管长效机制建设，督促省级政府改进管理，加强监管，目前各地制定和出台了近百项制度。

百日行动、专项整治、专项检查等一系列强有力的综合措施有力遏制了土地违法高位运行的势头。据土地督察形势分析结果显示，2008年1～6月，全国发现土地违法案件数和涉及土地面积同比分别下降10.17%和48.17%；72个重点城市发现土地违法案件数、立案数和涉及土地面积同比分别下降4.96%、13.46%和35.47%。在今年国民经济继续保持平稳较快发展的基本态势，土地管理的外部宏观环境没有发生大的改变，地方政府换届效应突显的背景下，取得这样的成绩的确来之不易。也应该看到，土地违法案件呈明显下降趋势，原因是多方面的。地方党委政府贯彻落实科学发展观，推进经济发展方式的转变，各级政府和国土资源部门加强土地执法监管是主要因素。同时，国家土地督察制度的实施和百日行动后续工作的督察整改，以及各项密集的土地执法专项行动发挥的协同作用，构建保障和促进科学发展共同责任机制也是不可忽视的因素。实践充分证明，土地利用和管理工作只要真抓实干，锲而不舍，就一定能够产生预期效果。

（二）耕地保护目标责任制督察成效开始显现，土地利用计划执行情况好于往年

监督检查省级及计划单列市人民政府耕地保护责任目标落实情况，是国务院赋予国家土地督察机构的首要职责。从组建伊始，国家土地督察机构就抓住这个重点，根据国发〔2004〕28号、〔2006〕31号文件要求，督促省级及计划单列市人民政府层层落实耕地保护目标责任制。在新一轮土地利用总

体规划修编尚未完成的背景下，我们确定了以督促各地严格执行土地利用年度计划作为考核耕地保护目标责任制为主要内容的工作思路。

根据国家土地督察机构去年对各省（区、市）耕地保护责任目标落实情况进行督察和调研中发现的问题，今年上半年，各省（区、市）政府普遍加强了耕地保护责任目标制度的完善工作。一是将土地利用年度计划执行情况纳入耕地保护目标责任制的年度考核内容；二是制定了考核办法和实施细则，一直延伸到乡（镇）政府层层签订了耕地保护目标责任书；三是强化了奖惩措施，一些省还把耕地保有量和基本农田保护面积达标率纳入对市、县的年度综合考核指标体系，与党政主要领导的政绩挂钩。加强耕地保护目标责任制度建设的效果开始显现。上半年，各地共使用新增建设用地指标135万亩，占全年计划的23.36%。从各督察局反映的情况看，全国各地土地利用年度计划的执行情况好于往年。

（三）构建共同责任机制的路径逐渐清晰，共建试点工作开始启动

通过近两年的实践，我们和各省级人民政府已经形成了这样的共识：国家土地督察机构与省级和计划单列市人民政府既是监督与被监督关系，又是支持与被支持关系，两者不可偏废。从辽宁、黑龙江省人民政府办公厅率先发文支持国家土地督察工作开始，截至目前，已有29个省（区、市），新疆生产建设兵团和4个计划单列市先后发文，特别是山东、河南和青岛以党委、政府办公厅联合发出特急内部明电方式，积极支持和配合国家土地督察机构开展土地督察工作。文件要求地方各级政府、各有关部门自觉接受国家土地督察；在制定土地管理有关重大政策时，要认真听取国家土地督察机构的意见和建议；要求国土资源、发展改革、监察、财政、劳动保障、建设、农业、统计等部门，按各自职责主动配合督察机构开展督察工作；依照法律规定接受农用地转用和土地征收事项审核督察；及时组织查处督察局交办的有关信访、举报案件等事项并报送结果；要高度重视国家土地总督察和督察局发出的督察意见，切实做好整改工作。对落实不认真和整改不力的，按规定严肃追究有关人员责任。

在以上工作的基础上，按照绍史同志的要求，国家土地督察机构与省级人民政府积极开展了共建保障和促进科学发展土地管理新机制试点工作。国家土地总督察办公室与江西省人民政府办公厅联合印发《关于共同推进建立保障科学发展土地管理新机制试点工作的通知》，上海督察局与上海市房屋土地资源管理局共建保障科学发展土地管理新机制试点已经启动，南京督察局与江西省人民政府共同推进保障科学发展土地管理新机制试点，积极推进共同责任等新机制。西安督察局与宁夏回族自治区人民政府共同抓好吴忠市新机制的试点文件已经签署。

（四）专项整治工作平稳推进，大量违法用地问题得到及时纠正

今年上半年，专项督察工作开始从一般性的督察向分区督察转变。针对不同地区、不同类型的土地违规违法突出问题开展了六次专项督察，主要是国家工作人员违规在农村圈地建设别墅、未经核准擅自开工建设和违反限制用地目录、违反土地利用总体规划和城市总体规划设立经济开发区及未批先用、租用集体土地建设高尔夫球球场和百日行动期间发生“以租代征”、非法占用耕地特别是基本农田、擅自调整土地利用总体规划占用基本农田等，督促涉及上述问题的省份进行整改。相关省政府高度重视，整改工作进展顺利。

与此同时，各督察局针对领导批示、动态巡察、群众举报的有关违法用地问题，及时提醒督促有关省级政府进行了自行纠正。不少省级政府也参照土地督察方式，对发现的市、县土地违法问题，责令市县政府进行整改，如四川省人民政府对彭山县有关违法用地案件采取纠正整改措施，非法用地被依法收回并复耕，立项文件和土地使用证被依法纠正和撤销，县人民政府主要领导人员和相关责任人员被依法依规给予不同处分。同时，各督察局积极开展信访督察，有效解决群众利益问题，化解了矛盾，得到了群众的称赞。不少督察局还收到农民群众送来的锦旗、感谢信。

（五）例行督察开始启动，督察领域不断拓宽

在开展专项督察的同时，积极探索土地督察的新方式，今年开展了例行督察的试点工作。例行督察类似用地审计，是一项常规性工作，主要是以省或市级行政区为单位，全面监督检查政府土地利用和管理情况，对区域土地管理形势进行整体评估，及时发现和总结典型经验，纠正违法问题，提出督察意见，从而变单项督察为全方位督察，变临时督察为常态督察。北京督察局在华北五省（区、市）各选择了一个地级市开展土地例行督察试点，并首选河北省沧州市作为第一个例行督察地区，目前已正式进驻并开展工作。成都督察局也准备启动对云南省玉溪市的例行督察。

（六）调查研究的针对性提高，土地管理的前哨作用开始显现

国家土地督察派驻机构，是国土资源部加强土地管理的前沿阵地，应当发挥土地管理的前哨作用，对土地管理的走向、矛盾和突出问题，能在第一时间作出反应。今年上半年，各派驻地方的国家土地督察局都加强了调查研究的力度，在提高调研的针对性上迈出了可喜的步伐。一是开展土地违规违法形势动态分析和土地利用计划执行情况分析，及时形成报告，为部党组研判土地管理形势提供参考。二是结合部学习实践科学发展观试点活动的部署，及时开展督察区域难点、热点问题调研。采取蹲点调研、107个成效显著单位问卷调研、实地调研等多种方式，开展了闲置土地清理、城中村改造、落实土地管理共同责任、成渝统筹城乡综合配套改革试验区土地制度改革创新、成都市耕地保护基金制度等若干专题调研，提出改进改革土地管理工作的政策建议，得到部党组高度肯定。三是积极开展支持抗震救灾和灾后恢复重建的政策调研。在抗震救灾和灾后恢复重建工作中，成都督察局一方面组成抗震救灾工作队，全力投入抗震救灾工作，第一时间向部报送国土资源系统抗震救灾信息；另一方面，深入抗震救灾第一线，开展调查研究，及时向部提出了支持抗震救灾和灾后恢复重建的土地政策建议，得到部党组的表扬。目前又把督促检查部有关保障灾后恢复重建特殊支持政策落实到位作为重点工作来抓，并与成都市国土资源局共同抓好向峨乡灾后重建示范点的工作。

（七）基础建设向纵深推进，督察能力全面提升

一是形成了国家土地督察机构贯彻落实科学发展观的基本思路。国家土地督察工作是一项全新的事业，要做好这项工作，解放思想、改革创新是关键。学习实践科学发展观试点活动给我们提供了理清工作思路的大好时机。按照部党组的总体安排和绍史同志的严格要求，国家土地督察机构积极投身到试点活动当中，形成了贯彻落实科学发展观的基本思路：即以科学发展观为统领，以推进建立保障和促进科学发展新机制为核心，以落实共同责任为国家土地督察工作履行职责的中心内容，解放思想，改革创新，不断丰富和创新工作理念、内容和方式，扎实推进国家土地督察体制、机制和法制建设，努力建设一支政治上过硬、业务上过硬、执行上过硬，能谋事、能干事、能共事、能成事的生力军、突击队。

二是与部机关各司局和事业单位的协调配合工作机制已经建立，土地执法监察和土地督察联席会议制度进展顺利，目前已经召开5次联席会议。

三是派驻督察专员试点工作进展顺利。广州、成都督察局制订了督察专员派驻试点工作制度和办法，驻海南、重庆督察专员办已经开展工作。

四是建立社会监督机制。向社会公开发布《国家土地督察公告（2007年）》，广泛接受社会监督。

五是国家土地督察信息化建设取得成果。在部信息中心支持下，国家土地督察机构网站已经正式开通，各督察局局域网设计，视频会议系统，基础数据库切割和土地管理业务系统的连通和数据集成正在建立和完善。

六是组织和队伍建设稳步推进。中组部已批复同意各督察局成立局党组，进一步提高了国家土地督察机构组织保障能力。按照公开、竞争、择优的原则，今年又新招录34名青年公务员，充实了督察队伍。党风廉政建设进一步加强，各督察局都签订了责任制承诺书，印发了2008年党风廉政建设和反腐败工作实施意见。国家土地督察机构办公及附属用房、技术装备的立项申请已经国家发改委批准，后勤保障条件逐步改善。

二、下半年土地督察重点工作安排

今年下半年，国家土地督察工作将按照年初工作部署，完成各项预定目标，在此基础上，突出抓好以下重点工作：

（一）认真研究宏观经济形势，监督中央土地调控政策的有效实施

今年上半年虽然土地违规违法案件下降，土地管理形势整体趋好，但是我们也要清醒地看到，当前我国基本土地国情没有改变，制约科学发展的体制机制障碍尚未根本清除，“换届效应”开始释放，土地违规违法问题反弹的诱因依然存在。当前宏观经济运行中新的矛盾和问题开始显现，经济不确定的因素还在增加。因此，各派驻地方的国家土地督察机构一定要认真研究宏观经济运行的走向，分析督察区域内经济发展的矛盾和问题，准确把握土地督察的重点和节奏。但无论经济形势怎么变化，严格土地管理、严格保护耕地的决心不能动摇，采取强有力的措施保护耕地，不能有丝毫松懈。国家土地督察机构要按照部党组的统一部署，适时调整土地督察的力度、重点和方向，监督中央土地调控政策的有效实施。

（二）贯彻落实《违反土地管理规定行为处分办法》，做好启动问责制的各项准备工作

建立土地违法问责制的思想是在2003年土地市场治理整顿过程中逐步形成的。《国务院关于深化改革严格土地管理的决定》（国发〔2004〕28号）规定，地方各级人民政府要对本行政区域内土地利用总体规划确定的耕地保有量和基本农田保护面积负责，政府主要负责人是第一责任人。《国务院关于加强土地调控有关问题的通知》（国发〔2006〕31号）进一步明确了问责制的内容“严格实行问责制。对本行政区域内发生土地违法违规案件造成严重后果的，对土地违法违规行为不制止、不组织查处的，对土地违法违规问题隐瞒不报、压案不查的，应当追究有关地方人民政府负责人的领导责任。”并且提出“地方各级人民政府主要负责人应对本行政区域内耕地保有量和基本农田保护面积、土地利用总体规划和年度计划执行情况负总责。”在此基础上，今年5月国土资源部、监察部及人力资源和社会保障部出台《违反土地管理规定行为处分办法》（15号令），标志着土地违法问责制正式启动，这是中国土地管理史上的一个重大事件，也是我国建立责任政府的一个重要标志。

土地违法问责制的重点内容包括，责任主体既是县级以上的地方人民政府主要领导人员，又是其他负有责任的领导人员。责任性质既是行政责任，又是政治责任，分管领导负直接责任，主要领导负政治责任。责任内容是土地管理法律法规在本行政区域内的执行情况。关键环节是建立共同责任机制。

围绕15号令的贯彻落实，国家土地督察机构要做好以下工作，一是配合各省级国土资源部门向各级政府主要负责人宣传15号令的精神和要求，使各级政府主要负责人了解掌握精神实质，切实履行第一责任人的职责。目前北京局已经召开了督察区域各省（区、市）人民政府分管秘书长座谈会，共同研究探讨15号令贯彻落实的具体措施，其他督察局也将陆续召开这类会议。二是综合运用行政、经

济、法律和科技手段，做好落实问责制的各项基础性工作。三是督促地方各级政府建立土地违法问责制政策规定，目前重庆市已出台了相关文件。

（三）尽快出台《农用地转用和土地征收审批事项督察办法》，全面启动建设用地审批事项督察

开展农用地转用和土地征收审批事项督察，是国办发〔2006〕50号赋予国家土地督察机构的重要职责。我们在总结两年来土地督察实践和经验的基础上，正在起草《农用地转用和土地征收审批事项督察办法（征求意见稿）》。总体思路是，不改变、不取代各省（区、市）人民政府的行政审批权。体现登记备案性质，简化报送材料和程序，侧重实地检查、抽查，立足于批后监管，对发现的问题开展专项督察，及时提出纠正整改意见，目标是保证省级政府建设用地批准文件的顺利实施。目前征求意见和修改工作正在抓紧进行，预计8月份将正式出台文件。在此基础上，全面启动建设用地审批事项督察工作。

（四）加快立法步伐，抓紧起草《国家土地督察条例》

国务院办公厅下发的国土资源部的新三定方案在总结国家土地督察工作两年工作实践的基础上，进一步明确了国家土地总督察的法律地位，“国务院设立国家土地总督察，授权国家土地总督察对各省、自治区、直辖市，以及计划单列市人民政府土地利用和管理情况进行监督检查，落实耕地保护目标责任制，监督国家土地调控政策的实施。国家土地总督察对国务院负责”，这些都为我们研究制定督察条例奠定了坚实基础，下一步将加快立法步伐，广泛征求相关部委、省级政府和国土部门、社会公众的意见，形成送审稿，提交部务会讨论通过后报国务院。

（五）不断探索创新，实现共同责任机制新突破

在现有省级及计划单列市人民政府发文支持国家土地督察工作、推进保障和促进科学发展土地管理新机制共建试点工作基础上，不断探索共同责任新机制的新内容。今年下半年，要探索建立国家土地督察机构与省政府的定期磋商对话机制，分步实施联席会议制度，互相通报土地管理和土地督察中的新情况和新问题，不断加深了解，达成共识。同时还要加强对107个百日行动成效显著单位保持情况的动态监督，做好评估和遴选工作，提出指标奖励建议。

（六）围绕提升督察能力，推进基础建设

健全督察局领导班子，条件成熟的成立局党组，加强班子自身建设，按照“政治坚定、开拓创新、团结协调、求真务实、廉政勤政”的总体要求，讲党性、重品行、作表率，着力提高政治鉴别能力、战略思维能力、工作推动能力、持续创新能力、自我提升能力，努力建设成为保障和促进科学发展的坚强领导集体。继续充实督察干部队伍，面向国土资源系统选配第二批督察干部。建立整训制度，集中时间和地点分期分批开展督察干部整训。加快信息化建设的步伐，抓紧落实国家土地督察机构的基建和装备投资。

同志们：国家土地督察工作已经走过了两年的艰辛历程，我们深深地感到，每迈出的一步，每跨过的一道坎，每取得的一项成绩，都是在国土资源部党组的正确领导下取得的，都是和地方党委政府的理解关心支持密不可分，都是和各省国土资源部门以及在座同志们鼎力支持密不可分，通过两年的实践，国家土地督察机构已经和各省国土资源部门实际上形成了心连心、肩并肩、手拉手的关系。没有这些，我们寸步难行。对此，我们永远铭记在心。此时此刻，我们也深深地感到，国家土地督察工作又走到了一个新的发展紧要关头，机遇和挑战并存，对于机遇，我们要做到机不可失、时不我待；对于挑战，我们要敢于“亮剑”，在更高的起点上做到逢战用我，用我必胜。力争

用更好的业绩回报党中央、国务院的重托，回报人民群众的殷切期望，回报同志们的关心支持和帮助。

在国家土地督察机构与天津市人民政府第一次联席会议上的讲话

甘藏春

（2008年8月6日，根据录音整理）

同志们：

非常高兴参加这次联席会议。受绍史同志委托，我代表国家土地督察机构、代表国土资源部，向支持国家土地督察机构、支持国土资源部工作的天津市政府表示衷心的感谢！

刚才熊建平副市长、吴延龙局长和樊志全局长分别通报了天津市土地利用和管理情况、土地督察工作情况，我都赞成。天津我一年来一次，每次来的感觉都不一样。不仅城市建设、城市面貌变化很大，在土地管理上也取得了显著成效，即使是不看，一听就知道又有进步。在这里，我讲三个问题：

一、天津市的土地利用和管理开始出现了向可控和有序的方向历史性转变

这几年，天津市的土地管理工作在市委、市政府的领导下，进行了一系列的重大改革。特别是在去年的“百日行动”中，天津市加大土地执法力度，取得了积极的成效。我看了一些数据，有几个明显的变化：一是土地供应按照宏观调控政策的时序、速度实现了可控，今年上半年的土地利用计划完成了24%；二是土地违法实际发生的面积比去年同期下降了50%多；三是土地利用效益进一步提高；四是土地利用结构也趋于合理。比如说民生保障用地，在土地供应总量比较紧的情况下，保障民生用地、住宅用地，做到了根据市场供求关系对房地产用地供应的调控，保证了房地产市场的平稳性。我觉得取得这些成绩，应该说来之不易。特别在今年上半年，影响天津市土地供应的宏观经济环境没有发生大的变化。相反，我看到数据，天津市今年的GDP增长比例为16.3%，是1992年以来最高的；固定资产投资增长37.5%，也是全国最高的。在这样一个大量土地需求的形势下，能做到实现土地管理的各个方面按照可控、有序的转变，的确是来之不易的。

我觉得这也说明一个新问题，尽管从总体上看，全国的土地供应，特别是建设用地的供需矛盾日趋尖锐，并且总体态势以至到整个现代化进程，只会越来越紧张，越来越尖锐。在这样的大形势下，天津市和前几年比，发生这么大的变化，说明在土地管理问题上，只要真抓实干，只要改革创新，还是能找到出路的，天津的变化我感觉有这么几条：

第一，市委、市政府高度重视土地管理工作，支持土地管理部门管好土地。没来之前我也了解，去年“百日行动”开展之后，天津市做了几件事情，构建共同责任机制，应该说在全国是走在前列的。土地管理光靠国土资源部门不行，一是必须落实共同责任，各级政府齐抓共管。二是利用各种经济政策和行政手段推进存量土地的盘活，节约集约用地，提高效率，保重点、有保有压。所以说，天津市委、市政府积极贯彻落实科学发展观，推进经济发展方式的转变，在土地管理问题上表现得非常明显。科学发展观，一说理论大家都能说，但关键是落实到指导经济工作，指导发展问题上是不是贯

彻，其中有一个重要指标就是在土地问题上。在这个问题上，从一个侧面反映一个地方党委、政府对科学发展观的态度。

第二，天津市国土资源和房屋管理局在市委、市政府的领导下，积极从天津土地管理的实际出发，按照国家的土地调控政策和土地政策进行了一系列的创新工作。比较突出的：一是基础工作得到加强；二是长期困扰天津的体制问题得到解决；三是加强执法监察和信息化工作，运用技术手段加大执法力度；四是积极协调各方，抓了很有意义的改革试点。比如说滨海新区的试点，城乡挂钩的试点等。

第三，各个区县政府的管地观念和用地观念也开始发生变化。当年我来的时候走了一路，感觉天津市里土地管得很严，区县是比较松的。这一两年，特别是“百日行动”之后，我们把津南区作为重点的整改地区，抓了典型，还是有震动的，用地观念和用地方式也开始发生变化。这些可喜的变化，为天津下一步土地管理向治本方向发展奠定了比较坚实的基础。

二、支持天津市政府管住、管好土地，是国家土地督察机构的责任

管住、管好土地，是新世纪以来党中央对各级政府提出的一个要求。管住、管好，这四个字应该说含义比较丰富。所谓“管住”土地，我觉得有三条：一是坚守18亿亩耕地红线不动摇；二是国有土地资产的收益不能流失；三是土地管理秩序不能乱。

应该说，在当今社会快速工业化、城镇化的进程当中，土地问题所承担的社会矛盾、社会关系已经远远超过土地本身的自然属性。从经济发展看，它是一个重要的生产要素，但是我们国家又把它作为一个宏观调控的政策工具；从农民看，它既是生产资料，但更重要的也是社会保障的渠道；从社会上看，是当前各种矛盾最集中、最突出的一个领域。能否处理好土地问题，直接关系到中国的社会稳定、社会安定。所以说，在当今社会，土地问题本身的意义已经远远超过了本身所承负的意义。很多问题明明都是其他问题引起的，最后都在土地问题上爆发。所以，从全国来看，我们还在为实现怎么样“管住”土地而奋斗。中央要求我们就是要“管住”。“管好”的目标更高。所谓“管好”土地，我觉得就是要“合理利用、科学配置”，就要考虑生态、人文、经济社会发展的可持续。

在当前的形势下，首要的是“管住”土地，在“管住”的前提下，怎么样进一步管好土地，是我们各级政府的共同责任。作为国家土地督察机构，要支持各级政府管住、管好土地。具体到天津来说，支持天津市政府管住、管好土地，是我们土地督察机构应尽的职责。重点有这么几项：

第一，支持天津滨海新区的综合配套改革。北京督察局要把对天津的督察重点放在督察各项支持政策的实施上。过几天绍史同志就要来签署支持滨海新区土地政策的文件、协议。其中有一条就是“北京督察局要支持政策的有效实施”。滨海新区是中央根据新世纪国际国内的经济发展做出的重大战略部署。上世纪80年代主要通过深圳来带动珠三角地区的发展，90年代是通过上海浦东的开发开放来带动长三角地区的发展，新世纪就要靠滨海新区带动环渤海湾的发展，这是我们国家改革开放具有战略意义的举措。作为国土资源部门积极配合支持天津市政府，经过研究也出台了针对滨海新区的一些特殊的扶持、支持的土地政策。北京督察局要参与到滨海新区的综合改革进程当中，重点要通过督察推动这些配套政策、支持政策的落实到位。

第二，支持天津市政府推进土地管理改革和长效机制的建设，切实履行土地利用管理的国家监督的职责。作为国家土地督察机构，它的重要定位是对全国的土地利用和管理实施国家监督，这是一项极其重要的职责。要管住、管好土地，就必须支持天津市政府在深化土地管理方式的改革、建立长效机制的改革上当好参谋，当好后盾，支持天津市政府改革创新。

第三，要支持天津市政府从严、从紧管住土地，为天津市的可持续发展打下坚实的基础。土地

资源对于经济发展十分重要，不仅仅是保护耕地，也还要为下一代、子孙后代预留发展空间。天津现在处在快速增长时期，一是滨海新区，二是生态城，这些项目的建设都需要大量的土地。所以，要支持天津市政府怎么样运用土地的规划政策来实现土地利用的功能分区，这对地方党委政府是一个比较难的事情。从理论上讲可以做到，但因为现在分灶吃饭的财政体制很难做，天津将来重点在各个区县怎么能管紧一点，通过财政政策、经济政策以至到行政手段，来实现整个土地利用的功能分区的合理化，是下一步天津市政府要研究的一个重大的问题，北京督察局也要参与研究、支持。

三、几点希望

第一，今天这个会议是第一次联席会议，希望这个平台成为我们交流、沟通的一个平台，也成为我们不断深化土地管理改革的一个平台，同时也是我们互相补充、互相学习的一个平台。特别是对土地督察机构来说，这是我们了解地方的实际、了解作为改革开放现在成为前沿地区的天津的一个平台。所以我们要珍惜这个平台，利用好这个平台，不断提升这个平台的水平，力争为天津的土地管理，为中国的可持续发展作出贡献。

第二，要不断总结天津已有的经验，深化、提升天津的经验。近两年来，天津的深化改革，在有些体制、机制的建设上应该说走得比较实，也比较稳，我们要一起来总结。比如说天津的部门联动机制在全国还是第一家，我们提出来很早。所以怎么样继续深化共同责任机制？怎么样进一步深化耕地保护机制？特别是在国土资源部门，一个永恒的矛盾就是保护和保障的矛盾、保护资源和保障发展的问题。在处理这个矛盾上，怎么样在保护中谈保障、在保障中加强保护？希望你们创造一些先进的经验，我们再来学习，再来总结。

在国家土地督察机构管理工作座谈会上的讲话

甘藏春

（2008年8月12日，根据录音整理）

同志们：

这次会议开得很好。会前，总督察办、人教司做了大量的、充分的准备，认真研究了会议的主题和开法，各督察局也就机构和队伍建设中遇到的问题进行了调查研究。昨天，瑞生同志作了很重要的讲话，部内各有关司局也系统地、认真地听取了督察队伍的呼声和困难。应该说加深了理解，加强了交流，为我们下一步研究、解决督察机构队伍建设中的问题，奠定了一个比较好的基础。结合会议主题，我讲三个问题：

一、研究和探索解决国家土地督察机构队伍建设问题的条件已经初步具备

这两年，国家土地督察机构按照边组建、边工作，以工作促组建，以组建促工作的方针，开展了大量的组建工作和督察工作。从实施国家土地督察制度的第一天起，我们就面临着解决督察机构队伍如何建设的问题，但当时的条件不太具备。国家土地督察制度是中国的一项全新制度，能够供我们借鉴的东西不是太多。经过两年的努力和探索，同时也借鉴了许多其他部门的一些成功经验，我们对如

何开展国家土地督察工作有了一套比较系统的思路。从现在看，我认为解决这个问题的条件已经基本具备。

（一）加快国家土地督察制度的实施是贯彻落实科学发展观的需要

国家土地督察制度从诞生的第一天起，它的重大使命就是保证科学发展观的贯彻落实。胡锦涛总书记代表政治局向中央全会报告工作的时候，专门把建立国家土地督察制度作为建立与科学发展观相适应的新体制、新机制的问题向中央全会报告。可以说，随着科学发展观贯彻落实的不断深入，加快土地督察队伍建设、机构建设应该成为我们面临的一个重大问题。

（二）加快机构队伍建设是国家土地督察事业发展的客观需要

经过两年多的努力，国家土地督察机构在地方党委、政府和人民群众心目当中有地位、有位置。更重要的是，通过两年扎扎实实的督察工作，土地管理形势开始向好的方面发展。我们对今年上半年土地违法形势做了一个分析，全国土地违法量大幅度下降，下降幅度有的达到30%多，特别是原来一些重点地区、省会城市和大城市，实际土地违规违法面积下降的幅度更大。应该说，在宏观经济背景没有发生大的变化的情况下，GDP还是高幅增长，固定资产的投资增速还是很快，取得这样的成绩来之不易。天津今年上半年的投资增长幅度是30%多，但是今年天津的上半年土地违法的速度下降了40%多。这说明什么？说明在土地管理上是不是真抓实干、是不是敢抓敢管，效果不一样。从这方面讲，要坚守18亿亩耕地红线，保证土地调控政策的落实，必须要加快国家土地督察机构队伍的建设。

（三）加快机构队伍建设是现实的需要

两年多来，部党组在土地督察机构队伍建设问题上采取的是既积极又慎重的方针，到目前为止，我们已配备了1/3的人员，123人。司局级干部选配23人，基本上也是1/3。同时我们的基建和信息化工作也顺利展开。要进一步发挥国家土地督察制度的作用，就必须要加快建设。所以解决这个问题的时间、条件应该说初步具备了。

二、要认真研究国家土地督察机构队伍建设的目标和内容

国家土地督察机构作为一个全新的机构，党中央、国务院寄予了厚望。中央领导同志对土地督察工作和土地督察机构队伍建设多次提出了明确要求，这些都为我们指明了方向。特别是在两年的时间里，我们也在边干边悟。所以，要研究土地督察队伍建设，首先必须要研究土地督察机构队伍建设的目标和内容。

（一）政治建设

国家土地督察机构队伍建设的首要任务是加强政治建设。

一是政治思想建设。政治思想建设要回答的是我们用什么样的理论来指导国家土地督察机构的建设，来指导国家土地督察机构的发展和改革，来指导国家土地督察的具体工作。所以，思想理论的建设是国家土地督察机构面临的一个重要问题。我认为，国家土地督察机构建设，必须要以科学发展观来指导。这也应该成为我们的指导思想、世界观和方法论。如何按照科学发展观来指导国家土地督察的实践和队伍建设，是我们必须解决的问题。在纪念土地督察制度实施两周年的时候，我们在国家土地督察系统开展了如何用科学发展观来指导国家土地督察工作和国家土地督察机构建设的征文，这项活动在进行中。这是需要我们长期探索的命题，要在今后的实践中不断拓展和深化。

二是领导班子建设。每个督察局都是相对独立的主体，领导班子的建设就显得尤为重要。最终建成一个什么样的领导班子，是团结协作还是相互杯葛的？是政治上坚定的还是不坚定的？是不是、能

不能、敢不敢、善不善于坚持原则？都是各个督察局领导班子建设中所面临的重大问题。

三是党的建设。从土地督察机构设立这两年来看，从一个人的游动“司令”，到现在已经有“兵”了、有“将”了，也有固定的办公地点了，也形成制度了，情况发生了很大变化。前一段游击战没有带班子的问题，把自己管住就可以。那么下一步正规化起来，我们就面临一个如何加强党的工作问题。一个是党组的建设问题，中组部已经批准在各督察局设立党组；第二个就是机关党的工作问题。这些都是急需研究解决的课题。

四是党风廉政责任制的落实。这两年来，应该说从部党组到各督察局自身，都很重视督察机构的党风廉政建设。很多督察局开始在人少、组织不健全的情况下就开展了探索创新，比如北京督察局建立了“廉政承诺书制度”。这次，我们把纪检组的同志请来，就是要更加加强这方面工作，也请纪检组将来更加关心和研究督察机构党风廉政建设工作。比如说，在各个局的党组中是否要有一个专门的党组成员负责纪检等。总之，一定要有人管这个问题。从一开始就要把廉政建设的各项工作基础打牢。

（二）业务建设

国家土地督察机构的业务建设目标和部机关有相同的一面，但是也有不同的一面。相同的一面，都是要求业务要精湛，熟悉履行本岗位职责所要求掌握的土地管理知识、土地管理法律法规。但是，作为一个督察岗位，仅仅只是熟悉土地管理本身业务还是不够的。我们要从更宽的角度，更宽广的视野去考虑我们的问题。我认为衡量一个督察干部，一个督察局业务的能力强不强，除了必需的土地管理业务能力外，还应当具备以下几条。

一是对督察区域的经济发展情况、土地资源情况应该有清晰明确的了解，特别是对影响督察区域经济社会发展的重大事件要有明确的了解。不然的话，被动地等着群众告状，等着媒体披露，恐怕这个与我们的要求相差太远。

二是作为一个督察机构来说，要有对经济发展形势准确判断的能力，要懂宏观经济。经济是热了还是冷了，这个地方的产业，哪个产业是热的？哪个产业是冷的？都应有准确判断和把握的能力。

三是应该把合规性和合理性的关系处理得恰当适度。在当前的情况下，从全国来看，我们的重大使命就是坚守18亿亩耕地红线，保证土地调控政策的实施。但是在国家土地督察实践当中，遇到的每一个问题都面临保障与保护的矛盾。一定要把合规性和合理性联系解决。不能当“草莽英雄”，路见不平一声吼，也不能当“好好先生”。去年一年我们给14个省发了“罚单”，其中有一个省是停批了。我们没有向媒体披露，是平稳处理的，并且被处理的省也支持理解我们，也认为我们处理的政策掌握得比较好。这里边有好多经验还值得总结。

（三）队伍建设

通过选调、公务员招考、从本系统内选配等方式，到今年年底，督察干部可能就要达到2/3。绍史同志讲，要三年配齐干部。我和瑞生也进行了认真研究督察干部的配备问题。下一步督察干部选配，一个是公务员招考，第二个是从县、市选调。各督察局要根据自身的需要，研究一下岗位的设置结构上有什么急需的。比如说将来可以就某一专业岗位向社会公开招考。下一步的重点，一是要优化结构，对干部的年龄结构、岗位结构、专业结构都要认认真真地研究。不研究队伍的结构问题，这个队伍就是“死水一潭”。二是在干部结构上留下调整的空间。三是要认真研究和解决好与同志们有切身利益的各类福利待遇问题，解决好干部的后顾之忧，促进和保持干部的积极性。比如住房保障、医疗问题、干部的定期轮岗交流问题等。四是干部的培训问题。从现在看，国家土地督察系统有后发优势，目前各个方面评价都不错。关键是如何把这种后发优势发挥好、保持好，并实现可持续的良性发展。这就有一个干部培训的问题。培训也要突出特点，就是怎么样针对督察干部来组织培训、轮训。关键是要研究形成督察干部的正规培训渠道，包括国外培训的渠道，也请合作科技司协助出谋划策。

（四）文化建设

督察队伍经过两年的打拼形成了很多很好的特质。这些特质不断地沉淀积累，会逐渐成为我们这支队伍的文化。一是招之能来，来之能干。在历次部的重大活动当中，这支队伍表现得是比较优秀的。二是大家的凝聚力还是比较强的，团结、和谐。三是内部比较民主、比较和谐、比较向上。督察系统的文化建设至关重要，这是软实力。这项工作今年做了一些，我们搞了一个内部刊物——《新视野》，作为连接全体督察队伍的载体。在“5 · 12”汶川大地震之后，全体督察干部专门精心制作了一个画册慰问灾区国土资源系统的职工，一直发到基层国土所。这些都是我们督察文化建设的很好做法，一定要挖掘、总结，加强督察队伍的文化建设，一定要有载体、要有内涵。

（五）基础设施建设

这几年，国土资源部各有关司局对土地督察系统是倾全力支持，可以说一句话保障是有力的。下一步着重要研究几个问题，一个是信息化建设，信息中心很支持。部里信息化高速公路建成以后，下一步还得要考虑如何把各地的土地管理信息和数据汇交到各督察局，这需要研究个办法，是否可以在《国家土地督察条例》中作出相应的规定。第二个是基建问题。部规划司千辛万苦做了不少工作，给予了很大的支持，基建立项国家发改委已经批了。各个地方党委政府都很支持。但是要注意一条，装修要简洁、实用、朴实。

总而言之，土地督察机构队伍建设的目标就是：政治坚定、业务精湛、纪律严明、团结创新、反应敏捷、保障有力。

三、加快研究解决当前机构队伍建设中的突出问题

通过这次座谈会，我们既要看到国家土地督察工作实际当中面临的问题，也要研究和借鉴其他中央派驻地方机构解决类似问题的思路和办法。

第一，这次会议之后，请总督察办、人教司会同有关司局对这次会议提出的问题进行分类，并且拿出解决的办法。凡是近期能解决的必须解决，一时解决不了的也要形成一个思路，形成一个方案。如，各个督察局党的机构设立问题，组成人员怎么定也要研究；还有干部户口问题，下一步待遇问题怎么办？住房问题怎么办？这类问题要列出来一起研究，拿出一个切实可行的办法，或者拿出一个操作思路和建议。

第二，各个督察局要继续发扬特别能忍耐、特别能战斗、特别能奉献的精神。相比初创时期，现在条件好多了。要理解部里的困难，发扬独立自主的作风，能够自己解决的要解决，拿不准的要请示，要有耐心等待各种条件的成熟。

第三，部里有关司局、事业单位，要继续加大对督察机构的支持力度，要特别理解督察机构的难处，特别支持督察机构的工作。

在巩固百日行动成果强化土地执法监管研讨班上的总结讲话

王瑞生

（2008年3月27日）

同志们：

这次“巩固百日行动成果、强化土地执法监管”研讨班，在国土资源部党组的重视和领导下，在福建省人民政府、厦门市委市政府的支持下，在全体学员的共同努力下，完成了各项任务，达到了预期的目的，今天就要结束了。下面，受绍史部长委托，我就这次研讨班作简要总结。

一、主要特点和收获

这次研讨班，紧紧围绕构建保障科学发展新机制，认真学习贯彻党的十七大和刚刚闭幕的“两会”精神，深入学习实践科学发展观，研讨了构建土地管理和执法长效机制等重大问题。大家一致反映，这次研讨班举办得非常及时，非常必要，也非常成功。概括起来主要有以下三个特点：一是部党组高度重视。部党组专门研究明确了研讨班的主题。部长、党组书记、国家土地总督察徐绍史同志，亲自审定研讨班的主要内容和具体安排，多次对研讨班如何开办给予明确指示，并责成两位部党组成员出席研讨班，要求部人教司和总督察办公室，一定要把研讨班办好，确保取得实效。二是研讨班内容丰富，辅导讲座层次较高。大家普遍反映，这次研讨班内容很丰富，讲座水平比较高，安排也很紧凑。藏春同志的开班动员讲话，既有很强的理论性、系统性，又有很强的针对性、指导性，听了很受启发，受益匪浅。部规划司、利用司和执法局负责同志的讲座，既有理论，又有事例，讲得很好。福建省国土资源厅、河南省洛阳市等八个地区的负责同志分别在第一期和第二期研讨班上就严格土地管理，加强土地执法和构建长效机制介绍了经验。大家还实地考察了福建省莆田市土地协管员制度、行业基层人民调解员制度的执行情况和泉州市围海造地工程项目。三是大家学习研讨的积极性高。大家都十分珍惜这次学习机会，以高度自觉和严肃认真的态度投入学习和研讨。研讨班期间，大家在听取辅导报告时，专心致志、全神贯注；参加研讨时，紧密联系实际，说体会，谈收获。

同志们对这次研讨班给予充分肯定，认为时间虽短，收获很大。归纳起来主要有以下三个方面：

一是学习实践科学发展观，坚定了构建保障科学发展新机制的信心。大家普遍感到，通过学习研讨，对科学发展观的科学内涵、精神实质和根本要求有了更深刻的理解，进一步增强了贯彻落实科学发展观的自觉性和坚定性；对土地管理面临的新形势、新任务有了更清晰的认识，对构建保障科学发展新机制有了更深刻的把握，进一步坚定了构建保障科学发展新机制的信心。

大家一致认为，部积极推进建立保障科学发展新机制抓住了当前国土资源管理工作的核心，是国土资源管理工作的理念创新，充分体现了党的十七大精神和科学发展观的内在要求。构建保障科学发展的新机制，根本目标在于提高国土资源对经济社会全面协调可持续发展的保障能力；核心是处理好保障发展与保护资源的关系，坚持开源与节流并举，走出一条节约集约利用资源的新路子；重点是要强化调控和严格监管，落实坚守18亿亩耕地红线和合理开发利用矿产资源的共同责任；关键在于进一步解放思想、改革创新，不断完善体制机制法制，进一步更新观念、转变作风，不断增强执行力。

大家表示，作为先进的地区，不仅仅是要把一次专项行动工作做得扎实，做得富有成效，更重要的是，要在土地管理的各个领域探索土地管理的新思路、新做法。大家对部党组对受表彰地区的关心和信任表示感谢，决心一定要配合有关国家土地督察局，全力以赴做好部有关实践科学发展观、建立政策联系点的工作，为构建保障科学发展新机制做出新的更大的贡献。

二是交流严格土地执法的经验，对履行共同责任达成了共识。研讨班上，各单位结合实际，认真总结经验，努力探索完善土地管理和执法监管长效机制，积极推进共同责任的落实。有的单位积极推进耕地保护和土地执法制度创新，促进共同责任的履行，如福建省开展的村级国土资源协管员队伍建设、土地执法检查“红绿旗”评比和国土资源行业性人民调解制度；成都市结合城乡配套改革试点，设立耕地保护基金，创新耕地保护机制，综合运用行政、法律和经济方式，落实市、县、乡各级政府耕地保护目标责任制。有的单位在百日行动执法经验基础上，建立相关部门协作配合、快速高效的执法横向共同责任机制，如河南省洛阳市探索土地执法与刑事执法有机衔接，建立国土资源警察支队，为部门联动、强化监管提供了有益经验；大连市实行政府推动、层层负责、舆论支持的土地执法工作机制；厦门市集美区坚持疏堵结合，完善农村社会保障机制，落实基层执法责任，整合执法力量，形成执法合力；山东省胶南市在百日行动中从“两个担心”向“两个转变”的过程，阐述了形成保护耕地共同责任意识的思想历程。有的单位介绍了集约节约利用土地，履行共同责任的经验和体会，如长沙市新河三角洲在旧城改造中因地制宜，合理规划，实行人车竖向分离，充分利用市场机制促进节约集约用地，为其他地区的旧城改造提供了一种新思路；上海市嘉定区通过总结百日行动执法的有效做法，对进一步落实耕地保护责任，建立惩防结合的防范制度，实施财政转移支付，盘活闲置用地等进行了深入思考。

限于时间，研讨班不能安排更多的发言。我相信，在百日行动中涌现出的107个先进单位，每个单位都有值得推广、值得宣传的经验。希望会后各地区之间加强联系，互相交流、互相学习。

通过学习研讨，大家对中央提出的严守18亿亩耕地“红线”，健全耕地保护目标责任，建立耕地保护的共同责任机制有更深刻的认识。纷纷表示，一定要履行好保护耕地的共同责任，变国土资源“一家管、大家用”为“大家管、大家用”。这表明，从去年以来，部党组大力倡导、反复强调的土地管理的新理念正在得到地方越来越多的响应和认同。

三是深刻分析土地执法严峻形势，增强了抓紧建立健全长效机制的紧迫感。研讨班上，大家对当前违规违法用地背后的深层次原因进行了认真分析。大家感到，在百日行动的高压态势下，极个别地方脱离实际地搞“大建设”、“大发展”的思想得到一定程度的遏制，但还没有完全根除，仍有重新萌发的可能；改变我国经济结构不合理、依靠投资和资源投入拉动经济增长的发展模式的局面任务艰巨；相当部分基层干部和群众法制意识淡薄，对保护耕地、依法用地的法律法规和政策不太了解，造成无意识地违法用地。土地执法的形势依然很严峻，不能掉以轻心。百日行动把探索建立长效机制作为重中之重的工作，非常必要，也非常及时。

部党组已经把长效机制建设列入今后国土资源工作的重要日程，并且将长期坚持下去。对于土地违法问题，部在认真分析百日行动有关案件的基础上，采取疏堵结合的方式，深化改革，积极推进长效机制建设。今年，将重点从改革土地审批工作程序，加强建设用地批、供、用、补、整各个环节的监督管理，促进部门协作，完善土地执法动态巡查制度，强化国家土地督察工作等积极推进土地管理和土地执法长效机制的建设。目前，各项工作进展良好。今年将有一系列政策和改革、改进措施陆续出台。在各地政府的大力推动，在各级国土资源部门的不懈努力下，我们有信心在建立土地执法长效机制方面能取得更大进步。

二、几点意见

研讨班上，大家提出了不少很好的意见和建议，有的部里马上研究，有的需要我们进一步深入研究解决。希望各地积极探索，创造经验，共同解决存在的问题。在此，我谈三点意见，供同志们参考：

（一）解放思想，改革创新，努力破解土地执法工作的难题

从这次百日行动反映出来的问题看，造成土地违规违法现象屡禁不止、土地执法难的原因是多方面的，是多种因素综合作用的结果。贯彻落实科学发展观是一个长期的过程，符合科学发展观要求的体制、机制还没有有效形成，与科学发展观相适应的土地管理新机制还没有完全建立，国土资源管理系统的管理能力和水平还有待提高等。这就要求我们必须解放思想，改革创新，努力破解土地执法工作中的难题。

一是要解放思想。执法难难在思想上。要深刻反思我们自己的思想和精神状态，把我们的思想从不合时宜的观念、做法和体制束缚中解放出来，切实解决不想管、不敢管、不能管的问题。要树立强烈的忧患意识，深刻认识到当前违规违法用地的严峻形势和严重后果，不仅危害危及耕地保护目标，危害危及国家宏观调控政策的实施效果，而且危害危及社会和谐稳定，危害危及国家法律的尊严和权威，危害危及政府的执行力和公信力，危害危及国家经济安全和粮食安全。要克服畏难情绪。不少地方违规违法用地量比较大面比较广，监管力量不足；有的违规违法用地，甚至得到当地政府的支持。有的同志认为这不好管，不愿管，也不敢管，有畏难情绪。克服畏难情绪的关键是要以国家利益和人民利益为重，不要怕得罪人，执法要硬起来，局面就会改变。

二是要更新观念。执法难难在观念上。当前违规违法用地的形势依然严峻，其成因是多方面的、也是复杂的。很重要的一条是，在部分地区、部分同志的头脑中，科学发展观还没有真正树立起来，虽然都认识到应当科学发展、保护耕地，但一碰到实际问题，就自行其是。“经营城市、以地生财、第二财政”的影响不但没有消除，还在蔓延。有令不行、有禁不止、有法不依、违法不究、姑息迁就，产生了很大的负面影响，有些同志以为违法“为公”、无畏处分，有的以为“法不责众”、我行我素。我们要看到，这种行为损害的是全局利益，损害的是长远利益。理直气壮地纠正和查处违规违法用地，是为了“大公”、为了全局和长远利益。

三是要大胆创新。执法难难在创新上。创新就是要努力做到根据变化了的实际情况，坚定不移地严格执法，不断调整自己的工作思路、工作措施、工作方法，逐步形成符合客观实际、能跟上新形势发展、符合法律和政策规定的新思路、新办法、新举措。结合当前土地执法工作面临的突出问题，对如何做到既严格保护耕地红线、又引导开拓建设用地的新空间，如何既严管、又不管死，如何做到“疏堵结合”等，这些都需要大家在今后工作中不断探索，想出新思路、建立新制度、拿出新办法、采取新举措、取得新成效。要进行机制创新，构建共同责任机制。要进行制度创新，在执法监管方面，探索建立事前事中事后紧密衔接、覆盖批、供、管、用全程、相关部门协调配合的监督管理制度。要进行手段创新，及时发现查处土地违规违法行为。

（二）严格执法，勇于实践，做构建保障科学发展新机制的排头兵

参加这次研讨班的107个单位都是在这次百日行动中经过精心筛选的先进典型，在土地管理方面都有一套行之有效的经验，也取得了很大成绩，走在了全国的前面。今年部将开展深入学习实践科学发展观试点活动，希望大家再接再厉，保持先进，做学习实践科学发展观，构建保障科学发展新机制的排头兵。

一是要按照科学发展观的要求，推动经济发展理念和发展方式的转变。党的十七大提出要实现经济发展方式的转变，而不是经济增长方式的转变，发展和增长两字之差，理念完全不同。大家一定要准确理解中央精神，在全面、协调、可持续的发展上做好文章，而不是单纯追求GDP的增长。土地管理要更多地关注资源承载能力，关注环境的可持续性，关注民生问题，更好地发挥统筹和协调作用，促进经济和社会的可持续发展。要进一步转变观念，率先垂范，在转变经济发展方式上，希望107个单位取得更好的经验。

二是要协同行动，形成监管合力。《国务院办公厅关于严格执行有关农村集体建设用地法律和政策通知》对加强土地执法的部门协作已有明确要求，对未取得合法用地手续的建设项目，发展改革部门不得办理项目审批、核准手续，规划部门不得办理建设规划许可，建设部门不得发放施工许可证，电力和市政公用企业不得通电、通水、通气，国土资源管理部门不得受理土地登记申请，房产部门不得办理房屋所有权登记手续，金融机构不得发放贷款。未依法办理农用地转用审批手续占用农用地设立企业的，工商部门不得登记。对照这些要求，各地要积极探索，国土资源部门要主动沟通协调，促进上述要求的制度化。要通过部门的协作机制，真正形成土地执法监管的合力。

三是要全力抓好基层建设。多年来的经验表明，基层稳则全局稳，基层活则全局活，基层强则全局强。在百日行动中如此，在土地管理的方方面面也是如此。2003年实行省以下国土资源管理体制改革以来，各地在加强市、县土地管理队伍、加强基层国土所建设方面取得了积极进步。各地一定要重视基层工作，切实加强基层工作，要从基层国土资源部门的实际出发，加强对干部的政治、业务培训，不断提高他们的素质，着重从改善工作条件、完善内部管理制度和强化监管责任等入手，全方位地推进基层土地管理队伍、机构和能力建设，为实现预防为主、预防在先的土地执法新机制奠定良好基础。

（三）抓好培训，打好基础，使坚守红线、严格执法变成广大干部和群众的自觉行动

国土资源管理工作的重点、热点、难点都在基层。从去年土地执法百日行动来看，我们基层的一些干部群众法律知识缺乏，法制观念不强，依法办事自觉性不高，国土资源法律法规在基层没有得到很好地贯彻执行，造成有的人知法犯法，有的人在无意识中犯法。这种情况的出现，与国土资源法律法规知识在基层宣传教育普及不够有很大关系。对国土资源法律知识不了解或者理解上的偏差直接导致了一些基层干部在国土资源执法上出问题。

破解土地执法工作中的难题，基层干部群众是关键。在全国县（市）、乡（镇）、村级干部中开展为期一年的国土资源法律知识宣传教育培训活动，其目的就是把国土资源法律知识宣传到每一个县、每一个乡和每一个村，使县（市）、乡（镇）、村各级干部从思想认识上、发展理念上、组织行动上和具体工作上与党中央保持一致，动员广大基层干部、群众，共同履行坚守18亿亩耕地红线的责任，各方面齐抓共管，使部门管理转变为全民行为，特别是教育广大农民积极行动起来，自发维护自己的权益，共同破解土地执法工作中的难题。

对基层干部宣传教育培训国土资源法律知识，从根本上讲，抓住了国土资源领域各种违法违规问题的症结，做到标本兼治，是一项打基础、利长远的工作，是坚持节约和合理利用资源基本国策的具体行动，是贯彻落实党的十七大精神、深入学习实践科学发展观的实践创新，是探索治本之策、建立长效机制的生动实践，也是破解土地执法监管工作难题的重要举措。大家要高度重视，把这次宣传教育培训活动摆到重要位置，精心组织，周密安排，统筹考虑，扎实推进，确保取得实效。

同志们，三天的研讨即将结束。这次研讨班得到福建省国土资源厅、厦门市政府及国土资源局、莆田市政府及国土资源局、泉州市政府和国土资源局的大力支持，他们为研讨班的成功举办做了大量认真细致的服务和保障工作。在此，我代表国土资源部，代表全体学员向他们的辛勤工作致以诚挚的感谢!

最后，祝同志们返程平安，身体健康，工作顺利。

关于国土资源部“三定”规定有关情况的通报

王瑞生

（2008年7月26日）

7月10日，国务院办公厅印发了国务院批准国土资源部的“三定”规定文件，受绍史同志委托，现将有关情况简要通报如下：

一、这次机构改革中央的总体要求

今年3月，中共中央、国务院印发了《关于深化行政管理体制改革的意见》（中发〔2008〕5号），十一届全国人大一次会议又审议批准了《国务院机构改革方案》，提出了加快政府职能转变，深化政府机构改革的明确要求。

这次国务院机构改革的主要任务是：围绕转变政府职能和理顺部门职责关系，合理配置国家发展改革委、财政部、人民银行等宏观调控部门的职能，加强能源环境管理机构，整合完善工业和信息化、交通运输行业管理体制，以改善民生为重点加强与整合社会管理和公共服务部门。涉及调整变动的机构共15个，正部级机构减少4个。改革突出了三个重点：一是加强和改善宏观调控，促进科学发展；二是着眼于保障和改善民生，加强社会管理和公共服务；三是按照探索职能有机统一的大部门体制要求，对一些职能相近的部门进行整合，实行综合设置，理顺部门职责关系。

在部党组的领导下，我部坚决贯彻中央的改革精神。在制订“三定”规定草案过程中，部党组多次召开会议组织研究，并与有关部门协调沟通，说明情况，绍史部长多次做出重要批示，突出了职能转变，力求理顺与外部门的职责分工，在推进自然资源集中统一管理体制方面做了积极努力。

二、我部新“三定”规定的变化和特点

（一）总体评价

这次批准的《国土资源部主要职责 内设机构和人员编制规定》，以科学发展观为统领，按照转变职能、权责一致、强化服务、改进管理、提高效能的原则，部职能配置与国土资源管理的实际需要更加匹配；宏观调控和市场监管职能以及社会管理和公共服务职能进一步强化；部门职责划分更加明确、清晰。但是，我们应该清醒地看到，在推进大部门体制和强化内设机构配置方面还需继续努力；内部结构有待于进一步优化，有些与外部门的职责划分问题，需要在今后的改革中逐步予以解决和理顺。

（二）部“三定”规定的主要变化

部新的“三定”规定共分为六部分：即职责调整、主要职责、内设机构、人员编制、其他事项和附则。与1998年“三定”规定相比，职责有了拓展，从12条增至16条；机构设置有了增加，增设了调控和监测司；增设了总规划师和总工程师，机关行政编制总数没有增加，仍为309名。主要变化是：

1.按照中央要求，突出了职能转变。

进一步推进政事分开、政府与市场中介组织分开，明确“取消相关职业技能鉴定、颁证职责”；“将科技成果转化具体实施的职责交给事业单位和社会中介组织”；“将土地评估、矿业权评估、矿产资源储量评审机构和人员资质认定职责交给行业协会”。

2.加强国土规划，进一步强化了宏观调控的职能。

根据党中央、国务院对我部参与宏观调控的要求，新的“三定”规定中，规定了我部要“加强国土规划、土地利用总体规划的整体控制作用”，进一步明确了我部负责编制国土规划的职责，强化了国土规划、土地利用总体规划这两个基础性规划的功能，同时也强化了国土规划的空间控制作用。另外，还进一步赋予了我部宏观调控的职能，明确了我部“开展国土资源经济形势分析，研究提出国土资源供需总量平衡的政策建议，参与国家宏观经济运行、区域协调、城乡统筹的研究并拟订涉及国土资源的调控政策和措施”这一职责。为实施和落实这一职责，增设了“调控与监测司”，使国土资源参与宏观调控的职能更加细化并得以有效履行。

3.更加强调国土资源优化配置，突出了资源性资产管理。

根据中央关于建设科学合理的资源利用体系，提高资源利用效率的要求，更加强调了国土资源的优化配置。将“承担优化配置国土资源的责任”、“制定并组织实施国土资源领域资源节约集约利用和循环经济的政策措施”、“强化资源回采率和资源综合利用率的监管”、“矿产地储备”以及“组织协调境外矿产资源勘查”等职责写入新“三定”规定之中。同时，明确我部“参与管理土地、矿产等资源性资产，参与管理国家出资形成的矿业权权益”，突出了资源性资产的管理职能。

4.强化了社会管理和公共服务职能。

在新“三定”规定中，明确了我部“承担地质灾害预防和治理的责任”。把“指导应急处置，组织、协调、指导和监督地质灾害防治工作，制订并组织实施重大地质灾害等国土资源突发事件应急预案”作为我部的一项重要职责，还增加了“承担城市地质、农业地质、旅游地质的勘查和评价工作”职责。同时，赋予我部“承担各类土地登记资料的收集、整理、共享和汇交管理，提供社会查询服务”及“推进国土资源信息化和信息资料的公共服务”职责，为下一步建立以土地登记为基础的不动产统一登记奠定了良好基础。

5.强化了土地、矿产资源管理的耦合度。

与1998年“三定”规定相比，对部内机构职责从内容到形式都进行了调整，增强了职能配置的耦合度。在主要职责的表述中，用“承担规范国土资源管理秩序的责任”、“承担优化配置国土资源的责任”、“负责规范国土资源权属管理”、“承担规范国土资源市场秩序的责任”等代替了过去土地、矿产资源管理分割式的表述方式，进一步明确了责任，也强化了市场监管职能。

6.将国家土地总督察明确写入新“三定”规定，进一步明确了国土资源部与国家土地总督察的关系。

在“其他事项”中明确“国务院设立国家土地总督察，授权国家土地总督察对各省、自治区、直辖市，以及计划单列市人民政府土地利用和管理情况进行监督检查，落实耕地保护目标责任制，监督国家土地调控政策的实施。国家土地总督察对国务院负责。委托国土资源部组织实施国家土地督察制度，向地方派驻9个国家土地督察局”。同时，还明确了在部内设立国家土地总督察办公室（正局级）及其主要职责，并对国家土地督察机构行政编制予以了明确。

7.设立总规划师和总工程师，使国土资源管理工作运行更有层级，责任分工更加明确，增强了工作的综合协调度。

8.明确了对部管国家局和中国地质调查局的管理。

在“其他事项”中明确“管理国家海洋局、国家测绘局”及“管理中国地质调查局”，并明确了中国地质调查局“承担统一部署和组织实施国家基础性、公益性、战略性地质和矿产勘查的职责”。

三、下一步部里的安排

（一）按照科学发展观的要求，认真学习领会中央确定的部“三定”规定的主要内容和精神

下一步，部机关重点是要学习好、宣传好、落实好部“三定”规定确定的各项职责，组织干部职工认真学习领会部“三定”规定的基本原则和内容，准确把握中央对当前和今后国土资源工作的要求，认真履行好各项职责。

（二）着手制订各司局“三定”，合理划分配置各司局和处室的职责

细化部内各司局的各项职责，是落实部“三定”规定的基础。在全面梳理和分析各司局现有职能的基础上，将“三定”规定中确定的部履行的十六项职责，细化分解落实到各司局、各处室，并做到边界无交叉、职责无遗漏。

（三）开展有关部门“三定”规定研究，妥善处理好与有关部门职能的接边关系

这次国务院机构改革，我部与中央编办和有关部门就有关职责交叉问题进行了多次协调，取得了一定进展。下一步，要加强与相关部门的沟通、协调，研究和处理好与相关部门在能源矿产管理、黄金、煤炭资源管理、林地管理、地下水、矿泉水、地热、城乡规划等方面的职责关系。

（四）切实加强宏观经济研究、运行分析，发挥国土资源参与宏观调控作用

按部“三定”规定，需要立即着手研究如何履行好中央赋予的“切实加强宏观经济运行、区域协调、城乡统筹的研究并拟订出涉及国土资源的调控政策和措施”的职责，以充分发挥国土资源参与宏观调控的作用。同时，研究组建“调控和监测司”。

（五）进一步转变国土资源管理职能，改变管理方式，拓宽社会公共服务领域

下一阶段要继续深化国土资源管理体制改革，进一步减少行政审批事项，转变职能和管理方式，加强事后监管。特别是在转变职能，强化社会管理，搞好公共服务方面，部将把深入学习贯彻科学发展观活动试点取得的共识和成果同继续推进部大部制改革有机结合起来，做好各项工作。

四、对省厅的几点要求

（一）按照省委省政府和机构编制部门的要求，积极配合推进地方政府机构改革

地方政府机构改革是深化行政管理体制改革的重要组成部分。随着国务院组成部门、直属机构和部委管理国家局“三定”规定的陆续审议通过，地方政府机构改革工作也将进入倒计时。各省（区、市）国土资源厅（局）要按照省委、省政府的要求，认真把握中央精神和部“三定”规定的原则、内容，积极配合做好省级机构改革工作。

（二）根据深化行政管理体制改革的要求，主动转变职能

这次国务院机构改革方案突出了转变政府职能这个核心，体现了加强宏观调控、减少微观管理的要求；体现了以人为本、执政为民的理念；体现了精简、统一、效能的原则，这对地方行政管理体制改革起到了很强的导向作用。各省（区、市）国土资源厅（局）要抓住这次机构改革的核心，不等不靠，积极开展先期研究，为改革做好准备：一要继续推进行政审批制度改革，主动转变职能和管理方式，加强事后监管，充分发挥市场的调节作用；二要按照决策权、执行权、监督权既相互制约又相互协调的原则，研究如何通过优化组织结构、规范机构设置、完善运行机制的改革，更好地履行社会管

理和公共服务职能；三要按照自然资源集中统一管理的相关理论和实践，积极探索强化管理、科学利用的有效途径和办法，不断提高依法行政的执行力。

（三）上下联动，配合部贯彻落实好部“三定”规定的各项职责

新“三定”规定的有序运转，需要全系统的全力配合。为进一步提高国土资源工作的整体效能，确保全面完成党中央、国务院赋予的各项任务，希望各省（区、市）国土资源厅（局）按照部的统一部署，配合部贯彻落实好部“三定”规定：在机构设置上，要从地方实际出发，统筹考虑，理顺管理体制；在职能配置上，要研究与部各司局的职能相衔接；在工作安排上，要认真研究落实部新增职能的各项任务，做好相关基础性工作，确保中央规定我部的各项职能和职责履行到位，工作任务得到全面落实。

在国家土地督察机构管理工作座谈会上的讲话

王瑞生

（2008年8月11日）

同志们：

这次座谈会是经部领导同意召开的。会议的主要任务是，就派驻地方的国家土地督察局人、财、物等管理工作进行座谈，研究组建两年来队伍建设的经验、问题，探讨解决问题的办法和措施，进一步理清思路，提高对督察局的管理和服务水平，促进国家土地督察工作顺利推进和开展。绍史部长对这次会议非常重视，会前他专门听取汇报，提出了明确要求。藏春同志就开好这个会亲自主持研究，这为开好会提供了重要的保证。

建立国家土地督察制度，是党中央、国务院为加强土地管理作出的重大决策，也是国土资源管理工作的重大改革。近两年来，派驻地方的国家土地督察局在部党组和总督察、副总督察的正确领导下，在各位督察局局长的带领下，在各方面的大力支持和帮助下，克服组建初期的重重困难，按照“围绕一条主线、抓住三个重点、建立三个机制”的基本工作思路，积极开展土地督察工作，取得了显著的成绩，得到了中央领导同志的充分肯定，得到了部党组的充分认可，也得到了地方政府的理解和支持。在此，我代表绍史部长和部党组对大家表示慰问和敬意！

督察局人、财、物由部统一管理。如何做好对督察局的管理和服务工作，是一个新的课题。从目前情况看，部对督察局人、财、物等管理工作确实缺乏经验，还存在许多困难和问题，亟待研究和解决，这就是我们召开这次会议的目的。这次座谈会共两天时间，今天请与会人员就督察局关心和亟待解决的困难和问题进行座谈，明天请有关司局和直属单位同志就如何解决督察局的困难和问题发言，最后请藏春同志作总结讲话。会议时间紧、任务重，希望大家集中精力、聚精会神，集思广益、献计献策，共同探讨解决问题的办法和措施，确保取得实效。

借此机会，我就加强督察局领导班子思想政治建设，谈几点意见，供大家在工作中研究。

一、充分认识加强督察局领导班子思想政治建设的重要性，切实增强紧迫感和责任感

7月2日，中央组织部中组函字〔2008〕48号文正式批复，同意在各派驻地方的国家土地督察局设

立党组。由中央组织部直接批复派驻机构党组的设立，还是第一次，这充分体现了中央对国家土地督察制度的关心和重视。部党组对督察局领导班子建设高度重视，对督察局领导班子配备进行了反复酝酿和研究，决定抓紧进行领导班子的配备。领导班子组建之后，思想政治建设从来都是班子建设的首要任务，这是牵头抓总、管根本、管方向、管长远的建设，是领导班子和领导干部队伍建设的核心和灵魂。就督察局而言，加强领导班子思想政治建设就显得更重要、更必需、更紧迫。

（一）加强督察局领导班子思想政治建设的重要性，是由督察局的性质、地位和所担负的职责决定的。督察局代表国家土地总督察对地方政府土地利用和管理情况进行监督检查，落实耕地保护目标责任制，监督国家土地调控政策的实施。坚守18亿亩耕地红线，落实好最严格的土地管理制度，保障中央土地宏观调控政策落到实处，是督察局的职责所在，责任重大，任务艰巨。能否充分发挥国家土地督察制度在加强宏观调控和对地方政府土地利用及管理情况进行监督检查中的作用，关键在各督察局领导班子。督察局领导班子是否具有坚强的战斗力，督察局领导干部是否具有良好的素质和能力，直接影响到国家土地督察制度的实施。不加强思想政治建设，没有思想一致、政治坚定、创新意识强、开拓能力强的领导班子，就难以把最严格的土地管理制度落实好，就不可能完成好党中央、国务院交给我们的任务。

（二）加强督察局领导班子思想政治建设的重要性，是由督察局的实际情况决定的。在座的各位督察局局长原来有的是司局的一把手，但大多数是司局、省厅、事业单位的副职，现在领导一个单位，工作任务、管理方式、管理对象都发生了极大的变化。两年来，同志们经受了锻炼、接受了考验、积累了经验，同时工作中也有一些困惑。即将组建的督察局领导班子，应该说是一个全新的领导集体，组建后，充满活力和生机，有能力、能干事、想干事，但是相对缺乏新岗位需要的领导经验和驾驭能力。不加强思想政治建设，领导班子就难以担负起新的重任。督察局远离部机关，土地督察工作也有一定权力，面临的各种诱惑比较多。不加强思想政治建设，就难以把好廉政“闸门”。

（三）加强督察局领导班子思想政治建设，关键在“一把手”。各督察局局长绝大多数将担任党组书记，作为领导班子思想政治建设的第一责任人，要深刻认识加强领导班子思想政治建设的重要性，切实增强责任感和紧迫感，把思想政治建设放在领导班子建设重中之重的位置，切实抓紧抓好。要充分发挥表率作用，带头执行党章和党的规定，以身作则、率先垂范，要求班子成员做到的自己先做到，要求大家不做的自己坚决不做。要提高抓班子、带队伍的能力。经常与班子成员交流思想，深入了解班子成员的思想动态，注意发现苗头性、倾向性问题，有针对性地做好思想政治工作。对班子成员要政治上严格要求，工作上大力支持，思想上热情关心，充分发挥和调动大家的积极性和创造性。善于协调班子成员之间的关系，搞好协调沟通，解决班子内部存在的问题，及时消除隔阂、化解矛盾、增进团结，把“一班人”的心凝聚起来，形成合力。要坚持原则、敢抓敢管。无论是抓全面工作还是抓班子运转，都要有很强的原则性，不为利益所驱，不为人情所曲，敢于坚持对的、反对和纠正错的。对违背原则的人和事，敢于动真碰硬，决不为违背原则的事情“开绿灯”，决不拿原则做交易，努力带出一个讲政治、讲党性、讲原则的过硬团队。

二、认真贯彻落实全国领导班子思想政治建设座谈会精神，切实加强督察局领导班子思想政治建设

7月14日，中央召开了领导班子思想政治建设座谈会，李源潮同志对加强新形势下领导班子思想政治建设进行了部署。部党组高度重视，及时进行了传达，研究提出了贯彻落实的意见。绍史部长强调，加强班子建设，要注重四个能力，即政治鉴别能力、推动工作能力、持续创新能力、自我提升能力。这里，我再强调几点：

（一）坚持用中国特色社会主义理论体系武装头脑，把督察局领导班子建设成为头脑清醒、政治坚定的领导集体

加强领导班子思想政治建设，首要任务是用中国特色社会主义理论体系武装头脑、指导实践、推动工作。中国特色社会主义理论体系包括邓小平理论、“三个代表”重要思想以及科学发展观等重大战略思想，是我们党最宝贵的政治和精神财富，也是领导干部做好工作的强大思想武器。用中国特色社会主义理论体系武装头脑，当前的重点是学习实践科学发展观。按照中央统一部署，我部开展的深入学习实践科学发展观活动试点工作将于8月下旬结束，但深入学习实践科学发展观是一项长期的任务。要围绕督察局发展和工作实践，在联系实际、系统掌握上下功夫，在解决问题、创新机制上求实效，努力把科学发展观的要求转化为班子谋划发展的共识、领导发展的思路、促进发展的政策，搞好国家土地督察工作，不断提高贯彻落实科学发展观的自觉性和坚定性。

要加强对党的方针政策学习研究。党的方针政策是马克思主义中国化最新成果的实际运用，是我们开展土地督察工作的行动依据。要把党的现行方针政策作为日常学习的主要内容，结合下情吃透上情，准确把握精神实质，创造性地贯彻执行。要建立和坚持党组中心组学习制度，按年度制订学习计划，明确学习要求，保证学习时间。要把集体学习研讨作为中心组学习的主要形式，每次集体学习研讨要明确重点题目，在调查研究基础上进行认真准备，提出解决问题的思路和对策，做到研讨一个专题、推动一项工作。

（二）坚持解放思想、开拓创新，把督察局领导班子建设成为干事创业、开拓创新的领导集体

国家土地督察制度是一个新事物，土地督察工作是一项具有开拓性、探索性的全新事业。领导班子和领导干部能否解放思想是土地督察工作开拓创新的前提，必须增强政治意识、忧患意识、责任意识，居安思危、常怀远虑，不断解放思想、开拓创新。当前解放思想的重点，是破除阻碍科学发展的思想观念，敢于直面矛盾，敢于破解难题；坚决克服安于现状的思想，树立强烈的忧患意识；坚决克服畏首畏尾的思想，增强攻坚克难的决心；坚决克服狭隘视野的局限，增强服务全局的观念。进一步开阔眼界、开阔胸襟、开阔思路，着力破解领导干部长期以来形成的思维定式，在指导思想、思维方式、实际行动上实现新的突破。

要按照部党组《关于解放思想、改革创新、改进作风、增强执行力的决定》（即将出台），每年开展一次思想作风大讨论，查找思想、工作、作风方面存在的突出问题，剖析原因，提出改进措施。要建立领导班子务虚研究制度，加强对形势和任务的宏观战略研究，每半年或一年召开一次务虚会，跳出具体的事务性工作，分析研究宏观发展形势和客观发展规律，对本督察区域土地管理的重大问题作战略性、前瞻性研究和讨论，增强解放思想的敏锐性，保持开拓创新的锐气。

（三）坚持贯彻执行民主集中制原则，把督察局领导班子建设成为团结协调、坚强有力的领导集体

团结出凝聚力、出战斗力、出新的生产力，团结才有大发展、大希望。一个班子能否不断增强团结和活力，与民主集中制原则贯彻得如何紧密相关。

一是领导班子内部要充分发扬民主。班子每位成员都要增强民主意识，维护民主规范，共同建设团结和谐、充满活力的领导班子。“一把手”的民主素质和驾驭能力，是一个班子能不能很好地贯彻落实民主集中制的关键。领导班子主要负责同志要带头发扬民主，有宽阔的胸襟，有容人的气量，工作中充分尊重班子成员的合理意见，吸纳班子成员的智慧，调动和发挥每个成员的积极性，做到统揽而不独揽，领唱而不独唱，在重大问题决策上不搞个人专断。

二是建立并严格执行民主集中制的各项规定。要建立健全集体领导和个人分工负责相结合的制度，按照集体领导、民主集中、个别酝酿、会议决定的原则，建立领导班子议事规则和决策程序，实行民主决策、科学决策、依法决策。

三是提高民主生活会质量。要严格执行关于召开领导班子民主生活会的有关规定，认真开展批评与自我批评，增强民主生活会的思想性、政治性、原则性。民主生活会要开得好，“功夫在会外”。征求意见、交换看法、谈心等大量工作都要在会前做，批评与自我批评、解决问题也要通过会前工作打好基础。

四是建立和落实谈心谈话制度。提倡班子成员之间既讲原则、讲是非，又真诚关心、相互帮助。要建立班子内部谈心制度，主要负责同志每年至少要与班子成员谈心一次，班子成员也要相互谈心。要建立上级与下级谈话制度，分管领导与分管部门的主要负责同志谈话每年至少一次。

（四）坚持践行党的根本宗旨，把督察局领导班子建设成为求真务实、廉洁勤政的领导集体

一是要密切联系群众。要建立领导干部接待日制度，直接倾听群众的愿望和呼声；建立领导干部联系点制度，体察群众的冷暖疾苦，了解群众所思所想，解决群众的实际问题；建立领导干部下访制度，变群众上访为干部下访；建立领导干部蹲点调研制度，走进群众、体验民生，解剖麻雀、把握大局。

二是大力弘扬求真务实作风。要讲实话、出实招、办实事、求实效，把工作的着力点放在如何把最严格的土地管理制度落实好，如何促进国家土地宏观调控政策有效落实，如何建立土地管理和耕地保护的共同责任机制，如何建立保障和促进科学发展的土地管理新机制，多做打基础、利长远的事。要加强对实际情况的调查研究，建立健全领导决策的科学调研制度。要围绕土地督察工作中的重点、难点问题，制订年度调研计划，组织班子成员分工进行深度调研，提出用科学发展思路解决问题的办法。提倡自己动手写调研报告，每个班子成员每年应写一篇有情况、有分析、有对策的调研报告，在班子内交流或向部党组报送。

三是严格落实廉洁从政的各项规定。古人说“其身正、不令而行，其身不正，虽令不行”，“公生明，廉生威”。领导班子风气好，一个单位的风气才会好；一个单位风气坏，领导班子的作风肯定有问题。要坚决落实中央要求，严格遵守“四大纪律、八项要求”，严格执行领导干部廉洁从政的各项规定，全面落实部系统关于依法行政从源头上防治腐败的有关决定、规划和制度措施。推行廉政承诺制，领导班子及其成员都要公开作出廉政承诺，自觉接受群众和社会监督。带头发扬艰苦奋斗作风，厉行节约，勤俭办事，反对铺张浪费。严格廉洁自律，时刻警惕金钱、美色的诱惑与陷阱，干干净净做事、清清白白做人。大家大部分都是异地工作，一个人在外一定要坚持择善而交，净化社交圈。对那些怀有个人目的拉拉扯扯、搞感情投资的人，那些特别敢花钱、特别能套近乎的人，那些素质低下、趣味庸俗、社会交往混杂的人，那些了解不多、背景不清的人，一定要拉开必要的距离。要时刻保持清醒头脑，在社会交往中坚持讲党性、讲原则、讲纪律，不交不三不四的人，不去不干不净的地方，更不能做权钱交易、权色交易等违法违纪的事。

三、关心爱护督察干部，充分调动大家的积极性、主动性和创新性

干部队伍是我们事业兴旺发达的重要保证，带好队伍是“一把手”的重要责任。目前9个督察局有143人，近期又要进60人左右。从整体看，目前督察干部主要有五个特点：一是年龄轻；二是学历高；三是事业心强，大家离开原来相对优越的工作环境、舒适的生活环境，到异地他乡投入到督察机构，都有心怀理想、建功立业的激情；四是沟通协调能力和文字表述能力、语言表达能力较强；五是

基层土地管理经验比较丰富，实际操作能力强。这里我主要从关心干部的角度，谈几点体会。

一要政治上关心。真心实意地事先有准备地与干部常谈心、多交流，做好思想政治工作。娇纵是害、严教是爱，严格要求和加强监管，也是对干部的爱护。特别是要识才辨才，善用干部，经常深入实际、深入基层，注意在实践中发现、培养、举荐干部，在疏通干部任用渠道等方面多用心办实事、办好事。

二要工作上关心。真心实意地协调解决干部在工作中遇到的实际问题，营造干事创业的环境，把大家的心思聚集到组织实施国家土地督察制度的伟大事业中，激发大家“走在前头”的工作热情，把各项任务完成好。

三要生活上关心。真心实意地帮助干部逐步解决在生活、家庭等方面遇到的具体困难，尤其是要关心大家的身心健康。文武之道，一张一弛，要合理安排工作，做到劳逸结合。

重要会议及活动

（本书只收录摘编了与国家土地督察工作有关的会议及内容）

中共国土资源部党组会议

2008年第22次

时　　间：2008年5月22日

地　　点：部机关

参加人员：鹿心社、贠小苏、王世元、王寿祥、王瑞生等部党组成员及有关司局的主要负责人。

主要内容：会议由部党组书记、部长、国家土地总督察徐绍史主持。会议第三个议题：听取关于2007年度部机关司局级干部、直属单位领导班子和领导干部、派驻地方的国家土地督察局局级公务员考核情况汇报。

会议认真听取了人教司关于2007年度部机关司局级干部、直属单位领导班子和领导干部、派驻地方的国家土地督察局局级公务员考核情况的汇报。会议决定：

1.完善部机关司局级干部考核评分表格内容，按已有规定和要求，送部领导评选；直属单位领导干部由分管部领导评选。

2.按要求对优秀人员进行公示。

3.结合部开展的巡视工作结果，对部机关司局级干部、直属单位领导班子和领导干部、派驻地方的国家土地督察局局级公务员年度考核成果，写出综合报告，明确成果使用建议。

4.进一步总结完善，健全年度考核办法，改进年度考核工作。

中共国土资源部党组会议

2008年第32次

时　　间：2008年7月3日

地　　点：部机关

参加人员：贠小苏、王世元、甘藏春、王瑞生等部党组成员及有关司局的主要负责人。

主要内容：会议由部党组书记、部长、国家土地总督察徐绍史主持。会议议题：研究土地督察和执法监察工作。

会议听取了国家土地总督察办公室2008年上半年工作总结和下半年工作安排汇报、2008年上半年土地违法违规形势分析的报告，听取了执法监察局2008年上半年工作汇报和当前有关工作安排汇报。会议同意以上汇报内容，并认真研究了当前土地督察和执法监察工作。

会议认为，土地督察工作边组建、边工作，时间不长，步子不小，积极探索开展工作，建立完善各项制度和机制，在土地违法问责制度建设、探索例行督察、审批事项督察、巩固和扩大百日行动成果等方面取得了较好成效。下一步要继续大胆探索，注重制度设计和制度安排的功效，注重在实践中总结、提炼和规范，把土地督察工作做得更加有力、有效。

执法监察工作难度大，上半年在完善制度，推动部门联动，查处违法案件，开展第8次卫片执法检查工作等方面取得了积极进展，从1～6月份情况分析看，总体情况有所好转，违法违规高发态势有所遏制，要加大力度，努力推进已经安排的各项工作，继续保持高压态势。会议对做好下一阶段工作做出如下决定：

1.扎实抓好各项基础工作

要加强土地督察各项基础统计工作，包括将督察意见书、建议书、整改通知书等内容列入统计范畴，掌握总体情况，促进各地工作。要建立案件线索汇总办法，将媒体曝光、来信来访、领导批办、下级上报、卫片执法发现等方面线索集中起来，形成交办、转办、督办、直接查办的规范运作程序，提高案件查处效率。要形成部领导调研出差带案件下去调查的制度。要提高执法监察信息系统利用效率，加强信息共享和联动配合。要推行土地违法地区单独选址建设项目用地审批一票否决制。要将土地违法违规查处与耕地保护、土地规划、年度计划、地籍管理等方面工作有机地结合起来，提高土地管理的时效和水平。

2.加强制度建设工作

尽快研究出台《关于建立健全土地执法监管长效机制的若干意见》。加强与有关部门协商，尽快出台《关于国土资源行政主管部门与人民法院、人民检察院、公安机关、监察机关在制止和查处国土资源违法犯罪行为工作中加强协作配合的若干意见》、《国土资源部、最高人民检察院、公安部关于国土资源行政主管部门移送涉嫌国土资源犯罪案件的若干规定》。研究落实《违反土地管理规定行为处分办法》(第15号令)的有效措施，强化有关条款约束力，推进问责制度落到实处。8月份启动2007年度省级耕地保护责任目标考核检查情况的抽查工作，要积极研究争取在年底前将各省土地规划计划执法情况、耕地保护情况、违法违规等土地管理整体情况反馈各省政府，请各省政府就耕地保护责任制落实情况向国务院写出专门报告。

3.做好几项具体工作

一是做好上半年土地督察和执法监察工作总休情况的分析工作。7月中旬完成。二是完成84个城市第8次卫片执法检查工作，开展对比分析，进行通报和媒体公开工作。9月份完成。三是筹备召开好全国国土资源执法监察工作会议。四是7月8日召开新闻发布会，公开有关土地、矿产违法违规案件查处结果，解读《违反土地管理规定行为处分办法》。

中共国土资源部党组会议

2008年第36次

时　　间：2008年8月7日

地　　点：部机关

参加人员：汪民、王世元、甘藏春等部党组成员及有关司局的主要负责人。

主要内容：会议由部党组书记、部长、国家土地总督察徐绍史主持。会议第四个议题：研究有关干部问题。

会议一致同意上海市房屋土地资源管理局有关负责同志到国家土地督察上海局挂职工作事宜，注意在工作中掌握好地域回避原则。

中共国土资源部党组会议

2008年第45次

时　　间：2008年11月4日

地　　点：部机关

参加人员：鹿心社、贠小苏、汪民、王寿祥等部党组成员及有关司局的主要负责人。

主要内容：会议由部党组书记、部长、国家土地总督察徐绍史主持。会议议题：1.听取2008年公开选配国家土地督察局工作人员情况的汇报；2.研究有关干部问题。

1.听取2008年公开选配国家土地督察局工作人员情况的汇报

会议研究，同意人事司关于2008年公开选配国家土地督察局工作人员情况的汇报，同意及时办理这批干部的调入手续，经组织培训后，尽快组织上岗，加强国家土地督察各地方局的业务和管理工作。

请人事司将有关情况上报中组部。

2.研究有关干部问题

会议研究通过了部有关司局，国家土地督察北京局、沈阳局、南京局、济南局有关负责人任免工作。

会议研究，根据需要，同意将政策法规司、调控与监测司、土地利用司、地质勘查司、矿产储量司、科技与国际合作司等司局共6个副司长职位作为部机关第4批副司局级领导干部职位竞争上岗的实施方案。请人事司尽快按程序组织实施工作。

中共国土资源部党组会议

2008年第47次

时　　间：2008年11月14日

地　　点：部机关

参加人员：鹿心社、贠小苏、汪民、王世元、王寿祥等部党组成员及有关司局的主要负责人。

主要内容：会议由部党组书记、部长、国家土地总督察徐绍史主持。其中会议议题：1.研究部领导工作分工；2.研究有关干部问题。

一、研究部领导工作分工

会议研究通过了办公厅提出的《部领导工作分工(草案)》。党组同志讨论一致认为，本次党组同志分工调整，兼顾了业务工作的内在联系，突出了业务的协调性和均衡性，更加有利于统筹和协调。党组同志一致表示，要加强分工协作，团结配合，相互支持，拾遗补缺，积极主动，开拓进取，把国土资源管理工作做得更好。

会议要求办公厅会后尽快将部领导工作分工以《内部情况通报》方式印发。党组各同志要按照新的分工做好交接和协调工作。党组各同志具体分工如下：

徐绍史同志领导部的全面工作和国家土地督察工作。负责人事工作。分管人事司。联系咨询研究中心、人力资源开发中心。联系中国地质学会、中国宝玉石协会。

鹿心社同志负责部日常工作。负责政策法规、调控和监测、规划、耕地保护工作。分管政策法规司、调控和监测司、规划司、耕地保护司。联系土地整理中心、中国土地矿产法律事务中心。联系中国土地估价师协会。

贠小苏同志负责土地利用管理、执法监察、科技与国际合作工作。分管土地利用管理司、执法监察局、科技与国际合作司。联系地质出版社、大地出版社。联系中国地质矿产经济学会、中国自然辩证法研究会地学哲学委员会、中国老科协工作者协会地矿分会。

徐德明同志负责国家测绘局的全面工作。

汪民同志负责部地质勘查、矿产开发管理、矿产资源储量、地质环境工作。负责中国地质调查局的全面工作。分管部地质勘查司、矿产开发管理司、矿产资源储量司、地质环境司。联系国土资源经济研究院、中国地质博物馆、珠宝玉石首饰管理中心、矿产资源储量评审中心、油气资源战略研究中心、中央地质勘查基金管理中心。联系中国矿业联合会、中国观赏石协会、中国矿业权评估师协会。

王世元同志协助负责部日常工作。负责机关内部事务、财务、地籍管理、党群、离退休干部管理、扶贫工作。分管办公厅、财务司、地籍管理司、机关党委及部党校、离退休干部局。联系机关服务局、信息中心、中国土地勘测规划院、中国国土资源报社、宣传教育中心、财务服务中心、扶贫领导小组办公室。联系中国土地学会。

王寿祥同志协助部党组和行政领导班子组织协调部机关、直属事业单位及国土资源系统的党风廉政建设和反腐败工作。分管纪检组、监察局。

孙志辉同志负责国家海洋局全面工作。

甘藏春同志专职负责国家土地督察工作。协助负责基层国土资源管理体制建设工作。分管国家土地总督察办公室，负责协调派驻地方的9个国家土地督察局工作。

会议确定，根据《国土资源部工作规则》，鹿心社同志与王世元同志、贠小苏同志与汪民同志实行互为替补的工作分工。

二、研究有关干部问题

会议研究同意人事司提出的近期职务任免的有关司局级干部任免谈话和宣布方案，研究明确了中国地质博物馆、中国土地矿产法律事务中心、国家土地督察成都局主持工作的负责同志。请人事司做好组织实施工作。

会议还对第八次卫片执法检查情况通报视频会议、部落实中央关于进一步扩大内需促进经济平稳较快增长重大部署的措施、集体土地流转管理办法等重点工作进行了研究部署。

中共国土资源部党组会议

2008年第52次

时　　间：2008年12月11日

地　　点：部机关

参加人员：贠小苏、汪民、王世元等部党组成员及有关司局的主要负责人。

主要内容：会议由部党组书记、部长、国家土地总督察徐绍史主持。会议议题：研究有关干部问题。

会议根据第51次部党组会议要求，通报了分管部领导与拟交流轮岗干部和退休干部的谈话情况。

会议认为，涉及本次交流轮岗、转任和退休的干部，都能讲政治、讲大局、讲正气，积极支持和服从部党组的交流调整决定。会议决定：

根据第51次部党组会议研究确定的交流轮岗初步方案听取各司局、各地方土地督察局、各事业单位主要负责同志的意见，然后尽快形成本轮交流轮岗的最终方案报部党组审定，按规定进行公示备案工作。

以上意见，已征求在外出差的鹿心社、王寿祥、甘藏春同志的意见并同意。

国土资源部部长办公会议

2008年第28次

时　　间：2008年8月25日

参加人员：鹿心社、贠小苏、汪民、王世元、甘藏春等部党组成员及有关司局的主要负责人。

主要内容：会议由部党组书记、部长、国家土地总督察徐绍史主持。会议议题：审议《农用地转用和土地征收审批事项督察办法（送审稿）》。

会议认为，对各省(区、市)人民政府报国务院审批和自行审批的农用地转用和土地征收事项进行监督检查，是国家土地督察机构的重要职责。按照《2008年国家土地督察重点工作安排》的要求，总督察办在总结各地督察工作经验的基础上，提出的《农用地转用和土地征收审批事项督察办法(送审稿)》，广泛征求了意见，基本成熟。会议议定：

1.请总督察办根据会议意见和建议进一步修改完善《农用地转用和土地征收审批事项督察办法(送审稿)》。要按照不改变、不取代的原则，进一步厘清与行政审批、执法监察等方面的关系，表述更明确，提高可操作性。要向国务院办公厅请示，明确以总督察办发文形式印发。

2.要分工协作，各扬所长，互通互补。各派驻地方的国家土地督察局，一是要做好日常的、实地的督察工作，配合各业务司局做好专项检查工作；二是做好与各级国土资源管理部门的信息共享，文件材料采用电子报备的方式，不加重地方负担；三是要在执法监察与土地督察联席会议制度基础上，加强与相关司局沟通，做好有关工作的衔接，相互配合，发挥整体功能；四是形成违规违法信息统一综合分析系统，规范案件交办、转办、督办、直接查办的运作程序；五是将土地督察工作纳入“批、供、用、补、查”统一的监管平台，提高工作效率和质量。

国土资源部部长办公会议

2008年第32次

时　　间：2008年9月28日

参加人员：鹿心社、贠小苏、汪民、王世元、王瑞生等部党组成员及有关司局的主要负责人。

主要内容：会议由部党组书记、部长、国家土地总督察徐绍史主持。会议议题：研究部机关各司局“三定”规定（草案）。

会议强调，各单位要按照《国土资源部办公厅关于做好部机关各司局“三定”规定工作的通知》（国土资厅发〔2008〕123号）要求，进一步做好相关工作。会议决定：

1.请法规司、人事司根据会议意见和建议进一步修改完善部机关各司局“三定”规定（草案）。

2.加强统筹协调，对于总督察办文件纳入部办公厅统一运转、矿产资源管理职能分解整合、土地矿产执法职能统一等问题要认真研究，予以明确。法规司要将各司局“三定”规定（草案）于10月12日前再次征求各司局意见后，报部长办公会议审议。

国土资源部专题会议

2008年第1次

时　　间：2008年1月15日

参加人员：甘藏春，办公厅于孔让，总督办马毅、纪东义、李全人、关文荣、彭群、秦晓燕、何志华、杜官印，耕地司高伟，执法局张新宝、张璞、陈真、王晓慧，国土资源报社蒋亚平。

主要内容：甘藏春同志主持召开全国土地执法百日行动领导小组办公室会议，专题研究全国土地执法百日行动的相关工作。会议议定以下意见：

一、原则同意全国土地执法百日行动领导小组办公室关于12个重点整改地区整改和37个重大典型案件查处工作的处理意见。各派驻地方的国家土地督察局要抓紧完成验收工作。

二、原则同意全国土地执法百日行动领导小组第四次扩大会议和全国土地执法百日行动总结电视电话会议方案。请百日行动办公室协调好相关司局和单位，抓紧做好两个会议的准备工作。全国土地执法百日行动领导小组第四次扩大会议加一项议程，请于孔让同志代表百日行动办公室就百日行动的新闻宣传工作做简短的总结汇报。

三、原则同意全国土地执法百日行动领导小组办公室关于各地查处纠正违规违法行为处理意见方案的审核意见，对还没有通过审核的，要催促有关省厅补充上报相关材料，抓紧分批审核。

四、这一阶段的新闻宣传工作要集中宣传百日行动取得的成效和各地的典型经验，重点宣传在这次百日行动中涌现出来的整改到位、监管到位的好典型。国土资源报要成为这一阶段宣传的主要阵地，要强化策划、注重选题、创新形式、营造声势。

五、抓紧研究起草上报国务院的全国土地执法百日行动总结报告。报告要总结做法、体现成效、提炼经验、明确机制。报告争取在全国土地执法百日行动总结电视电话会议结束后，即向国务院上报。

六、抓紧完成全国土地执法百日行动“未批先用”情况分析报告、建立土地管理长效机制研究报告的研究起草工作。这两个报告要在全国土地执法百日行动总结电视电话会议前完成。

国土资源部专题会议

2008年第13次

时　　间：2008年2月25日

参加人员：甘藏春，总督办关文荣、彭群、秦晓燕、杜官印，耕地司高伟，执法局张新宝、张璞、陈真，国土资源报社蒋亚平、李东凯。

主要内容：甘藏春同志主持召开全国土地执法百日行动领导小组办公室会议，研究全国土地执法百日行动后续工作。会议议定以下意见：

一、请各派驻地方的国家土地督察局立即启动对重点整改地区整改、重大典型案件查处和整体性处理意见落实的督办工作，确保整改到位、查处到位、落实到位。

二、请执法局抓紧督促各省（区、市)国土资源管理部门按照部《关于巩固扩大百日行动成果加快建立土地执法长效机制的通知》(国土资发〔2008〕22号)的要求，在3月20日前向部报送百日行动清查出案件纠正总体情况、本地区涉及重点整改地区和典型案件整改查处情况和长效机制建设工作情况的报告。

三、各派驻地方的国家土地督察局要抓紧对督察范围内各省(区、市)百日行动情况进行分析研究，并于3月底前向部报送对各省(区、市)百日行动工作的评估意见。

四、新闻宣传的重点除了加强对107个百日行动先进典型的宣传外，还要注重对各地强化整改、建立土地管理长效机制情况的宣传。国土资源报要强化选题策划、注重挖掘和培养典型，充分发挥典型的示范作用。

五、总督办要积极配合人教司做好107个先进单位的培训工作，在总结其典型经验的基础上进一步加强对先进典型的培养。

六、百日行动领导小组办公室要在原来工作的基础上，进一步做好土地执法百日行动的分析总结工作。

国土资源部专题会议

2008年第15次

时　　间：2008年2月27日

参加人员：甘藏春，总督办马毅、纪东义、李全人、关文荣、彭群、焦真、何志华，法规司魏莉华、迟恒伟，信息中心王广华、张新安，法律中心张婉丽、李炜。

主要内容：甘藏春同志主持召开专题会议，研究《国家土地督察条例》的起草工作。会议议定以下意见：

一、抓紧研究起草《国家土地督察条例》，既有必要性，也有现实性

首先，党中央、国务院一直高度重视国家土地督察制度的建立和实施。这项制度的建立是经党中央、国务院反复研究后作出的重大决策；在制度的组织实施过程中，党中央、国务院领导又多次作出重要批示和具体指示。其次，国家土地督察制度从研究、设计、创立，到组织实施，历时十多年的时

间，在此过程中，又多次协调了各有关部门和地方政府的意见，既有理论基础也有实践经验。同时，经过一年多的实践探索，已经摸索出了一套开展国家土地督察工作的基本思路和方式方法。这些都为《国家土地督察条例》的研究起草奠定了良好的基础，起草《国家土地督察条例》的时机已经成熟。

二、《国家土地督察条例》起草工作要把握好以下几条原则

一是必须紧紧围绕《国务院办公厅关于建立国家土地督察制度有关问题的通知》(国办发〔2006〕50号)为主线，着力把50号文件明确了的制度设计法制化。二是要坚持速度服从质量，着重解决一些重大突出问题，能细化的则细化，不能细化的则定原则，要为制度的进一步完善和发展留出空间。三是要认真总结一年多来土地督察工作实践中的成熟经验和突出问题，体现实践成果。四是要借鉴国外在行政监督检查方面的做法和经验，思路要开阔，不要仅局限于土地管理领域。五是要认真总结并借鉴我国相关监督部门的成功经验，如审计、监察等。

三、加快《国家土地督察条例》的研究起草工作

为便于协调，成立《国家土地督察条例》研究起草工作协调组，由甘藏春同志任组长，总督办马毅、法规司王守智、信息中心王广华、法律中心张婉丽同志为协调组成员，负责条例研究起草工作的组织协调工作。协调组下设两个工作小组：一是起草工作小组，由总督办李全人同志负责，总督办、法规司、法律中心相关人员参加，主要负责法律文本的研究起草工作；二是调研工作小组，由信息中心张新安同志负责，信息中心相关人员参加，主要负责收集、研究、分析国外相关的制度情况，尽量收集到法律条文，争取通过条例的研究起草，带动督察制度的比较研究，并形成一份值得保留的成果。两个工作小组要立即着手开展工作，加快工作步伐，把握工作节奏。为加快工作进程，请法规司提前介入条例的研究起草工作。

国土资源部专题会议

2008年第19次

时　　间：2008年3月7日

参加人员：甘藏春、王瑞生，总督办马毅、关文荣、焦真，人教司孙喜华、居新会、张绍杰、杨京红，人力中心纪树建、陆舒。

主要内容：甘藏春、王瑞生同志主持召开专题会议，研究“巩固百日行动成果强化土地执法监管研讨班”筹备工作。会议认为，人教司、总督办、人力中心已经做了大量细致充分的前期准备工作，举办研讨班的条件已经具备。会议议定以下意见：

一、充分认识办好研讨班的重大意义

举办这两期研讨班，既是对全国土地执法百日行动先进经验的总结，也是对全国土地执法百日行动成果的转化，更是对构建保障科学发展的土地管理新机制的研讨。从这两期研讨班的培训对象、规模和影响来看，不亚于国土资源管理市长班。因此，办好这两期研讨班，具有十分重大的意义。徐绍史部长及部党组对这两期研讨班高度重视，多次作出重要批示并进行了专题研究。一定要按照徐绍史

部长及部党组的要求，切实把这两期研讨班办好。

二、明确研讨班的主题

由于这两期研讨班的内容主要是总结经验、培养典型、研究机制，培训对象主要是市（区）政府的主要领导和分管领导及国土资源管理部门负责人，所以研讨班的主题可以定为“构建保障科学发展的土地管理新机制”。按照这个主题，授课内容要把握好角度，要侧重于宏观方向而不局限于微观操作，要着重于保障科学发展机制的研讨而不拘限于土地管理业务的讲解。

三、加强对培训人员的组织协调工作

请人教司尽快通知各省（区、市）国土资源管理部门按照已经下发的通知要求，切实做好本区域内参加研讨班人员的组织报名工作，既要严格控制人员规模，也要确保参加培训人员的规格。

四、强化对研讨班的组织领导

为了切实强化对研讨班的组织领导，加强协调配合，研讨班设三个工作组。秘书组：孙喜华同志任组长，人教司、总督办、福建省国土资源厅、厦门市国土资源与房产管理局有关人员参加；材料组：马毅同志任组长，人教司、总督办、国家土地督察上海局有关人员参加；会务组：纪树建同志任组长，福建省国土资源厅和厦门市国土资源与房产管理局各派一名负责同志任副组长，人教司、人力中心、福建省国土资源厅、厦门市国土资源与房产管理局有关人员参加。三个工作组要在前期工作的基础上，各司其职、分工配合、协调一致。研讨班举办期间，整体工作由纪树建同志全权负责，各有关协调工作一个口子对外，切忌多头指挥。孙喜华、马毅同志要加强配合。

五、加强对研讨班的宣传报道工作

国土资源报社要做好对研讨班宣传报道的整体策划。请国土资源报社派出得力记者驻会采访报道。除了对研讨班本身进行报道外，还要对研讨班的内容、成效进行报道，要对参会的107个市（区）长进行系列采访报道，宣传经验、培养典型。两期研讨班结束后，要形成新闻通稿送新华社编发。

六、切实加强安全保障工作

这两期研讨班规模大、规格高，要精心组织、周密安排，切实保证交通安全、食品安全和人身安全。要加强协调，积极争取福建省和厦门市对两期研讨班的大力支持。

国土资源部专题会议

2008年第26次

时　　间：2008年4月8日

参加人员：甘藏春，办公厅于孔让，总督察办马毅、纪东义、牛珏、关文荣、杜官印、胡春生，规划司吴淑章，执法局张新宝、张璞、王晓慧，报社蒋亚平。

主要内容：甘藏春同志主持召开专题会议，研究落实全国土地执法百日行动领导小组第五次扩大会议精神，巩固百日行动成果，议定如下事项：

一、关于宣传工作

宣传工作要把握两条：一是继续报道百日行动取得的成果，二是与部开展深入学习实践科学发展观试点活动结合，转向宣传报道长效机制建设上来，办公厅负责。

4月14日在部召开新闻发布会，执法局张璞各派驻地方的国家土地督察局局长参加，正式发布百日行动成果。

国土资源报社抓好两项工作：一是新华社的内参，二是对107个成效显著地区的深度报道。

二、关于部分案件上收查办

目前，部圈定的重点案件已经处理到位，省圈定的重点案件还存在差距，各督察局选择1～2个案件，经审核后由部挂牌督办或直接查办。执法局负责。

三、关于督察文书下达

一是对一些整改不力的地区，有关督察局择机发出督察文书(济南局、广州局已发出3份)，二是根据2008年卫片执法检查结果，再发一批。总督察办和各督察局负责。

四、关于整改查处落实情况与土地利用年度计划下达挂钩

对各省(区、市)圈定的重点地区整改未到位的，暂缓下达部分计划指标；对107个百日行动成效显著地区，年底奖励部分计划指标。具体方案由总督察办商规划司办理。

国土资源部专题会议

2008年第37次

时　　间：2008年7月14日

参加人员：徐绍史、贠小苏，办公厅（研究室）吕国平、吴太平，总督察办李全人、规划司殷卫平，耕地司刘明松，地籍司高廷利，执法局岳晓武，规划院邹晓云，法律中心张婉丽。

主要内容：徐绍史部长主持召开专题会议，研究土地市场形势和解决“小产权房”问题的思路，听取海南省海口市某地区高尔夫球场建设调研情况的汇报。贠小苏副部长出席会议。利用司司长廖永林就以上议题逐项进行了汇报说明，会议进行了认真研究讨论。

一、研究当前土地市场形势

会议认为，保持经济平稳较快增长，防止大起大落，防止通货膨胀，是当前宏观调控的主要任务。研究土地市场形势要根据当前国家宏观调控的整体要求和经济社会发展的态势，把握市场运行特点，深入分析存在问题，做出合理判断，提出相关建议。

会议议定：

1.分析土地市场供应结构，正确反映当前土地市场供应特点。要在现有掌握中低价位、中小套型普通商品住房、经济适用房和廉租住房用地供应情况和趋势的基础上，进一步掌握存量用地供应情况以及当前工矿仓储用地供应情况，分析工矿仓储用地下降对今后固定资产投资可能带来的影响。

2.分析判断当前土地市场发展趋势。在宏观调控政策产生积极作用前提下，分析土地闸门和信贷闸门双重作用下，下一步对房地产市场和固定资产投资规模可能带来的新变化。

3.提出合理有效建议。分析目前土地市场土地供应结构和存量土地状况，在保证保障性住房用地需求前提下，下一步密切关注房地产市场走势和一些地方进行储备土地抵押和“土地招商”等现象，采取有效措施，维护土地市场稳定健康发展。

请利用司根据会议要求，近日形成专题材料上报。

二、研究"小产权房"问题

会议认为，该问题冲击土地管理政策，涉及面宽，影响范围广，社会关注度高，处理难度大。“小产权房”成为目前容易激化社会矛盾、影响社会稳定的一大热点。要引起高度重视，联合各方面力量，发挥聪明智慧，积极稳妥进行处理。

会议要求，请法律中心牵头，在已有调研材料的基础上，形成关于“小产权房”问题的专门报告，提出我部的想法，同部长办公会议汇报后以适当方式上报国务院。

三、通报海南省海口市某地区拟建高尔夫球场问题

会议听取了海南省海口市某地区拟违规建设高尔夫球场问题调研情况的汇报。会议要求利用司就调研情况形成书面报告上报国务院有关领导。请国家土地督察广州局按要求继续督促做好整改工作。

会议还就推进征地制度改革，规范集体建设用地流转有关材料进行了研究。

国土资源部专题会议

2008年第41次

时　　间：2008年8月20日

参加人员：甘藏春，总督察办李全人、彭群、杜官印、苑晓光、姚旭，法规司王守智、魏莉华、迟恒伟，信息中心王广华、张新安、刘丽，法律中心张婉丽、吴永高。

主要内容：甘藏春同志主持召开专题会议，听取《国家土地督察条例》起草工作进展情况。会议分别听取了法规司魏莉华、信息中心张新安关于《国家土地督察条例》起草工作和国外相关督察制度比较研究的进展情况，并对下一步工作进行了研究。会议认为，《国家土地督察条例》起草和国外相关督察制度比较研究这两项工作，正按照预定的目标扎实推进，进展顺利，取得了明显成果。

一、关于《国家土地督察条例》的起草工作

《国家土地督察条例》在征求各省级政府及其国土资源部门、中央及国务院有关部门意见和召开专家论证会的基础上进行修改后，总体思路和基本框架已经形成，下一步重点要转到具体条款的修改

推敲上来，要在“精耕细作”上下功夫。

1.进一步深入研究《国家土地督察条例》立法的必要性，要从更高的层面、不同的角度提炼归纳出几条有说服力的过硬理由。

2.认真研究借鉴国内外相关法律制度，为我所用。国内方面，要认真研究审计法、行政监察法等相关法律制度，有些思想、措施，甚至条款均可借鉴用于《国家土地督察条例》的起草工作。国外方面，许多国家均有类似的法律制度，无论实行土地公有制还是实行土地私有制的国家，无论是单一制还是联邦制的国家，在加强对土地利用和管理的国家监督方面，都是一种发展趋势。这些制度都可以借鉴到《国家土地督察条例》的起草工作中来。

3.研究清楚《国家土地督察条例》与《土地管理法》的关系，特别是对于涉及执法和监督检查方面的内容，要深入研究，理清关系。

4.进一步突出重点，打开思路。从目前情况来看，《国家土地督察条例》起草的重点和难点是“督察职责和方式”、“督察职权和程序”两章。目前这两章写得还不是很清楚，需要进一步打开思路，精雕细琢。

5.坚持进度服从质量的原则，在抓紧工作的前提下对现有条文逐条逐款进行研究，要下笨功夫，切实保证质量。必要时可以请法制办、中央编办先期介入，组织相关人员到地方调研，以便更好地了解情况，为将来报送审查工作打好基础。

二、关于国外相关督察制度的比较研究工作

目前，国内相关督察制度的比较研究已经完成，国外相关督察制度比较研究也已接近尾声。这些都为《国家土地督察条例》的研究起草提供了重要支撑。下一步要在现有研究的基础上进一步完善研究内容：把日本和加拿大纳入研究范围；对单一制和联邦制国家督察法律制度进行比较研究；对不同国家建立督察制度的背景进行研究；在此基础上形成一个综合研究报告，附上相关法律文本，形成完整的研究成果。

国家土地督察工作务虚会会议

时　　间：2008年2月19日至20日

地　　点：广东省佛山市

参加人员：甘藏春、马毅、樊志全、崔岩、张乃贵、刘天增、李永杰、束伟星、常嘉兴、董祚继、侯海生、李全人、邱耿华、焦真、罗中华、关文荣、彭群、石磊、秦晓燕、陈有华、李明。

主要内容：会议由部党组成员、国家土地副总督察甘藏春同志主持并做总结讲话，国家土地总督察办公室和各派驻地方的国家土地督察局主要负责同志参加了会议。会议进一步学习了部党组书记、部长、国家土地总督察徐绍史同志在全国国土资源管理工作会议上所作的工作报告，进一步学习了徐绍史、甘藏春同志在国家土地督察工作座谈会上的讲话。在此基础上，会议按照徐绍史部长提出的解放思想、改革创新的总要求，回顾总结国家土地督察丰富实践、审视存在问题与挑战，围绕构建保障科学发展的国土资源管理新机制这个中心，就“国家土地督察在贯彻科学发展观过程中应承担什么任务、发挥什么作用、在整个国土资源管理系统内如何定位、国家土地督察应把握哪些环节、督察队伍

如何建设，以及有哪些需要改进、需要提高”等展开广泛的讨论。会议还就《2008年国家土地督察工作安排》(征求意见稿)进行了研究和讨论，初步形成了2008年国家土地督察工作的思路、方向、内容和具体安排。与会同志畅所欲言，白天谈不完晚上接着谈，充分表达了自己的意见和建议。在关系国家土地督察工作的很多重大问题上进一步统一了思想，明确了方向，对做好今后的工作充满了信心。会议取得了丰硕的成果：一是对国家土地督察的发展方向有了更为清醒的认识；二是对土地督察工作面临的形势和问题有了更深刻的认识；三是对下一步土地督察工作的开展有了更深更广的思考。

一、关于2007年工作的总结和体会

会议认为，2007年国家土地督察机构“边组建、边工作”，在部党组的统一部署和领导下，全体督察干部上下一致，齐心协力，艰苦奋斗，圆满完成了各项工作任务，向党中央、国务院，向全社会，向国土资源系统提交了一份满意的答卷。部党组书记、部长、国家土地总督察徐绍史同志总结的“阔步前进，打开了局面”是对2007年国家土地督察工作的高度概括和肯定。通过一年多的实践，充分说明建立和落实国家土地督察制度符合落实科学发展观的要求，适应我国经济社会快速发展阶段的要求，符合党的十七大提出的政府机构改革的总体思路。通过一年多的实践，国家土地督察队伍和干部的信心、勇气、能力、毅力和经验不断迎接了挑战，经受了考验。

通过讨论，与会同志认为，国家土地督察制度的确立本身就是贯彻落实科学发展观的产物，是解放思想、改革创新的产物。因此，必须做贯彻落实科学发展观、解放思想、改革创新的排头兵。在具体工作中做到：一要跳出国家土地督察、跳出土地管理的框框，从整个经济社会活动当中来认识国家土地督察制度的作用和地位。二要围绕大局，围绕中心，围绕使命，设计工作思路和框架。三要提高队伍的作战能力，学会寻找战机、捕捉战机、创造战机。还要学会抓住问题的切入点，快速反应，加大动作的提前量；更要学会拿得准、抓得住、放得下、收得拢。通过扎实的工作，树形象、立权威。四要丰富国家土地督察的手段，突破传统方式，扩大督察范围，在当前通过群众举报、领导批示、媒体披露、卫片检查发现问题的基础上，加强督察系统内部交流，与省级人民政府“联动、联管”，进一步探索和完善国家土地督察工作的方式方法。五要狠抓调查研究，特别是针对本督察范围内存在的经济社会发展、人文环境等方面，通过多种渠道和手段，吃透督察范围内的基本情况，做到心中有数。六要加强内部工作制度和机制建设，加强队伍建设，对督察干部要政治上信任，工作上支持，生活上关心，廉政上要求。

大家还一致认为，做好国家土地督察工作，督察干部队伍一要有强烈的忧患意识，二要有强烈的宏观意识，三要有强烈的责任意识，四要有强烈的荣辱意识，五要有强烈的敢为天下先的意识，六要有强烈的打拼意识，七要有强烈的严守纪律的意识。

与会同志还就工作中不够规范的一些问题开展了批评与自我批评。

二、关于存在的问题

会议客观分析了工作中存在的突出问题，与国家土地督察面临的形势相比较，主要存在以下问题：一是国家土地督察工作基础还有待于进一步加强建设，督察力量薄弱，督察人员素质和工作水平与工作需求之间还存在较大差距；二是地方“换届效应”开始显现，用地冲动大，保护18亿亩耕地红线任务艰巨，压力很大。三是国家土地督察的地位还有待于进一步提高，目前与土地违法违规的势头还处在“相持阶段”，尚未掌握战场的主动权。四是国家土地督察队伍和人员对本督察范围内的经济社会基本情况、土地管理中存在的问题和用地突出矛盾的了解还有待于深入。

三、关于队伍建设的建议

会议认为，2007年，部党组本着公平、公开、公正的原则，选调了一批优秀干部充实到了国家土地督察队伍当中，为督察机构完成各项任务奠定了坚实的人员基础。建议在认真总结的基础上，重点抓好六个方面的工作：一是加强各督察局班子建设，完善领导机构，落实责任。二是丰富系统内干部选调的方式，把符合督察工作要求的优秀干部吸收进督察队伍中。三是采取有效措施，完善督察干部福利待遇、医疗、住房、户口、探亲、休假、子女就学等方面的管理，关心督察干部的工作和生活，解决后顾之忧。四是加强培训，提高干部的素质和工作能力。五是加强干部交流。六是加强日常管理，做到依法行政。

四、关于2008年的工作

2008年，国家土地督察机构要坚持以邓小平理论和“三个代表”重要思想为指导，以科学发展观为统领，认真贯彻党的十七大精神，解放思想，改革创新，继续围绕 “一条主线、三个重点”，加快国家土地督察制度的实施，全面开展耕地保护目标责任监督检查工作，积极推动落实国家土地调控政策和节约集约用地政策，强化土地执法监督检查，健全发现、审核和纠正三项工作机制，提高土地督察机构基础业务建设水平，切实履行国家土地督察各项职能，为实现经济又好又快发展做出新贡献。会议初步议定2008年国家土地督察工作以苦练内功、筑牢基础为主，重点围绕以下15个方面开展工作：

1.严防反弹，巩固成果，做好百日行动后续工作。

2.落实中央调控政策，监督土地供应总量、结构落实到位。

3.监督检查耕地保护目标责任制落实情况。

4.督促落实问责制。

5.启动例行督察试点。

6.有针对性地开展专项督察。

7.启动《国家土地督察条例》立法工作。

8.开展建设用地审批的审核。

9.建立与省级政府及国土资源部门沟通协调机制。

10.与省级政府共建联系点。

11.开展调查研究。

12.加强基础建设。

13.向省(区、市)派驻督察专员试点。

14.加强国际合作。

15.加强党风廉政建设。

会议还就一些具体工作的试点分派了任务：一是国家土地督察广州局、成都局负责向省(区、市)派驻督察专员的试点。二是总督察办牵头制定《建设用地审核办法》，4月份开会讨论。三是每个督察局各选一个省(区、市)，试点与省级政府的联系协作。四是总督察办负责《国家土地督察条例》的起草工作，各督察局围绕起草工作选定一个方面开展研究。五是国家土地督察西安局负责应用信息化等技术开展督察的试点。

其他重要会议及活动

1月2日，总督察办主任、部百日行动领导小组办公室副主任马毅主持召开全国土地执法百日行动领导小组办公室会议，总结部圈定的12个重点地区和37个典型案件整改查处情况，安排百日行动总结电视电话会筹备工作，研究百日行动107个成效显著单位情况，研究百日行动总结和数据上报情况。

1月16日，在部机关B508会议室，部党组书记、部长、国家土地总督察、全国土地执法百日行动领导小组组长徐绍史主持召开了全国土地执法百日行动领导小组第四次扩大会议，听取了各督察局主要负责同志就督察区域内百日行动成效总体评估，重点对部及各地圈定的重点地区整改情况验收工作及典型案件查处情况的发言；百日行动领导小组办公室关于百日行动中表现突出成效显著地区的评选、公示情况的说明、对百日行动成效总体评估及新闻宣传工作的汇报；并就土地执法百日行动善后工作和成果巩固有关事宜进行了部署。王世元、王寿祥、甘藏春、王瑞生出席。

1月21日，全国土地执法百日行动总结电视电话会议在部机关B503会议室召开。部党组书记、部长、国家土地总督察徐绍史在会上强调，全国土地执法百日行动重点突出、领导有力、措施得当、工作扎实，实现了预期目标，取得了明显成效。要以党的十七大精神为指导，贯彻落实科学发展观，做好思想准备、组织准备和工作准备，一鼓作气，一抓到底，巩固成果，扩大成效，坚持不懈地强化土地执法监管。部党组成员、副部长鹿心社主持会议，王世元、王寿祥、甘藏春、王瑞生出席主会场会议。会上，北京市国土资源局、福建省国土资源厅、四川省国土资源厅和国家土地督察沈阳局分别代表省级国土资源部门和各国家土地督察局发言，山西省晋城市国土资源局、青岛市胶南市国土资源局分别代表107个受表彰单位和重点整改地区发言。全国土地执法百日行动总结电视电话会议共计40128人出席，其中，设主会场1个，394人出席；省、自治区、直辖市及计划单列市分会场35个（新疆兵团与新疆厅同一会场），2630人出席；市（地）、县（市）分会场921个，37104人出席。山东省才利民副省长、青海省马顺清副省长及31个省、自治区、直辖市及5个计划单列市政府、新疆生产建设兵团分管副秘书长（办公厅副主任）分别在主会场、分会场出席。

2月1日，在全国国土资源管理工作会议期间，国家土地督察工作座谈会在京举行。部党组书记、部长、国家土地总督察徐绍史同志在座谈会上强调，一年多来，国家土地督察工作阔步前进，打开了局面。要清醒认识国家土地督察工作面临的形势，以党的十七大精神为指导，解放思想，改革创新，开创性地做好国家土地督察工作。座谈会由李元同志主持，鹿心社、贠小苏、汪民、王世元、王寿祥、王瑞生同志出席座谈会。甘藏春同志讲话。这次座谈会，主要交流对国家土地督察机构运行一年多来土地督察工作的总结，对2008年工作的部署；交流对土地督察机构自身运转，与部、地方人民政府协调配合的工作机制等的意见和建议；交流如何充分发挥国家土地督察工作的作用，促进耕地保护责任目标和土地调控政策的贯彻落实。江苏省国土资源厅厅长陶培荣、陕西省国土资源厅厅长王登记，部法规司司长王守智、财务司司长赖文升、人教司副司长李海兵和中国土地勘测规划院院长朱留华，国家土地督察武汉局局长常嘉兴和成都局局长董祚继先后在座谈会上发言。各国家土地督察局驻地所在省（市）国土资源部门主要负责人，部机关有关司局、直属单位和各派驻地方的国家土地督察局主要负责人参加座谈会。

3月5日，第一次土地执法监察与土地督察工作联席会议在部机关B202会议室召开，执法监察局张新宝局长主持会议。会上，执法监察局张璞副局长、总督察办李仝人副主任分别通报了有关情况，会议议定了土地执法百日行动延续工作、卫片执法检查以及其他事项。执法监察局和总督察办负责同志及有关处室人员与会。

3月20日～22日，部“巩固百日行动成果，强化土地执法监管”第一期研讨班在厦门举行。部党组成员、国家土地副总督察甘藏春、福建省人民政府副省长苏增添出席并讲话，厦门市人民政府副市长裴金佳出席。来自全国18个省市（区、市）、2个计划单列市和新疆生产建设兵团54个受表彰单位的地方政府负责人、国土资源管理部门负责人共132人参加。

3月25日～27日，部“巩固百日行动成果，强化土地执法监管”第二期研讨班在厦门举行。部党组成员、国家土地副总督察甘藏春，厦门市人大常委会副主任黄诗福出席开班仪式并讲话，部党组成员王瑞生作结业式讲话。研讨班开展了专题报告、实地考察和经验交流等项活动。来自全国15个省市（区、市）、3个计划单列市53个受表彰单位的地方政府负责人、国土资源管理部门负责人共127人参加。

3月31日，全国土地执法百日行动领导小组第五次扩大会议在部机关B103会议室召开。部党组书记、部长、国家土地总督察、全国土地执法百日行动领导小组组长徐绍史主持会议并作重要讲话，他强调，土地执法监管任务艰巨，任重道远。要继续跟踪督察，强化日常督察，着重防止出现新的土地违规违法案件；要加强调查研究，推进长效机制建设；加强队伍建设，着力推进反腐倡廉建设。部党组成员、国家土地副总督察、全国土地执法百日行动领导小组副组长甘藏春讲话中要求抓住有利时机，继续巩固、扩大和提升百日行动成果。会议听取了执法监察局局长、全国土地执法百日行动领导小组办公室副主任张新宝关于各省百日行动整改落实汇总情况汇报，总督察办主任、全国土地执法百日行动领导小组办公室副主任马毅关于土地执法百日行动后续工作总体评估情况汇报，各督察局主要负责同志关于各督察区域土地执法百日行动后续工作评估情况汇报。会议并就百日行动后续工作安排进行了部署。全国土地执法百日行动领导小组及其办公室成员及有关人员，各派驻地方的国家土地督察局主要负责同志，相关司局有关负责同志出席会议。

5月17日，国家土地督察机构与江西省人民政府“加强土地督察与土地管理工作联席会议”在南昌召开。受部党组成员、国家土地副总督察甘藏春同志委托，总督察办副主任李全人同志宣读书面讲话；江西省副省长熊盛文同志到会，并代表江西省人民政府发表讲话。联席会议的主题：一是深入学习实践科学发展观，共同推进建立保障科学发展的土地管理新机制试点工作；二是研究建立土地执法监管长效机制，落实耕地保护共同责任。会上，国家土地督察南京局和江西省国土资源厅分别通报了各自的工作情况；与会代表就共建保障科学发展新机制试点工作进行了深入交流。会议决定，选择鹰潭市、九江市湖口县、赣州市安远县、宜春市上高县等一市三县作为国家土地督察机构与江西省人民政府共同推进土地管理新机制建设的试点和联系点，围绕宏观调控、共同责任、开源节流、维护权益和土地督察等五项内容建立新机制。国家土地总督察办公室、国家土地督察南京局以及江西省政府有关部门、部分市县政府及各市国土资源管理部门负责同志共60余人出席会议。

7月8日～9日，甘藏春副总督察主持召开了国家土地督察工作形势分析会，并作重要讲话。会议的主要议题是总结上半年国家土地督察工作，研究分析国家土地督察工作形势。总督察办及九个派驻地方的国家土地督察局主要负责同志参加了会议。

7月11日，国家土地督察网站开通仪式在京举行，国家土地督察网站系统包括1个国家土地督察网站、9个国家土地督察局网站。部党组成员、国家土地副总督察甘藏春出席开通仪式并讲话。他表示，国家土地督察网站开通标志着国家土地督察机构信息化建设迈出了第一步，为国家土地督察创新工作方式履行职责进行了有益尝试。总督察办、信息中心、各派驻地方的国家土地督察局主要负责同志及新闻媒体记者出席了网站开通仪式。

8月5日，部召开《国家土地督察条例（征求意见稿）》专家座谈会，甘藏春副总督察出席会议并讲话。全国人大常委会法工委、环资委、农委，国务院法制办农林司、中央编办法规司、监察部、审计署法规司等部门有关领导及应松年、姜明安等专家出席论证会。总督察办、法规司、法律中心有关负责同志参加。

8月11日～12日，在国家土地督察制度实施两周年之际，部在山东威海召开国家土地督察机构管理工作座谈会，会议就派驻地方的国家土地督察局管理工作中的有关问题进行座谈，探讨和研究解决问题的办法和措施。部党组成员、国家土地副总督察甘藏春，部党组成员王瑞生出席座谈会并讲话。甘藏春指出，督察制度实施两年来，研究和探索解决国家土地督察机构队伍建设问题的条件已经初步具备，要认真研究土地督察机构队伍建设的目标和内容。土地督察机构队伍建设的首要任务是加强政治建设，包括政治理论建设、领导班子建设、党的建设和党风廉政建设；二是业务建设；三是干部队伍建设；四是文化建设；五是基础设施建设。他特别强调，要加快研究解决当前队伍建设中的突出问题，凡是近期能解决的必须解决，一时解决不了的也要形成一个思路，形成一个方案，以便为解决问题奠定基础。王瑞生强调，要充分认识加强督察局领导班子思想政治建设的重要性，切实增强紧迫感和责任感。坚持用中国特色社会主义理论体系武装头脑，把督察局领导班子建设成为头脑清醒、政治坚定的领导集体；坚持解放思想、开拓创新，把督察局领导班子建设成为干事创业、开拓创新的领导集体；坚持贯彻执行民主集中制原则，把督察局领导班子建设成为团结协调、坚强有力的领导集体；坚持践行党的根本宗旨，把督察局领导班子建设成为求真务实、廉洁勤政的领导集体。要关心爱护督察干部，充分调动大家的积极性、主动性和创新性。部机关有关司局和事业单位负责同志，各派驻地方的国家土地督察局局长参加了座谈会。

10月9日至10日，总督察办、部信息中心在陕西省西安市召开了国家土地督察机构信息化建设工作现场会。总督察办、部信息中心、中国土地勘测规划院及各派驻地方的国家土地督察局有关负责同志及信息化工作人员参加了会议。会议的主要任务是：认真落实部领导及国家土地督察工作务虚会关于国家土地督察机构信息化建设工作的重要部署，学习借鉴国家土地督察西安局信息化建设试点工作的经验，交流各督察局前期信息化建设方面的情况和成果，征集对国家土地督察机构信息化建设的意见和建议，研究确定下一步信息化建设任务，扎实推进国家土地督察机构信息化建设。会议期间，国家土地总督察办公室、部信息中心对国家土地督察机构信息化建设前一阶段工作进行了总结评估，对下一步的信息化建设工作提出了指导性意见和建议。国家土地督察西安局介绍和演示了试点期间信息化建设和应用情况，与会人员还现场考察了国家土地督察西安局信息系统建设情况。各督察局就信息化建设工作进行了交流发言。

11月30日，为期5天的国家土地督察机构2008年度干部整训班在北京山水宾馆开班，来自总督察办和九个国家土地督察局的124名副处级以上干部参加了整训。总督察办主任马毅在开班仪式上作动员讲话，部人事司副司长李海兵主持。这是国家土地督察制度实施以来最大规模的培训活动。这次培训班以授课为主，课程内容涵盖国内外经济形势分析、土地管理与改革、综合管理、保密工作、危机处理与心理调适等多个方面。12月4日，在国家土地督察机构2008年度干部整训期间， 部党组书记、部长、国家土地总督察徐绍史主持召开国家土地督察干部整训座谈会，在听取9名督察干部的座谈发言后作重要讲话。在讲话中，他充分肯定了这次整训班的成效。他强调，回顾，要充满信心；看势，要迎难而上；做事，要推进工作；展望，要创新发展。124名副处级以上国家土地督察机构的干部参加了座谈会。

12月1日，徐绍史总督察约请在第八次卫篇执法检查中发现的占用耕地总量较大、比例相对较高的广州、宁波、西安、郑州、合肥、太原、唐山、洛阳、枣庄等9个城市的市长、国土资源局局长到京面谈，主题是进一步督促有关地方和重点地区有效整改管地用地中存在的问题。并邀请所在8省人民政府分管国土资源管理工作的副秘书长及国土资源厅厅长出席，有关国家土地督察局的主要负责同志列席会议。

12月18日～19日，国家土地督察统计及信息（信访）工作培训研讨会在北京召开。会议的主要内容是培训国家土地督察统计、信息（信访）工作相关内容和工作规范，总结、研讨国家土地督察机构组建以来统计、信息（信访）工作的经验和问题，研究部署下一阶段国家土地督察统计、信息（信访）工作。各派驻地方的国家土地督察局统计、信息（信访）工作人员，总督察办领导及有关处室工作人员，信息中心有关负责同志及统计系统开发人员参加了培训研讨会。培训研讨期间，总督察办主任马毅就加强国家土地督察机构基础管理工作，提高土地督察统计、信息（信访）、档案工作水平，作了重要讲话。

基础工作

JI CHU GONG ZUO

法制及制度建设

稳步推进《条例》制定，并与《土地管理法》修订工作密切衔接。根据《国务院2008年立法工作计划》要求，依据国办发〔2006〕50号、国办发〔2008〕71号文件对国家土地督察机构的有关规定，正式启动《国家土地督察条例》制定工作，梳理了国内、国外相关领域督察制度的发展情况，完成了文本起草、征求意见、专家论证等阶段性工作。参与《土地管理法》修改，提供建议文本，力争以法律形式确定国家土地督察制度的地位。

制定业务指导规范。出台《农用地转用和土地征收审批事项督察办法》、《国家土地督察机构信访工作规范》（试行）、《国家土地督察工作统计报表（试行）》，规范审批事项督察、信访处理等工作，建立土地督察工作统计和登记台账制度。制定《国家土地督察专员派出工作规范（试行）》，规范督察专员派驻工作。

完善内部管理制度。印发《国家土地督察机构工作规范（试行）》、《国家土地总督察办公室工作细则（暂行）》、《国家土地督察机构信息网络系统安全管理规范（试行）》等，加强行政公文管理，规范国家土地督察机构信息网络管理。对各督察局的公文处理、相关工作任务和工作纪律等进行规范、明确和指导。各督察局的督察业务工作制度重点从建立发现、审核和纠正工作机制方面入手，在基础业务信息制度、信访工作、遥感卫片监测、动态巡察、建设用地审批事项审核、纠正制度和沟通联系制度方面做了积极探索，建立了与省级人民政府正常的工作和信息交流机制，建立了传统手段与现代技术手段相结合的综合发现机制，开展了建设用地审批事项审核试点工作，完善审核机制，探索形成督促整改和预警提醒相结合的纠正机制。

沟通协调机制

2008年，督察局在探索建立国家土地督察机构与省政府的定期磋商对话机制方面有了长足发展，全国31个省（区、市）、5个计划单列市人民政府和新疆生产建设兵团均发文支持和配合国家土地督察机构开展工作。徐绍史总督察致信省、自治区、直辖市、计划单列市人民政府和新疆生产建设兵团负责同志，强调坚守18亿亩耕地红线的目标，既是国土资源部和国家土地督察机构的神圣职责和艰巨任务，也是地方各级政府的神圣职责和艰巨任务，是共同的责任。北京、武汉、成都、广州等督察局同督察区域内省（区、市）建立了联席会议制度或沟通协调工作机制，定期沟通情况，增强互信，扩大共识。北京局经与天津市政府协商并报请总督察批准，与天津市政府召开了第一次联席会议，甘藏春副总督察与熊建平副市长分别代表国家土地督察机构与天津市人民政府签署了《国家土地督察机构与天津市人民政府联席会议框架协议》，在总结会议成功经验的基础上，北京督察局与其他四省（区、市）联系，积极推进建立联席会议制度的全面落实。武汉局与湖北省人民政府召开了第一次联席会议，双方通报了土地管理、土地督察方面的情况，并就今后沟通和磋商机制的运行达成了一致。湖北省委常委、副省长汤涛同志就如何支持、配合土地督察工作作出了明确要求。与湖北、湖南、贵州三省国土资源厅联合印发《关于建立土地管理协调配合工作机制的意见》，加强了工作相互协调、沟通和支持。广州局建立与省级政府和国土部门的沟通机制，坚持每年召开华南地区土地督察工作座谈会，不定期约见四省区市领导和国土资源部门负责人，加强工作的沟通协调。建立了土地督察联系人工作制度，把土地督察工作联系人建立到市、县，构建了信息沟通平台。成都局加强与督察区域省级政府及国土资源部门的沟通协调，召开了四省（区、市）政府分管秘书长座谈会，对进一步建立和完善与省级政府的协同工作制度、全面开展审核工作等方面进行了沟通。

与部机关有关司局、事业单位的协作配合进一步增强。建立部国家土地督察机构与部有关司局及直属单位协调配合工作机制，围绕地区土地违法违规形势和问题，召开9次土地执法监察和土地督察联席会议。抽调人员参加耕保司牵头组织的对省级人民政府2007年度耕地保护目标履行情况的检查。配合利用司完成闲置土地清理检查。配合地籍司为各督察局提供土地变更调查数据，配合规划司完成办公用房和装备项目计划报批工作，配合人事司开展督察干部培训工作，配合财务司规范督察机构财务管理，会同信息中心全力推进督察系统信息化建设。

新闻宣传

向社会公开发布《国家土地督察公告（2007年）》，广泛接受监督。以服务扩大内需和严格督察为主线，构建国家土地督察机构的宣传平台，加强对重大事件的统一宣传策划和部署。全年在各大媒体策划、组织、编发各类消息通讯80多篇（不含媒体自行策划、宣传），在国土资源报出督察专版40期。一是构建国家土地督察机构的宣传平台，加强对重大事件的统一宣传策划和部署。重点围绕“百日行动”后期阶段、国家土地督察实施两周年、《中共中央关于进一步推进农村改革发展的决定》精神、15号令、中央经济工作会议精神等重点，宣传坚守18亿亩耕地红线的重要意义；宣传维护国家土地管理秩序的重要意义；宣传节约集约用地制度；宣传扩内需促发展的用地管地经验典型；宣传国家土地督察制度的进展和成效。二是建立了与中央主要媒体的沟通协调机制。与人民日报、新华社、央视、经济日报、纪检监察报等媒体建立了沟通联系机制，策划重点选题，有序推出宣传作品。三是探索形成了“宣传加调研”的工作模式。按照办领导指示，组织中央主流媒体记者一起深入督察工作实际，既出宣传成果又出调研成果。下半年先后赴河南、山东调研15号令宣讲情况；赴河北沧州调研北京督察局土地例行督察情况；赴吉林省调研地方政府领导对“两碰头一忧虑”的思考情况。均形成了新闻调查报告，部分新闻调查报告经部领导批示，在主流媒体及国土报上报道，受到充分肯定。

信访工作

总督察办制定下发了《国家土地督察机构信访工作规范（试行）》。为认真贯彻落实部领导对督察信访工作的要求，进一步规范督察机构信访工作，我们制定下发了《国家土地督察机构信访工作规范（试行）》（国土督办发〔2008〕15号），明确了国家土地督察机构信访工作程序、渠道、时限，特别是对部领导批办信访件的处理程序和时限做了明确规定。马毅主任、纪东义副主任亲自审改了《规范》的起草工作。各督察局高度重视《规范》明确的要求，据了解，各督察局都根据《国家土地督察机构信访工作规范（试行）》和本局实际，制定了细则或办法，正在积极贯彻落实。组织了国家土地督察信访（政务信息）工作培训班，一办九局共同交流研讨信访工作体会，总结经验，进一步明确规范关工作程序，推进下一步工作更加有序开展。2008年，国家土地督察机构共处理信访事项2430件（次），均及时进行了处理。转办、督办并汇总上报总督察《给徐部长来信》三批次计16件，转办副总督察和其他部领导、总督察办领导批示信件约50件。

队伍建设

干部选配力度进一步加大，全年新招录土地督察干部88名，截至2008年底，督察干部总人数达到216人，达到编制总数的2/3。派出督察专员试点工作进展顺利，广州、成都等督察局派出有关省（市）的督察专员办已经开展工作。2008年11月30日至12月4日，在总督察办、人事司和部人力资源中心的精心策划与认真组织下，创新干部培训模式，在北京举办了2008年国家土地督察机构整训班，针对督察干部的特点，对处以上干部进行了国家宏观经济形势、土地管理热点难点问题、公共危机处理、个人心理调解等多个专题的集中培训。参加整训的处级以上干部110人，其中，局级干部26人，处级干部84人。培训班得到了徐绍史总督察的充分肯定，也为今后进一步做好相关工作奠定基础。另外，先后组织两期培训研讨班，对新录用的公务员进行了业务培训。全年累计组织包括初任培训、整训、业务培训等在内的岗位培训718人次，参加党校、行政学院及专业主管单位举办例行培训4人次。在职人员参加研究生以上学历教育11人次，其中已取得博士学位1人，取得硕士学位5人。

信息化建设

围绕构建保障和促进科学发展的土地管理新机制和督察工作新机制，按照“急用先行、试点引路”的原则，选择急需解决和有基础、见效快的内容，快速推进督察机构信息化建设。信息化建设初见成效。在部信息中心的支持下，制定下发了《关于加快开展派驻地方的国家土地督察局信息化建设的通知》，明确信息化建设的基础环境建设、土地监管信息分析系统、网站建设和视频会议系统四项任务。实现了国家土地督察局与国土资源主干网的互联互通。规范了各督察局门户网站栏目设置和服务器管理，培训了信息管理人员，开通了国家土地督察机构“一办九局”的网站。印发了《国家土地督察机构信息网络系统安全管理规范（试行）》的通知（国土督办发〔2008〕13号）。以西安督察局为试点，协调促进“国家土地督察机构信息化建设现场会”顺利召开，形成今后推进督察机构信息化建设的初步思路。2008年7月11日，国家土地督察网站开通仪式在京举行。一办九局国家土地督察网站正式开通并投入使用，各督察局局域网已基本完成，全部安装部署了土地监管信息分析系统，七个督察局的视频会议系统已开通。召开了国家土地督察机构信息化建设工作现场会，借鉴和推广有关督察局信息化建设试点工作的经验和成果，确定了下一步信息化建设任务和具体措施。

文化建设

倾力推动督察机构文化建设，提高督察干部队伍凝聚力。建立了《新视野》督察系统文化建设的平台。遵照甘副总督察建设督察系统文化，开拓督察干部视野，增强队伍凝聚力、战斗力等的指示精神，在没有经验、没有资源可供利用的条件下，处室同志积极出主意、想办法，完成了刊物封面设计、期刊主题选择、文章摘选、编写、编辑、寄发等工作，编发《新视野》6期。5·12汶川特大地震发生后，组织党员干部开展向灾区人民和国土资源系统受灾干部职工捐款、交纳“特殊党费”等活动，贯彻落实甘藏春副总督察的指示，策划、印制了《在一起——国家土地督察机构情寄地震灾区》画册，发放到地震灾区国土资源系统每一位同志的手中。组织了庆祝国家土地督察制度实施两周年征文活动，并编辑出版了《使命与责任——国家土地督察制度实施两周年征文文集》，督察文化建设进一步丰富。

基 本 建 设

积极推动基建立项的批复和批后工作的衔接。主动去发改委和国管局等有关部门走访，沟通基建立项批复进展；与规划司投资处积极配合，主动向国家发改委投资司汇报工作，促进项目的批复。2008年4月，国家发改委印发了《国家发展改革委关于国家土地督察机构建设项目建议书的批复》（发改投资〔2008〕914号）。批准了国家土地督察机构9个督察局办公及附属用房项目，总建筑规模17666平方米（如购置，则：15626平方米），投资规模11483万元。批准了购置督察技术装备49台（套），投资规模2570万元。基建和装备项目，总投资规模为14053万元。2008年国土资源部下达了沈阳、武汉和西安等3个督察局的局长周转房购置预算，239万元；批复了上海、南京、济南、广州和成都等5个督察局的局长周转住房购置项目购置资金903万元，并列入下一年度预算。在此基础上，进一步落实9个督察局办公场所、周转住房和高科技巡察车投资计划。另外，2008年8月在威海召开了国家土地督察机构管理工作座谈会，与部相关司局和各督察局研究提出督察机构人、财、物管理具体意见和办法。后勤保障逐步完善。

党建和党风廉政建设

截至2008年12月，督察机构“一办九局”在册干部212名，其中，党员196人。2008年7月，中共中央组织部印发了《关于同意在各派驻地方的国家土地督察局设立党组的批复》（中组函字〔2008〕48号）。根据此批复精神，各派驻地方的国家土地督察局的党组名称为“中国共产党国家土地督察××局党组”，党组的日常工作，受国土资源部党组指导，党组组成人员的任职，按照干部管理权限，由国土资源部党组审批。同年，经国土资源部机关党委批准，北京、沈阳、上海、成都等4个督察局也成立了临时党支部，至此，一办九局均建立了党的组织机构，总督察办还按程序发展了1名预备党员。按照部党组的统一部署，督察机构扎实完成学习实践科学发展观活动各阶段任务，进一步明确工作思路。在政治建设、思想建设、作风建设和能力建设上，有了进一步的提高。各党支部高度重视思想理论学习，用科学发展观统筹党支部工作全局。成立党小组，发展积极分子入党，定期召开民主生活会，不断强化党支部组织建设。狠抓作风建设，大力弘扬求真务实之风，积极倡导开短会，说短话，写短文，切实提高执行力。

国家土地总督察、副总督察高度重视督察机构的党风廉政建设工作。在国家土地督察机构年度务虚会上，甘藏春副总督察强调要继续按照曾培炎副总理的“严、明、勤、廉”总要求，造就一支“有理想、有文化、有知识，能谋事、能干事、能共事”的干部队伍。全体督察干部认真学习中央纪律检查委员会第十七届第二次全体会议精神，深刻领会胡锦涛总书记和中纪委领导同志的重要讲话，严格执行党风廉政建设规定，落实廉政责任制，增强党员干部拒腐防变能力。各督察局签订了廉政责任承诺书，局级干部坚持述职述廉制度和重大事项的报告制度，处级以上党员干部按时申报个人收入，自觉接受监督，党风廉政建设进一步加强。在学习实践科学发展观试点活动中，督察机构按照部党组的统一部署，以不同形式召开民主生活会，坚持“两不误，两促进”，大胆创新，突出实践特色，积极拓展例行督察等核心业务建设，在政治建设、思想建设、作风建设和能力建设上，有了进一步的提高。

业务工作
YEWUGONGZUO

专项督察

2008年，国家土地督察机构根据媒体披露、群众举报、实地巡察等所掌握的情况，对存在问题的9个省（区、市）、66个市（县、区）开展专项督察，实地巡查地块228宗，涉及土地面积23468公顷，其中耕地面积11696公顷，对土地违法违规问题突出的6个省发出整改意见，要求有关省级人民政府组织纠正整改。

有关省级人民政府高度重视，认真组织开展纠正整改工作。截至2008年底，各地共清理违规违法行为183件，立案175件，结案167件；拆除违法建筑物面积26.7万平方米，没收违法建筑物面积107万平方米，罚款6475万元，复垦耕地面积2126公顷，行政处分65人，党纪处分21人，追究刑事责任10人。

——针对海南省海口市和文昌市存在严重“以租代征”问题开展专项督察。根据有关方面反映，并经国家土地督察广州局核实，香港骏豪集团在海南省海口市大规模租地建设高尔夫球场、海口市秀英区 “以租代征”建生态体育公园、文昌市 “以租代征”建航天新居和热带观光园。国家土地督察广州局向海南省人民政府发出整改意见书，国土资源部暂停海口和文昌两市2008年土地利用计划指标执行。海南省人民政府积极组织整改，海口市人民政府向国家土地督察广州局作书面检讨，对秀英、龙华两个区政府的领导班子以及相关的两个镇政府给予通报批评，文昌市纪委对有关责任人员进行诫勉谈话，并在全市通报批评。海口市国土环境资源局对骏豪公司下达《行政处罚决定书》，责令退还了非法占用的42.1公顷土地，并罚款421万元。

——针对浙江省东阳市横店圆明新园项目违法用地问题开展专项督察。根据群众举报并经实地调查核实，浙江省东阳市将横店圆明新园项目拆分为7个项目并自行核准，规划用地411公顷，其中206.44公顷（其中农用地194.22公顷，含基本农田70.49公顷）不符合土地利用总体规划。国家土地督察上海局向浙江省人民政府提出整改意见。国土资源部发文暂停执行东阳市2008年土地利用计划指标。浙江省人民政府积极督促整改，东阳市委、市政府撤销了“横店圆明新园项目筹建工作协调小组”，终止了政府组织实施圆明新园项目行为，撤销了横店影视产业实验区圆明新园鸿慈永祜工程等7个项目的核准文件，对有关责任人给予行政记过处分。

——针对河北省石家庄市公安干警在农村圈地建别墅的问题开展专项督察。根据互联网披露信息，国家土地督察北京局对河北省石家庄市多名公安干警在鹿泉市骗取宅基地批准并超面积、异地建设别墅的违法占地行为进行核查，并向河北省人民政府发出整改意见书，要求河北省人民政府进行依法处理，并对全省农村宅基地审批管理中的类似问题进行清理，严格宅基地审批管理。河北省人民政府高度重视，责令当事人退还非法占用的土地并恢复土地原状，对有关责任人员作出行政处分。目前，国家土地督察北京局正在跟踪督促处理。

——针对吉林省东辽县违反土地利用总体规划和城市总体规划，违规设立经济开发区和“未批先用”等问题开展专项督察。国家土地督察沈阳局经实地调查后向吉林省人民政府发出整改意见书。吉林省人民政府高度重视，撤销了违规设立的工业园区及违规文件，6宗违规用地案件全部结案，对有关责任人给予行政警告处分，完善了耕地保护和开发区用地管理，整改工作基本到位。

——针对山东省茌平县信发铝电集团非法占用基本农田问题开展专项督察。根据群众举报并经调查核实，山东省人民政府未经国务院批准，同意茌平县调整土地利用总体规划占用基本农田90.67公顷；信发铝电集团未经批准非法占地186.67公顷，涉及基本农田173.33公顷；信发铝电集团建设项目大部分属于国家明令限制和禁止类用地项目，国家土地督察济南局向山东省人民政府发出整改意见书，国土资源部暂停茌平县2008年土地利用计划指标执行。山东省人民政府高度重视，迅速成立联合调查组进行处理。在平县委、县政府向国家土地督察济南局作书面检查，复耕土地86.5公顷，对信发铝电集团罚款4418.5万元，对相关违法责任人做出严肃处理，其中行政记过处分1人（副厅级），行政记大过处分3人，降级处分1人，撤职1人，党纪处分12人，追究刑事责任5人。

——针对山东省德州市违规擅自调整土地利用总体规划问题开展专项督察。根据群众举报并经调查核实，山东省德州市违反国家规定，擅自调整土地利用总体规划违规占用基本农田，擅自扩大开发区用地规模，违规新设工业园区，国家土地督察济南局向山东省人民政府发出整改意见书。德州市人民政府采取有效措施进行整改，撤销3个违规设立的园区，纠正了开发区违规违法用地，对违法用地进行复耕。山东省人民政府在全省范围内开展了以整治开发区违规扩区违法用地为重点的专项行动，清理出违规违法案件136件，涉及土地300.73公顷；自行纠正2件，立案134件，结案131件；拆除违法建筑物面积14.58万平方米，没收违法建筑物面积31.36万平方米；退回土地75.4公顷，复耕土地42.48公顷。给予党政纪处分68人，移送公安机关8人。

——针对贵州省凯里市违规调整基本农田的问题开展专项督察。国家土地督察武汉局在建设用地审批督察中发现，贵州省、凯里市人民政府擅自调整土地利用总体规划、调整基本农田。国家土地督察武汉局向贵州省人民政府发出整改意见书，贵州省人民政府高度重视，撤销了凯里市2008年第一批次城市建设用地批复，停止了项目建设。

例行督察

国家土地督察北京、沈阳、南京、济南、广州、武汉、成都和西安局等，在河北省沧州市，辽宁省抚顺市，山东省平度市、淄博市张店区、巨野县，河南省罗山县、禹州市、淇县，江苏省连云港市，安徽省蚌埠市，广西壮族自治区玉林市，湖北省武汉市新洲区，重庆市渝北区、南岸区，云南省玉溪市和陕西省西安市未央区等16个市县开展了例行督察试点工作，对试点地区一定时期内的土地利用和管理情况进行全面监督检查。审核各类土地管理文件和卷宗11209份，实地核查用地项目5963个，涉及土地面积28736公顷，其中耕地面积17320公顷，发现违规违法用地面积11866公顷，其中耕地面积8986公顷，督促地方人民政府依法查处纠正违规违法案件1325件。有关督察局开展例行督察的具体情况分别是：

1.北京督察局

经国家土地副总督察批准，北京督察局于2008年7月3日至8月25日对河北沧州市进行了国家土地例行督察工作。基本完成了内业审查和外业核查的各项工作，全面掌握了沧州市2007年度的土地利用和管理情况。共审核各类土地管理卷宗1899宗，填写各类审核表、汇总表1416份。实地调查了沧州市2007年度全部2680个卫片变化图斑，共填写3093份外业调查表和汇总表，采集现场照片4116张，行程约4万公里，作业范围覆盖了沧州市全境。9月底完成了成果汇总并向总督察进行了书面报告，发现的主要问题有：

一是土地规划计划管理不严格。二是违规审批农地转用征收。三是土地供应管理不规范。四是土地执法检查处理不到位。五是土地出让金征收不到位。

针对上述问题，北京督察局与河北省人民政府进行了沟通，初步提出了6条整改意见，并征求河北省人民政府意见。

2.沈阳督察局

经国家土地总督察批准，沈阳督察局于2008年11月4日至27日对辽宁抚顺市开展了例行督察，较为全面地掌握了抚顺市土地利用总体规划执行、耕地保护、土地年度计划执行、供地政策落实、违法用地查处等工作情况，发现的主要问题是：

一是违规设区扩区问题比较突出。抚顺市违规自行设立开发区5个，规划面积为79.05平方公里，起步区面积5.13平方公里，涉及大量耕地，部分为基本农田，大部分不符合土地利用总体规划。抚顺经济开发区经国家批准用地范围为16平方公里，而目前建成区面积已达20平方公里。 二是违法违规调整土地利用总体规划。抚顺市自2006年至今共50多次修改调整市本级、县级和乡级土地利用总体规划，调整土地面积较大，随意性较强，其中还涉及部分基本农田。三是批而未供土地比例较大。抚顺市2006年以来批而未供土地的比率达到56%，征而未用的土地数量也比较大。四是宅基地管理严重失控。自1999年实行土地利用年度计划指标以来，没有给农村下达宅基地用地指标，导致农村住房建设审批停滞，村民违法占地建房较为严重。

沈阳督察局正在统计核实发现的主要问题，正在起草例行督察报告，针对土地违法违规严重问题，拟报请国家土地总督察，向辽宁省人民政府发出整改意见书。

3.南京督察局

南京督察局于2008年10月至11月，对江苏省连云港市和安徽省蚌埠市进行了例行督察。连云港市土地管理中的主要问题是：违法违规用地量大面广，区域性、行业性未批先用地行为严重，土地闲置浪费与低效利用现象并存，违法违规行为查处中“以罚代法”现象普遍。蚌埠市土地管理中的主要问题是：违法用地比较严重，但违法用地基本未查处，违反土地利用总体规划用地现象突出，违规供地、违规登记发证，未完成年度耕地补充计划。

针对上述问题，2008年12月29日，南京督察局分别向连云港市人民政府和蚌埠市人民政府发出反馈意见的函，指出了例行督察中发现的主要问题，提出严肃查处违法违规行为的要求，加快建立耕地保护共同责任机制和土地执法长效机制，并要求地方政府将整改落实情况于2009年2月前函告南京督察局。

4.济南督察局

经国家土地总督察批准，济南督察局于2008年10月15日至11月14日对山东青岛平度市、淄博张店区、菏泽巨野县和河南信阳罗山县、许昌禹州市、鹤壁淇县开展例行督察试点工作，全面了解这些地区2007年耕地保护、规划计划执行、土地宏观调控政策和产业政策落实、建设用地审批和供应、土地执法等方面的情况。共审阅卷宗 967件，其中单独选址5件，批次用地34件，供地244件，执法监察255件，土地登记发证264件，基本农田保护165卷，核查变化图斑1485个。发现的主要问题有：

一是土地违法违规问题依然严重。通过卫片监测和实地核实，2007年六县（市、区）违法用地共计426宗6499.05亩，占新增建设用地的45.1%和48.3%。二是供地环节不够严格规范，存在违规转让划拨土地、未供先建和程序不规范等问题。三是土地执法仍然偏宽偏轻，查处执行到位率不高。四是动态巡查力度不够，违法案件发现率依然较低。

针对上述问题，济南督察局于2008年12月17日正式函告山东省人民政府，并提出了5条整改意见和建议。

5.广州督察局

经国家土地总督察批准，广州督察局于2008年11月11日至12月12日，对广西玉林市开展例行督察试点工作。较为全面地掌握了玉林市土地利用和管理的总体情况，取得阶段性成效。目前，广州督察局正在对内外业审核中收集到的材料进行认真的分析研究，总结好的经验做法，发现存在的主要问题，提出整改建议，撰写例行督察报告报国家土地总督察。

6.武汉督察局

经国家土地总督察批准，武汉督察局于2008年10月20日至12月20日对湖北武汉新洲区开展了例行督察试点工作。共审核新洲区2007年度全部土地利用与管理的1593份卷宗，实地核查了287个图斑，涉及用地面积960.98公顷。发现的主要问题是：

一是土地违法现象严重。新洲区2007年违法用地156宗地、涉及面积159.87公顷，分别占新增建设用地总宗数和面积的87.64%和29.39%。二是基本农田补划责任不落实。2个用地项目未补划基本农田并落实到地块、村组和农户。三是高速公路取土和临时用地破坏基本农田现象严重。四是违规减免、拖欠土地出让价款和低价出让土地使用权。五是土地执法动态巡查不到位，违法用地发现率很低。

针对上述问题，武汉督察局于2008年12月24日向湖北省人民政府办公厅发出《关于新洲区土地例行督察情况通报的函》（国土督察武函〔2008〕66号），指出了问题的严重性，提出了5条整改意见，要求切实履行基本农田补划责任，依法处理高速公路取土及临时用地破坏基本农田问题，追缴违规减免、少缴、拖欠的土地出让价款，加强土地执法动态巡查，加大问责力度，坚决遏制土地违法行为。

7.成都督察局

经国家土地总督察批准，成都督察局先后于2008年8月23日和9月17日启动了对云南省玉溪市和重庆市渝北区、南岸区的例行督察试点工作。并分别于9月28日和11月18日基本完成了内业审查和外业核查的各项工作，较为全面地掌握了玉溪市和渝北区、南岸区2007年以来土地利用和管理的情况。

发现的主要问题有：一是开发园区违规设（扩）区、违法用地问题较突出。玉溪市易门县违规设立工业园，重庆市渝北区存在违规设区、扩区问题，重庆市南岸区存在违规设区、扩区问题。二是违法用地在一些地方比较突出。三是基础工作普遍比较薄弱。四是农村土地管理比较混乱。五是工业用地供应不够规范。六是土地执法监管有待加强。

针对上述问题，成都督察局例行督察组在离场时分别与有关地方人民政府进行了通报和沟通，有的已经得到纠正和制止，有的正在督促整改中。

8.西安督察局

经国家土地总督察批准，西安督察局于2008年11月17日至27日对西安市未央区开展了例行督察试点工作。从11月28日开始进入督察整改阶段，督察组着手起草土地例行督察报告，目前正在进一步核实有关问题，待有关证据收集充分、督察对象陈述意见得到甄别、督察问题完全查清后，西安督察局将上报总督察，视情况对未央区土地利用管理中的问题采取相应的措施。

审核督察

采用日常审批备案和集中核查相结合的办法，对省级人民政府报国务院审批和自行审批的农用地转用和土地征收事项及批后实施情况进行监督检查。全年共收到报国务院审批和由省级人民政府自行审批的农用地转用和土地征收备案材料6334件，抽查检查1358件，清理出不符合法定审批权限、程序和违法审批的76件，其中60%属于未批先用和不符合用地政策。针对存在的问题，国家土地督察机构向有关省级国土资源管理部门发函通报11次，向有关省级人民政府发出国家土地督察意见1次。各地在查处整改中，共撤销调整土地利用总体规划面积34.7公顷，纠正违反土地利用政策用地10件，立案15件，拆除违法建筑物面积10.89万平方米，罚款253.35万元，行政处分7人。

形势分析

建立土地违法违规形势分析制度。充分发挥国家土地督察机构身处土地管理一线、贴近基层的优势，全面了解各地土地利用和管理工作的实际，以土地执法形势分析、热点问题分析等为主要内容，每季度组织开展针对全国土地管理形势的分析、监测和预警，全面掌握土地违法违规形势，发现倾向性、苗头性问题，提出加强和改进土地管理的政策建议。

2008年土地违规违法基本形势的判断是：全国土地违规违法案件同比下降明显，土地违规违法行为高发态势有所遏制，有利于科学发展的土地管理新机制和氛围初步形成，土地利用和管理秩序进一步趋向好转，但土地违规违法反弹压力依然存在，总体形势不容乐观。

一是2008年土地违规违法案件数和涉及土地面积同比下降明显。2008年，全国国土资源系统共发现土地违法97678件，涉及土地面积48666.28公顷，耕地面积18643.09公顷，同比分别下降19.0%、49.6%和56.3%；共立案查处58440件，涉及土地面积37801.09公顷，耕地面积14725.56公顷，同比分别下降37.8%、57.1%和61.6%。其中，中部崛起地区土地违规违法案件降幅明显，发现土地违法18555件，涉及土地面积7598.42公顷，耕地面积3310.35公顷，同比分别下降28.2%、67.9%和73.4%，降幅高于东、西部地区。

二是2008年四季度土地违规违法案件与三季度环比呈窄幅震荡反弹趋势。2008年四季度，全国发现土地违法27218件，涉及土地面积17479.67公顷，耕地面积6242.8公顷，与三季度相比，分别上升11.1%、20.2%和7.0%；立案查处涉及的土地面积和耕地面积与三季度基本持平。

三是东部率先发展地区土地违规违法案件所占比重较大。从违规案件所占比重情况看，2008年，东部率先发展地区发现土地违法49021件，涉及土地面积26404.38公顷，耕地面积11447.97公顷，分别占全国总量的50.2%、54.3%、61.4%；东北老工业基地振兴地区分别占全国总量的3.8%、6.7%、5.6%；中部崛起地区分别占全国总量的19%、15.6%、17.8%；西部大开发地区分别占全国总量的27%、23.4%、15.2%。

四是土地违规违法仍然相对集中在经济较发达的重点城市。重点城市作为经济活动较为活跃的地区依然是土地违规违法行为的主要区域，其中交通沿线、城乡结合部和近郊区县等违规违法势头更为突出。

五是企事业单位、个人违规违法仍在高位运行。政府主导的非法批地和非法占地行为得到进一步遏制，但农村村民私建住宅、乱占抢占宅基地和乡村小型公益性建设违规违法用地增多，呈小面积、小规模、高密度倾向。

六是土地违规违法的主要表现形式为未批先占。据各督察局日常督察和接受来信来访反映的情况看，未批先占仍是土地违法的主要类型。

2008年土地违规违法形势分析表明，今年以来，开展土地执法专项行动和卫片执法检查，推进国家土地督察工作，建立和完善土地执法监管长效机制，贯彻落实15号令等一系列强有力的综合措施产生了效果，通过落实共同责任机制，形成了地方政府严格耕地保护和执法监管的土地管理工作新格局，依法管地用地的法律法规意识不断强化。另外，受宏观调控和国际金融危机因素的影响，经济适度放缓和投资减弱，形成了土地违规违法景气性下降因素，全国土地违规违法高发的态势有所缓解。

调查研究

各派驻地方的国家土地督察局围绕土地督察的中心工作，对地方督察局督察工作的新情况、新问题及工作中取得的新经验开展调研，提出合理化建议。在构建共同责任机制、“未批先用”对策、土地违规违法成因与对策、土地执法监管长效机制、农村宅基地管理和新农村建设用地、广东产业和劳动力双转移土地政策、成渝统筹城乡综合配套改革试验区土地制度改革创新、成都市建立耕地保护基金制度等方面形成了20余项调研成果。其中国家土地督察成都局提出的关于支持四川省抗震救灾和灾后重建土地政策的建议，为国土资源部迅速出台灾后恢复重建特殊支持政策提供了第一手材料。总督察办组织了赴眉山调研国家土地督察限期整改后的国土资源管理工作情况；赴河南、山东对15号令宣讲情况进行了调研；赴河北沧州对北京局督察开展土地例行督察情况进行了调研；青年同志还参加机关党委“国土资源青年在行动”调研，到山西晋城市调研了国土资源管理工作的先进经验，实地考察其对土地违规违法开展的“清零行动”。部分调研报告在主流媒体以及国土资源报上进行宣传报道，受到部领导的充分肯定。

耕地保护目标责任制督察

国家土地督察机构始终把加强督察区域内耕地保护目标责任制落实情况作为重点工作任务，采取多种措施督促省级及计划单列市人民政府完善耕地保护目标责任制。

——通过日常巡察、与地方人民政府共同开展构建保障和促进科学发展土地管理新机制试点、督促省级人民政府与地市人民政府签订耕地保护目标责任书、参与省级人民政府耕地保护责任目标考核等方式，对耕地保护目标责任制落实情况进行监督检查。

——积极配合并参与由国土资源部、农业部和国家统计局组织开展的2007年度省级政府耕地保护目标责任履行情况抽查工作。

——开展土地利用年度计划执行情况督察，采取召开督察区域座谈会、建立土地利用计划季报制度、实地检查评估等多种形式跟踪、督促各地做好土地利用计划分解下达和使用工作，掌握各地土地利用计划指标使用进度及结构。

通过以上工作，基本掌握了各省（区、市）耕地保护责任目标履行情况，总结了地方土地管理的典型经验和做法。针对监督检查中部分地区存在耕地保护责任目标不完善、责任主体不明确、责任制度不健全、考核措施不落实等问题，提出了加强耕地保护工作的意见和建议，提高了地方党委、政府对严格耕地保护的认识，完善了耕地保护目标责任制度。

其 他

（第八次卫片执法检查重点城市的验收评估、领导批办案件的督察等）

——督促第八次卫片执法检查整改查处到位。全力投入第八次卫片执法检查工作，对9个违规违法问题严重城市和15个违规违法问题上升较快城市的整改查处工作，进行了实地验收和评估。通过督促整改，24个城市共发现违规违法用地4686件，自行纠正364件，立案4310件，立案率99.7%，结案3916件，结案率91%。共收缴罚款43777万元，拆除违法建筑物面积620.4万平方米，没收违法建筑物面积441.9万平方米，复耕土地面积1240公顷。提出党政纪处分670人，移送司法机关追究刑事责任529人。

——针对领导批示、来信来访、动态巡察、媒体披露的有关问题，建立案件督办快速反应机制。国家土地督察机构全年共处理领导批办事项77件，群众来信来访2370次。国家土地督察北京局对京沪高速铁路廊坊段施工单位与被征地农民发生冲突、河北省永年县“永焦公路”占用基本农田、山西省中阳县建滔腾阳煤化工业园占地问题等重点案件进行了现场督察，及时向有关省级人民政府发出通报，并要求当地政府依法处理。国家土地督察南京局根据中央电视台《焦点访谈》等专题报道，开展了对江苏省部分地区违法用地和土地闲置问题专项督察，督促地方政府自行整改到位。国家土地督察济南局对河南省郑州市布瑞克房地产开发有限公司违法占地建设帝湖花园、山东省乳山市荒芜基本农田被《焦点访谈》曝光等20余起案件进行了核查和督促整改。国家土地督察成都局对四川省彭山县恒大集团“以租代征”修建别墅、江油市巴蜀燃煤发电厂“未批先用”，重庆市九龙坡区博士农业科技园“以租代征”、大渡口区建桥工业园违法用地、荣昌县城市建设违法用地，云南省玉溪市红塔区乡镇企业违法用地等重大案件，及时督促有关地方政府进行严肃查处或自行纠正。

——集中开展重点、难点问题的专项整治。国家土地督察沈阳局对辽宁省阜新市违规设区、违法用地，吉林省公主岭市违法占用基本农田擅自设立开发区，黑龙江省七台河市违规批准开发区搞项目建设等问题采取约谈地方政府负责人方式开展督察。国家土地督察济南局加强对山东省开发区用地专项整治的督察，及时掌握情况。国家土地督察广州局在督察区域内开展以土地调控政策落实情况为重点的土地利用及管理情况专项检查，指导和督促广东省开展违规违法用地集中整治行动。国家土地督察西安局以土地执法百日行动后期压反弹为专题，确定5个市、县（区）为土地违规违法重点反弹区，采取了约谈等方式督促整改，遏制违法用地高发势头。

专题工作

ZHUANTI GONGZUO

学习实践科学发展观活动

国家土地总督察办公室
深入开展学习实践科学发展观活动总结

（2008年8月26日）

部开展深入学习实践科学发展观活动以来，总督察办组织全体干部按照统一认识、提高能力、解决问题、创新机制的总体要求，认真开展各个阶段的学习实践活动，深入开展“解放思想改革创新”和“改进作风增强执行力”大讨论，检查分析突出问题，明确工作思路，切实落实整改措施，较为圆满地完成了学习实践活动任务。

一、基本情况和特点

总督察办在学习实践科学发展观活动中，始终按照中央组织部和部试点领导小组的有关要求，注重通过学习实践活动统一思想、分析问题、凝聚共识、解决问题。在具体工作中做到四个坚持：一是坚持把深刻把握科学发展观要义，把握学习实践活动主旨，作为确保学习实践活动取得实效的根本保障。二是坚持把领导班子检查分析报告作为达成共识的途径和载体。三是坚持把改进作风和增强执行力作为解决问题的关键环节。四是坚持把整改落实成效作为检验学习实践活动成败的标志。

在学习实践活动中，扎扎实实做好每一项规定动作，并根据督察工作特点确定了一批自选动作。制定了详细的学习实践活动计划，并在每一阶段都进行细化分解，制定相应的工作方案和计划。办公室先后组织20多次集中学习，向部试点办报送学习实践情况专报8次，学习实践活动简报16期，集中做好规定动作。针对督察工作特点，编印徐绍史部长关于土地管理和国家土地督察工作的指示和讲话材料，人手一册，认真学习。赴江西、浙江开展了关于国土资源保护开发和合理利用评价机制及利益调节机制的调研，调研报告得到部领导肯定，根据徐部长批示形成体现科学发展观的国土资源保护和利用评价机制的建议提供给部人事司。开展了百日行动107个先进地区同口径调研，深入了解基层土地管理经验和问题。提升服务意识，赴派驻地方的国家土地督察局听取对督察工作和总督察办工作的意见和建议，开展信息化工作调研。参与国土资源青年在行动主题活动，赴山西晋城开展土地执法“蹲点”调研。在国家土地督察门户网站上增设“学习实践科学发展观国家土地督察在行动”专题栏目，方便大家相互学习、讨论交流。利用一天半的时间召开总督察办领导班子专题民主生活会，深入梳理总督察办领导班子在贯彻落实科学发展观方面存在的突出问题，认真组织全体人员对《总督察办领导班子贯彻落实科学发展观情况的检查分析报告》进行评议。扎实推进整改阶段工作，以推进制度创新，规范和完善督察工作程序为重点，制定20项整改措施，落实到处室，落实到责任人。积极投入抗震救灾工作，努力做到“三协调，三不误”。

在学习实践活动中，认真梳理问题，切实把破解思想障碍落到实处。领导班子成员带头撰写了学习心得，办公室其他同志也都撰写了不少于2篇的心得体会并进行交流讨论。征求了办公室干部职工和各国家土地督察局对领导班子思想、作风方面存在问题的意见，梳理出10个问题和14条建议，形成问题分析报告。问题分为两类：一类是关系国家土地督察全局工作的，包括对国家土地督察工作保障和促进科学发展全局的重大问题和建议和对自身监管和服务中的疑难问题和建议。另一类是直接向总督察办提出的，包括群众最关心最直接的现实问题和建议和对总督察办“两服务、一协调”及领导班子建设的问题和建议。这些问题和建议在检查分析报告中得到了充分体现。领导班子成员按照组通字〔2008〕27号和国土资党发〔2008〕23号文件的要求，认真检查领导班子在贯彻落实科学发展观方面存在的突出问题，严肃开展批评和自我批评，剖析产生问题的思想根源，理清思路，明确解决突出问题和加强班子建设的措施，撰写领导班子检查分析报告。6月28日，徐部长在《总督察办领导班子贯彻落实科学发展观检查分析报告》上批示："检查分析报告比较深刻，望加快整改，速求实效"。

在学习实践活动中，扎实推进整改工作，力求取得实效。制定《总督察办解决问题创新制度整改落实方案》，重点从四个方面明确了整改措施：一是解放思想，以科学发展观统领总督察办工作；二是改革创新，抓好国家土地督察工作顶层设计；三是改进作风，切实提高执行力；四是增强素质，提高服务水平和协调能力。为使整改措施取得实效，分门别类，确定20项具体措施，包括：思想政治学习方面4项，业务建设5项，提高执行力方面7项，提高素质方面4项。其中：属于长远任务的6项，属于中近期任务的14项，定于试点期间完成的有7项。根据徐部长6月28日批示精神，于7月17日和23日两次召开专题讨论会，进一步深入学习贯彻科学发展观，加快落实各项整改措施，研究如何创新土地督察机制。甘藏春副总督察出席两次会议讨论并作讲话。会议讨论气氛热烈，大家畅所欲言，甘藏春副总督察不时作出精彩点评，同志们获益匪浅。两次专题会为总督察办加快落实各项整改措施进一步注入了动力。截至目前，定于试点期间完成的7项整改措施已全部完成，其他工作已经启动实施，按计划稳步推进。

二、取得的初步成效

总督察办学习实践活动重点在凝聚共识、明确思路，提高贯彻落实科学发展观的自觉性和坚定性，提高构建保障和促进科学发展新机制的能力，提高协调和服务意识与水平上下功夫，努力达到徐部长"速求实效"的指示要求。

（一）形成了贯彻落实科学发展观的共识，明确了总督察办的工作思路

凝聚形成了对贯彻落实科学发展观的共识。总督察办领导班子的分析报告直面问题，深刻剖析原因，在切实解决与科学发展观"不符合"、"不适应"的问题上取得明显成效，形成了对贯彻落实科学发展观的共识。一是在思想上、政治上、行动上同以胡锦涛同志为总书记的党中央保持高度一致，持之以恒以科学发展观统领总督察办各项工作。二是维护部党组权威，坚定不移地执行部党组的决策，在构建保障和促进科学发展的土地管理新机制过程中建功立业。三是解放思想，改革创新，提升参谋助手能力和服务水平，全面履行"两服务一协调"的职责。

明确了贯彻落实科学发展观的思路。经过深入研究和检查分析，总督察办领导班子进一步明确了贯彻落实科学发展观的思路：以科学发展观为统领，以推进建立保障和促进科学发展新机制为核心，以落实共同责任为国家土地督察工作履行职责的中心内容，解放思想，改革创新，进一步丰富和创新"两服务、一协调"的工作理念、内容和方式，在督察工作业务建设和制度建设方面发挥带头作用、骨干作用，在促进国家土地督察工作与其他工作协作方面起到桥梁作用，使总督察办成为政治上过硬、业务上过硬、执行上过硬，能干事、会干事、干成事的职能机构。

建立完善了国家土地督察机构年度例会制度。在总结过去两年工作经验的基础上，探索建立了"一年三会"制度：年初召开务虚会议研究工作形势、思路和部署，年中召开检查分析会议调度调整工作，年底召开总结会议系统梳理一年成效与问题。7月9～10日召开了2008年度年中检查分析会议，国家土地副总督察甘藏春同志出席会议，检查了上半年工作进展和问题，部署了下半年工作。

（二）围绕中心工作落实整改措施，推动了保障和促进科学发展新机制建设

建立了基层联系点，积极推进地方科学发展。与江西省人民政府共同召开"加强土地督察与土地

管理工作联席会议”，深入学习实践科学发展观，共同推进建立保障科学发展的土地管理新机制试点工作；研究建立土地执法监管长效机制，落实耕地保护共同责任。选择鹰潭市、九江市湖口县、赣州市安远县、宜春市上高县等作为国家土地督察机构与江西省人民政府共同推进土地管理新机制建设的试点和联系点，围绕宏观调控、共同责任、开源节流、维护权益和土地督察等五项内容建立新机制。

总结基层实践的鲜活经验，大力宣传保障和促进科学发展的土地管理新机制。为全面总结和宣传地方在学习实践科学发展观，构建保障和促进科学发展的土地管理新机制方面创造的实践经验，总督察办启动“百日行动之后看107个成效显著单位”的调研活动，从中总结出有代表性的经验和做法，在《国家土地督察工作快讯》上刊发17期，供各地学习借鉴。2008年7月13日，徐部长在《国家土地督察工作快讯》第31期上批示“很好。要加强总结宣传”。8月13日，徐部长在第42期《国家土地督察工作快讯》上再次作重要批示：“请办公厅、宣教中心、国土资源报阅。请国土资源报作宣传（250期～257期）。宣传工作要紧跟部的中心工作，要争取媒体的支持。”目前，这些地区加强土地管理的经验已在国土资源报上公开报道。

（三）突出实践特色，加强了督察工作制度和规范建设

突出重点任务，确保按时完成。试点期间，总督察办整改工作的重点是落实部党组解决问题创新制度整改方案中由总督察办负责的具体任务，主要包括起草《农用地转用和土地征收审批事项督察办法》、《国家土地督察条例》及《派驻督察专员工作规范》和国家土地督察信息化建设。目前，《农用地转用和土地征收审批事项督察办法》已形成送审稿报部审查。《国家土地督察条例》已完成征求意见工作，正在抓紧修改。在总结广州督察局、成都督察局实践经验的基础上，正在起草《派驻督察专员工作规范》。国家土地督察信息化建设方面，已开展国家土地督察和各督察局对外网站、信息化基础环境、土地监管信息分析系统和视频会议系统建设工作。其中，国家土地督察门户网站已对外开通；沈阳、南京、广州、武汉、西安督察局基础数据和土地监管分析系统已完成并投入使用，其余4个督察局视频会议系统布线施工因受奥运封网影响暂停，后续施工于10月初恢复，争取年底前完成。

完善督察工作制度，保障督察工作顺利推进。根据2008年7月3日部党组第32次会议研究决定，按照《国务院办公厅关于建立国家土地督察制度有关问题的通知》（国办发〔2006〕50号）等规定，在充分研究国土资源综合统计制度和派驻地方的国家土地督察局现有统计报表及实践工作经验的基础上，制定了《国家土地督察工作统计报表（试行）》。经国家土地总督察批准，已将国家土地督察统计制度有关要求印发实施。为规范国家土地督察机构信息网络系统的管理工作，印发了《国家土地督察机构信息网络系统安全管理规范（试行）》，明确了信息系统安全管理的职责分工、网络安全管理、信息安全管理、机房安全管理及有关奖惩措施。

（四）切实履行职责，服务意识得到进一步提高

履行协调和服务职责，积极推动解决国家土地督察队伍建设和管理问题。8月11日～12日，总督察办会同人事司在山东召开国家土地督察机构管理工作座谈会，规划司、财务司、合作科技司、驻部监察局、部信息中心负责同志出席会议，与九个派驻地方的国家土地督察局共同研究规范和完善机构管理工作的措施。部党组成员、国家土地副总督察甘藏春同志和部党组成员王瑞生同志出席会议并作重要讲话，指出要加强思想政治建设、业务建设、队伍建设和文化建设。会议期间，派驻地方的国家土地督察局结合两年来土地督察机构组建和工作实践，交流了人、财、物管理方面的经验，提出了需要帮助解决的困难和问题；部规划司、财务司、合作科技司、驻部纪检组（监察局）和部信息中心就解决这些困难和问题提出了具体意见和办法。会议着重讨论并研究了以下十个方面的事项，并形成落实意见。目前，会议纪要已报部领导。

公开发布《国家土地督察公告》，主动接受社会监督。系统总结了国家土地督察制度实施一年半的工作和成效，经国家土地总督察批准，以国家土地总督察公告的形式发布《国家土地督察公告（2007年）》。《公告》在国土资源报、国土资源部门户网站、国家土地督察网站上公开发布，引起社会广泛关注，转载的网页达49200个。

加强自身建设，创建学习型司局。在试点活动期间，总督察办组织青年同志深入研究基层土地管理的先进经验，编撰宣传材料，办公室领导牵头开展了材料的点评，提高文件质量，取得很好效果。建立了学习小组、案例分析小组、文化建设小组，促进日常学习活动。

三、下一步工作安排

科学发展观既是世界观，又是方法论，需要贯穿到国家土地督察的各项工作中。部开展深入学习实践科学发展观六个月来，总督察办取得了明显成效，但在学习实践过程中，也感到学习实践活动取得的成效还是初步的，尤其是制度创新方面，还需要做大量工作。试点工作结束后，总督察办将把巩固扩大学习实践活动成果作为重点工作，继续加强科学发展观的学习，加快落实整改方案，推动国家土地督察工作机制创新。

一是继续加强科学发展观的学习。建立定期的学习制度，重点学习中央关于深入贯彻科学发展观的重要精神，学习中央关于土地管理工作的重要指示，深刻领会科学发展观对指导国家土地督察工作的方向性作用，自觉地将各项督察工作统一到科学发展观的要求上来，不断提升每一位同志贯彻落实科学发展观的自觉性和坚定性。要将试点期间形成的批评与自我批评的良好风气固定下来、传承下去，努力形成团结、协作、有战斗力的文化氛围。

二是紧紧围绕整改工作方案确定的任务目标，加快完成今年底前需要完成的整改工作。主要是贯彻落实《中共国土资源部党组关于解放思想改革创新改进作风增强执行力的决定》，切实改进干部工作作风。加强国家土地督察顶层设计工作，加强制度建设、干部队伍培训工作、规划工作等。加强国家土地督察工作的宣传，营造有利于严格土地管理，坚守18亿亩耕地红线的社会氛围。

三是深入调研，努力推动国家土地督察工作机制创新。系统总结各国家土地督察局工作实践经验，组织召开一系列业务工作研讨会，研究国家土地督察工作基础理论问题、制度建设和业务规范等，为进一步完善国家土地督察制度实施工作，创新督察工作机制提供决策建议。

国家土地督察北京局
深入开展学习实践科学发展观活动总结

（2008年8月29日）

开展深入学习实践科学发展观活动（以下简称“学习实践活动”），是党中央做出的一项重大战略部署。自国土资源部开展学习实践活动试点以来，国家土地督察北京局按照国土资源部统一部署，切实把学习实践活动作为一项重要的政治任务，坚持“注重正面教育、注重探索实践、注重调查研究、注重解决实际问题、注重以学习促工作”的原则，按照 学习实践活动、土地督察和抗震救灾“三结合、三不误、三促进”的要求，将学习实践活动不断引向深入，较好地完成了学习实践活动各个阶段任务。2008年8月29日，我局召开学习实践科学发展观活动总结大会，并进行群众满意度测评。局机关22人全部参加了群众满意度测评，“满意”率达到100%，“比较满意”和“不满意”为零。现将有关情况报告如下：

一、主要做法和特点

按照国家土地总督察和国土资源部学习实践活动试点工作的有关要求，北京督察局紧密联系国土资源管理和土地督察工作实际，以构建保障和促进科学发展新机制为核心，以促进严格土地管理经常化、制度化为目标，充分利用学习实践科学发展观活动的契机，积极转变党员干部不适应、不符合科学发展观的思想观念，大胆探索和实践有效督察方式，努力提高土地督察能力。

（一）精心组织，周密部署，确保学习实践活动扎实推进，做到“真抓”

按照国土资源部学习实践活动的统一部署，我局对学习实践活动进行了精心部署，并认真抓好落实。一是迅速成立领导小组。3月31日，部学习实践活动动员大会结束以后，我局立即成立了以樊志全局长为组长的学习实践活动领导小组，并组建了领导小组办公室，办公室下设综合组、调研组、实践组，明确了人员和职责分工，加强对学习实践活动的组织领导。二是科学制订活动方案。认真研究制定了《国家土地督察北京局深入学习实践科学发展观活动工作方案》（以下简称《工作方案》），提出了学习实践活动的“五项目标”，即：切实增强贯彻落实科学发展观的自觉性和坚定性，切实按照科学发展观要求提高土地督察能力，切实解决好影响和制约科学发展观的突出问题，切实完善符合科学发展观要求的土地督察制度体系，切实取得“严督明察”的新突破。在活动内容的安排上，既有“规定动作”，又有“自选动作”。三是详细分解阶段目标。4月7日，我局《工作方案》报经部批准后，及时绘制了学习调研、分析检查、解决问题、完善制度和总结评价五个阶段活动详细安排表，对各阶段活动作出具体安排。对学习实践活动进展情况，及时通过《简报》和《周报》的形式上报部学习实践活动领导小组办公室。学习实践活动期间，我局共编发学习实践活动《简报》11期，《周报》19期。四是狠抓工作落实。局长樊志全同志充分发挥第一责任人的作用，亲自组织研究制定学习实践活动工作方案、严格审定各阶段任务安排。为确保学习实践活动扎实开展，我局坚持每星期一例会制度，在总结上一周学习、工作的基础上，对本周学习、工作作出详细安排，做到学习与工作一起部署、一起研究、一起落实，做到“规定动作”不走样、“自选动作”有创新。局领导带头参加各项学习实践活动，并狠抓各项工作落实，不仅保证了学习实践活动按照既定方案扎实推进，而且保证了土地督察各项业务工作有条不紊，切实做到“两不误、两促进”。

（二）加强学习，提高认识，用科学发展观武装头脑，做到“真学”

深入学习实践科学发展观，首先必须准确把握科学发展观的重大意义、科学内涵、精神实质和根本要求。为此，在学习实践活动中，我局坚持把理论学习摆在重要位置，认真组织开展了科学发展观理论学习活动。在学习方法上，坚持集中学习与个人自学相结合的方法，做到了“三个一”，即：每人一本学习笔记、每人一篇学习心得、每周一次集中讨论。在学习内容上，除认真组织全体党员干部参加部里的集中学习辅导外，局里还结合本单位工作特点增加部分学习内容，突出“四个重点”，即：重点学习党的十七大精神、重点学习科学发展观理论及《科学发展观重要论述摘编》、重点学习部编辑的学习资料、重点学习土地管理法律法规和土地督察业务知识。在学习过程中，全局党员干部边学习、边思考，撰写各类学习体会文章25篇，在《国土资源报》发表文章2篇。通过系统的理论学习，进一步提高了全体干部的政治业务素质，增强了贯彻落实科学发展观的自觉性和坚定性。

（三）围绕“主线”，抓住重点，认真开展调查研究，做到“真懂”

在学习实践活动中，我局让大家带着问题学。为了让全体同志理解科学发展观“是什么”，弄清开展学习实践科学发展观活动“为什么”，把握在学习实践科学发展观中土地督察机构应当“做什么”，我局紧密结合土地督察工作实际，抓住“构建保障和促进科学发展新机制”这条主线，重点就建立土地管理“共同责任机制”问题展开了专题调研。4月17日至19日，樊志全局长亲自带队，北京督察局全体人员赴天津市开展调研，邀请市国土房管局局长吴延龙同志作了《破解保护资源与保障发展难题全面实践科学发展观》的专题报告，对天津市落实土地管理共同责任和建立“高密度、全覆盖”土地巡察网情况进行了实地调研，并就有关问题进行了广泛座谈和交流。5月上旬至5月中旬，我局又深入北京、河北、山西、内蒙古四省（区、市）部分市、县（市、区）和乡镇，通过召开座谈会的方式，围绕落实科学发展观、构建土地管理共同责任，与地方党委、人大、政府、政协、国土、公安、法院、检察院、纪检监察、发改委、建设、规划、工商、银行及公用事业等十几个部门的领导和部分人大代表、政协委员进行了座谈和调研，并起草专题调研报告，就有关问题提出建设性意见和建议，呈报国家土地总督察。为推进土地管理共同责任的落实，6月30日，我局在山西省太原市召开了以学习贯彻《违反土地管理规定行为处分办法》（15号令）为主要内容的华北五省（区、市）土地督察工作座谈会，组织华北五省（区、市）政府分管秘书长、国土资源厅局长和对口联络处室负责人，座谈和交流了建立土地管理共同责任机制、土地违法问责制的经验和做法，并对贯彻落实15号令做出了具体部署，为督察区域内深入贯彻落实15号令、加快建立“共同责任机制”打下了良好基础。

（四）广开言路，“开门”纳谏，认真查找和解决影响和制约科学发展的突出问题，做到“真信”

按照部学习实践活动要求，我局认真组织开展了“解放思想、改革创新”和“整顿作风、增强执行力”两个大讨论，让全体党员干部谈认识、谈感受、谈收获，找问题、查原因、提建议、出对策，进一步用科学发展观统一全体党员干部的思想，进一步增强贯彻落实科学发展观的自觉性和坚定性，进一步增强改革创新意识，进一步转变机关作风、增强执行力。局临时党支部和领导干部召开了专题民主生活会，结合党性分析，检查在贯彻落实科学发展观方面存在的问题，认真开展批评和自我批评。在此基础上，为切实找准不符合、不适应科学发展观要求、不利于构建保障和促进科学发展新机制的突出问题，我局通过各种方式征求了各方面的意见和建议。一是在全体党员干部中开展了无记名问卷调查，围绕“局机关思想观念、工作方式、工作作风方面的问题及建议，土地督察工作中需要解决的重点问题、疑难问题及建议，督察区域内需要解决的涉及群众权益的现实问题及建议”征求了全体党员干部的意见。二是向华北五省（区、市）政府和国土资源厅局发出《征求意见函》，请省级人民政府和国土资源厅局对土地督察工作如何落实科学发展观提出意见和建议。三是结合开展调研活动，以召开座谈会的形式，广泛征求基层各级政府、国土资源部门以及相关部门对土地督察工作的意见和建议。通过以上方式共征集各类意见和建议50多条。针对查找出来的问题，认真分析查找了主客观原因，在撰写检查分析报告的基础上，研究制定了整改落实方案，提出了8个方面、23条整改措施。

（五）勇于探索，大胆创新，在土地督察实践中践行科学发展观，做到“真用”

在学习实践活动中，北京督察局坚持以科学发展观为指导，在总结以往成功经验的基础上，勇于探索，大胆创新，创造性地开展土地督察工作。在土地督察实践中创造了“五个第一”，即：一是第一个着手制定土地督察工作五年规划，探索构建土地管理共同责任平台。我局以建立土地管理共同责任机制为目标，着手制定《国家土地督察北京局土地督察工作五年规划》，明确北京督察局在保障和促进华北地区科学发展中的任务目标、工作重点、实施步骤和保障措施。二是第一个启动土地例行督察试点。按照学习实践活动、抗震救灾、土地督察工作“三不误、两促进”的要求，经过认真的调研和准备，2008年7月3日，我局开始在河北省沧州市开展土地例行督察试点，局学习实践活动领导小组按照部的部署和局的安排，及时到土地例行督察工作第一线传达部学习实践活动试点工作会议、文件和领导讲话精神，促进了土地例行督察工作的开展。目前已全面完成了内业审核和外业调查工作，取得了重要的阶段性成果，土地例行督察组已于8月26日撤离沧州，转入成果汇总分析应用阶段。三是第一个提出建立土地督察巡察网，并积极开展前期调研。现我局正在研究制定建设华北土地督察巡察网的方案，拟征求华北五省（区、市）意见后，积极推进技术、装备、人员的整合，力争早日建立起统一指挥、分头调度、资源互助、成果互享、分工协作的土地督察巡察网，以充分发挥巡察队伍早发现、早报告、早制止、早纠正的作用。四是第一个以土地督察机构的名义与省级人民政府签署建立联席会议的框架协议。根据国家土地总督察、副总督察的有关要求，8月6日，经与天津市人民政府协商同意并报经国家土地总督察批准，我局与天津市人民政府联合组织召开了"国家土地督察机构与天津市人民政府第一次联席会议"，会上甘藏春副总督察与天津市人民政府主管副市长熊建平签署了《国家土地督察机构天津市人民政府联席会议框架协议》，标志着土地督察机构与省级人民政府的定期磋商机制在华北地区开始启动。五是在土地督察机构中第一个召开会议贯彻落实《违反土地管理规定行为处分办法》（15号令）。在6月30日召开的华北五省（区、市）土地督察工作座谈会上，我局邀请部执法监察局有关负责同志详细讲解了15号令的出台背景、主要内容及贯彻落实有关要求。甘藏春副总督察就如何贯彻落实15号令、建立土地违法问责制提出了明确要求。通过与到会的华北五省（区、市）政府秘书长、国土资源厅局长座谈交流，与会人员就保障和促进科学发展、建立土地管理共同责任机制、落实土地违法问责制达成了广泛共识。

二、主要成效和体会

（一）主要成效

通过开展学习实践活动，不但促进了党员干部思想观念、工作方式和工作作风的转变，而且有力地推动了土地督察各项工作，学习实践活动的成效初步显现。

一是对科学发展观的认识不断深化，促进了干部思想观念、工作方式、工作作风的明显转变。通过开展学习实践科学发展观活动，使全体同志进一步认识到，科学发展，是世界大趋势，中国大方向，国民大利益；科学发展观是马克思主义中国化的最新成果，是我国经济社会发展的重要指导方针，是发展中国特色社会主义必须坚持和贯彻的重大战略思想；也是严格土地管理，落实宏观调控政策，全面推进国土资源管理工作必须坚持和贯彻的根本和指南；更是做好土地督察工作，保障和促进科学发展的方向和动力。通过开展学习实践活动，使全体同志对科学发展观的认识得到深化，贯彻落实科学发展观的自觉性和坚定性明显增强，干部队伍的思想观念、工作方式、工作作风明显转变，在机关形成了团结和谐、锐意进取、蓬勃向上的良好氛围。

二是土地督察机构的重要作用显现，督察区域内土地管理秩序明显好转。按照"两不误两促进"的要求，北京督察局在学习实践科学发展观活动中，按照国家土地总督察关于严防违规违法用地行为反弹的指示，加强了对督察区域内的督促检查，加大了巡察密度和督察力度。上半年，我局利用信访渠道、互联网和各种媒体，搜集整理违规违法用地举报线索和信息300余条，从巡察线索中筛选了85条重要线索，对可能存在违规违法用地行为的项目及时开展实地巡察。对河北省石家庄市公安干警在农村圈地建设别墅等6 个违规违法用地项目实施了重点督察，纠正了土地违规违法行为。特别是土地例行督察试点工作开展以后，在华北地区乃至更大范围内引起了强烈反响，对违法违规用地行为起到了有力的震慑作用。1～6月份，华北五省（区、市）土地违规违法情况呈现了"三个明显下降"态势，即：各类土地违法案件比上年同期下降47.7%，涉及土地面积比上年同期下降45.3%；违规违法占用耕地面积比上年同期下降48%。

三是土地督察工作得到了地方政府的充分理解和大力支持，营造了良好的土地督察工作环境。在土地督察工作中，我局牢固树立“严督明察，注重服务”的理念，主动加强与各省（区、市）政府的沟通与协调，使土地督察工作得到了各省（区、市）政府和国土资源部门的充分理解、大力支持和有力配合。华北五省（区、市）政府办公厅全部下发了《关于积极配合国家土地督察北京局开展土地督察工作的通知》，要求各级政府和政府各有关部门高度重视督察工作、主动做好配合工作、认真落实督察意见、建立情况报告制度、健全沟通联系机制，及时反映工作中遇到的重大问题，认真听取督察意见和建议。北京督察局与各省（区、市）政府和国土资源部门之间形成了相互支持、合作共事、共谋发展的良好局面，有力地保障了土地督察工作的顺利开展。

我局学习实践活动也存在一些不足，主要是：对如何处理好保护和保障、督察与服务的关系，在督察工作中如何把握尺度、如何实现两者辩证地统一，尚待深入学习、研究和解决；督察手段单一，督察力量薄弱，土地督察能力有待加强；调查研究还不够深入，按照科学发展观要求研究解决深层次问题有待加强。

（二）主要体会

通过开展学习实践活动，使我局全体党员干部对科学发展观理论有了深刻的理解，对开展学习实践活动的重大意义有了更加深刻的认识，主要有以下三个方面的体会：

一是必须坚定不移地以科学发展观统领土地督察工作。面对当前复杂的土地管理形势，面对土地督察机构承担的繁重任务，土地督察干部，必须深刻理解和全面把握科学发展观的科学内涵、精神实质、根本要求，不断增强贯彻落实科学发展观的自觉性和坚定性，着力把科学发展观的要求转化为谋划发展的正确思路、促进发展的政策措施、领导发展的实际能力；必须坚持以科学发展观为指导，正确处理好“保护资源”与“保障发展”的关系、督察与服务的关系，努力创造良好的督察工作内部、外部环境；必须在保障和促进科学发展中找准定位，通过开展土地督察工作，及时总结和推广符合科学发展观要求的好做法、好经验，及时发现和纠正不符合科学发展的错误做法和行为，引导督察区域走上科学发展的轨道。

二是必须在构建保障和促进科学发展新机制中发挥土地督察工作重要作用。根据国土资源部的顶层设计，构建保障和促进科学发展新机制主要包括：建立共同责任机制、宏观调控和市场配置机制、开源节流机制、科技创新和国际合作机制。建立上述四个机制与土地督察工作密切相关，土地督察机构要做构建保障和促进科学发展新机制的积极参与者、忠实实践者和有力推动者。通过开展积极、有效的土地督察工作，促进土地管理共同责任的落实、促进中央土地宏观调控措施的落实、促进土地资源的节约集约利用，同时要积极推进土地督察工作的科技创新，不断加强土地督察工作能力建设，在构建保障和促进科学发展新机制中，充分发挥土地督察机构的生力军作用。

三是必须紧密联系土地督察工作实际，坚持“严督明察，注重服务”。通过开展学习实践活动，使我局全体党员干部更加深刻地体会到，在土地督察工作中践行科学发展观，就是要紧密联系土地督察工作人员的思想和工作实际，做到“知行合一”，坚持“严督明察，注重服务”。一方面要“严督明察”。“严”，就是在土地督察工作中要切实做到“严”字当头，严格贯彻执行土地管理法律法规和中央的土地宏观调控政策，严格纠正各类土地违法违规行为，严守18亿亩耕地红线。“明”，就是要明确中央的政策和精神，透彻理解中央的土地宏观调控政策，精通土地法律法规和土地管理业务；就是要准确掌握督察区域内土地的占用、使用、审批等实际情况，做到明察秋毫，有针对性地开展工作。另一方面，要注重服务。在开展土地督察工作中，坚持实事求是的原则，加强沟通，讲究方法。既要支持省级人民政府统筹管理好本行政区域内的土地，又要紧紧依靠省级人民政府和国土资源部门的支持，做好土地督察工作。

三、下步工作安排

根据部学习实践活动的总体部署和有关要求，下一步我局将重点抓好以下几个方面：

（一）加强学习，不断增强党员干部贯彻落实科学发展观的自觉性和坚定性。按照“学习、学习、再学习”的要求，进一步加强党员干部特别是党员领导干部的理论学习，不断加深对科学发展观理论的理解和把握，不断增强贯彻执行科学发展观的自觉性和坚定性。坚持理论联系实际的学风，坚定不移地用科学发展观统领国家土地督察工作，把科学发展观理论系统地运用到土地督察工作中，进一步提高土地督察能力和水平。把学习理论同转变学风、转变作风、推进土地督察事业发展的实践结合起来，进一步提高领导干部的理论素养，提高驾驭全局和解决实际问题的能力。

（二）巩固成果，切实抓好各项整改措施的落实。要根据职责分工，按照整改方案确定的时限要求，责任到人，逐项抓好落实。特别是要抓好机关制度建设，在认真总结一年多来土地督察工作实践的基础上，本着管理科学、运转协调、提高效率的原则，按照科学化、制度化、规范化的要求，在现有13项制度的基础上，进一步健全和完善各项管理制度，同时要建立监督机制，确保各项制度落到实处，做到用制度管权、管事、管人。

（三）突出重点，不断推进土地督察业务工作。按照构建保障和促进科学发展新机制的要求，一是加快研究制定《国家土地督察北京局土地督察工作2008—2012年五年规划》，搭建落实土地管理共同责任、保障促进科学发展的互动平台，加快构建土地管理共同责任机制。二是扎扎实实地搞好土地例行督察试点工作。试点工作结束以后，要认真总结成功经验，研究制定土地例行督察工作规范，为全面开展土地例行督察工作打好基础。三是加快推进土地督察巡察网建设，近期搞好试点方案的制订，年内开展试点工作，总结经验，适时推开。四是加快建立与省（区、市）政府的联席会议制度。认真总结天津“联席会议”经验，就国家土地督察机构与华北其他四省（区、市）政府建立定期磋商机制作出统筹安排，并加强与地方政府的沟通和协调，加快推进华北五省（区、市）建立联席会议制度。五是以宣传贯彻15号令为契机，加快落实管地用地的问责制。

（四）强化教育，切实加强土地督察队伍建设。进一步加强干部思想教育，进一步转变观念、转变作风，增强凝聚力、战斗力和执行力。在机关全体干部中认真组织开展“五戒五破五立”活动：一是戒“满”，破除骄傲自满思想，树立谦虚谨慎、不骄不躁的作风。二是戒“浅”，破除浅尝辄止思想，树立持之以恒、刻苦钻研的作风。三是戒“懒”，破除自由散漫思想，树立雷厉风行、勤奋工作的作风。四是戒“散”，破除个人主义思想，树立团结奋进、锐意进取的作风。五是戒“软”，破除畏首畏尾思想，树立敢于监督、敢于碰硬的作风。坚持和完善《廉政承诺书》制度，加强廉政建设。加强组织建设、思想建设、作风建设和文化建设，树立国家土地督察机构良好形象。

国家土地督察沈阳局
深入开展学习实践科学发展观活动总结

（2008年8月26日）

党中央、国务院决定在中组部、财政部、国土资源部开展深入学习实践科学发展观试点活动，这是党中央、国务院根据当前我国的特殊历史发展阶段所做的科学合理、具有针对性的安排。开展深入学习实践科学发展观活动，对于进一步解放思想，实事求是，增强凝聚力，发挥创造力具有深刻的历史和现实意义，必将有力地推动我国的社会主义建设事业更好更快地发展。在这次开展深入学习科学发展观活动中，我局广大干部系统地学习了毛泽东、邓小平、江泽民、胡锦涛等关于科学发展观的论述以及有关讲座材料，进行了理论联系实际的大讨论，开展了一系列的调研活动，查找了目前存在的具体问题，深挖了产生这些问题的主、客观原因，制定了解决问题和改正缺点的具体措施。通过这次学习实践活动，进一步解放了思想，提高了对科学发展观的认识，明确了贯彻落实科学发展观的思路，为督察工作如何落实为科学发展观指明了方向。现将沈阳督察局深入学习实践科学发展观活动情况总结报告如下：

一、领导重视，精心组织

部学习实践科学发展观活动试点工作动员大会结束后，我局立刻组织召开了动员会，在第一时间认真传达学习徐绍史部长在动员大会上的讲话，要求大家提高认识，深刻理解科学发展观对于我国社会主义建设的重要意义，按照徐部长提出的三点要求做好试点工作。根据国土资源部的统一部署和我局的工作实际，为更好地开展深入学习实践科学发展观活动试点工作，做好活动的组织领导，迅速成立了深入学习实践科学发展观活动试点工作领导小组，主要领导任正副组长，下设办公室具体负责学习实践科学发展观活动的开展。在局领导的带领下，深入学习实践科学发展观活动试点工作有序开展，按照《国家土地督察沈阳局开展深入学习实践科学发展观活动工作方案》认真组织实施。

二、内容丰富，特点鲜明

在组织学习阶段，我们按照“双促进，两不误”的原则，组织全体同志认真学习部试点办编写下发的学习材料，白天时间不够就利用晚上继续学习。4月19日局领导从北京带回集中培训的一系列资料，包括影像视频资料、部领导的讲话录音，为我们的学习充实了新内容，也使学习方式更加多元化，学习的积极性显著提高，讨论的热情也空前高涨。大家把开展深入学习实践科学发展观活动作为进一步统一思想，提高认识，增长知识，增强工作执行力的一次难得的契机，认真组织，精心安排，在真学、真懂、真用上下功夫，取得实效。

（一）在真学上下功夫

为使每一个人都能够自觉学习领会科学发展观，首先要解决学习态度问题。局领导要求大家在学习态度上要解决四个问题：弄清背景，把握实质，端正学风，增强责任。弄清背景：改革开放三十年，是我国社会政治经济文化取得辉煌成就的三十年，但在发展的同时我们也必须清楚地认识到，当前我国社会正处在转型时期，经济体制深刻变革，社会结构深刻变动，利益格局深刻调整，思想观念深刻变化，急需新的理论指导我们的实践，科学发展观的提出是历史的必然。把握实质：科学发展观要求我们在发展的过程中做到全面发展、协调发展、统筹发展、持续发展，要求我们在解决实际问题上下功夫。端正学风：要真学，必须踏踏实实，不搞形式主义，做下来认真思考问题，既要贯彻学习的总体要求，又要做到工作学习两不误，学习对每个党员干部都是一次政治要求，要求每一位同志都要认真撰写学习心得体会，必须进行学习交流。增强责任：对于我们督察干部来说，学习不仅仅是一种要求，一种义务，一种境界，更应当是一种责任。复杂多变的形势和繁重的任务面前，要想把握大局，尽职尽责，有所作为，思想理论这一关是非过不可的，必须认真学习掌握。

（二） 在真懂上下功夫

科学发展观内涵丰富，博大精深，既是科学体系又是政治信仰，既是实践升华又是理论创新，既是党建纲领又是治国方略，必须学懂学透，我们主要在以下三个方面下功夫。一是准确把握体系。科学发展观是马克思主义、毛泽东思想、邓小平理论和“三个代表”重要思想的继承和发展，它涵盖了经济、政治、文化和党的建设各个领域，涉及改革发展稳定、内政外交国防、治党治国治军各个方面，是一个完整的科学理论体系，对建设中国特色社会主义的一系列重大问题做出了新的理论概括，我们必须认真加以把握。二是真正掌握精髓。科学发展观，第一要义是发展，核心是以人为本，基本要求是全面协调可持续，根本方法是统筹兼顾。发展是前提，以人为本是基础，全面协调可持续是关键。发展才是硬道理，落后就要挨打，我们必须以经济建设为中心，一心一意谋发展，但是在发展的同时必须考虑全面协调可持续发展。三是牢牢抓住本质。抓住本质就是要抓住以人为本，坚持为广大人民谋利益，要始终把群众利益放在第一位，把人民群众最现实、最关心、最直接的利益放在首位，真正做到权为民所用、情为民所系、利为民所谋。

（三）在真用上下功夫

学习的目的在于应用。真学、真懂的根本目的是真用。学习实践科学发展观最重要的是把学习理论和指导实践相结合、改造客观世界和改造主观世界相结合，更好地指导我们的工作，为此我们主要在三个方面狠下功夫。一是在解放思想，振奋精神上下功夫。党中央国务院提出开展深入学习实践科学发展观活动，是一次思想认识的大解放，我们必须克服认识上的不适应，深挖思想深处担心、惰性、迷惑和等待的情绪，进一步振兴精神，打破习惯势力影响的束缚，大胆创新，开拓进取，克服困难，顽强拼搏，实现飞跃。二是 在制度建设上下功夫。用制度规范人，用制度培养造就人，针对我们督察队伍刚刚组建不久的实际情况，从打基础、建规章入手，不断完善我们的各项规章制度，用制度管理人、约束人、激励人、造就人。三是在转变观念，服务社会经济发展上下功夫。科学发展观第一要义是发展，我们必须立足于服务于经济建设中心这一大局，不断探索研究解决地方经济发展与用地供求方面的矛盾，研究解决阻碍地方经济发展的不合时宜的观念、体制和做法。不断探索土地督察工作新思路、新方法、新举措，探索建立保障发展保护耕地的土地管理长效机制，节约集约用地激励机制等，为实现我国社会经济全面协调可持续发展做出我们的贡献。

随着集中学习进程的推进，我局举行了深入学习实践科学发展观心得体会交流座谈会。交流会上大家踊跃发言，畅谈心得，互受启发。通过系统的理论学习、讨论和交流，大家对于深入学习实践科学发展观的认识普遍提高，以科学发展观来指导实践的要求也越发强烈。全体同志在局领导的带领下多次、反复对调研题目及调研方案进行讨论修改，最终确定了《建立工作联系和业务协作关系》、《了解地方压力与困惑 建立保障科学发展新机制》、《开发区集约节约用地》三个最能代表深入学习科学发展观特色，最能反映东北地区土地管理问题和特点的调研题目，确定了调研方案，并向各个调研对象函发了关于协助调研的函。随后，局领导带队赴各地实地调研，我局调研工作全面启动。

我们在开展深入学习实践科学发展观活动过程中，除了严格按照上级要求开展各项活动之外，还根据局工作的实际情况融入了自身的一些特色和亮点。

一是强调学习知识的重要性，掀起学习的高潮。通过学习，大家愈发感到无论是理论素养、法律法规、业务知识都需要提高。局领导趁热打铁，建立了阅览室。我局全体人员上至局长下至工作人员都认真撰写了学习实践科学发展观心得体会，真正做到学习不论职位高低，讨论不看年龄大小。严格的学习要求造就了严肃的学习氛围和学习态度，学习讨论的效果也就十分明显。

二是认真查找差距，加强队伍建设、制度建设。学习讨论中大家认认真真从思想观念、专业知识、工作方式、工作态度上寻找自身存在的差距。从督察工作的发现机制、审核机制、纠正机制的建立和执行中找出工作上存在的差距，进一步加强自身建设、制度建设，不断推动工作有效开展。

三是树立服务意识，真正把贯彻落实科学发展观落到实处。我们的职责是制止和纠正土地违规违法行为，但在现实发展中，地方政府的确还面对许多困难和问题。我们要给予地方政府支持和帮助，提出更多既有益于地方发展又有利于资源保护的建议和意见。不断地改进工作的方式方法，同地方政府携起手为加强资源保护和经济建设的协调统一作出共同努力。

四是在局网站上建立深入学习实践科学发展观活动专题，及时发布学习动态。

三、认真查摆，不走过场

部试点办关于开展改进作风增强执行力大讨论的通知下发后，我局认真学习，对照要求进行自查。同志们一致认为想要真正做好督察工作就需要转变思维方式和工作方法，这次学习实践活动正是我们思考如何开展督察工作，增强执行力的有利契机。

增强执行力，首先就要考虑如何理解执行力。作为政府机关提到的执行力一般指的是行政执行力，政府机关的执行力依靠行政手段，以强制力来贯彻执行国家法律、政策，来实现其决策目标。执行力不同于执行，执行就是行动，但执行力不仅要按要求做，还要做得更好、更快。执行不走偏，执行有创造，执行有效率才是执行力的体现。

执行力的强弱首先取决于人，人是关键，人执行过程就是创新的过程，虽然人的能力有大小，素质有高低，但就实现执行力方面而言都需要以下三方面的支持：一是理解力，即对上级下达执行任务的理解程度，这种理解力来自于对全局性，战略性形势的把握。二是手段，即有效处理问题的方式方法。三是责任，即制度。只有制度才能有效地管理人的行为，指导人的行为。

通过对执行力本质的分析，结合每个人反映实际工作中存在的问题，大家一致认为影响我局工作作风及执行力的问题主要反映在以下几个方面：

（一）全局性、战略性问题的思考不够。思考全局性问题主动性不够，没有完全把自身工作融入大局当中，强调自身工作重要性多，为地方经济发展主动服务献计献策的偏少；战略性问题思考发挥得不够充分，在理解上级政策和要求的时候全局性、战略性眼光体现得比较弱。

（二）开展督察工作在创新方法上还不够。土地督察工作作为一项全新的工作缺乏成型的经验、模式，需要我们在发现机制、审核机制、纠正机制上创新工作思路，敢想敢干，不断总结新鲜经验，大胆探索尝试，不断加以完善提高，由于受视野不宽等条件限制，在创新工作方法上做得不够，一定程度上影响了执行力。

（三）深入实际调查研究不够。结合东北地区实际，广泛深入开展调查研究不够。针对用地形势分析、耕地保护责任制，落实土地管理长效机制建设和土地产权制度改革等项目调研，由于工作人员人手不足，调查研究不够深入，没有取得事半功倍的效果。对诸多问题了解还不够透彻，提出解决问题的措施还不够有力，在具体工作上，未能把国家宏观调控政策与地方经济发展对用地需求有机结合好，微观解决具体问题不够。从督察的角度辩证地考虑地方发展与资源保护关系的意识不够强。

（四）进一步解放思想，创新的勇气不够。按部就班处理问题多一点，创造性开展工作少一点。表现在督察工作的手段不够有效，方法不够多样。面对督察过程中出现的许多突发或首发的状况，缺乏有效、有力的手段和方法加以应对。从实际的督察工作来看，还是缺乏开拓创新的勇气、勤于思考和归纳总结的毅力。

四、强化整改，注重实效

根据部党组及部试点办的部署和要求，在前一阶段增强执行力大讨论的基础上通过召开专题民主生活会，在进一步查摆问题的基础上，制定整改方案。为开好这次民主生活会，我局根据民主生活会主题，制定了民主生活会方案，按要求进行了相关的准备，并就查找班子和个人存在的不足作了具体安排。局领导进行了认真准备，撰写了局领导班子贯彻落实科学发展观检查分析报告，并将报告下发到同志们手中广泛征求意见，为开好这次民主生活会打下坚实基础。

在民主生活会上，局领导能够认真掌握批评与自我批评的基本原则和方法，端正态度，消除顾忌，对自身在党性、党风和思想、作风等方面存在的突出问题和干部群众的意见建议进行了认真、诚恳的批评与自我批评，从深层次查找出问题的根源，从根本上制订出整改的措施，使批评与自我批评真正做到高标准、严要求、不护短、不遮掩，取得了实实在在效果。同时，本着既要求严格，又不纠缠历史旧账，不纠缠个人责任的原则，历史地、客观地、辩证地看待以往工作中的成绩和问题。整个专题民主生活会过程，大家都能讲实话，讲心里话，紧扣主题，一针见血，不避实就虚、避重就轻，不回避矛盾，做到以理服人，把问题说够、讲透。

针对领导班子存在问题，我局制定了以下整改方案：

（一）进一步加强理论学习，全面提升决策力。加强马克思主义理论学习，努力掌握和运用马克思主义的立场、观点、方法，始终是全党一项主要的政治任务。要坚持用马列主义、毛泽东思想、邓小平理论和“三个代表”重要思想和科学发展观武装我们的头脑。学习制度化是加强学习的有力保证。为此我们建立理论学习的领导责任制，按照提高理论素养、树立世界眼光，培养战略思维、加强党性修养、增强解决实际问题能力的要求，创新学习方法，提高学习质量，培养良好学风。建立健全领导班子中心组学习制度、领导干部自学制度和干部理论学习考核制度，定期进行科学发展观理论学习考试，并将考试成绩纳入个人年终考核的重要指标。

（二）进一步解放思想，全面提高创新力。创新是一个民族的灵魂，是一个国家兴旺发达的不竭动力，也是一个政党永葆生机的源泉，更是一个昂扬向上的动力。创新就要不断解放思想、实事求是、与时俱进。为此我们以在工作中和调研中大家反映比较强烈的两个问题为攻克重点，深入研究，力争在解放思想上有所突破，拿出成果。一是关于《土地管理法》条文修改问题，《土地管理法》的出台是土地管理的一个里程碑，对于加强土地管理发挥了重要作用，但不可否定的是《土地管理法》是在计划经济的历史背景下产生的，有些观点、做法已不适合当今的社会现状，需要加以修改。二是关于征地补偿问题。土地征收补偿安置费用应当包括耕作权益损失补偿和弥补原农村土地的社会保障功能和就业功能，以及因土地征收所造成的未来发展权丧失的间接收益。当前征地补偿过低，导致被征地农民长远生计很难保障，引发了诸多问题，必须加以解决。同时在开展督察工作联系试点工作上下功夫，建立与地方政府沟通联系长效机制，密切关注地方经济发展中对土地资源的需求，共同研究集约节约利用土地的科学发展模式。

（三）深入实际，强化督察，全面提高执行力。结合金土工程，加快完成督察系统信息化建设，以GPRS系统、卫星坐标定位导向等高新技术为基础，逐步强化例行督察的广度和深度，提高督察人员在一线的工作强度和密度，提高督察的发现能力，及时制止违法违规用地的苗头。注重总结土地违法问题的规律，深入查找产生问题的根源，督促、协助地方政府共同做好土地资源管理工作，确保最严格土地管理制度的贯彻落实，不断提高国家土地督察沈阳局的执行力。

（四）完善制度建设，队伍建设，全面提高战斗力。以“严当头、明开路、勤做事、廉做人”为宗旨，注重督察队伍的思想建设和素质教育，加快土地督察工作各项制度的建立和完善，用科学的制度实现对人的有效管理，指导人的行为，不断增强督察干部队伍的凝聚力、战斗力。加强对干部队伍政治理论和业务的培训，注重对督察干部队伍结构的阶梯性培养，在提高督察干部队伍为经济社会科学发展保驾护航的战斗力同时，实现督察干部队伍自身的科学发展。

为保证整改方案得到落实，我们采取以下三项措施：

一是要攻坚克难。主动克服一切困难，尤其是要克服工作上的畏难情绪，增强开展工作的积极性，把握好督察尺度，围绕耕地保护目标责任制落实和年度土地利用计划执行主动设置例行督察；针对违反土地利用规划和违法占地行为积极开展专项督察；根据违法占地的共性和规律性等问题，主动开展调研，找出解决问题的办法和措施；围绕群众反映强烈的土地产权制度改革，认真搞好调研，为修改法律制定政策当好参谋。创新督察工作内容，提高土地督察工作水平。全局同志都要做好吃苦的思想准备，并树立战胜困难的信心和决心。土地督察工作没有现成的模式，只有不断总结，大胆创新工作思路，积极有效开展工作，队伍才能不断成长壮大，工作能力才能不断提高。

二是要创新思路。针对我们工作的特点，力求在工作方法上求变，积极创新工作思路，善于了解地方发展中的困惑，研究它们在发展中面临的问题，提出有效的解决途径。树立换位思考意识，增强主动为地方经济发展服务的积极性和自觉性。加大宣传，引导基层政府走节约集约用地之路，实现保护与保障“双赢”的目标。针对违法违规案件处理难的问题，我们创造了案件移送督办制度，督促地方政府将违法违规案件处理到位。

三是要求真务实。务实是增强执行力的根本要求，我们要集中精力，实实在在地做好部门工作，扎扎实实谋划全局性工作，制定政策、出台措施要充分考虑全局性和科学性，克服部门利益的干扰。深入实际开展好高质量的调查研究工作，供制定政策的部门参考，防止政策部门化导致规章、政策相互矛盾，相互冲突，影响地方经济的发展。要加强与各方面的沟通，努力掌握基层的实际情况，提高新出台政策的可行性、可操作性，从而全面提升工作的执行力，落实好整改方案。

五、建章立制，成效显著

在学习实践科学发展观活动中，全局同志进一步了解放思想，转变了观念，在执行力等各方面取得了显著的提高，取得了一些实实在在的效果。为巩固百日行动成果，对重点地区和典型案件处理到位，我局开展了百日行动“回头看”，对东北三省一市的百日行动案件处理情况进行了集中督促检查，确保不走过场，依法依规处理到位。同时加大了专项督察工作力度，开展了耕地保护责任制落实情况和土地利用计划执行情况的监督检查，对部分用地项目的审批情况进行了集中抽查，取得了很好的效果。对地方上的一些苗头性、倾向性的违法违规问题，我们采取了同地方政府主要领导约谈和案件移交督办的方式，引起地方政府的高度重视，并督促他们集中力量进行整改，不达要求决不收兵。今年共约谈地方人民政府六次，所提出的各类整改意见基本到位，成效显著。我局出台了较为全面的行政管理规章制度汇编。包括：《工作人员守则》、《干部十条准则》、《请示报告制度》、《机关财务管理制度》、《学习培训制度》、等多项管理制度。这些行政规章覆盖我局日常工作的方方面面，为我们有效提高工作执行力，改进不足提供了支持和保障。我局还通过深入实地调研形成了《地方经济社会发展政府面临的土地问题调研报告》、《关于沈阳市沈北新区节约集约用地调研报告》、《关于黑龙江省黑河市耕地保护工作有关情况的调研报告》，对当前土地管理中存在的问题进行了分析探讨，对好的经验和做法进行了总结，为下一步督察工作的开展和领导决策提供了有力的支持。

六、几点体会和打算

（一）解放思想是贯彻落实科学发展观的前提。时代在发展，社会在进步，经济社会的发展对国家土地资源的需求不断增加，作为国家土地督察地方局，一方面要坚守18亿亩耕地红线，实行最严格的耕地保护制度，为整个国家科学发展服务，另一方面要考虑为地方科学发展服务，促进地方又好又快发展。为此，我们必须进一步解放思想，与时俱进，积极开拓建立在科学发展观基础上的工作思路，既要研究国家宏观科学发展的实际形势，又要研究地方中、微观科学发展的现实需求，寻求彼此之间的衔接点，促进中央宏观管理与地方中、微观发展相协调，实现国家土地督察制度的科学发展。实践没有止境，创新也没有止境。我们一定要自觉地把思想认识从计划经济时代土地管理工作中那些不合时宜的观念、做法和体制的束缚中解放出来，既要发扬老一辈国家土地工作管理者的优良传统，又要创造适合当代经济社会发展的土地督察工作管理办法。只有这样，我们的各项工作才能够顺利地开展，我们的国家土地督察事业才能够又好又快地发展。

（二）坚持深入实际，调查研究，理论联系实际是贯彻落实科学发展观的必由之路。深入实际，调查研究，从群众中来，到群众中去。理论联系实际，是党一贯坚持的马克思主义学风，是党具有旺盛创造力的关键所在。我国幅员辽阔，东、中、西部各地区经济发展不平衡，每一个地方都有特殊矛盾，作为国家土地督察地方局，必须理论联系实际，深入调查研究，在增强工作的原则性、系统性、预见性的同时，更要发挥创造性，在执行国家的政策法规时，既要全国一盘棋，又不搞一刀切，既要注重有针对性地落实国家的宏观调控政策，又要因势利导，既要保证国家土地管理大政方针的贯彻落实，又要努力帮助地方解决在现时发展中出现的实际问题，解决广大人民群众迫切需要解决的现实问题。只有这样，才能够把科学发展观真正落到实处。

（三）坚持以人为本是贯彻落实科学发展观的根本原则。全心全意为人民服务是党的根本宗旨，党的一切奋斗和工作都是为了造福人民。要始终把实现好、维护好、发展好最广大人民的根本利益作为我们一切工作的出发点和落脚点，坚持为广大人民谋利益，要始终把群众利益放在第一位，把人民群众最现实、最关心、最直接的利益放在首位，真正做到权为民所用、情为民所系、利为民所谋。

（四）必须把贯彻落实科学发展观不断引向深入。深入学习实践科学发展观活动试点工作历时半年时间圆满结束。通过试点活动，使广大党员干部进一步认清了形势，解放了思想，明确了任务，增强了贯彻落实科学发展观的自觉性和坚定性。试点活动虽然结束了，但是贯彻落实科学发展观才刚刚开始，必须坚定不移地坚持下去。在今后的工作中，要把认真学习，深入实际，调查研究等一系列在学习贯彻科学发展观试点活动中形成的好的做法、经验和传统继续发扬光大，坚决克服“安于现状不想改、畏首畏尾不敢改、视野狭窄不会改”的突出问题，不断增强广大党员干部的工作责任心和主动性，不断提高工作质量和效率，加快构建保障和促进科学发展新机制，推进国土资源管理各项工作又好又快发展，为经济社会发展做出新的更大的贡献。

（五）严督明察，当好卫士。为坚决遏制违法违规用地行为，确保督察到位，我们将增加督察频率，加大督察密度、深度和广度，逐步实行市县的全方位覆盖，做到每周开展一次例行巡查，每月开展一次专项督察，每季度不少于一次重点案件督察。同时优化督察水平，结合现代高科技手段，天上看，地下查，网上搜，让违法违规无处藏身。

（六）做好调研，严把审核关。结合当前的土地管理工作实际，开展一次保障发展与保护耕地的专题调研活动，探索实现保障发展与保护耕地的最佳结合点和切入点，力求实现“双赢”。深刻剖析违法违规用地的起因和根源，着力构建土地管理长效机制建设。运用现代科技手段进行审核，按照国家产业政策和投资强度合理确定用地定额，最大限度地实现土地的节约集约利用。

国家土地督察上海局
深入开展学习实践科学发展观活动总结

（2008年9月10日）

按照部党组的统一部署，根据局工作方案，我局认真开展了深入学习实践科学发展观活动。五个月来，我们紧密结合督察工作实际，坚持“两不误、两促进”，圆满完成准备动员、学习调研、分析检查、解决问题和完善制度各个阶段工作任务。通过学习实践活动，全局干部思想观念有了新的转变，工作作风有了新的改进，执行能力有了新的提高，制度建设有了新的成果，督察工作有了新的进展，实现了预期的目标。经测评，全体干部职工对局学习实践活动的满意率为100%（参加测评14人，均为满意）。主要情况如下：

一、主要做法和成效

（一）提高思想认识，认真安排部署，为顺利完成学习实践科学发展观活动各阶段任务奠定基础。部开展深入学习实践科学发展观活动试点工作动员会后，我局迅速行动，于4月2日召开局全体大会，及时传达部动员大会精神，对开展学习实践活动进行安排部署。通过学习徐绍史部长讲话，全体干部职工认识到深入学习实践科学发展观活动试点是一项重大的政治任务，我们有责任、有信心搞好这项工作。局成立了由张乃贵局长任组长的领导小组，领导小组下设办公室，办公室内设综合组和政策研究组，分工负责，协调一致开展工作，保证了学习实践活动的顺利进行。在学习实践活动中，我们紧密结合实际，就如何开展学习实践活动进行了认真谋划，制定了局实施方案，明确了活动要实现的目标和每个阶段的任务。各阶段紧密衔接，环环相扣，在实施过程中，还对活动安排及时进行充实和完善，每个阶段结束都进行了总结回顾。总的看，整个活动进程扎扎实实，有声有色，成效明显。

（二）深入学习讨论，努力转变观念，贯彻落实科学发展观的自觉性和坚定性明显增强。主要是“三抓”：一是抓学习。组织全局党员干部认真学习了徐绍史部长多次讲话和部统一编发的学习资料，组织观看了部下发的中央党校教育长李兴山教授等五位同志的辅导录像。特别是认真组织学习了胡锦涛同志6月13日在省（自治区、直辖市）和中央部门主要负责同志会议上的讲话、6月30日在抗震救灾先进基层党组织和优秀共产党员代表座谈会上的讲话精神。二是抓大讨论。先后组织三次“改进作风、增强执行力”大讨论。每次讨论，都确定讨论重点，局领导带头，全局干部认真准备，大家紧密结合本局实际和自身实际，认真查摆，深入剖析，三次讨论一次比一次深入。通过讨论，查摆出了思想不够解放、督察能力与履行督察职责的要求还不适应、工作作风还不深入不主动等三个方面的突出问题，分析了产生问题的原因，提出了四个方面的改进措施。三是抓分析检查。张乃贵局长组织召开临时党支部专题民主生活会，对党员领导干部贯彻落实科学发展观情况进行深入剖析评议，找出了思想、工作、作风方面存在的影响贯彻科学发展观的突出问题，带头撰写了学习体会《找准切入点探索新路子》和《关于贯彻落实科学发展观情况的分析检查报告》，其他同志也都写了体会文章。

通过学习、大讨论和分析检查，全局党员干部提高了对深入学习实践科学发展观活动的认识，增强了贯彻落实科学发展观的自觉性和坚定性，增强了构建保障科学发展新机制的紧迫感和责任感，增强了忧患意识、全局意识、监督意识和攻坚克难意识，解放思想、开拓创新，进一步明确了土地督察工作保障和促进科学发展的努力方向。

（三）深入调查研究，广泛征求意见，贯彻落实科学发展观的思路逐渐清晰。一是通过联席会征求意见。利用举行局揭牌仪式和召开督察区域土地督察联席会议的契机，邀请五省市政府副秘书长和国土资源管理部门负责人来我局，面对面听取他们的意见。二是问卷调查。发放调查问卷征求上海、浙江、福建等13个市（县）政府领导的意见。三是电话征询。利用电话方式征求了五省市国土资源管理部门的意见；四是召开座谈会。结合与上海市开展共建试点，召开了三个座谈会（科研机构和大专院校有关专家座谈会；市政府有关部门负责同志座谈会；开发区、园区、大型房地产企业负责同志座谈会）。五是“一对一”走访。分别到浦东新区、金山区、崇明县三个区、县，与政府和有关部门的负责同志进行交流和座谈。这种广开言路、多渠道、多层次征求意见的做法取得了良好的效果，共征集各方面意见162条。

通过深入调研、广泛征求意见，取得了实效。一是情况更明。对督察区域经济社会发展和土地利用管理情况有了更全面、深入的了解，初步摸清了土地管理中影响和制约科学发展的突出问题。二是定位更准。对土地督察在构建保障和促进科学发展新机制中的地位和作用有了明确的认识。三是思路更清。对构建保障和促进科学发展的土地督察新机制有了明晰的思路。

（四）找准切入点，突出实践性，贯彻落实科学发展观迈出了可喜步伐。学习实践科学发展观关键是要落实到实践中。在学习实践活动中，我们紧紧抓住实践这个关键环节，一是与上海市政府开展了共建保障和促进科学发展土地管理新机制试点。在上海率先开展试点，是按照徐绍史总督察关于构建保障科学发展新机制的总要求，在甘藏春副总督察的精心指导下，经我局与上海市房地局反复酝酿、协商提出的，上海市政府授权市房地局代表市政府与我局携手共建。为了抓好共建试点，我局与上海市房地局组成联合调研组，围绕上海市科学发展的要求和标准是什么、在土地管理上的体现是什么、影响和制约上海市科学发展的土地管理中的突出问题等内容进行了调研。通过调研，摸清了影响和制约上海市科学发展的土地管理中的突出问题，提出了解决这些问题的方法和途径，完成了《关于共建保障和促进上海科学发展土地管理新机制的调研报告》和《共建保障和促进上海科学发展土地管理新机制的试点方案》。8月21日，上海市房地局和我局向市政府汇报了共建试点方案。9月8日，市政府常务会议专题听取了汇报并印发会议纪要，进一步推动试点工作。二是在扎实推进土地督察工作中践行科学发展观。在土地督察工作中贯彻落实科学发展观，就是要履行好土地督察工作职责，认真贯彻落实土地管理法律法规和土地调控政策。在学习实践活动中，我们重点抓好百日行动重点地区后续整改、督促各地建立土地执法监管长效机制专项督察、建设用地审批事项督察和东阳横店圆明新园用地问题整改等工作，先后派出9个检查组32人次，查看了61个用地现场，查阅了852件卷宗，扎实推进了各项工作，做到了"两不误，两促进"。期间，完成了《督察区域重点地区典型案件整改和查处情况的报告》、《督察区域上半年土地违法违规形势分析报告》、《关于督察区域五省市建立土地执法监管长效机制情况的报告》；与上海市房地局共同总结了土地执法长效机制建设的经验，完成了题为《建立土地执法监管长效机制充分发挥四大优势有效控制违法用地》的经验材料，上报总督察。三是开展建章立制工作，制度建设取得了新成果。制度建设是履行好土地督察职责，贯彻落实科学发展观的基础工作。按照统筹规划、保障运转、急用先建的原则，我局在已有9项制度的基础上，又制订了《局固定资产管理暂行规定》、《局政务信息工作管理办法》、《保密管理工作规定》、《局周转房使用管理暂行规定》和《机关食堂管理办法》等制度，并对下一步制度建设做出了计划安排。通过加强制度化、规范化建设，把土地督察工作提高到了一个新水平。

（五）开展"强素质，树形象，创良好局风"活动，贯彻落实科学发展观的执行力明显提升。为适应履行土地督察职责的要求，树立国家土地督察人员的良好形象，创立良好局风，我局以"牢记使命，忠于职守，严明勤廉，珍惜和谐"为核心，专门下发了《国家土地督察上海局关于深入开展强素质树形象创良好局风活动的通知》（国土督察沪发〔2008〕31号），在全局开展了"强素质，树形象，创良好局风"活动，以科学发展观指导和推动创良好局风活动，以良好的局风贯彻落实科学发展观。我们开展这项活动，突出了三个特点：第一，重在实践。从我做起，从现在做起，从点滴做起。把这项活动贯穿于督察工作的方方面面，贯穿于做人做事的一言一行。第二，创新载体。一是开展了系列主题教育活动。组织了马克思主义创新理论教育、纪念改革开放三十周年教育，进行了"从浦东发展看改革开放"主题党日活动；组织青年团员参观了一大会址，开展了严明勤廉教育和艰苦创业教育。二是开展了系列学习培训活动。进行了公文写作、土地管理业务、文明礼仪、网络信息安全、财务管理等培训，全局职工受益匪浅。三是开展了督察文化建设。四川汶川5·12特大地震发生后，我局全体人员心系灾区，开展了多种形式的伸援手、献爱心活动，第一时间向灾区人民捐款，并踊跃交纳特殊党费，共计21700元。全局干部职工还向震区国土人书写了感言、寄语25条，创作文学作品12篇，制作了“情系汶川心手相连”的展板、专栏以及宣传图册。在土地督察制度实施两周年之际，组织全局干部职工对两年来的督察工作实践认真进行回顾总结，谈经验，谈体会，总结工作方法，探索督察工作规律，全局17位干部都撰写了文章。四是开展了系列文体活动。开展了“庆奥运职工乒乓球比赛”，活跃干部职工业余文化生活，促进身心健康。第三，领导带头。党员领导干部走在这一活动的前列，身体力行，做“强素质，树形象，创良好局风”的模范践行者、积极推动者和热心宣传者，一级带一级，展示良好形象，培养良好局风。

通过开展“强素质，树形象，创良好局风”活动，干部队伍整体素质有了明显提高，精神面貌有了明显改观，凝聚力、战斗力、创新力和执行力普遍提升，工作作风有了明显改进，工作质量和效率不断提高。“牢记使命，忠于职守，严明勤廉，珍惜和谐”的十六字局风已经叫响，和谐文明、活泼向上的土地督察文化氛围初步营造，心齐、气顺、风正、劲足的良好局面基本形成。

二、体会和打算

（一）体会。回顾总结我局学习实践活动，我们有以下三个方面的体会：一是坚持提高认识、转变观念，学习实践科学发展观活动才能落到实处。只有认识到位，行动才能自觉，科学发展观才能真正落地。在学习实践活动中，我们坚持把学习讨论贯穿始终，使全局党员干部的思想认识不断深化，为学习实践活动提供了坚强的思想保证。二是突出实践特色，学习实践科学发展观活动才能取得实效。我们注重实践，着力总结实践、探索实践、推动实践。总结实践就是要及时总结提炼督察实践中的有效做法和成功经验；探索实践就是要主动参与、与地方政府共同构建保障和促进科学发展的土地管理新机制，探索新路子；推动实践就是要通过具体的督察工作促进科学发展。三是提高队伍素质和人员执行力，贯彻落实科学发展观才有坚强的组织保障。我们开展了“强素质，树形象，创良好局风”活动，着力建设一支素质高、能力强、作风硬、业务精、会干事的土地督察队伍，从而提高了队伍的执行力和战斗力，不仅促进了学习实践活动的有效开展，而且为贯彻落实科学发展观提供了坚强的组织保证。

（二）下一步打算。一是继续抓好学习，深化认识，把学习实践科学发展观落实到督察工作实践中。二是继续抓好整改方案的落实。全力推进土地督察工作，扩大建设用地审批事项督察范围，开展例行督察，贯彻落实15号令、启动问责制的各项工作；继续抓好“强素质、树形象、创良好局风”活动；继续抓好制度建设。三是继续抓好共建活动。及时总结上海试点经验并在督察区域进行推广。同时，与其他四省、市建立共建联系点，以试点带动联系点，以联系点促进试点，扎扎实实搞好共建活动。

国家土地督察南京局
深入开展学习实践科学发展观活动总结

（2008年7月16日）

根据部试点办7月11日的通知精神，现将南京督察局开展学习实践科学发展观活动的有关情况报告如下：

一、形成的共识

自开展学习实践科学发展观活动以来，我局认真组织学习，积极开展两个“大讨论”，广泛征求意见，深刻剖析检查，全局上下形成了以下共识：

（一）深入学习科学发展观，必须不断增强贯彻落实科学发展观的自觉性，在思想上做到“四个清醒认识”。清醒地认识土地管理工作面临的发展机遇和严峻挑战，清醒地认识土地督察工作保护耕地资源与保障科学发展的双重任务，清醒地认识创新土地督察体制机制的重大意义，清醒地认识完善土地督察工作手段的迫切需要。

（二）贯彻落实科学发展观，必须在督察工作中正确处理“三个关系”，努力做到“三个负责”。学习实践活动和一年多来的工作实践，使我们体会到开展督察工作必须要正确处理“三个关系”，一要正确处理好监督地方政府与服务地方发展的关系，二要正确处理好违规违法行为预防与惩处的关系，三要正确处理好推进督察工作与提高队伍素质的关系；努力做到“三个负责”，即：对上对下负责，对土地管理事业负责，对人民群众负责。

（三）自觉实践科学发展观，必须围绕“两个基本问题”展开思考，不断理清工作思路。围绕“建设什么样的督察局”展开思考，努力成为18亿亩耕地红线的坚强守护者、中央宏观调控政策落实情况的有效监督者、地方实现科学发展的有力推动者。围绕“怎么样建设督察局”展开思考，在加快局各项软硬件建设的同时，把重点放在带出一支坚决贯彻落实科学发展观的干部队伍上，不断提高督察水平，改进工作作风，为实施各项工作提供坚强保障。

二、主要做法

开展学习实践科学发展观活动以来，我们认真按照部党组的总体部署和部试点办的工作要求，把学习实践活动与督察业务工作、解决突出问题和机关自身建设紧密结合，通过学习提高认识，通过实践改进工作，通过实习实践提升督察效能，做到了两手抓、两促进。

（一）坚持把开展学习实践活动与建立保障科学发展土地管理新机制相结合，着力推进共建试点。国土资源部与江西省同为中央确定的学习实践科学发展观活动试点单位，我们抓住有利时机，在与江西省人民政府充分沟通、反复酝酿的基础上，经国家土地副总督察同意，筹备召开了国家土地督察机构与江西省人民政府加强土地督察和土地管理工作联席会议，提请印发了《江西省人民政府办公厅 国家土地总督察办公室关于共同推进建立保障科学发展土地管理新机制试点工作的通知》，启动了国家土地督察机构与江西省人民政府共同推进保障科学发展的土地管理新机制试点工作，选择江西省鹰潭市作为重点试点地区，赣州市安远县、九江市湖口县、宜春市上高县等作为推进试点工作联系点，着力构建宏观调控、共同责任、开源节流、维护权益和土地督察等五项新机制，力求发挥双方优势，提高土地管理工作保障科学发展的能力和土地督察工作促进科学发展的能力。

（二）坚持把开展学习实践活动与解决突出问题相结合，督促地方政府依法依规管地用地。在学习实践活动中，我们始终强调学习与实践的结合，以解放思想、实事求是、以人为本为原则，着力解决影响和制约科学发展以及基层群众反映强烈的突出问题。一是围绕突出问题开展专项调研。针对耕地保护的严峻形势，开展三省耕地保护课题专项研究；针对土地违规违法高发的态势，与三省土地勘测规划院联合开展土地违规违法成因与对策研究；针对建设用地重审批轻监管的现象，与三省省厅共同开展建设用地批后监管专题调研，并赴安徽省宣城市开展了群众参与农村建设用地执法监管调研；针对群众反映强烈的征地补偿问题，开展了被征地农民补偿安置机制调研。二是注重群众来信来访，加大对信访案件的督办力度。上半年共受理群众来信来访145件次，其中115件已转交三省省厅办理，并对48件重点信访件进行跟踪督办。三是加大巡察力度，对土地信访重点地区和开发区建设开展重点巡察。上半年巡察范围涉及三省20个市、县（区），对巡察中发现的征地程序不规范、补偿安置不到位、土地闲置荒芜、开发区土地管理不规范等问题及时提出意见，督促有关地方政府依法依规管地用地。

（三）坚持把开展学习实践活动与督察业务工作相结合，不断丰富土地督察形式。更加注重探索多种督察形式，不断加大督察力度，提高督察工作成效。一是开展计划执行情况督察。召开三省2007年度土地利用年度计划执行情况座谈会，就调整规划、未批先用、变更调查数据与计划执行情况脱节等问题向三省进行了反馈，提出了严控规划调整、规范指标管理、加强批后监管等建议。二是开展日常督察。针对群众反映较多的征地拆迁、补偿安置、开发区用地等问题，对江苏省无锡市和常州市、安徽省合肥市、黄山市、安庆市、宿州市等地的有关开发区进行了巡察，对江西省上饶市、景德镇市、赣州市进行跟踪督察，将发现的情况反馈给地方政府，督促地方政府依法依规征地用地和切实维护农民利益。三是积极准备开展例行督察。初步确定江苏省连云港市、安徽省蚌埠市作为本年度第一批开展例行督察的地区，并做好了遥感数据、基础资料收集等前期准备工作，拟于下半年正式实施。

三、取得的成果

（一）全局人员思想认识进一步提高。国家土地督察机构成立时间不长，面临着新机构、新人员、新形势的挑战。通过学习实践科学发展观活动，全局人员更加清醒地认识到土地督察的崇高使命，保护资源和保障发展的自觉性和坚定性得到增强；更加注重准确把握工作定位，尽快转变角色，提高自身综合素质；更加牢记宗旨，坚持依法行政、严格执法、科学督察，切实履行督察职责。

（二）土地督察工作思路进一步明晰。在有效运用土地督察发现机制、审核机制、纠正机制的基础上，按照保障科学发展的新要求，不断探索督察方式方法的创新，形成了进一步加强土地督察工作的新思路。一是探索建立决策督察机制，开展对地方各级人民政府及国土资源部门执行国家土地调控政策和涉及土地利用与管理重大决策情况的督察；二是探索建立全程督察机制，加强对项目用地全过程的跟踪督察；三是探索建立社会督察机制，借助社会力量，畅通信息渠道，鼓励全民参与土地督察；四是探索建立问责督察机制，强化对土地监管共同责任落实情况的督察，促进问责到位；五是探索建立督察服务机制，帮助破解难点问题，总结推广典型经验，寓服务于督察工作之中。

（三）土地督察工作氛围进一步改善。按照实事求是、疏堵结合的原则，把加强沟通协调、营造良好氛围与加大督察力度、督促查处纠正相结合，强化与地方政府、有关部门和社会的互动。一是强化与三省省厅互动。进一步完善与三省省厅的支持配合，建立了日常工作联系、土地利用年度计划执行情况季报、土地违法案件通报、土地信访通报和转办、信息资源共享、列席会议、联合调研等工作协调机制。江西、江苏省厅分别出台了《关于进一步完善土地督察工作支持配合机制的意见》，安徽省厅也下发了相关会议纪要。二是强化与基层政府及国土部门的互动。在三省确定了土地管理工作基础较好、具有一定代表性的10个县（市、区）作为督察工作联系点，并会同安徽省厅召开了安徽省督察工作联系点座谈会，探讨充分发挥联系点作用，共同推进联系点建设。三是加强与有关部门的联系。积极参与省级纪检、监察、司法等部门开展的有关活动。

（四）土地督察工作效率进一步提高。以提高执行力为重点，着力查找机关自身建设中影响和制约督察工作进展的突出问题，剖析原因，明确对策，进一步理顺机关内部工作关系。制定《建设用地审批事项审核工作暂行规定》、《信访工作规定》等，完善建设用地审批事项审核和信访工作流程，明确了开展土地督察的相关程序和要求，工作效率得到明显提高。

四、下步打算

深入学习的目的是为了更好地实践。在今后的工作中，我们将按照部党组和试点办的工作要求，深入推进学习实践科学发展观活动，更加坚定地以科学发展观为统领，全面推进土地督察的各项工作。

（一）高位推动，落实整改方案。按照整改落实方案的要求，加强组织领导，强化责任跟踪，明确工作措施，确保整改方案逐一落实到位。围绕解决我局土地督察工作、机关自身建设、职工工作生活等三大类突出问题，进一步建立健全规章制度，形成我局今后一个时期工作的总体思路和加快构建保障科学发展的土地督察新机制的意见。

（二）总结经验，建立长效机制。切实搞好群众满意度测评，认真总结学习实践科学发展观活动的经验，建立学习实践科学发展观的长效机制。紧紧围绕督察能力建设、干部队伍建设和基础业务建设，自觉实践科学发展观，提升保障科学发展的能力和水平。

（三）注重实践，巩固学习成果。以督促共同责任体系的建立和耕地保护责任目标的落实为重点，全力推进构建保障科学发展的土地管理新机制试点工作，进一步完善督察机制，加大督察力度，以督察工作实践巩固学习成果。

国家土地督察济南局
深入开展学习实践科学发展观活动总结

（2008年8月8日）

自2008年3月以来，我局在部试点工作领导小组领导下，以高度的政治责任感和紧迫感，按照规定的步骤和要求，认真扎实开展深入学习实践科学发展观活动试点工作，圆满完成了试点任务，取得了较好的效果。现将我局学习实践活动试点工作的情况总结报告如下：

一、试点工作的基本情况

按照中央的总体部署和国土资源部党组《开展深入学习实践科学发展观活动试点工作方案》要求，扎实有效地完成了各个阶段工作。

（一）统一思想，提高认识。4月2日，组织召开全局党员干部大会，传达学习3月31日部开展深入学习实践科学发展观活动试点工作动员大会精神，重点学习了绍史总督察在动员大会上的重要讲话精神和部开展深入学习实践科学发展观活动试点工作方案。全局同志认真学习领会绍史总督察的重要讲话精神，仔细研读试点工作方案，进行了充分讨论。李永杰局长要求把学习实践活动作为探索土地督察工作新机制、破解土地督察难题、保障和促进督察区域实现科学发展的重要契机，作为加强督察干部队伍自身建设、提高创新能力和执行力的重要契机，真正把思想统一到学习实践活动中来，把科学发展观的要求实实在在地落实到土地督察工作的方方面面。全体党员干部进一步认清了做好试点工作的重大意义，研究分析了我局存在的不符合科学发展观的问题、现象和原因，明确了要将此项工作作为我局工作的重中之重，按照规定动作稳步推进，积极探索建立保障和促进科学发展的土地督察工作新机制，并以试点活动为载体，推动和促进我局各项工作全面提升。

（二）加强领导，明确责任。为确保深入学习实践科学发展观活动试点工作扎实有效开展，4月3日，我局迅速行动，成立了深入学习实践科学发展观活动试点工作领导小组，并设立办公室。李永杰同志兼任领导小组组长，两名副专员兼任领导小组副组长，其中一名副专员兼任领导小组办公室主任，并确定了联络员。根据部试点工作方案，结合我局工作实际，制定印发了深入学习实践科学发展观活动试点工作实施方案。明确了试点工作目标任务，突出试点工作以局领导班子和处级党员干部为重点。从4月初开始，8月上旬基本结束，分准备动员、学习调研、分析检查、解决问题、完善制度和总结评价六个阶段组织实施。为使试点工作有序推进，局领导小组及办公室进一步分解任务，细化目标，还排出了时间进度安排表，明确了各成员的职责分工，精心组织，统筹安排，确保学习实践活动落到实处。

（三）强化学习，营造氛围。组织全局党员干部认真学习党的十七大报告、《毛泽东邓小平江泽民论科学发展》、《科学发展观重要论述摘编》和部编辑的学习资料等，观看中央党校教育长李兴山教授和唐山市委书记赵勇同志的辅导报告，要求认真做好学习笔记。据统计，党员干部撰写学习心得平均超过1万字。召开了“解放思想、改革创新”和“整顿作风、增强执行力”讨论会，全体党员干部认真准备，谈认识、谈体会、谈问题、谈措施，达到了启迪思想、达成共识、促进工作的目的。通过学习讨论，消除了“一种模糊认识”，做到了“三个结合”，确保了“五个落实”。即消除了“科学发展观是上级领导和部门的事、与我们个人关系不大”的模糊认识；做到了集体培训与个人自学、学习文件材料与撰写读书笔记、理性思考与讨论交流三个结合；确保了人员、时间、内容、制度、效果五个落实。同时，利用简报、网络等多种方式，营造了浓厚的学习宣传氛围。全局编发相关简报和专报20多期。

（四）联系实际，深入调研。“五一”节前，我局结合土地督察工作实际，就扎实推进深入学习实践科学发展观活动，进行了专题调研。调研工作由张振国、刘志萍两位副专员分别带队，主要围绕如何破解土地利用和管理中的热点难点、如何建立保障和促进科学发展的土地管理新机制、如何搞好土地督察工作等问题坚持“四结合”进行调研，即结合巩固百日行动成果，调查了解百日行动后续工作的开展情况、土地违法形势变化、各地在百日行动中发现的问题和形成的典型经验等，向督察区域内全国土地执法百日行动先进地区政府主要负责同志发放调查问卷，就相关问题进行调研；结合我局在建设用地审核过程中发现的问题，对部分建设用地报批项目进行实地核查；结合我局和督察区域两省一市开展的共建保障和促进科学发展新机制试点活动，与基层国土资源部门干部职工座谈，听取他们的意见和建议；结合处理信访案件，了解群众对土地管理和土地督察工作的评价与期望。通过调研，进一步了解掌握了督察区域两省一市土地利用和管理的情况，厘清了思路，为学习实践活动的深入开展打下了良好的基础。

（五）把握主题，认真剖析。紧紧围绕“学习实践科学发展观”这个主题，集中利用两天时间，召开了领导班子专题民主生活会。为开好这次民主生活会，专门致函督察区域两省一市人民政府和国土资源部门，深入到土地执法百日行动先进城市，通过问卷调查、调研座谈等形式，就局领导班子和干部队伍作风以及开展土地督察工作等情况广泛征求各方面意见，共征求到意见和建议20多条。在反复征集意见和建议、反复讨论评议和修改的基础上，形成了《国家土地督察济南局领导班子贯彻落实科学发展观情况分析检查报告》（以下简称《报告》）。《报告》对一年多来全局的各项工作进行了认真梳理，在总结五个方面基本经验的基础上，重点对领导班子在调查研究、工作效率、业务建设、改革创新、履职尽责、大局意识等六个方面存在的不符合科学发展观要求的突出问题进行了认真分析，进一步确立了促进土地督察工作科学发展的基本思路和领导班子加强自身建设等方面的努力方向。李永杰同志代表局领导班子提出，带头做到“六破六立”：一是坚决破除经验教条的束缚，树立勤于学习思考和务实调研的新风尚；二是坚决破除敷衍推诿的陋习，树立敢于负责的工作作风；三是坚决破除妄自尊大的思想，树立谦虚谨慎的态度；四是坚决破除安于现状的思想，树立强烈的忧患意识；五是坚决破除畏首畏尾的思想，下定攻坚克难的决心；六是坚决破除视野狭隘的局限，增强服务经济社会发展全局的观念。同时在部里的规定动作之外，六位处级干部在评议领导班子的同时还进行了自我剖析，查找自身存在的问题，制定解决问题的措施。

（六）完善制度，切实整改。根据《报告》分析检查出的问题，本着解决问题、完善制度的目的，按照“强化领导、明确责任、落实到人”的原则，研究制定了《国家土地督察济南局深入学习实践科学发展观活动整改落实方案》。通过研究和落实六项整改任务，七项整改措施，将每项措施细化分解，确立主要目标，制定具体措施，规定完成期限，明确责任分工，从而把解决问题和完善制度的工作具体化、目标化、责任化、制度化，使整改落实工作目标更加清晰、要求更加明确、责任更加落实、实施更加到位，为整改落实工作有章可循、群众满意度测评有据可依提供条件。为保证整改措施真正落实到位，还实行了整改工作责任制，由局长负总责，两位副督察专员靠上抓，各处室主要负责人为第一责任人，一级抓一级，逐级落实，把责任落实到处室，落实到个人，在规定的时限内把整改措施落到实处。并确定将完成整改任务的情况作为今年干部考核的重要内容，严格考评及奖惩。局领导班子向全体党员干部群众郑重承诺，一定认真落实整改方案，保证整改效果。与此同时，我局紧紧抓住试点活动契机，狠抓制度建设，研究制订并出台了督察人员工作行为规范、土地审核、学习培训等近20项制度。特别是在承担的土地督察系统财务试点工作中，先后制定印发了10项制度办法，进一步规范了财务管理工作，顺利通过了检查验收，得到了部财务司有关领导的充分肯定。

二、开展学习实践活动的特点

试点活动开展以来，我们严格认真按照制定的试点方案稳步推进，主要体现以下几个特点：

（一）突出重点，注重以点带面。试点工作中我们始终按照“统一思想、提高能力、解决问题、创新机制”的要求，在目标任务上，紧紧围绕加快构建保障和促进科学发展的新机制，把学习实践活动作为探索土地督察工作机制、破解土地督察难题、保障督察区域科学发展的重要契机，作为加强督察干部队伍自身建设、提高创新能力和执行力的重要契机，牢牢把握试点工作的指导思想、基本原则，牢牢把握试点工作的目标任务，牢牢把握试点工作的核心要求；在学习范围上，我局把领导班子成员和处级党员干部列为重点，推动整个活动的有效开展；在活动过程上，把“解放思想、改革创新”和“转变作风、增强执行力”学习大讨论贯穿学习实践活动全过程，把查摆和解决问题贯穿学习实践活动全过程，把深入调研和推动实践贯穿学习实践活动全过程，把发挥党员领导干部的表率作用贯穿学习实践活动全过程；在工作的着力点上，切实转变全局党员干部不适应、不符合科学发展观的思想观念，提高推进改革创新、贯彻落实科学发展观的能力，解决影响和制约科学发展的突出问题，使科学发展观在土地督察工作中落地生根。

（二）领导带头，注重发挥表率作用。坚持早谋划、早安排、早部署，局领导小组多次召开会议进行专题学习研究，先学一步、学深一步，并对每个阶段、每个环节的工作都做出周密安排。局领导班子身体力行、率先垂范，带头学习、带头调研、带头交流，特别是局主要领导认真履行第一责任人的职责，积极谋划和精心组织每个环节的工作，亲自指导方案制订，并自始至终参加动员部署、集体学习、专题辅导、交流讨论等活动，班子其他成员以及处级党员干部发挥模范带头作用，各负其责、各尽其职，争当学习实践科学发展观的先行者、排头兵，争做深入学习的表率、转变作风的表率、推进工作的表率，有力地推动了学习实践活动的深入开展。

（三）联系实际，注重解决实际问题。全体党员干部正确处理工作与学习和推进土地督察工作与搞好学习实践活动的关系，统筹兼顾，合理安排，把学习实践活动与开展督察业务工作有机结合起来，边工作、边学习，边实践、边总结，呈现出了一种工作上你追我赶、学习上交流提高的良好局面，做到了两不误、两促进。针对局领导班子民主生活会分析检查梳理出的突出问题，在局主要负责同志的亲自主持下，迅速研究制定了《关于进一步加强业务建设的意见》并立即付诸实施，《意见》针对业务建设薄弱的问题，完善学习培训制度，集中利用半年时间，通过开展“人人论坛”、“专家讲座”等活动，切实把业务建设放在更加突出的位置抓紧抓好，抓出实效，以更好地适应土地督察工作的迫切需要。

三、通过学习实践活动形成的共识和收获

通过学习实践活动，我们形成了六点共识：

（一）坚决破除经验教条的束缚，树立勤于学习思考和务实调研的新风尚。土地督察工作没有经验可以借鉴，没有本本可以照搬，不能凭老习惯、老规矩和老经验办事，要注意学习，积累知识和经验，注重调查研究，深入了解督察区域土地管理和利用的真实情况、本来面目，真正掌握新情况、解决新问题、提高新本领；要认真研究分析，注意摸清情况，找准切入点和结合点，对症下药，有的放矢。

（二）坚决破除敷衍推诿的陋习，树立敢于负责的工作作风。切实转变观念、转变职能、转变作风，严格组织纪律、政治纪律，讲团结，讲风格，相互支持、关心和爱护，相互补台。勇于负责，敢于负责，大胆负责。讲求工作效率，注重工作质量，以对国家土地督察事业极端热忱、高度负责、开拓创新、求真务实的精神状态，不断推进各项工作的深入开展。

（三）坚决破除妄自尊大的思想，树立谦虚谨慎的态度。国家土地督察机构监督检查的对象层次高、政策性强，任务重、责任大、权力大、敏感度高，要求每一个工作人员必须有较强的政治敏锐性、有较高的政策水平、有较强的组织协调能力和较熟练的业务工作技能，必须善于学习、善于钻研，苦练本领，增长才干。必须谦虚谨慎、严谨细致、扎扎实实、认认真真。勤于学习，长于思考，善于总结，不断提高业务素质和水平。

（四）坚决破除安于现状的思想，树立强烈的忧患意识。必须树立“无功便是过”的意识，增强工作的预见性、前瞻性、主动性和创新性。正确处理好严格保护耕地、坚守红线和保障督察区域实现科学发展的关系；正确处理好抓好土地执法情况的督察与抓好土地利用和管理全方位督察的关系；正确处理好做好土地督察工作和服务地方经济社会发展的关系，促进督察区域两省一市经济社会健康发展。

（五）坚决破除畏首畏尾的思想，下定攻坚克难的决心。土地督察制度是贯彻落实科学发展观的创新成果，是国家加强宏观调控的重要载体，我们必须树立国家意识、政治意识、责任意识，摒弃不敢想、不敢干、干不了的思想，主动思考、主动进位，勇于承担责任、承担风险，敢于碰硬、敢于执法、不断创新思路、创新方法、创新机制，锐意改革、开拓进取，攻重点、克难点，不断开创土地督察工作新局面。

（六）坚决破除视野狭隘的局限，增强服务经济社会发展全局的观念。坚守18亿亩耕地红线是国家土地督察机构的重要政治任务，保障经济社会又好又快发展更是土地督察工作的重要责任。要进一步树立大局意识，正确处理好局部与全局、当前与长远、中央和地方、保护与保障、督察与服务的关系，做到立足本职、胸怀全局、放眼未来，在工作中以督促保，寓服务于督察中，促进督察区域实现科学发展。

四、学习实践活动取得的主要成果

（一）思想认识有了新提高。一是强化理论武装，通过集中学习与个人自学相结合的方式，认真

学习领会科学发展观的重要意义、科学内涵、精神实质和根本要求，用中国特色社会主义理论体系武装干部，自觉做到在思想上、政治上、行动上同党中央、国务院和部党组、总督察保持高度一致，增强了在土地督察工作中贯彻落实科学发展观的自觉性和坚定性。二是广泛开展大讨论，连续两次召开全体党员干部大会，就“解放思想，改革创新”和“转变作风，增强执行力”问题了进行集中讨论，着力转变党员干部不适应、不符合科学发展观的思想观念，着力提高推进改革创新、贯彻落实科学发展观的执行力。三是开好领导班子专题民主生活会，撰写好局领导班子分析检查报告。紧紧围绕“学习实践科学发展观”这个主题，结合我局组建一年多来的工作实际，通过开展批评和自我批评，深刻剖析思想根源，积极查找存在问题，研究提出整改措施，党员群众对领导班子检查分析报告测评结果为“好”的档次达到100%。

（二）工作作风有了新转变。一是在全局大力倡导“自力更生、艰苦奋斗、团结协作、无私奉献，严格执法、不辱使命”的建局精神，开展主题党日活动，组织党员干部赴红旗渠参观，亲身感受艰苦创业的红旗渠精神，增强做好土地督察工作的责任感、使命感；二是培养扎实的工作作风，要求全局工作人员不等、不靠、不要、不误，多干、多看、多听、少说，在组建与督察工作实践中深入学习落实科学发展观，使科学发展观入脑入心。三是加强党风廉政建设，强化党员干部廉洁从政意识，制定印发了《国家土地督察济南局2008年党风廉政建设及反腐败工作实施意见》，健全完善了党风廉政建设目标责任制。四是深入基层、深入实际，加强调查研究，认真对待群众来信来访的问题，切实维护人民群众的合法权益。我局由于迅速处理人民群众来信来访，督促纠正土地违规违法问题，受到群众的好评，群众专门向我局发出了感谢信。

（三）各项工作有了新成效。一是进一步开展了巩固土地执法百日行动成果的后续工作。继续督促两省一市加大查处纠正力度，确保百日行动发现的问题依法依规全部处理落实到位；二是全面完成了对两省一市政府建设用地审批真实性、合法性的审核工作。共审核两省一市建设用地430宗、3913公顷，并对其中20宗地专门进行了抽查和现场核查；三是进一步加强了对两省一市土地调控情况的监督检查。开展了对两省一市耕地保护目标责任制落实和土地利用年度计划执行、土地利用总体规划调整情况的督察，向总督察提交了督察报告；四是加强与两省一市党委政府的沟通协调，取得了两省一市党委政府的大力支持。两省一市党委政府分别联合出台了支持配合我局开展土地督察工作的通知，为土地督察工作的开展创造了良好的氛围；五是与两省一市就共建保障和促进科学发展的土地管理新机制、开展例行督察工作等进行沟通和磋商，制定了初步实施方案。建立了联席会议制度、情况通报制度、联合执法机制、信息共享机制等；六是开展和谐机关建设，凝心聚力，团结协作，不断营造心齐、气顺、风正、劲足的良好氛围。

五、巩固和扩大活动成果的打算

在深入学习实践科学发展观试点活动的过程中，还存在一些问题亟须进一步加以解决和落实。一是学习调研还不够系统深入。对科学发展观这一马克思主义中国化的最新成果的学习还不够系统深入，思想观念、管理职能、工作方式和工作作风还需要进一步转变。二是解决问题还不够全面准确。破解土地监管难题、推进土地督察工作改革创新的能力还需要进一步增强，保障科学发展的新机制需要加快构建。我局将重点采取以下措施，进一步巩固和扩大学习实践活动成果：

（一）加强学习，进一步增强落实科学发展观的自觉性和主动性。紧紧抓住深入学习实践科学发展观活动试点工作这一重要契机，切实把这项工作列为当前工作的重中之重，全面完成好每一个规定动作，并继续将学习和实践科学发展观贯穿于济南督察局今后工作的方方面面，真正做到真学、深学，入脑入耳，确保全局每一个同志对科学发展观深刻内涵的学习、理解和把握有一个实实在在的、全面的升华，切实将科学发展观转化为土地督察工作的政策措施和具体部署，真正使科学发展观在土地督察工作实践中落地生根。

（二）抓好调研，进一步剖析制约科学发展全局的突出矛盾和问题。紧紧围绕督察区域实际和我局工作实际，抓紧研究制定切实可行的调研计划，并将其实施纳入目标管理，分阶段、有侧重地深入基层政府和国土资源部门，认真开展调查研究，听取两省一市各级政府和国土资源部门对土地监管和土地督察工作的意见建议，查找突出矛盾和问题，研究破解加强两省一市土地监管、促进科学发展的办法措施，力争今年年底前向部党组和总督察提交1～2份有分量的调研成果报告。

（三）厘清思路，进一步提高落实科学发展观的能力和水平。把科学发展观的内在要求和部党组、绍史总督察的要求作为一切工作的出发点和落脚点，以科学发展观统揽土地督察工作全局，进一步厘清思路、明确方向，进一步明确土地督察工作的重点、措施，把贯彻落实科学发展观贯穿于土地督察工作的每一环节，始终做到保护耕地，严守18亿亩耕地红线；始终做到保障科学发展，促进两省一市经济社会又好又快发展。不断抓重点，攻难点，拨亮点，掌握好平衡点，创造性地开展工作。

（四）健全机制，进一步增强土地督察工作的执行力。一是健全土地督察工作决策机制。通过深入调研分析，广泛听取意见和建议，谋大局，想大事，切实提高督察决策的科学性和可行性；二是健全土地督察工作运行机制。建立土地督察工作目标责任制度，坚持做到每项工作都有明确计划和完成时间表，把各项工作落实到处室、落实到岗位、落实到人头；三是健全土地督察工作监督机制。今后凡是局安排部署的各项工作，要进行层层监督把关，实行逐级负责，实行全程监督。

（五）突出重点，全面完成土地督察工作各项任务。一是全面启动与两省一市共建保障和促进科学发展土地管理共同责任机制的试点工作，总结推广其成功做法和经验，指导和推动两省一市土地利用管理健康有序发展；二是积极开展例行督察工作，适时向督察区域派驻督察专员，设立督察室。三是继续抓好土地突出问题专项督察。四是进一步完善与两省一市政府和国土资源部门的沟通协调机制。五是进一步加强督察基础建设，改善督察条件。

（六）加强自身建设，不断提高领导水平和工作能力。一是加强思想政治建设，牢牢把握正确的政治方向。二是建立健全学习制度，不断提高理论水平和领导能力。三是认真贯彻民主集中制原则，健全完善议事和决策制度。四是自觉维护班子团结，严格遵守各项纪律。五是以人为本，关心干部职工利益。六是切实加强干部队伍建设，不断提高督察干部队伍的业务素质，进一步提高工作效率，提升工作水平。

国家土地督察广州局
深入开展学习实践科学发展观活动总结

（2008年8月26日）

深入学习实践科学发展观活动自4月3日正式启动以来，我局在国土资源部试点领导小组和部党组、总督察的正确领导下，以高度的政治责任感和紧迫感，按照中央关于“统一认识、提高能力、解决问题、创新机制”的总体要求，制定深入学习实践科学发展观活动实施方案，紧密结合土地督察工作实际，广泛动员，精心组织，周密部署，采取多种有效形式，做到规定动作到位、自选动作创新，呈现出学习深入、氛围浓厚、全员参与、主题突出、效果明显，学习与工作两不误、两促进的特点。

整个试点工作有力有序，扎实、富有成效地完成并达到了预期效果。

一、高度重视，扎实推进试点工作

（一）认真学习，深刻领会开展试点工作的重要性和必要性。部召开试点工作动员大会后，局领导高度重视，把开展学习实践活动作为头等大事，及时召集全局干部召开会议传达中央和国土资源部对开展学习实践科学发展观的精神要求。通过学习讨论，同志们深刻认识到落实科学发展观的重要性和必要性，事关破解经济社会发展中的重大矛盾和突出问题，推动经济社会又好又快发展的大局，同志们也清醒地认识到落实科学发展观是一项重大而艰巨的政治任务，大家还感觉到，国家建立土地督察制度本身就是为落实科学发展的要求而提出来的，这次活动正是加快推进土地督察各项工作的大好时机。通过学习，从根本上提高了大家开展试点工作的积极性和主动性。

（二）精心组织，落实试点工作领导机构和工作方案。经过讨论研究，我局成立了局深入学习实践科学发展观活动试点工作领导小组和办公室。通过认真学习国土资源部的试点工作方案，我们深刻把握试点工作的指导思想、基本原则和目标任务，结合我局督察职能和督察区域内的土地利用和管理实际，研究制定了我局的试点工作实施方案，明确了工作目标和任务，落实了工作责任，确定了联络员，做到机构、人员、方案、责任“四落实”，确保了试点工作持续、扎实、有效地推进执行。

（三）扎实推进，按要求高质量完成试点工作。五个多月来，我局在部试点工作领导小组和部党组、总督察的统一领导、部署下，严格按照局实施方案开展试点工作，取得了预期目标。全局16名工作人员全身心投入到试点工作中，共编印活动简报、文件、函件、调研报告、诗歌、图片60多期（宗）。通过学习实践，同志们的思想观念有了新的转变，工作作风有了新的改进，执行能力有了新的提高，制度建设有了新的成果，业务工作有了新的进展，较好地实现了“统一认识、提高能力、解决问题、创新机制”的目标任务。

二、结合实际，试点活动取得明显成绩

深入学习实践科学发展观活动试点工作时间紧，任务重，我局在部试点领导小组的领导下，紧密结合工作实际，创造性地开展工作，取得了以下四个方面的成绩。

（一）坚持正面教育，组织专题讨论，贯彻落实科学发展观的自觉性明显增强

1.组织形式多样的学习教育活动。一是认真学习部统一下发的《科学发展观重要论述摘编》、《毛泽东、邓小平、江泽民论科学发展》、《深入学习实践科学发展观活动学习材料》、《十七大报告辅导读本》以及李兴山、赵勇、林依标、王有朋等同志的专题讲座录像；二是局专门为每一位同志购买了《胜任才是硬道理》、《国土资源新政解读》、《行政机关公务员处分条例解读》、《公务员礼仪手册》等书籍，要求大家认真学习，全面提高同志们的综合素质；三是结合我局工作要求，专门制定了培训方案，定期开展各种类型的培训学习和交流活动，目前已开展了学习土地督察专题文章、如何撰写调研报告和工作简报、如何拍摄会议和工作照片等专题学习讲座，安排全局干部参加广东省政府组织的《行政机关公务员处分条例》专题讲座。通过培训、学习，党员干部都结合自身工作撰写了学习心得，大家对树立和贯彻科学发展观有了更加全面和深刻的认识。

2.组织开展专题讨论，交流学习心得。局先后于2008年4月、5月组织全体干部开展“解放思想，改革创新”、“整顿作风，增强执行力”大讨论，同志们把改造主观和客观世界紧密结合起来，认真检查自己在思想、工作、作风方面不适应科学发展观要求、不利于构建保障科学发展新机制的突出问题，通过交流讨论，同志们对学习实践科学发展观有了更加全面和深刻的认识。同志们觉得，要在土

地督察工作中落实科学发展观，首先要做到开展工作定位准确、针对性要进一步加强，查处违法用地要进一步坚决；其次要在土地督察初创阶段树立强烈的危机意识，将使命感、责任感和紧迫感转化为执行力；最后还要加强基础建设，在实践中提高执行力。

通过学习讨论和分析检查，广大党员干部对科学发展观的理解进一步加深，忧患意识进一步加强，通过解放思想、改革创新，落实科学发展观的氛围越来越浓厚，贯彻落实科学发展观的自觉性和坚定性明显增强。

（二）广泛征求意见，深刻反思总结，贯彻落实科学发展观的能力进一步提高

1.通过多种形式广泛征求意见。活动中，我局坚持走群众路线，主动接受群众监督，面向基层政府和地方各级国土资源管理部门，通过多种形式广泛听取意见和建议。在4月份召开的四省区市政府秘书长和国土资源厅局长座谈会议上，我们主动听取了省级政府和国土部门对我局工作的意见；5月，我局向四省区市的其中50个市、县级政府发函，书面了解他们对以科学发展观指导土地利用和管理的认识和对我局工作的意见；6月18日晚，我们还利用广东省召开全省县（市）区长国土资源培训班的机会，从每个地级市选取一名县区长召开座谈会，听取他们对土地管理工作和对我局的意见和建议；同时，局试点办还认真组织会议，征求全局干部职工对局改进工作的意见和建议。经过归纳、整理，各类意见为我局进一步提高工作质量和水平起到重要作用。

2.召开专题民主生活会。局领导结合前期学习交流和分析讨论结果，以及广泛征求意见结果，认真撰写个人贯彻落实科学发展观情况的分析报告。重点围绕转变思想观念、解决突出问题，提高改革创新能力和执行力，以及如何全面贯彻落实土地督察工作等方面专题，召开局专题民主生活扩大会议。

民主生活会上，同志们严肃开展批评和自我批评，深入剖析出目前存在的5个主要问题：对区域内土地督察工作长远谋划和统筹协调不够；对土地督察各项职责工作的实践探索和分析研究还不够深入；深入基层调查了解情况，破解保障发展难题，用科学发展观指导地方科学用地的能力还不全面；在贯彻中央精神、沟通地方关系、完善与各方面的信息交流方面还要继续深化；通过有效途径尽快提高干部素质、能力，形成好的工作氛围，提高工作绩效方面办法不多。通过深刻分析和查找，发现领导干部在主观上存在的原因：对科学发展观学习理解不够深透，对落实科学发展观的紧迫性认识不足；带领全局干部尽快转变观念、转换角色，适应中央公务员和督察工作要求还不完全到位；要求干部职工在创建阶段克服困难发扬艰苦创业、团结奋斗的观念方面强调得不够。在查摆分析突出问题的基础上，我们结合督察工作实际，分门别类提出了6个方面的整改措施，并明确了解决问题的责任部门和时间安排，使我们贯彻落实科学发展观的能力得到进一步加强。

（三）深入调查研究，加强督察巡查，保障地方经济社会科学发展的作用初步显现

1.深入开展调查研究，及时总结经验和存在问题，向上级部门反映情况，提出指导性意见和建议。一是完成了关于广东佛山“三旧”改造及其启示的调查研究，对佛山“三旧”改造的原因、做法和成效进行了实地调查，对落实科学发展观，节约集约利用土地进行了思考，对如何发挥督察力量推动“三旧”改造进行了分析并提出了意见。二是完成了华南地区违法用地情况分析及对策的研究，通过大量违法用地的数据分析，对华南地区违法用地的基本情况、违法用地的原因、违法用地的趋势进行了研究，并提出了相关对策和建议。三是通过对广东惠州市在确保信访稳定、完善征地补偿、维护群众利益方面进行实地调研，总结了惠州市国土资源行政主管部门深入实践科学发展观切实维护群众利益工作的有效做法和成功经验，加深了对科学发展观的认识。四是与科研机构和高等院校合作，启动广东产业转移及产业结构调整对土地管理带来的影响及对策、建设用地批后监管和服务政策建立、

以及泛北部湾经济区及东盟经济协作区规划建设给土地管理带来的影响及对策研究等三个课题的研究。这些调研工作有些已经完成，有些正在开展，对今后深入了解督察区域内土地管理状况，指导地方探索破解发展难题，推动科学发展有重要意义。

2.加大专项督察工作力度，取得初步成效。一是进一步跟踪督促广东省闲置土地清理专项督察工作的落实。在去年我局向广东省政府发出《督察建议书》的基础上，今年我局加强了跟踪督察力度，有效推动了广东省对闲置土地的清理和处置工作。全省共清理出闲置土地16201宗，面积86.7万亩，广东省重新研究制定了《广东省人民政府关于推进闲置土地处置工作的若干意见》，闲置土地清理督察成效显著。二是对海南省“以租代征”等突出问题开展专项督察。于今年3月对文昌市个别村集体“以租代征”建航天新居，海口市秀英区长流镇“以租代征”建生态体育公园；香港骏豪集团在海口市租用集体土地建设高尔夫球球场等问题，向海南省政府发出了《土地督察整改意见书》，督促海南省每周报告整改情况，并跟踪落实，经核查，海南整改工作基本到位，目前已结束该专项工作。

3.加强土地执法百日行动后续工作力度，巩固百日行动成果。先后组织召开华南地区土地督察工作座谈会和土地执法百日行动领导小组办公室主任座谈会，了解百日行动后续进展情况，分析存在的问题，要求四省区市以更高的标准对百日行动各项工作再次仔细梳理，全面抓紧完成收尾工作。

4.强化耕地保护目标责任督察，落实共同责任。2008年初，广西壮族自治区和海南省已先后签订耕地保护目标责任书；6月份，广东、深圳也签订土地利用年度计划执行责任书。局领导坚持参加各省（区市）的责任书签订会议，并提出明确要求。我局还及时开展了耕地保护目标责任制完成情况的专项督察工作，对促进地方政府耕地保护观念的提高起到积极作用。

5.督促指导政府，妥善处理因土地矛盾引发的信访问题。今年以来我局共接待受理群众来信来访153起314人次，其中，接待群众来访79起314人次；收到来信70件；受理举报电话2个；在局公众网站开通局长信箱，受理网上举报2件。除了对重点案件予以转办督办外，还重点对广东省东莞市道滘镇南城村违法用地案700余亩、广东省汕头市寺庙违法用地案 180多亩、广西区贵港桂平市一宗因地而起的警民冲突事件等案件进行了跟踪督办和现场核查，收到了良好效果。

6.用实际行动支援抗震救灾活动，坚持学习实践活动和当前工作两不误。5.12四川大地震发生后，局领导十分关心四川人民和国土部门干部职工的生命财产安全，关心我局四川籍干部亲属的安全，我局响应部党组号召、把支援灾区抗震救灾作为学习实践活动的重要内容，先后3次共捐出捐款和特殊党费近3万元，其中束伟星局长共捐出工资补贴近12000元，邱耿华副专员捐出了8500元。抗震救灾使我们对学习实践科学发展观有了更加深刻的认识和体会。

通过开展各项调研研究和土地督察工作，使我局在保障地方经济社会科学发展方面取得了初步的成绩。

（四）建立完善制度，夯实业务基础，以土地督察工作保障和促进科学发展的框架初步形成

1.加强土地督察各项制度建设。一是认真贯彻总督察办关于我局试点开展督察专员派驻地方工作的要求，制定印发了《国家土地督察广州局督察专员工作规范（试行）》。二是制定了一批业务管理和内部管理制度，在2007年制定内部规章制度的基础上，新建制度10项，并于近期将有关制度、政策统一编印成册供工作人员作为工作手册使用。

2.着手谋划广州督察局的中长期土地督察工作规划和计划。一是建立对地方执行国家土地宏观调控、落实耕地保护责任、土地利用、执法检查、农用地转用和土地征收等方面的指导协调机制。二是建立以土地利用规划执行、建设用地审批和批后监管、土地执法的全程督察机制。三是按照先行试点、培植典型、逐步推广的原则，在四省区市选择工作基础好、管理较规范的市县区建立督察联系

点，在探索科学发展保障机制方面开展合作。四是选择1−2个市县，对该区土地利用、管理的问题进行例行督察，发现问题及时纠正。

3.加强基础建设，夯实业务基础。启动土地督察信息化建设，制定了我局的土地督察管理信息系统建设规划，将信息化建设具体分为建设用地审批备案审核管理等八大子系统，并根据年度工作安排和我局当前工作需要，将建设用地审批备案审核管理、土地执法督察管理作为今年开发重点，目前已进入实际开发阶段。

通过建立完善制度，夯实业务基础，使我局以土地督察工作保障和促进地方政府经济社会科学发展的框架初步形成。

三、回顾总结，形成试点工作体会

回顾总结我局学习实践科学发展观活动试点工作，我们有以下五个方面的体会。

（一）在思想上、政治上、行动上同党中央保持高度一致，持之以恒以科学发展观统领广州督察局各项工作。国家土地督察机构既要做科学发展观的忠实执行者，也要做落实科学发展观的积极推动者。在学习和实践科学发展观过程中，应站在能否在思想上、政治上、行动上同党中央坚决保持一致的高度来看待这个问题。要用科学发展观指导土地督察工作，衡量得失和好坏。将科学发展观与严格履行职责，与贯彻落实部党组、总督察交办的任务，与社会经济发展的迫切要求紧密结合起来，贯穿和落实到各项工作始终，切实统一思想认识，破除思想障碍，改进工作作风，提高执行力，真抓实干地解决当前制约土地督察工作存在的突出问题。

（二）维护部党组权威，坚定不移地执行部党组和总督察的决策，在构建和促进科学发展新机制过程中建功立业。

国家土地督察制度必须在构建保障和促进科学发展新机制过程中不断完善。现阶段我国土地利用和管理的一系列难题，如耕地保护的利益调节、集体建设用地的流转、土地违法行为难以得到根本解决等，都需要在体制上和机制上进行深入研究实践。部党组提出的构建保障和促进科学发展的新机制，为破解难题，解决突出矛盾找到一条有效途径，为开创新局面奠定了基础。我们要坚定不移地贯彻部党组的整体思路，把构建保障和促进科学发展的新机制摆在督察工作的首要位置，做到政令畅通，令行禁止。既要发挥优势，为促进地方经济社会科学发展出谋划策，积极提供服务；更要切实履行职责，充分调动地方保护土地资源的积极性，全面落实共同责任机制，共同为坚守18亿亩耕地“红线”而努力奋斗。

（三）继续解放思想，开拓创新，使贯彻落实科学发展观真正落地。国家土地督察制度本身就是解放思想，改革创新的产物。我们只有开拓创新、团结奋斗，才能适应构建保障和促进科学发展新机制的要求，才能提高土地督察和指导的工作水平，才能在“围绕一条主线，抓住三个重点，建立三项机制”的工作职责上尽职尽责，有所建树。贯彻落实科学发展观就是不断解放思想、改革创新的过程。要树立群众观念，善于从群众中汲取营养，接受群众监督。要坚持实践探索，努力在实践中试，在实践中闯。要实现制度创新，及时总结在实际工作中好的做法，使它规范化，形成可操作的制度政策和具体措施，使贯彻落实科学发展观真正落地。

（四）突出实践特色，努力创新机制，使学习实践科学发展观活动真正取得实效。要勤于总结实践，及时总结提炼实践中的有效做法和成功经验，形成政策建议，为总督察和部领导服务；要善于探索实践，主动参与综合改革试验的各项工作，研究解决新的问题；要积极推动实践，通过具体的政策措施推动各项工作的落实。

（五）构建长效机制，巩固和发展学习实践科学发展观活动成果。贯彻落实科学发展观是一项长期的任务，具有长期性、艰巨性和复杂性，必须要构建长效机制，巩固和发展学习实践活动成果。要在队伍建设、制度建设、信息化建设、基础装备建设、文化建设等方面不断解放思想、开拓创新，把贯彻和落实科学发展观贯穿在土地督察实际工作中

四、着眼长远，坚持以科学发展观指导土地督察工作

在前期工作的基础上，我局下一步将重点加强以下五个方面的工作：

（一）更加注重对科学发展观的学习和理解，增强统筹协调的能力，把学习实践科学发展观落实到日常工作中。要坚持以科学发展观统领土地督察工作，完善土地执法监察体系；要坚持以科学发展观指导地方政府土地利用和管理，以解决群众最关心、最直接、最现实的利益问题为重点；要坚持以科学发展观保障社会经济持续协调发展，按国家和人民的眼前利益、长远利益，局部利益、整体利益统筹兼顾的原则，促进区域协调发展。

（二）更加注重实践和调研，为构建和促进保障科学发展新机制的建立献智献策。在已启动的3个与广东、广西共同研究课题之外，规划新课题时紧紧围绕华南督察区域实际和我局工作实际，进一步剖析制约科学发展观的突出矛盾和问题。加强与高校和研究机构等社会力量的合作，将外力转化为内力，强化调研深度，丰富调研内容，提升调研水平。

（三）更加注重强化督察工作力度，促进地方国土部门执行力。进一步推进土地执法长效机制建设，督促各地建立制度试点。按照“先行试点，培植典型、逐步推广”原则，在四省区市选择工作基础好，管理较规范的市县区建立督察联系点，在探索科学发展保障机制方面开展合作。监督国家土地调控政策落实，开展耕地保护和建设用地审批的合法性和真实性例行督察试点。将卫星遥感技术与土地督察工作相结合，发现土地违法线索，督促地方政府加大违法用地处理力度；指导地方政府探索建立和落实土地执法问责制。

（四）更加注重队伍机构建设和文化建设，发挥团队优势和整体效益。机构建设上，在派驻督察三室试点工作的基础上，总结经验，完善制度，拓宽思路，启动督察二室的筹建工作。业务建设上，全局人员特别是年青干部要提高素质，进入角色，适应岗位。建立学习培训制度，通过有关领导、专家举办讲座，专题学习研讨，局际交流学习活动等方式，有针对性地开展内部培训，提高年青干部的业务能力和综合素质。作风建设上，按“严、明、勤、廉”的总体要求，造就一支“有理想、有责任、有能力、能谋事、能干事、干成事”的土地督察队伍。

（五）更加注重对外宣传、协调和交流，利用现代技术和社会资源改进土地督察工作。完善督察区域联系人制度与信息上报制度，及时获取督察区域各级政府及国土资源部门的动态信息。积极参与有关报刊组稿，及时捕捉热点问题，在有效、有度的原则下加强宣传工作；加强信息报送工作，及时上报、反馈工作动态和工作热点，使局的工作能迅速让部领导和总督察办明了。

国家土地督察武汉局
深入开展学习实践科学发展观活动总结

（2008年8月27日）

国土资源部深入学习实践科学发展观活动开展以来，在部党组和总督察的正确领导下，在部试点

办的具体指导下，按照部深入学习实践科学发展观活动试点工作方案的统一部署，我局紧紧围绕“构建保障和促进科学发展的土地督察新机制”这一目标，积极发动，认真组织学习，开展调查研究，探求发展对策，确保了学习实践活动扎实推进，取得实效。现将学习实践科学发展观活动有关情况总结报告如下：

一、认识和回顾

3月31日，部召开学习实践科学发展观试点工作动员大会，对试点工作进行了全面安排和部署。我局积极行动，结合自身实际，在深化认识、加强领导、注重总结上下功夫，经过四个多月的努力，实现了预期目标。

（一）加深对试点工作的理解和认识。4月3日，我局召开全体干部会议，组织学习传达徐绍史部长在部试点工作动员大会上的重要讲话和部试点工作方案。通过学习讨论，局领导班子深刻认识到，科学发展观是我国经济社会发展的重要理论指导和实践指南，开展学习实践科学发展观活动试点工作是一项光荣而重大的政治任务，是推动新一轮思想大解放、事业大发展的良好机遇，有利于进一步夯实科学发展的思想基础，是解决影响国土资源管理科学发展突出问题的现实需要，有利于把先进的思想理论转化为强大的实践动力，也为加快落实国家土地督察制度提供了重要契机，必须增强做好试点工作的责任感和紧迫感。

（二）加强对试点工作的组织和领导。经过深入讨论和反复修改，4月8日，我局制定并印发了开展深入学习实践科学发展观活动试点工作实施方案，明确了各阶段活动的指导思想、目标任务、基本原则和工作要求，研究成立了学习实践活动试点工作领导小组和工作机构，并确定了联络员，落实了相关责任和工作任务，为学习实践活动提供了重要的组织保证。同时，我局试点工作坚持一把手亲自抓、负总责，并在学习实践活动的对象上突出局领导班子和处级以上党员领导干部这一重点，在各个环节，强化领导干部带头学习，带头发言，带头撰写心得体会，带头调研，带头分析检查问题，做学习实践科学发展观的先行者、组织者、推动者，充分发挥了示范引领作用。

（三）加强对试点工作的分析和总结。按照徐绍史部长关于试点工作要注重积累经验的要求，我局于每一阶段结束时，都及时对前段学习实践情况进行总结，分析检查试点工作中存在的问题，汲取经验教训，将学习实践阶段成果及时转化运用到土地督察实际工作中去，并对下阶段工作进行再动员，根据实际情况适时调整活动安排。同时，不断探索学习实践的新思路、新方法，提高试点工作水平。积极争取部试点办对我局试点工作的指导和支持，注重加强同各兄弟单位的沟通和联系，一方面保证了学习实践活动的有序开展，另一方面也为部试点工作探索积累了一些好的经验和做法。

四个多月来学习实践的事实证明，我局的试点工作组织得力，工作扎实，做到了徐部长要求的“两不误、两促进”。一是紧密联系了实际，找准了学习实践活动的对接点。紧紧围绕土地督察工作实际，坚持将学习实践活动融入日常的土地督察工作中，促进了土地督察工作的开展。二是突出了实践特色，找准了学习实践活动的着力点。以梳理、查找和解决问题为重点，着力转变思想观念，着力改进工作作风，着力解决突出问题，着力完善制度。三是坚持了边学边改，找准了学习实践活动的落脚点。试点工作坚持边学边查，边查边改，以学促改，以改促提高，真正把学习实践活动转化为推动机关党员干部个人进步和土地督察工作科学发展的生动实践，以推动工作的具体成效来检验学习实践活动的实效。

二、特点和成效

按照部“形式要新、安排要细、成果要实、特色要显”的试点工作要求，紧密结合我局实际，在高标准做好部规定动作的同时，创造性地设计了自选动作，试点工作特点鲜明，成效明显。

（一）深入学习研讨，努力转变观念，思想认识有了新的提高。贯彻落实科学发展观，首先是一场深刻的观念变革。而观念的变革并不是一蹴而就的，它需要在新旧观念的反复交锋中才能完成。在学习实践活动中，针对局机关部分处室、部分同志中存在的安于现状、畏首畏尾、惯性思维等突出问题，着力从三个方面促进机关干部思想观念的转变：一是抓学习。局试点办下发通知，要求全局干部认真学习中央“两个读本”和部编印的其他学习资料。组织集中学习胡锦涛同志6月30日在抗震救灾先进基层党组织和优秀共产党员代表座谈会上的重要讲话和温家宝总理、李克强副总理在国土资源部党组分析检查报告上的重要批示精神以及李源潮同志在国土资源部调研时的讲话精神，组织收看专家辅导讲座视频，结合工作实际，学习全国国土资源厅局长会议精神，并组织全局党员干部赴湖北红安参观学习。二是抓大讨论。开展了“解放思想，改革创新”学习大讨论，大家从自身、局机关两个层面，查找思想认识上影响和制约科学发展的突出问题，撰写心得体会，局开设了学习专栏，供大家学习交流之用。三是抓分析检查。局领导班子召开专题民主生活会扩大会议，班子成员结合分工重点查找了班子和个人在贯彻落实科学发展观方面存在的突出问题，深入分析原因特别是主观原因，认真撰写分析检查报告。通过检查分析，查找出4个方面的突出问题，剖析了4个方面的主观原因，提出了6个方面的整改措施。

通过学习讨论和分析检查，局机关党员干部的思想受到了触动，认识有了提高，观念有了转变，表现在：一是忧患意识越来越强烈。大家看到了当前土地管理和土地督察工作中存在的突出矛盾和重大问题，认识到督察工作有为才有位，贯彻落实科学发展观的自觉性得到增强。二是攻坚克难的决心越来越大。通过学习实践，存在的问题得到梳理，解决问题的思路得到明晰，贯彻落实科学发展观做好土地督察工作的使命感更加强烈，态度更加坚定，信心和决心得以增强。三是开拓创新的氛围越来越浓厚。大家意识到，对于全新的土地督察工作而言，只有大胆求索，勇于超越，才有出路。工作中，大家的思路更开阔了，创新意识更强了，“闯”劲更足了。

（二）深刻反思总结，努力转变作风，执行力有了新的增强。土地督察机构及其工作人员执行力的强弱，关系到中央有关土地管理方针政策能不能真正贯彻落实，关系到科学发展观能不能在土地督察工作中“落地生根”。针对我局刚刚组建，作风和执行力方面存在的实际问题，着重从两个方面进行了改进和提高：一是深入开展“改进作风，增强执行力”学习大讨论。大家就工作作风、执行力方面存在的主要问题以及造成这些问题的原因进行了认真分析、讨论，梳理出机关工作“慢”、“粗”、“低”、“软”、“虚”、“僵”等6个方面的主要问题，提出了5条有针对性的改进措施。二是开展自查自纠活动。大家对照工作标准，认真开展自查自纠，从减少错别字开始，逐步提高工作水平和工作能力。

通过学习实践活动，我局的工作作风和执行力有了明显改进和提高，表现在：一是形成了改进工作作风、提高执行力的共识。大家意识到，工作作风不硬、不细致，会影响到执行力的落实，进而影响督察工作，认为土地督察工作，还是应该坚持高标准、严要求、快节奏。二是工作的责任意识不断增强。局机关崇尚学习、刻苦钻研业务的氛围越来越浓厚，利用业余时间“充电扩容”、加班加点的同志越来越多，主动要求承担工作任务、自我加压的现象越来越普遍，工作的主动性和自觉性得到进一步增强。三是工作质量和效率不断提高。工作节奏和工作落实明显加快，“拖”的现象变少了；工作水平和工作能力明显提高，工作的质量越来越好，一些调研报告和工作成果得到了部领导的肯定。

（三）着力解决问题，努力推动实践，督察工作有了新的进展。学习实践科学发展观就是要知行合一，立说立行，见诸行动，解决问题、推动实践、促进发展才是贯彻落实科学发展观的根本目的。为此，我局及时将土地督察的工作内容纳入到学习实践活动中，将学习实践的要求转化为土地督察的工作成果。一是深入开展调查研究。局试点办下发通知要求各处室积极开展学习实践科学发展观活动调查研究，并制定了详细的调研工作方案。5月21日至24日，6月7日至10日，常嘉兴局长带队，先后深入到湖北省黄石市、大冶市、蕲春县和宜昌市长阳县就构建保障科学发展土地管理新体制新机制开展调研工作。同时，我局还先后开展了关于应用卫星遥感技术开展督察工作研究、完善用地审核机制提高土地督察执行力研究、城市主体风景区集约节约用地模式研究以及农村宅基地管理和新农村建设用地研究等调研课题。通过调研，及时了解和思考了新时期土地利用与管理中出现的新情况、新问题以及地方政府的所思所求，为有针对性地提出解决问题的思路和办法，引导地方政府落实科学发展观，进而促进土地督察工作的深入开展奠定了基础。二是主动参与督察区域武汉城市圈、长株潭城市群“两型社会”综合改革试验区建设。学习实践活动期间，我局提出了督察与服务并重、保护与保障同举的督察工作思路，积极主动地参与试验区经济社会发展进程。7月16日至22日，常嘉兴局长带队赴属于武汉城市圈“两型社会”综合改革试验区范围的湖北省孝感、鄂州两市，就工业园（区）和重点项目用地情况进行了调研；我局还及时对湖北省中博会签约项目用地进行汇总分析，在保证用地依法进行的前提下，探索服务支持地方经济发展的新思路，赢得了地方政府及其国土资源主管部门的理解和支持。

（四）着力完善制度，努力创新机制，督察工作有了新的规范。学习实践科学发展观，重在取得实效，而制度建设和机制创新作为树立和落实科学发展观的关键环节，又是衡量学习实践活动成效的重要标志。试点工作期间，我局主要从三个方面进行了努力：一是抓制度的立、改、废。结合自身实际，借鉴兄弟局的经验，我局对规章制度进行了整理汇编，修订4个，新制定12个，同时，狠抓制度的贯彻落实，保证了督察工作规范有序运行。二是抓整改方案的落实。针对学习实践活动中查找出的问题，我局认真研究制定了整改落实方案，提出了整改措施，明确了整改期限、整改要求和责任人。整改措施着重从制度层面进行完善。三是通过学习实践活动，积极探索了土地督察工作的新思路、新方法。初步建立了与督察区域三省的沟通协调和信息共享制度，开展了与地方政府共建督察联系点工作，推动三省建立土地执法监管的长效机制，探索建立日常土地督察、审核按比例抽查评分机制等。

总的来看，我局学习实践活动的各阶段任务完成较好，实现了预定目标。但由于督察工作任务重，时间紧，导致学习实践活动还存在一些值得改进的地方：一是对一些问题的讨论还不够充分、深入，思想碰撞、理论争鸣得不够，认识还停留在表层。二是由于督察工作的安排，学习实践活动在时间和顺序上不能完全按试点工作实施方案的要求进行。三是制定的整改措施还没有完全落实到位，一些好的做法由于还未形成长效机制，有随着活动结束而结束的“危险”。针对这些问题，我局下一步将立足长远目标，再添措施，努力加以改进和克服。

三、体会和打算

通过四个多月的学习实践活动，我们对科学发展观有了更深刻的理解，对试点工作有了更深切的体会，凝聚了共识，获得了启示，主要是：

（一）深刻认识和理解是搞好学习实践科学发展观活动的前提。认识对实践具有重要的指导意义。一方面，科学发展观作为一种理论体系，并不能直接为人们感知和接受，只有深化对科学发展观这一实践客体精神实质和丰富内涵的认识、理解，才能增强贯彻和落实的自觉性、主动性。另一方面，要加深对试点工作本身的认识和理解，理解其重要性和必要性，才能增强做好试点工作的责任感和紧迫感，试点工作也才能在深刻认识和理解的基础上有效开展。

（二）精心组织和设计是搞好学习实践科学发展观活动的关键。学习实践科学发展观活动是一个庞大的系统工程，但试点工作时间短、任务重、要求高，加之日常督察工作也要正常开展，整体的组织设计就成了搞好整个活动的关键。为此，我局认真研究制定了试点工作方案，数易其稿，合理安排试点工作内容，去掉形式化的东西，对每一步都做到有安排、有要求、有成果，环环相扣。同时，注重形式创新，努力帮助大家克服学习实践的“疲劳感”。在精心组织和设计的基础上，确保了试点工作扎实推进。

（三）上级部门的正确指导和相关部门的支持是搞好学习实践科学发展观活动的重要保证。学习实践科学发展观活动不能闭门造车，而要坚持开门学习，“走出去、请进来”，加强横向与纵向的沟通和联系。试点期间，部党组、试点办印发的关于学习实践活动的各种文件、方案、简报等，对我局的试点工作起到了很好的指导作用。同时，我局利用情况专报等多种途径，积极向部试点办请示汇报，争取指导帮助，一些学习实践活动中遇到的问题和存在的困难得到了及时解决，保证了活动的顺利进行。期间，我局还开展了多项调研，形成了一系列调研成果，调研工作得到了督察区域地方政府及国土资源主管部门的大力支持和配合，成为搞好整个学习实践活动的重要外部保证。

（四）坚持领导带头，发挥全体党员干部的积极性，学习实践科学发展观活动才能提高效用。学习实践科学发展观，人的因素最重要也最关键，活动每一个环节的成效，最终都体现在机关每一个干部的思想和行动上。特别是领导班子和领导干部，承担着学习实践活动的主要责任，对活动的成效起关键作用。为此，我局在活动的各个环节都突出领导带头，在此基础上，扩大覆盖面，充分调动青年党员干部的积极性，确保每一个党员都受教育，都有进步，都出成果，整体提高了学习实践活动的效用。

（五）只有立足实际，着眼长远，才能不断巩固和发展学习实践活动的成果。科学发展观不是看不见、摸不着的抽象概念，而是具体的，需要在日常的思想、工作中实实在在付诸实施的思想革命和科学实践，学习实践科学发展观尤其需要深刻的实践和探索。只有立足实际，突出实践特色，着力总结提炼实践中的有效做法和成功经验，着力探索解决实践中出现的新情况、新问题，着力推动实际工作的开展，学习实践活动才能取得实效。同时，学习实践科学发展观又是一项长期的任务，必须着眼长远，构建长效机制，才能确保学习实践的热情不减、标准不降、劲头不松，试点工作的成果也才能不断得到巩固和发展。

试点工作已经告一段落，但学习实践活动没有终点。下一步，我局将重点做好以下工作：一是及时总结，形成制度。对试点工作进行全面回顾，查找不足，汲取教训，对活动中形成的好的建议、做法、经验和各项行之有效的措施及时进行总结，形成工作制度，不断完善深入学习实践科学发展观活动的长效机制。二是继续加强学习和调查研究工作。把学习实践科学发展观作为一项长期的学习任务和工作任务常态化、经常化，在局机关努力营造崇尚学习、崇尚思考的良好氛围。同时，继续深入基层，结合土地督察工作实际，开展调查研究，掌握更多情况，形成更好思路。三是落实整改方案，确保整改成效。严格按照局整改落实方案要求，明确分工，责任到人，抓紧整改，确保每一项整改措施落实到位，确保学习实践活动不走过场。

国家土地督察成都局
深入开展学习实践科学发展观活动总结

（2008年8月26日）

按照国土资源部党组的统一部署，我局从2008年3月以来，认真开展了深入学习实践科学发展观活动试点工作。4月20日，国土资源部党组书记、部长、国家土地总督察徐绍史来我局视察工作时作出重要指示："要把深入学习实践科学发展观活动切实搞好，在学习实践中进一步探索土地督察工作方式，探索保障科学发展的土地督察机制。"国土资源部党组成员、国家土地副总督察甘藏春5月在四川调研和负责抗震救灾前线指挥部工作期间，就我局开展学习实践科学发展观活动作出一系列指示，强调把严格督察与加强调研、搞好服务特别是积极参与抗震救灾和灾后重建工作紧密结合。其他部领导也对我局学习实践活动作出了指示、批示。部党组的正确领导和部领导对我局工作的重视、支持，为我们开展试点工作指明了方向，提供了有力保障。

开展试点工作5个多月来，我局在部试点办的指导下，精心组织、周密谋划、狠抓落实、扎实推进，经过全局同志的共同努力，全面完成了试点工作各项任务，取得了显著成效。现总结报告如下。

一、全力开展各阶段工作，预期目标全面实现

（一）迅速行动，提高认识，周密安排，扎实推进。3月31日部试点工作动员大会一结束，我局就迅速行动，认真组织全体党员干部传达学习贯彻徐绍史总督察在动员大会上的重要讲话精神和部试点工作方案的部署要求，切实把思想统一到中央作出的新时期社会经济发展重大战略部署精神上来，增强做好试点工作的责任感和紧迫感。及时研究成立了局学习实践科学发展观活动领导小组和工作班子，制定了局试点活动实施方案，明确目标、分解任务、落实责任、逐项推进。举办了党员干部学习培训班和专题学习交流会，统一购买学习实践活动资料。制定了局学习实践活动工作安排和责任分解明细表，明晰各阶段的具体活动内容，将任务和责任落实到每个处室与党员干部。

（二）加强学习，吃透精神，联系实际，深入调研。在学习调研阶段，我局认真开展"解放思想、改革创新"大讨论，组织全局干部认真学习党的十七大报告、《科学发展观重要论述摘编》及部试点办编辑的学习资料，观看有关辅导讲座录像，撰写学习心得体会并在全局干部会议上进行交流。开展与一同列为试点单位的财政部驻川办、四川省有关部门的学习交流和座谈活动。采取座谈会、网站专栏和征求意见函等多种形式，听取地方政府、国土资源管理部门和群众对搞好国家土地督察工作的意见和建议。针对督察区域土地利用和管理的热点、难点问题，有目标、有重点地选择地方开展工作，进行跟踪深度调研与分析解剖，形成调研成果。

（三）查摆问题，深刻反思，寻根溯源，寻计问策。分析检查阶段，正是四川发生特大地震的时期，我局在全力参与抗震救灾支持灾后重建的同时，抽挤时间，认真组织全局党员干部开展"改进作风、增强执行力"大讨论，努力做到抗震救灾与学习实践活动两不误。从局领导到新进公务员，都本着高度负责的精神，全面剖析个人、本单位、部机关在工作作风、执行力方面存在的问题及原因，提出了建议。在此基础上，局系统归纳并提出了整改措施。主要包括，深入开展学习讨论和业务交流，增强依法行政、把握大局、解决复杂问题的能力；深入调查研究，提出有针对性的政策建议，增强服务意识；研究完善土地督察业务规章，促进督察工作规范化、制度化建设；研究建立共管责任机制、保障科学发展的土地督察机制和土地执法长效监管等机制；继续探索土地督察的新方式、新方法，在实践中提高能力；加快遥感和地理信息技术在土地督察工作中的应用，提高运用现代技术发现和解决问题的能力和水平。形成了局领导班子学习实践科学发展观分析检查报告。

（四）扎实整改，解决问题，完善制度，务求实效。在分析检查基础上，制定了整改落实方案，进一步明确了整改内容、整改时限和责任人，确保整改到位。全局上下学习理论和业务知识的氛围更加浓厚，尤其是年轻干部较快地转换了角色，在督察工作中发挥了生力军的作用。通过对督察区域热点、难点问题的深入调研，提出解决问题的办法与创新思路，得到部领导的肯定和地方的好评，为地方加快发展和规范管理提供了服务。针对制度建设薄弱的问题，制定和修订了局内部管理规章15项、

业务管理规范7项。

总体上看，通过这次学习实践活动，我局全体党员干部对科学发展观的内涵要求和精神实质的认识更加深刻，贯彻落实科学发展观的自觉性和坚定性明显提高，构建保障和促进科学发展土地督察新机制的责任感和紧迫感显著增强，改革创新意识和行政执行力大大提升，试点工作的组织领导有力有效，全面实现了预期目标。

二、坚持四个“紧紧围绕”，试点工作特色显、成效大

（一）紧紧围绕突出实践的要求，扎实开展学习实践活动。围绕贯彻落实科学发展观、切实履行国家土地督察职责，提高调查研究、破解土地利用和管理突出问题的能力，提高服务大局、谋划长远、应对复杂局面和困难的能力，提高快速发现、严格审核和及时纠正的能力，提高攻坚克难、改革创新的能力，进一步增强贯彻落实中央关于土地督察工作重要指示精神的执行力。试点活动期间，完成了10多项调研成果，主要包括：成渝统筹城乡综合配套改革试验区的土地制度创新调研，农村集体土地流转制度改革调研，成都市建立耕地保护基金制度情况调研，城乡建设用地增减挂钩调研，国土资源管理考核指标体系研究，西南地区土地管理形势分析等。编辑出版了《探索科学发展之路—西南地区土地管理热点问题调研》一书。有关调研成果为国家制定相关政策提供了及时、有益的参考，得到了部党组、总督察和有关地方的高度评价。

（二）紧紧围绕解决问题的要求，有针对性开展学习实践活动。以解放思想、改革创新的精神，有效解决土地执法监管和服务中的疑难问题，有效解决基层群众反映强烈的土地违法违规问题，促进解决影响和制约区域科学发展的重大问题。按照部领导的指示，参与研究成渝统筹城乡综合配套改革试验区改革发展中涉及的土地制度创新、集体建设用地流转、建立耕地保护基金制度、城乡建设用地增减挂钩等重大土地政策问题。针对昆明市全面改造335个城中村中遇到的土地政策难题，通过实地调查，研究提出规范管理、破解难题的思路和办法。对群众反映、媒体披露的重大土地违法违规问题，在调查核实的基础上，督促依法从严从速处理。

（三）紧紧围绕创新机制的要求，创造性开展学习实践活动。以科学利用和管理土地、提高土地资源对经济社会全面协调可持续发展保障能力为根本目标，以落实土地政策参与宏观调控、耕地保护责任目标、依法管理和合理利用土地为出发点，围绕落实共同责任、完善督察方式、丰富督察手段等重点内容，着力探索构建保障科学发展的土地督察新机制。商重庆市人民政府制定派驻土地督察专员试点工作方案，建立派驻工作规范，积极推进试点工作。以云南省玉溪市为试点，开展土地例行督察工作，探索完善督察工作机制。与云南省曲靖市和大理白族自治州人民政府协商，确定共同开展构建保障和促进科学发展的土地管理新机制试点，研究探索保护耕地和保障发展共同促进的新途径。加快遥感技术和地理信息在土地督察工作中的应用，正在开展重庆、昆明、拉萨、玉溪等城市卫星遥感监测和基础数据库建设。与成都市合作，共同建设耕地保护监控系统。

（四）紧紧围绕抗震救灾和灾后恢复重建的要求，努力践行科学发展观。汶川特大地震发生后，我局在部党组的正确领导下，全员动员、全力以赴投身到抗震救灾和灾后恢复重建的各项工作中，努力践行科学发展观。竭力参与抗震救灾前线指挥部工作。从灾情发生的第一时间起，就主动承担起部抗震救灾前线指挥部的联络和后勤保障工作，想方设法保障指挥部的高效运转。协助前线总指挥协调有关单位及时开展航摄工作，及时组织资料收集和信息报送。组建工作队深入重灾区帮扶灾民。主动派出工作组加入成都市抗震救灾工作队，投身灾情最重的都江堰市龙池乡、向峨乡、天马镇等乡村，参加抢险救灾工作，受到了地方干部群众的好评。积极开展抗震救灾和灾后恢复重建土地支持政策调研，及时向部提出建议。积极捐款捐物奉献爱心，先后3次组织捐款，全局11名在编干部捐款总额达

45500元。

尽管我们在着力解决问题、积极推动实践，建立健全制度、服务地方发展，改进工作作风、增强行政执行力等方面取得了积极成效，但也要看到存在的问题和不足，一是督察制度还不够完善，需要进一步加强制度建设；二是部分干部角色尚未完全转换，工作中还存在顾虑多、放不开手脚的问题；三是基础建设有待加强。这些问题必须引起高度重视，努力加以解决。

三、以科学发展观为武装，推动土地督察事业继续阔步前进

（一）加快干部角色转换步伐，这是贯彻落实科学发展观和切实履行督察制度的前提。要进一步加强学习培训，切实提高党员干部贯彻落实科学发展观的自觉性和坚定性，提高党员干部运用科学发展观解决实际问题的能力和水平。要建立岗位责任制，明确岗位职责和岗位目标，加强检查考核，落实工作责任。加强干部轮岗交流和挂职锻炼。要加强土地督察文化建设，为进一步做好土地督察工作打下坚实的思想基础。

（二）增强服务地方意识，这是贯彻落实科学发展观和切实履行督察制度的基础。要进一步加强调查研究，总结和反映地方的好经验、好做法，研究解决地方经济社会发展中的土地利用矛盾和问题。

（三）完善督察制度和工作机制，这是贯彻落实科学发展观和切实履行督察制度的关键。要进一步制定和完善局内部管理制度，建立健全土地督察业务工作制度，建立和创新土地督察工作机制，在继续做好专题调研、用地审核、重点督察等工作基础上，积极探索例行督察、联合督察、派驻专员试点、共建联系点等督察方式。

（四）提高业务工作能力，这是贯彻落实科学发展观和切实履行督察制度的根本。要进一步加强业务学习和培训，鼓励参加继续教育。要丰富督察手段，在完善信访、审核、巡查、媒体、网络等发现手段的基础上，加快遥感和地理信息技术在土地督察工作中的应用，提高运用现代技术发现和解决问题的能力。要加强督察工作效能建设，强化对业务工作的检查考核，鼓励工作中大胆实践、大胆创新。

我局学习实践科学发展观活动试点工作告一段落，但学习贯彻科学发展观是一个长期过程。下一步，我们要继续加强学习、深化认识，把学习实践科学发展观落实到日常土地督察工作中；要按照部党组统一部署，继续抓好整改方案的落实，加强国家土地督察制度研究，总结督察规律，切实改进工作；要进一步深入调查研究督察区域土地利用和管理问题，为国家制定相关政策提供参考，为地方经济社会发展和改进管理提供服务；要坚持以科学发展观武装土地督察，切实改进作风、增强执行力，不断提高工作能力和水平，推动土地督察事业继续阔步前进。

国家土地督察西安局
深入开展学习实践科学发展观活动总结

（2008年7月17日）

一、形成以科学发展观统领土地督察工作的共识

通过学习实践活动，全局党员干部对科学发展观的科学内涵、精神实质和根本要求有了深刻理

解，牢固树立了科学发展观新的理念。

（一）尊重规律的理念。科学发展观要求我们想问题、办事情、搞工作要从西北实际出发，尊重自然和社会发展规律，按规律办事，正确认识西北土地管理工作的基本矛盾，探索适应西北地区科学发展要求的土地督察方式方法，促进西北地区经济社会全面协调可持续发展。

（二）多样性、差别化的理念。由于自然、历史和现实的原因，东、西部之间、农业和工业之间、西北各省区之间经济社会发展等诸多领域都有非常复杂的不同情况，都处在很不平衡的状态中，有着较大的差异。科学发展观要求我们把握经济社会全面协调可持续发展的同时，还应看到西北各省区发展的多样性和差异性。要求我们结合国家的大政方针，深入调查研究，积极向国家建言献策，实行有区别的土地管理政策措施。在节约集约用地的基础上，对西北经济欠发达地区、民族自治地方的土地资源利益给予适当政策倾斜。在督察工作中，要根据不同的督察区域和对象采取有差别的、有针对性的督察方式方法。

（三）整体协调性的理念。科学发展观要求我们在土地督察实践中，必须有系统思维，坚持统筹兼顾的根本方法，深入研究西北社会经济与政治、经济与文化、人与社会、人与自然等诸多方面的相互关系，深入研究保护资源和保障发展的相互关系，土地督察监管与土地督察服务的相互关系，不断协调这些方面的相互关系，破解两难命题，使两难变双赢，既保护资源，又保障发展。

（四）积极参与宏观调控的理念。督促检查地方政府贯彻中央关于运用土地政策参与宏观调控要求情况，是我们土地督察机构的一项重要职责。西北地区经济欠发达，更需要适应于西北地区生产力发展阶段和要求的土地宏观调控机制、方式。我们必须按照科学发展观要求，从西北各地实际出发，加强对新增建设用地的供应总量、结构、节奏、分布和时序等情况的研究分析，督促西北各省级机构认真落实《国务院关于促进节约集约用地的通知》有关任务。

（五）以人为本的理念。科学发展观的核心是以人为本。坚持以人为本，要求我们在土地督察工作中，必须关注甘肃、陕西等地震灾区震后重建涉及的土地利用和管理问题，关注民生用地的土地利用和管理问题，关注西北贫困地区、少数民族地区，边疆地区的土地管理政策问题，关注被征地农民的利益保护问题。同时也关注土地督察队伍进步发展和后顾之忧问题。

（六）开拓创新的理念。土地督察是一项全新的事业，其本身就是贯彻落实科学发展观的产物，是构建保障和促进科学发展新机制的具体体现。我们必须坚持“围绕一条主线，抓住三个重点，建立三项机制”的基本工作思路，不断解放思想，开拓土地督察新的空间，探索创新土地督察工作机制和方式方法，探索创新耕地保护制度，探索创新以生态重建为主要内容的国土整治制度、疏堵结合的土地管理制度和标本兼治的土地监管制度，推进西北地区土地管理事业的大发展。

二、主要特点和做法

（一）细化实施方案，迅速动员启动

部开展学习实践试点活动动员大会后，侯海生局长立即安排部署传达学习工作，4月2日，召开局全体党员大会，传达学习了徐绍史部长动员讲话和部试点工作方案，成立了局学习实践试点工作领导小组及其办公室。4月9日，召开了全局干部动员大会，通报全局学习实践试点工作实施方案，正式启动了学习实践活动。局实施方案既体现了部党组关于试点的要求，又体现了西北地区土地督察实践的需要。方案的落实措施强调精细化操作，以列表形式，对试点各阶段涉及的30多项具体任务逐项进行了分解，并明确了牵头负责人。在后来的工作中，及时进行了调整。4月21日，我局安排全天时间集中学习李源潮同志在部学习实践试点工作调研座谈会上的讲话，组织观看了科学发展观辅导讲座光

盘。在试点期间，我局组织党员干部学好必读的学习资料外，还向每位党员干部配发了《胜任才是硬道理》、《寂静的春天》、《增长的极限：罗马俱乐部关于人类困境的报告》、《崩溃：社会如何选择成败兴亡》等4本书，要求结合阅读。通过学习，全局党员干部进一步增强了开展学习实践活动的自觉性和主动性，有力地促进了我局学习实践活动逐步向深入发展。

（二）开展调研讨论，求解突出问题

根据学习实践活动方案的安排，我局在前期多次调研的基础上，又于4月中旬至5月初，开展了三次专题调研活动。一是开展欠发达地区土地利用和管理情况调研。由侯海生局长带队，赴陕西汉中市及洋县、南郑县、勉县、西乡县进行调研。结合贫困地区的实际，提出了针对性的土地利用和管理建议。二是开展开发区节约集约用地情况调研。由孙英辉副局长带队，先后深入到西安高新技术产业开发区、阎良国家航空高技术产业基地、西安国家民用航天产业基地、西安曲江新区调查了解促进节约集约用地情况。5月初，侯海生局长、孙英辉副局长再度带队深入西安高新技术产业开发区，就总结开发区节约集约用地经验、破解历史遗留问题、合作共建保障开发区科学发展新机制等问题进行了调研，进一步深化调研课题。三是开展落实百日行动后续工作督察调研。结合遥感监测资料，对甘肃省三个州市百日行动整改未到位重点地区进行跟踪督察。同时，在天水、平凉、银川、吴忠等市开展了建立土地执法监管长效机制、保障和促进科学发展新机制试点情况调研活动。

在广泛、深入调研的基础上，开展了三次集中学习研讨活动。一是利用4月28、29日两天时间，围绕开展“解放思想、改革创新”学习大讨论，召开了局内调研成果交流研讨会。就西北地区土地利用和管理的特殊矛盾、土地督察工作面临的形势和督察重点、共建保障和促进科学发展土地管理新机制试点、贫困地区土地利用管理政策差别化分析、基础设施建设土地利用和管理、基层土地管理存在问题、开发区土地节约集约利用评价、建设用地审批改革、应用信息化等技术推进土地督察等9个方面的问题进行了研讨。二是5月22日，对新出台的《违反土地管理规定行为处分办法》进行了集中学习研讨，提出了督促建立土地管理问责制的初步意见。三是6月4日，召开全体党员会议，开展了“改进作风、增强执行力”大讨论。每位党员都主动把自己摆进去，认真检查思想、工作、作风方面存在的不适应不符合科学发展观要求，不利于构建保障和促进科学发展新机制的突出问题，分析了造成问题的原因，提出了改进作风、增强土地督察工作执行力的意见。

（三）认真对照分析，深刻检查自己

进入学习实践试点活动第三阶段，我局在抗震避灾的同时，于5月13日用一整天的时间，召开局领导班子专题民主生活会，两位局领导分别结合党性分析，检查自身在贯彻落实科学发展观方面存在的问题，统一了思想认识。在民主生活会上，侯海生局长谈了自己对科学发展观和学习实践活动重要意义的认识，分析了中央宏观管理与地方微观发展的异同点、西北地区土地利用管理的基本矛盾，比较了中国历史上西部开发和国际上对发展模式的种种探索，分析了国家层面、西北区域层面、土地督察特别是西安土地督察局层面、个人层面存在的突出问题，从思想、业务、制度、作风和凝聚力等5个方面提出了整改措施。孙英辉副局长着重分析了自己不适应科学发展观要求的主要问题是：主观上思想不够解放、工作上实践不够扎实、作风上执行不够有力，从深入学习、自我教育，解放思想、破解难题，开拓创新、完善制度等3个方面提出了整改措施。

6月16日，我局召开全体党员会议，认真评议局领导班子检查分析报告。为了搞好这次评议活动，局临时党支部事先将局领导班子检查分析报告发送给每个党员广泛征求意见建议。在局领导班子检查分析报告中，通报了局开展学习实践科学发展观试点活动的进展情况，归纳梳理出涉及解放思想、土地督察实践、调查研究、角色转换、基本建设等5个方面问题，着重从主观方面分析了产生问

题的原因，提出了坚持领导带头、增强服务意识、加强调查研究、加强协调合作、完善工作机制、改进工作方法、强化技术支撑、规范内部管理、提高队伍素质、加强基础建设等10个方面的改进措施。会议采取无记名背靠背填表的形式，对局领导班子检查分析报告进行了评议。经统计，发出评议表14张，收回14张，认为局领导班子检查分析报告好的14张。

全局处级干部也按要求撰写了个人贯彻落实科学发展观情况的分析报告。我局还将这些报告刊载于内部刊物上学习交流。

（四）结合抗震救灾，调研震后重建涉及土地管理问题

5月23日至27日，徐绍史部长、总督察先后深入陕西宝鸡市扶风县、汉中市宁强县、略阳县，甘肃陇南市康县、武都区、文县等地震重灾区，实地查看地震灾情和引发的地质灾害情况。我局随行工作人员充分发挥熟悉督察区域基本情况的优势，结合抗震救灾和震后重建工作，提供了《关于陕西督察区域背景资料》、《关于甘肃陇南市土地管理基础和震后重建涉及土地问题的初步调研情况》等资料，就震后重建涉及的土地管理问题提出了4点政策倾斜建议。全局在抗震救灾期间，科学组织，沉着应对，一切工作均保持了正常秩序。

三、立足解决问题，取得初步成效

（一）进一步明确了西北地区土地督察工作重点任务

在5月16、17日，召开西北地区土地督察工作座谈会。西北各省区政府和新疆生产建设兵团主管秘书长、办公厅负责联系土地督察工作的处长，国土资源厅（局）长和办公室主任以及西安督察局处级以上干部参加了会议。会议印发了《2008年西北地区土地督察重点工作安排》，明确了2008年度的19项重点工作任务，有力地推进了西北地区土地管理和土地督察工作。

（二）探索、开展了与地方共建保障和促进科学发展土地管理新机制试点工作

我局将督促构建保障和促进科学发展土地管理新机制作为今后一段时期土地督察工作的根本任务，围绕探索建立土地管理共同责任机制、市场配置和宏观调控机制、开源节流机制、执法监管长效机制，提出了与地方共建保障和促进科学发展土地管理新机制试点工作试点的基本思路和指导意见。6月中、下旬，派工作组深入陕西西安市长安区、甘肃平凉市、宁夏吴忠市、新疆石河子市等4个区县开展共建试点前期调研工作。7月16日，我局与宁夏回族自治区政府共同签发了《宁夏回族自治区人民政府办公厅国家土地督察西安局印发〈关于在吴忠市开展建立保障和促进科学发展土地管理新机制试点工作的意见〉的通知》（宁政办发〔2008〕127号），标志着与地方共建试点工作正式启动。

（三）进一步加强土地督察调研工作

初步形成了《西北地区土地利用管理的形势和督察工作重点》、《立足区域差异，探索陕西督察实践》、《加快禁止实心砖生产工作步伐，落实保护耕地和节能减排政策》等3篇调研报告，完成了《关于开展国家土地督察工作问题调研分析的报告》。围绕西北地区土地利用管理的特殊性，有针对性地选择了西北地区土地管理基础状况、基础设施用地利用和管理、贫困地区土地利用和管理政策、开发区土地节约集约利用评价系统研究等9个方面的调研课题。决定于7月下旬在西宁市召开西北地区土地利用管理政策研讨会，成立国家土地督察西安局专家咨询委员会，启动相关课题研究。

（四）完善土地督察问题发现和整改机制

出台了《应用信息化等技术开展土地督察试点工作方案》，成立专门的工作班子，全面铺开“信息化”试点工作，计划形成初步成果后，先在陕西省试行，并适时召开汇报研讨会。已经完成局域网

硬件环境建设并开始运行，出台了《国家土地督察西安局信息系统管理办法（试行）》。与西安高新技术开发区合作开展西北地区开发区评价系统研究。结合试行《国家土地督察西安局土地督察工作程序规定》，开展了土地督察档案管理实务培训进一步提高了土地督察业务能力。

（五）建立和完善与各省级机构之间的沟通、磋商机制

督促西北5省区政府和新疆生产建设兵团全部出台了支持配合土地督察工作的通知文件。制订了西北地区2008年土地督察相关会议计划。在召开西北地区土地督察座谈会的基础上，拟召开相关座谈会、研讨会，充分发挥通报介绍情况、总结交流经验、分析研究问题、信息互动平台的作用和效果，进一步加强与西北各省级机构的沟通、协商。

我局的学习实践试点活动进展顺利，取得了一些阶段性成效，但与部党组的要求相比，仍然存在着一些差距和问题。主要表现在:分析检查出的问题虽有了整改思路，有待进一步落实；由于人少事多，对学习资料的学习有待进一步加强；对提出的调研课题有待进一步深化；由于时间较紧，加上地震等因素的影响，已安排的有些工作进展不平衡。这些问题需要我们在今后的工作中加以解决。

下一步，我局将继续在部党组的领导和部试点办的指导下，进一步细化整改落实方案，集中力量解决突出问题，积极推进督察机制和方法创新，组织好群众满意度测评，做好试点活动总结工作，提出巩固和扩大试点活动成果努力方向和措施，把我局的学习实践活动不断推向深入。

抗震救灾

国家土地督察机构抗震救灾

“5·12”四川汶川特大地震发生后，正在四川调研的部党组成员、国家土地副总督察甘藏春即按照部党组决定，在成都督察局设立部抗震救灾前线指挥部，就地出任部抗震救灾前线总指挥，并立即到成都市国土资源局、四川省国土资源厅和国家土地督察成都局看望干部职工，叮嘱做好防震工作，确保生命财产安全。5月13日，甘藏春同志参加地震灾害部、省会商会，就全力做好抗震救灾工作提出6点明确要求。5月14～15日，甘藏春同志率专家组赴都江堰、崇州、彭州市龙门山区等抗震救灾第一线，指导抗震救灾工作。按照徐绍史部长指示，甘藏春同志还多次就航空遥感发现的重大险情及时通报和会商有关部门领导，为防灾救灾提供了及时有力的帮助。6月2日，徐绍史部长在汪民副部长等陪同下，来到成都督察局看望和慰问干部职工，并希望成都督察局配合地方国土资源管理部门搞好灾后重建工作。

处于灾区的成都和西安督察局立即启动应急预案，安排人员24小时值班，与相关部门保持密切联系，随时向部报告最新情况，还派出工作组主动参与抗震救灾。成都督察局全员动员、积极应对，连续派出工作组加入成都市抗震救灾工作队，直接投身成都市灾情最为严重的都江堰市龙池乡、向峨乡、天马镇等乡镇，参与救灾工作。走访了千余名受灾群众，慰问了60余户死难者家属。并先后3次通过组织捐款及缴纳特殊党费，累计捐款42500元。为及时向部报告灾情和四川国土资源系统抗震救灾工作情况，成都督察局部分同志坚持24小时在局值守，联络情况，编辑整理信息。为配合开展国土资源系统抗震救灾新闻宣传工作，成都督察局派员主动加入国土资源报社、四川省国土资源厅宣传教育中心联合报道组，连续多日深入灾区进行采访，取得了大量珍贵的报道素材，单独或与其他记者合作采写了10余篇反映国土资源系统干部职工抗震救灾事迹的稿件。成都督察局深入重灾地区了解实情，提出了《关于支持四川省抗震救灾和灾后重建土地政策的建议》呈送总督察，为部抗震救灾工作做好决策参谋。

西安督察局地震发生首日即制订抗震预案，分楼层明确抗震组长，全局做到了无人身伤亡、无财产损失；迅速采购应急物资，保持应急状态，保证了工作的正常运转；党员干部冒着余震风险坚持工作，身处灾区，心系重灾区，为成都局援赠救灾帐篷，表达共度难关的信心。及时与陕甘两省政府及国土资源管理部门联系，组织全局职工3次为灾区捐款，党员积极缴纳特殊党费，体现了督察干部的优良作风；陪同徐绍史总督察深入重灾区查看灾情，提出了灾后重建政策倾斜建议，在大灾中彰显了督察干部团结协作、主动作为的良好形象。

总督察办和其他督察局党员干部一直密切关注着地震灾情，牵挂灾区人民的安危。接到部直属机关党委为灾区人民和四川等地国土资源系统受灾干部职工捐款的通知后，总督察办及各督察局立即响应，发扬“一方有难，八方支援”的精神，领导干部带头捐款捐物，广大党员踊跃缴纳特殊党费，与灾区人民一道齐心协力共度难关。总督察办按照甘藏春副总督察指示策划、印制了《在一起——国家土地督察机构情寄地震灾区》画册发往灾区，表达永远跟党走，积极服务人民，坚定履行职责的心声。总督察办党支部还组织党员干部前往军事博物馆参观“抗震救灾主题展览”，再次学习“万众一心，众志成城，不畏艰险，百折不挠，以人为本，尊重科学”的伟大抗震救灾精神。督察机构的团结协作和凝聚力得到空前的锤炼。

汇报与总结材料

HUI BAO YU ZONG JIE CAI LIAO

关于国家土地督察制度组织实施工作情况的报告

（国土资发〔2008〕2号）

国务院：

2006年7月，《国务院办公厅关于建立国家土地督察制度有关问题的通知》（国办发〔2006〕50号）下发以来，国家土地督察各项工作有序开展，土地督察初见成效。现将有关情况报告如下：

一、工作进展

一是突出重点，督促地方政府落实耕地保护责任制。从组建以来，国家土地督察机构全面督促各省（区、市）及计划单列市人民政府落实耕地保护目标责任制。针对督察中发现的部分地区耕地保护责任目标不完善、责任主体不明确、责任制度不健全、考核措施不落实等问题，向有关省级及计划单列市人民政府提出了督察建议。同时，根据新一轮土地利用总体规划尚未出台，"十一五"规划纲要确定的18亿亩耕地保护目标尚未分解下达的实际情况，国家土地督察机构督促各省（区、市）按照土地利用年度计划的分解指标签订耕地保护责任书，定期掌握各地实际建设用地情况和年度计划执行情况。

二是主攻难点，针对突出问题开展专项督察。2007年以来，国家土地督察机构针对一些地方"以租代征"、擅自调整土地利用总体规划、违法占用基本农田、违反土地利用总体规划扩大和新设开发区进行工业项目建设等土地违规违法突出问题，向北京、河南、云南、大连、山东、黑龙江、浙江、广东、湖北、湖南、重庆、四川、辽宁、山西等14个省（市）及计划单列市人民政府发出了督察建议书、整改意见书和限期整改通知书。在开展专项督察的同时，还针对领导批示、媒体披露、群众举报的有关问题，建立快速反应工作机制，在第一时间深入现场调查情况，跟踪处理落实意见，及时反馈调查和处理结果。

三是围绕热点，全力推进土地执法百日行动。2007年9月全国土地执法百日行动开展以来，国家土地督察机构全力以赴跟进。总督察办公室负责综合协调工作，制订工作方案，组织召开各类会议，组织开展全国性检查和督察，编发工作快讯。9个派驻地方的国家土地督察局充分发挥生力军作用，督促各地摸清土地违规违法问题的底数，对清理出来的问题进行查处纠正，监督全国12个土地违规违法重点地区的整改和37个典型案件的查处，全面完成了百日行动各阶段的主要任务。

四是注重调研，不断探索和完善土地督察工作机制。2007年以来，国家土地督察机构围绕建立发现、审核和纠正工作机制进行积极探索。在发现机制方面，初步建立与省级和计划单列市人民政府及省级国土资源部门的沟通联系制度。同时，通过信访、报刊、网络等渠道发现土地违法信息，运用土地巡察系统、遥感监测等现代技术手段掌握违法用地情况。在审核机制方面，制定了建设用地审批事项审核办法，开展了建设用地审批事项审核试点。在纠正机制方面，形成了根据土地违规违法的实际情况向省级及计划单列市人民政府发出纠正意见书、整改意见书、限期整改通知书、督察建议书等工作方式，并在专项督察实际工作中应用。

五是抓住根本，强化机构队伍和基础业务建设。机构组建顺利推进，到目前为止，国家土地督察机构到位人员总数133人，约占督察机构编制总数的37%。办公条件得到初步保障，启动了督察机构基本建设和技术装备等项目立项申报工作，先后向国务院机关事务管理局和发展改革委等部门报送了项目建议书。队伍建设不断加强，组织了四期培训研讨班，对一办九局负责人、业务骨干和相关工作人员进行全方位的业务培训。内部管理逐步完善，研究制定了一系列内部工作制度。

二、总体评估

一是促进了实行最严格的耕地保护制度。一年多来，国家土地督察机构认真履行监督检查省级及计划单列市人民政府耕地保护责任目标落实情况的职责。总体上看，各地对督察意见高度重视，整改工作富有成效。各地政府普遍提高了对耕地保护责任目标的重视程度。绝大多数省（区、市）人民政府根据土地利用年度计划指标分解情况层层签订了耕地保护目标责任书，严格执行全国土地利用年度计划，严格控制新增建设用地总量，耕地保护工作得到加强。省（区、市）政府加强了检查和考核，有力地推动了耕地保护责任制的落实。

二是初步形成了国家土地督察的威慑力。2007年开展的14次专项督察，在全社会产生了强烈反响，对土地违规违法行为起到了震慑作用，各级政府依法用地的意识普遍增强，专项督察取得明显成效。14个整改地区撤销了一批违规违法设立的各类开发园区及其管委会，退还和复耕部分非法占用的土地，拆除和没收了一批非法建（构）筑物，盘整处理了大量闲置土地，一批相关责任人分别被移交纪检监察机关追究行政责任或移送司法机关依法追究刑事责任。除专项督察外，国家土地督察机构通过建立快速反应机制，成功地将一些违规违法用地问题制止在萌芽状态。特别是在全国土地执法百日行动中，各督察局深入一线，开展全方位、全过程的督察，保证了百日行动取得积极成效。

三是国家土地督察制度得到了地方政府的支持。在专项督察中，国家土地总督察亲自与有关省级人民政府主要负责同志沟通，争取理解和支持；有关省级人民政府积极配合做好工作，使专项督察取得较好的效果。我部有关领导同志赴北京、上海、山东、四川、辽宁、湖北、广东、陕西、江苏等省（市），主动拜访省（市）党委、政府主要负责同志，积极争取理解和支持。有关省（市）负责同志表示，坚决拥护党中央、国务院加强土地管理的重大举措，积极支持国家土地督察工作，采取更加严格的措施和办法，管住管好土地。

实践证明，党中央、国务院建立国家土地督察制度的决策是完全正确的。督察工作已取得了初步成效，但仍然面临严峻的形势，主要是科学发展观在部分地方政府和干部的思想中还没有得到有效落实；土地督察和执法监察力度还需要进一步加大并形成合力；国家土地督察制度的组织实施工作有待于进一步完善。

三、2008年工作初步安排

一是继续开展对落实耕地保护责任制的重点督察。做好2007年土地利用年度计划执行情况监督检查，今年一季度前形成报告报国务院。配合开展耕地保护目标责任制期中考核工作。督促有关省级及计划单列市人民政府完善和落实耕地保护责任目标，严格执行2008年土地利用年度计划。根据工作开展情况，提请国务院召开以落实耕地保护责任目标制度为重点的土地督察工作会议。

二是加大专项督察力度。针对擅自调整土地利用总体规划、非法占用耕地和基本农田进行非农建设、未批先用、建设用地闲置、违反土地供应政策等影响耕地保护和土地宏观调控政策落实的突出性问题，采取督察建议、整改和责令限期整改等措施，保持土地督察高压态势，遏制土地违规违法行为。

三是督促地方人民政府节约集约利用土地，落实国家宏观调控政策。全面开展建设用地审批事项的审核工作。开展城市批次用地批后监督检查，落实土地宏观调控政策。加强对省级人民政府落实国务院关于集约节约用地和加强农村建设用地管理有关政策的监督检查。

四是巩固扩大全国土地执法百日行动成果，把最严格的土地管理经常化、制度化。督促地方人民政府逐案做好土地违规违法案件的后续处理工作，确保案件查处到位。加强对倾向性、苗头性问题的调查研究，督促地方建章立制，探索建立加强土地管理的长效机制。

五是进一步加强督察制度和能力建设。加快立法和制度建设工作，参与修订《土地管理法》，起草《国家土地督察条例》，完善专项督察工作程序、建设用地审批事项审核办法等工作制度。进一步完善督察与执法的联动机制。加强土地督察技术装备建设。

六是加强队伍和作风建设。进一步充实督察干部队伍。全面加强土地督察机构干部队伍建设和作风建设。建章立制，严格管理，推进岗位责任制，严格考核，深入开展业务培训学习，组建一支精干有力、高效廉洁的土地督察队伍。

特此报告。

附件：国家土地督察工作情况

二〇〇八年一月五日

附件：

国家土地督察工作情况

2006年7月，《国务院办公厅关于建立国家土地督察制度有关问题的通知》（国办发〔2006〕50号，以下简称国办50号文）下发以来，在党中央、国务院的高度重视和正确领导下，在有关部门的密切配合和大力支持下，国土资源部认真贯彻国务院关于"加快落实国家土地督察制度"的工作部署，边组建、边工作，稳步推进机构组建，积极开展土地督察，努力加强基础业务建设，各项工作有序开展，土地督察初见成效。

一、工作进展

一年多来，国家土地督察机构克服人员少、经验少、条件差等困难，认真履行督察职责，不断探索和完善工作机制，积极开展各项土地督察工作，努力加强机构和队伍建设，实现了良好开局。

（一）突出重点，督促地方政府落实耕地保护责任制

监督检查省级及计划单列市人民政府耕地保护责任目标落实情况是国务院赋予国家土地督察机构的首要职责。从机构组建伊始，各派驻地方的国家土地督察局始终抓住这个重点，落实《国务院关于深化改革严格土地管理的决定》（国发〔2004〕28号）、《国务院关于加强土地调控有关问题的通知》（国发〔2006〕31号）等文件中关于地方各级人民政府主要负责同志应对耕地保有量、基本农田面积、土地利用规划和年度计划执行情况负总责的要求，督促省级及计划单列市人民政府层层落实耕地保护目标责任制，同时加强土地利用年度计划督察，严格控制新增建设用地和农用地转用规模。

一是督促各地层层落实耕地保护责任制，加强考核和检查。2006年11月到2007年4月，各派驻地方的国家土地督察局对各省（区、市）耕地保护责任目标的落实情况进行了实地督察和调研，重点检查和了解各地建立完善耕地保护责任目标制度情况、责任状签订情况、责任目标分解下达、执行和考核情况，宣传中央关于耕地保护"一把手"负总责的政策要求。从督察和调研掌握的情况看，近年来，各省（区、市）及计划单列市人民政府认真贯彻执行国务院文件要求，正在逐步落实耕地保护

责任目标制度。有24个省级及计划单列市人民政府制定了考核办法。山东、浙江、广东、重庆等省（市）正在制订考核办法实施细则。有22个省级及计划单列市人民政府签订了耕地保护责任书。存在的主要问题是地方人民政府主要负责同志对耕地保护负总责的制度没有真正建立起来，大多数地方没有按新的政策要求落实负总责制度；部分地方没有制定考核办法，没有签订责任书；绝大多数地方考核不到位，有些地方基本没有进行考核，有些地方的考核流于形式。针对督察中发现的耕地保护责任目标不完善、责任主体不明确、责任制度不健全、考核措施不落实等问题，向有关省级及计划单列市人民政府提出了督察建议。同时，由于当前新一轮土地利用总体规划尚未出台，“十一五”规划纲要确定的18亿亩耕地保护目标尚未分解下达，如何落实和考核地方政府主要负责同志的耕地保护责任目标，成为一大难题。在督察和调查研究的基础上，国家土地督察机构形成了把严格执行土地利用年度计划作为当前落实耕地保护目标责任制主要内容的政策建议，并将其纳入2007年土地督察的重要工作。

二是开展2007年土地利用计划执行情况督察，严格控制新增建设用地总量和农用地转用规模。2007年5月以来，各派驻地方的国家土地督察局把监督检查省级及计划单列市人民政府落实耕地保护责任目标的重点转向督促各地严格执行土地利用年度计划，严格控制新增建设用地总量，特别是新增建设占用农用地和耕地总量，督促各省（区、市）按照土地利用年度计划的分解指标签订耕地保护责任书，定期掌握各地实际建设用地情况和年度计划执行情况。土地利用年度计划执行情况的考核截止日期为每年12月31日，有关督察情况将在下一年一季度审核汇总。

（二）主攻难点，针对突出问题开展专项督察

2007年以来，各派驻地方的国家土地督察局根据媒体披露、群众举报、实地巡察掌握的情况，针对一些地方“以租代征”、擅自调整土地利用总体规划、违法占用基本农田、违反土地利用总体规划扩大和新设各种名义的开发区进行工业项目建设等土地违规违法突出问题，向北京、河南、云南、大连、山东、黑龙江、浙江、广东、湖北、湖南、重庆、四川、辽宁、山西等14个省（市）及计划单列市人民政府发出了督察建议书、整改意见书和限期整改通知书。具体是：

一是针对在北京市顺义区发生的“以租代征”问题开展专项督察。2007年3月6日，根据《京华时报》以《跑马场圈耕地千亩被指违规》为题报道北京市顺义区木林镇政府将其下属的唐指山村上千亩土地出租用于圈建跑马场的问题，国家土地督察北京局向北京市人民政府发出整改意见书，要求抓紧查处木林镇的违法行为，同时在全市范围内进行一次“以租代征”情况的全面自查和清理。北京市人民政府对此次专项督察十分重视，目前，唐指山村违法占地情况已经查实，停止了项目建设，拆除了围墙和铁丝网，撤销了批地文件。对全市的清理工作已经完成，共查出“以租代征”违法用地678宗，涉及土地面积18171亩，其中耕地8581亩，基本农田2060亩。目前以立案方式处理490宗，结案71宗，以自行清理、拆除、整治等方式处理26宗。其中房山区政府严肃查处了青龙湖镇青龙头村“以租代征”占地318亩违法建设别墅问题，拆除别墅85栋，没收别墅59栋。

二是针对河南省人民政府通过调整土地利用总体规划，在焦作市擅自改变基本农田位置的行为开展专项督察。2007年初，群众来信举报河南省人民政府擅自发文同意调整基本农田、为焦作市引进河南风神轮胎公司项目进行非农建设的问题。2007年3月16日，国家土地督察济南局向河南省人民政府发出整改意见书，要求尽快纠正并严肃查处未报经国务院批准占用基本农田的行为，在全省范围内开展专项整治。河南省人民政府高度重视，已撤销原规划调整的批复文件，责成焦作市人民政府组织力量对已占用的400余亩土地进行整治，恢复原貌，目前已全部退还给当地村民耕种。河南省人民政府还在全省范围内排查出3个类似违规项目，进行了纠正整改。

三是针对在云南省曲靖市发生的违法占用基本农田进行非农建设，且地方政府不制止、不查处的

问题开展专项督察。2007年4月12日，中央电视台焦点访谈栏目以“谁动了这里的基本农田”为题，报道了在曲靖市发生的违法占用基本农田进行非农业建设情况。2007年4月16日，国家土地督察成都局迅速向云南省人民政府发出整改意见书，要求云南省人民政府严肃查处，在全省范围内组织开展专项整治，并建立健全相关制度，落实问责制。云南省人民政府高度重视，迅速提出纠正和处理意见，立即停建职业教育中心范围内所有项目，曲靖市政府向省政府写出书面检查。目前，涉及违法占用的65.38亩耕地已全部恢复耕种，云南省人民政府对三所学校违法占地给予罚款处罚，分别给予三所学校校长行政记过和警告处分，对曲靖市的有关领导给予通报批评。云南省人民政府在全省范围内组织开展的土地违法行为专项整治中，共查出2005年以来土地违规违法行为2034起，涉及用地面积9832亩，其中纠正1023起，立案查处1011起，已结案925起，已拆除违法建筑物、构筑物130976平方米，没收违法建筑物、构筑物5081平方米，责令退还土地260.43亩，对6名责任人给予了行政处分，另有4人移送司法机关立案查处。同时，还印发了《云南省人民政府关于切实加强土地管理严格落实耕地保护责任的通知》（云政发〔2007〕104号）。

四是针对在大连市发生的未经批准、非法占用农用地进行非农建设问题开展专项督察。2007年3月，国家土地督察沈阳局从调研中了解到，2005年以来在大连市的实际建设用地中存在部分未经批准、非法占用农用地进行非农建设的情况。2007年4月17日，沈阳局向大连市人民政府发出整改意见书，要求在全市范围内进行全面清理整治。大连市人民政府对整改意见高度重视，对区县各级政府提出了整改要求。全市查明违法用地210宗，涉及用地面积13188亩，其中耕地3544亩。大连市人民政府对清查出来的问题进行了整改，并对其中的12起违法用地在《大连日报》、大连电视台等媒体上进行了公开曝光处理。

五是针对山东省卫片执法检查中发现存在违规违法用地问题进行专项督察。2007年6月11日，国家土地督察济南局针对山东省济南、青岛、淄博、枣庄、烟台、潍坊、泰安、临沂等8个城市卫片执法检查中发现存在违规违法用地问题，向山东省人民政府发出督察建议书。山东省人民政府对卫片执法检查发现的违规违法问题进行了清理，分类提出了处理意见，整改工作已经完成。

六是针对黑龙江省哈尔滨市松北区土地违规违法问题进行专项督察。2007年7月9日，国家土地督察沈阳局针对黑龙江省哈尔滨市松北区违规扩大开发区用地规模，涉及占用基本农田、非法占用耕地从事房地产开发、修建别墅等问题，向黑龙江省人民政府发出整改意见书。黑龙江省人民政府对哈尔滨市松北区内的4起违规违法用地案件进行了深入调查，摸清了情况并形成拟处理意见。黑龙江省人民政府还对全省由中小企业局认定的85个工业园区进行了清理，保留了经国家批准的35个开发区（园区），撤销了不符合要求的工业园区50个，其相关事宜及善后问题正在妥善处理。鉴于该地区土地违规违法情况严重，且整改进度缓慢的具体情况，在2007年9月以来开展的全国土地执法百日行动中，将该地区列为全国12个重点整改地区之一。

七是针对浙江省温州市土地批而未供等问题进行专项督察。2007年7月9日，国家土地督察上海局向浙江省人民政府发出督察建议书。浙江省人民政府高度重视，开展了专项清理。目前，已经完成了全省11个地级市及其所属8个县（市、区）的实地检查，据统计，2004年1月1日至2006年12月31日，全省批准农用地转用批次面积共计79.72万亩，已批准具体建设项目供地面积50.91万亩，转而未供土地面积28.81万亩。浙江省人民政府正在根据清理情况提出处理意见。

八是针对广东省中山市、惠州市土地大量闲置问题开展专项督察。2007年7月9日，国家土地督察广州局向广东省人民政府发出督察建议书。广东省人民政府迅速部署各地市开展闲置土地清理和盘整工作。截至目前，中山市通过招商引资、协议收回等方式，盘活闲置土地3.9万亩；惠州市共盘整处置闲置土地8.7万亩，其中，2007年1月～7月共盘整处理闲置土地2.5万亩；广州市已经依法收回闲置土地1286宗，共3.67万亩；东莞市已经处理闲置土地1238宗，面积4.3万亩，占全市闲置土地面积的94.1%；深圳市共清理已批未建地742宗，总面积3037亩。

九是针对湖北省武汉市执法不力等问题开展专项督察。2007年7月13日，国家土地督察武汉局向湖北省人民政府发出整改意见书。湖北省人民政府组织专门人员对武汉市卫片执法检查中发现的土地违规违法案件进行督办。截至目前，武汉市2006年卫片执法检查的715宗违法用地案件已立案645宗，其余70宗责令自行纠正。已立案的645宗土地违法案件，全部完成行政处罚程序，查处整改工作已结束。其中，133宗责令退还土地，面积6705.2亩；214宗责令拆除地上建筑物，面积105.72万平方米；134宗没收地上建筑物，面积约298.37万平方米；156宗并处罚款，罚款金额4166.2万元；20宗责令复耕，面积393.42亩；已向公安机关移送依法追究有关当事人刑事责任的9宗，还有5宗拟移送；已向监察机关移交依法追究有关当事人行政责任的3宗，还有1宗拟移交。

十是针对湖南省湘潭市违规设立开发区开展专项督察。2007年7月13日，国家土地督察武汉局向湖南省人民政府发出整改意见书。湖南省人民政府立即组织整改。目前，已经清理和撤销了原九华台湾工业园的文件、信函和标志，停止机构“三定”方案的审批和实施。湘潭市九华台湾工业园整改工作已结束。

十一是针对重庆市经济技术开发区擅自扩大四至范围、违规用地等问题开展专项督察。2007年7月13日，国家土地督察成都局向重庆市人民政府发出整改意见书。重庆市人民政府高度重视，在对重庆市经济技术开发区实施整改的同时，在全市范围部署开展对各类建设用地的清理工作。目前，重庆市经济技术开发区已经提出初步整改方案：一是严格开发区四至范围，严格区分托管区和开发区界限；二是拟定了闲置土地的分类处理方案；三是严格供地审批程序，坚决不向禁止类项目供地。

十二是针对四川省眉山市违规设立工业集中区开展专项督察。2007年7月22日，根据国家土地督察成都局的建议，国家土地总督察向四川省人民政府下达限期整改通知书，整改期间暂停眉山市农用地转用和土地征收受理和审批。截至目前，眉山市政府已经撤销了不符合土地利用总体规划设立的12个工业集中区及其管理机构，撤销或废止38个非法批地项目的相关批准文件，废止了以政府和工业集中区管委会名义非法批准同意企业用地的《政府纪要》、《投资协议书》等文件，依法收回38个项目的土地使用权，对其中的6个项目依法予以强制拆除，共恢复耕种面积277亩，依法依纪处理了丹棱县县长李俊等10名相关责任人，对涉及的市级有关责任人，四川省监察厅将在进一步分清责任后作出处理。眉山市限期整改工作已于2007年10月结束，恢复眉山市农用地转用和土地征收受理和审批。

十三是针对辽宁省鞍山市违反土地利用总体规划设立开发区和园区违法用地问题进行专项督察。2007年8月3日，国家土地督察沈阳局向辽宁省人民政府发出整改意见书。辽宁省人民政府高度重视，提出了撤销违规设立的工业园区、由鞍山市向省政府和国家土地总督察做深刻书面检查、在全省开展一次违规设立园区问题的清理工作等7条处理意见。截至目前，鞍山市已经基本完成违规设立园区内违法用地案件的查处整改工作，全市共有127起土地违规违法案件整改到位，退还非法占用的土地123亩，拆除非法建筑物19261平方米，收缴罚款489万元，鞍山市监察局对原农高区管委会2名干部做出行政警告处分，责令其他相关责任人作出书面检查。

十四是针对山西省晋城市豪德贸易广场等建设项目用地擅自调整土地利用总体规划等问题进行专项督察。2007年9月12日，国家土地督察北京局向山西省人民政府发出整改意见书。鉴于该项目并未实施供地，山西省人民政府责成晋城市人民政府、晋城市城区人民政府及国土资源部门作出深刻书面检查，在全省范围内进行通报批评，并在全省范围内对涉及擅自调整土地利用总体规划问题进行了全面清理。目前整改工作基本结束。

总结14次专项督察工作，有这样几个特点。一是高度敏感，快速反应，抓住战机。如2007年4月

12日焦点访谈播报了云南省曲靖市土地违法的情况后，国家土地督察成都局第二天就前往调查，在摸清情况后三天内就向云南省人民政府发送整改意见书。二是整体部署，周密计划，精心组织。事先确定工作步骤，研究多种预案，随时应对各种可能出现的情况，确保专项督察工作按整改意见书确定的目标进行。三是不拘泥于具体案件，始终针对当地政府，以点带面，点面结合，力求做到查处一个案件，纠正一类行为，形成一种机制，带动整个省级行政区域内加强土地管理工作。四是坚持追踪监督整改措施的落实情况，防止地方政府走过场。因政府领导换届，云南省一度出现整改不力的情况，国家土地总督察办公室负责人约见了云南省人民政府分管国土资源工作的副秘书长和曲靖市政府主要负责同志，督促当地政府落实整改意见，确保专项督察取得实效。

在开展专项督察的同时，各派驻地方的国家土地督察局针对领导批示、媒体披露、群众举报的有关问题，建立快速反应工作机制，在第一时间里迅速作出安排，深入现场调查情况，跟踪处理落实意见，及时反馈调查和处理结果。如国家土地督察济南局针对河南省上蔡县小砖瓦窑厂大肆生产吞噬耕地，河南省确山县刘店镇违规征地、动用警力强行铲毁小麦，河南省郑州市金水区“城中村”违法用地、山东省即墨市部分乡镇违法占地兴建高尔夫球场、山东省沂水县四十里堡镇、许家湖镇等乡镇违法占地等5个批示件和16件信访件进行了快速调查，及时进行了处理。国家土地督察上海局对浙江省将优质园地纳入基本农田、宁波市象山县西周工业园区违法用地、浙江省义乌市千亩良田荒芜等批示件进行了调查处理。国家土地督察北京局对河北省涿州市开发区违法用地和兴建高尔夫球场、山西省朔州市人民政府圈占土地等问题进行了调查处理。国家土地督察广州局对广东省东源县因征地引起冲突、广西壮族自治区北海市林浆纸一体化项目未批先用、广东省英德市横石塘热水湖温泉项目非法征地等批示件进行了调查和跟踪督察。国家土地督察成都局就昆明市掌鸠河引水供水工程违法用地、杨国强“故伎重演”西进圈地3万亩等批示件进行了调查处理。

（三）围绕热点，全力推进土地执法百日行动

2007年9月以来，我部针对“以租代征”、违反土地利用总体规划扩大工业用地规模、未批先用等三类土地违规违法问题，在全国范围内开展一次土地执法百日行动。在百日行动中，总督察办公室全力以赴做好组织协调工作，各派驻地方的国家土地督察局全过程开展督促检查，为顺利推进百日行动、确保百日行动取得实效发挥了重要作用。

百日行动期间，总督察办公室负责制定了《全国土地执法百日行动方案》，组织召开了2次全国电视电话会议和3次视频会议，协助召开了2次新闻发布会和2次网上访谈，协调安排并参与了2次全国性检查和督察，举办了全国互检互查培训班，编发全国土地执法百日行动工作快讯近170期。

9个派驻地方的国家土地督察局全面完成了百日行动各阶段的主要任务。在第一阶段自查清理工作中，各督察局完成了对全国50多个地市、100多个县（区）的检查和抽查工作，分片召开各省（区、市）百日行动自查清理工作座谈会，审核汇总各省（区、市）自查清理数据，督促各地基本摸清三类土地违规违法问题的底数。在第二阶段查处纠正工作中，各督察局分赴各省（区、市），深入土地违规违法现场，督促各地对清理出来的土地违规违法问题进行查处纠正；分片召开各省（区、市）百日行动领导小组工作座谈会，核实案件查处纠正情况，圈定土地违规违法重点地区和典型案件。在第三阶段督察整改工作中，各督察局针对部确定的全国12个土地违规违法重点地区和37个典型案件，深入所在地区，督促地方政府做好重点地区整改和典型案件查处工作，进一步加强和改进土地管理和执法监察制度。

（四）注重调研，不断探索和完善土地督察工作机制

2007年以来，国家土地督察机构围绕建立发现、审核和纠正工作机制，在开展基础业务信息建

设、信访工作、遥感监测、动态巡察、建设用地审批事项审核、纠正整改等方面进行了积极探索。

在发现机制方面，各督察局初步建立了与省级和计划单列市人民政府及省级国土资源部门的沟通联系制度，建立起获取土地管理信息和土地违法统计信息的正常渠道，各省（区、市）人民政府每季度向各督察局报送一次土地利用计划执行、用地审批、土地供应、实际用地、耕地增减、土地整理、违法用地数据，各督察局在此基础上提出分析报告报总督察。同时，各督察局通过信访、报刊、网络等渠道发现土地违法信息，运用土地巡察系统、遥感监测等现代技术手段掌握违法用地情况。2007年以来，国家土地督察机构共接待来访225批1008人次，处理群众来信906件。北京局开发土地巡察系统并装备了两台巡察车，可以实现对违法用地快速准确定位，实际使用效果十分显著。沈阳局、成都局、西安局等运用卫片监督检查各地土地利用情况，督促地方纠正整改，对土地违法起到了很大的威慑作用。

在审核机制方面，以上海局为代表，制定建设用地审批事项审核办法，开展建设用地审批事项审核试点。2007年3月，上海局制定了《建设用地审批事项督察办法（试行）》。为了积极稳妥地做好审核工作，同时考虑到人员不足的实际情况，2007年5月，上海局在浙江省开展了建设用地审批事项督察工作试点。重点对浙江省抄送的上报国务院审批的2007年度部分城市建设用地，以及由省政府批准的部分项目用地进行了内业审查，在此基础上，结合土地执法遥感影像资料，从中选择了一批项目用地以及遥感变化图斑进行外业核查。一方面检查了浙江省城市建设用地审批事项的真实性情况，另一方面检验了《建设用地审批事项督察办法（试行）》的可操作性，为下一步修改完善办法积累了资料。

在纠正机制方面，国家土地督察机构在工作实践中积极探索，初步形成了根据土地违规违法的实际情况向省级及计划单列市人民政府发出纠正意见书、整改意见书、限期整改通知书、督察建议书等工作方式，并在2007年开展的专项督察实际工作中应用，成效显著，在社会上也引起了强烈反响。目前正在研究制定《国家土地专项督察工作程序规定》，从督察主体和对象，专项督察的组织、调查核实、提出意见、督促落实、检查审核、总结报告等基本督察程序，下达国家土地督察建议书、国家土地督察纠正意见书、国家土地督察整改意见书和国家土地督察限期整改通知书的标准和程序，责任追究等方面进行明确规定，规范今后的专项督察工作。

（五）抓住根本，强化机构队伍和基础业务建设

一是加强机构组建工作。一年多来，我部始终把落实国家土地督察制度作为部的重要工作之一，专门成立国家土地督察制度组织实施工作办公室，制定《国家土地督察制度组织实施工作方案》，积极与有关部门和地方党委、政府沟通协调，加快推进督察机构建设。中央编办大力支持，国办50号文下发后，迅速批复了国家土地督察机构的编制。2006年9月，我部任命总督察办公室主任和北京局、上海局筹备组负责人，先期启动总督察办公室和北京局、上海局的组建试点工作。在取得一定经验后，2006年11月任命其他7个督察局筹备组组长，一办九局的组建全面提上日程。到目前为止，国家土地督察机构到位人员总数133人，约占督察机构编制总数37%。其中：专职副总督察（副部级）1人，总督察办公室20人，9个派驻地方的国家土地督察局112人；局级干部25人，处级干部62人，主任科员及以下干部45人。

二是落实基本的办公条件。各派驻地的省（市）党委、政府以及国土资源管理部门在办公场所、临时住房、公务用车等方面给予了大力支持，为各派驻地方的国家土地督察机构组建和工作正常运转创造了有利条件和环境。截至2007年7月，9个派驻地方的国家土地督察局通过租用、借用等方式全部落实了临时办公场所、住房和公务用车。2007年4月、5月，我部先后向国务院机关事务管理局和发展改革委等部门报送了《国家土地督察机构办公及附属用房建设项目建议书》。2007年8月，我部向发

展改革委报送了《国家土地督察机构配备巡察技术装备项目建议书》。我部还研究制定了土地督察信息系统建设方案，委托国家信息中心技术部门开展了项目立项前期准备工作，力争纳入“金土工程”项目计划。

三是积极开展业务培训。按照“先培训、后上岗”的要求，我部先后组织了四期培训研讨班，对一办九局负责人、业务骨干和相关工作人员进行业务培训，围绕国家土地督察工作思路、制度建设、发现机制等专题开展研讨。部领导和部相关司局负责同志分别围绕不同主题做了专门讲授。通过培训，督察干部提高了认识，增强了信心，理清了思路，明确了方向，为大家尽快转换角色，轻装上阵，积极投身到土地督察工作中去奠定了良好的基础。

四是不断加强和完善内部管理。我部印发了《国家土地督察机构财务管理办法》，建立实施了工作简报、要事专报、周报告等信息收集整理上报制度，例会制度，会议制度，保密制度，文件管理制度，各督察局主要负责同志出差和请假报告制度。各派驻地方的国家土地督察局积极开展建章立制，研究制定了廉政、考勤、出差、会议、文秘、财务管理、信访接待、对外联络和宣传等内部工作制度。

二、总体评估

经过一年多的努力，国家土地督察机构初步树立了土地督察的权威，促进了最严格耕地保护制度的实行，促进了科学发展观的贯彻落实，促进了土地宏观调控政策贯彻实施，强化了中央政府对地方政府土地执法行为的监督。实践证明，党中央、国务院建立国家土地督察机构的决策是完全正确的。

（一）促进了实行最严格的耕地保护制度

一年多来，国家土地督察机构认真履行监督检查省级及计划单列市人民政府耕地保护责任目标落实情况的职责，通过实地督察、调研、宣传等多种方式，帮助和支持省级及计划单列市人民政府更好地履行耕地保护目标责任。总体上看，各地对国家土地督察局提出的意见高度重视，整改工作富有成效。一些省（区、市）政府加强了检查和考核，有力地推动了耕地保护责任制的落实。如浙江省政府加强了省对市的考核，并将原来由国土资源部门单独考核改为由省政府办公厅牵头、11个部门联合考核。2007年5月，对全省11个市及所辖22个县（市、区）2006年度耕地保护责任目标执行情况进行了全面考核，并将考核结果在全省范围内进行了通报。福建省长期以来存在的“耕地开垦费与耕地开垦不挂钩”问题得到解决。根据国家土地督察上海局的建议，福建省政府明确提出把补充耕地的任务落实到市县，将建设占用耕地和补充耕地项目一一挂钩。截至11月底，全省落实补充耕地项目256个，总规模45万亩，预计新增耕地17.4万亩。

总体上看，各地政府普遍提高了对耕地保护责任目标的重视程度。绝大多数省（区、市）人民政府根据土地利用年度计划指标分解情况层层签订了耕地保护目标责任书，严格执行全国土地利用年度计划，严格控制新增建设用地总量，特别是新增建设占用农用地和耕地总量，耕地保护工作得到加强。

（二）初步形成了国家土地督察的威慑力

2007年以来，我部组织各派驻地方的国家土地督察局开展的14次专项督察，在全社会产生了强烈反响，对土地违规违法行为起到了震慑作用，各级政府依法用地的意识普遍增强。到目前为止，对北京顺义、河南焦作、云南曲靖、辽宁大连、山东8城市、湖南湘潭、四川眉山和山西晋城等地区的专项督察工作已经结束，其他6个地区的整改工作进入收尾阶段。专项督察取得明显成效，据初步统计，共撤销违规违法设立的各类开发园区及其管委会63个，退还非法占用的土地7515.68亩，拆除非法建（构）筑物133.15万平方米，没收非法建（构）筑物298.88万平方米，罚款6910.95万元，复耕土地1388.42亩；盘整处理闲置土地23.37万亩，其中收回闲置土地3266宗，面积3.67万亩；9名相关责任人被移送公安和司法机关依法追究刑事责任，31名相关责任人被移交纪检监察机关依法追究行政责任，其中12名处级干部受到不同程度的行政处分。河南省政府分管副省长和鞍山市人民政府向国家土地总督察做出书面检查。除专项督察外，各派驻地方的国家土地督察局通过建立快速反应机制，成功地将一些违规违法用地问题制止在萌芽状态。特别是全国土地执法百日行动开展以来，各派驻地方的国家土地督察局围绕部的中心工作，深入一线，开展全方位、全过程的督察，保持了土地执法监察的高压态势，有效地遏制了土地违规违法蔓延的势头。

（三）国家土地督察制度得到了地方政府的支持

对地方开展专项督察，国家土地总督察亲自与省级人民政府主要负责同志沟通，争取理解和支持。有关省级人民政府高度重视和支持专项督察工作的开展，积极配合做好工作，使专项督察取得较好的效果。2006年底以来，我部有关领导同志先后赴北京、上海、山东、四川、辽宁、湖北、广东、陕西、江苏等省（市），主动拜访省（市）党委、政府主要负责同志，就如何严格按照党中央、国务院的要求，落实耕地保护目标责任制，有效开展土地督察工作征求意见，交换看法，并对给予国家土地督察机构建设的支持表示感谢，积极争取有关省市党委、政府对落实国家土地督察制度的理解和支持。有关省（市）负责同志表示，坚决拥护党中央、国务院加强土地管理的重大举措，积极支持国家土地督察工作，要在主动接受督察和帮助的基础上，进一步总结经验，查找不足，采取更加严格的措施和办法，管住管好土地。辽宁、黑龙江等省人民政府下发文件，明确要求各级政府及其所属部门全力支持和配合国家土地督察工作。

一年多来，国家土地督察制度的组织实施工作虽然取得了一定的成绩，但我们也清醒地看到了国家土地督察工作面临的严峻形势。一是科学发展观在部分地方政府和干部的思想中还没有得到有效落实，单纯追求经济增长的动力强劲，占地冲动很大。2008年中央宏观调控政策的主要目标是遏制经济增长从偏快向过热转变，土地调控的任务十分繁重。二是土地督察和执法监察力度还需要进一步加大，全国土地执法形势的根本好转任重道远。三是国家土地督察制度的组织实施工作有待于进一步完善。国家土地督察机构基本建设、技术装备和信息系统建设项目的立项进度需要加快，国家土地督察的法制建设和制度建设有待于进一步加强。

三、2008年工作初步安排

国家土地督察工作刚刚起步，离党中央、国务院的要求还有很大差距。2008年，我们将进一步加大土地督察工作力度，加强制度建设和基础业务建设，努力开创新的局面。重点做好以下工作：

（一）围绕坚守18亿亩耕地红线，继续开展对落实耕地保护责任制的重点督察

做好2007年土地利用年度计划执行情况监督检查，按照实际新增建设用地总量督察地方各级人民政府耕地保护责任目标落实情况，形成报告报国务院。配合部机关和国务院相关部门开展耕地保护目标责任制期中考核工作。继续督促有关省级及计划单列市人民政府完善和落实耕地保护责任目标，严格执行2008年土地利用年度计划，认真贯彻执行国家土地调控政策，严格控制新增建设用地，特别是新增建设占用农用地和耕地，为落实耕地保护目标责任制奠定基础。根据工作开展情况，提请国务院召开以落实耕地保护责任目标制度为重点的土地督察工作会议，进一步统一思想，切实落实地方政府主要负责同志对耕地保护负总责的制度。

（二）针对土地违规违法突出问题，加大专项督察力度

针对擅自调整土地利用总体规划、非法占用耕地和基本农田进行非农建设、未批先用、建设用地

闲置、违反土地供应政策等影响耕地保护和土地宏观调控政策落实的突出性问题，采取督察建议、整改和责令限期整改等措施，保持土地督察高压态势，遏制土地违规违法行为。

（三）加强新增建设用地规模控制，督促地方人民政府节约集约利用土地，落实国家宏观调控政策

全面开展报国务院批准和省级人民政府批准的农用地转用和土地征收审批事项的审核工作。开展城市批次用地批后监督检查，落实土地宏观调控政策。加强对省级人民政府落实国务院关于集约节约用地和加强农村建设用地管理有关政策的监督检查。

（四）继续攻坚克难，巩固扩大全国土地执法百日行动成果，把最严格的土地管理经常化、制度化

一是着力巩固扩大土地执法百日行动成果，督促地方人民政府逐案做好土地违规违法案件的后续处理工作，确保案件查处到位。二是以巩固土地执法百日行动成果为契机，加强对倾向性、苗头性问题的调查研究，督促地方建章立制，探索建立加强土地管理的长效机制。三是认真总结推广各地依法管地的好做法、好经验。

（五）继续积极探索，进一步加强督察制度和能力建设

加快立法和制度建设工作，参与修订《土地管理法》，起草《国家土地督察条例》，完善专项督察工作程序、建设用地审批事项审核办法等工作制度。总结推广各派驻地方的国家土地督察局行之有效的做法和经验，进一步完善督察与执法的联动机制，形成土地管理与土地督察的合力。加强土地督察技术装备建设，提高预防和及时发现土地违法行为的能力。加强与地方人民政府的工作沟通和协作机制建设，坚持正面推动，疏堵结合，落实耕地保护和土地管理的共同责任。

（六）加强队伍和作风建设，大力提升督察干部素质

进一步充实督察干部队伍。按照“严、明、勤、廉”的总体要求，全面加强土地督察机构干部队伍建设和作风建设。建章立制，严格管理，推进岗位责任制，严格考核，深入开展业务培训学习，组建一支精干有力、高效廉洁的土地督察队伍。

关于全国土地执法百日行动总体情况的报告

（国土资发〔2008〕17号）

国务院：

从2007年9月15日至2008年1月15日，我部集中开展了全国土地执法百日行动。2008年1月21日，我部召开全国电视电话会议，对百日行动的工作情况进行了总结。现将有关情况报告如下：

一、主要做法

百日行动的总体要求是：通过集中清理2005年1月1日以来“以租代征”、违反土地利用总体规划扩大工业用地规模、未批先用等土地违规违法行为，坚决查处违法违规案件，有效遏制土地违规违法现象有所上升的态势，进一步落实最严格的土地管理制度，坚守18亿亩耕地“红线”，保证国家土地管理法律法规的贯彻执行，确保中央土地调控政策的有效实施。我们主要采取了以下措施：

一是加强组织领导，周密安排部署。部成立百日行动领导小组，统一组织和领导。地方各级国土资源部门也相继成立领导小组，很多地方把百日行动由国土资源部门的执法行动上升到政府主导的全局性执法行动，政府负责同志担任组长，有关部门参与，联合行动。我部印发《全国土地执法百日行动方案》，先后4次召开全国电视电话会动员、部署、转段和指导，每次会议都延伸到地（市），有条件的还延伸到县（市），共设分会场2862个，110700多人参加，确保百日行动按方案要求顺利进行。

二是立足自查自纠，狠抓重点推进。各地省、市、县、乡四级联动，全面排查清理各类违规违法用地，坚持依法依规严肃查处，同时积极争取当地党委、政府的支持，注重与纪检监察和司法机关的协调配合，切实做到查事与查人相结合。在抓好面上案件清理和查处的同时，全国还圈定58个重点地区和251个典型案件，作为整改和查处的重点。

三是加强督察检查，确保工作实效。九个派驻地方的国家土地督察局深入一线，对各地百日行动进行全程督察。与此同时，我部在第二阶段组织15个检查组赴各省（区、市）互检互查，在第三阶段又组织9个督察组由部领导带队督察。各省（区、市）国土资源部门也采取很多积极措施，落实责任制度，会同相关部门组成联合督查组或抽调人员组成交叉检查组，对市、县进行督促检查，有力促进了各项工作。

四是加强调查研究，探索长效机制。百日行动中，各级国土资源部门积极开展加强和改进土地管理工作的调查研究，完善内部管理，摸清制度缺位、制度不落实、管理不到位的实际情况，提出改进措施；完善土地执法工作机制，深入分析不同形式违规违法用地的背景、特点和成因，进一步从体制、机制、法制上提出治本之策。

五是加大宣传力度，保持高压态势。我部采取一系列举措向社会宣示打击土地违规违法行为的坚强决心。先后两次举行新闻发布会，策划了五期“焦点访谈”，中国政府网、中央电视台《新闻调查》节目对我部有关负责人进行了专访，人民日报、中央电台、中央电视台等主流媒体都进行综合报道。我部和各级国土资源部门先后以多种形式公开查处和曝光了一批典型案件。我部采用集中时点曝光的做法，2007年12月10日再次召开新闻发布会通报了8起重大土地违规违法典型案件，同一天各地同时集中通报了370起典型案件。各地还积极利用电视、广播、报刊、网络等多种媒体，大力宣传百日行动各阶段的整治成果，营造了良好的社会舆论氛围。

二、总体评估

百日行动是近几年来国土资源系统时间最集中、参与人数最多、规模最大的一次土地执法行动。各级国土资源部门扎实开展各项工作，认真完成各项任务，实现了预期目标，取得了明显成效。

（一）主要收获

一是基本摸清了三类违规违法用地情况。百日行动中，全国共清理出三类违规违法案件31733件，涉及土地336.4万亩。其中，以租代征总数18673件，占用土地32.1万亩；违规新设、扩区1543件，涉及土地107.3万亩，其中属于圈占土地的417件，涉及土地91.1万亩； 未批先用11517件，占用土地197万亩，相当一部分属程序性违规违法。

二是查处纠正了三类违规违法用地行为。在全部案件中，属于圈占土地的417件已纠正296件，核减土地43.9万亩；属于违规违法用地的31316件，已立案查处2.67万件，立案率为85.3%。下达处罚决定书的2.32万件，其中自行纠正3163件，已执行9588件，申请强制执行8434件。收缴罚没款19.2亿元，没收地面建筑物1468万平方米，拆除地面建筑物772万平方米，退还土地15万亩（其中已复耕4.9万亩）。各地移送纪检监察机关3788人（其中处级以上干部113人），已给予党纪政纪处分2317人（其中处级以上干部100人）；移交司法机关2740人，已追究刑事责任337人。

三是遴选和查处了正反两方面的典型。通过各种渠道推选，我部在百日行动中遴选出107个市、县作为依法合规批用地单位在全国通报表扬。同时对圈定的重点地区和典型案件进行了严肃整改和查处。其中部圈定的12个重点地区，已有11个基本整改到位；部圈定的37个典型案件已有31个基本查处到位。各地圈定的46个重点地区的整改工作和214个典型案件的查处工作也正在陆续收尾。

四是探索构建土地执法长效机制取得初步成效。在百日行动中，我部主动改进土地审批管理，简化手续，优化程序，提高效率，同时把管理重点转向批后监管，切实加强监督。各地对土地执法长效机制进行了初步探索，围绕土地违规违法行为预防、查处、监督和部门联动等4个方面，建立了19项制度。各地还认真开展调查研究，辽宁、吉林、海南等省份专题调研并形成初步成果，其他省份也通过调研形成一些制度性成果，如重庆市政府出台《重庆市违反土地管理规定行政首长问责暂行办法》。

（二）主要成效

一是耕地保护和土地执法监管的共识程度大大提高。近几年来，各级政府和相关部门依法依规批地用地、节约集约用地的意识都有了较大提高，百日行动促进各地进一步提高了认识，促进了各级领导干部发展理念上的变化，在一定程度上促进了发展方式的转变，也促进了科学发展观的贯彻和落实。

二是耕地保护和土地执法监管的社会影响不断扩大。百日行动通过各种媒体，特别是中央主流媒体，宣传中央关于耕地保护的大政方针，宣示各级地方政府和国土资源部门强力打击土地违法违规行为的坚强决心，解读土地管理法律法规和政策，通报百日行动整治成果，宣扬土地管理先进典型，曝光违规违法重大案件，营造了良好的社会舆论氛围，扩大了耕地保护和土地执法监管的社会影响。

三是土地违规违法高发态势得到遏制。这次百日行动集中一段时间打击土地违规违法行为，声势大、力度大，发挥了很好的教育和震慑作用，违规违法批地用地的行为有所收敛。

四是国土资源系统干部队伍经受了锻炼。百日行动中，各级国土资源管理部门广大干部放弃节假日，经常加班加点，始终工作在第一线，付出了辛勤劳动。但也正是通过百日行动，坚定了严守18亿亩耕地“红线”的信心和决心，展示了敢打硬仗、善打硬仗的良好形象，提高了国土资源系统依法行政的执行力和公信力。

（三）主要体会

一是土地执法监管必须紧紧依靠地方各级政府的大力支持和坚强领导。百日行动中，绝大多数地方政府负责同志亲自挂帅，加强领导，把部门的执法监管行动上升为政府主导的全局性执法行动，各相关部门协调配合，真抓实干，使百日行动达到了预期目标。国土资源系统在今后的工作中要更加自觉地争取和依靠地方各级政府的支持和领导，加强土地执法监管，构建耕地保护共同责任机制。

二是土地执法监管必须更严、更硬。百日行动中，我们基本做到了严格清理，严肃查处，让违规违法者付出沉痛的代价，有效地发挥了震慑作用。国土资源系统在今后的工作中要更加坚定地履行管理职责，土地执法监管必须更严、更硬，坚定地维护国家法律的尊严，维护政府的公信力和执行力。

三是土地执法监管必须着力于制度建设。从百日行动发现的问题来看，一些地方违规违法用地问题突出的根本原因是管理制度缺失、现行制度执行和落实不到位。国土资源系统在今后的工作必须进一步加强制度建设，使最严格的土地管理制度化、经常化。

在总结百日行动取得成果、成效和体会的同时，我们也清醒地看到了存在的问题和不足，主要是处理处罚偏轻、偏宽，整改和处理工作尚未完全到位，制度建设任重道远等。这些问题需要在后续工作中切实加以解决。

三、下一步工作

一是继续抓紧督察整改，巩固和扩大百日行动的成果。对部和各省（区、市）圈定的重点地区及典型案件继续扭住不放，整改和查处落实到位。继续跟踪和落实面上案件的查处工作，抓立案，抓结案，各项处罚执行到位，责任人处理到位。逐案落实未批先用整体性处理意见。

二是构建长效机制，切实加强土地执法监管。抓制度建设，积极探索和构建预防土地违规违法的执法监管体系。抓基层建设，包括基层国土所建设，基层信息员、协管员、调解员制度建设。抓深层次问题的研究，全面分析违规违法行为的特点、成因和规律，提出对策、措施和建议。

扎扎实实做好百日行动后续工作，巩固和扩大百日行动成果，任务是繁重的、艰巨的。今年国民经济宏观调控的一项重要任务就是“两防”，严把土地闸门承担重要责任。国务院前不久强调，今年一季度要防止固定资产投资反弹，而且当前各地政府都在换届，将给土地管理带来一些新的情况。我们将牢牢把握学习贯彻党的十七大精神，贯彻落实科学发展观的有利契机，做好充分的思想准备、组织准备和工作准备，一鼓作气，一抓到底，继续巩固百日行动的成果，扩大百日行动的成效，进一步做好土地执法监管工作。

特此报告。

二〇〇八年一月二十五日

关于2008年国家土地督察工作情况的报告

（国土资发〔2009〕41号）

国务院：

2008年，国家土地督察机构以深入学习实践科学发展观活动为契机，解放思想，改革创新，改进作风，增强执行力，进一步加强机构、队伍和制度建设，不断巩固、持续拓展土地督察工作局面，取得一定成效。现将有关情况报告如下：

一、工作开展情况

（一）坚守红线，不断深化和完善耕地保护目标责任制

国家土地督察机构始终把落实耕地保护目标责任制作为督察工作重点，采取多种措施督促省级及计划单列市人民政府完善耕地保护目标责任制。一是通过实地巡察、与地方人民政府共同开展构建保障和促进科学发展土地管理新机制试点、督促省级人民政府与地市人民政府签订耕地保护目标责任书、参与省级人民政府耕地保护责任目标考核等方式，对耕地保护目标责任制落实情况进行监督检查，并针对检查中发现的问题提出改进意见和建议，取得较好效果。二是积极配合并参与由国土资源部、农业部和国家统计局组织开展的2007年度省级政府耕地保护目标责任履行情况抽查工作，对部分地区存在的问题，及时向有关省级人民政府提出了督察意见和建议。三是开展土地利用年度计划执行情况的重点督察，跟踪督促各地做好土地利用计划分解下达和使用工作，基本掌握了各地土地利用计划指标使用进度和结构，对地方规范和加强土地利用计划管理起到了促进作用，并为国土资源实行年度计划指标奖惩提供了决策参考。

（二）突出重点，扎实推进违规违法问题专项督察

一年来，国家土地督察机构根据媒体披露、群众举报、实地巡察等所掌握的情况，针对一些地方存在“以租代征”、违反土地利用总体规划设立各种名义开发区、非法占用耕地、擅自调整土地利用总体规划等土地违规违法突出问题，向海南、河北、吉林、山东、贵州5个省级人民政府发出6份督察建议书和整改意见书。有关省级人民政府高度重视，认真组织纠正整改，各地共清理违规违法案件183件，涉及土地面积5165公顷，立案175件，结案167件；拆除非法建筑物面积26.76万平方米，没收非法建筑物面积107万平方米，罚款6475万元，复垦耕地面积2126公顷，给予党政纪处分86人，追究刑事责任10人。

（三）持续拓展，不断丰富和完善土地督察核心业务

一是积极探索开展例行督察，对督察地区一定时期内的土地利用和管理情况进行全面监督检查。在河北省沧州市、辽宁省抚顺市等16个地区开展了例行督察试点，实地核查用地项目5963个，发现违规违法用地面积11866公顷，其中耕地面积8986公顷，督促地方人民政府依法查处纠正案件1325件。二是开展农用地转用和土地征收审批事项审核督察，对省级人民政府报国务院审批和自行审批的农用地转用和土地征收事项及批后实施情况进行监督检查。全年共收到备案材料6334件，抽查检查1358件，清理出不符合法定审批权限、程序和违法审批的76件，其中60%属于未批先用和不符合用地政策。三是认真开展土地管理形势分析，每季度对全国土地管理形势进行分析、监测和预警，及时和全面掌握土地违法违规形势，发现倾向性、苗头性问题，为国土资源部党组研判土地管理形势提供决策参考。四是积极开展调查研究，加大对土地管理的走向、矛盾和突出问题的调研力度，及时向国土资源部党组和有关省级人民政府提出政策建议，共形成20余项调研成果。其中成都督察局提出的关于支持四川省抗震救灾和灾后重建土地政策的建议，为国土资源部迅速出台灾后恢复重建特殊支持政策提供了第一手材料。

（四）严格监管，不断巩固和促进土地管理形势好转

一是巩固和扩大全国土地执法百日行动成果。国家土地督察机构分片包区包案，针对百日行动收

尾工作、重点案件和重点地区查处整改、“未批先用”整体性处理意见落实等问题，继续保持高压态势，督促地方人民政府和有关部门认真开展查纠整改工作。积极培育正面典型，开展百日行动成效显著单位保持情况评估，推动各地建立土地执法监管长效机制，形成百余项制度性成果，促进地方土地管理工作不断完善。二是针对领导批示、来信来访、动态巡察、媒体披露的有关问题，建立案件督办快速反应机制，全年共处理领导批办事项77件，处理群众来信来访2370次。三是集中开展重点、难点问题的专项整治。四是督促第八次卫片执法检查整改查处到位，对9个违规违法问题严重城市和15个违规违法问题上升较快城市的整改查处工作进行实地验收和评估。

（五）规范管理，积极探索建立共同责任新机制

一是建立国家土地督察和地方人民政府、国土资源管理部门的沟通协作和磋商机制。徐绍史同志以国家土地总督察的名义先后两次致函各省级和计划单列市人民政府、新疆生产建设兵团领导同志。一些督察局与省级人民政府建立联席会议制度，积极推进建立沟通协作和磋商机制。二是稳步推进保障和促进科学发展土地管理新机制共建试点，与有关地方人民政府确定了30个共建试点和联系点，从预防、查处、监管、问责、部门联动、集约用地等多方面推进了共同责任机制和执法监管长效机制建设。三是宣传贯彻《违反土地管理规定行为处分办法》，营造落实土地管理违法问责制的氛围，积极推动问责制的贯彻实施。四是借力主流媒体，总结地方实践经验，宣传土地督察工作，及时将督察重要情况向国务院领导同志专报，向相关部委反馈，初步形成横向交流、纵向反馈、面向社会的宣传主渠道。

（六）夯实基础，努力加强和改进自身建设

一是学习实践科学发展观试点活动取得实效，深化了对科学发展观的认识，增强了落实科学发展观的自觉性和坚定性，提高了推动土地督察科学发展的能力。二是制度建设不断完善。稳步推进《土地督察条例》立法前期工作，参与《土地管理法》修订，出台了督察机构工作规范和业务工作制度。三是信息化建设取得实质性进展。四是机构和队伍建设稳步推进。

二、总体评估

（一）工作局面不断巩固深化发展

一是深化了原有督察业务。耕地保护目标责任督察更加注重实质性，专项督察更加突出实效性，调查研究更加强调针对性。二是开拓了新的核心业务。积极探索例行督察、审核督察，开展派出督察专员试点，拓展了督察工作方式。三是找准了与国土资源部相关管理工作的结合点，既体现了分工协作，又避免了职能重叠，充分展现了国家土地督察工作大有可为。

（二）国家土地督察保持威慑气势

通过认真做好百日行动后续工作，有针对性地开展专项督察，积极完成中央领导批办案件、媒体曝光事件和群众举报案件的督促整改工作，保持了2007年督察工作形成的气势。通过例行督察、审核督察、遥感监测等，进一步增强了督察工作的威慑作用，有效遏制了土地违规违法现象高发态势，促进了土地管理形势的好转。

（三）外部工作环境进一步好转

各地对土地管理的重视程度不断提升，许多地方党委、政府主要领导都把土地管理工作列入重要议程，全国31个省（区、市）、5个计划单列市人民政府和新疆生产建设兵团均发文支持和配合国家土地督察工作。一些省市政府的相关领导同志表示，党中央、国务院建立国家土地督察制度是完全正

确的。

2008年，国家土地督察工作取得了一定成绩，但也存在不容忽视的问题。一是对重大问题的敏感性不够强。二是深入实际、亲临现场不够多。三是自身建设需要进一步增强。

三、2009年重点工作

（一）服务扩大内需，开展保增长保红线行动

对2008年底和2009年国家为扩大内需、促进经济平稳较快发展中央投资新增建设项目用地情况进行监督检查，确保国家土地调控政策的全面、准确、规范执行。持续跟踪调研扩大内需项目用地的需求、结构、分布和利用情况。对严重影响国家土地调控政策落实的突出问题进行整改。

（二）严格规范管理，巩固和拓展土地督察核心业务

规范例行督察程序，开展对26个地级市和13个县（市）的例行督察。加强土地利用和管理形势监测、分析和预警。加强调查研究成果的转化和运用。全面开展建设用地审核督察。保持专项督察力度。强化耕地保护目标责任督察。督促建立和完善土地管理违法问责制，探索开展耕地和基本农田保护领导干部离任审计试点工作。

（三）完善工作机制，进一步提升土地督察综合能力

进一步健全制度，完善工作规范。加强调研，重点关注扩大内需土地宏观调控政策的执行情况和农村土地管理制度改革情况。推进土地管理新机制共建试点和联系点建设再上新台阶。完善与省级及计划单列市人民政府的磋商对话机制。探索建立督察外部监督机制。进一步加强督察文化建设。

（四）加强基础建设，基本完成土地督察机构组建工作

充实督察干部队伍，完善党建工作体制。扩大督察专员派出工作试点范围。加强督察信息化建设。完善督察干部管理、生活和学习制度。

特此报告。

附件：2008年国家土地督察工作情况

二○○九年三月三十一日

附件：

2008年国家土地督察工作情况

2008年，在党中央、国务院的高度重视和正确领导下，在有关部门和地方人民政府的密切配合和大力支持下，国家土地督察机构以深入学习实践科学发展观活动为契机，解放思想，改革创新，改进作风，增强执行力，进一步加强机构、队伍和制度建设，不断巩固、持续拓展土地督察工作局面，取得一定成效。现将有关情况报告如下：

四、工作开展情况

一年来，国家土地督察机构继续按照“边组建，边工作，以工作促组建，以组建促工作”的原

则，认真履行督察职责，扎实推进督察工作，较好地完成了全年各项任务。

（一）坚守红线，不断深化和完善耕地保护目标责任制

国家土地督察机构始终把落实耕地保护目标责任制作为督察工作重点，采取多种措施督促省级及计划单列市人民政府完善耕地保护目标责任制。

一是通过日常督察督促省级人民政府落实耕地保护目标责任制。国家土地督察机构通过实地巡察、与地方人民政府共同开展构建保障和促进科学发展土地管理新机制试点、督促省级人民政府与地市人民政府签订耕地保护目标责任书、参与省级人民政府耕地保护责任目标考核等方式，对耕地保护目标责任制落实情况进行监督检查，并针对检查中发现的问题提出改进意见和建议，取得较好效果。上海市与10个区、县政府98个镇级单位签订耕地保护目标责任书，制定了考核办法和实施细则。西北5省（区）和新疆生产建设兵团全部与市（州、地、师）签署了耕地保护目标责任书。浙江省完成2/3乡镇基本农田示范区建设任务。福建省整合资金28亿元，实施土地整理和农田基础设施建设。广西壮族自治区兑现耕地保护奖励244万元。广东省落实1000万元奖励有效落实耕地保护目标责任制的地市，并从省级财政划出40亿元专项资金用于补充耕地开发。

二是积极配合并参与由国土资源部、农业部和国家统计局组织开展的2007年度省级政府耕地保护目标责任履行情况抽查工作。在三部局组成的15个检查组中，国家土地督察机构带队组成5个检查组，在其他10个组中也派出督察干部参与检查工作。在时间紧、任务重的情况下，圆满完成了各项工作任务，基本掌握了各省（区、市）耕地保护责任目标履行情况，总结了地方耕地保护的典型经验与做法，发现了责任目标履行中的突出问题。对部分地区存在的耕地保护责任目标不完善、责任主体不明确、责任制度不健全、考核措施不落实等问题，及时向有关省级人民政府提出了督察意见和建议，取得比较明显的成效，进一步提高了地方党委、政府对严格耕地保护的认识。

三是开展土地利用年度计划执行情况的重点督察。国家土地督察机构采取多种形式跟踪督促各地做好土地利用计划分解下达和使用工作。北京、南京督察局建立了土地利用计划季报制度，定期开展分析；成都、西安督察局结合百日行动，督促检查土地利用计划执行情况；南京督察局专门召开督察区域土地利用计划执行情况座谈会；沈阳、成都督察局向督察区域的省（区、市）人民政府致函，进一步明确了对计划指标分解下达、建设用地审批和土地供应、计划执行分析等工作的组织实施；上海、成都督察局成立专门检查组，赴实地检查评估；沈阳、济南、武汉、成都督察局开展了土地利用计划执行情况督察。通过监督检查，基本掌握了各地土地利用计划指标使用进度和结构，促进了地方规范和加强土地利用计划管理，并为国土资源部实行年度计划指标奖惩提供了决策参考。

（二）突出重点，扎实推进违规违法问题专项督察

一年来，国家土地督察机构根据媒体披露、群众举报、实地巡察等所掌握的情况，针对一些地方“以租代征”、违反土地利用总体规划设立各种名义开发区、非法占用耕地、擅自调整土地利用总体规划等土地违规违法突出问题，向海南、河北、吉林、山东、贵州5个省级人民政府发出6份督察建议书和整改意见书。有关省级人民政府高度重视，认真落实纠正整改工作，各地共清理违规违法行为183件，涉及违规违法土地面积5165公顷，立案175件，结案167件；拆除违法建筑物面积26.76万平方米，没收违法建筑物面积107万平方米，罚款6475万元，复垦耕地面积2126公顷，给予党政纪处分86人，追究刑事责任10人。具体是：

一是针对海南省海口市和文昌市存在严重“以租代征”问题开展专项督察。根据有关方面反映，并经广州督察局核实，香港骏豪集团在海南省海口市大规模租地建设高尔夫球场、海口市秀英区“以租代征”建生态体育公园、文昌市 “以租代征”建航天新居和热带观光园。广州督察局向海南

省人民政府发出国家土地督察整改意见书，国土资源部暂停海口和文昌两市2008年土地利用计划指标执行。海南省人民政府积极组织整改，海口市人民政府向广州督察局作书面检讨，对秀英、龙华两个区政府的领导班子以及相关的两个镇政府给予通报批评，文昌市纪委对有关责任人员进行诫勉谈话，并在全市通报批评。海口市国土环境资源局对骏豪公司下达《行政处罚决定书》，责令退还了非法占用的42.1公顷土地，并罚款421万元。

二是针对河北省石家庄市公安干警在农村圈地建别墅的问题开展专项督察。根据互联网披露信息，北京督察局对河北省石家庄市多名公安干警在鹿泉市骗取宅基地批准并超面积、异地建设别墅的违法占地行为进行核查，并向河北省人民政府发出整改意见书，要求河北省人民政府进行依法处理，并对全省农村宅基地审批管理中的类似问题进行清理，严格宅基地审批管理。河北省人民政府高度重视，责令当事人退还非法占用的土地并恢复土地原状，对有关责任人员作出行政处分。目前，北京督察局正在跟踪督促处理。

三是针对吉林省东辽县违反土地利用总体规划和城市总体规划，违规设立经济开发区和未批先用等问题开展专项督察。沈阳督察局经实地调查后向吉林省人民政府发出整改意见书。吉林省人民政府高度重视，撤销了违规设立的工业园区及违规文件，6宗违规用地案件全部结案，对有关责任人给予行政警告处分，完善了耕地保护和开发区用地管理，整改工作基本到位。

四是针对山东省茌平县信发铝电集团非法占用基本农田问题开展专项督察。根据群众举报并经调查核实，山东省人民政府未经国务院批准，同意茌平县调整土地利用总体规划占用基本农田90.67公顷；信发铝电集团未经批准非法占地186.67公顷，涉及基本农田173.33公顷；信发铝电集团建设项目大部分属于国家明令限制和禁止类用地项目，济南督察局向山东省人民政府发出整改意见书，国土资源部暂停茌平县2008年土地利用计划指标执行。山东省人民政府高度重视，迅速成立联合调查组进行处理。茌平县委、县政府向济南督察局作书面检查，复耕土地86.5公顷，对信发铝电集团罚款4418.5万元，对相关违法责任人作出严肃处理，其中行政记过处分1人（副厅级），行政记大过处分3人，降级处分1人，撤职1人，党纪处分12人，追究刑事责任5人。

五是针对山东省德州市违规擅自调整土地利用总体规划问题开展专项督察。根据群众举报并经调查核实，山东省德州市违反国家规定，擅自调整土地利用总体规划违规占用基本农田，擅自扩大开发区用地规模，违规新设工业园区，济南督察局向山东省人民政府发出整改意见书。德州市人民政府采取有效措施进行整改，撤销3个违规设立的园区，纠正了开发区违规违法用地，对违法用地进行复耕。山东省人民政府在全省范围内开展了以整治开发区违规扩区违法用地为重点的专项行动，清理出违规违法案件136宗，涉及土地300.73公顷；已自行纠正2宗，立案134宗，结案131宗；拆除违法建筑物面积14.58万平方米，没收违法建筑物面积31.36万平方米；退回土地75.4公顷，复耕土地42.48公顷。给予党政纪处分68人，移送公安机关8人。

六是针对贵州省凯里市违规调整基本农田的问题开展专项督察。武汉督察局在建设用地审批督察中发现，贵州省凯里市人民政府擅自调整土地利用总体规划、调整基本农田。武汉督察局向贵州省人民政府发出整改意见书，贵州省人民政府高度重视，撤销了凯里市2008年第一批次城市建设用地批复，停止了项目建设。

（三）持续拓展，不断丰富和完善土地督察核心业务

一是积极探索开展例行督察，为严格履行职责，全面摸清督察区域土地利用和管理情况，及时发现和纠正问题，提出政策建议，国家土地督察机构在借鉴国家审计署例行审计经验的基础上，结合土地管理实际，启动了例行督察试点，对督察地区一定时期内的土地利用和管理情况进行全面监督检查。北京、沈阳、南京、济南、广州、武汉、成都和西安8个督察局，在河北省沧州市，辽宁

省抚顺市，山东省平度市、淄博市张店区、巨野县，河南省罗山县、禹州市、淇县，江苏省连云港市，安徽省蚌埠市，广西壮族自治区玉林市，湖北省武汉市新洲区，重庆市渝北区、南岸区，云南省玉溪市和陕西省西安市未央区16个市县开展了例行督察试点工作。审核各类土地管理文件和卷宗11209份，实地核查用地项目5963个，涉及土地面积28736公顷，其中耕地面积17320公顷，发现违规违法用地面积11866公顷，其中耕地面积8986公顷，督促地方人民政府依法查处纠正违规违法案件1325件。通过例行督察，全面掌握了试点地区土地利用和管理状况，核查了土地利用和管理的合法性与真实性，纠正了土地违规违法问题，查找了政策漏洞，有效推进了土地利用和管理的健康发展。

二是开展农用地转用和土地征收审批事项审核督察。国家土地督察机构采用日常审批备案和集中核查相结合的办法，对省级人民政府报国务院审批和自行审批的农用地转用和土地征收事项及批后实施情况进行监督检查。全年共收到报国务院审批和由省级人民政府自行审批的农用地转用和土地征收备案材料6334件，抽查检查1358件，清理出不符合法定审批权限、程序和违法审批的76件，其中60%属于未批先用和不符合用地政策。针对存在的问题，国家土地督察机构向有关省级国土资源管理部门发函通报11次，向有关省级人民政府发出国家土地督察意见1次。各地在查处整改中，共撤销调整土地利用总体规划面积34.7公顷，纠正违反土地利用政策用地10件，立案15件，拆除违法建筑物10.89万平方米，罚款253.35万元，行政处分7人。

三是认真开展土地管理形势分析。充分发挥国家土地督察机构身处土地管理一线、贴近基层的优势，全面了解各地土地利用和管理工作的实际，以土地执法形势分析、热点问题分析等为主要内容，每季度组织开展针对全国土地管理形势的分析、监测和预警，全面掌握土地违规违法形势，发现倾向性、苗头性问题，为国土资源部党组研判土地管理形势提供决策参考。

四是积极开展调查研究。国家土地督察机构充分发挥土地管理前哨作用，提高针对性，加大对土地管理的走向、矛盾和突出问题的调研力度，了解地方需求，及时向国土资源部党组和有关省级人民政府提出政策建议。一年来，在构建共同责任机制、“未批先用”对策、土地违规违法成因与对策、土地执法监管长效机制、农村宅基地管理和新农村建设用地、广东产业和劳动力双转移土地政策、成渝统筹城乡综合配套改革试验区土地制度改革创新、成都市建立耕地保护基金制度等方面形成了20余项调研成果。其中成都督察局提出的关于支持四川省抗震救灾和灾后重建土地政策的建议，为国土资源部迅速出台灾后恢复重建土地政策提供了第一手材料。

（四）严格监管，不断巩固和促进土地管理形势好转

一是巩固和扩大全国土地执法百日行动成果。国家土地督察机构分片包区包案，针对百日行动收尾工作、重点案件和重点地区查处整改、“未批先用”整体性处理意见落实等问题，继续保持高压态势，督促地方政府和有关部门认真开展查纠整改工作，确保整改落到实处，立案率和结案率明显提高。据统计，截至2008年3月20日，全国土地执法百日行动共查处“以租代征”、违反土地利用总体规划扩大工业用地规模和未批先用等三类土地违规违法案件31737件，涉及土地25.04万公顷，其中，已自行纠正2871件，应立案28866件，已立案26905件，已结案22294件，立案率为93.2%，结案率为82.9%；共收缴罚没款40亿元，没收违法建筑物面积1690.7万平方米，拆除违法建筑物面积937.2万平方米；移送纪检监察机关3857人，已追究党纪政纪责任2864人；移送司法机关2797人，已追究刑事责任535人。国家土地督察机构还积极培育正面典型，举办“巩固百日行动成果，强化土地执法监管”研讨班；开展百日行动成效显著单位保持情况评估工作，提出计划指标奖励建议，为实施差别化的土地利用计划管理提供决策支持；推动各地建立土地执法监管长效机制，从发现防范、完善内部协作机制、建立外部联动机制和落实土地监管共同责任等方面，督促省级人民政府改进管理，加强监管，形

成百余项制度性成果，促进了地方土地管理工作不断完善。

二是针对领导批示、来信来访、动态巡察、媒体披露的有关问题，建立案件督办快速反应机制。国家土地督察机构全年共处理领导批办事项77件，处理群众来信来访2370次。北京督察局对京沪高速铁路廊坊段施工单位与被征地农民发生冲突、河北省永年县“永焦公路”占用基本农田、山西省中阳县建滔腾阳煤化工业园占地问题等重点案件进行了现场督察，及时向有关省级人民政府发出通报，并要求当地政府依法处理。南京督察局根据中央电视台《焦点访谈》等专题报道，开展了对江苏部分地区违法用地和土地闲置问题专项督察，督促地方政府自行整改到位。济南督察局对河南郑州市布瑞克房地产开发有限公司违法占地建设帝湖花园、山东乳山市荒芜基本农田被焦点访谈曝光等20余起案件进行了核查和督促整改。成都督察局对四川彭山县恒大集团“以租代征”修建别墅、江油市巴蜀燃煤发电厂未批先用，重庆九龙坡区博士农业科技园以租代征、大渡口区建桥工业园违法用地、荣昌县城市建设违法用地，云南玉溪市红塔区乡镇企业违法用地等重大案件，及时督促有关地方政府进行严肃查处或自行纠正。

三是集中开展重点、难点问题的专项整治。沈阳督察局对辽宁省阜新市违规设区、违法用地，吉林省公主岭市违法占用基本农田擅自设立开发区，黑龙江七台河市违规批准开发区搞项目建设等问题采取约谈地方政府负责人方式开展督察。济南督察局加强对山东省开发区用地专项整治的督察，及时掌握情况。广州督察局在督察区域内开展以土地调控政策落实情况为重点的土地利用及管理情况专项检查，指导和督促广东省开展违法违规用地集中整治行动。西安督察局以土地执法百日行动后期压反弹为专题，确定5个市、县（区）为土地违规违法重点反弹区，采取了约谈等方式督促整改，遏制违法用地高发势头。

四是督促第八次卫片执法检查整改查处到位。按照国土资源部党组统一部署，国家土地督察机构全力投入第八次卫片执法检查工作。对9个违规违法问题严重城市和15个违规违法问题上升较快城市的整改查处工作，进行了实地验收和评估。通过督促整改，24个城市共发现违法违规用地4686宗，自行纠正364件，立案4310件，立案率99.7%，结案3916件，结案率91%。共收缴罚款43777万元，拆除建筑物620.4万平方米，没收建筑物441.9万平方米，复耕面积1240公顷。提出党政纪处分670人，移送司法机关追究刑事责任529人。

（五）规范管理，积极探索建立共同责任新机制

解放思想，改革创新，构建保障和促进科学发展新机制是当前和今后一段时期土地管理工作的一条主线。经过国家土地督察机构一年来的探索和努力，在构建共同责任机制方面取得较大成效。

一是建立国家土地督察和地方人民政府、国土资源管理部门的沟通协作和磋商机制。徐绍史同志以国家土地总督察的名义先后两次致函各省级和计划单列市人民政府、新疆生产建设兵团领导同志，感谢各地对国家土地督察工作的有力支持，共同落实全国土地利用总体规划纲要，共同应对“两碰头，一忧虑”形势，坚守18亿亩耕地“红线”。地方党委和政府领导高度重视，就进一步做好土地管理工作做出了指示，一些地方及时出台了严格规范管理土地的措施。北京督察局与天津市人民政府签署《国家土地督察机构与天津市人民政府联席会议框架协议》，武汉督察局与湖北省人民政府建立联席会议制度，积极推进建立沟通协作和磋商机制。

二是稳步推进保障和促进科学发展土地管理新机制共建试点。一年来，国家土地督察机构与有关地方人民政府确定了30个共建试点和联系点，从预防、查处、监管、问责、部门联动、集约用地等多方面推进了共同责任机制和执法监管长效机制建设，在省、市、县三个层面都出台了一系列落实新机制的政策文件和制度性成果，如江西赣州市推行建设用地挂牌公示，一些地方把耕地保护纳入党政干部科学发展政绩考核指标体系，建立多部门联席会议、沟通磋商、联合执法机制等。

三是宣传贯彻《违反土地管理规定行为处分办法》（监察部、人力资源和社会保障部、国土资源部令第15号），营造落实土地违法问责制的氛围。15号令发布以来，国家土地督察机构积极向地方各级人民政府主要负责人宣传15号令的主要规定，了解掌握精神实质，切实履行第一责任人的职责，积极推动问责制的贯彻实施。北京、济南、西安、南京、武汉、广州等督察局先后召开督察区域分管秘书长工作座谈会，共同研究15号令的贯彻落实工作。同时，采取全覆盖实地宣讲、邀请地方政府领导撰写文章和编印宣传手册等多种形式，积极宣传贯彻15号令。这些措施有力推进了土地管理共同责任机制和违法问责制的落实。宁夏回族自治区人民政府办公厅出台了《关于违反土地管理规定行为处分办法的实施意见》。一些省（区、市）也积极举办各种形式的学习班、培训班，营造了学习宣传贯彻15号令的浓厚氛围。

四是构建国家土地督察宣传主渠道。借力主流媒体，在新华社国内动态清样、内参上策划土地督察报道，总结地方实践经验，宣传策划组织编写各类消息、通讯60多篇，在国土资源报刊登土地督察专版近40期，编发《国家土地督察工作快讯》78期。邀请河北省人民政府副省长孙瑞彬等10位地方政府领导同志围绕15号令的贯彻落实写文章，约请9位乡镇、村基层负责同志围绕落实十七届三中全会决定谈看法，在国土资源系统和社会上引起较大反响。创办《国家土地督察专报》，及时将督察重要情况向国务院领导同志汇报。编发《国家土地督察工作内情摘要》10期，反馈相关部委，初步形成了横向交流、纵向反馈、面向社会的宣传主渠道。

（六）夯实基础，努力加强和改进自身建设

一是学习实践科学发展观试点活动取得实效。按照国土资源部党组的统一部署，国家土地督察机构切实把学习实践活动作为一项重要的政治任务来扎实推进，认真组织，全员参与，始终坚持学习实践活动与提高队伍素质、推进督察工作、解决突出问题和促进系统建设的“四个结合”。开展“解放思想，改革创新”和“改进作风，增强执行力”大讨论，召开支部扩大会议、处级干部座谈会和专题民主生活会，认真检查问题，剖析思想根源，撰写分析报告，明确工作思路，落实整改措施，圆满完成学习实践活动确定的重点任务和调研工作。通过学习实践活动，国家土地督察机构深化了对科学发展观的认识，增强了落实科学发展观的自觉性和坚定性，促进了党员干部思想观念、工作方式、工作作风的明显转变，提高了推动土地督察科学发展的能力，培育了团结和谐、锐意进取和蓬勃向上的工作氛围，活动取得较明显效果。

二是制度建设不断完善。《国家土地督察条例》立法前期工作稳步推进，完成了文本起草、征求意见、专家论证等阶段性工作，并与《土地管理法》修订工作密切衔接。出台了督察机构工作规范，制定了专员派出、督察业务、信访等多个工作制度，建立了土地督察工作统计和登记台账制度，完善了公文处理、信息网络管理等制度。

三是信息化建设取得实质性进展。国家土地督察网站正式开通并投入使用，各督察局局域网和办公自动化系统建设基本完成，建立了土地监管信息分析系统，开通各督察局的视频会议系统，土地管理业务系统的连通和数据集成正在建立和完善。

五是机构和队伍建设稳步推进。中组部已批复同意各督察局成立局党组，进一步提高了国家土地督察机构组织保障能力。干部选配力度进一步加大，全年新招录土地督察干部88名，督察干部总人数达到216人，达到编制总数的2/3。派出督察专员试点工作进展顺利，广州、成都等督察局派出有关省（市）的督察专员办已经开展工作。先后组织两期培训研讨班，对新录用的公务员进行了业务培训。创新干部培训模式，举办了2008年国家土地督察机构整训班，针对督察干部的特点，对处以上干部进行了国家宏观经济形势、土地管理热点难点问题、公共危机处理、个人心理调解等多个专题的集中培训。党风廉政建设进一步加强，各督察局都签订了廉政责任承诺书。督察文化建设进一步丰富。国家土地督察机构办公及附属用房、技术装备的投资计划已经落实，后勤保障条件逐步改善。

五、总体评估

2008年，是实施国家土地督察制度取得重要进展的一年。这一年里，国家土地督察工作开创新局面，制度取得新进展，机构实现新突破，队伍呈现新面貌，外部工作环境不断好转，督察和保障服务能力显著提高，督察工作成效较为明显。

（一）工作局面不断巩固深化发展

与刚刚组建督察机构的2007年相比，2008年的土地督察工作逐渐找准了工作方位，步入了巩固局面、持续拓展时期，各项工作生机勃勃。一是深化了原有督察业务。耕地保护目标责任督察更加注重实质性，从关注责任状签订、规章制度建立等形式上的内容向责任目标考核、奖罚兑现等实质性要求延伸。专项督察更加实效性，呈现出“三个转变”，即督察范围从一般性督察向分区督察转变，督察方式从单一下达整改决定向预警提醒、约谈、通报等分级督察转变，督察结果的处理从督促整改向与自行纠正相结合转变。调查研究更加强调针对性，更加关注地方土地管理中的困难和问题，更加切合土地管理实际。二是开拓了新的核心业务。积极探索例行督察、审核督察，开展派出督察专员试点，拓展了督察工作方式。例行督察为实现从局部监督转向全方位监督、临时性监督转向常态化监督提供了有益探索。审核督察工作能够最直接、最有效地发现土地利用和管理中存在的突出问题，保持对土地违法行为的高压态势。派出督察专员进一步拉近国家土地督察与各省（区、市）土地管理的距离，扩大了国家土地督察的影响。三是找准了与国土资源部相关管理工作的结合点，如参与卫片执法检查、闲置用地清查、耕地保护目标责任考核检查等工作，既体现了分工协作，也避免了职能重叠，充分展现了国家土地督察工作大有可为。

（二）国家土地督察保持威慑气势

在这一年里，国家土地督察机构认真做好百日行动后续工作，巩固和扩大了百日行动成果；继续有针对性地开展专项督察，积极完成中央领导批办案件、媒体曝光事件和群众举报案件的督促整改工作，保持了2007年督察工作形成的高压态势。随着新业务的开展，如例行督察对特定地区特定时段全方位、全过程、全覆盖的监督检查，建设用地审批事项审核督察的现势性监督检查，遥感监测的即时性监督检查，以及贯彻15号令的强大宣传声势，进一步增强了督察工作的威慑作用，有效遏制了土地违规违法现象高发态势，促进了土地管理形势的好转。据统计，2008年土地违规违法案件数和涉及土地面积同比明显下降。全国共发现土地违法约9.8万件，涉及土地面积4.87万公顷，其中耕地面积1.87万公顷，比2007年分别下降19%、49.6%和56.3%。地方人民政府对耕地保护的重视程度明显提高，绝大多数省（区、市）人民政府根据土地利用年度计划指标分解情况，层层签订了耕地保护目标责任书，严格执行土地利用年度计划，严格控制新增建设用地总量，形成了地方人民政府严格耕地保护和执法监管的土地管理新格局。

（三）外部工作环境进一步好转

在这一年里，国家土地督察机构通过与地方政府共同构建保障和促进科学发展土地管理新机制，建立沟通协调和对话磋商机制，通过调查研究主动为地方人民政府反映问题、解决难题、提出合理化建议，通过督察及时向地方人民政府预警、提醒，为建立和完善共同责任机制打下了良好基础，也为土地督察工作营造了良好的外部环境。各地对土地管理的重视程度不断提升，许多地方党委、政府主要领导都把土地管理工作列入重要议程，加强组织领导，积极支持地方国土资源部门开展工作。全国31个省（区、市）、5个计划单列市人民政府和新疆生产建设兵团均发文支持和配合国家土地督察机构开展工作，明确要求所属各级政府、有关部门积极支持、主动配合国家土地督察工作，自觉接受国家土地督察机构的监督检查，在制定土地管理有关重大政策时，要认真听取国家土地督察机构的意见和建议。在中央编办组织的国家土地督察制度实施情况调研中，广东省、海南省和天津市政府的相关领导同志都表示，国家土地督察制度的实施，提高了地方依法、科学管理土地的水平，促进了地方经济增长方式向科学发展转变，充分证明了党中央、国务院建立国家土地督察制度是完全正确的。

2008年，国家土地督察工作取得了一定成绩，但也存在不容忽视的问题。一是对重大问题的敏感性不够强。随着工作逐步走上常态化，思想上产生一定的懈怠情绪，对一些重大问题的敏感性还不够强，工作热情还不够饱满，工作态度还不够认真。二是深入实际、亲临现场不够多。尤其是对于重大问题、重要情况和领导批办的事项，要做到深入现场调查核实，了解实际情况，要坚持做到雷厉风行，一丝不苟。三是自身建设需要进一步增强。还要继续认真学习贯彻温家宝总理批示精神，在今后工作中不断改进工作作风，增强执行力，进一步统一思想，树立为国督察的思想信念，增强责任感和使命感，在改进工作和制度完善上还要狠下功夫，提高督察能力，建立岗位责任制度和约束机制。

六、2009年重点工作

2009年，是国家土地督察机构全面贯彻落实国土资源部党组“既要积极主动服务，又要严格规范管理”重大决策的关键性一年，也是国家土地督察机构基本完成组建工作的标志性一年。国家土地督察工作的总体思路是：深入贯彻落实科学发展观，全面贯彻党的十七大、十七届三中全会、中央经济工作会议和中央农村工作会议精神，紧紧围绕服务扩大内需和农村改革发展两个大局，以落实“两个最严格”制度为核心，监督保证国家土地调控政策和农村土地改革政策执行为主线，抓好核心业务建设、综合能力建设和基础建设，认真履行职责，加大督察力度，基本完成机构组建，全面提升工作水平，加快构建保障和促进科学发展的土地管理新机制，促进经济社会平稳较快发展。重点做好以下工作：

（一）服务扩大内需，开展保增长保红线行动

对2008年底和2009年国家为扩大内需、促进经济平稳较快发展中央投资新增建设项目用地情况进行监督检查，确保项目用地的及时供应和开发，维护土地管理秩序，确保国家土地调控政策的全面、准确、规范执行。加强宣传指导，督促地方人民政府正确执行土地法律法规和国家土地调控政策。持续跟踪调研扩大内需项目用地的需求、结构、分布、时序和利用情况。对省级人民政府新增建设用地的审批情况进行审核督察，对严重影响国家土地宏观调控政策落实的突出问题进行整改。

（二）严格规范管理，巩固和拓展土地督察核心业务

规范例行督察程序，开展对26个地级市和13个县（市）的例行督察。加强督察区域土地利用和管理形势监测、分析和预警，探索建立形势分析观测点，制定统一的形势观测分析指标体系，加强调查研究成果的转化和运用。全面开展建设用地审核督察，重点监督检查省级人民政府审批的农用地转用和土地征收事项。保持专项督察力度，对耕地保护不落实、征地补偿安置不到位、违反土地供应政策等性质恶劣和影响重大的问题进行纠正，加强对突发事件、重大事项的实地核查，建立早发现、早报告和早制止的快速反应机制。强化耕地保护目标责任督察，督促地方政府层层签订责任书，督促省级及计划单列市人民政府完善耕地保护考核目标，积极配合耕地保护目标责任考核，根据考核结果督促地方人民政府组织整改。督促省级及计划单列市人民政府建立和完善土地管理违法问责制，建立问责预警机制。探索开展耕地和基本农田保护领导干部离任审计试点工作。

（三）完善工作机制，进一步提升土地督察综合能力

进一步健全制度，完善工作规范，积极参与《土地管理法》修订，继续推进《国家土地督察条例》立法工作，研究督察战略规划和顶层设计。加强调研，重点关注扩大内需土地宏观调控政策的执行情况和农村土地管理制度改革情况。推进土地管理新机制共建试点和联系点建设再上新台阶。加强与地方人民政府和省级国土资源部门的沟通协作，完善与省级及计划单列市人民政府的磋商对话机制，建立日常交流和高层交流两个对话平台。探索建立督察外部监督机制，开展社会监督评议机制建设。进一步加强督察文化建设，提高督察队伍的凝聚力和向心力。

（四）加强基础建设，基本完成土地督察机构组建工作

充实队伍，加快司局级和处以下干部配备，在国家土地督察局设立局党组，落实纪检监察职责，完善党建工作体制。建立廉政约束和责任机制，推广廉政承诺书制度，推进党风廉政建设。扩大督察专员派出工作试点范围，完善督察专员派出工作。进一步改善办公和生活条件，增强督察技术装备配备，加强督察信息化建设。完善督察干部管理、生活和学习制度，做好年度整训和各类业务培训，全面提高督察干部业务素质和工作水平。

全国土地执法百日行动后续工作有关情况

（国土资源部通报第13期，2008年4月11日）

根据全国土地执法百日行动总结电视电话会议部署和《关于巩固扩大百日行动成果加快建立土地执法长效机制的通知》（国土资发〔2008〕22号）的有关要求，地方各级国土资源部门积极行动，抓紧案件查处纠正工作。截至3月20日，除西藏外，各地均按时上报了百日行动总体情况报告。

3月31日，部召开全国土地执法百日行动领导小组扩大会议，听取了领导小组办公室对各地查处纠正工作的总体评估和各派驻地方的国家土地督察局的监督检查报告，提出了继续加强百日行动后续工作的要求。现将有关情况通报如下：

一、案件查处总体情况

全国土地执法百日行动最终清查出三类土地违法案件31737件，涉及土地面积375.6万亩。其中，已自行纠正2871件，应立案28866件，已立案26905件，已结案22294件，立案率为93.2%，结案率为82.9%；共收缴罚没款40亿元，没收非法建筑物面积1690.7万平方米，拆除非法建筑物面积937.2万平方米；移送纪检监察机关3857人，已追究党纪政纪责任2864人；移送司法机关2797人，已追究刑事责任535人。与百日行动总结会时相比，立案率提高了8.2个百分点，结案率提高了9.3个百分点，收缴罚没款增加20.8亿元，没收非法建筑物面积增加222.7万平方米，拆除非法建筑物面积增加165.2万平方米；落实党纪政纪处分人员增加547人，追究刑事责任人员增加202人。总体上看，各地保持了查处纠正工作高压态势，案件立案率、结案率、收缴罚没款、没收和拆除违法建筑物的面积、责任人员处理人数与百日行动总结会时相比，均有不同程度增加。

从各地的报告情况看，上海、海南、四川、贵州等4个省（市）的立案率达100%。河北、山西、内蒙古、辽宁、吉林、黑龙江、江苏、浙江、福建、湖北、湖南、广东、广西、云南、陕西、宁夏16个省（区、市）的立案率超过95%。天津、辽宁、吉林、黑龙江、上海、江西、山东、河南、广西、重庆、甘肃、宁夏、新疆13个省（区、市）和新疆生产建设兵团的结案率超过95%。

二、重点地区整改情况

百日行动期间，部圈定12个重点地区，各省级国土资源部门圈定了46个重点地区。重点地区的后续处理工作主要是加快案件立案查处，抓好行政处罚执行，配合纪检监察、司法机关落实对责任人员的处理。

（一）部圈定的重点地区整改情况

部圈定12个重点地区，除黑龙江省哈尔滨市松北区由监察部和国土资源部联合查处外，其余11个重点地区整改工作已基本通过部验收。1月21日以来，上述重点地区进一步加大整改和查处力度，绝大多数地区已经整改到位。

截至3月20日，12个重点地区共清理出三类违规违法案件530宗，涉及土地面积42773亩，立案查处517宗，立案率为97.5%，结案517宗，结案率为100%；其他13宗案件中，9宗案件予以自行纠正，4宗案件列入“未批先用”整体性处理意见。收缴罚款9757万元，除个别地区外，基本收缴到位。没收违法建筑物260万平方米，拆除违法建筑物63万平方米，其中：四川省成都市温江区没收力度最大，没收、拆除违法建筑物分别达到142万平方米和30.17万平方米。向纪检监察机关提出处分建议258

人，已给予党纪政纪处分180人；移送司法机关68人，已追究刑事责任1人。

（二）各省（区、市）圈定的重点地区整改情况

截至3月20日，各省（区、市）圈定的46个重点地区共清理土地违规违法案件2237宗，涉及土地面积101676亩，立案查处1802宗，立案率81%，结案1677宗，结案率93%。共收缴罚款1.13亿元，拆除建筑物49.43万平方米，没收建筑物97.01万平方米，退还土地面积28346亩，已追究党纪政纪处分180人，移送司法机关追究刑事责任34人。

河北省涿州市、山西省左云县、黑龙江省大庆市大同区、安徽省淮南市潘集区、安徽省合肥市蜀山区、江西省景德镇市、江西省黎川县、海南省海口市秀英区、四川省新津县、贵州省六枝特区、贵州省贵阳市乌当区11个地区的整改工作做到既处理事，又处理人，立案率和结案率都接近或达到100%，所有案件基本上都查处到位，申请法院强制执行的也基本执行到位。

内蒙古自治区呼和浩特市玉泉区、内蒙古自治区包头市土默特右旗、辽宁省抚顺市顺城区、辽宁省朝阳北票市、吉林省长春市双阳区、江苏省徐州市、广东省江门市开平市、湖南省常德市鼎城区、湖南省耒阳市、重庆市九龙坡区、重庆市长寿区、云南省昆明市西山区、云南省曲靖市麒麟区、陕西省西安市长安区、陕西省长安市未央区、新疆维吾尔自治区乌鲁木齐市头屯河区16个地区的整改工作做到既处理事，又处理人，立案率和结案率都在90%以上。

少数地区的立案率和结案率不高，存在处理偏轻、偏宽，申请法院强制执行后没有执行或执行不到位，罚款、拆除没有执行或执行情况较差，对责任人没有处理或处理不到位等问题。

三、典型案件查处纠正情况

百日行动期间，全国圈定251件典型案件，其中部圈定37件，各省（区、市）圈定214件。部分地区将后来确定的省级国土资源部门直接查办和挂牌督办的案件也纳入典型案件处理，各地典型案件数最终为276件。各地典型案件查处工作基本上按要求做到既处理事，也处理人。

（一）部圈定的典型案件查处纠正情况

部圈定的37个典型案件，其中28个案件的处理已基本到位，其余9个案件中正在进一步处理中。

37个典型案件，共涉及土地面积35558亩。已做出处理的30个案件中，共收缴罚款2620万元，已拆除别墅122幢，拆除其他建筑物面积26600平方米，没收建筑（楼房）5幢，没收其他建筑面积1634平方米，复耕土地面积1253亩，退还土地面积3434亩，移交纪检监察机关94人，已给予党政纪处分84人，移送司法机关14人，已追究3人。已处理的30个案件中，4宗属于违规设区或扩区，均撤销了机构，分流了人员，取消了开发区用地或核减了用地规模；26宗属于违法用地，其中15宗处以罚款并追究有关人员的责任，6宗并处罚款、拆除、没收建筑物并追究有关人员责任，1宗自行纠正，1宗处以拆除并追究有关人员责任，3宗处以退还土地并追究有关人员责任。

（二）各省（区、市）圈定的典型案件查处纠正情况

截至3月20日，各省（区、市）圈定的276件典型案件全部立案（其中265件上报了查处纠正情况）。265件案件中，250件已做出行政处罚决定，责任人员已向纪检监察机关提出处分建议或移送司法机关。

在250件做出处理的案件中，已结案215件，未结案35件。结案的215件案件中：执行到位的167件，未执行到位的48件。未执行到位的48件中，申请法院强制执行36件，向纪检监察机关提出处分建议尚未落实的9件，移送司法机关追究刑事责任尚未落实的3件。据不完全统计，各地收缴罚没款2.55亿元，拆除和没收违法建构筑物31万多平方米，退还土地2800多亩；移交纪检监察机关219人，已处分162人；移送司法机关42人，已追究刑事责任9人。尚未结案的35件中，已下达处罚决定正在执行的

33件，待规划修编后处理的2件。

未下达处罚决定的15件：其中5件部和有关部门正在联合查处；3件做撤案处理；6件正在抓紧调查提出处理意见；1件决定不予处罚。

四、“未批先用”整体性处理意见落实情况

全国共清理出报国务院审批单独选址建设项目“未批先用”案件1270宗，涉及土地面积146.22万亩。部已经通过26个省（区、市）和新疆生产建设兵团的整体性处理意见，有3个省（直辖市）整体性处理意见因报件不全尚未通过。

全国31个省（区、市）和新疆生产建设兵团共清理出应报和已报省级人民政府批准单独选址建设项目用地、报国务院批准城市建设用地和报省级人民政府审批的城市、村庄和集镇建设用地“未批先用”案件10247宗，涉及土地面积50.81万亩。各地上报的整体性处理意见，部已于2008年2月2日前全部批复。

百日行动总结会时，上述“未批先用”案件自行纠正1625件，立案处理8897件，结案5799件。截至3月20日，各省（区、市）“未批先用”违法用地项目，除自行纠正的之外，基本全部立案。自行纠正或结案8000余件，约占总数的70%。

五、存在的问题

全国土地执法百日行动领导小组扩大会议认为，各地查处纠正工作取得了积极进展，但也存在一些问题需要继续加大工作力度，妥善解决。

一是清理出的应予立案的案件尚有1961件没有立案，没有达到100%的立案率。

二是各省（区、市）圈定的重点地区涉及的案件中，部分案件没有查处纠正到位，部分地区的整改工作尚不到位。个别地区思想松懈，整改工作拖沓，立案率和结案率较低。

三是部和各省（区、市）圈定的典型案件中申请法院强制执行的案件执行到位率较低，移送纪检监察机关或司法机关追究责任人员责任的有相当一部分没有落实到位。

四是“未批先用”整体性处理意见落实缓慢，涉及的部分案件处理偏轻，尤其是对责任人员的处理，做检查的多，追究党纪政纪责任的少。部分地区存在“搭车”补办手续现象，将不属于百日行动自查清理的项目也纳入整体性处理意见进行处理。

六、继续强化查处纠正和监督检查工作

做好全国土地执法百日行动后续工作仍然是当前地方各级国土资源部门的重要任务之一。地方各级国土资源部门要继续加大案件查处纠正力度，加强督促检查工作，认真落实《全国土地执法百日行动查处纠正工作的若干处理意见》（国土资发〔2007〕283号）和《关于巩固扩大百日行动成果加快建立土地执法长效机制的通知》（国土资发〔2008〕22号）有关要求，确保案件查处纠正工作落实到位，重点地区整改工作到位，着力建立土地执法长效机制，防止土地违规违法行为反弹。

（一）确保应立案的案件全部立案查处

各省级国土资源管理部门要切实抓好案件的查处工作，督促立案率较低地区的国土资源部门加大查处纠正工作进度。对查处纠正工作态度不积极，查处纠正工作迟迟不到位的案件，要有选择地逐级上收，挂牌督办或直接查办。部分查处工作严重不力的案件由部直接查办或移送监察机关查办。要严格落实部批复的“未批先用”整体性处理意见，要在依法查处后，才能对符合有关政策的必需用地予以补办手续；严禁将不符合补办用地审批手续的项目予以补办手续。

（二）重点地区和典型案件的整改和查处工作必须落实到位

各派驻地方的国家土地督察局要将百日行动圈定的重点地区和典型案件，特别是整改和查处工作不到位的，纳入日常督察工作。对一些进展迟缓、工作拖沓的地区和案件，及时向有关省级或计划单列市人民政府发出整改意见。

（三）建立定期报告制度

从2008年4月起，各省级国土资源部门应于每月月底前将本地区本月案件查处纠正工作情况报部。各派驻地方国家土地督察局于6月底前对各省（区、市）“未批先用”整体性处理意见的落实情况开展一次集中检查，及时纠正违规补办用地手续的行为。部将在考虑各地案件查处纠正到位情况的基础上，确定下达各地的2008年土地利用年度计划指标。

（四）宣传推广百日行动成果

地方各级国土资源部门要继续开展形式多样的宣传活动，表扬先进，批评后进，对出现反弹现象的地区及时曝光，保持社会舆论压力。要注意总结基层土地执法监管工作行之有效的做法，及时推广土地执法长效机制建设经验。

（五）严防土地违规违法行为反弹

各派驻地方的国家土地督察局要密切关注土地违规违法的新动向，做好土地管理和土地执法形势的分析和预警预测工作。要集中督促地方人民政府落实土地管理共同责任和问责制，防止违规违法用地行为反弹。

2008年上半年全国土地违规违法形势分析报告

（国土资源部通报第26期，2008年8月15日）

根据国家土地总督察的指示精神，国家土地总督察办公室在各派驻地方的国家土地督察局汇总督察区域省级国土资源部门报送数据的基础上，对2008年上半年全国土地违规违法形势进行了分析。现将有关情况通报如下：

一、基本形势

2008年上半年，全国土地违规违法基本形势判断是：土地违规违法行为高发态势得到遏制，土地利用与管理正朝着保障和促进科学发展的方向发生积极变化，但土地执法监管的总体形势依然严峻，土地执法监管和土地督察工作任重道远。总体趋势和特点如下：

（一）土地违规违法案件数和涉及土地面积数双双下降。全国土地违规违法案件发生数和涉及土地面积数同比分别下降10.17%和48.17%；全国土地违规违法案件立案数约2.5万件，涉及土地面积约21.8万亩，同比分别下降16%和20%。

（二）中部地区土地违规违法案件降幅明显。中部地区（山西、安徽、江西、河南、湖北、湖南）土地违规违法案件发生数和涉及土地面积数同比分别下降28.11%和63.87%；东北老工业基地振兴地区（辽宁、吉林、黑龙江）同比分别下降33.78%和31.21%；西部大开发地区（广西、内蒙古、贵州、重庆、四川、云南、西藏、陕西、甘肃、青海、宁夏、新疆）同比分别下降5.11%和39.69%；东部率先发展地区（北京、天津、河北、上海、浙江、福建、江苏、山东、广东、海南）土地违规违法案件发生数同比上升3.24%，涉及土地面积数同比下降31.93%。土地违规违法行为向中西部蔓延势头得到一定遏制。

（三）重点城市土地违规违法形势出现好转。据72个重点城市卫星遥感监测和督察结果显示，土地违规违法案件发生、立案和涉及土地面积总数比上年同期分别下降4.96%、13.46%和35.47%，部分重点区域实际新增建设用地面积同比明显下降。

（四）土地违规违法出现的新问题不容忽视。一些地方换届效应引发新一轮发展冲动和用地高潮，部分地区提出大招商、大发展的口号，承接产业转移用地冲动势头强劲，土地违规违法行为出现了一些新问题。一是违法区域呈现从中心城市近郊向远郊扩展的态势；二是违法方式更加隐蔽；三是违法主体下移，个人和企业法人非法占用农村集体建设用地，出现小面积、小规模倾向；四是一些地方大宗项目违法问题仍比较严重。

二、原因分析

从上半年宏观经济形势看，全国GDP同比增长10.4%，比上年同期回落1.8个百分点；全社会固定资产投资同比增长26.3%。土地管理的外部宏观环境没有发生根本性变化，国民经济继续朝着宏观调控的预期方向发展，总体保持了平稳较快运行的态势。在土地管理的宏观环境和外部因素没有发生很大改变的条件下，土地违法高位运行势头得到遏制，土地利用和管理秩序出现好转，是一系列强有力措施综合作用的结果。

（一）地方党委政府重视土地管理工作的实际效果逐步显现。地方各级党委政府贯彻落实科学发展观，转变经济发展方式，切实履行土地管理的政府职责，政府直接主导、参与的土地违法案件数量和规模明显降低。各级政府和国土资源部门加强土地执法监管，密集开展土地执法专项行动，严厉打击土地违法行为，推动全社会严格保护耕地、合理利用土地意识普遍增强。部联合中组部、中宣部、教育部、司法部和广电总局开展为期一年“全国县（市）、乡（镇）、村级干部国土资源法律知识宣传教育培训活动”的铺开，有力地增强了基层干部的法治意识。

（二）全国土地执法百日行动集中打击的后续效果逐步显现。2007年下半年，部集中开展的全国土地执法百日行动有力打击了三类土地违规违法行为。为巩固百日行动成果，从机制上遏制土地违规违法行为周期性反弹，按照部的统一部署，各级国土资源部门和派驻地方的国家土地督察局跟进落实和督察百日行动各项后续措施，督促重点地区和典型案件整改查处到位，逐案落实整体性处理意见，培育107个百日行动成效显著单位，督促省级人民政府改进土地管理，加强长效机制建设和试点工作，各地制定和出台了近百项制度并开始发挥作用。

（三）国家土地督察制度实施的创新效果逐步显现。按照国务院的统一部署，部扎实推进国家土地督察制度的实施，边实践、边总结、边规范，各项工作有力推进。强化耕地保护目标责任督察，促进省级及计划单列市人民政府耕地保护目标责任制的落实和土地利用年度计划的执行；针对土地违法突出问题开展专项督察，加大了整改和纠正力度；探索开展例行督察试点，对地方政府土地利用和管理情况进行全方位的监督检查；完善发现、审核和纠正工作机制，启动建设用地审批事项督察，推进督察能力建设。各项措施有力促进了最严格土地管理制度落到实处。

（四）构建保障和促进科学发展共同责任机制的长期效果逐步显现。截至目前，已有29个省（区、市）、新疆生产建设兵团和4个计划单列市发文积极支持国家土地督察机构开展土地督察工作，主动接受和自觉配合监督检查。国家土地督察机构以深入开展学习实践科学发展观活动为契机，与相关省级人民政府开展了保障和促进科学发展土地管理新机制共建试点工作。国家土地总督察办公室与江西省人民政府办公厅联合印发《关于共同推进建立保障科学发展土地管理新机制试点工作的通知》（赣府厅发〔2008〕41号）。南京督察局与江西省人民政府、上海督察局与上海市房屋土地资源管理局共同推进保障科学发展土地管理新机制试点已经启动。西安督察局与宁夏回族自治区人民政府共同抓好吴忠市土地管理新机制的试点文件已经签署。其他督察局的共建试点工作正在准备和分步实施当中。

三、形势预测

2008年下半年总体形势的预测是，土地管理的外部有利条件和积极因素潜力较大，土地管理形势将继续上半年良好态势，基本面趋好，已采取的一系列土地管理和执法监管措施将继续产生辐射效应，土地违法特别是政府主导的违法用地行为有望继续处于下行空间，出现大幅反弹的可能性不大。但是，我国土地国情没有改变，“换届效应”开始释放，部分地方单纯追求经济增长、违法用地的路径依赖和冲动不容忽视，土地违法行为高发的潜在因素依然存在。从历史情况分析，土地违法集中整治行动之后，如果后续措施和制度、机制的改革完善不能及时跟进，从紧的政策略有松动，违规违法用地行为每隔3～4年将出现周期性反弹。当前宏观经济运行中新的矛盾和问题开始显现，经济不确定的因素还在增加。土地执法监管仍面临严峻挑战，须始终保持高度警惕和高压态势，严格土地管理，严格保护耕地，严防违法用地出现反弹。

四、下一步工作安排

下一步，要坚定地遵照党中央、国务院关于土地管理工作的总体部署，加快推进构建保障和促进科学发展的新机制，采取强有力的措施保护耕地，坚守18亿亩耕地红线。

（一）落实土地调控政策，促进中央宏观调控目标的实现。按照国务院的统一部署，适时调整土地调控政策的力度、重点、节奏和方向，不断提高土地调控的预见性、针对性、协调性和有效性，保证中央宏观调控政策的落实。

（二）贯彻落实《违反土地管理规定行为处分办法》，启动问责制。加强宣传力度，综合运用行政、经济、法律和科技手段，做好落实问责制的各项基础性工作，尽快研究制订和细化相关执行配套措施，督促地方各级政府出台政策规定，落实问责制和共同责任机制。

（三）巩固百日行动成果，建立健全土地执法监管长效机制。推进各项比较成熟的土地管理改革政策的出台。狠抓土地执法监管长效机制的实施、评估和督促检查。继续从严惩处土地违规违法行为，加强农村集体建设用地执法监管。开展土地违规违法形势动态监测和分析。

（四）推进国家土地督察制度，不断总结、提炼和规范。切实履行国务院赋予的职责，加大对典型地区和突出问题的督察整改力度，不断丰富土地督察新机制和新手段，督促落实耕地保护目标责任制，监督中央土地调控政策的有效实施。

2007年全国土地利用计划执行情况督察通报

（国土资源部通报第27期，2008年8月23日）

根据国家土地总督察的批示，国家土地总督察办公室对各派驻地方的国家土地督察局2007年土地利用计划督察工作进行了汇总分析。现将有关情况通报如下：

一、工作情况

按照《关于做好2007年土地利用年度计划执行情况督察工作的通知》（国土督办发〔2007〕7号）要求，各派驻地方的国家土地督察局采取多种形式跟进督促、跟踪督察各地做好土地利用计划分解下达和使用工作。北京督察局、南京督察局建立了土地利用计划季报制度，定期开展分析；成都督察局、西安督察局结合百日行动，督促检查土地利用计划执行情况；南京督察局专门召开督察区域土地利用计划执行情况座谈会；沈阳督察局、成都督察局向督察区域的省（区、市）人民政府致函，进一步明确了对计划指标分解下达、建设用地审批和土地供应、计划执行分析等工作的组织实施；上海督察局、成都督察局成立专门检查组，赴实地检查评估和抽查；沈阳督察局、济南督察局、武汉督察局、成都督察局开展了土地利用计划的专项督察。通过监督检查，基本掌握了各地土地利用计划指标使用进度和结构，对地方规范和加强土地利用计划管理起到了促进作用，积累了宝贵经验，取得了预期效果，为今后开展督察工作奠定了基础。

二、土地利用计划执行情况督察

按照国土督办发〔2007〕7号的规定，结合督察工作实际，土地利用计划执行情况督察主要是对新增建设用地计划实际执行情况和补充耕地计划执行情况开展督察。其中对新增建设用地计划实际执行情况督察包括新增建设占用农用地和占用耕地计划实际执行情况督察。

（一）新增建设用地计划实际执行情况督察

2007年全国实际安排新增建设用地计划550万亩，实际占用568万亩，超出计划3%。全国有13个省（区、市）实际新增建设用地超出计划，分别是北京、天津、河北、上海、浙江、福建、江苏、江西、山东、河南、广东、广西、云南。沈阳督察局和西安督察局督察区域各省（区）实际新增建设用地均控制在计划70%以内。（详见附件1）

（二）新增建设占用农用地计划实际执行情况督察

2007年全国实际安排新增建设占用农用地计划395万亩，实际占用478万亩，超出计划21%。全国有17个省（区、市）实际新增建设占用农用地超出计划，分别是北京、天津、河北、上海、浙江、福建、江苏、安徽、江西、山东、河南、广东、广西、湖南、贵州、云南、西藏。沈阳督察局和西安督察局督察区域各省（区）实际新增建设占用农用地均未超出计划，除辽宁、吉林、青海省外均控制在计划60%以内。（详见附件1）

（三）新增建设占用耕地计划实际执行情况督察

2007年全国实际安排新增建设占用耕地计划266万亩，实际占用282万亩，超出计划6%。全国有13个省（区、市）实际新增建设占用耕地超出计划，分别是北京、天津、河北、山西、上海、浙江、福建、江苏、江西、山东、河南、广西、西藏。沈阳督察局、武汉督察局督察区域各省实际新增建设占用耕地均控制在计划90%以内，西安督察局督察区域各省（区）实际新增建设占用耕地均控制在计划55%以内。（详见附件1）

（四）补充耕地计划执行情况督察

2007年全国安排补充耕地计划400万亩，实际补充耕地344万亩，完成计划的86%。全国有7个省（区、市）完成补充耕地计划，分别是天津、内蒙古、浙江、福建、江苏、河南、西藏。上海市仅完成下达计划的1%。武汉督察局督察区域各省实际补充耕地低于计划75%，西安督察局督察区域各省

（区）实际补充耕地低于计划55%。（详见附件2）

三、各地的成功经验和有效做法

（一）突出重点，区别对待

部分地区采取省预留部分计划指标的方式，统筹调配，优先保障了国家及省级重点项目用地、大型基础设施建设、水利交通重大工程的建设用地需要。江苏省创新计划点供制度，对符合产业政策、投资1亿美元左右的外资项目及投资8亿元人民币以上的民资项目用地，由省国土资源厅直接点供安排计划予以重点保障。2007年，点供82个重大项目，吸引外资61.7亿美元和470亿人民币。山东省实行了“五优先”、“三禁止”和“一严格”管理，即优先保证国家和省重点工程、国家产业政策鼓励发展项目、经济社会发展薄弱环节项目、高科技项目和重点利用外资项目用地；禁止向国家产业政策明令禁止类项目、高耗能高污染项目、违反土地利用总体规划和城市建设规划的项目供地；严格控制列入国家和省产业政策限制类的项目用地。重庆市将计划指标集中在市里，重点安排“一小时经济圈”和符合国家产业政策的重点项目。四川省优先保证省政府确定的重点项目用地，特别是公路、水电、油气勘探、输变电等项目用地，重点支持有发展前景的区域。

（二）动态跟踪，及时预警

江苏省按照建设项目用地必须符合土地利用总体规划，取得计划指标才能用地的原则，严格依据计划审查农用地转用，适时提出计划临界预警。广东省建立了“年初下达、年中调整、年尾考核、全年监管”的土地利用计划管理制度和信息系统，对全省土地利用计划执行情况实时监控、动态跟踪和及时预警，切实发挥计划的宏观调控作用。

（三）加强考核，落实问责

广东省将土地利用计划执行情况的考核作为全省各级政府履行耕地保护目标责任职责的重点，省政府负责同志与地级以上市政府主要负责同志签订了土地利用计划执行责任书，并将在全国率先采取以土地利用变更调查和卫星遥感监测数据相结合的方式，对地级以上市的土地利用计划执行情况进行考核。重庆市出台了违反土地管理规定行政首长问责制度，把土地利用计划执行情况作为重要内容。

（四）奖惩并举，差别管理

江苏省开展“土地执法模范县创建活动”，一次性拿出4000亩新增建设用地计划，对评选出来的10个土地执法模范县（区）一次性分别奖励300亩农用地转用计划，对5个土地执法模范创建工作先进县一次性分别奖励200亩农用地转用计划。同时，对10个重点信访县暂停省级点供。广东省决定从2008年至2010年，每年省财政预算专项安排奖励资金，奖励在土地利用计划执行情况考核中认真履行责任目标的地级以上市政府。江西省专门拿出一定数量的用地指标奖励造地增粮富民工程成效显著的地区。

四、存在的问题

（一）部分地区实际新增建设用地规模超过计划指标

从督察情况看，各地普遍加强了土地利用计划台账管理，安排使用的新增建设用地基本未突破国家下达的计划指标，但部分省（区、市）实际新增建设用地超出了计划指标，有的甚至超出100%。

（二）土地利用年度计划的编制和下达工作有待完善

一是计划指标总量安排偏紧，与各地实际需求相比，计划下达明显不足，新增建设用地供需矛盾突出。二是计划指标比例结构不够合理，尤其是新增建设占用农用地计划指标安排过紧，影响了计划的有效执行。这也是造成各地实际新增建设占用农用地突破计划过多的原因。三是由于计划指标偏紧，不少地方在分解下达计划时，未考虑农村建设用地需求，没有安排农村建设用地指标，乡镇基础设施和农民住房建设基本没有指标保障。

（三）土地利用计划执行情况考核和管理的基础性工作衔接不够

土地利用变更调查与计划安排使用数据在指标、时限等方面不能完全衔接一致，对建立健全计划执行的监控、预警和评价考核体系造成影响。

五、相关建议

（一）进一步完善土地利用年度计划的编制工作，提高科学性和实用性

一是根据经济社会发展的需要，按照宏观调控的要求，在适度从紧控制总量的前提下，实事求是地提出年度新增建设用地总量安排；在此基础上，科学确定新增建设占用农用地和耕地计划，形成合理的指标结构比例，提高计划的科学性和执行性。二是各地在分解下达土地利用计划时，要按一定比例安排新农村建设用地计划指标，保障村民住宅和农村集体经济组织公益、公共设施、乡镇企业合理的用地需求。三是进一步加强计划对用地方向和结构的调控作用，各地可根据当地实际情况，考虑结构性指标，保障民生工程、生态环保工程等建设用地。

（二）加强土地利用计划执行情况的考核与动态管理

一是加强土地利用计划与变更调查、统计等相关工作的协调，保证评价考核的指标、时限等相互衔接。二是进一步加强计划的动态管理，及时掌握各地指标使用和用地报批的节奏，及时核销计划，并作为跟踪检查的依据。三是强化计划执行的监督检查，建立和落实监控、预警和评价考核制度。

（三）构建行之有效的土地利用计划约束与激励机制

综合运用经济、法律和必要的行政手段，建立健全土地利用计划执行的奖惩措施，发挥计划的调节和导向作用。在严格考核的基础上，对计划执行情况良好、耕地和基本农田保护措施得力、节约集约用地成效突出的地方给予适当奖励。

附件：1.2007年全国新增建设用地计划实际执行情况表（略）
2.2007年全国补充耕地计划执行情况表（略）

2008年上半年工作总结和下半年重点工作安排

国家土地总督察办公室

（2008年7月2日）

2008年上半年，按照《2008年国土资源工作要点》、《2008年国家土地督察重点工作安排》，在部党组的领导下，总督察办认真贯彻全国国土资源管理工作会议精神，深入开展学习实践科学发展观活动，努力推进构建保障科学发展的土地管理新机制，认真履行“两服务，一协调”职责，积极支持

和参与抗震救灾工作，努力做到“三不误、三协调”，各项工作有序开展，较为圆满地完成了上半年的任务。现将有关情况总结和下半年重点工作安排报告如下：

一、认真组织开展深入学习实践科学发展观活动

认真完成了前三个阶段的学习实践活动。在认真组织学习试点活动规定材料的基础上，针对“如何破解影响和制约保障科学发展新机制的深层次思想障碍，如何改进工作作风和提高执行力，如何在督察工作中贯彻科学发展观，创新性开展工作”三个方面的问题，开展“解放思想，改革创新”和“改进作风，增强执行力”大讨论。组织实地调研，提交了有关调研报告。用一天半的时间召开专题民主生活会，认真检查领导班子在贯彻落实科学发展观方面存在的突出问题，严肃开展批评和自我批评，剖析产生问题的思想根源。组织召开支部扩大会议、处级干部座谈会，认真听取、及时采纳大家对检查分析报告的意见。

学习实践科学发展观形成三点共识。一是在思想上、政治上、行动上同以胡锦涛同志为总书记的党中央保持高度一致，持之以恒以科学发展观统领总督察办各项工作。二是维护部党组权威，坚定不移地执行部党组的决策，在构建和促进科学发展的土地管理新机制过程中建功立业。三是解放思想，改革创新，提升参谋助手能力和服务水平，全面履行“两服务、一协调”的职责。

明确了今后贯彻落实科学发展观的思路。通过认真检查分析，总督察办进一步明确了今后工作思路：以科学发展观为统领，以推进建立保障和促进科学发展新机制为核心，以落实共同责任为国家土地督察工作履行职责的中心内容，解放思想，改革创新，进一步丰富和创新“两服务、一协调”的工作理念、内容和方式，在督察工作业务建设和制度建设方面发挥带头作用、骨干作用，在促进国家土地督察工作与其他工作协作方面起到桥梁作用，使总督察办成为政治上过硬、业务上过硬、执行上过硬，能干事、会干事、干成事的职能机构。

二、巩固和扩大百日行动成果

全力以赴做好百日行动总结工作。1月27日，将《关于全国土地执法百日行动总体情况的报告》上报国务院。1月28日，印发《关于巩固扩大百日行动成果加快建立土地执法长效机制的通知》，要求全面完成案件查处纠正工作，加快建立土地执法长效机制，继续严厉打击土地违规违法行为。

督促各地做好百日行动后续工作，开展执法监管长效机制建设。积极做好召开第五次百日行动领导小组扩大会议筹备工作，向领导小组提交《全国土地执法百日行动后续工作的总体评估报告》，起草《关于全国土地执法百日行动后续工作情况的通报》。完成《关于建立健全土地执法监管长效机制的建议》报部领导，徐部长作了重要批示。印发《关于督促各地建立土地执法监管长效机制的通知》，组织各督察局督促各地认真做好建立土地执法监管长效机制的相关工作。

举办“巩固百日行动成果，强化土地执法监管”研讨班。根据徐部长指示，于3月中下旬在厦门举办两期由107个百日行动成效显著单位所在地政府主要负责同志、分管国土资源工作的负责同志和国土资源管理部门负责同志参加的“巩固百日行动成果，强化土地执法监管”研讨班，甘藏春、王瑞生同志亲自出席并作重要讲话，取得了很好效果。

三、积极推进共同责任等土地管理新机制的落实

与省级人民政府建立了工作协作沟通机制。已有30个省（区、市）和计划单列市发文支持派驻地方的国家土地督察局的工作，主动配合国家土地督察机构履行监督检查职责。

开展构建保障和促进科学发展土地管理新机制试点工作。与江西省人民政府办公厅联合印发《关于同推进建立保障科学发展土地管理新机制试点工作的通知》，国家土地督察机构与江西省人民政府共同推进保障科学发展土地管理新机制试点，选择鹰潭市为重点试点地区，确定赣州市安远县、九江市湖口县、宜春市上高县为试点工作联系点，积极推进构建共同责任等新机制。上海督察局与上海市房地局就构建保障科学发展土地管理新机制开展试点，重点推进节约集约用地新机制。

四、不断探索和创新督察工作机制

召开国家土地督察工作务虚会。2月19日至20日，部党组成员、国家土地副总督察甘藏春同志在广东省佛山市主持召开国家土地督察工作务虚会并做重要讲话。会议取得丰硕成果，在关系国家土地督察工作的很多重大问题上进一步统一了思想，明确了方向。

继续有针对性地开展专项督察工作。北京督察局针对河北省石家庄市公安干警在农村圈地建设别墅的问题，沈阳督察局针对吉林省辽源市东辽县违反土地利用总体规划和城市总体规划违规设立经济开发区和未批先用等问题，广州督察局针对海南省海口市和文昌市在百日行动中不认真清理查处的问题，济南督察局针对山东省聊城市茌平县信发铝电集团非法占用耕地特别是基本农田的问题和德州市违规新设、擅自扩大开发区用地、擅自调整土地利用总体规划等问题，继续开展专项督察。目前，有关督察局正密切跟踪督促专项督察的整改情况。

探索例行督察、建设用地审批事项督察等。北京督察局、成都督察局开展了例行督察工作试点，制定了详细的工作方案，重点解剖市县土地利用和管理情况，变局部督察为全方位督察。7月3日，北京督察局已正式进驻河北省沧州市开展例行督察。成都督察局已在重庆市开展例行督察前期工作。武汉、上海督察局等已开展了农用地转用和土地征收审批事项督察工作，加强城市建设用地批后监管。

开展年度土地利用计划执行情况督察。组织各督察局开展对省级及计划单列市人民政府2007年土地利用计划执行情况的监督检查，在各督察局报告的基础上汇总分析，形成《关于2007年全国土地利用年度计划执行情况的督察工作报告》。从督察情况来看，除个别省份外，全国绝大多数省（区、市）依法批准用地未突破计划，全国计划指标尚有节余，但各地实际新增建设用地普遍超过计划指标，部分地区未完成补充耕地计划任务。

五、加快土地督察法制和工作制度建设

加快国家土地立法和工作规范制定。抓紧《国家土地督察条例》起草工作。在部法规司的指导下，会同法律中心、信息中心开展《条例》起草和调研工作，目前已完成形成《条例》的第四稿。起草农用地转用和土地征收审批事项督察工作规范性文件。在总结各督察局工作经验和征求意见的基础上，起草了《农用地转用和土地征收审批事项督察办法》和拟发各督察局的文件。

加强与部有关司局和事业单位协调协作机制建设。根据徐部长指示，在甘藏春同志主持下，起草印发《关于建立部有关司局及直属单位与国家土地督察机构协调配合工作机制的通知》。与部执法局轮流组织召开了4次联席会议。

建立了与新华社内参部的工作联系。根据徐部长在百日行动领导小组第五次扩大会议上关于加强对外宣传的指示精神，总督察办与新华社内参部建立了工作联系，主要目的是在《国内动态清样》上从正面积极报道国家土地督察制度进展情况。5月29日，《国内动态清样》已刊发一期《土地执法百

日行动推进土地管理长效机制》，有关国家土地督察工作两年来进展情况的清样稿正在报批中。考虑到15号令在建立共同责任和实施土地违法问责制方面具有十分重要的作用，经总督察办与执法局第4次联席会议研究确定，总督察办已与新华社内参部联系，请其采访执法局有关领导，准备专门出一期内参。目前，正在筹划在国家土地督察制度实施两周年之际采访甘藏春同志。我们争取利用好这个渠道，在对外宣传方面做到长流水、不断线。

完善内部管理制度。起草并印发了《国家土地督察机构工作规范》（试行）、《国家土地总督察办公室工作细则》、《关于土地督察工作中几点注意事项的通知》、《国家土地总督察办公室重要事项督办工作制度》等，进一步规范了督察日常工作。在总结广州局派驻督察专员试点工作规范的基础上，已经形成了《国家土地督察专员派驻工作规范》的初稿，目前正在征求意见。

六、督察机构基础建设不断加强

印发了《关于加快开展派驻地方的国家土地督察局信息化建设的通知》，对国家土地督察系统近期信息化建设提出了明确要求。与部信息中心联合赴各督察局调研信息化建设，共同编制信息化建设方案，计划各督察局6月30日前基本完成各局门户网站、视频会议系统、土地监管信息分析系统和临时办公场地的局域网的建设。

国家发改委已经批准国家土地督察机构办公及附属用房、技术装备的立项申请，印发《关于国家土地督察机构建设项目建议书的批复》，并正在与规划司积极研究有关落实情况。

针对试点活动中各督察局提出的人财物管理和信息化建设的有关意见和建议，与人教司共同商定于近期拟请规划司、财务司、监察局、信息中心就上述问题进一步提出要求。

七、下半年重点工作安排

扎实推进学习实践科学发展观活动。认真做好领导班子检查分析报告的评议工作，以解决问题、创新机制为重点，圆满完成部试点方案和总督察办学习实践活动工作计划的各项任务。

加快《国家土地督察条例》及有关规范性文件的起草工作。起草组拟于7月5日前完成与各督察局领导的征求意见工作。抓紧修改《农用地转用和土地征收审批事项督察办法》和《关于开展农用地转用和土地征收审批事项督察工作的通知》两个规范性文件，拟于近期组织召开部有关司局参加的研讨会，于8月形成送审稿报部审查。完成《国家土地督察专员派驻工作规范》、《专项督察程序规定》。

跟踪、指导督察局的督察工作。组织开展专项督察、例行督察试点和派出督察专员试点工作，及时总结经验。组织督察局参与全国耕地保护责任制考核检查工作，年内全面启动农用地转用和土地征收审批事项督察工作。

做好信息收集、整理和宣传工作。畅通系统内部信息交流渠道，扩大对外宣传的影响力。指导督察局抓好信息化建设工作。完成《全国土地执法百日行动》和《国家土地督察（2007年）》的编撰及印刷工作。

加快国家土地督察信息化建设。按时完成各派驻地方的国家土地督察局局域网络设计、对外门户网站设计与运行、视频会议系统、基础数据库切割和土地管理业务系统的联通等工作。

协调做好督察局基础建设工作。继续做好各督察局办公楼的购置和建设项目选址工作，协调有关部门解决督察局周转房问题。编制国家土地督察机构技术装备购置方案，并协调配合规划司报发改委审批，协调成立有关采购工作小组，力争年内完成督察工作装备购置、配备工作。协调各督察局，配合财务司按期完成有关财务预算编制等工作。组织进行公文、办公自动化、保密、档案管理培训，配合人教司组织好新录用的督察干部上岗培训工作。

国家土地督察制度实施情况汇报材料

（此件为国土资源部向中编办调研组汇报材料，2008年8月22日）

建立国家土地督察制度是党中央、国务院落实科学发展观，实行世界上最严格的土地管理制度，加强和改善宏观调控所做出的重大决策。2006年，《国务院办公厅关于建立国家土地督察制度有关问题的通知》（国办发〔2006〕50号，以下简称国办发50号文件）下发以来，在党中央、国务院的高度重视和正确领导下，在中央编办等相关部门和地方各级政府的大力支持和密切配合下，我部抓紧组织实施国家土地督察制度，各项工作进展顺利。

一、机构组建情况

（一）落实编制和“三定”方案

2006年7月，国办发50号文件和中央编办下发的《关于国家土地督察机构行政编制的批复》（中央编办复字〔2006〕121号），明确了督察机构的职责和人员编制。2008年7月，国务院办公厅印发《国土资源部主要职责内设机构和人员编制规定》（国办发〔2008〕71号，以下简称国办发71号文件），进一步明确了国土资源部与督察机构的关系，规定“国务院设立国家土地总督察，授权国家土地总督察对各省、自治区、直辖市，以及计划单列市人民政府土地利用和管理情况进行监督检查，落实耕地保护目标责任制，监督国家土地调控政策的实施。国家土地总督察对国务院负责。委托国土资源部组织实施国家土地督察制度，向地方派驻9个国家土地督察局”，并规定在我部设立国家土地总督察办公室，进一步明确了相关职责。

两年来，我部始终把落实国家土地督察制度作为部的一项重要工作，专门成立国家土地督察制度组织实施工作办公室，认真落实编制并细化“三定”方案。2007年4月，我部印发了一办九局的“三定”方案，明确了一办九局的主要职责、人员编制、内设机构及其他事项。

（二）加快配备机构人员

国土资源部党组高度重视国家土地督察干部队伍组建工作，慎重对待督察干部选配工作。截至2008年8月，国家土地总督察办公室和九个派驻地方的国家土地督察局共有人员162名，其中局级26人（正局级12人、副局级14人）、处级61人（正处级27人、副处级34人）、科级及以下75人。按照部党组统一部署，今年下半年还将开展局级和处级以下干部的选配工作，其中处级以下干部选配61名，已完成书面测试工作，拟于近期组织面试，选配人员经考察和培训后于10月份上岗。

（三）加强机构队伍建设

按照“政治坚定、业务精湛、纪律严明、团结创新、反应敏捷、保障有力”总体目标，我部全面推进国家土地督察机构队伍建设。一是在人员选配工作中，重视干部选配制度建设。于2007年印发了《国家土地督察机构工作人员选配暂行办法》（国土资党发〔2007〕29号），明确了督察干部选配的原则、程序和做法，近期还将出台《派驻地方的国家土地督察局人员管理办法》，为督察干部选配工作提供了重要的制度保证。二是在政治建设方面，中组部已批复同意各督察局成立局党组，进一步提高了国家土地督察机构组织保障能力。为加强党风廉政建设，各督察局都签订了责任制承诺书，印发了2008年党风廉政建设和反腐败工作实施意见。三是在业务建设方面，按照“先培训、后上岗”的要求，先后组织了4期培训研讨班，对一办九局负责人、业务骨干和相关工作人员进行业务培训。四是在文化建设方面，作为督察文化阵地的《新视野》正式创刊，团结、和谐、奉献、富有凝聚力的氛围正在形成。

二、主要工作进展

两年来，国家土地督察机构认真履行督察职责，克服人员少、经验少、任务重等困难，边组建，边探索，边工作，以工作促组建，以组建促工作，开展对省级及计划单列市人民政府土地利用与管理的监督检查，取得积极成效。2008年2月23日，曾培炎副总理在国土资源部《关于国家土地督察制度组织实施工作情况的报告》上做出重要批示：“一年多来，国家土地督察队伍边组建、边工作，在开展土地执法百日行动等活动中经受了考验和锻炼。希望今后继续按照‘严明勤廉’的要求加强机构、队伍和制度建设，解放思想，创新方法，扎实工作，为深入贯彻科学发展观，实行最严格的土地管理制度，促进经济又好又快发展，发挥应有作用”。

（一）形成了符合土地督察工作实际的总体工作思路

根据国办发〔2006〕50号文赋予国家土地督察机构的职责，明确了“围绕一条主线，抓住三个重点，建立三个机制”的土地督察工作的总体思路。“一条主线”是指，以监督检查省级及计划单列市人民政府土地利用和管理情况为主线。“三个重点”：一是监督检查省级及计划单列市人民政府耕地保护责任目标的落实情况；二是监督检查省级及计划单列市人民政府贯彻中央关于运用土地政策参与宏观调控要求情况；三是通过调查研究，推进土地政策的完善。“三个机制”：一是发现机制，通过遥感监测等先进科技和运用媒体披露、群众举报、实地巡察、查阅档案等手段，及时发现土地违法违规情况及发展趋势；二是审核机制，对省级和计划单列市人民政府建设用地审批事项的真实性、合法性进行审核；三是纠正机制，对通过发现机制和审核机制掌握的土地违法违规情况，及时向省级及计划单列市人民政府提出纠正整改意见。

（二）开展耕地保护目标责任制的督察，督促地方政府落实责任制

监督检查省级及计划单列市人民政府耕地保护责任目标落实情况，是国务院赋予国家土地督察机构的首要职责。组建伊始，国家土地督察机构就抓住这个重点，根据《国务院关于深化改革严格土地管理的决定》（国发〔2004〕28号）、《国务院关于加强土地调控有关问题的通知》（国发〔2006〕31号）要求，督促省级及计划单列市人民政府层层落实耕地保护目标责任制，针对督察中发现的部分地区耕地保护责任目标不完善、责任主体不明确、责任制度不健全、考核措施不落实等问题，向有关省级及计划单列市人民政府提出了督察建议。由于新一轮土地利用总体规划修编尚未完成，在2007年和2008年工作中，国家土地督察机构把严格执行土地利用年度计划作为落实耕地保护目标责任制主要内容，定期掌握各地实际建设用地情况和年度计划执行情况。

通过督察，各省（区、市）政府普遍加强了耕地保护责任目标制度的完善工作。一是将土地利用年度计划执行情况纳入耕地保护目标责任制的年度考核内容；二是制定了考核办法和实施细则，一直延伸到乡（镇）政府层层签订了耕地保护目标责任书；三是强化了奖惩措施，一些省还把耕地保有量和基本农田保护面积达标率纳入对市、县的年度综合考核指标体系，与党政主要领导的政绩

挂钩。

（三）开展土地利用计划监督检查等，监督国家土地调控政策的落实

认真贯彻国务院严把土地闸门的要求，监督土地利用年度计划执行。2007年，各派驻地方的国家土地督察局组织开展了2007年全国土地利用计划执行情况督察工作，对新增建设用地计划实际执行情况和补充耕地计划执行情况开展督察，督促地方加强计划执行情况考核，完善问责、奖惩机制。2008年继续将严格执行土地利用计划作为督察工作的重点，据统计，今年上半年各地共使用建设用地指标135万亩，占全年计划的23.36%。从各督察局监督检查的情况看，全国各地土地利用年度计划的执行情况好于往年。

加强对开发区、闲置土地等情况的监督检查，促进节约集约用地。2007年开展了违规设立开发区、工业集中区等调研摸底，针对四川、重庆、辽宁、湖南等地违反土地利用规划扩大、设立开发区等问题进行专项督察。今年，对山东、吉林等地违规扩大开发区用地进行专项督察。通过上述专项督察，有效地巩固了全国土地市场秩序整顿成果。同时，根据国务院促进节约集约用地的系列指示精神，在建设用地矛盾比较突出的广东、浙江等地开展建设用地批而未供、土地闲置等情况的监督检查，督促省级人民政府提高土地利用效率，缓解新增建设用地压力。

（四）加强土地执法监督检查，土地违规违法行为高发态势得到有效遏制

2007年下半年，国土资源部在全国部署开展了土地执法百日行动，集中时间，集中力量清理“以租代征”、违规扩区和未批先用三类违法行为。国家土地督察机构根据工作部署，开展对省级人民政府组织查处土地违法行为情况的监督检查，完成了对全国50多个地市、100多个县（区）的检查和抽查工作，对部确定的全国12个重点地区和37个典型案件整改情况进行全面监督检查，督促各地政府做好整改和查处工作，完善土地管理和执法监管长效机制。通过实施督察工作，地方人民政府保护耕地和严格土地执法监管的共识程度大大提高，耕地保护和土地执法监管的社会影响不断扩大，土地违规违法高发态势得到遏制。2007年11月24日，温家宝总理在国土资源部关于全国土地执法百日行动专报上作出重要批示：“全国土地执法百日行动做得很好，要再接再厉，把最严格的土地管理经常化、制度化”。

（五）针对突出问题开展专项督察，及时纠正地方政府的违法用地问题

2007年3月以来，国家土地督察机构针对“以租代征”、擅自调整土地利用总体规划、违法占用基本农田、违反土地利用总体规划扩大和新设开发区进行工业项目建设等土地违规违法突出问题，先后向北京、河南、云南、大连、山东、黑龙江、浙江、广东、湖北、湖南、重庆、四川、辽宁13个省（直辖市）及计划单列市人民政府发出了督察建议书、整改意见书和限期整改通知书，专项督察取得明显成效。据统计，有关省级和计划单列市人民政府在整改工作中，共撤销违规违法设立的各类开发园区及其管委会63个，退还非法占用的土地2500多亩，拆除非法建（构）筑物600多万平方米，没收非法建（构）筑物290多万平方米，罚款5.06亿元；处理闲置土地23万多亩；256名相关责任人被移送公安和司法机关依法追究刑事责任，436名相关责任人被移交纪检监察机关依法追究行政责任，其中12名处级干部受到不同程度的行政处分。

2008年上半年，国家土地督察机构认真贯彻《国务院关于促进节约集约用地的通知》（国发〔2008〕3号）和《国务院办公厅关于严格执行有关农村集体建设用地法律和政策通知》（国办发〔2007〕71号）精神，针对国家工作人员违规在农村圈地建别墅、未经核准擅自开工建设和违反限制用地目录、违反土地利用总体规划和城市总体规划设立经济开发区、租用集体土地建设高尔夫球球场、非法占用耕地特别是基本农田、擅自调整土地利用总体规划占用基本农田等土地

违规违法突出问题开展了六次专项督察，督促涉及上述问题的省份进行整改。相关省政府高度重视，整改工作正在实施之中。

此外，各督察局针对领导批示、动态巡察、群众举报的有关违法用地问题，及时提醒督促有关省级政府进行了自行纠正。同时，各督察局积极开展信访督察，有效解决群众利益问题，化解了矛盾。

（六）启动例行督察，不断拓宽督察领域

在开展专项督察的同时，积极探索土地督察的新方式，今年开展了例行督察的试点工作。例行督察类似用地审计，是一项常规性工作，主要是以省或市级行政区为单位，全面监督检查政府土地利用和管理情况，对区域土地管理形势进行整体评估，及时发现和总结典型经验，纠正违法问题，提出督察意见，从而变单项督察为全方位督察，变临时督察为常态督察，变被动督察为主动督察。北京督察局在华北五省（区、市）各选择了一个地级市开展土地例行督察试点，并首选河北省沧州市作为第一个例行督察地区，目前已正式进驻并开展工作。成都督察局正在启动对云南省玉溪市的例行督察。

（七）深入调研，为加强和改善土地利用和管理决策服务

国家土地督察机构发挥土地管理前哨作用，深入开展调查研究，为加强和改善土地管理提供决策建议。一是探索建立土地利用和管理季报制度，开展土地违规违法形势动态分析和土地利用计划执行情况分析，及时形成专报和报告，为国务院和部党组研判土地管理形势提供参考。二是针对当前土地管理热点问题，针对性地开展了闲置土地清理、城中村改造、落实土地管理共同责任、成渝统筹城乡综合配套改革试验区土地制度改革创新、成都市耕地保护基金制度等专题调研，提出改进改革土地管理工作的政策建议。三是积极开展支持抗震救灾和灾后恢复重建的政策调研，提出了《支持四川省抗震救灾和灾后重建的土地政策建议》，督促受灾省份将部制定的保障灾后恢复重建特殊支持政策落实到位。

（八）健全工作机制和规范制度，完善基础建设

不断探索和完善土地督察工作机制。基本形成传统手段与先进科技手段相结合的发现机制，初步建立了与省级和计划单列市人民政府及省级国土资源部门的沟通联系制度。同时，通过信访、报刊、网络等渠道发现土地违法信息，运用土地巡察系统、遥感监测等现代技术手段掌握违法用地情况。监督检查建设用地审批事项的审核机制建设已经起步，上海、武汉、成都督察局的试点工作已积累丰富经验。初步建立起处理不同土地违规违法行为的纠正机制，形成了针对不同程度土地违规违法情况，向省级及计划单列市人民政府发出督察建议书、纠正意见书、整改意见书、限期整改通知书等工作方式。向社会公开发布《国家土地督察公告（2007年）》，广泛接受社会监督，转载网页达49200多个。

《国家土地督察条例》制定工作已经被列入《国务院2008年立法工作计划》，正在开展征求意见和修改工作。制定了《国家土地督察工作规范》、《国家土地督察机构财务管理办法》、《国家土地督察工作保密纪律》、《国家土地督察工作统计报表制度》、《国家土地督察机构信息网络系统安全管理规定》等23项内部工作制度和规范。总结督察工作实践，及时形成统一规范的制度，《农用地转用和土地征收审批事项督察办法》正在报部审查，《专项督察工作程序规定》正在抓紧起草，争取年底前出台。总结广州、成都督察局督察专员派驻试点工作经验，抓紧制定《国家土地督察专员派驻工作规范》。各派驻地方的国家土地督察局根据工作需要和实践，已制定办公行政、业务、后勤管理制度100多项。

加强基础建设，积极推动国家土地督察信息化建设。国家土地督察机构办公及附属用房、技术装备的立项申请已经国家发改委批准并印发《关于国家土地督察机构建设项目建议书的批复》，目前已

完成4个督察局的初步设计方案报国家发改委。国家土地督察机构网站已经正式开通，各督察局局域网设计，视频会议系统，基础数据库切割和土地管理业务系统的连通和数据集成正进行调试，11月正式运行。

三、主要成效和问题

国家土地督察制度实施两年多来，有力遏制了土地违法高发的势头，特别是在遏制地方政府土地违法，落实耕地保护责任制方面发挥了特殊重要的作用。2007年以来，通过实施耕地保护责任目标督察、国家土地调控政策落实情况督察、土地执法百日行动和专项整治等一系列行动，全国土地执法形势明显好转。根据各派驻地方的国家土地督察局今年上半年的土地违法形势分析结果，2008年1～6月，全国发现土地违法案件数和涉及土地面积同比分别下降10.17%和48.17%；72个重点城市发现土地违法案件数、立案数和涉及土地面积同比分别下降4.96%、13.46%和35.47%。更重要的是，通过实施监督检查工作，使地方人民政府依法管好用好土地的责任意识得到大大提升，加强土地管理的制度不断健全。两年来的实践充分证明，党中央、国务院决定建立国家土地督察制度为实行最严格的土地管理制度起到了战略性保障的作用。

中央建立国家土地督察制度，目的是要通过国家土地总督察对地方人民政府土地利用和管理情况进行监督检查，确保18亿亩耕地的红线不突破和国家土地调控政策的实施，以落实保护耕地的基本国策。这项制度借鉴了发达国家的基本做法和经验，它有别于一般行政管理部门。在法律效力上，通过设立国家土地总督察，使《宪法》中国务院负有"领导不属于各部和各委员会的全国性的行政工作"的规定进一步具体化，通过授权方式，使国务院更有力地行使了对地方政府的监督检查权。在执行力度上，通过委托我部实施国家土地督察制度，向地方派驻9个国家土地督察局，赋予了对地方政府提出限期整改处理决定等职责，更强化了中央政府对地方政府在执行法律和重大土地政策以及土地利用管理上的监督和执行力度。在实施过程中，尽管还存在着程序上的一些问题，需要通过制定《国家土地督察条例》进一步在法律层面上予以完善，但实践证明，中央的这一决策是完全正确的，这是我国行政管理体制上的又一创新。

回顾两年来的国家土地督察工作，成绩来之不易。这项工作之所以进展顺利并取得重要进展，首先是党中央、国务院的高度重视和正确领导。胡锦涛总书记把国家土地督察制度作为建立健全落实科学发展观体制、机制的重要内容。在国家土地督察制度组织实施过程中，国土资源部和国家土地总督察多次向温家宝总理等国务院领导同志报告工作进展情况，请示有关问题，温家宝总理等国务院领导同志先后七次对国家土地督察工作做出批示。在国家土地督察制度实施过程中，各省级人民政府给予了很大支持，截至目前，已有31个省（区、市），新疆生产建设兵团和4个计划单列市先后发文，特别是山东、河南和青岛以党委、政府办公厅联合文的方式，积极支持和配合国家土地督察机构开展土地督察工作。国家土地督察制度实施还得到有关部门的密切配合和大力支持，特别是国家土地督察制度从确立、落实到机构的组建，始终得到中编办领导和同志们的关心、支持、指导和帮助，在此向中央编办的领导和同志们表示感谢。

在组织实施国家土地督察制度的过程中，也还存在一些问题需要得到改善和解决：

一是与省级人民政府的工作磋商机制尚待健全。按照国办发〔2006〕50号文件规定，土地督察机构的职责是监督省级人民政府和计划单列市人民政府土地利用和管理情况。在两年的实践工作中，我们严格按照不取代、不改变地方人民政府土地行政管理职权的要求，妥善处理好与省级人民政府的关系，通过土地督察工作，督促省级人民政府落实责任，统筹管好土地，得到省级人民政府的认可和支持。目前，部分派驻地方的国家土地督察局正在探索建立与省级人民政府分管秘书长的定期工作磋商机制，互相交流情况。但是，这项工作还没有形成制度，在丰富工作内容、方式等方面还需要继续探索。

二是和国务院有关部门的协作还没有形成合力，协调协作关系尚需加强。国办发50号文件规定："对发现的土地利用和管理中的违法违规问题，由国家土地总督察按照有关规定通报监察部等部门依法处理。"国家土地督察制度实施两年多来，一直在探索如何与国务院有关部门的沟通协作关系。关于向监察部的通报制度，在去年开展全国土地执法百日行动期间，已就全国土地执法百日行动期间圈定的重点整改地区和典型案件的查处工作与监察部进行通报和衔接，但还没有形成固定的通报制度和渠道。在工作中，也有审计、财政检查等工作中发现的问题涉及地方人民政府违反土地管理规定的情况，国家土地督察工作也需要与审计、财政等部门进一步加大协作配合力度。上述与国务院其他部门的通报、协作配合工作尚需在今后工作中建立起相应制度。

三是派驻地方的国家土地督察机构后勤保障措施尚不到位。根据国办发〔2006〕50号文件，国家土地督察局的人员实行异地任职，定期交流。在国家土地督察机构人员配备过程中，上述规定执行遇到较大困难，由于异地任职，使督察干部周转住房、家属随迁、退休养老、医疗保障等方面面临一系列问题需要解决。派驻地方的国家土地督察局的后勤保障建设任务十分艰巨。

四、下一步重点工作安排

今年上半年土地违规违法案件下降，土地管理形势整体趋好，但是制约科学发展的体制机制障碍尚未根本清除，土地违规违法问题反弹的诱因依然存在。当前，防止物价过快上涨和保持经济平稳快速发展的任务十分艰巨。下半年，派驻地方的国家土地督察局将在认真分析督察区域内经济发展的矛盾和问题的基础上，准确把握土地督察工作的重点和节奏，监督国家土地调控政策落实到位。同时，国家土地督察机构将坚决贯彻国务院第13次常务会议精神，在监督检查工作中坚持严格土地管理、严格保护耕地的决心不动摇，采取强有力的措施促进各地耕地保护责任目标的落实。下半年突出抓好以下重点工作：

（一）切实加强耕地保护目标责任督察

继续把监督检查省级政府耕地保护责任目标的落实作为督察工作的重要目标之一，跟踪督察各省（区、市）严格按照国务院要求，切实落实耕地保护目标责任制。按照《关于认真做好2007年度耕地保护责任目标履行情况检查工作的通知》要求，积极参与对省级政府2007年耕地保护责任目标履行情况的检查，根据检查情况和国务院考核结果，开展对地方政府耕地保护突出问题整改工作的督察。按照国务院第22次常务会议精神，研究对新修订的土地利用规划实施情况的监督检查工作。

（二）贯彻落实《违反土地管理规定行为处分办法》，督促省级人民政府启动实施土地违法问责制

《国务院关于加强土地调控有关问题的通知》（国发〔2006〕31号）规定了地方各级人民政府主要负责人应对本行政区域内耕地保有量和基本农田保护面积、土地利用总体规划和年度计划执行情况负总责，提出了严格实行问责制的要求。今年5月，国土资源部、监察部及人力资源和社会保障部出台《违反土地管理规定行为处分办法》（15号令），标志着土地违法问责制正式启动。围绕15号令的贯彻落实，国家土地督察机构重点做好以下工作，一是向各级政府主要负责人宣传15号令的精神和要求，使各级政府主要负责人切实履行第一责任人的职责。目前北京、济南、南京督察局已经召开了督察区域各省（区、市）人民政府分管秘书长座谈会，共同研究15号令贯彻落实的具体措施，其他督察局也将陆续召开类似会议。二是督促地方各级政府建立土地违法问责制政策规定，目前重庆市已出台了相关文件。三是综合运用行政、经济、法律和科技手段，做好落实问责制的各项

基础性工作。

（三）全面启动建设用地审批事项督察，加强对国家土地调控政策落实情况的监督

抓紧出台《农用地转用和土地征收审批事项督察办法》，全面开展农用地转用和土地征收审批事项督察。立足于批后监管，对发现的建设用地审批、供应和使用方面存在的问题，及时提出纠正整改意见，督促省级人民政府认真履行土地审批法定职责，落实中央调控政策。

（四）抓紧起草《国家土地督察条例》

根据《国务院2008年立法工作计划》要求，在总结国家土地督察工作两年工作实践的基础上，依据国办发〔2006〕50号、国办发〔2008〕71号文件对国家土地督察机构的有关规定，加快研究起草《国家土地督察条例》。已基本完成对省级人民政府及其国土资源部门，国务院12个相关部门的征求意见工作，召开专家座谈会充分听取专家意见，下半年将进一步加强《条例》起草工作中重大问题的研究，根据各方意见进行认真修改。

（五）加大力度推进机构队伍建设

认真落实中组部批复意见，健全督察局领导班子，条件成熟的成立局党组，按照"政治坚定、开拓创新、团结协调、求真务实、廉政勤政"的总体要求加强班子自身建设。继续充实督察干部队伍，完成国土资源系统选配第二批督察干部工作。建立整训制度，今年底前集中时间分期分批开展督察干部整训，努力提高督察干部队伍素质。加快信息化建设的步伐，抓紧落实各国家土地督察机构的基建和装备投资。

国家土地督察工作汇报

（此件为国家土地总督察办公室向第42次部党组会议的汇报材料，2008年10月22日）

根据第10次部务会议要求，总督察办和各督察局认真总结第三季度工作，按照部下半年重点工作部署对第四季度工作进行了安排。现将有关情况汇报如下。

一、第三季度工作总体评价

第三季度，各督察局根据部党组和国家土地总督察统一部署，认真贯彻全国国土资源管理工作会议精神，按照预定目标扎实推进重点工作。总体来看，第三季度工作突出体现了"三个转化"：一是学习实践科学发展观活动与土地督察业务工作相互促进，学习实践活动成果正在转化为推进督察工作的强大动力；二是严格履行职责，创新督察方式，土地督察的制度优势、组织优势、职能优势正在逐步转化为履行日常监管职责的督察能力；三是超前谋划，狠抓落实，构建共同责任机制由框架设计转化为实实在在的政策措施和行动。从各督察局反映的情况看，在部采取的一系列强有力的综合措施下，各地进一步强化共同责任机制和执法监管机制，土地管理形势继续保持了趋好态势，为保住18亿亩耕地、全面落实全国土地利用总体规划纲要确定的目标任务奠定了较好基础。但是，督察工作也发现，土地管理的一些深层次矛盾尚未消除，部分地区土地违规违法问题突出，仍然需要加大工作力度。

二、第三季度工作总结

（一）狠抓整改，增强贯彻落实科学发展观的自觉性和坚定性

继续深入推进学习实践科学发展观活动，制定落实整改方案，学习实践活动取得明显成效。一是解放思想，以科学发展观统领督察工作，督察干部贯彻落实科学发展观的自觉性和坚定性不断增强；二是改革创新，抓好土地督察工作机制和制度建设，初步形成督察工作新机制的思路；三是改进作风，切实提高执行力，解决了一批突出问题。在总结测评中，国家土地督察机构的全体干部职工对部党组和本单位领导班子学习实践活动表现出极高的满意度。

（二）积极探索，创新土地监管和督察工作方式

一是农用地转用和土地征收审批事项督察试点工作初见成效。8个督察局开展了试点，以核查建设用地批准文件与实际用地情况的一致性为重点，同时对相关的土地利用总体规划调整、年度计划执行、耕地补充、土地调控政策执行等情况进行检查。备案审查和实地核查表明，各地建设用地审批的违规违法问题仍占一定比例，开展农用地转用和土地征收审批事项督察有利于及时发现纠正地方土地管理审批中的问题，是开展日常监督的必要和有效手段。

二是探索例行督察工作新模式。北京、成都督察局已完成河北沧州、云南玉溪、重庆南岸区和渝北区例行督察外业核查和内业审核，全面掌握了上述地区新增建设用地等方面存在的问题，有关督察成果正在汇总分析。济南、沈阳督察局也已着手准备例行督察试点。初步结果表明，例行督察可以把握地区土地管理全局，实现主动督察、常态化督察，丰富了督察工作形式，强化了土地监管，是实施土地违法问责制，有效监督地方政府耕地保护目标落实的重要途径。

三是宣传督促地方政府落实土地违法问责制。北京、济南、西安、南京、武汉、广州、沈阳督察局先后召开专门座谈会，宣传《违反土地管理规定行为处分办法》，与省级人民政府分管副秘书长和国土资源厅（局）长共同研究实施土地违法问责制的途径。济南督察局还集中近20天的时间，由局领导带队赴山东、河南有关地市宣讲15号令，引起强烈反响和震动。通过形式多样的宣传，使地方各级政府认识到对土地违法应当承担的领导责任，为贯彻落实土地违法问责制发挥了积极作用。部分地区已着手落实本地区具体实施办法，宁夏已出台《关于违反土地管理规定行为处分办法的实施意见》。

（三）联系基层，落实保障和促进科学发展的土地管理新机制

一是认真贯彻中央严格土地管理的精神。代徐绍史总督察起草致各省级和计划单列市人民政府和新疆生产建设兵团领导同志的信，感谢各地对国家土地督察工作的有力支持，希望各地与部和国家土地督察机构共同落实好土地利用规划，坚守18亿亩耕地“红线”。总督察办及时整理各地反馈意见，目前已有27个地区的政府领导回信或作出批示，表示要按照国务院要求，认真编制好土地利用总体规划，加大耕地保护力度，落实共同责任。

二是稳步推进保障和促进科学发展土地管理新机制试点和联系点工作。北京、沈阳、上海、南京、成都、西安督察局均已启动共建保障和促进科学发展的土地管理新机制试点工作，试点工作的主要目标是，在条件较好的地区率先建立起土地管理共同责任机制、节约集约用地机制、土地执法长效机制和沟通协作机制等，实现土地管理创新和政府职能转变。上海、江西、辽宁等地的试点和联系点工作已经取得显著进展，出台了一系列落实新机制的政策文件。

三是督促土地执法长效机制建设。组织开展了百日行动成效显著单位保持情况评估工作。启动“百日行动之后看107个成效显著单位”的土地执法经验调研，在国土资源报上公开报道。通过座谈研讨、派出检查、总结通报等方式督促各地建立和实施土地执法监管长效机制，在发现防范、案件移

送、部门联合立案查处等方面已形成了百余项制度性成果。土地执法长效机制的建设有力地遏制了土地违规违法行为。

（四）采取多种方式，继续做好突出和热点问题督察

一是陆续收尾专项督察。各督察局延续开展的专项督察6项，海南文昌等高尔夫球场“以租代征”专项督察已经通过验收，结束整改工作。山东聊城茌平县信发铝电集团非法占用耕地、山东德州市擅自调整土地利用总体规划等问题、河北石家庄市公安干警在农村圈地建别墅的问题、吉林辽源市东辽县违反土地利用总体规划设立经济开发区和未批先用等问题、贵州省建设用地审批中违规调整基本农田的问题正在整改落实中。

二是运用卫星遥感开展督察。按照部的统一部署，9个督察局配合开展了18个城市的第八次卫片执法情况的检查验收，督促查处土地违规违法问题。武汉督察局开展了对湖南长沙市、株洲市的卫片督察，西安督察局开展了对29个地级市的卫片督察，有效地压制了重点地区违规违法用地反弹势头。

三是督促自行纠正的方式处理了大量问题。据1～6月统计数据，9个督察局对各种来源渠道的1276件违规违法用地事项进行了督办转办。此外，上海督察局就浙江东阳市圆明新园违规用地问题，南京督察局就江苏部分地区违法用地和土地闲置问题进行了重点督察。部分督察局还会同有关省级政府和国土资源部门对重大突发事件进行现场督办，及时妥善处理，维护社会稳定。

（五）深入调研，研究破解土地管理难题的新思路

一是围绕国家土地调控政策落实情况开展调研。沈阳督察局根据《国务院关于促进节约集约用地的通知》，调研总结东北各省节约集约用地五个方面典型经验，及时上报总督察，并通过召开现场会等方式引导各省市推广学习，取得显著效果。

二是围绕督察区域土地管理的突出问题开展调研。西安督察局召开了西北地区土地利用管理政策研讨会，成立了专家咨询委员会，《关于对陕西省土地督察工作的调研报告》和《西北地区报国务院批准单独选址建设项目用地的报批情况的调研报告》受到了总督察及其他部领导的肯定。沈阳督察局针对辽宁省沿海经济带土地利用和管理情况的调研成果引起了省委省政府高度重视，省政府及时下发了《关于加强对纳入“五点一线”沿海经济带重点支持区域土地管理的通知》，强调依法用地管地，规范用地程序。

三是围绕土地管理的难点问题进行调研。成都、南京、武汉督察局启动了农村土地管理、征地制度实施、工业园区重点项目用地问题调研等。

（六）着眼长远，抓紧督察工作制度和基础工作建设

一是抓紧制度规范建设。《农用地转用和土地征收审批事项督察办法》已经第28次部长办公会议原则通过。完成《国家土地督察条例》的征求意见工作，根据专题会议部署正在开展国外相关制度对比研究。启动了《派驻督察专员工作规范》起草工作。国办已同意设立《国家土地督察专报》，根据总督察的指示，总督察办已就上半年开展的专项督察的情况编制一期专报报国务院。印发《国家土地督察工作统计报表（试行）》，第一次统计数据汇总分析已上报总督察。印发《国家土地督察机构信息网络系统安全管理规范（试行）》、《国家土地督察机构信访工作规范（试行）》等，规范信息网络系统管理和国家土地督察机构信访工作。各督察局就行政办公、内部工作规范等出台了一系列制度。

二是稳步推进信息化工作。开展了国家土地督察和各督察局门户网站、信息化基础环境、土地监管信息分析系统和视频会议系统建设工作。沈阳、南京、广州、武汉、西安督察局已接入国土资源主干网，基础数据和土地监管分析系统投入使用。会同信息中心开发国家土地督察统计直报软件系统。研究制定了华北土地督察巡察网建设方案。

三是积极推动解决队伍建设和管理问题。会同人事司召开国家土地督察机构管理工作座谈会，部有关司局和单位参加。甘藏春、王瑞生同志出席会议，指出要加强思想政治建设、业务建设、队伍建设和文化建设。各督察局交流了人、财、物管理方面的经验、困难和问题，部有关司局、监察局和部信息中心提出了解决这些困难和问题的具体意见。经部领导批准，会议纪要已印发有关参会单位落实。

三、第四季度重点工作安排

第四季度，国家土地督察机构将继续落实学习实践科学发展观试点活动的各项整改措施，对新开展的工作进行周密部署，确保完成全年任务。同时，按照解放思想、改革创新的要求，统筹研究2009年国家土地督察工作。突出抓好以下四个方面的工作：

一是继续深化学习实践科学发展观成果，及早筹划明年工作。按照党中央和部党组部署，认真贯彻部党组关于解放思想改革创新改进作风增强执行力决定，完成整改方案确定的重点任务。在部顶层设计整体框架下，研究国家土地督察工作的长远规划。认真学习党的十七届三中全会精神，深入研究各地经济发展和土地管理形势，提出2009年国家土地督察工作要点。

二是全面启动农用地转用和土地征收审批事项督察，总结推动例行督察。按照部《关于加强建设用地动态监督管理的通知》的要求，研究加强建设用地日常监管的措施。做好《农用地转用和土地征收审批事项督察办法》出台的准备工作，召开专门会议部署全面开展农转用和土地征收审批事项督察。及时总结交流北京、成都督察局例行督察工作，研究督察结果公告的内容和方式，向总督察专题汇报例行督察工作。组织召开例行督察工作研讨会，继续选择一批地区开展试点。研究提出全面开展例行督察工作的总体思路，着手制定例行督察工作制度等，指导各督察局在2009年全面开展例行督察。

三是开展国家土地督察干部整训，提升督查队伍素质。根据国家土地督察机构干部队伍建设需要，配合人事司认真落实中组部批复意见，健全督察局领导班子，条件成熟的成立局党组。配合做好国土资源系统选配第二批督察干部的培训工作。实施整训制度，今年底前集中时间分期分批开展督察干部整训，努力提高督察干部队伍素质。

四是继续推动基础建设工作，提高工作保障能力。召开国家土地督察信息化建设现场交流会，总结信息化建设经验，研究国家土地督察信息化建设思路和布局，为纳入“金土工程”二期建设创造条件。推进各督察局办公房和后勤用房建设。完善OA公文处理系统开发，建立公文处理数据库。会同部办公厅开展公文讲座和保密工作检查，进一步提高公文质量，加强保密工作。

附件1.国家土地总督察办公室第三季度工作总结和第四季度工作安排

附件2.派驻地方国家土地督察局第三季度工作总结和第四季度工作安排的汇总报告

附件3.耕地保护和土地违法形势的分析

附件1：

国家土地总督察办公室第三季度工作总结和第四季度工作安排

按照部年度重点工作部署和年中国土资源厅局长座谈会会议部署，总督察办圆满完成学习实践科学发展观活动试点的有关任务，积极推进国家土地督察重点工作。现将第三季度工作情况总结和第四季度工作安排报告如下。

一、第三季度工作总结

（一）贯彻落实科学发展观取得明显实效

在深入学习实践科学发展观试点活动中，总督察办领导班子切实解决与科学发展观“不符合”、“不适应”的问题，形成了对贯彻落实科学发展观的共识，明确了贯彻落实科学发展观的思路，制定了《总督察办解决问题创新制度整改落实方案》，从四个方面加快整改：一是解放思想，以科学发展观统领总督察办工作；二是改革创新，抓好国家土地督察工作顶层设计；三是改进作风，切实提高执行力；四是增强素质，提高服务水平和协调能力。徐绍史总督察在《总督察办领导班子贯彻落实科学发展观检查分析报告》上批示：“检查分析报告比较深刻，望加快整改，速求实效”。目前，近期整改措施已全部完成，中长期的整改措施已经启动。

（二）继续推动保障和促进科学发展新机制建设

一是认真学习贯彻国务院第22次常务会议精神。代徐绍史总督察起草向各省级和计划单列市人民政府和新疆生产建设兵团的信。在信中，徐总督察感谢各地对国家土地督察工作的有力支持，希望各地与国土资源部和国家土地督察机构共同落实好新一轮全国土地利用总体规划纲要，坚守18亿亩耕地“红线”。总督察办及时整理反馈各地领导的意见，目前已有27个地区的政府领导回信或作出批示，表示要按照国务院要求，认真编制好土地利用总体规划，加大耕地保护力度，加强集约节约用地，建立土地执法监管长效机制和共同责任机制，确保国家最严格的土地管理制度落到实处。总督察办已及时将徐部长的信件和有关省、市、区领导回信或批示转各督察局，做好跟踪落实工作。

二是积极推进地方建立科学合理用地管地新机制。与江西省人民政府联合开展试点工作后，江西省人民政府办公厅已出台《关于建立土地执法监管长效机制落实耕地保护共同责任的意见》。重点试点地区鹰潭市由市政府及有关部门和司法机关在近期连续出台了六份文件，初步构建了落实共同责任、强化执法监管的制度框架。与天津市政府签订《国家土地督察机构和天津市政府联席会议框架协议》，探索建立共同责任机制。

三是大力宣传基层保障和促进科学发展的土地管理新机制。启动“百日行动之后看107个成效显著单位”的调研活动，从中总结出有代表性的土地管理和土地执法的经验和做法，在《国家土地督察工作快讯》上刊发17期，供各地学习借鉴。徐部长批示“很好。要加强总结宣传”。目前，这些地区加强土地管理的经验已在国土资源报上公开报道。

（三）抓紧督察工作制度和规范建设

一是抓好重要制度建设。《农用地转用和土地征收审批事项督察办法》已于8月25日第28次部长办公会议原则通过，根据会议要求，进一步修改完善《办法》，与国办秘书一局就文件行文方式进行沟通，起草了报国务院的请示文件等。完成《国家土地督察条例》的征求意见工作，根据8月20日起草工作专题会议部署，加强《条例》立法必要性的论证工作和国外相关制度的对比研究。在总结广州督察局、成都督察局实践经验的基础上，启动了《派驻督察专员工作规范》起草工作。根据国务院办公厅意见和徐绍史总督察的部署，拟订《国家土地督察专报》格式，已就上半年开展的专项督察的情况编制一期上报，同时准备两期素材待报。

二是进一步规范督察工作程序。根据部党组第32次会议决定，制定了《国家土地督察工作统计报表（试行）》，经国家土地总督察批准后印发各局实施。目前，已完成第一次统计数据汇总分析报总督察，研究提出进一步改进统计工作的措施。印发了《国家土地督察机构信息网络系统安全管理规范（试行）》，规范国家土地督察机构信息网络系统的管理工作。印发了《国家土地督察机构信访工作规范（试行）》，规范国家土地督察机构信访的受理、报告、分析、处理等。

（四）督促落实土地违法问责制

《违反土地管理规定行为处分办法》（15号令）实施后，组织派驻地方的国家土地督察局及时召开15号令的宣传贯彻工作。北京、济南、西安、南京、武汉、沈阳、广州督察局先后召开座谈会，宣传部对15号令实施工作的一系列部署，与督察区域内省级和计划单列市人民政府分管副秘书长和国土资源厅（局）长共同研究15号令的贯彻落实工作，探索各地实施土地违法问责制的途径。通过向地方政府宣传15号令，使地方政府理解了在严格土地执法方面应当承担的责任，进一步强化发挥政府在土地管理中的核心作用。

（五）继续跟踪督促专项督察的整改落实工作

海南文昌等地高尔夫球场“以租代征”专项督察已经通过验收，结束整改工作。山东聊城茌平县信发铝电集团非法占用耕地特别是基本农田的问题和德州市违规擅自调整土地利用总体规划等问题，正在落实对责任人员的处理。武汉督察局针对农用地转用和土地征收审批事项督察过程中发现的贵州省违规调整基本农田的行为发出整改意见书，贵州省政府已经撤销违规批文。北京督察局针对河北省石家庄市公安干警在农村圈地建设别墅的问题，沈阳督察局针对吉林省辽源市东辽县违反土地利用总体规划设立经济开发区和未批先用等问题，正在督促地方落实整改工作。

（六）加强基础工作建设

一是继续推进信息化工作。会同部信息中心组织有关督察局开展国家土地督察和各督察局对外网站、信息化基础环境、土地监管信息分析系统和视频会议系统建设工作。7月10日，对外开通国家土地督察和各督察局门户网站。沈阳、南京、广州、武汉、西安督察局已接入国土资源主干网，基础数据和土地监管分析系统投入使用，其余4个督察局争取年底前完成。此外，会同部信息中心正在开发国家土地督察统计数据直报软件系统。

二是继续做好基本建设工作。国家发改委批准了国家土地督察机构办公及附属用房项目立项工作立项（发改投资〔2008〕914号），批复建设面积17666平方米，或购置面积15626平方米，投资规模11483万元；批准国家土地督察技术装备项目立项工作（发改投资〔2008〕914号），批准购置特种巡察技术装备49（台）套，投资规模2570万元。落实上海、南京、济南、广州、成都督察局局长周转房，部批复五个局购置局长周转房各一套（国土资函〔2008〕503号），总面积约600平方米，投资规模903万元。

三是推动解决队伍建设和管理问题。会同人事司在山东召开国家土地督察机构管理工作座谈会，规划司、财务司、合作科技司、驻部监察局、部信息中心负责同志出席会议。甘藏春、王瑞生同志出席会议并作重要讲话，指出要加强思想政治建设、业务建设、队伍建设和文化建设。派驻地方的国家土地督察局交流了人、财、物管理方面的经验，提出了需要帮助解决的困难和问题；部有关司局、驻部纪检组（监察局）和部信息中心就解决这些困难和问题提出了具体意见和办法。经部领导批准，会议纪要已印发有关参会单位落实。

（七）配合中央编办开展国家土地督察制度实施情况调研等

国办发〔2006〕50号文件“中央编办要对国家土地督察制度的建立和运行情况及时跟踪检查并向国务院报告”，中央编办于8月下旬开展国家土地督察制度实施情况调研，拟于明年一季度向国务院提交报告。根据徐部长指示，总督察办会同法规司向中央编办做了专题汇报，配合中央编办先后赴广州、北京督察局和广东省、海南省、深圳市和天津市进行实地调研。调研促进了工作交流和理解，中央编办对国家土地督察制度实施两年来的情况表示基本肯定，也提出一些问题，如人员配置偏少等。下一步，中央编办还将继续开展对有关督察局和省份的调研。

（八）其他工作

认真落实部领导批示，做好信访案件的处理和督办。对《给徐绍史同志来信情况》第2、3、4期群众来信中反映的案件，全部转有关派驻地方的国家土地督察局，作为督察线索，认真核实、处理和督办，各局都按要求将处理结果报总督察办公室。配合人事司开展了2008年录用公务员的培训工作。组织编印了《全国土地执法百日行动》，汇编有关文件资料等。正式出版《国家土地督察公告（2007年）》（中英文单行本）。针对土地执法长效机制建设、例行督察、贯彻15号令等组织开展宣传工作，组织开展了国家土地督察制度实施两周年征文宣传工作。相当于工作年鉴性质的《国家土地督察（2006～2007年）》已基本完成组稿工作。

二、第四季度重点工作安排

第四季度，总督察办将在认真学习徐绍史总督察在学习实践科学发展观试点活动总结大会讲话精神的基础上，按照部下半年工作部署，狠抓落实，圆满完成全年任务目标。同时，按照解放思想、改革创新的要求统筹研究2009年国家土地督察工作。重点工作安排如下：

（一）把学习实践科学发展观试点活动成果落实到督察工作中

按照中央关于学习实践科学发展观活动的部署和部党组关于把学习实践活动融入日常工作并延续下去的要求，认真贯彻部党组关于解放思想改革创新改进作风增强执行力决定，继续抓好整改方案的落实，重点推进制度建设工作。在部战略、规划、改革、制度顶层设计整体框架下，研究国家土地督察工作长远规划。

（二）进一步总结推动例行督察

组织人员赴云南玉溪、重庆南岸区和江北区，实地参与有关督察局开展的例行督察工作，及时总结经验，提出报告。

拟于10月中下旬组织召开例行督察工作研讨会，总结交流北京、成都督察局例行督察工作经验，研究提出全面开展例行督察工作的总体思路、操作程序、保障措施等，指导9个派驻地方的国家土地督察局在2009年全面开展例行督察。

（三）做好专项督察收尾等工作

督促有关督察局对尚未结束整改工作的专项督察进行检查，达到整改要求的要在年底前完成验收工作。对全国土地执法百日行动成效显著地区的保持情况进行一次综合评估，对于严格落实耕地保护目标责任，及在创新土地利用和管理机制方面作出新的贡献的地区，提出给予一定数量的土地利用指标奖励的建议。

（四）全面启动农用地转用和土地征收审批事项督察

组织落实部《关于加强建设用地动态监督管理的通知》（国土资发〔2008〕192号），做好出台《农用地转用和土地征收审批事项督察办法》出台的各项准备工作，召开一次专门会议就全面开展农用地转用和土地征收审批事项督察进行统筹部署。及时总结督察工作经验，加强督察情况评估分析。

（五）形成一批制度建设成果

继续开展调查研究和对比研究，起草《国家土地督察条例》。完成《派驻督察专员工作规范》的起草工作。开展国家土地督察工作规划和例行督察工作规划的前期研究工作。

（六）开展国家土地督察干部整训

配合有关司局认真落实中组部批复意见，完善组织建设，条件成熟的成立局党组，加强领导班子建设。继续充实督察干部队伍，配合做好国土资源系统选配第二批督察干部的培训工作。建立整训制度，今年底前集中时间分期分批开展督察干部整训，努力提高督察干部队伍素质。

（七）积极推动土地督察信息化建设等基础性工作

10月上旬在西安督察局召开国家土地督察信息化建设现场交流会，总结信息化建设经验，研究国家土地督察信息化建设思路，完善信息化工作管理制度，及早做好前期准备工作，为纳入“金土工程”二期建设创造条件。进一步规范督察局公文管理和保密工作。会同部办公厅开展公文讲座和保密工作检查，进一步提高公文质量和水平，加强保密工作。

（八）筹划2009年国家土地督察工作

组织各督察局做好2008年工作总结。深入开展调研工作，分析各地经济发展和土地管理形势，起草2009年国家土地督察工作要点。

附件2：

派驻地方国家土地督察局第三季度工作总结和第四季度工作安排的汇总报告

根据第10次部务会议要求，总督察办印发了《关于报送2008年第三季度工作总结和第四季度工作安排的函》。各督察局认真对照《2008年国土资源管理工作要点》和《2008年国家土地督察重点工作安排》要求，对2008年第三季度重点工作进行梳理总结，对第四季度工作作出了安排，并及时报送了报告。汇总报告如下：

一、第三季度重点工作完成情况

2008年第三季度，各督察局根据部党组和国家土地总督察统一部署，认真贯彻落实全国国土资源管理工作会议和土地督察工作座谈会精神，以科学发展观为统领，履行职责，突出重点，各项收尾、承接、启动等工作按照年初预定目标扎实推进，为全面完成全年工作打下坚实基础。

（一）圆满完成深入学习实践科学发展观试点活动，全面提升保障和促进科学发展的督察能力

各督察局认真按照部党组的总体部署和部试点办的工作要求，切实把学习实践活动作为一项重要的政治任务，按照学习实践活动、抗震救灾和土地督察工作“三不误、三促进”的要求，将学习实践活动不断引向深入，较好地完成了学习实践活动各个阶段任务。通过开展学习实践活动，不但促进了党员干部思想观念、工作方式和工作作风的转变，提高了贯彻落实科学发展观的能力，并且有力地推动了土地督察各项工作，学习实践活动取得一系列重要成果。各督察局及时召开学习实践科学发展观活动总结大会，认真总结各项工作成果，在开展的群众满意度测评工作中，各督察局的“满意”率均达到100%。

（二）督促建立土地执法监管长效机制，巩固和扩大百日行动成果

各督察局进一步加强了对百日行动后续工作的督察力度，确保重点案件和重点地区查处整改、“未批先用”整体性处理意见的落实，组织开展百日行动成效显著单位保持情况评估工作，以召开试点工作经验交流会、土地管理形式分析会、派出检查组和总结通报地方经验等方式，督促各地建立和实施土地执法监管长效机制试点工作，从完善内部协作机制、建立外部联动机制和落实土地监管共同责任等方面构建土地执法监管长效机制，特别是在发现防范、国土资源违法案件移送、监察机关和国土资源部门联合立案查处、公安机关与国土部门联合办案等方面，已经督促地方形成了百余项制度性成果。沈阳局印发《土地管理长效机制建设联系试点工作方案》，选择东北三省12个市、县作为联系试点，从预防、查处问责、监管、部门联动、集约用地五个方面与地方政府共同推进长效机制建设。上海局与上海市房地局共同总结土地执法精细化管理中的信息技术等四大优势，初步形成了以政府为主导，相关部门职责分明、统筹配合的土地执法监管运行机制，编发国土资源部通报《上海市建立土地执法监管长效机制形成新格局》。南京局通过督促跟踪、沟通协调，江西省政府办公厅在全国率先出台了《关于建立土地执法监管长效机制、落实耕地保护共同责任的意见》，要求全省各级政府建立土地违法预防发现机制、完善建设用地全程监管制度、加大土地执法监察力度，积极构建耕地保护共同责任机制，严格执行行政领导问责制，建立健全土地执法奖惩制度等。土地执法监管长效机制的逐步建立，促进了土地管理工作的不断完善，土地违规违法行为得到有效遏制。

（三）认真开展土地例行督察试点，切实加强建设用地批后监管

北京局学习借鉴审计部门的做法，在认真准备的基础上，圆满完成了全国首个土地例行督察试点河北沧州市的外业调查和内业审核工作，对沧州市及所辖18个县（市、区）2007年度土地利用计划执行情况，进行了全过程、全覆盖的土地例行督察，共审核2007年土地管理案卷1211宗，外业调查组累计行程4万余公里，调查图斑2680块，测量地块2818块。案卷审核率和卫星监测图斑外业实地调查率均达到100%，目前转入成果汇总分析阶段。通过这次例行督察，全面掌握了沧州市2007年度新增建设用地和土地供应方面的情况，探索实践了土地例行督察工作模式，形成了一系列重要成果。成都局对云南玉溪市的例行督察，已完成全部案卷审核、部分区县实地核查和遥感监测工作，正在对有关案件进行调查处理，并与玉溪市制定整改方案和长效机制，取得了阶段性重要成果。对重庆市渝北、南岸两区的土地例行督察已经正式启动，正在开展有关案卷审核和实地核查工作。其他各督察局也开展了例行督察的相关前期准备工作。

总体来看，相关督察局的土地例行督察工作模式各有侧重，各具特色，为实现从局部监督转向全方位监督，临时性监督转向常态性监督提供了有益探索，为今后深入开展批后监管和日常监督开辟了新的道路，对落实最严格的土地管理制度、贯彻实施15号令、坚守18亿亩耕地保护红线具有重要意义。

（四）积极推进建设用地审批事项督察，土地督察向日常监管轨道迈进

上海局以2007年以来建设用地审批事项为主线，对浙江丽水市和福建宁德市开展了建设用地批准文件与实际用地情况一致性的核查，对发现的突出问题跟踪处理。广州局结合建设用地审批事项督察，对耕地保护目标责任制落实情况进行了跟踪检查，目前，广西、海南、广东和深圳分别签订了耕地保护目标责任书，制定并完善了《耕地保护目标责任考核办法》，广西和海南的责任书签订已层层落实到乡镇，海南省对去年占补不平衡的市县进行了限期整改。武汉局对三省14个市（州）的21个县（市、区），66个批次用地进行了核查，实地踏勘现场79处，实地核查新开工项目24个。

根据1～6月份统计结果显示，8个督察局收到24个省和新疆建设兵团农用地转用和土地征收审批

事项抄送备案材料2770件，涉及新增建设用地面积58271公顷，征收土地面积55653公顷。沈阳、上海、济南、武汉、成都、西安6个督察局开展了农用地转用和土地征收审批事项督察抽查检查，共抽查748件，占抄送备案材料总件数的27%。从已经完成抽查检查结果分析的185件农用地转用和土地征收审批事项看，符合法定权限和程序审批的有146件，占79%；不符合法定权限和程序审批的有39件，占21%。其中，越权审批7件、不符合产业政策4件、不符合用地政策5件、违规调整基本农田1件、未批先用17件、批少占多2件、补充耕地不落实1件、其他2件；未批先用件数占不符合法定权限和程序审批件数的44%，仍是违规违法的主要问题。

（五）继续加大专项督察力度，集中整治土地违法重点和难点问题

督促地方政府对已开展的专项督察认真进行整改。广州局已经完成对海南海口市和文昌市“以租代征”问题专项督察的验收，结束整改工作。北京局针对河北省石家庄市公安干警在农村圈地建设别墅的问题，沈阳局针对吉林省辽源市东辽县违反土地利用总体规划和城市总体规划违规设立经济开发区和未批先用等问题，进行了重点督办。上海局就浙江东阳市圆明新园违规用地多次进行督察，提出处理意见。7月，东阳市委、市政府印发了《关于建立重大用地项目科学决策机制若干意见》。目前，上海督察局按照总督察的批示，与浙江省政府沟通情况，交换意见，督促整改落实到位。济南局对山东聊城茌平县信发铝电集团非法占用耕地特别是基本农田的问题和德州市违规擅自调整土地利用总体规划等问题，正在落实对责任人员的处理。武汉局针对农用地转用和土地征收审批事项督察过程中发现的贵州省违规调整基本农田的行为发出整改意见书，目前贵州省政府已经撤销违规批文。

集中开展重点、难点问题的专项整治。沈阳局开展了东北三省6个地市30个建设项目及30个相应的耕地占补平衡项目实地抽查测绘和对比分析，考核检查耕地保护目标责任落实情况。南京局根据国家土地总督察、副总督察在部《信息快报》第32期作出的重要批示和中央电视台专题报道，开展了对江苏部分地区违法用地和土地闲置问题专项督察，43宗、2886亩闲置土地得到依法处置，50宗、3133亩违法用地得到严肃查处，39名责任人受到了党纪政纪处分。济南局加强对山东省开发区用地专项整治的督察，及时调度掌握情况。另外，派出督察组分赴山东省济南市、泰安市、河南省郑州市、开封市、南阳市以及青岛胶南市对2007年度省级政府耕地保护责任目标履行情况进行了现场检查。广州局在四省市开展了以土地调控政策落实情况为重点的土地利用及管理情况专项督察，对督察发现的问题和建议及时向各地进行书面反馈。

加大运用卫星遥感成果开展专项督察力度。按照部统一部署，9个国家土地督察局配合开展对18个城市的第八次卫片执法情况进行检查验收，督促土地违规违法问题查处到位等情况。武汉局还对湖南省长沙市、株洲市进行了卫片督察，查阅了两市8个区县共162个图斑，155宗地审批供地资料193份，违法图斑档案资料75份，实地抽查用地现场45处，补充耕地现场2处。通过督察，全面掌握了两市2006年至2007年建设用地征收和供地审批、耕地保护、集约节约用地、土地执法等土地利用与管理方面的情况。西安局开展了4个批次的遥感监测督察工作，涉及6个省级机构，29个地级市，50个县区，监测区域面积达54866.3万平方公里，监测变化图斑1504块、面积116857.4万亩，有效地抑制了违规违法用地反弹，促进了地方土地管理工作。

针对领导批示、动态巡察、信访举报的有关问题，切实加强土地督察巡察和案件督办工作。第三季度，北京局接到群众来信25封、来访4起，向省级国土部门转办5封信访件，发现重点巡察线索12条，开展实地巡察2次。济南局接待群众信访110多起，对部分重点信访案件专人督导，部分群众专门写了感谢信。有关督察局采取督促自行纠正的方式处理了大量问题。广州督察局及时妥善处理发生在广东、广西的多起突发事件。

此外，有关督察局采取督促自行纠正的方式处理了大量问题。据1～6月份统计数据，9个督察局对通过多种渠道获得的1276件违规违法用地事项进行了督办转办，其中：转相关部门处理139件；转省级人民政府44件，其中办理结果反馈11件，占25%；转省级国土资源部门1093件，其中已反馈549件，占50%。上述事项中，对30件领导批办事项，各局均按要求上报了调查结果，全部按时办结。

（六）共建试点工作取得实质性进展，推动共同责任机制落到实处

各督察局按照国家土地总督察统一部署，积极推动共建试点工作，将机制框架设计转化为落实共同责任的实际成果。上海局与上海市房地局《共建保障上海科学发展土地管理新机制的试点方案》经市政府常务会议审议通过，明确试点任务，实现管理创新和政府职能转变。同时，确定了上海浦东新区、宝山区，浙江杭州市、温岭市，福建莆田市、福清市和宁波慈溪市，厦门集美区8个市（区），作为与地方政府共建新机制的联系点。南京局在江西开展的试点工作取得显著进展，江西省及试点地区鹰潭市试点工作取得了一些阶段性成果。江西省高院、省高检、省公安、省监察、省国土厅五部门出台了在调查处理国土资源违法犯罪案件中加强协调配合的意见。鹰潭市政府及有关部门和司法机关出台了《关于加强国有建设用地批后监管工作的通知》、《关于建立土地执法监管共同责任工作机制》等六个新机制建设相关文件。成都局选择云南省曲靖市与大理白族自治州作为共同推进保障科学发展土地管理新机制试点地区，在探索建立土地宏观调控、落实共同责任、加强开源节流、推进统筹城乡用地、维护农民土地权益和构建土地督察新机制等方面形成了试点工作思路和意见，与四川测绘局签署了开展土地督察数据和信息系统共建共享协议。西安局与宁夏回族自治区政府共同签发文件，正式启动吴忠市的共建试点工作，与甘肃平凉市共建试点工作已取得阶段性成果。

与地方政府建立联席会议制度迈开步伐。北京局经与天津市政府协商并报请总督察批准，于2008年8月6日在天津召开了土地督察机构与天津市政府第一次联席会议，正式签署了《国家土地督察机构与天津市人民政府联席会议框架协议》，加强沟通协调和工作配合，共同推进土地管理共同责任机制的落实。在总结会议成功经验的基础上，目前北京督察局正在与其他四省（区、市）联系，积极推进建立联席会议制度的全面落实。广州局与四省、区、市政府和国土资源部门会商建立了土地督察联系人工作制度，构建了信息沟通平台。武汉局与湖北省人民政府举行了第一次联席会议，与湖北、湖南、贵州三省国土资源厅联合印发《关于建立土地管理协调配合工作机制的意见》，加强了工作相互协调、沟通和支持。

（七）积极宣传贯彻15号令，督促落实土地违法问责制

《违反土地管理规定行为处分办法》（以下简称15号令）公布施行以来，各督察局根据部有关要求，紧密结合督察区域实际，认真组织学习领会15号令精神。北京、济南、西安、南京、武汉、广州局先后召开督察区域分管秘书长工作座谈会，宣传部对15号令实施的工作安排和部署要求，与督察区域内省级人民政府分管秘书长和国土资源厅（局）长共同研究15号令的贯彻落实工作。上海局结合构建试点工作，广州局结合国土资源法律法规宣传教育活动，西安局结合西北地区土地督察工作座谈会和土地利用管理政策研讨会，宣传土地违法问责制，提出工作建议。济南局集中近20天的时间，由局领导带队分3个宣讲督察组赴山东、河南有关地市进行全覆盖宣讲15号令，引起强烈反响和震动，有力推进了土地管理共同责任机制和土地违法问责制的落实。宁夏回族自治区政府办公厅已出台了《关于违反土地管理规定行为处分办法的实施意见》。

（八）扎实推进基础建设，不断提高督察保障能力

各督察局按照构建保障和促进科学发展新机制的要求，结合土地督察实际，着手起草土地督察工作规划，探索土地督察工作的顶层设计，加强制度规范和基础建设，督察工作的保障能力不断提高。

积极开展重点课题调研。围绕土地督察工作顶层设计，北京局按照构建保障和促进科学发展新机制的要求，起草了《国家土地督察北京局土地督察工作2008～2012年五年规划》编制大纲，现正在起草规划文本。围绕国家土地调控政策落实情况，沈阳局积极开展节约和集约用地调研，总结东北各省节约集约用地五个方面典型经验及时上报总督察，并在东北地区以现场会方式，引导各省市加大推广力度，收到显著效果。围绕督察区域突出的土地管理问题，沈阳局针对东北振兴建设用地需求量大和施工季节短、建设用地报批时限长等问题，深入开展了《地方社会经济发展政府面临的土地问题》调研。针对辽宁省“五点一线”沿海经济带土地利用和管理情况的调研成果引起了省委、政府高度重视，省政府及时下发了《关于加强对纳入“五点一线”沿海经济带重点支持区域土地管理的通知》，强调依法用地管地的责任，规范用地程序。西安局召开了西北地区土地利用管理政策研讨会，成立了专家咨询委员会。《关于对陕西省土地督察工作的调研报告》和《西北地区报国务院批准单独选址建设项目用地的报批情况的调研报告》受到了徐部长及其他部领导的批示肯定。围绕土地管理的难点问题，南京局与安徽省国土资源厅联合开展了沿淮地区村庄建设用地整理情况调研；武汉局开展了农村宅基地管理和新农村建设用地、工业园（区）重点项目用地情况调研；成都局启动了农村土地管理、征地制度实施以及建立土地管理长效机制等课题的调研，提出国家土地督察机构与成都市国土资源局共同开展都江堰市向峨乡对口帮扶工作建议，对灾后恢复重建特殊支持政策执行情况进行跟踪。

稳步推进科技信息化工作。沈阳、南京、广州、武汉、西安局已接入国土资源主干网，基础数据和土地监管分析系统投入使用，其余4个督察局争取年底前完成。北京局积极推进华北地区土地督察巡察网建设。上海局、武汉局开通了局户门网站，开展了电子政务网络信息安全平台建设。广州局正在实施土地督察管理信息系统建设规划，土地管理诚信系统建设通过专家评审。成都局启动了耕地保护督察系统应用研究和地理信息系统建设项目。西安局已经完成局域网硬件配置和基础环境建设并转向应用平台建设，建立了土地利用遥感监测督察系统。

此外，认真开展了派驻土地督察专员试点工作，成都局加强重庆专员办建章立制工作，与重庆市政府及有关部门建立了沟通协调机制。在部人事司等部门的大力支持下，各局新录用和选配了一批公务员，干部队伍建设进一步强化。

总体来看，各督察局第三季度各项任务进展顺利，取得了一定成绩，但对照年度重点工作安排，还存在一些问题。主要表现在：一是经济社会发展形势的不确定因素和土地管理工作中出现的新情况、新问题，对土地督察提出了新的挑战，保护与保障的矛盾依然突出，土地违法违规反弹的可能性依然存在，土地督察形势依然严峻；二是部分工作整体协调和统筹性不够，一些重点工作还存在顾此失彼的现象，工作进度和效率有待提高，土地管理信息资源共享问题解决不够到位；三是调查研究还不够深入，特别是研究解决土地督察工作面临的深层次问题不够；四是干部管理、业务培训和后勤保障等需要进一步规范和推进解决。

二、第四季度主要工作安排

第四季度，各督察局将认真落实党的十七届三中全会精神，以巩固和扩大学习实践科学发展观活动成果为主线，以推进构建保障和促进科学发展新机制为核心，以督促土地违法问责制和耕地保护责任目标的落实为重点，完善督察机制，加强日常监管力度，把最严格的土地管理制度落到实处。在全面完成全年各项工作任务的基础上，认真做好2008年度土地督察工作总结，进一步提高土地督察工作科学化、制度化、规范化水平，以科学发展观为指导，全面谋划2009年度工作安排。

（一）继续做好15号令的学习宣传和贯彻落实

按照部统一要求，采取多种形式加强学习宣传《违反土地管理规定行为处分办法》，进一步增强地方各级政府和干部的责任意识，总结和推动各地贯彻实施15号令。督促省级政府建立和完善土地违法问责制，明确责任主体和考核目标，出台相关配套文件。研究完善落实土地违法问责制的措施，建立奖惩机制，将15号令有关规定落到实处。

（二）继续巩固和深化百日行动成果

切实采取措施做好百日行动成果的巩固，做好107个百日行动成效显著单位保持情况的动态监督和总体评估，形成并上报综合评估意见，提出土地利用指标挂钩奖励的建议。跟踪和督促指导各地加快构建和完善土地执法监管长效机制。对尚未结束整改工作的专项督察进行督促检查，继续跟踪部分地区的违法用地和重点问题的集中整治工作。

（三）加强耕地保护目标责任督察

继续把监督检查省级政府耕地保护责任目标的落实作为督察工作的重要目标之一，跟踪督察各省（区、市）严格按照国务院要求，切实落实耕地保护目标责任制，根据2007年度耕地保护责任目标履行情况检查，开展对地方政府耕地保护突出问题整改工作的督察。全面启动农用地转用和土地征收审批事项督察，加强日常核查和监管。

（四）总结推进例行督察试点

认真总结土地例行督察试点工作经验，对已经开展的土地例行督察内业审核、外业调查、后勤保障等各项工作进行全面总结，研究制定土地例行督察工作制度、工作规范、技术规程，同时搞好土地例行督察成果的转化应用。按照工作方案部署，第四季度继续选择一批地区开展土地例行督察试点，总结经验，扩大土地例行督察试点工作范围和内容。

（五）扩大共同责任机制成果

继续推进既有共建新机制试点工作，抓好共建联系点，督促建立健全和贯彻落实相关制度，力争年底取得新的阶段性成果。督促落实部与相关省级政府签订的《合作备忘录》，建立信息反馈和工作联络机制，推进重大问题的研究解决。在认真总结现有工作成果和经验的基础上，继续探索国家土地督察机构与地方政府定期磋商对话机制，更大范围地推进建立联席会议制度。进一步完善与省国土资源厅的工作协调配合机制。

（六）不断提高基础建设和业务水平

进一步落实派驻督察专员和督察室有关工作。围绕构建保障和促进科学发展的土地管理新机制，建立调研工作联系点，加强对土地利用和管理热点难点问题的调研，形成有分量的成果。贯彻落实土地督察信息化建设工作会议精神，抓好土地督察信息化建设各项基础工作。编制相关督察区域工作规划。继续推进基建装备建设。开展土地督察文化建设，全面提升干部队伍督察工作能力。

附件3：

耕地保护和土地违法形势的分析

根据徐部长批示精神，各督察局在三季度工作总结的基础上，进一步补充了对耕地保护和土地违规违法形势评估的内容。

一、耕地保护形势

第三季度以来，根据部关于开展2007年度耕地保护责任目标履行情况检查工作的统一部署，各督察局结合农用地转用和土地征收审批事项督察、专项督察、例行督察、日常巡察工作，对督察区域省级人民政府耕地保护目标责任制度的建立和执行情况进行了监督检查，重点是耕地保护指标分解、目标责任书签订、年度计划执行、占补平衡、建设用地审批和批后监管、保护责任考核和问责等，并赴实地进行了抽查。同时，各督察局还认真贯彻《违反土地管理规定行为处分办法》，陆续召开省级人民政府分管秘书长、省级国土资源部门的座谈会，贯彻土地违法问责制，强调地方政府主要负责同志对土地利用和管理的责任，宣传耕地保护的共同责任，收到了较好效果。

（一）落实耕地保护责任目标的有利因素

一是以政府为主导的耕地保护共同责任体系正在逐步形成。各地按照《国务院关于深化改革严格土地管理的决定》（国发〔2004〕28号）和《国务院关于加强土地调控有关问题的通知》（国发〔2006〕31号）精神，认真抓好耕地保护责任的落实。总体上，地方各级人民政府层层签订年度耕地保护目标责任书，部分省（市）的乡与村、村与户也都签订了耕地目标保护责任书，保护责任得到层层分解。广东设立专项资金，对土地利用执行情况好的地区进行奖励。

二是耕地保护目标履行情况考核工作正在逐步实现制度化。各地进一步完善耕地保护责任目标的考核，强化政府的责任。大多数地区制定了《耕地保护责任目标考核办法》，确立了地区行政首长为耕地保护第一责任人，考核的内容扩展到土地利用总体规划和年度计划执行、实际新增建设用地和执法监察等方面。天津市在《天津市土地管理条例》中规定了耕地保护责任，将之上升为地方法规。浙江、江西等地细化耕地保护考核办法，将建设用地审批与耕地保护相挂钩，严格执行奖惩制度。陕西、新疆等地强化耕地保护在干部考核中的地位。广东省在省、市、县（区）三级专门成立土地利用年度计划执行情况考核领导小组，由政府分管领导任领导小组组长，严格考核并进行通报。

三是占补平衡工作的管理力度不断加大。各级政府对耕地占补平衡工作重视程度普遍提高，先补后占的制度逐步落实，部分地区单选项目也实现了先补后占，占补平衡的考核验收方面有了积极进步，落实建设项目与补充耕地的土地开发整理项目挂钩制度执行较好。吉林、黑龙江、湖北、四川、重庆、江苏、安徽、江西、福建等地加大土地整理力度和资金投入强度，实施重大土地整理、整治工程，增加耕地数量，提高耕地质量。

四是土地执法监管得到强化。各地逐步健全政府主导、部门配合、多方参与的土地执法防控体系，并积极探索问责制的实施路径。江西省建立了土地违法案件增减率与工作评价考核、新增建设用地计划指标分配相挂钩的机制，并会同国家土地督察机构共同推进建立保障科学发展土地管理新机制试点工作，探索构建保障科学发展的土地管理新机制。

五是节约集约用地不断得到推进。浙江、上海等东部发达地区进一步强化土地节约集约利用，建立了土地利用年度计划指标分配与土地节约集约利用水平评价结果相挂钩的制度，通过计划指标的奖惩手段加强对各地节约集约用地的约束。

（二）影响耕地保护目标责任制落实的主要问题

一是耕地保护与用地需求之间的矛盾依然突出。2007年底全国耕地保有量为18.26亿亩，国务院批准的全国土地利用总体规划（2006～2020年）确定到2020年耕地保有量为18.05亿亩。督察中发现，重庆、四川、云南等地目前的耕地保有量已经接近该地区规划修编的“影子指标”，距离“红线”已经不远。因此，耕地保护不仅在当前面临突出矛盾，而且也在新一轮规划期内始终面临突出矛盾。

二是耕地保护与地方政府发展经济的协调难度大。目前以GDP为核心的政绩考核模式，客观上形成了地方政府宁愿以牺牲耕地为代价的发展路子。同时，耕地保护与地方政府的工作业绩考核没有真正挂钩，部分地方政府尚未真正意识到自己是耕地保护的第一责任人，从而影响耕地保护责任目标考核的落实。

三是确认耕地保护责任目标考核指标存在一定困难。由于新一轮土地利用总体规划修编工作尚未完成，国家也未下达新的耕地保有量等指标，因此考核工作只能依据上轮规划的有关指标，而上轮规划中不少地区耕地保有量、补充耕地等指标已不具操作性，造成考核工作无法以实际耕地保有量作为考核依据。

四是耕地保护的经济、市场调节机制尚未发挥作用。在保护手段上局限于行政管理，缺乏经济手段和市场机制的推动和支撑；在保护责任上局限于政府和职能部门，用地单位、农民和社会各界参与不够，尤其是农民缺乏保护耕地的内在动力。

五是部分地区土地管理工作中还存在突出问题。2007年度华北地区重大建设项目占用基本农田未批先用的比例超过60%，广东等地的新增建设用地中违法用地占相当比例，东北地区批而未供、供而未用造成土地闲置问题突出。

（三）基本判断及建议

对当前耕地保护形势的基本判断是：地方政府主观上保护意识提高，客观上保护任务艰巨；当前占补平衡执行有效，今后难度很大；总体形势趋好，保护耕地的内在动力不足，机制不健全，耕地保护依然面临较大压力。为进一步落实耕地的保护责任，建议如下：

一是进一步强化耕地保护共同责任机制和问责制。当前地方政府在形式上能够做到层层签订耕地保护目标责任书，但要将保护责任真正落到实处，还需要健全共同责任机制。从各地领导对徐部长近期去信的反馈情况看，各地普遍意识到落实共同责任的重要性。建议进一步研究耕地保护共同责任的实施途径、考核手段、奖惩措施等，同时与土地违法问责制相衔接，从制度和机制上将共同责任落到实处。

二是加快省级土地利用规划的修编进度。当前，相当一部分地区的土地利用总体规划预留的建设占用耕地指标已经用完或基本用完，凡新增建设用地使用计划指标，绝大部分都是通过修改或调整土地利用总体规划予以落地。建议在《全国土地利用规划纲要（2006～2020年）》批准后，尽快推动省级规划的批复和实施，为耕地保护提供保障。

三是进一步加强节约集约用地的政策引导。全国建设占用耕地占补平衡的难度越来越大，各地经济社会发展占用耕地的客观压力巨大，迫切需要进一步转变土地利用模式。建议从多个方面加强对耕地保护和建设用地管理研究，引导各地走内涵式发展道路，疏堵结合，实现耕地保护长远目标。

二、土地违规违法形势

（一）基本判断和特点

2008年第三季度土地违规违法形势总体保持了“百日行动”以来案件和涉及面积双下降的良好态势，乱占滥用耕地行为得到了有效遏制，地方用地行为正向理性方向发展，土地违规违法长效机制的建设取得了积极成效。

一是与2007年同期相比，土地违规违法案件数和涉及土地面积同比呈下降趋势。今年第三季度，东北三省共发生违法违规案件1551起，面积1426.27公顷，与去年同期相比分别减少了46.5%和58.4%。江苏省第三季度发现违法用地件数和涉及土地面积分别下降了34.9%和31%；安徽省分别下降了29.1%和63.1%；江西省分别下降了14.14%和50.73%。西北五省区第三季度的违规违法案件数和面积比2007年同期下降了20%以上。

二是与2008年上半年相比，土地违规违法案件数和涉及土地面积环比有所反弹。受建设施工期的影响，第三季度是各地特别是北部地区土地违规违法案件的高发期。相比2008年上半年，第三季度违法违规案件新发生数和涉及土地面积呈上升趋势，出现反弹迹象。全国第三季度新发生的违法用地案件数17120件，涉及土地面积12157公顷，分别占上半年的49%和88%。一些地区反弹特别明显，需要引起重视，如四川省第三季度新发生案件1002件，涉及土地面积166.19公顷，分别是上半年的1.3倍和3.6倍；云南省第三季度新发生案件252件，涉及土地面积1433.16公顷，分别是上半年的1.4倍和7.3倍。

三是从违法区域来看，重点城市仍是高发区域，农村违法用地问题相对突出。一方面，重点城市作为经济活动较为活跃的地区依然是土地违法违规行为的主要区域。如西安市2008年1～9月发现违规违法用地数、面积和占用耕地面积分别占陕西全省的35%、63%和71%；湖南、湖北、贵州三省9个重点城市土地违规违法立案数和涉及土地面积分别占总数的28%和61%。另一方面，违法用地区域从城镇向城郊结合部和农村地区转移，农村违法用地问题相对突出。由于城镇区域的土地执法监察力量较强，土地违法违规行为正在逐渐减少，然而在城乡结合部和乡村等土地执法监察力量较薄弱的区域，土地违法违规行为的发生比例正在逐步增大。如上海、江苏、福建等地的违法用地中，农村违法用地宗数和面积均占70%和50%以上。

四是从违法主体来看，政府主导的违法行为得到有效遏制，个人、村集体、企事业单位逐渐成为违法用地的主体。

一方面，政府主导的非法批地和非法占地行为得到进一步遏制，行政主体违法用地比例很小。如福建省行政主体违法用地3宗，面积0.12公顷，占违法用地总宗数和总面积的0.1%；浙江省行政主体违法用地23宗，面积3.62公顷，占违法用地总宗数和总面积的2%和5%；东北三省行政机关违法用地21件、面积20.97公顷，分别占总数的3%和3.5%；华北五省（区、市）行政违法案件数量和涉及土地面积也下降明显。另一方面，农村村民建住宅、乡村小型公益性建设违法违规用地增多，乱采滥挖破坏土地现象没有得到有效遏制，村集体、企事业单位违法用地行为呈明显上升趋势。如山东省第八次卫片执法检查中发现农村建设违法用地宗数占到全部违法用地总数的42.3%；东北三省村组集体、企事业单位和个人违法用地668件，面积571公顷，分别占总数的97%和96.5%。

五是从违法类型来看，未批先用依然是最主要的违法形式。根据各督察局日常督察和接受来信来访反映的情况看，各地违法违规行为的主要表现形式为未批先占。东北三省未批先用、边报边用违法用地行为占总宗数和面积的80%以上；陕西、宁夏等西北地区未经批准占地案件占违规违法案件总数的60%以上；山东、河南、浙江、广东、广西等地未批先占数量和涉及土地面积占违法总数比例高达90%。

（二）原因分析

一是始终保持高压态势，有效遏制行政主体土地违规违法行为。各地借“百日行动”的东风，不断加大违法案件的查处力度，始终保持了对土地违法行为的高压态势，特别是15号令的颁布实施，对各级政府起到了很大的震慑作用，有力地改善了执法环境，行政主体（特别是县级以上地方政府）土地违规违法行为得到了有效遏制。

二是加大执法监管力度，长效机制的作用逐渐显现。“百日行动”以来，土地执法动态巡查制度、信息员（协管员）制度、部门协作制度等土地执法监管的长效机制建设取得进展，土地执法环境明显改善，各地通过巡查发现的土地违法案件有了较大幅度的增加，其中不少地方发现并查处了很多第三季度前发生的违规违法占地。第三季度，华北五省（区、市）通过动态巡查发现的土地违法案件达663件，占发现违规违法案件总数的30.58 %。

三是国家土地督察制度发挥了有力作用。第三季度，国家土地督察机构组织开展了建设用地审批事项督察、例行督察试点、应用卫星遥感技术开展督察等一系列活动，大大增强了地方各级政府土地执法的责任意识，使地方政府依法依规管地和用地的弦始终紧绷，有效约束了地方政府和建设单位违法用地的冲动。

（三）对第四季度土地违规违法形势的预测分析

当前国际经济形势严峻，金融市场继续低迷，国内宏观经济环境趋紧，经济增长速度趋缓，土地供需矛盾得到有效缓解。随着土地执法监管长效机制的不断建立和完善、国家土地督察机构土地例行督察、共同责任机制试点等新的督察手段逐步推开、土地法律法规的宣传教育力度不断加大及冬季气候条件等因素的综合影响，第四季度全国土地违法违规应趋向好转。但根据违法用地发生规律，由于上半年的用地指标相对充足，违法违规用地形势相对平稳，下半年的土地违规违法行为呈现惯性增长的态势。村组集体和个人违法用地还没有得到有效制止和疏导，特别是年底前新开工项目比较多，第四季度未批先建、村组集体和个人违法用地形势依然较为严峻。

2008年工作总结和2009年工作的初步安排

国家土地总督察办公室

（2008年12月26日）

2008年，在部党组和总督察的正确领导下，总督察办根据年初国家土地督察机构座谈会和务虚会确定的工作方向，通过中期形势分析调度会部署，以深入学习实践科学发展观活动为契机，解放思想，改革创新，改进作风，增强执行力，全面完成部工作要点、督察重点工作安排和部党组交办的各项任务。在年底的督察干部整训座谈会上，徐绍史总督察对今年督察工作盘点：2008年是巩固局面，持续拓展的一年。结合当前经济发展形势和部党组对土地管理工作的要求，总督察办认真总结了2008年的工作，研究提出了2009年工作的初步安排。现将有关情况报告如下：

一、2008年主要工作情况

（一）解放思想，改进作风，学习实践活动见实效

一是扎实完成学习实践科学发展观活动各阶段任务，进一步明确工作思路。按照部党组的统一部署，认真组织学习，开展“解放思想，改革创新”和“改进作风，增强执行力”大讨论。在甘藏春副总督察的指导下，赴江西、浙江等地开展调研，积极探索建立国土资源保护、开发和合理利用的评价指标体系与衡量标准，促进形成符合科学发展观要求的经济社会发展评价机制、干部实绩考核机制。召开支部扩大会议、处级干部座谈会和专题民主生活会，认真检查领导班子在贯彻落实科学发展观方面存在的突出问题，剖析产生问题的思想根源，撰写领导班子分析报告。徐绍史总督察在《总督察办领导班子贯彻落实科学发展观检查分析报告》上批示：“检查分析报告比较深刻，望加快整改，速求实效”。制定了《总督察办解决问题创新制度整改落实方案》，明确了工作思路：以科学发展观为统领，以推进建立保障和促进科学发展新机制为核心，以落实共同责任为国家土地督察工作履行职责的中心内容，解放思想，改革创新，进一步丰富和创新“两服务、一协调”的工作理念、内容和方式，在督察工作业务建设和制度建设方面发挥带头作用、骨干作用，在促进国家土地督察工作与其他工作协作方面起到桥梁作用，使总督察办成为政治上过硬、业务上过硬、执行上过硬，能干事、会干事、干成事的职能机构。

二是注重落实，确保学习实践活动取得实效。圆满完成部学习实践活动确定的重点任务和调研工作：向社会公开发布《国家土地督察公告（2007年）》，广泛接受监督；推进督察信息化建设，完成信息化基础环境建设、土地监管信息系统、网站建设和视频会议系统，出台《农用地转用和土地征收审批事项督察办法》，制定《国家土地督察专员派出工作规范（试行）》，完成《国家土地督察条例》研究制定阶段性工作。确定总督察办近期和中长期20项制度建设和整改工作具体措施，近期措施已全部完成。

（二）巩固发展，突出重点，不断深化土地督察业务

一是巩固百日行动成果，遏制违法违规高发态势。督促各地继续做好全国土地执法百日行动的后续整改工作，全面推进长效机制建设，各地制定和出台了近百项相关制度，土地执法环境进一步好转。举办“巩固百日行动成果，强化土地执法监管”研讨班，组织全国土地执法百日行动中107个成效显著地方的政府负责同志和国土资源管理部门负责同志进行了集中研讨，加强土地执法经验交流，

相互借鉴，共同提高，成效明显。跟踪107个成效显著地方2008年度保持情况，总结评估并提出土地利用年度计划指标奖励建议方案，为实施差别化的土地利用计划管理提供决策支持。出版《全国土地执法百日行动》，全面总结百日行动的成果和做法，供地方政府、土地督察机构、国土资源系统干部学习参考。

二是以突出问题为切入点，实施专项督察。认真贯彻《国务院关于促进节约集约用地的通知》和《国务院办公厅关于严格执行有关农村集体建设用地法律和政策的通知》，指导派驻地方的国家土地督察局针对违反土地宏观调控政策、违反土地利用总体规划扩大和新设开发区进行工业项目建设、违反有关农村集体建设用地法律和政策等问题，开展专项督察，向6个省级人民政府发出了专项督察整改意见书或者通报当地省级政府，并暂停了海南海口市、山东茌平县和浙江东阳市的2008年土地利用计划指标的执行。目前，海南省、浙江省的整改工作已通过验收，海南海口市和浙江东阳市的用地计划已经恢复。其余地区整改工作仍在积极推进中。

三是积极探索，推进例行督察试点。总督察办全面部署，并派员参加，陆续在北京、沈阳、南京、济南、广州、武汉、成都和西安督察局启动了例行督察试点工作，对全国10个地级市（区），6个县（市）土地利用和管理情况进行了全面监督检察。目前，各局基本已经完成了例行督察的内业审查、外业核查、数据统计、分析汇总等工作，深入研究例行督察结果的运用和土地利用管理政策的改进措施建议。

四是验收评估，确保第八次卫片执法检查整改到位。组织各督察局配合部开展第八次卫片执法检查活动，会同执法局完成国家土地总督察对问题严重的9个城市政府负责同志和国土资源管理部门负责同志约谈工作，完成对9个违规违法问题严重城市和15个违规违法问题上升较快城市的卫片执法检查整改查处工作的验收和评估。

五是注重形势分析，提供决策参考。召开督察系统形势分析调度工作会议，研究面临的宏观经济形势，及时调整工作部署。开展季度土地违规违法形势动态分析和土地利用计划执行情况分析，形成报告，为部党组研判土地管理形势提供参考。

（三）创新方式，扩大宣传，不断推动新机制建设

一是积极引导建立土地管理新机制。会同南京、沈阳、上海、西安督察局与有关地方人民政府共同推进保障科学发展土地管理新机制试点，从预防、查处、监管、问责、部门联动、集约用地等多个方面与地方政府共同推进共同责任机制和长效机制建设。目前，各督察局已确定近30个构建保障和促进科学发展的土地管理新机制试点单位和联系点。

二是围绕部中心工作，把握土地管理工作宣传的话语权。积极宣传贯彻15号令，组织各督察局开展了多种形式的宣讲，邀请河北省人民政府副省长孙瑞彬等10位地方政府领导同志，围绕15号令的贯彻落实撰写了文章。徐总督察批示：文章立意高、分析深刻，有很强的针对性。根据徐绍史总督察指示，在《国土资源报》上全文刊登，供各地学习借鉴。通过宣传，使地方政府理解了在严格土地执法方面应当承担的责任，进一步强化发挥政府在土地管理中的核心作用。组织开展百日行动经验交流，向山西晋城国土资源局局长约稿，畅谈“土地管理零违法”的管理方法和措施。运用主流媒体宣传国家土地督察，在新华社国内动态清样、内参上策划土地督察报道，在经济日报上刊登甘藏春副总督察访谈文章，在经济日报内参刊登《以机制约束保障土地合理合法使用——河南落实15号令见闻》。总结地方实践经验，推广江西赣南建设用地挂牌、一些地方把耕地保护纳入党政干部科学发展政绩考核指标体系、建立多部门联席会议或沟通磋商联合执法机制等做法。在主流媒体策划组织编写各类消息、通讯60多篇，在国土资源报刊登土地督察专版近40期，编发《国家土地督察政务要情》10期，《国家土地督察动态》10期，《国家土地督察情况通报》19期，《国家土地督察工作快讯》78期，

《国家土地督察工作内情摘要》10期，成为国家土地督察工作横向交流和对外宣传的窗口。

三是建立督察和政府的沟通协作机制。组织各督察局加强与地方人民政府沟通协调，全国31个省（区、市）、5个计划单列市人民政府和新疆生产建设兵团均发文支持和配合国家土地督察机构开展工作。徐绍史总督察致信省、自治区、直辖市、计划单列市人民政府和新疆生产建设兵团负责同志，表示感谢，强调坚守18亿亩耕地红线的目标，既是国土资源部和国家土地督察机构的神圣职责和艰巨任务，也是地方各级政府的神圣职责和艰巨任务，是共同的责任。

四是协作配合进一步增强。建立部国家土地督察机构与部有关司局及直属单位协调配合工作机制，围绕地区土地违法违规形势和问题，召开9次土地执法监察和土地督察联席会议。抽调人员参加耕保司牵头组织的对省级人民政府2007年度耕地保护目标履行情况的检查。配合利用司完成闲置土地清理检查。配合地籍司为各督察局提供土地变更调查数据，配合规划司完成办公用房和装备项目计划报批工作，配合人事司开展督察干部培训工作，配合财务司规范督察机构财务管理，会同信息中心全力推进督察系统信息化建设。

（四）及时总结，急用先行，强化督察制度建设

一是稳步推进《条例》制定，并与《土地管理法》修订工作密切衔接。根据国务院立法计划，正式启动《国家土地督察条例》制定工作，梳理了国内、国外相关领域督察制度的发展情况，完成了文本起草、征求意见、专家论证等阶段性工作。参与《土地管理法》修改，提供建议文本，力争以法律形式确定国家土地督察制度的地位。

二是制定业务指导规范。出台《农用地转用和土地征收审批事项督察办法》、《国家土地督察机构信访工作规范》（试行）、《国家土地督察工作统计报表（试行）》，规范审批事项督察、信访处理等工作，建立土地督察工作统计和登记台账制度。制定《国家土地督察专员派出工作规范（试行）》，规范督察专员派驻工作。

三是完善内部管理制度。印发《国家土地督察机构工作规范（试行）》、《国家土地总督察办公室工作细则（暂行）》、《国家土地督察机构信息网络系统安全管理规范（试行）》等，加强行政公文管理，规范国家土地督察机构信息网络管理。对各督察局的公文处理、相关工作任务和工作纪律等进行规范、明确和指导。

（五）加强协调，提升能力，努力夯实督察工作基础

一是不断提升督察队伍能力和水平。配合人事司选配、录取了88名土地督察干部，各督察局干部队伍得到进一步充实。督察干部总数已经达到编制数的2/3，完成年初确定的目标。创新干部培训模式，实施督察系统处以上干部整训，提升督察干部综合素质。徐绍史总督察对整训工作给予充分肯定，并同干部座谈，对今后督察工作做出重要指示。

二是不断增强基础建设支撑能力。落实9个督察局办公场所、周转住房和高科技巡察车投资计划。严格贯彻落实部保密工作部署，配合部保密办认真做好总督察办自身和各督察局的保密检查和宣讲工作。完成2008年度国家土地督察机构运转及督察工作项目经费的分解落实和2009年国家土地督察项目经费预算的编制工作。召开国家土地督察机构管理工作座谈会，与部相关司局和各督察局研究提出督察机构人、财、物管理具体意见和办法。

三是快速推进督察机构信息化建设。围绕构建保障和促进科学发展的土地管理新机制和督察工作新机制，按照“急用先行、试点引路”的原则，选择急需解决和有基础、见效快的内容，积极开展信息化建设工作。一办九局国家土地督察网站正式开通并投入使用，各督察局局域网已基本完成，全部安装部署了土地监管信息分析系统，7个督察局的视频会议系统已开通。召开国家土地督察机构信息

化建设工作现场会，借鉴和推广有关督察局信息化建设试点工作的经验和成果，确定了下一步信息化建设任务和具体措施。

四是丰富督察文化建设。5 · 12汶川特大地震发生后，组织党员干部开展向灾区人民和国土资源系统受灾干部职工捐款、交纳“特殊党费”等活动，策划、推出了《在一起——国家土地督察机构情寄地震灾区》画册。组织了庆祝国家土地督察制度实施两周年征文活动。积极探索督察文化建设，提高督察干部队伍凝聚力。

五是积极开展党建和廉政建设。重视党的思想理论学习，用科学发展观统筹党支部工作全局。成立党小组，发展入党积极分子，定期召开民主生活会，不断强化党支部组织建设。狠抓作风建设，大力弘扬求真务实之风，积极倡导开短会，说短话，写短文，切实提高执行力。大力开展党风廉政建设，落实廉政责任制，增强党员干部拒腐防变能力。

2008年国家土地督察工作取得了很大成绩，但也存在一些问题。一是对重大问题的敏感性不够强。随着工作逐步走上常态化，思想上产生一定的懈怠情绪，对一些重大问题的敏感性不够高，工作热情还需要更加饱满，工作态度还需要更加认真。二是深入实际，亲临现场不够。离部领导的高标准、严要求还有较大差距。工作中深入了解各督察局具体情况不够，重视部署有余，督促落实不足。对于重大问题、重要情况，领导批办的事项还需要进一步深入现场，了解实际情况。三是自身建设需要进一步增强。总督察办在做好服务的同时，也要重视自身建设，苦练内功，进一步提高干部业务素质和工作能力，更好地为总督察、副总督察当好参谋，为各督察局做好服务。这些问题都需要在今后工作中不断改进，特别是对照温家宝总理12月20日批示精神，要进一步统一思想，树立为国督察的思想信念；要高度负责，增强对土地问题的敏感性；要明确标准，提高督察工作能力；要完善制度，建立责任和约束机制。

二、2009年重点工作安排

2009年，国家土地督察工作同样面临“两碰头、一忧虑”的严峻考验。国家土地督察机构面临的考验更加直接，更加具体，更加没有退路，更加没有回旋余地。在这种形势下，总督察办将认真贯彻党的十七届三中全会精神、中央经济工作会议精神和部党组健全规范农村土地管理、服务扩大内需的工作部署，切实履行“两服务，一协调”的基本职责，立足“积极主动服务，严格规范管理”，坚定信心，迎难而上，主动作为，充分发挥土地督察的积极作用。

（一）立足顶层设计，加强工作长远规划

一是研究《国家土地督察五年工作规划》。开展国家土地督察工作战略研究，对未来五年的制度设计和工作开展等内容进行谋划，争取纳入国土资源顶层设计。

二是制定例行督察工作规划。按照总督察的指示精神，研究制定近中期例行督察工作规划，力争在3～5年内对每个地级市开展一次例行督察，以全面掌握各地土地利用和管理的现状和问题，及时采取措施严格规范土地管理。通过开展调查研究，及时了解并总结例行督察的工作特点和工作程序，制定例行督察工作规范，指导督察局开展工作。

三是制定督察信息化建设中期规划。对国家土地督察机构信息化建设主要目标、内容，以及科技创新对土地督察技术支撑手段等进行探索研究，并积极促进与部 “一张图”的成果应用和“金土二期”建设的衔接，以及在同一平台上信息共享机制的建立。

（二）迎难而上，严格土地规范管理

一是围绕健全规范农村土地管理制度开展督察。督促地方政府落实最严格的耕地保护制度，层层

落实耕地保护目标责任制，划定永久基本农田，实行耕地先补后占，积极推进土地整理复垦开发，坚守18亿亩耕地红线。督促地方政府实行最严格的节约用地制度，加强规划的控制引导，深化土地有偿使用制度改革，严格用地标准管理，建立健全并严格实施评价考核制度，严格宅基地管理，从严控制城乡建设用地规模。督促地方政府深化征地制度改革，逐步缩小征地范围，完善补偿机制，解决好被征地农民的就业、住房和社会保障，切实保障被征地农民的合法权益。关注农民承包地和农村集体建设用地流转，防止一哄而起，出现失控局面。

二是围绕严格规范土地管理开展督察。总结有关督察局开展的农用地转用和土地征收审批事项督察的实践经验，召开会议部署2009年全面推进审批事项督察的有关事项。监督地方政府把握政策界限，不放松管理要求，不降低管理标准，保障用地的重点要放在民生工程、基础设施、生态环境建设、自主创新和产业结构调整以及灾区恢复重建等新增中央投资计划项目。监督地方政府依法依规严格规范管地用地。绝对不能碰红线，坚守土地利用总体规划、建设用地计划、耕地保有量、基本农田面积“四条线”。严格土地用途管制，切实做到农地农用，农地农民用。严格落实耕地占补平衡，实行先补后占，防止只占不补、多占少补或者占优补劣。严格用地标准，切实节约集约用地，依法依规征地，维护被征地农民的权益。防止重复建设和盲目扩张的倾向，避免不符合规定的投资项目反弹，节约集约用地，遏制不符合国情、过度超前、浪费土地的城市建设，控制“两高”行业、产能过剩行业盲目扩张，防止一些违背国家产业政策的项目伺机搭车用地。

三是围绕土地管理秩序好转开展督察。督促地方政府处理好第8次卫片执法检查中发现的违规违法问题，确保查处要到位。积极配合部里开展下一轮卫片执法检查。贯彻落实三部门15号令，适时开展违法问责。通过动态巡察、卫片监督、群众举报、媒体反映等多种途径，积极开展例行督察和专项督察，及时发现和制止违规违法用地，防止违规违法用地反弹。对违规违法占用耕地严重的地区进行专项督察，及时预警，防止出现大量问责的局面。

（三）发挥贴近基层优势，为部决策提供支持

一是加强调查研究，为部党组正确决策当好参谋。制定督察专题调研工作计划。召开督察机构调研工作座谈会，研究新形势下土地督察调研工作的思路和主要任务，制定2009年度调研工作计划。围绕热点问题调研，重点包括农村土地制度改革、扩大内需中的土地管理问题、土地违规违法态势等，加强土地政策实施效果的评价；围绕保障和促进科学发展的土地管理新机制调研，发现问题，梳理经验，形成决策建议；围绕完善督察制度设计调研，深化督察法制、体制和机制研究。

二是努力做好形势分析工作。按照部党组关于每季度进行督察工作和土地执法形势分析的要求，以土地执法形势分析、热点问题分析等为主要内容，全面了解各地土地利用和管理工作的实际，掌握新情况，发现新问题，形成意见和建议。

三是积极为地方发展出谋划策。面对扩大内需，资金投入，项目落地，通过把握国家政策、了解面上情况，为地方经济发展做好参谋，提出合理化建议，把违规违法用地、违反国家产业政策的投资项目制止在萌芽阶段。

四是进一步增强共同责任机制的操作性。系统总结国家土地督察机构与各地建立的构建保障和促进科学发展的土地管理新机制的试点工作，提炼可供推广的土地管理经验。充分利用已经搭建的共同责任机制的框架体系，已经疏通的共同责任机制的管道，全方位整合各种力量，形成规范的操作措施，把各地的有效做法加以总结推广，促进共同责任机制真正发挥作用。

（四）加强制度建设，规范督察业务工作

一是继续推进督察立法工作。积极参与《土地管理法》修订。继续推动《国家土地督察条例》制

定工作，为督察工作提供理论支持和法律保障。

二是研究制定业务工作规范。充分总结督察局的例行督察作法和措施，起草《例行督察工作程序准则》，规范例行督察工作。总结专项督察工作成效，起草《专项督察工作程序规定》。起草《重点事项督察暂行规定》，规范各督察局对领导批办、重要媒体披露的土地违规违法问题的调查、处理和报告工作。

三是制定土地督察业务技术规范。根据督察工作业务发展需要，开展土地督察业务技术规范研究，研制技术标准和业务数据分析标准，进一步加强督察基础业务建设，推动督察业务的规范化、制度化。

（五）不断提升督察工作能力

一是加快督察机构的信息化建设。协调开展土地监管信息分析系统更新与应用工作，按照“一张图”的要求协助开展相关工作的部署，协调督察机构的网站改版和维护等工作，完成建设用地审批系统的设计和联通工作，为形成信息化应用的有效平台提供支撑服务。

二是建设素质过硬的督察系统干部队伍。加强党建和党风廉政建设，营造良好的政治氛围；加强同部机关的交流和协作，根据新三定方案，积极配合有关司局建立健全相关制度和具体实施办法，切实把国家土地督察机构的国际合作、科技、党群、离退休干部管理等工作纳入部的统一管理。做好督察干部的全员培训和业务培训工作，创新培训方式，增强执行力和凝聚力，出台国家土地督察机构干部整训暂行办法。推动督察干部流动试点，促进总督察办和各督察局之间干部挂职锻炼工作。

三是积极开展国际交流和国内科研协作。建立同有关国家的交流与合作，建立定期的考察访问，和派遣工作、学习联系。组织调动事业单位、科研机构，广泛调研外国加强土地利用和管理的国家监督的相关法律制度，借鉴与督察工作相关的先进经验和成熟制度。开展与科研院所的项目合作，加强对基础制度的研究。

2008年各派驻地方的国家土地督察局工作总结

国家土地督察北京局
2008年工作总结和2009年工作安排

（2008年12月15日）

2008年，在国家土地总督察、副总督察的正确领导和总督察办公室的指导下，国家土地督察北京局坚决贯彻落实党中央、国务院关于严格土地管理的重大决策部署，认真落实国家土地总督察、副总督察的重要指示精神，牢固树立“严督明察，注重服务”的理念，积极探索、勇于创新、创造性地开展土地督察工作，较好地完成了年度各项任务。

一、2008年主要工作情况

（一）精心组织，扎实开展深入学习实践科学发展观活动

按照国土资源部的统一部署，北京督察局切实把开展深入学习实践科学发展观活动（以下简称“学习实践活动”）作为一项重要政治任务扎实推进。一是精心组织，周密部署，确保学习实践活动扎实推进，做到“真抓”。局成立了以樊志全局长为组长的学习实践活动领导小组，科学制定活动方案，将学习实践活动5个阶段任务目标详细分解为81项具体工作，明确责任分工，逐项抓好落实。二是加强学习，提高认识，用科学发展观武装头脑，做到“真学”。我局认真组织开展了科学发展观理论学习活动。在学习方法上做到了“三个一”，即：每人一本学习笔记、每人一篇学习心得、每周一次集中讨论；在学习内容上突出了“四个重点”，即：重点学习党的十七大精神、重点学习科学发展观理论及《科学发展观重要论述摘编》、重点学习部编辑的学习资料、重点学习土地管理法律法规和土地督察业务知识。全局党员干部边学习、边思考，撰写各类学习体会文章25篇。三是围绕“主线”，抓住重点，认真开展调查研究，做到“真懂”。为了让全体同志理解科学发展观“是什么”，弄清开展学习实践科学发展观活动“为什么”，把握在学习实践科学发展观中土地督察机构应当“做什么”，我局紧密结合土地督察工作实际，抓住“构建保障和促进科学发展新机制”这条主线，重点就建立土地管理“共同责任机制”问题展开研讨和专题调研，并向总督察提交了专题报告。四是广开言路，“开门”纳谏，认真查找和解决影响和制约科学发展的突出问题，做到“真信”。认真组织开展了“解放思想、改革创新”和“整顿作风、增强执行力”两个大讨论，让全体党员干部谈认识、谈感受、谈收获，找问题、查原因、提建议、出对策，同时向华北五省区市发出征求意见函，通过各种方式征集意见和建议50多条，针对有关问题提出了8个方面、23条整改措施。五是勇于探索，大胆创新，在土地督察实践中践行科学发展观，做到“真用”。结合开展学习实践活动，我局在建立共同责任机制、改进土地督察方式、提高土地督察能力等方面进行了大胆探索和尝试，推进了土地督察工作的创新，形成了“严督明察、注重服务”的督察理念。通过开展学习实践活动，全体同志对科学发展观的认识不断深化，促进了干部思想观念、工作方式、工作作风的明显转变，干部队伍的思想观念、工作方式、工作作风明显转变，在机关形成了团结和谐、锐意进取、蓬勃向上的良好氛围，土地督察机构的重要作用显现，督察区域内土地管理秩序明显好转。

（二）服务大局，狠抓重大事项的督察落实

我局紧紧围绕耕地保护目标责任制落实、围绕中央重大决策和国土资源部的重大部署的落实，积极组织开展不同形式的督察。一是对地方政府落实耕地保护目标责任制情况实施专项督察。加强对督察区域内耕地保护目标责任制落实情况的督察，始终是土地督察机构的重点工作任务之一。年初，我局召开华北五省（区、市）有关人员参加的座谈会，对各地严格落实耕地保护目标责任制提出明确要求。年中，我局结合开展土地督察工作，对五省（区、市）落实耕地保护责任制情况进行督促检查，并总结推广了各地在落实耕地保护目标责任制方面的经验。11月份，我局按照国家土地总督察和国土资源部的有关要求，积极参与华北五省（区、市）耕地保护目标责任制履行情况的监督检查，了解督察区域建立完善耕地保护责任制度情况、责任状签订情况、责任目标分解下达、执行和考核情况，对部分地区存在的耕地保护责任目标不完善、责任主体不明确、责任制度不健全、考核措施不落实等问题，及时向有关省级人民政府提出了督察意见和建议，进一步增强了各地耕地保护的责任意识。二是对天津滨海新区建设用地实施定向督察。按照中央关于推进天津滨海新区开发开放的战略部署，积极与天津市人民政府、国土资源部门以及天津市有关部门联系、沟通和协调，并成立了支持滨海新区建设协调指导组，局领导带队2次赴滨海新区开展调研，围绕落实国土资源部与天津市签订的《合作备忘录》提出了八项具体督察措施，并指定由督察二室与天津滨海新区建立沟通联络机制，提早介入、搞好服务，在严格用地管理上实行“预警”提醒，在《合作备忘录》的落实上进行指导、监督和服务，确保滨海新区建设依法、有序、规范推进。三是坚决贯彻落实国家宏观调控方针，保障和促进中央重大决策部署的顺利实施。在日常督察中，采取宣传、调研、座谈等多种方式，积极督促和引导地方政府严格执行国家产业政策、土地供应政策，引导各地科学、合理地控制新增建设用地的供应总量、结构、节奏、分布和时序，严守土地闸门。中央扩大内需政策出台以后，我局倾全局之力，分赴五省（区、市）开展调查研究，结合深入贯彻落实十七届三中全会精神，及时了解中央1000亿元投资项目在各地的资金投向及项目分配情况、地方配套的部分资金落实情况、各项目用地的审批及实际占地面积等情况，引导各地用好中央新增投资，确保项目合法用地，切实维护被征地农民合法权益，保障和促进中央经济工作重大决策和部署在督察区域内的顺利落实。

（三）宣传引导，强力推动15号令的贯彻实施

《违反土地管理规定行为处分办法》（15号令）发布实施后，北京督察局结合土地督察工作实际，采取了一系列行之有效的措施，积极推动15号令的贯彻实施。一是积极组织开展15号令的学习宣传活动。通过学习研讨的方式，组织局机关全体同志先学一步，深刻理解和把的握15号令的精髓，并印发了《国家土地督察北京局关于认真学习贯彻〈违反土地管理规定行为处分办法〉的通知》（国土督察京发〔2008〕20号），制定了8条具体措施。在此基础上，编印15号令宣传手册25000册，发放到华北五省（区、市）省、市、县、乡四级党委、政府领导及国土资源部门领导手中。通过局门户网站、新闻媒体等多种渠道，大力宣传15号令的主要内容、基本要求和各地贯彻落实15号令的好经验、好做法。二是在督察区域内强力推动15号令的贯彻落实。6月30日，我局在山西省太原市召开华北五省（区、市）土地督察工作座谈会，围绕贯彻落实15号令进行了专题座谈，交流华北五省（区、市）在建立土地管理共同责任机制和落实土地违法问责制情况。国家土地副总督察甘藏春同志到会并讲话，对建立土地违法问责制提出了明确要求。12月份，结合宣传贯彻中央十七届三中全会精神和中央扩大内需政策，深入部分市、县、乡开展了15号令的宣讲活动，并就督察区域贯彻落实15号令情况进行了深入调研，全面了解和掌握督察区域内贯彻落实15号令的具体情况，了解共同责任机制和土地违法问责制的落实情况，深入推进15号令的深入贯彻落实。三是把宣传贯彻15号令与土地督察工作紧密

结合起来，做到督察工作开展到哪里，15号令就宣传到哪里。目前，华北五省（区、市）各级政府对贯彻落实15号令给予了高度重视。华北五省（区、市）积极举办各种形式的学习班、培训班，宣传15号令的主要精神。华北五省（区、市）根据15号令的有关规定，积极建立不同形式的共同责任机制和问责办法，为15号令的贯彻实施打下了良好基础。

（四）巩固成果，认真开展“百日行动”后续工作

按照国土资源部关于开展土地执法“百日行动”后续工作的统一部署，我局及时向华北五省（区、市）提出督察建议，并对重点地区、典型案件实行专人包区、包案责任制。按照部《关于巩固扩大百日行动成果加快建立土地执法长效机制的通知》（国土资发〔2008〕22号）要求，深入华北五省（区、市）11个市（区）、13个县（市、区），通过听取重点整改地区整改汇报、实地察看土地违法违规现场等形式，督促地方政府和有关部门认真开展查纠整改工作。通过加强督察，有力地推动了土地执法“百日行动”后续工作的深入开展。“百日行动”期间，华北五省（区、市）共立案查处“三类”土地违法案件5804件，立案率98%，拆除违法建筑192.5万平方米，没收违法建筑181.6万平方米，有531人受到党政纪处分，有183人被追究刑事责任。其中，部圈定的2个重点地区、7个重大典型案件和省（区、市）圈定的8个重点地区、32个重大典型案件全部整改和查处到位。通过开展土地执法“百日行动”，有效地遏制了土地违法违规案件高发势头。

为巩固土地执法百日行动成果，我局积极推动各地加快建立土地执法监管的长效机制。北京市房山区、大兴区、通州区建立了党政领导耕地保护“双重责任制”，并要求党委组织部门介入，把目标完成情况作为考核干部政绩和干部使用的重要依据之一，形成了党政齐抓共管的良好局面。天津市建立了国土资源、法院、检察院、公安、监察、城管等相关部门联动机制。河北省建立了政法委、高法、高检及政府18个部门参加的联席会议制度。内蒙古自治区法院、检察院、公安厅、监察厅、国土资源厅联合下发了《关于印发〈内蒙古自治区国土资源违法案件协查暂行办法〉的通知》，建立了案件协查制度。在建立土地执法监管机制方面：北京、天津、内蒙古均建立了土地管理信息员制度；天津市建立了“高密度、全覆盖”的巡查机制，全市配备了39辆专用巡查车、70多名巡查人员，以4万公里城乡道路两侧为重点，不间断地开展巡查，做到新城区3天、农村7天覆盖一遍；河北省财政投入专项资金，配备了卫星遥感巡查车，同时进一步充实了执法监察力量。

百日行动结束以后，为了分析督察区域内土地违法规律，以便有针对性地实施土地督察，我局对华北五省区市土地执法百日行动违法违规用地清查成果进行了统计汇总，系统分析了华北五省区市违法违规用地在全国所处的总体水平，对华北五省区市依法管地、用地的总体情况有了更清楚的了解，找到了华北五省区市违法违规案件发生的一些规律，并向总督察、副总督察提交了《华北五省区市土地执法百日行动违法用地清查成果分析》。徐绍史总督察批示：“分析总结很有必要，唯此才能不断提高督查工作水平”，甘藏春副总督察批示：“北京局的这个报告，有观点、有数据，很有说服力，请总督办将此报告转发各地方督察局”。根据分析结果，我局针对不同地区土地违法发生规律，有针对性地实施了土地督察活动，提高了土地督察的实效性。

（五）积极探索，认真组织开展土地例行督察试点

遵照国家土地总督察徐绍史同志“以党的十七大精神为指导，继续解放思想、改革创新，推进土地督察工作”的重要指示精神，北京督察局学习借鉴审计部门的做法，在认真准备的基础上，于2008年7月3日向沧州派驻土地例行督察组，开展了全国首个土地例行督察试点工作。

督察组对沧州市及所辖18个县（市、区）2007年度土地利用和管理情况进行了全过程、全覆盖的土地例行督察。经过55天的现场督察，内业审核组共审核各类土地管理卷宗1899宗，填写各类审核表

格1416张，对沧州市2007年度新增建设用地审批、供地、违法用地查处情况实施了“全过程”监督；外业调查组累计行程4万余公里，调查图斑2680块，填写外业调查表3093张，现场采集照片4116张，作业范围覆盖沧州市全境。内业审核和外业调查共收集各类数据38万多个，案卷审核率和卫星监测图斑外业实地调查率均达到100%。经过认真分析、梳理，总结了沧州市土地管理中4个方面的成功做法和5个方面的突出问题。经过认真研究讨论，形成了土地例行督察报告，上报国家土地总督察、副总督察。

通过开展土地例行督察试点，不仅全面掌握了沧州市2007年度新增建设用地和土地供应方面的情况，而且在土地例行督察的组织形式、审核程序、技术标准、协调机制、管理方式等方面进行了有益探索，初步探索土地例行督察工作模式，使土地督察工作由局部监督向全方位监督转变，由临时性监督向经常性监督转变，由被动督察向主动督察转变，在实践中形成了比较科学的土地督察工作规范，为全面开展土地例行督察工作奠定了良好基础。

（六）加强巡察，及时发现和纠正土地违法违规行为

为及时发现督察区域内的土地违法违规问题，查纠巡察中发现的土地违法违规案件为重点，加大了土地督察巡察和对违法违规用地查处的督察力度，进一步增强了土地督察巡察的实效性。一是进一步加大巡察力度和密度。充分利用卫星遥感监测等先进技术和媒体揭露、群众举报、实地巡察等多种途径，探索形成了线索搜集、目标筛选、方案设计、应急处理、成果应用等规范的巡察工作程序。同时加大巡察半径和巡察频率，提高了发现和纠正土地违法违规问题的能力，显著提升了督察工作的及时性、准确性、有效性和威慑力。一年来，通过各种渠道收集土地违法违规线索1647条，从中选择了86条重点线索开展实地巡察，先后发现和实地调查了28余宗涉嫌违法用地项目，涉及土地面积5.6万余亩。对巡察中发现的问题，及时向五省（区、市）政府编发土地巡察情况通报，督促省级人民政府组织查处；对重大典型案件，充分利用国务院赋予的“纠正”、“整改”、“限期整改”等手段，纠正违法违规用地行为。一年来，共发出土地巡察情况通报4期，通报疑似违法违规用地项目32个，涉及土地面积79000余亩。目前，已督促地方政府处理相关责任人27名，罚款260余万元，退还土地6000余亩，没收了部分违法建筑。通过开展土地巡察，加强了对督察区域内土地管理的实时动态监督，有力震慑了土地违法违规行为，充分调动了各地加强日常监管和执法巡察的主动性，增强了地方政府严格土地管理的自觉性。二是积极推进华北地区土地督察巡察网建设。按照徐绍史总督察、甘藏春副总督察的批示精神，我局上半年组织开展了华北地区土地巡查监管力量专题调研。调研结果表明，华北地区土地现有专兼职巡查监管人员58592人，各种巡查车辆1912辆，各种巡查设备3323台。按照“统一指挥、分头调度、资源互助、成果互享、分工协作”的基本思路，研究制定了华北地区土地督察巡察网建设工作方案、运行程序和工作制度。待征求华北五省（区、市）的意见和建议后，选择部分地区先行试点，逐步推开。三是督促查处重点案件。我局进一步完善对领导批办及热点、难点问题和突发事件的快速反应机制，认真履行土地督察职能，加大了对重点案件的督察力度。截至2008年11月底，对领导批办的5起重点案件，全部进行了调查并将有关情况上报总督察。对总督察批办的京沪高速铁路廊坊段施工单位与被征地农民发生冲突问题，迅速配合国土资源部调查组赴现场调查处理，不仅维护了群众的合法权益，也以实际行动支持了京沪高速铁路建设，保证了国家重点工程的合法用地，得到了部领导的肯定。对河北省永年县“永焦公路”占用基本农田问题、山西省中阳县建滔腾阳煤化工业园占地问题等重点案件进行了现场督察，在事实清楚的基础上，及时向有关省级人民政府发出通报，并要求当地政府依法处理，完善土地违法问责制。今年以来，督察区域内土地违法现象呈现“三个明显下降”趋势，即：各类土地违法案件比上年同期明显下降，涉及土地面积比上年同期明显下降，违规违法占用耕地面积比上年同期明显下降。

（七）维护权益，认真做好信访工作

一年来，我局站在“以人为本”的高度，以对人民群众高度负责的精神，认真做好信访工作，切实维护群众的合法权益。一是加强与地方政府和国土资源部门的沟通协调。针对群众来信和来访逐步增多的实际情况，为确保信访事项得到及时解决，我局积极与地方政府与国土资源部门协调，畅通信访联系渠道，通过函件及《信访转办单》等形式，将群众信访问题及时转办并督促省级国土资源部门调查处理。同时充分利用信访渠道广泛收集违法违规用地线索，把群众来信来访作为加强土地督察预防和发现机制，开展日常巡察的重要抓手，“以信访找线索，以线索定巡察，以巡察促解决”。一年来，我局共收到信访件143件，接受群众来访10人，对群众反映的问题均按照有关规定做出处理。向华北五省（区、市）国土资源厅（局）转办信访事项20件，10件已得到了处理，地方政府已处理相关责任人8名，退还土地600余亩。既化解了矛盾，又制止了土地违法违规行为，维护了群众合法权益。二是积极探索信访工作与督察工作相结合的方式方法。从群众信访反应的问题中，定期筛选重大信访问题，在赴地方开展督察活动时，带着信访线索深入基层巡访督察，与地方政府及国土资源部门进行面对面的沟通，对群众反映的情况进行现场调查。对转办的重点信访案件进行跟踪督察，督促地方及时上报调查处理结果，增强了地方政府依法履行土地管理职责的自觉性。三是加强信访信息收集、统计分析等基础工作。根据总督察办公室有关要求，我局认真做好信访统计分析工作，注重建立健全信访问题信息汇集分析制度，编印了华北地区群众来信摘报，供部领导及部机关及时了解掌握重点信访动态情况；定期进行信访情况汇总分析，上报国家土地总督察。开展土地违法趋势和规律等重点问题的调查研究，及时提出加强土地管理的政策建议。对通过各种途径收集到的土地违法信访线索进行系统归类，不断完善土地违法线索信息数据库。定期对华北地区国土资源信访形势进行汇总分析，及时了解群众信访反映土地管理突出问题的倾向性问题，把握信访动态，有针对性地实施土地督察。

（八）加强协调，进一步建立健全沟通联络机制

一是进一步加强了与地方人民政府和国土资源部门的沟通协调。今年以来，结合土地督察和工作调研，我局进一步加强了与华北五省（区、市）政府和国土资源部门的沟通协调，积极争得各省（区、市）政府的支持，华北五省（区、市）政府办公厅均下发了《关于积极配合国家土地督察北京局开展土地督察工作的通知》，要求各级政府高度重视土地督察、主动做好配合工作、认真落实督察意见、建立情况报告制度、健全沟通联系机制，及时反映工作中遇到的重大问题，认真听取督察意见和建议。与各省（区、市）政府办公厅、国土资源厅（局）对口联络制度得到有效实施，对口联络处室与我局的工作配合更加默契、联系渠道更加顺畅、工作效率明显提高。二是加强了与纪检监察机关的协调配合。对土地违法案件处理中涉及违纪人员处理的重要事项，及时向纪检监察机关通报有关情况，积极争取纪检监察机关的支持，坚持既处理事又处理人。今年9月，我局就河北省乐亭县“临港工业园”违法占地问题与监察部进行了沟通，并就加强督察机构与监察部门配合机制进行了研究，向总督察提出了建议。三是探索建立与地方政府联席会议制度。经与天津市政府协商并报经总督察批准，2008年8月6日在天津召开了土地督察机构与天津市政府第一次联席会议。甘藏春副总督察与熊建平副市长分别代表国家土地督察机构与天津市人民政府签署了《国家土地督察机构与天津市人民政府联席会议框架协议》，通过定期召开联席会议，加强土地督察机构与天津市政府的沟通协调，共同推进土地管理共同责任机制的落实。在总结经验的基础上，目前我局正在积极与其他四省（区、市）联系沟通，推进联席会议制度的全面实施。

（九）注重调研，畅通土地督察机构与基层信息交流渠道

一是开展构建土地管理共同责任机制专题调研。今年6月份，结合开展深入学习实践科学发展观

活动，我局组织开展了构建土地管理共同责任机制专题调研，通过深入华北五省（区、市）的6个地级市（区）、5个县（旗、区）及部分乡镇进行实地调研，初步了解了华北五省（区、市）构建土地管理共同责任机制的现状、经验和问题，并形成了调研报告上报总督察。提出了关于加快构建土地管理共同责任机制的意见和建议。二是配合总督办认真开展国家土地督察工作相关调研。围绕总督办提出的构建保障和促进科学发展土地管理新机制、形成有利于科学发展的土地督察工作体制、机制和法制以及总督办自身建设等调研课题，在深入调研的基础上，结合北京督察局一年多的土地督查工作实践，形成了8000字的调研报告。积极参与《土地督察条例》（初稿）的立法调研，对《土地督察条例》涉及的重大问题提出了意见和建议。根据总督办的部署，围绕如何探索建立国土资源保护、开发和合理利用的评价指标体系与衡量标准，促进形成符合科学发展观要求的经济社会评价机制、干部实绩考核机制；如何发挥中央和地方两个积极性，探索建立有利于国土资源科学配置的利益调节机制，为地方科学发展服务等问题，对华北五省区市15个全国土地执法百日行动先进地区政府的主要负责同志进行了问卷调查，形成了《北京督察局调研问卷汇总分析》报送总督办。三是建立调研联系点制度。为全面了解中央宏观调政策的执行效果、及时掌握基层土地管理工作动态、广泛收集与土地督察工作相关的各类信息，在华北五省（区、市）市、县、乡选择了27个单位作为北京督察局调研工作联系点，确定80名调研工作联系人（兼信息员），将土地督察工作的联系触角延伸到乡级，做到更加及时准确地了解和掌握督察区域内土地督察效果。

（十）提升能力，进一步加强队伍自身建设

为进一步提升北京督察局督察能力，一年来我局围绕加强自身建设主要采取了以下措施：一是研究制定《国家土地督察北京局土地督察工作五年规划》，明确北京督察局土地督察工作的近期目标、长远目标、工作重点、实施步骤和保障措施，提出了土地督察机构在保障和促进华北地区科学发展中的总体要求。在此基础上，与华北五省（区、市）政府共同探索搭建落实土地管理共同责任、土地违法问责制、保障和促进科学发展的互动平台。现规划文本已送华北五省区市政府和国土资源部门征求意见，经修改完善后正式实施。二是不断强化干部队伍的学习培训。为更好地适应土地督察工作的需要，针对土地督察队伍不断壮大、新兵多、任务重的实际，我局始终把干部队伍的学习培训摆在重要位置，坚持每周四学习日制度，加强了干部队伍的政治业务培训，不断提高全体督察干部把握全局能力、对宏观经济形势的分析能力和贯彻落实中央决策的执行能力，提升土地督察能力。为便于大家自学，编印《国家土地督察工作手册》发到每个同志手中；为确保学习效果，我局采取开放式、讨论式的学习方式，每次学习活动就中央出台的有关政策和土地管理中的热点问题进行热烈讨论，达到释疑解惑的目的，收到了良好成效。三是加强了机关党组织建设。报经部机关党委批准，成立了局临时党支部。党支部在及时传达贯彻部党组的重大决策、加强党员教育工作中发挥了重要作用。在开展抗震救灾工作中，局临时党支部积极组织捐赠活动，局领导和党员干部带头捐款，先后三次累计向地震灾区捐款44770元，充分体现了局机关党员干部的良好精神风范。四是进一步加强了廉政建设。认真落实领导干部党风廉政建设责任制，领导干部带头廉洁自律，加强了对全体干部的严格要求、严格管理和严格监督。同时严格执行《廉政承诺书》制度，局机关31名同志全部签订了《廉政承诺书》。在河北省沧州市开展土地例行督察试点期间，土地例行督察组进驻沧州后，我局立即研究制定了8条廉政纪律。督察组成员认真履行职责，做到严督明察，在把好“土地闸门”的同时也把好了“廉政闸门”，树立了土地督察干部的良好形象，受到了当地干部群众的好评。

二、主要体会

回顾一年来的工作，有以下几点体会：

第一，土地督察工作必须坚定不移地坚持以科学发展观为统领，在构建保障和促进科学发展新机制中发挥应有的作用。保障发展与保护资源是对立的统一。面对当前复杂的土地管理形势，如何做到既严格督察、坚守“红线”，又服务大局、保障发展，破解资源供应与资源保护的难题，是土地督察机构必须面对的现实问题。土地督察工作必须全面把握科学发展观的科学内涵、精神实质、根本要求，坚持以科学发展观为指导，正确处理好“保护资源”与“保障发展”的关系、督察与服务的关系，在保障和促进科学发展中找准定位，通过开展土地督察工作，及时总结和推广符合科学发展观要求的好做法、好经验，及时发现和纠正不符合科学发展的错误做法和行为，引导督察区域走上科学发展的轨道。

第二，土地督察工作必须紧紧围绕中央重大决策部署，正确行使土地督察职能。今年以来，党中央、国务院根据我国经济社会发展形势，就严格土地管理做出了一系列重大决策，对严格土地管理提出了更加严格的要求，特别是中央十七届三中全会对农村土地管理制度改革提出了“两个最严格”的总要求，土地督察工作必须坚决贯彻落实党中央、国务院的重大决策部署，不断提升把握全局能力、对宏观经济形势的分析能力和贯彻落实中央决策的执行能力，认真履行好土地督察职能，确保中央严格土地管理各项决策部署的贯彻落实。

第三，土地督察工作必须牢固树立创新意识，在改革创新中推动土地督察事业的健康发展。在两年来的土地督察实践中，我局逐步探索了日常督察、定期督察、专项督察、应急督察、定向督察等多种督察方式。今年又探索开展了土地例行督察，在改进土地督察方式上实现了新突破，目前按照国家土地总督察约谈9个城市市长的做法，正在积极探索约谈督察的方式方法。土地督察工作目前仍然处于制度设计过程中，探索和创新的空间很大。对于那些在土地督察工作实践中创造的成熟做法和经验，要认真加强总结和规范，对于土地督察中出现的新情况和新问题要及时予以关注和解决。土地督察事业的发展过程是一个不断探索创新的过程，必须在探索创新中实现土地督察制度的不断完善和健康发展。

第四，土地督察工作必须紧紧依靠总督察的坚强领导和有关方面的大力支持和有力配合。今年以来，国家土地总督察、副总督察对我局有关工作多次做出重要批示，使我局的土地督察工作始终能够把握正确方向。总督察办公室对我局的工作给予了具体指导，部有关司局对我局给予了各个方面的积极帮助和支持，五省区市政府及国土资源部门对土地督察工作都给予高度重视、大力支持和有力配合。所有这些，都是我局土地督察工作得以顺利推进的有力保障。

第五，土地督察工作必须不断凝聚全体督察人员的智慧和创造力。北京督察局全体督察人员，按照徐绍史总督察关于“要积极探索，勇于开拓，扎实有效地推进土地督察工作”和甘藏春副总督察的有关批示精神，努力在探索上动心思，在开拓上下功夫，在有效上用力气。在“边组建、边工作”中群策群力，克服种种困难，认真负责地推进土地督察各项工作。

三、存在的主要问题

总结一年来的工作，主要存在以下问题：一是发现机制有待进一步改进、审核机制需要加快建立、纠正机制需要进一步完善，土地督察能力有待于进一步提高；二是调查研究工作不够深入，对土地管理中的深层次问题缺乏系统分析研究；三是与省级人民政府沟通协调机制需要进一步健全和完善；四是机关内部管理制度需要进一步完善，后勤保障能力有待进一步提高；五是干部队伍的整体能力和素质仍需进一步提高，土地督察的定位、定向尚需进一步明确，严格督察与积极服务的关系还要进一步理清，以便更好地适应工作需要。

存在上述问题的主要原因：一是督察机构处于“边组建、边工作”之中，人员少、任务重，熟悉土地管理的业务干部不足；二是干部队伍的土地督察业务水平和业务能力与督察工作要求相比存在一定差距，干部队伍现状不能完全适应土地督察工作需要；三是土地督察工作尚未立法，制度体系尚不健全，仍处于制度设计和探索阶段。

四、2009年工作安排

根据土地督察工作实际，2009年我局将着力抓好以下几项工作：

（一）深入学习贯彻十七届三中全会精神，进一步落实“两个最严格”的总要求。一是按照坚持最严格的耕地保护制度和实行最严格的节约用地制度的要求，进一步督察地方政府耕地保护目标责任制落实情况，确保督察区域内耕地保护责任目标的落实。二是结合深入贯彻落实15号令，在原有工作的基础上，加强与地方政府的沟通与协调，加快建立土地管理共同责任机制和土地违法问责制，对重大典型案件实施跟踪督察，确保土地违法问责制切实得到落实。三是加强对地方政府贯彻落实国家宏观调控政策情况的监督检查，查纠重大典型土地违法案件。四是组织开展“县委书记、县长谈坚守18亿亩耕地”论坛活动，进一步增强县级党委、政府领导耕地保护责任意识。

（二）围绕中央重大决策落实，提前介入、加强督察、搞好服务。一是围绕贯彻落实中央扩大内需政策，及时跟踪中央新增投资在华北五省区市的资金投向及项目分配、地方配套资金的落实、项目用地审批等情况，做好有关投资项目用地“预警”服务，保障项目用地依法依规。二是继续做好天津滨海新区建设《合作备忘录》的专项督察，确保滨海新区建设各项土地支持政策的正确实施。三是充分发挥调研工作联系点的作用，围绕农村集体土地流转出现的新情况、新问题，组织开展农村集体土地流转专题调研，及时提出加强土地监管的对策建议。四是结合土地例行督察成果分析，组织开展“加强土地监管应引起重视的关键环节”问题研究，有针对性地提出对策建议。

（三）总结试点经验，全面推行土地例行督察。一是继续搞好土地例行督察试点工作。在总结沧州试点工作经验的基础上，根据土地例行督察试点工作方案，继续开展土地例行督察工作，认真总结经验，制定土地例行督察工作规范。二是在督察区域内全面推广土地例行督察试点工作经验，按照我局《五年规划》的总体部署，有计划地推进土地例行督察工作的全面实施，使土地例行督察步入常态化、制度化、规范化的轨道。三是结合实施15号令，开展能够落实问责制的土地专项例行督察。

（四）深入推进华北地区土地督察巡察网建设，提升土地督察发现能力。根据总督察、副总督察对我局《关于组织建设华北地区土地督察巡察网的请示》的重要批示意见，在进一步完善《华北地区土地督察巡察网建设工作方案》的基础上，及时启动土地督察巡察网一期建设，选择北京、天津、河北、山西等地部分地区先行试点。实施巡查技术、装备、人员的整合，建立“统一指挥、分头调度、资源互助、分工协作、成果共享”的土地督察巡察网。在试点的基础上向督察区域全面推开，充分发挥巡察队伍早发现、早报告、早制止的作用，最大限度地防止土地违法行为的发生。对发现的土地违法违规问题，及时按照规定程序移交土地执法监察机构调查处理，对重大典型案件要予以跟踪督察，确保整改工作落到实处。

（五）全面开展审核工作，加快完善审核机制。要在总结例行督察工作经验的基础上，全面开展对华北五省区市建设用地审批事项的审核工作。一是收集华北五省区市土地利用的有关资料，为开展专门审核工作奠定基础；二是进一步修改完善审核工作有关规定，规范审核工作程序；三是认真开展建设用地报件备案审核，推进审核工作的全面开展。

（六）以实施土地督察工作五年规划为抓手，加快构建保障和促进督察区域科学发展的互动平台。结合实施《国家土地督察北京局土地督察工作五年规划》，与华北五省（区、市）政府充分沟通协商，制定土地督察机构与华北五省（区、市）政府《保障和促进华北五省（区、市）科学发展共同行动目标》，搭建保障促进科学发展的互动平台，分解、细化土地督察机构和省（区、市）政府耕地保护、基本农田保护、节约集约用地、土地执法、保障促进科学发展具体目标。加快建立覆盖华北五省（区、市）的联席会议制度，加强日常协调联络，及时研究解决督察区域内土地管理中出现的突出问题，确保华北地区严格土地管理、保障和促进科学发展各项目标落到实处。

（七）加强土地督察基础业务建设，进一步提高土地督察能力。一是全面收集华北五省区国民经济与土地管理信息，重点收集督察区域的土地利用规划、年度计划、用地审批、节约集约用地、违法用地查处、地方土地管理法规政策、国民经济与社会发展等有关资料，不断完善数据库建设，夯实土地督察工作基础。二是督察华北五省区市国土资源部门加快建立本辖区土地利用和管理“一张图”，并充分利用“一张图”信息，提高土地督察发现、审核、纠正能力，增强土地督察工作的实效性。三是进一步完善各项制度，规范各种督察形式的工作程序和要求，探索实施土地督察结果公告制度。四是进一步改善土地督察工作设施和装备，提高土地督察快速反应能力。

（八）进一步加强队伍建设，不断提高干部队伍素质。一是坚持每周学习制度，认真学习党中央、国务院严格土地管理的各项方针政策、学习土地督察业务、学习土地管理现代科学技术，优化干部队伍的知识结构，提高土地督察业务能力。二是进一步建立健全内部管理制度，提高土地督察工作制度化、规范化水平，切实做到用制度管权、管人、管事。三是筹备建立党群组织，加强机关党的建设，积极筹建工会、共青团、妇联等群众组织，丰富机关文体生活。四是继续搞好廉政建设，加强廉政教育，严格遵守廉政承诺书制度，努力建立一支廉洁高效的土地督察干部队伍。

国家土地督察沈阳局
2008年工作总结和2009年工作安排

（2008年12月15日）

2008年，在部党组和总督察的正确领导下，在总督察办公室、部有关部门和有关单位的大力支持下，在东北三省一市人民政府及国土部门的积极配合下，国家土地督察沈阳局进一步解放思想，转变观念，以科学发展观为指导，深入贯彻党的十七大和十七届二中、三中全会以及全国国土资源工作会议精神，紧紧围绕《2008年国土资源管理工作要点》和《2008年国家土地督察重点工作安排》，严当头、明开路、勤做事、廉做人，按照积极、稳妥、求真、务实的原则，大胆创新，勇于开拓，建设督察队伍，探索督察方式，提高督察能力，健全督察机制，建设督察队伍，着力营造一个良好的工作环境和社会舆论氛围，努力开展各项工作，较好地完成了全年各项工作任务。现将有关工作情况总结汇报如下：

一、2008年主要工作情况

（一）抓好队伍建设这个关键，锻造一支敢打硬仗、能打胜仗的队伍

建立国家土地督察制度，是党中央、国务院在全面落实科学发展观，加快构建社会主义和谐社会新时期作出的重大战略决策，也是我国行政管理体制的重大改革。国家土地督察制度是我国的一项全新的制度。党中央、国务院对建立国家土地督察制度寄予了厚望，给予了极大的支持和关心。落实好国

家土地督察制度，督察干部队伍建设是最关键的因素。

1.加强领导班子建设，增强凝聚力。充分认识加强督察局领导班子思想政治建设的重要性，切实增强紧迫感和责任感。坚持用中国特色社会主义理论体系武装头脑，牢固树立、认真践行科学发展观，努力把督察局领导班子建设成为头脑清醒、政治坚定的领导集体；坚持解放思想、开拓创新，努力把督察局领导班子建设成为干事创业、开拓创新的领导集体；坚持贯彻执行民主集中制原则，努力把督察局领导班子建设成为团结协调、坚强有力的领导集体；坚持践行党的根本宗旨，努力把督察局领导班子建设成为求真务实、廉洁勤政的领导集体。局领导班子认真学习国家的各项法律法规和中央的各项方针政策，忠于法律，严格执法，不徇私情，敢于碰硬，努力做依法行政的表率；认真学习党员干部廉政建设的各项规定，坚定信念，艰苦奋斗，坚持原则，严于律己，自觉接受社会的监督，努力做廉洁自律的表率；认真学习涉及土地管理的政治、经济、行政的理论和方法，增强综合运用经济、法律、行政手段处理复杂事务的能力，求真务实，认真做事，努力做忠于职守的表率。

2.加强干部队伍建设，增强战斗力。国家土地督察工作任务重、要求高，需要有一支能力强、懂业务、靠得住的干部队伍来做好这项工作。思想上始终清醒，政治上始终坚定，作风上始终务实，严当头、明开路、勤做事、廉做人，是局领导班子对每一位进入国家土地督察沈阳局的工作人员在诫勉谈话中必须强调的。我们深知，我们在督察别人的时候，别人也时时刻刻在监督着我们，己正才能正人。我们的一言一行，一举一动都体现着我们自身的素质，代表着沈阳局的形象，关乎国家土地督察的尊严。我们必须内修素质，外树形象，加强队伍建设，提升自身形象。一是加强政治建设。认真开展学习实践科学发展观活动，积极开展"转变作风，增强执行力"大讨论，深入学习十七届三中全会精神，认真领会精神实质，紧密联系工作实际，仔细梳理存在问题，深挖产生问题根源，制定切实可行的改进措施，完善和出台了一系列规章制度。通过开展学习实践科学发展观活动，结合十七届三中全会精神的深入学习，进一步解放了思想，转变了观念，理清了思路，增强了干部队伍的凝聚力和战斗力，取得了显著的成效。二是加强业务建设。通过每周学习例会、开展专门培训等形式，学习党的路线、方针、政策、土地法律法规、业务知识等，提高把握政策的能力。要求干部职工对本督察区域的经济发展情况、土地资源情况有清晰明确的了解，有对经济发展形势准确判断的能力，把合规性的监督和合理性的关系处理得恰当适度。三是加强作风建设。到今年为止，沈阳局人员已达到近2/3，我们将对干部的年龄结构、岗位结构、专业结构都进行认认真真研究，进一步整合力量，凝聚合力，打造团队，进一步增强干部队伍的责任心、事业心和廉洁从政的自觉性。努力建设一支品德好、作风硬、能力强、业务精、善创新、会干事的土地督察干部队伍，为经济社会全面协调可持续发展做出应有的贡献。

3.加强职工文化建设，增强向心力。督察局的文化建设至关重要，是个软实力。一支队伍风格的形成跟这支队伍的精神有密切关系。从建局伊始，我们就不断深入研究队伍的文化建设，并努力做到有载体、有内涵、有层次。我们在总结例行督察、专项督察、十二字局风建设、汶川地震爱心奉献、庆祝国家土地督察制度实施两周年研讨活动等工作经验的基础上，提出沈阳督察局土地督察文化建设构想，并付诸实施。我们把责任文化作为土地督察文化建设的核心，把廉政文化作为土地督察文化建设的基石，把奉献文化作为土地督察文化建设的重点，努力使土地督察文化具有陶冶情操、凝聚人心、塑造理念、促进和谐的功能。在国土资源部举行的部机关第四次副司局级领导职位竞争上岗笔试中，我局有四名干部参加，一名干部进入面试，进一步彰显了我们文化建设的成效。

（二）夯实工作基础，为督察工作的深入开展插上腾飞的翅膀

1.深入实际，调查研究，当好参谋助手。为贯彻落实科学发展观，确保18亿亩耕地红线不突破，切实发挥土地督察保护资源保障发展的作用，从机制和体制上研究违法用地发生的规律和原因，我局

开展了“未批先用”违规违法用地对策调研，总结归纳东北地区“未批先用” 7个方面的特点和规律，找出“未批先用”的主客观深层次的原因，提出“改革和完善相关制度”，“加强土地利用研究，转变管理思路”，“改进用地审批办法、提高审批效率”，“增强法律意识、强化执法监察”等4个方面，提出了17项有针对性的对策建议，形成《东北地区“未批先用”违规违法问题研究报告》。开展了节约集约用地典型经验调研，总结了经济上升快、建设用地需求量较大的沈阳沈北新区节约集约用地的几种类型和成功经验；围绕地方发展中遇到的压力和存在的困惑，剖析违法违规用地深层次原因，主动加强与地方人们政府的沟通，采取调研座谈的方式，听取他们在工作中遇到的压力、困惑和对国土管理的意见、建议，了解经济发展的各项指标，提出富有针对性的政策建议，形成价值较高的调研报告。

2.立足实际，外学内创，打造信息平台。2008年以来，我局在信息化建设方面做了大量卓有成效的工作。目前，已成立了信息化建设工作组，信息化建设的总体目标和主要任务已经明确，信息化基础环境建设取得重要进展。我们在继续完善维护好网站举报作用的基础上，加大遥感影像信息平台的建设，提高野外巡查的实用能力，广泛收集整理与土地管理、土地督察业务有关的各类信息资料和图幅图件，建立东北地区土地督察相关数据库。充分利用局信息化建设的相关成果，实现资源共享，做好信息保密工作。

（三）抓重点，出重拳，显威严，起震慑，开创土地督察新局面

1.以落实耕地保护目标责任制为主线，认真开展措施落实情况督察，成效明显。2008年初召开了东北三省一市土地督察工作座谈会，进一步明确地方政府在土地利用和管理工作中的责任。年初在东北地区以省政府名义召开各地市政府主管领导参加的国土资源工作会议上，对地方政府换届可能出现的换届效应和耕地保护各项措施落实等问题有针对性地进行了安排部署，黑龙江省黑河市把耕地保护责任写进承包合同，与各项农业补贴挂钩，与农业基础设施投入挂钩，极大地调动了农民保护耕地的积极性。辽宁省朝阳地区坚持耕地保护与设施农业投入结合，坚持耕地保护与土地开发复垦整理项目结合，坚持耕地保护与节约集约用地结合，既保证了耕地数量不减，耕地质量也有了较大提高。为认真实践科学发展观，切实加强耕地保护工作，我局在辽宁日报、大连日报、长春日报、吉林日报以及地市十几家新闻媒体分别刊登了《贯彻落实科学发展观，把耕地保护落到实处》的署名文章，以加强社会监督，引起了很大的社会反响，营造了良好的社会氛围。围绕强化耕地保护目标责任督察，落实共同责任，先后赴辽宁省沈阳新民市、鞍山市，吉林省吉林市，黑龙江省七台河市、黑河等市、县开展了耕地保护责任目标落实情况实地督促检查。通过督促检查感觉到，三省一市耕地保护责任制落实情况是比较好的。一是耕地保护责任明确，落实了相关部门共同责任，建立了齐抓共管协调机制；二是保护措施基本到位，保护地块多数已落实到户并与相关政策挂钩；三是土地开发复垦整理资金投入进一步加大，效果明显，黑龙江2007年资金投入增幅达30%，除实现了占补平衡，还净增耕地11万多亩。

2.以监督土地利用计划的执行为抓手，不断加大督察工作力度，效果突出。开展了对辽宁省沈阳市铁西、沈北、鞍山、盘锦，吉林省吉林、辽源，黑龙江省哈尔滨、黑河等重点市区的督察，并把督察中发现的问题，及时与地方政府进行了沟通，提出整改意见，引起地方政府高度重视，并多次上门汇报整改工作和长效机制建设措施，依法用地管地的认识在不断提高。辽宁省政府坚持每月召开一次土地利用计划执行情况调度会，采取计划跟着项目走，按年内实际开工和资金到位率安排计划，按节约集约用地水平奖励计划，按违法用地排名（前三名）扣减计划。

2008年以来东北地区违法用地发案率下降25%以上，因土地问题上访下降15%以上。2008年还指导各省做好用地计划分解，有针对性地开展了农转用和土地征收审核，从源头上把入口关，完善了统

计报表制度，制定下发了东北地区国土资源管理形势分析调查统计表。2008年，东北三省一市政府土地利用年度计划执行情况总体较好，土地违法案件较上年同期明显减少，节约集约用地的意识在明显增强，地方政府“守地有责”的意识在逐步增加。

3.以巩固扩大百日行动的成果为契机，督促地方政府认真整改，进展顺利。我局采取发函、实地督察等形式，使重点地区和典型案件的查处工作基本到位，一是进展顺利，积极推进地方政府制定“三类违法用地”整体性处理方案，三省一市近百个国家和省重点项目、重点地区，按制定了方案，落实了处理措施，明确了处理目标和时限，安排了责任人。二是严格了处理措施，本着“既处理事，又处理人”的原则，切实做好落实。东北三省一市在土地执法百日行动期间共清理出三类土地违规违法案件1568件，涉及土地面积140447亩，立案查处1482件，立案率94.52%，自行纠正86件，占5.48%；目前已结案1449件，结案率97.78%。收缴罚没款16605.6万元，拆除地上建筑物和其他设施15.94万平方米，核减违规扩区面积1.391万亩，退还土地面积2071.58亩，移交纪检监察机关188人，给予党纪政纪处分110人，移送司法机关81人，追究刑事责任10人。三是督促地方政府建立长效管理机制，为巩固“百日行动”成果，国家和省确定的重点地区和重点单位，2008年都建立了土地管理长效机制，我们适时在长春市召开了现场会，有七个市县进行了交流发言，推广了经验，巩固了成果。据调查，东北地区征地补偿标准逐步增加，到位率达90%以上，失地农民社会保障问题初步得到解决。

4.以创新土地督察的工作方法为灵魂，积极开展土地专项督察，成效显著。注意不断创新督察方式，采用书面下达督察整改意见与地方政府当面约谈整改相结合；明察与暗访相结合；督察与地方国土部门联合执法相结合。2008年年初对吉林省辽源市东辽县违反土地利用总体规划和城市总体规划违规设立经济开发区和未批先用等问题下达了督察整改意见书。吉林省政府高度重视，召开了由省发改委、开发办、建设厅、国土资源厅、监察厅和辽源市政府等参加的专题会，研究部署整改工作。辽源市政府撤销了开发区组织机构，对违法用地问题进行了处理，对相关责任人员进行了责任追究，建立健全了耕地保护的相关制度。根据专项督察和实地巡察发现全年分别给吉林市、大连市长兴岛、沈阳新民市、盘锦等市，对局部地区违反地区违反规划、违法用地等个性和苗头性问题，我们采用请进门的约谈地方政府负责同志，对农民反映沈阳市、哈尔滨道里区、铁岭市、朝阳市、吉林四平等市征地补偿过低，补偿不到位，造成耕地闲置等问题，我们主动找上门约谈地方政府负责同志，指出问题，分析原因，达到与地方政府，早统一认识、早拿出整改意见，早解决实际问题，早挽回损失的目的。每次约谈都引起了地方政府主要负责同志的高度重视，起到了事半功倍的效果。全年还分别对辽宁省阜新市违规设区、违法用地，对吉林省公主岭市违法占用基本农田，擅自设立开发区，对黑龙江七台河市违规批准开发区搞项目建设等问题及时开展督察，纠正了违规违法行为，挽回了损失，教育了干部，规范了依法用地行为，促进了经济健康发展。此外，我们还开展了对征地补偿政策专项督察，对《辽宁省人民政府批转省交通厅等部门关于全省高速公路建设征地动迁补偿实施方案的通知》和《辽宁省人民政府办公厅转发省发展改革委员会关于全省铁路建设征地动迁补偿实施方案的通知》进行了审核，针对文件中征地补偿标准和耕地占用税收取标准偏低的问题，向辽宁省人民政府提出了整改建意，辽宁省政府及时发文进行了纠正。

5.以构建土地管理的长效机制为目的，积极推进共同责任落实，效果良好。加强土地管理，切实做好耕地保护工作，必须建立土地管理的长效机制。根据构建保障科学发展新机制的战略思维和建立土地管理长效机制的设想，在同地方政府和国土资源管理部门沟通的基础上，我们印发了《土地管理长效机制建设联系试点工作方案》，由地方政府先行推进，再进一步总结交流经验，地方政府积极配合，现已各自做出了具体部署，辽宁省鞍山市、沈阳市沈北区，吉林省长春市，黑龙江省大庆市、绥化市，大连庄河市、旅顺口区等被确定为土地管理长效机制试点城市，总结在预防、查处、监管和部门联动方面好的经验、做法，加以总结推广，取得良好成效。

6.以深入开展例行督察为手段，全面分析土地管理与利用状况，开创督察新局面。为全面了解督察区域内省级人民政府和计划单列市人民政府土地管理审批和土地管理法定职责履行情况，掌握地方发展中存在深层次的用地和管理问题并提出对策建议，总结宣传各地土地管理的成效和经验，根据《2008年国家土地督察重点工作安排》的要求，我局于11月4日至27日对督察区域内的辽宁省抚顺市开展了土地例行督察。经过近一个月的前期准备和二十多天的现场核查，在全体督察组成员的共同努力和辽宁省及抚顺市大力支持配合下，既总结了抚顺市耕地保护中的好经验好做法，同时也发现抚顺市土地规划利用与管理方面存在一定的问题，其中，2006年以来自行修改调整市级、县级、乡级土地利用总体规划达50多次，调整增加建设用地面积1188.2公顷，涉及耕地866公顷，基本农用58.9公顷。利用集体土地办理抵押质押贷款达30多亿元，用于城市建设，违法用地宗数和面积均超过30%以上等问题，此次例行督察工作实现了预期目标，取得了明显成效，总结了方法，锻炼了队伍，找准了地方发展中存在的用地问题，赢得了地方政府的理解，通过整改完善将促进地方国土资源管理水平的提高。

（四）抓党风廉政建设，推动各项工作全面开展

认真落实《建立健全惩治和预防腐败体系2008-2012年工作规划》，围绕国家土地总督察确立的工作重点，结合实际，加强教育，完善制度，严格监督，强化责任，大力弘扬求真务实的精神，不断推进党风廉政建设和反腐败工作的深入开展，取得明显成效。

1.抓思想教育，构筑反腐思想防线。继续深入开展社会主义荣辱观教育、理想信念教育、党的宗旨教育、党纪政纪教育等活动，认真贯彻“八个坚持、八个反对”，切实维护党章和其他党内法规，使广大党员干部牢固树立马克思主义的世界观、人生观、价值观，增强党性观念，提高拒腐防范的能力。

2.抓机制完善，从源头防治腐败。认真贯彻党内监督条例，推动党内监督工作有序开展，实现党内监督工作制度化和程序化。建立科学的管理机制、规范的运作机制和严密的监督机制，简化工作程序，提高工作效率。

3.抓廉政建设，促进各项工作任务落实。认真贯彻执行党风廉政建设责任制，一级抓一级、层层抓落实。继续坚持将党风廉政建设责任制考核与工作考核相结合的方法，以考核为导向，以督促检查为保证，确保党风廉政建设的各项工作落实到位。

二、存在的主要困难和问题

一年来，沈阳局虽然取得了一些成绩，但在工作中也存在一些不足，主要表现在：

（一）地方认识上去了，但盲目发展的冲动问题还没有根本解决

通过督察工作的开展，地方各级人民政府和国土资源管理部门对于国家严格土地管理加强土地宏观调控，确保18亿亩耕地红线不突破，有了较深刻的认识。对于一般的土地违法违规案件也能做到不姑息，不迁就，严厉查处。但是由于受干部考核选拔任用的体制和财税政策的制约，在涉及地方经济发展和个人政绩同国家大政方针相违背的情况下，部分经济落后地区，招商引资不分项目大小，不分项目效益好坏，“装到筐里就是菜”的政绩冲动往往很难抑制，容易出现地方政府及其主要负责人在土地上的违法违规问题，并且出了问题处理很轻，有时还被视为为地方经济发展做出贡献的“英雄”，异地做官，风声一过，再行重用。所以必须解决科学的发展观，政绩观问题，否则很难根治。

（二）问题发现了，但查处并没有完全到位，还需要建立联动机制

通过明察暗访、群众举报、信访线索等方式，我们对于发现的问题及时同地方政府和国土资源管理部门进行沟通，要求他们进行严厉查处。地方政府和国土资源部门在这类问题上的处理应该说是十分负责的，但是拘于权力职责范围所限，往往大多是处理事，处理事难，处理人更难，避重就轻问题普遍存在，最终形成了以罚代法的结果。因此必须建立与相关职能部门的联动机制，公安、纪检、监察联合办案，一查到底，既处理事，又处理人。真正形成威慑，体现国家法律的尊严。

（三）督察开展了，但技术上手段上还亟待加强

督察很重要的一项工作就是明察暗访，及时发现问题。这就涉及举报地点的图上确认，违法现场的调查取证，相关文件的审核等一系列问题。我们现在的技术装备还很落后，单靠几个人，一台车，几张图纸，很难及时发现和处理违法违规现象。工欲善其事，必先利其器，只有借助现代科技手段，我们才能够更好地开展好这项工作，所以必须配备巡查车，通过3S技术现场测量和车载巡查系统定性分析，立即掌握所查用地的位置、面积、四至、使用性质等各类情况，并通过手持GPS、摄像机、照相机等设备，及时对用地项目进行现场取证，达到事半功倍的效果。

此外在工作上还遇到一些问题：一是由于战线长、人员少、任务重，有些工作开展在深度和广度上不够；二是督察工作法制化、规范化、制度化问题亟待解决。督察机构已经运作了两年多的时间了，如何使督察工作法制化，规范化，制度化，是摆在我们面前一项十分紧迫的任务，必须加紧出台《国家土地督察条例》及相关规定，使督察工作法制化、规范化、制度化；三是信息化建设步伐滞后，部系统各司局信息资源未能实现共享；四是土地管理形势不容乐观，在督察和调研中发现的问题有：少数省为了满足地方经济发展需要，擅自修改乡镇土地利用规划，大量储备农用地和耕地，以污染为名让大面积耕地休耕，再通过变更调查改变地类；不合理的土地收益分配制度诱导地方政府违法用地；农村集体土地产权不明晰导致土地资源难以管理到位。

综合分析，土地督察工作面临的困难不在本身，而在于整个环境，政府的考核机制、大的生产力布局、土地资源空间规划的配置、财税的分配体制、土地的审批制度、土地的产权制度、耕地保护的激励机制等都会造成违法违规用地的根源，如果不加快改革的步伐，必将影响到社会的发展，土地管理将更会成为焦点，成为制约发展的托词，百日行动虽起到了很好的效果，但并没有从根本上消除导致违法违规用地的诱因，必须引起高度重视。

三、一年来工作的主要体会

通过一年来的工作实践，我们深深体会到，土地督察工作开展不易，局面创新不易，得到肯定和支持不易。

（一）通过全方位督察，土地管理形势有了三个方面的明显转变

一是各级政府对土地问题的认识有了明显提高，与地方政府领导接触中能够体会到他们对土地政策的切实关注，开始注重集约节约用地，注重土地效益；二是土地管理工作得到明显加强，耕地保护目标责任制得到完善，以政府名义召开了国土资源工作会议，积极建立土地管理长效机制；三是依法依规用地意识明显增强，违法违规用地行为大幅减少。

（二）通过重点督察，土地督察工作在三个方面彰显了威力

一是百日行动引起了地方政府对土地问题的高度关注，督察与地方政府直接沟通，起到政策法律的宣传作用，查与帮、督与疏的工作方法起到了潜移默化的作用；二是经常性的巡察给违法用地起到

露头就打的前哨作用；三是土地督察扭住关键问题不放，一查到底的气势起到了威慑的作用。

（三）土地督察工作局面有了创新，我们深切地体会到主要得益于三个方面

一是部党组的关心支持和督察人员强烈的责任心、事业心是做好督察工作的前提。部党组和各位领导对沈阳局的工作给予了极大的关心和支持。在具体工作中，每每遇到重大问题，部领导都给予了大力支持和具体指导，有力地促进了督察工作的顺利开展。在实地开展督察过程中，我局全体同志以部党组关怀为动力，以强烈的责任心和事业心为基础，针对当前土地管理中存在的问题，提出很多解决问题的合理化建议，采取了很多切实可行的督察措施，不断改进督察方式，提高督察和整改效果，力争不辱使命。在同地方政府和国土资源管理部门沟通时，动之以情，晓之以理，赢得了他们的理解和支持，通过一段时期的工作，形成了良好的社会舆论氛围，营造了国土资源管理的高压态势，逐步树立了督察权威和国家土地督察的良好形象，取得了可喜的工作成果。二是抓重点，出重拳，显威严，起震慑，是开创工作新局面的基础。国家土地督察制度的实施关键是要打开局面，面对战线长、人员少、任务重的实际情况，我们采用“伤其十指不如断其一指”的工作思路，对群众反映强烈的、后果严重的、带有苗头性、倾向性、影响性的违法违规用地类型开展专项督察工作。对事实清楚的坚决做到“三不放过”既“应立案而未立案的坚决不放过，应处罚而未处罚到位的坚决不放过，应追究个人责任而未追究的坚决不放过。”以保证土地督察质量，确保整改不走过场。通过开展专项督察，营造国土资源管理的高压态势，形成威慑作用。从督察效果看，国家土地督察“利剑”初试锋芒，取得了实效，基本上起到了查处一个案件、纠正一类行为、形成一种机制，最终带动整个省域范围内加强土地管理工作的新格局。三是积极探索新的发现机制，坚持“早发现，早提醒，早出手，早制止”是开展土地督察工作重要手段。土地督察的重要职责就是监督各级人民政府贯彻国家土地管理法律法规，执行国家土地宏观调控政策，对发现的问题及时采取措施加以解决。为了早发现，我们认真研判群众来信和举报，通过分析和暗访来确定督察重点；利用卫片监测结果分析，去伪存真，选择案件；完善沈阳局网站，接受举报，同时利用互联网技术，分析各地招商引资的有关宣传材料和内容，找出可能产生违法用地的苗头。对发现的违反规划，违法违规用地行为，我们毫不手软，早出手、早制止，坚持执法必严，违法必究。

四、2009年主要工作安排

国家土地督察沈阳局2009年工作总的要求是：全面贯彻落实十七大报告精神，落实好科学发展观，注重把握我国发展的阶段性特征和特殊的资源国情，把解决保障发展与保护资源“两难”问题放在首位；坚守耕地保护红线，认真履行督察职责，积极创新督察机制和督察方式，切实提高督察效果，全面落实长效机制建设，抓基础，促发展，努力开创土地督察工作新局面。具体来说，就是要实现六个“突破”：

（一）建好一支队伍，实现督察工作在水平上求突破

随着组建工作的深入开展，人员逐步到位，每个处室都配备了相应的工作人员，我们将从人员分工入手，合理定位，大家各司其职，各尽其责，做到事事有人管，件件有落实。做好新进人员岗位培训，苦练基本功，使大家熟练掌握国家的土地管理政策和法律法规，培养应对复杂工作局面的能力。加强思想政治工作，树立高度的政治责任感和使命感，做一名国土督察战线的坚强卫士。与此同时，全面加强制度建设，拟通过怎样开展督察工作的大讨论，理清督察程序等问题，大家定制度，制度管大家。坚持以制度管理人、约束人、激励人。继续抓好组建工作，加强队伍建设，加强学习，提高素质，严格考核，严格管理，推进督察工作目标考核责任制，努力建设一支坚强有力的高效廉洁土地督

察队伍。加强制度建设，坚持以制度管理人、约束人、激励人。

（二）把握一条主线，实现督察工作在力度上求突破

根据举报线索筛选一批重点目标，采取暗察暗访和明察明访，选择一批带有苗头性、倾向性、影响性的区域违法违规用地案件，开展重点督察，重点打击，保持督察工作的威慑力。每省选择两个以上不同类型的典型案件，开展专项督察，下达整改意见或限期整改意见。积极推行约谈制度，提高土地督察整改效果和质量，解决处理难的问题。通过开展重点督察和专项督察实现督察一个案件，纠正一类行为、形成一种机制，最终带动整个辖区范围内强化土地管理工作的新格局。继续跟踪督察漏瞒报土地违法案件；继续跟踪督办整改意见的处理到位；继续加大对新发生违法用地案件督察工作力度；继续跟踪督察各省市耕地保护目标责任制落实；继续保持高压态势，维护好正常用地秩序。

（三）构建一个机制，实现督察工作在创新上求突破

管好用好土地是国土资源管理部门和各级政府及相关部门的共同责任。面对保障发展和保护耕地的严峻形势，围绕扩大内需，积极主动服务，在严格规范管理上下功夫。积极研究督察人员分片负责制，联办包案制度，明确责任，从建立现代体制与机制入手，从责任主体、职责、目标、考核、奖惩等方面入手，建立完善共同责任制度，确立相互协作的工作联动机制，共同做好土地管理工作。

（四）夯实一个基础，实现督察工作在外延上求突破

主动做到督察关口前移，创新督察方式，积极开展定期巡查工作，通过静态信息收集与动态的卫星监测成果，对辖区内各市县用地情况，全面开展日常巡查；对用地量大，容易产生新的违法用地的市县，加大巡查频率，提高巡查效果，第一时间掌握第一手资料，通过早发现、早制止，减少违法用地造成的损失；根据实地巡查结果选择重点地区和典型案件，有针对性地开展定向督察，提高督查能力，保证督察质量，加大督查打击力度，威慑违法犯罪。严把土地“闸门”，加大对土地征收和农转用的审核纠正工作。加大对土地整理项目的审查和督察验收工作，对土地开发整理项目数量和质量的真实性进行监督检查，确保耕地数量和质量都能做到占补平衡。

（五）打造一个平台，实现督察工作在时效上求突破

广开信息渠道，建立以网上举报、信访举报和现代巡查技术为平台的发现机制；广泛收集整理与土地管理、土地督察业务有关的各类信息资料和图幅图件，建立东北地区土地督察数据库，实现一张图督察制度。广泛开展技术论证和可行性分析研究，逐步建立土地巡查网络。

（六）开展多项调研，实现督察工作在高度上求突破

积极开展土地管理长效机制建设调研，妥善解决好“一家管，多家用”的问题；积极开展农村集体土地流转和宅基地管理调研，认真落实好十七届三中全会精神。积极开展宏观调控政策落实情况调研，研究节约集约用地新模式；积极开展国家土地督察法制建设调研，健全法制，完善国家土地督察制度；积极开展土地利用总体规划修编调研，为优化用地结构和布局，有效保护耕地提供依据等调研活动；酌情开展其他调研活动，协调指导“三省一市”与督察制度建设和督察业务有关的调查研究工作。积极开展耕地保护目标责任落实情况调研，进一步完善目标责任追究制度。

国家土地督察上海局
2008年工作总结和2009年工作安排

（2008年12月16日）

国家土地总督察办公室：

2008年，在部党组和总督察的正确领导下，在总督察办、部有关司局和事业单位的大力支持下，在督察区域五省市政府及国土资源部门的配合支持下，我局以深入学习实践科学发展观为动力，以落实土地管理共同责任为核心，打牢基础，树好形象，着力抓好根本性、源头性、倾向性的问题，着力加强督察工作的制度化、规范化建设，取得了明显成效。现将有关情况报告如下：

一、2008年主要工作情况

（一）开展共建试点，构建保障和促进科学发展新机制工作迈出新步伐

按照徐绍史总督察的要求，经总督察办批复同意，我局与上海市率先开展了共建保障科学发展土地管理新机制试点工作。在调研阶段，我们围绕“上海市科学发展的要求和标准是什么，影响和制约上海科学发展的土地管理的突出问题是什么，解决这些问题的意见和建议是什么”，分别召开了专家学者、政府有关部门负责同志、开发区管委会主任和大型房地产开发企业总经理座谈会，深入浦东新区、金山区、崇明县等有代表性的区县政府及有关部门走访。同时，通过召开土地督察联席会、问卷调查、电话征询等多种方式和渠道，广泛征求了督察区域各级政府和国土资源部门对构建新机制的意见和建议。在充分调研的基础上，我局与上海市房地局共同完成了调研报告，拟定了共建试点方案。8月21日，上海市副市长沈骏主持召开会议，对共建试点有关问题进行了专题研究。9月8日，韩正市长主持召开市政府常务会议，审议通过了以“三个目标、四个机制、一个转变”为主要内容的《共建保障上海科学发展土地管理新机制的试点方案》，共建新机制工作迈出了新步伐。

近期，按照试点方案，我局会同上海市规土局对漕河泾等3个国家级开发区土地利用情况开展了调研，推动开发区走科学发展、内涵发展和集约化发展道路，为破解影响和制约上海科学发展的土地管理难题提供思路。

在与上海市开展共建试点的同时，我局经与五省市协商，确定了上海市宝山区、浦东新区，浙江省杭州市、温岭市，福建省莆田市、福清市，宁波慈溪市，厦门集美区等，作为与地方政府共建新机制的联系点。联系点的主要任务是反映各自建立新机制的新举措、新进展、新成效和新体会，反映土地利用和管理中的苗头性、倾向性问题，提出加强土地管理和督察工作的意见建议。10月底，我局专门组织召开8个共建联系点工作推进会，总结交流推广共建联系点经验，推进督察区域建立新机制工作。

（二）抓根本性问题，确保耕地保护目标责任制的落实

我局将督促耕地保护目标责任制的落实，作为根本性的任务以及与省市政府共同的责任，常抓不懈，成效明显。一是建立了季报交流制度。通过季报及时向国家土地总督察报送五省市土地利用和管理情况，交流耕地保护工作动态，总结推广各地经验和好的做法。二是将保护耕地贯穿到日常工作中。在开展共建试点和建立督察区域共建联系点工作中，将落实耕地保护共同责任机制作为共建目标，认真研究落实措施，促进耕地保护目标责任制的落实。三是加强宣传引导。6月25日，张乃贵局

长参加了厦门市耕地保护目标责任书签字仪式并讲话。张局长表示我局将和厦门市政府互相支持，密切配合，共同努力，共破难题，充分发挥各自的职能和优势，落实耕地保护共同责任；同时，希望厦门市政府依据耕地保护目标责任书，综合运用法律、经济、行政和技术手段加强管理，完善和强化土地执法长效机制，预防、制止、查处违法违规占用和破坏耕地的行为。四是督促整改落实到位。近期，就三部局耕地保护目标责任制落实情况抽查中发现的问题进行沟通，督促五省市认真落实整改措施。

五省市耕地保护工作不断推进。今年以来，开展了耕地保护目标责任制履行情况的自查。浙江省加强基本农田示范区建设，年内完成三分之二乡镇示范区建设任务，开通了省级耕地占补平衡信息系统，基本完成20个建设项目等级折算试点工作，各县（市、区）组织完成了一个以上耕作层剥离再利用示范项目。福建省认真做好补充耕地数量质量按等级折算试点工作，整合资金28亿元，实施土地整理和农田基础设施建设，提高农业生产能力。上海市在有耕地的10个区县政府与98个镇级单位签订耕地保护责任书基础上，制定了考核办法和实施细则，对考核的依据、原则、标准、方法、程序及考核结果处理作出明确规定。

（三）抓倾向性问题，促进批而未供土地的消化利用

浙江省批而未供土地专项清理工作结束以后，我局把督促该省消化利用批而未供土地作为一项重点任务，不断跟踪了解情况。9月4日，向浙江省政府办公厅发出了《关于了解批而未供土地消化利用情况的函》，督促采取有效措施消化批而未供土地。浙江省政府对这项工作十分重视，省政府出台了《关于切实推进节约集约利用土地的若干意见》，对批而未供土地的清理处置提出了明确要求。省国土资源厅印发了《关于切实加强建设用地开发利用管理的通知》，制定了具体实施意见，提出了消化批而未供土地五年工作目标，并将指标分解落实到各市、县（区）；建立健全了建设用地供应动态监测通报制度、建设用地集约利用评价指标体系、建设用地供应动态监管系统，将建设用地利用水平作为年度土地利用计划指标分解的依据之一，作为耕地保护目标责任制考核的重要内容。通过采取有效措施，浙江省批而未供土地消化利用取得了明显成效。该省2004年1月1日至2006年12月31日批而未供土地面积共计28.8万亩；截至2007年8月31日，批而未供土地面积为25.5万亩（专项清理工作结束前已消化利用3.3万亩）；到2008年8月31日，批而未供土地面积为19.1万亩。2007年8月31日至2008年8月31日期间，全省消化利用批而未供土地6.4万亩，占批而未供土地面积的25%。徐绍史总督察在我局关于浙江省批而未供土地消化利用情况的报告上批示："浙江省的做法很好，请组织宣传"。目前，此项工作仍在推进之中。

（四）扩大建设用地审批事项督察试点范围，积极探索对土地利用与管理的真实性和合法性实施有效监督的办法

经国家土地副总督察授权，在总督察办的指导下，我局牵头起草了《建设用地审批事项督察办法》，该办法由总督察办下发试行。在去年开展试点基础上，今年扩大试点范围，派出两个督察组，对浙江省宁波市、丽水市和福建省宁德市开展了这项督察。这次督察以核查建设用地批准文件与实际用地情况的一致性为重点，对256个城市分批次建设用地、55个单独选址项目用地、888个供地审批事项进行了内业审核，对上述地区的15个县（市、区）的95处建设项目用地、违法用地以及补充耕地现场进行了实地核查。通过这项督察，验证了我局督察方法和技术路线的可操作性和有效性；同时，发现了一些地方存在的非法用地、违规调整基本农田、边报批边用地、变相扩大开发区等问题，并分别向浙江省、福建省、宁波市提出了纠正意见。目前，宁波市、丽水市和宁德市对督察发现的8件土地违法案件已经进行了处理，都给予了拆除（或者没收）地上建筑物、退还土地、恢复土地原状并罚款的处罚，7名责任人分别受到了党纪政纪处分。实践证明，建设用地审批事项督察能够最直接、最有

效地发现土地利用和管理中存在的突出问题，容易实现督察工作常态化、制度化、规范化和全覆盖。以建设用地审批事项督察为重要抓手，可以对政府土地管理工作实施有效监督，不间断地保持对土地违法行为的高压态势，有效地预防、发现和纠正土地违法违规问题。

（五）探索运用激励机制开展土地督察，推动督察区域土地管理工作

一方面，以实施建设用地计划指标奖励为契机，鼓励先进，以点带面，推动督察区域土地管理工作。8月中旬，在杭州市召开了督察区域百日行动成效显著单位座谈会，13个单位交流了今年以来巩固百日行动成果，加强土地管理工作所采取的主要措施和成效，并对照部规定的四项评估标准找问题、提措施。我局对成效显著单位提出了更高的标准、更严的要求，鼓励他们开拓进取，努力创新，进一步提升土地管理水平，争做土地管理模范单位。11月6日至11日，派出三个检查组，对百日行动成效显著单位今年以来土地管理情况进行了实地评估，听取了省市国土资源部门对成效显著单位自评情况的审核意见及门户网站公示的情况，查阅了相关资料和案卷，察看了18个补充耕地、补划基本农田地块及违法用地查处现场。在此基础上，对各单位工作及成效进行了认真分析评估，上报了排序名单，为国土资源部实施计划指标奖励提供了依据。各成效显著单位在评估期间，以科学发展观为指导，全面加强土地管理工作，政府主导的共同责任体系进一步完善，耕地保护力度进一步加大，节约集约用地措施进一步强化，执行土地利用总体规划和年度计划更加严格，土地执法监管水平进一步提高。督察区域百日行动成效显著单位的做法，为地方各级政府及国土资源部门加强土地管理提供了新鲜经验，起到了示范和带动作用。

另一方面，我们狠抓了浙江东阳用地整改工作。按照总督察批示精神，我局派出调查组对浙江东阳圆明新园用地进行了调查核实，与浙江省政府有关负责同志当面交换了看法，提出了三条整改意见。之后，根据该市整改情况，结合部冻结东阳市2008年土地利用计划指标的通知要求，又向东阳市政府提出了进一步整改的三条意见，核心是从制度上确保东阳市委、市政府的决策符合国家土地管理法律法规和政策，不出现违法违规现象。东阳市委、市政府根据我局意见，采取有效措施停止了圆明新园项目实施，并给予市发展和改革局原任局长行政记过处分。同时，还举一反三，建立了政府土地监管和自我约束的一系列制度，增加了国土资源管理机构、人员和交通通讯装备，在发展改革、国土资源管理等部门引起了强烈反响，收到了较好的社会效果。最近，按照我局验收报告，经报请国家土地总督察同意，国土资源部办公厅向浙江省国土资源厅发函，结束该市专项督察整改工作，恢复其使用2008年土地利用计划指标。

（六）督促建立土地执法监管长效机制，巩固和扩大百日行动成果

在百日行动后续工作中，今年1月，我局派出检查组对部圈定的重点地区浙江省东阳市进行了检查，督促认真落实整改意见；3月，派出两个检查组对浙江、福建两省重点地区整改、典型案件查处和“未批先用”整体性处理意见落实情况进行了督促检查；4月上旬，对浙江、福建两省重点地区整改工作提出了进一步要求。在这一过程中，我局积极鼓励各地建立土地执法监管长效机制，对典型经验和好的做法，及时予以鼓励，并向部里汇报推荐。6月底，派出三个检查组分赴五省市，对各地建立土地执法监管长效机制情况进行督促检查，分层次召开了有各市（区）政府、国土资源部门及部分乡镇政府领导、基层土管所人员、协管员、巡查员参加的座谈会，查阅了300多份相关文件及巡查记录、违法用地现场处理记录、各类责任书等相关资料，察看了8个违法用地拆除现场。通过督促检查，推动了督察区域土地执法监管长效机制的建立。上海市依托网络、卫星遥感等技术手段，各项执法监管制度成熟，措施有力，配套性强，在土地执法实践中效果好。浙江省共制定和完善土地执法监管长效机制规范性文件163个，其中，新制定112个，修改完善51个；由政府制定完善的有74个，国土

资源部门74个，多部门联合及其他部门制定的有15个。福建省总结了原有制度经验，重点推动村级国土资源协管员制度、国土资源行业性人民调解制度、土地执法检查“红绿旗”评比制度三项制度，做到了以点带面，纵横联动，逐项推广，取得了初步成效。

我局下大力气督促各地建立土地执法监管长效机制试点，先后两次发函，要求尚未开展试点的省、市，尽快开展试点工作；已经开展试点的，要加强对试点单位的指导。目前，五省市已经明确了14个试点单位。近期，我局正继续跟踪了解试点工作进展情况，将督促建立土地执法监管长效机制工作一抓到底。

在督促建立土地执法监管长效机制基础上，我们认真总结五省市经验，向总督察写出了专题报告，该报告在《国家土地督察情况通报》全文刊载。上海市从本市实际出发，充分发挥土地执法精细化管理中的信息技术等四大优势，初步形成了以政府为主导，相关部门职责分明、统筹配合的土地执法监管运行机制。我们与上海市房地局共同总结了这一经验——《上海市建立土地执法监管长效机制形成新格局》，《国土资源部通报》予以刊载，上海的经验在全国推广。

我局十分重视15号令宣讲工作。一是将落实15号令与共建新机制工作结合起来。在与上海市开展的共建试点及与地方政府共建联系点工作中，都体现了贯彻落实15号令的内容。二是加强宣传指导。利用百日行动成效显著单位座谈会、督察区域土地管理工作会等各种机会宣传15号令。在共建联系点工作推进会暨土地执法形势分析座谈会上，我局将各地贯彻落实15号令情况进行了通报，并对贯彻15号令提出了新的要求。三是结合日常督察，督促落实15号令。在与宁波市政府领导就建设用地审批事项督察发现问题交换意见时，要求宁波市狠抓15号令的贯彻实施，以此推动土地执法工作，遏制土地违法势头。在由我局牵头开展的第八次卫片检查验收中，特别强调落实问责制，有关政府领导与严重违法地区市县、乡镇政府的领导进行了谈话；在我们的督促下，对55名责任人给予政纪处分。

（七）紧密联系督察工作实际，扎实开展深入学习实践科学发展观活动

五个月来，我们按照部党组的统一部署，坚持“两不误、两促进”，紧密结合本局实际，紧密结合督察工作实际，突出针对性、实践性、干部职工广泛参与性，圆满完成了准备动员、学习调研、分析检查、解决问题和完善制度各阶段的工作任务，深入学习实践科学发展观活动取得了明显实效。主要做法：一是认真安排部署。成立了由局长任组长的领导小组，制订了实施方案，明确了试点目标和阶段任务。二是深入学习讨论。组织全局干部认真学习徐绍史部长讲话和部统一编印的学习资料，观看辅导录像。组织了三次“改进作风、增强执行力”大讨论，查找出三个方面的突出问题，分析了原因，提出了四个方面的改进措施。召开临时党支部专题民主生活会，对党员领导干部贯彻落实科学发展观情况进行深入剖析评议，领导干部和局其他同志都写了体会文章。三是深入调查研究。通过联席会、问卷调查、电话征询、召开座谈会、一对一走访等多方式、多渠道、多层次地调查研究，共征集各方面意见162条。四是突出实践性。在学习实践活动中，重点抓好与上海市共建试点、百日行动后续整改、督促各地建立土地执法监管长效机制、建设用地审批事项督察和东阳横店圆明新园用地问题整改等工作，先后派出9个检查组32人次，查看了61个用地现场，查阅了852件卷宗，扎实推进了各项工作，完成了4份调研报告及经验材料并上报总督察。通过学习实践活动，全局党员干部对土地督察机构在构建保障和促进科学发展新机制中的地位和作用的认识进一步提高，贯彻落实科学发展观的思路更加清晰、自觉性和坚定性明显增强，土地督察执行力明显提升。

（八）抓队伍建设，土地督察执行力明显提升

为提高督察干部的综合素质，增强队伍的凝聚力和战斗力，我局狠抓干部队伍思想建设、作风建设和业务建设，为做好督察工作提供坚强的思想保证和组织保证。一是为适应履行督察工作职责的

要求，树立国家土地督察人员的良好形象，我局开展了以“牢记使命，忠于职守，严明勤廉，珍惜和谐”为主要内容的“强素质，树形象，创良好局风”的主题活动，使全局干部的工作作风、精神面貌为之一新，业务水平和团队凝聚力得到明显提高，逐步树立起上海督察局的良好形象。二是把干部职工的思想政治教育渗透到督察工作和日常生活中。今年以来，我局结合两批新进12名督察干部的实际情况，通过召开座谈会、开展主题教育活动等不同方式，教育干部职工以“严、明、勤、廉”作为自己的行为准则、职业道德和基本要求，转换角色，勤于学习，严格自律，树好形象，从我做起，从现在做起，从点滴做起。三是开展了“增强素质，提高执行力”系列培训活动。进行了土地管理业务、遥感监测、公文写作、网络信息安全、财务管理知识、文明礼仪等系列学习培训活动，提高了督察干部贯彻落实科学发展观、履行岗位职责的能力，提高了构建保障和促进科学发展土地管理新机制的水平。四是坚持艰苦创业的教育。利用各种时机，通过不同方式，引导大家树立不讲条件、不怕困难、甘于奉献精神。五是通过举办揭牌仪式鼓舞士气，增强队伍凝聚力。4月29日，我局在改造装修后的办公楼，举办了简朴而隆重的揭牌仪式。甘藏春副总督察和上海市沈骏副市长共同为我局揭牌。上海、浙江、福建和宁波、厦门五省市人民政府副秘书长、国土资源厅（局）长及有关同志出席了仪式。甘副总督察发表了重要讲话。揭牌仪式后，举办了督察区域五省（市）土地督察联席会。通过举行揭牌仪式和系列活动，全面总结了建局以来的工作成效和经验，宣传了国家土地督察制度，展示了上海督察局的形象，鼓舞了全局干部的士气，增强了凝聚力，加强了与督察区域五省市政府和国土资源部门的沟通联系，有力地推动了督察工作的开展。

（九）积极开展富有特色的督察文化创建活动

针对新进督察干部来源不一，经历不同，层次不一等特点，采取多种措施，运用不同形式，开展了丰富多彩的文化活动，让人人抒发心声，人人展现才能。年初，结合局揭牌仪式，全局干部动手，制作了督察工作展板。展板系统地反映了我局督察工作情况，成为督察区域政府及国土资源部门同志了解我局工作情况、新进督察人员熟悉土地督察的窗口，起到了很好的宣传作用。5·12汶川特大地震发生后，全局同志心系灾区，在局临时党支部号召和组织下，开展了多种形式的“伸援手、献爱心”活动，第一时间向灾区人民捐款，踊跃交纳特殊党费，并向四川省国土资源厅和成都督察局的干部职工及其家属发出饱含深情厚谊的慰问信。全局干部职工还向震区国土人书写了感言、寄语25条，创作文学作品12篇，制作了“情系汶川心手相连”的展板、专栏以及宣传图册，寄托了对灾区督察战友和国土人的牵挂，表达了对灾区人民深切关心之情，凝聚了上海督察局全体干部深深爱心。在纪念土地督察制度实施两周年活动中，我局发动全局干部搞创作，抒发工作中的感想、体会，提出土地督察的设想和建议，全局干部共撰写诗歌、散文和体会文章18篇。根据局办公楼集工作、生活于一体的特点，我局机关食堂餐桌上摆放了勤俭节约的小标牌，墙上张贴了饮食卫生宣传画，办公室中保密制度上墙，形成了独具特色机关文化。在总结建局两年督察工作经验基础上，我局整理编辑了画册——《督察之旅》，生动形象地反映了上海督察局组建两年来艰苦创业的历程，凝聚着局筹备组及全局干部职工的辛勤汗水。最近，在徐绍史总督察视察上海督察局看望全局干部职工后，我局不失时机，组织全局干部分成三个层次进行分组讨论，按照总督察关于“深入思考，努力探索，进一步健全土地督察制度”的要求，以健全土地督察制度为题，发动全局同志包括系统内新选配干部献计献策，每个人都提交了文字材料。通过精心设计和实施，我局督察文化建设初显成效，形成了具有上海督察局特色的督察文化氛围。

（十）狠抓基础建设，为土地督察工作的开展奠定坚实的基础

第一，圆满完成了局办公、生活用房改造装修工程。在部党组的重视、关心和上海市政府、市房

地局的大力支持下，我局相继完成了房产购置和改造装修等大量工作，办公、生活用房于2008年3月20日投入使用，实现了办公、居住、就餐三项功能一体化。正如甘副总督察指出的："在国家土地督察制度实施一年多的今天，我们督察系统终于在中国最大的都市——上海市有了办公、生活的正式地点，这对于土地督察系统来说，也是一个标志性的事件。"在改造装修过程中，一是坚持精心设计，力求功能齐全、布局合理。二是坚持规范运作，严格按照国家有关规定和上海市的基建程序办，严格资金使用与管理，严格执行廉政规定，重大事项民主决策、集体把关。三是精细管理，保证质量。四是精打细算，压缩成本。整个工程不但没有超标准，还节省了预算投资320万元。第二，制度建设不断推进。按照"统筹规划，保障运转，急用先建"的原则，今年，我局在已有制度基础上，又制订了《局固定资产管理暂行规定》、《局政务信息工作暂行规定》、《保密管理工作规定》、《局周转房使用管理暂行规定》和《机关食堂管理办法》等多项制度，并对下一步制度建设作出了计划安排。我局制定并坚持了与五省市政府和国土部门的沟通联系机制，通过建立联系点、试点、召开座谈会等方式扩大沟通联系范围，将土地督察触角扩大到市、县（区）乃至乡镇，及时了解情况，掌握最新动态，妥善处理各种关系，促进严格督察、和谐督察。第三，开通了局门户网站，设计开发了局内网系统并投入试运行，开展了电子政务网络信息安全平台建设，按计划推进土地督察信息系统建设。积极维护奥运期间稳定工作，制定了局维稳具体措施，进一步加强了信访工作。第四，积极推进后勤社会化管理，我局通过招投标落实了局后勤保障服务单位，完成后勤保障服务社会化工作。继续推进职工户口办理、医疗保险、公积金缴纳、住房补贴等工作，专门召开情况通报会，向全局干部通报。

二、工作体会和存在的主要问题

（一）工作体会

回顾一年工作，我们深深体会到，要充分发挥土地督察机构的重要作用，必须把督促建立保障和促进科学发展土地管理新机制作为我们的重要任务；必须切实加强与督察区域党委、政府的沟通联系，建立土地管理共同责任；必须抓根本性和倾向性问题，确保耕地保护责任制和土地参与宏观调控政策的落实；必须下大力气督促和推动建立土地执法监管长效机制；必须提高队伍素质和执行力，打造一支有战斗力的督察干部队伍；必须加强基础建设，保证土地督察工作科学、规范、有序发展。

（二）主要问题

1.督察工作手段不多。土地督察是新的事业，目前还处于探索阶段，要边探索、边实践、边总结、边规范。尽管我局在开展土地督察工作方面已经摸索出一些途径和方法，但总的看来，对省级和计划单列市政府开展土地督察，工作经验还不多，督察工作方法有待进一步探索总结。

2.组织基础比较薄弱。我局一直处于班子不健全，领导干部缺位的状况，导致工作往往疲于应付，深入开展调查研究不够，检查指导工作不够。

3.基础业务抓得不够。主要是基础数据、技术装备与督察任务要求不相适应，各项管理制度不够健全，督察干部业务素质和整体督察工作能力有待提高。

三、2009年工作设想

2009年，土地督察工作面临巨大压力和挑战，形势非常严峻。要关注贯彻落实十七届三中全会《决定》中的苗头性、倾向性问题；关注扩大内需的政策取向，并积极完善；关注违法违规用地的问责问题。要充满信心，迎难而上，推进工作，创新发展。

（一）总体工作思路

认真贯彻党的十七届三中全会精神，深入学习实践科学发展观，以保护耕地和促进经济平稳较快发展为目标，以构建保障和促进科学发展新机制为主线，以建设用地审批事项督察为抓手，努力探索土地督察工作方法，积极服务扩大内需，严格规范管理，突出重点，稳步推进，将督察工作提高到一个新水平。

（二）2009年重点工作

明年，要努力做好以下七项重点工作：

1.继续推进共建保障和促进科学发展土地管理新机制工作。协助上海市提出解决影响和制约上海科学发展突出问题的办法和措施，推动共建工作取得新进展。同时，抓好对8个共建联系点工作的指导，适时调整联系点，及时跟踪了解工作进展情况，总结推广经验，将试点和联系点办成落实科学发展观的示范点，以试点带动联系点，以联系点促进试点，用试点和联系点的经验推动面上的工作，为经济平稳较快发展创造良好环境。

2.狠抓耕地保护目标责任制落实的督察。根据督察区域特点，以落实耕地占补平衡为重点，就耕地保护目标责任制落实和考核情况开展专项督察，对违法占用耕地实行严格的问责，推进共同责任机制建立。

3.全面开展建设用地审批事项督察，积极探索例行督察。一是在总结试点经验的基础上，进一步规范建设用地审批事项督察工作，做好规划，在五省市全面推开。二是探索例行督察。制定2009年土地例行督察工作安排，在督察区域选择3−5个市（县、区）开展例行督察，系统了解一个独立行政区域土地利用和管理情况，发现存在的突出问题，采取有效措施督促整改，全面推进例行督察单位乃至督察区域的土地管理工作。

4.开展土地执法专项督察和15号令的贯彻实施。围绕贯彻落实十七届三中全会精神和服务扩大内需，严格规范管理，开展土地执法专项督察。重点检查土地违法违规行为查处情况和土地执法监管长效机制建立和实施情况，推进督察区域14个试点单位建立长效机制工作，继续保持对违法用地的高压态势，严防违法违规用地反弹。专项督察中，加强对农村集体建设用地流转的监督，保障和促进集体建设用地依法流转、规范流转，促进农村土地制度改革规范有序进行。明年15号令将实施，要把贯彻落实15号令与督察工作紧密结合起来，并渗透到督察工作中去，做好实施问责制各项工作。

5.搞好专题调查研究。围绕共建试点，继续开展节约集约用地及建立共同责任机制调研；结合贯彻落实十七届三中全会精神，开展农村集体建设用地流转监管调研；围绕服务扩大内需，严格规范管理，对重大项目基础设施用地情况及供地情况开展调研。在调研中发现新情况、新问题，提出加强土地管理的意见建议。

6.继续抓好基础工作。一是进一步加强内部制度建设，完善岗位职责和部门职责，规范日常工作程序、标准。二是加强班子建设、队伍建设。充分发挥班子的领导核心作用。加强队伍思想、作风和业务建设，继续开展“增强素质、提高执行力”培训，以老带新，提高督察干部的业务素质和工作能力，打造一支奋发进取、勤于探索、善于攻坚、乐于奉献的干部队伍。三是健全基层党组织，活跃党群工作，建立工青妇等群众性组织，丰富干部职工业余文化生活。四是加强土地督察信息化建设。积极收集督察区域土地利用现状和土地利用规划数据资料，做好集成和整合工作，扩大遥感监测应用范围，充分运用遥感技术，继续推进土地督察工作。五是搞好后勤保障。根据局办公生活十一体的特点，健全制度，加强管理，解决工作、学习和生活中的问题，为干部职工创造良好环境。

7.进一步加强土地督察文化建设。在现有基础上，制定上海督察局土地督察文化建设构想，并逐步实施。加强精神文明建设，调动全局督察干部的积极性，营造文明和谐、积极向上的土地督察文化氛围，鼓励学习思考，鼓励探索实践，开创土地督察工作新局面。

国家土地督察南京局 2008年工作总结和2009年工作安排

（2008年12月15日）

国家土地总督察：

根据总督察办的通知精神，我局认真总结了今年各项重点工作，并对明年工作进行了初步设想，现报告如下：

一、2008年主要工作情况

2008年，在部党组和国家土地总督察、副总督察的正确领导下，在督察区域三省党委政府及国土资源部门的大力支持下，我局认真贯彻落实全国国土资源管理工作会议、国家土地督察工作座谈会和国家土地督察工作务虚会精神，以构建保障和促进科学发展新机制为总体要求，根据《2008年国家土地督察重点工作安排》，积极推动工作进展，较好地完成了各项目标任务。

（一）学习实践科学发展观活动深入扎实，取得明显成效

按照部党组关于开展学习实践科学发展观活动的总体部署，我局认真组织、全员参与，始终坚持学习实践活动与提高队伍素质、推进督察工作、解决突出问题和促进机关建设的“四个结合”，既完成了规定动作，又突出了自身特色，做到了认真组织学习、深入基层调研、广泛征求意见、开展“两个讨论”、深刻剖析检查、切实整改提高，学习实践活动取得了良好的效果。一是进一步增强了落实科学发展观的自觉性和坚定性。全局人员更加清醒地认识到国家土地督察机构是落实科学发展观的重要部门，土地督察工作面临着发展机遇和严峻挑战，科学发展的意识得到强化，保护资源和保障发展的自觉性和坚定性得到增强。二是进一步明确了工作定位。围绕“建设什么样的督察局”，明确了要努力成为耕地红线的坚强守护者、土地调控政策落实的有效监督者、地方科学发展的有力推动者；围绕“怎样建设督察局”，明确了既要加快各项软硬件建设，更要培养坚决贯彻落实科学发展观的干部队伍。三是进一步提升了土地督察工作的执行力。通过查找和解决机关自身建设中存在的突出问题，进一步理顺了有利于土地督察工作的内外工作关系，形成了进一步加强土地督察工作的思路框架，增强了开展土地督察工作的主动性，工作质量和效率不断提高。

（二）主动发挥自身优势，共建保障科学发展土地管理新机制试点工作取得阶段性成果

根据部党组关于构建保障和促进科学发展新机制的要求，我们主动与江西省人民政府沟通，于5月17日召开了国家土地督察机构与江西省人民政府加强土地管理和土地督察联席会议。6月23日，江西人民省政府办公厅和国家土地总督察办公室联合印发了《关于共同推进建立保障科学发展土地管理新机制试点工作的通知》，正式启动了共建新机制试点工作，选择江西省鹰潭市作为重点试点地区，赣州市安远县、九江市湖口县、宜春市上高县等作为试点工作联系点，着力构建宏观调控、共同责

任、开源节流、维护权益和土地督察等五项新机制。在各方的共同努力下，成立推进共建试点工作的领导机构和工作班子，制定完善试点工作实施方案，建立高效顺畅的协调推进机制，实行月度分析和督促检查制度，共建试点工作有序推进。目前，省级、试点市和联系点县，三个层面都取得了一些制度性成果。江西省人民政府办公厅出台了《关于建立土地执法监管长效机制 落实耕地保护共同责任的意见》，江西省高级人民法院、省高级人民检察院、公安厅、监察厅、国土资源厅联合下发了《关于在调查处理国土资源违法犯罪案件中加强协调配合的意见》。试点地区鹰潭市政府及有关部门和司法机关出台了六份文件，初步构建了落实共同责任、强化执法监管的制度框架。三个联系点县也分别制定出台了加强建设用地批后监管、土地管理行政首长问责、部门协作配合等方面的文件。江西省赣州市"一牌、一卡、一库、一证"的土地批后监管制度得到了部领导的肯定。我局对江西省设区市试行决策督察，对九江、景德镇、新余、吉安四市招商引资中有关土地管理政策存在的问题提出建议并督促整改到位。总体上看，共建试点工作已初见成效。

（三）加大土地督察力度，促进地方政府依法依规管地用地

认真开展专项督察。2008年7月，《新华日报》、央视七套《聚焦三农》栏目分别报道了江苏省部分地区存在的违法用地和土地闲置问题。我们立即开展了专项督察，深入江苏省镇江、连云港、徐州、宿迁四市有关县区进行调查，多次约见江苏省国土资源厅领导和四市政府负责人，反馈督察意见。11月，央视《焦点访谈》栏目报道了江苏省淮安市以土地流转为名，征占农民土地的情况，我们于次日即进行了实地调查。根据国家土地总督察的重要批示，我们开展了专项督察的跟踪检查，积极督促有关地方政府整改到位。

积极探索例行督察。选择江苏省连云港市、安徽省蚌埠市，开展2007年度新增建设用地情况例行督察试点。在制定工作实施方案、完成遥感数据处理、收集基础资料等基础上，督察组于10月20日正式驻点实施，11月下旬完成两市的内业审核和外业调查工作。从汇总情况看，例行督察地区存在违法用地占新增建设用地的宗数和面积比例较大、土地管理基础薄弱等问题。通过例行督察，既发现了两市土地管理中存在的问题，又锻炼了队伍、积累了经验。

扎实开展日常巡察。采取带着问题进行督察的方式，对群众信访高发地区、开发区等重点区域开展巡察，对江苏省无锡市、常州市，安徽省合肥市、黄山市、安庆市、宿州市，江西省上饶市、景德镇市等地进行了重点巡察。今年以来巡察范围涉及三省30多个市、县（区），行程近20000千米。对巡察中发现的土地闲置荒芜、征地程序不规范、补偿安置不到位、土地执法监管薄弱等突出问题及时提出整改意见，督促有关地方政府依法依规管地用地，切实维护群众权益。

（四）创新督察工作思路，土地督察工作机制得到进一步完善

健全沟通协调机制。一是强化与省级政府的沟通。继江西、安徽两省政府出台支持配合土地督察工作文件之后，今年年初江苏省政府也出台了相应的文件。8月22日召开赣苏皖三省政府分管秘书长座谈会，以构建保障科学发展土地管理新机制为主题，交流工作经验，共商建立新机制和落实共同责任。二是进一步强化与三省国土资源厅的协调配合。三省国土资源厅分别下发进一步完善土地督察工作支持配合机制的文件或会议纪要，建立了日常工作联系、违法案件通报、信访通报与转办、联合调研、突发事件应急协调等工作机制。

建立基层联系机制。在三省选择了10个县级国土资源局作为土地督察工作联系点，先后召开了安徽省联系点建设座谈会和督察区域联系点工作座谈会，有力推动了联系点建设，力争把联系点建设成为了解基层实际情况的信息点、土地政策执行情况的反馈点、探讨新情况新问题的调研点、创新管理机制的试验点、土地管理工作的示范点。

完善发现审核机制。关注群众来信来访提供的信息，全年共受理群众信访292件，对安徽省砀山县、江苏省常州市武进区、江西省铜鼓县等信访重点地区进行现场督察。采取内业审核与实地核查相结合的方式，全面开展农用地转用和土地征收审批事项审核工作，全年重点审核了31个报国务院批准的单独选址建设项目用地和6个城市批次用地，涉及农用地转用面积6402公顷。通过开展审核工作，初步掌握了三省建设用地审批的基本情况。

（五）围绕阶段性工作重点，切实抓好各类专项工作

一是宣传贯彻15号令。在赣苏皖三省分管秘书长座谈会上宣讲15号令，在三省土地管理专业会议上宣传15号令，结合专项督察贯彻15号令。二是开展耕地保护目标责任检查。召开了三省2007年度土地利用年度计划执行情况座谈会；积极参与了三部局联合开展的2007年度省级政府耕地保护责任目标履行情况重点抽查工作。三是跟踪百日行动后续工作。先后对三省8市15县（区）进行跟踪督察，有力促进了百日行动后续工作的落实。积极开展了督察区域10个百日行动成效显著单位的评估审核工作。重点关注三省在预防、查处、监管、部门联动等方面20多项制度的实践成效和经验，督促全面建立土地执法监管长效机制。四是积极参与第八次卫片执法检查。督促安徽省合肥市、江苏省无锡市等重点城市进行整改，并进行评估验收。五是突出重点开展专题调研。围绕履行督察职能、土地管理热点难点问题和政策实施等开展调查研究，组织了三省耕地保护、土地违规违法成因与对策两项课题研究，开展了建设用地批后监管、村级土地监管信息员制度、土地执法监管长效机制、被征地农民补偿安置机制、沿淮地区村庄建设用地情况等多项调研，形成了调研成果。

（六）积极创造有利条件，机关自身建设取得新进展

一是制度建设迈出坚实步伐。注重制度先行和规范运行，先后制定和实施了三批共19项内部管理和业务工作规章制度。二是信息化建设成效显著。制定了信息化建设实施方案，开通了外网门户网站和内部局域网，接入了部视频会议系统，配置了督察区域内有关基础数据库和土地批后监管分析系统，委托研发的办公自动化系统已正式运行。三是队伍建设不断加强。配合部人事司做好督察干部选调和公务员招录工作，确保工作人员按时到位。全年新进工作人员7人，队伍力量得到充实。坚持每周三政治业务学习制度，积极参加部系统组织的各类业务培训，组织处级以上干部参加督察干部整训。四是加强党的自身建设。临时党支部组织开展了述职述廉、“清明节”凭吊革命烈士、“6.25土地日”座谈、“七一”纪念建党87周年等主题活动；重视党风廉政建设，落实了相关责任制度，树立了依法行政、清正廉洁的督察干部形象。

一年来，我局土地督察工作深入开展、不断加强，在促进地方政府规范土地利用和管理行为方面发挥了作用，取得了成效。督察区域地方政府依法管地用地和保护耕地的共同责任意识不断增强，耕地保护目标责任制得到落实，土地违法违规行为得到遏制。2008年以来三省共发现违规违法用地行为6329件、涉及土地面积6267公顷，较2007年分别下降了38.5%和54.4%，土地管理秩序和土地执法形势趋向好转。

在肯定成绩的同时，我们也清醒地认识到工作中还存在一些问题和不足。主要表现在：一是机制创新需要加强，在主动发现、深入审核、纠正到位方面都需要进一步完善；二是程序制度尚待健全，专项督察、例行督察、应急督察等工作流程都需要进一步规范；三是手段方法有待丰富，在决策督察、全程督察、问责督察等方面还需要进一步探索；四是调查分析不深入，深入基层调查研究不够，对倾向性和苗头性问题的综合分析能力有待增强；五是队伍建设和业务工作水平有待进一步提高。存在这些问题，既有客观因素，更有主观原因。客观上，土地督察机构还在组建阶段，人少事多。主观上，也有求稳怕乱，对新情况、新问题分析研究不透等原因。对于这些问题，我们将在今后的工作中高度重视并尽快加以解决。

二、主要工作体会

总结建局以来的工作实践，我们主要有以下几点体会：

（一）坚持以保障促进科学发展为统领，不断明晰工作定位

发展是第一要务，是永恒的主题。开展土地督察工作，加强土地监管，是实现科学发展的内在要求。建局以来，我们始终坚持以科学发展观为统领，正确处理好保护土地资源与保障科学发展的关系，坚决做到对上对下负责、对土地管理事业负责、对人民群众负责。在坚决遏制违法违规行为的同时，对符合科学发展方向的创新实践给予积极支持。我们与江西省人民政府开展了共建保障科学发展土地管理新机制试点，提高了土地管理工作保障科学发展的能力；对安徽省建设用地置换探索进行了引导，发挥了土地管理对统筹城乡发展的支撑作用；对百日行动重点地区的跟踪督察，促进了这些地区依法用地、科学发展。实践证明，土地督察制度的实施保障和促进了经济社会持续快速和谐发展。

（二）坚持以创新模式为抓手，不断探索“点线面结合”工作格局

国家土地督察机构成立时间不长，没有现成的经验可供借鉴，没有现存的模式可以照搬。在督察实践中，我们始终坚持从实际出发，紧密结合督察区域经济社会发展和土地管理的特点，不断探索土地督察工作模式。在工作部署上，我们以选取地级市行政区作为例行督察单元，从“点”上深入剖析，全面掌握土地利用管理情况；以批后监管、节约集约用地、征地补偿、开发区用地管理、土地闲置等为专题，从“线”上深入把握各专项工作的现状；以耕地保护责任落实情况、年度计划执行情况、违法违规形势分析为抓手，从“面”上掌握省级行政区域土地管理的基本态势。通过“点线面”结合，基本形成了立体化、全覆盖的工作格局。实践证明，这种以点带面、以线促面的工作模式有利于督察工作的有效布局，便于把握总体趋势。

（三）坚持以解决问题为目的，不断完善督促地方自行纠正的工作方法

土地督察机构主要履行监督检查职责。我们始终坚持以解决问题为关键，完善纠正机制，在不取代、不改变地方政府土地管理职责的前提下，督促地方政府自查自纠、自我提高。我们更多地采取宣传教育、约谈提醒、查办督办、检查验收等形式，提高地方政府对纠正整改的重视程度，激发地方政府解决问题的主动性。如江苏省部分地区闲置荒芜土地、安徽省合肥市开发区和宿州市砀山县违法用地、江西省部分地区违规制定招商引资土地供应政策、江苏省淮安市违规流转土地等问题，在我局的督促下，由地方政府自行整改到位。实践证明，这种督促地方政府自行整改的纠正机制，更有利于问题的最终解决，更有利于形成威慑力。

（四）坚持以形成督察合力为重点，不断营造良好工作环境

管好用好土地是土地督察机构和地方人民政府的共同责任。在开展土地督察工作中，我们始终坚持相信和依靠地方政府，共同坚守耕地红线，携手维护土地管理秩序。建局以来，我们按照实事求是、疏堵结合的原则，把加强沟通协调、营造良好氛围与加大督察力度、督促查处纠正相结合，做到与地方政府、国土部门和社会的“三个互动”：加强与地方政府的互动，完善支持配合土地督察工作机制；加强与地方国土部门的互动，切实加强土地督察联系点建设；加强与社会的互动，积极参与检察、监察等部门组织的行动。实践证明，有效的沟通协调和良好的工作氛围，能够为土地督察工作创造极为有利的条件。

三、2009年工作设想

2009年，是全面贯彻落实党的十七大和十七届三中全会精神的重要一年，是应对国际金融危机、

拉动内需保增长的关键之年。新的形势对加强土地管理和坚守耕地红线是一次严峻考验，构建保障和促进科学发展的土地管理新机制面临着机遇和挑战。我局2009年工作的指导思想是：认真贯彻落实十七大和十七届三中全会精神，深入学习实践科学发展观，按照部党组和总督察的统一部署，突出“服务经济平稳较快发展”和“严格规范管理”两个重点，积极探索以督察手段保发展、严规范的新机制。工作的基本思路是：紧紧围绕部党组的工作部署，服务扩大内需和农村改革发展两个大局，落实最严格的耕地保护和节约用地两个制度，强化例行督察和专项督察两个手段，提升发现问题和纠正问题两种能力，构建保障科学发展土地管理和土地督察两个新机制，切实履行土地督察职责。重点开展以下六个方面工作：

（一）围绕扩内需保增长，服务经济社会发展

认真学习领会中央精神，坚决把思想统一到中央的决策部署上来。立足全局、结合实际，坚持主动服务与加强监管并举，主动分析和掌握三省经济社会发展和土地管理形势，主动了解和掌握三省落实新增中央投资项目的用地情况，密切关注中央宏观调控政策和《国土资源部关于为扩大内需促进经济平稳较快发展做好服务和监管工作的通知》的落实情况，积极主动做好有关协调服务，督促和协助地方政府优先保障列入新增中央投资计划的项目用地，促进项目尽快落地，促进经济结构调整和发展方式转变，保障中央政策措施顺利实施、督察区域经济社会平稳较快发展。

（二）围绕贯彻三中全会精神，服务农村改革发展

认真学习、深刻领会十七届三中全会精神，按照《中共国土资源部党组关于认真学习贯彻党的十七届三中全会精神的通知》要求，发挥土地督察局派驻地方、身处一线、接近农村的优势，准确把握农村改革发展的整体部署和土地管理制度改革全局。积极支持农村土地承包经营权流转，规范农村集体建设用地流转管理，依法保障农民的土地权益，促进农民增产增收。加强对健全严格规范的农村土地管理制度的监督检查，督促地方政府严格执行法律法规，严格执行农村土地承包经营权流转“三个不得”的规定，依法规范农村土地管理秩序。对于发现的违规违法问题及时进行督察，为推进农村土地管理改革做好服务。

（三）围绕共建新机制试点，促进保障科学发展

加强协调配合，加大国家土地督察机构与江西省人民政府共建保障科学发展土地管理新机制试点工作的推进力度，督促试点地区严格按照《试点方案》，抓紧建立健全各项制度，并使之落到实处，真正发挥作用。筹备召开土地督察机构和江西省政府的联席会议，推广赣州市“四个一”监管办法。积极探索建立决策督察机制、全程督察机制、社会督察机制、问责督察机制和督察服务机制等土地督察新机制。适时开展共建新机制成效评估工作，认真总结试点经验，解决好试点工作的重点难点问题，进一步完善提高。在此基础上，推动江西全省的新机制建设，并选择江苏、安徽部分有条件的地区开展试点，鼓励探索创新，形成各具特色构建新机制的良好局面，提升土地管理和土地督察保障科学发展的能力和水平。

（四）围绕落实共同责任，督促加强耕地保护

建立政府主导、国土部门主抓、多部门联动、全社会参与的耕地保护共同责任机制。开展耕地保护目标责任督察，督促三省政府层层落实耕地保护目标责任制，切实开展耕地保护目标责任考核。加强对省级政府耕地保护责任目标履行情况的分析预警工作，对督察区域各省耕地实际面积及其变化趋势作出分析，对达到或接近耕地保有量目标的作出预警。进一步协调三省落实好有关支持配合土地督察工作制度，做好土地利用年度计划执行情况、耕地占补平衡情况、土地违法违规情况等的统计汇总

和监管分析。督促三省加快新一轮土地利用总体规划修编，从严控制城乡建设用地总规模。

（五）围绕落实两个最严格制度，加大土地督察力度

在发现机制方面，注重综合发挥媒体、信访的作用，扩大信息来源、畅通信息渠道，建立动态发现机制，重点发现并及时纠正侵害农民土地权益的违法案件。在审核机制方面，按照《农用地转用和土地征收审批事项督察办法》的规定，完善审核规程，加强对建设用地审批事项的全程监管。在纠正机制方面，重点围绕贯彻落实15号令，探索问责制实施的有效路径，对发现的问题跟踪问效，确保整改到位。在专项督察方面，对违反规划计划、非法占用耕地和基本农田、违反土地供应政策、侵害群众利益等违法违规突出问题进行专项督察。在例行督察方面，在继续开展江苏省连云港市、安徽省蚌埠市例行督察的基础上，增加江苏省常州市、安徽省安庆市和江西省宜春市、新余市等4个市作为例行督察地区。

（六）围绕基础业务，提升督察工作能力

加强电子政务系统建设，完善内外网络功能，发挥门户网站作用，发挥土地督察联系点信息反馈功能，不断提升信息收集能力。广泛运用卫星遥感监测技术，抓紧配备巡察车、GPS、数码仪器等先进技术装备，不断提升发现问题能力。紧密结合督察区域土地管理特别是农村土地管理制度改革的实际，密切关注土地违法违规新动向以及土地管理中苗头性、倾向性问题，深入思考和分析，不断提高调查研究能力。强化与地方主流媒体的联系，主动提供扩内需保发展和严格规范管理的政策措施，总结推广督察区域内土地管理的先进经验，不断提升宣传协调能力。加强领导班子建设、干部队伍建设和党风廉政建设，以素质提升带动能力提高，树立督察队伍新形象。

国家土地督察济南局
2008年工作总结和2009年工作安排

（2008年12月15日）

一、2008年工作的主要情况

2008年，在部党组和总督察的坚强领导下，我局认真贯彻党的十七大及十七届三中全会精神，全面落实科学发展观，不断解放思想，转变观念，改革创新，开拓进取，各项工作取得明显进展。

（一）深入学习实践科学发展观，试点活动取得新成效

3月份以来，按照中央和部党组的统一部署，我局以高度的政治责任感和紧迫感开展学习实践科学发展观试点活动，圆满完成各阶段任务，实现了预期目标。

一是精心准备，全局动员，迅速投入试点活动。3月31日部试点工作动员大会后，我局立即进行传达学习贯彻。4月3日，成立了由李永杰局长任组长的局试点工作领导小组，制定印发了试点工作实施方案，排出了时间进度表，要求分准备动员、学习调研、分析检查、解决问题、完善制度和总结评价六个阶段有计划按步骤组织实施。

二是强化学习，联系实际，充分开展调查研究。我局采取集中学习和个人自学相结合的方式，

组织全体党员干部认真学习党的十七大报告等各种学习资料，集中观看录像辅导、听讲座，每个人都撰写了学习体会。据不完全统计，党员干部撰写学习心得平均超过1万字。结合理论学习，在全局两次开展“解放思想、改革创新”和“转变作风、增强执行力”大讨论，进一步交流了思想，开阔了思路。“五一”节前，还专门组织全体党员干部到临沂市进行实地调研，走访基层国土所，召开各层次座谈会，促进了学习实践活动与督察工作实际的紧密结合。

三是深入剖析，全面检查，广泛征求各方意见。在活动中，我局专门致函两省一市政府和国土资源部门，并深入到部分土地执法百日行动先进城市，通过问卷调查、调研座谈等形式，就局领导班子和干部队伍作风以及开展土地督察工作等情况征求意见和建议。在此基础上，召开领导班子专题民主生活会，查找出存在的六个方面问题，形成了领导班子贯彻落实科学发展观的情况分析检查报告。

四是解决问题，完善制度，切实完成整改任务。针对梳理出的问题，我局研究制定整改落实方案，提出六项整改任务，落实了七项整改措施，并实行整改工作目标责任制，确保整改落实到位。狠抓制度建设，修订了督察人员工作行为规范等近20项制度。同时，编发我局深入学习实践科学发展观简报13期，对活动进展情况及时进行了宣传总结。试点结束时，向部试点工作领导小组上报了总结报告。

（二）继续巩固百日行动成果，土地执法监管长效机制建设取得新进展

去年百日行动结束后，我局继续加强对后续工作的监督检查，针对百日行动收尾工作、重点案件和重点地区查处整改、“未批先用”整体性处理意见落实等问题，分别由局领导带队赴两省一市多次调度情况、实地督促检查，保持高压态势，确保各项整改措施落到实处。

一是进一步督促加大查处纠正力度，确保百日行动发现的问题依法依规处理到位。对重点地区和典型案件实行分片包区包案，继续跟踪、跟进落实，督促地方政府对5个重点地区和31件重点案件全部对人对事处理到位；对三类土地违规违法案件，全部对人对事处理到位。

二是跟踪督察两省一市对整体性处理意见的落实。督促地方政府对两省一市全部1106宗、18万亩未批先用违规违法案件全部处理完毕。

三是不断加大督察力度，确保了两省一市土地违规违法案件大幅度下降。第八次卫片执法检查数据显示，两省一市违规违法用地宗数、涉及土地面积同比分别下降51.0%和44.7%。其中，山东分别下降39.6%和36.9%，河南分别下降58.4%和50.4%，青岛分别下降92.0%和94.3%。

四是督导两省一市建立完善土地执法监管长效机制。一年来，在我局督促指导下，两省一市各级政府和国土资源部门积极从完善内部协作机制、建立外部联动机制和落实土地监管共同责任三个方面逐步构建土地执法监管长效机制，形成了政府牵头、部门合作、社会参与、群众协管的依法管地用地格局。目前已经建立起动态巡查、培训教育、政府问责、内部执法责任追究等10多个机制和制度。

（三）大力宣传15号令，土地违法问责逐步深入人心

自6月1日三部15号令正式实施以来，我局高度重视，迅速组织全局干部进行系统学习，并采取一系列措施在两省一市进行学习宣传和贯彻落实，确保15号令深入人心，落地生根。

一是召开两省一市学习贯彻15号令座谈会。8月上旬，我局组织召集两省一市政府分管副秘书长、国土资源厅（局）长、分管厅（局）长、执法局（处）长等负责人，认真学习领会15号令，甘藏春副总督察到会并作重要讲话。徐绍史总督察就此专门作出“要系统地认真学习领会并坚决贯彻执行《违反土地管理规定行为处分办法》”的批示。

二是在两省一市全覆盖宣讲15号令。自9月至11月，我局集中2个月时间，派出由局领导分别带队的三个宣讲督察组分赴各地市开展贯彻落实15号令宣讲活动。此次宣讲活动覆盖了督察区域内山东17

个地市（含青岛）、河南18个地市，共召开宣讲会近40场，参加人员近2万，在两省一市引起强烈反响，掀起了当地各级政府和国土资源部门学习贯彻15号令的高潮，使土地违法问责进一步深入人心。

（四）积极推动共同责任机制构建，试点工作进展顺利

为进一步解决影响和制约科学发展的突出问题，共同探索保障和促进科学发展新机制，破解保障发展与保护耕地两难问题，我局和两省一市政府联合开展了构建土地管理共同责任机制试点工作。

一是两省一市党委政府联合出台了支持国家土地督察工作的文件。同两省一市政府和国土资源部门建立起情况报告、沟通联系、信息共享、联合动态巡查等机制制度，初步实现了对土地利用和管理工作的联动联管。

二是制定了与两省一市政府构建保障和促进科学发展土地管理共同责任机制的试点工作方案，确立了试点指导思想和基本原则，明确了目标和任务，拟定了工作步骤和时间安排，对试点工作进行了全面部署，并获得总督察批准。

三是认真开展试点工作。确定了山东临沂、河南信阳、青岛胶南三个试点地区，开展前期调研准备工作，成立了试点工作领导小组及办公室，初步制定了试点工作实施方案，下一步将按计划稳步推进。

（五）积极开展例行督察试点工作，探索督察方式取得新成果

今年以来，我局把开展例行督察作为建立督察工作常态机制的突破口，精心准备，精心组织，圆满完成例行督察试点工作，取得了可喜成效。

一是制订方案，搞好前期准备。局领导多次召集会议研究督察方案，并专门组织到河北沧州学习北京督察局的成功经验和做法。在山东、河南分别选取了6个经济发展水平层次不同的县（市、区）作为试点地区，成立了由15人组成的督察小组。制订了实施方案、工作程序和规范等。提前对这些试点地区的卫片资料进行了分析处理。同时，还集中进行业务培训，使每一名参加督察的人员都对相关情况有所了解和把握。

二是严格督察，全面履行职责。自10月15日至11月14日，督察小组主要采用听取汇报、审核资料、实地核查、座谈讨论、统计分析、反馈意见等方法，对6个试点地区耕地保护、规划计划执行、建设用地管理、土地登记发证、土地执法监察等方面的情况进行了全方位监督检查。1个月的时间，共审阅各类卷宗967件，核查变化图斑1485个，发现并纠正土地违规违法、供地环节等问题10多个，基本了解掌握了这些地区土地利用和管理的情况。

三是认真总结，提炼经验体会。这次例行督察，我局基本上摸清了县一级土地利用和管理的全面情况，发现了两省一市土地利用和管理中一些共性的问题，同时也通过宣传土地政策，认真监督检查，震慑了土地违规违法行为，营造了土地督察氛围。通过与地方政府和国土资源部门的沟通交流，听取了很多很好的政策性建议。在督察中，工作人员撰写心得体会10多篇，也发现了我们自身工作中存在的一些问题，锻炼了队伍，增长了才干，为下一步更好地开展例行督察工作积累了经验。12月份，我们专门向总督察提交了例行督察报告。

（六）不断完善信访发现机制，专项督察有新起色

我局一直高度重视信访工作，将其作为维护社会稳定、确保地方经济社会科学发展的一项重要政治任务，作为了解掌握督察区域土地利用和管理情况的一个重要渠道，作为开展专项督察的一个重要手段，收到了良好的效果。

一是进一步完善了信访督办制度。成立了由局长挂帅的信访工作领导小组，建立了信访工作责任制，进一步规范接访程序，加大信访案件查处力度，努力化解矛盾，维护群众合法权益，促进了当地

社会稳定，获得人民群众好评。全年受理来信来访和领导批示件共825件（次），处结率达到100%。山东省夏津县上访群众还专门送来感谢信，对我局迅速有力处理信访案件表示感谢。

二是积极督促查处了一批重点案件。初步统计，我局共督察河南郑州市布瑞克房地产开发有限公司违法占地建设帝湖花园、山东乳山市荒芜基本农田被焦点访谈曝光等20余起案件，特别是督促郑州市爆破拆除帝湖花园违法楼盘，在当地引起强烈反响，极大地提高了土地督察权威。

三是全力督察重点城市第八次卫片执法检查的整改工作。按照部统一要求和部署，我局多次派出督察组实地督促两省一市有关城市加强第八次卫片执法检查工作，并及时提出整改意见。特别是总督察约谈9个重点城市后，我局加大督察力度，分别派出三个督察组对3个被约谈城市和4个违法用地上升城市进行检查验收和督察评估，确保了重点城市整改到位。

今年以来，我局还就当前土地信访问题进行了专门的调查分析，向总督察提交了土地信访分析报告。同时，重点开展了构建保障和促进科学发展新机制的调研活动，开展了重点地区土地利用和管理情况的调查，提出了意见和建议。

（七）认真开展建设用地报批审核工作，耕地保护责任目标落到实处

今年以来，我局对两省一市全面开展了用地审核工作，加强了农用地转用和土地征收审批事项以及2007年度省级政府耕地保护目标落实和土地利用计划执行情况等方面的督察。

一是首次开展并全面完成了农用地转用和土地征收审批事项的审核工作。制定出台《建设用地审批事项审核暂行办法》及《实施细则》，收集整理两省一市土地利用总体规划图、土地利用现状图等基础资料，对两省一市农用地转用和土地征收审批事项进行了全面审核。共审核报国务院建设用地571宗、5.87万亩；省级政府批准建设用地285批次，单独选址建设用地8宗，共10.97万亩。并对其中20宗地专门进行抽查和现场核查，对存在的问题及时进行纠正处理，责成河南省停止了对豫国土资文[2001]286号文的执行，在全省范围内叫停了将城市建成区范围内的集体土地直接变为国有土地的错误做法，并向总督察写出了报告。

二是监督检查了两省一市2007年度省级政府耕地保护责任目标履行情况。两省一市均层层签订了耕地保护目标责任书，建立完善了耕地保护的各项制度，耕地保有量、基本农田保护面积均实现了责任目标。同时，两省一市土地利用年度计划执行良好，实际批准使用新增建设用地、农用地转用，未利用地面积均未超过计划。对于存在的问题，也向两省一市政府明确提出了整改意见。

（八）集中督察重点地区和重点案件，重点督察显现威力

针对带有全局性、典型性、倾向性和苗头性问题，我局毫不手软，坚决打击，充分体现督察的威力，努力推动地方经济沿着健康有序轨道发展。

一是督促山东省政府认真整改纠正聊城茌平信发铝电集团违法占地问题。在去年全面核查清楚违法事实的基础上，我局针对茌平县违法用地问题发出了整改意见书，要求山东省进行彻底查处，整改到位。期间，我局多次派出督察组，赴茌平县进行现场督促检查。9月底，李永杰局长率队赴聊城茌平对信发铝电集团违法用地问题整改情况进行了检查验收。

二是督促山东省就开发区违规扩区问题进行专项整治。针对德州市擅自扩大开发区用地规模、违规设立工业园区、擅自调整土地利用总体规划违规占用基本农田等问题，我局发出整改意见书，要求山东省在全省范围内对此类问题进行专项整改。半年来，我局始终高度关注整改意见落实情况，密切进行跟踪督察。李永杰局长多次主持召开专题会议安排部署，两次约见山东省政府分管领导，就整改工作提出要求。目前，整改工作进展顺利。

（九）着力推进机关内部建设，督察基础得到新加强

一年来，我局继续坚持“边组建、边工作”原则，进一步加强督察基础建设，不断完善基础设施，提高技术装备水平，改善督察环境和条件，取得了显著效果。

一是财务试点工作有序推进。按照“规范、完善、提高、探索”的八字方针，我局在土地督察系统率先开展了财务试点工作，先后制定印发了10多项制度办法，进一步规范了财务管理工作。

二是工作生活条件逐步改善。逐步添置和完善了多项软硬件办公设施，开通了视频会议系统，加强了信息化建设。职工购房工作进展顺利。

三是保密工作进一步加强。按照保密管理“十不得”、“五禁止”的具体要求，进一步建立健全保密制度，落实保密责任，完善技术防范措施，全年未发生失泄密事故。

（十）大力加强干部队伍建设，干部队伍整体素质有新加强

今年以来，以深入学习实践科学发展观活动为契机，不断加强局领导班子建设和干部队伍建设，在全局形成了心齐、气顺、风正、劲足的良好风气。

一是干部队伍力量进一步壮大。今年在部人事司的大力支持下，招考了3名公务员，选配了3名干部，目前正式人员已达到18名。

二是干部队伍建设进一步加强。建立了学习培训制度，开展了“人人论坛”活动，注重组织学习党的路线、方针、政策、土地法律法规、督察业务知识等，进一步提高了把握大局、驾驭工作的能力。

三是宣传工作明显加强。注重同新闻媒体的协调沟通，与中央和地方主要新闻媒体建立了信息沟通和联络机制，全年在各主要媒体发表宣传文章30多篇。

四是系统内部交流汇报成效突出。我局一直注意在督察过程中及时反映督察进展情况以及两省一市典型做法、成功经验。全年编发各类简报68期，专报63期。这些简报和专报有效反映了我局督察工作进展情况，交流汇报了工作，得到总督察的充分肯定。徐绍史总督察和甘藏春副总督察直接批示达到10多次。

五是党风廉政建设进一步强化。加强组织领导，建立健全党风廉政建设责任制，局长与各处室主要负责人签订了党风廉政建设责任书。加大从源头上预防和治理腐败工作力度，在全局开展了反腐倡廉教育，做到警钟长鸣，不让一个干部因腐败问题掉队。

二、2008年工作的几点体会

通过一年的创新实践，我们深深体会到，要做好土地督察工作，必须始终做到五个方面：

（一）全面贯彻落实科学发展观，是做好土地督察工作的根本统领。国家土地督察机构的设立，本身就是落实科学发展观，解放思想、转变观念的产物。通过近半年的深入学习实践科学发展观试点活动，紧密联系两省一市土地利用和管理现状以及我局工作实际，我们感到，随着城市化、工业化的加快发展，各地建设用地需求量逐年增加，耕地保有量逐年减少，保护耕地和保障发展的矛盾越来越突出和尖锐，不解决好科学发展的问题，就不能破解保护和保障的矛盾，就不能构建土地督察新机制提高督察执行力。全面落实科学发展观，为土地督察工作指明了方向，明确了思路，提出了要求。全面落实科学发展观，就要求我们督察干部必须在政治上、思想上、行动上同党中央、国务院和部党组、总督察保持高度一致，以科学发展观统揽土地督察工作全局，把科学发展观贯穿于土地督察工作的每一环节，准确把握督察区域经济社会发展和土地管理形势，准确把握保护耕地和保障发展的关系，准确把握严格督察和严格监管的内涵，在实际工作中，既要做到保障服务发展，又要做到保护节约资源，从而实现坚守18亿亩耕地红线和促进地方经济又好又快发展的双赢。

（二）构建土地管理共同责任机制，是做好土地督察工作的根本途径。部党组提出构建共同责任机制，在工作实践中，我们越来越体会到这项决策的正确与英明。现行体制下，耕地的保护和开发利用，违法用地的遏制和查处等等，靠督察和国土部门的单打独斗，能解决一些问题，但政府如果不重视，几乎不可能从根本上解决。一年来，我们注意协调地方政府及国土部门的关系，充分发挥各级党委政府的领导、组织、协调作用，调动各职能部门的积极性，在土地执法中不断交流沟通、联动联管，努力探索合力下各自工作的着力点，取得了很好的效果。无论是去年土地执法百日行动，还是今年开展例行督察、建立审核机制、实施联合执法等一系列工作，都形成了上下左右协调联动、齐抓共管、共同负责的格局，这在很大程度上减少了违法，规范了管理，促进了发展。

（三）创造性地开展例行督察试点活动，是做好土地督察工作的重要基础。国家土地督察机构作为解放思想、改革创新的产物，其工作开展是一个不断创新、不断完善的过程。选择例行督察方式作为我们进行督察的常态措施，本身是一种尝试、一种创举。通过我们的试点活动，成功核查了试点地区土地利用和管理的合法性与真实性，全面了解掌握了地方土地利用和管理状况，发现并纠正了许多问题，也查找到了许多政策漏洞，并督促试点地区积极整改，有效推进了土地利用和管理的健康发展。这表明，开展例行督察工作，能够督促和帮助地方切实落实耕地保护责任目标，落实土地调控政策，遏制违规违法乱占耕地势头，确保18亿亩耕地红线，实现地方经济社会的全面协调可持续发展。事实证明，这种尝试和创举适应当前土地利用和管理的形势，符合土地督察工作的需要，是正确的选择，成功的试点，这一方式应成为督察的常态性工作。

（四）大力宣传贯彻15号令，是做好土地督察工作的有效手段。今年以来，在复杂多变的经济形势下，面对保障发展与保护耕地的双重压力，我局精心组织和谋划，以全覆盖宣讲15号令为切入点，按照宣传、预警、威慑、亮剑的“四步工作法”，在两省一市掀起土地问责风暴，进一步促进了地方各级政府和各有关部门土地法律意识的增强，营造了学法、知法、守法、严格依法办事的良好氛围。在工作实践中，首先，我们十分重视对地方各级政府的宣传教育，切实让他们认识到自己应负的责任，做到先礼后兵；其次，及时向政府移交普通案件和历史遗留案件，督促他们自行整改到位，做到预警提示；再次，绝不轻易放过领导批示、群众举报、媒体曝光、网上查询的每一条土地违法违规线索，明察暗访，查清事实，向政府列出清单，要求及时查处纠正，做到高压威慑；最后，针对特别重大的案件、重点的地区，适时出击，重拳出击，精确打击，打点带面，起到“打击一个、教育一批、防范一片”的良好效果。

（五）不断提高干部队伍综合素质，是做好土地督察工作的基本保证。随着土地督察工作的深入开展，对督察干部队伍的政治素质、业务素质和综合素质的要求越来越高，尽快提高干部队伍素质就成为顺利开展土地督察工作的首要任务。我局按照部党组和总督察的要求，努力营造干事创业、科学发展的工作环境。在学习实践科学发展观活动中，领导班子带头查摆问题与不足，分析原因，虚心接受大家的批评，同大家一道制定整改措施，起到了核心和凝聚作用。进一步加强对全体干部的教育，强化业务培训，特别是今年在全局开展“人人论坛”活动，鼓励大家用心思考、用心工作，有力促进了干部业务能力的不断增强。一年来的工作证明，我局全体干部职工勤于学习，善于思考，不怕吃苦、敢于碰硬，在两省一市树立了权威和形象。

三、2009年工作打算

在看到成绩的同时，我们也清醒地认识到，当前土地督察工作中还存在一些矛盾和问题。从两省一市土地管理情况来看，主要表现在：一是两省一市土地违规违法数量虽然呈总体下降趋势，但绝对数值仍然很大，个别地区形势不容乐观。随着扩大内需的进一步深化，违法用地反弹的形势将更为严峻；二是土地违法违规主体下移，涉及农民切身利益，查处的难度越来越大；三是严格规范管理的任务十分繁重，多年累积的矛盾和困难很难立即彻底解决。从土地督察工作自身来看，主要表现在：一是土地督察的各项制度尚不健全，督察形式和手段仍处于探索阶段，方式、方法比较单一；二是构建保障和促进科学发展新机制工作处于起步阶段，作用尚未完全发挥；三是干部队伍业务水平和能力亟需进一步提高。这些困难和问题，我们将在下一步工作中不断改进和完善。

2009年是我国应付国际金融危机，国家实施扩大内需政策措施的关键一年，也是我局实现“一年打基础，两年上台阶，三年大发展”目标的最后一年。做好2009年的工作，对于严守18亿亩耕地红线，保障和促进地方经济社会科学发展，提高两省一市土地利用和管理水平，推动督察工作走向成熟完善具有十分重要的意义。2009年，我局将继续按照部党组和总督察的指示要求，全面贯彻党的十七大和十七届三中全会精神，以邓小平理论和“三个代表”重要思想为指导，深入贯彻落实科学发展观，牢牢把握服务保障和严格督察的主动权，研究督察区域形势服务扩大内需和经济社会发展，实行最严格的耕地保护和最严格的节约用地制度推进农村土地管理制度改革，落实共同责任促进土地管理新机制构建，完善督察机制推动各项督察工作全面提升，为实现地方经济社会又好又快发展做出应有的贡献。

（一）认真贯彻十七届三中全会精神，扎实推进农村土地管理制度改革

进一步认真学习党的十七届三中全会精神，领会精神实质，统一思想，提高认识，明确任务，推进改革。

一是准确把握决定精神，强化舆论宣传引导。要准确把握农村改革发展的整体部署，准确把握农村土地管理制度改革的方向和要求，准确把握农村集体建设用地流转的原则，在全社会大力宣传农村土地管理制度改革的同时，着力宣传好改革中应把握的“两个严格”、“两个规范”、“三个不得”，坚决防止出现改革误区。

二是严格目标落实督察，坚守耕地保护红线。进一步严格监督检查督察区域两省一市耕地保护责任目标的落实情况，重点针对责任目标不完善、责任主体不明确、责任制度不健全、考核措施不落实以及征地补偿安置履行不到位等问题进行督察，提出督察建议。加强动态巡查，凡是占补平衡不到位、耕地保有量减少的，要切实负起责任，督促其整改落实到位。

三是强化农地转用审核，把住建设用地报批关口。进一步建立完善审核机制，把审核作为落实国家宏观调控政策、引导重点建设项目科学合理用地的重要措施，有效控制农用地转用规模，规范地方政府征地行为。

四是加强农村土地信访监督，切实维护农民合法权益。定期分析农村土地信访形势，及时把握信访动态，对群众反映的土地信访问题及时转办、交办、督办，特别是对群众反映强烈的信访问题及时进行督察，督促查处落实，切实化解矛盾，维护社会稳定。

五是组织开展督察区域重点市县农村土地利用和管理情况的调查研究。重点对农村集体建设用地的流转、农村土地登记发证、农用地转用和土地征收、耕地保护和基本农田保护、农村宅基地管理等情况进行调查了解，进一步摸清农村土地利用和管理中存在的一些倾向性、苗头性和典型性问题，深入研究和分析，进一步提出政策建议。

（二）积极应对当前扩大内需的经济形势，全力提供土地督察服务保障

坚决贯彻中央宏观调控政策，坚决落实部党组《关于为扩大内需促进经济平稳较快发展做好服务和监管工作的通知》精神，为扩大内需促进经济平稳较快发展提供好督察保障。

一是督促落实土地调控政策。强化宏观指导，从总量、结构、布局和时序等方面协助政府把好供

地关。督促两省一市加快土地利用总体规划修编步伐，为中央重点投资项目落地留足空间。同时，督促其进一步优化土地利用年度计划指标分配，科学合理安排用地。

二是督促建立用地保障机制。督促两省一市各级政府和国土资源部门进一步简化土地审批和供应程序，建立快速审批通道，提高土地审批和供地效率。

三是加快建设用地审核步伐。提前介入，超前谋划，尽快了解掌握中央新增投资在两省一市的资金投向及项目分配情况、地方配套的部分资金落实情况、各项目用地的审批及实际使用面积、时间等情况，积极配合，协调服务，简化审核手续，压缩审核时限，确保中央新增投资用好、管好、合法快捷用地。

（三）严格履行土地督察职责，防止土地违规违法行为出现反弹

按照“积极主动服务，严格规范管理”的总体要求，认真履行督察职责，加大督察力度，坚持执行“三不”标准，即不减少督察事项，不放松督察要求，不降低督察标准，严格按照15号令实行问责，坚守18亿亩耕地红线绝不动摇。

一是全面展开例行督察工作，逐步建立日常督察机制。进一步梳理例行督察的主要内容、工作流程和工作要求，全面提高例行督察能力和水平。进一步加快向地方派驻督察专员的步伐，全面履行督察职责。

二是继续开展专项督察工作，逐步建立定期督察机制。进一步加强对耕地保护、规划调整、占补平衡、征地补偿安置、建设用地审批、供应、土地登记发证等方面的督察，切实落实最严格的耕地保护制度和最严格的节约用地制度。

三是着力开展重点督察工作，保持土地执法高压态势。重点监督检查监管不力、违规操作、侵犯农民权益和搭车用地等行为，继续对违规违法高发地区、性质恶劣和影响重大的重点案件予以关注，敦促进行整改纠正并切实建立完善土地执法长效机制。

四是继续关注土地信访工作，维护农民土地合法权益。对通过信访等渠道发现的土地违法违规新情况、新问题、新特点，加强督察，及时化解矛盾，维护社会稳定。

五是监督检查卫片执法工作，切实督促落实整改措施。积极认真做好第九次卫片执法检查的整改验收工作，加大督察力度，确保卫片执法检查城市整改落实到位。

（四）全面落实土地管理共同责任，促进地方经济社会平稳较快发展

按照“大家管、大家用”的工作思路，切实推进土地管理共同责任机制的建立完善，不断推动土地管理事业的健康发展，促进地方经济的持续健康发展。

一是加强调查研究，探求破解土地监管难题的有效途径。针对规划修编、土地审批和供应、农地流转等环节的难点、热点，深入开展调查研究活动，对在当前复杂多变的经济形势下如何创造性地开展土地督察工作等提出政策建议。

二是加强对外宣传，努力扩大土地督察的影响和权威形象。结合两省一市实际，进一步加大土地督察工作的宣传力度，营造土地督察的良好氛围。

三是继续开展共建试点工作，进一步完善土地管理共同责任机制。在2008年试点工作顺利启动的基础上，进一步统筹安排，组织试点地区编制试点规划，做出工作安排，推进各项共同责任机制的建立完善，切实解决好保障发展与保护耕地两难问题。

（五）继续加强督察基础建设，不断提高土地督察能力和水平

坚持抓班子、带队伍；抓制度、重管理；抓培训，强教育；抓作风，促改革，不断加强干部队伍建设，提高整体素质，提升督察能力和水平。

一是注重组织学习，不断提高综合素质。进一步加强培训教育，继续开展“人人论坛”活动，学习党的路线、方针、政策、土地法律法规、督察业务知识等。

二是强化制度建设，不断规范内部管理。进一步修订完善各项管理制度，切实做到用制度管事、管权、管人，推进土地督察工作的科学化、规范化。

三是加强基础设施建设，不断提高信息化水平。进一步改善办公条件，加快信息化加设步伐，强化现代高新技术的开发和应用，提升土地督察现代化水平。

四是加强领导班子和干部队伍建设，不断提高驾驭工作的能力。进一步培养督察干部队伍政治素质和业务素质，不断增强政治意识、大局意识和责任意识，树立为国督察、为人民督察的观念，切实提高土地督察的水平。

五是强化党风廉政建设，做到清正廉洁。既要把好土地闸门，又要把好廉政闸门，认真落实党风廉政建设各项规定，建设一支政治上强、业务上精、能打善战的督察干部队伍，不断开创我局督察工作的新局面。

国家土地督察广州局
2008年工作总结和2009年工作安排

（2008年12月16日）

总督察办：

根据你办《关于做好2008年度工作总结和第四季度形势分析的函》（国土督办函〔2008〕12号）的要求，现将我局2008年工作情况和2009年工作设想报告如下。

一、主要工作情况

2008年，我局坚持开展学习实践科学发展观活动与推进工作、支持抗震救灾“三不误、三促进”，在部党组的正确领导和地方政府及国土资源部门的支持配合下，克服困难，开拓创新，各项工作都取得了明显成效，做到了巩固局面，持续拓展。

（一）以学习实践科学发展观活动推动思想解放和改革创新

按照部试点办的部署，我局每个阶段都进行了认真部署和落实检查，注重解决实际问题，讲究实效。通过开展学习实践科学发展观试点活动，增强了我局全体党员干部贯彻落实科学发展观的自觉性和坚定性，提高了贯彻落实科学发展观的能力，切实解决了一些突出问题，新机制建设思路初步形成。

（二）督促落实耕地保护目标责任制取得实效

各省级政府与市县层层签订了耕地保护责任书，落实了耕地保护目标责任制，对耕地保护责任制考核情况进行核查，并针对核查中发现的问题提出改进的建议，促进了广东省考核评估机制、耕地保护奖励机制和耕地保护资源补偿机制的建立，落实1000万元对耕地保护目标责任制完成好的单位进行了奖励和从省级财政划出40亿元专项资金用于补充耕地开发。广西也制定了耕地占补平衡考核办法和耕地保护奖励办法，兑现奖励244万元。此外，督促对未完成耕地保护目标的地方进行整改，使耕地保护责任制真正落到实处。

（三）建设用地审批备案审核和批后监管有序推进

采用日常审批备案和集中核查相结合的办法，对各省区审批备案的材料进行了全面审核，确定了一些重点项目进行现场核查。完善基础工作，加紧开发建设用地审批监管信息系统，落实总督察办建设用地审批审核和备案的制度，开展有关的课题研究，使建设用地审批审核工作有序推进，确保了国家土地宏观调控政策的落实。8月25日～9月5日，我局组成督察组，分别对广东、深圳、海南和广西的土地利用及管理情况进行了专项督察。

（四）巩固百日行动成果，以贯彻15号令推动共同责任机制建立

认真做好“百日行动”成果的巩固工作，各地违法用地总体势头得到遏制，土地执法监管长效机制建设顺利开展，一大批制度正不断推出。把贯彻15号令作为落实共同责任、强化执法监管长效机制建设的重要内容。推动了广东省将违法占用耕地不超过新增建设用地占用耕地总面积的15%的刚性目标进行细化，要求全省各地违法违规用地发现率、立案率、查处率达到100%、结案率达到90%以上。

（五）多种形式的督察整改工作取得初步成果

一是继续督促广东省落实我局去年发出的要求集中清理闲置土地的督察建议书。经过努力，基本查清了闲置土地的数量、分布和闲置原因。闲置土地的处置工作盘活了大量闲置多年的土地，提高了土地利用的效率，缓解了土地供需矛盾。清理工作已经达到了预期效果，集中清理工作已经结束。二是指导和督促广东省集中整治违法用地，及时总结推广广州市番禺区落实属地主要领导责任、以刚性拆除手段进行整改的经验，推动广东省9～12月在全省范围内开展违法用地专项整治，使广东省的违法用地查处创新了手段，遏制了违法用地高发势头。三是已经完成海南省部分地区“以租代征”专项督察。在发现海南省部分地区“以租代征”违法用地严重，在土地执法“百日行动”中未被发现和纠正的情况后，经请示国家土地总督察批准，向海南省政府发出了整改意见书。海南省政府高度重视，采取措施积极整改，取得了明显成效。对违法用地进行了查处，相关责任人受到处分，结合整改工作的落实，催生了一批土地执法制度的出台，推动了土地执法长效机制的建立。经报总督察批准，我局同意海南省结束整改工作。四是督促地方政府妥善处理信访案件和突发事件及时高效。坚持探索信访督察方式，今年以来接待来信来访共272批526人次，坚持对信访反映的问题区别情况，督促地方政府落实有关问题并向我局报告，对重大问题坚持到现场核实督办，维护了群众合法权益，也丰富了土地督察的发现机制。今年以来，信访反映的多起因土地问题引起的突发事件，我们都及时交由有关部门进行了处理，并进行跟踪督办。对部分部里要求督办的信访案件进行了核实和督办，对一些重大的突发事件会同有关省级政府的领导进行现场督办。及时妥善处理发生在广东、广西的多起突发事件，有效维护了社会大局稳定。五是开展例行督察取得阶段成效。9月以来，我局在认真准备、筛选的基础上，于11月15日进驻广西玉林市开展例行督察的试点工作，12月12日，按既定计划提前完成督察时段内的内业审查和外业核查工作，进入报告撰写与数据分析阶段。查明了玉林市2007年10月至2008年10月土地利用和管理的总体情况，总结了好的经验做法，发现了存在的不足和问题，提出了初步的整改建议；进一步拓展了督察形式，锻炼了队伍，树立了形象，扩大了影响，达到了预期的目标和效果。

（六）学习贯彻十七届三中全会精神、加强调研工作取得重要进展

认真学习领会部领导关于全会精神正确理解贯彻的讲话和部党组贯彻全会的通知精神，把握精神实质。深入广东、海南部分地区就农村宅基地审批和确权发证、征地制度改革、土地开发复垦和农村建设用地流转等问题进行调研，加强指导。在今年初制定了局调研课题项目管理暂行办法，局领导带头开展落实科学发展观、贯彻十七届三中全会精神和重点工作调研；组织了对广东省提出产业、劳动

力双转移推进大发展中的土地政策研究，对广西北部湾规划区的土地政策创新研究，对土地审批监管的信息系统开发和制度试点研究，这些研究紧密结合工作重点和地方的热点进行，采用委托科研单位的方式进行，目前已进入成果中期评估阶段。同时，我局结合科学发展观学习试点活动，开展了关于广东佛山“三旧”改造及其启示的调查研究、华南地区违法用地情况及对策研究、广东惠州市国土部门深入实践科学发展观切实维护群众利益工作的调查研究。这些调研工作有些已经完成，有些正在开展，对今后探索破解发展难题，推动科学发展新途径有重要意义。

（七）土地督察的各项基础建设得到进一步加强

一是进一步规范和推进派驻专员工作机制建设，率先制定了《国家土地督察广州局督察专员工作规范（试行）》，总结试点经验，规范专员工作；派驻专员加强巡查和调研、开展政策宣讲等方面取得实效。二是建立与省级政府和国土部门的沟通机制，坚持每年召开华南地区土地督察工作座谈会，不定期约见四省区市领导和国土资源部门负责人，加强工作的沟通协调；并把沟通机制延伸到基层，建立了土地督察联系人工作制度，把土地督察工作联系人建立到市、县，明确了交流沟通渠道，构建了信息沟通平台，使土地督察逐步建立起基层联系点。三是健全了内部制度和工作规范，加强了对年轻干部的培养，大多数人员已经基本适应了工作的需要。目前为止，我局已到位工作人员19人，接近编制总数的2/3。四是制定了土地督察管理信息系统建设规划，并根据年度工作安排和我局当前工作需要，将建设用地审批备案审核管理、土地执法督察管理作为今年开发重点，目前已进入实际开发阶段。同时，建立了局公众网络和视频会议系统，土地管理诚信系统建设也通过了专家评审。

（八）党风廉政和文化建设深入推进

积极探索构建具有华南土地督察特色的惩防体系取得新进展，反腐倡廉教育形式新、效果好，监督措施得力。落实“两项责任分工”，积极推进机关作风建设和领导干部作风建设。全局分层次逐级签订了党风廉政建设责任书，确保责任制落实到位。通过组织开展廉政摄影、征文以及丰富多彩的文娱等活动，将廉政文化引进机关、引进家庭，筑牢各道防线，全局没有发现违规违法现象。

二、当前面临的主要问题

经济社会发展形势中的“两碰头一忧患”正在显现，不确定因素的增加对土地管理提出了新的挑战。总督察要求我们看势要注意“两碰头一忧患”带来的不确定因素，即十七届三中全会激发的改革热情、扩大内需投资带来的用地需求碰头，引发违规违法用地的忧患。从各地的情况分析，这一不确定因素正在放大，1～11月份的违法用地走势明显出现由下降到轻微反弹到明显上升的局面，各地加快跑项目、要指标的热潮已开始涌动，对农村土地进行改革和利用的呼声也十分高涨，为土地管理落实科学发展增加了新的困难。

耕地补充的难度进一步加大，土地利用方式仍然粗放，使落实两个最严格的管理制度面临挑战。经济建设仍处于高峰期，占用耕地的数量和规模仍然很大，但由于耕地的后备资源不足，补充的难度在加大。建设用地的投资强度和产出效率不高，一些地方新的闲置浪费土地还在不断产生，进一步加剧了土地供需之间的矛盾。

解决土地问题突发事件的体制机制不健全，行政行为需要进一步规范。一些地方仍未严格按程序征地，方法简单、粗暴，甚至动用警力解决土地纠纷，引起群众的强烈不满，造成严重的干群对立。一些地方对群众信访反映的问题不重视，长期不处理不解决，群众意见很大，甚至引发冲突。一些地方的领导缺乏高度的政治敏锐性和责任感，缺乏大局意识，缺乏领导艺术，工作方式不当，使一些简单的问题复杂化，基层能解决的问题一定要省级甚至中央领导批示才重视，影响了党和政府的形象，也加大了共产党执政的风险。

土地督察制度仍处在巩固、探索的制度设计阶段。人员少、制度不健全的情况没有从根本上改变，干部队伍工作能力水平还不能完全适应工作要求，工作效率还不够高，这些问题的存在，为当前繁重任务的完成提出了挑战。

三、2009年工作设想

（一）工作思路和目标

以科学发展观为指导，落实部党组关于贯彻十七届三中全会和做好当前工作的决策部署，关注贯彻落实三中全会决定的苗头性、倾向性问题，关注扩大内需的政策取向和完善，关注土地违规违法及问责的态势，明晰工作思路，理顺工作关系，搞好工作布局，创新工作方法手段，在坚守耕地红线、落实中央土地宏观调控政策、加强调查研究、探索督察工作机制创新方面取得新的进展，完成各项土地督察任务。

（二）工作内容安排

1.督促地方执行好最严格的耕地保护制度

要在督促层层签订耕地保护目标责任制的基础上，重点对责任制落实情况进行核查，对发现问题督促整改，总结今年督促广东整改的经验，研究更加规范科学的责任制考核、整改和评估办法，把责任制考核与年度计划执行情况考核、用地审批监管有机结合起来，增强考核的科学性和规范性。同时，要加强划定永久基本农田、落实耕地占补平衡、推进土地整理复垦等工作的跟踪指导和调查研究，及时总结推广各地经验，发现和纠正存在问题。

2.督促地方落实好最严格的节约集约用地制度

一是做好服务，跟踪指导好部服务扩大内需有关土地政策的正确执行，及时发现和研究执行中的倾向性问题，防止违反政策扩大用地范围，占用耕地特别是基本农田。二是严格监管，在总结今年工作的基础上使建设用地审批备案工作完全到位，完善督察一室、三室建设，启动督察二室建设，以机构的完善促进工作的到位；加紧开发审批监管的信息系统，尽快建立各地土地管理诚信评价体系，完善与各省区市国土资源部门的审批备案工作机制，使审批备案工作日常化。三是加强问题研究，在规划控制引导、严格用地标准管理和建立健全节约集约用地实施评价考核制度上加强对地方情况的掌握和实践探索研究，提出有针对性的意见建议。

3.督促各地规范落实三中全会精神

重点跟踪引导各地执行《中央国土资源部党组关于认真学习贯彻党的十七届三中全会精神的通知》的情况，按照总督察“不能等、不能急、更不能乱”的要求，对部党组提出的贯彻要点加强指导，深化研究，掌握地方在贯彻中的重点问题和倾向性问题，及时向总督察报告。加强对农村土地管理制度有关问题的研究，特别是不同地区的差别化研究，探索差别化破解城乡二元结构的土地管理政策措施。

4.加强对土地管理重大基础工作的督察

一是加强土地利用总体规划修编工作的督察，在各地省级大纲已获得批准的情况下，重点跟踪规划在市、县、乡镇的落实情况，指导地方合理分配各项指标，合理布局各类用地，选择部分地区作为联系点重点分析研究，发现并规范落实中的倾向性问题。同时，利用总规修编机会，通过规划备案建立省、市、县、乡镇级规划信息系统，与地方共享基础数据。二是加强对全国第二次土地调查的指导，了解真实情况，掌握相关数据，建立基础数据库。

5.督促地方建立土地执法监管长效机制

一是抓好违法用地的整治，落实15号令并开展问责。二是加强对违法用地的动态分析研究，了解违法用地的动态情况和特点、趋势，掌握规律性。三是总结推广各地长效机制建设试点的经验，加强制度建立和体制机制的完善。四是督促地方加强执法队伍建设和基础建设，改变有的地方队伍薄弱、手段和装备落后的局面。

6.切实加强调研工作

一要结合工作的开展进行调研，在工作一线带着调研题目下去，善于对工作梳理、总结和提高，结合督察业务探索新情况、新问题下的新规律。二要突破一些重点课题，今年立项的重点课题延伸到明年的，要做好成果鉴定和评估；明年要围绕农村土地管理制度改革、土地利用总体规划修编、节约集约用地、土地督察工作机制建设等重点立项3-5个课题，结合服务中心、加强监管进行研究。三要加强对调研工作的考核，把调研能力纳入干部考核内容，鼓励改革创新。

7.加快土地督察工作机制建设

一是继续对土地管理和利用中的突出问题适时开展专项督察，完善发现机制和专项督察工作机制，及时纠正问题。二是在今年试点的基础上，明年对四省区市各选择一个市县开展例行督察，探索例行督察的工作规范，从面上发现问题，掌握情况。三是深化与各省区市的联系沟通机制，巩固督察工作座谈会制度，深化延伸到市县的联系人制度建设，建立市县土地管理诚信评价体系，使与地方的沟通和了解日常化。四是深入推进派驻专员试点工作，在总结推进派驻海南专员试点成效的基础上，创造条件向广西派驻专员，进一步探索派驻专员的工作机制和制度建设。五是建立与地方政府和国土部门的共建机制，推进以落实各级政府纵向责任和相关部门横向责任为主要内容的保障和促进科学发展新机制建设。

8.强化基础建设

一是以科学发展观为指导制定工作规划，形成三年规划和分年实施计划，增强工作的预见性和前瞻性。二是加强干部队伍建设，加大学习培训力度，在工作中压担子，严格要求，在党风廉政建设上严格纪律，打造一支奋发有为、勤于探索、善于攻坚、乐于奉献的督察干部队伍。三是加强制度建设，进一步完善内部管理制度和工作制度，加快规范化管理步伐。四是加强信息化建设，加快完成信息化重大课题，整合各种数据库资源，建立与部和地方共享的重点基础业务数据库；完善局域网建设和视频会议系统建设，加紧建设信息化办公系统，配备完善以信息化手段开展督察业务的系统和装备，提高土地督察工作的技术支持水平。五是加强信息工作和宣传工作，及时与部机关和地方沟通，与新闻媒体沟通，借力推进工作。六是加强文化建设，营造生动活泼、讲党性、重品行、作表率的文化氛围。

国家土地督察武汉局
2008年工作总结和2009年工作安排

（2008年12月15日）

2008年，在部党组和国家土地总督察、副总督察的正确领导和亲切关怀下，在总督察办的具体指导和部有关司局、单位的大力支持下，在湖北、湖南、贵州三省各级人民政府及国土资源行政主管部门的积极配合下，国家土地督察武汉局深入学习实践科学发展观，按照“严、明、勤、廉”和“边组建边工作、以工作促组建”的要求，积极、稳妥、创造性地开展土地督察各项工作，初步探索了一套行之有效的工作机制，组建了一支奋发向上的督察干部队伍，较好地完成了全年工作任务。

2008年主要工作完成情况

一、学习实践科学发展观试点工作取得明显成效

按照部统一部署，我局紧紧围绕“构建保障和促进科学发展的土地督察新机制”这一目标，积极开展学习实践科学发展观试点工作，取得了明显成效。

一是深入学习研讨，努力转变观念，政治业务素质有了新的提高。针对局机关部分处室、部分同志中存在的安于现状、畏首畏尾、惯性思维和业务素质还不适应工作需要等突出问题，坚持集中和自学相结合的方式，着力从抓理论和业务学习、抓大讨论、抓分析检查三个方面促进机关干部思想观念的转变和业务素质的提高，开展了“解放思想、改革创新”学习大讨论，召开了局领导班子专题民主生活会扩大会议。

二是深刻反思总结，努力转变作风，执行力有了新的增强。针对我局刚刚组建，作风和执行力方面存在的实际问题，深入开展了“改进作风，增强执行力”学习大讨论，梳理突出问题，提出改进措施，并积极开展自查自纠活动。

三是着力解决问题，努力推动实践，督察工作有了新的进展。按照徐绍史部长“两不误、两促进”的指示精神，紧密联系督察实际，找准学习实践活动的对接点，并以解决督察工作中的实际问题为着力点，开展了一系列调研工作。

四是着力完善制度，努力创新机制，督察工作有了新的规范。通过制度的“立、改、废”、抓整改方案的落实，加强局内部制度建设。同时，积极探索土地督察工作的新思路、新方法，努力创新工作机制，确立了“保护与保障并重，督察与服务同举”的工作理念。

五是着力加强整改，努力抓好落实，学习实践活动得到新的成果。按照领导班子检查分析出的突出问题、剖析出的主观原因，提出了整改措施，制定了整改落实方案，明确分工，责任到人，抓好整改，确保每一项整改措施落实到位，确保学习实践活动不走过场。

二、基础工作取得新的进展

（一）基础业务建设扎实推进

1.积极构建信息化基础平台。一是按照“四位一体”的设计理念和“四方同步”的建设思路，制定了我局信息化建设规划，启动了信息化建设项目技术编程工作，陆续搭建我局“电子政务”和办公自动化信息技术平台。二是开通了我局门户网站，并根据需要完成了两次门户网站改版工作。三是完成主干网线路铺设工作，实现了局域内网与部主干网的互联互通。完成我局视频会议室建设，开通了我局主要领导与部长办公室视频电话系统。

2.做好信息安全管理工作。强化信息安全保密工作，完成我局内网建设和无线外网建设，实现了内外网的物理隔离。安装了内网信息安全管理系统，强化了信息安全管理责任。

3.努力推进专项信息分析工作。一是广泛收集基础数据动态信息，及时统计汇总各级各类各时期的基础数据和动态信息，为土地督察工作提供参考依据。二是编制《信息摘要》。充分利用网络、报刊、杂志等媒体，收集督察区域社会经济、土地利用与管理以及项目开、竣工等相关信息，共编制《信息摘要》29期，及时掌握了各地土地管理情况，为开展专项督察奠定了基础，也进一步完善了土地督察的发现机制。三是开展专项信息分析工作，服务区域经济发展。通过收集分析辖区三省及所辖市（州）2008年政府工作报告、武汉第三届中博会项目签约信息、土地违法违规数据等相关信息，撰写了《关于第三届中博会湖北省签约项目用地分析的报告》、《关于鄂、湘、黔三省省市两级政府工作报告的分析报告》、《关于鄂、湘、黔三省2008年上半年土地违法违规情况的分析报告》、《关于鄂、湘、黔三省2008年全年土地违法违规形势的分析报告》等，其中《关于第三届中博会湖北省签约项目用地分析的报告》和《关于鄂、湘、黔三省省市两级政府工作报告的分析报告》得到部领导的充分肯定。

4.努力推进土地督察工作标准化、规范化。不断探索总结工作经验，通过总结土地例行督察试点工作，完善了我局土地督察目录，制定了土地例行督察技术规范、内业审核工作规范等；通过开展建设用地审批事项督察，逐步探索出一套行之有效的审核工作模式；通过对应用卫星遥感技术开展督察的工作思路、方式方法、工作内容等进行系统总结，编制了《国家土地督察武汉局应用卫星遥感技术开展督察工作规范》，撰写了《应用卫星遥感技术开展督察工作初探》。通过总结提高，为今后督察工作更加标准化、规范化奠定了基础。

（二）沟通联系工作得到加强

1.湖北、湖南、贵州三省人民政府发文支持我局土地督察工作。三省人民政府分别下发了《关于积极配合国家土地督察机构开展土地督察工作的通知》，明确要求各级地方人民政府、各有关部门充分认识建立和落实国家土地督察制度的重大意义和重要作用，统一思想，明确责任，积极配合、支持我局的土地督察工作。

2.与湖北省人民政府召开了第一次联席会议。按照国家土地总督察关于逐步建立与省级人民政府沟通和磋商机制的要求，我局于2008年9月18日与湖北省人民政府召开了第一次联席会议。双方通报了土地管理、土地督察方面的情况，并就今后沟通和磋商机制的运行达成了一致。湖北省委常委、副省长汤涛同志就如何支持、配合我局土地督察工作作出了明确要求。

3.建立了与湖北、湖南、贵州三省国土资源厅的沟通联系制度。分别与湖北、湖南、贵州三省国土资源厅联合下发了《关于建立土地管理协调配合工作机制的意见》，从建立工作联席会议制度、工作协作配合制度、信息互通制度、运转协调制度、重大课题联合调研制度等五个方面构建相互配合、相互协作、相互支持的工作机制。于2008年2月和7月，召开了两次土地督察联席会议，分别就我局信息化建设和建设用地审批事项督察工作与三省国土资源厅进行了沟通交流。

4.开展了共建督察联系点工作。确定了湖北省黄冈市和武汉市江夏区为我局第一批共建督察联系点。对两个地区的土地管理工作情况进行了调研，围绕构建共同责任机制、开源节流机制、土地执法监管长效机制等保障和促进科学发展新机制，与当地党委、政府进行磋商并达成共识。同时，从共建联系点制度建设、沟通联系机制、共建内容等多方面着手，起草了有关的共建联系点制度规范，以确保共建联系点工作取得实效。

（三）基础建设得到加强

1.工作和生活条件进一步改善。完成了机关食堂改造，配备了各种办公设备，落实了干部周转住房，干部工作和生活条件进一步改善，为督察工作开展奠定了物质基础。

2.督察工作人员得到充实。通过公开招考和系统内选配，新招录8名督察干部，现我局在册督察干部19人，借用干部2人，督察队伍建设得到加强，有效保障了我局工作的顺利开展。

三、调研、宣传工作不断深化

（一）着力加强宣传协调工作，积极营造良好工作氛围

1.着力开展15号令的学习宣传工作。组织召开了鄂、湘、黔三省学习贯彻《违反土地管理规定行为处分办法》座谈会。宣讲了《违反土地管理规定行为处分办法》；交流了鄂、湘、黔三省和武汉、长沙、贵阳三市《违反土地管理规定行为处分办法》的贯彻落实情况和下一步的工作安排；还就土地违法问责制的主体内容、落实情况和监管措施进行了讨论。新华社、人民日报、湖北日报、湖北卫视、长江日报、国土资源报等新闻媒体对会议进行了报道。

2.利用多种方式进行宣传，争取各方支持。一是以各级党政领导为重点，充分利用调研、专项督察、召开会议等各种机会，宣传国家土地督察制度、土地管理法律法规和相关政策。二是加强工作方面的宣传，利用简报、局门户网站等媒介平台，向社会宣传我局工作开展情况，争取社会各界的理解和支持，为土地督察工作开展营造良好工作氛围。

（二）围绕土地管理热点问题，积极主动开展调查研究

1.开展了构建保障科学发展新机制的专题调研

学习实践科学发展观期间，我局组织调研组分别赴湖北省黄石市、宜昌市、长阳县、松滋市等地，通过召开座谈会、与地方政府领导就加强土地管理交换意见等方式，就构建保障科学发展的土地管理新体制新机制进行了专题调研。同时，我局还深入湖北省蕲春县，开展了土地执法监管长效机制建设试点工作调研。

2.开展了农村宅基地管理调研工作

针对日常督察工作中发现的农村宅基地管理问题，我局开展了农村宅基地管理调研。调研组历时两个月时间，实地调查了鄂、湘、黔三省13个市（州）、20个县（市、区）、48个乡（镇）、66个行政村、127个村民小组、208个自然村庄；召开座谈会45场，累计参加座谈900余人，走访农户400余家；召开调研成果修改意见征询会和鄂、湘、黔三省农村宅基地管理政策研讨会，广泛听取各级政府各有关职能部门、基层组织和广大农民的意见和建议，在充分掌握农村宅基地利用现状及其管理中存在问题的基础上；剖析了产生问题的原因；探索了农村宅基地管理的政策措施；形成了《农村宅基地管理调查报告》等调研成果。

3.开展了工业园和重点项目用地情况的调研

2008年7月，我局调研组赴湖北省孝感、鄂州两市对工业园(区)和重点项目用地情况进行了专项调研，详细了解了两市开发区、工业园（区）规划建设、土地利用总体规划实施及调整、建设用地报批及供地等情况。通过调研，我局及时掌握了两市工业园（区）和重点项目用地情况的最新信息和面临的困难，发现了其中存在土地利用率不高、个别项目违规违法用地等问题，有针对性地提出了要求和建议。

4.开展城市主体风景区集约节约用地模式调研工作

联合武汉市土地勘测规划院和东湖国土规划管理分局，我局启动了城市主体风景区集约节约用地模式调研课题。截至目前，该课题调研报告二审稿已修改完毕，我局正筹备专家评审会。

5.启动了土地执法监管长效机制建设的调研

结合我局在武汉市江夏区开展共建联系点活动，会同湖北省国土资源厅，启动土地执法监管长效机制建设，重点探索县级土地执法监管长效机制体系和实施措施，寻求指导县级土地执法监管的有效途径，规范县级土地执法监管工作。

四、督察工作取得新突破

（一）开展土地例行督察试点工作

按照《2008年国家土地督察重点工作安排》，结合湖北、湖南、贵州三省土地利用与管理工作情况和我局督察工作实际，经过充分的前期准备工作，我局于2008年10月20日至11月20日，对武汉市新洲区开展了土地例行督察。通过督察，基本掌握了新洲区2007年实际新增建设用地情况、土地利用计划执行情况、耕地保护目标责任制落实情况、土地执法监察情况、土地调控政策和国家产业政策执行情况等，总结了新洲区土地利用与管理方面好的经验做法，发现了土地利用和管理中存在的主要问题并提出了分类处理意见。通过试点工作，我局积极实践了新的土地督察方式，为增强督察工作的全面性、系统性和主动性，推进督察工作的制度化和规范化作出了有益探索。

（二）完成百日行动后续工作督察

为贯彻落实全国土地执法百日行动总结电视电话会议精神，根据国家土地总督察的要求，2008年3月，我局开展了百日行动后续工作督察，重点督察百日行动中国土资源部和各省圈定的重点地区整改情况、典型案件查处情况以及整体性处理意见落实情况等。通过督察，保证了案件的查纠到位，巩固和扩大了百日行动成果。

（三）完成百日行动成效显著单位保持情况评估工作

按照总督察办的要求，我局分别于2008年8月、10月、11月，会同湖北、湖南、贵州三省国土资源厅，对三省土地执法百日行动成效显著单位保持情况进行了抽查，并结合三省报送的审核意见和我局日常督察工作中掌握的情况，进行了认真的综合评定。有关情况已按要求上报。

（四）全面开展建设用地审批事项督察

1.制定了《建设用地审批事项督察暂行办法》。以国家土地总督察办公室印发的《建设用地审批事项督察办法（试行）》为基础，通过认真开展调查研究，制定了《建设用地审批事项督察暂行办法》，并按照“边试行、边探索、边总结、边提高”的原则，编制了建设用地审批事项督察工作方案。

2.启动建设用地审批事项督察。通过列表登记、分类审核等方式，加强新增建设用地的文本审核、实地核查和后期结果确认工作。共计审核完成督察区域三省1～11月各类新增建设用地文本资料1532份，实地抽查用地现场141处，涉及用地面积1871.0775公顷。向三省国土资源厅发出《督察纠正函》五份、《整改意见书》一份。通过建设用地审批事项督察，摸清了三省土地利用和管理中存在的问题，及时提出了纠正或整改意见，规范了三省土地管理工作。

3.系统总结了建设用地审批事项督察工作经验。通过督察工作实践，已逐步探索出“加强领导，强化宣传——摸清底数，拟定实施方案——文本审核，发函告知——实地核查，侧重真实——注重方式，及时反馈——跟踪抽验，落实整改”的建设用地审批事项督察模式，多次得到了国家土地总督察的鼓励和充分肯定：徐绍史总督察曾在我局上报的专题报告上签批“跟踪督察好”。甘藏春副总督察也在我局上报的专题报告上签批，给予鼓励。我局开展新增建设用地审批事项督察工作的做法，在

2008年11月国家土地总督察办公室组织的全国会议上进行了交流，得到了与会者的好评。

（五）应用卫星遥感技术开展督察工作

2008年5月和8月，我局组织专班，以卫片核查为切入点，对湖北省武汉市江夏区、黄石市、湖南省长沙市、株洲市的土地利用与管理情况进行了督察，并在督察工作思路、督察内容和督察技术方法等方面进行了新的探索。一是创新了督察思路。立足于全面了解和掌握，我局从宏观层面和土地督察的角度对四地的土地利用与管理情况进行了全面审视，对好的做法进行了总结推广，对一些带一定规律性、倾向性和前瞻性的问题进行了归纳分析，并提出了改进和完善的建设。二是拓展了督察内容。督察工作重点拓展到四地2006年至2007年土地利用年度计划执行、建设用地征收和供地审批、耕地占补平衡、节约集约用地、土地执法等方面的情况，从“批、供、用、法”等方面进行了全面系统的调查分析。三是探索了“四个坚持”的督察新方法。即坚持应用遥感技术成果与手持GPS卫星定位仪核查相结合；坚持室外查看用地现场与室内查看有关资料相结合；坚持资料收集整理分析与找当地土地管理部门同志座谈相结合；坚持发现问题与总结经验相结合。

（六）推动建立健全土地执法监管长效机制工作

按照“试点先行，培植典型，逐步推进”的原则，推动三省在湖北省荆门市、武汉市江夏区、枝江市、松滋市、蕲春县，湖南省长沙县、衡阳县、常德市鼎城区和临湘市，贵州省麻江县、遵义县、顶效经济开发区等12个地区开展了建立健全土地执法监管长效机制试点。通过对试点工作的督促指导，确保了三省试点工作的顺利开展，并取得较好成效：湖北省召开专题会议，修改完善29项制度；荆州市荆州开发区聘请36名土地监察信息员，其经费从财政专项列支。湖南省成立了建立长效机制试点单位工作领导小组，并设立了办公室，建立健全市（州）、县（市、区）人民政府土地管理和耕地保护责任目标考核、工作监管、部门协作等15项制度。贵州省在黔东南州麻江县开展了违反土地管理规定行政首长问责制试点工作，并制定了工作方案，麻江县人民政府也出台了相应的暂行办法。遵义县利用无人机遥感监测技术进行空中动态巡查试点已通过认证。顶效经济开发区国土信息员补贴制度已试行。

（七）开展群众举报及领导批转事项核查

一是按照国家土地总督察办公室的要求，我局派督察组赴贵州省毕节地区黔西县，就群众反映黔西县政府在建设黔西火电厂项目征地过程中，违规压低补偿标准，侵吞农民补偿款，导致政府与失地农民关系紧张等问题进行了实地核查。二是赴湖南省，就部领导和总督察办批转的湖南省湘阴县群众反映湖南中兴健康城项目及祁阳县群众反映晒北滩水电站项目建设中存在的问题进行了调查核实。三是赴湖北省咸宁市、武汉市黄陂区、枝江市、仙桃市就群众反映的地方政府在土地管理和企业单位在土地利用中存在的问题进行了实地核查。四是认真处理群众来信来访。截至11月15日，我局共收到群众来信84件，接待群众来访35批次，88人次。其中，我局自行调查核实后转省级及以下国土资源行政主管部门处理的12件，直接转省级及以下国土资源行政主管部门调查核实的87件。通过核查，妥善处理了土地征收、利用领域存在的“以租代征”、房屋拆迁补偿标准偏低、非法占地等问题，纠正了违法行为，切实维护了群众的合法权益。

（八）向贵州省人民政府下达整改意见书

针对建设用地审批事项督察工作中发现的问题，经国家土地总督察批准，我局于2008年8月向贵州省人民政府下达整改意见书，要求该省对违规批准黔东南苗族侗族自治州凯里市2008年第一批次建设用地，修改土地利用总体规划，调整并占用基本农田21.85公顷的行为进行整改。2008年9月，我局对贵州省整改落实情况进行了检查验收。通过整改，贵州省人民政府按照我局整改意见要求，撤销了相关批准文件，停止了项目建设，积极做好相关善后工作。同时，我局要求贵州省以整改为契机，举一反三，出台落实问责制和共同责任机制的规范性文件。

（九）组织完成对湖北、湖南两省第八次卫片执法检查的验收工作

根据部统一部署，9月16日至22日，我局组织对湖北省武汉市、湖南省湘潭市第八次卫片执法工作进行了检查验收。在学习研究国土资源部《关于应用遥感技术开展第八次土地执法检查的通知》和有关政策界限的基础上，制定了《武汉市、湘潭市第八次卫片执法检查验收工作方案》，进一步明确检查验收内容和相关要求。抽查了14宗合法用地的新增建设用地审批、供地、土地登记发证资料和41个图斑资料，检查了24宗违法用地案件卷宗，现场实地核查14处，基本掌握了两市卫片执法工作情况。针对检查中发现的问题，及时与相关政府提出了纠正整改意见，并向国土资源部执法局提交了检查验收报告。

五、党风廉政建设不断强化

（一）认真学习，主动增强反腐倡廉意识。建立了学习制度，搞好形势和政策教育，开展实践科学发展观活动学习大讨论，深入查找问题，分析思想根源，并积极整改。组织赴革命老区湖北省红安县参观学习，接受革命传统教育。通过一系列的学习活动，使全局党员干部受到了深刻的党性、党风和反腐倡廉教育，树立了正确的世界观、人生观、价值观，增强了自觉抵御腐败侵蚀的能力，提高了反腐必胜的信心。

（二）强化措施，不断加强反腐倡廉工作。将党风廉政建设和精神文明建设工作纳入我局2008年工作要点。成立了局临时党支部，建立和完善党风廉政建设责任制，层层签订责任状，形成了主要领导负总责，分工明确，一级抓一级，责任到人，上下协调，齐抓共管，全员参加的党风廉政建设工作格局。

（三）建章立制，抓好积极推进反腐倡廉源头治理。我局十分重视抓廉政制度建设，修订了《机关医疗保障管理办法》等多项配套制度，制定下发了《关于提倡艰苦奋斗勤俭节约精神的通知》等规定。通过各项制度的建立，初步形成了用制度管人、用制度管事、用制度管物的管理机制，有效预防了各类腐败问题的发生。

（四）强化约束，严格财务管理和资产管理。严格执行国家的有关政策规定，合理安排人员经费和日常公用经费。严格执行政府采购制度，并按固定资产管理有关规定进行登记、保管和领用。建立了固定资产管理工作台账，明确了责任人。

六、工作中的一些体会

（一）做好土地督察工作必须以科学发展观为统领

国家土地督察制度的建立是落实科学发展观的具体体现，回顾近两年的实践历程，我们迈出的每一个步伐，付出的每一分努力，取得的每一项成绩，都与解放思想、改革创新密切相关。国家土地督察工作必须始终贯穿解放思想、改革创新，进一步拓宽工作思路，坚定、自觉地贯彻落实科学发展观，坚定不移地用科学发展观统领土地督察工作。如此，督察工作才能方向明确、理直气壮，才能与地方达成共识，共同坚守18亿亩耕地红线，促进地方经济社会又好又快发展。

（二）做好土地督察工作离不开部党组和国家土地总督察的正确领导和关怀

部党组、国家土地总督察的正确领导是我们督察事业健康发展的政治和组织保证，领导的亲切关

怀更增强了我们做好土地督察工作的力量和信心。部党组、徐绍史总督察和甘藏春副总督察对我们的工作和生活非常关心，经常过问，对我局的工作寄予厚望，只要工作做出一点点成绩，就做出批示，充分肯定、鼓励、鞭策。所有这些都成为奋勇争先，努力工作的不竭动力。

（三）做好土地督察工作需要总督察办、部相关司局和地方政府及其国土资源行政主管部门的大力支持与配合

土地督察工作内容多、工作量大、涉及面广，需要总督察办的具体指导和部相关司局的大力支持，也需要地方各级政府及国土资源行政主管部门的支持配合。一年来，在开展土地督察工作中，相关部门在很多方面给予我们指导、支持和帮助，确保了我局土地督察各项工作的顺利开展，并取得了明显成效。

（四）做好土地督察工作要拥有一支高素质的督察干部队伍

土地督察涉及土地利用与管理工作的方方面面，坚守18亿亩耕地红线任重道远，做好土地督察工作必须拥有一支高素质的干部队伍。一年来，在部党组和总督察的亲切关怀下，我局的队伍建设得到了进一步加强，人员素质不断提高，责任意识不断增强，执行力明显提升，为督察工作的开展奠定了坚实基础。

（五）做好土地督察工作必须要有开拓创新的意识、扎实的工作作风和团结协作的精神

土地督察是一项全新的事业，没有任何经验可以借鉴，做好土地督察工作，必须要有开拓创新的意识、扎实的工作作风和团结协作的精神。一年来，我局积极探索督察工作的新思路、新方法，努力创新督察工作机制；在工作中不搞形式主义、不做表面文章，创造实实在在的工作业绩；团结协作，加强局各处室的沟通与配合，较好完成了局全年工作任务。

（六）做好土地督察工作要以新技术、新方法为支撑

土地督察工作是一项系统工程，采取传统的方法已很难满足需要。做好土地督察工作，必须运用科技手段，借助现代信息技术提升土地督察能力和水平，这样才能达到部提出的“天上看、网上管、地上查”的督察工作要求。一年来，我局积极开展基础信息化建设，应用卫星遥感技术开展督察，并将GPS技术运用于土地督察工作中，手段不断完善，大大提高了土地督察工作的效率与质量。

七、工作中存在的主要问题

（一）抓学习还不够紧，工作水平还不能完全适应督察工作要求

由于人员少，督察工作任务重，应急性工作较多，虽制定了学习制度和学习计划，但用于学习的时间还不够多，学习还不够系统，督察干部的工作水平还不能完全适应督察工作的高标准、严要求。

（二）创新意识还不够强，工作的方式方法还不能完全满足督察工作需要

工作上的开拓创新精神还不够，“闯”劲还不足，视野还不够开阔，督察的工作思路、方式方法还处于探索阶段，对督察新技术、新方法的运用还不够，在一定程度影响了督察工作的效率和质量。

（三）与督察区域三省的沟通联系制度还没有得到很好落实

与湖南、贵州两省人民政府的工作磋商机制还未能很好建立，与三省国土资源厅建立的沟通协作制度还未能得到很好落实，导致一些督察工作的正常开展受到了影响。

2009年工作初步安排

2009年，我局工作的总体思路是：以科学发展观为指导，深入学习党的十七届三中全会精神，落实党中央、国务院、部党组的工作部署，继续按照“围绕一条主线，抓住三个重点，建立三项机制”的工作要求，以构建保障和促进科学发展新机制为核心，深入思考，努力探索，建立健全土地督察工作机制，扎实推进国家土地督察工作，为推进保障科学发展的土地管理新机制建设，促进经济社会又好又快发展作出新的贡献。

重点做好以下工作：

一、继续加强基础工作

（一）继续加强基础业务工作

继续加强信息化建设，努力推进“电子政务”和办公自动化。继续加强对基础信息工作的收集、统计和分析，为开展督察业务工作提供技术支撑和信息服务。

（二）继续加强督察工作机制建设

1.用立体的方法，构建土地督察发现机制

建立日常巡察制度，构建全方位的督察网络。开展对国家、省、市重点建设项目以及各省建设热点地区的巡察工作。加强对各地经济建设信息的收集，加强对信访案件处理情况的跟踪督察。

2.用科学的方法，构建土地督察工作协调配合机制

一是要构建土地督察沟通协调网络。即积极主动与各级政府和土地管理部门沟通联系，用多宣传、多协调、多沟通、多交流等多种形式，多种方法来实现“相互配合、相互协作、相互支持”信息互通、运转协调的工作机制。

二要抓共建试点。以保障和促进科学发展土地管理新机制工作为核心，以共同构建土地利用新机制、共同建立耕地保护新模式、共同完善关注民生的新机制为重点，以督察和服务为手段，督促地方政府加快土地利用总体规划的修编工作，探索土地利用计划奖励考核政策实现的有效途径，大力推进集约节约用地，促进重大土地开发整理项目的申报和实施工作，引导地方进一步规范集体建设用地流转，完善新增建设用地报批绿色通道建设，支持并服务于地方经济社会发展。

三是要将与三省建立的联席会议制度等沟通协调机制落到实处。

3.用创新的思维，构建土地督察预警机制

一是密切关注农村土地管理中苗头、倾向性问题。组织开展督察区域重点市县农村土地利用和管理情况调研，督促三省政府和国土资源管理部门严格依法依规管理农村土地。

二是密切关注并支持武汉城市圈、长株潭城市群“两型”社会综合配套改革试验区的建设，并就督察区域内土地管理热点、难点等问题进行调查研究。

三是密切关注湖北、湖南、贵州区域内新增中央投资计划项目的实施。

四是加强对土地违法违规形势的分析。及时掌握辖区三省土地违法违规的数量、违法类型、区域分类、违法主体等情况，以对督察区内土地违法违规形势作出正确判断和预测，对督察工作作出有针对性的安排。

4.用全新的理念，构建土地督察快速反应机制

加大对重点地区和重点案件的督察力度，加强对群众反映强烈信访问题的专项督察。进一步完善对热点、难点问题和突发事件的快速反应机制，通过静态的信息收集与动态的实地巡察相结合，对所督察范围进行随时随地地督察，随时掌握督察区域的用地情况。通过领导批示、新闻媒体等多渠道收集信息，及时掌握督察区域用地的动向。通过定期巡回督察和重点督察，及时发现问题，及时督促地方纠正整改，防患于未然。

5.用有效的措施，巩固共同责任机制和土地执法长效机制

进一步加强15号令的宣传和落实，严格土地违法问责。督促地方政府落实共同责任机制，特别是国土、规划、建设、发改、公安、工商、农业等部门配合工作机制和耕地保护的共同责任机制，稳步推进土地执法监管长效机制的建立。

（三）继续加强宣传工作

促进宣传的规范化、制度化，建立新闻网络，创新宣传方式，加强与新闻媒体的联系，加强对法律法规和政策的宣传和对专项督察、重点督察等工作的宣传。

（四）继续加强调研工作

主动开展对督察区域内经济发展、项目建设、土地管理、土地利用、耕地保护、土地执法等方面的热点、难点问题调查研究，提出改进改革土地管理工作的政策建议。

特别要密切关注农村土地改革，扩大内需促进经济平稳较快发展，严格规范管理、提供保障和服务，贯彻落实违反土地管理规定行为处分办法，基本农田建设与保护，节约集约用地等方面的情况，并加强调查研究工作。

（五）进一步加强后勤保障工作

进一步加强基础建设，创造条件，提高对督察工作的保障能力，解除工作人员的后顾之忧。

二、扎实推进督察业务工作

（一）继续深入开展例行督察工作

总结推广例行督察试点工作经验，完善例行督察方案，以点带面推动督察工作向纵深发展。2009年完成对湖南省郴州市、贵州省清镇市、湖北省天门市的土地例行督察工作。

（二）组织开展农村土地执法专项督察

认真落实十七届三中全会精神，组织开展土地执法专项督察，为农村土地制度改革提供保障。继续保持高压态势，严防违规违法用地反弹。专项督察中，加强对农村集体建设用地流转的监督，保障和促进集体建设用地依法流转、规范流转，健全规范农村土地管理制度，促进农村土地制度改革规范有序进行。

（三）重点开展新增中央投资计划项目用地督察

督促地方人民政府认真落实国务院部署，加强对新增中央投资计划项目用地的监管，加强对占用耕地特别是基本农田、规划调整、占补平衡和征地补偿安置的监管，加强对建设用地审批环节规范操作的监管，加强对国家宏观调控措施落实情况的监管。将监管不力、违规操作、侵犯农民权益和搭车用地，作为专项督察和例行督察的重点。对违反土地利用总体规划，违法违规占地，突破土地利用年度计划，耕地保有量和基本农田保护面积不达标的地方人民政府主要负责人实行严格问责。

（四）稳步推进建设用地审批事项督察工作

围绕服务扩大内需、规范农村土地管理制度、支持武汉城市圈和长株潭城市群“两型”社会综合配套改革试验区的建设，重点加强对建设用地审批事项的实地核查、跟踪督察和整改落实工作。注重文本审核的及时性，主要是加快对地方社会经济发展有较大影响的基础设施和招商引资项目的用地审核的速度；加强审核结果的确认与反馈工作，坚持精确的“定点、定位”督察；坚持督察与服务并举，注重加强用地的批后监管督察，防止“批、供、管”不一致，以及“搭车”用地的现象发生，加强对建设用地审批过程中出现的新情况新问题的调研，提出规范管理的政策性建议；坚持建设用地审批事项督察与其他的专项督察、例行督察有效衔接的原则，实行点面结合、互相补充，形成具有武汉局特色的用地审核机制。

（五）继续开展卫片督察工作

在充分利用部2009年对湖北、湖南、贵州三省重点城市卫星遥感监测成果的基础上，选择湖北、湖南部监测范围外重点地区、重点区域进行卫星遥感监测，开展土地督察工作。充分利用湖北、湖南、贵州三省第二次土地调查成果，力争在监测的实时性和督察的快速反应方面取得新的突破。

（六）进一步加强耕地保护目标责任督察

积极参与对省级人民政府2008年耕地保护目标责任考核，根据考核结果开展对耕地保护突出问题的督察整改。督促省级人民政府以2009年土地利用计划为依据，层层签订耕地保护目标责任书，落实耕地保护共同责任。

（七）根据需要及时开展配合性督察工作

配合国家和国土资源部重要土地政策的实施和重大的行动的开展，及时开展配合性督察工作，以保证国家土地政策的正确实施和重大行动的顺利开展。

三、进一步加强队伍建设

（一）积极学习，提升工作水平

1.认真地学习政治思想理论。树立正确的人生观、价值观，树立为国督察的神圣使命感。

2.系统地学习土地管理法律法规和政策。努力学习业务知识，做到业务精通。切实履行职责，准确把握政策，强化监管督查，确保扩大内需促进经济平稳较快发展的各项政策措施和十七届三中全会精神在严格规范管理中落到实处。

3.学习科学的工作方法。重点是学习调查研究、问题分析、沟通协调等方面的工作方法。

4.加强对新的科学技术的学习与应用。学习运用科技手段和现代信息技术，提升土地督察能力和水平，不断提高度队伍的科技素质。

（二）加强党风廉政建设

1.进一步加强督察基础工作，在制度化、规范化上下功夫。根据队伍不断壮大的情况和督察工作的要求，进一步加强内部制度建设、队伍建设、党风廉政建设和保密工作等基础建设。不断增强督察队伍的执行力，树立土地督察机构清正廉洁形象。

2.进一步落实党风廉政建设责任制。建立健全各项规章制度，强化措施，加大源头反腐工作力度，把反腐倡廉工作推向一个新的高度。

国家土地督察成都局
2008年工作总结和2009年工作安排

（2008年12月10日）

根据《关于做好2008年度工作总结和第四季度形势分析的函》（国土督办函〔2008〕12号）要求，对照《2008年国土资源管理工作要点》和《2008年国家土地督察重点工作安排》的要求，我局对2008年的重点工作进行了梳理和总结，对2009年度工作进行了认真研究。

一、2008年重点工作完成情况

按照总督察的统一部署，2008年我局认真学习党的十七大精神，深入贯彻落实科学发展观，进一步转变观念、改进作风，攻坚克难、锐意进取，积极探索土地督察工作新机制，切实履行国家土地督察职责，各项工作取得了显著成效。

（一）继续做好土地执法百日行动后续工作

对重庆、四川、云南和西藏4省（区、市）百日行动后续工作进行了督办，督促重点地区和典型案件整改查处到位，未批先用整体性处理意见全面落实，建立健全土地管理长效机制。按期完成对4省（区、市）百日行动工作总体评价，形成了《重庆四川云南西藏四省区市百日行动工作评估意见的报告》报部。对督察区域百日行动成效显著单位保持情况进行了认真评估，并按要求进行排序报总督察办。

（二）认真开展了2007年土地利用年度计划执行情况和耕地保护目标责任制度落实情况专项督察

对4省（区、市）土地利用年度计划执行情况和耕地保护目标责任制度落实情况进行了督促、检查和评估，向总督察呈报了计划执行情况和耕地保护目标责任落实情况两个专项督察报告。

（三）积极探索派驻土地督察专员试点

按照国家土地总督察的部署，我局开展了向重庆市派驻国家土地督察专员试点工作。对派驻土地督察专员的制度建设、工作机制、职能定位、后勤保障等方面进行了积极探索，取得了初步成效。先后有效开展了例行督察、重点督察、专项督察和专题调研，发现并督促重庆市九龙坡区、大渡口区、荣昌县、南岸区和渝北区查处整改了一批重大土地违规违法案件，对重庆经开区、建桥工业园、板桥工业园等10余个开发园区的土地利用情况进行了专题调研。通过派驻专员试点工作，进一步增强了干部群众依法管地用地的意识，遏制了当地土地违规违法的势头，促进了地方土地管理长效机制的建立。

（四）扎实有效地开展了例行督察试点

经认真调研与充分协调并报请总督察批准，我局先后启动了对云南省玉溪市和重庆市渝北区、南岸区的例行督察试点工作。按照制度先行、精心组织、严明纪律、质量管控、边查边改、标本兼治的总体思路，围绕建设用地“批、供、用、补、查”的主线开展例行督察，共审阅案卷2641件，核查地块441宗，掌握了3市区土地利用和管理情况，总结了好的做法和典型经验，发现并查纠了一批典型案件。督促玉溪市政府及时制止了澄江县违规建抚仙湖高尔夫球场项目，撤销了易门县违规设立的工业园和通海县违规修建县“四大班子”办公楼的立项批文。督促重庆市政府整顿规范各类开发园区的设区扩区，南岸区纠正耕地集中减少的行为。渝北区已对123宗违规违法用地进行严肃查处，拆除违规违法建筑30余万平方米。例行督察地区建立了完善体制和加强土地管理的长效机制。

（五）启动4省（区、市）建设用地审批事项审核工作

研究制定了局《建设用地审批事项监督检查暂行办法》、《建设用地审批事项审核规程》和相配套的统计表格，召开督察区域内4省（区、市）建设用地审批事项监督检查座谈会。经甘藏春副总督察批准，年初即启动了对云南省政府建设用地审批事项审核试点工作，之后向其他3省（区、市）国土资源厅(局)发文，全面开展了建设用地审批事项审核工作。

（六）及时督促地方政府查处重大违规违法案件

继续加强对“以租代征”等问题的监督检查，遏制土地违规违法行为。根据领导批示、信访举报、动态巡查、卫片执法检查和媒体通报信息，对四川彭山县恒大集团以租代征修建别墅、江油市巴蜀燃煤发电厂未批先用，重庆九龙坡区博士农业科技园以租代征、大渡口区建桥工业园违法用地、荣昌县城市建设违法用地，云南玉溪市红塔区乡镇企业违法用地等重大案件，督促有关地方政府进行严肃查处。

（七）加强调查研究工作

完成了成渝统筹城乡综合配套改革试验区土地制度改革创新、成都市建立耕地保护基金制度、峨眉山市借助电信视频监控基本农田、昆明市“城中村”改造土地利用等专题调研。配合部规划司完成了城乡建设用地增减挂钩试点情况的调研。形成了《农村集体建设用地流转制度改革》的调研报告。起草了《关于建立国土资源保护开发利用评价指标体系问题的思考》。适时启动了农村土地管理问题、现行征地制度实施问题以及建立土地管理长效机制等课题的调研。十七届三中全会后，就成都市农村土地流转有关问题进行了专题调研，形成了《关于成都市成立农村产权交易所有关情况的调研意见》报总督察。

（八）积极稳妥地开展共建土地管理新机制试点

按照总督察的指示，我局选择云南省曲靖市、大理白族自治州政府和西藏山南地区行署作为共同推进保障科学发展土地管理新机制试点地区，在探索建立宏观调控、共同责任、开源节流、统筹城乡用地、维护权益和土地督察等新机制方面进行有益尝试，及时掌握基层土地管理情况，完善与有关地方政府共建责任机制。目前我局与曲靖市、大理州政府保障科学发展土地管理新机制试点工作正有序开展，初步建立了联席会议、联合调研等制度。曲靖市政府出台了严格土地管理的6个文件，全方位地加强了土地执法监管；大理州重新调整了城市发展总体规划，强化了对基本农田的保护。与西藏山南地区行署共建前期工作已经完成，待总督察批准后实施。

（九）加强与4省（区、市）政府及国土资源部门的沟通协调

1月，召开了4省（区、市）政府分管秘书长座谈会，对进一步建立和完善与省级政府的协同工作制度、全面开展审核工作等方面达成了共识，4省（区、市）政府及时出台了支持土地督察工作的文件。7月，召开了4省（区、市）国土资源厅（局）及省会城市国土资源局分管领导参加的土地管理形势分析座谈会，对土地管理和土地违规违法情况进行了分析，深入研究了土地管理面临的形势和存在的问题，提出了建议。

（十）加快土地督察信息系统建设

建立了局门户网站，开通了电子和影像举报平台。商部信息中心提出了信息系统建设总体方案和应用三维平台进行动态监测工作方案。积极加强与成都市共同开展耕地保护动态监测、与四川省测绘局开展土地督察数据和系统建设等共建和协作。初步建成了局基础地理信息系统、土地利用总体规划和耕地占补平衡核查系统、成都市耕地保护动态遥感监测系统。初步完成了重点城市、重点地区遥感监测和数据库建设工作。

（十一）加快土地督察基础工作

认真学习贯彻15号令，在《中国国土资源报》刊登学习体会专版，组织督察区域内市州政府主要负责人撰写学习体会文章，召开局与驻地新闻媒体通报会，加大对土地管理法律法规和国家土地督察制度的宣传。高度重视信访工作，全年共接待来访84批次、来信248起、网上举报44起，及时进行了分类处理。

建立健全了内部管理制度。在部人教司的支持下，进一步充实了督察干部队伍。完成了局干部住房公积金、医疗保障工作。切实采取措施加强了局计算机保密安全。全面启用了部财务管理信息系统，较好完成了局财务管理和核算工作。全面启动了局办公用房的改建。

（十二)全力参与抗震救灾工作

“5·12”汶川特大地震发生后，我局全员动员，组织工作组深入灾区一线，全力以赴参加抗震救灾和支持灾后恢复重建。努力做好部抗震救灾前线指挥部的联络辅助和后勤保障工作，及时向部报告灾情和四川国土资源系统抗震救灾工作情况。组织干部职工积极向灾区捐款捐物。及时开展支持灾后重建土地政策的调研，向部提出了《支持四川省抗震救灾和灾后重建的土地政策建议》。参加了抗震救灾和灾后重建规划的研究和编制工作。

（十三）深入开展学习实践科学发展观活动

按照部试点工作方案，结合我局实际，扎实开展了深入学习实践科学发展观活动。经过准备动员、学习调研、分析检查、解决问题等阶段的活动，结合抗震救灾和灾后重建，深入思考和践行科学发展观，取得了一系列成果。进一步加强和完善了内部管理规章制度，研究制定了派驻督察专员、例行督察等业务工作制度，探索研究建立共同责任机制、保障科学发展的土地督察机制、土地执法长效监管机制、土地督察责任机制等，形成了学习实践科学发展观试点活动的重要成果——《探索科学发展之路——西南地区土地管理热点问题调研》。

二、2009年工作安排

（一）继续做好例行督察工作

计划在重庆、四川、云南三省（市）选择5个市（州、区）开展例行督察。

（二）做好专项督察和重点督察工作

开展对四省（区、市）耕地保护目标责任制落实情况、土地利用年度计划执行情况等工作的专项督察。对发现的严重土地违规违法问题，及时进行重点督察。

（三）继续做好派驻督察专员工作

在认真总结派驻重庆专员试点的基础上，积累经验，稳步推进派驻土地督察专员工作。

（四）全面贯彻落实15号令

利用卫星遥感、动态巡查、实地核查等多种方式，对土地违规违法重点地区，依据15号令的有关规定，督促地方政府对有关单位和责任人进行查处追究。

（五）继续开展共建保障科学发展的土地管理新机制试点

深入开展云南省曲靖市、大理白族自治州保障科学发展土地管理新机制试点工作，力争取得明显成效。扎实推进与西藏山南地区行署的共建，扩大与地方人民政府共建保障科学发展的土地管理新机制试点范围。

（六）服务经济发展大局，全面开展建设用地审批事项审核

围绕当前中央“保增长、扩内需、调结构，推动平稳较快发展“的经济指导方针，采取各种方式，积极主动服务，加强对新增建设项目用地的监管，严格耕地保护和节约集约用地，注重保护农民利益，维护社会稳定，保障国家宏观调控措施落实到位。

（七）开展专题调研

开展督察区域土地管理热点、难点问题调查研究，尤其是对农村土地管理制度改革、灾后重建土地支持政策落实情况、统筹城乡综合配套改革试验区土地政策落实等情况的调研，提出改进改革土地管理工作的政策建议。

（八）加强土地督察信息化建设

开展土地利用真实性核查系统数据库建设和更新维护，开展规划修编等资料真实性核查。做好基础地理信息系统、土地利用总体规划及耕地占补平衡核查系统、成都市耕地保护动态遥感监测系统的运行维护、基础数据更新。进一步完善局门户网站和在线举报平台，建成远程办公系统和视频会议系统。

（九）切实做好基础性工作

加强干部队伍建设，强化政治学习、廉政建设和业务培训，全面提升干部综合素质。完成局办公用房的改建和搬迁。切实做好局人事、财务、宣传、信访等工作。

国家土地督察西安局
2008年工作总结和2009年工作安排

（2008年12月15日）

国家土地总督察：

2008年以来，在部党组、总督察和副总督察的正确领导下，我局克服诸多困难，开拓创新，稳步推进督察工作规范化建设，全面履行监督检查职责。目前，年度工作任务完成顺利，重点地区土地违规违法行为得到有效遏制，西北地区土地利用和管理形势持续好转，耕地保护目标责任逐级落实，督察工作成效明显。

一、重点工作任务完成情况

（一）深入开展学习实践科学发展观活动，统一思想、提高认识、明确方向

3月31日部动员大会后，我局立即成立试点工作领导小组及办公室，抓紧制订实施方案，细化了

30项工作任务，明确了承办人。局领导带队，赴陕、甘、宁3省（区）16个市（县、区）开展了3次大规模调研活动，听取地方政府和国土部门对我局工作的意见和建议。局临时党支部先后召开了3次学习研讨会、4次民主生活会，交流学习体会，在去年底、今年初2次务虚会基础上，更进一步查找存在问题、制定整改措施、明确发展方向，全体职工牢固树立了“既要关注结果又要关注过程，既要关注大局又要关注细节、既要关注一般又要关注特殊、既要关注形式又要关注内容、既要关注表态又要关注落实、既要关注经验又要关注创新”的精细化管理理念，行政执行力大幅度提高。截至8月26日，我局试点工作各阶段任务全部完成。测评结果表明，全体职工对此项工作的满意度达到了100%。

（二）共建保障和促进科学发展土地管理新机制，试点先行、探索经验、逐步扩展

2月28日，我局与甘肃省政府选择平凉市作试点，共同探索保障和促进科学发展土地管理新机制。为推动试点工作的开展，我局与甘肃省国土资源厅组成联合工作组多次赴平凉调研指导。部领导也对平凉试点给予了亲切指导。5月中旬，徐绍史总督察在甘肃省检查抗震救灾工作时，专门就共建试点与省政府领导交换了意见。截至8月31日，平凉试点工作基本结束，建机制、破难题、促发展的总体目标已经实现。全市整体试点工作也得到了中央、甘肃省深入学习实践科学发展观活动试点工作领导小组的充分肯定。7月16日，我局与宁夏回族自治区政府共同启动了吴忠市的共建试点。为扩大试点成果，形成长效机制，目前，我局已将共建试点扩展为长期联络点，与陕西、新疆等省（区）的长期联络点即将启动。四季度以来，我局借多次会议机会，向陕、青、宁、新等省（区）推介了平凉经验。

（三）科学应对“5·12”大地震及余震，快速反应、心系灾区、展示风范

5月12日以来，面对强震及余震威胁，局领导沉着应对、指挥有力，全体工作人员相互协助、坚持工作，及时与上级保持了通讯联络，总结形成“沉着应对、科学避险、相互协助、定点集结、有备无患”的20字抗震方法；制订抗震预案，分楼层明确抗震组长，全局做到了无人身伤亡、无财产损失；迅速采购应急物资，保持应急状态，保证了工作的正常运转；党员克服家庭困难，冒着余震风险坚持工作，发挥了模范带头作用；为成都局急送抗震帐篷，强化了与各兄弟局、西北地区国土部门的沟通联系；陪同徐绍史总督察深入重灾区查看灾情，提出了灾后重建政策倾斜建议；全局职工3次捐款，党员缴纳特殊党费，展示了众志成城的良好形象。

（四）深化耕地保护目标责任考核制度，调整内容、健全体系、严格计划

去年底至今年初，我局采取多种方式建议各省（区）完善考核制度，督促各地抓紧签订目标责任书。截至3月25日，6个省级机构全部与市（州、地、师）签署了耕地保护目标责任书，西北继续成为在全国较早完成考核任务的地区。宁夏、甘肃、新疆3省（区）政府一把手亲自签订责任书。同时，针对西北地区用地项目报件少、面积小、周期长、过于分散等特点，我局将遥感监测、实地督察、调研活动和建设用地报批审核统一部署、结合开展，提高了工作效率，强化了对省级机构土地利用年度计划执行情况的督察，各省（区）和兵团新增建设用地、建设占用耕地等指标均未突破国家下达计划，陕西、甘肃、宁夏、新疆4省（区）受到部奖励。

（五）加强与6个省级机构的协调互动，宣传政策、强化责任、营造氛围

为宣传贯彻国务院促进集约节约用地通知与违反土地管理规定行为处分办法等重要文件，在局内充分研讨领会的基础上，针对今年西北6个省级机构和国土资源部门的领导换届较多的情况，我局先后召开了西北地区土地督察工作座谈会和土地利用管理政策研讨会，与6个省级机构和国土资源部门形成了严格违法违规责任追究、共同探索保障和促进科学发展土地管理新机制的共识。至今年5月中

旬，6个省级机构全部下发支持配合土地督察工作的文件。6月份以来，采取多种方式督促各地加大宣传贯彻15号令的工作力度。甘肃省政府成立了多部门主要负责人参加的领导小组，宁夏回族自治区政府办公厅出台了《关于违反土地管理规定行为处分办法的实施意见》，陕西、新疆、青海等省（区）转发文件并组织开展了大规模的学习宣传活动。目前，西北地区已经营造了浓厚的学习宣传贯彻15号令的工作氛围。我局已将重点地区的年度比对资料，交由各地开展核查。

（六）继续加大土地利用和管理督察力度，巩固成果、遏制反弹、立足长远

今年以来，我局先后布置11个批次、涉及5省（区）和兵团的53个市（地、州）、93个县（区）的遥感监测，基本覆盖了西北地区主要地级市和热点地区，面积达129390.6 平方公里；将这些遥感监测资料以最快速度无偿提供给当地国土资源部门核查使用，同时为青海、新疆、宁夏3省（区）国土资源部门培训了200多人的核查业务骨干。

与此同时，我局按经济发展水平、用地需求程度、违法案件发生情况，对西北地区分类实行差异化监管，对关中平原、银川平原等地区实行重点监控。局领导利用各种机会，先后多次约见6个省级机构的3位省长（主席）、6位分管省长（主席）和6位分管秘书长，通报遥感监测结果，沟通巩固百日行动成果、建立长效机制等事宜；先后派出24个督察组，对部、省确定的重点地区、典型案件及我局遥感监测发现违规违法案件的查处开展督察，督促地方政府整改，取得了明显的工作效果。

今年年中，经过半年形势分析，我局确定西安3县（区）和宁夏2市为土地违规违法行为重点反弹区，我局拟向宁夏回族自治区政府发出督察建议书，由于地震和宁夏回族自治区成立50周年大庆等因素，在甘藏春副总督察指导下，我局采取了约谈省级领导、通过省厅下发整改建议书等方式，督促当地加强整改。随即又对陕西省咸阳、榆林等7市（区）卫片监测发现违规违法行为的查处情况开展专项督察。目前，发现的1006宗违规违法案件中，立案894件，处理到位338件，自行纠正99件；罚款3377万元，拆除面积109128平方米，复垦耕地970亩；党政纪处分58人，追究刑事责任5人。

目前，各省（区）和兵团的未批先用行为整体性处理意见全部落实，各地配合15号令的贯彻实施，探索建立了联合执法、案件移送等制度，西北地区土地执法长效机制正在形成。截止12月10日，西北地区土地违规违法案件总数为3686件，面积3593公顷，涉及耕地面积747公顷，同比下降36.4%、51.6%、46.5%。其中，西安、兰州、西宁、银川、乌鲁木齐五市土地违规违法案件总数为968件，面积927公顷，涉及耕地面积580公顷，同比下降37.9%、51.6%、40.1%。

（七）针对性地开展形式多样的督察活动，快速反应、典型引路、全面整改

今年以来，根据不同的工作需要，我局相继开展了决策督察、专项督察、应急督察和例行督察，督察范围已由去年的重点区域扩展到绝大部分农业区和用地热点地区，均取得了明显的工作成效。年初和年中，我局均以“土地督察情况通报”形式，向6个省级机构通报各地土地利用和管理形势、存在问题以及我局工作要点；分省（区）研究政府工作报告，分析经济发展趋势与政策倾向，围绕省级政府即将出台的重大决策提出政策调整建议并被采纳。

年初，我局以百日行动后期压反弹为专题，开展了专项督察；年中，以关中地区土地违规违法问题整改为专题，开展了第二次专题督察；年末，又以部长约谈为契机，开展了第八次卫片执法为主题的专项督察，均收效明显。10月29日，央视《焦点访谈》披露陕西省汉中市镇巴县黎坝乡土地整理问题后，我局立即启动应急督察，仅用6天时间就促进了问题的基本解决。

11月17日，我局向陕西省政府送达土地例行督察通知书，对西安市未央区开展了土地例行督察活动。经过12天的紧张工作，摸清了土地利用和管理现状及违规违法情况，补充了土地利用现状评估等内容，明晰了 “外业核查为先导、内业审核紧相随、综合调研来扩容”的工作原则，形成了规范化

的例行督察工作程序，实现了“理清思路、形成套路、探索新路”的工作目标。

（八）启动应用信息化技术开展土地督察试点，明确原则、制订方案、加快建设

2月20 日国家土地督察工作务虚会后，我局积极推进试点工作，制订工作方案，明确近期目标、远期思路，科学选择系统设计方法，合理借鉴部系统开发成果，节省了大量时间，节约了开发资金。以我局制作完成的卫星遥感监测资料为基础，构建了土地利用遥感监测系统，实现了遥感监测及实地核查数据的及时更新、综合管理；固化专项督察等工作流程，构建了土地督察业务系统，实现了各类业务数据的统计汇总、综合利用；以公文处理等规范化程序为基础，构建了局OA系统，实现了收发文处理等工作信息的高效传递、综合分析。截至8月30日，我局试点工作任务已经完成，局办公自动化系统、土地利用遥感监测系统与土地督察业务系统3个平台已经投入运行。10月9日至10日，总督察办与部信息中心在西安市联合召开了国家土地督察机构信息化建设工作现场会，总结推广了我局应用信息化技术开展土地督察试点工作的阶段性成果。

（九）围绕重大问题开展调查研究活动，掌握情况、剖析问题、提出建议

一年来，围绕国家出台的土地宏观调控政策，立足于解决西北地区土地利用和管理方面存在的突出问题，我局坚持督察与调研相结合的原则，开展了广泛的调研活动。先后围绕土地违规违法形势分析课题，深入西北地区多个市、县调研；为了解国务院促进节约集约用地通知的贯彻情况，对西安市的5个园区开展了调研；为探索创建循环经济土地利用新模式，在国务院确定的发展循环经济试点区青海柴达木和甘肃省部分市进行了调研；围绕贫困地区差异化土地管理政策，深入陕西南部、甘肃西部、青海东部的10市、县调研。形式多样的调研活动带来了丰硕的调研成果。今年以来，我局向陕西等省（区）政府提出的政策建议得到高度重视，以要事专报形式上报的6篇调研报告，分别被甘藏春副总督察等部领导批示。其中，我局上报的《西北地区报国务院批准单独选址建设项目用地报批情况的调查报告》，徐绍史总督察等3位部领导都做了明确批示，要求有关司局认真研究，统筹考虑有关问题。

（十）稳步推进全局工作规范化建设，完善程序、明确标准、强化保障

今年初，我局制订并修订完善了督察工作程序规定、信息系统管理办法等8项工作制度，对督察业务和内部管理行为进行了全面规范。其中，督察工作程序规定得到甘藏春副总督察的充分肯定，总督察办以内部通报形式将该规定与我局信息系统管理办法先后转发各局。今年以来，我局在现有条件下，努力探索切合实际的后勤保障模式，明确了探亲休假、年带薪休假登记程序，落实了住房公积金、医疗保障、户口迁入等后勤保障事宜；确定了办公楼选址，完成了初步设计；以劳务派遣方式，补充工勤人员专职从事公务交通、网络维护、文件印刷和内勤服务，提升了局机关后勤服务整体水平。目前，由于局领导尽心竭力关心职工生活，局办公室积极探索多层次后勤保障方式，全局职工人心稳、干劲足，讲学习、比奉献的局面初步形成。

二、主要措施和成效

（一）抓学习培训，促素质提高

督察工作需要复合型人才，学习培训是造就高素质人员的阶梯。我局制订年度培训计划，出台鼓励参加在职学历学位教育的规定，建立图书资料室，订阅了大量期刊、杂志；凡重要文件出台、部重要会议召开，必组织专题研讨；凡新录用公务员到局，必进行岗前培训；先后举办公文、档案管理等业务知识培训班，稳步提高了工作人员的业务能力。

（二）抓方法创新，促高效监管

我局工作区域广大，地方管理基础薄弱，常规手段难以完成任务。建局以来，我局探索形成并逐步完善了“正面推动、疏堵结合、以技术手段开展督察工作”的一系列思路、方法和制度，不仅能够快速了解热点地区的土地利用现状，而且及时向当地政府领导通报情况、交换意见；不仅提出针对土地违规违法问题的整改意见，而且提出针对发展和改革的建设性意见，受到西北地区各级政府的广泛好评。

（三）抓作风建设，促角色转变

作风硬，则队伍强。今年以来，我局积极推进“行为规范、运转协调、公正透明、高效廉洁”机关建设，制订工作人员守则，层层签订责任书，建立了党风廉政建设责任体系；发挥正面引导作用，丰富业余文化生活，促进了良好局风形成；倡导了“朴素、健康、团结、互助”的新型人际关系，造就了一支耐得起寂寞、经得起考验、能打硬仗的队伍。

（四）抓沟通协调，促理解支持

西北地区土地管理基础工作薄弱，干部、群众淳朴、倔强，民族、文化、宗教等社会背景复杂，面对这种情况，我局将沟通协调作为督察工作的 “软措施”大量应用，每次采取重大行动前，局领导均主动征求省厅及地方政府负责同志意见，取得了较好的工作效果，探索出“事前向省级机构领导发送督察要点、事中直接与案件发生地领导谈话、事后督促其上级政府组织查处”一整套形之有效的解决问题办法，与各级国土资源部门形成了“相互支持、相互配合、相互借力”的工作格局，营造了相对宽松和谐的督察工作环境。

（五）抓资源整合，促合力形成

我局满编才38人，仅靠自己单打独斗难以完成工作任务。为整合社会力量，用好外脑，我局成立了专家咨询委员会，聘请了10名专家。他们视野宽、信息灵、观察问题敏锐、相对超脱敢于直言，先后提出政策建议和各类信息200多条，内容涉及地方执行中央重大决策情况、国家宏观管理政策调整建议、西北地区土地违法违规信息等方面，使土地督察工作变得耳聪目明，有效地提升了我局工作水平。

（六）抓内部管理，促规范运转

为加强机关内部管理，我局分处室编制职位说明书，明确每个岗位的工作内容、工作标准；先后制订了公文运转程序、督办制度、财务报销程序和值班制度等工作制度，全局建立了比较完备的内部管理制度，形成了运转协调、衔接紧密、封闭完善的工作链条；局工作周报制度长年坚持，各处室逐步形成了制订工作计划的良好习惯，重要文件全部按时上报，执行力明显增强，工作效率稳步提高，树立了国家土地督察机构的良好形象。

三、主要问题和建议

（一）深入研究各地实际，破解监管服务难题

西北地区经济社会欠发达、监管基础薄弱、对土地严管强烈的抵触心理等实际问题，一直是我局工作必须直面的重大困难。两年来的实践，我们虽然已积累了许多有价值的经验，但如何把监管与服务有机结合，达到既能严格贯彻中央大政方针，又能促进地方科学发展的目标，仍然是我局今后最重要的课题之一。

（二）建立统计调查体系，防止基础数据失真

当前，督察机构对省级政府耕保责任目标完成情况的考核评价数据，主要来源于各级政府提供资料。这种“依靠督察对象提供数据，监督督察对象”的现状，不利于监督职责履行。我局将考虑科学确定重点区域，分类明确抽样调查点，建立独立的监督数据采集体系；探索经济社会发展指标与土地管理数据关联数学模型，实现与国家统计调查体系的衔接，形成完备的数据采集、加工、分析、评价体系。

（三）根据地区经济差异，妥善解决实际问题

西北地区的生活工作条件，仍然属国定贫困区域，如何稳定职工思想和增强凝聚力，必须研究完善相关政策。一是补贴激励，二是轮岗交流，三是解决其他后顾之忧。建议增加野外津贴标准，明确派驻艰苦地区的工资激励政策；分层次建立轮岗交流制度，局级领导和处级干部分别实行局际、局内轮岗；与人力资源和社会保障部协商，联合发函请派驻地人民政府帮助解决家属随迁等问题。

四、2009年度重点工作安排

总体工作思路是：以科学发展观为指导，认真贯彻党的十七届三中全会和中央经济工作会议精神，全面落实部党组和总督察的决策部署，提升能力、迎难而上、主动服务、严格监管、不辱使命，全面提升人员综合素质，沉着应对复杂局面，积极服务扩大内需，严格履行监督管理职责，深化土地督察工作内容，不断推进西北地区保障和促进科学发展土地管理新机制的健全完善。

（一）加强重大决策部署落实情况调研督察，及时提出政策建议

一方面加强对中央一系列重大政策举措的贯彻落实情况进行监督检查，另一方面强化土地利用严管政策的督察，防止土地违规违法行为大规模反弹。同时，围绕重大任务，组织开展各类专题调研活动，发挥专家咨询委员会作用，加强新形势下土地违法违规倾向性、苗头性问题分析，当好部党组的调查员、信息员和研究员。

（二）深化学习实践科学发展观活动，健全完善土地管理新机制

制定西北地区土地督察工作5年规划，明确发展方向、工作目标，指导土地督察工作开展；巧借各地正在进行的学习实践科学发展观活动，总结推广甘肃平凉、宁夏吴忠共建长期联系点工作经验，分省（区）和兵团扩大长期联系点的范围，推进西北地区保障和促进科学发展土地管理新机制的不断健全完善。

（三）全面推进土地例行督察工作，督促地方健全耕保共同责任

在5省（区）和兵团全面展开例行督察工作，掌握重点地区土地“批、供、用、补、查” 情况，总结经验、发现问题，督促地方政府严格按照《违反土地管理规定行为处分办法》要求，实行问责制度，强化长效机制建设，健全耕地保护共同责任制度。

（四）协助推进土地利用总体规划修编，引导各地依法依规用地

收集第二次土地调查资料，核准督察工作基础数据；加强协调沟通，协助推进西安市等省会城市规划修编工作；掌握各地土地利用总体规划修编进度，逐步建立规划图件数据库；摸清近期和两年内重大投资项目安排及进展，督察永久基本农田划定情况；发挥规划统筹调控作用，严格按规划审批建设用地。

（五）完善建设用地报批审核，督察耕地占补平衡原则落实情况

进一步畅通审核资料报送渠道，细化报送时限与资料清单，实现审核工作的规范化；快速审核、

跟踪督察，做好中央新增投资项目用地报批审核服务与监督管理工作；掌握新增建设用地的规模、时序和空间分布，有效控制建设占用耕地的总规模；抽查土地开发整理项目实施情况，督察耕地占补平衡原则落实情况。

（六）督察年度计划执行情况，规范耕保责任目标考核方式方法

建立适应土地督察工作需要的土地利用年度计划执行台账，按季度分析计划指标使用方向与结构，分类统计汇总扩大内需投资项目用地情况。总结推广各地卓有成效的耕地保护责任目标考核经验，健全完善考核体系，从考核机关、考核时间、责任书内容、奖惩办法等方面，全面规范考核工作。

（七）建立统一规范督察工作制度体系，实现全程布控有效监管

完善决策督察、例行督察、专项督察、审核督察、监测督察、问责督察、调研督察工作程序，明确工作标准，形成工作规范；健全发现、审核、查处和纠正机制，把督察工作嵌入土地管理的各个环节，建立覆盖规划、计划、审批、补偿、转用、供地、用地和批后监管等全过程督察工作制度体系，实现全程布控。

（八）坚持不懈地推进信息化建设工作，全面提高技术保障水平

探索内外业技术装备配置，加快建设用地审核等业务系统开发，构建统一规范的信息系统指挥平台，加强实地巡察，形成覆盖各业务领域的信息系统网络，支撑督察业务的快速扩展；完善OA系统，实现公文处理问责、重要事项督办、财务管理等功能，规范管理行为，提高办公自动化水平。

（九）全面启动督察工作人员派驻工作，抓紧局办公楼建设施工

借鉴兄弟局派驻工作经验，制订派驻工作规范，及时解决工作、生活等方面的问题，给予强有力的后勤保障，最大限度地发挥尖兵作用。稳妥选择代建单位，抓紧完善用地、规划、施工等审批手续；加强群众监督，严格控制投资规模；发挥监理单位作用，确保工程质量。

（十）组织开展丰富多彩培训教育活动，全面提升督察工作能力

加强政治理论学习，提升把握全局驾驭能力；组织各类研讨活动，提升政治业务鉴别能力；结合督察工作进行重大专题研究，提升调查分析研究能力；鼓励参加跨专业学历学位升级教育，提升梳理总结创新能力；加强作风整顿，提升扎实有效执行能力；逐步推进轮岗交流，提升上下左右协调能力。

2008年6月30日，国家土地督察北京局在山西省太原市召开华北五省（区、市）土地督察工作座谈会，围绕贯彻落实15号令进行了专题座谈，交流华北五省（区、市）在建立土地管理共同责任机制和落实土地违法问责制情况，甘藏春副总督察出席会议并讲话。

2008年7月23日，国家土地督察北京局在河北省沧州市开展土地例行督察，图为例行督察外业调查现场。

2008年8月6日，国家土地督察机构与天津市人民政府第一次联席会议在天津召开，甘藏春副总督察与熊建平副市长分别代表国家土地督察机构与天津市人民政府签署了《国家土地督察机构与天津市人民政府联席会议框架协议》。

2008年8月29日，国家土地督察北京局召开学习实践科学发展观活动总结大会。

2008年8月29日国家土地督察北京局召开土地例行督察试点工作座谈交流会。

2008年10月16日，国家土地督察北京局组织全局干部开展向汶川地震灾区受灾群众捐献衣被活动。

2008年4月17日，国家土地督察北京局赴天津市，与天津市政府及国土资源管理部门共同探讨土地督察工作，举办了“加强土地监管 落实共同责任 保障科学发展”的讲座。

2008年12月15日至12月19日，国家土地督察北京局派出调研组赴河北省邯郸市和衡水市故城县进行调研和政策宣讲，分别在两市召开了市、县级座谈会，并在石家庄市召开“构建土地管理共同责任机制专题调研”座谈会。

2008年9月17日，国家土地督察北京局与中编办一起到天津进行国家土地督察制度实施情况调研。

2008年12月，国家土地督察北京局任洪昌副专员在满洲里进行重点土地违法案件查处整改督导工作。

2008年4月，国家土地督察北京局王仕程副专员在天津市违法用地现场开展实地核查，天津市国土资源和房屋管理局张仲夫副局长陪同。

2008年1月21日，全国土地执法百日行动总结电视电话会议在京召开，国家土地督察沈阳局崔岩局长在会上发言。

2008年2月11日，国家土地督察沈阳局崔岩局长（左二）在全局会议上传达学习全国土地管理工作会议精神。

2008年5月26日，国家土地督察沈阳局崔岩局长（左三）带队到盘锦市调研。

2008年6月25日至7月2日，国家土地督察沈阳局崔岩局长（右二）带队对黑龙江省政府2007年度耕地保护责任目标履行情况开展了专项督促检查。

2008年6月28日至30日，国家土地督察沈阳局赵育民副局长（左二）到辽宁省锦州市就2007年耕地保护目标责任制落实情况、西海工业园区土地利用情况开展现场督促检查和调研工作。

2008年7月17日至19日，国家土地督察沈阳局崔岩局长（右三）奔赴吉林省延吉市对该市海兰湖高尔夫球场和开发区的用地情况进行了检查。

2008年9月10日至11日，国家土地督察沈阳局和东北地区三省一市人民政府在吉林省长春市召开东北地区土地管理长效机制建设联系试点工作经验交流会，国家土地督察沈阳局崔岩局长作主旨讲话。

2008年9月17日至23日，国家土地督察沈阳局赵育民副局长（左三）带领六人组成的第七检查验收组，对黑龙江省哈尔滨市和吉林省长春市进行第八次卫片执法检查验收。

2008年11月3日，国家土地督察沈阳局崔岩局长（右一）到吉林省公主岭市进行督察。

2008年12月19日，国家土地督察沈阳局崔岩局长（前排左三）、赵育民副局长（前排左四）奔赴黑龙江省齐齐哈尔市检查违法用地整改情况。

2008年11月16日，国土资源部部长、党组书记、国家土地总督察徐绍史在国家土地督察上海局视察。

2008年11月，国土资源部部长、党组书记、国家土地总督察徐绍史一行，莅临国家土地督察上海局视察指导工作，并看望全体干部职工。

2008年1月，国家土地督察上海局参加浙江省“全省市国土资源局长会议”。

Supervision

2008年6月，国家土地督察上海局全体干部为汶川地震灾区人民和参加抗震救灾的国土人加油。

2008年6月25日，国家土地督察上海局张乃贵局长出席厦门市市、区两级耕地保护目标责任书签订仪式并讲话。

2008年8月，国家土地督察上海局张乃贵局长与浙江省政府领导就违法用地问题的整改工作进行沟通。

2008年10月，国家土地督察上海局召开督察区域共建联系点工作推进会暨土地执法形势分析座谈会。

2008年4月24日，国土资源部王世元副部长到国家土地督察南京局检查指导工作。

2008年5月15日，国家土地督察南京局在安徽省怀远县调研农村建设用地管理。

2008年9月27日，国家土地督察南京局土地督察联系点座谈会在南京召开。

2008年10月20日，国家土地督察南京局在江苏省连云港市召开土地例行督察工作启动会议。

2008年11月11日，国家土地督察南京局在安徽省蚌埠市召开土地例行督察工作会议。

2008年1月26日，国家土地督察济南局与河南省政府领导及省国土资源厅负责人座谈交流情况。

2008年4月24日，国家土地督察济南局十分重视信访举报工作，图为工作人员在违法用地现场向当地群众了解情况。

2008年6月26日，国家土地督察济南局注重加强业务培训，积极组织开展“人人论坛”活动。图为大家在听取业务讲座。

2008年6月28日，国家土地督察济南局开展党日活动。图为全体干部职工参观红旗渠。

2008年8月10日，国家土地督察济南局组织召开督察区域两省一市政府和国土资源管理部门负责人座谈会，认真学习贯彻国土资源部、人力资源和社会保障部、监察部15号令，图为甘藏春副总督察（中）作重要讲话。

2008年8月22日，国家土地督察济南局开展深入学习实践科学发展观活动，图为在临沂市与国土资源管理部门同志们座谈。

2008年9月17日，国家土地督察济南局组织的15号令宣讲活动会议现场。

从2008年9月开始，国家土地督察济南局开展了为期2个月的15号令宣讲活动。图为2008年11月19日宣讲大会现场。

2008年9月19日，国家土地督察济南局局长李永杰同志（右二）率队检查验收山东茌平信发铝电集团违法用地整改情况。

2008年11月13日，国家土地督察济南局召开例行督察座谈会。

2008年2月，广东佛山市，甘藏春副总督察与出席国家土地督察工作务虚会的广州督察局干部合影留念。

2008年2月，束伟星局长与广东省林木声副省长座谈交流土地管理工作。

2008年2月，束伟星局长参加广东省国土资源管理工作会议。

2008年7月1日，广州督察局深入开展学习实践科学发展观试点活动，组织干部职工赴黄埔军校旧址参观，接受爱国主义教育。

2008年7月，国家土地督察广州局督察一室负责人陈有华在东莞市道滘镇现场核查土地信访案件情况。

2008年8月，国家土地督察广州局审核处负责人谢育智在海南省三亚市现场踏勘。

2008年8月，束伟星局长陪同中编办马谢林副司长、国土资源部政策法规司王守智司长到广东、海南调研国家土地督察制度落实情况。

2008年9月，国家土地督察广州局束伟星局长主持召开华南地区土地督察工作座谈会，邀请各省区市政府分管副秘书长和国土厅局长参加。

2008年11月，束伟星局长接受国土报社总编辑蒋亚平一行的采访。

2008年11月，规范内部管理，国家土地督察广州局束伟星局长与工作人员签订保密工作承诺书。

2008年11月12日，国家土地督察广州局束伟星局长带队到广西玉林市，正式启动土地例行督察试点工作。

2008年12月，国家土地督察广州局邱耿华副专员带队在玉林市开展土地例行督察现场核查工作。

2008年12月18日，国土资源部长、党组书记、国家土地总督察徐绍史（左二），国土资源部副部长、党组成员汪民（右二）一行在湖北省委常委、副省长汤涛（右一）等陪同下，到国家土地督察武汉局视察指导工作。

2008年2月29日，国家土地督察武汉局召开鄂湘黔三省土地督察工作联席会议，常嘉兴局长等出席会议，图为会议现场。

2008年5月15日，国家土地督察武汉局组织全体干部职工观看科学发展观报告录像。

“5 · 12”汶川大地震后，国家土地督察武汉局组织全局干部踊跃捐款，向四川灾区人民献爱心。图为2008年6月5日“情系灾区”捐款仪式现场。

2008年6月13日，局领导班子召开专题民主生活会扩大会议。局长常嘉兴，副专员邓太火、王德信及各处室主要负责人参加了会议。

Supervision

2008年8月5日至13日，国家土地督察武汉局督察组赴湖南省长沙市、株洲市开展督察。图为常嘉兴局长在株洲市实地察看卫片图斑反映的违法用地现场。

国家土地督察武汉局

2008年9月11日，国家土地督察武汉局在武汉组织召开鄂湘黔三省学习贯彻《违反土地管理规定行为处分办法》座谈会。图为会议现场。

2008年9月18日，国家土地督察武汉局与湖北省人民政府召开了第一次联席会议。湖北省委常委、副省长汤涛，省政府副秘书长梅祖恩，国土资源厅厅长杜云生出席。

2008年9月22日，国家土地督察武汉局邓太火副专员在湖南省临澧县实地踏勘日产5000吨新型干法水泥生产线项目。

2008年10月20日，国家土地督察武汉局新洲区土地例行督察动员大会在新洲区召开。局长常嘉兴出席并作动员讲话，副专员邓太火宣读了《土地例行督察任务书》。图为会议现场。

2008年10月30日至31日，国家土地督察武汉局在长沙召开“鄂湘黔三省农村宅基地管理政策研讨会”。三省省、市、县国土资源部门的领导和专家参加了会议。

2008年4月20日，国土资源部徐绍史部长（右二）来到国家土地督察成都局视察工作。

2008年1月17日，国家土地督察成都局在昆明市召开西南四省（区、市）土地督察工作座谈会。

2008年3月7日，国家土地督察成都局董祚继局长（右二）带队赴审计署成都特派办“取经”。

State Land

国家土地督察成都局

2008年3月，国家土地督察成都局董祚继局长（左一）到成都市温江区、新津县核查项目用地情况。

2008年4月10日，国家土地督察成都局派员对四川省彭山县某项目整改情况进行实地核查。

2008年4月14日，国家土地督察成都局组织全体同志观看学习实践科学发展观视频。

2008年5月13日，国家土地督察成都局董祚继局长到四川省国土资源厅临时办公地点了解震后最新情况。

2008年5月17日，国家土地督察成都局派员深入地震灾区慰问干部群众。

2008年6月16日，国家土地督察成都局邀请四川省、成都市及武侯区国土资源部门有关负责同志对局领导班子贯彻落实科学发展观情况提出意见。

2008年6月23日，国家土地督察成都局董祚继局长带队赴云南省曲靖市开展共建试点工作。

2008年7月4日，国家土地督察成都局在成都市召开西南四省（区、市）土地管理形势分析座谈会。

2008年9月5日，国家土地督察成都局与四川测绘局举行地理信息数据资源共建共享协议签字仪式。

2008年5月23日，国家土地督察西安局侯海生局长陪同国土资源部徐绍史部长听取陕西省省长袁纯清对陕西灾情的介绍。

2008年5月24日，国土资源部徐绍史部长在甘肃震灾现场视察，国家土地督察西安局侯海生局长陪同。

2008年5月13日，国家土地督察西安局全体同志在露天帐篷下坚持召开支部民主生活会。

2008年5月14日，国家土地督察西安局全体职工为灾区捐款。

2008年5月16日，国家土地督察西安局冒着余震危险，召开西北地区土地督察工作座谈会。

2008年6月25日，国家土地督察西安局领导与西安市常务副市长董军协商共建保障科学发展新机制工作。

2008年7月23日，国家土地督察西安局专家咨询委员会成立，侯海生局长为专家颁发证书。

2008年8月23日，国土资源部副部长、中国地质调查局局长汪民来国家土地督察西安局听取利用遥感监测开展土地督察工作汇报。

2008年11月24日，国家土地督察西安局在未央区开展例行督察外业核查现场。

派驻地方的国家土地督察局工作

PAI ZHU DI FANG DE GUO JIA TU DI DU CHA JU GONG ZUO

国家土地督察北京局

一、主要工作及成果综述

在国土资源部党组、国家土地总督察、副总督察的正确领导下，国家土地督察北京局坚决贯彻落实党中央、国务院关于严格土地管理的重大决策部署，牢固树立“严督明察，注重服务”的理念，积极探索、勇于创新，2008年主要在以下十个方面开展工作。一是扎实开展深入学习实践科学发展观活动，使全局同志对科学发展观的认识不断深化，促进了思想观念、工作方式、工作作风实现三个转变。二是狠抓重大事项的督察落实，先后对地方政府落实耕地保护目标责任制情况和设施农业违法占地等土地违规违法行为实施专项督察，并对天津滨海新区建设用地实施专项督察，维护了督察区域良好的土地管理秩序。三是积极宣传《违反土地管理规定行为处分办法》（15号令），编印15号令宣传手册25000册，发放到华北五省（区、市）省、市、县、乡四级党委、政府领导及国土资源部门领导手中。促进各地建立土地管理共同责任机制和土地违法问责制。四是积极做好土地执法“百日行动”后续工作，对重点地区、典型案件实行专人包区、包案，确保土地违法查处到位，有效地遏制了土地违规违法案件的高发势头。五是在土地督察系统率先探索土地例行督察工作，率先在河北省沧州市开展试点，审核各类土地管理卷宗1899宗，实地调查图斑地块2680个，初步形成了例行督察的工作模式，促进了土地督察工作从局部监督到全面监督、从临时监督到经常监督、从被动督察到主动督察的三个转变。六是加强对各地土地利用情况的巡察力度，将32个违法违规用地项目通报有关省份，涉及土地面积7.9万亩，并督促地方政府处理相关责任人27名，罚款260余万元，退还土地6000余亩，及时发现和纠正了土地违法违规行为，做到了早发现、早制止、早纠正，变事后督察为事前、事中督察。七是认真做好信访工作，2008年根据北京督察局信访线索，华北五省（区、市）处理相关责任人8名，退还土地600余亩，切实维护了广大人民群众合法权益。同时，北京督察局还根据信访集中反映的问题及时开展了针对设施农业违法占地的专项督察。八是积极建立和健全土地督察工作沟通联络机制，加强与督察区域地方人民政府及各相关部门的协调联动。九是畅通土地督察机构与基层信息交流渠道，积极开展调研工作，在华北五省（区、市）市、县、乡共选择了27个单位作为调研联系点，并确定80名调研联系人，及时发现土地利用和管理的新趋势、新问题。十是加强督察队伍自身建设，努力提升督察能力。

二、基础工作情况

国家土地督察北京局根据“制度管人，规矩办事”的工作思路积极加强基础工作，不断提高土地督察工作的规范化水平和督察队伍的干部素质，2008年在四个方面取得进展。一是研究制定了《国家土地督察北京局土地督察工作五年规划》，明确了国家土地督察北京局土地督察工作的近期目标、长远目标、工作重点、实施步骤和保障措施，提出了土地督察机构在保障和促进华北地区科学发展中的总体要求。在此基础上，与华北五省（区、市）政府共同探索搭建落实土地管理共同责任、土地违法问责制、保障和促进科学发展的互动平台。二是探索建立了与地方政府联席会议制度。经与天津市政府协商并报经总督察批准，2008年8月6日在天津召开了土地督察机构与天津市政府第一次联席会议。甘藏春副总督察与熊建平副市长分别代表国家土地督察机构与天津市人民政府签署了《国家土地督察机构与天津市人民政府联席会议框架协议》，通过定期召开联席会议，加强土地督察机构与天津市政府的沟通协调，共同推进土地管理共同责任机制的落实。在总结经验的基础上，国家土地督察北京局正积极与其他四省（区、市）联系沟通，推进联席会议制度的全面实施。三是建立了调研联系点制度。为全面了解中央宏观调政策的执行效果、及时掌握基层土地管理工作动态、广泛收集与土地督察工作相关的各类信息，在华北五省（区、市）市、县、乡选择了27个单位作为国家土地督察北京局调研工作联系点，确定80名调研工作联系人（兼信息员），将土地督察工作的联系触角延伸到乡级，做到更加及时准确地了解和掌握督察区域内土地督察效果。四是进一步完善土地督察统计制度，根据2007年的实际运行情况，完善了华北五省区市土地利用和管理情况季报制度，及时掌握华北五省区市每季度土地利用和管理的综合情况，通过同比及环比分析，及时向国家土地总督察报告有关情况。按照国家土地总督察的要求，认真落实国家土地督察综合统计制度，并积极配合总督办完成国家土地督察台账和统计报表的编制设计工作。五是积极推进华北地区土地督察巡察网建设。按照徐绍史总督察、甘藏春副总督察的批示精神，国家土地督察北京局2008年上半年组织开展了华北地区土地巡查监管力量专题调研。调研结果表明，华北地区现有专兼职土地巡查监管人员58592人，各种巡查车辆1912辆，各种巡查设备3323台。按照“统一指挥、分头调度、资源互助、成果互享、分工协作”的基本思路，研究制定了华北地区土地督察巡察网建设工作方案、运行程序和工作制度。

三、职责履行情况

国家土地督察北京局坚决履行国家土地督察职责。一是对地方政府落实耕地保护目标责任制情况实施专项督察。2008年初召开了华北五省（区、市）有关人员会议，对严格落实耕地保护目标责任制提出明确要求；年中又组织对五省（区、市）落实耕地保护目标责任制情况进行了督促检查；年底积极参与部耕地保护目标责任制履行情况监督检查，对部分地区存在的耕地保护责任目标不完善、责任主体不明确、责任制度不健全、考核措施不落实等问题，及时向有关省级人民政府提出了督察意见和建议，进一步增强了各地耕地保护的责任意识。二是积极开展例行督察。以河北省沧州市为试点，在全国率先启动土地例行督察试点工作。例行督察组对沧州市辖18个县（市、区）2007年度土地利用和管理情况进行了全面核查，审核各类土地管理卷宗1899宗，调查图斑地块2680个，收集各类数据38万多个，案卷审核率和图斑地块外业核查率均达到100%，全面掌握了沧州市2007年度新增建设用地和土地供应情况。同时，督察组深入开展调研，广泛进行宣传，既总结经验，又查纠问题，既了解各地实际情况，又宣传了国家土地法律法规，收到了一举多得的效果，并在土地例行督察的组织形式、审核程序、技术标准、协调机制、管理方式等方面进行了有益探索，为全面开展土地例行督察工作奠定了良好基础。三是积极开展日常巡察，加大巡察力度和密度。对86条重点线索开展实地巡察，先后发现和实地调查了28宗涉嫌违法用地项目，涉及土地面积5.6万余亩。根据巡察情况先后向华北五省（区、市）发出4期土地巡察情况通报，通报疑似违法违规用地项目32个，涉及土地面积7.9万亩。已督促地方政府处理相关责任人27名，罚款260余万元，退还土地6000余亩，有力震慑了土地违法违规行为。四是加强重点案件督察，进一步完善对领导批办事项及热点、难点问题和突发事件的快速反应机制，妥善处理了京沪高速铁路廊坊段施工单位与被征地农民冲突事件、河北省永年县“永焦公路”占用基本农田和山西省中阳县建滔腾阳煤化工业园占地等问题，做到第一时间赶到现场，查清事实后及时向有关省级人民政府发出通报，并督促整改落实。五是认真开展第八次卫片执法检查重点城市整改验收评估工作。组织7个验收评估小组，对唐山、太原、邯郸、大同、张家口、呼和浩特6个重点城市及北京市的土地违法违规整改工作进行验收评估。六是认真做好土地执法“百日行动”后续工作，及时向华北五省（区、市）提出督察建议，并对重点地区、典型案件实行专人包区、包案责任制。深入华北五省（区、市）11个市（区）、13个县（市、区），听取重点整改地区整改汇报、实地察看土地违法违规现场，督促地方政府和有关部门认真开展查纠整改工作，有力地推动了土地执法“百日行动”后续工作的深入开展，有效地遏制了土地违法违规案件高发势头。同时为巩固土地执法百日行动成果，北京督察局积极推动各地加快建立土地执法监管的长效机制。2008年华北五省（区、市）土地违法现象呈现“三个明显下降”趋势，即：各类土地违法案件比上年同期明显下降，涉及土地面积比上年同期明显下降，违规违法占用耕地面积比上年同期明显下降。

四、调查研究工作

国家土地督察北京局十分重视调研工作，2008年开展了多项调研。一是开展构建土地管理共同责任机制专题调研。2008年6月份，结合开展深入学习实践科学发展观活动，北京督察局组织开展了构建土地管理共同责任机制专题调研，通过深入华北五省（区、市）的6个地级市（区）、5个县（旗、区）及部分乡镇进行实地调研，初步了解了华北五省（区、市）构建土地管理共同责任机制的现状、经验和问题，提出了关于加快构建土地管理共同责任机制的意见和建议。二是根据总督办的部署，围绕如何探索建立国土资源开发保护和合理利用的评价指标体系与衡量标准、促进形成符合科学发展观要求的经济社会评价机制和干部实绩考核机制，如何发挥中央和地方两个积极性，探索建立有利于国土资源科学配置的利益调节机制、为地方科学发展服务等问题，对华北五省（区、市）15个全国土地执法百日行动先进地区政府的主要负责同志进行了问卷调查，形成了《北京督察局调研问卷汇总分析》。三是建立调研联系点制度。为全面了解中央宏观调政策的执行效果、及时掌握基层土地管理工作动态、广泛收集与土地督察工作相关的各类信息，在华北五省（区、市）市、县、乡选择了27个单位作为北京督察局调研工作联系点，确定80名调研工作联系人（兼信息员），将土地督察工作的联系触角延伸到乡级，做到更加及时准确地了解和掌握督察区域内土地利用和管理动态以及土地督察效果。四是围绕贯彻落实党中央、国务院2008年宏观调控拉动经济十项措施，赴五省（区、市）开展调查研究，结合深入贯彻落实十七届三中全会精神，及时了解中央1000亿元投资项目在各地的资金投向及项目分配情况、地方配套的部分资金落实情况、各项目用地的审批及实际占地面积等情况，引导各地用好中央新增投资，确保项目合法用地，切实维护被征地农民合法权益，保障和促进中央经济工作重大决策和部署在督察区域内的顺利落实。

五、其他

2008年5月12日，四川省汶川县发生8.0级地震，给当地造成了重大人员伤亡及财产损失。获悉灾情后，国家土地督察北京局全体党员干部心系灾区群众，发扬“一方有难、八方支援”的精神，迅速行动，纷纷为灾区群众捐款。5月13日早晨，北京督察局全体干部职工刚到单位就自发组织了捐赠活动，大家纷纷解囊为灾区群众献出一份爱心。5月19日上午，北京督察局召开了全局党员干部会议，樊志全局长通报了部抗震救灾工作开展情况并传达了部领导的重要指示，下午14时28分，按照国务院的要求和部的部署，北京督察局辟出专门场地组织全体同志为大地震遇难同胞默哀。默哀结束后，全体同志举行了为抗震救灾及四川国土资源系统干部群众捐款仪式，为灾区人民再次捐款，两次捐款合计34970元。

国家土地督察沈阳局

一、主要工作及成果综述

积极构建长效机制。在同地方政府和国土资源管理部门沟通的基础上，把辽宁省鞍山市、沈阳市沈北区，吉林省长春市，黑龙江省大庆市、绥化市，大连庄河市、旅顺口区等确定为土地管理长效机制试点城市，不断总结各地在预防、查处、监管和部门联动方面好的经验、做法。2008年9月召开了东北地区土地管理长效机制建设联系试点工作经验交流会，对各地好的经验、做法加以总结推广，取得良好成效。

严格进行督察监管。对辽宁省沈阳新民市、鞍山市，吉林省吉林市，黑龙江省七台河市、黑河等市、县，采取每个市、县抽选10个用地项目、10个占补平衡项目进行实地测量的方法，开展了耕地保护责任目标落实情况实地督促检查。针对吉林省辽源市违反土地利用总体规划和城市总体规划违规设立经济开发区和未批先用等问题，开展了专项督察，并下达了督察整改意见书。辽源市撤销了违规设立的开发区，对违法用地项目和相关责任人进行了严厉追究。针对农民反映沈阳市、哈尔滨道里区、铁岭市、朝阳市、吉林四平等市征地补偿过低，补偿不到位，造成耕地闲置等问题，主动找上门约谈地方政府负责同志，指出问题，分析原因，提出要求，督促整改。

积极探索督察形式。2008年7月将富力集团违法建别墅案件移交沈阳市人民政府进行处理，沈阳市人民政府高度重视，责成沈阳市规划和国土资源局严厉查处，依法拆除了部分未完工的别墅，并追缴土地出让金1800多万元。2008年10月将黑龙江新绿洲房地产开发公司建碧水庄园案件移交哈尔滨市人民政府进行处理，最终追缴土地出让金2086万元，罚款560万元，为国家挽回了一定的经济损失。针对辽宁省阜新市、吉林省公主岭市、黑龙江省七台河市违法占用基本农田、擅自设立开发区、违规批准开发区搞项目建设等问题，及时约请省政府分管副秘书长、省国土资源厅分管厅长、市政府主要负责同志，进行约谈，通报违法违规用地情况，提出整改要求，听取省、市人民政府落实整改意见的工作安排。通过约谈，达到了落实整改意见的督察目的。

二、基础工作情况

加强领导班子建设。坚持用中国特色社会主义理论体系武装头脑，牢固树立、认真践行科学发展观，努力把督察局领导班子建设成为头脑清醒、政治坚定的领导集体；坚持解放思想、开拓创新，努力把督察局领导班子建设成为干事创业、开拓创新的领导集体；坚持贯彻执行民主集中制原则，努力把督察局领导班子建设成为团结协调、坚强有力的领导集体；坚持践行党的根本宗旨，努力把督察局领导班子建设成为求真务实、廉洁勤政的领导集体。

加强干部队伍建设。认真开展学习实践科学发展观活动，积极开展“转变作风，增强执行力”大讨论，深入学习十七届三中全会精神，认真领会精神实质，紧密联系工作实际，仔细梳理存在问题，深挖产生问题根源，制定切实可行的改进措施，完善和出台了一系列规章制度。要求干部职工对本督察区域的经济发展情况、土地资源情况有清晰明确的了解，有对经济发展形势准确判断的能力，努力建设一支品德好、作风硬、能力强、业务精、善创新、会干事的土地督察干部队伍。

加强职工文化建设。在总结例行督察、专项督察、十二字局风建设、汶川地震爱心奉献、庆祝国家土地督察制度实施两周年研讨活动等工作经验的基础上，提出沈阳督察局土地督察文化建设构想，并付诸实施。把责任文化作为土地督察文化建设的核心，把廉政文化作为土地督察文化建设的基石，把奉献文化作为土地督察文化建设的重点，努力使土地督察文化具有陶冶情操、凝聚人心、塑造理念、促进和谐的功能。

加强党风廉政建设。认真落实《建立健全惩治和预防腐败体系2008～2012年工作规划》，围绕国家土地总督察确立的工作重点，结合实际，加强教育，完善制度，严格监督，强化责任，大力弘扬求真务实的精神，不断推进党风廉政建设和反腐败工作的深入开展，取得明显成效。抓好思想教育，促进反腐思想防线的构筑；抓好机制完善，促进源头治理腐败的预防；抓好廉政建设，促进各项工作任务的落实。

加强信息化建设。在继续完善维护好网站举报作用的基础上，加大遥感影像信息平台的建设，提高野外巡查的实用能力，广泛收集整理与土地管理、土地督察业务有关的各类信息资料和图幅图件，建立东北地区土地督察相关数据库。充分利用局信息化建设的相关成果，实现资源共享，做好信息保密工作。

三、职责履行情况

督促落实耕地保护目标责任制。2008年初召开了东北三省一市土地督察工作座谈会，进一步明确地方政府在土地利用和管理工作中的责任。年初在东北地区以省政府名义召开各地市政府主管领导参加的国土资源工作会议上，对地方政府换届可能出现的换届效应问题有针对性地讲话，又进一步强调贯彻落实科学发展观，必须做好耕地保护工作；必须坚持节约和集约用地；必须依法依规用地，严厉查处和打击违规违法用地；必须坚持建立土地管理长效机制。在辽宁日报、大连日报、长春日报、吉林日报以及地市十几家新闻媒体分别刊登了《贯彻落实科学发展观，把耕地保护落到实处》的署名文章，以加强社会监督，引起了很大的社会反响，营造了良好的社会氛围。东北三省一市人民政府耕地保护责任明确，落实了相关部门共同责任，建立了齐抓共管协调机制；保护措施基本到位，保护地块多数已落实到户，黑河市把耕地保护与粮补和农业补贴直接挂钩；土地开发复垦整理资金投入进一步加大，效果明显，黑龙江2007年资金投入增幅达30%，除实现了占补平衡，还净增耕地11万多亩。

监督土地利用计划执行。开展了对辽宁省沈阳市铁西、沈北、鞍山、盘锦，吉林省吉林、辽源，黑龙江省哈尔滨、黑河等重点市区的督察，并把督察中发现的问题，及时与地方政府进行了沟通，提出整改意见，引起地方政府高度重视，并多次上门汇报整改工作和长效机制建设措施，依法用地管地的认识在不断提高。2008年东北地区违法用地发案率下降25%以上，因土地问题上访下降15%以上。2008年指导各省做好用地计划分解，有针对性地开展了农转用和土地征收审核，完善了统计报表制度，制定下发了东北地区国土资源管理形势分析调查统计表。2008年东北三省一市政府土地利用年度计划执行情况总体较好，土地违法案件较上年同期明显减少，地方政府“守地有责”的意识在逐步增加。

巩固扩大百日行动成果。采取发函、实地督察等形式，使重点地区和典型案件的查处工作基本到位，积极推进地方政府落实“未批先用”整体性处理意见，效果明显。据调查，东北地区征地补偿标准逐步增加，到位率达90%以上，失地农民社会保障问题初步得到解决。

积极开展土地专项督察。针对吉林市违反土地管理法相关规定，非法储备集体土地、违规扩区和违规批准别墅类项目用地等问题进行调查核实，采取局领导与吉林省省长韩长赋进行约谈的形式，指出了吉林市存在的土地违法违规问题，希望吉林省主动整改。吉林省政府马上向吉林市政府提出具体整改要求，吉林市政府主要领导立即组织落实整改意见，市长、分管市长多次汇报整改情况。通过督促检查，基本做到了认识到位，整改到位，责任落实到位，规范管理措施到位，起到了事半功倍的效果。2008年对群众举报的沈阳铁西区、新民市胡台镇、盘锦大洼县，吉林省公主岭等市违法占地问题，及时组织了十多次明察暗访，对发现的问题及时给地方政府提醒，并提出整改建议，得到了地方政府积极响应和支持，效果明显。此外，还开展了对征地补偿政策专项督察，对《辽宁省人民政府批转省交通厅等部门关于全省高速公路建设征地动迁补偿实施方案的通知》和《辽宁省人民政府办公厅转发省发展改革委员会关于全省铁路建设征地动迁补偿实施方案的通知》进行了审核，针对文件中征地补偿标准和耕地占用税收取标准偏低的问题，向辽宁省人民政府提出了纠正意见。

积极开展土地例行督察。2008年11月4日至27日对督察区域内的辽宁省抚顺市开展了土地例行督察。经过近两个月的前期准备和近一个月的现场核查，在全体督察组成员的共同努力和辽宁省及抚顺市大力支持配合下，此次例行督察工作实现了预期目标，取得了明显成效，总结了方法，锻炼了队伍，初步掌握了抚顺市土地利用和管理情况，找准了地方发展中存在的用地问题，赢得了地方政府的理解，促进了地方国土地管理水平的提高。

四、调查研究工作

为切实发挥土地督察保护资源保障发展的作用，从机制和体制上研究违法用地发生的规律和原因，开展了“未批先用”违规违法用地对策调研，总结归纳东北地区“未批先用” 7个方面的特点和规律，找出“未批先用”的主客观深层次的原因，提出了17项有针对性的对策建议，形成《东北地区“未批先用”违规违法问题研究报告》；开展了节约集约用地典型经验调研，总结了经济上升快、建设用地需求量较大的沈阳沈北新区节约集约用地的几种类型和成功经验；围绕地方发展中遇到的压力和存在的困惑，剖析违法违规用地深层次原因，主动加强与地方人们政府的沟通，采取调研座谈的方式，听取他们在工作中遇到的压力、困惑和对国土管理的意见、建议，了解经济发展的各项指标，提出富有针对性的政策建议，形成价值较高的调研报告。

五、其他

学习和实践科学发展观。编制了切实可行的贯彻落实方案，组织学习毛泽东思想、邓小平理论、江泽民“三个代表”思想、胡总书记的科学发展观，开展了“转变作风，增强执行力”的大讨论，开展了深入实际的调研工作，写出了专题报告。召开了民主生活会，主要领导和同志们深刻剖析，进行了有针对性的批评和自我批评。通过开展学习实践科学发展观活动，进一步解放了思想，转变了观念，理清了思路，增强了干部队伍的凝聚力和战斗力，取得了显著的成效。

抗震救灾。汶川地震发生后，面对灾情，部机关党委迅速做出反应号召大家“一方有难、八方支援”，对抗震救灾捐款工作进行了全面部署。5月13日，沈阳局全体同志积极捐款3000元现金，由在部里参加会议的同志直接送达部机关党委。5月16日，沈阳局接到部机关党委发出的为四川等地区国土资源系统受灾干部职工捐款的号召，再次捐款3000元现金。5月19日，当接到部机关党委关于自愿交纳“特殊党费”的通知时，沈阳局全体干部职工共交纳“特殊党费”6000元。四川汶川地震发生后，沈阳局同志不仅时刻关心救灾进展情况和灾区最新情况，更关心身在震区的督察局同志们。崔岩局长在5月12日下午得到四川汶川发生地震的消息后，立即致电成都局董祚继局长，并询问了成都的情况；沈阳局的其他同志也多次与成都局、西安局的同志通话，随时了解当地的情况。

国家土地督察上海局

一、主要工作及成果综述

2008年，上海督察局在部党组和总督察的正确领导下，以深入学习实践科学发展观为动力，以落实土地管理共同责任为核心，打牢基础，树好形象，着力抓好根本性、源头性、倾向性的问题，着力加强督察工作的制度化、规范化建设，取得明显成效。一是构建保障和促进科学发展土地管理新机制工作取得实质性进展。二是在督促五省市落实耕地保护目标责任制，督促浙江省采取有效措施消化批而未供土地，继续开展农用地转用和土地征收审批事项督察，开展15号令宣讲，狠抓浙江东阳横店圆明新园用地问题整改，巩固百日行动成果，督促地方建立土地执法监管长效机制方面取得明显成效。三是通过扎实开展学习实践科学发展观活动，贯彻落实科学发展观的思路更加清晰、自觉性和坚定性明显增强，土地督察执行力明显提升。四是通过狠抓干部队伍思想建设、作风建设和业务建设，提高了督察干部的综合素质，增强队伍的凝聚力和战斗力，为做好督察工作提供坚强的思想保证和组织保证。五是通过开展富有特色的督察文化创建活动，督察文化建设初显成效，初步形成了具有上海督察局特色的督察文化氛围。

二、基础工作情况

制度建设。按照“统筹规划，保障运转，急用先建”的原则，在已有制度基础上，制订了局《政务信息工作暂行规定》、《保密管理工作规定》、《固定资产管理暂行规定》、《周转房使用管理暂行规定》和《机关食堂管理暂行规定》等多项制度，并对下一步制度建设作出了计划安排。

党建及党风廉政建设。开展了“从浦东发展看改革开放”主题党日活动，组织青年党员参观中共“一大”会址，结合活动进行党风党纪教育，增强党员干部的党性修养。开展各级领导干部述职述廉活动，定期检查《国家土地督察上海局工作人员廉洁从政“八不准”》的执行情况。各级领导干部廉洁自律意识明显增强，全年没有发现违反部工作人员“五条禁令”和局廉洁从政“八不准”的现象。对重大决策、干部调配、重大项目安排和大额度资金使用，坚持由局筹备组集体研究决定，做到科学决策、民主决策、规范决策。按照中央关于反腐倡廉的新要求，牢固树立拒腐防变的思想道德防线，积极构建预防和惩治腐败体系。

沟通协调机制。积极与五省市沟通联系，制定并坚持了与五省市政府和国土部门的沟通联系机制。通过建立联系点、试点、召开座谈会等方式扩大沟通联系范围，将土地督察触角扩大到市、县（区）乃至乡镇，及时了解情况，掌握最新动态，妥善处理各种关系，促进严格督察、和谐督察。

新闻宣传。采取多种形式大力宣传15号令、国家土地督察制度，宣传上海督察局工作，宣传督察区域典型工作经验及构建保障和促进科学发展土地管理新机制。国土资源报等报刊刊登了上海督察局50余条新闻消息，《上海共建新机制迈出实质性步伐》、《国家土地督察机构与地方政府探索共建保障科学发展土地管理新机制》等新闻在国土资源报一版刊登。国土资源报专版刊登了《凝聚共同力量——国家土地督察上海局推进土地执法长效机制建设纪实》及《牢记使命忠于职守严明勤廉珍惜和谐》图片。

信访工作。把信访作为发现问题的一个渠道，定期进行信访动态分析。对于信访中反映的重大线索，及时组织力量进行调查处理，起到了警示作用。全年共受理群众来信265件，接待群众来访144批326人次。其中反映非法批地24件，占6.8%；反映非法占地139件，占39.5%；反映破坏耕地23件，占

6.5%；反映非法转让22件，占6.3%；反映违反土地利用总体规划10件，占2.8%；反映违反土地供应和调控政策42件，占11.9%；反映征地纠纷66件，占18.8%；反映其他内容（不属土地问题）26件，占7.4%。

队伍建设。一是开展了以“牢记使命，忠于职守，严明勤廉，珍惜和谐”为主要内容的“强素质，树形象，创良好局风”的主题活动，干部队伍整体素质有了明显提升，工作作风有了明显改进，工作质量和效率不断提高。在促进各地贯彻落实科学发展观，推动建立土地执法监管长效机制、开展共建保障和促进科学发展土地管理新机制试点、大力宣传15号令和落实问责制等工作实践中展现出了坚持原则、敢于碰硬、勇于创新的良好作风。二是持续开展了“增强素质提高执行力”系列培训。进行了公文写作、土地管理业务、文明礼仪、网络信息安全、财务管理、土地利用动态遥感监测技术等培训活动。三是大力提倡勤俭节约、艰苦奋斗的作风。针对局办公、生活一体化的特点，加强在日常工作和生活中的勤俭节约教育，坚决反对和制止奢侈浪费。在公共场所设立了廉洁从政、勤俭节约宣传栏和警示牌，起到了提醒警示的作用。

信息化建设。开通了局门户网站，设计开发了局内网系统并投入试运行，开展了电子政务网络信息安全平台建设，按计划推进土地督察信息系统建设。

文化建设。结合局揭牌仪式，全面总结建局以来的工作成效和经验。制作了督察工作展板，编辑了宣传画册。按照徐绍史总督察来上海督察局视察时提出的要求，全局开展了“深入思考，努力探索，进一步健全土地督察制度”大讨论。在纪念督察制度实施两周年活动中，撰写诗歌、散文和体会文章18篇。十六字局风已经叫响，心齐、气顺、风正、劲足的良好局面基本形成。

基本建设。在部党组的重视、关心和上海市政府、市房地局的大力支持下，完成了办公用房购置和改造装修工程，并于2008年3月投入使用，基本实现了办公、居住、就餐三项功能一体化。在改造装修过程中，一是坚持精心设计，力求功能齐全、布局合理。二是坚持规范运作，严格按照国家有关规定和上海市的基建程序办，严格资金使用与管理，严格执行廉政规定，重大事项民主决策、集体把关。三是精细管理，保证质量。四是精打细算，压缩成本。正如甘副总督察指出的：“在国家土地督察制度实施一年多的今天，我们督察系统终于在中国最大的都市——上海市有了办公、生活的正式地点，这对于土地督察系统来说，也是一个标志性的事件。”

三、职责履行情况

抓根本性问题，确保耕地保护目标责任制的落实。通过季报及时向国家土地总督察报送五省市土地利用和管理情况，交流耕地保护工作动态，总结推广各地经验和好的做法。在开展共建试点和建立督察区域共建联系点工作中，将落实耕地保护共同责任机制作为共建目标，认真研究落实措施，促进耕地保护目标责任制的落实。同时，加强宣传引导和督促落实整改，五省市耕地保护工作不断推进。

抓倾向性问题，促进批而未供土地的消化利用。9月4日，上海督察局向浙江省政府办公厅发出了《关于了解批而未供土地消化利用情况的函》，督促浙江省采取有效措施消化批而未供土地。浙江省政府对这项工作十分重视，省政府出台了《关于切实推进节约集约利用土地的若干意见》，对批而未供土地的清理处置提出了明确要求。省国土资源厅印发了《关于切实加强建设用地开发利用管理的通知》，制定了具体实施意见，提出了消化批而未供土地五年工作目标，并将指标分解落实到各市、县（区）；建立健全了建设用地供应动态监测通报制度、建设用地集约利用评价指标体系、建设用地供应动态监管系统，将建设用地利用水平作为年度土地利用计划指标分解的依据之一，作为耕地保护目标责任制考核的重要内容。通过采取有效措施，浙江省批而未供土地消化利用取得了明显成效。该省2004年1月1日至2006年12月31日批而未供土地面积共计28.8万亩；截至2007年8月31日，批而未供土地面积为25.5万亩（专项清理工作结束前已消化利用3.3万亩）；到2008年8月31日，批而未供土地面积为19.1万亩。2007年8月31日至2008年8月31日期间，全省消化利用批而未供土地6.4万亩，占批而未供土地面积的25%。徐绍史总督察在上海督察局关于浙江省批而未供土地消化利用情况的报告上批示："浙江省的做法很好，请组织宣传"。

扩大建设用地审批事项督察试点范围，积极探索对土地利用与管理真实性和合法性实施有效监督的办法。扩大试点范围，派出两个督察组，对浙江省宁波市、丽水市和福建省宁德市进行了这项督察。这次督察以核查建设用地批准文件与实际用地情况的一致性为重点，对256个城市分批次建设用地、55个单独选址项目用地、888个供地审批事项进行了内业审核，对上述地区的15个县（市、区）的95处建设项目用地、违法用地以及补充耕地现场进行了实地核查。通过这项督察，验证了上海督察局督察方法和技术路线的可操作性和有效性；同时，发现了一些地方存在的非法用地、违规调整基本农田、边报批边用地、变相扩大开发区等问题，并分别向浙江省、福建省、宁波市提出了纠正意见。宁波市、丽水市和宁德市对督察发现的8件土地违法案件已经进行了处理，都给予了拆除（或者没收）地上建筑物、退还土地、恢复土地原状并罚款的处罚，7名责任人分别受到了党纪政纪处分。

探索运用激励机制开展土地督察，推动督察区域土地管理工作。一方面，以实施建设用地计划指标奖励为契机，鼓励先进，以点带面，推动督察区域土地管理工作。8月中旬，在杭州市召开了督察区域百日行动成效显著单位座谈会，13个单位交流了今年以来巩固百日行动成果，加强土地管理工作所采取的主要措施和成效，并对照部规定的四项评估标准找问题、提措施。11月6日至11日，派出三个检查组，对百日行动成效显著单位今年以来土地管理情况进行了实地评估，听取了省市国土资源部门对成效显著单位自评情况的审核意见及门户网站公示的情况，查阅了相关资料和案卷，察看了18个补充耕地、补划基本农田地块及违法用地查处现场。在此基础上，对各单位工作及成效进行了认真分析评估，上报了排序名单，为国土资源部实施计划指标奖励提供了依据。各成效显著单位在评估期间，以科学发展观为指导，全面加强土地管理工作，政府主导的共同责任体系进一步完善，耕地保护力度进一步加大，节约集约用地措施进一步强化，执行土地利用总体规划和年度计划更加严格，土地执法监管水平进一步提高。督察区域百日行动成效显著单位的做法，为地方各级政府及国土资源部门加强土地管理提供了新鲜经验，起到了示范和带动作用。

另一方面，狠抓了浙江东阳用地整改工作。按照总督察批示精神，派出调查组对浙江东阳圆明新园用地进行了调查核实，与浙江省政府有关负责同志当面交换了看法，提出了三条整改意见。之后，根据该市整改情况，结合部冻结东阳市2008年土地利用计划指标的通知要求，又向东阳市政府提出了进一步整改的三条意见，核心是从制度上确保东阳市委、市政府的决策符合国家土地管理法律法规和政策，不出现违法违规现象。东阳市委、市政府根据上海督察局意见，采取有效措施停止了圆明新园项目实施，并给予市发展和改革局原任局长行政记过处分。同时，还举一反三，建立了政府土地监管和自我约束的一系列制度，增加了国土资源管理机构、人员和交通通讯装备，在发展改革、国土资源管理等部门引起了强烈反响，收到了较好的社会效果。

督促建立土地执法监管长效机制，巩固和扩大百日行动成果。在百日行动后续工作中，派出检查组对部圈定的重点地区浙江省东阳市进行了检查，督促认真落实整改意见；3月，派出两个检查组对浙江、福建两省重点地区整改、典型案件查处和"未批先用"整体性处理意见落实情况进行了督促检查；4月上旬，对浙江、福建两省重点地区整改工作提出了进一步要求。在这一过程中，积极鼓励各地建立土地执法监管长效机制，对典型经验和好的做法，及时予以鼓励，并向部里汇报推荐。6月底，派出三个检查组分赴五省市，对各地建立土地执法监管长效机制情况进行督促检查，分层次召开了有各市（区）政府、国土资源部门及部分乡镇政府领导、基层土管所人员、协管员、巡查员参加的座谈会，查阅了300多份相关文件及巡查记录、违法用地现场处理记录、各类责任书等相关资料，察看了8个违法用地拆除现场。通过督促检查，推动了督察区域土地执法监管长效机制的建立。上海市依托网络、卫星遥感等技术手段，各项执法监管制度成熟，措施有力，配套性强，在土地执法实践中效果好。浙江省共制定和完善土地执法监管长效机制规范性文件163个，其中，新制定112个，修改完善51个；由政府制定完善的有74个，国土资源部门74个，多部门联合及其他部门制定的有15个。福建省总结了原有制度经验，重点推动村级国土资源协管员制度、国土资源行业性人民调解制度、土地执法检查“红绿旗”评比制度三项制度，做到了以点带面，纵横联动，逐项推广，取得了初步成效。上海督察局下大力气督促各地建立土地执法监管长效机制试点，先后两次发函，要求尚未开展试点的省、市，尽快开展试点工作；已经开展试点的，要加强对试点单位的指导。

四、调查研究工作

一是在与上海市共建保障和促进科学发展新机制试点中，特别突出了调研环节。在共建方案制订前，上海督察局开展了六次调研，组织了三次不同层次的座谈会，深入上海市三个有代表性区县了解情况。方案制订后，重点调研了上海市三个国家级开发区节约集约用地情况，为推进节约集约用地机制打下良好基础。二是督促地方建立土地执法监管长效机制。组织了对五省市建立长效机制的检查，选择督察区域8个市区，查阅300多份相关文件及巡查记录，形成检查报告，被国家土地总督察办公室《情况通报》全文印发，有力推动了督察区域土地执法监管长效机制的建立和实施。三是及时总结推广经验。上海市从本市实际出发，充分发挥土地执法精细化管理中的信息技术等四大优势，初步形成了以政府为主导，相关部门职责分明、统筹配合的土地执法监管运行机制。上海督察局与上海市房地局共同总结了这一经验——《上海市建立土地执法监管长效机制形成新格局》。《国土资源部通报》予以刊载，上海的经验在全国推广，推动了督察区域土地执法工作。四是分析土地违法违规形势，研究防范措施。召开土地违法违规形式分析会议，形成督察区域季度和半年违法违规形势分析报告，进行趋势预测，提出对策建议，为遏止违法用地，防止土地违法反弹，促进土地执法形势的持续向好发展，提供思路。

五、其他

1.探索与地方政府共建保障和促进科学发展土地管理新机制

按照徐绍史总督察的要求，经总督察办批复同意，上海督察局与上海市率先开展了共建保障科学发展土地管理新机制试点工作。在调研阶段，我们围绕“上海市科学发展的要求和标准是什么，影响和制约上海科学发展的土地管理的突出问题是什么，解决这些问题的意见和建议是什么”，分别召开了专家学者、政府有关部门负责同志、开发区管委会主任和大型房地产开发企业总经理座谈会，深入浦东新区、金山区、崇明县等有代表性的区县政府及有关部门走访。同时，通过召开土地督察联席会、问卷调查、电话征询等多种方式和渠道，广泛征求了督察区域各级政府和国土资源部门对构建新机制的意见和建议。在充分调研的基础上，上海督察局与上海市房地局共同完成了调研报告，拟定了共建试点方案。8月21日，上海市副市长沈骏主持召开会议，对共建试点有关问题进行了专题研究。9月8日，韩正市长主持召开市政府常务会议，审议通过了以“三个目标、四个机制、一个转变”为主要内容的《共建保障上海科学发展土地管理新机制的试点方案》，共建新机制工作迈出了新步伐。

会同上海市规土局对漕河泾等3个国家级开发区土地利用情况开展了调研，推动开发区走科学发展、内涵发展和集约化发展道路，为破解影响和制约上海科学发展的土地管理难题提供思路。在与上海市开展共建试点的同时，经与五省市协商，确定了上海市宝山区、浦东新区，浙江省杭州市、温岭市，福建省莆田市、福清市，宁波慈溪市，厦门集美区等，作为与地方政府共建新机制的联系点。联系点的主要任务是反映各自建立新机制的新举措、新进展、新成效和新体会，反映土地利用和管理中的苗头性、倾向性问题，提出加强土地管理和督察工作的意见建议。10月底，组织召开8个共建联系点工作推进会，总结交流推广共建联系点经验，推进督察区域建立新机制工作。

2.抗震救灾

"5·12"汶川特大地震发生后，全局同志心系灾区，在局临时党支部号召和组织下，开展了多种形式的"伸援手、献爱心"活动，第一时间向灾区人民捐款，踊跃交纳特殊党费，并向四川省国土资源厅和成都督察局的干部职工及其家属发出饱含深情厚谊的慰问信。全局干部职工还向震区国土人书写了感言、寄语25条，创作文学作品12篇，制作了"情系汶川心手相连"的展板、专栏以及宣传图册，寄托了对灾区督察战友和国土人的牵挂，表达了对灾区人民深切关心之情，凝聚了上海督察局全体干部深深爱心。

国家土地督察南京局

一、主要工作及成果综述

2008年，国家土地督察南京局在国土资源部党组和国家土地总督察、副总督察的正确领导下，在督察区域江苏、安徽、江西三省党委、政府及国土资源部门的大力支持下，认真贯彻落实全国国土资源管理工作会议、国家土地督察工作座谈会和国家土地督察工作务虚会精神，以构建保障和促进科学发展新机制为总体要求，落实《2008年国家土地督察重点工作安排》，全面推进土地督察能力、机制、队伍建设，较好地完成了各项目标任务。学习实践科学发展观活动取得明显成效，国家土地督察机构与江西省人民政府共建保障科学发展土地管理新机制试点工作取得阶段性成果，土地督察工作力度进一步加大，土地督察机制进一步完善，机关基础建设和队伍建设取得新进展。督察区域地方政府依法管地用地和保护耕地的共同责任意识不断增强，耕地保护目标责任制得到落实，土地违法违规行为得到遏制。

二、基础工作情况

（一）制度建设

注重制度建设和规范运行，以逐步形成规章制度体系为目标，按照“急用先行”的原则，不断探索建立各项规章制度，保障了各项工作的规范高效。先后制定和实施了3批19项内部管理和业务工作规章制度。其中，内部管理制度有《学习制度》《工作纪律》、《廉政规定》、《信访工作制度》、《值班制度》、《保密工作规定》、《考勤请假制度》、《印章管理规定》、《差旅费管理规定》、《固定资产管理制度》、《办公用品管理规定》、《车辆管理规定》、《食堂管理规定》、《办公楼安全管理规定》、《办公楼卫生管理规定》15项，业务工作制度有《调查研究工作制度》、《督察工作制度》、《建设用地审批事项审核工作暂行规定》、《督察工作统计制度》4项。

（二）党建及党风廉政建设

党建工作方面，临时党支部在部党组的正确领导和部直属机关党委的有力指导下，始终坚持以邓小平理论和“三个代表”重要思想为指导，以开展深入学习实践科学发展观活动为主线，紧紧围绕局的中心工作，加强支部班子建设和组织建设，开展丰富多彩的党建活动，全面推进党的先进性建设和执行力建设，充分发挥了党支部核心堡垒和党员先锋模范作用。在学习实践科学发展观活动中，按照部党组总体部署，认真组织、全员参与，始终坚持学习实践活动与提高队伍素质、推进督察工作、解决突出问题和促进机关建设的“四个结合”，既完成了规定动作，又突出了自身特色，做到了认真组织学习、深入基层调研、广泛征求意见、开展“两个讨论”、深刻剖析检查、切实整改提高。深入学习实践科学发展观活动顺利有效推进，取得了良好的效果，进一步增强了落实科学发展观的自觉性和坚定性，进一步提升了土地督察工作的执行力。

党风廉政建设方面，认真贯彻落实中央和部党组关于党风廉政建设和反腐败工作的部署，紧紧围绕土地督察中心工作，着力做好构建惩防体系相关工作，党风廉政建设和反腐败工作实现了良好开局，为土地督察事业健康发展提供了坚实的基础。一是坚持一岗双责，党风廉政建设责任制得到落实。将党风廉政建设工作与业务工作紧密结合，实行“一岗双责”，全局形成了一把手负总责，分管领导分工负责，一级抓一级、层层抓落实的党风廉政建设工作机制。二是注重学习教育，干部廉洁自律意识进一步增强。认真开展多种党风廉政主题教育活动，努力以丰富多彩的学习教育活动增强全体干部的廉洁自律意识。三是落实各项制度，进一步规范权力运作。认真贯彻落实《党内监督条例》，严格执行党内监督各项制度，开展述职述廉活动，领导干部自觉向组织报告个人重大事项，定期召开局务会、党支部民主生活会，召开党员干部民主生活会、征求群众意见会，加强了对党员领导干部的监督制约。四是要求干部以身作则，严格执行各项廉政建设规定。坚持把干部廉洁自律作为党风廉政建设的首要任务来抓，要求全局干部尤其是领导干部牢记“两个务必”，国土资源部“五条禁令”等廉洁自律各项规定，开展廉洁勤政谈话等活动，严格要求、及时提醒。五是加强作风建设，树立土地督察队伍良好形象。在深入学习实践科学发展观活动中，认真查找局机关和每个干部自身不适应、不符合科学发展观的思想观念、工作方式和工作作风等突出问题，深入土地督察联系点和基层一线，广泛听取意见，开展调查研究，积极整改落实。在执行具体督察活动中，依法依规、忠于职守、严格督察，不滥用职权，不以权谋私。

（三）沟通协调机制

以落实土地管理共同责任为主线，建立健全与地方政府及国土资源部门的沟通协调机制。一是强化与省级政府的沟通。江西、安徽、江苏三省政府相继出台支持配合国家土地督察南京局开展土地督察工作的文件，落实地方政府与相关部门的工作责任。2008年8月下旬，在江西省鹰潭市召开赣、苏、皖三省政府分管秘书长座谈会，以构建保障科学发展土地管理新机制为主题，交流工作经验，共商建立新机制和落实共同责任。二是进一步强化与三省国土资源厅的协调配合。三省国土资源厅分别下发进一步完善土地督察工作支持配合机制的文件或会议纪要，建立了日常工作联系、违法案件通报、信访通报与转办、联合调研、突发事件应急协调等工作机制。三是建立基层土地督察联系点。在三省选择了10个县级国土资源局作为土地督察工作联系点，先后召开了安徽省联系点建设座谈会和督察区域联系点工作座谈会，有力推动了联系点建设，力争把联系点建设成为了解基层实际情况的信息点、土地政策执行情况的反馈点、探讨新情况新问题的调研点、创新管理机制的试验点、土地管理工作的示范点。

（四）涉土信访工作

关注群众来信来访提供的各类信息，2008年共受理群众信访292件，其中233件已转交三省国土资源厅办理，并对99件重点信访件进行了跟踪督办。开展信访分析，圈定信访重点地区，对安徽省砀山县、江苏省常州市武进区、江西省铜鼓县等信访重点地区进行现场督察。

（五）队伍建设

人员选配方面，2008年共新增工作人员7人，队伍力量得到充实。其中：2008年7月赵昊、相天宇两位同志参加中央国家机关公务员招录考试被录用，2008年11月蒋俊祥、冯泉、李响、贾宏俊由系统内选配调入，2008年11月顾龙友被部党组任命为副专员。人员职务任命方面，2008年9月李恩才被任命为办公室主任，王钊被任命为调研处副处长，王拥军被任命为审核处副处长，章昌华被任命为督察一室主任，赵九民被任命为督察二室副主任，杭邦明被任命为督察三室副主任，李忠武被任命为督察三室副调研员，李灿刚被任命为办公室主任科员；2008年10月，李晓秋被任命为办公室主任科员，刘玮琼被任命为调研处副主任科员，聂瑞被任命为审核处科员。培训教育方面，坚持每周三政治业务学习制度，积极参加部系统组织的各类业务培训，11名副处级以上干部在北京参加首次国家土地督察机构干部整训班。

（六）信息化建设

在国家土地总督察办公室和部信息中心的大力支持和帮助下，制定了信息化建设实施方案，加大信息化建设力度，取得明显进展，为高效便捷开展土地督察工作创造有利条件。一是硬件配备到位。

设立了专门的中心机房，配备3台服务器和30台台式机、25台笔记本电脑，全局人员实现每人一台笔记本电脑和台式电脑，办公楼内外网络实现物理隔离。二是开通门户网站，提供宣传土地督察工作、倾听人民群众意见和接受全社会监督的网络平台。三是建设内部局域网，督察区域有关基础数据库和部信息中心研发的土地批后监管分析系统安装并运行，自主委托研发的办公自动化系统成功运行。四是开通视频会议系统，加入部系统电视电话会议网络。五是注重信息网络安全，内网与外网实现物理隔离，严格执行《国家土地督察机构信息网络系统安全管理规范（试行）》等规章制度，保证了网络安全运行。

（七）基本建设

国家土地督察南京局租用的办公楼和集体宿舍位于南京市玄武区北京东路10号，经过简单装修后能保证日常办公需要。办公楼项目经国家发展改革委员会批准立项后，经与南京市政府沟通协调，选址初定在南京市河西区域。

（八）统计工作

为贯彻实施国家土地督察工作统计制度，落实责任、完善措施，扎实开展土地督察统计工作。一是成立领导小组。按照“一把手负总责，分管领导协助抓，抓紧形成统计体系”的思路，成立了由局领导和各处室负责同志组成的统计工作领导小组，统一领导和协调全局统计工作。二是出台统计制度。出台了《国家土地督察南京局督察工作统计制度（试行）》，对统计工作的组织领导、主要内容、职责划分、时限要求、报送程序等都作出明确规定。三是明确处室分工。明确调研处为统计汇总的业务处室，负责建立统计台账、汇总分析和按时报送统计信息，办公室、审核处、督察室等处室负责相应的统计任务，形成了“分工负责、分口把关、综合汇总、统一上报”的统计工作体系。四是落实人员责任。调研处明确一名工作人员作为局统计人员，并作为总督察办的统计工作联系人；其他处室各明确一名工作人员作为本处室统计人员。统计信息经各处室负责人签字确认后，汇总整理形成《国家土地督察工作统计报表》，经局主要领导审定后上报。五是做到“三个坚持”。即：坚持统计工作与业务工作同时部署、同时检查，以统计数据为基础通报工作进展情况；坚持统计工作与季报工作同步推进、同步落实，形成了“对内抓报表，对外催季报”的工作格局；坚持统计催办制度，确保报送的时限。

三、职责履行情况

（一）积极推进共建保障科学发展土地管理新机制试点工作

根据部党组关于加快构建保障和促进科学发展新机制的要求，国家土地督察南京局积极发挥自身优势，主动与江西省政府沟通，于2008年5月17召开了国家土地督察机构与江西省政府加强土地管理和土地督察联席会议。6月23日，江西省政府办公厅和国家土地总督察办公室联合印发了《关于共同推进建立保障科学发展土地管理新机制试点工作的通知》，正式启动了共建新机制试点工作，选择江西省鹰潭市作为重点试点地区，赣州市安远县、九江市湖口县、宜春市上高县等作为试点工作联系点，着力构建宏观调控、共同责任、开源节流、维护权益和土地督察等五项新机制。在有关各方的共同努力下，成立推进共建试点工作的领导机构和工作班子，制定完善试点工作实施方案，建立高效顺畅的协调推进机制，实行月度分析和督促检查制度，共建试点工作有序推进，省级、试点市和联系点县三个层面都取得了一些制度性成果。江西省人民政府办公厅出台了《关于建立土地执法监管长效机制 落实耕地保护共同责任的意见》，江西省高级人民法院、省高级人民检察院、公安厅、监察厅、国土资源厅联合下发了《关于在调查处理国土资源违法犯罪案件中加强协调配合的意见》。试点地区鹰潭市政府及其有关部门和司法机关出台了六份文件，初步构建了落实共同责任、强化执法监管的制度框架。三个联系点县也分别制定出台了加强建设用地批后监管、土地管理行政首长问责、部门协作配合等方面的文件。江西省赣州市“一牌、一卡、一库、一证”的土地批后监管制度得到了部领导的肯定。南京督察局对江西省设区市试行决策督察，对九江、景德镇、新余、吉安四市招商引资中有关土地管理政策存在的问题提出建议并督促整改到位。总体上看，共建试点工作取得明显成效。

（二）开展耕地保护目标责任督察

2008年3月底，召开了三省2007年度土地利用年度计划执行情况座谈会，对年度计划执行情况和耕地保护情况进行检查分析，并提出建议。2008年11月上旬，积极参与了国土资源部、农业部、国家统计局联合开展的2007年度省级政府耕地保护责任目标履行情况重点抽查工作，基本掌握了督察区域三省耕地保护形势，督促地方政府对存在问题进行整改。15号令颁布施行后，采取多种形式开展学习宣传，强化地方政府对耕地保护目标负总责的责任，督促层层落实目标责任制和建立问责制。督察区域省级、市级、县（市、区）级、乡（镇）级政府之间层层签订了耕地保护目标责任书，形成了比较完整的耕地保护责任目标考核体系。

（三）全面开展农用地转用和土地征收审批事项督察

制定了《国家土地督察南京局建设用地审批事项审核暂行规定》，采取内业审核与实地核查相结合的方式，全面开展农用地转用和土地征收审批事项审核工作，2008年重点审核了31个报国务院批准的单独选址建设项目用地和6个城市批次用地，涉及农用地转用面积6402公顷。通过开展审核工作，初步掌握了三省建设用地审批的基本情况。

（四）积极探索土地例行督察

选择江苏省连云港市、安徽省蚌埠市，开展2007年度新增建设用地情况例行督察试点。在制定工作实施方案、完成遥感数据处理、收集基础资料等基础上，督察组于2008年10月下旬进驻两市开展现场核查，历经一个月完成两市的内业审核和外业调查工作。从总体情况看，例行督察地区存在违法用地占新增建设用地的宗数和面积比例较大、土地管理基础薄弱等问题。例行督察结果反馈后，两市党委、政府高度重视，精心组织，积极推进土地例行督察发现问题的整改工作。通过例行督察，既发现了两市土地管理中存在的问题，又锻炼了干部队伍，积累了工作经验。

（五）认真开展专项督察

2008年7月，《新华日报》、央视七套《聚焦三农》栏目分别报道了江苏省部分地区存在的违法用地和土地闲置问题。国家土地督察南京局立即开展了专项督察，深入江苏省镇江、连云港、徐州、宿迁四市有关县区进行调查，多次约见江苏省国土资源厅领导和四市政府负责人，反馈督察意见。2008年11月11日，央视《焦点访谈》栏目报道了江苏省淮安市以土地流转为名，征占农民土地的情况，国家土地督察南京局于次日即进行了实地调查。根据国家土地总督察的重要批示，2008年开展了对违法用地专项督察的跟踪检查，结合贯彻落实15号令问责制，积极督促有关地方政府整改到位。

（六）扎实开展日常巡察

采取带着问题进行督察的方式，对群众信访高发地区、开发区等重点区域开展巡察，对江苏省无锡市、常州市，安徽省合肥市、黄山市、安庆市、宿州市，江西省上饶市、景德镇市等地进行了重点巡察。2008年巡察范围涉及三省30多个市、县（区），行程近20000千米。对巡察中发现的土地闲置荒芜、征地程序不规范、补偿安置不到位、土地执法监管薄弱等突出问题及时提出整改意见，督促有关地方政府依法依规管地用地，切实维护群众权益。

（七）跟踪“百日行动”后续工作

2008年先后对三省8市15县（区）进行跟踪督察，有力促进了“百日行动”后续工作的落实。积极开展了督察区域内10个“百日行动”成效显著单位的评估审核工作。重点关注三省在预防、查处、监管、部门联动等方面20多项制度的实践成效和经验，督促全面建立土地执法监管长效机制。

（八）积极参与第八次卫片执法检查

配合部执法监察局做好第八次卫片执法检查，督促安徽省合肥市、江苏省无锡市等重点城市进行整改，并进行现场验收和评估。

四、调查研究工作

坚持执行季度报告制度，每季度对三省年度计划执行、土地违法违规、涉土信访等情况进行分析评估，开展三省土地管理形势分析。围绕履行土地督察职能、土地管理热点难点问题和政策实施情况等开展调查研究，以调研找问题、促督察、提建议。组织了三省耕地保护、土地违规违法成因与对策两项课题研究，开展了建设用地批后监管、村级土地监管信息员制度、土地执法监管长效机制、被征地农民补偿安置机制，与安徽省国土资源厅联合开展了沿淮地区建设用地置换情况调研，形成了多项调研成果。

五、其他

四川汶川“5·12”地震发生后，组织全局干部职工捐款和缴纳特殊党费，共计13000余元，积极参加抗震救灾，支援地震灾区重建。

国家土地督察济南局

一、主要工作及成果综述

2008年，济南督察局认真落实科学发展观，不断解放思想，转变观念，改革创新，开拓进取，各项主要工作取得明显进展。一是强化核心业务建设，督察工作机制逐步建立。把例行督察作为建立督察工作常态机制的突破口，积极开展试点工作，树立了督察权威，探索了工作方式，促进了地方土地管理的规范健康发展；制定实施建设用地审批事项审核督察工作方案，首次对两省一市建设用地审批事项开展审核工作，并对其中一些用地进行实地核查，对存在的问题及时进行了纠正处理；根据领导批示、媒体披露、群众举报、实地巡查等掌握的情况，针对带有全局性、典型性、倾向性和苗头性的问题，在两省一市进行实地巡查，对一批重大土地违法违规案件进行了督促纠正和整改；一年来，我局继续巩固百日行动成果，保持高压态势，确保了各项整改措施落到实处，确保了两省一市土地违法违规案件大幅度下降；始终把监督检查两省一市耕地保护目标责任落实情况作为重点工作任务，采取多种措施督促两省一市政府完善耕地保护目标责任制，进一步提高了地方党委、政府对严格耕地保护，坚守耕地红线的认识，促进了耕地保护目标责任制度的完善；以土地执法形势分析、热点问题分析等为主要内容，每季度组织开展针对两省一市土地管理形势的分析、监测和预警，提出了加强和改进土地管理的政策建议。二是强化综合能力建设，督察工作水平逐步提高。妥善处理好同两省一市的关系，初步建立了沟通协调机制。去年，山东、河南两省省委和省政府办公厅分别联合发文支持国家土地督察工作，自觉接受我局的监督检查，有效推动了各项督察工作的顺利开展。将督察、服务、预警和宣传结合在一起，大力宣传土地管理法律法规，着重提示预警，在两省一市全覆盖宣讲15号令，参加人员近2万，有效震慑了土地违法，提升了土地督察的影响，表明了土地督察服务保障地方经济社会科学发展的决心和态度，形成土地执法和土地督察的良好氛围。围绕土地管理热点、难点问题，开展调查研究，提出了关于土地管理政策、体制、机制方面的一些建设性意见。三是强化督察基础建设，干部队伍整体能力逐步增强。开展深入学习实践科学发展观试点活动，在全局进行“解放思想，改革创新”和“改进作风，增强执行力”大讨论，进一步增强了落实科学发展观的自觉性和坚定性；不断完善制度建设，推进了土地督察工作的科学化、规范化；加强领导班子和干部队伍建设，不断增强政治意识、大局意识和责任意识；认真落实党风廉政建设各项规定，局主要领导连续两年与各处室主要负责人签订党风廉政建设目标责任书，加强考核，进一步推进了党风廉政建设。两省一市土地违法违规案件大幅下降，土地执法监管长效机制逐步建立，土地利用和管理形势越来越好，土地管理逐步迈向规范有序的轨道。

二、基础工作情况

一是着力推进机关内部建设，督察基础得到新加强。干部队伍逐步壮大，截至2008年底，济南督察局实有干部18名。其中，局长1名，副局长1名，副督察专员1名。处级干部7名。科级及以下干部8名。财务试点工作有序推进，先后制定印发10多项制度办法，率先在土地督察系统开展财务试点工作，规范财务管理工作。工作生活条件逐步改善，添置和完善了多项软硬件办公设施，开通视频会议系统，加强信息化建设，职工购房工作进展顺利。初步建起职工餐厅，有效解决了后勤保障问题。保密工作进一步加强，建立健全保密制度，落实保密责任，完善技术防范措施，全年未发生失泄密事故。

二是大力加强干部队伍建设，干部队伍整体素质有新加强。以深入学习实践科学发展观活动为契机，加强局领导班子建设和干部队伍建设，形成心齐、气顺、风正、劲足的良好风气。建立了学习培训制度，开展“人人论坛”活动，注重组织学习党的路线、方针、政策、土地法律法规、督察业务知识等。注重同新闻媒体的协调沟通，与中央和地方主要新闻媒体建立了信息沟通和联络机制。注重调查研究，开展了节约集约用地、土地整治、开发区管理、信访管理等方面的调查研究，取得了一批调研成果。强化党风廉政建设，建立健全党风廉政建设责任制，形成了“自力更生、艰苦奋斗、团结协作、无私奉献，严格执法、不辱使命”的建局精神。

三是积极推动共同责任机制构建，与两省一市沟通协调机制逐步建立。济南督察局和两省一市政府联合开展构建土地管理共同责任机制试点工作。一是两省一市党委政府联合出台支持国家土地督察工作的文件。同两省一市政府和国土资源部门建立起情况报告、沟通联系、信息共享、联合动态巡查等机制制度，初步实现了对土地利用和管理工作的联动联管。二是制定了与两省一市政府构建保障和促进科学发展土地管理共同责任机制的试点工作方案，确立了试点指导思想和基本原则，明确了目标和任务，拟定了工作步骤和时间安排，对试点工作进行了全面部署，并获得总督察批准。三是认真开展试点工作。确定山东临沂、河南信阳、青岛胶南三个试点地区，开展前期调研准备工作，成立试点工作领导小组及办公室，初步制定试点工作实施方案，按计划稳步推进。

三、职责履行情况

（一）继续巩固百日行动成果，土地执法监管长效机制建设取得新进展

2007年百日行动结束后，济南督察局继续加强对后续工作的监督检查。2008年，针对百日行动收尾工作、重点案件和重点地区查处整改、“未批先用”整体性处理意见落实等问题，分别由局领导带队赴两省一市多次调度情况、实地督促检查，保持高压态势，确保各项整改措施落到实处。一是进一步督促加大查处纠正力度，确保百日行动发现的问题依法依规处理到位。对重点地区和典型案件实行分片包区包案，继续跟踪、跟进落实，督促地方政府对5个重点地区和31件重点案件全部对人对事处理到位；对三类土地违规违法案件，全部对人对事处理到位。二是跟踪督察两省一市对整体性处理意见的落实。督促地方政府对两省一市全部1106宗、18万亩未批先用违规违法案件全部处理完毕。三是不断加大督察力度，确保了两省一市土地违规违法案件大幅度下降。第八次卫片执法检查数据显示，两省一市违规违法用地宗数、涉及土地面积同比分别下降51.0%和44.7%。其中，山东分别下降39.6%和36.9%，河南分别下降58.4%和50.4%，青岛分别下降92.0%和94.3%。四是督导两省一市建立完善土地执法监管长效机制。一年来，在济南督察局督促指导下，两省一市各级政府和国土资源部门积极从完善内部协作机制、建立外部联动机制和落实土地监管共同责任三个方面逐步构建土地执法监管长效机制，形成了政府牵头、部门合作、社会参与、群众协管的依法管地用地格局。已经建立起动态巡查、培训教育、政府问责、内部执法责任追究等10多个机制和制度。

（二）大力宣传15号令，土地违法问责逐步深入人心

自6月1日三部15号令正式实施以来，济南督察局高度重视，迅速组织全局干部进行系统学习，并采取一系列措施在两省一市进行学习宣传和贯彻落实，确保15号令深入人心，落地生根。一是召开两省一市学习贯彻15号令座谈会。8月上旬，组织召集两省一市政府分管副秘书长、国土资源厅（局）长、分管厅（局）长、执法局（处）长等负责人，认真学习领会15号令，甘藏春副总督察到会并作重要讲话。徐绍史总督察就此专门作出“要系统地认真学习领会并坚决贯彻执行《违反土地管理规定行

为处分办法》”的批示。二是在两省一市全覆盖宣讲15号令。自9月至11月，济南督察局集中2个月时间，派出由局领导分别带队的三个宣讲督察组分赴各地市开展贯彻落实15号令宣讲活动。此次宣讲活动覆盖了督察区域内山东17个地市（含青岛）、河南18个地市，共召开宣讲会近40场，参加人员近2万，在两省一市引起强烈反响，掀起了当地各级政府和国土资源部门学习贯彻15号令的高潮，使土地违法问责进一步深入人心。

（三）积极开展例行督察试点工作，探索督察方式取得新成果

2008年，济南督察局把开展例行督察作为建立督察工作常态机制的突破口，精心准备，精心组织，圆满完成例行督察试点工作，取得了可喜成效。一是制定方案，搞好前期准备。局领导多次召集会议研究督察方案，并专门组织到河北沧州学习北京督察局的成功经验和做法。在山东、河南分别选取了6个经济发展水平层次不同的县（市、区）作为试点地区，成立了由15人组成的督察小组。制定了实施方案、工作程序和规范等。提前对这些试点地区的卫片资料进行了分析处理。同时，还集中进行业务培训，使每一名参加督察的人员都对相关情况有所了解和把握。二是严格督察，全面履行职责。自10月15日至11月14日，督察小组主要采用听取汇报、审核资料、实地核查、座谈讨论、统计分析、反馈意见等方法，对6个试点地区耕地保护、规划计划执行、建设用地管理、土地登记发证、土地执法监察等方面的情况进行了全方位监督检查。1个月的时间，共审阅各类卷宗967件，核查变化图斑1485个，发现并纠正土地违规违法、供地环节等问题10多个，基本了解掌握了这些地区土地利用和管理的情况。三是认真总结，提炼经验体会。这次例行督察，基本上摸清了县一级土地利用和管理的全面情况，发现了两省一市土地利用和管理中一些共性的问题，同时也通过宣传土地政策，认真监督检查，震慑了土地违规违法行为，营造了土地督察氛围。通过与地方政府和国土资源部门的沟通交流，听取了很多很好的政策性建议。在督察中，工作人员撰写心得体会10多篇，也发现了我们自身工作中存在的一些问题，锻炼了队伍，增长了才干，为下一步更好地开展例行督察工作积累了经验。12月份，我们专门向总督察提交了例行督察报告。

（四）不断完善信访发现机制，专项督察有新起色

济南督察局一直高度重视信访工作，将其作为维护社会稳定、确保地方经济社会科学发展的一项重要政治任务，作为了解掌握督察区域土地利用和管理情况的一个重要渠道，作为开展专项督察的一个重要手段，收到了良好的效果。一是进一步完善了信访督办制度。成立了由局长挂帅的信访工作领导小组，建立了信访工作责任制，进一步规范接访程序，加大信访案件查处力度，努力化解矛盾，维护群众合法权益，促进了当地社会稳定，获得人民群众好评。全年受理来信来访和领导批示件共846件，处结率达到100%。山东省夏津县上访群众还专门送来感谢信，对济南督察局迅速有力处理信访案件表示感谢。二是积极督促查处了一批重点案件。初步统计，济南督察局共督察河南郑州市布瑞克房地产开发有限公司违法占地建设帝湖花园、山东乳山市荒芜基本农田被焦点访谈曝光等20余起案件，特别是督促郑州市爆破拆除帝湖花园违法楼盘，在当地引起强烈反响，极大地提高了土地督察权威。三是全力督察重点城市第八次卫片执法检查的整改工作。按照部统一要求和部署，济南督察局多次派出督察组实地督促两省一市有关城市加强第八次卫片执法检查工作，并及时提出整改意见。特别是总督察约谈9个重点城市后，济南督察局加大督察力度，分别派出三个督察组对3个被约谈城市和4个违法用地上升城市进行检查验收和督察评估，确保了重点城市整改到位。

（五）认真开展建设用地报批审核工作，耕地保护责任目标落到实处

2008年，济南督察局对两省一市全面开展了用地审核工作，加强了农用地转用和土地征收审批事项以及2007年度省级政府耕地保护目标落实和土地利用计划执行情况等方面的督察。一是首次开展并全面完成了农用地转用和土地征收审批事项的审核工作。制定出台《建设用地审批事项审核暂行办法》及《实施细则》，收集整理两省一市土地利用总体规划图、土地利用现状图等基础资料，对两省一市农用地转用和土地征收审批事项进行了全面审核。共审核报国务院建设用地571宗、5.87万亩；省级政府批准建设用地285批次，单独选址建设用地8宗，共10.97万亩。并对其中20宗地专门进行抽查和现场核查，对存在的问题及时进行纠正处理，责成河南省停止了对豫国土资文[2001]286号文的执行，在全省范围内叫停了将城市建成区范围内的集体土地直接变为国有土地的错误做法，并向总督察写出了报告。二是监督检查了两省一市2007年度省级政府耕地保护责任目标履行情况。两省一市均层层签订了耕地保护目标责任书，建立完善了耕地保护的各项制度，耕地保有量、基本农田保护面积均实现了责任目标。同时，两省一市土地利用年度计划执行良好，实际批准使用新增建设用地、农用地转用，未利用地面积均未超过计划。对于存在的问题，也向两省一市政府明确提出了整改意见。

（六）集中督察重点地区和重点案件，重点督察显现威力

针对带有全局性、典型性、倾向性和苗头性问题，毫不手软，坚决打击，充分体现督察的威力，努力推动地方经济沿着健康有序轨道发展。一是督促山东省政府认真整改纠正聊城茌平信发铝电集团违法占地问题。在2007年全面核查清楚违法事实的基础上，针对茌平县违法用地问题发出了整改意见书，要求山东省进行彻底查处，整改到位。期间，济南督察局多次派出督察组，赴茌平县进行现场督促检查。9月底，李永杰局长率队赴聊城茌平对信发铝电集团违法用地问题整改情况进行了检查验收。二是督促山东省就开发区违规扩区问题进行专项整治。针对德州市擅自扩大开发区用地规模、违规设立工业园区、擅自调整土地利用总体规划违规占用基本农田等问题，济南督察局发出整改意见书，要求山东省在全省范围内对此类问题进行专项整改。半年来，济南督察局始终高度关注整改意见落实情况，密切进行跟踪督察。李永杰局长多次主持召开专题会议安排部署，两次约见山东省政府分管领导，就整改工作提出要求，整改工作进展顺利。

四、开展深入学习实践科学发展观试点活动情况

2008年3月份以来，按照中央和部党组的统一部署，济南督察局以高度的政治责任感和紧迫感开展学习实践科学发展观试点活动，圆满完成各阶段任务，实现了预期目标。

一是精心准备，全局动员，迅速投入试点活动。3月31日部试点工作动员大会后，立即进行传达学习贯彻。4月3日，成立了由李永杰局长任组长的局试点工作领导小组，制定印发了试点工作实施方案，排出了时间进度表，要求分准备动员、学习调研、分析检查、解决问题、完善制度和总结评价六个阶段有计划按步骤组织实施。

二是强化学习，联系实际，充分开展调查研究。济南督察局采取集中学习和个人自学相结合的方式，组织全体党员干部认真学习党的十七大报告等各种学习资料，集中观看录像辅导、听讲座，每个人都撰写了学习体会。据不完全统计，党员干部撰写学习心得平均超过1万字。结合理论学习，在全局两次开展“解放思想、改革创新”和“转变作风、增强执行力”大讨论，进一步交流了思想，开阔了思路。“五一”节前，还专门组织全体党员干部到临沂市进行实地调研，走访基层国土所，召开各层次座谈会，促进了学习实践活动与督察工作实际的紧密结合。

三是深入剖析，全面检查，广泛征求各方意见。在活动中，济南督察局专门致函两省一市政府和国土资源部门，并深入到部分土地执法百日行动先进城市，通过问卷调查、调研座谈等形式，就局领导班子和干部队伍作风以及开展土地督察工作等情况征求意见和建议。在此基础上，召开领导班子专题民主生活会，查找出存在的六个方面问题，形成了领导班子贯彻落实科学发展观的情况分析检查报

告。

四是解决问题，完善制度，切实完成整改任务。针对梳理出的问题，研究制定整改落实方案，提出六项整改任务，落实了七项整改措施，并实行整改工作目标责任制，确保整改落实到位。狠抓制度建设，修订了督察人员工作行为规范等近20项制度。同时，编发深入学习实践科学发展观简报13期，对活动进展情况及时进行了宣传总结。试点结束时，向部试点工作领导小组上报了总结报告。

五、调查研究工作情况

加强调查研究，出台实施《调查研究工作制度》，并制定了全年调研计划，明确了调研的主题和内容。围绕调研课题，深入进行调查研究，切实了解掌握了两省一市土地利用和管理情况。一年来，先后开展了开发区用地、土地信访问题、构建保障和促进科学发展新机制、节约集约用地等调研活动，向总督察提交了土地信访分析报告，提出了意见和建议。

六、党风廉政建设情况

加强组织领导，建立健全党风廉政建设责任制，局长与各处室主要负责人签订了党风廉政建设责任书。加大从源头上预防和治理腐败工作力度，在全局开展了反腐倡廉教育，做到警钟长鸣，不让一个干部因腐败问题掉队。

七、其他工作

5月12日四川汶川发生8.0级大地震灾害后，济南督察局迅速行动，组织开展了向灾区的捐款活动，组织交纳特殊党费，积极捐助系统内受灾干部，并参加地方对口支援。共组织全体干部职工先后4次共捐款近25000元。

国家土地督察广州局

一、主要工作及成果综述

2008年，广州督察局坚持开展学习实践科学发展观活动、推进土地督察工作、支持抗震救灾“三不误、三促进”，在部党组的正确领导和地方政府及国土资源部门的支持配合下，各项工作都取得了明显成效。

（一）以学习实践科学发展观活动推动土地督察工作，各项工作职责得到深化落实

广州督察局认真部署，扎实推进学习实践科学发展观试点活动，使全局干部增强了贯彻落实科学发展观的自觉性和坚定性，提高了贯彻落实科学发展观的能力。一是督察落实耕地保护目标责任制取得实效。督促粤、桂、琼、深政府与市县层层签订了耕地保护责任书，落实耕地保护目标责任制，并由广州督察局对责任制考核情况进行了核查。二是建设用地审批备案审核和批后监管有序推进。采用日常审批备案和集中核查相结合的办法，全面审核四省区市用地审批备案的材料，对一些重点项目进行了现场核查。三是调研工作取得重要进展。制定了局调研课题项目管理暂行办法，在自行开展项目调研同时，组织或委托科研单位，对广东省产业、劳动力双转移推进大发展中的土地政策、广西北部湾规划区的土地政策创新、广东佛山“三旧”改造等工作进行研究。

（二）多种形式的土地督察专项工作取得初步成果

一是继续督促广东省落实广州督察局2007年发出的集中清理闲置土地的督察建议书。督促广东基本查清了土地闲置情况，盘活了大量闲置地，缓解了土地供需矛盾。二是指导和督促广东省集中整治违法用地。及时总结推广广州市番禺区的整改经验，推动广东省9～12月在全省范围内开展违法用地专项整治，共拆除违法违规建筑涉及土地面积2.4万亩，复耕、复绿土地面积13.4万亩，取得了明显的成效。三是开展海南省部分地区“以租代征”专项督察。督促海南省政府采取措施积极整改，查处违法用地，处分相关责任人，催生了一批土地执法制度，推动了土地执法长效机制的建立。四是督促地方妥善处理信访案件和突发事件。对重大问题坚持到现场核实督办，及时妥善处理发生在广东、广西的多起突发事件。五是开展例行督察试点工作取得成果。对广西玉林市2007年10月至2008年10月土地利用和管理情况进行核查，总结了经验，发现了问题，提出了整改建议。

（三）各项基础建设得到进一步加强

一是进一步规范和推进派驻专员工作机制建设，率先制定了《国家土地督察广州局督察专员工作规范（试行）》，规范专员工作，派驻专员加强巡查和调研、开展政策宣讲等方面取得实效。二是建立与省级政府和国土部门的沟通机制，坚持每年召开华南地区土地督察工作座谈会，不定期约见四省区市政府有关负责人和国土资源部门负责人，建立了土地督察联系人工作制度。三是健全了内部制度和工作规范，加强对年轻干部的培养，全局干部基本适应了工作的要求。四是制定了土地督察管理信息系统建设规划，将建设用地审批备案审核管理、土地执法督察管理作为2008年开发重点。

（四）党建、党风廉政建设和文化建设深入推进

通过开展学习实践科学发展观试点活动、学习党的十七届三中全会精神、参与纪念改革开放三十周年系列活动等，推进机关作风建设和领导干部作风建设。积极探索构建具有华南土地督察特色的惩

防体系，组织开展土地业务、调研工作、摄影拍照、公务礼仪等一系列的培训活动，丰富土地督察文化建设。

（五）用实际行动支持抗震救灾活动

响应部党组号召、把支援灾区抗震救灾作为学习实践科学发展观的重要内容，先后3次共捐出捐款和特殊党费近3万元，其中束伟星局长共捐出工资补贴近12000元，邱耿华副专员捐出了8500元。

二、基础工作情况

（一）法制建设

2008年制定出台了《国家土地督察广州局督察专员工作规范（试行）》、《国家土地督察广州局差旅费管理暂行规定》、《国家土地督察广州局机关印章使用管理暂行办法》、《国家土地督察广州局公务车管理暂行规定》、《国家土地督察广州局宿舍管理试行办法》、《国家土地督察广州局网站信息发布管理办法（试行）》、《国家土地督察广州局信访督察暂行办法》、《国家土地督察广州局调研课题项目管理暂行办法》和《国家土地督察广州局与督察范围内四省区市工作联系人制度（试行）》等近10项规章制度，并进一步完善了原有的《国家土地督察广州局公文处理制度》等8项制度，基本制定完成了局督察工作和内部管理的制度框架，为各项业务工作的顺利开展提供了制度保障。

（二）党建及党风廉政建设

通过开展学习实践科学发展观试点活动、学习党的十七届三中全会精神、参与纪念改革开放三十周年系列活动等，推进机关作风建设和领导干部作风建设。认真学习贯彻《2008年国土资源部直属机关党的纪检工作要点》，坚持《国家土地督察广州局工作人员“六个不准”》要求，在更加注重治本、更加注重预防、更加注重制度建设上下功夫，使廉洁自律成为全体干部的自觉行动。

（三）调查研究

制定了调研工作制度，采用领导调研、处室调研、与地方国土资源部门联合调研和委托科研单位调研等多种形式，对广东省产业、劳动力双转移推进大发展中的土地政策、广西北部湾规划区的土地政策创新、广东佛山“三旧”改造等工作进行研究。

（四）沟通协调机制

建立与省级政府和国土部门的沟通机制，坚持每年召开华南地区土地督察工作座谈会，不定期约见四省区市领导和国土资源部门负责人，加强工作的沟通协调；建立土地督察联系人工作制度，把土地督察工作联系人建立到市、县，明确了交流沟通渠道，构建了信息沟通平台，使土地督察逐步建立起基层联系点。

（五）新闻宣传

制定《宣传信息考核计分试行办法》，对宣传信息考核采用量化考核、积分奖励的办法调动干部做好宣传和信息报送工作的积极性，全年共编印简报55期，在报送部的信息中，有11条被部内部刊物采用。

（六）信访工作

修订完善《广州督察局土地信访督察暂行办法》，与省级国土部门建立定期沟通协调机制移交督办案件，对重大信访事项采用信访督察事项督办函的方式转地方政府办理，对事态特别紧急的典型案件进行现场个案督察，对信访工作问题严重的市县采取约谈的方式，促进问题的解决。2008年共受理群众各类来信来访289起。

（七）队伍建设

2008年7月，新招录公务员3人；11月，国土资源部为广州督察局从全国土地管理系统选配了6名干部，其中处级3人，主任科员以下3人。2008年11月，全局处以上干部参加国家土地总督察办公室组织的为期一周的整训活动。组织开展土地业务、调研工作、摄影拍照、公务礼仪等一系列的培训活动，提高干部综合素质。

（八）信息化建设

通过光纤实现局内网与国土资源部连通，已安装的土地监管信息分析系统的数据实现了与部机关的同步更新；完成视频会议系统建设，可以在局内参加部视频会议。完成广州督察局门户网站建设。与广东省国土资源厅信息中心合作开发土地督察管理信息系统，目前已进入调试和完善阶段。

（九）文化建设

广州督察局自成立以来就高度重视文化建设，提出了“严明勤廉　为国督察”的口号，建设局文化室，订购报纸杂志，购买部党组推荐的图书供全局干部阅读和学习，组织开展系列培训，提高全局干部的综合素质。

（十）统计工作

按照国家土地总督察办公室《关于印发〈国家土地督察工作统计报表（试行）〉的通知》（国土督办发〔2008〕14号）的要求，广州督察局从2008年第三季度开始填报国家土地督察工作统计报表，并从第四季度起，结合统计报告期内的各类数据结合时政、国情及区情和社会经济发展状况进行科学分析和评估，提出科学建议，形成数据、分析、建议于一体的土地督察工作统计情况分析报告。

（十一）其他

努力构建保障和促进科学发展土地管理新机制。一是抓好违法用地的整治，落实15号令并开展问责；二是加强对违法用地的动态分析研究，认真做好违法用地形势季度分析，了解违法用地的动态情况和特点、趋势，掌握规律性；三是总结推广各地长效机制建设试点的经验，加强制度建立和体制机制的完善；四是督促地方加强执法队伍建设和基础建设，改变有的地方队伍薄弱、手段和装备落后的局面。

三、职责履行情况

（一）督促地方政府落实耕地保护责任制

2008年初，广州督察局集中开展了对督察范围内广东省、广西壮族自治区、海南省和深圳市四省区市2007年度耕地保护责任目标落实情况的专项督察，此后又先后4次对市级政府开展耕地保护专项督察。通过督察，促进了四省区市各级政府耕地保护意识的进一步提高，总结了各地在耕地保护中好的做法，发现和指出了耕地保护工作中存在的问题，针对性地提出了加强耕地保护工作的意见建议。

督察发现，各地政府领导都与下一级人民政府及有关部门主要负责人签订了《耕地保护目标责任状》，并将目标责任落实情况作为其工作业绩的重要考核内容，规定了奖惩措施。各地都成立了耕地保护目标责任考核工作领导小组，精心部署考核工作，制订了详细的工作方案，细化了考核指标，落实了奖惩机制，确保了工作的顺利推进。广西将考核指标进行了细化和量化，对认真履行责任目标且成效突出的给予表扬和奖励，并在安排新增建设用地土地有偿使用费时予以倾斜。广东将耕地保护目标责任考核与卫片检查相结合，将卫片数据中发生变化的图斑与实地情况进行对照抽查。海南积极推行建设项目与耕地开垦项目挂钩制度，实行补充耕地项目规划设计方案专家评审、论证制度。

（二）开展农用地转用和土地征收审批事项督察、例行督察、专项督察、重点督察、动态巡查等

2008年，广州督察局在年中和年末集中开展了2次农用地转用和土地征收审批事项的督察，分别赴广东、广西、海南、深圳四省区市进行督察，并实地抽查了部分市、县（区）。

11月−12月，广州督察局局在广西壮族自治区开展了首个土地例行督察的试点。督察工作历时1个月，对玉林市2007年10月—2008年10月土地利用管理情况进行了全面的核查，并将督察情况形成书面报告报国家土地总督察。通过例行督察，全面掌握了玉林市督察时段内土地利用管理情况，总结了好的做法，发现了存在的问题，提出了整改意见和建议。同时锻炼了督察队伍，并为今后土地例行督察工作的全面铺开积累了宝贵的经验。

继续督促广东省落实广州督察局2007年发出的集中清理闲置土地的督察建议书。督促广东基本查清了土地闲置情况，盘活了大量闲置地，缓解了土地供需矛盾。

指导和督促广东省集中整治违法用地。及时总结推广广州市番禺区的整改经验，推动广东省9～12月在全省范围内开展违法用地专项整治，共拆除违法违规建筑涉及土地面积2.4万亩，复耕、复绿土地面积13.4万亩，取得了明显的成效。

开展海南省部分地区“以租代征”专项督察。督促海南省政府采取措施积极整改，查处违法用地，处分相关责任人，催生了一批土地执法制度，推动了土地执法长效机制的建立。

（三）做好卫片执法检查验收与评估工作

广州督察局就第八次卫片执法检查重点城市的整改查处落实工作，于12月16日至19日，分别由束伟星局长和邱耿华副专员带队，对广东省广州市和广西壮族自治区柳州市违法违规用地整改情况进行了实地督察和验收评估。分别形成了《关于广州市查处整改违法用地情况的验收报告》和《关于柳州市第八次卫片违法违规用地整改情况的督察报告》，认为广州市和柳州市第八次卫片执法检查在总督察约谈后进一步加强了领导,加大了工作力度,取得了实际效果,可以通过验收。

（四）做好全国土地执法百日行动延续工作

广州督察局认真做好“百日行动”成果的巩固工作，各地违法用地总体势头得到遏制，土地执法监管长效机制建设顺利开展，一大批制度正不断推出。百日行动后,各地十分注重长效机制建设,广西、海南、深圳的成效显著单位都建章立制，落实了责任机制。各地违法用地结案率有显著提高，广东省结案率由三月份67%提高到93%；广西结案率由87.78%提高到95.15%，海南结案率为78%，深圳结案率为100%。在海南省的国土资源法律法规宣传教育活动中，广州督察局邱耿华副专员参与讲课，重点宣讲15号令的内容和要求。在华南地区土地督察工作座谈会上，把落实15号令作为专题研讨的4个专题之一，束伟星局长在会上要求各地执行15号令一要态度坚决动真格，二要实事求是落实具体措施。广州督察局把建立土地执法长效机制作为土地执法百日行动后的一项重要工作来抓，认真组织调研，发现先进经验和典型，与地方的同志共同探讨。

四、调查研究工作

广州督察局制定了调研工作制度，采用领导调研、处室调研、与地方国土资源部门联合调研和委托科研单位调研等多种形式，深入四省区市进行调研，加强指导。

结合科学发展观学习试点活动，开展了关于广东佛山“三旧”改造及其启示的调查研究、华南地区违法用地情况及对策研究、广东惠州市国土部门深入实践科学发展观切实维护群众利益工作的调查研究，这些调研工作有些已经完成，有些正在开展，对今后探索破解发展难题，推动科学发展新途径有重要意义。

经过调研与四省区市政府和国土资源部门会商建立了土地督察联系人工作制度，明确了交流沟通渠道，构建了信息沟通平台。9月召开华南地区土地督察工作座谈会，专门安排了对落实科学发展观、贯彻15号令、土地管理改革和热点难点问题、土地督察工作推进意见建议四个问题的专题研讨，集中大家智慧，提高了对科学发展观的认识水平和重点工作的针对性。

在束伟星局长多次对番禺、佛山进行调研的基础上，指导广东省政府推广以番禺经验为主的广州经验，从8个市的整改扩大到对全省的违法用地集中整治，由省政府布置全面展开治理整治工作。

12月邱耿华副专员带领调研组对广东、广西和海南三省新增中央投资计划项目实施情况进行了专项调研，实地走访了广西柳州、广东清远、惠州和河源四市，与当地政府、发展改革部门、国土部门以及企业进行了座谈，实地了解项目落实的具体情况、各地在规范用地管理和服务扩大内需方面好的做法以及在确保土地供应方面存在的问题。

在自行开展项目调研同时，广州督察局组织或委托科研单位，对广东省产业、劳动力双转移推进大发展中的土地政策、广西北部湾规划区的土地政策创新等课题进行研究。

五、用实际行动支持抗震救灾活动

“5·12”四川大地震发生后，局领导十分关心四川人民和国土部门干部职工的生命财产安全，关心局四川籍干部亲属的安全，广州督察局响应部党组号召、把支援灾区抗震救灾作为学习实践活动的重要内容，先后3次共捐出捐款和特殊党费近3万元，其中束伟星局长共捐出工资补贴近12000元，邱耿华副专员捐出了8500元。

国家土地督察武汉局

一、主要工作及成果综述

2008年，国家土地督察武汉局继续按照“严、明、勤、廉”和“边组建边工作、以工作促组建”的要求，深入开展学习实践科学发展观试点工作，机关党员干部思想认识有了新的提高，作风有了新的转变，执行力有了新的增强；积极、稳妥、创造性地开展了土地例行督察试点、建设用地审批事项督察、应用卫星遥感技术开展督察、百日行动后续工作督察、专项督察等土地督察各项工作，初步探索了一套行之有效的工作机制；深入开展土地管理热点、重点问题的调查研究，形成了一批充分反映实际的调研报告；切实加强基础建设，逐步完善了制度规范，进一步强化了党风廉政建设，组建了一支奋发向上的督察干部队伍，较好地完成了全年工作任务。

经过一年的不懈努力，土地督察制度的作用得到初步显现，土地执法的环境有了明显好转。通过土地执法百日行动等专项执法行动的开展，一大批土地违规违法行为被严肃查处，土地违规违法行为的高发势头得到了有效遏制，土地执法动态巡查制度、信息员（协管员）制度、部门联动协作制度等土地执法监管的长效机制建设取得进展，土地违规违法形势好转，湖北、湖南、贵州三省全年土地违规违法立案数6554件，涉及土地面积1731.41公顷，同2007年相比分别下降了51.67%和86.57%。构建保障和促进科学发展的土地管理新机制的长期效果开始逐步显现。通过开展建立健全土地执法监管长效机制试点工作和共建督察联系点工作，构建共同责任机制、开源节流机制、土地执法监管长效机制等保障和促进科学发展的新机制，地方各级党委政府对土地管理和土地督察工作的重视程度不断提高，共同责任意识不断增强，有利于耕地保护和节约集约用地的土地管理工作新格局正逐步形成，构建保障和促进科学发展的土地管理新机制的长期效果开始逐步显现。

二、基础工作情况

（一）制度规范逐步完善。

一是机关制度建设得到加强结合自身实际，借鉴兄弟局的经验，对规章制度进行了整理汇编，修订4个，新制定12个，同时，狠抓制度的贯彻落实，保证了督察工作规范有序运行。二是努力推进土地督察工作标准化、规范化。不断探索总结工作经验，完善了土地督察目录，制定了土地例行督察技术规范、内业审核工作规范等；制定了《建设用地审批事项督察暂行办法》，编制了《国家土地督察武汉局应用卫星遥感技术开展督察工作规范》。通过总结提高，为今后督察工作更加标准化、规范化奠定了基础。

（二）党风廉政建设不断强化

一是认真组织学习，建立学习制度，主动增强反腐倡廉意识；开展实践科学发展观活动学习大讨论，深入查找问题，并积极整改；组织赴革命老区湖北省红安县参观学习，接受革命传统教育。二是强化措施，将党风廉政建设和精神文明建设工作纳入2008年工作要点；成立了局临时党支部，建立和完善党风廉政建设责任制，层层签订责任状。三是重视廉政制度建设，修订了《机关医疗保障管理办法》等多项配套制度，制定下发了《关于提倡艰苦奋斗勤俭节约精神的通知》等规定，初步形成了用制度管人、用制度管事、用制度管物的管理机制。四是强化约束，严格财务管理和资产管理。严格执行政府采购制度，建立了固定资产管理工作台帐，明确了责任人。

（三）沟通联系工作得到加强

一是湖北、湖南、贵州三省人民政府分别下发了《关于积极配合国家土地督察机构开展土地督察工作的通知》。二是与湖北省人民政府召开了第一次联席会议，双方就今后沟通和磋商机制的运行达成了一致。湖北省委常委、副省长汤涛同志就如何支持、配合武汉督察局土地督察工作作出了明确要求。三是建立了与湖北、湖南、贵州三省国土资源厅的沟通联系制度。分别与三省国土资源厅联合下发了《关于建立土地管理协调配合工作机制的意见》；并于2008年2月和7月，召开了两次土地督察联席会议，分别就武汉督察局信息化建设和建设用地审批事项督察工作与三省国土资源厅进行了沟通交流。四是开展了共建督察联系点工作。确定了湖北省黄冈市和武汉市江夏区为武汉督察局第一批共建督察联系点。对两个地区的土地管理工作情况进行了调研，与当地党委、政府进行了磋商并达成共识。同时，起草了有关共建联系点的制度规范。

（四）宣传协调工作得到加强

一是着力开展15号令的学习宣传工作。组织召开了鄂、湘、黔三省学习贯彻《违反土地管理规定行为处分办法》座谈会。会议宣讲了《违反土地管理规定行为处分办法》；交流了鄂、湘、黔三省和武汉、长沙、贵阳三市贯彻落实15号令的情况和下一步的工作安排。二是利用多种方式进行宣传，争取各方支持。以各级党政领导为重点，充分利用调研、专项督察、召开会议等各种机会，宣传国家土地督察制度、土地管理法律法规和相关政策。同时，加强工作方面的宣传，利用简报、局门户网站等媒介平台，向社会宣传武汉督察局工作开展情况，争取社会各界的理解和支持，为督察工作开展营造良好氛围。

（五）群众来信来访得有妥善处理

一是分别赴湖南省、贵州省，就部领导和总督察办批转的贵州省黔西县群众反映黔西县政府在建设黔西火电厂项目征地过程存在的问题、湖南省湘阴县群众反映湖南中兴健康城项目及祁阳县群众反映晒北滩水电站项目建设中存在的问题进行了调查核实。二是赴湖北省咸宁市、武汉市黄陂区、枝江市、仙桃市就群众反映的地方政府在土地管理和企业单位在土地利用中存在的问题进行了实地核查。三是2008年，武汉督察局共收到群众来信84件，接待群众来访35批次，88人次。其中，自行调查核实后转省级及以下国土资源行政主管部门处理的12件，直接转省级及以下国土资源行政主管部门调查核实的87件。通过核查，妥善处理了土地利用与管理领域存在的“以租代征”、房屋拆迁补偿标准偏低、非法占地等问题，纠正了违法行为，切实维护了群众的合法权益。

（六）队伍建设得到进一步加强

一是督察工作人员得到充实。通过公开招考和系统内选配，新招录8名督察干部，有效保障了我局工作的顺利开展。二是干部素质得到提升。通过参加国家土地督察系统整训和武汉督察局组织的业务知识培训，干部的工作能力和业务水平得到提升。

（七）信息化建设扎实推进

一是积极构建信息化基础平台。按照“四位一体”的设计理念和“四方同步”的建设思路，制定了我局信息化建设规划，启动了信息化建设项目技术编程工作，陆续搭建“电子政务”和办公自动化信息技术平台。开通了局门户网站，完成主干网线路铺设工作，实现了局域内网与部主干网的互连互通。完成局视频会议室建设，开通了主要领导与部长办公室视频电话系统。二是做好信息安全管理工作。强化信息安全保密工作，完成武汉督察局内网建设和无线外网建设，实现了内外网的物理隔离。

安装了内网信息安全管理系统，强化了信息安全管理责任。

（八）专项信息分析工作初见成效

一是广泛收集基础数据动态信息，及时统计汇总各级各类各时期的基础数据和动态信息，按总督察办要求做好土地督察统计上报工作。二是充分利用网络、报刊、杂志等媒体，收集督察区域社会经济、土地利用与管理以及项目开、竣工等相关信息，共编制《信息摘要》29期，为开展专项督察奠定了基础。三是开展专项信息分析工作。通过收集分析辖区三省及所辖市（州）2008年政府工作报告、武汉第三届中博会项目签约信息、土地违法违规数据等相关信息，撰写了《关于第三届中博会湖北省签约项目用地分析的报告》、《关于鄂湘黔三省省市两级政府工作报告的分析报告》等分析报告，得到部领导的充分肯定。

（九）工作和生活条件进一步改善

完成了机关食堂改造，配备了各种办公设备，为干部临时租用了住房，干部工作和生活条件进一步改善，为督察工作开展奠定了物质基础。

三、职责履行情况

（一）开展土地例行督察试点工作

按照《2008年国家土地督察重点工作安排》，于2008年10月20日至11月20日，对武汉市新洲区开展了土地例行督察。通过督察，基本掌握了新洲区2007年实际新增建设用地情况、土地利用与管理情况等，总结了其中好的经验做法，发现了存在的主要问题并提出了分类处理意见。通过试点工作，积极实践了新的土地督察方式，为增强督察工作的全面性、系统性和主动性，推进督察工作的制度化和规范化作出了有益探索。

（二）完成百日行动后续工作督察

为贯彻落实全国土地执法百日行动总结电视电话会议精神，2008年3月，开展了百日行动后续工作督察，重点督察百日行动中国土资源部和各省圈定的重点地区整改情况、典型案件查处情况以及整体性处理意见落实情况等。通过督察，保证了案件的查纠到位，巩固和扩大了百日行动成果。

（三）完成百日行动成效显著单位保持情况评估工作

按照总督察办的要求，分别于2008年8月、10月、11月，会同湖北、湖南、贵州三省国土资源厅，对三省土地执法百日行动成效显著单位保持情况进行了抽查，并结合三省报送的审核意见和我局日常督察工作中掌握的情况，进行了认真的综合评定。并将有关情况上报总督察。

（四）全面开展建设用地审批事项督察

共计审核完成督察区域三省在2008年1～11月间各类新增建设用地文本资料1532份，实地抽查用地现场141处，涉及用地面积1871.0775公顷。向三省国土资源厅发出《督察纠正函》5份、《整改意见书》1份。同时，系统总结了建设用地审批事项督察工作经验，逐步探索了建设用地审批事项督察模式，多次得到总督察的鼓励和肯定。

（五）应用卫星遥感技术开展督察工作

2008年5月和8月，组织专班，以卫片核查为切入点，对湖北省武汉市江夏区、黄石市，湖南省长沙市、株洲市的土地利用与管理情况进行了督察，通过督察，创新了督察思路，拓展了督察内容，探索了“四个坚持”的督察新方法。

（六）推动建立健全土地执法监管长效机制工作

按照“试点先行，培植典型，逐步推进”的原则，推动三省在湖北省荆门市、武汉市江夏区、枝江市、松滋市、蕲春县，湖南省长沙县、衡阳县、常德市鼎城区和临湘市，贵州省麻江县、遵义县、顶效经济开发区12个地区开展了建立健全土地执法监管长效机制试点。通过对试点工作的督促指导，确保了三省试点工作的顺利开展，并取得较好成效。

（七）向贵州省人民政府下达整改意见书

经国家土地总督察批准，武汉督察局于2008年8月向贵州省人民政府下达整改意见书，要求该省对违规批准黔东南苗族侗族自治州凯里市2008年第一批次建设用地，修改土地利用总体规划，调整并占用基本农田21.85公顷的行为进行整改。2008年9月，武汉督察局对贵州省整改落实情况进行了检查验收。通过整改，贵州省政府按照武汉督察局整改意见要求，撤销了相关批准文件，停止了项目建设，同时以整改为契机，举一反三，出台落实问责制和共同责任机制的规范性文件。

（八）组织完成对湖北、湖南两省第八次卫片执法检查的验收工作

根据部统一部署，9月16日至22日，武汉督察局组织对湖北省武汉市、湖南省湘潭市第八次卫片执法工作进行了检查验收。制定了《武汉市湘潭市第八次卫片执法检查验收工作方案》，进一步明确检查验收内容和相关要求。抽查了14宗合法用地的新增建设用地审批、供地、土地登记发证资料和41个图斑资料，检查了24宗违法用地案件卷宗，现场实地核查14处，基本掌握了两市卫片执法工作情况。针对检查中发现的问题，及时与相关政府提出了纠正整改意见，并向国土资源部执法局提交了检查验收报告。

四、调查研究工作

（一）开展了构建保障科学发展新机制的专题调研

学习实践科学发展观期间，武汉督察局组织调研组分别赴湖北省黄石市、宜昌市、长阳县、松滋市等地，通过召开座谈会、与地方政府领导就加强土地管理交换意见等方式，就构建保障科学发展的土地管理新体制新机制进行了专题调研。同时，还深入湖北省蕲春县，开展了土地执法监管长效机制建设试点工作调研。

（二）开展了农村宅基地管理调研工作

针对日常督察工作中发现的农村宅基地管理问题，武汉督察局开展了农村宅基地管理调研。调研组历时两个月时间，实地调查了鄂、湘、黔三省13个市（州）、20个县（市、区）、48个乡（镇）、66个行政村、127个村民小组、208个自然村庄；召开座谈会45场，累计参加座谈900余人，走访农户400余家；召开调研成果修改意见征询会和鄂、湘、黔三省农村宅基地管理政策研讨会，广泛听取各级政府各有关职能部门、基层组织和广大农民的意见和建议，在充分掌握农村宅基地利用现状及其管理中存在问题的基础上，剖析了产生问题的原因；探索了农村宅基地管理的政策措施；形成了《农村宅基地管理调查报告》等调研成果，得到总督察的充分肯定。

（三）开展了工业园和重点项目用地情况的调研

2008年7月，武汉督察局调研组赴湖北省孝感、鄂州两市对工业园（区）和重点项目用地情况进行了专项调研，详细了解了两市开发区、工业园（区）规划建设、土地利用总体规划实施及调整、建

设用地报批及供地等情况。通过调研，及时掌握了两市工业园（区）和重点项目用地情况的最新信息和面临的困难，发现了其中存在土地利用率不高、个别项目违规违法用地等问题，有针对性地提出了要求和建议。

（四）开展城市主体风景区集约节约用地模式调研工作

联合武汉市土地勘测规划院和东湖国土规划管理分局，启动了城市主体风景区集约节约用地模式调研课题。截至目前，该课题调研报告二审稿已修改完毕，我局正筹备专家评审会。

（五）启动了土地执法监管长效机制建设的调研

结合武汉督察局在武汉市江夏区开展共建联系点活动，会同湖北省国土资源厅，启动土地执法监管长效机制建设，重点探索县级土地执法监管长效机制体系和实施措施，寻求指导县级土地执法监管的有效途径，规范县级土地执法监管工作。

五、学习实践科学发展观试点工作取得明显成效

按照部统一部署，紧紧围绕“构建保障和促进科学发展的土地督察新机制”这一目标，于2008年4月至7月，开展了学习实践科学发展观试点工作，取得了明显成效。

（一）深入学习研讨，努力转变观念，政治业务素质有了新的提高

针对局机关部分处室、部分同志中存在的安于现状、畏首畏尾、惯性思维和业务素质还不适应工作需要等突出问题，坚持集中和自学相结合的方式，着力从抓理论和业务学习、抓大讨论、抓分析检查三个方面促进机关干部思想观念的转变和业务素质的提高，开展了“解放思想、改革创新”学习大讨论，召开了局领导班子专题民主生活会扩大会议。

（二）深刻反思总结，努力转变作风，执行力有了新的增强

针对武汉督察局刚刚组建，作风和执行力方面存在的实际问题，深入开展了“改进作风，增强执行力”学习大讨论，梳理突出问题，提出改进措施，并积极开展自查自纠活动。

（三）着力解决问题，努力推动实践，督察工作有了新的进展

按照徐绍史部长“两不误、两促进”的指示精神，紧密联系督察实际，找准学习实践活动的对接点，并以解决督察工作中的实际问题为着力点，开展了一系列调研工作。

（四）着力完善制度，努力创新机制，督察工作有了新的规范

通过制度的“立、改、废”、抓整改方案的落实，加强局内部制度建设。同时，积极探索土地督察工作的新思路、新方法，努力创新工作机制，确立了“保护与保障并重，督察与服务同举”的工作理念。

（五）着力加强整改，努力抓好落实，学习实践活动得到新的成果

按照领导班子检查分析出的突出问题、剖析出的主观原因，提出了整改措施，制定了整改落实方案，明确分工，责任到人，抓好整改，确保每一项整改措施落实到位，确保学习实践活动不走过场。

国家土地督察成都局

一、职责履行及主要工作成果

继续做好土地执法百日行动后续工作，督促重点地区和典型案件整改到位。组织工作组对重庆、四川、云南和西藏四省（区、市）百日行动后续工作进行了督办，督促重点地区和典型案件整改查处到位、未批先用整体性处理意见全面落实、建立健全土地管理长效机制。认真总结提出了完善土地管理政策和制度的建议，按期完成了对四省（区、市）百日行动工作总体评价，形成了《对重庆、四川、云南、西藏自治区四省区市百日行动工作评估意见的报告》报部。对督察区域百日行动成效显著单位保持情况进行了认真评估，并按要求进行排序上报。从工作效果来看，西南四省（区、市）百日行动重点地区和典型案件基本整改到位，为今后开展相关工作奠定了基础。

扎实开展专项督察，督促省级人民政府耕地保护责任目标制度落实。按照国发〔2006〕31号文件“负总责”和“问责制”的要求，2008年3月，开展了对重庆市、四川省、云南省和西藏自治区2007年土地利用年度计划执行情况和耕地保护目标责任制度落实情况的专项督察。对四省（区、市）土地利用年度计划执行情况进行了认真分析、评估和排序。对重庆市政府修改制订的《耕地保护目标责任考核办法实施细则》、四川省政府出台的《耕地保护目标责任考核办法》、云南省政府下发的《关于切实加强土地管理严格落实耕地保护责任的通知》和西藏自治区政府制定的《地市级政府耕地保护目标责任考核办法》的落实情况进行了检查和评估，形成督察报告。10月，带队国土资源部、农业部、国家统计局联合工作组对安徽、江苏两省2007年度省级人民政府耕地保护目标责任制落实情况开展抽查工作，并派员积极配合赴重庆、四川和云南检查组的工作。

积极推进土地例行督察，总结典型经验、查纠违法问题。2008年8月23日，启动了对云南省玉溪市的例行督察试点工作。按照制度先行、精心组织、严明纪律、质量管控、边查边改、标本兼治的总体思路，围绕建设用地“批、供、用、补、查”的主线共审阅案卷967件，核查地块243宗，基本掌握了玉溪市2007年1月至2008年6月的土地利用和管理情况，总结了好的做法和典型经验，发现并查纠了一批典型案件。督促玉溪市委、市政府加强国土资源管理，建立了加强土地管理的长效机制，并“以点带面”推动云南省加强和改进土地利用与管理工作。2008年9月至12月，开展了对重庆市渝北区、南岸区土地例行督察试点，对两区2007年以来建设用地报批、土地供应、土地使用、耕地补充、土地执法监察的情况进行了全面监督检查。12月30日，向重庆市人民政府办公厅发出《例行督察意见书》，通报了例行督察发现的主要问题，要求两区和相关部门认真组织查纠整改。渝北、南岸区委、区政府对例行督察意见高度重视，积极组织查纠整改。指出的问题基本整改到位，达到了例行督察预期目的。

组织开展农用地转用和土地征收审批事项专项督察，初步掌握督察区域相关情况。2008年1月，研究制定了《建设用地审批事项监督检查暂行办法》、《建设用地审批事项审核规程》和配套统计表格。召开了四省（区、市）政府分管副秘书长和国土资源厅（局）相关负责人座谈会，专题研究部署了农用地转用和土地征收审批事项核查工作，确定在云南省先行试点。在总结云南省督察试点的基础上，4月，启动了对其他三省（区、市）的督察工作。年底，又派出3个工作组，分赴重庆、四川、云南驻地督察。因气候原因，西藏仅进行了文件审核。2008年，共审核四省（区、市）农用地转用和土地征收卷宗303件、18735公顷，分别占四省（区、市）总获批准件数和面积的13.4%和23.9%；实地核查499宗、2042公顷。通过对督察区域2007年以来建设用地报批、土地供应、土地使用、耕地补充、土地执法监察等情况的监督检查，基本掌握了督察区域内农用地转用和土地征收审批情况。

大胆探索派驻督察专员试点，为全面推行积累有益经验。按照国家土地总督察的部署，2008年3月26日，正式启动向重庆市派驻国家土地督察专员试点工作。在近一年的时间里，对派驻土地督察专员的制度建设、工作机制、职能定位、后勤保障等方面进行了积极探索，积累了有益经验。一是制定了《派驻督察专员实施工作方案》、《派驻国家土地督察专员管理暂行办法》、《派驻土地督察专员请示报告制度》。二是在重庆市政府和市国土房管局的支持下，落实了办公地点、工作用车、办公设备以及食宿后勤保障。三是理顺了与局各处室和重庆市有关部门的关系，与市政府及市国土房管局建立了联系沟通和协同配合工作机制。四是有效开展了例行督察、专项督察、重点督察、专题调研、案件调查等工作，发现并督促有关区、县查处整改了一批重大土地违规违法案件。对取得的成果，在全国督察系统试点工作会上进行了交流，为全面推行派驻土地督察专员制度积累了经验。

稳步推进共建试点，各项工作进展顺利。2008年6月，成都督察局选择云南省曲靖市、大理白族自治州作为共同推进保障和促进科学发展土地管理新机制试点地区，在探索建立宏观调控、共同责任、开源节流、统筹城乡用地、维护权益和土地督察等新机制方面进行了尝试，初步建立了联席会议、联合调研等制度。曲靖市出台了《县级党政领导班子和领导干部管理绩效考核办法》、《落实土地管理共同责任实施办法》、《加强国有建设用地批后监管工作的通知》、《节约集约用地管理实施细则》、《城中村改造实施办法》、《土地利用总体规划实施动态评估和滚动修改实施办法》、《土地利用计划管理办法》、《盘活存量土地开展三项整治工作实施意见》等一系列规范性文件。大理白族自治州按照“保护海西、保护洱海，开发海东、开发凤山”的科学发展战略，将海西优质耕地作为永久性基本农田保护，推行村民居住点的用地规划管理，开展建立最严格的耕地保护机制和最严格的节约集约用地机制试点。按照总督察批准的试点工作方案，认真研究制定了与西藏山南地区行署共建试点工作实施方案，积极推进共建工作。

迅速开展第八次卫片执法检查的验收与评估，确保整改查处到位。对督察区域重点城市第八次卫片执法检查整改情况进行验收和评估。按照《关于做好第八次卫片执法检查重点城市督促整改的函》的要求，派出工作组，于2008年12月16至21日赴昆明市，对该市第八次卫片检查中各类土地违规违法案件的整改进行督促。按照“既查事、又查人”和“处罚要到位、追究责任要到位”的原则，对违规违法案件进行严肃查处。截至年底，该市第八次卫片检查中各类土地违规违法案件自行纠正32件、立案25件、立案后处理到位25件，立案率100%、查处率100%、结案率100%。其中通过行政处罚，收缴罚没款506.69万元、拆除地上建筑物10.96万平方米，申请法院强制执行3宗，对违法用地负有直接责任的人员均给予了相应的行政或刑事处分。2008年9月中旬，赴西藏核查了拉萨市第八次卫片执法检查结果。

切实加快土地督察信息系统建设，为督察工作提供技术支撑。经与部信息中心协商，提出了信息系统建设总体方案和应用三维平台进行动态监测工作方案，并顺利推进相关工作。建立了局门户网站，开通了电子和影像举报平台。与成都市国土资源局共同开展耕地保护动态监测系统数据库建设、与四川省测绘局开展地理信息数据资源共建共享，初步建成了局基础地理信息系统、土地利用总体规划和耕地占补平衡核查系统。初步完成了重点城市、重点地区遥感监测和数据库建设工作。这些信息化成果为土地督察工作提供了有力的技术支撑。

全力做好宣传报道工作，扩大国家土地督察制度影响。2008年2月29日，成都督察局组织新华社、人民日报等驻蓉的主要媒体代表召开了新闻媒体座谈会。成都督察局一直注重结合阶段工作进展和重大事件，与国土资源报社积极联系，开辟介绍成都督察局各项工作成果的土地督察专版。在15号令颁布后，立刻组织人员就学习情况撰写了7篇小文章，在国土资源报社上通过专版发表。成都督察局网站于2008年2月正式建成开通，在传达部党组和总督察的重大部署和指令、支持和督促西南四省（区、市）地方各级政府落实中央有关土地管理的各项政令和法令、加强对外宣传和沟通等方面取得了明显成效。同时，也成为及时掌握督察区域内土地利用和管理中存在的重大问题、发现各类土地违规违法线索的有效途径。

深入开展学习实践科学发展观活动，取得一系列成果。按照部试点工作方案，结合成都督察局实际，从3月以来，认真开展了深入学习实践科学发展观活动试点工作，扎实做好每个阶段的工作，取得了一系列成果。准备动员阶段，学习领会中央关于开展学习实践科学发展观活动的部署要求，传达学习部领导在部动员大会上的讲话，成立局学习实践活动领导小组及办公室，制定活动实施方案，进行动员部署。学习调研阶段，开展“解放思想、改革创新”大讨论。组织全局同志深入学习有关资料，认真撰写学习心得。邀请专家进行辅导讲座，组织专题研讨。组织开展成渝统筹城乡综合配套改革试验区的土地制度创新、农村集体土地产权制度改革、城乡建设用地增减挂钩等专题调研。分析检查阶段，深入开展“解放思想、改革创新”和“整顿作风、增强执行力”大讨论，认真查摆思想工作中存在的问题，深入分析原因。召开专题民主生活会，撰写局及个人贯彻落实科学发展观情况的分析报告。解决问题阶段，研究在思想观念和工作作风中存在的不适应、不符合科学发展观的突出问题，研究在督察工作中存在的影响和制约职能发挥的重大问题、基层群众反映强烈及侵害群众权益的土地违法违规主要问题，提出构建保障科学发展土地督察新机制的意见和建议。完善制度阶段，围绕加强国家土地督察、构建保障科学发展新机制的要求，研究制定局工作规范、专项督察和例行督察工作办法、土地督察效能评估办法、督察工作人员廉政规定，研究完善与有关地方政府、国土资源部门的沟通、协作、共建办法，研究提出落实耕地保护责任制、土地管理问责制的制度建议。总结评价阶段，采取多种形式，对学习实践活动进行认真总结分析，实事求是地作出评估，提出今后加强和改进督察工作、巩固学习实践成果的措施和建议。

二、基础工作

队伍建设。2008年7月，通过中央国家机关公务员考试招录王蓉丽、王冬银、蔡辉、赵军4名新公务员。11月，通过国土资源系统选配，调入古友平、杨柳、刘德祥、邓卫军、王建华、臧翊、周静7名干部。11月7日，根据部党组决定，成都督察局局长董祚继调任部规划司任司长，尚波副专员主持成都督察局工作。12月17日，部党组决定，常嘉兴从国家土地督察武汉局交流至成都，任成都督察局局长。2008年新到位11人。按照中编办核定编制，国家土地督察成都局核定人员编制36名。截至2008年12月底，成都督察局已到位干部21名，其中正、副局级干部各1名，正处级干部5名，副处级干部3名，其他工作人员11名，占编制总数的58%。还从昆明市国土资源局借调干部1名。

办公设施。2008年7月，在成都市政府及国土资源行政主管部门配合支持下，落实了在蓉的办公用房选址，在云南省政府的支持下配备了其他一些办公设备，在一定程度上改善了办公条件。9月16日，成都督察局举行了新办公楼开工仪式，督察区域四省（区、市）政府及驻地政府有关领导出席。

制度建设。印发了《国家土地督察成都局工作规则》，内容涵盖公文运转处理、重要事项督办、档案管理、机关保密、学习培训、财务管理、政府采购管理、实物资产管理、车辆管理、公务接待、信息网络系统安全管理、印章使用管理、工作人员“六个不准”等综合管理类规章制度及《土地违法违规行为发现处置办法》、《信访举报工作制度》、《建设用地审批事项监督检查暂行办法》、《建设用地审批事项审核规程（试行）》、《例行督察管理办法》、《调查研究工作制度》、《派驻国家土地督察专员试点暂行办法》、《派驻国家土地督察专员请示报告制度》等业务规范。

信访举报。高度重视举报受理工作，2008年全年共接待来访84批次、来信248起、网上举报44

起，及时进行了分类处理。根据媒体举报和领导批示，对重大信访案件的查处进行了督促。督促查处《中国县域经济报》通报的四川省某县“恒大·金碧天下”旅游房产开发项目非法侵占农地建设宾馆别墅案件，相关责任人已得到严肃处理。督促查处国家土地总督察办公室批转的四川省某县“健康牧业”租用耕地及林地案件，责成该县进行整改，在依法查处、完善相关用地手续之前不得进行建设。制订并实施《国家土地督察成都局信访举报制度》、《国家土地督察成都局领导信访接待日工作制度》、《信访举报工作分级负责制》等，明确信访工作原则、工作流程、工作责任制的落实。

统计工作。按期完成季度和年度统计报表汇总工作，并结合督察区域社会经济发展和土地管理情况进行分析评估，形成季度、年度分析报告。建立和完善统计工作制度和操作规程，明确填报责任到处室、到人，细化了统计责任，在加强内部协调和信息共享等方面做了规定。完成各季度《西南四省区市土地违规违法形势分析》、《2008年上半年西南四省区市土地利用和管理形势分析》。10月，参加了总督察办举行的国家土地督察工作网络直报系统试运行研讨会议。

三、调查研究工作

2008年4月，对成都市建立耕地保护基金的做法进行总结，形成《耕地保护的重大机制创新——成都市建立耕地保护基金制度情况调研》报部，报告提出的在全国推广成都市做法的建议得到采纳，“划定永久基本农田，建立耕地保护补偿机制”写入《中共中央关于推进农村改革发展若干重大问题的决定》。同期，联合北京大学完成《重庆市和成都市全国统筹城乡综合配套改革试验区土地制度创新调研》报部，为部与重庆市、成都市签订推进统筹城乡综合配套改革工作备忘录（合作协议）提供了参考。5月，完成《关于支持四川省抗震救灾和灾后重建土地政策的建议》报部，报告提出的部分政策建议在《国务院关于支持汶川地震灾后恢复重建政策措施的意见》和《国土资源部关于实行保障灾后恢复重建特殊支持政策的通知》中获采纳。同期，配合部规划司完成《统筹城乡的重要支撑——四川省城乡建设用地增减挂钩试点工作实施情况调研》报部，为部系统总结试点工作成效，全面推行城乡建设用地增减挂钩这一政策提供了实践支撑。8月，完成《农村集体建设用地流转制度改革调研——以成渝试验区为例》报部。11月，完成《关于成都市成立农村产权交易所有关情况的调研报告》报部，及时纠正了不规范做法，促成农村产权交易所的管理机关由成都市统筹委变更为市国土资源局。

此外，还进行了峨眉山市借助电信视频监控基本农田、昆明市“城中村”改造土地利用等专题调研。起草了《关于建立国土资源保护开发利用评价指标体系问题的思考》。适时启动了农村土地管理问题、现行征地制度实施问题以及建立土地管理长效机制等课题的调研。将一系列调研成果集辑成册，出版了《探索科学发展之路——西南地区土地管理热点问题调研》一书。

四、全力参与抗震救灾

2008年5月12日下午14时28分，汶川特大地震爆发，成都督察局在形势极其危险的情况下，迅速组织部署抗震救灾工作。5月12日17时，甘藏春副总督察结束在绵阳市的调研，即刻按照部党组决定，在成都督察局设立部抗震救灾前线指挥部，全面指挥国土资源系统抗震救灾。5月17日，国家测绘局国土测绘司司长胥燕婴和四川测绘局副局长冯先光来到成都督察局，将最新处理解译的一套航空遥感影像数据资料呈报部抗震救灾前线指挥部总指挥甘藏春。该套遥感影像数据涵盖四川地震重灾区汶川、茂县、北川、安县和平武等县。成都督察局立即将资料送给四川省国土资源厅，供四川省抗震救灾使用。6月2日上午，徐绍史部长在汪民副部长等陪同下，来到成都督察局看望和慰问干部职工，并希望成都督察局配合地方国土资源管理部门搞好灾后重建工作。

成都督察局在部党组、部抗震救灾前线指挥部的正确领导下，全员动员、积极应对，全力以赴投身到抗震救灾各项工作中。从5月16日开始，成都督察局连续派出工作组加入成都市抗震救灾工作队，直接投身成都市灾情最为严重的都江堰市龙池乡、向峨乡、天马镇等乡镇，参与救灾工作。参加工作组的全体同志走访了千余名受灾群众，慰问了60余户死难者家属。并先后3次通过组织捐款及缴纳特殊党费，累计捐款42500元。为及时向部报告灾情和四川国土资源系统抗震救灾工作情况，成都督察局部分同志坚持24小时在局值守，联络情况，编辑整理信息。为配合开展国土资源系统抗震救灾新闻宣传工作，成都督察局还派员主动加入国土资源报社、四川省国土资源厅宣传教育中心联合报道组，连续多日深入灾区进行采访，取得了大量珍贵的报道素材，单独或与其他记者合作采写了10余篇反映国土资源系统干部职工抗震救灾事迹的稿件。

成都督察局深入重灾地区了解实情，与四川省国土资源厅、成都市国土资源局分别进行了座谈，以书面形式征求了绵阳、德阳两市国土资源局意见，并参考部有关司局提出的初步意见，经认真研究，提出了《关于支持四川省抗震救灾和灾后重建土地政策的建议》呈送总督察，为部抗震救灾工作做好决策参谋。

国家土地督察西安局

一、主要工作及成果综述

2008年，西安督察局以深入开展学习实践科学发展观活动为统领，率先启动与地方共建保障和促进科学发展土地管理新机制；以宣传贯彻15号令为抓手，敦促落实地方政府耕地保护共同责任；以土地督察信息化建设试点为契机，加大对土地利用和管理情况的督察力度，巩固成果、遏制反弹、立足长远，圆满完成各项工作任务。

一是积极开展共建试点，努力破解西北地区发展与保护的难题。按照部党组统一部署，积极开展学习实践科学发展观试点活动，并结合西北实际，分别与甘肃省政府、宁夏回族自治区政府开展共建保障和促进科学发展土地管理新机制试点工作。甘肃平凉从5月启动，围绕贯彻落实科学发展观，构建保障科学发展土地管理新机制，以保护节约资源、保障支持发展为目标，着力解决影响和制约平凉经济发展和群众反映强烈的国土资源开发利用方面的突出矛盾和问题，重点建立了“保护资源、保障发展”的五项新机制，补充修订完善国土资源监管、耕地保护、土地执法动态巡查、违法案件查处、部门联动5大类21项制度和工作程序。试点工作着力破解了土地利用效率低、被征地农民生活保障难、执法手段软、违法行为发现制止难、追究责任难5个难题，使国土资源保障经济社会发展的能力得到有效提高，《国家土地督察快讯》第261期予以刊登。为扩大试点成果，形成长效机制，西安督察局还将共建试点扩展为土地督察工作长期联络点。

二是大力宣传15号令，促进落实地方政府耕地保护共同责任。针对2008年西北6个省级机构和国土资源部门领导换届较多的实际，采取多种方式加大宣传贯彻违反土地管理规定行为处分办法（15号令），先后召开了西北地区土地督察工作座谈会和土地利用管理政策研讨会，与6个省级机构及国土资源管理部门形成了严格违法违规责任追究、共同探索保障和促进科学发展土地管理新机制的共识。截至5月中旬，6个省级机构全部下发支持配合土地督察工作的文件。甘肃省政府成立了多部门主要负责人参加的领导小组，宁夏回族自治区政府办公厅出台了《关于违反土地管理规定行为处分办法的实施意见》，陕西、新疆、青海等省（区）转发文件并组织开展大规模学习宣传活动，在西北地区营造了浓厚的学习宣传贯彻15号令的氛围。各地配合15号令的贯彻实施，探索建立了联合执法、案件移送等制度，西北地区土地执法长效机制正在形成。

结合15号令的宣传，进一步加强耕地保护目标责任考核制度的监督检查，督促各地调整内容、健全体系、严格计划。采取多种方式建议各省（区）完善考核制度，督促各地抓紧签订目标责任书，配合部耕保司等司局完成了多次检查任务。西北6个省级机构在3月底全部与市（州、地、师）签署了耕地保护目标责任书，西北继续成为在全国较早完成考核任务的地区。宁夏、甘肃、新疆三省（区）政府一把手亲自签订责任书。针对西北地区用地项目报件少、面积小、周期长、过于分散等特点，我局还将遥感监测、实地督察、调研活动和建设用地报批审核统一部署、结合开展，提高了工作效率，强化了对省级机构土地利用年度计划执行情况的督察，各省（区）和兵团新增建设用地、建设占用耕地等指标均未突破国家下达计划，陕西、甘肃、宁夏、新疆四省（区）受到部奖励。

三是圆满完成信息化技术开展土地督察试点。2月20日国家土地督察工作务虚会上确定我局作为信息化技术开展土地督察工作试点后，西安督察局积极组织推进，在部信息中心、中国土地勘测规划院等单位的指导下，制订工作方案，明确近期目标、远期思路，科学选择系统设计方法，以制作完成的卫星遥感监测资料为基础，构建了土地利用遥感监测系统，实现了遥感监测及实地核查数据的及时更新、综合管理；固化专项督察等工作流程，构建了土地督察业务系统，实现各类业务数据的统计汇总、综合利用；以公文处理等规范化程序为基础，构建了局OA系统，实现了收发文处理等工作信息的高效传递、综合分析。截至8月30日，试点工作任务已经完成，局办公自动化系统、土地利用遥感监测系统与土地督察业务系统3个平台已经投入运行。10月9日至10日，总督察办与部信息中心在西安市联合召开了国家土地督察机构信息化建设工作现场会，总结推广了应用信息化技术开展土地督察试点工作的阶段性成果。

四是继续加大督察力度，巩固成果、遏制反弹、立足长远。2008年西安督察局先后布置11个批次、涉及5省（区）和兵团的53个市（地、州）、93个县（区）的遥感监测，基本覆盖了西北地区主要地级市和热点地区，面积达129390.6平方千米。按经济发展水平、用地需求程度、违法案件发生情况，对西北地区分类实行差异化监管，对关中平原、银川平原等地区实行重点监控。局领导利用各种机会，先后多次约见6个省级机构的3位省长（主席）、6位分管省长（主席）和6位分管秘书长，通报遥感监测结果，沟通巩固百日行动成果、建立长效机制等事宜；先后派出24个督察组，配合部执法局等单位，对部、省确定的重点地区、典型案件及遥感监测发现违规违法案件的查处开展督察，督促地方政府整改，取得了明显的工作效果。通过及时向地方国土资源管理部门提供遥感监测资料，促使地方加大土地违法核查力度，并为青海、新疆、宁夏三省（区）国土资源部门培训了200多人的核查业务骨干，帮助地方提升土地执法监管水平。

截至12月10日，西北地区土地违规违法案件总数为3686件，面积3593公顷，涉及耕地面积747公顷，同比下降36.4%、51.6%、46.5%；其中，西安、兰州、西宁、银川、乌鲁木齐五市土地违规违法案件总数为968件，面积927公顷，涉及耕地面积580公顷，同比下降37.9%、51.6%、40.1%。各省（区）和兵团的未批先用行为整体性处理意见全部落实。

五是针对性地开展督察活动，快速反应、典型引路、全面整改。2008年我局相继开展了决策督察、专项督察、应急督察和例行督察，督察范围由重点区域扩展到绝大部分农业区和用地热点地区，均取得了明显的工作成效。年初和年中，两次以“土地督察情况通报”形式，向6个省级机构通报各地土地利用和管理形势、存在问题以及工作要点；分省（区）研究政府工作报告，分析经济发展趋势与政策倾向，围绕省级政府即将出台的重大决策提出政策调整建议并被采纳。

专项督察收效显著。年初以百日行动后期压反弹为专题，开展专项督察；年中以关中地区土地违规违法问题整改为专题，开展了第二次专项督察；年末以部长约谈为契机，配合部执法局开展了部第八次卫片执法为主题的专项督察，督促西安市政府抓紧整改查处，均收效明显。截至12月16日，西安市拆除违法用地地上建筑40宗、限期拆除8宗，占应拆除宗地数的100%，拆除面积达172930平方米；党政纪处分12人，移送司法机关19人，提请批捕15人，罢免人大代表1人，罚款316万元。

应急督察及时跟进。10月29日，央视《焦点访谈》披露陕西省汉中市镇巴县黎坝乡土地整理问题后，西安督察局立即启动应急督察，仅用6天时间就促进了问题的基本解决。

例行督察形成规范。11月17日，西安督察局对西安市未央区开展例行督察。经过12天的紧张工作，摸清了土地利用和管理现状及违规违法情况，补充了土地利用现状评估等内容，明晰了“外业核查为先导、内业审核紧相随、综合调研来扩容”的工作原则，形成了规范化的例行督察工作程序，实现了“理清思路、形成套路、探索新路”的工作目标。

二、基础工作

抓学习培训，促素质提高。西安督察局制订年度培训计划，出台鼓励参加在职学历学位教育的规定，建立图书资料室，订阅了大量期刊；凡重要文件出台、部重要会议召开，必组织专题研讨；凡新录用公务员到局，必进行岗前培训；先后举办公文、档案管理等业务知识培训班，稳步提高了工作人员的业务能力，建立了督察干部学习提高的制度保障。

抓作风建设，促角色转变。作风硬，则队伍强。2008年以来，积极推进“行为规范、运转协调、公正透明、高效廉洁”机关建设，制订工作人员守则，层层签订责任书，建立了党风廉政建设责任体系；发挥正面引导作用，丰富业余文化生活，促进了良好局风形成；倡导了“朴素、健康、团结、互助”的新型人际关系，造就了一支耐得起寂寞、经得起考验、能打硬仗的队伍。

抓内部管理，促规范运转。为加强机关内部管理，分处室编制职位说明书，明确每个岗位的工作内容、工作标准；先后制订了公文运转程序、督办制度、财务报销程序和值班制度等工作制度，全局建立了比较完备的内部管理制度，形成了运转协调、衔接紧密、封闭完善的工作链条；局工作周报制度长年坚持，各处室逐步形成了制订工作计划的良好习惯，重要文件全部按时上报，执行力明显增强，工作效率稳步提高，树立了国家土地督察机构的良好形象。

2008年围绕“完善程序、明确标准、强化保障”的目标，制订并修订完善了督察工作程序规定、信息系统管理办法等8项工作制度，对督察业务和内部管理行为进行了全面规范。其中，督察工作程序规定得到甘藏春副总督察的充分肯定，总督察办以内部通报形式将该规定与西安督察局信息系统管理办法先后转发各局。

三、职能履行情况

（一）巩固百日行动成果，严防违规违法用地行为反弹

针对各省级机构换届后可能出现的用地需求冲动和违法违规用地可能高发的趋势，年初以巩固百日行动成果为重点，开展了五项工作。一是继续跟踪督察百日行动案件查处，深入宁夏、甘肃、青海、新疆9个城市，督导各地按照既处理事又处理人的原则和标准将土地违法案件查处到位。二是跟踪督察重点整改地区和重大典型案件的整改查处，结合卫星遥感监测资料，派出督察组深入12宗土地违法违规案件现场，逐宗进行核查，要求整改地区正视问题、落实责任、严格标准，逐案逐项整改，不留死角。兰州市七里河区17宗案件立案率、查处率、结案率均达到100%，涉案人员处理率达到65%，兰州市榆中县将2名责任人移送检察机关，立案率、查处率、结案率达到100%，涉案人员处理率达到89%。三是跟踪督察土地执法监管长效机制建设，督促各地认真总结百日行动中的经验教训，针对土地管理特别是土地执法监察中存在的问题，深入分析新形势下违法违规用地的特点、原因和规律，立足从预防、查处、监管、部门联动等方面强化土地执法，研究治本之策，切实从机制和体制上遏制土地违法违规行为。各地纷纷制定、完善了多项长效机制，取得了阶段性成果。

（二）对省级机构耕地保护目标责任制实施重点督察

2008年西安督察局以促进落实耕地保护共同责任机制建立为抓手，重点对耕地保护目标责任考核和目标责任落实情况开展了督察工作。首先，主动与省级机构沟通联系，强化地方政府第一责任人意识，主动与省级国土资源厅（局）联系，强化对各地目标责任书形式和内容的合理调整，从源头上增强责任制的约束力。其次，督促完善考核办法，5个省级机构均形成了各具特点的耕保目标责任体系，甘肃省落实了激励机制，按照每亩基本农田补助0.5元标准，安排2878万元基本农田补助，宁夏将耕地保护、基本农田保护面积与GDP增长指标、节能减排指标放在同等重要的地位进行考核。最后，配合国土资源部、农业部、国家统计局省级政府耕地保护责任目标履行情况检查组，对西北地区5个省级机构2007年耕地保护责任制履行情况、土地利用计划执行情况、基本农田保护情况、耕地占补落实情况、土地开发整理情况等进行了全面检查，检查组对四省区及兵团耕地保护工作给予了较高

的评价。

（三）全面开展各类专项土地督察

一是开展了土地利用计划执行情况专项督察。通过对西北地区5个省级机构2007年土地利用计划执行情况开展专项督察，促进各地对计划执行的重视，顺利通过部组织的考评，甘肃、宁夏等省区用地计划执行情况、补充耕地计划执行情况在全国名列前茅。

二是运用遥感监测技术开展遥感监测专项督察。2008年重点对宁夏18个县（市/区）、甘肃22个县（市/区）、青海16个县（市/区）、新疆16个县（市/区）、兵团1个市实施了遥感监测督察。监测区域面积84756.1平方公里，监测出土地利用现状发生变化图斑2993块，面积268495亩。通过资料比对和实地核查，发现违法违规用地730宗，面积52391.37亩，其中耕地22265.78亩，违法用地宗数、面积和耕地面积分别占监测出新增建设用地的37%、33.49%和52.5%，有效推动了对违法违规用地的查处。西安督察局还利用土地遥感监测高效客观的特点，积极探索用遥感监测数据说话，与省级政府交换意见，推动地方政府主动整改的方式，在宁夏回族自治区贺兰县、永宁县和中卫市遥感监测督察发现的违法违规案件整改中发挥了很好的作用。

三是在西安市未央区开展例行督察试点。采取听取汇报、内业审核、外业核查、走访调查、抽样核查、延伸督察等方式，全面检查未央区2008年度新增建设用地利用及土地管理情况。包括实际新增建设用地、建设用地申报审批和供应、共同责任制建立和完善、耕地保护责任制落实、中央土地调控政策和国家产业政策执行、土地违法案件查处等方面情况。同时，通过例行督察总结和推广典型经验，发现和纠正突出问题，提出整改建议。

（四）积极监督土地调控政策落实，贯彻国家宏观调控方针

《国务院关于促进节约集约用地的通知》（国发〔2008〕3号）和《国务院办公厅关于严格执行有关农村集体建设用地法律和政策的通知》（国办发〔2007〕71号）文件下发后，我局督促西北各地在认真学习领会文件精神的基础上，结合地方实际，及时出台贯彻落实的相关文件，宁夏、青海、新疆三省区政府均下发了具体实施文件，并迅速在农村组织开展建设用地专项调查清理，在城市开展批而未供和闲置土地清理工作。

（五）认真督促第八次卫片执法检查重点城市进行整改

按照总督察办对各派驻地方土地督察局做好第八次卫片执法检查重点城市督促整改工作的要求，自2008年12月5日始，我局集中力量，通过约谈、督察例会、现场检查、实地验收、交换意见六个方面的工作，对整改验收工作进行全程督察。一方面迅速组织召开西安市政府、陕西省国土资源厅、西安市国土资源局领导参加的督察例会，从提高认识、整改部署、强化督察、及时沟通和媒体监督等方面要求西安市认真落实整改责任，另一方面按照疏堵结合的原则，主动与部有关司局沟通协调，促进西安市土地规划瓶颈问题得以解决。

借徐绍史总督察约谈西安市政府主要负责人的契机，西安督察局要求西安市政府提高认识，将整改全面上升为党委、政府行为，明确五个整改目标，落实六项整改措施。采取自拆和强拆相结合，强拆为主；行政和司法相配合，司法为主，开展大规模违法违规用地拆除活动；查事与查人并举，教育与惩处结合，以案释法，强化社会影响。90宗案件除一宗城市绿地未立案外，其余均立案查处，立案率为98.9%，收缴罚款由原来161.72万元上升到339万元，收回土地1005亩，对收回的土地或恢复或植树予以绿化。在对人的处理上，移送纪检监察部门追究党纪政纪责任由整改前的11人增至18人，落实人数由整改前的2人增至12人；移送公安机关追究刑事责任由整改前的18人增至19人，落实人数由整改前的5人增至15人；罢免人大代表1名。同时加大媒体监督、宣传力度，30多家中央、省、市新闻媒

体对整改行动进行报道，市集中整治违法用地专项领导小组每日以简报形式通报各区县的进展情况。西安市还组织乡镇、村委会1000余名干部在各拆除现场接受警示教育，丰富了县、乡、村三级教育的内容，在全市乃至全省收到了良好的社会效果。

四、调查研究工作

（一）围绕重大问题针对性地开展调查研究活动

年初制定完善调研选题计划，针对西北地区土地管理中的热点、难点和普遍性问题，选择西北地区基础设施用地利用和管理研究、贫困地区土地利用和管理政策研究等9个调研课题，力求突出西北特色、针对实际需要、破解普遍难题，使全年调研工作有的放矢，任务明确。

为准确把握西北土地违规违法形势和趋势，深入西北地区多个市、县调研；为了解国务院促进节约集约用地通知的贯彻情况，对西安市5个工业园区开展调研；为探索创建循环经济土地利用新模式，在国务院确定的发展循环经济试点区青海柴达木和甘肃省部分市进行调研；围绕贫困地区实行差异化土地管理政策，深入陕西南部、甘肃西部、青海东部10个市、县调研。调研选题突出了宏观政策与地方实际的结合，凸显针对性和适用性。

（二）不断创新调研方式，充分借助外力开展调研工作

面对督察机构初建，人员不足的实际，不断创新调研方式，力求调研任务不打折，调研成果不打折。一是利用督察工作开展调研。每到一处开展督察业务，同时布置调研任务，达到调研与督察相互促进。结合对西安市未央区开展的例行督察，进行城市土地节约集约利用评价指标体系课题研究，收效显著。二是充分借助外力提升调研水平。利用我局已经成立的专家咨询委员会，借助高校等社会力量开展调研。7月组织召开了西北地区土地利用管理政策研讨会，对与会代表提出的涉及西北地区土地管理方面的108项意见和建议进行系统梳理，徐绍史部长在我局专题报告上予以批示肯定。三是充分调动各地国土资源部门开展调研工作的积极性。2008年我局同青海省厅共同确定《资源开发项目用地实施年租制探讨》、《柴达木循环经济试验区土地优惠政策执行情况分析》、《黄河谷地土地开发整理研究》、《构建青海省土地市场体系研究》4项调研课题，共同调研方式确保了组织和调研力量的充实。

（三）确立服务地方发展理念，调研成果顺利转化为政策建议

先后完成《关于开展西北省区政府共建保障科学发展土地管理新机制试点的初步构想》、《从土地执法困境看土地政策的完善》、《新疆土地利用的基本情况和特点》、《西北地区报国务院审批单独选址用地报批情况的调查报告》、《柴达木循环经济试验区土地利用情况调查报告》和《甘肃河西走廊土地利用情况调查报告》等一批针对西北特点和土地管理热点难点问题的调研报告，其中，《西北地区报国务院审批单独选址用地报批情况的调查报告》得到徐绍史部长、总督察、贠小苏副部长、王世元副部长和甘藏春副总督察的高度重视并作了重要批示。西安督察局向西北各省（区）政府提出的政策建议得到高度重视，调研成果正逐步应用于西北地区各级政府的政策制定和实施。

五、其他

科学应对地震灾害，彰显督察干部大爱。面对5月12日突如其来的地震灾害，局领导沉着应对、指挥有力，全体工作人员团结互助、坚持工作，经受了这场自然灾害对全局应急管理机制、干部队伍作风、凝聚力和战斗力的诸多考验。首日大震后制订抗震预案，分楼层明确抗震组长，全局做到了无

人身伤亡、无财产损失；迅速采购应急物资，保持应急状态，保证了工作的正常运转；党员克服家庭困难，冒着余震风险坚持工作，发挥了模范带头作用；身处灾区，心系重灾区，为成都局援赠救灾帐篷，表达共渡难关的信心，及时与陕甘两省政府及国土资源管理部门联系，组织全局职工3次为灾区捐款，党员积极缴纳特殊党费，体现了督察干部的优良作风；陪同徐绍史总督察深入重灾区查看灾情，提出了灾后重建政策倾斜建议，在大灾中彰显了督察干部团结协作、主动作为的良好形象。

重要文件

ZHONG YAO WEN JIAN

地方人民政府及办公厅文件

北京市人民政府办公厅关于积极配合国家土地督察北京局开展土地督察工作的通知

（京政办发〔2008〕32号）

各区、县人民政府。有关委、局：

建立国家土地督察制度，是加强和改善宏观调控的有效措施，是实施最严格土地管理制度的重要手段。落实国家土地督察制度，对于提高各级人民政府依法行政水平，合理利用和管理土地资源，促进我市经济又好又快发展，实现胡锦涛总书记来津视察时提出的“两个走在全国前列”和．“一个排头兵”的要求具有重要的作用。为积极配合国家土地督察北京局开展土地督察工作，现将有关事项通知如下：

一、高度重视土地管级工作

各级人民政府要高度重视国家土地督察工作，自觉接受国家土地督察北京局对本行政区域的土地督察，及时反馈工作中遇到的重大问题。制定土地管理及调控有关重大政策时，要认真听取国家土地督察北京局提出的意见和建议。

二、积极主动做好配合工作

各区县人民政府、市人民政府有关部门要努力创造有利的工作条件和环境，积极支持并配合国家土地督察北京局的工作。对国家土地督察北京局提出的各项要求及交办的案件，要立即组织调查、严格依法查处，并及时向国家土地督察北京局报告进度及结果。

三、及早行动落实督察建议

对国家土地督察北京局在检查或抽查中提出的整改意见和督察建议，要高度重视、及早行动、认真落实。按整改意见和督察建议规定的时限和要求，做好整改工作，落实督察建议。落实整改意见和督察建议情况，经市人民政府同意后，及时上报国家土地督察北京局。

四、完善定期情况报告制度

市国土房管局对需报国务院审批的农用地转用和土地征收事项，在报送国土资源部备案的同时一并抄送国家土地督察北京局；对我市出台的土地管理方面的重要文件，要定期报国家土地督察北京局；对涉及土地管理方面的紧急情况和特殊事项，要及时向国家土地督察北京局报告，积极争取国家土地督察北京局的支持。

五、建立定期联席会议制度

加强与国家土地督察北京局的工作联系，邀请国家土地督察北京局参加我市土地管理方面的重要会议和活动。市人民政府指定分管副秘书长负责联系国家土地督察北京局的工作，市国土房管局明确一名分管土地工作的副局长具体负责联系工作。每季度由市人民政府与国家土地督察北京局召开一次联席会议。共同研究解决我市土地管理工作中存在的问题。

北京市人民政府办公厅
二〇〇八年六月十三日

上海市人民政府办公厅关于继续支持和配合国家土地督察上海局工作的通知

（沪府办发〔2008〕27号）

各区、县人民政府，市政府各委、办、局：

建立国家土地督察制度，是中央加强土地管理、完善土地执法监察体系、落实最严格的土地管理制度的重要措施。认真执行国家土地督察制度，积极支持国家土地督察机构开展督察工作，对增强本市土地利用和管理能力，提高依法行政水平，促进经济社会又好又快发展，具有重要意义。日前，国土资源部已明确将国家土地督察上海局与市房地资源局作为构建保障科学发展土地管理新机制的共建试点基地。经市政府同意，现就继续支持和配合国家土地督察工作作如下通知：

一、支持配合国家土地督察上海局履行法定职责

各区县政府要自觉接受国家土地督察上海局对本行政区域内耕地保护责任目标落实情况、土地利用和管理情况、土地执法监察情况、土地管理审批事项和土地管理法定职责履行情况以及国家土地宏观调控政策贯彻执行情况等方面的监督检查，主动汇报沟通工作，及时反映工作中遇到的重大问题。各区县、各部门、各单位要按照要求，如实向国家土地督察上海局提供相关材料，不得推诿和瞒报。对国家土地督察上海局交办的信访、举报案件，要及时依法依规组织调查处理，并及时报送调查处理结果；对国家土地督察上海局在土地督察中发现的问题和整改意见、督察建议，切实做好整改工作，并及时将整改情况报市政府同意后，报国家土地总督察和国家土地督察上海局。

二、建立健全沟通协调机制

对市政府审批的农用地转用和土地征收事项，以及土地违法案件查处情况，由市房地资源局定期向国家土地督察上海局报送，并对提出的审查意见主动说明情况，完善有关资料。对涉及土地管理方面的紧急情况和特殊事项的处理情况，市房地资源局要按照市政府研究的意见，及时向国家土地督察上海局报告，取得国家土地督察上海局的支持。凡土地管理方面的重要工作会议、重要活动，要邀请国家土地督察上海局的负责同志参加。对土地利用和管理、土地违法违规的一些倾向性、苗头性的问题，市房地资源局可邀请国家土地督察上海局的同志一起进行动态巡查。

三、确保构建保障科学发展土地管理新机制的试点顺利开展

各区县、各部门、各单位要切实加强对构建保障科学发展土地管理新机制试点的领导，完善协

调协作机制，形成各方齐抓共管、整体有序推进的格局。市房地资源局要在形成试点实施方案的基础上，细化阶段性目标任务和措施，抓好各项工作的落实。各区县、各部门、各单位要结合这次试点，全面梳理本市土地管理中的突出问题，科学预测本市的合理用地需求，重点开展共同责任机制、土地节约集约利用机制、土地宏观调控机制等方面的研究，探索工作思路和对策措施。本市将选择若干区县和若干开发区作为实验区先行试点，取得经验，以推动全市试点工作的有效开展。

上海市人民政府办公厅
二〇〇八年七月二十八日

江苏省政府办公厅关于配合国家土地督察南京局开展土地督察工作的通知

（苏政办发〔2008〕11号）

各市、县人民政府，省各委、办、厅、局，省各直属单位：

为贯彻落实国家土地督察制度，积极支持配合国家土地督察南京局开展工作，根据《国务院办公厅关于建立国家土地督察制度有关问题的通知》（国办发〔2006〕50号）精神，现就有关事项通知如下：

一、高度重视土地督察工作

建立国家土地督察制度，是加强土地督察、落实最严格土地管理制度的一项重要举措。国家土地督察南京局代表国家土地总督察对我省土地管理工作履行监督检查职责。全省各级政府和各有关部门要切实提高贯彻落实土地督察制度的思想认识，积极支持配合国家土地督察南京局开展土地督察工作，坚持依法管地用地，严格规范用地行为，把最严格土地管理制度各项规定落到实处，促进全省经济社会又好又快发展。

二、全面落实土地督察政策规定

全省各级政府和各有关部门要按照土地管理法律法规和政策规定，自觉接受国家土地督察南京局对我省贯彻执行国家土地宏观调控政策、落实耕地保护责任制、土地利用和管理、土地执法检查等方面的监督检查；积极配合国家土地督察南京局开展工作，提供必要的工作条件；协助做好调查研究，如实提供有关资料；认真调查核实转交的土地信访件，依法严肃查处交办的重大土地违法违规案件，及时报送调查处理结果。对国家土地督察南京局督察中发现的问题和提出的整改意见、督察建议，要高度重视，积极整改，切实改进。

三、建立健全备案报告和信息沟通机制

我省上报国务院审批的新增建设用地报件，同时抄送国家土地督察南京局。省政府审批的新增建设用地批件和各市、县（市）人民政府办理的建设用地供应使用情况，由省国土资源厅及时报送国家土地督察南京局备案。省各有关部门要加强与国家土地督察南京局的联系沟通，及时报送我省土地管

理方面的法规规章、政策性文件、简报资料以及土地管理工作中的重大事项。召开相关会议和举办相关活动时，要邀请国家土地督察南京局派员参加，积极争取指导和支持帮助。

江苏省人民政府办公厅
二〇〇八年二月十五日

浙江省人民政府办公厅
关于积极配合国家土地督察上海局
开展土地督察工作的通知

（浙政办发〔2008〕49号）

各市、县（市、区）人民政府，省政府直属各单位：

为贯彻落实国家土地督察制度，积极支持配合国家土地督察上海局开展工作，根据《国务院办公厅关于建立国家土地督察制度有关问题的通知》（国办发〔2006〕50号）精神，经省政府同意，现就有关事项通知如下：

一、高度重视土地督察工作

建立国家土地督察制度，是我国改革土地管理体制、实行最严格土地管理制度和加强土地宏观调控政策的重大举措。落实国家土地督察制度，对于增强我省土地利用和管理能力，提高依法行政水平，促进经济社会又好又快发展具有十分重要的意义。国家土地督察上海局代表国家土地总督察对我省土地管理工作履行监督检查职责。各级政府和各有关部门要切实提高贯彻落实土地督察制度的思想认识，积极支持配合国家土地督察上海局开展土地督察工作，坚持依法依规管地、节约集约用地，把最严格的土地管理制度各项规定落到实处，促进全省经济社会又好又快发展。

二、认真落实土地督察政策规定

各级政府要按照土地管理法律法规和政策规定，自觉接受国家土地督察上海局对我省贯彻执行国家土地宏观调控政策、落实耕地保护责任制、土地利用和管理、土地执法监察等方面的监督检查；协助做好调查研究，如实提供有关资料；认真调查核实转交的土地信访件，依法严肃查处交办的重大土地违法违规案件，及时报送调查处理结果。对国家土地督察上海局督察中发现的问题和提出的整改意见、督察建议，要高度重视，积极整改，并及时报告有关情况。对违反国家土地督察相关规定或整改不力造成严重后果的，将追究有关责任人的责任。各级发展改革、监察、财政、劳动保障、国土资源、建设、农业、统计等部门要按照各自职责，认真配合国家土地督察上海局开展土地督察和调查研究，并提供便利和创造良好条件。

三、建立健全备案报告和信息沟通机制

省政府上报国务院审批的新增建设用地请示件，同时抄送国家土地督察上海局。省政府审批的新

增建设用地批件，由省国土资源厅及时报送国家土地督察上海局备案。省国土资源厅要加强与国家土地督察上海局的联系沟通，及时报送我省土地管理方面的法规规章、政策性文件、重要简报资料以及土地管理工作中的重大事项。省召开的土地管理方面的重要会议及相关重要活动，邀请国家土地督察上海局派员参加，积极争取指导、支持和帮助。

浙江省人民政府办公厅
二〇〇八年七月二十三日

福建省人民政府办公厅
关于积极配合国家土地督察机构
开展土地督察工作的通知

（闽政办〔2008〕125号）

各市、县（区）人民政府，省政府各部门、各直属机构，各大企业，各高等院校：

建立国家土地督察制度，是我国行政管理体制改革的组成部分，是加强和改善宏观调控的有效办法，是增强各级地方人民政府土地利用和管理能力的重要措施。为积极配合国家土地督察上海局开展土地督察工作，经省政府同意，现将有关事项通知如下：

一、认真落实最严格的土地管理制度

各级政府、各部门要深入贯彻落实科学发展观，正确认识国土资源保护与合理利用的关系、支持经济发展与保护农民权益的关系、依法行政与提高工作效率的关系，加强土地宏观调控，严把土地闸门，坚守耕地红线，实现节约集约用地。国土资源部门要改进国土资源利用方式和管理方式，重视解决土地管理工作中尤其是基层、群众反映比较强烈的突出问题，以构建和谐的土地管理环境。

二、自觉接受监督检查

各级政府、各部门要自觉接受国家土地督察上海局对本行政区域内耕地保护责任制落实情况、土地利用和管理行为以及土地执法监察情况、贯彻执行国家土地宏观调控政策情况的监督检查，主动汇报工作情况，及时反映工作中遇到的重大问题。制定土地管理和调控有关重大政策时，要认真听取国家土地督察上海局的意见或建议，确保国家土地管理职责到位。

三、积极主动配合工作

各地要积极配合国家土地督察上海局对土地利用和管理情况开展调查与审核工作。对国家土地督察上海局交办的有关信访、举报案件，要及时依法组织调查或查处，并及时报送调查或查处结果。对国家土地督察上海局在督察、检查中发现的问题以及整改意见和督察建议，要予以高度重视，并按照督察时限、内容等要求，认真做好整改工作。落实整改意见和督察建议的情况，经省政府同意后，要及时向国家土地督察上海局报告。国家土地督察上海局到各地开展工作时，当地政府及相关部门要积极主动提供工作便利，以及提供相关资料。

四、进一步加强沟通联系制度

加强与国家土地督察上海局的工作联系与配合，省政府指定分管副秘书长负责联系国家土地督察上海局的工作。省国土资源厅要加强与国家土地督察上海局的联系，经常沟通情况、交换意见，共同研究解决我省土地管理和调控中遇到的新情况、新问题。各地在土地管理工作中的新经验、新做法，省国土资源厅要在深入调查研究的基础上，加以总结完善，并及时向国家土地督察上海局报告。

五、健全完善情况报告制度

省国土资源厅要将省政府有关土地管理的会议情况及时报送国家土地督察上海局；定期将有关土地管理的地方性法规、规章、重要文件、重要工作简报和有关资料报送国家土地督察上海局。在办理农用地转用和土地征收事项时，需报送国务院审批的，要同时抄送国家土地督察上海局。对有关涉及土地管理的紧急情况和特殊事项的处理情况，省国土资源厅要及时向国家土地督察上海局报告，积极争取国家土地督察上海局的支持和帮助。

福建省人民政府办公厅

二〇〇八年七月二日

江西省人民政府
关于共同推进建立保障科学发展
土地管理新机制试点工作的通知

（赣府厅发〔2008〕41号）

江西省各市、县（区）人民政府、省政府各部门，国家土地督察南京局：

为贯彻落实中央关于开展深入学习实践科学发展观活动的总体部署和国土资源部党组的具体要求，着力提高国家土地督察机构贯彻落实科学发展观、推进改革创新的能力，着力解决影响和制约江西省科学发展的突出问题，共同探索保障科学发展的新途径、新方法，经国家土地总督察和江西省人民政府同意，决定在江西省共同推进建立保障科学发展的土地管理新机制试点工作。现通知如下：

一、指导思想

以邓小平理论和“三个代表”重要思想为指导，以贯彻落实党的十七大精神、牢固树立科学发展观为统领，根据国家土地督察机构的工作特点，针对江西省土地管理的实际情况，从解决影响和制约江西省科学发展以及基层群众反映强烈的突出问题入手，统筹兼顾、突出重点、循序推进，切实提高江西省土地管理保障科学发展的能力和水平，切实增强国家土地督察机构贯彻落实科学发展观的自觉性和坚定性，为创新土地管理和土地督察工作机制探索路子、积累经验。

二、目标任务

围绕“统一认识、提高能力、解决问题、创新机制”的总体目标，通过国家土地督察机构和江西省人民政府的共同努力，形成保障科学发展的土地督察新机制的基本思路，基本建立江西省保障科学发展的土地管理新机制。力求实现土地资源对江西省经济社会全面协调可持续发展的保障能力显著提高，依法管地用地、节约集约用地的观念和意识明显增强，耕地保护的责任目标进一步落实，保护资源和保障发展的关系进一步统筹协调，维护群众权益更加有效。基本任务是探索构建保障科学发展的五项机制：

（一）宏观调控机制

一是有效运用土地政策的调控手段。建立土地政策与国家产业政策的传导机制，停止禁止类项目用地，严控限制类项目用地，促使鼓励类项目节约集约用地。二是充分发挥土地规划计划的调控功能。推动江西省土地规划修编在全国率先完成，初步形成土地规划实施动态评估和滚动修改的具体方法，努力使新一轮规划符合战略性、前瞻性、科学性的要求；充分发挥规划计划调控功能，优化用地布局和结构，保障城乡统筹发展和经济社会全面协调可持续发展。三是积极探索土地供应和供地价格对市场的调节作用。研究市场规律，把握供地总量和节奏，探索利用土地价格杠杆调节市场行为的方式方法。综合运用土地调控手段和激励措施，促进各级人民政府发展理念的切实转变，促进依法依规、节约集约用地的社会共识普遍增强，坚持走高效节地型的可持续发展道路。

（二）共同责任机制

一是强化地方人民政府保护耕地的主体责任，细化政府主要领导作为第一责任人的职责，层层量化耕地保护责任目标，建立耕地保护责任考核的动态监测和预警制度。二是落实政府相关部门保护耕地的共同责任，加快建立部门耕地保护绩效考评、失职问责、渎职追究和日常工作联席会议制度，形成政府主导、多部门联动的土地执法监管长效机制。三是广泛开展宣传，扩大耕地保护信息公开范围，明确土地权利人保护耕地的义务，调动全社会参与保护耕地的积极性，增强全社会保护耕地的共同责任意识。

（三）开源节流机制

一是拓展耕地资源新空间。大力推进“造地增粮富民工程”和基本农田保护示范区建设，进一步加大实施范围和力度，健全考核机制，完善奖惩措施。将“造地增粮富民工程”和基本农田保护示范区建设完成情况，作为土地利用计划指标分解、政府工作目标考核的重要依据。二是盘活用好存量土地。分步实施“空心村”改造，加快废弃地、空闲地整理；加大闲置土地清理处置力度，充分挖掘存量建设用地潜力，提高对江西省城镇化、工业化用地需求的保障程度。三是节约集约用地。细化并严格执行建设用地定额标准，进一步提高单位土地使用效率和产出水平；创新节约集约用地评价考核机制，探索单位GDP和固定资产投资规模增长的新增建设用地消耗综合评价考核技术方法和应用措施，试行将国土资源保护与合理利用的相关指标纳入江西省经济社会发展综合评价和干部实绩考核指标体系。

（四）维护权益机制

一是努力解决新农村建设和农村村民建房的合理用地需求。从江西省新农村建设和农民建房的实际出发，实行拆旧建新，推进村庄整理，单列用地指标，建设新型农民住宅。二是建立失地农民社会保障体系。多方采取措施，多渠道筹集资金，加快建立失地农民的养老、医疗、就业保障制度。三是依法规范征地行为。严格按法定程序征收、征用农民集体土地，严格按规定标准支付征地补偿款，妥善处理涉土信访问题，切实维护被征地农民的合法权益。

（五）土地督察新机制

在有效运用土地督察发现机制、审核机制、纠正机制的基础上，按照保障科学发展的要求，创新督察方式方法。一是探索建立决策督察机制，开展对地方各级人民政府及国土资源部门执行国家土地调控政策和涉及土地利用与管理重大决策情况的督察；二是探索建立全程督察机制，加强对项目用地全过程的跟踪督察；三是探索建立社会督察机制，畅通信息渠道，鼓励人民群众参与土地督察；四是探索建立问责督察机制，强化对土地监管共同责任落实情况的督察，促进问责到位；五是探索建立督察服务机制，帮助破解难点问题，总结推广典型经验，寓服务于督察工作之中。通过土地督察新机制的建立，促进江西省土地管理保障科学发展能力和水平的新提升。

三、工作措施

（一）加强领导，形成试点工作的合力

构建保障科学发展的土地管理新机制，是一项复杂的系统工程，需要认真探索和试点。各级政府、各有关部门要切实加强对试点工作的领导，完善协调协作机制，形成各方齐抓共管、整体有序推进的工作格局。国家土地督察机构和江西省人民政府将加强信息沟通，共同指导和推动试点工作取得实效。国家土地督察南京局要及时开展有关政策咨询，督促检查工作进展。省国土资源等有关部门要结合自身工作特点做好试点工作，并负责对市、县试点工作的行业指导和政策支持。市、县人民政府负责本地试点工作的组织领导，制定试点工作实施方案，细化阶段性目标任务和完成目标任务的具体措施，抓好各项工作的落实，及时向国家土地督察机构和江西省人民政府报告试点工作进展情况。

（二）深入调研，着眼于共同解决问题

联合开展土地管理重大课题调研，认真分析江西省经济社会发展的战略目标，全面梳理江西省土地管理的突出问题，科学预测江西省保障发展的合理用地需求，深入研究江西省土地资源的供给能力和制约因素，重点开展耕地资源变化预测与保护、土地违法违规成因与对策、建设用地批后监管机制建设、城镇建设用地增加与农村建设用地减少挂钩、鄱阳湖生态经济区土地利用等问题的分析研究和探索。在试点的基础上，摸索这方面的工作思路和对策措施。

（三）典型引路，以点带面推进试点工作

为积极稳妥地推进试点工作，国家土地督察机构和江西省人民政府确定鹰潭市作为重点试点地区，确定赣州市安远县、九江市湖口县、宜春市上高县等作为推进试点工作联系点。通过专题调研，典型解剖，分类指导，取得经验和成效，进一步推动全省试点工作的有效开展。

（四）严格督查，确保试点工作取得实效

组成督查指导组，定期开展对试点工作的检查指导，重点检查试点工作落实和进展情况、各项政策配套措施制定情况，发现问题，及时提出完善意见。实行试点工作奖惩制度，将工作成效纳入市、县工作绩效考评，并与有关政策应用相挂钩。

创建保障科学发展的土地管理新机制，意义重大，影响深远，是一项长期的工作任务。要定期开展对试点工作的分析评估，及时进行归纳总结，不断健全依法用地、科学用地、保护耕地、维护权益和协作共建、保障发展等方面的长效机制，把科学发展观转化为具体的工作部署和政策措施，巩固和扩大试点工作成果。

江西省人民政府办公厅
国家土地总督察办公室
二〇〇八年六月二十三日

江西省人民政府
关于印发土地督察与土地管理工作
联席会议纪要的通知

（赣府厅字〔2008〕91号）

各市、县（区）人民政府，省政府有关部门：

2008年5月17日，省政府与国家土地督察机构在南昌市共同召开了加强土地督察与土地管理工作联席会议。会议围绕探索构建保障科学发展的土地管理和土地督察新机制，落实耕地保护共同责任，巩固“百日行动”成果，建立健全土地执法监管长效机制等问题，进行了深入的研究讨论。经省政府同意，现将此次会议纪要印发给你们，请结合实际，认真贯彻执行。

江西省人民政府办公厅
二〇〇八年五月二十八日

土地督察与土地管理工作联席会议纪要

2008年5月17日下午，国家土地督察机构和江西省人民政府在南昌市共同召开加强土地督察与土地管理工作联席会议。会议由江西省人民政府副秘书长赵泽华主持，国家土地总督察办公室副主任李全人宣读了甘藏春副总督察的书面讲话，江西省政府副省长熊盛文到会作了讲话。国家土地总督察办公室、国家土地督察南京局、江西省政府办公厅、省国土资源厅、省发改委、省财政厅、省监察厅、省建设厅、省交通厅、省农业厅、省林业厅、省水利厅、省外经贸厅、省经贸委、省中小企业局、省对外经济技术合作办、省环保局、省公安厅、省劳动保障厅、省工商局、省电力公司、人行南昌中心支行负责同志，九江、鹰潭、赣州、宜春市政府分管领导，各设区市国土资源局局长，湖口、安远、上高县政府分管领导，省高级法院、省检察院以及新闻单位的同志共70余人参加了会议。会议学习了江西省政府《关于积极支持国家土地督察南京局开展土地督察工作的通知》，通报了南京督察局和江西省国土资源有关工作情况，围绕探索构建保障科学发展的土地管理和土地督察新机制，落实耕地保护共同责任，巩固“百日行动”成果、建立健全土地执法监管长效机制等问题进行了座谈讨论。现将会议内容纪要如下：

会议认为，这次会议是国家土地督察机构第一次与省级政府召开联席会议，是国家土地督察机构与省级政府携手合作共同推进土地督察与土地管理工作的有益尝试，是共同开展深入学习实践科学发展观活动、推进保障科学发展新机制建设的一项制度创新，具有首创意义。联席会议是新形势下加强国家土地督察机构与省级政府沟通协调的有效形式，同时也是共同破解保护资源和保障发展的难题的重要渠道。

会议指出，建立保障科学发展的土地管理新机制，是学习实践科学发展观的本质要求，是落实土地政策参与宏观调控的基本要求，是破解土地利用和管理重大问题的现实要求。国土资源部和江西省同是全国深入学习实践科学发展观试点活动单位，通过积极探索和共同努力，开展构建保障科学发展的土地管理新机制试点，是双方学习实践科学发展观的一次有益尝试。

会议强调，巩固和扩大土地执法“百日行动”成果，要从土地管理的体制、机制、制度入手，建立一整套严格规范的土地规划管理、审批、批后监管办法，健全土地违法行为的预防、发现、查处、部门联动机制和问责制度，形成各部门齐抓共管的工作机制，落实耕地保护的共同责任；要通过利益和政策导向，调动各地依法管地用地、切实保护耕地的积极性和自觉性。

会议对下一步工作形成如下意见：

一、坚持联席会议制度

由国家土地督察机构和省级政府共同召开联席会议是一项推进保障科学发展新机制建设的制度创新，应当予以经常化、制度化，根据工作需要适时召开，围绕保护资源与保障发展、加强土地督察与土地管理中的新情况确定会议主题，沟通协调工作中遇到的重大事项，研究探讨需要共同解决的问题。南京督察局与江西省政府办公厅、省国土资源厅进一步加强沟通和协调，完善日常工作联系制度，抓好联席会议议定事项的具体落实。

二、共同推进构建保障科学发展的土地管理新机制试点工作

国家土地督察机构和江西省政府决定共同推进江西省构建保障科学发展的土地管理新机制试点工作，确定鹰潭市为重点试点市，安远、湖口、上高三县作为试点联系点，先期开展，为全面构建保障科学发展的土地管理新机制积累经验。试点地区要深入研究存在的突出问题，探索通过经济利益调节等手段调动耕地保护积极性、促进节约集约用地、形成共同责任的途径，寻求在土地利用总体规划修编、土地利用年度计划指标、城镇建设用地增加与农村建设用地减少挂钩、土地复垦整理项目、环鄱阳湖生态经济区土地利用等政策方面有所突破。国家土地督察机构和江西省政府同意根据会议研究意见，就共同推进建立保障科学发展的土地管理新机制试点工作联合下发文件。试点市、县要成立领导机构和办事机构，制订实施方案，明确试点工作各阶段具体目标任务。国家土地督察机构与江西省政府将联合成立试点工作指导组，对试点地区定期开展检查和指导，确保试点工作取得实实在在的成效。

三、加快建立土地监管长效机制和耕地保护共同责任机制

各市、县要抓紧建立健全土地违法行为的预防、发现、监管、查处、部门联动和问责奖惩制度，按要求鉴定耕地保护目标责任书。江西省政府将在会后研究出台指导性意见，作出具体部署。

四、进一步加强工作协调配合

国家土地督察南京局与江西省国土资源厅将进一步密切双方的协作配合，建立完善重要资料备案、信息资源共享、联合调研、土地违法案件和信访情况通报转办制度，建立健全日常沟通和重大突发事件应急协调机制，逐步实现双方的计算机内网互联互通，及时研究土地管理中存在的突出问题。

为切实有效推进长效机制建设，江西省政府要求各市县、各有关部门进一步做好四项工作：

一要积极支持配合国家土地督察南京局开展土地督察工作。自觉接受南京局对耕地保护责任目标落实情况、土地利用管理和执法检查情况、土地管理审批事项和土地管理法定职责履行情况以及国家土地宏观调控政策执行情况的督察，为南京局的工作提供便利，对交办的信访举报案件要及时依法依归组织调查处理、整改到位。

二要严格落实土地管理和耕地保护的共同责任。建立依法依归、节约集约用地评价考核制度，建立部门联动齐抓共管机制，完善土地案件移送和联合办案工作制度。

三要加快建立土地监管的长效管理机制。强化规划管理，有序推进土地利用总体规划修编工作。规范土地审批，切实做好征地补偿安置工作，维护被征地农民的合法权益。加强土地批后监管，健全省、市、县、乡、村五级土地督察监管网络，落实动态巡查等制度，及时发现和制止各类违法违规行为。

四要精心抓好试点工作。试点的一市三县，要切实加强组织领导，制订工作方案，细化具体措施，为全省整体推进创造经验。对试点工作成效好的地方，将在有关政策、项目、资金等方面予以倾斜。

重庆市人民政府办公厅
关于积极支持国家土地督察工作的通知

（渝办发〔2008〕27号）

各区县（自治县）人民政府，市政府有关部门，有关单位：

建立国家土地督察制度，是全面落实科学发展观，适应构建社会主义和谐社会和全面建设小康社会的根本要求；是完善土地执法监管体系，落实最严格的土地管理制度，坚守18亿亩耕地红线的重大举措。落实国家土地督察制度，对于我市各级政府切实加强土地管理工作，提高依法行政水平，促进经济社会又好又快发展具有重要作用。国家土地督察成都局是国家土地总督察派驻西南片区（渝、川、滇、藏）的国家土地督察机构，代表国家土地总督察履行土地督察职责。为积极支持配合国家土地督察工作，经市政府同意，现就有关事项通知如下：

一、积极支持国家土地督察机构履行监督检查职责

全市各级政府、各有关部门要自觉接受国家土地总督察和国家土地督察成都局对我市落实耕地保护责任目标、履行土地管理审批事项和法定职责、贯彻中央关于运用土地政策参与宏观调控要求等方面的监督检查，积极热情地支持国家土地总督察和国家土地督察成都局在我市开展土地执法检查、土地利用和管理情况核查及调查研究。制定土地管理及调控有关重大政策时，要认真听取国家土地总督

察和国家土地督察成都局的意见和建议。

二、主动配合国家土地督察机构开展调查和核查工作

全市各级政府及国土资源、发展改革、监察、财政、劳动保障、建设、农业、统计等有关部门要按照各自职责，主动配合国家土地总督察和国家土地督察成都局开展有关调查工作，如实提供有关材料，不得推诿或瞒报；对国家土地督察成都局交办的有关信访、案件举报等事项，要及时认真地组织调查处理，并及时回复调查处理情况；依照法律规定由国务院审批的农用地转用和土地征收事项，在报国务院时应将上报文件同时抄送国家土地督察成都局；由市政府审批的农用地转用和土地征收事项，市国土资源部门要及时将批准文件抄送国家土地督察成都局。对国家土地督察成都局提出的核查意见，市国土资源部门要负责说明情况，完善有关资料；对提出的工作建议，要及时研究落实。

三、认真落实国家土地督察意见

全市各级政府及其有关部门要对国家土地总督察及国家土地督察成都局发出的土地督察意见予以高度重视，按照督察内容、时限等要求，切实做好整改工作。有关部门和区县（自治区）要按程序及时将整改情况报告国家土地总督察，并抄送国家土地督察成都局。对不认真落实督察意见、整改不力的，市政府将按规定严肃追究有关人员的责任。

四、及时向国家土地督察机构通报土地利用和管理情况

市国土资源部门应及时将我市颁布的土地管理地方性法规、规章以及相关重要文件等及时抄送国家土地督察成都局；要建立土地违法案件通报制度，按月将土地违法案件立案查处情况抄送国家土地督察成都局，重大案件随时通报；要建立土地利用和管理信息共享机制，向国家土地督察成都局开放我市土地管理的有关信息系统。

五、健全与国家土地督察机构的沟通联系机制

加强与国家土地督察成都局的工作联系和配合，市政府分管土地工作的副秘书长负责与国家土地督察成都局的联络工作。凡是组织召开全市年度土地管理工作会、有关重要工作会及有关重大活动等，市国土资源部门应根据工作需要，及时邀请国家土地督察成都局的有关领导参加；与国家土地督察成都局建立联席会议机制，沟通情况，交换意见，共同研究、解决土地管理和宏观调控中遇到的新情况、新问题。各区县（自治县）、市政府有关部门要按照各自职责，积极支持国家土地督察成都局的督察工作，主动提供工作条件，搞好服务和联系，为督察工作创造良好的工作环境。

全市各级政府、各有关部门要充分认识建立和落实国家土地督察制度的重大意义，统一思想，明确责任，切实支持国家土地督察工作，确保中央关于严格执行土地管理的政策方针在我市得到贯彻执行。

重庆市人民政府办公厅

二〇〇八年一月二十五日

四川省人民政府办公厅
关于支持国家土地督察工作的通知

（川办函〔2008〕27号）

各市（州）人民政府，省直各部门：

建立国家土地督察制度，是全面落实科学发展观，适应构建社会主义和谐社会和全面建设小康社会的根本要求；是完善土地执法监察体系，落实最严格的土地管理制度，坚守18亿亩耕地红线的重大举措。落实国家土地督察制度，对加强土地管理工作，提高依法行政水平，促进我省经济加快发展、科学发展、又好又快发展具有重要作用。为积极支持和配合国家土地督察工作，经省政府同意，现将有关事项通知如下：

一、积极支持国家土地督察成都局履行监督检查职责

各地、各部门要按照《国务院办公厅关于建立国家土地督察制度有关问题的通知》（国办发〔2006〕50号）要求，高度重视国家土地督察工作，自觉接受国家土地督察成都局对本行政区域内耕地保护责任目标的落实情况、土地执法监察情况、土地利用和管理中的合法性和真实性、土地管理审批事项和土地管理法定职责履行情况以及贯彻中央关于运用土地政策参与宏观调控要求情况等方面的监督检查，积极支持国家土地督察成都局在我省开展调查研究。省政府及省级有关部门在制定土地管理及调控有关重大政策时，可征求国家土地督察成都局的意见。

二、主动配合国家土地督察成都局开展调查与督察工作

各地及各有关部门要按照各自职责，主动配合国家土地督察成都局开展有关调查工作，如实提供相关材料，不得推诿或瞒报。对国家土地督察成都局转来的信访、案件举报等要及时依法组织调查或查处，并及时函送调查或查处结果。依照法律规定由国务院审批的农用地转用和土地征收事项，省政府在报国务院时，同时抄送国家土地督察成都局；由省政府审批的农用地转用和土地征收事项，及时将批准文件抄送国家土地督察成都局。省国土资源厅对国家土地督察成都局提出的意见要负责说明情况，完善资料，对提出的工作建议要及时研究落实。

三、认真落实国家土地督察意见

各地及各有关部门要高度重视国家土地总督察和国家土地督察成都局发出的督察意见，按照督察内容、时限等有关要求，切实做好整改工作，按程序报经省政府同意后，及时将整改情况报国家土地总督察及国家土地督察成都局。对不认真落实督察意见、整改不力的，要严肃追究有关人员的责任。

四、及时向国家土地督察成都局通报土地利用和管理相关情况

省国土资源厅负责定期将本省出台的有关土地管理的地方性法规、规章、重要文件等抄送国家土地督察成都局。建立土地违法案件通报制度，省国土资源厅要按月将土地违法案件立案及查处情况报送国家土地督察成都局，重大案件随时通报。建立土地利用和管理信息共享机制，省国土资源厅建立

的有关土地规划计划、建设用地审批和供应、地籍地政等信息系统向国家土地督察成都局开放。

五、健全与国家土地督察成都局的沟通联系机制

省政府分管副秘书长负责与国家土地督察成都局的工作联络。省政府召开的年度土地管理工作会议、省级国土地资源部门召开的有关土地管理工作的重要会议和组织的有关土地管理工作的重要活动，可邀请国家土地督察成都局派员参加。根据工作需要召开联席会议，沟通情况，交换意见，共同研究解决土地管理和调控中遇到的新情况、新问题。

六、积极为国家土地督察成都局创造良好工作环境

省直有关部门要按照各自职责，积极支持国家土地督察成都局开展督察工作。国家土地督察成都局到各地开展工作时，当地政府相关部门要提供工作便利。

各地及有关部门要充分认识建立和落实国家土地督察制度的重大意义，统一思想，明确责任，切实支持国家土地督察机构的工作，确保中央关于严格土地管理的大政方针在我省得到贯彻执行。

四川省人民政府办公厅

二〇〇八年一月三十日

云南省人民政府办公厅
关于积极配合国家土地督察机构开展
土地督察工作的通知

（云政办发〔2008〕15号）

各州、市人民政府，省直各有关委、办、厅、局：

建立国家土地督察制度，是全面落实科学发展观，完善土地执法监察体系，落实土地管理制度的重要举措；对于提高土地利用和管理水平，加强耕地保护，促进我省经济又好又快发展具有重要意义。根据《国务院办公厅关于建立土地督察制度有关问题的通知》精神，省政府要求各地、各有关部门积极配合国家土地督察成都局开展土地督察工作。现将有关事项通知如下：

一、积极支持国家土地督察成都局履行监督检查职责

自觉接受国家土地督察成都局对落实耕地保护责任目标、履行土地管理审批事项和法定职责、贯彻中央关于参与宏观调控要求等方面的监督检查，积极支持成都局开展土地利用和管理情况核查及调查研究。制定土地管理及调控有关重大政策时，要认真听取成都局的意见和建议。

二、积极配合国家土地督察成都局开展调查审核工作

各级政府及国土资源、发展改革、监察、财政、劳动保障、建设、农业、统计等有关部门要按各

自职责，配合成都局开展相关调查工作。对国家土地督察成都局交办的信访、案件举报等，要及时组织调查或查处，并报送调查处理结果。依法由国务院审批的农用地转用和土地征收事项，在上报国务院时，同时抄报成都局备案；省人民政府审批的农用地转用和土地征收事项，由省国土资源厅及时将批准文件报送成都局备案。对成都局提出的审核意见，省国土资源厅要负责说明情况，完善资料；对成都局提出的工作建议，认真研究采纳。

三、认真落实国家土地督察机构的督察意见

对国家土地总督察及国家土地督察成都局发出的督察意见，要按照督察内容、时限等有关要求，切实做好整改工作，及时将整改情况报告国家土地总督察或成都局。对不认真落实督察意见、整改不力的，要严肃追究相关人员的责任。

四、及时通报土地利用和管理有关情况

省国土资源厅要及时将我省出台的土地管理法规、规章以及规范性文件报送国家土地督察成都局。省国土资源厅建立的有关土地规划计划、建设用地审批和供应、地籍地政等信息系统应向成都局开放。

五、建立健全沟通联系机制

省国土资源厅要负责与国家土地督察成都局的联络工作，并及时将省政府及国土资源部门召开的相关重要工作会议和活动情况向成都局报告。同时，根据督察工作需要与成都局召开联席会议，沟通情况，交换意见，共同研究解决土地管理和调控中遇到的新情况、新问题，为督察工作创造良好条件。

建立和落实国家土地督察制度是国土资源管理工作中的一件大事，各级人民政府、各有关部门要进一步统一思想，提高认识，明确责任，采取切实可行的措施，积极配合国家土地督察成都局的工作，确保中央关于严格土地管理的有关要求落到实处。

云南省人民政府办公厅

二〇〇八年二月三日

西藏自治区人民政府办公厅
关于支持国家土地督察工作的通知

（藏政办发〔2008〕25号）

各行署、拉萨市人民政府，自治区各委、办、厅、局：

建立国家土地督察制度，是贯彻落实科学发展观，完善土地执法监察体系，实行最严格土地管理制度的重大举措。支持和配合国家土地督察工作，对我区加强土地管理，坚守我区耕地红线，促进经济又好又快发展具有积极的促进作用。为做好国家土地督察的支持配合工作，经自治区人民政府同

意，现就有关事项通知如下：

一、积极支持国家土地督察部门履行职责

国家土地督察部门对我区落实耕地保护责任目标、履行土地管理审批事项、贯彻国家关于运用土地政策参与宏观调控等方面进行的监督检查，各地区、各有关部门要积极支持。国家土地督察部门在我区开展土地执法检查、土地利用和管理工作情况核查及调查研究等，各地区、各有关部门要按照各自职责积极予以协助和配合，并积极提供有关数据和材料。对国家土地督察部门转来的有关信访、案件举报等，应及时依法进行调查或查处。依照法律规定分别由国务院和自治区人民政府审批的农用地转用及土地征收事项，上报有关文件时抄送国家土地督察部门。

二、重视落实国家土地督察部门提出的意见和建议

各地区、各有关部门要高度重视国家土地督察部门对我区土地工作的督察意见和建议，按照督察要求，切实做好整改工作，自治区国土资源主管部门要及时将有关情况报国家土地督察部门。

三、建立和完善土地案件和有关信息通报制度

自治区国土资源主管部门定期将土地违法案件立案查处情况报国家土地督察部门，重大案件随时通报。要及时向国家土地督察部门通报我区土地利用和管理相关情况，以及自治区出台的土地管理地方性法规、规章以及土地管理等工作的重要文件，共同建立土地利用和管理信息共享机制。

四、建立健全与国家土地督察部门的沟通联系机制

自治区人民政府指定分管秘书长负责与国家土地督察部门的联络工作，加强与国家土地督察部门的工作联系。自治区召开的年度土地管理工作会议以及国土资源主管部门召开的重要工作会议，可根据需要邀请国家土地督察部门参加。根据工作需要，还可召开联席会议，沟通情况，交换意见，共同研究解决土地管理和调控中遇到的新情况、新问题。

西藏自治区人民政府办公厅

二〇〇八年二月二十八日

宁波市人民政府
关于积极配合国家土地督察上海局
开展土地督察工作的通知

（甬政办发〔2008〕210号）

各县（市）、区人民政府，市政府各部门、各直属单位：

为贯彻落实国家土地督察制度，积极支持配合国家土地督察上海局开展工作，根据《国务院办公

厅关于建立国家土地督察制度有关问题的通知》（国办发〔2006〕50号）和《浙江省人民政府办公厅关于积极配合国家土地督察上海局开展土地督察工作的通知》（浙政办发〔2008〕49号）精神，经市政府同意，现就有关事项通知如下：

一、进一步提高对土地督察工作的认识

建立国家土地督察制度，是我国改革土地管理体制、实行最严格土地管理制度和加强土地宏观调控政策的重大举措。落实国家土地督察制度，对于增强我市土地利用和管理能力，提高依法行政水平，促进经济社会又好又快发展具有十分重要的意义。各级政府和各有关部门要切实提高贯彻落实土地督察制度的思想认识，积极支持配合国家土地督察上海局开展土地督察工作，坚持依法依规管地、节约集约用地，把最严格的土地管理各项规定落到实处，促进全市经济社会又好又快发展。

二、积极主动配合土地督察工作

各级政府要按照土地管理法律法规和政策规定，自觉接受国家土地督察上海局对我市贯彻执行国家土地宏观调控政策、落实耕地保护责任制、土地利用和管理、土地执法监察等方面的监督检查；协助做好调查研究，如实提供有关资料；认真调查核实转交的土地信访件，依法严肃查处交办的重大土地违法违规案件，及时报送调查处理结果。对国家土地督察上海局督察中发现的问题和提出的整改意见、督察建议，要高度重视，积极整改，并及时报告有关情况。对违反国家土地督察相关规定或整改不力造成严重后果的，将追究有关责任人的责任。各级发改、监察、财政、劳动保障、国土资源、建设、农业、统计等部门要按照各自职责，认真配合国家土地督察上海局开展土地督察和调查研究，并提供便利和创造良好条件。

三、建立健全备案报告和沟通联系机制

市政府审批的新增建设用地批件，由市国土资源局及时报送国家土地督察上海局备案。市国土资源局要加强与国家土地督察上海局的联系沟通，及时报送我市土地管理方面的法规规章、政策性文件、重要简报资料以及土地管理工作中的重大事项。市召开的土地管理方面的重要会议及相关重要活动，邀请国家土地督察上海局派员参加，积极争取指导、支持和帮助。

宁波市人民政府办公厅

二〇〇八年八月二十九日

厦门市人民政府关于进一步支持和配合国家实行土地督察制度的通知

（厦府〔2008〕250号）

各区人民政府：

2006年7月，经国务院批准，我国正式建立国家土地督察制度，全国相继组建了九个土地督察局。

两年来的实践表明，国家土地督察制度在促进各地贯彻落实科学发展观，切实加强土地管理，严格依法用地，发挥了极其重要的作用。为了进一步支持和配合国家实行土地督察制度，确保最严格的土地管理制度在我市得到落实，特作如下通知：一、进一步提高对建立国家土地督察制度重大意义的认识。建立国家土地督察制度，是党中央国务院根据我国土地管理的现实需要做出的一项重大决策，是国土资源管理部门“完善体制、提高素质”的一件大事，也是落实土地的国家管理和加强土地调控的重大举措。建立国家土地督察制度，有利于实行最严格的耕地保护制度，有利于国家宏观调控政策的有效实施，有利于土地管理法律法规在全国的统一实施，有利于保证省级人民政府有效地履行土地管理职责。各级人民政府一定要从国家的全局和战略的高度来认识建立国家土地督察制度的重大意义，自觉地从思想上和行动上拥护支持和配合国家实行土地督察制度，确保国家土地督察机关在本地区的各项督察活动顺利实施。二、严格落实耕地保护目标责任制。要落实地方政府作为耕地保护责任主体地方政府主要领导作为耕地保护第一责任人的要求，切实把耕地保护工作摆上重要议事日程。要逐级签订耕地保护目标责任书，建立耕地保护的共同责任机制。7 月底前完成区与镇政府耕地保护目标责任书的签订工作。要不折不扣地严格执行耕地保护目标责任书签订的内容，做到有措施有检查、有考核有奖惩，把耕地保护的责任落到实处。要大力推进节约集约用地，积极鼓励和引导工业向园区集中，尽量减少建设占用耕地。三、严格依法用地。要严格实施土地利用总体规划和年度利用计划，按照土地利用总体规划审批用地，没有用地计划指标的项目坚决不超计划违规审批用地。要从严控制规划修改和调整，未经有权政府批准，严禁擅自修改和调整规划。要严把用地审批关，对不符合国家产业政策的项目，一律不得批准用地。四、严格土地执法。要进一步完善和强化“政府主导，部门联动”的土地执法长效机制，充分发挥国土资源纪检监察、公安、检察法院、建设规划行政执法等部门联合执法的威力，以“铁的手腕、铁的决心、铁的纪律”，坚决依法查处违法违规占用和破坏耕地的行为。要认真贯彻落实国务院批准印发的《违反土地管理规定行为处分办法》，对土地管理秩序混乱，造成恶劣影响或者其他严重后果的，要追究县级以上地方人民政府主要领导人员和其他负有责任的领导人员的责任。五、积极支持和配合国家土地督察机关开展督察工作。要自觉接受国家土地督察机关的督察，提供必要的工作条件，实事求是地报告情况，坚决杜绝弄虚作假隐情不报的现象。要坚决执行国家土地督察机关的督察意见，及时研究和制定整改措施，加大落实整改的力度，按时做好反馈。要加强与国家土地督机关的联络和沟通，建立相应的机制和平台，探索共建模式。要按照国家土地督察上海局的要求，完善土地管理情况季报制度，及时将耕地保护、土地利用总体规划和年度计划执行和土地违法违规查处等情况函告上海局。

厦门市人民政府

二〇〇八年七月十一日

地方其他文件

关于山西省土地执法百日行动案件查处和长效机制建立情况的报告

（晋国土资发〔2008〕79号）

国土资源部：

全国土地执法百日行动开展以来，我省按照国土资源部的部署，加强领导，狠抓落实，以宣传发动为先导，以清理摸底为基础，以查处纠正为关键，以规范整改为目的，扎实有效地开展了全省土地执法百日行动，取得了阶段性成效。百日行动告一段落之后，我省各级政府和国土资源部门严格按照国土资源部百日行动的后续要求，再接再厉，常抓不懈，继续以重点案件查处和重点地区整改为重点，积极加快土地执法长效机制的建立，不断巩固百日行动的成果，扩大百日行动的成效，确保执法监察目标责任制的全面落实，全省土地管理工作取得稳步推进。现将我省案件查纠工作和土地执法长效机制的建立情况报告如下：

一、严格执法，狠抓落实，重点地区整改、典型案件查处取得成效

为进一步巩固和扩大全国土地执法百日行动的成效，加大对全省土地执法百日行动清查出案件以及重点地区和重点案件的查处力度，我省全面部署，整体推进，突出整改，狠抓落实。采取重点案件重点查，严查严办；重点地区重点办，跟踪整改；协同配合，联合办案等有效措施，取得了重点地区认识充分、整改积极、效果明显，重点案件查处、责任追究双到位，全省土地执法环境明显好转等成效。

（一）百日行动清查出案件的查纠情况

百日行动中，我省注重把案件查纠工作贯穿始终，对排查出的土地违法违规案件，坚持“以我为主，主动查纠，积极处理”的原则，发现一起、制止一起、查处一起、纠正一起，做到了 “六个一律”，即清理出的土地违法行为一律立案调查、确定的重点案件一律公开处理、涉及责任人的一律追究到位、当事人拒不自行拆除违法建筑物的一律申请法院强制执行、所有土地违法案件一律限期查结、所查处的案件一律做到每案一卷，文书齐全。

目前，清查出的“三类”土地违法已全部立案，全部调查终结，全部形成处理意见，基本查处到位。据初步统计， 1284件“以租代征”，现已办结案件1103件，结案率为85.9%；申请法院强制执行的172件；提出党政纪处分建议的148案、261人，已受到党政纪处分的255人；收回土地16.41公顷；罚没款5854.7万元；拆除建筑物或构筑物33万平方米。3件“违规扩区”问题已全部予以纠正，涉及土地违法的已立案查处。702件“未批先占”问题已全部查清事实，查明责任，分类作出处理，按要求查纠到位。其中，涉及有关人员责任处分的，已给予行政处分的78人，已移交纪检监察部门264人，已移送有关司法机关82人，已给予刑事处分6人；依法应给予限期拆除的，178件已经拆除，面积15478.9亩，逾期尚未拆除的39件已向社会进行了公告。

（二）部确定重大典型案件查处情况

1.关于山西省潞城晟达能源有限公司以租代征非法占地案

经查，潞城市“晟达能源有限公司”非法占地当事人实为“金达矿业有限公司”，该公司属于民营企业，法人代表为张延安。2006年9月，该公司为改善铁路运输和物流能力不足的状况，在征得北京铁路局同意后，计划在该公司原有铁路发运站的基础上，投资扩建区域物流基地项目，并于同年11月向潞城市国土资源局申请办理用地审批手续，后因长治市没有用地计划指标被退回报件。2007年6月16日，该公司同五里后村委达成协议，租用该村一般耕地43.2亩，用于项目建设，8月初，该公司与中国国电集团在“山西珠三角（广州）投资合作洽谈会”上成功签约后，正式投资建设。

潞城市国土资源局巡查发现后，立即以（潞国土资监停字[2007]42号）《责令停止土地违法行为通知书》送达当事人，责令其立即停止土地违法行为。并按照法定程序依据《中华人民共和国土地管理法》第七十六条、《中华人民共和国土地管理法实施条例》第四十二条的规定对该公司作出行政处罚：“①责令金达矿业有限公司退还非法占用的潞华办事处五里后村43.2亩集体土地，没收该公司在非法占用的土地上新建的建筑物和其他设施；②对该公司非法占用的43.2亩集体土地处以罚款31.68万元”的行政处罚，同时移交当地纪检、监察部门对相关责任人进行责任追究。

目前，非法占用的土地已经收回，违法建筑物已经没收，罚款已足额收缴31.68万元。潞城市监委对潞华办事处常务副主任牛裕民给予行政警告处分；潞华办事处党委对五里后村支部书记王五明、村主任王进元分别给予党内警告和严重警告处分；潞城市金达矿业有限公司对该项目的相关责任人也给予了相应责任追究。

2.关于忻州市定襄县河边镇牛台村村委会非法出租土地案

经查，定襄县河边镇牛台村于2004年和2006年两次经村委会研究决定，将村西60余亩土地非法出租转让给私营企业主用于工业建设，共8宗地。2007年4月底定襄县国土资源局发现后立即立案调查。经现场实地勘测，已形成非法占地5宗，占用一般耕地23.44亩，除2.44亩符合土地利用总体规划外，其余占地均不符合土地利用总体规划。8月中旬县国土局依法下达处罚决定：对其中1宗未形成建筑只垫了部分灰渣的，占地5.74亩，责令其限期复垦；对另一宗符合土地利用总体规划的建筑1625平方米决定没收，对其他3宗形成圈占的，责令拆除，同时对这4宗非法圈占户并处罚款11.8万元。

9月22日，徐绍史部长来定襄县调研，到现场进行了视察。10月7日 ，省国土资源厅对该案进行了公开曝光，并作为全省百日行动重点案件进行查处。

2008年1月11日，由省监委、省国土资源厅、省高院组成的联合调查组进驻现场进行公开调查处理。截至目前，该案违法圈占的围墙已全部拆除，责令退还土地3户，拆除复垦1户，申请县人民法院强制执行4户，收缴罚款8.67万元，对牛台村村民委员会主任给予了党内严重警告纪处分。对河边镇分管土地工作的党委副书记给予党内警告处分。

（三）省确定重点地区整改情况

根据百日行动的要求，我省上报国家土地督察北京局确定的重点地区是忻州市代县和大同市左云县。两县存在的主要问题是：领导重视不够，工作主动性不强，查处案件力度不大。为此，我省百日行动领导小组办公室专题进行了研究，对症下药，采取了一系列有效整改措施。

一是督促两市两县制定了专项整改方案，并报经省百日行动领导小组办公室核准。

二是实行跟踪监督指导。省厅派出由执法总队副队长带队的工作组深入基层蹲点督促整改，协调纪检、司法机关进行联合查处，全程跟踪整改，确保整改落实到位。

三是专门对两市两县国土资源局的主要领导分级实行了执法监察“诫勉谈话”，提出了存在的问题，提出了具体整改意见，起到了一定的效果，并于12月10日对整改情况进行全面检查评估。

至目前，两市两县百日行动各项工作已按整改方案落实到位，执法监察工作明显好转。主要是两个重点地区的县委、县政府主要领导转变了思想，提高了认识，变被动为主动，加大了工作力度，使案件查处结案率达到了80%以上，基本实现了整改的目的。尤其是大同市左云县联合纪检部门对典型案件的查处，对相关责任人的追究力度得到了国家土地督察北京局督查组的认可，给我省百日行动整改工作画上了圆满的句号。

（四）省确定重大典型案件查处情况

在百日行动中，我省上报国家土地督察北京局确定的省级重大典型案件有两起，一起是忻州市定襄县河边镇牛台村村委会非法出租土地案（已处理）；一起是山西省吕梁汾离高速公路吴城服务区非法占地案。除此之外，我省还在主流媒体重点曝光了10起典型案件，并以公开立案、公开调查、公开曝光、公开查处“四公开”的形式进行严肃查处。具体情况如下：

1.关于山西省吕梁汾离高速公路吴城服务区非法占地案

经查：吕梁汾离高速公路有限公司未经县级以上人民政府批准，擅自占用吴城镇九里湾村和关帝山森林局农用地144.5亩，建设汾离高速吴城服务区，形成了违法占地事实，且该占地不符合土地利用总体规划。

我省百日行动领导组办公室对此案高度重视，将该案列为重点督办案件，责成吕梁市国土资源局对汾离高速公路有限公司作出了行政处罚决定：①没收汾离高速公路有限公司在违法占用土地上的建筑物和其他设施；②对非法占用的144.5亩土地处以每平方米10元的罚款，共计96.237万元。对有关责任人的处理，我厅已移交省监委。目前，省监委已成立专案组展开调查，对有关责任人的处理正在进行之中。同时，对此案涉及的吴城镇政府截留土地补偿费问题，已责成吴城镇政府改正，2007年12月3日被截留的12.7732万元如数退还了九里湾村集体。

2.省厅曝光案件查处情况

为了将省厅曝光案件抓细抓实，查处到位，我省从系统内部抓起，积极争取各级党委、政府的支持，主动与纪检监察等有关部门密切配合，实行联合执法，严肃追究违法当事人政纪、党纪和刑事责任，不仅处理事，而且处理人。一是省厅组成了6个专案组对10宗曝光案件直接立案调查处理，全程跟踪督办；二是国土资源部门与纪检监察部门并肩作战，通力合作，一同分析案情，一同查处案件，一同追究责任，不仅提高了案件的结案率，而且增强了国土执法部门的权威；三是主动向各级党委、政府汇报，争取各级公安、检察院、法院以及媒体等相关部门的支持，密切配合，联合办案。

目前，曝光的10件土地违法典型案件已全部立案，全部查清事实、查明责任，全部下达行政处罚决定；拆除建筑物133.923平方米；收缴罚没款599.33万元；追究党纪政纪处分19人（其中处级干部一人）；追究刑事责任4人，全部查处终结。

（五）关于未批先用整体性处理意见的落实情况

根据国土资源部《关于上报查处纠正违规违法行为处理意见方案有关事项的补充通知》（国土资电发〔2007〕74号）要求，我省将全省土地执法百日行动中清理出的未批先用违规违法行为统一进行梳理，提出了分类处理意见，并以山西省国土资源厅《关于土地未批先用整体处理意见的补充报告》（晋国土资发〔2007〕568号）上报了国土资源部。国土资源部以《关于同意山西省“未批先用”整体性处理意见的函》（国土资厅函〔2008〕11号）予以批复，原则同意我省“未批先用”整体性处理意见，补办手续均使用全省节余指标。

省国土资源厅严格按照国土资源部的批复意见，结合山西实际，已就未批先用补办手续的原则、范围、条件、程序、提交的材料和有关要求等进行了认真研究，制定了《关于土地执法百日行动中有关违法用地项目补办手续的实施意见》，印发各市、县执行。同时，重申了补办手续必须查纠到位原则，即：凡符合补办手续要件的违法用地项目，必须按照百日行动要求查纠到位；凡未按要求查纠到位的，一律不予补办用地手续。目前，全省补办用地手续的工作正在进行之中。

二、举一反三，总结经验，积极构建土地执法监管长效机制

百日行动开展过程中，不仅集中暴露出国土资源部门一些自身的问题，还暴露出了当前土地执法制度建设方面存在的一些深层次矛盾。为进一步巩固和扩大全国土地执法百日行动成效，我省结合实际，积极探索，不断总结，着重从制度建设、执法环节和提高执法人员的综合能力等方面入手，本着标本兼治的目的，积极构建新形势下的土地执法监管长效机制。

（一）以晋城市土地执法长效机制为范本，科学设定全省土地执法长效机制基本框架

为了构建全省土地执法监察的长效机制，我省积极推广晋城市建立土地执法长效机制的成功经验，并以此为基准，从系统内部做起，从制度建设抓起，组织全省11个市从事土地执法监察工作的主要负责人和业务骨干到晋城市现场观摩、现场学习、现场交流执法经验。同时，省国土资源厅从全局出发，结合实际，认真充实和完善规章制度，按照土地执法百日行动的后续要求，基本形成了指导全省土地执法监察的预防、发现、制止、查处等全过程、全方位长效机制框架。

（二）将《山西省国土资源执法监察条例》纳入省人大立法议程，成为我省构建长效机的机制的重点

针对土地百日行动工作中揭摆出来的薄弱的环节和问题，省国土资源厅将执法监察立法工作提到了重要议事日程，作为构建长效机制的一大重点，积极争取列为省人大今年立法计划，并把其作为2008年执法监察首要工作任务来抓。在整个立法过程中，省国土资源厅抽调业务骨干起草了《山西省国土资源执法监察条例》（草稿），并进入省国土资源厅内部审核阶段。

（三）以责任制为核心，全面建立和完善土地执法规章制度

我省通过清理原有规章制度，重新充实新的规定等措施，着力以责任制为核心，全面建立和完善全省土地执法长效机制。目前，结合我省土地执法监察工作实际，主要立足预防为主、共同监管的原则，制定和完善了土地执法发现机制、制止机制、部门联动机制和问责奖惩等15项制度。主要包括：《土地违法案件查处制度》、《土地违法案件管辖制度》、《土地违法案件报告备案制度》、《土地违法案件会审制度》、《土地督察检查制度》、《土地执法奖励制度》、《土地动态巡查检查制度》、《信访接待受理制度》、《信访接待日制度》、《信访办理制度》、《奖励举报制度》、《建设用地批后监管制度》、《执法监察一票否决制》、《执法监察效能监督制度》、《执法责任追究制度》等制度。一系列土地执法责任制度的建立进一步夯实了全省土地执法的常态管理，为建立健全土地执法的长效机制奠定了良好的基础。

（四）坚持预防为主，建立从源头上防范土地违法的新机制

动态巡查是及时发现和制止违法、将违法行为消灭在萌芽状态的有效手段。省国土资源厅立足于"预防在先，早发现、早报告、早制止"的原则，建立了一套巡查制度，百日行动之后，省国土资源厅积极创新，按照"巡查要坚持，制止要及时，处罚要到位，责任追究要落实"的总体要求，进一步明确了省、市、县、乡四级国土资源土地执法巡查的职责，建章立制，周密安排，严格管理，加强监督，制定完善了动态巡查制度，并在全省实施，层层签订了巡查目标责任状。各市、县按照总体要求进一步细化了巡查检查责任制，建立了巡查网络图和巡查台账，制定了明确的案件发现、违法行为制

止和报告标准，真正做到关口前移，责任明确，落实到人。

（五）着力加强土地执法基层建设，努力提高执法人员的综合能力

为了适应日新月异的经济发展形势，学习执法监察方面的新方法、新经验、新思路，省国土资源厅将强化土地执法基层建设作为“关口前移”的突破口，将提高执法人员的综合办案能力作为执法队伍建设之本。今年将对全省市、县、乡三级执法人员全员进行执法上岗培训，分批分期培训专业知识，提高综合素质，考试合格后颁发新的执法监察证件，力争把全省执法队伍建设成为一支能适应新形势，新要求，能高质量地完成各项工作的一流的队伍。

（六）应用先进科技手段增强土地执法监管工作的时效性和覆盖面

在全省范围内组织开展国土资源执法监察系统软件的推广应用工作，进一步提高上下联动执法监察工作的效率。在完成无人监测飞机的考察、论证和购置工作基础上，抽调执法人员赴全国遥感技术培训院校脱产学习航测技术，尽快开展对重点地区的定期航拍检查工作，提高对土地违法行为的及时发现率。

（七）改善条件，着力建立执法监察工作的保障机制

执法监察具有外业工作的性质，专业性较强，风险性较大，必要的物质条件是依法履行职责的有力保障。我省将根据土地执法监察工作特点，着力构建执法监察的保障机制，为执法监察队伍配备必需的交通、通讯工具以及有关办案设备，充分保障执法监察所必需的工作经费。同时，将比照信访工作给予执法监察工作人员相应的岗位津贴，并鼓励有条件的地方为执法监察工作人员办理人身保险和意外伤害保险，切实解决执法监察工作人员的后顾之忧。

山西省国土资源厅
二〇〇八年三月二十五日

关于进一步完善土地督察工作协调配合机制的通知

（苏国土资发〔2008〕166号）

厅各处、室、局，厅各直属单位：

为进一步落实省政府《关于配合国家土地督察局开展土地督察工作的通知》（苏政办〔2008〕11号）精神，加强与国家土地督察南京局工作联系，配合开展土地督察工作，现对进一步完善协调配合机制通知如下：

一、进一步健全日常工作联系制度

省厅确定一名厅领导负责与国家土地督察南京局的协调与沟通工作，厅办公室会同执法监察局负责联系日常工作。根据工作需要，与国家土地督察南京局适时召开相关协调工作会议。

二、进一步落实备案报告和信息沟通制度

厅规划处、耕保处、利用处应在每季度第一个月10日前，将上一季度全省土地利用年度计划执行、建设用地审批和土地供应等情况，及时抄送国家土地督察南京局备案。相关处室要及时提供开展土地督察和建设用地审核中所需的相关资料及图件。厅办公室要及时抄送我省有关土地管理方面的法规规章、重要文件，以及省厅年度工作计划和总结及工作简报。

三、完善土地信访通报和转办制度

厅执法监察局要及时告知国家土地督察南京局我省重大的涉土上访情况，并按季度将土地信访统计报表和分析报告抄报国家土地督察南京局。对国家土地督察南京局转交的信访事项，厅执法监察局要认真调查、核实和处理，并及时反馈情况，因特殊情况不能按期反馈的应说明原因。

四、健全土地违法案件通报制度

厅执法监察局于每季度第一月10日前，将上一季度全省土地违法违规案件查处情况通报国家土地督察南京局。对发现的土地重大违法违规案件线索及时通报国家土地督察南京局。

五、建立重大突发性事件联合应急处理机制

对上级交办、媒体曝光、群体性上访等涉及土地管理的重大突发性事件，厅视情邀请国家土地督察南京局参与应急处置。及时协调处理国家土地督察南京局通报我省的土地管理突出问题、重大土地违法违规案件、重大土地信访案件，厅执法监察局对处理意见和结果要及时沟通和反馈。

六、完善列席会议制度

厅邀请国家土地督察南京局相关领导参加有关土地管理工作的重要会议和相关活动。因特殊情况不能派员参会的，厅办公室应及时提供会议或活动的相关材料。

七、建立联合调研制度

围绕土地管理工作的热点、难点和深层次问题，定期联合国家土地督察南京局开展重大课题的调查研究，及时向国土资源部和省人民政府提出改进土地管理工作的政策建议。

江苏省国土资源厅

二〇〇八年六月十三日

安徽省国土资源厅
研究建立和完善工作沟通协调机制会议纪要

2008年2月22日下午，国家土地督察南京局（以下简称“南京督察局”）与安徽省国土资源厅（以下简称“省国土资源厅”）在安徽省合肥市联合召开土地督察工作座谈会。双方互相通报了2007

年工作情况和2008年工作思路，并就建立和完善工作沟通协调机制问题进行了讨论。会议议定了有关事项，现纪要如下：

会议认为，建立国家土地督察制度，是党中央、国务院为加强土地参与宏观调控、实行最严格土地管理制度的重大举措。省国土资源厅应与南京督察局密切配合，建立和完善工作沟通协调机制，形成工作合力，确保土地督察各项工作顺利开展。要做好五个方面的工作。

（一）健全日常工作联系制度

省国土资源厅和南京督察局各确定一名领导负责对口联系。省国土资源厅办公室和南京督察局办公室为对口联系部门，具体业务由双方各相关处室按职能对口联系办理。

省国土资源厅召开的全省国土源资管理工作会议等重要会议，应邀请南京督察局派员参加。根据工作需要，可定期或不定期召开有双方领导和业务处室负责人参加的座谈会，相互通报工作情况，及时研究解决有关问题。

省国土资源厅按照规定凡需报送国土资源部的土地利用年度计划使用情况、建设用地审批台账、供地分析报告等业务资料，同时抄送南京督察局。南京督察局在土地督察工作中所需要的其他资料，省国土资源厅及时予以提供。南京督察局在开展重要土地督察和发出土地督察文书前应通报省国土资源厅。双方制订或下发的有关土地管理方面的政策、文件、总结、简报等均应抄送对方。

（二）建立土地违法案件通报制度

省国土资源厅将土地违法违规案件查处台账按季通报南京督察局，发现重大土地违法违规案件线索应及时通报南京督察局。南京督察局发现的重大土地违法违规问题以及确定的专项督察，应通报省国土资源厅。

（三）建立土地信访通报和转办制度

省国土资源厅将土地信访统计报表和分析报告按季通报南京督察局，发现重大土地上访情况应及时通报南京督察局。南京督察局对涉及安徽省的土地来信来访及时转省国土资源厅处理，省国土资源厅应按时将处理情况反馈南京督察局。

（四）建立联合调研和土地工作联系点制度

根据工作需要，双方可围绕土地管理的某个课题开展联合调查研究。双方商定，选择巢湖市（和县）、宣城市（旌德县）、蚌埠市（怀远县）作为土地督察工作联系点，定期派员进行调查研究，总结经验，指导工作。联系点的国土资源部门应按规定要求及时将有关土地管理工作重要情况报告南京督察局。

（五）提高工作时效

由省国土资源厅负责承办的事项，应在要求的时限内办结。由南京督察局审核办理的事项，应在法定的工作日内办结。特殊情况不能按时办结的，应及时说明原因。

安徽省国土资源厅办公室
二〇〇八年四月三日

江西省国土资源厅关于进一步完善土地督察工作支持配合机制的意见

（赣国土资字〔2008〕66号）

各市、县（区）国土资源局，厅机关各处室、各直属单位：

为进一步落实省政府《关于积极支持国家土地督察南京局开展土地督察工作的通知》（赣府字〔2007〕65号）精神，积极支持与配合国家土地督察南京局（以下简称“南京督察局”）开展土地督察工作，现对进一步完善土地督察工作支持配合机制，提出如下意见：

一、进一步健全日常工作联系制度

厅确定一名领导同志负责协调和沟通与南京督察局的工作，厅办公室会同执法监察总队负责联系有关日常工作。根据工作需要，与南京督察局适时召开相关协调和工作会议。

二、建立重要信息、资料通报制度

每季度的首月，向南京督察局通报上一季度全省土地利用年度计划执行、用地审批和土地供应等情况。向南京督察局及时提供开展土地督察和建设用地审核所需的相关资料及图件；及时抄送土地利用总体规划修编后的各级规划、第二次土地大调查县级土地利用现状情况及每年经国土资源部审定的土地变更调查省级汇总表；及时抄送厅有关土地管理方面的重要文件、年度工作计划和总结及重要工作简报等。与南京督察局逐步进行内网的互联互通，实现相关信息、数据共享。

三、邀请南京督察局派员列席会议制度

邀请南京督察局相关领导参加我省召开的土地管理工作有关重要会议。因故未派员参加会议的，可向南京督察局提供相关资料。

四、健全土地信访通报和转办制度

及时向南京督察局通报涉及土地管理的重大上访案件情况；每季度的首月，向南京督察局通报土地信访统计报表和情况分析；及时处理和反馈南京督察局转办的信访事项。

五、完善土地违法案件通报制度

每季度的首月，向南京督察局通报上一季度有关土地违法违规案件查处情况和土地违法违规案件查处系统数据；及时通报发现的土地重大违法违规案件线索。

六、建立重大课题联合调研制度

积极参与和支持南京督察局开展区域内土地管理热点、难点问题调查研究，及时向国土资源部和省政府提出改进、改革土地管理工作的政策建议，促进调研成果转化。

七、建立重大突发事件应急协调机制

对上级交办、媒体曝光、群体性上访等涉及省内土地管理的重大突发性事件，视情邀请南京督察局参与应急处置；及时协调处理南京督察局通报的涉及土地管理的突出问题、重大土地违法违规案件、重大土地信访案件。加强苗头性、倾向性问题的情况沟通，积极协调配合做好化解工作。

八、构建土地督察信息网络

协助南京督察局建立和完善省、市、县、乡、村五级土地督察信息网络，要做到信息来源广、上报情况准、处置反应快。各级国土资源部门要主动接受、积极配合土地督察工作，建立土地监管长效机制，不断创新土地督察工作。

九、建立厅机关内部协调机制

向南京督察局报送相关材料，由厅办公室归口协调。有关业务处室要及时提供准确情况和数据、资料，经协管厅领导审定、送厅办公室汇总、报厅主要领导审定后，统一通报南京督察局。办公室对报送程序负责，业务处室对报送内容负责。

江西省国土资源厅

二〇〇八年五月六日

国土资源部及办公厅文件

中共国土资源部党组关于印发《中共国土资源部党组工作规则》的通知

（国土资党发〔2008〕37号）

各省、自治区、直辖市国土资源厅（国土环境资源厅、国土资源局、国土资源和房屋管理局、房屋土地资源管理局），计划单列市国土资源行政主管部门，国家海洋局，国家测绘局，解放军土地管理局，新疆生产建设兵团国土资源局，各派驻地方的国家土地督察局，中国地质调查局及部其他直属单位，部机关各司局：

《中共国土资源部党组工作规则》已经2008年8月7日第36次部党组会议讨论通过，现印发执行。

二〇〇八年八月二十三日

中共国土资源部党组工作规则
（2008年8月7日第36次部党组会议讨论通过）

第一章 总 则

一、为认真贯彻执行党的路线、方针、政策和决定，坚持和健全民主集中制，做好国土资源部党组工作，根据《中国共产党章程》和有关工作条例，制订本规则。

二、国土资源部党组高举中国特色社会主义伟大旗帜，坚持以马克思列宁主义、毛泽东思想、邓小平理论和“三个代表”重要思想为指导，全面落实科学发展观，解放思想、改革创新、保障和促进科学发展，对国土资源管理工作、国家土地督察工作实行政治、思想和组织领导，全心全意为人民服务。

三、党组书记全面主持党组工作。党组成员根据党组决议，按照授权分管有关工作，行使相关职权。

四、党组必须不断加强自身建设，努力提高政治鉴别能力、战略思维能力、工作推动能力、持续创新能力和自我提升能力。

第二章 职 责

五、部党组职责：

（一）组织学习、贯彻落实党中央、国务院的方针、政策、决定和各项部署，研究确定国土资源工作、国家土地督察工作的重大方针、政策和重大改革方案，审议国土资源工作、国家土地督察工作的中长期规划和重要工作部署，并向党中央报告有关重要情况、提出相关建议。

（二）研究、审议国土资源部机关、国家土地督察机构、直属单位机构设置，讨论决定部党组管理干部的任免、调动、交流和奖惩，对部党组管理干部进行教育、监督，开展巡视工作，加强对司局级领导班子主要负责人监督，抓好干部队伍特别是部、司局级领导班子和后备干部队伍的建设。

按规定指导国土资源部直属机关党委和中国地质调查局党组、派驻地方的国家土地督察局党组的工作，支持驻国土资源部纪检组和其他派驻单位党组织的工作。

（三）切实加强党组自身建设，不断加强政治、思想、组织、作风和党风廉政建设。

（四）完成党的中央委员会交办的其他工作。

第三章 组织原则

六、党组及其成员必须遵守党的组织原则，维护党的集中统一，在思想、政治、行动上同党中央保持高度一致。

七、对省、自治区、直辖市国土资源机构及相应人员任免等意见，应经党组研究决定。

八、党组实行集体领导和个人分工负责相结合的制度。凡属党组职责范围内决定的问题，必须研究决定。

党组成员要服从全局，积极主动做好相关工作，对分管的工作要勇于负责，切实履行职责；对于不属于自己分管的工作，也要主动关心，提供意见和建议。

九、党组决定重要问题，应充分酝酿讨论，然后进行表决。重视并认真考虑少数人的不同意见。对重要问题如有不同意见，除在紧急情况下按多数人意见执行外，应当暂缓决定，进一步调查研究，交换意见后再作决定。

十、党组书记负责协调党组各成员的工作，带头执行民主集中制，充分发扬党内民主，善于集中正确意见，自觉接受其他成员的监督。党组其他成员支持党组书记的工作，接受党组书记对自己工作的指导、督查。

党组成员自觉维护党组内部团结，互相信任，互相谅解，互相支持，互相帮助，互相监督。

十一、党组成员在调查研究、检查指导工作或参加其他活动时，所发表指导工作的意见必须符合党组集体决定的精神。

第四章 会议制度

十二、党组的会议包括党组会议、党组民主生活会、党组理论学习中心组会议和党组务虚会议。

党组的会议由党组书记召集主持，全体党组成员参加。因故不能参加的应向会议主持人请假。

十三、党组会议：

（一）党组会议主要内容是贯彻落实党中央、国务院的重大方针、政策和决定，研究部署国土资源重要工作，研究部署党风廉政建设工作和班子队伍建设工作，研究部重大改革工作，研究干部问题等。

（二）党组会议应有三分之二以上党组成员到会方能举行。党组会议根据会议内容，由会议召集人确定有关司局和单位的主要负责人列席。

（三）讨论干部问题时，推荐、提名干部和决定干部任免、调动、交流和奖惩等事项，党组成员应充分讨论，以应到会成员超过半数同意形成决定。

（四）党组会议决定的事项，由党组成员按分工分头落实或组织实施。落实情况应及时督促检查，并做好信息反馈。执行中如发现问题，要及时向党组报告，在党组未作出新的决定之前，按原决定执行。

（五）对突发事件和紧急情况，来不及召开党组会议或因人数不足无法召集会议，但又必须尽快作出决定的，由党组书记应急处置，事后向党组会议报告。

（六）党组会议要编发纪要，原始记录按规定归档保存，查阅须经党组书记批准。

十四、党组民主生活会：

（一）党组民主生活会根据中央要求和中央纪委、中组部确定的主题召开，原则上每年召开一次，列席会议人员由会议召集人确定。

（二）会议召开之前，由部直属机关党委和其他有关部门广泛征求意见和建议，并转告出席会议人员或在会上通报。党组成员要认真准备，互相谈心，沟通情况，交换意见。

（三）党组民主生活会上，党组成员认真开展批评和自我批评。因故缺席应提交书面发言，在会上代为宣读，列入会议记录。会后由主持人或由主持人委托参加会议的其他同志将会议情况和评语意见转告缺席人。

（四）针对会议检查和反映出来的问题，要积极制定整改措施，切实加以解决。要在部机关通报会议情况和整改措施，按要求进行测评。

（五）党组民主生活会后十五天内按要求向中央纪委、中组部、国家机关党工委报送有关情况和材料。

十五、党组理论学习中心组会议每季度举办一次，结合形势需要和重点任务、热点问题，由部直属机关党委拟订年度学习计划和相关专题，机关全体干部和直属单位领导班子成员参加。

十六、党组务虚会议每年召开一到两次，传达学习党中央重要会议精神，讨论贯彻落实措施，研究解决国土资源工作重大问题的思路，部机关各司局、各派驻地方的国家土地督察局和直属单位主要负责人参加。

第五章　思想作风建设

十七、党组成员必须与党中央保持高度一致，坚持解放思想，实事求是，与时俱进，改革创新，讲实话，办实事，求实效。

十八、党组成员必须以身作则，践行“八荣八耻”，带头执行《中共国土资源部党组关于解放思想改革创新改进作风增强执行力的决定》，带头执行部行政为民措施和工作人员禁令，廉洁勤政，艰苦朴素，公道正派，自觉接受组织、党员、群众和舆论监督。

十九、党组成员必须密切联系群众，深入调查研究。下基层要轻车简从，简化接待。

二十、党组集中精力议大事、抓大事，精简会议、文件，提高工作效率和质量。党组成员要减少事务性和应酬活动。

二十一、党组定期听取人事管理部门关于机关各司局、各派驻地方的国家土地督察局以及直属单位领导班子思想作风和工作情况报告。

第六章　附　则

二十二、党组文件按国土资源部公文管理办法统一管理。

二十三、本规则由中共国土资源部党组负责解释，自党组讨论通过之日起实施。

国土资源部党组关于全面落实党风廉政建设责任制切实加强反腐倡廉建设的意见

（国土资党发〔2008〕47号）

各省、自治区、直辖市国土资源厅（国土环境资源厅、国土资源局、国土资源和房屋管理局、房屋土地资源管理局），计划单列市国土资源行政主管部门，国家海洋局，国家测绘局，解放军土地管理局，新疆生产建设兵团国土资源局，各派驻地方的国家土地督察局，中国地质调查局及部其他直属单位，部机关各司局：

近日，胡锦涛总书记就落实党风廉政建设责任制作出重要指示，中央纪委等有关部门相继召开了“全国落实党风廉政建设责任制电视电话会议”和“全国纪检监察机关查办案件工作会议”，对严格执行党风廉政建设责任制，毫不松懈地抓好党风廉政建设和反腐败斗争进行了部署。为深入学习胡锦涛总书记重要指示，认真贯彻落实会议精神，结合国土资源系统实际，提出以下意见。

一、认真学习贯彻胡锦涛总书记重要指示精神，切实承担起党风廉政建设的政治责任

（一）进一步提高认识

胡锦涛总书记最近指出：党风廉政建设责任制是深入推进党风廉政建设和反腐败斗争的一项基础性制度。认真贯彻党的十七大精神，毫不松懈地抓好党风廉政建设和反腐败斗争，严格执行党风廉政建设责任制，扎实推进惩治和预防腐败体系建设，进一步加大解决党风廉政建设方面突出问题的力度。党中央、国务院颁布《关于实行党风廉政建设责任制的规定》10年来，这项制度对国土资源系统开展党风廉政建设和反腐败斗争发挥了重要作用，同时，还要清醒地看到当前在落实党风廉政建设责任制方面存在的问题：一些领导干部对“一岗双责”认识不足，抓反腐倡廉工作积极性主动性不强；党风廉政责任考核评价体系不够完善，考核结果与干部选拔任用挂钩不紧密；对党风廉政建设方面失职渎职行为追究力度不够，等等。各级国土资源管理部门要深入学习、准确把握胡锦涛总书记重要指示精神的重大意义和根本要求，进一步提高认识，把党风廉政建设责任制落到实处。

（二）切实加强领导

各级党委是反腐倡廉建设的责任主体，主要负责人对班子内部和分管范围内的反腐倡廉工作负总责。主要领导要认真履行职责，切实承担起党风廉政建设的政治责任，主动抓好党风廉政建设各项工作，做到重要工作亲自部署、重大问题亲自过问、重点环节亲自协调，切实管好班子、带好队伍。各级领导干部要严格执行党风廉政建设责任制，做到谁主管、谁负责，既要遵守廉洁从政各项规定，又要抓好分管范围内的党风廉政建设，加强对牵头工作的组织、督查和指导，为推进国土资源工作保障和促进科学发展提供有力保证。部机关司局和直属单位在年底总结工作时，要向部党组、纪检监察部门专题报告执行党风廉政建设责任制的情况。

二、抓住三个关键环节，切实提高落实党风廉政建设责任制的实效

针对当前落实党风廉政建设责任制存在的问题，围绕责任分解、责任考核、责任追究这三个关键环节，细化措施，规范程序，加强检查，完善机制，不断增强党风廉政建设责任制的有效性。

（一）明确责任分解

按照中央关于反腐倡廉工作的总体部署，结合部门实际，认真研究确定国土资源系统党风廉政建设工作任务，并根据机关司局和直属单位职能和领导干部岗位职责，每年将任务和责任具体分解，明确工作目标和要求，真正做到业务管理工作与党风廉政建设相结合、同部署，逐级负责，确保任务和责任落实到位。

（二）认真组织考核

对部机关司局和直属单位领导班子及主要负责人执行责任制情况，进行年度考核和测评。纪检监察和人事部门共同研究制定考核方案，突出重点，明确要求。领导干部述职述廉时，要把本人落实责任制和廉洁自律情况作为重要内容，由群众民主测评，切实改进一些领导干部在述职中没有述“廉”、述“责”的问题，提高考核的针对性和有效性。充分发挥在部机关和直属单位开展巡视工作的积极作用，通过巡视了解掌握领导班子及主要负责人执行党风廉政建设责任制的情况。要把考核和巡视结果纳入领导班子和领导干部综合考核评价体系，作为干部业绩评定、选拔任用的重要依据。

（三）严肃责任追究

结合行政问责制度的实施，对在执行党风廉政建设责任制方面严重失职渎职的领导干部，不管是任现职的，还是调离、升迁的，都要予以追究。要综合运用纪律处分和组织处理两种手段严肃追究责任，加大组织处理力度，把不负责任导致重大问题发生的领导干部从领导岗位上调整下来，构成违纪违法的要严肃查处，收到“追究一人、教育一片”的效果。

三、加大惩处力度，把查办案件工作放在反腐倡廉建设更加重要的位置

当前，一些地方土地和矿产资源管理领域，官商勾结、权钱交易，违法违规审批问题仍然比较严重。要按照中央部署，认真核查群众举报的违纪违法问题线索，有力推进查办案件工作。

（一）加大查处违反科学发展观案件的力度

开展对加强和改善宏观调控、贯彻国土资源管理法规政策的监督检查，着力解决影响和制约科学发展的突出问题，加大对违规违法行为的查处力度。加强对党员干部特别是领导干部作风的监督检查，着力解决群众反映强烈的突出问题。对搞形式主义、官僚主义、弄虚作假、奢侈挥霍，造成恶劣影响和严重后果的，要坚决查处，严格追究责任。

（二）严肃查处土地和矿产资源管理领域和关键环节的违纪违法案件

以查办滥用职权、贪污贿赂、腐化堕落、失职渎职的案件为重点，查处领导干部违规违法收受财物、经商办企业、干预市场交易活动、公款出国（境）旅游等行为。查处非法批地、低价出让土地、违规审批项目或擅自变更规划谋取暴利的案件，在矿产开发中违法审批探矿权和采矿权，违法入股矿产开发的案件，在市场运作和项目管理中规避招标、虚假招标及违法转包的案件。

（三）注重查处国土资源管理工作中严重侵害群众利益的案件

认真贯彻落实党的十七届三中全会精神，坚决查处截流、挪用、贪污被征地农民补偿费等违纪违法案件。坚决纠正征地补偿标准不合理、补偿不到位、基本保障不落实等损害被征地农民利益的问题。

（四）继续查处土地出让、资源开发等领域的商业贿赂案件

继续做好商业贿赂举报线索的受理、转办及查处工作，及时发现、坚决打击商业贿赂行为，努力

把各类违规违纪现象遏制在萌芽状态。

四、强化源头防治措施，扎实推进惩治和预防腐败体系建设

贯彻落实《建立健全惩治和预防腐败体系2008～2012年工作规划》，把改革的推动力、教育的说服力、制度的约束力、监督的制衡力、惩治的威慑力结合起来，增强惩治和预防腐败的综合效能。

（一）强化有效的措施监督

按照党风廉政建设责任制的要求，整体推进教育、制度、监督、改革、纠风、惩处等各项任务。结合国土资源管理工作特点，继续落实好对重点部位环节加强监督的措施。严格执行国土资源法定行政许可、重大资金项目安排、规划计划等重大事项会审制度；推进国土资源政务大厅和网站建设，充分发挥网上申报审批和效能监察的作用；强化对大额资金使用监管，总结推行在国土资源部门实行财务管理信息预警系统的有效做法；从完善公开出让制度、强化行业信用管理、强化执法监察等方面，建立土地市场和矿业权市场诚信体系；继续在部机关和直属单位开展巡视，认真做好对直属单位主要领导干部的经济责任审计。

（二）拓展源头防治腐败工作

巩固和深化学习实践科学发展观活动的成果，以深化改革和制度创新为动力，以容易滋生腐败的管理环节为突破口，拓展源头防治腐败工作。在全面落实经营性用地、工业用地招标拍卖挂牌出让制度基础上，深化土地有偿使用制度改革；全面推进探矿权、采矿权有偿使用制度改革，加快矿业权市场建设。努力研究解决防治腐败的深层次问题，把反腐倡廉的要求寓于国土资源管理改革和重要政策措施之中。

二○○八年十一月二十九日

关于贯彻落实《国务院办公厅关于严格执行有关农村集体建设用地法律和政策的通知》的通知

（国土资发〔2008〕15号）

各省、自治区、直辖市国土资源厅（国土环境资源厅、国土资源局、国土资源和房屋管理局、房屋土地资源管理局），计划单列市国土资源行政主管部门，国家海洋局，国家测绘局，解放军土地管理局，新疆生产建设兵团国土资源局，各派驻地方的国家土地督察局，中国地质调查局，部各直属单位，部机关各司局：

国务院办公厅印发的《关于严格执行有关农村集体建设用地法律和政策的通知》（国办发〔2007〕71号，以下简称《通知》），是国家为严格执行有关农村集体建设用地法律法规和政策，坚决遏制并依法纠正乱占农用地进行非农业建设，保障国家宏观调控政策的有效落实，切实保护耕地和保护农民根本利益的重要文件。为认真贯彻落实好《通知》精神，现就有关问题通知如下：

一、认真组织学习，统一思想，提高认识

各级国土资源管理部门要认真组织、深入学习《通知》精神。要把学习《通知》作为大事，组织开展形式多样的学习活动。要将学习《通知》精神，与学习党的十七大精神和党中央、国务院对国土资源管理工作提出的新任务、新要求结合起来，全面准确地把握《通知》的精神实质。

要充分认识坚决制止乱占农用地进行非农业建设的重要性和紧迫性，增强责任感和使命感，把思想统一到中央宏观调控政策的要求上来，依据土地利用总体规划和年度计划，严格控制农村集体建设用地总量，依法办理农用地转用手续，严把土地“闸门”，坚决刹住乱占滥用农用地之风。

要进一步加强宣传引导。面向各级党政领导、面向相关部门、面向企业、面向社会和广大农村，切实加强政策宣传，要把《通知》的学习宣传纳入“全国县（市）、乡（镇）村干部国土资源法律知识宣传教育培训活动”的重要宣讲内容，为深入理解和全面贯彻落实《通知》精神，创造良好的社会氛围。要采用通俗易懂的方式，使乡（镇）村干部、农民和城市居民、企业懂得法律和政策的规定，自觉遵守法律和政策的规定。

二、依法履行职能，切实加强土地用途管制

《土地管理法》确定的土地用途管制制度是我国最严格的土地管理制度的核心。任何涉及土地管理制度的试验和探索，都不能违反土地用途管制制度。各级国土资源管理部门要依法履行职能，对各种违反土地用途管制的试验、试点等，要进行清理，并立即纠正。要加强土地利用总体规划和村庄、集镇规划实施管理，强化乡镇土地利用总体规划对农用地转用和村庄、集镇建设用地规模的控制作用，严禁擅自突破或改变土地利用总体规划确定的建设用地规模和土地用途。既要加强对农村集体土地征收或征用管理，更要重点加强农村集体建设用地管理。

摸清农村用地底数，加强农村集体建设用地管理。各省、自治区、直辖市国土资源管理部门要对《土地管理法》规定的乡镇企业、乡村公共设施和公益事业、农村村民住宅等三类农村集体建设用地的实际状况进行全面清查摸底，对各宗用地是否依法办理农用地转用手续，是否符合土地利用总体规划和村镇建设规划，建设项目是否经合法审批等情况进行全面调查，并对各类违法违规用地进行分类处理。

三、严格依法办理农民集体所有土地使用手续

兴办乡镇企业、乡（镇）村公共设施和公益事业建设、农村村民住宅建设需要使用本集体经济组织集体所有土地的，必须符合乡（镇）土地利用总体规划和村镇建设规划，纳入土地利用年度计划，并依法办理农用地转用和使用土地审批及规划建设许可手续。农村集体经济组织使用乡（镇）土地利用总体规划确定的建设用地兴办企业或与其他单位、个人以土地使用权入股、联营等形式共同兴办企业，涉及占用农用地的，必须先依法办理农用地转用审批手续；涉及占用耕地的，必需依法履行耕地占补平衡义务，用地规模必须符合有关用地标准。对符合各项政策要求并依法报批用地的农村集体建设项目，要积极提供优质服务，简化审批程序，提高审批效率。

保障合理的农村集体建设用地需求。各省、自治区、直辖市国土资源管理部门要按照城乡统筹和新农村建设的要求，在土地利用年度计划中安排一定比例的指标用于乡（镇）村企业、乡（镇）村公共设施和公益事业、农村村民住宅建设，保障农村经济社会发展的合理用地需求。各种试点节约的集体建设用地，要重点安排三类农村集体建设所需的用地。

四、严格规范城乡建设用地增减挂钩等工作

城乡建设用地增减挂钩试点必须符合土地利用总体规划、城市规划和村镇建设规划，必须确保城乡建设用地总量不增加，耕地面积不减少。各级国土资源管理部门要切实加强组织领导，建立挂钩试点工作目标责任制，严格责任考核。项目区实施过程中，涉及土地调整、互换，以及征收集体土地，涉及对被占用土地农民补偿安置的，要实行公示，坚决防止盲目推进试点，搞政绩工程、形象工程，给当地农民带来不必要的经济负担。

加强对土地整理项目实施监督管理，在项目验收时，除使用新增建设用地土地有偿使用费的土地整理项目外，新增耕地面积均可用于农村三项建设项目的耕地占补平衡，但不得折抵为建设用地指标。

五、坚决制止乱占农用地进行非农业建设的违法违规行为

各级国土资源管理部门要对“以租代征”等违规违法问题全面进行清查，并严格依法依纪进行处理。农村集体建设用地的登记发证工作应严格执行《土地登记办法》的有关规定，对未经依法批准使用的集体建设用地，不予办理土地登记手续。不得通过土地登记使违法用地合法化。对违规违法用地行为纠正、整改不力的地区，违规违法用地行为大量发生、造成严重后果的地区，要实行问责制，国家土地总督察将责令限期整改，限期整改期间暂停该地区农用地转用和土地征收审批。各级国土资源管理部门要积极联合发展改革、监察、农业、建设等部门，依据土地管理的法律法规和有关规定，严格土地执法监管。

六、进一步加强基层国土所建设

强化乡镇国土所对农村集体建设用地管理职能，要在编制、人员经费、装备等方面给予保障。切实做到对违法用地 “早发现、早报告、早制止”，把用地违法行为消灭在萌芽状态。

各省、自治区、直辖市国土资源管理部门要深入实际，加强调查研究，及时发现新情况、解决新问题，提出贯彻落实《通知》各项任务的新思路、新举措，并将贯彻落实《通知》情况在今年3月中旬前报部。

二〇〇八年一月二十一日

关于贯彻落实《国务院关于促进节约集约用地的通知》的通知

（国土资发〔2008〕16号）

各省、自治区、直辖市国土资源厅（国土环境资源厅、国土资源和房屋管理局、房屋土地资源管理局、规划和国土资源局），计划单列市国土资源行政主管部门，国家海洋局，国家测绘局，解放军土地管理局，新疆生产建设兵团国土资源局，各派驻地方的国家土地督察局，中国地质调查局及部其他

直属单位，部机关各司局：

国务院《关于促进节约集约用地的通知》（国发〔2008〕3号，以下简称《通知》），是深入贯彻落实党的十七大精神，坚持节约资源基本国策，推动科学发展，坚守18亿亩耕地红线，保障经济社会全面协调可持续发展的重要文件。国土资源管理部门必须切实履行职责，做好《通知》的学习贯彻落实工作。现将有关事宜通知如下：

一、认真组织学习，统一思想认识，提高节约集约用地的自觉性和坚定性

各级国土资源管理部门要迅速组织开展形式多样的学习宣传活动，掀起学习宣传高潮，全面准确理解把握《通知》的精神实质、指导原则、主要内容和具体要求。通过学习，从思想上把经济社会的发展理念统一到深入贯彻落实科学发展观上来，把建设用地管理的原则和思路统一到严格土地管理制度，加强宏观调控，促进节约集约用地上来，把工业化、城镇化发展的用地观念统一到节约集约用地上来。要大力开展对《通知》的宣传工作，使各级政府、各相关部门的领导干部和广大群众充分认识人多地少的基本国情，充分认识节约集约用地对保护耕地，保障发展用地的重大意义，充分认识节约集约用地不是一时之计，而是关系民族生存根基和国家长远利益的重大战略决策，为节约集约用地创造良好的社会氛围，使节约集约用地的共同责任落到实处。

二、加强土地利用总体规划管制作用，严格控制新增建设用地规模

各级国土资源管理部门要按照《通知》的要求，积极研究促进相关规划与土地利用总体规划相衔接的政策措施，强化土地利用总体规划整体控制作用。进一步加强与相关部门的沟通协调，对已批准，但不符合土地利用总体规划安排的相关规划，提出修改建议。对正在报批或修编的相关规划，要根据节约集约用地原则，按照土地利用总体规划的安排，提出审查意见。

各级国土资源管理部门要严格执行土地利用总体规划和年度计划。要通过加强建设项目用地预审、建设用地审批、执法检查、土地督察以及卫星遥感监测等手段确保规划和计划的实施。对违反规划、突破计划的建设项目，必须坚决依法查处。现行规划建设用地指标紧缺的地区，有关建设应主要通过挖潜存量建设用地解决，确需在规划建设用地范围外新增建设用地的，要严格按照有关程序和规定，对现行规划进行局部调整，并报原批准机关批准。

地方各级国土资源管理部门在开展新一轮土地利用总体规划修编工作中，要全面贯彻节约集约用地、严格保护耕地的基本方针，从严控制建设用地总规模和建设占用耕地规模，从紧安排建设用地增量。要对适宜开发的未利用地做出规划，引导和鼓励适宜建设的未利用地开发成建设用地。

三、积极开展建设用地普查评价工作，努力提高建设用地利用效率

各地要结合全国第二次土地调查，主动开展建设用地普查评价工作。评价工作要依据国家颁布的《建设用地节约集约利用评价规程》，对建设用地的利用状况、利用强度、综合承载能力等进行综合评估，对低效利用的土地和空闲、闲置土地，要明确利用方向，采取措施促进土地提高利用的效率。评价工作由省级国土资源管理部门统一组织，市、县国土资源管理部门具体实施。部将制定具体实施方案，推进这项工作的开展。

按照部的安排，做好闲置土地的清理处置工作，各省、自治区、直辖市要在2008年4月底前完成闲置土地的清理，6月底前，将本地区闲置土地清理和查处情况报部。

部正在研究制定开发区土地利用评价标准，出台后，各省、自治区、直辖市国土资源管理部门

要组织对本地区开发区进行土地节约集约利用的评估，国家级各类开发区的评估结果应于2008年底前上报，经部审核后向社会公示。省级各类开发区的评估结果，由省核查公示。对评估中发现的问题，要依法严肃查处。经评估符合节约集约用地要求并通过国家审核公告的开发区，确需扩区的，可按照国家规定的政策、权限和程序，申请扩区或升级，优先安排建设用地指标。国土资源管理部门要按照《通知》及相关政策要求，积极配合相关部门做好开发区扩区、升级的用地审查和服务工作。

四、加强建设用地供应管理，确保土地调控政策的有效实施

《通知》要求，除军事、社会保障性住房和特殊用地等可以继续以划拨方式取得土地外，对国家机关办公和交通、能源、水利等基础设施（产业）、城市基础设施以及各类社会事业用地要积极探索实行有偿使用，对其中的经营性用地先行实行有偿使用。各级国土资源管理部门要按照这一要求，采取有效措施，积极推动相关用地的有偿使用工作。严格城市土地管理，严禁未经拆迁安置补偿、收回国有土地使用权而直接供应土地，发放建设用地批准文件。市、县国土资源管理部门要制订和落实土地供应年度计划。严格履行出让合同，未缴清出让金，不得办理土地登记手续，发放国有土地使用证，不得办理土地使用权抵押登记。切实落实房地产市场土地调控政策，确保廉租房、经济适用房、限价房和90平方米以下中小套型普通商品房的土地供应，严控低密度、大套型商品房土地供应。严格执行每宗地开发建设时间原则上不超过三年的规定。严格合同管理，防止产生新的闲置土地，防范开发企业"圈占"土地。2008年底前，各省、自治区、直辖市国土资源管理部门要将落实土地调控政策，严格土地出让合同管理的情况报部。

进一步加强划拨土地供应管理，建立健全划拨用地公示制度。市、县人民政府国土资源管理部门受理划拨用地申请后，经审查符合划拨用地条件并纳入土地供应年度计划的，除有保密要求的用地外，其他划拨土地要及时通过中国土地市场网、当地土地有形市场和相关媒体，将申请人、项目名称、项目类型、申请用地面积等情况予以公示，公示时间不得少于10日。公示无异议的，市、县人民政府国土资源管理部门及时拟定供地方案，供地方案经政府批准后，由市、县人民政府国土资源管理部门向用地者发放划拨用地决定书，将划拨用地决定书确定的项目名称、土地使用权人、地块的位置、用途、面积、空间范围、土地使用条件、开竣工时间等结果予以公示。

切实加强农村建设用地管理。积极研究对村民自愿腾退宅基地或符合宅基地申请条件购买空闲住宅的，政府给予奖励或补助的政策。除乡镇企业、乡（镇）村公共设施和公益事业建设、农村村民住宅等三类用地可以使用农民集体土地外，不得批准其他项目使用农村集体土地。批准三类用地使用农村集体土地中的农用地和未利用地，必须符合土地利用总体规划和年度计划，符合节约集约用地要求，依法办理审批手续。

五、加快配套制度建设，提高管理效率和服务水平

抓紧做好《通知》实施的相关工作。部相关司局要按照贯彻落实《通知》的分工要求，抓紧落实相关工作。各省、自治区、直辖市国土资源管理部门也要加强与相关部门的协调，按照约束要硬、激励要实、责任要明、监管要严的原则，抓紧研究相关配套措施。各级国土资源管理部门要按照《通知》要求，依据本地土地资源禀赋、经济发展水平等情况，在国家规定的土地使用标准的基础上，制定更严格的土地使用标准。进一步建立健全土地市场动态监测制度。2008年6月底前，县级以上国土资源管理部门要全部开通运行土地市场动态监测系统，各省、自治区、直辖市国土资源管理部门要切实负责，加强督促检查工作，保证数据准确、全面、安全。对未能全部开通运行系统的省、自治区、直辖市，部将予以通报。各级国土资源管理部门要按照土地市场动态监测的要求，及时发布、上传信

息，开展市场分析等相关工作，加强对土地市场的管理和调控。各地要认真开展第二次土地调查工作，建立土地利用现状数据库。继续加大执法力度，保持高压态势，巩固百日行动成果，落实宏观调控政策。加强信息沟通，主动向有关部门提供企业违法用地、闲置土地等信息。

各级国土资源管理部门要加强节约集约用地的经验总结推广，搞好典型示范。进一步深入实际，加强调查研究，及时发现新情况、解决新问题，切实贯彻落实好《通知》提出的各项任务。各省、自治区、直辖市国土资源管理部门请于2008年6月底前将贯彻落实《通知》的情况报部。

二〇〇八年一月二十二日

关于发布和实施《工业项目建设用地控制指标》的通知

（国土资发〔2008〕24号）

各省、自治区、直辖市国土资源厅（国土环境资源厅、国土资源局、国土资源和房屋管理局、房屋土地资源管理局），解放军土地管理局，新疆生产建设兵团国土资源局：

为全面贯彻落实《国务院关于深化改革严格土地管理的决定》（国发〔2004〕28号）、《国务院关于加强土地调控有关问题的通知》（国发〔2006〕31号）和《国务院关于促进节约集约用地的通知》（国发〔2008〕3号），加强工业项目建设用地管理，促进节约集约用地，国土资源部对2004年发布的《工业项目建设用地控制指标（试行）》进行了修订。现将修订后的《工业项目建设用地控制指标》（以下简称《控制指标》）发布，请认真贯彻实施。

一、各级国土资源管理部门要严格执行《控制指标》与相关工程项目建设用地指标。不符合《控制指标》要求的工业项目，不予供地或对项目用地面积予以核减。对因生产安全等有特殊要求确需突破《控制指标》的，应当根据有关规定，结合项目实际进行充分论证，确属合理的，方可批准供地，并将项目用地的批准文件、土地使用合同等相关法律文书报省（区、市）国土资源管理部门备案。

二、编制工业项目供地文件和签订用地合同时，必须明确约定投资强度、容积率、建筑系数、行政办公及生活服务设施用地所占比重、绿地率等土地利用控制性指标要求及相关违约责任。

三、省（区、市）国土资源管理部门要切实加强对《控制指标》实施情况的监督管理。要根据本地区实际，在符合《控制指标》要求的前提下，制定或调整本地区的工业项目建设用地控制指标，并报部备案。要加强对工业用地利用状况的评价与分析，总结典型经验，加大宣传推广的工作力度，大力推进工业用地节约集约利用。

四、部将根据社会经济发展、技术进步、节约集约用地要求和《控制指标》实施情况，适时修订《控制指标》。

本《控制指标》发布实施后，《工业项目建设用地控制指标（试行）》（国土资发〔2004〕232号）停止执行。

二〇〇八年一月三十一日

工业项目建设用地控制指标

一、为认真贯彻落实节约资源的基本国策，促进建设用地的集约利用和优化配置，提高工业项目建设用地的管理水平，制定本工业项目建设用地控制指标（以下简称“控制指标”）。

二、本控制指标是对一个工业项目（或单项工程）及其配套工程在土地利用上进行控制的标准。

本控制指标适用于新建工业项目，改建、扩建工业项目可参照执行。

三、本控制指标是核定工业项目用地规模的重要标准，是编制工业项目用地有关法律文书、工业项目初步设计文件和可行性研究报告等的重要依据，是对工业项目建设情况进行检查验收和违约责任追究的重要尺度。

工业项目所属行业已有国家颁布的有关工程项目建设用地指标的，应同时满足本控制指标和有关工程项目建设用地指标的要求。

四、本控制指标由投资强度、容积率、建筑系数、行政办公及生活服务设施用地所占比重、绿地率五项指标构成。工业项目建设用地必须同时符合以下五项指标：

（一）工业项目投资强度控制指标应符合表1的规定；

（二）容积率控制指标应符合表2的规定；

（三）工业项目的建筑系数应不低于30%；

（四）工业项目所需行政办公及生活服务设施用地面积不得超过工业项目总用地面积的7%。严禁在工业项目用地范围内建造成套住宅、专家楼、宾馆、招待所和培训中心等非生产性配套设施；

（五）工业企业内部一般不得安排绿地。但因生产工艺等特殊要求需要安排一定比例绿地的，绿地率不得超过20%。

五、工业项目建设应采用先进的生产工艺、生产设备，缩短工艺流程，节约使用土地。对适合多层标准厂房生产的工业项目，应建设或进入多层标准厂房。

六、建设项目竣工验收时，没有达到本控制指标要求的，应依照合同约定及有关规定追究违约责任。

七、本控制指标由正文、控制指标应用说明（附件1）、土地等别划分（附件2）、《国民经济行业分类》（附件3）共四部分组成。土地等别划分、《国民经济行业分类》发生调整的，按调整后的执行。

附件：1.控制指标应用说明

2.城市等别划分

3.《国民经济行业分类》

附件1：

控制指标应用说明

一、指标应用

投资强度按地区、行业确定，在具体应用本控制指标时，首先根据附件2确定项目所在城市的土地等别，再根据表1确定各行业分类和工业用地的投资强度控制指标。

土地等别按照《财政部 国土资源部关于调整新增建设用地土地有偿使用费政策等问题的通知》（财综〔2006〕48号）有关新增建设用地土地有偿使用费征收等别划分的规定执行（详见附件2）；工业行业分类按《国民经济行业分类》（GB/T 4754—2002）执行（详见附件3）。

二、指标解释

1.投资强度：项目用地范围内单位面积固定资产投资额。

计算公式：

投资强度=项目固定资产总投资÷项目总用地面积

其中：项目固定资产总投资包括厂房、设备和地价款。

2.容积率：项目用地范围内总建筑面积与项目总用地面积的比值。

计算公式：

容积率=总建筑面积÷总用地面积

建筑物层高超过8米的，在计算容积率时该层建筑面积加倍计算。

3.行政办公及生活服务设施用地所占比重：项目用地范围内行政办公、生活服务设施占用土地面积（或分摊土地面积）占总用地面积的比例。

计算公式：

行政办公及生活服务设施用地所占比重=行政办公、生活服务设施占用土地面积÷项目总用地面积×100%

当无法单独计算行政办公和生活服务设施占用土地面积时，可以采用行政办公和生活服务设施建筑面积占总建筑面积的比重计算得出的分摊土地面积代替。

4.建筑系数：项目用地范围内各种建筑物、用于生产和直接为生产服务的构筑物占地面积总和占总用地面积的比例。

计算公式：

建筑系数=（建筑物占地面积＋构筑物占地面积＋堆场用地面积）÷项目总用地面积×100%

5.绿地率：绿地率是指规划建设用地范围内的绿地面积与规划建设用地面积之比。

计算公式：

绿地率=规划建设用地范围内的绿地面积÷项目总用地面积×100%

绿地率所指绿地面积包括厂区内公共绿地、建（构）筑物周边绿地等。

附件2：

土地等别划分

一等：

上海：长宁区 虹口区 黄浦区 静安区 卢湾区 普陀区 徐汇区 杨浦区 闸北区

二等：

北京：朝阳区 崇文区 东城区 丰台区 海淀区 石景山区 西城区 宣武区

上海：浦东新区

三等：

广东：广州市（白云区 海珠区 荔湾区 萝岗区 天河区 越秀区） 深圳市（福田区 罗湖区 南山区 盐田区）

四等：

天津：和平区 河东区 河西区 河北区 红桥区 南开区

重庆：大渡口区 江北区 九龙坡区 南岸区 沙坪坝区 渝中区

河北：石家庄市（长安区 桥东区 桥西区 新华区 裕华区）

辽宁：大连市（甘井子区 沙河口区 西岗区 中山区） 沈阳市（大东区 东陵区 和平区 皇姑区 沈河区 铁西区 于洪区）

江苏：常州市（天宁区 新北区 钟楼区） 南京市（白下区 鼓楼区 建邺区 秦淮区 下关区 玄武区 雨花台区） 苏州市（沧浪区 虎丘区 金阊区 平江区） 无锡市（北塘区 滨湖区 崇安区 南长区）

浙江：杭州市（滨江区 拱墅区 江干区 上城区 西湖区 下城区） 宁波市（海曙区 江东区 江北区）

福建：福州市（仓山区 鼓楼区 晋安区 台江区） 厦门市（海沧区 湖里区 思明区 集美区）

山东：济南市（市中区 历下区 槐荫区 天桥区） 青岛市（市南区 市北区 四方区 崂山区 李沧区）

湖北：武汉市（东西湖区 汉阳区 洪山区 江岸区 江汉区 硚口区 青山区 武昌区）

湖南：长沙市（芙蓉区 开福区 天心区 雨花区 岳麓区）

广东：汕头市（金平区 龙湖区） 珠海市（金湾区 香洲区） 深圳市宝安区

四川：成都市（成华区 锦江区 金牛区 青羊区 武侯区）

五等：

北京：通州区

天津：塘沽区

河北：唐山市（路北区 路南区 开平区）

山西：太原市（万柏林区 杏花岭区 迎泽区）

辽宁：鞍山市（立山区 千山区 铁东区 铁西区）

吉林：长春市（朝阳区 二道区 宽城区 绿园区 南关区）

黑龙江：哈尔滨市（道里区 道外区 南岗区 香坊区）

江苏：徐州市（鼓楼区 云龙区）

安徽：合肥市（包河区 庐阳区 蜀山区 瑶海区）

江西：南昌市（东湖区 西湖区 青山湖区 青云谱区）

河南：郑州市（二七区 管城回族区 惠济区 金水区 中原区）

广东：东莞市 佛山市禅城区 惠州市惠城区 中山市 深圳市龙岗区 广州市黄埔区

广西：南宁市（江南区 良庆区 青秀区 西乡塘区 兴宁区）

海南：海口市秀英区

云南：昆明市（官渡区 盘龙区 五华区）

陕西：西安市（灞桥区 碑林区 莲湖区 未央区 新城区 雁塔区）

新疆：乌鲁木齐市（东山区 沙依巴克区 水磨沟区 头屯河区 天山区 新市区）

六等：

北京：大兴区 昌平区 顺义区

天津：津南区 西青区

河北：保定市（北市区 南市区 新市区） 邯郸市（丛台区 邯山区 复兴区）

内蒙古：包头市（昆都仑区 东河区 青山区 九原区）

辽宁：本溪市（平山区 溪湖区 明山区） 抚顺市（东洲区 顺城区 新抚区 望花区） 盘锦市（兴隆台区 双台子区） 大连市（金州区 旅顺口区）

吉林：吉林市（船营区 龙潭区 昌邑区 丰满区）

黑龙江：大庆市萨尔图区

上海：嘉定区 宝山区 闵行区

江苏：南通市（崇川区 港闸区） 扬州市（维扬区 广陵区） 镇江市（京口区 润州区） 南京市栖霞区 常州市戚墅堰区 苏州市（吴中区 相城区）

浙江：温州市（龙湾区 鹿城区 瓯海区）

安徽：马鞍山市（花山区 金家庄区 雨山区） 芜湖市（镜湖区 鸠江区 弋江区）

福建：福州市马尾区

山东：潍坊市（潍城区 奎文区） 烟台市芝罘区 淄博市（博山区 临淄区 张店区 周村区 淄川区）济南市历城区

河南：洛阳市（瀍河回族区 涧西区 老城区 洛龙区 西工区）

湖北：黄石市（黄石港区 西塞山区） 襄樊市（襄城区 樊城区）

湖南：衡阳市（石鼓区 雁峰区 蒸湘区 珠晖区） 湘潭市（岳塘区 雨湖区） 株洲市（荷塘区 芦淞区 石峰区 天元区）

广东：佛山市（南海区 顺德区） 广州市（番禺区 南沙区）江门市（江海区 蓬江区） 汕头市濠江区 湛江市（赤坎区 霞山区 麻章区）

广西：柳州市（城中区 柳北区 柳南区 鱼峰区）

重庆：渝北区

云南：昆明市西山区

贵州：贵阳市（南明区 小河区 云岩区）

甘肃：兰州市（安宁区 城关区 七里河区 西固区）

七等：

北京：门头沟区 房山区

天津：东丽区 大港区 北辰区 汉沽区

河北：秦皇岛市（海港区 山海关区 北戴河区）

山西：长治市（城区 郊区） 大同市（城区 南郊区） 阳泉市（城区 郊区） 太原市（晋源区 小店区 尖草坪区）

内蒙古：呼和浩特市（回民区 赛罕区 新城区 玉泉区）

辽宁：丹东市（元宝区 振安区 振兴区） 葫芦岛市（连山区 龙港区） 锦州市（古塔区 凌河区 太和区） 辽阳市（白塔区 太子河区 文圣区） 营口市（老边区 西市区 站前区） 沈阳市（沈北新区 苏家屯区）

吉林：长春市双阳区

黑龙江：牡丹江市（爱民区 东安区 西安区 阳明区）

上海：南汇区 松江区 金山区

江苏：江阴市 昆山市 连云港市（海州区 新浦区） 启东市 泰州市（海陵区 高港区） 张家港

市 南京市（六合区 浦口区 江宁区） 无锡市（锡山区 惠山区）

浙江：嘉兴市（南湖区 秀洲区） 绍兴市越城区 台州市（黄岩区 椒江区 路桥区） 杭州市萧山区 宁波市（北仑区 镇海区）

安徽：淮南市（大通区 田家庵区） 淮北市（相山区 烈山区）

福建：泉州市（鲤城区 丰泽区） 漳州市芗城区 厦门市（同安区 翔安区）

江西：九江市浔阳区 南昌市湾里区

山东：泰安市（岱岳区 泰山区） 威海市环翠区

河南：安阳市（北关区 龙安区 文峰区 殷都区） 平顶山市（新华区 卫东区 湛河区） 新乡市（红旗区 牧野区 卫滨区）

湖北：荆州市(沙市区 荆州区) 宜昌市(西陵区 伍家岗区 点军区 猇亭区)

湖南：岳阳市岳阳楼区

广东：潮州市湘桥区 茂名市(茂南区 茂港区) 佛山市三水区 韶关市(武江区 浈江区) 阳江市江城区 肇庆市端州区 广州市花都区 湛江市坡头区

广西：桂林市(叠彩区 七星区 象山区 秀峰区)

青海：西宁市(城北区 城东区 城西区 城中区)

宁夏：银川市(金凤区 西夏区 兴庆区)

八等：

北京：怀柔区

天津：武清区

河北：沧州市(新华区 运河区) 承德市(双桥区 双滦区) 衡水市桃城区 廊坊市(安次区 广阳区) 邢台市(桥东区 桥西区) 张家口市(桥东区 桥西区) 唐山市丰润区

辽宁：朝阳市(龙城区 双塔区) 阜新市(海州区 太平区 细河区) 铁岭市银州区 辽阳市宏伟区

吉林：四平市(铁东区 铁西区) 通化市(东昌区 二道江区) 延吉市

黑龙江：哈尔滨市（平房区 松北区）鹤岗市(东山区 工农区 南山区 向阳区 兴安区 兴山区) 鸡西市鸡冠区 佳木斯市(东风区 郊区 前进区 向阳区) 齐齐哈尔市(建华区 龙沙区 铁锋区)

上海：奉贤区 青浦区

江苏：常熟市 淮安市(清河区 清浦区) 吴江市 宜兴市 常州市武进区

浙江：湖州市(南浔区 吴兴区) 金华市(金东区 婺城区) 义乌市 杭州市余杭区 宁波市鄞州区

安徽：安庆市(大观区 宜秀区 迎江区) 蚌埠市(蚌山区 淮上区 龙子湖区 禹会区) 铜陵市(郊区 狮子山区 铜官山区) 芜湖市三山区

福建：福清市 晋江市 石狮市 泉州市洛江区 漳州市龙文区

江西：赣州市章贡区

山东： 济宁市(任城区 市中区) 临沂市兰山区 枣庄市市中区 青岛市(黄岛区 城阳区) 烟台市莱山区

河南：焦作市(解放区 山阳区) 开封市(鼓楼区 金明区 龙亭区 顺河回族区 禹王台区)

湖北：十堰市(茅箭区 张湾区)

湖南：常德市(鼎城区 武陵区) 郴州市(北湖区 苏仙区)

广东：汕头市(潮南区 潮阳区 澄海区) 河源市源城区 惠州市惠阳区 揭阳市榕城区 开平市 梅州市梅江区 清远市清城区 汕尾市城区 台山市 增城市 普宁市 肇庆市鼎湖区 珠海市斗门区 江门市新会区

海南：三亚市 海口市(龙华区 美兰区 琼山区)

重庆：巴南区

贵州：遵义市(红花岗区 汇川区) 贵阳市白云区

云南：玉溪市红塔区

宁夏：石嘴山市大武口区

新疆：克拉玛依市克拉玛依区

九等：

北京：密云县 平谷区 延庆县

天津：宝坻区 蓟县 静海县

河北：鹿泉市 唐山市(古冶区 丰南区) 张家口市宣化区

山西：临汾市尧都区 晋中市榆次区 大同市新荣区

辽宁：海城市 瓦房店市 营口市鲅鱼圈区

吉林：辽源市(龙山区 西安区) 松原市宁江区

上海：崇明县

江苏：丹阳市 海门市 靖江市 溧阳市 如皋市 太仓市 泰兴市 通州市 盐城市亭湖区 扬中市 徐州市泉山区 连云港市连云区

浙江：慈溪市 上虞市 绍兴县 余姚市 舟山市(定海区 普陀区) 诸暨市

福建：龙岩市新罗区 莆田市(城厢区 涵江区 荔城区) 三明市(梅列区 三元区)

江西：吉安市(吉州区 青原区) 景德镇市(昌江区 珠山区) 萍乡市安源区 新余市渝水区 宜春市袁州区 九江市庐山区

山东：滨州市滨城区 德州市德城区 菏泽市牡丹区 莱芜市莱城区 莱州市 聊城市东昌府区 龙口市 日照市(东港区 岚山区) 荣成市 文登市 东营市东营区 烟台市(福山区 牟平区) 潍坊市(坊子区 寒亭区)

河南：漯河市源汇区 南阳市(宛城区 卧龙区)

湖北：鄂州市鄂城区 荆门市(东宝区 掇刀区) 潜江市 仙桃市 武汉市江夏区

湖南：娄底市娄星区 邵阳市(北塔区 大祥区 双清区) 益阳市(赫山区 资阳区) 永州市(冷水滩区 零陵区) 岳阳市云溪区 衡阳市南岳区

广东：从化市 恩平市 佛山市高明区 高要市 鹤山市 惠东县 廉江市 罗定市 云浮市云城区

广西：北海市(海城区 银海区) 防城港市港口区 贵港市(港北区 港南区 覃塘区) 梧州市(万秀区 蝶山区 长洲区) 桂林市雁山区

重庆：北碚区

四川：德阳市旌阳区 绵阳市(涪城区 游仙区)

云南：安宁市

贵州：贵阳市(花溪区 乌当区)

陕西：宝鸡市(金台区 渭滨区) 汉中市汉台区 铜川市(王益区 印台区)

新疆：石河子市

十等：

天津：宁河县

河北：藁城市 迁安市 三河市 辛集市 正定县 涿州市 石家庄市井陉矿区

山西：侯马市 晋城市城区 运城市盐湖区 阳泉市矿区

内蒙古：赤峰市(红山区 松山区 元宝山区) 通辽市科尔沁区 乌海市(海勃湾区 海南区 乌达区)

辽宁：大石桥市 盖州市 普兰店市 庄河市 本溪市南芬区 铁岭市清河区

吉林：白城市洮北区 白山市八道江区 敦化市 公主岭市 梅河口市 图们市

黑龙江：哈尔滨市（阿城区 呼兰区） 黑河市爱辉区 尚志市 双城市 双鸭山市(宝山区 尖山区 岭东区 四方台区) 绥芬河市 绥化市北林区 伊春市伊春区 肇东市 大庆市(红岗区 龙凤区 让胡路区)

江苏：东台市 江都市 姜堰市 金坛市 仪征市 徐州市(贾汪区 九里区) 镇江市丹徒区 淮安市楚州区 扬州市邗江区

浙江：东阳市 富阳市 海宁市 乐清市 丽水市莲都区 临海市 衢州市柯城区 瑞安市 温岭市 永康市

安徽：亳州市谯城区 滁州市(南谯区 琅琊区) 繁昌县 肥东县 肥西县 阜阳市(颍东区 颍泉区 颍州区) 宁国市 芜湖县 宣城市宣州区

福建：长乐市 龙海市 南安市 南平市延平区 永安市 泉州市泉港区

江西：丰城市 贵溪市 上饶市信州区 鹰潭市月湖区

山东：即墨市 胶州市 寿光市 招远市 邹城市 莱芜市钢城区 临沂市(河东区 罗庄区)

河南：鹤壁市(鹤山区 淇滨区 山城区) 濮阳市华龙区 三门峡市湖滨区 许昌市魏都区

湖北：黄冈市黄州区 随州市曾都区 天门市 孝感市孝南区 沙洋县 江陵县 武汉市蔡甸区 黄石市(铁山区 下陆区) 鄂州市华容区

湖南：长沙县 怀化市鹤城区 浏阳市 张家界市永定区 岳阳市君山区

广东：博罗县 潮安县 电白县 佛冈县 高州市 海丰县 化州市 揭东县 乐昌市 雷州市 连州市 陆丰市 南澳县 南雄市 韶关市曲江区 四会市 吴川市 信宜市 阳春市 英德市

广西：钦州市(钦北区 钦南区) 武鸣县 南宁市邕宁区 玉林市玉州区 来宾市兴宾区 防城港市防城区 北海市铁山港区

海南：儋州市 琼海市

重庆：双桥区 万盛区

四川：成都市龙泉驿区 乐山市(沙湾区 市中区) 泸州市江阳区 内江市市中区 攀枝花市(东区 仁和区) 宜宾市翠屏区 自贡市(大安区 自流井区)

贵州：六盘水市钟山区

云南：昆明市东川区 曲靖市麒麟区

西藏：拉萨市城关区

陕西：渭南市临渭区 咸阳市(秦都区 渭城区) 西安市(长安区 临潼区 阎良区)

甘肃：白银市白银区 嘉峪关市 金昌市金川区 天水市秦州区 兰州市红古区

新疆：阿克苏市 喀什市 库尔勒市 伊宁市

十一等：

河北：霸州市 定州市 高碑店市 邯郸县 黄骅市 任丘市 武安市 新乐市 遵化市 邯郸市峰峰矿区 张家口市下花园区

山西：介休市 朔州市朔城区 孝义市 忻州市忻府区 原平市 大同市矿区

内蒙古：呼伦贝尔市海拉尔区 乌兰察布市集宁区 满洲里市 乌兰浩特市

辽宁：北票市 灯塔市 东港市 凤城市 开原市 凌海市 凌源市 调兵山市 新民市 兴城市 本溪满族自治县 阜新市(清河门区 新邱区)辽阳市弓长岭区 葫芦岛市南票区

吉林：和龙市 桦甸市 珲春市 集安市 蛟河市 九台市 临江市 龙井市 磐石市 舒兰市 榆树市

黑龙江：海林市 海伦市 密山市 七台河市(茄子河区 桃山区 新兴区) 庆安县 五常市 鸡西市滴道区

江苏：宝应县 大丰市 高淳县 高邮市 海安县 句容市 溧水县 邳州市 如东县 宿迁市宿城区 新沂市 兴化市

浙江：嘉善县 兰溪市 临安市 桐乡市 玉环县

安徽：长丰县 巢湖市居巢区 黄山市(徽州区 屯溪区) 六安市(金安区 裕安区) 宿州市 桥区 淮北市杜集区

福建：惠安县 连江县 闽侯县 宁德市蕉城区 莆田市秀屿区

江西：抚州市临川区 井冈山市 乐平市 萍乡市湘东区

山东：安丘市 昌邑市 肥城市 胶南市 莱西市 莱阳市 蓬莱市 平度市 青州市 曲阜市 乳山市 滕州市 新泰市 兖州市 章丘市 诸城市 枣庄市(薛城区 峄城区)

河南：济源市 商丘市(梁园区 睢阳区) 太康县 信阳市(平桥区 浉河区) 驻马店市驿城区 郑州市上街区 洛阳市吉利区 焦作市(马村区 中站区) 新乡市凤泉区

湖北：赤壁市 大冶市 丹江口市 洪湖市 老河口市 麻城市 石首市 松滋市 武穴市 咸宁市咸安区 宜城市 应城市 襄樊市襄阳区 枣阳市 钟祥市 武汉市(汉南区 黄陂区 新洲区) 鄂州市梁子湖区

湖南：吉首市 耒阳市 醴陵市 临湘市 汨罗市 湘乡市 沅江市 张家界市武陵源区

广东：德庆县 封开县 怀集县 惠来县 揭西县 连平县 龙门县 梅县 清新县 饶平县 遂溪县 新丰县 新兴县 兴宁市 徐闻县 阳东县 阳西县 云安县

广西：百色市右江区 北流市

海南：澄迈县 东方市 万宁市 文昌市

重庆：涪陵区 万州区 江津市

四川： 达州市通川区 都江堰市 峨眉山市 广元市市中区 江油市 南充市(高坪区 嘉陵区 顺庆区) 彭州市 双流县 遂宁市船山区 西昌市 成都市青白江区 内江市东兴区

贵州：安顺市西秀区

云南：楚雄市 河口瑶族自治县

陕西：安康市汉滨区 韩城市 延安市宝塔区 咸阳市杨凌区

甘肃：白银市平川区 天水市麦积区

新疆：昌吉市 哈密市 吐鲁番市 乌鲁木齐县 乌鲁木齐市达坂城区

十二等：

河北：安国市 泊头市 沧县 大厂回族自治县 抚宁县 高邑县 河间市 冀州市 定兴县 晋州市 井陉县 乐亭县 蠡县 卢龙县 栾城县 滦南县 滦县 迁西县 青县 清河县 沙河市 深州市 唐海县 香河县 徐水县 永年县 玉田县 承德市鹰手营子矿区

山西：长治县 汾阳市 高平市 古交市 河津市 怀仁县 霍州市 吕梁市离石区 灵石县 潞城市 平定县 清徐县 永济市 左云县 朔州市平鲁区

内蒙古：巴彦淖尔市临河区 鄂尔多斯市东胜区 锡林浩特市 牙克石市 扎兰屯市

辽宁：北镇市 朝阳县 大洼县 抚顺县 阜新蒙古族自治县 辽阳县 辽中县 盘山县 绥中县 铁岭县 长海县

吉林：安图县 白山市江源区 长白朝鲜族自治县 大安市 德惠市 东丰县 东辽县 抚松县 辉南县 梨树县 柳河县 农安县 前郭尔罗斯蒙古族自治县 双辽市 洮南市 通化县 汪清县 永吉县

黑龙江：安达市 北安市 富锦市 虎林市 宁安市 铁力市 五大连池市 大庆市大同区 齐齐哈尔市

(昂昂溪区 富拉尔基区 梅里斯达斡尔族区) 鸡西市(城子河区 恒山区 梨树区 麻山区) 伊春市(南岔区 汤旺河区 西林区)

江苏：东海县 赣榆县 洪泽县 建湖县 金湖县 沛县 射阳县 泗洪县 泗阳县 铜山县 盐城市盐都区 淮安市淮阴区

浙江：德清县 奉化市 海盐县 建德市 江山市 平湖市 嵊州市 桐庐县 新昌县

安徽：池州市贵池区 当涂县 含山县 绩溪县 泾县 舒城县 桐城市 铜陵县 淮南市(八公山区 潘集区 谢家集区)

福建：福安市 福鼎市 建瓯市 罗源县 闽清县 南靖县 沙县 邵武市 武夷山市 云霄县 漳平市 漳浦县 诏安县

江西：安福县 德兴市 高安市 吉安县 进贤县 芦溪县 南昌县 南康市 瑞昌市 瑞金市 泰和县 峡江县 新干县 樟树市

山东：长岛县 高密市 海阳市 临清市 栖霞市 枣庄市(山亭区 台儿庄区) 东营市河口区

河南：安阳县 长葛市 登封市 邓州市 巩义市 辉县市 林州市 灵宝市 孟州市 沁阳市 荥阳市 汝州市 卫辉市 舞钢市 项城市 新密市 新乡县 新郑市 许昌县 偃师市 漯河市 (郾城区 召陵区) 义马市 永城市 禹州市 中牟县 周口市川汇区 平顶山市石龙区

湖北：安陆市 当阳市 恩施市 广水市 汉川市 宜都市 枝江市 宜昌市夷陵区

湖南：安仁县 安乡县 常宁市 道县 桂阳县 汉寿县 衡东县 衡南县 衡山县 衡阳县 华容县 津市市 冷水江市 澧县 涟源市 临澧县 临武县 南县 宁乡县 祁东县 祁阳县 韶山市 邵东县 邵阳县 石门县 双峰县 桃江县 桃源县 望城县 武冈市 湘潭县 湘阴县 新邵县 攸县 岳阳县 株洲县 资兴市

广东：大埔县 东源县 丰顺县 广宁县 和平县 蕉岭县 连南瑶族自治县 连山壮族瑶族自治县 龙川县 陆河县 平远县 仁化县 始兴县 翁源县 五华县 阳山县 郁南县 紫金县 乳源瑶族自治县

广西：岑溪市 东兴市 桂平市 合浦县 合山市 河池市金城江区 贺州市八步区 临桂县 柳城县 柳江县 容县 田东县 昭平县 钟山县

海南：昌江黎族自治县 定安县 临高县 五指山市 陵水黎族自治县

重庆：合川市 永川市

四川：崇州市 广安市广安区 广汉市 绵竹市 邛崃市 什邡市 成都市(新都区 温江区) 攀枝花市西区 自贡市(贡井区 沿滩区) 泸州市(龙马潭区 纳溪区) 乐山市(金口河区 五通桥区)

贵州：都匀市 凯里市 清镇市 铜仁市 兴义市

云南：大理市 个旧市 石林彝族自治县 瑞丽市

西藏：日喀则市

陕西：华县 华阴市 黄陵县 洛川县 潼关县 兴平市 榆林市榆阳区 铜川市耀州区

甘肃：成县 敦煌市 酒泉市肃州区 临夏市 永登县 玉门市 武威市凉州区 陇南市武都区

宁夏：灵武市 青铜峡市 吴忠市利通区 中卫市沙坡头区

新疆：阿勒泰市 阿图什市 博乐市 阜康市 奎屯市 米泉市 塔城市 乌苏市 克拉玛依市(白碱滩区 独山子区 乌尔禾区)

十三等：

河北：安平县 柏乡县 昌黎县 磁县 大城县 东光县 高阳县 固安县 故城县 怀来县 景县 临城县 灵寿县 满城县 南宫市 宁晋县 清苑县 容城县 深泽县 肃宁县 唐县 望都县 文安县 吴桥县 献县 兴隆县 邢台县 雄县 宣化县 阳原县 易县 元氏县 枣强县 赵县

山西：长子县 大同县 代县 定襄县 繁峙县 河曲县 洪洞县 壶关县 稷山县 绛县 交城县 黎城

县 临猗县 陵川县 柳林县 宁武县 平陆县 平顺县 平遥县 蒲县 祁县 沁水县 曲沃县 芮城县 山阴县 寿阳县 太谷县 文水县 闻喜县 五台县 乡宁县 襄汾县 襄垣县 新绛县 阳城县 翼城县 应县 盂县 垣曲县 泽州县 中阳县

内蒙古：额尔古纳市 根河市

辽宁：昌图县 法库县 黑山县 桓仁满族自治县 建昌县 建平县 喀喇沁左翼蒙古族自治县 康平县 宽甸满族自治县 清原满族自治县 台安县 西丰县 新宾满族自治县 岫岩满族自治县 义县 彰武县

吉林：靖宇县 伊通满族自治县

黑龙江：巴彦县 勃利县 方正县 鸡东县 林口县 穆棱市 讷河市 通河县 同江市 望奎县 延寿县 肇源县 肇州县 齐齐哈尔市碾子山区 伊春市(翠峦区 带岭区 红星区 金山屯区 美溪区 上甘岭区 新青区 五营区 乌马河区 乌伊岭区 友好区)

江苏：滨海县 丰县 阜宁县 灌南县 灌云县 涟水县 沭阳县 宿迁市宿豫区 睢宁县 响水县 盱眙县

浙江：安吉县 苍南县 长兴县 龙泉市 龙游县 宁海县 平阳县 象山县 永嘉县 嵊泗县 衢州市衢江区

安徽：砀山县 东至县 凤台县 广德县 和县 霍邱县 霍山县 界首市 金寨县 庐江县 明光市 南陵县 祁门县 青阳县 石台县 寿县 濉溪县 天长市 涡阳县 无为县 歙县 萧县 黄山市黄山区

福建：安溪县 长泰县 东山县 古田县 建阳市 将乐县 平潭县 上杭县 顺昌县 霞浦县 仙游县 永春县 永定县 永泰县 尤溪县

江西：大余县 分宜县 广丰县 吉水县 九江县 宁都县 上栗县 上饶县 万安县 万年县 新建县 永丰县 永修县 余江县

山东：博兴县 曹县 昌乐县 济南市长清区 定陶县 东阿县 东明县 费县 高青县 高唐县 桓台县 惠民县 济阳县 嘉祥县 金乡县 莒南县 莒县 乐陵市 梁山县 临朐县 临邑县 陵县 宁阳县 平邑县 平阴县 平原县 齐河县 商河县 泗水县 郯城县 微山县 汶上县 阳谷县 沂源县 鱼台县 禹城市 郓城县 邹平县

河南：宝丰县 博爱县 长垣县 方城县 淮阳县 潢川县 临颍县 鹿邑县 孟津县 内乡县 濮阳县 淇县 清丰县 汝南县 陕县 遂平县 汤阴县 唐河县 通许县 尉氏县 西平县 新安县 新野县 修武县 鄢陵县 延津县 镇平县

湖北：保康县 长阳土家族自治县 崇阳县 大悟县 公安县 谷城县 红安县 黄梅县 嘉鱼县 监利县 京山县 利川市 南漳县 蕲春县 团风县 浠水县 孝昌县 远安县 云梦县 郧县 秭归县

湖南：安化县 茶陵县 辰溪县 慈利县 东安县 洞口县 洪江市 会同县 嘉禾县 靖州苗族侗族自治县 蓝山县 隆回县 麻阳苗族自治县 宁远县 平江县 绥宁县 新化县 新宁县 新田县 溆浦县 炎陵县 宜章县 永兴县 芷江侗族自治县 中方县

广西：博白县 苍梧县 富川瑶族自治县 荔浦县 灵川县 陆川县 南丹县 平果县 平乐县 平南县 全州县 上思县 藤县 田阳县 兴安县 阳朔县 宜州市

海南：白沙黎族自治县 保亭黎族苗族自治县 乐东黎族自治县 琼中黎族苗族自治县 屯昌县

重庆：南川市

四川：安县 宝兴县 苍溪县 长宁县 达县 大邑县 大竹县 富顺县 高县 珙县 简阳市 江安县 金堂县 筠连县 阆中市 泸县 米易县 南溪县 彭山县 郫县 仁寿县 荣县 三台县 射洪县 石棉县 万源市 新津县 宜宾县 荥经县 资阳市雁江区 眉山市东坡区 雅安市雨城区 巴中市巴州区 广元市(朝天区 元坝区) 遂宁市安居区

贵州：毕节市 赤水市 贵定县 开阳县 龙里县 仁怀市 息烽县 修文县 遵义县

云南：保山市隆阳区 呈贡县 澄江县 峨山彝族自治县 江川县 晋宁县 景洪市 开远市 丽江市古城区 潞西市 屏边苗族自治县 石屏县 水富县 思茅市翠云区 通海县 宜良县 昭通市昭阳区

陕西：安塞县 白水县 城固县 大荔县 府谷县 富平县 富县 甘泉县 高陵县 横山县 户县 黄龙县 佳县 靖边县 米脂县 清涧县 三原县 子长县 子洲县 神木县 绥德县 吴堡县 吴起县 延长县 宜川县 志丹县 商洛市商州区

甘肃：阿克塞哈萨克族自治县 定西市安定区 皋兰县 合水县 合作市 徽县 两当县 宁县 平凉市崆峒区 庆城县 文县 庆阳市西峰区 榆中县 张掖市甘州区

宁夏：贺兰县 石嘴山市惠农区 平罗县 永宁县 中宁县

新疆：和田市 呼图壁县 霍城县 精河县 库车县 轮台县 玛纳斯县 沙湾县 莎车县 鄯善县 托克逊县 新源县 焉耆回族自治县 泽普县 五家渠市

十四等：

河北：安新县 博野县 成安县 承德县 赤城县 大名县 肥乡县 丰宁满族自治县 阜城县 阜平县 馆陶县 广平县 广宗县 海兴县 怀安县 鸡泽县 巨鹿县 宽城满族自治县 涞水县 涞源县 临西县 临漳县 隆化县 隆尧县 滦平县 孟村回族自治县 内丘县 南和县 南皮县 平泉县 平山县 平乡县 青龙满族自治县 邱县 曲阳县 曲周县 饶阳县 任县 涉县 顺平县 万全县 威县 围场满族蒙古族自治县 蔚县 魏县 无极县 武强县 武邑县 新河县 行唐县 盐山县 永清县 赞皇县 涿鹿县

山西：安泽县 保德县 大宁县 方山县 汾西县 浮山县 古县 广灵县 和顺县 浑源县 吉县 交口县 静乐县 岢岚县 岚县 临县 灵丘县 娄烦县 偏关县 沁县 沁源县 神池县 石楼县 天镇县 屯留县 万荣县 五寨县 武乡县 昔阳县 隰县 夏县 兴县 阳高县 阳曲县 永和县 右玉县 榆社县 左权县

内蒙古：阿尔山市 阿荣旗 敖汉旗 巴林左旗 达拉特旗 鄂伦春自治旗 鄂温克族自治旗 二连浩特市 丰镇市 杭锦后旗 霍林郭勒市 科尔沁左翼后旗 林西县 莫力达瓦达斡尔族自治旗 宁城县 土默特右旗 土默特左旗 翁牛特旗 乌拉特前旗 五原县 包头市(白云矿区 石拐区)

吉林：长岭县 扶余县 乾安县

黑龙江：宝清县 抚远县 富裕县 集贤县 克东县 克山县 兰西县 萝北县 明水县 木兰县 嫩江县 绥滨县 塔河县 汤原县 友谊县 大兴安岭加格达奇

浙江：常山县 淳安县 岱山县 洞头县 缙云县 景宁畲族自治县 开化县 磐安县 浦江县 青田县 庆元县 三门县 松阳县 遂昌县 泰顺县 天台县 文成县 武义县 仙居县 云和县

安徽：枞阳县 定远县 凤阳县 阜南县 固镇县 怀宁县 怀远县 旌德县 来安县 郎溪县 利辛县 临泉县 灵璧县 蒙城县 潜山县 全椒县 泗县 宿松县 太和县 太湖县 望江县 五河县 休宁县 黟县 颍上县

福建：大田县 德化县 华安县 连城县 平和县 浦城县 泰宁县

江西：安义县 安远县 鄱阳县 崇仁县 德安县 定南县 东乡县 浮梁县 赣县 横峰县 会昌县 金溪县 靖安县 莲花县 龙南县 南城县 铅山县 上高县 上犹县 石城县 遂川县 万载县 武宁县 婺源县 信丰县 兴国县 修水县 寻乌县 弋阳县 永新县 于都县 玉山县 资溪县

山东：单县 广饶县 垦利县 利津县 蒙阴县 武城县 沂南县 沂水县

河南：范县 封丘县 扶沟县 固始县 光山县 滑县 淮滨县 获嘉县 浚县 开封县 兰考县 鲁山县 栾川县 罗山县 泌阳县 民权县 南乐县 南召县 杞县 确山县 商城县 上蔡县 社旗县 沈丘县 渑池县 桐柏县 温县 武陟县 舞阳县 西华县 西峡县 淅川县 襄城县 叶县 伊川县 原阳县 正阳县

湖北：巴东县 房县 建始县 来凤县 罗田县 通城县 五峰土家族自治县 兴山县 阳新县 英山县

竹山县

湖南：保靖县 城步苗族自治县 凤凰县 古丈县 桂东县 花垣县 江华瑶族自治县 江永县 龙山县 泸溪县 汝城县 桑植县 双牌县 通道侗族自治县 新晃侗族自治县 永顺县 沅陵县

广西：宾阳县 崇左市江州区 大化瑶族自治县 扶绥县 横县 金秀瑶族自治县 乐业县 灵山县 凌云县 隆林各族自治县 鹿寨县 蒙山县 浦北县 田林县 西林县 兴业县

重庆：璧山县 长寿区 大足县 垫江县 丰都县 奉节县 开县 梁平县 綦江县 荣昌县 铜梁县 潼南县 巫山县 武隆县 云阳县 忠县

四川：安岳县 巴塘县 北川羌族自治县 布拖县 大英县 丹棱县 德昌县 甘洛县 古蔺县 汉源县 合江县 洪雅县 华蓥市 会理县 夹江县 犍为县 剑阁县 井研县 九寨沟县 开江县 康定县 乐至县 邻水县 隆昌县 芦山县 泸定县 罗江县 马边彝族自治县 马尔康县 茂县 冕宁县 名山县 沐川县 南部县 南江县 蓬安县 蓬溪县 平昌县 平武县 屏山县 蒲江县 青川县 青神县 渠县 天全县 通江县 旺苍县 威远县 汶川县 武胜县 西充县 兴文县 叙永县 宣汉县 盐边县 盐亭县 仪陇县 营山县 岳池县 中江县 资中县 梓潼县

贵州：独山县 福泉市 金沙县 荔波县 平坝县 施秉县 桐梓县 玉屏侗族自治县 镇远县

云南：宾川县 大姚县 洱源县 富民县 富源县 华宁县 会泽县 建水县 景东彝族自治县 兰坪白族普米族自治县 临沧市临翔区 陆良县 禄丰县 禄劝彝族苗族自治县 绿春县 罗平县 马龙县 勐海县 勐腊县 弥渡县 弥勒县 牟定县 南华县 普洱哈尼族彝族自治县 师宗县 双柏县 嵩明县 绥江县 腾冲县 文山县 武定县 祥云县 新平彝族傣族自治县 宣威市 寻甸回族彝族自治县 姚安县 易门县 永仁县 元江哈尼族彝族傣族自治县 元谋县 沾益县 玉龙纳西族自治县

陕西： 澄城县 定边县 凤县 凤翔县 扶风县 汉阴县 合阳县 泾阳县 蓝田县 礼泉县 略阳县 眉县 勉县 南郑县 平利县 岐山县 商南县 石泉县 太白县 武功县 西乡县 旬阳县 延川县 镇安县 周至县 柞水县 宝鸡市陈仓区

甘肃：瓜州县 崇信县 宕昌县 迭部县 甘谷县 广河县 华池县 华亭县 环县 会宁县 金塔县 泾川县 景泰县 靖远县 康乐县 康县 礼县 临洮县 灵台县 碌曲县 玛曲县 民勤县 山丹县 肃北蒙古族自治县 天祝藏族自治县 武山县 西和县 夏河县 永昌县 永靖县 镇原县 正宁县 卓尼县

青海：大通回族土族自治县 德令哈市 格尔木市 互助土族自治县 湟中县 乐都县 民和回族土族自治县 平安县

宁夏：固原市原州区

新疆：阿瓦提县 巴楚县 博湖县 察布查尔锡伯自治县 额敏县 富蕴县 伽师县 和静县 和硕县 吉木萨尔县 麦盖提县 沙雅县 疏附县 疏勒县 尉犁县 温宿县 叶城县 伊宁县 英吉沙县 岳普湖县 阿拉尔市 图木舒克市

十五等：

河北：崇礼县 沽源县 康保县 尚义县 张北县

内蒙古：阿巴嘎旗 阿拉善右旗 阿拉善左旗 阿鲁科尔沁旗 巴林右旗 察哈尔右翼后旗 察哈尔右翼前旗 察哈尔右翼中旗 陈巴尔虎旗 达尔罕茂明安联合旗 磴口县 东乌珠穆沁旗 多伦县 额济纳旗 鄂托克旗 鄂托克前旗 固阳县 杭锦旗 和林格尔县 化德县 喀喇沁旗 开鲁县 科尔沁右翼前旗 科尔沁右翼中旗 科尔沁左翼中旗 克什克腾旗 库伦旗 凉城县 奈曼旗 清水河县 商都县 四子王旗 苏尼特右旗 苏尼特左旗 太仆寺旗 突泉县 托克托县 乌拉特后旗 乌拉特中旗 乌审旗 武川县 西乌珠穆沁旗 镶黄旗 新巴尔虎右旗 新巴尔虎左旗 兴和县 伊金霍洛旗 扎赉特旗 扎鲁特旗 正蓝旗 正镶白旗 准格尔旗 卓资县

吉林：通榆县 镇赉县

黑龙江：拜泉县 宾县 东宁县 杜尔伯特蒙古族自治县 甘南县 呼玛县 桦川县 桦南县 嘉荫县 林甸县 龙江县 漠河县 青冈县 饶河县 绥棱县 孙吴县 泰来县 逊克县 依安县 依兰县

安徽：岳西县

福建：长汀县 光泽县 建宁县 明溪县 宁化县 屏南县 清流县 寿宁县 松溪县 武平县 柘荣县 政和县 周宁县

江西：崇义县 都昌县 奉新县 广昌县 湖口县 乐安县 黎川县 南丰县 彭泽县 全南县 铜鼓县 星子县 宜丰县 宜黄县 余干县

山东：苍山县 成武县 茌平县 东平县 冠县 巨野县 鄄城县 临沭县 宁津县 庆云县 无棣县 五莲县 夏津县 莘县 阳信县 沾化县

河南：郸城县 郏县 卢氏县 洛宁县 内黄县 宁陵县 平舆县 汝阳县 商水县 嵩县 睢县 台前县 息县 夏邑县 新蔡县 新县 宜阳县 虞城县 柘城县

湖北：鹤峰县 神农架林区 通山县 咸丰县 宣恩县 郧西县 竹溪县

广西：巴马瑶族自治县 大新县 德保县 东兰县 都安瑶族自治县 凤山县 恭城瑶族自治县 灌阳县 环江毛南族自治县 靖西县 龙胜各族自治县 龙州县 隆安县 罗城仫佬族自治县 马山县 那坡县 宁明县 凭祥市 融安县 融水苗族自治县 三江侗族自治县 上林县 天等县 天峨县 武宣县 象州县 忻城县 永福县 资源县

重庆：城口县 彭水苗族土家族自治县 石柱土家族自治县 巫溪县 秀山土家族苗族自治县 酉阳土家族苗族自治县 黔江区

四川：阿坝县 白玉县 丹巴县 道孚县 稻城县 得荣县 德格县 峨边彝族自治县 甘孜县 黑水县 红原县 会东县 金川县 金阳县 九龙县 雷波县 理塘县 理县 炉霍县 美姑县 木里藏族自治县 宁南县 普格县 壤塘县 若尔盖县 色达县 石渠县 松潘县 喜德县 乡城县 小金县 新龙县 雅江县 盐源县 越西县 昭觉县

贵州：安龙县 册亨县 岑巩县 长顺县 从江县 大方县 丹寨县 道真仡佬族苗族自治县 德江县 凤冈县 关岭布依族苗族自治县 赫章县 黄平县 惠水县 剑河县 江口县 锦屏县 雷山县 黎平县 六枝特区 罗甸县 麻江县 湄潭县 纳雍县 盘县 平塘县 普安县 普定县 黔西县 晴隆县 榕江县 三都水族自治县 三穗县 石阡县 水城县 思南县 松桃苗族自治县 绥阳县 台江县 天柱县 万山特区 望谟县 威宁彝族回族苗族自治县 瓮安县 务川仡佬族苗族自治县 习水县 兴仁县 沿河土家族自治县 印江土家族苗族自治县 余庆县 贞丰县 镇宁布依族苗族自治县 正安县 织金县 紫云苗族布依族自治县

云南：沧源佤族自治县 昌宁县 大关县 德钦县 凤庆县 福贡县 富宁县 耿马傣族佤族自治县 贡山独龙族怒族自治县 广南县 鹤庆县 红河县 华坪县 剑川县 江城哈尼族彝族自治县 金平苗族瑶族傣族自治县 景谷傣族彝族自治县 澜沧拉祜族自治县 梁河县 龙陵县 陇川县 泸水县 泸西县 鲁甸县 麻栗坡县 马关县 蒙自县 孟连傣族拉祜族佤族自治县 墨江哈尼族自治县 南涧彝族自治县 宁蒗彝族自治县 巧家县 丘北县 施甸县 双江拉祜族佤族布朗族傣族自治县 威信县 巍山彝族回族自治县 维西傈僳族自治县 西畴县 西盟佤族自治县 盐津县 砚山县 漾濞彝族自治县 彝良县 盈江县 永德县 永平县 永善县 永胜县 元阳县 云龙县 云县 镇康县 镇雄县 镇沅彝族哈尼族拉祜族自治县 香格里拉县

西藏：安多县 昂仁县 八宿县 巴青县 白朗县 班戈县 比如县 边坝县 波密县 察雅县 察隅县 昌都县 措美县 措勤县 错那县 达孜县 当雄县 丁青县 定结县 定日县 堆龙德庆县 噶尔县 改则县 岗巴县 革吉县 工布江达县 贡嘎县 贡觉县 吉隆县 加查县 嘉黎县 江达县 江孜县 康马县 拉孜县 朗县 浪卡子县 类乌齐县 林芝县 林周县 隆子县 洛隆县 洛扎县 芒康县 米林县 墨脱县 墨竹工卡

县 那曲县 乃东县 南木林县 尼玛县 尼木县 聂拉木县 聂荣县 普兰县 琼结县 曲水县 曲松县 仁布县 日土县 萨嘎县 萨迦县 桑日县 申扎县 索县 谢通门县 亚东县札达县 扎囊县 仲巴县 左贡县

陕西：白河县 彬县 长武县 淳化县 丹凤县 佛坪县 岚皋县 麟游县 留坝县 陇县 洛南县 宁强县 宁陕县 蒲城县 千阳县 乾县 山阳县 旬邑县 洋县 宜君县 永寿县 镇巴县 镇坪县 紫阳县

甘肃：东乡族自治县 高台县 古浪县 和政县 积石山保安族东乡族撒拉族自治县 静宁县 临潭县 临夏县 临泽县 陇西县 民乐县 岷县 秦安县 肃南裕固族自治县 通渭县 渭源县 张家川回族自治县 漳县 清水县 舟曲县 庄浪县

青海：班玛县 称多县 达日县 都兰县 甘德县 刚察县 共和县 贵德县 贵南县 海晏县 河南蒙古族自治县 化隆回族自治县 湟源县 尖扎县 久治县 玛多县 玛沁县 门源回族自治县 祁连县 曲麻莱县 天峻县 同德县 同仁县 乌兰县 囊谦县 兴海县 循化撒拉族自治县 玉树县 杂多县 泽库县 治多县

宁夏：海原县 泾源县 隆德县 彭阳县 同心县 西吉县 盐池县

新疆：阿合奇县 阿克陶县 巴里坤哈萨克自治县 拜城县 昭苏县 布尔津县 策勒县 福海县 巩留县 哈巴河县 和布克赛尔蒙古自治县 和田县 吉木乃县 柯坪县 洛浦县 民丰县 墨玉县 木垒哈萨克自治县 尼勒克县 皮山县 奇台县 且末县 青河县 若羌县 塔什库尔干塔吉克自治县 特克斯县 托里县 温泉县 乌恰县 乌什县 新和县 伊吾县 于田县 裕民县

附件3：

《国民经济行业分类》

本控制指标仅列出了《国民经济行业分类》（GB/T 4754—2002）中制造业部分的分类目录，详细内容参见《国民经济行业分类》（GB/T 4754—2002）。

本门类包括13-43大类。指经物理变化或化学变化后成为了新的产品，不论是动力机械制造，还是手工制作；也不论产品是批发销售，还是零售，均视为制造。

建筑物中的各种制成品零部件的生产应视为制造。但在建筑预制品工地，把主要部件组装成桥梁、仓库设备、铁路与高架公路、升降机与电梯、管道设备、喷水设备、暖气设备、通风设备与空调设备，照明与安装电线等组装活动，以及建筑物的装置，均列为建筑活动。

在主要从事产品制造的企业（单位）中，为产品销售而进行的机械与设备的组装与安装活动，应按其主要活动归类。

13 农副食品加工业

131 1310谷物磨制

132 1320饲料加工

133 植物油加工

1331 食用植物油加工

1332 非食用植物油加工

134 1340制糖

135 屠宰及肉类加工

1351 畜禽屠宰

1352 肉制品及副产品加工指主要以各种畜、禽肉为原料加了成熟肉制品，以及畜、禽副产品的加工活动。

136 水产品加工
1361 水产品冷冻加工
1362 鱼糜制品及水产品干腌制加工
1363 水产饲料制造
1364 鱼油提取及制品的制造
1369 其他水产品加工
137 1370蔬菜、水果和坚果加工
139 其他农副食品加工
1391 淀粉及淀粉制品的制造
1392 豆制品制造
1393 蛋品加工
1399 其他未列明的农副食品加工
14 食品制造业
141 焙烤食品制造
1411 糕点、面包制造
1419 饼干及其他焙烤食品制造
142 糖果、巧克力及蜜饯制造
1421 糖果、巧克力制造
1422 蜜饯制作
143 方便食品制造
1431 米、面制品制造
1432 速冻食品制造
1439 方便面及其他方便食品制造
144 1440液体乳及乳制品制造
145 罐头制造
1451 肉、禽类罐头制造
1452 水产品罐头制造
1453 蔬菜、水果罐头制造
1459 其他罐头食品制造
146 调味品、发酵制品制造
1461 味精制造
1462 酱油、食醋及类似制品的制造
1469 其他调味品、发酵制品制造
149 其他食品制造
1491 营养、保健食品制造
1492 冷冻饮品及食用冰制造
1493 盐加工
1494 食品及饲料添加剂制造
1499 其他未列明的食品制造
15 饮料制造业
151 1510酒精制造
152 酒的制造
1521 白酒制造
1522 啤酒制造
1523 黄酒制造
1524 葡萄酒制造
1529 其他酒制造
153 软饮料制造
1531 碳酸饮料制造
1532 瓶（罐）装饮用水制造
1533 果菜汁及果菜汁饮料制造
1534 含乳饮料和植物蛋白饮料制造
1535 固体饮料制造
1539 茶饮料及其他软饮料制造
154 1540精制茶加工
16 烟草制品业
161 1610烟叶复烤
162 1620卷烟制造
169 1690其他烟草制品加工
17 纺织业
171 棉、化纤纺织及印染精加工
1711 棉、化纤纺织加工
1712 棉、化纤印染精加工
172 毛纺织和染整精加工
1721 毛条加工
1722 毛纺织
1723 毛染整精加工
173 1730麻纺织
174 丝绢纺织及精加工
1741 缫丝加工
1742 绢纺和丝织加工
1743 丝印染精加工
175 纺织制成品制造
1751 棉及化纤制品制造
1752 毛制品制造
1753 麻制品制造
1754 丝制品制造
1755 绳、索、缆的制造
1756 纺织带和帘子布制造
1757 无纺布制造

1759 其他纺织制成品制造
176 针织品、编织品及其制品制造
1761 棉、化纤针织品及编织品制造
1762 毛针织品及编织品制造
1763 丝针织品及编织品制造
1769 其他针织品及编织品制造
18 纺织服装、鞋、帽制造业
181 1810纺织服装制造
182 1820纺织面料鞋的制造
183 1830制帽
19 皮革、毛皮、羽毛（绒）及其制品业
191 1910皮革鞣制加工
192 皮革制品制造
1921 皮鞋制造
1922 皮革服装制造
1923 皮箱、包（袋）制造
1924 皮手套及皮装饰制品制造
1929 其他皮革制品制造
193 毛皮鞣制及制品加工
1931 毛皮鞣制加工
1932 毛皮服装加工
1939 其他毛皮制品加工
194 羽毛（绒）加工及制品制造
1941 羽毛（绒）加工
1942 羽毛（绒）制品加工
20 木材加工及木、竹、藤、棕、草制品业
201 锯材、木片加工
2011 锯材加工
2012 木片加工
202 人造板制造
2021 胶合板制造
2022 纤维板制造
2023 刨花板制造
2029 其他人造板、材制造
203 木制品制造
2031 建筑用木料及木材组件加工
2032 木容器制造
2039 软木制品及其他木制品制造
204 2040竹、藤、棕、草制品制造
21 家具制造业
211 2110木质家具制造
212 2120竹、藤家具制造
213 2130金属家具制造
214 2140塑料家具制造
219 2190其他家具制造
22 造纸及纸制品业
221 2210纸浆制造
222 造纸
2221 机制纸及纸板制造
2222 手工纸制造
2223 加工纸制造
223 纸制品制造
2231 纸和纸板容器的制造
2239 其他纸制品制造
23 印刷业和记录媒介的复制
231 印刷
2311 书、报、刊印刷
2312 本册印制
2319 包装装潢及其他印刷
232 2320装订及其他印刷服务活动
233 2330记录媒介的复制
24 文教体育用品制造业
241 文化用品制造
2411 文具制造
2412 笔的制造
2413 教学用模型及教具制造
2414 墨水、墨汁制造
2419 其他文化用品制造
242 体育用品制造
2421 球类制造
2422 体育器材及配件制造
2423 训练健身器材制造
2424 运动防护用具制造
2429 其他体育用品制造
243 乐器制造
2431 中乐器制造
2432 西乐器制造
2433 电子乐器制造
2439 其他乐器及零件制造
244 2440玩具制造

245 游艺器材及娱乐用品制造
2451 露天游乐场所游乐设备制造
2452 游艺用品及室内游艺器材制造
25 石油加工、炼焦及核燃料加工业
251 精炼石油产品的制造
2511 原油加工及石油制品制造
2512 人造原油生产
252 2520炼焦
253 2530核燃料加工
26 化学原料及化学制品制造业
261 基础化学原料制造
2611 无机酸制造
2612 无机碱制造
2613 无机盐制造
2614 有机化学原料制造
2619 其他基础化学原料制
262 肥料制造
2621 氮肥制造
2622 磷肥制造
2623 钾肥制造
2624 复混肥料制造
2625 有机肥料及微生物肥料制造
2629 其他肥料制造
263 农药制造
2631 化学农药制造
2632 生物化学农药及微生物农药制造
264 涂料、油墨、颜料及类似产品制造
2641 涂料制造
2642 油墨及类似产品制造
2643 颜料制造
2644 染料制造
2645 密封用填料及类似品制造
265 合成材料制造
2651 初级形态的塑料及合成树脂制造
2652 合成橡胶制造
2653 合成纤维单（聚合）体的制造
2659 其他合成材料制造
266 专用化学产品制造
2661 化学试剂和助剂制造
2662 专项化学用品制造
2663 林产化学产品制造
2664 炸药及火工产品制造
2665 信息化学品制造
2666 环境污染处理专用药剂材料制造
2667 动物胶制造
2669 其他专用化学产品制造
267 日用化学产品制造
2671 肥皂及合成洗涤剂制造
2672 化妆品制造
2673 口腔清洁用品制造
2674 香料、香精制造
2679 其他日用化学产品制造
27 医药制造业
271 2710化学药品原药制造
272 2720化学药品制剂制造
273 2730中药饮片加工
274 2740中成药制造
275 2750兽用药品制造
276 2760生物、生化制品的制造
277 2770卫生材料及医药用品制造
28 化学纤维制造业
281 纤维素纤维原料及纤维制造
2811 化纤浆粕制造
2812 人造纤维（纤维素纤维）制造
282 合成纤维制造
2821 锦纶纤维制造
2822 涤纶纤维制造
2823 腈纶纤维制造
2824 维纶纤维制造
2829 其他合成纤维制造
29 橡胶制品业
291 轮胎制造
2911 车辆、飞机及工程机械轮胎制造
2912 力车胎制造
2913 轮胎翻新加工
292 2920橡胶板、管、带的制造
293 2930橡胶零件制造
294 2940再生橡胶制造
295 2950日用及医用橡胶制品制造
296 2960橡胶靴鞋制造

299 2990其他橡胶制品制造
30 塑料制品业
301 3010塑料薄膜制造
302 3020塑料板、管、型材的制造
303 3030塑料丝、绳及编织品的制造
304 3040泡沫塑料制造
305 3050塑料人造革、合成革制造
306 3060塑料包装箱及容器制造
307 3070塑料零件制造
308 日用塑料制造
3081 塑料鞋制造
3082 日用塑料杂品制造
309 3090其他塑料制品制造
31 非金属矿物制品业
311 水泥、石灰和石膏的制造
3111 水泥制造
3112 石灰和石膏制造
3I2 水泥及石膏制品制造
3121 水泥制品制造
3122 砼结构构件制造
3123 石棉水泥制品制造
3124 轻质建筑材料制造
3129 其他水泥制品制造
313 砖瓦、石材及其他建筑材料制造
3131 粘土砖瓦及建筑砌块制造
3132 建筑陶瓷制品制造
3133 建筑用石加工
3134 防水建筑材料制造
3135 隔热和隔音材料制造
3139 其他建筑材料制造
314 玻璃及玻璃制品制造
3141 平板玻璃制造
3142 技术玻璃制品制造
3143 光学玻璃制造
3144 玻璃仪器制造
3145 日用玻璃制品及玻璃包装容器制造
3146 玻璃保温容器制造
3147 玻璃纤维及制品制造
3148 玻璃纤维增强塑料制品制造
3149 其他玻璃制品制造
315 陶瓷制品制造
3151 卫生陶瓷制品制造
3152 特种陶瓷制品制造
3153 日用陶瓷制品制造
3159 园林、陈设艺术及其他陶瓷制品制造
316 耐火材料制品制造
3161 石棉制品制造
3162 云母制品制造
3169 耐火陶瓷制品及其他耐火材料制造
319 石墨及其他非金属矿物制品制造
3191 石墨及碳素制品制造
3199 其他非金用矿物制品制造
32 黑色金属冶炼及压延加工业
321 3210炼铁
322 3220炼钢
323 3230钢压延加工
324 3240铁合金冶炼
33 有色金属冶炼及压延加工业
331 常用有色金属冶炼
3311 铜冶炼
3312 铅锌冶炼
3313 镍铬冶炼
3314 锡冶炼
3315 锑冶炼
3316 铝冶炼
3317 镁冶炼
3319 其他常用有色金属冶炼
332 贵金属冶炼
3321 金冶炼
3322 银冶炼
3329 其他贵金属冶炼
333 稀有稀土金属冶炼
3331 钨钢冶炼
3332 稀土金属冶炼
3339 其他稀有金属冶炼
334 3340有色金属合金制造
335 有色金属压延加工
3351 常用有色金属压延加工
3352 贵金属压延加工
3353 稀有稀土金属压延加工

34 金属制品业
341 结构性金属制品制造
3411 金属结构制造
3412 金属门窗制造
342 金属工具制造
3421 切削工具制造
3422 手工具制造
3423 农用及园林用金属工具制造
3424 刀剪及类似日用金属工具制造
3429 其他金属工具制造
343 集装箱及金属包装容器制造
3431 集装箱制造
3432 金属压力容器制造
3433 金属包装容器制造
344 3440金属丝绳及其制品的制造
345 建筑、安全用金属制品制造
3451 建筑、家具用金属配件制造
3452 建筑装饰及水暖管道零件制造
3453 安全、消防用金属制品制造
3459 其他建筑、安全用金属制品制造
3460 金属表面处理及热处理加工
347 搪瓷制品制造
3471 工业生产配套用搪瓷制品制造
3472 搪瓷卫生洁具制造
3479 搪瓷日用品及其他搪瓷制品制造
348 不锈钢及类似日用金属制品制造
3481 金属制厨房调理及卫生器具制造
3482 金属制厨用器皿及餐具制造
3489 其他日用金属制品制造
349 其他金属制品制造
3491 铸币及贵金属制实验室用品制造
3499 其他未列明的金属制品制造
35 通用设备制造业
351 锅炉及原动机制造
3511 锅炉及辅助设备制造
3512 内燃机及配件制造
3513 汽轮机及辅机制造
3514 水轮机及辅机制造
3519 其他原动机制造
352 金属加工机械制造
3521 金属切削机床制造
3522 金属成形机床制造
3523 铸造机械制造
3524 金属切割及焊接设备制造
3525 机床附件制造
3529 其他金属加工机械制造
353 3530起重运输设备制造
354 泵、阀门、压缩机及类似机械的制造
3541 泵及真空设备制造
3542 气体压缩机械制造
3543 阀门和旋塞的制造
3544 液压和气压动力机械及元件制造
355 轴承、齿轮、传动和驱动部件的制造
3551 轴承制造
3552 齿轮、传动和驱动部件制造
356 3560烘炉、熔炉及电炉制造
357 风机、衡器、包装设备等通用设备制造
3571 风机、风扇制造
3572 气体、液体分离及纯净设备制造
3573 制冷、空调设备制造
3574 风动和电动工具制造
3575 喷枪及类似器具制造
3576 包装专用设备制造
3577 衡器制造
3579 其他通用设备制造
358 通用零部件制造及机械修理
3581 金属密封件制造
3582 紧固件、弹簧制造
3583 机械零部件加工及设备修理
3589 其他通用零部件制造
359 金属铸、锻加工
3591 钢铁铸件制造
3592 锻件及粉末冶金制品制造
36 专用设备制造业
361 矿山、冶金、建筑专用设备制造
3611 采矿、采石设备制造
3612 石油钻采专用设备制造
3613 建筑工程用机械制造
3614 建筑材料生产专用机械制造
3615 冶金专用设备制造

362 化工、木材、非金属加工专用设备制造
3621 炼油、化工生产专用设备制造
3622 橡胶加工专用设备制造
3623 塑料加工专用设备制造
3624 木材加工机械制造
3625 模具制造
3629 其他非金属加工专用设备制造
363 食品、饮料、烟草及饲料生产专用设备制造
3631 食品、饮料、烟草工业专用设备制造
3632 农副食品加工专用设备制造
3633 饲料生产专用设备制造
364 印刷、制药、日化生产专用设备制造
3641 制浆和造纸专用设备制造
3642 印刷专用设备制造
3643 日用化工专用设备制造
3644 制药专用设备制造
3645 照明器具生产专用设备制造
3646 玻璃、陶瓷和搪瓷制品生产专用设备制造
3649 其他日用品生产专用设备制造
365 纺织、服装和皮革工业专用设备制造
3651 纺织专用设备制造
3652 皮革、毛皮及其制品加工专用设备制造
3653 缝纫机械制造
3659 其他服装加工专用设备制造
366 电子和电工机械专用设备制造
3661 电工机械专用设备制造
3662 电子工业专用设备制造
3663 武器弹药制造
3669 航空、航天及其他专用设备制造
367 农、林、牧、渔专用机械制造
3671 拖拉机制造
3672 机械化农业及园艺机具制造
3673 营林及木竹采伐机械制造
3674 畜牧机械制造
3675 渔业机械制造
3676 农林牧渔机械配件制造
3679 其他农林牧渔业机械制造及机械修理
368 医疗仪器设备及器械制造
3681 医疗诊断、监护及治疗设备制造
3682 口腔科用设备及器具制造
3683 实验室及医用消毒设备和器具的制造
3684 医疗、外科及兽医用器械制造
3685 机械治疗及病房护理设备制造
3686 假肢、人工器官及植（介）入器械制造
3689 其他医疗设备及器械制造
369 环保、社会公共安全及其他专用设备制造
3691 环境污染防治专用设备制造
3692 地质勘查专用设备制造
3693 邮政专用机械及器材制造
3694 商业、饮食、服务业专用设备制造
3695 社会公共安全设备及器材制造
3696 交通安全及管制专用设备制造
3697 水资源专用机械制造
3699 其他专用设备制造
37 交通运输设备制造业
371 铁路运输设备制造
3711 铁路机车车辆及动车组制造
3712 工矿有轨专用车辆制造
3713 铁路机车车辆配件制造
3714 铁路专用设备及器材、配件制造
3719 其他铁路设备制造及设备修理
372 汽车制造
3721 汽车整车制造
3722 改装汽车制造
3723 电车制造
3725 汽车零部件及配件制造
3726 汽车修理
373 摩托车制造
3731 摩托车整车制造
3732 摩托车零部件及配件制造
374 自行车制造
3741 脚踏自行车及残疾人座车制造
3742 助动自行车制造
375 船舶及浮动装置制造
3751 金属船舶制造
3752 非金属船舶制造
3753 娱乐船和运动船的建造和修理
3754 船用配套设备制造
3755 船舶修理及拆船

3759 航标器材及其他浮动装置的制造
376 航空航天器制造
3761 飞机制造及修理
3762 航天器制造
3769 其他飞行器制造
379 交通器材及其他交通运输设备制造
3791 潜水及水下救捞装备制造
3792 交通管理用金属标志及设施制造
3799 其他交通运输设备制造
39 电气机械及器材制造业
391 电机制造
3911 发电机及发电机组制造
3912 电动机制造
3919 微电机及其他电机制造
392 输配电及控制设备制造
3921 变压器、整流器和电感器制造
3922 电容器及其配套设备制造
3923 配电开关控制设备制造
3924 电力电子元器件制造
3929 其他输配电及控制设备制造
393 电线、电缆、光缆及电工器材制造
3931 电线电缆制造
3932 光纤、光缆制造
3933 绝缘制品制造
3939 其他电工器材制造
394 3940电池制造
395 家用电力器具制造
3951 家用制冷电器具制造
3952 家用空气调节器制造
3953 家用通风电器具制造
3954 家用厨房电器具制造
3955 家用清洁卫生电器具制造
3956 家用美容、保健电器具制造
3957 家用电力器具专用配件制造
3959 其他家用电力器具制造
396 非家用器具制造
3961 燃气、太阳能及类似能源的器具制造
3969 其他非电力家用器具制造
397 照明器具制造
3971 电光源制造
3972 照明灯具制造
3979 灯用电器附件及其他照明器具制造
399 其他电气机械及器材制造
3991 车辆专用照明及电气信号设备装置制造
3999 其他未列明的电气机械制造
40 通信设备、计算机及其他电子设备制造业
401 通信设备制造
4011 通信传输设备制造
4012 通信交换设备制造
4013 通信终端设备制造
4014 移动通信及终端设备制造
4019 其他通信设备制造
402 4020雷达及配套设备制造
403 广播电视设备制造
4031 广播电视节目制作及发射设备制造
4032 广播电视接收设备及器材制造
4039 应用电视设备及其他广播电视设备制造
404 电子计算机制造
4041 电子计算机整机制造
4042 计算机网络设备制造
4043 电子计算机外部设备制造
405 电子器件制造
4051 电子真空器件制造
4052 半导体分立器件制造
4053 集成电路制造
4059 光电子器件及其他电子器件制造
406 电子元件制造
4061 电子元件及组件制造
4062 印制电路板制造
407 家用视听设备制造
4071 家用影视设备制造
4072 家用音响设备制造
409 4090其他电子设备制造
41 仪器仪表及文化、办公用机械制造业
411 通用仪器仪表制造
4111 工业自动控制系统装置制造
4112 电工仪器仪表制造
4113 绘图、计算及测量仪器制造
4114 实验分析仪器制造
4115 试验机制造

4119 供应用仪表及其他通用仪器制造
412 专用仪器仪表制造
4121 环境监测专用仪器仪表制造
4122 汽车及其他用计数仪表制造
4123 导航、气象及海洋专用仪器制造
4124 农林牧渔专用仪器仪表制造
4125 地质勘探和地震专用仪器制造
4126 教学专用仪器制造
4127 核子及核辐射测量仪器制造
4128 电子测量仪器制造
4129 其他专用仪器制造
413 4130钟表与计时仪器制造
414 光学仪器及眼镜制造
4141 光学仪器制造
4142 眼镜制造
415 文化、办公用机械制造
4151 电影机械制造
4152 幻灯及投影设备制造
4153 照相机及器材制造
4154 复印和胶印设备制造
4155 计算器及货币专用设备制造
4159 其他文化、办公用机械制造
419 4190其他仪器仪表的制造及修理
42 工艺品及其他制造业
421 工艺美术品制造
4211 雕塑工艺品制造
4212 金属工艺品制造
4213 漆器工艺品制造
4214 花画工艺品制造
4215 天然植物纤维编织工艺品制造
4216 抽纱刺绣工艺品制造
4217 地毯、挂毯制造
4218 珠宝首饰及有关物品的制造
4219 其他工艺美术品制造
422 日用杂品制造
4221 制镜及类似品加工
4222 鬃毛加工、制刷及清扫工具的制造
4229 其他日用杂品制造
423 4230煤制品制造
424 4240核辐射加工
429 4290其他未列明的制造业
43 废弃资源和废旧材料回收加工业
431 4310金属废料和碎屑的加工处理
432 4320非金属废料和碎屑的加工处理

关于应用遥感技术开展第八次土地执法检查的通知

（国土资发〔2008〕33号）

各省、自治区、直辖市国土资源厅（国土环境资源厅、国土资源局、国土资源和房屋管理局、房屋土地资源管理局）：

经研究，部决定应用卫星遥感技术对北京等86个城市新增建设用地变化情况进行执法检查。检查范围为卫片反映的86个城市新增建设用地的变化情况（基本监测时段为2006年10月至2007年10月，各城市具体监测时段以卫片标注的时段为准）。

部向各省（区、市）国土资源管理部门提供有关城市的卫片数据光盘（含卫片出图数据及外业调查记录表）。有关卫片检查的方法、步骤等，按照《关于应用遥感技术开展第七次土地执法检查的通知》（国土资发〔2007〕36号）的要求进行。根据经济形势分析的需要，在原4张报表的基础上进行了调整，并另外新增了4张报表，有关报表格式以此次下发的为准（见附件3至10）。有关报表的填写和汇总，要严格按照《有关政策界限和填表说明》（见附件2）进行。此次卫片执法检查要求应用部信息中心与部执法监察局联合开发的《国土资源执法监察管理信息系统》进行有关卫片执法检查数据的汇总和上报，最新版的《国土资源执法监察管理信息系统》可在部官方网站（http：//www.mlr gov.cn）下载，下载时间另行通知。

在时间安排方面，2008年2月至5月为各城市自查阶段， 5月31日前省级国土资源管理部门要组织完成本省（区、市）的自查工作，写出情况汇总分析报告并与《变化图斑情况统计表》、《执法检查数据汇总表》、《违法用地数据汇总表》、《违法用地分类统计表》、《农村建设违法用地分类比例统计表》、《城市建设违法用地分类比例统计表》和《重点工程违法用地分类比例统计表》一并报部执法监察局；8月31日前要完成对土地违法行为的调查处理，并将土地违法行为调查处理情况及《违法用地调查处理情况汇总表》报部执法监察局。部将于2008年6月开始，对各省（区、市）卫片执法检查工作开展情况进行督导，9月组织验收。另外，对于自行购买数据开展卫片执法检查的上海、广州2个城市，也要按要求上报执法检查成果和汇总分析报告；沈阳、吉林、芜湖、商丘、武汉和嘉兴等6城市在2007年11月先期开展卫片执法检查的基础上，要继续做好对违规违法用地问题的查处工作，并将《违法用地调查处理情况汇总表》于4月底前报部执法监察局。

各地要切实做好卫片执法检查与百日行动查处情况的校核，对于已在百日行动中立案查处的违规违法用地，要在《变化图斑情况统计表》（见附件3）备注栏注明，并继续按照百日行动的有关要求抓好案件查处和有关行政处罚的执行到位等后续工作；对于百日行动中未清理出的违规违法用地，市、县国土资源管理部门应当首先查明未清理出来的原因和责任，并向上一级国土资源管理部门作出报告后，严格依法查处。

应用卫星遥感技术开展土地执法检查，是进一步落实动态巡查责任制，推进执法关口前移的重要手段，各级国土资源管理部门要高度重视卫片执法检查工作，切实加强领导，认真组织实施，严格按要求按时完成各阶段的工作。同时，要结合本地实际，围绕土地违规违法行为的特点，从预防、查处、监管和部门联动4个方面，进一步探索如何应用卫片执法这种高科技手段构建土地执法长效机制。

附件：1.86个城市监测区一览表（略）
2.有关政策界限及填表说明
3.变化图斑情况统计表（略）
4.执法检查数据汇总表（略）
5.违法用地数据汇总表（略）
6.违法用地调查处理情况汇总表（略）
7.违法用地分类统计表（略）
8.农村建设违法用地分类比例统计表（略）
9.城市建设违法用地分类比例统计表（略）
10.重点工程违法用地分类比例统计表（略）

二〇〇八年二月十五日

附件2：

有关政策界限及填表要求

1.有关数据汇总报表的修改说明。

《变化图斑情况统计表》：删除“是否违反宏观调控政策”、“是否基础设施”、“是否以租代征”三栏，增加“是否其他违法用地”栏，对于未报即用、边报边用、骗取批准、超占用地、擅自改变用途、非法批地、违法方式供地外的其他违法用地，要求在“是否其他违法用地”栏勾选确认；增加“是否未供即用”栏，对于农用地转用和征收已经批准，但在具体项目供地批准前就开始用地的，在“未供即用”栏中确认（此类用地不再在“边报边用”栏确认），但批次用地中的市政道路、绿地等不需要办理供地手续的城市公共用地除外。对于在卫片监测期间用地申请材料已由当地国土资源行政主管部门受理，但农用地转用、征收尚未获得批准即开始用地的，在“边报边用”栏确认。对于在全国土地执法百日行动中已进行查处的违法用地，要在备注栏注明。

《执法检查数据汇总表》：删除“符合规划用地”栏。

《违法用地数据汇总表》：删除“违反宏观调控和产业政策用地”、“基础设施违法用地”和“以租代征”三栏，增加“未供即用”栏。

《违法用地调查处理情况汇总表》：增加“自行纠正件数”栏。

《违法用地分类统计表》：该表中，违法用地＝农村建设违法用地+城市建设违法用地+国家和省级重点工程违法用地。如果一宗地既属于城市建设用地，又是国家或省级重点工程，在统计时将该类用地纳入国家和省级重点工程违法用地统计，在城市建设违法用地中不再统计；对于“农村建设违法用地”，是指未经依法批准，使用集体经济组织农民集体所有的土地兴办乡镇企业、乡（镇）村公共设施和公益事业建设、村民建住宅。根据《乡镇企业法》的规定，乡镇企业必须是“农村集体经济组织或者农民投资为主，在乡镇（包括所辖村）举办的承担支援农业义务的企业”，填报时不得随意扩大乡镇企业的范畴。除农村建设违法用地、国家和省级重点工程违法用地两类之外的其他违法用地，均作为城市建设违法用地统计。

《重点工程违法用地分类比例统计表》：国家和省级重点工程违法用地是指国家和省（区、市）两级批准立项的能源、交通、水利、矿山、军事设施等重点建设项目违法用地。

2.国务院冻结农用地转用审批的期间为：2004年4月30日—2004年10月30日。该期间能源、交通、水利、城市重大公共设施、卫生、教育等重点建设项目用地确属急需的，须报国务院批准。

3. 商业、旅游、娱乐、商品住宅等经营性用地（包括配套的办公、科研、培训等用地），以及同一宗土地有两个以上意向用地者的，都必须实行招标拍卖挂牌等方式公开出让；《国务院关于加强土地调控有关问题的通知》（国发〔2006〕31号）下发之后，工业用地也必须实行招标拍卖挂牌等方式出让或租赁。属于国发31号文下发前的历史遗留问题的，根据国土资源部、监察部《关于落实工业用地招标拍卖挂牌出让制度有关问题的通知》（国土资发〔2007〕78号），采取协议方式出让或租赁的最后期限为2007年6月30日。

4.报表中的必填项目，如用地时间、面积、规划用途、等，必须填写不得缺项。如果确实无法填写，须在备注栏说明原因。

5.关于用地时间，一般情况下，用地时间应发生在卫片监测时段之内。但对于用地行为在卫片监测时段开始日之前已经发生，且用地行为一直持续到卫片监测时段开始日之后的，要以实际开始占地、圈地的时间作为用地时间。用地时间要求具体到“日”，确实无法确定的，必须填到“月”。

另外，对于违法用地的统计，在时间上注意区分两种情况：

a.用地时尚未取得合法用地手续，但在监测时段开始日之前已依法办理用地手续的，本次执法检查作为合法用地统计，有关情况在备注栏说明；

b.用地时尚未取得合法用地手续，但在监测时段之内或监测时段结束日之后才依法办理用地手续的，本次执法检查仍应作为违法用地统计，有关情况在备注栏说明。

6.供地批准情况和转征收批准情况栏，批准机关、时间和文号不得缺项。确实无法填写的，要在备注栏说明原因。

对于批次用地中的市政道路、绿地等不需要办理供地手续的城市公共设施建设等用地，只要在用地前已取得转用征收批准手续的，视为合法用地，不再作为“边报边用”违法用地统计。此类用地的供地批准情况栏可留空，并在备注栏说明情况。

对于使用国有农用地只有转用手续没有征收手续，使用集体建设用地只有征收手续没有转用手续的，以及集体建设用地只涉及转用不涉及征收的，有关批准内容可以留空，但要在备注栏说明情况。

对于临时用地，仅限于《土地管理法》规定的建设项目施工和地质勘查需临时使用土地的两类情况，不得随意扩大临时用地的范围。根据部《关于完善农用地转用和土地征收审查报批工作的意见》，农用地转用和土地征收批准文件有效期为两年。农用地转用或土地征收经依法批准后，市、县两年内未用地或未实施征地补偿安置方案的，有关批准文件自动失效。

7.一般情况下，以监测面积作为用地面积，但要注意以下几种情况：

a.对于一个图斑涉及多宗用地的，需进行实测，以监测时段内发生的实际用地面积为准；

b.对于合法用地，监测面积大于批准面积的，要在备注栏说明原因；

c.对于违法用地，监测面积与监测时段内实际用地面积出入很大的，需进行实测，以监测时段内发生的实际用地面积为准。

8.规划用途是指土地利用总体规划确定的土地用途，分“农用地、建设用地和未利用地”三类。

9.批准用途、实际用途按照2007年8月10日国家质量监督检验检疫总局和国家标准化管理委员会发布的《土地利用现状分类》（GB/T 21010—2007）规定的二级类名称填写，不得使用代码。

10.实际用途与规划用途不符，要在“是否违反土地利用总体规划”栏勾选确认；违反规划涉及占用基本农田的，要在“是否占用基本农田”栏勾选确认；实际用途与批准用途不符，要在“是否擅自改变用途”栏勾选确认。

11.供地方式包括“划拨、协议出让、招拍挂方式出让及其他”四种，其他指的是国有土地租赁、国有土地使用权作价出资或入股等。

住宅用地的供地方式，如果是属于出让，要明确是属于协议出让还是招拍挂方式出让；属于经济适用房等用地符合划拨供地条件的，须在备注栏说明。

12.紧急用地专指抢险救灾等用地。

13.属于实地未变化的，要在备注栏说明实地未变化的具体情况。

14.农业结构调整中，对于建造温室大棚、饲养场及塘底、塘壁未经固化的简易水产养殖场，确需占用耕地的，须在备注栏注明县级农业行政主管部门的批复文件。对于在畜禽养殖场、养殖小区用地范围内兴建永久性建（构）筑物涉及农用地的，需依法办理农用地转用手续。

关于印发《土地利用年度计划执行情况考核办法》的通知

（国土资发〔2008〕55号）

各省、自治区、直辖市国土资源厅（国土环境资源厅、国土资源局、国土资源和房屋管理局、房屋土地资源管理局），计划单列市国土资源行政主管部门，新疆生产建设兵团国土资源局：

《土地利用年度计划执行情况考核办法》已经第五次部长办公会审议通过，现印发你们，请贯彻执行。

二〇〇八年三月十三日

土地利用年度计划执行情况考核办法

第一条为进一步加强土地利用年度计划管理，规范土地利用年度计划执行情况考核工作，根据《中华人民共和国土地管理法》、《国务院关于深化改革严格土地管理的决定》（国发〔2004〕28号）、《国务院关于加强土地调控有关问题的通知》（国发〔2006〕31号）和《土地利用年度计划管理办法》（国土资源部令第37号）的有关规定，制定本办法。

第二条本办法适用于对省、自治区、直辖市及计划单列市土地利用年度计划执行情况的考核。

第三条土地利用年度计划执行情况考核应当遵循以下原则：

（一）控制用地总量。以国家宏观调控要求为目标，严把土地供应闸门，对新增建设用地总量计划执行情况统筹考核。

（二）突出耕地保护。从严控制农用地特别是耕地转为建设用地的规模，突出对新增建设占用耕地计划执行情况和补充耕地计划落实情况的考核。

（三）促进节约集约。围绕盘活存量、促进土地利用方式转变和土地节约集约利用水平的提高进行考核。

（四）依法依规用地。通过实际新增建设用地和实际补充耕地考核土地利用计划的执行，衡量依法依规批地和用地，有效实施土地利用规划和计划。

（五）促进差别化管理。依据计划执行情况考核结果，针对批地、用地、补充耕地、节约集约用地等不同情况，区别对待，实行土地计划指标奖惩措施，奖优罚劣，切实发挥土地利用计划评估考核的引导作用。

第四条土地利用年度计划执行情况考核，包括对新增建设用地计划执行情况和土地整理复垦开发补充耕地计划落实情况考核；新增建设用地计划包括新增建设用地总量计划、新增建设占用农用地计划、新增建设占用耕地计划等三项指标。

第五条土地利用年度计划执行情况考核，以当年下达地方的土地利用计划指标和安排使用于地方的国家预留新增建设用地计划指标、当年实际新增建设用地面积、当年实际土地整理复垦开发补充耕地面积为依据。

国家预留新增建设用地计划安排使用于地方的指标，根据国家预留计划管理台账确定。

实际新增建设用地面积、实际土地整理复垦开发补充耕地面积按照《实际新增耕地与新增建设用地面积确定办法》（国土资发〔2007〕207号文）有关规定确定。

第六条土地利用年度计划执行情况考核，实行新增建设用地计划与土地整理复垦开发补充耕地计划双向考核。

新增建设用地计划执行情况的考核，实行单项考核与综合考核相结合。对纳入考核内容的各单项指标，按照超出或节余计划的实际数量计算占该项计划指标的比例，分别进行定量评价，以超计划的为负值，节余计划的为正值，确定单项考核结果；以各单项考核结果按权重累计分值进行综合评价，确定综合考核结果。各单项指标在综合考核中的权重，根据考核原则确定，并根据国家土地管理目标和宏观调控要求适时调整。

土地整理复垦开发补充耕地计划执行情况的考核，以省为单位依据当年实际补充耕地面积，以超计划完成补充耕地量为正值，未完成补充耕地计划量为负值，确定考核结果。

第七条国土资源部根据全国土地利用变更调查结果，与土地管理相关评价考核工作相结合，于每年2月至3月对上一年度全国土地利用年度计划执行情况进行考核，必要时可进行实地抽查。抽查工作与耕地保护责任目标考核统筹组织进行。

国土资源部根据全国土地利用季度变更调查结果，结合土地利用年度计划管理台账、建设用地审批及备案情况等，对每年一至三季度全国土地利用年度计划执行情况进行中期评估。

第八条国土资源部在组织开展土地利用年度计划执行情况考核的同时，根据计划管理台账，统计分析全国土地利用计划安排使用情况，形成计划台账跟踪评价结果。

第九条土地利用年度计划台账跟踪评价结果，是考评按计划批地的依据，对超计划批地的，应按照有关法律法规的规定进行处罚，追究有关人员责任。

土地利用年度计划执行情况考核结果，是考评按计划用地的依据，是耕地保护责任目标考核的重要内容，也是土地督察的依据。对超计划用地的，应按照有关法律法规的规定进行处罚，追究有关人员责任。

第十条土地利用年度计划台账跟踪评价和土地利用年度计划执行情况考核结果，是计划指标奖惩的依据。

国土资源部会同国家发展改革委员会，根据国家宏观调控需要确定土地利用计划总量控制指标。在总量控制的前提下，国土资源部根据各地土地资源状况、土地利用规划和经济社会发展需要等因素，编制土地利用年度计划草案，于每年1月下达各省、自治区、直辖市及计划单列市。

在土地利用计划草案基础上，根据土地利用年度计划台账跟踪评价结果，对超计划批地的，按照“超多少，扣多少”的原则，扣减年度计划指标；同时，在下达地方计划草案总指标一定比例的总量范围内，根据上一年度计划执行情况考核结果，对严重超计划用地、耕地减少过快、严重违规违法用地、建设占用耕地占补平衡不落实的，扣减相应计划指标；对认真执行计划、组织土地整理复垦开发重大项目补充耕地、推进节约集约用地做出重要贡献和取得显著成效的，给予计划指标奖励，并对计划草案进行调整，待国民经济和社会发展计划经全国人民代表大会审议通过后，对涉及调整计划的省、自治区、直辖市及计划单列市另行通知。

年初扣减计划指标并入国家预留新增建设用地计划指标，根据上一年度考核结果、中期评估结果和实际需要，在每年第四季度，对计划指标进行调剂。

第十一条依据土地利用年度计划台账跟踪评价和执行情况考核结果，对批地和用地执行情况好的，节余计划指标经部核准后，可以结转使用。

第十二条土地利用年度计划台账跟踪评价和执行情况考核工作，应当坚持实事求是、客观公正，确保评价和考核结果真实有效。

在土地利用年度计划台账跟踪评价和执行情况考核工作中玩忽职守、弄虚作假的，应当追究有关人员责任。

第十三条各省、自治区、直辖市及计划单列市国土资源管理部门，参照本办法的有关规定，负责对下级国土资源管理部门土地利用年度计划执行情况的考核。

各省、自治区、直辖市及计划单列市国土资源管理部门可参照本办法，制定适合本地区的土地利用年度计划执行情况考核办法，并报国土资源部备案。

第十四条本办法自发布之日起施行。

关于贯彻实施《土地登记办法》进一步加强土地登记工作的通知

（国土资发〔2008〕70号）

各省、自治区、直辖市国土资源厅（国土环境资源厅、国土资源局、国土资源和房屋管理局、房屋土地资源管理局），计划单列市国土资源行政主管部门，解放军土地管理局，新疆生产建设兵团国土资源局：

《土地登记办法》（国土资源部令第40号）已于2008年2月1日正式施行。为切实贯彻实施《土地登记办法》，进一步加强土地登记工作，规范土地登记行为，努力实现土地登记法制化、规范化和制度化。现将有关事项通知如下：

一、加强学习和宣传，将《土地登记办法》贯彻落实到实处

新出台的《土地登记办法》，紧密结合《物权法》的贯彻实施，在土地登记程序、内容等方面进行了完善、创新，对建立有中国特色土地登记制度进行了有益尝试。各地要认真组织开展学习、宣传活动，将《土地登记办法》贯彻落实到实处。

要认真开展学习培训。重点组织土地登记机关、登记人员学习《土地登记办法》的新制度、新规定、新措施，使其深刻领会《土地登记办法》的基本原则，准确理解条文含义，熟练掌握相关程序，提高土地登记人员的业务素质。要采取分级负责的方式进行培训，部重点开展省级培训，各省级国土资源管理部门要加强对本行政区域内土地登记人员的培训，并争取在今年上半年将登记人员全部轮训一遍。

广泛开展宣传活动。各地要加大宣传力度，通过报刊、广播、电视、网络等媒体，采用多种形式，广泛宣传《土地登记办法》，使广大群众了解土地登记的效力和作用，使土地权利人熟悉和了解土地登记的程序和有关要求，提高土地权利人土地登记的积极性和主动性。

实现土地登记工作的平稳过渡。针对土地登记程序和登记机关职责发生的变化，各地应加强研究，探索建立地籍调查与土地登记相衔接的各项工作制度，提高地籍调查专业化和社会化服务水平，确保地籍调查资料能够满足土地登记发证工作的需要。要积极推进土地登记代理制度建设，探索土地登记代理机构和人员的管理方式和方法，切实为当事人申请土地登记提供快捷、安全的中介服务。

二、加强土地登记规范化管理，维护土地登记的严肃性和权威性

严格依法依规进行土地登记，杜绝违规登记，严禁通过土地登记将违法用地合法化。涉及下列情形之一的，不予登记发证：土地权属争议未解决的；土地违法违规行为尚未处理或正在处理的；未按合同约定付清全部土地价款的；按土地价款缴纳比例分割申请登记的；申请登记的土地权利超过规定期限的；无合法用地批准等土地登记申请要件的；对经营性用地没有按招标拍卖挂牌等方式出让的；协议出让地价低于出让底价的；违反规划改变土地用途的；未办理土地使用权登记而设定抵押的；异议登记期间未经异议登记权利人同意，申请办理抵押登记的；查封登记解除前申请办理抵押登记等。

严格执行土地登记人员持证上岗制度。未取得部《土地登记上岗资格证》的人员，不得从事土地权属审核和登记审查工作，不得在土地登记审批表、土地登记簿上签字。要加强土地登记持证上岗人员的继续教育，将《土地登记办法》列为继续教育的重要内容。《土地登记上岗资格证》有效期届满的人员，不参加继续教育培训的，不得继续从事土地权属审核和登记审查工作。

建立土地登记人员责任追究机制。土地登记人员应对办理的登记工作负责，对违规操作造成错登、漏登的，要承担相应责任。因违规登记造成权利人重大损失的，要追究有关人员责任。

规范使用和填写土地登记相关文件资料。《土地登记办法》规定，土地登记申请书、土地登记审批表、土地登记簿、土地归户卡的式样由国务院国土资源行政主管部门规定，土地权利证书由国务院国土资源行政主管部门统一监制。各级国土资源管理部门应严格按照国土资源部的规定，使用和填写统一的土地登记表格和土地权利证书。要健全和规范土地登记簿的使用和管理，任何土地登记结果都应记载于土地登记簿上。

坚持属地登记原则。各地要严格按照《土地登记办法》确定的属地登记原则开展土地登记工作。要逐步改变部分地区存在的按土地权利归属，由不同级别的国土资源管理部门分级登记的现象。对一时无法改变分级登记方式的地区，应明确采取委托的方式，将土地登记工作交由土地所在地的土地登记机关统一负责，维护土地登记的统一性和完整性。

坚持土地登记的统一管理。各级国土资源管理部门要坚持土地登记的统一管理，明确由地籍管理部门统一负责各类土地登记工作，不得将各类土地登记工作分别由国土资源管理部门内多个业务部门负责。

三、加强土地登记成果应用，充分发挥土地登记的作用

加强土地登记资料公开查询工作。要扩大土地登记资料公开查询范围，规范查询程序，制定查询收费标准，丰富查询方式，提高查询效率。除提供纸质查询外，有条件的地区应尽快实现信息化查询，并通过网络逐步实现土地登记资料的异地查询，为当事人查询提供便利。同时，要加强与其他专业主管部门的合作，实现信息互通，资料共享，充分发挥土地登记成果的作用。

逐步推进土地登记结果汇交工作。建立国家、省（区、市）、地（市）、县（市）土地登记结果汇交制度，是进一步完善土地登记制度，加强土地登记成果应用的一项重要措施。我部正在开展土地登记结果汇交工作试点，各地应集中力量对现有土地登记成果资料进行规范化整理，为建立全国土地登记结果汇交制度奠定基础，做好准备。

四、扩大土地登记覆盖面，促进土地登记工作健康发展

结合第二次全国土地调查，加快推进农村集体土地所有权登记发证工作。在第二次全国土地调查中，要全面查清农村集体土地权属状况，及时解决土地权属纠纷，按照农村集体土地所有权登记发证的要求，做到调查一批，登记发证一批，加快推进农村集体土地所有权登记发证工作，有效保护农村

集体合法土地权益。

按时完成华侨农场土地确权登记工作。涉及华侨农场所在的省份要深入贯彻落实《国务院关于推进华侨农场改革和发展的意见》（国发〔2007〕6号），从讲政治、顾大局的高度，加快推进华侨农场土地确权登记工作。要落实工作计划，加强督导检查，在2008年9月底前全面完成土地登记发证任务。届时，部将进行检查验收，确保2008年底前全面完成全国华侨农场土地确权登记发证工作。

加强国有农场土地确权登记工作。要协调处理好国有农场土地确权和登记发证工作中的问题，依法解决土地权属争议。对权属来源合法、界址清楚、面积准确、无争议且依法申请登记的土地要尽快登记发证。要坚决制止非法侵占国有农场土地的行为，已经登记的国有农场土地被周边农村集体、农民个人以及其他单位非法侵占的，要坚决依法责令退回。

继续推进城镇住房用地登记发证工作。各地要按照便民、护民的要求，不断增强服务意识，改进服务质量，提高办事效率，积极推进城镇住房用地登记发证工作。对尚未开展城镇住房用地登记发证工作的地区，要在明确城镇住房用地登记办理程序，保证土地登记结果准确的基础上，尽可能简化登记手续，加快登记发证速度。对已基本完成城镇住房用地登记发证工作的地区，要及时做好变更登记工作，保证土地登记结果的准确性和现势性，依法保护权利人的合法权益。

五、有关要求

各级国土资源管理部门要结合《土地登记办法》的贯彻实施，深入开展土地登记规范化检查，对现有土地登记资料进行全面清理，纠正不规范登记行为，加强制度化建设，全面推进土地登记发证工作。请各地于2008年6月30日前，将《土地登记办法》贯彻落实及土地登记规范化检查情况报部。

二〇〇八年四月八日

关于印发《国有建设用地划拨决定书》的通知

（国土资发〔2008〕73号）

各省、自治区、直辖市国土资源厅（国土环境资源厅、国土资源局、国土资源和房屋管理局、房屋土地资源管理局），计划单列市国土资源行政主管部门，解放军土地管理局，新疆生产建设兵团国土资源局，各派驻地方的国家土地督察局，中国地质调查局及部其他直属单位，部机关各司局：

为贯彻落实《国务院关于深化改革严格土地管理的决定》（国发〔2004〕28号）和《国务院关于促进节约集约用地的通知》（国发〔2008〕3号），规范划拨建设用地使用权管理，根据《中华人民共和国物权法》、《中华人民共和国土地管理法》和《中华人民共和国土地管理法实施条例》的规定，国土资源部对1999年印发的《国有土地划拨决定书》进行了修订。现将修订后的《国有建设用地划拨决定书》印发你们，请认真贯彻执行。

《国有建设用地划拨决定书》自2008年7月1日起执行。国土资源部1999年印发的《国有土地划拨决定书》同时停止执行。

二〇〇八年四月三日

中华人民共和国国有建设用地划拨决定书

中华人民共和国国土资源部监制根据《中华人民共和国物权法》、《中华人民共和国土地管理法》和《中华人民共和国土地管理法实施条例》的规定，本宗国有建设用地业经依法批准，决定以划拨方式提供。

使用本宗建设用地的单位或个人，必须遵守本《国有建设用地划拨决定书》（以下简称决定书）的规定。

本决定书是依法以划拨方式设立国有建设用地使用权、使用国有建设用地和申请土地登记的凭证。

签发机关：

签发时间：　　年　　月　　日

摘　　要

一、本宗地的批准机关和使用权人

批准机关：______________________________；

批准文号：______________________________；

划拨建设用地使用权人：______________________________；

建设项目名称：______________________________。

二、本宗地的用途______________________________

______________________________。

三、宗地编号：______________________________。

四、本宗地坐落于______________________________

______________________________。

本宗地的平面界限为______________________________

______________________________。

其平面界限图详见附件1。

本宗地的竖向界限以____________为上界限，以____________为下界限，高差为____________米。其竖向界限图详见附件2。

本宗地空间范围是以上述界址点所构成的垂直面和上、下高程所在的水平面封闭形成的空间范围。

五、本宗地总面积大写____________平方米（小写________平方米）。其中划拨宗地面积为大写____________平方米（小写________平方米）。

六、本宗地划拨价款为大写____________万元（小写________万元）。

一般规定

七、本宗土地属国有建设用地。土地使用者拥有划拨建设用地使用权。宗地范围内的地下资源、埋藏物和市政公用设施均不属划拨范围。

八、划拨建设用地使用权经依法登记后受法律保护，任何单位和个人不得侵占。

九、划拨建设用地使用权人必须按照本决定书规定的用途和使用条件开发建设和使用土地。需改变土地用途的，必须持本决定书向市、县国土资源行政主管部门提出申请，报有批准权的人民政府批准。

十、本决定书项下的划拨建设用地使用权未经批准不得擅自转让、出租。需转让、出租的，划拨建设用地使用权人应当持本决定书等资料向市、县国土资源行政主管部门提出申请，报有批准权的人民政府批准。

十一、在本宗地使用过程中，政府保留对本宗地的规划调整权。划拨建设用地使用权人对本宗地范围内的建筑物、构筑物及其附属设施进行改建、翻建、重建的，必须符合政府调整后的规划。

十二、政府为公共事业需要而敷设的各种管道与管线进出、通过、穿越本宗土地，划拨建设用地使用权人应当提供便利。

十三、国土资源行政主管部门有权对本宗土地的使用情况进行监督检查，划拨建设用地使用权人应当予以配合。

十四、有下列情形之一的，经原批准用地的人民政府批准，市、县人民政府可以收回土地使用权：

1.为公共利益需要使用土地的；

2.为实施城市规划进行旧城区改建，需要调整使用土地的；

3.自批准的动工开发建设日期起，逾期两年未动工开发建设的；

4.因用地单位撤销、迁移等原因，停止使用土地的。

特别规定

十五、本宗土地只限用于建设____________________项目。

划拨建设用地使用权人在宗地范围内新建建筑物、构筑物及其附属设施，应当符合土地使用标准的规定和市、县城市规划主管部门、项目建设主管部门确定的宗地规划、建设条件。宗地规划、建设条件详见附件3。其中：

主体建筑物性质____________________________；

附属建筑物性质____________________________；

总建筑面积____________平方米；

建筑容积率不高于____________不低于____________；

建筑限高____________；

建筑密度不高于____________不低于____________；

绿地率不高于____________不低于____________；

其他土地利用要求____________________________

____________________________________。

十六、本宗地用于廉租住房和经济适用住房建设的，其宗地范围内的住房建筑总面积为大写__________平方米（小写______平方米），住房总套数不少于________套。其中，单套建筑面积为50平方米以下的廉租住房____套，单套建筑面积为______平方米以下的_____套。

用于廉租住房和经济适用住房建设的，不得改变土地用途。

十七、划拨建设用地使用权人应当承建下列公共设施，并在建成后移交给政府：

1.____；

2.____；

3.____；

十八、本建设项目应于____年____月____日之前开工建设，并于____年____月____日之前竣工。不能按期开工建设的，应向市、县国土资源行政主管部门申请延期，但延期期限不得超过一年。

用于廉租住房和经济适用住房建设的，开发建设期限不得超过三年。

十九、项目竣工验收时，应按国家有关规定对本决定书规定的土地开发利用条件进行检查核验。没有国土资源行政主管部门的检查核验意见，或者检查核验不合格的，不得通过竣工验收。

二十、划拨建设用地使用权人不按本决定书规定的开发建设期限进行建设，造成土地闲置的，依照有关规定处理。

二十一、划拨建设用地使用权人应当依法合理使用和保护土地。划拨建设用地使用权人在本宗土地上的一切活动，不得损害或者破坏周围环境或设施，使国家、集体或者个人利益遭受损失的，划拨建设用地使用权人应当予以赔偿。

二十二、划拨建设用地使用权人违反本决定书规定使用土地的，依法予以处理。

二十三、本决定书未尽事宜，市、县人民政府国土资源行政主管部门可依据土地管理法律、法规的有关规定另行规定，作为本决定书的附件。

附　则

二十四、本决定书由市、县国土资源行政主管部门负责签发。

二十五、本决定书一式四份，划拨建设用地使用权人持二份，国土资源行政主管部门留存二份。

二十六、本决定书自签发之日起生效。

附件1.划拨宗地平面界限图（略）

附件2.划拨宗地竖向界限图（略）

附件3.划拨宗地规划/建设条件（略）

说　明

一、本决定书按宗地核发。

同一项目用地依据规划用途和项目功能分区可以划分为不同宗地的，应先行分割成不同的宗地，再按宗地核发《国有建设用地划拨决定书》。

二、本决定书第二条中，宗地用途按《土地利用现状分类》（中华人民共和国国家标准GB／T 21010—2007）规定的土地二级类填写。

三、本决定书第四条中，划拨建设用地使用权是由划拨宗地的平面界限和竖向界限封闭形成的空间范围。

划拨宗地的平面界限按宗地的界址点坐标填写。

划拨宗地的竖向界限，可以按照1985年国家高程系统为起算基点填写，也可以按照各地高程系统为起算基点填写。

四、本决定书第十五条中的规划、建设条件是指：城市规划区内的项目，依据市、县城市规划主管部门出具的规划条件填写；城市规划区外的单独选址项目或线性工程，可依据项目建设主管部门出具的建设条件填写。

五、本决定书由省、自治区、直辖市国土资源行政主管部门统一编号。

六、划拨建设用地使用权人应当妥善保管本决定书，不得擅自涂改，如有遗失或损坏应立即向签发机关申请补办。

国土资源部 农业部 国家统计局关于印发《2007年度省级政府耕地保护责任目标履行情况检查工作方案》的通知

（国土资发〔2008〕91号）

各省、自治区、直辖市人民政府：

根据《国务院关于深化改革严格土地管理的决定》（国发〔2004〕28号）、《国务院关于加强土地调控有关问题的通知》（国发〔2006〕31号）和《国务院办公厅关于印发〈省级政府耕地保护责任目标考核办法〉的通知》（国办发〔2005〕52号）的规定，为落实省级政府耕地保护目标责任制，切实加强耕地保护工作，坚守 18亿亩耕地“红线”，国土资源部会同农业部、国家统计局研究制定了《2007年度省级政府耕地保护责任目标履行情况检查工作方案》（以下简称《检查工作方案》），经国务院同意,现予印发实施。

各省（区、市）人民政府要高度重视，认真组织，按照《检查工作方案》的要求，抓紧组织有关部门完成2007年度耕地保护责任目标履行情况的自查工作，于2008年6月底前将自查工作报告呈报国务院。我们将适时对各地自查工作进行重点抽查。对于耕地保护责任目标年度履行情况检查中发现的问题，要及时查找原因，采取有力措施进行整改，不断加强和完善耕地保护有关措施，确保实现规划确定的耕地保护目标。

附件：2007年度省级政府耕地保护责任目标履行情况检查工作方案

二〇〇八年五月十六日

附件：

2007年度省级政府耕地保护责任目标履行情况检查工作方案

为落实国务院关于省级政府耕地保护责任目标考核要求，切实加强耕地保护工作，坚守18亿亩耕地“红线”，特制定2007年度耕地保护责任目标履行情况检查工作方案。

一、检查依据

（一）《中华人民共和国土地管理法》、《中华人民共和国统计法》；《基本农田保护条例》、《土地调查条例》。

（二）《国务院关于深化改革严格土地管理的决定》（国发〔2004〕28号）、《国务院关于加强土地调控有关问题的通知》（国发〔2006〕31号）。

（三）国务院办公厅关于印发《省级政府耕地保护责任目标考核办法》的通知(国办发〔2005〕52号，以下简称《考核办法》)。

二、组织机构

国土资源部会同农业部、国家统计局负责研究耕地保护责任目标履行情况检查的重大事项。国土资源部下设办公室，负责检查工作组织实施、综合协调和日常事务等工作。

各派驻地方的国家土地督察局负责督促检查省级及计划单列市人民政府耕地保护责任目标落实情况。

三、检查内容

（一）依据土地利用总体规划，检查各省（区、市）政府耕地保护目标责任制的落实情况以及实际耕地和基本农田面积变化情况；

（二）依据土地利用计划有关规定，检查年度土地利用计划的执行情况；

（三）依据基本农田保护有关规定，检查涉及基本农田的规划调整、占用和补划数量、质量、程序及政策措施落实等情况；

（四）依据耕地占补平衡有关规定，检查非农建设经依法批准占用耕地后补充耕地数量、质量、程序及政策措施落实等情况；

（五）依据《考核办法》，检查各省（区、市）政府耕地保护责任目标年度履行情况的自查情况。

四、检查步骤

（一）省级人民政府组织自查。

2008年6月底前，各省（区、市）政府结合本地实际，完成本行政区域内2007年度履行耕地保护责任目标情况的自查工作，向国务院报告。

（二）国土资源部会同农业部、国家统计局组织抽查。

国土资源部会同农业部、国家统计局以2007年度土地利用变更调查的实际耕地面积、基本农田面积、实际新增建设用地面积数据为基础，结合各省（区、市）自查报告、派驻地方的国家土地督察局专项报告和与耕地保护相关工作分析报告作综合性分析，研究确定抽查的重点地区，7月底前完成抽查工作，形成重点地区抽查分析报告。

（三）向国务院呈报目标履行情况检查报告。

根据各省（区、市）政府的自查报告和重点地区抽查分析报告，国土资源部会同农业部、国家统计局进行综合汇总，对存在突出问题的地区或省份进行综合分析，提出意见，形成2007年度履行情况检查报告，8月底前呈报国务院。

（四）检查结果通报。

呈报国务院的省级政府耕地保护责任目标年度履行情况检查报告经国务院同意后，由国土资源部会同农业部、国家统计局将各省（区、市）政府目标履行情况检查结果进行通报，责成存在问题的地区限期进行整改。

五、检查结果的处理

对于耕地保护责任目标履行措施得力、成效突出的省级政府给予表扬。

对于目标履行情况检查中发现的问题，提出整改意见，并责令限期纠正，限期补充数量、质量相当的耕地和补划数量、质量相当的基本农田，酌情扣减下一年度新增建设用地计划指标。对整改不力的地区，由国土资源部责令限期整改，整改期间暂停该地区农用地转用和土地征收审批。

国土资源部关于开展开发区土地集约利用评价工作的通知

（国土资发〔2008〕145号）

各省、自治区、直辖市国土资源厅（国土环境资源厅、国土资源局、国土资源和房屋管理局、房屋土地资源管理局），新疆生产建设兵团国土资源管理局，各派驻地方的国家土地督察局，部有关直属单位：

为进一步贯彻落实《国务院关于促进节约集约用地的通知》（国发〔2008〕3号），切实加强开发区用地管理、促进开发区节约集约用地并为开发区扩区升级提供科学依据，部决定开展开发区土地集约利用评价工作。现将有关事项通知如下：

一、评价对象及范围

评价对象为全国各级各类开发区（包括国家级和省级经济技术开发区、高新技术产业开发区和海关特殊监管区域等，旅游度假区除外）。评价范围为经开发区审核公告的开发区四至范围内的全部土地。

二、组织实施

各省（区、市）国土资源行政主管部门负责对本行政区域内的各级各类开发区土地集约利用评价工作的组织实施、检查指导和审核验收。开发区所在市、县国土资源行政主管部门具体负责开发区土地集约利用评价的资料收集、审核、测算和分析，并可根据需要委托有条件的技术单位承担具体工作。省（区、市）及市、县国土资源行政主管部门要积极协调有关部门落实开发区集约利用评价工作经费。

三、技术要求

开发区土地集约利用评价工作要严格按《开发区土地集约利用评价规程》（试行）（详见附件）的要求执行。中国土地勘测规划院为技术指导单位，各省（区、市）国土资源行政主管部门也要确定相应的技术指导单位承担开发区土地集约利用评价技术指导工作。

四、工作要求

各省（区、市）要抓紧组织开展开发区土地集约利用评价工作，国家级开发区评价结果经省（区、市）国土资源行政主管部门审核后于2008年底报部。省级开发区土地集约利用评价工作应于2009年6月底前完成。

五、评价成果应用与更新

各级各类开发区扩区、升级的用地审核必须以土地集约利用评价结果为依据。国家级开发区土地集约利用评价结果经部审核后，统一向社会公示，并作为国家级开发区扩区审核依据。省级开发区评价结果，由各省（区、市）国土资源行政主管部门进行审核和公示，并作为省级开发区扩区和升级审核的依据。市、县国土资源行政主管部门应依据评价结果研究确定推进开发区土地集约利用的方向和政策措施。经评价符合“布局集中、产业集聚、用地集约”要求的国家级开发区，由相关省（区、市）优先安排年度建设用地计划指标。

开发区土地集约利用评价成果原则上每两年更新一次。

技术指导单位：中国土地勘测规划院

联系人及联系方式：左玉强010－66562857　13683517655　zuoyq5@163.com

苏　航010－66562968　13810311753　suhang1983@126.com

王菲菲010－66562950　13488856761　feifei0242_cn@hotmail.com

附件：《开发区土地集约利用评价规程》（试行）（略）

国土资源部（印章）

二〇〇八年七月七日

国土资源部关于进一步加快宅基地使用权登记发证工作的通知

（国土资发〔2008〕146号）

各省、自治区、直辖市国土资源厅（国土环境资源厅、国土资源局、国土资源和房屋管理局、房屋土地资源管理局）：

为深入贯彻实施《中华人民共和国物权法》，依法保护宅基地使用权人的合法权益，加强宅基地管理，促进社会主义新农村建设，部决定在当前宅基地使用权登记发证工作的基础上，进一步加大工作力度，力争在2009年底前，基本完成全国宅基地使用权登记发证工作，做到权属纠纷基本解决，农民合法使用的宅基地全部发证到户。现将有关事项通知如下：

一、提高认识，加强宣传

宅基地使用权登记涉及农村千家万户，关系到广大农民群众的切身利益。加快宅基地使用权登记发证工作，是依法保护宅基地使用权人合法权益的重要措施，是加强农村宅基地管理的重要手段，也是集体土地使用制度改革和土地统一登记的重要基础和保障。通过开展宅基地使用权登记，可以有效规范农村住宅建设，防止乱占滥用耕地，推进社会主义新农村建设，维护社会的和谐与稳定。各级国土资源行政主管部门要站在贯彻落实科学发展观，切实保护广大农民群众合法权益的高度，充分认识加快宅基地使用权登记发证工作的重要意义。采取多种形式，加大宣传和工作力度，争取广大农民群众和社会各界的理解和支持，增强各级国土资源管理部门登记发证工作的紧迫感，集中力量，克服困难，确保宅基地使用权登记发证工作如期完成。

二、认真部署，狠抓落实

宅基地使用权登记工作政策性强、涉及面广，各级国土资源行政主管部门要积极争取地方政府及相关部门的重视和支持，切实加强对本地区宅基地使用权登记工作的组织领导，把宅基地使用权登记工作作为当前一项重要工作，认真部署落实。要按照2009年底前基本完成全国宅基地使用权登记工作的要求，结合本地区实际情况，制订工作计划，明确工作目标和任务，层层落实责任制。

要采取有效措施，加快推进宅基地使用权登记发证工作。有条件的地区应将宅基地使用权的调查纳入到第二次全国土地调查工作中，查清宅基地的权属、界址和面积，为宅基地使用权登记发证提供地籍调查成果。对宅基地权属存在争议的，要依法、及时进行调处，维护社会的和谐与稳定。对新申请宅基地的，当事人在办理宅基地用地审批的同时申请土地登记，国土资源行政主管部门要做到即批即办，在住宅建成并实地检查合格后，报人民政府核发土地权利证书。对已有的宅基地，要充分利用已有宅基地权属来源材料，加快办理登记发证。

要充分发挥宅基地使用权登记结果在国土资源管理中的基础作用。在征地拆迁时，要依据宅基地使用权证书进行补偿。开展集体建设用地流转试点和集体建设用地整理工作，必须首先完成宅基地使用权登记发证工作。

要切实转变工作作风，增强服务意识，提高工作效率，积极为农民群众办理登记提供热情周到的服务。要充分发挥乡镇基层国土资源管理部门在宅基地使用权登记中的服务和保障作用，有条件的地区，可在乡镇国土资源管理所设立专门的收件窗口，方便农民群众申请办理宅基地使用权登记。要将宅基地使用权证书发放到农户手中，严禁以统一保管等各种名义扣留、延缓发放土地权利证书。要结合土地登记规范化建设，加强宅基地使用权登记发证资料的管理，保证宅基地使用权登记资料的全面、完整和规范。要严格执行宅基地使用权登记收费标准，不得通过宅基地使用权登记收费增加农民的经济负担。

请各省级国土资源行政主管部门于2008年底前将本地区宅基地使用权登记发证工作的部署和开展情况报部。部将组织人员对各地宅基地使用权登记发证情况进行检查。宅基地使用权登记发证完成情况将作为国土资源管理特别是地籍管理考核的一项重要依据。

三、明确政策，依法登记

各地应严格依照法律、法规和政策规定，切实解决宅基地使用权登记发证工作中存在的政策问题，严把宅基地使用权登记关口。

（一）严格落实农村村民一户只能拥有一处宅基地的法律规定。除继承外，农村村民一户申请第二宗宅基地使用权登记的，不予受理。

（二）严格执行城镇居民不能在农村购买和违法建造住宅的规定。对城镇居民在农村购买和违法建造住宅申请宅基地使用权登记的，不予受理。

（三）严格执行宅基地面积标准。宅基地面积不得超过省（区、市）规定的标准，对宅基地超占面积的，在办理登记时按下列情况处理：

1.1982年《村镇建房用地管理条例》实施前，农村村民建房占用的宅基地，在《村镇建房用地管理条例》实施后至今未扩大用地面积的，可以按现有实际使用面积进行登记。

2.1982年《村镇建房用地管理条例》实施起至1987年《中华人民共和国土地管理法》实施时止，农村村民建房占用的宅基地，超过当地规定的面积标准的，超过部分按当时国家和地方有关规定处理后，可以按实际使用面积进行登记。

3.1987年《中华人民共和国土地管理法》实施后，农村村民建房占用的宅基地，超过当地规定的面积标准的，按照实际批准面积进行登记。其面积超过各地规定标准的，可在土地登记簿和土地权利证书记事栏内注明超过标准的面积，待以后分户建房或现有房屋拆迁、改建、翻建、政府依法实施规划重新建设时，按有关规定作出处理，并按照各地规定的面积标准重新进行登记。

二〇〇八年七月八日

国土资源部关于印发《国土资源部工作规则》的通知

（国土资发〔2008〕171号）

各省、自治区、直辖市国土资源厅（国土环境资源厅、国土资源局、国土资源和房屋管理局、房屋土地资源管理局），计划单列市国土资源行政主管部门，国家海洋局，国家测绘局，解放军土地管理局，新疆生产建设兵团国土资源局，各派驻地方的国家土地督察局，中国地质调查局及部其他直属单位，部机关各司局：

《国土资源部工作规则》已经2008年8月14日召开的第8次部务会议修订通过，现印发执行。

二〇〇八年八月二十一日

国土资源部工作规则
（2008年8月14日第8次部务会议修订通过）

第一章　总　则

一、根据《国务院组织法》、《国务院工作规则》，结合部工作实际，制定本规则。

二、国土资源部要高举中国特色社会主义伟大旗帜，以马克思列宁主义、毛泽东思想、邓小平理论和“三个代表”重要思想为指导，深入贯彻落实科学发展观，解放思想，改革创新，保障和促进科学发展。

三、推进职能转变，发挥部门优势，加强宏观调控，强化执法督察，加强公共服务，维护人民权益，切实履行好国土资源调查评价、规划、管理、保护与合理利用的职能。

四、实行科学民主决策，坚持依法行政，推进政务公开，健全监督制度，加强廉政建设，不断提高公信力和执行力，建设负责任的服务型政府部门。

五、按照《国务院办公厅关于印发国土资源部主要职责内设机构和人员编制规定的通知》（国办发〔2008〕71号），管理国家海洋局、国家测绘局、中国地质调查局，处理好国土资源部与国家土地督察机构的关系。

第二章 职责分工

六、实行部长负责制，部长领导部的全面工作。部长兼任国家土地总督察，领导国家土地督察机构的全面工作。

七、副部长及其他部领导协助部长工作，按分工负责处理分管事务；受部长委托，负责其他方面工作或者专项任务，并代表部进行外事活动。国家土地副总督察协助总督察工作，专职副总督察负责国家土地督察机构日常工作。

八、实行部领导互为替补的工作分工与协调制度。替补双方互通情况，在一方出差或其他原因离岗不能处理其分管工作时，由对方及时代行处理。替补双方一般不同时外出。

九、办公厅主任协助部领导处理部机关日常工作。国家土地总督察办公室主任协助总督察、副总督察处理国家土地督察机构的日常工作。各司局长（主任，下同）在本司局（厅，下同）职责范围内各负其责。一项工作原则上由一个司局主办，实行主办司局责任制。主办司局要主动沟通协调，认真组织办理。各司局之间要密切配合，同心协力，落实好部的各项工作部署。

第三章 实行科学民主决策

十、强化国土资源战略、规划、改革和制度的顶层设计，研究解决重大问题，着力构建保障和促进科学发展新机制。

十一、由部代国务院起草法律法规草案、由部制定颁布部门规章、国土资源管理形势分析和宏观调控政策、重要工作部署、规划计划、改革方案、部门预算、重大项目立项、重点案件查处、重要督察事项等，须经部务会议、部长办公会议或总督察办公会议研究审议。

建设项目用地预审、农用地转用和土地征收审查、土地资产处置、探矿权和采矿权审批等重大事项实行会审制度。未经会审通过，不得办理审批手续。

十二、出台各类部门规章、规划计划、政策措施、改革方案等，都必须深入调查研究，并经专家或研究、咨询机构论证、评估。涉及国务院有关部门、单位和地方的，应事先充分协商、征求意见；涉及人民群众切身利益的，应通过公示或听证会等形式听取意见和建议。

十三、高度重视为重大决策提供服务。认真做好部领导参加党中央、国务院会议和活动的准备工作。主办司局要会同有关司局和单位研究，汇总情况并形成相关材料，提出意见和建议，切实提高文稿质量和材料的适用性，由司局主要负责人亲自审签，并及时报分管部领导核批。

十四、部领导和各司局都要坚决贯彻部重大决策部署，加强督促检查，确保政令畅通。各司局要及时跟踪和反馈执行情况，按期总结工作。办公厅要加强督办，及时掌握会议议定、文件部署、领导批办以及来部征求意见等事项的办理情况，定期督办，专项反馈，适时以函报、专报、值班信息、督办情况表等进行报告。重要工作完成情况作为干部日常考核和年度考核的重要内容。

第四章　坚持依法行政

十五、适应形势发展和实际需要，及时制定、修改或废止有关部门规章和规范性文件，提出制定、修改或废止有关法律和行政法规的建议，不断完善国土资源管理法律法规体系。

十六、遵循《立法法》、《规章制订程序条例》和部相关规定开展部门立法工作，严格按程序办事，加强合法性审查。

十七、加强与法院、检察院、公安机关等沟通协作，健全完善执法监察和土地督察工作机制，推进共同责任机制和问责制度建设，强化批后监管，建立综合信息平台，严厉打击和有效遏制国土资源领域违规违法行为。

十八、严格行政执法责任制和执法过错追究制。加强行政复议工作。部作为行政复议（或行政诉讼）的被申请人（或被告）的，原具体行政行为的主办司局要代表部切实做好行政复议答复（或行政应诉）工作，有关司局应予以配合。原具体行政行为被变更、撤销、确认违法并引起行政赔偿的，要依法追究有故意或者重大过失的相关人员的责任。

强化部内行政问责考核。将贯彻落实部重大决策、履行工作职责、进行行政审批、执行财经纪律等情况纳入行政问责范围，定期进行定性、定量考核。

第五章　推进政务公开

十九、认真贯彻落实《政府信息公开条例》，完善各类公开办事制度，依法依规、及时主动公开政策性文件、规划计划、行政许可事项等国土资源部政务信息。相关信息由主办司局及时提供，通过部门户网站、新闻发布等向社会公开。

二十、加强政务大厅运行管理，实行行政许可事项接办分离，网上办理，网上查询，与会审工作有机衔接。

公民、法人和其他组织向我部提出的信息公开申请，由政务大厅依法认真受理，及时转交有关司局办理后答复。

二十一、加强政务信息管理，实行部新闻发布制度。定期或不定期向社会发布部重要工作部署、重要工作进展成果以及社会普遍关心的有关信息，公开曝光国土资源违法案件等。强化舆情监测分析，正确引导舆论。

二十二、建立内部通报制度，在国土资源系统内部定期或不定期通报国土资源综合性工作、经验类表彰类事项和问题类批评类事项。

第六章　健全监督制度

二十三、认真办理全国人大代表建议、政协委员提案，及时予以答复、解决问题，虚心接受所提出的意见建议。

二十四、自觉接受司法、监察、审计等部门的监督指导，对所发现的问题，及时认真查处和整改，并按要求作出报告。

二十五、加强内部监督，严格执行合法性审查和备案制度，及时纠正违反法律、法规和部门规章的规范性文件，以及违法的或不当的具体行政行为；主动征询并认真听取地方政府及部门的批评、意见和建议。

二十六、自觉接受社会舆论监督和群众监督，对媒体和群众反映的问题，部领导、各司局负责人要积极批办或处理。对重大问题要开展调查研究，提出措施，作出报告。

第七章 加强廉政建设

二十七、严格执行国土资源管理系统行政为民措施和工作人员禁令。禁止为补偿安置等不符合法律规定的项目用地办理报批手续或以各种变通的办法为之供地、发证；禁止在土地、矿产等行政审批事项中为项目申请人批条子、打招呼；禁止配偶子女为本人任职单位直接管理的案件和土地、矿产资源等各项具体行政事务提供中介服务；禁止指定或向办事方授意由指定中介机构从事土地使用权、探矿权采矿权、地质灾害咨询评估和项目设计等相关工作；禁止接受基层单位和管理相对人的礼金、有价证券、支付凭证或有碍公务的宴请招待，报销应由本人或亲友承担的费用。

二十八、严肃财经纪律，执行财务制度。规范各项资金使用，增强机关财务收支透明度。加强预算监督。规范公务接待活动，不得用公款相互送礼和宴请。艰苦奋斗，勤俭节约，降低行政成本，建设节约型机关。

二十九、加强对履行职责和行使权力各个环节的监督，强化对干部选拔任用、资金使用、行政审批、项目安排和执法监察等方面的监督。对职权范围内的事项要按程序和时限认真负责地办理，对不符合规定的事项要坚持原则不得办理；对因推诿、拖延等官僚作风及失职、渎职造成影响和损失的，要追究责任；对越权办事、以权谋私等违规、违纪、违法行为，要严肃查处；对涉嫌违法犯罪的，应及时移送司法机关。

第八章 会议制度

三十、部实行部务会议、部长办公会议、国家土地总督察办公会议和部专题会议制度。及时做好部领导每周活动安排。推行每月无会周、每周无会日制度。

三十一、部务会议一般每月召开一次。部务会议由部长、副部长、副总督察、其他部领导和司长（主任、局长）组成，由部长召集和主持。会议召集人根据需要确定有关单位的主要负责人列席会议。

部长办公会议由部长召集和主持，副部长、副总督察、其他部领导参加。会议召集人根据需要确定有关司局、单位的主要负责人列席会议。

部专题会议由部领导按照分工召集和主持，研究、协调和处理部日常工作中一些专门问题。会议召集人根据需要确定有关司局、单位负责人出席会议。

国家土地总督察办公会议按国家土地督察机构有关规定召开，具体准备和组织工作由总督察办公室负责。

三十二、提交部务会议、部长办公会议审议的事项，要严格履行规定的程序，形成切实可行的方案。经分管部领导、主办司局或单位主要负责人严格审核把关，报部长审定。

涉及部内有关司局和单位的审议事项，主办司局要加强协商，进行会签；不能达成一致的，由分管部领导召开专题会议进行协调；协调仍不能取得一致意见的，需要说明理由，并提出解决问题的建设性意见，供部审议。

三十三、部务会议、部长办公会议的准备和组织工作由办公厅负责。重要文件上会前，应由议题提出单位将领导批示、上会文件、汇报说明连同文件解读材料、宣传方案等，一并及时印送办公厅。办公厅一般应提前1～2天将会议审议材料发送与会人员。

参会单位要按会议通知要求及时报名，并准时参加会议。收到通知后因故不能参加会议的，应在会前向会议主持人请假，同时告诉办公厅。

部专题会议由召集会议部领导的秘书负责通知，由所涉及议题的主办司局协助准备和组织工作。

三十四、议题汇报单位和参会单位要认真做好参会准备。汇报人应简明扼要，突出重点，汇报时间在10～15分钟；其他与会人员发言应紧扣主题，直陈观点，时间一般不超过3分钟。没有重大原则性意见的，会上可以不发言。

三十五、部务会议、部长办公会议由指定人员负责记录，部专题会议由部领导秘书负责记录，按要求及时编写会议纪要，经办公厅主任或副主任审核后，由会议主持人签发。

会议记录和资料按有关规定整理、归档。会议各项内容，有关人员必须严格执行保密规定，未经批准不得擅自传达和扩散。传达贯彻会议决定事项，以会议纪要为准。

三十六、部拟在下一年度召开的全国性会议（二类），由办公厅按照有关规定报部长办公会议审议，报国务院办公厅审批。

各司局每年只能召开一次全国性专业会议（三类），会议计划经分管部领导审核办公厅汇总后，提请部长办公会议审定。遇有特殊情况须临时召开全国性专业会议时，应另行报批。

召开全国性会议必须提前做好筹备工作，制定工作方案报批。以部名义召开全国性会议（二类），由办公厅会同有关司局负责筹备；全国性专业会议（三类），由各主办司局牵头负责筹备。拟请部领导出席会议并讲话，由主办司局、单位负责准备讲话素材稿和新闻宣传方案，并按程序报批。

三十七、提倡召开电视电话会议和视频会议。在符合保密要求的情况下，应尽量用部视频系统召开会议，组织培训。

三十八、贯彻精简、务实、高效、节约的原则，尽量缩短会期，精减会议人员。会议应到政府采购的定点饭店召开，不得违规在高级宾馆和风景名胜区开会。

第九章　公文审批

三十九、按照《国家行政机关公文处理办法》、《国土资源部公文处理实施细则》和有关公文运转规定处理公文。

四十、部收上级来文，由办公厅报送部长阅批。部收各部委、有关机构、单位和各省（区、市）人民政府来文，由办公厅按各司局职责分送有关司局提出意见后，报送分管部领导阅批；重大问题报送部长阅批。

部内各司局、各直属单位和各省（区、市）国土资源行政主管部门的请示、报告，由办公厅按照部领导职责分工呈批，重大事项报部长审批。

国家海洋局、国家测绘局报部或经部转呈国务院的文件，由办公厅报部长审批。

除办理部领导交办事项和必须直报的事项外，一般不得直接向部领导个人报送公文。

四十一、颁布部门规章，经部务会审议通过后，由部长签发部长令。涉及海洋、测绘管理事项的规章需以部长令发布。以部名义报送国务院的请示、报告，部人事任免和重大工作部署的文件，由分管部领导审核，由部长签发。

四十二、以部名义发文，经分管部领导审核后，由部长或受部长委托的副部长签发。

以部办公厅名义发文，由办公厅主任签发，或由部领导直接签发。

各司原则上不得对外正式发文。

四十三、部（或部办公厅）与国务院有关部门以及省、自治区、直辖市人民政府（或其办公厅）联合发文或会签来文，主办司局要积极主动协商，认真提出意见，及时报部领导审示后，按要求签发或会签。

四十四、各司局办理公文，涉及其他司局职责和业务范围的，应当会签。出现分歧时，主办、协办司局的主要负责人要认真协商；仍不能取得一致的，主办司局应列出各方理据，提出建设性意见，报部领导协调或裁定。

四十五、各司局办理的公文，内容应与部的决策部署精神相一致，涉及的业务数据应与部确认的数据相一致。

各司局、各直属单位向部报送的请示、报告，由其主要负责人签发。

四十六、提倡少发文、发短文。推行发文计划管理，控制文件数量。凡是可以用函、电方式办理的，一律不发文件。提高公文质量，压缩公文篇幅，行文要观点鲜明、简明扼要、准确得当。加强公文质量管理，开展公文质量考核与评比，加强公文培训。

四十七、除需保密的外，所有文件网上运转，提高效率。

第十章　纪律和作风

四十八、严格执行中共国土资源部党组的各项重要决定，树立政令畅通、严格执法、优质服务、廉政勤政的优良作风。

四十九、切实加强学习，建设学习型机关。密切关注国际国内政治、经济、社会、科技等方面的新情况，充实新知识，丰富新经验，切实提高贯彻落实科学发展观的能力。

五十、加强调查研究，围绕工作重点和难点问题，制订调研计划，深入基层，掌握实情，提出建议，解决问题。

建立部领导下基层出差调研带案件线索督办制度。

五十一、按照《信访条例》和《国土资源部信访规定》，不断完善信访制度，确保信访渠道畅通；部领导、各司局负责人亲自阅批重要的群众来信，体察民情民意，了解有关法律法规和政策制度在基层的落实情况。

五十二、克服官僚作风和形式主义，防止作风漂浮、工作拖拉。各司局负责人原则上不得以专家身份参加各类项目评审活动。机关工作人员参加部计划安排之外的讲课与学术活动，须经批准并不得影响正常工作。

五十三、部长离京出差（出访）或休养，指定一位部领导主持工作，并向国务院值班室报告；其他部领导离京应事先向部长报告。部领导秘书及时将离京时间、前往地点、联系及文件报送方式等告诉办公厅，办公厅及时登录部领导活动安排表、报告有关领导。

各司局负责人离京外出要严格执行请假制度，离京前由所在司局向部值班室备案。办公厅要随时掌握各司局主要负责人离京外出情况，做好备案工作，及时向部领导报告。

五十四、部务会议组成人员必须带头坚决执行认真落实部的各项决策部署。如有不同意见可在内部提出，在没有重新作出决定前，不得有相违背的言行；代表部发表讲话或文章，或个人名义发表涉及未经部研究决定的重大问题及事项的讲话和文章，事先需经部同意。

五十五、严格遵守外事纪律，根据外事管理规定和工作需要，本着务实、精干、节约的原则安排出访。部领导出访由科技与国际合作司会同有关司局提出方案，经部长办公会议研究确定，报国务院批准。工作访问原则上不安排顺访。

五十六、规范和简化接待工作。接待部委、地方领导来访和同部领导会晤、座谈活动，由办公厅提出方案，报批后统筹安排。需安排用餐的，在部机关食堂安排。

五十七、各派驻地方的国家土地督察局、国土资源部各直属单位适用本规则。

国土资源部关于建立健全土地执法监管长效机制的通知

（国土资发〔2008〕173号）

各省、自治区、直辖市国土资源厅（国土环境资源厅、国土资源局、国土资源和房屋管理局、房屋土地资源管理局），计划单列市国土资源行政主管部门，解放军土地管理局，新疆生产建设兵团国土资源局，各派驻地方的国家土地督察局，中国地质调查局及部其他直属单位，部机关各司局：

近年来，各级国土资源行政主管部门认真贯彻落实土地管理法律法规和国家宏观调控政策，采取有效措施，不断加大土地执法力度，取得了明显成效。但土地执法监管还存在许多薄弱环节，土地违法违规问题仍然比较突出，土地管理和土地执法所面临的形势依然严峻。为有效防范和遏制各类土地违法违规行为，建立健全土地执法监管长效机制，现就有关事项通知如下：

一、健全对外公示和内部制约机制

创新土地执法观念，改变重事后查处轻事前防范的做法，在土地管理的各个环节，实行“全员监管”、“全程监管”。各级国土资源行政主管部门内部土地管理的各个机构都要依法行政，切实履行好自身职责，在土地管理的各个环节严格把关，从源头上防范土地违法违规行为的发生。

（一）建立健全公示制度

建立土地利用总体规划公示制度。土地利用总体规划经依法批准后，各级国土资源行政主管部门要在一周内向社会公告，主动接受社会监督。修改土地利用总体规划经依法批准后，县级国土资源行政主管部门要及时将修改内容通过报刊、广播、电视和网络等媒体向社会公开。

健全土地划拨、出让结果公示制度。市、县国土资源行政主管部门要将划拨、出让的每一宗土地的土地使用权人及土地用途、位置、面积、价款等信息及时在土地有形市场、中国土地市场网（http：//www.landchina.com）或者指定的场所、媒介向社会公布。

市、县国土资源行政主管部门要建立建设项目用地批准文件公示制度。除保密建设项目外，要求建设单位在建设施工地竖立或悬挂公示牌，将用地批准文件予以公示，并加强监督检查。

（二）进一步完善内部监督制约机制

各级国土资源行政主管部门要进一步完善和落实内部会审和重大事项集体决策制度，形成有效的内部监督制约机制。要进一步明确会审和集体决策范围和内容，规范会审和集体决策程序，强化会审和集体决策责任，提高会审和集体决策效果。

建设项目用地预审、农用地转用和土地征收审批、划拨用地审批、临时用地审批等事项都要纳入会审范围。执法监察机构必须作为会审单位参与会审，对有违法行为的项目实行“一票否决”。参与会审的各内部机构人员要对会审意见签字负责。编制或者修改土地利用总体规划、拟订土地利用年度计划草案、制定基准地价和协议出让最低价、确定土地使用权出让底价、拍卖起叫价和挂牌起始价、对情节复杂或者重大违法行为给予较重的行政处罚等事项都要纳入实行集体决策的范围。参与集体决策的人员要对集体决策的结果签字负责。

（三）建立土地审批权责统一的责任追究制度

地方各级国土资源行政主管部门要对上报的农用地转用、土地征收等审批事项涉及的用地是否符合规划、是否超计划、是否未批先用以及耕地占补平衡、基本农田补划、补偿安置情况的真实性和合法性负责。建立一把手负总责，分管领导、承办人员负具体责任的工作责任制。上级国土资源行政主管部门要加强对下级国土资源行政主管部门的监督，发现审核把关不严，甚至故意隐瞒真实情况的，或者在违法用地尚未依法处理前，报请办理用地审批手续或颁发土地证书的，必须追究有关人员的责任。

二、完善土地违法行为发现和查处机制

进一步完善土地执法监察工作机制，通过“天上看、地上查、网上管”的有机结合，做到及时发现、及时报告、及时制止、及时处理，有效遏制土地违法行为。

（一）完善土地违法行为发现机制

完善卫片执法检查制度。部每年将制作全国卫星遥感影像图，结合年度变更调查和图斑，组织开展一次全国性的卫片执法检查，地方可运用卫星遥感监测技术开展土地执法季度、半年或重点检查，进一步发挥科技手段在发现土地违法行为方面的重要作用。增强执法检查现势性。同时，进一步加强监测成果和检查成果的分析应用工作。

进一步落实土地执法监察动态巡查责任制。地方各级国土资源行政主管部门要进一步明确和细化各自的巡查责任，并严格纵向监督。进一步完善土地执法监察动态巡查责任目标考核体系，量化考核标准，严格落实巡查责任。市、县国土资源行政主管部门要根据当地土地利用和土地违法的形势和特点，合理划分巡查区域，有针对性地确定巡查频率和巡查重点并落实责任人，及时发现土地违法行为。

建立健全乡（镇）、村执法监察信息员、协管员制度，完善社会监督机制。县级国土资源行政主管部门要积极采取措施，加强乡（镇）国土所建设，落实人员、经费和工作装备，健全完善土地执法监察责任制度，构建“横向到边、纵向到底”的执法监察网络。

建立网络信息监管制度。结合土地审批、供应、使用和监管业务系统和数据库，形成统一的信息监管平台，实现业务机构与执法监察机构的信息共享。通过对实时获取的各类监管信息进行网络化的统一管理和在线应用，进行动态监管，及时查处。

建立多渠道违法信息统一登记和查询分析制度。地方各级国土资源行政主管部门都要设立举报电话和举报信箱，并向社会公布。同时要整合各类举报信息资源，进一步拓宽违法行为的发现渠道。要确定专门机构和人员统一负责违法信息的登记和查询分析工作，通过新闻媒体披露、群众信访举报、网络查询等多种渠道，及时发现土地违法行为。

（二）完善土地违法行为报告机制

进一步明确报告的内容、程序和时限。地方各级国土资源行政主管部门要在发现土地违法行为的第一时间采取有效措施及时予以制止，对因受到阻力和干扰等原因而难以制止的土地违法行为以及带有苗头性、倾向性的土地违法违规问题，必须在发现之日起3个工作日内向本级政府和上级国土资源行政主管部门报告。对本地区的土地违法态势、土地违法数据要定期进行统计分析并及时向本级政府和上级国土资源行政主管部门报告。

（三）完善土地违法行为查处工作机制

进一步完善案件督办制度。对不按照上级国土资源行政主管部门的要求及时查处交办案件的，要通过责令当面汇报、派员实地督办、在一定范围内书面通报督办和在新闻媒体上披露公开挂牌督办等方式进行督办。

进一步完善土地违法公开曝光制度。将典型违法案件曝光工作制度化、定期化，市、县国土资源行政主管部门至少每半年向社会公开曝光一批典型违法案件。

建立土地违法记录通报公示制度。将发生两次以上违法行为或违法行为性质恶劣、后果严重的单位或个人列入“土地违法记录单”，通过金融业统一征信平台向当地金融机构通报，并向社会公示。

三、建立部门联动和协作监管机制

强化与土地违法案件查处相关部门的协作配合，落实土地执法监管共同责任，切实提高土地执法监管执行力。

（一）建立土地违法案件查处部门协作配合机制

各级国土资源行政主管部门要积极主动地争取人民法院、人民检察院、公安机关、监察机关的支持配合，加强协作，确保土地违法案件查处到位。

建立联席会议工作制度。定期召开联席会议，通报案件查处工作情况、研究土地违法形势、协调解决工作配合上存在的重大问题、制定预防和查处土地违法的措施。

建立信息情况通报制度。每季度书面交换有关土地违法案件查处方面的信息。有条件的地方，逐步实现信息联网共享，即时交换信息。

建立案件调查相互协助配合制度。国土资源行政主管部门查办土地违法案件，可邀请同级人民检察院、公安机关、监察机关派员参加案件讨论；必要时，可邀请有关单位提前介入或与有关单位联合组成调查组,按照各自职权开展调查工作。

建立案件移送工作制度。地方各级国土资源行政主管部门要与同级人民检察院、公安机关、监察机关建立案件移送工作制度，进一步细化移送程序，规范案件移送工作。查处的土地违法案件，依法应当给予处分，且本部门无权处理的，及时向监察机关提出处分建议；涉嫌犯罪，依法应当追究刑事责任的，及时向人民检察院、公安机关移送。

（二）建立土地违法行为部门联动遏制机制

地方各级国土资源行政主管部门要积极争取当地党委、政府支持，由政府按照《国务院办公厅关于严格执行有关农村集体建设用地法律和政策的通知》（国办发〔2007〕71号）和《国务院关于促进节约集约用地的通知》（国发〔2008〕3号）的有关要求下发文件，组织协调发展改革、规划、建设、房管、电力、市政、银行、工商等部门，建立相关工作制度，落实工作责任，形成执法合力，共同遏制违法占地建设行为。切实做到对未取得合法用地手续的建设项目，不办理项目审批、核准，不办理建设规划许可，不发放施工许可证，不通电、通水、通气，不受理土地登记申请，不办理房屋所有权登记，不发放贷款，不办理企业注册登记；建设项目没有国土资源行政主管部门的检查核验意见，或者检查核验不合格的，不通过竣工验收。

市、县国土资源行政主管部门要及时将建设用地审批的有关信息告知相关部门。对通过群众举报、动态巡查等方式发现的土地违法行为，要及时通知相关部门。发现相关部门仍为违法用地单位或个人办理项目审批或核准、建设规划许可、房屋所有权登记、企业注册登记、竣工验收等手续，发放施工许可证，通电、通水、通气，发放贷款的，要及时向本级政府和上级国土资源行政主管部门报告。

（三）建立土地执法监察机构与国家土地督察机构协作配合机制

国家土地督察机构对在审核、巡查工作中发现的重大土地违法行为，及时报总督察办公室，由总督察办公室及时通报部执法监察局，由部执法监察局按已有工作机制转办、交办、督办或直接查办。部执法监察局应将立案查处土地违法案件情况及时通报国家土地督察机构。部执法监察局在查办土地违法案件过程中，发现某一地区土地违法问题比较突出，或者存在政府主导、纵容、默许的严重土地违法违规行为，及时通报总督察办公室，安排由派驻地方的国家土地督察局负责督促整改。

四、完善约束和激励机制

（一）健全和落实案件查处责任制

建立一把手负总责，分管领导、办案机构负责人和承办人员分级负责的案件查处工作责任制。地方各级国土资源行政主管部门一把手是案件查处工作的第一责任人。要把案件查处工作纳入国土资源管理的考核内容，并作为评价国土资源行政主管部门及其领导干部工作业绩的重要指标和依据。要建立案件查处工作月统计、季分析、半年小结和年总结制度，并及时将统计、分析、总结情况上报上级国土资源行政主管部门。上级国土资源行政主管部门要通过定期或不定期检查对下级国土资源行政主管部门案件查处工作进行指导和监督。通过检查发现案件查处工作不力、违规违法问题严重、土地管理秩序混乱的，上级国土资源行政主管部门要与有关下级国土资源行政主管部门的主要负责人进行诫勉谈话，指出问题，限期改正。

完善土地执法责任追究制度。对行政区域内有土地管理秩序混乱，致使一个年度内本行政区域违法占用耕地面积达到新增建设用地占用耕地总面积15%或虽未达到15%，但造成恶劣影响或其他严重后果；发生土地违法案件造成严重后果；对违反土地管理规定行为不制止、不组织查处；对违反土地管理规定行为隐瞒不报、压案不查等情形的，要严格按照《违反土地管理规定行为处分办法》（监察部、人力资源和社会保障部、国土资源部部令第15号），积极配合监察机关追究政府主要领导人员和其他负有责任的领导人员的责任。国土资源行政主管部门及其工作人员不依法履行工作职责，明知建设项目用地涉嫌违反土地管理规定，尚未依法处理，仍为其办理用地审批、颁发土地证书；对发现的土地违法行为按规定应报告而不报告或不及时报告；对土地违法行为不依法查处，应当给予行政处罚而不给予行政处罚的，要严肃追究有关人员的责任。严格落实《国土资源执法监察错案责任追究制度》（国土资发〔2000〕431号），对因故意或重大过失，致使案件处理错误，给案件当事人的合法权益造成损害或者造成不良社会影响的，要坚决追究有关人员的责任。

（二）建立和完善土地执法保障机制

完善执法监察工作保障机制。各级国土资源行政主管部门要高度重视执法监察机构和队伍建设，建立和完善土地执法先进定期评优奖励制度，采取多种方式对执法先进地区、单位或个人给予表彰。要将执法监察工作经费纳入年度财政预算，并予以充分保障。努力改善执法监察机构和队伍的工作条件，在执法监察所必需的硬件设施建设资金投入方面要给予倾斜，为执法监察队伍配备必需的执法监察专用车辆以及通讯工具等有关办案设备。各省级国土资源行政主管部门应积极向省级政府争取，按特岗人员为市、县国土资源行政主管部门执法监察工作人员办理人身保险和意外伤害保险。

各级国土资源行政主管部门要充分认识当前严格土地管理、加强土地执法监管的重要性，根据本通知要求，并结合各地实际情况，尽快完善相关工作制度，努力建立国土资源行政主管部门内部各相关工作机构都参与执法的“全员监管”、对土地管理各个工作环节都进行监管的“全程监管”、与系统外各相关部门密切协作的“联动监管”的土地执法监管新机制。同时，要进一步强化严格执法，坚持原则，敢于碰硬，既查事又查人，切实做到对土地违法行为“防范在先、发现及时、制止有效、查处到位”，确保最严格的土地管理制度落到实处，为实现经济社会又好又快发展服务。

二〇〇八年九月五日

国土资源部关于进一步加强土地整理复垦开发工作的通知

（国土资发〔2008〕176号）

各省、自治区、直辖市国土资源厅（国土环境资源厅、国土资源局、国土资源和房屋管理局、房屋土地资源管理局），解放军土地管理局，新疆生产建设兵团国土资源局，各派驻地方的国家土地督察局，部机关各司局及有关直属事业单位：

十多年来，全国土地整理复垦开发工作从起步到全面推进，在补充耕地、保护耕地资源，提高农业综合生产能力，优化农用地结构，保障粮食和生态安全，惠民利民等方面发挥了重要作用。随着我国工业化城镇化进程的加快，土地资源供需矛盾突出，坚守18亿亩耕地红线面临严峻挑战。当前，土地整理复垦开发工作还存在目标单一、补充耕地力度不够，占补平衡任务没有完全落实，规划统筹乏力、资金征收使用还有差距、监管工作不到位等突出问题。为适应新形势的需要，切实加大补充耕地力度，部从构建保障和促进科学发展新机制出发，按照规划引导、政策激励、多元投入、规范管理的思路，进一步推进土地整理复垦开发工作，使其真正成为实施土地利用规划的基本手段，推进开源节流的重要抓手，统筹城乡发展的基础平台，既保护耕地资源可持续利用，又促进新农村建设、保障经济社会发展和生态环境建设取得成效。现就有关要求通知如下：

一、严格补充耕地，坚守18亿亩耕地红线

地方各级国土资源部门要严格依照土地利用总体规划、土地整理复垦开发规划和年度补充耕地计划，切实组织完成补充耕地任务，确保本行政区域内耕地不低于规划规定的保有量任务。要严格落实耕地“占补平衡”制度，各类非农建设占用耕地，应立足于本市、县行政区域内补充完成。对于后备资源少确实难以完成的，可由省级国土资源部门在省域内统筹安排，严禁跨省（区、市）补充耕地。各地要抓紧扩大补充耕地储备规模，从2009年起，除国家重大工程可以暂缓外，非农建设占用耕地全面实行“先补后占”。因自然灾害损毁的耕地，一般要在一年内恢复利用，保证耕地总量不减少。

各省（区、市）要积极按照科学论证、分步实施、集中投入、共同建设的思路，大力推进具有区域特点的省级重大工程建设。有关省份要围绕重点工程，积极开展“耕作层剥离”和“移土培肥”工作，努力在全国建成一批有影响、成效大、引导作用明显的示范工程。

要切实加强生产建设用地的复垦工作。强化源头控制，把土地复垦与生产建设同步规划，同步实施。要全面贯彻落实国务院七部委有关土地复垦规定，编制好复垦方案，完善责任机制，落实复垦任务。有条件的地方，应积极组织开展历史遗留工矿废弃地复垦，挖掘补充耕地的潜力。

二、大力开展基本农田建设整理，提高农业综合生产能力

地方各级国土资源部门要大力加强土地整理，重点抓好高标准基本农田建设。在中东部粮食主产区，按流域或水系，将完成补充耕地任务、发展现代农业、统筹城乡发展等多目标有机结合，统一规划，实施高产基本农田示范工程，打造粮食产能核心区；在水土资源丰富地区，以保证耕地总量和国家粮食结构安全为主要目的，实施土地整理开发重大工程，打造粮食战略后备产区；西部要大力开展节水工程，加大对平坝和缓坡耕地的整理力度。通过实施土地整理增加的有效耕地面积，按基本农田予以特殊保护。

要大力加强基本农田的基础性工作，结合第二次土地调查工作，切实查清全国基本农田的数量、质量和分布等情况，并落实到土地利用现状图上。建立全国基本农田数据库，结合每年的土地利用更新调查及时更新，实现基本农田的科学化管理。

三、积极拓展内涵，促进城乡统筹和新农村建设

要结合城乡统筹和新农村建设的总体要求，根据规划确定的土地利用方向和用途，在充分尊重农民意愿，鼓励改变以往项目建设模式，积极稳妥地推进“村庄土地整理”，促进农业生产向规模经营集中，引导农民居住向中心村和小城镇集中。

各地可按照土地利用总体规划的要求，在保护生态环境的前提下，有计划地推进缓坡丘陵地、盐碱地、荒草地等未利用地开发，按照宜农则农、宜林则林、宜建则建的原则，积极拓展土地利用空间。

四、修订专项规划，统筹土地整理复垦开发工作

当前，在新一轮土地利用总体规划修编中，按照既突出补充耕地，又充分体现多功能、精细化管理的要求，抓紧组织修编土地整理复垦开发规划，明确目标任务、重点区域、重大工程和重大项目，切实做好土地整理复垦开发工作。专项规划的修订，要认真做好后备资源的调查、评价和论证，与土地利用总体规划的相关内容同步研究，争取同步实施。各省（区、市）在土地整理复垦开发规划编制中，要突出土地整理复垦开发重大工程和重大项目这个特点，为实施重大工程和重大项目提供依据。

五、加大工作力度，做好资金征收使用监管

省级人民政府授权设区的市（州）批准农用地转用、涉及缴纳新增建设用地土地有偿使用费的，要严格按照《关于调整新增建设用地土地有偿使用费政策等问题的通知》（财综〔2006〕48号）要求执行。要依据法律规定，结合本地实际，积极研究制订土地复垦费的征收办法和标准，并会同有关部门研究落实土地出让收入用于农业土地开发资金办法，足额计提，确保各项费用足额征收，按照规定用途专项使用。

省级国土资源部门要按照国土资源部和财政部联合制订的新增费分配使用管理的有关规定，抓紧制订本省（区、市）新增费分配使用办法，明确分配使用方式、范围和管理规范，并报两部备案。要以重大工程项目为平台，统筹使用好土地整理复垦开发各类专项资金。资金滞留较多、使用不畅的地方，要协同有关部门采取有效措施，疏通使用渠道，确保资金足额使用。

省级国土资源部门要配合财政部门，按照《中央分成新增建设用地土地有偿使用费稽查暂行办法》（财建〔2008〕30号）的要求，做好本地区新增费稽查办法的制订和备案工作。省级国土资源部门每年至少集中一次，对土地整理复垦开发项目实施和验收进行监督检查，通报检查结果，并抄报国土资源部。

进一步加强2006年底前实施的国家投资项目的实施管理。省级国土资源部门要认真负责，确保工程质量和资金合理使用，切实做好项目实施和验收工作。全部项目原则上应于2009年底前竣工验收。涉及项目设计变更的，按照《关于国家投资土地开发整理项目检查情况的通报》（国土资通〔2007〕7号）有关要求，由省级国土资源部门办理。对由于客观原因确实无法实施而拟申请撤销的项目，省级国土资源部门要商请财政部门对项目进行清算，撤销的项目和清算结果报国土资源部和财政部，经两部审核同意后取消项目，取消的项目资金由两部在中央所得新增费分配时扣减。

六、明确工作职责，落实共同责任

土地整理复垦开发项目纵向上实行部级监管、省级负总责、市县人民政府组织实施的管理制度；横向上实行政府主导、国土资源部门牵头、相关部门配合、企业竞争介入、农民参与的管理制度，落实共同责任。

省级国土资源部门应加强本省（区、市）土地整理开发项目和历史遗留工矿废弃地复垦项目的管理工作，督促土地复垦责任人履行复垦义务。重点强化落实国家有关政策、规定和标准，编制实施专项规划，组织实施省级重大工程，指导市、县做好项目管理工作，统筹组织完成土地整理复垦开发、补充耕地和基本农田建设任务。市、县人民政府及国土资源部门主要负责落实部和省（区、市）的有关政策、规定和标准，落实规划，组织土地整理复垦开发项目管理和权属调整，组织群众对项目的听证，组织项目实施和群众参与，加强专项资金管理，开展绩效评价等工作。

各地要加强专门机构和队伍建设，探索从业机构特别是设计、监理机构的资质管理等行业管理办法。有条件的地区，可在大专院校或科研单位建立土地整理复垦开发的研究基地，开展学科和专项课题研究。

七、制订完善政策，建立激励和约束机制

部每年年底前对各省（区、市）土地整理复垦开发项目和补充耕地计划完成情况进行考核，达到或超出计划任务的，给予建设用地计划指标倾斜；非农建设项目占用耕地占补平衡不落实的，扣减相应新增建设用地计划指标。各级国土资源部门要在报批建设用地时，把好专项资金征收关，在依法足额缴纳相关费用后，方可办理用地批准文件；各类非农建设经依法批准占用耕地后，经耕地保护责任目标考核，完成补充耕地计划的，在资金项目安排上予以倾斜。农村建设用地整理应优先用于增加耕地，调剂为建设用地的应纳入建设用地计划，优先用于农村集体建设用地。

积极探索市场化运作模式，引导公司、企业等社会资金参与土地整理复垦开发项目。增加的耕地可在省级国土资源部门统筹安排下有偿使用。有条件的地方，可以尝试建立土地整理复垦开发基金，扩大资金渠道。

八、建立备案制度，全面实施信息化网络监管

土地整理复垦开发实行统一备案制度。各省（区、市）各类土地整理复垦开发项目均需向部动态备案，不备案的，其增加耕地不能计入完成的补充耕地任务，不能用于占补平衡，不予核定和下拨中央分成新增建设用地土地有偿使用费。

部统一开发和应用网络化的土地整理复垦开发项目信息报备系统，全面实施网络监管。省级国土资源部门要按照备案制度和系统建设要求，落实政策措施，推动系统使用，及时报备项目、资金等相关信息。部和省级国土资源部门要通过报备系统审查建设用地“占补平衡”情况，定期分析项目建设、资金征收和使用情况，实施绩效评价和动态监管，落实奖惩措施。同时要利用国土资源综合信息监管平台，与用地审批、土地供应和使用等信息整合联动，为土地管理全方位的监管、决策提供信息支持。

各级国土资源部门要切实管好用好土地整理复垦开发项目信息报备系统，与项目资金稽查、监督检查、动态巡查等有机结合，加强对项目实施、资金征收使用和相关制度执行等情况进行全方位的监督检查，及时发现和纠正问题，规范管理，提高土地整理复垦开发工作管理效能。

九、加大舆论宣传，扩大土地整理复垦开发社会影响

各地要充分运用多种宣传平台和手段，宣传土地整理复垦开发工作的目标任务和方针政策。在系

统总结土地整理复垦开发成效的基础上，充分发挥主流媒体的影响力，组织策划系列活动，宣传典型经验和先进事迹，扩大社会影响面，提高社会认知度。要按照部关于设立土地整理复垦开发项目标志的规定，在各项目区设立标志牌，扩大宣传效果。

二〇〇八年八月二十九日

国土资源部关于进一步做好闲置土地处置工作的意见

（国土资发〔2008〕178号）

各省、自治区、直辖市国土资源厅（国土环境资源厅、国土资源局、国土资源和房屋管理局、房屋土地资源管理局），新疆生产建设兵团国土资源局，各派驻地方的国家土地督察局：

为深入贯彻落实《国务院关于促进节约集约用地的通知》（国发〔2008〕3号）和《国务院关于印发2008年工作要点的通知》（国发〔2008〕15号），进一步做好闲置土地清理处置工作，经研究，提出以下意见：

一、总体要求

各省（区、市）国土资源行政主管部门要切实加强对当地闲置土地处置工作的组织领导和监督检查，严格按照国家有关法律法规、国发〔2008〕3号、国发〔2008〕15号文件和《闲置土地处置办法》（国土资源部令第5号）等有关规定和要求，指导、督促各市、县国土资源行政主管部门对清理出的闲置土地，逐宗调查分析，按照依法依规、区别情况、分类处置和节约集约用地的原则，抓紧开展闲置土地的处置和利用工作，确保闲置土地清理处置工作取得实效。

二、闲置土地清理范围和认定标准

本次闲置土地清理的范围是2007年底前的现状闲置土地，土地性质为经依法批准的国有建设用地。认定闲置土地的标准为：

（一）土地使用者依法取得土地使用权后，未经原批准用地的人民政府或市、县人民政府国土资源行政主管部门同意，超过国有建设用地使用权有偿使用合同或者划拨决定书等约定的动工建设日期满一年以上未动工建设的土地。

（二）国有建设用地使用权有偿使用合同或者划拨决定书未约定动工建设日期的，以国有建设用地使用权有偿使用合同生效或者国土资源行政主管部门颁发建设用地批准书之日起满一年以上未动工建设的土地。

（三）已动工建设但开发建设的面积占应动工开发建设总面积不足三分之一或者已投资额占总投资额不足百分之二十五，且未经市、县人民政府国土资源行政主管部门同意，中止开发建设连续满一年以上的土地。

（四）土地被司法查封的，查封前不符合闲置土地认定标准，司法查封后满一年以上未动工的，可不认定为闲置土地。

认定标准中的“应动工开发建设总面积”是指土地使用者依照国有建设用地使用权有偿使用合同

或者划拨决定书的约定和规划设计条件，应当在规定时间内完成开发建设的土地面积。“开发建设面积”是指“应动工开发建设总面积”中土地使用者已经进行实际投资开发建设的土地面积。“总投资额”是指土地使用者直接投入用于土地开发的资金总额，不包括取得土地使用权的费用和向国家缴纳的相关税费。“已投资额”是指土地使用者已经投入用于土地开发建设的资金总额。

三、闲置土地处置完成的标准

（一）对土地闲置满两年、依法应当无偿收回的，已按法定程序无偿收回国有建设用地使用权，为处置完毕的闲置土地。

（二）对土地使用者依法取得土地使用权后，未经原批准用地的人民政府或市、县人民政府国土资源行政主管部门同意，超过国有建设用地使用权有偿使用合同或者划拨决定书等约定的动工建设日期满一年不满两年未动工建设的闲置土地，已按出让或划拨土地价款的百分之二十或各省（区、市）规定的标准征收土地闲置费的，为处置完毕的闲置土地。

征收土地闲置费后仍未动工建设且又满一年的，由市、县人民政府国土资源行政主管部门报经原批准用地的人民政府批准，依法无偿收回国有建设用地使用权，但对土地闲置的第二年不同时并收土地闲置费。

（三）对其他类型的闲置土地，已采取：1.延长开发建设时间，但最长不得超过1年；2.改变土地用途，办理有关手续后继续开发建设；3.安排临时使用，待原项目开发建设条件具备后，重新批准开发，土地增值的，由政府收取增值地价；4.政府为土地使用者置换其他等价闲置土地或现有建设用地进行开发建设；5.政府采取招标拍卖挂牌等方式确定新的土地使用者，对原建设项目继续开发建设；6.政府有偿收回国有建设用地使用权；7.责令或督促并已经开工等措施进行处置的，为处置完毕的闲置土地。

（四）对因政府原因造成的闲置土地，采取按照实际交款额占应交款额的比例折算，确定相应土地面积给土地使用者使用，其余部分由政府收回的方式进行处置的，为处置完毕的闲置土地。

（五）市、县国土资源行政主管部门已按相关规定拟订好处置方案，并报原批准用地的人民政府，批准后可以实施的，视为处置完毕，但要跟踪管理，切实落实。

（六）对因政府、政府有关部门行为造成的闲置土地，土地使用者不同意处置的，当地市、县国土资源行政主管部门应提出处理意见，报市、县人民政府协调处理。处理意见经批准后可以实施的，视为处置完毕，但要跟踪管理，切实落实。

（七）对因司法查封不能处置的闲置土地，市、县国土资源行政主管部门应提出与相关法院协商意见，待司法查封解除后处置利用。协商意见应报市、县人民政府，经市、县人民政府同意后，国土资源行政主管部门可以与法院进行协商的，视为处置完毕，但要跟踪管理，切实落实。

四、工作要求

市、县国土资源行政主管部门应于2008年10月底前对能够拟订处置方案但未拟订的闲置土地，提出处置方案，报原批准用地的人民政府批准。对不具备拟订处置方案条件的闲置土地，提出处理意见和协商意见，报市、县人民政府同意。填写“闲置土地清理处置情况汇总表”（见附件）后，逐级上报至省级国土资源行政主管部门，如仍有未处置的闲置土地，应附主要原因说明。

各省（区、市）及新疆生产建设兵团国土资源行政主管部门应加强对本地市、县处置闲置土地工作的检查指导，督促按时完成处置工作，并于2008年11月15日前按附件的格式汇总上报国土资源部，同时抄送派驻地方的国家土地督察局。如仍有未处置的闲置土地，应附主要原因说明。

对闲置土地处置未达到规定标准的地区，部将予以督促检查，督促检查后，对在2009年1月底前仍未达到标准的地区，由有关派驻地方的国家土地督察局提出建议，经国家土地总督察同意，向有关地方人民政府提出督察意见并督促整改，由部相应核减其下一年度新增建设用地指标。

附件：闲置土地清理处置情况汇总表（略）

二〇〇八年九月三日

国土资源部　中央农村工作领导小组办公室　住房和城乡建设部　农业部关于开展《国务院办公厅关于严格执行有关农村集体建设用地法律和政策的通知》（国办发〔2007〕71号）贯彻落实情况检查工作的通知

（国土资发〔2008〕188号）

各省、自治区、直辖市国土资源厅（局）、农办（委）、建设厅（委）、农业厅（局），计划单列市国土资源局、农办（委）、建委（建设局）、农业局，新疆生产建设兵团国土资源局、建设局、农业局：

去年年底以来，各地按照《国务院办公厅关于严格执行有关农村集体建设用地法律和政策的通知》（国办发〔2007〕71号）的要求，狠抓依法用地和规范农村集体建设用地管理，取得明显成效。但一些地方在新农村建设中，仍存在违反法律政策和土地利用总体规划，擅自扩大建设用地规模，扩大农民集体所有土地使用范围，圈占农村集体土地的行为。按照国务院领导批示精神，为严格落实国办发〔2007〕71号文件，摸清新农村建设中集体土地使用与管理情况，有效遏制变相圈占农村集体土地、损害农民利益的违法违规行为，依法规范新农村建设中集体建设用地管理秩序，国土资源部、中农办、住房和城乡建设部、农业部决定在全国范围内开展国办发〔2007〕71号文贯彻落实情况检查活动。

现将《国办发〔2007〕71号文贯彻落实情况检查工作方案》印发给你们，请认真组织实施。

国土资源部　中央农村工作领导小组办公室
住房和城乡建设部　农业部
二〇〇八年九月十二日

国办发〔2007〕71号文贯彻落实情况检查工作方案

为严格落实《国务院办公厅关于严格执行有关农村集体建设用地法律和政策的通知》（国办发

〔2007〕71号）的规定，规范新农村建设中集体建设用地管理秩序，坚决制止并依法纠正新农村建设中一些地方圈占农村集体土地的行为，国土资源部、中农办、住房和城乡建设部、农业部决定在全国范围内开展国办发〔2007〕71号文贯彻落实情况检查活动。

一、检查的指导思想

以全面落实科学发展观和党中央、国务院关于严格土地管理、加强土地调控、规范用地秩序的一系列重要指示和重大决策为指导，以督促落实国办发〔2007〕71号文件为目的，依据土地管理法律法规和相关政策规定，摸清新农村建设中集体土地使用与管理情况，重点查处和纠正圈占农民集体土地、损害农民利益的土地违规违法行为，完善政策，健全制度，规范新农村建设中集体建设用地管理秩序，促进经济社会又好又快发展。

二、检查的范围和主要内容

检查的范围：2007年12月30日国办发〔2007〕71号文件下发以来新农村建设中集体建设用地使用与管理情况。对国办发〔2007〕71号文件下发前发生的未经处理的非法占用和使用农民集体土地的行为，不以上述时间为限，均纳入本次检查范围。

检查的主要内容：围绕全面贯彻落实国办发〔2007〕71号文件，针对当前新农村建设中出现的新情况新问题，重点摸清以下四方面情况。

一是新农村建设中借迁村并点、村镇改造、农民新村（农民公寓）建设、城中村改造等名义，违反土地利用总体规划，扩大建设用地规模；违反农村集体建设用地管理的法律和政策规定，擅自扩大农民集体所有土地使用范围的情况。

二是借农业园区建设、规模经营等农业开发名义占用农民集体土地后，违反土地利用总体规划，擅自改变农用地用途进行非农建设的情况。

三是违反土地利用总体规划和土地利用年度计划，规避农用地转用和土地征收审批，通过出租（承租）、承包等方式非法使用农民集体土地进行非农建设的情况。

四是各地出台的与国办发〔2007〕71号文政策规定和精神不一致的规范性文件。对地方各级人民政府及其所属部门出台的有关新农村建设、城中村改造、农村宅基地管理、小城镇建设、村庄改造和农业园区、旅游观光（休闲）农业建设等方面的规范性文件中涉及农村集体土地使用与管理方面的内容，对照国办发〔2007〕71号文进行全面清理。凡存在相关内容和规定与国办发〔2007〕71号文不一致的规范性文件，要按照“谁发布谁纠正”的原则，提请或督促原发布机构予以纠正。

三、工作方法和步骤

检查以省（区、市）为单位组织实施，采取各级自查自纠与上级督导检查相结合的办法，重点是抓好市（县）的自查自纠工作。检查工作大体分为四个阶段。

（一）动员部署阶段（9月底前）

各省（区、市）按照本方案的部署和要求，研究制定本地区检查工作的具体方案，明确工作任务和工作重点，通过会议、文件等形式进行动员和部署。

（二）自查自纠阶段（10月1日至11月15日）

以市、县为单位，按照国办发〔2007〕71号文件的规定和检查工作方案确定的范围和内容，全面摸清辖区内农村集体建设用地使用情况。对检查中发现的问题和群众举报的问题逐一登记造册，逐宗调查核实，全面查清问题后统一登记填表（表格见附件）。对查出的问题，要按照土地管理法律法规和国办发〔2007〕71号文件的规定，准确把握政策界限，严格依法依纪进行处理，该纠正的要立即纠正，该立案查处的要立案查处，该曝光的要公开曝光。

省一级要加强对市、县自查自纠工作的督促指导，特别是要加强对重点地区的指导和监督检查。检查要深入基层，深入群众，广泛听取各方面意见，注重实地查看，掌握实情。要重点抓好重大案件的直查、督办工作，确保处理到位。对国办发〔2007〕71号文件下发以来违法圈占集体土地数量大、非法占用农用地特别是基本农田情节严重、群众反映强烈的大案要案，检查期间边查边犯、顶风作案的，省、市要实行直接查处或跟踪督办。直查、督办案件处理结果要及时予以通报，并报国土资源部、中农办、住房和城乡建设部、农业部备案。

（三）督促检查阶段(11月15日至12月5日)

国土资源部、中农办、住房和城乡建设部、农业部组成若干联合检查组，对部分省（区、市）进行重点检查。省（区、市）要组织力量对所辖区各市（地）、县（市、区）检查工作情况进行全面检查。要指导监督各地抓好大案要案、典型案件的查处工作。对自查自纠工作不认真、处理工作不力的，要予以纠正，跟踪督促落实。

（四）总结整改阶段（12月5日至12月20日）

各省（区、市）在摸清情况、查清问题、依法处理的基础上，认真分析问题产生的原因，制定整改措施，完善制度。要抓好整改措施的落实，特别是要抓好重点地区的整改工作。凡属于履行职责不到位、政策制度不落实等应在近期解决和纠正的问题，必须限期解决；属于政策制度缺失、措施不完善等政策性的问题，要在调查研究的基础上，明确研究解决的措施和期限。对整改不落实，重大问题处理和大要案查处不彻底的要予以通报批评，限期整改。对纠正和查处土地违规违法行为不力的，要按照《违反土地管理规定行为处分办法》规定，严格责任追究；对违法违规问题多发高发的地区，要严格进行问责。对重大典型案件，要从重从快重点查处，公开曝光。

各省（区、市）要在整改的基础上，形成检查专项报告，并于12月31日前分别报送国土资源部、中农办、住房和城乡建设部、农业部。

四、加强组织领导

（一）提高认识，加强领导

为加强检查工作的组织领导，国土资源部、中农办、住房和城乡建设部、农业部共同组成检查工作领导小组，由国土资源部一位部领导任组长。领导小组下设办公室，具体工作由国土资源部有关司（局）负责。各省（区、市）设立相应工作机构，并按照省级政府统一组织实施、负总责的原则，由政府领导亲自抓，确保检查工作顺利进行。同时，各地要建立阶段工作报告、重大问题通报、典型案件督办、违法案件处理结果备案等制度。

（二）明确分工，密切配合

检查工作涉及面广，政策性、社会敏感性较强。地方各有关部门要在政府统一领导下，既明确分工，又要加强协作、密切配合，切实形成合力。对工作中的重大问题，要集体会商，统一思想、统一认识，并及时向党委、政府汇报，取得党委、政府的支持。要建立部门联席办公、联席会议制度，及时通报情况，沟通协调工作，共同研究解决清查处理中的有关政策问题。

（三）广泛宣传，依靠群众

要充分利用广播、电视、报刊、网络等媒体，大力宣传土地管理法律法规和党中央、国务院有关严格土地管理、切实保护耕地的政策规定，宣传检查的重要意义和有关处理政策，保持舆论的高压态势。要定期发布相关信息，通报检查工作的进展情况。要通过媒体及时曝光大案要案的处理情况。要建立土地违法案件举报制度，充分发挥人民群众的监督作用。

（四）建章立制，规范管理

省一级要通过国办发〔2007〕71号文件贯彻落实情况检查活动，认真总结农村集体建设用地使用与管理的典型经验。要及时汇总、分析新农村建设中集体建设用地各项制度和政策贯彻落实情况及存在的主要问题，认真分析问题产生的原因，立足于从管理上查找原因，对尚未建立管理制度的，要限期建立；对制度不落实、政策执行和管理不到位的，要研究落实措施。对检查中发现的新农村建设中的新情况新问题，要结合实际，深入分析，主动加强调查研究；对于普遍性问题，要在调查研究的基础上，推进制度建设，完善农村集体建设用地使用与管理的相关政策措施。对农村集体建设用地流转、设施农业和观光旅游用地、“小产权房”涉及的用地等问题，要结合清查工作，从依法管理土地、完善农村土地制度、规范用地行为、推进城乡统筹等要求出发开展专题研究，从农村土地管理法制、体制、机制等方面推进制度的规范和完善，促进问题的解决，规范新农村建设中集体土地管理秩序。

附件：农村集体建设用地检查情况统计（汇总）表

国土资源部关于加强建设用地动态监督管理的通知

（国土资发〔2008〕192号）

各省、自治区、直辖市国土资源厅（国土环境资源厅、国土资源局、国土资源和房屋管理局、房屋土地资源管理局），解放军土地管理局，新疆生产建设兵团国土资源局，各派驻地方的国家土地督察局,部机关各司局及有关直属事业单位：

为认真贯彻落实国家宏观调控政策，加强和规范建设用地全面、全程监督管理，促进各项建设用地依法依规、节约集约利用，依据土地管理法律法规和国家土地督察有关规定，现通知如下：

一、切实加强对建设用地的监管

按照全面监管、全程监督的要求，要切实加强对建设用地的审批、供应、利用和补充耕地、违法用地查处（以下简称“批、供、用、补、查”）等有关情况的动态监管。

（一）建设用地审批监管。监督地方政府建设用地审批权限、规划计划执行、征地补偿安置、耕地占补平衡、新增建设用地土地有偿使用费收缴等情况；省级政府审核同意城市农用地转用和土地征收实施方案与市、县政府实施征地等情况。

（二）建设用地供应监管。监督市、县政府落实工业、经营性项目招标拍卖挂牌出让方式供地，供地计划、程序、结果信息公开，土地划拨决定书或土地出让合同签订等情况；城市建设用地供地结构情况，特别是经济适用房、廉租住房和中低价位、中小套型普通商品住房等用地占居住用地供应总量比例情况。

（三）建设用地利用监管。监督法规政策禁止、限制供地和各类建设用地标准落实情况；用地单位依照划拨决定书或土地出让合同确定的面积、用途、容积率、绿地率、建筑密度、投资强度等建设条件和标准使用土地，项目开、竣工时间以及土地开发利用与闲置等情况。

（四）补充耕地监管。监督各地按照“先补后占”要求落实补充耕地情况；用地单位履行补充耕地义务，自行补充耕地或按规定缴纳耕地开垦费后有关责任单位完成补充耕地情况。

（五）违法用地查处监管。监督对各类违法违规用地的查处情况，重点是非法征占农用地及土地违法违规重大案件的查处等情况；地方政府和国土资源部门对违法违规用地的发现、制止、查处和报告情况。

二、加快构建统一的监管平台

各地要按部要求，全面运用建设用地监管信息系统。部结合金土工程建设，尽快建立国家土地督察业务系统，探索建立国家土地督察巡查监控系统和土地违法违规网上督察举报系统，并纳入国土资源管理业务网。督察信息与各建设用地监管系统信息实现共享，运用计算机网络技术、全球定位系统和遥感监测系统，构建统一的网络监管平台，提高建设用地监管水平。

（一）建设用地审批备案系统

各省（区、市）国土资源部门要按照《关于进一步加强和改进建设用地备案工作的通知》（国土资发〔2007〕326号）要求，应用建设用地审批备案系统，通过国土资源业务网向部实时报送批准用地的位置、面积、用途、耕地占补平衡等信息，以及违法用地依法查处后补办用地手续等有关信息。

（二）土地市场动态监测与监管系统

市、县国土资源部门要按照土地供应与利用信息备案的有关要求，应用建设用地供应备案系统、土地市场动态监测系统和土地交易合同网上填报服务系统，通过国土资源业务网向部实时报送供地面积、用途、方式、容积率、绿地率、建筑密度、投资强度和项目开、竣工时间等土地供应与利用信息。未开通国土资源业务网的市、县，通过互联网报送相关信息。

（三）土地整理复垦开发项目信息备案系统

省级国土资源部门要按照部土地整理复垦开发项目备案和相关信息系统建设的要求，建立土地整理复垦开发项目数据库，通过国土资源业务网实时向部报送项目立项、实施、验收、补充耕地数量、质量和资金等信息。

（四）国土资源执法监察管理信息系统

地方各级国土资源部门要按照《关于推广应用国土资源执法监察管理信息系统（网络版）的通知》（国土资厅发〔2007〕221号）要求，应用系统开展案件查处、案件统计和卫片检查等执法监察工作，通过国土资源业务网实时逐级向部报送相关信息。未开通国土资源业务网的市、县，通过电子报盘等方式报送相关信息。

（五）加快建立全国土地利用监管“一张图”

部建立集遥感信息、土地利用现状及变化信息于一体的全国土地利用监管“一张图”。在信息资源共享基础上，各省（区、市）国土资源部门也要相应建立本辖区土地利用“一张图”，适时对土地利用总体规划修编和土地区位调整、征占用耕地、土地供应、土地开发利用以及违法违规用地案件查处等查对分析，强化对建设用地的动态监管。

（六）建设监管平台

集成各监管信息系统和全国土地利用“一张图”，形成统一的建设用地监管平台。以“一张图”为基础，结合土地利用总体规划，运用实时获取的建设用地“批、供、用、补、查”和国家土地督察等信息，分析土地利用变化情况，实施建设用地动态监管，实现“以图管地”。

三、落实监管责任

加强建设用地全面、全程监管是国土资源管理的一项重要任务。各级国土资源部门要充分认识监管工作的重要性，明确职责，建章立制，周密部署，落实任务；部内相关司局与国家土地督察机构应各司其职，密切配合，按照“整合力量、做好衔接、确保效果”的要求，共同做好监管工作。

（一）统筹部署建设用地监管工作

部加强各监管系统建设，完善运行制度，构建国家统一的监管平台；适时组织开展建设用地专项监督检查，分析评价和通报监管情况；督导地方建设用地监管工作，对存在的问题督促整改；各派驻地方的国家土地督察局按职责重点开展日常监管工作。

（二）省级主要组织落实建设用地监管任务

省级国土资源部门按照监管工作和监管信息系统建设要求，根据本地实际，建立本地区的建设用地监管平台；每年组织开展建设用地“批、供、用、补、查”监督检查，总结情况，发现问题，督促市、县及时整改；严格按照部有关要求，认真组织做好监管信息报备工作。

（三）市、县主要做好建设用地监管的基础工作

市、县国土资源部门结合土地执法动态巡查、建设项目竣工土地检查核验、土地变更调查等相关业务工作，积极开展建设用地供应、利用、补充耕地和违法用地等情况的日常监督检查；落实整改要求，对发现的问题及时进行整改；严格按照监管信息系统规定要求，对日常监督检查情况实行信息化管理，及时上报监管信息，并确保信息真实准确。

四、强化监管措施

各地要采取有力措施，加强检查指导，对监管工作中出现的问题，及时纠正和整改，确保监管效果。

（一）明确信息报备责任

省级国土资源部门要严格按照部建设用地备案、土地市场动态监测、土地整理复垦开发项目备案、国土资源执法监察和国家土地督察等有关规定要求，在督促指导市、县信息报送基础上，及时汇总报备建设用地监管信息。各级国土资源部门主要负责人是信息报备工作的第一责任人，要将报备情况纳入考核国土资源部门主要负责人和国土资源管理工作的重要内容。

对未按规定要求及时向部报备监管信息的，或发现虚报、瞒报的，部将通报批评，责令改正；逾期未改正的，部电子政务系统将暂停受理该省（区、市）用地预审和用地申报。

（二）加强实地监督检查

省级国土资源部门要按照部建设用地监管工作部署，结合相关业务工作，通过组织自查或互查，每年集中开展一至两次建设用地的实地监督检查，检查情况及时报部。

各派驻地方的国家土地督察局要按照农用地转用和土地征收事项督察的有关规定，利用地方抄送的建设用地报备信息与部建设用地监管平台、媒体反映、群众举报等各种信息，对建设用地“批、供、用、补、查”等情况进行日常监督检查和实地核查，每半年形成督察区域内督察情况评估报告，报国家土地总督察。

根据督察情况和部监管信息，发现建设用地中存在突出问题的，适时组织专项实地监督检查。

（三）坚决纠正存在的问题

监管中发现存在批而未供、供而未用、未批先用、补充耕地不落实等问题的，要依据建设用地审批管理、土地执法和国家土地督察有关规定及时制止和纠正。对涉及违反土地管理规定的有关单位或个人，要坚决按照监察部、人力资源和社会保障部、国土资源部《违反土地管理规定行为处分办法》（第15号令）严肃查处，追究相关责任人的责任。对问题严重的地区，有关派驻地方的国家土地督察局依据规定，督促地方政府进行纠正、整改或报请国家土地总督察责令限期整改。责令限期整改期间，暂停被责令限期整改地区的农用地转用和土地征收的受理和审批。

（四）总结通报监管情况

部根据动态监管、地方监督检查和国家土地督察等情况，每年就建设用地监管工作进行全面总结，对建设用地“批、供、用、补、查”进行综合分析，提出对策措施，有关情况予以通报。

二〇〇八年九月二十一日

国土资源部　农业部关于加强国有农场土地使用管理的意见

（国土资发〔2008〕202号）

各省、自治区、直辖市国土资源厅（国土环境资源厅、国土资源局、国土资源和房屋管理局、房屋土地资源管理局）、农垦国有农场主管部门，新疆生产建设兵团办公厅：

为进一步贯彻落实《国务院办公厅转发<国土资源部农业部关于依法保护国有农场土地合法权益意见>的通知》（国办发〔2001〕8号），保护好国有土地资源，规范国有农场土地管理行为，维护国有农场的合法权益，促进国有农场经济社会的可持续发展，现就加强国有农场土地管理提出如下意见：

一、对国有农场耕地实行最严格的保护制度

国有农场土地是确保国家粮食等重要农产品安全的基础，必须实行最严格的保护制度。土地利用总体规划确定的国有农场基本农田保护区，任何单位和个人不得擅自占用或擅自改变用途。建设项目确需占用国有农场基本农田或改变其用途的，必须报国务院批准。地方各级国土资源行政主管部门应认真履行职责，对占用国有农场基本农田的建设项目，要加强审核。地方各级国有农场主管部门要积极协助国土资源行政主管部门开展审核工作。

国有农场应按照《基本农田保护条例》的要求，利用农用地分等定级成果，做到地块、面积、标

志、档案、措施、责任制“六落实”，确保基本农田总量不减少、用途不改变、质量有提高。国有农场要加强土壤肥力监测和质量动态管理，建立基本农田地力与施肥效益长期定位监测网点，定期对基本农田环境污染进行监测和评价，监测和评价结果报国有农场主管部门备案。

国有农场主要领导对农场耕地保护工作负领导责任。国有农场主管部门应将耕地保护状况作为对国有农场主要领导的考核指标，与绩效挂钩。

二、加快国有农场土地确权发证工作

土地登记是土地管理的重要环节，依法登记的国有农场土地使用权受法律保护。各地要加大土地确权力度，加快推进国有农场土地登记工作，对国有农场依法申请登记并提交符合要求的土地登记申请资料，经审核权属来源合法、界址清楚、面积准确、无争议的土地，要尽快登记发证。对存在土地权属争议的，要严格按照国办发〔2001〕8号文件及相关法律规定依法调处，确定权属并登记发证。自本意见下发之日起，对符合登记发证条件的，各地应在两年内基本完成国有农场土地的登记发证工作。

三、规范国有农场土地使用权收回行为

因国家经济建设或地方公益性建设需要收回国有农场农用地的，需依法办理农用地转用审批手续，并参照征收农民集体土地的补偿标准进行补偿；需要收回国有农场建设用地的，参照征收农民集体建设用地的补偿标准进行补偿，保障农场职工的长远生计。收回的国有农场土地使用权，按照国有土地使用权供应的规定，办理供地手续。严禁擅自通过调整国有农场隶属关系、撤销国有农场建制等方式收回国有农场土地或改变国有农场农用地用途。

对拟收回的国有农场土地使用权，在依法报批前，必须将拟收回土地的用途、位置、补偿标准、安置途径告知该农场和所涉及的职工。对拟收回土地的现状调查结果，必须经该农场和所涉及的职工确认，并将该农场和所涉及职工的知情、确认等有关材料作为收回土地报批的必备材料。

依法收回国有农场土地使用权，应给予经济补偿。经济补偿参照征收农民集体土地的补偿标准计算，并安排相应的社会保障费用。国有农场因土地被收回而不具备失地职工基本安置条件的，各地应将失地职工纳入当地城镇职工再就业体系。具备安置条件的，在安排失地职工新的劳动岗位后，国有农场可将土地补偿费和安置补助费用于农场基本农田的建设保护和补充社会保障资金。

四、节约集约利用国有农场土地

各地要加强国有农场土地利用计划管理，国有农场新增建设用地应纳入当地土地利用年度计划。凡不符合规划、没有新增建设用地计划指标的，不得申请使用国有农场土地进行非农建设。国有农场兴办二、三产业和招商引资新建非农建设项目需要使用国有农场土地的，也必须依法办理农用地转用审批手续和土地供应手续。国有农场规模化畜禽养殖用地，参照《关于促进规模化畜禽养殖有关用地政策的通知》（国土资发〔2007〕220号）的有关规定执行。

城市建设规划区范围外的农场职工住宅用地，可暂按划拨用地供应，同时要严格控制用地标准。

国土资源行政主管部门组织修编土地利用总体规划，要征求国有农场主管部门和国有农场的意见，保障国有农场经济社会可持续发展。

国有农场应根据经济社会发展规划和土地利用总体规划，统筹安排，合理利用土地。要加快国有农场居民点撤并工作，引导职工向场镇居民点集中居住。腾退出来的土地，能复垦的要及时复垦。

国有农场要积极进行土地整理复垦开发。在省级土地利用总体规划和土地整理复垦开发专项规划

指导下，由省级农垦主管部门统一组织国有农场按照项目管理要求，向项目所在地县级以上国土资源行政主管部门申报。

五、严厉查处违法侵占国有农场土地行为

各地要加强对国有农场土地利用情况的监督检查，严肃查处擅自改变土地用途和非法侵占国有农场土地的行为，特别是国家机关及其工作人员违法批准收回国有农场土地和违法低价转让国有农场土地使用权的行为。已经登记的国有农场土地被周边农村集体、农民个人以及其他单位非法侵占的，要坚决依法责令退回。

六、加强对国有农场土地管理工作的领导

各地要充分认识国有农场土地管理的重要性，坚决贯彻执行中央关于加强土地管理的各项政策措施。坚持依法行政，切实维护国有农场土地使用权人合法权益。地方各级国土资源行政主管部门要发挥对国有农场土地管理的主导作用，认真履行职责，加大工作力度，加强对派驻垦区机构的领导，提高管理水平。地方各级国有农场主管部门对国有农场土地管理工作负有重要责任。要改善管理方式，主动配合国土资源行政主管部门，加强国有农场土地管理，规范国有农场用地行为。大型垦区和集团化垦区应设立专门机构，明确工作职责，切实加强对所属国有农场土地的管理工作，提高土地利用效率。

二〇〇八年十月十三日

国土资源部　最高人民检察院　公安部关于国土资源行政主管部门移送涉嫌国土资源犯罪案件的若干意见

（国土资发〔2008〕203号）

各省、自治区、直辖市国土资源厅（局）、人民检察院、公安厅（局），解放军土地管理局、军事检察院，新疆生产建设兵团国土资源局、人民检察院、公安局：

为规范国土资源行政主管部门向人民检察院和公安机关移送涉嫌国土资源犯罪案件，依法惩处国土资源犯罪行为，依据《中华人民共和国刑法》、《中华人民共和国刑事诉讼法》、《行政执法机关移送涉嫌犯罪案件的规定》（国务院2001年第310号令）及有关规定，提出以下意见。

一、关于移送范围和移送机关

（一）国土资源犯罪案件，主要是指涉及以下罪名的案件：

1.非法转让、倒卖土地使用权罪（《刑法》第228条）；

2.非法占用农用地罪（《刑法》第342条）；

3.非法采矿罪（《刑法》第343条第一款）；

4.破坏性采矿罪（《刑法》第343条第二款）；

5.非法批准征用、占用土地罪（《刑法》第410条）；

6.非法低价出让国有土地使用权罪（《刑法》第410条）；

7.国家工作人员涉及危害国土资源的贪污贿赂、渎职等其他职务犯罪案件。

（二）县级以上国土资源行政主管部门在依法查处国土资源违法行为过程中，发现有符合最高人民检察院和国土资源部《关于人民检察院与国土资源行政主管部门在查处和预防渎职等职务犯罪工作中协作配合的若干规定（暂行）》（高检会〔2007〕7号）第五条和第六条规定情形，根据最高人民检察院《关于人民检察院直接受理立案侦查案件立案标准的规定（试行）》（高检发释字〔1999〕2号）和最高人民检察院《关于渎职侵权犯罪案件立案标准的规定》（高检发释字〔2006〕2号），涉嫌渎职等职务犯罪，依法需要追究刑事责任的，应当依法向人民检察院移送。

县级以上国土资源行政主管部门在依法查处国土资源违法行为过程中，发现非法转让倒卖土地使用权、非法占用农用地、非法采矿或者破坏性采矿等违法事实，涉及的土地或者占用农用地的面积、国土资源财产损失数额、造成国土资源破坏的后果及其他违法情节，达到最高人民法院《关于审理破坏土地资源刑事案件具体应用法律若干问题的解释》（法释〔2000〕14号）和《关于审理非法采矿、破坏性采矿刑事案件具体应用法律若干问题的解释》（法释〔2003〕9号）等规定的标准，涉嫌犯罪，依法需要追究刑事责任的，应当依法向公安机关移送。

二、关于移送证据

（三）移送涉嫌国土资源犯罪案件，需要对造成矿产资源破坏的价值进行鉴定的，由省级国土资源行政主管部门按照国土资源部《非法采矿、破坏性采矿造成矿产资源破坏价值鉴定程序的规定》（国土资发〔2005〕175号）出具鉴定结论；需要对耕地破坏程度进行鉴定的，由市（地）级或者省级国土资源行政主管部门出具鉴定结论。

（四）国土资源行政主管部门在查处国土资源违法行为过程中，应当收集并妥善保存下列有关证据资料：

1.国土资源违法行为调查报告；

2.调查记录或询问笔录；

3.有关鉴定结论；

4.现场调查时的勘测和音像资料；

5.其他可以保存的实物证据和资料。

三、关于移送程序

（五）国土资源行政主管部门在查处国土资源违法行为过程中，发现有符合移送条件的案件，应当由本部门正职负责人或者主持工作的负责人审批。

收到报告的负责人应当自接到报告之日起3日内作出是否批准移送的决定。决定移送的，应当在24小时内办理向同级人民检察院或者公安机关移送手续；决定不移送的，应当将不予批准的理由记录在案。

（六）国土资源行政主管部门向人民检察院或者公安机关移送涉嫌国土资源犯罪案件，应当附有下列材料：

1.涉嫌国土资源犯罪案件移送书；

2.涉嫌国土资源犯罪案件情况的调查报告；

3.涉案物品清单；

4.有关鉴定结论；

5.其他有关涉嫌犯罪的材料。

对国土资源违法行为已经作出行政处罚决定的，应当同时移送行政处罚决定书和作出行政处罚决定的证据资料。

（七）人民检察院对国土资源行政主管部门移送的案件线索，应当及时进行审查，依法决定是否立案。对决定立案的，应当及时将立案情况通知移送单位；对决定不予立案的，应当制作不予立案通知书，写明不予立案的原因和法律依据，送达移送案件的国土资源行政主管部门，并退还有关材料。

（八）国土资源行政主管部门对人民检察院不予立案的决定有异议的，可以在收到不予立案通知之日起5日内，提请作出不予立案决定的人民检察院复议，人民检察院应当自收到复议申请之日起30日内作出复议决定。

人民检察院决定不立案，或者在立案后经侦查认为不需要追究刑事责任，作出撤销案件或不起诉决定的，认为应当追究党纪政纪责任的，应当提出检察建议连同有关材料一并移送有关纪检监察机关或者任免机关处理，并通知移送案件的国土资源行政主管部门。

（九）公安机关对国土资源行政主管部门移送的案件应当自接收移送案件之日起3日内，依法进行审查，作出立案或者不予立案决定，书面通知移送案件的国土资源行政主管部门。决定不予立案的，应当说明理由并同时退回案卷材料。对不属于本机关管辖的，应当在24小时内转送有管辖权的机关，并书面通知移送案件的国土资源行政主管部门。

公安机关违反国家有关规定，不接收国土资源行政主管部门移送的涉嫌国土资源犯罪案件，或者逾期不作出立案或者不予立案决定的，国土资源行政主管部门可以建议人民检察院依法进行立案监督，或者报告本级或者上级人民政府责令改正。

（十）国土资源行政主管部门应当在向公安机关移送案件后的10日内向公安机关查询立案情况。对公安机关不予立案通知书有异议的，国土资源行政主管部门应当自收到不予立案通知书之日起的3日内，提请作出不予立案决定的公安机关复议。

作出不予立案决定的公安机关应当自收到国土资源行政主管部门提请复议的文件之日起3日内，作出复议决定并书面通知提出复议申请的国土资源行政主管部门；国土资源行政主管部门对公安机关不予立案的复议决定仍有异议的，应当自收到复议决定通知书之日起3日内建议人民检察院依法进行立案监督。

（十一）国土资源行政主管部门对公安机关决定不予立案的案件，应当依法作出处理。其中，依照有关法律、法规或者规章的规定应当给予行政处罚的，应当依法实施行政处罚，同时将《行政处罚决定书》抄送同级人民检察院；应当追究有关责任人员党纪政纪责任的，应当将案件移送有关纪检监察机关或者任免机关处理。

四、其他

（十二）国土资源行政主管部门应当支持、配合人民检察院或者公安机关的侦查和调查工作，根据需要提供必要的调查数据和其他证据材料。

国土资源行政主管部门对正在查办的重大违法案件，必要时可以邀请人民检察院、公安机关派员参加相关调查工作。

人民检察院、公安机关认为国土资源行政主管部门正在查办的案件涉嫌犯罪，要求提前介入或者参加案件讨论的，国土资源行政主管部门应当给予支持和配合。

（十三）国土资源行政主管部门违反本规定，对涉嫌犯罪的案件应当移送人民检察院或者公安机关而不移送，或者以行政处罚代替移送的，上级国土资源行政主管部门应当责令改正，给予通报；拒不改正的，对其正职负责人或者主持工作的负责人给予记过以上处分；构成犯罪的，依法追究刑事责任。

各级国土资源行政主管部门和人民检察院、公安机关在办理危害国土资源犯罪案件中要进一步加强协调和沟通，定期或不定期召开联席会议，适时通报查办案件工作情况、研究案件移送中遇到的法律政策问题、研究阶段性工作重点和措施等，形成打击危害国土资源犯罪的合力。在实施中遇到的问题，应当及时协商解决，重大问题应呈报国土资源部和最高人民检察院、公安部解决。

二〇〇八年九月八日

最高人民法院　最高人民检察院　公安部　国土资源部 关于在查处国土资源违法犯罪工作中 加强协作配合的若干意见

（国土资发〔2008〕204号）

各省、自治区、直辖市高级人民法院、人民检察院、公安厅（局）、国土资源厅（局），解放军军事法院、军事检察院、土地管理局，新疆维吾尔自治区高级人民法院建设兵团分院，新疆生产建设兵团人民检察院、公安局、国土资源局：

为加强国土资源行政主管部门与人民法院、人民检察院、公安机关之间的沟通联系，建立相应工作机制，及时制止和有效查处国土资源违法犯罪行为，根据相关法律法规，提出以下意见。

一、建立联席会议工作制度

国土资源部与最高人民法院、最高人民检察院、公安部建立制止和查处国土资源违法犯罪行为联席会议工作制度。国土资源部为牵头单位，最高人民法院、最高人民检察院和公安部为成员单位。国土资源部分管部领导担任联席会议召集人，各成员单位分管的部级领导及有关司（局、厅、庭、室）负责同志为联席会议成员。各成员单位确定一名处级干部为联络员。联席会议原则上每年召开一次例会。联席会议设办公室，由各成员单位有关司（局、厅、庭、室）负责同志和联络员组成。联席会议办公室设在国土资源部，承担联席会议的日常工作，督促落实联席会议议定事项。联席会议办公室根据工作需要，可临时召集办公室成员会议。

联席会议主要通报涉及国土资源违法犯罪案件查处的工作情况；研究国土资源违法犯罪形势，分析新情况、新问题；协调解决工作配合上存在的重大问题；研究制定预防和查处国土资源违法犯罪行为的措施；研究决定当年需要联席会议成员单位督办的重大国土资源违法犯罪案件；联席会议成员单位认为需要提请联席会议讨论和研究的其他事项。

地方各级国土资源行政主管部门、人民法院、人民检察院、公安机关根据需要建立制止和查处国土资源违法犯罪行为联席会议工作制度。

二、建立信息情况通报制度

各级国土资源行政主管部门、人民法院、人民检察院、公安机关根据需要建立信息情况通报制度，及时通报和交换相关信息。有条件的地方，在加强保密工作的前提下，充分利用计算机信息管理技术，依托政务局域网络，实现国土资源行政主管部门管理信息系统与人民法院、人民检察院、公安机关的信息联网共享。国土资源行政主管部门要及时向人民法院、人民检察院和公安机关通报国土资源违法犯罪案件查处情况、移送涉嫌犯罪案件情况；人民法院、人民检察院和公安机关要及时向国土资源行政主管部门通报有关国土资源违法犯罪案件的立案查处和审判情况，以及申请强制执行案件的执行情况。

三、建立制止违法犯罪行为的联系配合机制

国土资源行政主管部门在制止国土资源违法犯罪行为过程中，要注意方式方法，避免引发群体性事件，影响社会稳定。一旦出现暴力抗法或者引发群体性事件，公安机关要依法妥善处置。处置工作中，要坚持“三个慎用”原则，以教育疏导为主，防止矛盾激化。各级国土资源行政主管部门和公安机关要建立专门的联系渠道，确定具体负责日常工作联系的部门和人员，切实加强执法衔接与沟通配合。

四、加强涉嫌犯罪案件调查中的协助配合

各级国土资源行政主管部门与人民检察院、公安机关在调查国土资源违法犯罪案件过程中要互相协助和支持。

人民检察院、公安机关查办涉嫌国土资源违法犯罪案件，根据需要可以邀请同级国土资源行政主管部门派员协助，或者向有关国土资源行政主管部门调取查办案件所需的相关材料；就政策性、专业性问题提出咨询的，相关国土资源行政主管部门应当予以协助配合。

国土资源行政主管部门查办涉嫌国土资源违法犯罪案件，根据需要可以邀请同级人民检察院、公安机关派员协助调查或参加案件讨论；就罪与非罪、此罪与彼罪的界限，证据的固定和保全等问题向人民检察院、公安机关进行咨询；对有证据证明涉嫌犯罪的，应依法移送人民检察院或者公安机关，如果行为人可能逃匿或者销毁证据，应在移送时一并告知受理案件机关。

人民检察院、公安机关在侦查、批准逮捕、公诉过程中，需要确定耕地破坏程度的，可以向国土资源行政主管部门提出申请，由国土资源行政主管部门出具鉴定结论，并及时向申请单位提供。矿产资源破坏价值的鉴定，按照最高人民法院《关于审理非法采矿、破坏性采矿刑事案件具体应用法律若干问题的解释》（法释〔2003〕9号）和国土资源部《非法采矿、破坏性采矿造成矿产资源破坏价值鉴定程序的规定》（国土资发〔2005〕175号）办理。

五、积极做好违法犯罪案件移送工作

各级国土资源行政主管部门、人民检察院、公安机关在查办国土资源违法犯罪案件过程中，要严格按照国务院《行政执法机关移送涉嫌犯罪案件的规定》（国务院2001年第310号令）、最高人民检察院、全国整顿和规范市场经济秩序领导小组办公室、公安部、监察部《关于在行政执法中及时移送涉嫌犯罪案件的意见》（高检会〔2006〕2号） 和国土资源部、最高人民检察院、公安部《关于国土资源行政主管部门移送涉嫌国土资源犯罪案件的若干意见》(国土资发〔2008〕203号)做好案件移送工作。国土资源行政主管部门发现国家机关工作人员有非法批准征用、占用土地、非法低价出让国有土地使用权以及其他贪污贿赂、渎职等行为，达到刑事追诉标准、涉嫌犯罪的，要依法及时向人民检察院移送；发现单位或者个人有非法转让、倒卖土地使用权、非法占用农用地、非法采矿、破坏性采矿等行为，达到刑事追诉标准、涉嫌犯罪的，要依法及时向公安机关移送。

国土资源行政主管部门、人民检察院、公安机关要建立移送工作制度，进一步规范案件移送工作。

六、加强对重大问题的研究

当前国土资源非诉行政执行案件难以执行到位、国土资源违法犯罪行为难以有效遏制、国土资源违法犯罪人员难以得到应有的法律制裁等问题非常突出，严重影响了国土资源的保护和合理利用。国土资源部将配合最高人民法院、最高人民检察院、公安部对有关问题进行认真调查研究，在坚持依法、有效原则的前提下，由最高人民法院、最高人民检察院、公安部按照各自职权范围，适时出台有关司法解释或者规范性文件，逐步加以解决。

最高人民法院 最高人民检察院
公安部 国土资源部
二〇〇八年九月二十八日

国土资源部关于印发《土地市场和矿业权市场诚信体系建设实施方案》的通知

（国土资发〔2008〕228号）

各省、自治区、直辖市国土资源厅（国土环境资源厅、国土资源局、国土资源和房屋管理局、房屋土地资源管理局），计划单列市国土资源行政主管部门，新疆生产建设兵团国土资源局，中国地质调查局及部其他直属单位，部机关各司局，中国矿业联合会，中国土地估价师协会，中国矿业权评估师协会：

为贯彻落实中央治理商业贿赂领导小组《关于在治理商业贿赂专项工作中推进市场诚信体系建设的意见》（中治贿发〔2008〕2号）等文件精神，全面推进土地市场和矿业权市场诚信体系建设，部制定了《土地市场和矿业权市场诚信体系建设实施方案》，现予印发，请遵照执行。

二〇〇八年十一月十四日

土地市场和矿业权市场诚信体系建设实施方案

为贯彻落实中央治理商业贿赂领导小组《关于在治理商业贿赂专项工作中推进市场诚信体系建设的意见》（中治贿发〔2008〕2号）等文件精神，全面推进土地市场和矿业权市场诚信体系建设，制定本方案。

一、工作目标

以科学发展观为统领，以培育土地使用权人、矿业权人、土地及矿业权评估机构及执业人员、地质勘查单位等良好信用为重点，与推行政务公开和电子政务、土地使用权和矿业权招标拍卖挂牌制度相结合，力争在2010年前后，初步形成以信用档案为基础、信用等级为标准、惩戒和激励为手段的国土资源市场诚信体系及运行机制。

二、主要任务

总体要求是，推进公开公平公正的土地和矿业权市场制度建设，强化对市场交易行为的监管，推动土地和矿业权评估行业职业服务标准化，健全优化相关行业诚信档案和行业信息系统，营造崇尚市场诚信的良好风气。具体如下：

（一）推行行政行为公开公正，促进市场诚信体系建设

认真贯彻落实《政府信息公开条例》、《未来五年反腐败工作规划》、《关于社会信用体系建设的若干意见》和《国土资源管理系统行政为民和工作人员禁令》。深化改革，“阳光”行政。土地市场方面，要进一步严格招标拍卖挂牌程序和土地出让合同实施监管，全面落实土地出让、划拨结果公示制度，带头履行合同，维护公平竞争，塑造诚信政府形象。当前要特别重视贯彻十七届三中全会精神，加强对农村集体建设用地流转的监管。矿业权市场方面，全面准确贯彻落实矿业权分类出让管理制度，建立省级政府重点矿产开发项目协议出让矿业权的设立审批程序，严格控制并规范管理协议出让的范围与数量；加强信息化建设，推行采矿权统一配号制度；在矿产资源开发整合中遵守政府依法诚信原则，维护矿业权人合法权益。依法加强对中介机构和行业的监管，严格地质勘查市场准入机制。制定《土地评估管理办法》、《地质勘查单位信用等级评价管理办法》，发挥部门户网、协会网和行业报刊网站的公示阵地作用，及时披露、发布相关信息。

（二）建立市场诚信记录，夯实诚信体系建设基础

在土地及矿业权出让中，依托“金土工程”等现有信息平台，建立土地使用权人、矿业权人、地质勘查单位依法公平获得土地使用权、矿业权和地质勘查资质以及依法履行合同的信用档案。建立土地和矿业权评估中介机构的信用档案。充分发挥土地、矿业权评估行业协会的作用，定期对评估机构、执业人员以及评估报告等成果进行跟踪管理，强化基础信息记录和信用档案管理。建立评估行业信息公开机制，及时发布评估机构执业情况历史记录等信息。

（三）加强监管，建立失信惩戒和守信激励制度

研究制定土地和矿业权市场、地质勘查单位信用等级评价方法、标准，以及诚信等级升降的激励与惩戒具体措施。在此基础上，根据市场诚信记录，将土地、矿业权及地质勘查等相关管理工作与诚信等级相挂钩，在土地、矿业权市场及地质勘查行业中，建立实施失信“黑名单”制度，根据诚信等级，在出让、评估、资质管理，以及贷款融资、税费征收等政策中予以差别化管理。

（四）适时组织开展市场诚信主题宣传活动

加强全系统工作的组织、引导、监督和经验推广交流。以构建诚信政府和评估市场为核心，以国土资源部门为主导，以评估行业协会和评估评审机构及估价、评估师为主力，以互联网、国土资源报以及相关期刊媒体为平台，侧重正面典型案例宣讲为先导，组织开展不同层面、形式多样、内容丰富多彩的部门和行业诚信宣传教育活动，不断强化和提高国土资源管理机关和行业协会的诚实守信、自觉抵制和反对商业贿赂的意识，营造奉公守法、诚信执业的良好氛围和社会风尚。

三、组织方式

土地市场和矿业权市场诚信体系建设是整个市场诚信体系建设的有机组成部分。部将组织部机关

及相关直属事业单位全面落实，同时加强对全国国土资源系统的指导。各级国土资源部门积极配合当地政府建设市场诚信体系，组织当地土地、矿业权评估行业协会、评估队伍以及地质勘查行业推进工作。引入公众参与和传媒监督机制，加强督促检查，及时总结经验教训和提出改进意见，确保按期完成上述任务，取得预期成效。

四、任务分工

本方案涉及的土地市场诚信体系建设任务，由部土地利用司负责落实，中国土地估价师协会等配合；矿业权市场诚信体系建设任务，由部矿产开发管理司负责落实，地质勘查司、矿产资源储量司、储量评审中心、中国矿业联合会、中国矿业权评估师协会等配合；构建地质勘查行业诚信体系，由地质勘查司牵头，中国矿业联合会等配合；部信息中心提供相关技术支持；国土资源报社为宣传主体；部治理商业贿赂办公室负责相关的组织协调工作，驻部纪检组监察局负责指导监督。

各省级国土资源行政主管部门在当地党委、政府的统一领导部署下，根据本方案，制定符合本地实际的具体方案，全面推进土地市场和矿业权市场诚信体系建设。

国土资源部关于为扩大内需促进经济平稳较快发展做好服务和监管工作的通知

（国土资发〔2008〕237号）

各省、自治区、直辖市国土资源厅（国土环境资源厅、国土资源局、国土资源和房屋管理局、房屋土地资源管理局、规划和国土资源局），计划单列市国土资源行政主管部门，新疆生产建设兵团国土资源局，各派驻地方的国家土地督察局：

为积极应对复杂多变的经济形势，党中央、国务院作出了进一步扩大内需促进经济平稳较快发展的重大决策。各级国土资源管理部门要坚决贯彻落实中央决策部署，认真履行部门职责，按照“积极主动服务，严格规范管理”的总体要求，为扩大内需促进经济平稳较快发展提供保障和服务，加强监管和督察。现将有关政策措施和监管要求通知如下：

一、统一认识、迅速行动

（一）各级国土资源管理部门要认真学习、全面理解和准确把握中央精神实质，把思想和行动尽快统一到中央的决策部署上来，统一到贯彻落实科学发展观的要求上来。把促进经济平稳较快发展作为当前国土资源工作的重中之重，迅速行动，积极主动服务，严格规范管理，切实做好扩大内需促进经济平稳较快发展的各项工作。

（二）要按照“依法依规、突出重点、节约集约、优质高效”的原则，加强协调配合，简化审批手续，优化审批程序，认真做好民生工程、基础设施、生态环境建设、自主创新、产业结构调整和灾区恢复重建等新增中央投资计划项目用地的保障和服务。要切实履行职责，准确把握政策，强化监管督查，确保扩大内需促进经济平稳较快发展的各项政策措施在严格规范管理中落到实处。

二、加强土地利用总体规划对投资项目的统筹和管控

（三）进一步加快地方土地利用总体规划修编。各地要将新增中央投资计划项目纳入新一轮土地利用总体规划统筹安排，在城乡建设用地总规模控制下，优先安排用地，重点予以保障。要坚持节约集约用地，尽量不占或少占耕地，确实无法避让耕地和基本农田的，在规划修编中要予以调整。

（四）切实发挥土地利用总体规划对新增中央投资计划项目的统筹和引导。要统筹安排好新增投资计划在建项目、相关规划提前实施的项目和拟新上项目的用地规模与布局。强化对城乡建设用地的统筹，在城镇建设用地规模范围内，优先安排保障性住房等民生项目用地；在农村建设用地中，优先保障游牧民定居工程、农村危旧房改造工程、农村基础设施和农村公益事业等用地。同时要切实保障公路、铁路、机场、水利、能源等基础设施用地。

（五）促进中央投资计划项目用地尽快到位。新一轮土地利用总体规划批准实施前，凡列入新增1000亿中央投资计划清单的项目，因选址难以避让基本农田的，可以提出土地利用总体规划修改方案，其中，中央直接下达计划的大中型项目，规划修改方案随同用地报件按程序报国务院批准，切块下达地方的新增中央投资项目，规划修改方案报省级政府批准，并在一个月内报部备案。

三、切实保障新增建设用地计划指标

（六）科学安排明后两年土地利用计划。各级国土资源管理部门要积极配合相关部门，选准选好新增中央投资计划项目，合理安排建设用地计划指标，既要保证经济发展，又要促进产业结构优化，促进发展方式转变。今后两年土地利用计划编报，要重点保障列入新增中央投资计划建设项目的用地计划指标，部将根据国家宏观经济政策，统筹土地利用年度计划安排。

（七）切实落实新增中央投资项目用地计划指标。列入新增1000亿中央投资计划清单的大中型建设项目所需的用地计划指标，在用地审批时部相应安排。切块下达地方的新增中央投资项目，建设用地计划指标由各地统筹安排，部将根据计划执行情况相应调剂。

四、提高用地审批效率

（八）积极主动做好新增中央投资计划项目用地预审服务。各级国土资源管理部门要积极主动地参与建设项目的前期论证，加强对项目建议书编报、项目预可行性研究工作涉及用地的服务和指导，协助项目建设单位申请建设项目用地预审；要进一步提高用地预审效率，新增中央投资计划项目已完成地质灾害危险性评估和掌握压覆矿产资源情况的，可在申请用地预审时报审有关材料，用地报批时不再重复审查。

（九）适当扩大先行用地范围。新增中央投资计划建设项目的控制工期的单体工程，以及有工期要求或受季节影响急需开工工程的用地，在完成项目批准（核准）与初步设计后，可由省级国土资源管理部门向部申请先行用地。其中列入新增1000亿中央投资计划清单的项目申请用地预审时，在完成初步设计、确保征地补偿安置落实到位的前提下，可同时申请先行用地。依法须由国务院批准用地的地方批准（核准）建设的民生工程、基础设施、生态环境和灾后重建项目，不占用基本农田的控制工期的单体工程，可以向部申请先行用地。批准先行用地的建设项目，应在半年内正式报批用地。

（十）切实加快建设项目用地报批。在建设项目批准（核准）后的初步设计阶段，国土资源管理部门要提前介入，抓紧开展用地报批的准备工作。对省域内跨多个市、县的线型工程，根据完成用地组件报批和符合动工条件等情况，可按地（市）为单位分次报批用地。符合要求的项目用地，部在一个月内完成用地审查。

（十一）抓紧做好城市建设用地申报前期工作。省级国土资源管理部门要按照预分配的用地计划指标，合理确定报国务院批准城市新增建设用地的规模和区位，优先保证新增中央投资计划项目用地，于2009年2月底前组织完成申报。

五、保障重点项目建设用地供应

（十二）切实保障民生工程建设用地供应。对纳入新增中央投资计划的城镇廉租住房、棚户区改造等保障性住房，市、县国土资源管理部门要加快供地，尽快落实到具体地块。对农村民生工程、公共设施、公益事业和基础设施等建设用地，加大保障力度，加快供应。农村建设用地整理所节约的土地，应当优先满足农村民生工程和基础设施。

（十三）保障纳入新增中央投资计划的自主创新和产业结构调整的项目用地。要采取有效措施，积极盘活企业关闭、重组和改制等形成的存量建设用地，优先用于新增中央投资计划项目。对使用原土地进行增资扩建的工业项目，不再增收土地价款，鼓励提高土地利用率和增加建设容积率。

（十四）及时提供土地产权保障服务。对新增中央投资计划项目用地，要加快办理土地登记手续。使用其他单位腾退土地的，要依法确定腾退前后的土地权属，明晰产权；以土地置换方式用地的，要积极协调各方签订置换协议，明确权属调整；使用关闭、重组和改制等企业存量用地的，要在办理原国有土地使用权的注销登记后，及时办理新取得国有土地使用权登记手续。

六、提高矿产资源保障程度

（十五）为新增中央投资计划的实施提供稳定的资源基础和保障。加快构建多渠道投入的矿产勘查新机制，中央、地方、企业和地勘单位多方联动，公益性地质调查与商业性矿产勘查合理分工、有机衔接，在重点成矿区带统一部署，提高基础地质工作程度，进一步降低商业性矿产勘查风险，引导企业加大资金投入，有序开展商业性矿产勘查，实现整装勘查和形成大型资源基地的目标。

（十六）加大地质信息资料社会化服务力度。促进地质资料服务于矿产资源的勘查、开发和社会发展，改善矿业投资环境，降低投资风险。最大限度地满足新增中央投资计划项目对地质信息的需求，为工程选址和工程施工提供基础地质信息服务与支撑。

（十七）保障新增中央投资计划建设项目对矿产资源的需求。切实加强矿业权管理和市场服务，严格执行《关于进一步规范矿业权出让管理的通知》的各项规定，清理取消不符合规定的限制性条款。要切实依法、依程序做好矿业权延续、变更、转让以及探矿权人申请本勘查区块采矿权等管理工作，维护矿业权人合法权益。科学调整矿业权，引导企业采取收购、兼并和参股控股等方式对小矿山实施整合，进一步提高各类矿产资源规模化开采和集约化利用，有效保障国家安居工程、重点基础设施、生态环境等方面的工程建设对矿产资源的需求。

七、严格规范用地管理

（十八）坚持最严格的耕地保护制度。各类建设项目必须尽量不占耕地或少占耕地，确需占用耕地的，要按照“先补后占”的要求，在用地报批前完成经国土资源管理部门验收的补充耕地。对列入新增中央投资计划清单的项目，报批用地时没有条件完成补充耕地的，须提供落实补充耕地资金和挂钩土地整理复垦开发项目的相关材料。

（十九）落实最严格的节约用地制度。各地要加大存量土地挖潜力度，在符合土地利用总体规划的前提下尽量安排新增中央投资计划项目盘活利用闲置土地和批而未供土地等低效利用土地。要严格执行用地标准，坚决核减超标准用地面积，确保项目设计、施工和建设各环节符合节约集约用地要求。新增中央投资计划中工业及生产性项目应当向园区集中。新增中央投资计划安排的移民搬迁、被征地农民集中安置、游牧民定居、农村危旧房改造等项目，应优先利用空闲地等存量建设用地和未利用地，切实提高土地集约利用水平。

（二十）保障被征地农民的合法权益。严格履行征地程序，采取多元化补偿安置途径，解决好被征地农民的就业、住房和社会保障等问题。申请先行用地的，要先行制定征地补偿安置方案并征得农民同意，将征地补偿安置费用足额拨付到当地政府或部门有关资金专户；动工用地前，要将有关费用支付到被征地村组和农户，做到足额补偿。

（二十一）加大地质灾害防治工作力度。各级国土资源管理部门要争取各级财政的支持，加大投入力度。对各类工程建设项目，要严格执行地质灾害危险性评估制度，提供及时和高质量的服务。地质灾害治理工程的设计、施工和验收应当与主体工程的设计、施工、验收同时进行，保证农村民生工程、农村基础设施以及铁路、公路和机场等重大基础设施建设安全。

（二十二）强化动态实时监控。充分应用卫星遥感技术和计算机网络监管平台，及时跟踪监测新增中央投资计划项目用地动态，严格执行建设用地备案制度，健全并认真落实土地执法监察长效机制和措施，及时掌握建设用地审批、供应、使用、耕地补充和违规违法批地用地等情况。加强保障性住房用地供应和批后监管，进一步加强土地和房地产市场运行的动态监测和分析。

八、强化执法监察和国家土地督察

（二十三）加强对新增中央投资计划项目的动态巡查和执法监察。各级国土资源管理部门对违反规划计划、未批先用、征地补偿安置和补充耕地不到位、违规操作的，要及时制止、坚决查处。对大面积非法占用基本农田，侵犯被征地农民利益造成严重后果的，要严肃处理、公开曝光，并依法追究有关责任人员的责任。

（二十四）强化国家土地督察。各派驻地方的国家土地督察局要督促地方人民政府认真落实国务院部署，加强对新增中央投资计划项目用地的监管，加强对占用耕地特别是基本农田、规划调整、占补平衡和征地补偿安置的监管，加强对建设用地审批环节规范操作的监管，加强对国家宏观调控措施落实情况的监管。将监管不力、违规操作、侵犯农民权益和搭车用地，作为专项督察和例行督察的重点。对违反土地利用总体规划，违法违规占地，突破土地利用年度计划，耕地保有量和基本农田保护面积不达标的地方人民政府主要负责人实行严格问责。

二〇〇八年十一月二十八日

国土资源部关于做好2009年报国务院批准城市建设用地申报工作的通知

（国土资发〔2008〕246号）

各省、自治区、直辖市国土资源厅（国土环境资源厅、国土资源局、国土资源和房屋管理局、规划和国土资源管理局），各派驻地方的国家土地督察局：

党的十七届三中全会从统筹城乡发展，着力破除城乡二元结构出发，对推进农村改革发展若干重大问题作出了决定。当前，为应对国际金融危机影响，中央就扩大内需促进经济平稳较快发展提出了一系列政策措施，对城市发展和建设提出了新的要求。为认真贯彻落实中央有关精神，做好2009年报国务院批准城市建设用地申报工作，现就有关事项通知如下：

一、合理确定申报用地规模

从近两年已批准的城市用地实施情况看，一些省份组织实施用地进展缓慢，许多城市供地不及时，存在土地批而未供、供而未用现象。对此，应严肃对待，认真清理，在消化存量用地基础上，根据城市发展需要和实际建设能力，确定申报用地规模。城市新增建设用地不得突破预下达的年度土地利用计划，要全面考虑市域范围内各项建设用地需求，特别是农村民生工程和基础设施建设用地，防止土地利用计划过度向中心城市倾斜，促进城乡统筹发展。

按照规定，各省（区、市）申报2009年城市建设用地时，须报告此前批准的城市用地的实施方案落实情况和供地情况。为促进存量土地利用，凡2007年批准的城市用地尚未完成省级审核同意实施方案的，除特殊情况外，该城市不应申报2009年用地；2008年批准用地实施缓慢的城市，2009年申报用地规模相应减少。

二、确保扩大内需新增投资项目用地

按照中央关于扩大内需促进经济平稳较快发展的部署和要求，城市申报用地要首先满足民生工程、基础设施、生态环境建设和灾后重建的需要。各省（区、市）和有关城市国土资源部门要加强土地利用总体规划对中央投资和地方筹资的上述项目用地的统筹和管控，在规划修编、计划指标、用地布局、审批手续、供地方式等方面作统筹安排，积极提供用地保障和服务。

在2009年城市建设用地申报时限前，已经国务院批准土地利用总体规划或城市规划的，按照新的规划落实拟申报的具体建设用地区位；未经国务院批准规划的，仍按现行土地利用总体规划落实用地区位。因急需建设、有重大影响、对选址有特殊要求的城市建设项目，特别是扩大内需新增投资项目用地，确实无法在现行规划确定的城市建设用地范围内安排的，可以在与新一轮土地利用总体规划布局相衔接的前提下，按照有关规定提出规划修改方案，随同城市年度用地方案一并申报。

三、切实落实征地补偿安置与耕地占补平衡

省级国土资源部门在审查城市申报用地时，对征地方案要严格把关。按照本省（区、市）部署和要求，督促有关城市执行征地统一年产值标准和区片综合地价，对被征地农民进行合理足额补偿；制定社保措施，落实社保资金，切实将被征地农民纳入社会保障体系；安排好新增建设用地土地有偿使用费等规费，防止因缴费不足导致土地批而未供。

从2009年起，城市建设用地全面实行耕地先补后占。城市建设用地涉及占用耕地的，应尽早做好补充耕地有关工作。申报用地时制定补充耕地方案，批准后抓紧实施；在省级政府审核同意农用地转用和土地征收实施方案前，补充耕地的土地整理复垦开发项目必须通过省级组织的验收和实地核实，先行完成补充耕地。补充耕地数量、质量没有达到规定要求的，应不予审核同意城市农用地转用和土地征收实施方案。

四、严格审定违法违规用地补办手续

根据2008年部组织的第八次卫片执法检查情况，城市均存在土地违法违规用地现象。各地应按照部12月1日电视电话会议精神认真依法查处，在对人和事查处到位前，不得补办用地手续。补办违法违规用地手续一并纳入新一年度城市申报用地的，应说明有关情况，呈报查处到位的相关资料。

最近，国土资源部、农业部和国家统计局按照国务院要求，联合对2007年度省级政府耕地保护责任目标履行情况进行了检查。对城市在执行土地利用规划计划、耕地占补平衡和保护基本农田等方面存在的问题提出整改意见的，省级国土资源部门要严格把关，督促有关城市落实整改意见，全面做好用地申报与实施工作，保证新增建设用地的合理性和合规性。

五、把握进度抓紧申报城市建设用地

做好2009年城市建设用地申报工作，及时有效地为扩大内需提供用地保障，对促进经济平稳较快发展具有重要意义。省级国土资源部门要高度重视，组织有关城市在当地政府统一领导和有关部门配合下，尽早研究城市建设用地申报工作。认真总结申报工作经验，改进方法，提高效率，确保申报工作顺利进行。用地报件要求按《关于调整报国务院批准城市建设用地审批方式有关问题的通知》（国土资发〔2006〕320号）、《关于进一步改进和完善报国务院批准城市建设用地审查报批工作的通知》（国土资发〔2007〕314号）等有关规定执行。

为提高城市建设用地申报和审查效率，在省（区、市）范围内有多个城市用地须报国务院批准的，省级国土资源部门在城市申报基础上，要抓紧汇总审查，经省级人民政府同意后按规定要求一次性呈报国务院，有关报件一次性报国土资源部。对于一些为促进经济增长，新增投资项目较多的重点城市，在组件完成后，也可以由省级人民政府向国务院单独呈报用地。各地要注意把握进度，抓紧按规定要求组织用地报件，务必于2009年2月28日前，完成国务院批准的城市建设用地申报工作。

二〇〇八年十二月五日

国土资源部关于部署运行土地市场动态监测与监管系统的通知

（国土资发〔2008〕284号）

各省、自治区、直辖市国土资源厅（国土环境资源厅、国土资源局、国土资源和房屋管理局、规划和国土资源管理局），新疆生产建设兵团国土资源局，各派驻地方的国家土地督察局，部有关直属单位：

为贯彻落实《国务院关于促进节约集约用地的通知》（国发〔2008〕3号），建立健全土地市场动态监测制度，进一步加强和改善宏观调控，部统一整合土地市场动态监测系统和建设用地供应备案系统，建立了土地市场动态监测与监管系统（以下简称监测监管系统）。现就部署运行监测监管系统的有关问题通知如下：

一、加强组织领导，落实工作责任

监测监管系统是构建统一的建设用地动态监管平台的重要组成部分。部土地利用管理司为土地市场动态监测与监管工作的行政主管部门，主要负责组织协调、业务指导和监督检查。部土地矿产法律事务中心主要负责数据整理分析与报告编制，开展实地核查和政策执行情况评估，负责中国土地市场网的日常管理和维护。部信息中心主要负责系统软件开发及应用，数据传输、存储、管理并提供使用等相关工作。

省级国土资源管理部门对本行政区域内土地市场动态监测与监管工作负总责。采取有效措施确保监测监管系统的全面有效运行，并负责对本行政区域内土地供应和开发利用情况的监管、核查和定期评价分析。

市、县国土资源管理部门是关键，负责具体实施本行政区域内土地市场动态监测与监管工作。负责相关信息采集和录入，对于土地供后开发利用情况进行跟踪监管，并实时更新监测监管信息，定期对当地土地供应和开发利用情况进行分析评价。

各级国土资源管理部门要切实采取措施，统筹人员和经费安排，做到“专人、专线、专机”。进一步建立健全工作机制，建立完善监测监管系统操作运行、数据审核、分析报告评审、保密安全、人员上岗培训等各项管理制度，以保证监测监管系统高效、安全、规范运行。

二、全面实施，规范运行

2009年1月1日起，全国县级以上各级国土资源管理部门要全面运行监测监管系统。凡已开通国土资源主干网的市、县，通过主干网录入相关信息；尚未开通国土资源主干网的市、县，通过互联网录入相关信息。对于坐标等涉及保密的信息，只可通过国土资源主干网进行传输。在国土资源主干网全面开通之后，全部转由国土资源主干网运行。不同网络环境的数据整合处理后相关指标在中国土地市场网上公开发布。原有建设用地供应备案系统和土地市场动态监测系统同时废止。历史数据经过技术处理直接导入监测监管系统。对于各地已经开发并运行的相关管理系统，要在保证监测监管系统正常运行的前提下做好与数据库对接及数据转换工作。

监测监管系统的内容涵盖土地供应、开发利用、市场交易、收购储备、集体建设用地等多项业务。实现了由土地来源到土地供应、开发利用和市场交易等过程的动态跟踪监管。各地要及时、准确、全面地搜集、整理、录入、分析和发布土地市场动态监测与监管信息，确保监测监管系统安全有效运行。

（一）供地计划、出让公告、成交公示和供地结果等信息必须按照有关文件要求及时在中国土地市场网公开发布；

（二）土地储备信息应在纳入土地储备后7个工作日内录入；

（三）土地供应信息通过监测监管系统填报国有建设用地使用权出让合同、国有建设用地划拨决定书后，由系统自动提取；

（四）对交地、开工、竣工、土地闲置认定及处置、竣工验收等开发利用情况的监管信息，必须根据不同阶段实际监测的结果实时录入；

（五）土地转让、出租、抵押等交易信息和集体建设用地信息等应在实际发生后7个工作日内录入。

三、突出重点，加强分析

各级国土资源管理部门要充分运用监测监管系统，结合国家宏观调控政策、区域经济发展战略，定期对供地总量、结构、价格、变化趋势及存在的问题进行深入分析，实时跟踪研究社会热点和焦点问题，形成对土地供应和开发利用情况的分析报告，提出应对市场供求变化和促进节约集约用地的政策建议。省级和84个重点城市国土资源管理部门应及时编写一季度、上半年、前三季度、全年土地市场动态监测分析报告，并于次季度10日前报部。

四、强化监管，确保落实

各级国土资源管理部门要充分认识加强土地市场动态监测与监管工作的重要性，明确职责，建章立制，周密部署，落实任务。要采取有力措施，加强检查指导，对监管工作中出现的问题，及时纠正和整改，确保效果。各省要将监测监管系统运行情况纳入国土资源管理部门主要负责人和国土资源管理工作考核的重要内容。部在国土资源部门户网站、国土资源报和中国土地市场网上定期对各地监测监管系统运行工作情况进行通报。对于未按规定及时上报信息，或发现虚报、瞒报的，部将通报批评，责令改正；逾期未改正的，部电子政务系统将暂停受理该省（区、市）用地预审和用地申报。

二〇〇八年十二月十日

国土资源部　发展改革委　教育部　环境保护部　住房城乡建设部　交通运输部　铁道部　水利部　文化部　能源局　民航局关于切实做好扩大内需促进经济平稳较快发展的用地保障和管理的通知

（国土资发〔2008〕298号）

各省（区、市）国土资源厅（国土环境资源厅、国土资源局、国土资源和房屋管理局、规划和国土资源管理局），发展改革、教育、环境保护、建设、交通、水利（水务）、文化厅（委、局），各铁路局，水利部各流域管理机构，各省（区、市）能源主管部门，民航各地区管理局，解放军土地管理局，新疆生产建设兵团国土资源局：

为了贯彻落实党中央、国务院作出的扩大内需促进经济平稳较快增长的重大决策部署，加强部门协调配合，认真履行部门职责，及时提供用地保障，严格规范用地管理，促进各项建设依法依规合理用地，现将有关要求通知如下：

一、加强对扩大内需各项建设用地的统筹规划和计划调控

（一）充分发挥规划对扩大内需各类建设用地的统筹和管控作用

各有关部门要切实做好经济社会发展、城乡建设、环境保护、产业发展和基础设施建设等相关规划与土地利用总体规划的协调和衔接，确保各类建设用地规模与布局符合土地利用总体规划、城市总体规划。地方各级国土资源管理部门要在地方政府统一组织下，会同有关部门加快推

进新一轮土地利用总体规划修编，坚持最严格的耕地保护制度和节约用地制度，统筹近期建设急需和长远可持续发展用地需要。要在严格控制城乡建设用地总规模的前提下，统筹安排新增中央投资计划项目用地，优先安排保障性住房、游牧民定居工程、农村危旧房改造工程、农村饮水安全工程、病险水库除险加固工程、大型灌区续建配套与节水改造工程、重大骨干水利工程、农村基础设施、农村教育和公益事业、城镇市政公用设施等用地，重点保障公路、铁路、机场、水利、能源、污水和垃圾处理、环保等基础设施用地。各有关部门要积极配合国土资源管理部门统筹在建项目、相关规划提前实施项目和拟新上项目用地需要，确保新增中央投资计划项目用地得到落实。

（二）加强土地利用年度计划的调控和引导

各省（区、市）国土资源管理和发展改革部门要按照统筹安排、突出重点，区别对待、有保有压的原则，统筹安排明后两年土地利用计划，在严格执行土地利用年度计划的基础上，重点保障新增中央投资计划项目用地需要，不得安排用于高耗能、高污染、低水平重复建设和产能过剩行业用地，既保障经济发展，又促进发展方式转变。各有关部门要积极配合，合理测算、及时报送年度新增投资计划项目用地需求。当前，各省（区、市）国土资源管理部门要重点做好今年新增1000亿投资切块下达地方项目用地的安排，同时抓紧分析明年扩大内需的用地情况，确保所需的计划指标。四川、陕西和甘肃三省要做好灾后重建新增建设用地的核实和上报备案工作，国土资源部将根据核实情况及时做好计划指标核销工作。

二、依法、及时做好扩大内需建设项目用地的报批和供应

（三）加强建设项目用地前期工作

各有关部门要在新增中央投资计划建设实施方案编制、项目建议书编报、可行性研究等前期工作中加强配合，建立部门协调联动机制与信息共享机制。地方各级国土资源管理部门要积极配合，提前介入，加强对各行业部门和建设单位编报建设项目预审材料的指导，协助做好建设项目用地预审申报工作。各省（区、市）国土资源管理部门要加快扩大内需建设项目用地的初审，受国土资源部委托负责初审的国土资源管理部门，对符合条件的项目应当自受理之日起20日个工作内完成初审工作，并转报国土资源部。对需要实地踏勘和组织专家论证的，要及时组织安排。各有关部门要积极配合，做好耕地占补平衡、征地补偿安置等前期工作，将补充耕地资金、征地补偿安置费用等作为建设成本，足额列入建设项目投资预算。

（四）加快建设项目用地报批

新增中央投资计划建设项目批准（核准）后的初步设计阶段，要同时开展用地报批的准备工作。对国家审批（核准）项目，控制工期的单体工程，以及有工期要求或受季节影响急需开工的工程，在完成项目审批（核准）与初步设计后，可向国土资源部申请先行用地；对地方审批（核准）项目，依法须由国务院批准用地的民生工程、基础设施、生态环境和灾后重建项目，不占用基本农田的控制工期的单体工程，可以向国土资源部申请先行用地。对省域内跨多个市、县的线型工程，根据完成用地组件报批和符合动工条件等情况，可按市（地）为单位分次报批用地。符合要求的项目用地，国土资源部在30个工作日内完成用地审查。各省（区、市）国土资源管理部门要抓紧做好2009年城市建设用地申报工作，将保障性安居工程、医疗卫生、教育文化、环境保护等社会事业发展，节能减排和产业结构调整等项目用地纳入城市建设用地统筹安排。

（五）切实做好重点建设项目用地的供应和保障服务工作

地方各级国土资源管理部门要加大对保障性住房、农村民生工程、公共设施、公益事业、基础设施、生态环境建设、自主创新、产业结构调整和灾后重建等建设用地供应的保障力度，加快供地，尽快使重点建设项目落实到具体地块。做好土地确权、登记和发证等土地产权保障服务工作。

三、严格保护耕地和节约集约用地

（六）落实最严格的耕地保护制度

各类建设项目要加强用地论证，优化设计方案，尽量不占或少占耕地特别是基本农田。确实无法避让耕地的，要按照先补后占、占补平衡的要求，落实补充耕地。对列入新增中央投资计划清单的项目，报批用地时没有条件完成补充耕地的，须提供落实补充耕地资金和挂钩土地整理复垦开发项目的相关材料。各地要认真完成年度土地整理复垦开发补充耕地目标，根据完成情况，采取相应的奖惩措施。

（七）促进各项建设节约集约用地

各有关部门安排扩大内需各类建设项目，优化用地结构和布局，严格控制项目用地规模，提高节约集约用地水平。各类建设项目的设计、施工和建设必须严格执行用地标准，对超标准用地的，必须核减用地面积。地方各级国土资源管理部门要积极配合有关部门做好扩大内需项目用地的选址，在符合土地利用总体规划和城市总体规划的前提下，尽量安排使用存量建设用地和未利用地。要加大存量土地挖潜力度，优先利用闲置土地、空闲土地等存量建设用地，加大对原有低效用地的增容改造和深度开发。

（八）严格依法依规用地

各建设部门和施工单位要按照扩大内需的各类建设用地都必须符合土地利用总体规划，纳入土地利用年度计划的要求，依照国家有关法律法规规定办理用地手续。未按规定办理有关用地手续，不得开工建设。各级国土资源管理部门要加强对扩大内需建设用地的动态巡查和执法监察。对违反规划计划、未批先用、征地补偿安置和补充耕地不到位、违规操作的，要及时制止、坚决查处，并依法追究有关责任人员的责任。各派驻地方的国家土地督察局要督促地方人民政府认真落实国务院部署，加强对扩大内需建设项目用地的监管，对严重违规违法占地，耕地保有量和基本农田保护面积不达标的地方人民政府主要负责人实行严格问责。

四、保障被征地农民的合法权益

（九）严格履行征地程序

地方各级国土资源管理部门要认真做好征地告知和征地调查结果的确认等工作，严格按照有关规定组织听证，切实维护被征地农民的知情权、参与权和申诉权。加强建设用地全程管理，特别要做好征地批后的实施监管。各有关部门要积极配合和支持国土资源管理部门依法做好征地工作。

（十）切实做好被征地农民的补偿安置

各地要按照确保被征地农民生活水平不降低、长远生计有保障的要求，做好被征地农民的补偿安置工作。要依法、合理确定补偿标准，及时足额补偿到位，未依法将有关费用足额支付被征地村组和农民的，不得开工建设。要积极拓展安置渠道，采取有效措施落实被征地农民的就业培训和社会保障资金，解决好被征地农民的就业、住房和社会保障等问题，切实维护农民合法权益，维护社会稳定。

扩大内需促进经济增长是当前经济工作的重中之重，是一项重要的政治责任。各地各部门要积极主动工作，严格规范管理，落实共同责任，确保扩大内需促进经济平稳较快发展的各项措施取得实效，确保最严格的土地管理制度得到落实，促进经济又好又快发展。

国土资源部 发展改革委 教育部
环境保护部 住房城乡建设部 交通运输部
铁道部水利部 文化部
能源局 民航局
二〇〇八年十二月二十二日

国土资源部关于调整部分地区土地等别的通知

（国土资发〔2008〕308号）

各省、自治区、直辖市国土资源厅（国土环境资源厅、国土资源局、国土资源和房屋管理局、规划和国土资源管理局），新疆生产建设兵团国土资源局：

根据《土地管理法》和《土地管理法实施条例》相关规定，部按照《城镇土地分等定级规程》（GB18507—2001）对各地社会经济发展水平、土地资源状况、基准地价水平等因素进行了综合评定，依据评定结果调整了部分地区的土地等别。调整后全国各县、市（区）的土地等别详见附件，此次调整中土地等别发生变化的以黑体标注。

2009年1月1日起，《工业项目建设用地控制指标》和《全国工业用地出让最低价标准》统一按调整后的土地等别执行。

附件：土地等别

二〇〇八年十二月三十一日

附件：

土地等别

一等：

上海：长宁区 虹口区 黄浦区 静安区 卢湾区 普陀区 徐汇区 杨浦区 闸北区

二等：

北京：朝阳区 崇文区 东城区 丰台区 海淀区 石景山区 西城区 宣武区

上海：浦东新区

三等：

广东：广州市（白云区 海珠区 荔湾区 萝岗区 天河区 越秀区） 深圳市（福田区 罗湖区 南山区 盐田区）

四等：

天津：和平区 河东区 河西区 河北区 红桥区 南开区

河北：石家庄市（长安区 桥东区 桥西区 新华区 裕华区）

辽宁：大连市（甘井子区 沙河口区 西岗区 中山区） 沈阳市（大东区 东陵区 和平区 皇姑区 沈河区 铁西区 于洪区）

江苏：常州市（天宁区 钟楼区） 南京市（白下区 鼓楼区 建邺区 秦淮区 下关区 玄武区 雨花台区） 苏州市（沧浪区 虎丘区 金阊区 平江区） 无锡市（北塘区 滨湖区 崇安区 南长区）

浙江：杭州市（滨江区 拱墅区 江干区 上城区 西湖区 下城区） 宁波市（海曙区 江东区 江北区）

福建：福州市（仓山区 鼓楼区 晋安区 台江区） 厦门市（海沧区 湖里区 思明区 集美区）

山东：济南市（市中区 历下区 槐荫区 天桥区） 青岛市（市南区 市北区 四方区 崂山区 李沧区）

湖北：武汉市（汉阳区 洪山区 江岸区 江汉区 硚口区 青山区 武昌区）

湖南：长沙市（芙蓉区 开福区 天心区 雨花区 岳麓区）

广东：汕头市（金平区 龙湖区） 珠海市（金湾区 香洲区） 深圳市宝安区

重庆：江北区 九龙坡区 南岸区 沙坪坝区 渝中区

四川：成都市（成华区 锦江区 金牛区 青羊区 武侯区）

五等：

北京：通州区

天津：塘沽区

河北：唐山市（路北区 路南区）

山西：太原市（万柏林区 杏花岭区 迎泽区）

吉林：长春市（朝阳区 二道区 宽城区 绿园区 南关区）

黑龙江：哈尔滨市（道里区 道外区 南岗区 香坊区）

江苏：徐州市（鼓楼区 云龙区） 南通市（崇川区 港闸区）

安徽：合肥市（包河区 庐阳区 蜀山区 瑶海区）

江西：南昌市（东湖区 西湖区 青山湖区 青云谱区）

河南：郑州市（二七区 管城回族区 惠济区 金水区 中原区）

广东：东莞市 佛山市禅城区 惠州市惠城区 中山市 深圳市龙岗区 广州市黄埔区

广西：南宁市（江南区 良庆区 青秀区 西乡塘区 兴宁区）

重庆：大渡口区

云南：昆明市（官渡区 盘龙区 五华区）

陕西：西安市（灞桥区 碑林区 莲湖区 未央区 新城区 雁塔区）

六等：

北京：大兴区 昌平区 顺义区

天津：津南区 西青区

河北：保定市（北市区 南市区 新市区） 邯郸市（丛台区 邯山区 复兴区）

内蒙古：包头市（昆都仑区 青山区）

辽宁： 盘锦市（兴隆台区 双台子区） 大连市（金州区 旅顺口区） 鞍山市（铁东区 铁西区 立山区 千山区）

吉林：吉林市（船营区 龙潭区 昌邑区 丰满区）

黑龙江：大庆市萨尔图区

上海：嘉定区 宝山区 闵行区

江苏：扬州市（维扬区 广陵区） 镇江市（京口区 润州区） 南京市栖霞区 常州市（戚墅堰区 新北区） 苏州市（吴中区 相城区） 江阴市 昆山市 张家港市

浙江：温州市（龙湾区 鹿城区 瓯海区）

安徽：马鞍山市（花山区 金家庄区 雨山区） 芜湖市（镜湖区 鸠江区 弋江区）

福建：福州市马尾区

山东：潍坊市（潍城区 奎文区） 烟台市芝罘区 淄博市（临淄区 张店区 淄川区） 济南市历城区

河南：洛阳市（瀍河回族区 涧西区 老城区 洛龙区 西工区）

湖北：黄石市（黄石港区 西塞山区） 襄樊市（襄城区 樊城区） 武汉市东西湖区

湖南：衡阳市（石鼓区 雁峰区 蒸湘区 珠晖区） 湘潭市（岳塘区 雨湖区）

广东：佛山市（南海区 顺德区） 广州市（番禺区 南沙区）江门市（江海区 蓬江区） 汕头市濠江区 湛江市（赤坎区 霞山区 麻章区）

广西：柳州市（城中区 柳北区 柳南区 鱼峰区）

海南：海口市（秀英区 龙华区）

贵州：贵阳市（南明区 小河区 云岩区）

云南：昆明市西山区

甘肃：兰州市（安宁区 城关区 七里河区 西固区）

新疆：乌鲁木齐市（沙依巴克区 水磨沟区 头屯河区 天山区 新市区）

七等：

北京：门头沟区 房山区

天津：东丽区 大港区 北辰区 汉沽区

河北：秦皇岛市（海港区 山海关区 北戴河区） 唐山市开平区

山西：长治市（城区 郊区） 阳泉市（城区 郊区） 太原市（晋源区 小店区 尖草坪区）

内蒙古：呼和浩特市（回民区 赛罕区 新城区 玉泉区） 包头市东河区

辽宁：丹东市（元宝区 振安区 振兴区） 锦州市（古塔区 凌河区 太和区） 辽阳市（白塔区 太子河区 文圣区） 营口市（老边区 西市区 站前区） 沈阳市（沈北新区 苏家屯区） 抚顺市（东洲区 顺城区 新抚区 望花区） 本溪市（平山区 溪湖区 明山区）

黑龙江：牡丹江市（爱民区 东安区 西安区 阳明区）

上海：南汇区 松江区 金山区

江苏：连云港市新浦区 泰州市（海陵区 高港区） 南京市江宁区 无锡市（锡山区 惠山区）吴江市 宜兴市 常熟市

浙江：嘉兴市（南湖区 秀洲区） 绍兴市越城区 台州市（黄岩区 椒江区 路桥区） 杭州市萧山区 宁波市（北仑区 镇海区） 湖州市(南浔区 吴兴区)

安徽：淮南市（大通区 田家庵区） 淮北市（相山区 烈山区） 铜陵市(郊区 狮子山区 铜官山

区）

福建：泉州市（鲤城区 丰泽区） 漳州市芗城区 厦门市（同安区 翔安区）

江西：九江市浔阳区

山东：威海市环翠区

河南：安阳市（北关区 龙安区 文峰区 殷都区） 平顶山市（新华区 卫东区 湛河区）

湖北：荆州市(沙市区 荆州区) 宜昌市(西陵区 伍家岗区 点军区 猇亭区)

湖南：岳阳市岳阳楼区 株洲市（荷塘区 芦淞区 石峰区 天元区）

广东：潮州市湘桥区 茂名市(茂南区 茂港区) 佛山市三水区 韶关市(武江区 浈江区) 阳江市江城区 肇庆市端州区 广州市花都区 湛江市坡头区

广西：桂林市(叠彩区 七星区 象山区 秀峰区)

重庆：渝北区 巴南区

八等：

北京：怀柔区

天津：武清区

河北：沧州市(新华区 运河区) 承德市双桥区 衡水市桃城区 廊坊市(安次区 广阳区) 邢台市(桥东区 桥西区) 张家口市(桥东区 桥西区) 唐山市丰润区

山西：大同市（城区 南郊区）

内蒙古：包头市九原区

辽宁：朝阳市(龙城区 双塔区) 阜新市(海州区 太平区 细河区) 铁岭市银州区 辽阳市宏伟区 葫芦岛市（连山区 龙港区）

吉林：四平市(铁东区 铁西区) 延吉市

黑龙江：哈尔滨市（平房区 松北区） 佳木斯市(东风区 郊区 前进区 向阳区)

上海：奉贤区 青浦区

江苏：淮安市(清河区 清浦区) 常州市武进区 连云港市海州区 太仓市

浙江：义乌市 杭州市余杭区 宁波市鄞州区

安徽：安庆市(大观区 宜秀区 迎江区) 蚌埠市(蚌山区 淮上区 龙子湖区 禹会区) 芜湖市三山区

福建：福清市 晋江市 石狮市 泉州市洛江区 漳州市龙文区

江西：赣州市章贡区

山东： 济宁市(任城区 市中区) 临沂市兰山区 枣庄市市中区 青岛市(黄岛区 城阳区) 烟台市莱山区 淄博市（博山区 周村区） 泰安市（岱岳区 泰山区）

河南：焦作市(解放区 山阳区) 开封市(鼓楼区 金明区 龙亭区 顺河回族区 禹王台区)

湖北：十堰市(茅箭区 张湾区)

湖南：常德市武陵区

广东：汕头市(潮南区 潮阳区 澄海区) 河源市源城区 惠州市惠阳区 揭阳市榕城区 开平市 梅州市梅江区 清远市清城区 汕尾市城区 台山市 增城市 普宁市 肇庆市鼎湖区 珠海市斗门区 江门市新会区

海南：海口市(美兰区 琼山区) 三亚市

贵州：遵义市(红花岗区 汇川区)

云南：玉溪市红塔区

青海：西宁市(城北区 城东区 城西区 城中区)

宁夏：银川市(金凤区 西夏区 兴庆区)

新疆：克拉玛依市克拉玛依区

九等：

北京：密云县 平谷区 延庆县

天津：宝坻区 蓟县 静海县

河北：鹿泉市 唐山市(古冶区 丰南区) 张家口市宣化区 承德市双滦区

山西：临汾市尧都区 晋中市榆次区 晋城市城区

辽宁：海城市 瓦房店市 营口市鲅鱼圈区

吉林：辽源市(龙山区 西安区) 松原市宁江区 通化市（东昌区 二道江区） 长春市双阳区

黑龙江：齐齐哈尔市(建华区 龙沙区 铁锋区) 鸡西市鸡冠区

上海：崇明县

江苏：丹阳市 海门市 靖江市 溧阳市 如皋市 泰兴市 通州市 盐城市亭湖区 扬中市 徐州市泉山区 连云港市连云区 南京市（六合区 浦口区） 启东市 金坛市

浙江：慈溪市 绍兴县 余姚市 舟山市(定海区 普陀区) 诸暨市

福建：龙岩市新罗区 莆田市(城厢区 涵江区 荔城区) 三明市(梅列区 三元区)

江西：景德镇市(昌江区 珠山区) 萍乡市安源区 新余市渝水区 宜春市袁州区 九江市庐山区 南昌市湾里区

山东：滨州市滨城区 德州市德城区 菏泽市牡丹区 莱芜市莱城区 聊城市东昌府区 龙口市 日照市东港区 荣成市 文登市 东营市东营区 烟台市(福山区 牟平区) 潍坊市坊子区

河南：漯河市源汇区 南阳市(宛城区 卧龙区) 新乡市（红旗区 牧野区 卫滨区）

湖北：鄂州市鄂城区 荆门市掇刀区 潜江市 仙桃市 武汉市江夏区

湖南：娄底市娄星区 邵阳市(北塔区 大祥区 双清区) 永州市冷水滩区 岳阳市云溪区 衡阳市南岳区 常德市鼎城区 郴州市(北湖区 苏仙区)

广东：从化市 恩平市 佛山市高明区 高要市 鹤山市 惠东县 廉江市 罗定市 云浮市云城区

广西：北海市(海城区 银海区) 桂林市雁山区

重庆：北碚区

四川：德阳市旌阳区 绵阳市(涪城区 游仙区)

贵州：贵阳市(花溪区 乌当区 白云区)

陕西：宝鸡市(金台区 渭滨区) 铜川市(王益区 印台区)

新疆：石河子市

十等：

天津：宁河县

河北：藁城市 迁安市 三河市 辛集市 正定县 涿州市 石家庄市井陉矿区

山西：侯马市 运城市盐湖区 阳泉市矿区 朔州市朔城区

内蒙古：赤峰市红山区 乌海市(海勃湾区 海南区 乌达区)

辽宁：大石桥市 盖州市 普兰店市 庄河市 本溪市南芬区 铁岭市清河区

吉林：白城市洮北区 白山市八道江区 敦化市 公主岭市 梅河口市 图们市

黑龙江：哈尔滨市（阿城区 呼兰区） 黑河市爱辉区 双城市 双鸭山市(宝山区 尖山区 岭东区 四方台区) 绥芬河市 伊春市伊春区 大庆市(红岗区 龙凤区 让胡路区) 鹤岗市(东山区 工农区 南山区 向阳区 兴安区 兴山区)

江苏：东台市 江都市 姜堰市 仪征市 徐州市(贾汪区 九里区) 镇江市丹徒区 淮安市楚州区 扬州市邗江区

浙江：东阳市 富阳市 海宁市 乐清市 丽水市莲都区 临海市 衢州市柯城区 瑞安市 温岭市 永康市 金华市(金东区 婺城区) 上虞市 玉环县

安徽：亳州市谯城区 滁州市(南谯区 琅琊区) 肥东县 肥西县 阜阳市(颍东区 颍泉区 颍州区) 宁国市 宣城市宣州区

福建：长乐市 龙海市 南安市 南平市延平区 永安市 泉州市泉港区

江西：丰城市 贵溪市 上饶市信州区 鹰潭市月湖区 吉安市(吉州区 青原区)

山东：即墨市 胶州市 寿光市 招远市 邹城市 莱芜市钢城区 临沂市(河东区 罗庄区) 潍坊市寒亭区 莱州市 日照市岚山区

河南：鹤壁市(淇滨区 山城区) 濮阳市华龙区 三门峡市湖滨区 许昌市魏都区 商丘市(梁园区 睢阳区)

湖北：黄冈市黄州区 随州市曾都区 孝感市孝南区 武汉市蔡甸区 黄石市(铁山区 下陆区) 鄂州市华容区 荆门市东宝区

湖南：长沙县 怀化市鹤城区 浏阳市 张家界市永定区 岳阳市君山区 益阳市(赫山区 资阳区) 永州市零陵区

广东：博罗县 潮安县 电白县 佛冈县 高州市 海丰县 化州市 揭东县 乐昌市 雷州市 连州市 陆丰市 南澳县 南雄市 韶关市曲江区 四会市 吴川市 信宜市 阳春市 英德市

广西：武鸣县 南宁市邕宁区 玉林市玉州区 防城港市（防城区 港口区） 北海市铁山港区 梧州市(万秀区 蝶山区 长洲区)

海南：儋州市 琼海市

四川：成都市（龙泉驿区 青白江区 新都区 温江区） 乐山市(沙湾区 市中区) 泸州市江阳区 内江市市中区 攀枝花市(东区 仁和区) 宜宾市翠屏区 自贡市(大安区 自流井区) 双流县郫县

贵州：六盘水市钟山区

云南：昆明市东川区 曲靖市麒麟区

西藏：拉萨市城关区

陕西：渭南市临渭区 咸阳市(秦都区 渭城区) 西安市(长安区 临潼区 阎良区) 汉中市汉台区

甘肃：嘉峪关市 天水市秦州区 兰州市红古区

宁夏：石嘴山市大武口区

十一等：

河北：霸州市 定州市 高碑店市 邯郸县 黄骅市 任丘市 武安市 新乐市 遵化市 邯郸市峰峰矿区 张家口市下花园区

山西：介休市 孝义市 忻州市忻府区 原平市 大同市（矿区 新荣区） 吕梁市离石区 清徐县

内蒙古：呼伦贝尔市海拉尔区 满洲里市 赤峰市（松山区 元宝山区）通辽市科尔沁区 鄂尔多斯市东胜区

辽宁：北票市 灯塔市 东港市 凤城市 开原市 凌海市 凌源市 调兵山市 新民市 兴城市 本溪满族自治县 阜新市(清河门区 新邱区)辽阳市弓长岭区 葫芦岛市南票区 大洼县 辽中县 铁岭县

吉林：和龙市 桦甸市 珲春市 集安市 蛟河市 九台市 临江市 龙井市 磐石市 舒兰市 榆树市

黑龙江：海林市 七台河市(茄子河区 桃山区 新兴区) 五常市 鸡西市滴道区 尚志市 绥化市北林区 肇东市

江苏：宝应县 大丰市 高淳县 高邮市 海安县 句容市 溧水县 邳州市 如东县 宿迁市宿城区 新沂市 兴化市

浙江：嘉善县 临安市 桐乡市

安徽：长丰县 巢湖市居巢区 黄山市(徽州区 屯溪区) 六安市(金安区 裕安区) 宿州市 桥区 淮北市杜集区 芜湖县 繁昌县

福建：惠安县 连江县 闽侯县 宁德市蕉城区 莆田市秀屿区

江西：抚州市临川区 乐平市 萍乡市湘东区

山东：安丘市 昌邑市 肥城市 胶南市 莱西市 莱阳市 蓬莱市 平度市 青州市 曲阜市 乳山市 滕州市 新泰市 兖州市 章丘市 诸城市 枣庄市(薛城区 峄城区)

河南：济源市 信阳市(平桥区 浉河区) 驻马店市驿城区 郑州市上街区 洛阳市吉利区 焦作市(马村区 中站区) 新乡市凤泉区 鹤壁市鹤山区

湖北：赤壁市 大冶市 洪湖市 老河口市 麻城市 石首市 松滋市 武穴市 咸宁市咸安区 宜城市 应城市 襄樊市襄阳区 枣阳市 钟祥市 武汉市(汉南区 黄陂区 新洲区) 鄂州市梁子湖区 天门市

湖南：耒阳市 醴陵市 临湘市 汨罗市 湘乡市 沅江市 张家界市武陵源区 宁乡县

广东：德庆县 封开县 怀集县 惠来县 揭西县 连平县 龙门县 梅县 清新县 饶平县 遂溪县 新丰县 新兴县 兴宁市 徐闻县 阳东县 阳西县 云安县

广西：钦州市(钦北区 钦南区) 贵港市(港北区 港南区 覃塘区)

海南：澄迈县 东方市 万宁市 文昌市

重庆：涪陵区 万州区 江津区

四川： 达州市通川区 都江堰市 南充市(高坪区 顺庆区) 彭州市 遂宁市船山区 内江市东兴区

贵州：安顺市西秀区

云南：安宁市

陕西：安康市汉滨区 韩城市 延安市宝塔区

甘肃：天水市麦积区 金昌市金川区 白银市白银区

新疆：乌鲁木齐市（达坂城区 米东区） 库尔勒市

十二等：

河北：安国市 泊头市 沧县 大厂回族自治县 抚宁县 高邑县 河间市 冀州市 定兴县 晋州市 井陉县 乐亭县 蠡县 卢龙县 栾城县 滦南县 滦县 迁西县 青县 清河县 沙河市 深州市 唐海县 香河县 徐水县 永年县 玉田县 承德市鹰手营子矿区

山西：长治县 汾阳市 高平市 古交市 河津市 怀仁县 霍州市 灵石县 潞城市 平定县 永济市 朔州市平鲁区

内蒙古：巴彦淖尔市临河区 牙克石市 扎兰屯市 乌兰察布市集宁区 乌兰浩特市

辽宁：北镇市 朝阳县 抚顺县 阜新蒙古族自治县 辽阳县 盘山县 绥中县 长海县

吉林：安图县 白山市江源区 长白朝鲜族自治县 大安市 德惠市 东丰县 东辽县 抚松县 辉南县 梨树县 柳河县 农安县 前郭尔罗斯蒙古族自治县 双辽市 洮南市 通化县 汪清县 永吉县

黑龙江：宁安市 大庆市大同区 齐齐哈尔市(昂昂溪区 富拉尔基区 梅里斯达斡尔族区) 鸡西市(城子河区 恒山区 梨树区 麻山区) 伊春市(南岔区 汤旺河区 西林区) 海伦市 密山市 庆安县

江苏：东海县 赣榆县 洪泽县 建湖县 金湖县 沛县 射阳县 铜山县 盐城市盐都区 淮安市淮阴区

浙江：德清县 奉化市 海盐县 建德市 平湖市 嵊州市 桐庐县 新昌县 兰溪市 平阳县 象山县

安徽：池州市贵池区 当涂县 绩溪县 泾县 舒城县 桐城市 铜陵县 淮南市(八公山区 潘集区 谢

家集区）

福建：福安市 福鼎市 建瓯市 罗源县 闽清县 南靖县 沙县 邵武市 武夷山市 云霄县 漳平市 漳浦县 诏安县

江西：安福县 德兴市 高安市 进贤县 芦溪县 南昌县 南康市 瑞昌市 泰和县 樟树市

山东：长岛县 高密市 海阳市 临清市 栖霞市 枣庄市(山亭区 台儿庄区) 济南市长清区 桓台县 邹平县

河南：安阳县 长葛市 登封市 邓州市 巩义市 辉县市 林州市 灵宝市 孟州市 沁阳市 荥阳市 汝州市 卫辉市 舞钢市 项城市 新密市 新乡县 新郑市 许昌县 偃师市 漯河市（郾城区 召陵区） 义马市 永城市 禹州市 中牟县 周口市川汇区 平顶山市石龙区 太康县

湖北：安陆市 当阳市 恩施市 广水市 汉川市 宜都市 枝江市 宜昌市夷陵区 沙洋县 江陵县 丹江口市

湖南：安仁县 安乡县 常宁市 桂阳县 汉寿县 衡东县 衡南县 衡山县 衡阳县 华容县 津市市 冷水江市 澧县 涟源市 临澧县 临武县 南县 祁东县 祁阳县 韶山市 邵东县 邵阳县 石门县 双峰县 桃江县 桃源县 望城县 武冈市 湘潭县 湘阴县 新邵县 攸县 岳阳县 株洲县 资兴市 吉首市

广东：大埔县 东源县 丰顺县 广宁县 和平县 蕉岭县 连南瑶族自治县 连山壮族瑶族自治县 龙川县 陆河县 平远县 仁化县 始兴县 翁源县 五华县 阳山县 郁南县 紫金县 乳源瑶族自治县

广西：东兴市 合山市 河池市金城江区 贺州市八步区 临桂县 柳江县 容县 昭平县 钟山县 来宾市兴宾区 百色市右江区

海南：陵水黎族自治县

重庆：合川区 永川区 双桥区 万盛区 璧山县 长寿区

四川：崇州市 广安市广安区 广汉市 绵竹市 邛崃市 什邡市 攀枝花市西区 自贡市(贡井区 沿滩区) 泸州市(龙马潭区 纳溪区) 乐山市五通桥区 峨眉山市 广元市利州区 江油市 南充市嘉陵区 金堂县 大邑县 彭山县 资阳市雁江区 眉山市东坡区 新津县 蒲江县

贵州：都匀市 凯里市 清镇市 铜仁市 兴义市

云南：大理市 个旧市 石林彝族自治县 河口瑶族自治县 昭通市昭阳区 丽江市古城区

西藏：日喀则市

陕西：华县 华阴市 黄陵县 洛川县 潼关县 兴平市 榆林市榆阳区 铜川市耀州区 咸阳市杨凌区

甘肃：成县 临夏市 永登县 武威市凉州区 陇南市武都区 白银市平川区

宁夏：灵武市

新疆：克拉玛依市(白碱滩区 独山子区 乌尔禾区) 喀什市 阿克苏市 伊宁市 昌吉市 哈密市 乌鲁木齐县

十三等：

河北：安平县 柏乡县 昌黎县 磁县 大城县 东光县 高阳县 固安县 故城县 怀来县 景县 临城县 灵寿县 满城县 南宫市 宁晋县 清苑县 容城县 深泽县 肃宁县 唐县 望都县 文安县 吴桥县 献县 兴隆县 邢台县 雄县 宣化县 阳原县 易县 元氏县 枣强县 赵县

山西：长子县 代县 定襄县 繁峙县 河曲县 洪洞县 壶关县 稷山县 绛县 交城县 黎城县 临猗县 陵川县 柳林县 宁武县 平陆县 平顺县 平遥县 蒲县 祁县 沁水县 曲沃县 芮城县 山阴县 寿阳县 太谷县 文水县 闻喜县 五台县 乡宁县 襄汾县 襄垣县 新绛县 阳城县 翼城县 应县 盂县 垣曲县 泽州县 中阳县 左云县

内蒙古：额尔古纳市 根河市 锡林浩特市 包头市白云矿区

辽宁：昌图县 法库县 黑山县 桓仁满族自治县 建昌县 建平县 喀喇沁左翼蒙古族自治县 康平县 宽甸满族自治县 清原满族自治县 台安县 西丰县 新宾满族自治县 岫岩满族自治县 义县 彰武县

吉林：靖宇县 伊通满族自治县

黑龙江：巴彦县 勃利县 方正县 鸡东县 林口县 穆棱市 讷河市 通河县 延寿县 肇源县 肇州县 齐齐哈尔市碾子山区 伊春市(翠峦区 带岭区 红星区 金山屯区 美溪区 上甘岭区 新青区 五营区 乌马河区 乌伊岭区 友好区) 安达市 北安市 富锦市 虎林市 铁力市 五大连池市 宾县

江苏：滨海县 丰县 阜宁县 灌南县 灌云县 涟水县 沭阳县 宿迁市宿豫区 睢宁县 响水县 盱眙县 泗洪县 泗阳县

浙江：安吉县 苍南县 长兴县 龙游县 宁海县 永嘉县 嵊泗县 衢州市衢江区 江山市 青田县

安徽：砀山县 东至县 凤台县 广德县 和县 霍邱县 霍山县 界首市 金寨县 庐江县 明光市 南陵县 祁门县 青阳县 石台县 寿县 濉溪县 天长市 涡阳县 无为县 歙县 萧县 黄山市黄山区 含山县

福建：安溪县 长泰县 东山县 古田县 建阳市 将乐县 平潭县 上杭县 顺昌县 霞浦县 仙游县 永春县 永定县 永泰县 尤溪县

江西：大余县 分宜县 广丰县 吉水县 九江县 宁都县 上栗县 上饶县 万安县 万年县 新建县 永丰县 永修县 余江县 井冈山市 吉安县 瑞金市 峡江县 新干县

山东：博兴县 曹县 昌乐县 东阿县 东明县 费县 高青县 高唐县 济阳县 嘉祥县 金乡县 莒县 乐陵市 梁山县 临朐县 临邑县 陵县 宁阳县 平邑县 平阴县 平原县 齐河县 郯城县 微山县 汶上县 阳谷县 沂源县 鱼台县 禹城市 郓城县 东营市河口区

河南：宝丰县 博爱县 长垣县 方城县 淮阳县 潢川县 临颍县 鹿邑县 孟津县 内乡县 濮阳县 淇县 清丰县 汝南县 陕县 遂平县 汤阴县 唐河县 通许县 尉氏县 西平县 新安县 新野县 修武县 鄢陵县 延津县 镇平县 浚县

湖北：保康县 长阳土家族自治县 崇阳县 大悟县 公安县 谷城县 红安县 黄梅县 嘉鱼县 监利县 京山县 利川市 南漳县 蕲春县 团风县 浠水县 孝昌县 远安县 云梦县 郧县 秭归县

湖南：安化县 茶陵县 辰溪县 慈利县 东安县 洞口县 洪江市 会同县 嘉禾县 靖州苗族侗族自治县 蓝山县 隆回县 麻阳苗族自治县 宁远县 平江县 绥宁县 新化县 新宁县 新田县 溆浦县 炎陵县 宜章县 永兴县 芷江侗族自治县 中方县 道县 沅陵县

广西：博白县 富川瑶族自治县 荔浦县 灵川县 陆川县 南丹县 平果县 平乐县 全州县 上思县 田阳县 兴安县 阳朔县 宜州市 北流市 岑溪市 合浦县 田东县 崇左市江州区

海南：保亭黎族苗族自治县 乐东黎族自治县 屯昌县 昌江黎族自治县 定安县 临高县

重庆：南川区 黔江区

四川：安县 长宁县 达县 大竹县 富顺县 高县 珙县 简阳市 江安县 筠连县 阆中市 泸县 米易县 南溪县 仁寿县 荣县 三台县 射洪县 万源市 宜宾县 雅安市雨城区 巴中市巴州区 广元市(朝天区 元坝区) 遂宁市安居区 夹江县 西昌市

贵州：毕节市 赤水市 贵定县 开阳县 龙里县 仁怀市 息烽县 修文县 遵义县

云南：保山市隆阳区 呈贡县 澄江县 江川县 晋宁县 景洪市 开远市 潞西市 水富县 普洱市思茅区 通海县 宜良县 楚雄市

陕西：安塞县 白水县 城固县 大荔县 府谷县 富平县 富县 甘泉县 高陵县 横山县 户县 黄龙县 佳县 靖边县 米脂县 清涧县 三原县 子长县 子洲县 神木县 绥德县 吴堡县 吴起县 延长县 宜川县 志丹县 商洛市商州区

甘肃：定西市安定区 皋兰县 合水县 合作市 徽县 两当县 宁县 平凉市崆峒区 庆城县 文县 庆

阳市西峰区 榆中县 张掖市甘州区 敦煌市 酒泉市肃州区 玉门市

宁夏：贺兰县 石嘴山市惠农区 平罗县 永宁县 青铜峡市 吴忠市利通区 中卫市沙坡头区

新疆：五家渠市 吐鲁番市 阿勒泰市 阜康市 奎屯市 塔城市 乌苏市

十四等：

河北：安新县 博野县 成安县 承德县 赤城县 大名县 肥乡县 阜城县 阜平县 馆陶县 广平县 广宗县 海兴县 怀安县 鸡泽县 巨鹿县 宽城满族自治县 涞水县 涞源县 临西县 临漳县 隆化县 隆尧县 滦平县 孟村回族自治县 内丘县 南和县 南皮县 平泉县 平山县 平乡县 青龙满族自治县 邱县 曲阳县 曲周县 饶阳县 任县 涉县 顺平县 万全县 威县 蔚县 魏县 无极县 武强县 武邑县 新河县 行唐县 盐山县 永清县 赞皇县 涿鹿县

山西：保德县 方山县 汾西县 古县 广灵县 和顺县 浑源县 交口县 静乐县 岢岚县 岚县 临县 灵丘县 娄烦县 偏关县 沁县 沁源县 神池县 石楼县 屯留县 万荣县 五寨县 武乡县 昔阳县 夏县 兴县 阳高县 阳曲县 右玉县 榆社县 左权县 大同县

内蒙古：阿尔山市 阿荣旗 敖汉旗 巴林左旗 达拉特旗 鄂伦春自治旗 鄂温克族自治旗 二连浩特市 丰镇市 杭锦后旗 霍林郭勒市 科尔沁左翼后旗 林西县 莫力达瓦达斡尔族自治旗 宁城县 土默特右旗 土默特左旗 翁牛特旗 乌拉特前旗 五原县 包头市石拐区 托克托县 准格尔旗 西乌珠穆沁旗 伊金霍洛旗

吉林：长岭县 扶余县 乾安县

黑龙江：宝清县 抚远县 富裕县 集贤县 克东县 克山县 兰西县 萝北县 明水县 木兰县 嫩江县 绥滨县 塔河县 汤原县 友谊县 大兴安岭加格达奇 同江市 望奎县 依兰县

浙江：常山县 淳安县 岱山县 洞头县 缙云县 景宁畲族自治县 开化县 磐安县 浦江县 庆元县 三门县 松阳县 遂昌县 泰顺县 天台县 文成县 武义县 仙居县 云和县 龙泉市

安徽：枞阳县 定远县 凤阳县 阜南县 固镇县 怀宁县 怀远县 旌德县 来安县 郎溪县 利辛县 临泉县 灵璧县 蒙城县 潜山县 全椒县 泗县 宿松县 太和县 太湖县 望江县 五河县 休宁县 黟县 颍上县

福建：大田县 德化县 华安县 连城县 平和县 浦城县 泰宁县

江西：安义县 安远县 鄱阳县 崇仁县 德安县 定南县 东乡县 浮梁县 赣县 横峰县 会昌县 金溪县 靖安县 莲花县 龙南县 南城县 铅山县 上高县 上犹县 石城县 遂川县 万载县 武宁县 婺源县 信丰县 兴国县 修水县 寻乌县 弋阳县 永新县 于都县 玉山县 资溪县

山东：单县 广饶县 垦利县 利津县 蒙阴县 武城县 沂南县 沂水县 商河县 泗水县 定陶县 惠民县 莒南县 茌平县 临沭县 东平县 宁津县

河南：范县 封丘县 扶沟县 固始县 光山县 滑县 淮滨县 获嘉县 开封县 兰考县 鲁山县 栾川县 罗山县 泌阳县 民权县 南乐县 南召县 杞县 确山县 商城县 上蔡县 社旗县 沈丘县 渑池县 桐柏县 温县 武陟县 舞阳县 西华县 西峡县 淅川县 襄城县 叶县 伊川县 原阳县 正阳县 商水县

湖北：巴东县 房县 建始县 来凤县 罗田县 通城县 五峰土家族自治县 兴山县 阳新县 英山县 竹山县

湖南：保靖县 城步苗族自治县 凤凰县 古丈县 桂东县 花垣县 江华瑶族自治县 江永县 龙山县 泸溪县 汝城县 桑植县 双牌县 通道侗族自治县 新晃侗族自治具 永顺县

广西：宾阳县 大化瑶族自治县 扶绥县 横县 金秀瑶族自治县 乐业县 灵山县 凌云县 隆林各族自治县 鹿寨县 蒙山县 浦北县 田林县 西林县 兴业县 桂平市 柳城县 苍梧县 藤县 平南县

海南：五指山市 白沙黎族自治县 琼中黎族苗族自治县

重庆：大足县 垫江县 丰都县 奉节县 开县 梁平县 綦江县 荣昌县 铜梁县 潼南县 巫山县 武隆县 云阳县 忠县

四川：安岳县 北川羌族自治县 大英县 丹棱县 德昌县 古蔺县 汉源县 合江县 洪雅县 华蓥市 会理县 犍为县 剑阁县 井研县 九寨沟县 开江县 康定县 乐至县 邻水县 隆昌县 芦山县 泸定县 罗江县 马边彝族自治县 茂县 冕宁县 名山县 沐川县 南部县 南江县 蓬安县 蓬溪县 平昌县 平武县 屏山县 青川县 青神县 渠县 天全县 通江县 旺苍县 威远县 汶川县 武胜县 西充县 兴文县 叙永县 宣汉县 盐边县 盐亭县 仪陇县 营山县 岳池县 中江县 资中县 梓潼县 乐山市金口河区 宝兴县 苍溪县 石棉县 荥经县

贵州：独山县 福泉市 金沙县 荔波县 平坝县 施秉县 桐梓县 玉屏侗族自治县 镇远县

云南：宾川县 大姚县 洱源县 富民县 富源县 华宁县 会泽县 建水县 景东彝族自治县 兰坪白族普米族自治县 临沧市临翔区 陆良县 禄丰县 禄劝彝族苗族自治县 绿春县 罗平县 马龙县 勐海县 勐腊县 弥渡县 弥勒县 牟定县 南华县 宁洱哈尼族彝族自治县 师宗县 双柏县 嵩明县 绥江县 腾冲县 文山县 武定县 祥云县 新平彝族傣族自治县 宣威市 寻甸回族彝族自治县 姚安县 易门县 永仁县 元江哈尼族彝族傣族自治县 元谋县 沾益县 玉龙纳西族自治县 瑞丽市 峨山彝族自治县 屏边苗族自治县 石屏县 蒙自县

陕西： 澄城县 定边县 凤县 凤翔县 扶风县 汉阴县 合阳县 泾阳县 蓝田县 礼泉县 略阳县 眉县 勉县 南郑县 平利县 岐山县 商南县 石泉县 太白县 武功县 西乡县 旬阳县 延川县 镇安县 周至县 柞水县 宝鸡市陈仓区

甘肃：瓜州县 崇信县 宕昌县 迭部县 甘谷县 广河县 华池县 华亭县 环县 会宁县 金塔县 泾川县 景泰县 靖远县 康乐县 康县 礼县 临洮县 灵台县 碌曲县 玛曲县 民勤县 山丹县 肃北蒙古族自治县 天祝藏族自治县 武山县 西和县 夏河县 永昌县 永靖县 镇原县 正宁县 卓尼县 阿克塞哈萨克族自治县

青海：大通回族土族自治县 德令哈市 格尔木市 互助土族自治县 湟中县 乐都县 民和回族土族自治县 平安县

宁夏：固原市原州区 中宁县

新疆：阿瓦提县 巴楚县 博湖县 察布查尔锡伯自治县 额敏县 富蕴县 伽师县 和静县 和硕县 吉木萨尔县 麦盖提县 沙雅县 疏附县 疏勒县 尉犁县 温宿县 叶城县 伊宁县 英吉沙县 岳普湖县 阿拉尔市 图木舒克市 阿图什市 博乐市 和田市 呼图壁县 霍城县 精河县 库车县 轮台县 玛纳斯县 沙湾县 莎车县 鄯善县 托克逊县 新源县 焉耆回族自治县 泽普县

十五等：

河北：崇礼县 沽源县 康保县 尚义县 张北县 丰宁满族自治县 围场满族蒙古族自治县

山西：安泽县 天镇县 浮山县 吉县 大宁县 隰县 永和县

内蒙古：阿巴嘎旗 阿拉善右旗 阿拉善左旗 阿鲁科尔沁旗 巴林右旗 察哈尔右翼后旗 察哈尔右翼前旗 察哈尔右翼中旗 陈巴尔虎旗 达尔罕茂明安联合旗 磴口县 东乌珠穆沁旗 多伦县 额济纳旗 鄂托克旗 鄂托克前旗 固阳县 杭锦旗 和林格尔县 化德县 喀喇沁旗 开鲁县 科尔沁右翼前旗 科尔沁右翼中旗 科尔沁左翼中旗 克什克腾旗 库伦旗 凉城县 奈曼旗 清水河县 商都县 四子王旗 苏尼特右旗 苏尼特左旗 太仆寺旗 突泉县 乌拉特后旗 乌拉特中旗 乌审旗 武川县 镶黄旗 新巴尔虎右旗 新巴尔虎左旗 兴和县 扎赉特旗 扎鲁特旗 正蓝旗 正镶白旗 卓资县

吉林：通榆县 镇赉县

黑龙江：拜泉县 东宁县 杜尔伯特蒙古族自治县 甘南县 呼玛县 桦川县 桦南县 嘉荫县 林甸县

龙江县 漠河县 青冈县 饶河县 绥棱县 孙吴县 泰来县 逊克县 依安县

安徽：岳西县

福建：长汀县 光泽县 建宁县 明溪县 宁化县 屏南县 清流县 寿宁县 松溪县 武平县 柘荣县 政和县 周宁县

江西：崇义县 都昌县 奉新县 广昌县 湖口县 乐安县 黎川县 南丰县 彭泽县 全南县 铜鼓县 星子县 宜丰县 宜黄县 余干县

山东：苍山县 成武县 冠县 巨野县 鄄城县 庆云县 无棣县 五莲县 夏津县 莘县 阳信县 沾化县

河南：郸城县 郏县 卢氏县 洛宁县 内黄县 宁陵县 平舆县 汝阳县 嵩县 睢县 台前县 息县 夏邑县 新蔡县 新县 宜阳县 虞城县 柘城县

湖北：鹤峰县 神农架林区 通山县 咸丰县 宣恩县 郧西县 竹溪县

广西：巴马瑶族自治县 大新县 德保县 东兰县 都安瑶族自治县 凤山县 恭城瑶族自治县 灌阳县 环江毛南族自治县 靖西县 龙胜各族自治县 龙州县 隆安县 罗城仫佬族自治县 马山县 那坡县 宁明县 凭祥市 融安县 融水苗族自治县 三江侗族自治县 上林县 天等县 天峨县 武宣县 象州县 忻城县 永福县 资源县

重庆：城口县 彭水苗族土家族自治县 石柱土家族自治县 巫溪县 秀山土家族苗族自治县 酉阳土家族苗族自治县

四川：阿坝县 白玉县 丹巴县 道孚县 稻城县 得荣县 德格县 峨边彝族自治县 甘孜县 黑水县 红原县 会东县 金川县 金阳县 九龙县 雷波县 理塘县 理县 炉霍县 美姑县 木里藏族自治县 宁南县 普格县 壤塘县 若尔盖县 色达县 石渠县 松潘县 喜德县 乡城县 小金县 新龙县 雅江县 盐源县 越西县 昭觉县 马尔康县 巴塘县 布拖县 甘洛县

贵州：安龙县 册亨县 岑巩县 长顺县 从江县 大方县 丹寨县 道真仡佬族苗族自治县 德江县 凤冈县 关岭布依族苗族自治县 赫章县 黄平县 惠水县 剑河县 江口县 锦屏县 雷山县 黎平县 六枝特区 罗甸县 麻江县 湄潭县 纳雍县 盘县 平塘县 普安县 普定县 黔西县 晴隆县 榕江县 三都水族自治县 三穗县 石阡县 水城县 思南县 松桃苗族自治县 绥阳县 台江县 天柱县 万山特区 望谟县 威宁彝族回族苗族自治县 瓮安县 务川仡佬族苗族自治县 习水县 兴仁县 沿河土家族自治县 印江土家族苗族自治县 余庆县 贞丰县 镇宁布依族苗族自治县 正安县 织金县 紫云苗族布依族自治县

云南：沧源佤族自治县 昌宁县 大关县 德钦县 凤庆县 福贡县 富宁县 耿马傣族佤族自治县 贡山独龙族怒族自治县 广南县 鹤庆县 红河县 华坪县 剑川县 江城哈尼族彝族自治县 金平苗族瑶族傣族自治县 景谷傣族彝族自治县 澜沧拉祜族自治县 梁河县 龙陵县 陇川县 泸水县 泸西县 鲁甸县 麻栗坡县 马关县 孟连傣族拉祜族佤族自治县 墨江哈尼族自治县 南涧彝族自治县 宁蒗彝族自治县 巧家县 丘北县 施甸县 双江拉祜族佤族布朗族傣族自治县 威信县 巍山彝族回族自治县 维西傈僳族自治县 西畴县 西盟佤族自治县 盐津县 砚山县 漾濞彝族自治县 彝良县 盈江县 永德县 永平县 永善县 永胜县 元阳县 云龙县 云县 镇康县 镇雄县 镇沅彝族哈尼族拉祜族自治县 香格里拉县

西藏：安多县 昂仁县 八宿县 巴青县 白朗县 班戈县 比如县 边坝县 波密县 察雅县 察隅县 昌都县 措美县 措勤县 错那县 达孜县 当雄县 丁青县 定结县 定日县 堆龙德庆县 噶尔县 改则县 岗巴县 革吉县 工布江达县 贡嘎县 贡觉县 吉隆县 加查县 嘉黎县 江达县 江孜县 康马县 拉孜县 朗县 浪卡子县 类乌齐县 林芝县 林周县 隆子县 洛隆县 洛扎县 芒康县 米林县 墨脱县 墨竹工卡县 那曲县 乃东县 南木林县 尼玛县 尼木县 聂拉木县 聂荣县 普兰县 琼结县 曲水县 曲松县 仁布县 日土县 萨嘎县 萨迦县 桑日县 申扎县 索县 谢通门县 亚东县 札达县 扎囊县 仲巴县 左贡县

陕西：白河县 彬县 长武县 淳化县 丹凤县 佛坪县 岚皋县 麟游县 留坝县 陇县 洛南县 宁强

县 宁陕县 蒲城县 千阳县 乾县 山阳县 旬邑县 洋县 宜君县 永寿县 镇巴县 镇坪县 紫阳县

甘肃：东乡族自治县 高台县 古浪县 和政县 积石山保安族东乡族撒拉族自治县 静宁县 临潭县 临夏县 临泽县 陇西县 民乐县 岷县 秦安县 肃南裕固族自治县 通渭县 渭源县 张家川回族自治县 漳县 清水县 舟曲县 庄浪县

青海：班玛县 称多县 达日县 都兰县 甘德县 刚察县 共和县 贵德县 贵南县 海晏县 河南蒙古族自治县 化隆回族自治县 湟源县 尖扎县 久治县 玛多县 玛沁县 门源回族自治县 祁连县 曲麻莱县 天峻县 同德县 同仁县 乌兰县 囊谦县 兴海县 循化撒拉族自治县 玉树县 杂多县 泽库县 治多县

宁夏：海原县 泾源县 隆德县 彭阳县 同心县 西吉县 盐池县

新疆：阿合奇县 阿克陶县 巴里坤哈萨克自治县 拜城县 昭苏县 布尔津县 策勒县 福海县 巩留县 哈巴河县 和布克赛尔蒙古自治县 和田县 吉木乃县 柯坪县 洛浦县 民丰县 墨玉县 木垒哈萨克自治县 尼勒克县 皮山县 奇台县 且末县 青河县 若羌县 塔什库尔干塔吉克自治县 特克斯县 托里县 温泉县 乌恰县 乌什县 新和县 伊吾县 于田县 裕民县

国土资源部办公厅关于2006年以前节余计划指标安排使用有关问题的通知

（国土资厅发〔2008〕131号）

各省、自治区、直辖市国土资源厅（国土环境资源厅、国土资源和房屋管理局、房屋土地资源管理局），计划单列市国土资源行政管理部门，新疆生产建设兵团国土资源局：

最近，一些省（区、市）来函或来人，商议历年计划节余指标结转使用问题。为进一步明确要求，现将有关规定通知如下：

在去年开展的土地执法“百日行动”中，为了解决历史遗留的违规违法用地问题，《全国土地执法百日行动查处纠正工作的若干处理意见》（国土资发〔2007〕283号）中明确要求，对土地执法百日行动中查出的违规违法用地，可以补办手续的，各省（区、市）可结转使用2006年以前节余的计划指标，百日行动结束后，无论是否还有指标剩余，都全部予以核销，不得再使用。2007年以后有指标节余的，按照有关规定，报经部审核同意后，方可结转使用。

各地要采取措施，加强计划管理，不得自行结转使用2006年以前节余计划指标，把好土地供应闸门，促进土地节约集约利用。

二〇〇八年九月五日

国土资源部办公厅关于印发省级土地利用总体规划大纲审查要点的通知

（国土资厅发〔2008〕141号）

各省、自治区、直辖市国土资源厅（国土环境资源厅、国土资源局、国土资源和房屋管理局、房屋土地资源管理局），新疆生产建设兵团国土资源局：

根据全国土地利用总体规划修编工作的整体部署，目前，部已启动省级土地利用总体规划大纲审查工作。为确保审查工作科学、有序进行，按照《关于印发〈报国务院审批的土地利用总体规划的规划大纲评审办法〉的通知》（国土资发〔2006〕54号）有关规定，全国土地利用总体规划修编工作委员会对相关审查要求进行了梳理和细化，组织编写了《省级土地利用总体规划大纲审查要点》，现印发你们，供参考。

二〇〇八年十月十六日

省级土地利用总体规划大纲审查要点

本要点适用于省（自治区、直辖市）土地利用总体规划大纲的审查工作。报国务院审批城市的土地利用总体规划大纲审查参照执行。

一、审查组织

审查工作由全国土地利用总体规划修编工作委员会负责组织，成立审查小组，对省级土地利用总体规划大纲（以下简称“规划大纲”）进行审查。审查小组由规划修编委成员单位、相关领域专家和人员组成。

二、审查原则

审查工作中，规划应当以科学发展观为统领，坚持“五个统筹”，促进经济社会全面协调可持续发展，切实遵循以下原则：

（一）严格保护耕地特别是基本农田，控制非农业建设占用耕地，加大土地整理复垦开发补充耕地力度；

（二）节约集约利用土地，提高土地利用效率，合理控制建设用地规模，积极拓展建设用地新空间；

（三）优化配置各业各类用地，引导人口、产业和生产要素合理流动，促进城乡统筹和区域协调发展；

（四）统筹安排生活、生态和生产用地，优先保护自然生态空间，促进生态文明发展；

（五）加强和改进规划实施保障措施，增强土地管理参与宏观调控的针对性和有效性。

三、审查依据

（一）《中华人民共和国土地管理法》、《中华人民共和国土地管理法实施条例》、《基本农田保护条例》等现行法律、法规及相关规范；

（二）国家有关土地利用和管理的各项方针、政策；

（三）《全国土地利用总体规划纲要（2006−2020年）》；

（四）国家和当地的国民经济和社会发展规划；

（五）《国务院关于深化改革严格土地管理的决定》(国发〔2004〕28号)；

（六）《国务院关于加强土地调控有关问题的通知》(国发〔2006〕31号)；

（七）《国务院办公厅转发国土资源部关于做好土地利用总体规划修编前期工作意见的通知》(国办发〔2005〕32号)；

（八）《报国务院审批的土地利用总体规划的规划大纲评审办法》（国土资发〔2006〕54号）；

（九）国土资源部对省级土地利用总体规划修编前期工作的认定意见；

（十）《土地利用总体规划编制审批规定》；

（十一）《报国务院审批的土地利用总体规划审查办法》；

（十二）《省级土地利用总体规划编制守则》；

（十三）《省级土地利用总体规划环境影响评价技术指引》（国土资发〔2005〕277号）；

（十四）其他应遵循的相关政策要求等。

四、审查重点

（一）基础数据

规划修编中采用的土地基础数据是否与国家认定的基期年土地利用变更调查数据一致。

规划修编中采用的人口、社会经济数据是否以国家或省（区、市）统计系统发布的数据为准，与人口普查、经济普查等有关成果数据一致。

规划是否明确了各类基础数据的口径及来源，统一使用了法定的计量单位。

（二）规划实施评价

规划是否结合“四查清、四对照”等前期工作，在核实确定规划基数、明晰土地利用现状的基础上，对照现行规划的目标、指标和相关措施，对现行规划实施情况进行了评价；有关评价结论是否客观、准确，原因分析是否深入、全面，是否反映了土地管理和规划工作中取得的成效，点明了存在的突出问题和矛盾，论证了规划修编的必要性，提出了规划修编的重点方向与可行的建议措施。

（三）指导思想

规划修编的指导思想是否深入贯彻落实科学发展观，坚持节约资源和保护环境的基本国策；是否遵循了以严格保护耕地为前提，以严格控制建设用地为重点，以节约集约用地为核心的规划原则；是否体现了统筹协调发展与保护、需要与可能、局部与整体、当前与长远之间的关系。

（四）战略定位与规划目标

规划是否充分考虑了当地社会经济发展基础和自然资源环境条件，准确把握了未来土地利用和管理面临的主要机遇与挑战；是否围绕社会经济发展战略目标和要求、围绕坚守18亿亩耕地红线的基本国策，明晰了保障发展和保护资源的规划思路；是否立足解决当地重大土地利用问题，提出了本辖区土地利用和管理的战略重点，明确了规划期间各项土地利用调控目标、用地标准及政策导向。

（五）结构调整

规划是否围绕土地利用战略和目标的落实，按照总量平衡原则，统筹安排、合理调整土地利用结构。

土地利用结构调整是否符合土地利用主要调控指标，各类用地面积变化是否合理，辖区范围内土地总面积是否综合平衡；农用地结构调整是否以耕地保护和生态建设为前提，优先保护耕地和基本农田，引导农业结构调整向有利于耕地增加的方向进行；是否按照保护和合理利用农用地的要求，稳定水田、有林地、人工草场等优质农用地的保有数量，合理确定低产农用地改造规模，促使农用地综合生产能力和利用效益的提高；建设用地结构调整是否本着节约集约利用的原则，体现了严格控制建设用地总量、科学利用建设用地增量、挖潜盘活建设用地存量的要求；是否妥善安排了城乡建设用地、城镇工矿用地和农村建设用地，重点保障了必要的基础产业以及交通、水利等重点基础设施用地；是否积极探索实施了城镇建设用地增加与农村建设用地减少相挂钩的政策；是否依照区域资源环境承载能力、土地资源现状和潜力条件，严格限制建设用地增加，适度开发土地后备资源，确保了生态用地数量，发挥了区域土地对于生态安全的保护作用。

（六）指标控制

规划确定的耕地保有量、基本农田保护面积、城乡建设用地规模、新增建设占用耕地规模、土地整理复垦开发补充耕地义务量、人均城镇工矿用地等主要土地利用调控指标是否符合上级规划的要求。

主要土地利用调控指标是否分解落实；分解依据是否充分、近远期时序安排是否合理；有关指标机动预留是否有清晰说明，并有规模、时序安排的预案。

1.耕地保有量和基本农田面积指标

规划确定的耕地保有量和基本农田面积指标是否不低于上级规划下达的2010年和2020年指标。

耕地保有量指标安排是否重点体现了保护水田等优质耕地，是否确保建设占用耕地占补平衡；是否确保不因农业结构调整和灾毁导致耕地过快减少。

基本农田保护指标安排是否体现了“应保尽保”的原则，符合“数量不减少、质量有提高”的要求；基本农田的调整是否符合国家有关基本农田布局调整指导意见的要求，考虑了生态建设、质量等级和建设空间落位等因素；基本农田保护面积的调整方案是否可行，基本农田调整说明是否充分合理。

2.建设用地指标

规划确定的建设用地总规模、城乡建设用地规模、城镇工矿建设用地、交通水利及其他用地规模、人均城镇工矿用地等各项建设用地约束性和预期性指标是否符合上级规划下达的2010年和2020年目标。

人口、城镇化发展、资源环境容量等分析预测是否科学合理，是否体现了建设用地安排节约集约用地原则；是否体现了围绕提高建设用地保障国民经济健康发展的要求，严格控制建设用地规模，优化配置城镇工矿用地，整合规范农村建设用地，保障必要基础设施用地，有效拓展建设用地新空间。

建设用地总规模、新增建设用地和净增建设用地的指标安排是否合理，城乡建设用地中的城镇工矿和农村居民点用地安排是否科学可行；城乡统筹发展中农村建设用地减少的论证是否充分；是否依据国家有关行业规划与用地标准，合理安排了交通、水利等基础设施用地的规模与时序，重点保障了国家、区域和省级重大基础设施项目用地。

3.园地、林地、草地面积指标

省（区、市）域范围内，园地、林地和牧草地预期性指标是否与上级规划确定的2010年和2020年指标一致，两者之间存在差异的，是否详细阐明了原因。

园地、林地、牧草地预期性指标的分解中是否充分考虑了国家和省级重大生态建设工程任务安排的区域化差异因素；是否考虑了耕地、建设用地、未利用土地的统筹安排与综合平衡；是否考虑了资源环境、土地利用现状和可开发后备资源潜力等条件，以及相关土地利用开发活动可能对于本区域及相邻区域产生的负面影响。

4.土地整理复垦开发指标

土地整理复垦开发指标是否符合上级规划下达的土地整理复垦开发补充耕地义务量指标。规划确定的土地开发整理重点区域、重点工程和重点项目是否与上级规划确定的土地整理复垦开发重点区域及重大工程进行了衔接。

规划补充耕地是否体现以土地整理和复垦为主的方针；补充耕地方案对近远期土地开发整理复垦安排是否合理；土地开发整理重点区域、重点工程和重点项目布局是否合理，补充耕地的区域平衡方案是否切实可行、公平互益。

土地整理复垦开发任务指标是否分解落实；分解下达的依据是否充分、规模布局和时序安排是否合理，技术、资金和相关政策是否确保任务目标和工程项目的实施。

（七）空间管制

省、自治区土地利用总体规划编制中，是否依照控制城乡建设用地规模、城镇工矿建设用地规模及空间管制的要求，明确了城镇体系的规划调控方向与相关政策，合理安排了各地级城市的建设用地规模；是否依照区域生产力布局和相关规划的要求，合理安排交通、水利、能源等重大基础产业、基础设施项目和布局，提出土地利用、保护、整治、开发的重点区域、重大工程及重点项目和布局。

市级土地利用总体规划编制中，是否在建设用地规模不变的前提下，依照城镇工矿和农村居民点扩展边界划定原则与方法，从当地实际出发，划定了城镇建设用地范围和城镇建设用地扩展边界，以控制城乡建设用地盲目无序扩张。其中，划定的城镇建设用地规模范围是否符合上级规划下达的建设用地规模，人均城镇工矿用地等规划目标和节约集约用地标准；划定的城镇建设用地扩展边界空间范围是否符合国家和上级规划的有关要求，并有效利用了森林、山体、河流、农田等重要地物的隔离功能。

规划是否结合城乡建设用地扩展边界的划定，探索落实了城乡建设用地空间管制制度。除能源、交通、水利、军事等必须单独选址的建设项目外，各项建设是否安排在城镇建设用地扩展边界内，并规定了相应的土地规划许可条件及程序，提出了单独选址项目和用地论证的有关要求；是否结合城乡建设用地扩展边界控制，制定了可行的监督管理制度，以严格中心城区及其组团的土地用途管制，鼓励城市存量用地的节约挖潜利用，防止城市周边的“蔓延发展”和“贴边发展”，保护城市的水系山体林网及自然文化遗产；是否妥善处理了城乡建设发展中的用地问题，扩展边界内外城镇建设用地增加与农村建设用地减少的规划方案是否合理，在规模时序上的安排是否可行。

（八）分区调控

规划是否按照资源环境承载能力、土地利用现状和开发潜力，考虑人口分布、产业布局以及区域国土开发格局，提出了土地利用综合分区以及差别化的区域土地利用政策。

土地利用综合分区方案和政策措施是否符合上级规划对该区域的基本要求，是否符合区域协调和城乡统筹要求，是否有利于主要土地利用控制指标的落实，是否体现了与主体功能区规划等相关规划的协调衔接。

（九）生态建设

规划是否立足当地主要生态环境问题，提出了明确的环境保护和生态建设目标、重大工程和相关措施；目标、工程和措施是否与生态功能区划、生态环境建设规划、环境保护“十一五”规划等国家、区域和地方有关环境保护与生态建设重大规划相协调。

在各类用地的规模、结构和布局、时序的统筹安排中，是否严格保护了天然林、天然草场和湿地等基础性生态用地；是否妥善处理了沼泽、滩涂等土地的开发和保护的关系；是否注重发挥林地、牧草地、水面和耕地的生产、生态、景观、隔离等多重功能，建立了以森林、草地、水面和耕地为主体的区域生态安全屏障，是否促进了区域及区域间的结构合理、功能互补的土地生态空间格局的形成。

（十）保障措施

规划是否以保障各项土地利用控制目标的实现，拟定了经济、法律、行政等各种政策措施；是否按照上级规划确定的发展战略、目标和任务，切实落实各区域的土地利用政策，建立土地利用规划实施问责制，重点落实了省（区、市）域范围的耕地保护目标责任制和节约集约用地责任制。

有关配套政策和措施的建议，是否符合有关法律法规和政策的要求，符合政府职能转变和管理方式转变的改革方向，是否有利于耕地和基本农田保护，是否有利于规划管理效率的提高，符合当地实际，具有针对性和可操作性。

（十一）规划成果

规划成果是否符合《土地利用总体规划编制审批规定》、《报国务院审批的土地利用总体规划审查办法》和《省级土地利用总体规划编制守则》等相关要求。

规划成果中，规划文本是否简洁规范，规划说明是否清晰到位，规划图件是否内容全面、清晰美观，专题研究是否资料翔实、分析透彻，整体成果是否具有地域和省域特色。

规划图件成果与文本、说明及相关数据是否一致。图件编制中，有关符号、色系和比例尺，坐标系和投影等是否符合有关要求。

（十二）规划协调与论证

规划编制中，是否遵循了“政府组织、专家领衔、部门合作、公众参与、科学决策”的工作方针；是否与上级规划的指标控制、分区调控、空间管制和政策保障等要求相衔接；是否与城镇、农、林、水、交通等相关规划进行了充分协调衔接；是否与下级规划进行了反馈对接，提出了针对性指导意见；是否开展了专家咨询、部门论证和公众参与，规划方案论证充分、公众参与程度较高；有关规划成果是否已经同级人民政府和城市所在地的省（区、市）国土资源部门审查。

（十三）规划环境影响评价

规划编制中，规划成果是否包含规划环境影响评价篇章，以规划说明相关章节或单行本的方式体现。

省级规划环境影响评价篇章的编写格式和内容是否符合《省级土地利用总体规划环境影响评价技术指引》的要求。具体如下：

1.简述与规划有关的环境保护和生态建设法律法规、政策和标准。

2.简述本行政辖区与土地利用密切相关的环境因素和环境问题，现行省级规划实施中环境保护和生态建设的经验与教训。

3.简述本行政辖区规划环境保护和生态建设目标及与其他规划目标的协调性，说明选定的规划环境影响评价重要指标。

4.简要说明对应于不同的规划方案，分析、预测和评价可能引致的环境影响。

5.针对选定的规划方案，说明需要采取的预防或者减轻不良环境影响的对策及措施。

国家土地督察工作文件

国家土地总督察关于印发《农用地转用和土地征收审批事项督察办法》的函

（国土督察函〔2008〕1号）

各省、自治区、直辖市人民政府，计划单列市人民政府，新疆生产建设兵团：

根据《国务院办公厅关于建立国家土地督察制度有关问题的通知》（国办发〔2006〕50号）精神，在征求各地意见的基础上制定了《农用地转用和土地征收审批事项督察办法》（以下简称《办法》）。该《办法》已于2008年8月25日经国土资源部第28次部长办公会议审议通过，现予印发实施。

二〇〇八年十月八日

农用地转用和土地征收审批事项督察办法

第一条为加强土地监管，规范国家土地督察机构对农用地转用和土地征收审批事项的督察工作，根据《中华人民共和国土地管理法》和《国务院办公厅关于建立国家土地督察制度有关问题的通知》，制定本办法。

第二条农用地转用和土地征收审批事项督察，是指国家土地督察机构依照规定的权限和程序，对应报国务院审批和由省、自治区、直辖市人民政府审批的农用地转用和土地征收事项及批后实施情况进行监督检查。

第三条农用地转用和土地征收审批事项督察，不改变、不取代省、自治区、直辖市人民政府的行政审批职权。

第四条省、自治区、直辖市人民政府按规定抄送和提供有关材料，保证材料的真实性和合法性，支持和配合国家土地督察机构的督察工作。

第五条由国务院审批的单独选址建设项目用地的农用地转用和土地征收事项，省、自治区、直辖市人民政府在上报国务院时，应将省级人民政府的请示文件和用地报批材料同时抄送有关派驻地方的国家土地督察局（以下简称国家土地督察局）备案。

第六条由国务院审批的城市建设用地，省、自治区、直辖市人民政府审核同意城市农用地转用和土地征收实施方案及办理回复文件后，在报国土资源部备案时，应将回复文件、标注用地位置和补充耕地位置的标准分幅土地利用现状图和《国务院批准的城市建设用地农用地转用和土地征收实施方案备案表》同时抄送有关国家土地督察局备案。

省、自治区、直辖市人民政府在将本行政区域由国务院审批的城市建设用地供应情况报国土资源部备案时，应将《国有建设用地供应情况备案表》同时抄送有关国家土地督察局备案。

第七条由省、自治区、直辖市人民政府审批的农用地转用和土地征收事项，省、自治区、直辖市人民政府在向国土资源部备案时，应将批准文件、省级国土资源部门审查意见、标注用地位置和补充耕地位置的标准分幅土地利用现状图和《省级人民政府批准的建设项目用地备案表》同时抄送有关国家土地督察局备案。

第八条本办法第五、六、七条规定的备案材料，均抄送电子文档一套。无电子文档的，抄送纸质材料一套。

第九条国家土地督察局根据农用地转用和土地征收审批事项督察工作需要，可以查阅、复制其他与农用地转用和土地征收审批事项相关的材料，省、自治区、直辖市人民政府应予以配合。

第十条对未按规定抄送和提供有关材料的地区，由有关国家土地督察局责令改正。未按要求组织改正或者改正不力的，有关国家土地督察局应及时向国家土地总督察报告，由国家土地总督察责令改正。

第十一条国家土地督察局可以根据需要，采取日常重点抽查、实地核查等方式对抄送备案的农用地转用和土地征收审批事项进行督察。

第十二条国家土地督察局对省、自治区、直辖市人民政府报国务院审批的单独选址建设项目的农用地转用和土地征收事项进行督察，发现有违法违规问题的，应及时向国家土地总督察报告。

国家土地总督察办公室负责将监督检查工作中发现的有关违法违规问题及纠正情况提交国土资源部建设用地会审会。

第十三条国家土地督察局对省、自治区、直辖市人民政府批准的农用地转用和土地征收事项，及依照规定由省、自治区、直辖市人民政府审核同意的城市人民政府农用地转用和土地征收实施方案进行督察。发现有问题的，按以下方式处理：

（一）对符合法定审批程序和权限，但存在用地报批材料不完备等问题，应自发现之日起30个工作日内通知相关省级国土资源管理部门处理。

（二）对违法违规问题，应自发现之日起30个工作日内向相关省、自治区、直辖市人民政府发出《国家土地督察纠正意见书》，并抄送国家土地总督察办公室备案。

（三）对违法违规问题严重或者纠正不力的，经国家土地总督察批准后，国家土地督察局应及时向相关省、自治区、直辖市人民政府发出《国家土地督察整改意见书》。

（四）对违法违规问题特别严重或者整改不力的，由国家土地总督察依照有关规定责令限期整改。限期整改期间，暂停被责令限期整改地区的农用地转用和土地征收的受理和审批。

第十四条省、自治区、直辖市人民政府负责组织实施纠正整改工作，在规定期限内将纠正整改情况报有关国家土地督察局。

第十五条国家土地督察局开展农用地转用和土地征收审批事项督察工作中，不认真履行职责、监督检查不力的，应承担相应责任。

第十六条国家土地督察局应加快与国土资源管理业务网联网，逐步实现备案材料的网上传送。

第十七条国家土地督察局可根据本办法，结合督察区域实际情况制定内部工作规范，并抄送国家土地总督察办公室备案。

第十八条本办法自发布之日施行。

关于认真学习贯彻国办文件严格执行有关农村集体建设用地法律和政策的通知

（国土督办发〔2008〕1号）

各派驻地方的国家土地督察局：

近日，国务院办公厅印发了《关于严格执行有关农村集体建设用地法律和政策的通知》（国办发〔2007〕71号）（以下简称《通知》），为了认真学习贯彻《通知》精神，现将有关事项通知如下：

一、认真组织学习

《通知》对于严格执行有关农村集体建设用地法律和政策，依法纠正乱占农用地进行非农业建设，坚决刹住乱占滥用农用地之风，具有十分重要的意义。各派驻地方的国家土地督察局要专门安排时间，结合工作实际，组织干部集中进行认真学习，准确理解和把握《通知》主要内容，充分认识贯彻落实《通知》的重要意义。

二、制订工作计划

各局要紧密围绕严格执行土地用途管制制度，在认真分析本督察范围内土地违规违法行为特点和发展趋势的基础上，在本单位2008年土地督察工作计划中，制定有针对性的贯彻落实《通知》的具体措施，明确工作目标，落实工作任务。

三、加强督促检查

各局要认真总结全国土地执法百日行动的经验和做法，重点督促省级以及计划单列市人民政府加强对“以租代征”土地违规违法行为的查处，落实问责制。对违反农村集体建设用地管理法律和政策规定，土地违规违法行为量大面广、造成严重后果的地区和查处纠正、整改不力地区，要及时向有关省级以及计划单列市人民政府发出整改意见书，对整改不力的，报请国家土地总督察责令限期整改。

各局学习贯彻《通知》情况，请及时报国家土地总督察办公室。

二〇〇八年一月十日

关于印发《国家土地督察机构工作规范》（试行）的通知

（国土督办发〔2008〕2号）

各派驻地方的国家土地督察局：

《国家土地督察机构工作规范》（试行）已经国家土地总督察、副总督察批准，现予印发，请遵照执行。

二〇〇八年一月二十三日

国家土地督察机构工作规范（试行）

第一章　总　则

一、为使国家土地督察机构工作程序规范化、制度化和科学化，努力提高工作效率和质量，促进依法行政，根据《国务院办公厅关于建立国家土地督察制度有关问题的通知》（国办发〔2006〕50号）和《国土资源部工作规则》，结合国家土地督察机构工作实际，制定本规范。

二、国家土地督察工作坚持以邓小平理论和“三个代表”重要思想为指导，深入贯彻落实科学发展观，全面履行各项职能。坚决贯彻落实党中央、国务院的决定和指示精神，在实际工作中必须做到：坚决执行国土资源部和国家土地总督察的决定和指示，保证政令畅通，提高执行力；完善发现、审核、纠正等工作机制，提高督察工作的效率和工作质量；推进依法行政，加强内部和外部监督，形成行为规范、运转协调、公正透明、廉洁高效的管理体制。

三、国家土地督察机构要依照法律和行政法规行使职权，不断改进工作方式和工作作风，推进电子政务，提高行政效能。各派驻地方的国家土地督察局在各自职权范围内，各负其责，创造性地开展工作。建立和完善与省级及计划单列市人民政府及其国土资源管理部门沟通联系制度，与部机关各司局及有关部门密切配合，协商办事，切实贯彻国务院、国土资源部及国家土地总督察的各项工作部署。

四、国家土地督察机构工作人员要依照法律法规，各司其职，各负其责，认真做好职权范围的各项工作。严格遵照“严、明、勤、廉”要求，坚持解放思想，实事求是，严明纪律，严格管理，明确任务，忠于职守，勤政务实，勤俭办事，廉洁自律，开拓创新。

第二章　机构组成与分工

五、根据《国务院办公厅关于建立国家土地督察制度有关问题的通知》（国办发〔2006〕50号）及中央机构编制委员会《关于国家土地督察机构行政编制的批复》（中央编办复字〔2006〕121号），国务院授权国土资源部代表国务院对各省、自治区、直辖市，以及计划单列市人民政府土地利用和管理情况进行监督检查。

六、国家土地督察机构由国家土地总督察、副总督察，国家土地总督察办公室及9个派驻地方的国家土地督察局组成。

国家土地总督察办公室规范简称为总督察办；派驻地方的国家土地督察局统称的规范简称为各国家土地督察局；9个国家土地督察局的规范简称分别为：北京督察局、沈阳督察局、上海督察局、南京督察局、济南督察局、广州督察局、武汉督察局、成都督察局、西安督察局。

七、国家土地总督察、副总督察负责组织实施国家土地督察制度。

八、总督察办主任协助国家土地总督察、副总督察处理土地督察机构日常工作。各国家土地督察局局长全面负责各局内部工作，在本局职责范围内独立行使职权，承担责任。

第三章　全面履行国家土地督察职责

九、总督察办主要职责是：

（一）研究拟订国家土地督察工作的工作规则、工作制度、具体办法和管理制度，并负责组织实施；

（二）组织开展完善国家土地督察体制、制度的研究，拟订相关政策法规，加强制度建设；

（三）指导和监督检查各国家土地督察局的工作，督促各国家土地督察局全面履行监督检查职责，促进监督检查工作的有效开展；

（四）负责对各国家土地督察局上报的省级以及计划单列市人民政府土地违法违规问题进行汇总和分析，提出处理意见和建议；

（五）负责土地违法违规责令限期整改的相关具体工作；

（六）负责土地督察工作重要信息的收集、整理、交流、上报等相关工作，加强与各国家土地督察局的日常联系、情况沟通和信息反馈等工作；

（七）组织各国家土地督察局开展土地管理的调查研究，提出加强土地管理的政策建议，促进调研成果的应用和转化；

（八）协调各国家土地督察局及其工作人员的派驻工作，负责各国家土地督察局及其工作人员派驻的协调、联络和服务等具体管理工作；

（九）开展国家土地督察队伍建设工作，协助部人事部门考核和管理各国家土地督察局工作人员；

（十）承办国家土地总督察、副总督察及其他部领导交办的其他事项。

十、派驻地方的国家土地督察局，代表国家土地总督察，履行监督检查职责：

（一）对督察范围内省级及计划单列市人民政府的土地利用和管理情况进行监督检查。根据督察范围内的实际情况，研究拟订督察工作计划和工作制度，报国家土地总督察批准后实施；

（二）监督检查督察范围内省级及计划单列市人民政府耕地保护责任目标的落实情况；

（三）监督检查督察范围内省级及计划单列市人民政府贯彻中央关于运用土地政策参与宏观调控要求情况；

（四）监督检查督察范围内省级及计划单列市人民政府执行土地管理法律法规情况；

（五）对督察范围内省级及计划单列市人民政府上报国务院审批以及由省级及计划单列市人民政府审批的农用地转用和土地征收事项依照规定进行监督检查，发现有违法违规问题，及时报告或提出纠正意见；

（六）按照有关规定提出责令限期整改的建议报国家土地总督察，负责对被责令限期整改地区的监督检查，督促督察范围内省级及计划单列市人民政府组织实施整改工作，负责对被责令限期整改地区结束整改的审核，并向国家土地总督察提出是否结束对该地区整改的建议；

（七）开展土地利用和管理的调查研究，提出加强土地管理的政策建议；

（八）承办国土资源部及国家土地总督察、副总督察及其他部领导交办的其他事项。

第四章　科学民主决策与监督

十一、国家土地督察机构要健全重大决策的规则和程序，实行依法决策、科学决策和民主决策。

十二、总督察办及各国家土地督察局要按照依法行政、合理行政、程序正当、诚实守信、权责一致的要求行使行政权力，强化责任意识，不断提高依法行政的能力和水平。

十三、总督察办及各国家土地督察局要重视人民群众来信来访工作，进一步完善信访制度，确保信访渠道的畅通；负责人要亲自阅批重要的群众来信，必要时可亲自接访。

十四、总督察办及各国家土地督察局要接受新闻舆论和群众的监督。重视新闻媒体报道和反映的问题，对重大问题，各部门要积极主动地查实有关情况后，督促各地查处和整改，并向国家土地总督察报告。要加强和稳步推进电子政务建设，建立完善政务公开制度和措施，及时发布政务信息，便于群众知情、参与和监督。重视群众和其他组织通过多种方式对行政行为实施的监督。

十五、严格实行行政执法责任制和执法过错追究制。建立并不断完善国家土地督察人员责任追究办法，保证国家土地督察制度有效实施，加强对土地督察队伍的管理，明确土地督察工作人员的责任，防范失职、渎职行为发生。

十六、总督察办及各国家土地督察局必须及时跟踪和反馈执行和落实情况。总督察办公室要加强督促检查，确保政令畅通。

第五章　工作安排布局与落实

十七、总督察办及各国家土地督察局要加强工作的计划性、系统性和预见性，搞好年度工作安排布局，并根据形势和任务的变化及时做出调整。

十八、总督察办应在征求各国家土地督察局意见和建议的基础上，每年初向国家土地总督察提出年度重点工作任务和目标等事项建议，经国家土地总督察审定后形成国家土地督察年度工作安排布局，下发执行。

十九、各国家土地督察局要认真落实国家土地督察年度工作安排布局，并在年中和年末向国家土地总督察报告执行情况。

二十、总督察办及各国家土地督察局要坚决执行国务院的工作部署和国务院领导同志的重要批示、指示；认真落实国土资源部工作部署和国家土地总督察、副总督察及其他部领导的批示、指示。执行情况应及时向部报告；对领导批示落实情况一般要在一个月内完成，并及时向国家土地总督察、副总督察报告。

二十一、各国家土地督察局重要情况及重大紧急情况要及时向国家土地总督察、副总督察报告，并向总督察办备案。总督察办要做好部内及各国家土地督察局重要情况的适时通报与交流。

第六章　会议制度

二十二、需经国土资源部党组会审议的国家土地督察重大事项，应依照《中共国土资源部党组工作细则》第四章“党组会议”所列各条执行；需经部务会、部长办公会审议的国家土地督察重大事项，需经部专题会议审议的国家土地督察事项，应依照《国土资源部工作规则》第八章“会议制度”所列各条执行。

其他国家土地督察工作的重大事项应经国家土地总督察办公会议讨论和议定。

二十三、国家土地总督察办公会议由国家土地总督察召集和主持，或者由国家土地总督察委托国家土地副总督察召集和主持。国家土地副总督察及其他相关部领导参加。会议召集人可根据议题所需，确定总督察办及部有关司局负责人，各国家土地督察局主要负责人列席会议。

二十四、国家土地总督察办公会议的主要任务是：

（一）审议确定土地督察工作要点、重要工作计划和方案。

（二）听取各国家土地督察局对监督检查省级及计划单列市人民政府土地利用和管理情况的汇报，研究提出进一步加强和完善监督检查的措施。

（三）听取各国家土地督察局对有关省（自治区、直辖市）和计划单列市及有关区（市）、市（县）人民政府对土地违法违规整改情况的汇报；

（四）根据各国家土地督察局的建议，研究确定责令限期整改（及结束限期整改）的地区及具体要求。

（五）研究确定移送党的纪律检察机关、司法机关、行政监察机关的重大土地违法案件。

（六）分析研究监督检查工作中遇到的新情况、新问题。

国家土地总督察办公会议根据工作需要不定期召开。

二十五、提交国家土地总督察办公会议讨论的议题，由国家土地总督察、副总督察提出，或由总督察办建议，送国家土地副总督察审核后提出，报会议召集人确定。国家土地总督察办公会议审议事项，涉及机关司局职能的，由总督察办与有关司局协商，协商结果分别报分管副部长、国家土地副总督察。如遇特殊情况，由部长、国家土地总督察召开部长办公会议审议。国家土地总督察办公会议审议确定的重大事项，经党组书记、部长、国家土地总督察同意后，分别向部党组会、部务会议报告。

二十六、国家土地总督察办公会议的准备和组织工作由总督察办协同部办公厅负责。议题和有关文件材料应于会前一天送达与会同志。参加会议人员会前应认真阅读会议文件，研究准备意见，并准时参加会议。出席会议人员不能参加会议的，应向总督察请假；如对议题有意见或建议，可在会前提出。

二十七、国家土地总督察办公会议由指定人员负责记录，会后按照会议要求及时编写会议纪要，经总督察办主任审核后由会议主持人签发。会议讨论决定的事项，宜于公开报道的，新闻稿须经总督察办主任审定或报会议主持人审定。

二十八、会议记录和资料按有关规定整理、归档。对于会议研究、讨论的各项内容，有关人员必须严格执行保密规定，未经批准不得擅自传达和扩散。传达、贯彻会议作出的决定事项，以会议纪要为准，并按规定范围传达。

二十九、总督察办实行每周例会、主任办公会议制度。并可根据需要设立其他内部会议形式。

（一）每周例会的主要任务是传达国家土地总督察、副总督察指示精神，通报工作进展情况，研究部署近期工作内容等。

（二）主任办公会由主任主持召开，副主任和各处处长或主持工作的副处长参加，根据需要主任可指定有关人员列席会议。根据工作需要不定期召开。

主任办公会的主要任务是：

1.传达、学习、贯彻党和国家及部党组的重要指示和重要文件、会议精神；

2.研究、讨论上报国务院的年度督察报告送审稿；审议拟向国家土地总督察报告的重大事项；

3.听取各处工作汇报，研究、讨论和制定总督察办年（月）度工作要点及其他重要工作计划、方案、总结和报告等；

4.研究、审议总督察办有关干部任免事项、人员调配工作及总督察办工作人员考核、出国、奖惩事项、教育培训工作，研究制定有关规章制度等；

5.研究、讨论、审议报部的经费预算及有关经费的安排计划；

6.审议其他重大事项。

三十、各国家土地督察局要设立局务会议和局长办公会议制度，研究解决工作中的重大事项，处理日常工作中的具体事宜。并可参照国土资源部及本规范设立其他内部会议制度。

（一）局务会议不定期召开，由局长主持，参加人员为副局长、督察专员、副专员、各处处长或主持工作的副处长。其主要任务为：

1.审议确定土地督察工作要点、重要工作计划和方案；

2.审议确定拟向省级及计划单列市人民政府发送的督察建议书、纠正意见书、整改意见书；审议确定拟向国家土地总督察提出的限期整改的意见和建议；

3.审议拟向国家土地总督察报告的重大事项；

4.审议拟向部财务管理部门报送的年度预（决）算；

5.审议其他重大事项。

（二）局长办公会议不定期召开，由局长主持，参加人员为副局长、督察专员、副专员，其他列席人员由会议主持人根据会议内容确定。其主要任务是研究解决日常工作中的具体事宜。

三十一、国家土地督察机构召集的工作会议要贯彻精简、高效、节约的原则，尽量缩短会期，精减会议人员，要在党政机关事业单位会议定点地点和饭店范围内安排。在保密许可的情况下，应尽可能采用电视电话会议等快捷、节俭的形式召开。

第七章　公文审批

三十二、各国家土地督察局报送国家土地总督察的公文，应当符合《国家行政机关公文处理办法》、《国土资源部公文处理实施细则》及总督察办相关规定要求。除领导同志交办事项和必须直接报送的绝密事项外，一般不得直接向领导同志个人报送公文。

三十三、国家土地总督察发布的行政法规、决定、命令，限期整改通知书、结束限期整改通知书等，由国家土地总督察签署，盖国家土地总督察签名章印发。

三十四、以国家土地总督察名义送各省级及计划单列市人民政府的公文，经国家土地总督察、副总督察审核后，在文中注明“经国家土地总督察、副总督察审核同意”字样，盖总督察办印章发送。

三十五、以总督察办名义发文，由总督察办主任审签报国家土地副总督察签发；或由国家土地副总督察授权总督察办主任签发。

三十六、各国家土地督察局报送国家土地总督察的公文，由总督察办审核后按照程序呈批。

三十七、各国家土地督察局向省级及计划单列市人民政府发送整改意见书、结束整改意见书、督察通知书、纠正意见书和督察建议书时，须同时抄送总督察办。其中，发送整改意见书、结束整改意见书前，经局务会议讨论研究后，须报经国家土地总督察、副总督察审示同意。对整改不力的，应及时向国家土地总督察提出限期责令整改建议。

三十八、除土地督察文书外，各国家土地督察局不得直接向各省级及计划单列市人民政府发送通知，商洽工作和业务往来应使用“函”，并尽量主送各省级及计划单列市人民政府办公厅。

各国家土地督察局向各省级及计划单列市人民政府（办公厅）及因工作需要向部机关有关司局、直属单位等发送的函件，须抄送总督察办。

三十九、各国家土地督察局在履行土地督察职能过程中使用规范的土地督察文书标准和格式。

四十、各国家土地督察局在办理公文过程中，内容必须与部确定的原则相一致，涉及的业务数据必须与部确认的数据相一致。

四十一、各国家土地督察局报送国家土地总督察的请示、报告须由主要负责人签署。

四十二、各国家土地督察局要注重精简公文，提高公文质量；要加快网络化办公进程，提高公文办理的效率。除需要保密的外，应及时公布。

第八章　作风纪律

四十三、国家土地督察机构工作人员要严格执行《国土资源管理系统工作人员禁令》，严守纪律，勤政廉洁。

四十四、应注重理论及专业知识的学习，努力创建学习型机关。领导干部要做学习的表率，密切关注国际国内经济、社会、科技等方面的新情况、新趋势，充实新知识，丰富新经验。建立并完善国家土地督察机构工作人员整训制度，不断提高整体素质；通过不定期举办讲座等方式，组织学习经济、科技、法律和现代管理特别是国土资源管理等方面知识。

四十五、国家土地督察机构工作人员要严格遵守中央有关廉政建设的规定，严格要求亲属和身边的工作人员，不得利用特殊身份拉关系、谋私利。

四十六、国家土地督察机构负责同志及工作人员必须坚决执行国务院、国土资源部及国家土地总督察、副总督察的决定和指示，如有不同意见可在内部提出或通过组织渠道反应，在没有重新作出决定前，不得有任何与之相违背的言论和行为。

四十七、总督察办副局级及以上负责同志出差及出访严格按照部有关规定执行。

四十八、各国家土地督察局主要负责同志离开所辖区域出差（由国家土地总督察、副总督察召集或总督察办根据国家土地总督察、副总督察指示通知和安排的会议和活动除外，下同），事前应向国家土地总督察、副总督察请示，经同意后方可成行；其他司局级干部离开所辖区域出差，应向国家土地副总督察请示，经同意后方可成行。

四十九、各国家土地督察局一律不得参加地方组织的出访团组。国家土地督察机构工作人员必须严格遵守外事纪律，根据工作需要，本着务实、精干、节约的原则安排出访。参加部内组织的出访团组，除部合作科技司履行相应的报批程序外，行前应按前款要求向国家土地总督察、副总督察请示同意后方可成行。

五十、各国家土地督察局副局级及以上负责同志出差（出访）请假要填写《国家土地督察局副局级及以上领导干部出差（出访）审批表》（见附件），传总督察办运转。经批准同意后，由总督察办及时告知国家土地督察局办公室。

五十一、各国家土地督察局副局级及以上领导干部离开所辖区域出差期间，要保证24小时通讯畅通。

各国家土地督察局工作人员按国家有关规定执行休假和探亲制度。

五十二、国家土地督察机构工作人员严格遵守国家保密法律法规、制度和纪律，以及中央保密委、国家保密局和部有关保密规定。凡是涉及督察事项的内容，要严格保密，不得擅自对外透露、发布。涉密文件、资料及机要文件管理应遵守《国土资源部保密文件管理暂行规定》（国土资厅发〔1999〕105号），和《中央文件发布、阅读和管理工作暂行规定》（中办发〔2004〕37号）。严格执行计算机、网络及信息保密、会议保密、电信通讯、外事活动及宣传、新闻报道等的相关保密规定。

五十三、各国家土地督察局要严格按照《国家土地督察机构财务管理办法》和政府统一集中采购的相关制度和要求，自觉接受部财务及审计主管部门的监督和检查，做好预算编制、财务管理和设备采购等各项工作。

五十四、总督察办及各国家土地督察局要实行政务公开，规范行政行为，增强服务观念，认真履行职责，树立规范服务、清正廉洁、从严治政的新风。公务接待要按照国家及部有关规定执行。需对外协调事宜特别是与省级及计划单列市人民政府交换意见等，经局务会议研究具体方案后，一律由主要负责同志或由主要负责同志授权的负责同志出面，其他人员不得自行向地方、省厅、市局提要求、提条件。

五十五、国家土地督察机构工作人员都要严格执行上述规定，在公务往来中，既要坚持原则，又要态度和蔼，谦虚谨慎。对职权范围内的事项按程序和时限积极主动办理，对不符合规定的事项坚持原则不予办理；不得用公款相互送礼和宴请，不得接受地方的送礼和宴请；对因推诿、拖延等官僚作风造成影响和损失的，要追究责任；对越权办事、以权谋私等违规、违纪、违法行为，要严肃查处。

第九章 附 则

五十六、各国家土地督察局可根据本规范的要求，结合本局实际情况制定具体工作细则。

五十七、本规范自印发之日起执行。

关于做好土地利用动态遥感监测成果使用保密工作的通知

（国土督办发〔2008〕4号）

各派驻地方的国家土地督察局：

在部地籍司和中国土地勘测规划院的大力支持下，2007年土地利用动态遥感监测成果（以下简称“监测成果”）已按各局督察范围分类整理并下发。为了加强监测成果使用的保密工作，现将有关事项通知如下：

一、提高对监测成果使用保密工作重要性的认识

监测成果是土地利用管理的基础性资料，是国土资源保密工作的重要对象和内容之一。各局要以高度的政治责任感和认真负责的工作态度，正确处理好监测成果保密和使用的关系，切实做好监测成果保管和使用的保密工作，促进监测成果及数据的合法、有效利用，防止发生失、泄密事件，防范非法使用行为。

二、严格监测成果使用

各局获取的本督察范围监测成果资料和数据，仅限于开展土地督察业务工作使用，不能挪作他用。在使用过程中，各局要严格建立和规范监测成果使用审批程序，由专门负责监测成果应用的相关部门和人员申请办理使用等相关手续，不得委托他人办理。要采取切实有效的保密措施，做好监测成果使用的跟踪和监督工作，严防泄密。

三、加强监测成果管理

各局要建立监测成果保密管理制度，严格落实保密责任制。要加强对监测成果资料的整理和保管，配置保存、保护的必要设施，配备专用电脑，采取保密技术防范措施，确定专人保管，确保监测成果资料的完整和安全。不得向本局以外任何单位和部门提供监测成果资料。不得对监测成果资料进行各种形式的复制、加工、转让、出租、转借及从事相关商业活动。

四、规范土地督察日常保密工作

各局要以做好监测成果使用保密工作为契机，按照国家和部相关保密工作要求，进一步采取有效措施，健全和完善日常督察工作保密制度，加强工作成果资料的监督管理，防止和消除失、泄密的隐患，真正使土地督察保密工作落到实处。对发现工作中有失密、泄密和窃密行为的人和事，要及时向国家土地总督察和相关部门报告。

二〇〇八年一月三十日

关于督察工作中几点注意事项的通知

（国土督办发〔2008〕5号）

各派驻地方的国家土地督察局：

为严肃工作纪律，规范工作程序，增强国家土地督察机构的执行力，根据国家土地督察负责同志指示精神，现就督察工作中应注意的几点事项明确如下。

一、各督察局向督察范围内省级及计划单列市人民政府发送各类土地督察文书前，应报请国家土地总督察、副总督察审批同意。

二、各督察局不再向督察范围内省级及计划单列市人民政府直送简报，有关情况通报由总督察办公室摘编后以统一格式送达。

三、各督察局向督察范围内省级及计划单列市人民政府（及其办公厅）发送函件前，应报请国家土地总督察、副总督察审定。发送时抄送总督察办公室。

四、各督察局与督察范围内省级及计划单列市人民政府交涉、沟通有关事项或约见省级及计划单列市人民政府领导同志前，应向国家土地总督察、副总督察通报。电话请示或工作沟通时应做好电话记录（电话记录单样式见附件）。

五、各督察局与督察范围内省级及计划单列市人民政府交涉、沟通有关事项前，应研究确定事项范围、原则和口径，拟定提纲，不得擅自以个人名义交换有关意见或发表有关言论。

附件：电话记录单（样式）

二〇〇八年二月二十五日

关于请组织报送百日行动成效显著单位先进事迹宣传报道材料的通知

（国土督办发〔2008〕6号）

各派驻地方的国家土地督察局：

根据《全国土地执法百日行动方案》总体部署，在全国土地执法百日行动后期，经各省（区、市）国土资源部门推荐，部对107个百日行动成效显著地区进行了通报表扬。为了深入宣传这些先进地区在国土资源管理方面的成功做法和先进经验，便于全系统学习借鉴，巩固全国土地执法百日行动成果，鼓励探索构建保障科学发展的新机制，推动国土资源管理工作再上新台阶，按照部领导的指示，计划从3月中旬开始，在国土资源报、人民日报、经济日报等开设专栏，全面进行宣传报道。报道将采取消息、通讯、报告文学、图片等多种形式进行。

请协助组织受表彰的先进地区，就百日行动好的做法和土地管理长效机制建设等方面的经验提供书面材料，作为宣传的基本素材。材料要全面反映出先进地区在百日行动中的成功做法和建立土地执法长效机制上取得的突出成果。部将适时有选择地组织中央媒体到相关地区进行深入采访报道。

书面材料要求于3月20日前以电子版形式前报送至tddc_dyc@mail.mlr.gov.cn，也可传真至010—66558214。

联系电话：010—66558416。

二〇〇八年二月二十九日

关于进一步规范和加强政务信息工作的通知

（国土督办发〔2008〕7号）

各派驻地方的国家土地督察局：

随着国家土地督察工作的深入开展和不断取得成效，国家土地督察政务信息工作需要进一步加强和完善，以及时反映国家土地督察工作情况，提高信息传达效率，更准确地为领导决策提供信息服务。经研究，现将有关事项通知如下：

一、提高认识　明确分工

信息是公文之外及时反映工作动态、交流工作经验、推介先进做法等不可或缺的重要载体，具有精简和快捷的特点。建立规范、顺畅、高效的信息报送机制十分必要，及时、有效、高质量的简报和信息，对于领导和各方及时了解掌握土地督察工作动态，加强土地督察机构间的沟通交流，全面推进督察工作具有重要作用。

认真做好信息报送工作是国家土地督察机构的职责。各督察局主要负责同志要高度重视信息报送工作，明确信息联络员（专、兼职）负责本局信息搜集、整理和上报工作。信息联络员要切实负起责任，及时、准确地向总督察办公室报送有关政务信息。

二、明确信息报送范围

（一）重要会议、文件的贯彻落实情况。

（二）各项督察工作的进展、成效和经验。包括：国家土地督察中心工作开展情况、专项工作动态；地方督察工作的创新做法及经验等。

（三）国家土地督察工作（和国土资源管理工作）中面临的问题及建议。包括：省区市土地管理和利用的创新做法、经验，带有倾向性、全局性的问题及其解决的办法等。

国家土地总督察办公室负责信息汇总、分析和编报工作。目前，常规类信息简报有：

《国家土地督察动态》主要以简便快捷的方式，用短讯和消息的形式，反映各督察局的工作动态、思路、经验和做法。每条信息字数一般在100～400字，最多不超过1000字。定期编发。

《督察政务要情》主要为及时传达中央关于土地督察的重要指示和批示；总督察、副总督察的重要指示和批示，以及重要活动和安排；通报各督察局重要工作信息。每条信息字数一般在100～400字，最多不超过1000字。定期编发。

《国家土地督察情况通报》主要刊发总督察、副总督察重要讲话；调研工作报告；各地工作经验介绍；示范性公文。以刊登专题或论述文章为主。每篇文章字数在4000字以内，最多不超过5000字。不定期编发。

三、规范信息报送程序

（一）各督察局信息联络员应及时收集、筛选各类信息，写成稿件后，经本局负责同志审核后报送国家土地总督察办公室信息调研处。

（二）信息需提交书面文稿和电子文本。书面文稿直接传真至国家土地总督察办信息调研处。

（三）各派驻地方督察局所编《工作简报》等，也一并寄国家土地总督察办公室信息调研处。

信息调研处传真电话：010-66558214，电子文稿发至邮箱：tddc_dyc@mail.mlr.gov.cn，联系人：胡春生。

四、提高质量　落实责任

（一）各督察局报送的信息，应紧紧围绕国家土地总督察的重大工作部署、领导批示落实情况、土地督察系统重要工作动态、工作典型、系统内发生的重大事件及工作中存在的问题，为领导提供“及时、准确、全面”的信息服务。

（二）各督察局分管领导和相关负责同志要对所上报的文字材料严格把关。所报信息材料必须以事实为依据，做到语言精练、层次分明。信息所具时间、地点、有关数据要准确，上报前要做好审核。重大、突发事件和重大工作进展，要随时上报，一般工作情况应在一周内上报。

（三）请各督察局将研究确定的信息联络员（专兼职）人选，于三月二十日前报总督察办信息调研处。

二〇〇八年三月五日

关于印发《2008年国家土地督察重点工作安排》的通知

（国土督办发〔2008〕8号）

各派驻地方的国家土地督察局：

《2008年国家土地督察重点工作安排》已经国家土地总督察同意，现予印发。请结合实际，细化具体工作安排，认真贯彻执行。

二〇〇八年三月二十七日

2008年国家土地督察重点工作安排

2008年，国家土地督察机构认真贯彻党的十七大精神，解放思想、改革创新，坚持边工作边组建，以工作促组建，以组建促工作，继续按照“围绕一条主线，抓住三个重点，建立三项机制”的工作思路，边探索、边总结、边实践、边提高，扎实推进国家土地督察工作，攻坚克难要有新突破，机制探索要有新进展，基础建设要上新台阶，为推进保障科学发展的土地管理新机制建设，促进经济社会又好又快发展作出新的贡献。重点做好以下工作。

一、巩固百日行动成果，严防违规违法用地行为反弹

（一）督促地方政府依法依规，逐案做好土地执法百日行动案件的后续处理工作，确保未批先用整体性处理意见落实到位，重点整改地区和典型案件整改查处到位，建立土地管理长效机制，巩固和扩大土地执法百日行动成果。按期完成对省（区、市）百日行动工作总体评价。

（二）贯彻落实《国务院办公厅关于严格执行有关农村集体建设用地法律和政策的通知》精神，继续加强对“以租代征”转用农用地问题的监督检查，遏制土地违规违法行为。

二、坚决贯彻落实国家宏观调控方针，监督土地调控政策落实

（三）认真落实中央经济工作会议精神，加强对新增建设用地的供应总量、结构、节奏、分布和时序等情况的督察，严守土地调控闸门。加强对城市批次建设用地批后监管工作。

（四）督促省级及计划单列市人民政府认真落实《国务院关于促进节约集约用地的通知》有关任务，开展重点地区批而未供和闲置土地处置、土地出让制度实施、供地政策执行情况等督察。

三、强化耕地保护目标责任督察，落实共同责任

（五）积极参与对省级人民政府2007年耕地保护目标责任考核，根据考核结果开展对耕地保护突出问题的督察整改。

（六）督促省级及计划单列市人民政府以2008年土地利用计划为依据，层层签订耕地保护目标责任书，落实耕地保护共同责任。

（七）按照修订后的《关于违反土地管理规定行为处分办法》，督促省级及计划单列市人民政府建立完善土地管理问责制，明确责任主体和考核目标，建立奖惩机制。

四、加大专项督察力度，探索督察工作新方式

（八）继续开展对擅自调整土地利用总体规划、非法占用耕地和基本农田进行非农建设、未批先用、违反土地供应政策、侵害群众利益等影响耕地保护和土地调控政策落实等突出问题的专项督察。进一步完善对热点、难点问题和突发事件的快速反应机制。

（九）以市级行政区为单位开展土地利用与管理例行督察工作试点，总结各地典型经验，及时发现纠正土地利用和管理中存在的问题。

五、深化制度建设，创新督察工作机制

（十）抓紧起草《国家土地督察条例》，继续开展国家土地督察机构工作规范和业务制度建设。创新土地违规违法发现机制，提高运用先进技术发现土地违法行为的能力。完善审核机制，制定报国务院批准和省级政府批准农用地转用和土地征收事项审核办法。强化纠正工作机制，落实土地督察责任制。

（十一）深入开展区域土地管理热点、难点问题调查研究，提出改进改革土地管理工作的政策建

议。建立土地利用和管理季报制度，加强区域土地利用和管理形势分析。

（十二）主动沟通协调，争取省级人民政府对土地督察工作的支持。开展建立与省级及计划单列市人民政府及其国土资源部门之间工作磋商机制的试点。

（十三）建立土地督察工作联系点，及时掌握基层土地管理情况。与省级及计划单列市人民政府共建保障科学发展的土地管理新机制试点，探索研究依法依规用地激励机制。

六、加强基础建设，全面提升督察工作能力

（十四）充实督察干部队伍，健全派驻地方的国家土地督察局领导班子。开展督察专员驻省、自治区、直辖市和计划单列市工作制度试点，建立派驻工作规范。建立督察工作人员整体培训制度，提高督察干部业务素质。

（十五）完成国家土地督察机构办公用房的基本建设立项工作。加强土地督察技术装备建设，提高预防和及时发现土地违法行为的能力。推进国家土地督察信息化工作，争取纳入“金土工程”。深入开展国外督察制度研究，开展国际合作。加强土地督察工作信息交流。

（十六）深入开展学习实践科学发展观活动，扎实推进“解放思想，改革创新”和“整顿作风，增强执行力”专题学习大讨论，进一步将全体督察干部的思想统一到党的十七大精神上，提高督察干部思想政治素质。

（十七）加强土地督察机构干部作风建设和党风廉政建设，按照“严、明、勤、廉”的总体要求，造就一支“有理想、有文化、有知识，能谋事、能干事、能共事”的土地督察队伍。

关于协助开展部重点调研工作有关事项的通知

（国土督办发〔2008〕9号）

各派驻地方的国家土地督察局：

根据《国土资源部深入学习实践科学发展观活动调研工作方案》，甘藏春副总督察将牵头组织开展两个方面重要问题的调研工作：一是如何探索建立国土资源保护、开发和合理利用的评价指标体系与衡量标准，促进形成符合科学发展观要求的经济社会发展评价机制、干部实绩考核机制；二是如何发挥中央和地方两个积极性，探索建立有利于国土资源科学配置的利益调节机制，为地方科学发展服务。调研工作于4月21日～5月10日期间进行，主要包括开展实地调研、问卷调研和座谈研讨调研等工作。

经甘藏春副总督察批准，为做好上述调研工作，由总督察办会同各派驻地方的国家土地督察局共同开展以全国土地执法百日行动107个先进地区政府的主要负责同志为对象的问卷调研（具体内容见附件）。调研问卷由各派驻地方的国家土地督察局负责分送、回收和初步分析，总督察办负责形成总体分析报告。

该项调研工作是部学习实践科学发展观活动确定的16项重大调研任务之一，各局要从讲政治、讲大局的高度，抓紧落实调研工作，确保问卷送达答卷人并按时回收，于2008年5月7日前将回收的问卷及形成的分析报告（含电子文档）一并报总督察办。

为便于各局工作，我们草拟了致各地政府主要负责同志的函，供各局正式发函时参考。另外，调

研问卷中涉及各局信息，请行文时自行补充完整。

联系人：杜官印　苑晓光

电话：（010）66558279，66558307

传真：（010）66558370

Email：tddc_zdc@mail.mlr.gov.cn

附件：1.调研问卷

2.关于协助填写有关调研问卷的函（草拟稿）

二〇〇八年四月二十一日

附件1：

调研问卷

答卷人：所在地区：

答卷要求：

1.本问卷由全国土地执法百日行动107个先进地区政府的主要负责同志填写。

2.本问卷请另附纸填写，或直接打印。

3.请于2008年5月5日前反馈至国家土地督察局，同时附电子文档一份。

调研的主要问题：

一、本地区经济发展、产业结构和土地管理工作情况及面临的主要问题（以近五年为主）。

二、在优化土地配置，节约集约利用资源，保障和促进科学发展方面已采取的措施、建立的制度、制定的政策。

三、按照科学发展观的要求，对破解当前土地管理工作中难题的设想？需要在哪些体制性和机制性的问题上取得突破？

四、对发挥中央和地方两个积极性，探索建立有利于土地科学配置的利益调节机制，为地方科学发展服务方面的意见和建议？

附件2：

关于请协助填写有关调研问卷的函

同志：

根据党中央的部署，国土资源部于2008年3月～7月开展深入学习实践科学发展观试点活动，以构建保障和促进科学发展新机制为核心，着力转变党员干部不适应、不符合科学发展观的思想观念，着力提高推进改革创新、贯彻落实科学发展观的能力，着力解决影响和制约科学发展的突出问题，着力解决基层和群众反映强烈的突出问题，使科学发展观在国土资源工作中落地生根。

为扎实推进试点活动，国土资源部近期集中开展针对提高国土资源管理保障和促进地方科学发展能力的调研，切实了解各地保护和合理配置土地资源的实践经验，了解各地土地管理工作中面临的突出问题及从体制和机制上破解这些难题的设想和建议。为此，设计了本调查问卷，听取您的意见和建议，请您拨冗填写，并于5月5日前将填好的问卷反馈我局。

感谢您对我局工作的长期支持。

联系人：

电话：　　　　　　　　　传真：

Email：

国家土地督察××局

二○○八年四月二十一日

关于举办"庆祝国家土地督察制度实施两周年"征文活动的通知

（国土督办发〔2008〕11号）

各派驻地方的国家土地督察局：

以2006年7月国务院办公厅印发《关于建立国家土地督察制度有关问题的通知》（国办发〔2006〕50号）为标志，国家土地督察制度实施已近两年。两年来，国家土地督察机构作为科学发展观的产物，忠实践行科学发展观，不断开拓创新，在机构组建和制度建设等方面进行了积极的探索和尝试。作为土地督察机构成长的见证者和参与者，国家土地督察机构工作人员也在实践过程中奉献了自己的智慧和汗水。为总结和提炼国家土地督察制度实施两年来所取得的成绩和经验，充分展现和表达土地督察人的感悟和体会，形成和展示独特的土地督察文化，经研究，决定在国家土地督察机构开展庆祝国家土地督察制度实施两周年为主题的征文活动。现将有关事项通知如下：

一、征文主题

庆祝国家土地督察制度实施两周年

二、征文对象

国家土地督察机构所有工作人员（含借调人员）。

三、征文内容

国家土地督察制度实施两年来的经验和做法，对国家土地督察工作的理解和认识，及在实践过程中的思考和感悟，等等。

四、征文要求

主题突出，内容充实，有指导意义，有真情实感。文体和体裁不限。字数以1500字以内为宜。

五、截稿日期

征文截稿时间为2008年7月31日。

六、其他事项

本次征文活动的文稿将被编印成集，甘藏春副总督察将担任文集主编，总督察办负责同志及各督察局主要负责同志任副主编。

征文活动将设组织奖和个人奖若干，并将以适当形式通报和宣传。具体评奖办法和奖项将另行明确。

请各督察局认真组织，积极发动工作人员踊跃投稿，并及时将文稿（纸质和电子版）统一交至总督察办。

联系人及电话：刘　琼 010－66558595

李振亮 010－66558597

E-mail：tddc_bgs@mail.mlr.gov.cn。

传真：010－66558224

二〇〇八年六月二十六日

关于做好全国土地执法百日行动成效显著单位评估工作的通知

（国土督办发〔2008〕12号）

各派驻地方的国家土地督察局：

根据第13次部长办公会议精神，各派驻地方的国家土地督察局（以下简称各督察局）要对全国土地执法百日行动（以下简称百日行动）成效显著单位2008年度保持情况进行评估，并负责遴选出部分单位，年底进行土地利用计划指标奖励。为切实做好此项工作，现将有关事项通知如下：

一、评估对象

百日行动107个成效显著单位。

二、评估标准

（一）保障和促进了地方经济社会科学发展。市县党政高度重视土地管理，重视支持耕地和基本农田保护工作。深入贯彻落实科学发展观，认真学习、宣传和贯彻执行土地管理法律法规等有关规定，落实了用途管制、耕地占补平衡和征地补偿制度，切实保护耕地，严格土地管理，强化依法行政，保障和促进了地方经济社会又好又快发展。

（二）严格耕地保护。耕地保护目标责任制得到落实；行政区域内实际耕地保有量、基本农田保护面积不低于上级政府下达的考核指标；严格执行补充耕地数量质量实行按等级折算，各类非农建设经依法批准占用耕地和基本农田后，补充耕地和补划基本农田面积与质量不低于已占用的面积与质量。

（三）严格执行土地利用总体规划和年度计划。各类非农建设符合土地利用总体规划，无擅自调整土地利用总体规划和基本农田保护区的行为，无擅自新设和扩大开发区用地规模的行为；实际新增建设用地和新增建设占用耕地控制在下达的年度计划指标内；严格依法依规实施征地补偿安置。

（四）土地执法监管水平显著提高。百日行动中自查清理案件全部依法依规查处追究到位，结案率达100%；2008年1月1日以后未发生越权批地、违法批地和“未批先用”等违法批地用地行为，未发生“以租代征”进行非农建设的行为，未出现乱占滥用耕地特别是基本农田的违规违法行为；已建立土地执法监管长效机制，形成较完善的发现、制止、部门联动和问责奖惩等制度。

三、工作程序

对百日行动成效显著单位评估和遴选工作，坚持公平、公正、公开的原则，具体程序如下：

（一）国土资源行政主管部门审核。各省（区、市）、计划单列市和新疆生产建设兵团国土资源行政主管部门严格按照评估标准，对行政区域内百日行动成效显著单位进行审核并提出书面意见，列出排序名单，在门户网站公示5个工作日，如无异议后填写《全国土地执法百日行动成效显著单位评估意见表》（一式三份）连同审核意见于11月5日前报派驻地区的国家土地督察局。

（二）派驻地方的国家土地督察局评估。各督察局结合日常督察掌握的情况，对督察区域内省（区、市）、计划单列市和新疆生产建设兵团国土资源行政主管部门报送的关于百日行动成效显著单位的审核意见进行综合评估。在听取国土资源行政主管部门审核排序情况和意见的基础上，对照评估标准，通过实地考核、走访、座谈和随机抽查建设项目等措施，检查成效显著单位耕地保护、土地利用总体规划和年度计划执行、土地利用、违规违法用地整改及执法监管等情况，进行综合评估形成督察区域总体评估意见，于11月20日前正式行文（传真和电子邮件各一份）报国家土地总督察办公室。

（三）国土资源部审定和奖励。国家土地总督察办公室在征求并汇总部相关司局意见基础上，结合计划指标安排和执行实际，会同部相关司局拟订年度计划指标奖励部分单位名单，报请部审定后，在《中国国土资源报》和部门户网站上公示，7个工作日内如无异议，年底在计划指标调剂时，由部予以指标奖励。

四、相关要求

（一）将土地管理工作实绩与年度计划指标挂钩是巩固百日行动成果的重要举措，也是运用利益机制调动土地管理积极性和主动性，构建保障和促进科学发展新机制的重要探索。各督察局要高度重视此项工作，抓好对百日行动成效显著单位的日常监督检查和评价，纳入日常督察安排。

（二）各督察局要及时通知并督促各省（区、市）、计划单列市和新疆生产建设兵团国土资源行政主管部门按照评估标准，做好审核工作并对真实性负责。对审核上报后被信访举报的成效显著单位，一经查实，将取消其所在省或计划单列市内全部单位的推选资格。

（三）各督察局要结合日常督察工作，严格履行程序，本着公开透明、实事求是的原则，全面、公正、客观地做好评估和遴选工作，为科学公正地进行指标奖励提供真实可靠的参考。

（四）为便于评估和指标奖励，百日行动成效显著单位评估时间定为2008年1月1日至10月31日。

联系人：关文荣　何志华

电话：（010）66558312，66558362

传真：（010）66558370

Email：tddc_dcc@mail.mlr.gov.cn

附件：1.全国土地执法百日行动成效显著单位评估意见表（略）

2.关于撰写评估意见的说明

二〇〇八年七月十一日

附件2：

关于撰写评估意见的说明

1.各督察局要对照评估标准，严格履行程序，全面、客观、公正地反映督察区域内百日行动成效显著单位工作实绩，认真撰写督察区域总体评估意见。

2.评估意见的撰写分为三个部分：第一部分反映评估工作组织实施情况，重点是听取审核意见、实地考核、项目抽查和排序公示情况；第二部分全面反映成效显著单位在百日行动之后土地管理制度建设、耕地保护、规划计划执行和土地执法等情况和成效，总结典型经验和做法，特别是百日行动案件查处到位和执法监管长效机制进展情况等；第三部分提出总体评估意见。

3.评估意见要求内容全面，重点突出，文字精练，字数在5000字以内。

4.评估意见的各部分标题用黑体2号字，内容用仿宋体3号字。

5.评估意见材料用A4纸印刷，以便统一装订成册。

关于印发《国家土地督察机构信息网络系统安全管理规范（试行）》的通知

（国土督办发〔2008〕13号）

各派驻地方的国家土地督察局：

为加强国家土地督察机构信息网络系统的安全，经研究，现将《国家土地督察机构信息网络系统安全管理规范（试行）》印发给你们，请遵照执行。

二〇〇八年七月十五日

国家土地督察机构信息网络系统安全管理规范（试行）

第一章　总则

第一条　为保证国家土地法律法规和土地调控政策的有效实施，切实履行好国务院赋予国家土地督察机构的职责，加强国家土地督察系统信息化管理，确保国家土地督察机构信息网络系统的安全，根据中华人民共和国有关计算机、网络和信息安全的相关法律、法规以及中央保密委员会、国家保密局和部有关保密规定，结合督察工作实际，制定本规范。

第二条　本规范适用于国家土地总督察办公室（以下简称总督察办）及9个派驻地方的国家土地督察局（以下简称各国家土地督察局）。各国家土地督察局应据此制定具体的安全管理办法。

第三条　本规范所指的信息网络系统，是指由计算机（包括相关和配套设备）为终端设备，利用计算机、通信、网络等技术进行信息采集、处理、存储和传输的设备、技术、管理的组合。

第四条　本规范适用于国家土地督察机构所属的网络系统、单机，以及接入的国土资源部网络系统，各省、自治区、直辖市、计划单列市的政府管理机构和国土资源管理系统的单机和局域网系统。

第五条　信息网络安全的含义是通过各种计算机、网络、密码技术和信息安全技术，在实现网络系统安全的基础上，保护信息在传输、交换和存储过程中的机密性、完善性和真实性。

第六条　国家土地督察机构信息网络安全管理工作实行统一领导和分级管理。总督察办负责组织、协调、监督和检查国家土地督察机构信息网络安全管理工作，各国家土地督察局负责本局信息网络安全管理工作。

第二章　职责分工

第七条　成立国家土地督察机构信息网络安全工作领导小组，负责国家土地督察机构信息网络安全管理工作，成员包括总督察办和各国家土地督察局主要负责同志。

第八条　总督察办和各国家土地督察局应明确一名副局级领导干部负责信息网络安全工作，明确一名专（兼）职信息安全管理员负责本单位的信息更新和安全维护工作。若分管领导或信息安全管理员发生变化的，应及时报总督察办综合处备案。

第九条　各督察局要明确一名机房管理人员负责计算机及机房安全管理的日常工作，对重要岗位人员网络信息安全工作进行指导，监控计算机机房安全总体状况。

第十条　信息安全管理人员、计算机房安全人员和各重要岗位人员必须严格遵守保密法规和有关计算机安全管理规定；应定期参加有关计算机安全知识和技能的岗位培训；应定期接受政治思想教育、职业道德教育和安全保密教育。

第三章　信息网络安全管理

第十一条　国家土地督察机构内部局域网（以下简称内网）属机密级涉密网络。内联网上的所有计算机设备，不得直接或间接地与国际互联网相联接，必须实现与国际互联网的物理隔离。未经批准，不得将任何计算机连入内网。严禁将用于内网的计算机与用于外网的计算机混用，不得在外网计算机上处理涉密信息，不得私自将用于处理涉密信息的笔记本电脑带回家中办公或上网，或将私人笔记本电脑带到单位处理涉密信息。

第十二条　严禁将涉密计算机与互联网及其他公共信息网络连接，涉密文件资料电子版应在涉密计算机及其网络和涉密移动存储介质中存储和处理，严格按同等密级的纸质文件管理要求统一管理，禁止私自存储和复制。

第十三条　所有内网和外网的台式计算机和笔记本电脑必须采用指定的静态地址上网，并进行IP地址与MAC地址绑定，不得私自修改，同时必须安装终端管理软件和杀毒软件，方可上网。

第十四条　各单位要加强所有内网和外网的台式计算机和笔记本电脑以及涉密移动存储介质（包括用于存储国家秘密信息的移动硬盘、软盘、优盘、光盘、磁带、存储卡等存储介质）的日常管理。管理工作要遵循统一配置、统一标识、统一编号、严格登记、集中管理、确保安全的原则，采取有效措施确保涉密计算机、笔记本电脑和涉密移动存储介质的安全。

第十五条　涉密移动存储介质只能在本单位涉密计算机和涉密信息系统内使用，严禁在直接或间接与互联网等公共信息网联接的计算机或其他设备上使用涉密移动存储介质。严禁使用移动存储设备在内网及互联网间复制数据。

第十六条　各单位每年应定期对分发给各处室的内网计算机及相关设备和涉密移动存储介质进行清查、核对，发现问题及时报告。

第十七条　涉密存储部件出现故障，或者内网计算机及相关设备不再处理涉密信息或不再用时，如不能保证安全保密，必须按照涉密载体销毁要求，在国家保密工作部门指定的部门予以销毁，并对所有报废设备的最终去向进行纪录。

第十八条　严格遵守保密制度和网络管理规范，严禁将涉密数据和影像资料拷贝带到与工作无关的场所。

第十九条　网络信息必须具有安全保密的技术保障和措施，网络信息必须严格执行国家有关网络安全保密规定，采取严密的安全保密技术措施，并保持网络系统正常、有效工作，确保国家秘密及网络系统的安全。

（一）各国家土地督察局网站必须与业务办公网站实行物理隔离。

（二）在网络信息系统技术设置上采取保障措施，防范因操作过失导致泄密。

（三）采取切实有效的安全措施，防止黑客攻击，保障系统、数据及设备安全。

为保证信息的安全，防止信息在工作中出现损失，应加强设备的定期维护工作以及重要信息的备份工作。

第二十条　建立信息网络安全责任制度。各单位的各处室在其职责范围内，负责本处室计算机信息系统的安全和保密管理。

第二十一条　各国家土地督察局要定期对视频会议设备进行检测、保养，确保视频会议系统处于良好状态。每次召开视频会议前，要有专门处室主管人员和技术人员提前进入会场，负责检查设备及网络连接状况，协调配合部信息中心做好调试和其他会议准备工作；视频会议召开期间，始终要保证专人负责技术服务，保证视频网络畅通。

第四章　督察网站信息安全管理

第二十二条　各国家土地督察局网站信息提供实行栏目负责制。按照业务分工，明确各业务处室所负责提供信息的栏目，综合处或办公室负责协调各业务处室对网页信息的审核、把关等工作。

第二十三条　建立信息发布保密审核制度。实行各国家土地督察局局长负总责，有关工作人员分工负责制度。明确专人负责本单位信息栏目的保密、安全及其管理工作,确保网络信息安全；需要发布的各类信息，必须事先经过信息提供处室负责人审核，本单位分管领导批准同意后，方可上网发布。重大事项及重要信息必须经本单位主要负责同志审核批准后发布。

第二十四条　严格遵守信息安全保密规定，所有上网信息不得涉及泄密事项。

第二十五条　加强各督察局网络信息保密安全管理工作，经常对工作人员进行网络信息保密安全教育，增强保密意识，提高保守国家秘密的自觉性，自觉遵守国家有关保密法律、法规，严格管理、使用网络信息。

第二十六条　任何单位和个人不得在网络上传送、制作、发布危害国家安全、泄露国家秘密，违反国家法律法规和与国土资源法律法规相抵触，损害国家土地督察机构形象的信息。

第二十七条　下列信息不得在督察网站发布：

（一）危及国家安全、公共安全、经济安全和可能引起社会混乱的信息；

（二）违反《互联网新闻信息服务管理规定》的信息；

（三）未经官方文件证实披露的信息；

（四）其他不符合国家法律法规规定的信息。

第五章　计算机机房安全管理

第二十八条　机房是重点保护的要害部位，各督察局应依照安全第一的原则，建立健全值班、紧急安全事件联系、安全应急、安全事件处理、机房安全防护系统维护等安全管理制度，并定期检查制度执行情况。

第二十九条　计算机房必须保持安全、整洁和必须的湿度和温度；保证服务器24小时不间断正常工作，不得随意在服务器用电线路上加载用电设备；机房管理人员必须每天查看24小时系统日志和设备运转情况。

第三十条　加强进出机房人员管理。禁止未经批准的外部人员进入机房。非机房工作人员，未经批准不得擅自进入机房。外来人员进出机房还须办理登记手续，并由专人陪同。

第三十一条　发生机房重大事故或案件，机房主管部门应立即向有关单位报告，并保护现场。

第六章　考核和奖惩

第三十二条　国家土地督察信息管理工作实行考核奖惩制度。

第三十三条　对各督察局网站信息的数量、质量、更新等情况进行统计，定期通报统计结果，并纳入各国家土地督察局相关年终考核指标。

第三十四条　对信息化建设和信息网络安全工作成绩突出的单位和个人，进行表彰和奖励。对违反有关信息安全管理规定，将按有关规定对有关单位和责任人进行处理。

第三十五条　违反本规范，造成严重后果的，根据有关法律法规，追究其主管领导、有关单位和责任人的责任。

第三十六条　因信息提供不及时，或扭曲事实，发布信息有错误，给相关人造成损失的，应追究有关责任单位和责任人的责任；未及时变更有误信息，由此而产生不良后果的，追究有关责任人的责任。

第三十七条　鼓励各督察局和个人对督察系统信息化建设和网站信息管理工作提出合理化建议。建议被采纳的，给予建议人表彰和奖励。

第七章　附则

第三十八条　本规范由国家土地总督察办公室负责解释。

第三十九条　本规范自发布之日起实施。

关于印发《国家土地督察机构信访工作规范（试行）》的通知

（国土督办发〔2008〕15号）

各派驻地方的国家土地督察局：

为进一步规范国家土地督察信访工作，提高工作效率，根据部领导指示精神，现将《国家土地督察机构信访工作规范》（试行）印发给你们，请认真执行。

二〇〇八年九月十六日

国家土地督察机构信访工作规范（试行）

第一条　为进一步做好人民群众来信来访工作，密切国家土地督察机构同人民群众的联系，切实履行督察职能，树立良好的公仆形象，根据国务院《信访条例》、《国务院办公厅关于建立国家土地督察制度有关问题的通知》《国土资源信访规定》，制定本规范。

第二条　本规范所称信访，是指公民、法人或其他组织采用书信、电子邮件、传真、电话、走访等形式，向国家土地督察机构反映土地违规违法情况，提出加强土地管理与利用的意见、建议，或者投诉、请求等行为。

第三条　国家土地督察机构信访工作遵循以下原则：

（一）不代替、不改变地方人民政府的信访工作职责；根据部领导指示精神，积极协助国土资源部信访部门的工作。

（二）属地管理。

第四条　国家土地总督察办公室、派驻地方的国家土地督察局应明确专门处室和人员负责信访工作。

第五条　国家土地总督察办公室、派驻地方的国家土地督察局在接到信访事项后，应根据不同举报形式，将信访人的信息、信访举报事由和要求分别予以登记。派驻地方的国家土地督察局要根据“关于印发《国家土地督察工作统计报表（试行）》的通知”（国土督办发〔2008〕14号）要求，将上述信息按季填报。国家土地总督察办公室要对9个地方局填报的信访信息按季汇总，作出分析后报国家土地总督察、副总督察，同时抄送国土资源部办公厅信访部门。

第六条　国家土地总督察办公室、派驻地方的国家土地督察局对信访人反映的土地违规违法问题应认真分析，提出处理意见。对反映的重要事项，要及时向主任、局长报告；对反映的特别重大事项，经主任、局长同意后向国家土地副总督察报告，后续工作按领导同意的方案进行。对反映的一般事项，可转信访举报事项所在省、区、市国土资源管理部门。

第七条　接访人员要熟悉国家土地管理法律法规和政策，耐心听取来访者的意见和诉求，认真解答信访人的问题，或者予以法律政策咨询。对已经或者应当通过行政复议、诉讼、仲裁解决的信访事项，工作人员应告知信访人依照有关法律、行政法规的规定办理。 对不属于土地督察职责范围的信访事项，要耐心做好宣传解释工作。

第八条　国家土地总督察办公室、派驻地方的国家土地督察局要高度重视领导同志批示的信访件。对中央、国务院领导同志的批办件，要按部领导的指示认真落实，接件后国家土地总督察办公室要在24小时内通过中办机要交通局转有关地方督察局。有关地方督察局接件后，要按部领导指示认真办理。对于需要暗访、核实有关情况的，应在15个工作日内办结并向部领导书面报告；对于情况属实、需要报送处理结果的，要督促地方人民政府依法依规处理，应在30个工作日内办结并向部领导书面报告。书面报告应通过机要渠道转送。对于特别重大和紧急的事项，应派专人直送。

第九条　负责信访的工作人员应遵守保密纪律，不得随意泄漏、扩散信访举报反映的情况和问题，不得泄漏内部酝酿讨论处理信访举报问题的情况。

第十条　各派驻地方的国家土地督察局应定期统计、分析信访信息，及时协调、解决信访中的重大、疑难问题。对受理信访举报工作中形成的文件、资料，应按文书立卷规定，逐年整理归档。

第十一条　各派驻地方的国家土地督察局可结合本局实际，制定具体的信访工作细则或办法，进一步明确和细化工作内容、工作程序、职责分工和工作要求等。

国家土地督察机构文件

国家土地总督察办公室

关于印发《国家土地总督察办公室重要事项督办工作制度》的通知

（国土督办综发〔2008〕1号）

总督察办各处室：

为加强对重要事项的检查落实，确保部的重大决策和领导批示事项及各项工作目标的顺利完成，经总督察办领导审定，现将《国家土地总督察办公室重要事项督办工作制度》印发，并自印发之日起执行。

附件：督办事项反馈单（略）

二〇〇八年一月九日

国家土地总督察办公室重要事项督办工作制度

（2008年1月）

为确保部的各项重大决策和领导同志批示事项及各项工作目标的顺利完成，特制定国家土地总督察办公室（以下简称总督察办）重要事项督办工作制度。

一、督办工作的主要内容

（一）部和部办公厅文件中，要求向部或部办公厅报告贯彻落实情况或需要督办的事项。

（二）部党组会议、部长办公会议、部务会议以及部领导同志主持召开的专题会议决定事项中，要求向部或部办公厅报告执行和落实情况或需要督办的事项。

（三）国务院领导、国家土地总督察、副总督察及其他部领导批示中，需要报告执行和落实情况或需要督办的事项。

（四）国家土地总督察、副总督察及其他部领导和总督办领导交办的需要督办的事项。

（五）国务院领导及部领导对主流新闻媒体反映的土地违法违规问题明确要求调查处理的。

（六）总督察办各类会议议定事项中，需要报告执行和落实情况或需要督办的事项。

二、督办工作的原则及要求

（一）督办工作要突出重点，紧紧围绕土地管理中的热点、难点问题进行。对部的重大决策贯彻执行情况，要跟踪督办，务求落实。对其他督办事项，也要做到事事有着落，件件有结果。

（二）督办工作要讲究时效，注重实效。对确定的督办事项要有明确的时限要求，承办单位要在规定时限内及时办理，及时反馈结果，确保督办的质量和效果。不能搞形式主义和做表面文章。

（三）各处应明确一名业务熟练、责任心强的同志负责协调、办理本处督办事项。各处之间要加强沟通协调，紧密配合，共同做好督办工作。

（四）凡需督办的事项，综合处及其他有关处室应及时立项登记，以备核查。

三、督办工作的职责划分

（一）综合处全面负责总督察办的督办工作，并确定一名同志负责督办工作的组织、协调等有关事宜，定期（每季度）对总督察办承办文件和重要督办事项办理情况进行汇总。

（二）各处按照业务分工，负责督办本处承办的公文、会议决定事项和领导同志批示及交办事项的落实情况。

（三）督察指导处根据领导批示具体承办对主流新闻媒体曝光的重要问题的督办工作，并负责向部及国务院报告的起草工作。

四、督办工作的形式和时限

（一）国务院领导同志、国家土地总督察、副总督察及其他部领导以及总督办领导批示交办事项，部、部办公厅文件、会议议定事项中需督办的事项，由综合处根据各处业务分工，结合日常工作交有关处室承办或直接督办。各处可根据需要，采用电话催办、发函或督办通知单、实地督办等形式督办落实。

对其中的重点督办事项，有关处室应拟定督办方案，报总督办领导同意后，按方案进行。需要组织有关人员深入基层进行调研督办的，由有关处室提出意见，报分管主任同意后组织实施。

领导同志批示件有明确要求的，要按照特事特办的原则处理。其中国务院领导同志的批示事项一般应在1个月内办结。

（二）各处承办的督办事项，涉及派驻地方国家土地督察局的，应做好沟通协调工作，并按照有关公文、会议、领导批示或督办通知提出的时限要求报告办理情况和督办结果。督办结果或办理情况应及时上报有关领导。其中，属于请示性的，由有关处室按请示性公文处理程序办理。属于报告性的，由有关处室审核后分别不同情况处理：对符合要求的报送分管副主任核报副总督察、总督察；需要综合汇总的经综合汇总后，以《督察情况》的形式分报有关领导同志；对不符合要求的，请示分管副主任后退回报文单位，并限期重新办理或查报。

（三）对主流新闻媒体反映的土地违法违规问题的督办，一般由督察指导处先请派驻地方的国家土地督察局核查，如领导同志有批示的即按批示要求督办。原则上要求2周内办完并将办理情况整理汇总，由综合处按办文程序报送总督察办领导审核后报国家土地总督察、副总督察。

本工作制度自印发之日起执行。

关于印发《国家土地总督察办公室工作细则》（暂行）的通知

（国土督办综发〔2008〕2号）

各处室：

经研究并经总督察办领导同意，现将《国家土地总督察办公室工作细则》（暂行）予以印发，并自印发之日起试行。

二〇〇八年二月二十六日

国家土地总督察办公室工作细则（暂行）

为使国家土地总督察办公室（以下简称总督察办）工作规范化、制度化和科学化，提高工作效率和质量，根据《国务院办公厅关于建立国家土地督察制度有关问题的通知》（国办发〔2006〕50号）和《国土资源部工作规则》《国家土地督察机构工作规范》，结合总督察办工作实际，制定本细则。

一、总则

坚持以邓小平理论和“三个代表”重要思想为指导，认真贯彻党的路线、方针、政策，全面履行总督察办各项职能。坚决贯彻落实党中央、国务院的决定和指示精神，坚决执行国土资源部和国家土地总督察、副总督察的决定和指示，保证政令畅通；坚持四项基本原则，实事求是，努力完善体制、提高素质。团结一致，做好与部机关司局、直属单位及其他相关部门的协调合作，做好对总督察、副总督察和各派驻地方的国家土地督察局（以下简称各督察局）的服务工作。

总督察办各处及其工作人员要依照法律法规，各司其职，各负其责，认真做好职权范围的各项工作；严格执行曾培炎副总理提出的“严、明、勤、廉”四字要求，严明纪律，严格管理，明确任务，忠于职守，勤政务实，勤俭办事，廉洁自律，开拓创新。

二、职责分工

总督察办实行主任负责制，主任负责总督察办的全面工作。

副主任协助主任工作，按分工负责分管工作。受主任委托，负责其他方面的工作或者专项任务。主任外出期间，指定一名副主任代行主任职责。副主任外出期间，可由主任或者主任指定的其他副主任代行其职责。

各处实行处长负责制。处长在本处职权范围内独立行使职责，副处长协助处长工作。

三、会议制度

总督察办负责会同、配合部办公厅等做好全国督察工作会议和国家土地总督察办公会议等组织工作。

国家土地总督察办公会议的内容、形式和组织等按《国土资源部工作细则》要求办理。

总督察办负责土地督察例会的会议通知、组织、记录、纪要及会议决定事项的督办落实工作。

土地督察例会由国家土地总督察、副总督察召集和主持，国家土地督察机构（1办9局）主要负责同志参加。土地督察例会主要任务包括：听取各督察局的工作汇报；分析研究土地督察工作的整体形势和特点；安排部署督察工作任务等。会议议程由总督察办综合处根据国家土地总督察、副总督察及总督察办主任的要求拟定，会议通知、记录、纪要等由综合处负责，议定事项的督办落实由相关处负责。

总督察办内部实行办公室碰头会、室务会、主任办公会、专题会议和全体会议制度。

（一）办公室碰头会每周二上午9：00由主任或主任委托的副主任召集，其他室领导及各处处长或主持工作的副处长参加，主要是检查上周工作完成情况，研究布置本周工作，通报有关情况等。由综合处负责通知、记录，重要事项形成《总督察办周工作情况通报》，印发各处室。

（二）室务会由主任主持召开，其他室领导和各处处长或主持工作的副处长参加，根据需要主任可指定有关人员列席会议。一般每月召开一次，特殊情况可随时安排。室务会议题中研究、讨论、审定的事项，由相关处提前将会议材料分送主任、副主任和各处。室务会由综合处负责准备、组织、记录，并对决定事项进行督办。

室务会的主要任务是：

1.传达、学习、贯彻党和国家及部党组的重要指示和重要文件、会议精神；

2.研究修改报国务院的年度督察报告；

3.听取各处工作汇报，研究、讨论和制定总督察办年（月）度工作及其他重要工作计划、总结和报告等；

4.研究、讨论督察系统人事管理工作、教育培训工作，研究制定有关规章制度等；

5.研究、讨论、审定报总督察或部的经费预算及有关经费的安排计划；

6.审议其他有关全局性、政策性工作。

（三）主任办公会由主任或主任委托的副主任主持召开，其他室领导、综合处及相关处处长或主持工作的副处长参加，相关人员列席。一般每月召开二至三次，特殊情况可随时安排。需上会研究讨论的事项，由有关处提前2日将文字材料分送主任、副主任和其他处。会议由综合处准备、组织、记录，并对议定事项进行督办。

主任办公会议的主要任务是：

1.研究、落实部党组、部及总督察的工作部署及室务会的有关决定；

2.讨论向上级呈报的重要报告、重大问题的处理意见，给总督察、副总督察及其他部领导的签报，讨论修改上报的重要报告、请示和下发的重要文件；研究讨论由总督察办主办的部各类重要发文；

3.审定总督察办有关干部任免事项、人员调配工作；

4.审定总督察办内工作人员培训、出国、考核、奖惩事项；

5.协调总督察办内各处重要工作；

6.审定其他有关事项。

（四）专题会议主要研究、讨论、落实具体业务工作，听取业务、调研情况汇报等。要本着急事急办的原则，根据需要由分管室领导召集不定期召开，专题会议由主办处负责通知、记录和落实会议议定事项。

（五）全体会议由主任或主任指定的副主任主持，总督察办全体人员参加。由主任根据需要决定召开，综合处负责通知、记录和督办。

全体会议的主要内容是：

1.传达贯彻党中央、国务院的方针、政策及有关主管部门和部党组、部的有关决定和工作部署；

2.组织传达、学习有关会议、文件精神和总督察、副总督察及其他部领导的重要讲话、指示；

3.通报近期工作完成情况和下一步重点工作安排；

4.通报总督察办的重要工作部署、进展和情况总结；

5.开展业务和政治学习等；

6.其他需要通报的重大事项。

为便于统筹安排，各处应于每周四将需下一周拟提交室务会和主任办公会讨论研究的事项报综合处。需向室务会和主任办公会提交审议的事项，主办处须事先做好准备，经分管室领导同意后，提前将议题材料提交会议主持人审定后再分送参会人员，紧急事项可随时提出并安排。对提交会议讨论的事项，凡涉及其他处工作职责的，会前须与有关处协商并达成一致意见，意见不一致时，主办处要说明情况和分歧意见，研究提出解决方法或方案，再提交会议讨论审议。

参加会议人员会前须认真阅研会议材料，并准备好发言或汇报材料，汇报、发言要意见明确，简明扼要。

提出议题的处的主要负责人或分管工作的负责人因故不能出席预定会议时，应提前一天请假，并做好工作安排。

会议议定的事项，有关处必须认真执行，抓紧办理，在规定时间内落实，并适时向综合处沟通办理情况。执行中如确有困难，要及时向分管领导报告，并向综合处反馈。

四、请示、报告及通报制度

凡处理重大问题，事前要请示，事后要及时汇报。请示、报告逐级进行，一般不得越级。

重大、紧急情况应及时向部及总督察、副总督察报告。凡属总督察办职责范围内的主要任务目标、重点工作、调研课题、重要事情和总督察、副总督察及其他部领导交办的重大事项，都要先在班子内充分讨论，意见统一后由主任签字后上报。

总督察办月度、半年或年度工作总结和工作安排，经主任签字后向总督察、副总督察书面报告；各处的月度、半年或年度工作总结和工作安排，要向主任书面报告。

总督察办领导参加有关会议后，应将会议情况根据需要及时进行通报；各处职责范围内的重要工作、领导交办的重要事项及重要会议情况，各处负责同志要及时向主任及分管室领导请示、报告。

各处要按职能分工和任务目标抓好各自负责的工作。并做到每周、月度有安排，月度、半年有小结，年终有总结。涉及部、总督察办任务目标的工作，要根据工作的阶段性，及时向分管领导汇报进展和完成情况。任务目标需做调整时，应通过室务会讨论确定。

中央、国务院及部的重大决策和工作部署及时传达、通报到规定范围；总督察办阶段性及半年、全年工作总结和部署应及时传达、通报。

实行内部工作情况报告制度。为使领导及时、全面掌握工作情况，同时便于汇编督察工作大事记，各处每周五要将本周工作情况（起草领导信函和讲话、领导同志批示、主办或参与的活动和会议等）报综合处，重要工作情况随时向综合处备案。

五、请假报备制度

主任离京出差（出访）或请假，须按规定经总督察、副总督察批准，并指定外出期间主持工作的负责人；副主任离京出差（出访），应经主任同意并报分管部领导（副总督察）批准。

综合处应及时填写《司局长离京出差（出访）审批表》报送部领导审批后送部值班室备案，并及时在内网更新提交《司局领导会议活动安排》。

各处处长出差（出访），事前应报经主任和分管室领导批准，并告知综合处。副处长离京出差（出访）或请假，应经处长同意，报经分管室领导批准，并告知综合处。一般干部出差（出访）要经本处领导批准。为保证总督察办工作正常运转，各处要保证一名负责同志主持工作，确均需外出时，应将工作交代其他同志，不能因此影响正常工作。

总督察办工作人员探亲、事（病）假，都要口头报告或书面报批。上班时间离开办公室半天以上的，一般干部需向处领导请假，处领导需向分管室领导请假。事假超过3天的由主任、分管副主任批准；3天以下的，副处长、一般同志由处长批准，处长由分管主任、副主任批准。干部年度休假和探亲假按国家和部有关规定执行，报综合处备案。如需延长假期，必须履行请假手续，待批准后方可延长。

旷工或无正当理由逾期不归连续超过15天，或者一年内累计超过30天的，按《国家公务员法》有关规定处理。

干部的请假情况纳入年终考核内容。

六、主要工作事项和办理程序

公文（档案）管理

总督察办公文管理应严格按照《国家行政机关公文处理办法》和《国土资源部公文处理实施细则》办理。综合处负责总督察办公文处理的业务管理和各派驻地方的国家土地督察局公文处理业务指导。各处要重视公文的运转、办理和管理。要压缩发文数量，提高公文质量，规范运转程序，提高公文运转效率，确保公文办理的及时、准确、高效、安全。

综合处负责各类收、发文件（包括文件、电报、传真等）的登记、分批、运转、归档和管理工作。

收文办理程序：

国务院（国务院办公厅）文件、情况通报、领导批示等，部领导批示件、部（党组）及有关部委文件，由综合处收取登记，送呈主任阅批后，送分管副主任及有关处传阅或办理。涉及具体业务工作的，由综合处送呈主任、分管副主任阅批，有关处办理。

总督察办及各督察局报送总督察的请示、报告，由综合处收取登记，送呈主任核报总督察、副总督察；需总督察办先期核查提出意见的，由综合处送呈主任、分管副主任阅批，有关处核查提出意见后，经主任、副主任核报总督察、副总督察。

各督察局报送总督察办的函件，由综合处送呈主任或副主任签批，有关处办理。

其他收文（如有关司局、单位的会签件、函件（文件）等），由综合处根据其内容及紧急、重要程度等分批主任或副主任签批，或直接送有关处阅处。

需总督察办领导和各处传阅的文件，一般按主任、副主任、各处的顺序传阅。

发文办理程序：

以总督察办名义发文（函），使用总督察办发文稿纸，由有关处拟稿，综合处核稿，送呈主任或副主任签发，或主任、副主任核报总督察或副总督察签发。综合处编号后，主办处（拟稿人）制发。

拟以部（党组、办公厅）名义发文（函）的，使用国土资源部发文稿纸，由有关处拟稿，综合处核稿，呈送主任或副主任核签后，交办公厅秘书处运转。文件签发后，由主办处（拟稿人）制发。同时向办公厅秘书处备案3份。

各处均不得直接对外行文。

签报件办理程序：

以总督察办名义向总督察、副总督察请示、报告有关事项，以及各处向主任、副主任请示、报告有关事项，使用总督察办内部签报用纸。由综合处负责运转。此类签报由有关处拟稿，处长核签后，由综合处签批主任、副主任阅批或主任、副主任核报总督察、副总督察。

向部（党组）请示、报告有关事项时，须使用国土资源部内部签报用纸。由有关处拟稿，处长核签后，送综合处核稿，呈送主任或副主任签发后，交办公厅秘书处运转。

公文办理时限：办理公文要及时、准确。体现急事急办、特事特办的原则。特急件（电报特急件）应在当日办结，急件（电报特急件）应在2个工作日内办结；一般文件要抓紧办理，不得拖延。会签文件一般在两个工作日内提出会签意见送呈室领导审签；传阅件在各处一般不要超过两天。

文件归档：综合处负责总督察办自身产生的各类文件、材料的汇总、整理、归档工作。各处应指定专人负责本处应归档文件的收集、整理工作，并于每年底将收集齐全当年应归档的文件、资料统一交综合处汇总、整理，综合处由专人负责按照《部机关档案管理暂行规定》（国土资厅发〔1999〕50号）及立卷整理要求，于规定时间将档案汇交办公厅档案处。

公文办理中，应注重协商、会签（商），涉及其他处、部机关有关司局职权范围的，应主动予以协商、会签，协办处要积极配合。经协商不能取得一致意见的，应列具各方理由，提出建设性意见，提交主任、副主任协调或裁定。与其他司局会签意见不统一的，也应列具各方理由，提交部领导协调或裁定。

请示、报告要分开，请示件应一事一报，不得直接向领导人个人报送公文。

请求部领导（总督察、副总督察）参加的活动，应提前一周书面报告办公厅，需部领导讲话的同时将讲话素材稿送办公厅。

保密（机要）管理

严格遵守国家保密法律法规、制度和纪律，以及中央保密委、国家保密局和部有关保密规定。总督察办全体工作人员应牢固树立保密观念和保密意识，按照工作人员保密守则要求，切实做好保密工作。

总督察办设保密工作小组，负责总督察办保密工作，各处设立兼职保密员，负责本处保密工作。

涉密文件、资料及机要文件管理。

涉密文件、资料及机要文件管理应遵守《国土资源部保密文件管理暂行规定》（国土资厅发〔1999〕105号），严格履行登记、运转、签收手续，做到责任明确，各负其责。由综合处专人负责保管、传阅；未经批准不得擅自扩大范围、自行翻印、复制、摘抄或录音； 汇编涉密文件资料应按规定履行报批手续，标注密级和保密期限，控制发放和使用范围。严禁将涉密文件资料汇编按一般资料发放或出售。

机要文件要妥善保存在专用文件柜中，不得在没有安全保障的地方保管、存放。要及时清理，按规定上交。

严格遵照执行《中央文件发布、阅读和管理工作暂行规定》（中办发〔2004〕37号），按照文件发布层次和有关规定确定阅读范围，不得擅自扩大或缩小阅读传达范围。机要文件的阅读，必须在办公室进行，严禁将机要文件带到宿舍或其他地方；省军级机要文件在下班前交还综合处机要人员，不得在个人手中过夜。

若发现机要文件失密、泄密，要及时报告，并追究有关人员责任。

机要人员出差超过1个月时，要指定人员临时负责此项工作，办理交接手续，并通报部机要室。

分发、领取、使用、清退、销毁涉密文件资料应严格登记，并长期保存备查，登记目录不得随涉密文件一同销毁。销毁文件应严格履行审批、清点、登记手续，且须两人以上监销。

计算机及信息保密。

严禁将涉密计算机与互联网连接；涉密文件资料电子版应在涉密计算机及其网络和涉密移动存储介质中存储和处理，严格按同等密级的纸质文件管理要求统一管理，禁止私自存储和复制。处理涉密信息的数字复印机和多功能一体机不得与普通电话线连接。

要重视网络信息的保密管理，信息产生部门负责对上网信息内容的审核把关，综合处负责监督检查。上网信息须符合部网络信息保密规定，凡涉及国家安全的政务、经济信息不得在互联网上发布；涉密信息严禁在任何网上发布。

会议保密。

参加各类会议都要遵守组织部门对会议内容的保密规定。会议议定事项应以会议纪要为准，对会议研究、讨论的各项内容，有关人员不得自行传达和扩散。召开涉及秘密事项的会议，要采取严格的保密措施，对参会人员规定保密纪律。对会议的涉密文件、资料等都要有专人负责登记、分发、清退等管理工作。会后，涉密文件、资料等要经机要部门传递，不得个人携带；如需携带时，应经主任批准并二人同行，指定专人保管，以防丢失，召开会议的部门应列具文件清单告综合处，以备查对。

其他如电信通讯、外事活动及宣传、新闻报道中也应严格遵守相关保密规定。

印章管理

总督察办综合处负责管理国家土地总督察办公室和国家土地总督察办公室综合处印章。

印章应明确专人专柜负责保管和监用。使用各类印章应填写用印审批单，严格履行审批手续。

使用国家土地总督察办公室印章，须经主任、副主任批准，或主任、副主任授权综合处审核把关。

为减少主任、副主任事务性工作，按照“三定”方案，以总督察办名义发出的例行公务、行政事项的文件、便函、介绍信、证明等，需使用总督察办印章的，可由综合处处长审核把关。

不得在各类空白证书、证件、图表及其他文字材料上用印。因特殊原因需盖空白印章的，须经主任批准。经批准同意在空白证书、证件、图表等盖章或套印总督察办印章等，用印前有关单位必须标注份数并逐一编号，用印后要指定专人严格管理，并向综合处备案。

使用总督察办印章和总督察签名章，除与有关单位联合发文或特殊工作需要，必须携印模外出用印外，其他事项应在机关内部用印。外出用印，须经主任、副主任批准，由印章管理部门监印，有关单位必须提供安全可靠的条件，确保印章的安全。

经费预算、报销

总督察办的行政工作经费和专项经费，由综合处本着勤俭节约和量入为出的原则，统一管理和掌握，调剂使用，计划开支，保证重点。各处专项工作经费的管理和监督，由专项工作主管处具体负责，经分管室领导批准后方可使用。

机构管理处配合财务司，负责组织和指导国家土地督察机构经费预算编制工作。

财务报销等应按《部机关财务管理暂行办法》（国土资厅发〔2000〕61号）执行，实行“一支笔签批”制度。各处人员应在部、总督察办核定的经费内借支使用，借支经费前和报销时应经处领导同意。出差费用报销应填写出差审批单、借款单和旅差费报销表等，由综合处审核、备案，主任签字后到办公厅行政财务处借支或报销。出差乘坐的交通工具按部统一规定执行。差旅费应在回京7日内报销，防止资金滞留。

资产、设备（办公用品）管理

总督察办的各类办公资产和设备由综合处统一管理，建立各类资产设备登记台账，根据实际需要统一安排使用，由使用处、个人负责保管。设备购置，各处根据需要提出意见，由综合处统一向有关部门申请；转入总督察办的各类资产、设备作为总督察办的财产进行管理，闲置资产和报废设备，由综合处按部的规定进行处置。

各类办公用品和计算机等设备的消耗材料、配件等由综合处统一领取或购置及分发，或经主任、副主任同意，处自行领取或购置，并到综合处登记备案。专项活动、工作所需办公用品，由有关处提出计划意见。坚持厉行节约，勤俭办事的作风，节约办公经费。

借用公用设备时应履行登记手续，并及时归还。对各类资产、设备要切实爱护使用，保持完好和安全；人员发生变动时，应及时对个人使用和保管的相关资产进行交接。

外事工作

根据工作需要并兼顾平衡的原则安排人员出访。派出人员须按有关请销假制度 和《国土资源部人员出国（境）工作管理暂行规定》（国土资发〔2000〕142号）的有关规定履行审批程序并做好工作安排。出访结束后，应按《国土资源部因公出国（境）团组回国后汇报和总结工作的有关规定》（国土资厅发〔2004〕28号），认真做好总结和汇报。

公务活动、接待

公务接待要按照《国土资源部机关公务接待工作暂行办法》（国土资发〔2001〕290号）执行。

督促检查

总督察办实行办件督察制度。综合处负责对重要工作部署、领导同志重要批示、交办事项和会议议定事项的落实及进度进行督办，及时向总督察办领导提出督查建议，提供督查内容、重点和要求，及时掌握动态，跟踪了解情况，报告督查结果，做到件件有着落、有回音，保证工作目标顺利实现。

督察指导处负责对各督察局业务工作指导和督促检查工作。

人事管理

综合处按照部对各司局人员管理的统一要求，做好总督察办人员的人事考核和管理工作；机构管理处按照“三定”方案明确的职责，协助部有关司局做好各督察局的人事考核和管理工作。

信息、调研

信息调研处要按照“三定”方案明确的职责，建立快速、便捷、高效的信息报送渠道。规范信息报送形式和格式，及时向总督察、副总督察，国务院及有关部门，省级及计划单列市人民政府反映督察工作重要情况，通报各督察局工作动态，传达领导指示，推动工作开展等。

适时组织和开展调研工作，发现倾向性问题，提出建设性意见，为领导决策提供参考。

学习与培训教育

综合处按照部要求，根据工作需要，组织安排好总督察办工作人员参加中共中央、国务院，中央党校、国家行政学院及部有关司局等组织的集中性、综合性和专业性学习和培训工作。由各处提出申请，报综合处汇总，经主任办公会研究确定参加培训人员。鼓励和支持个人的业余学习和培训。

综合处负责与人教司、人力中心等沟通协调，组织并安排好督察系统工作人员的各类培训工作，建立和不断完善包括专项培训、年度整训和例行轮训等在内的系统培训体系。

建立学习制度，构建学习型司局。根据部党组、机关党委的部署和工作要求，制定年度学习计划。适时组织重要会议、文件专题学习，及适应工作需要的专题讲座和业务专业学习等。创办内部学习刊物，加强业务交流，努力推动和促进国家土地督察队伍整体素质的提高。

关于印发《国家土地总督察办公室财务管理和费用报销规定》的通知

（国土督办综发〔2008〕3号）

各处室：

为规范国家土地总督察办公室财务管理和费用报销制度，提高财政预算资金使用效率，保证各项工作正常开展，经国家土地总督察办公室领导批准，现将《国家土地总督察办公室财务管理和费用报销规定》印发，自2009年1月1日起执行。

附件：财务报销登记备案表（略）

二〇〇八年十二月三十一日

国家土地总督察办公室财务管理和费用报销规定

为保证各项工作正常开展，根据《部机关财务管理暂行办法》和《机关财务报销规定》（国土资厅发〔2008〕170号）及《国家土地总督察办公室工作细则（暂行）》（国土督办综发〔2008〕2号），制定国家土地总督察办公室财务管理和费用报销规定如下：

一、财务预算管理

（一）国家土地总督察办公室的行政工作经费和专项工作经费实行预算管理。各项收入和支出必须纳入部门预算统一管理。各处室每年按规定时间编制下年度经费支出预算，报主管领导审核后送综合处汇总，经主任办公会议研究同意后报部机关财务处。预算一经批复，必须严格按预算执行，原则上不予调整。确因工作原因调整，须按预算编制程序报批。

（二）国家土地总督察办公室的财务活动，由综合处在主任和分管财务工作的副主任的具体领导下，根据预算资金情况本着勤俭节约和量入为出的原则，统筹安排使用，保证重点。具体财务收支事项由办公厅财务处代为管理。

二、经费开支审批

（一）国家土地总督察办公室开支各类费用，按部机关财务规定实行“一支笔”审批报销制度，由主任指定的分管财务工作的副主任审签。

（二）各处室按照有关财务规定和部门预算控制数报销费用。报销支出时，经办人应填写报销单据并提交完备的用款依据，经综合处负责人审核并报经分管财务工作的副主任签批后，按照部机关财务报销程序和规定到办公厅财务处报销。

（三）为及时掌握预算资金执行情况，报销后，经办人应及时将办公厅财务处核定并支付的报销资金数额反馈至综合处备案。未备案之前，不予办理下一次报销手续。

三、经费支出有关规定

（一）财务报销内容主要依据部门预算支出规定的具体内容，结合实际情况据实报销。其中：

1.差旅费

主要用于职工因公出差发生的费用，包括城市间交通、住宿费、伙食补助费和公杂费。按照财政部《关于印发<中央国家机关和事业单位差旅费管理办法>的通知》（财行〔2006〕313号）的规定，报销时，如实填写《国土资源部差旅费报销单》，附《出差审批表》（司局级领导差旅费报销时需附《司局长（直属单位主要负责同志）离京出差（出访）审批表》），交通工具费用票据（飞机票、火车票、船票等），定点饭店出具的出差人职务标准范围内的住宿费、就餐费单据（如为出差单位负担、住非定点饭店或督察局周转房、超标准支付等，需作具体说明），以及保险费等其他支付凭证。其中，根据有关规定，往返机场只能报销专线客车或城铁机场专线费用。参加系统内会议和培训，原则上不支付住宿费和餐费。

2.会议/培训费

主要用于经部批准召开和举办的各类工作会议、座谈会、研讨会及培训班费用。按照《国土资源部机关会议费管理暂行办法》（国土资厅发〔2007〕101号）和《国土资源部培训班管理暂行办法》（国土资发〔2006〕308号）规定，会议地点应选在定点饭店或系统内饭店，费用标准一般控制在260元/人·天。报销时，需填写《国土资源部费用报销单》，附定点饭店出具的发票和政府采购结算单、日程安排、《国土资源部会议费开支（预）决算表》、会议（培训班）通知、参加人员名单等。根据《国土资源部培训班管理暂行办法》，列入部培训计划的培训班，部根据其培训计划和培训效果予以适当经费补贴，对经费不足部分，根据《财政部中共中央组织部关于印发〈党政领导干部和各类人才培训专项经费管理暂行办法〉的通知》（财行〔2002〕40号）精神，可适当收费。

3.交通费

原则上每人每月按100元标准据实报销市内出租车费。每季度末以处室为单位，收集报销凭据并经综合处核准报销限额后据实报销。各处在核对个人报销标准的同时，须审核并保证票据打印清晰、单张票据金额不超过50元。报销时，填写《国土资源部费用报销单》。其他公务用车通过派车结算单进行内部结算。

4.委托业务费

确因工作需要，可将有关项目（总额不超过项目经费预算的30%）委托事业单位或其他有资质的单位执行。委托业务前，应与被委托方进行深入研究，确定项目任务、目标成果等具体事项，经主管副主任、主任审批后，签订书面协议执行。费用支出时需附书面协议和资金往来凭证。项目经费应专款专用，合规使用。

5.印刷费

文件、资料等一般应在机关文印室印刷，相关费用通过印刷结算单进行内部结算。如确需到外部印刷厂印制，须经分管领导审批，并到政府采购的指定印刷厂印制。报销时，填写《费用报销单》，附发票、政府采购合同单及费用细目。

6.其他费用

其他费用包括邮电费、福利费、租赁费、维修（护）费、咨询费、劳务费、招待费等。报销时，一般需填写《费用报销单》，附发票及支出明细单据。其中，福利费（根据各司局实有人数，按每人每月9元标准提取）主要用于因探望、慰问生病职工，或对因直系亲属病故及其他原因，给生活造成困难的职工进行适当补助而发生的费用。因购买慰问品而发生的费用，报销时填写《费用报销单》，附发票和购物明细小票。生活补助费经本人申请，由办领导审批后，填写《困难职工补助申请表》办理。招待费指用于机关公务活动的接待费用，须按《中共中央办公厅国务院办公厅关于印发〈党政机关国内公务接待管理规定〉的通知》（中办发〔2006〕33号）有关规定，严格控制规模和开支的金额。需预先支付现金的专家咨询费用、授课费等，应填写《领款条》并经分管财务工作的副主任签字后办理借支手续，报账时应附有专家/教师身份证号及签字的费用分发签收表。

7.设备购置

各类办公资产、设备、办公用品和计算机等设备的消耗材料、配件等由综合处统一购置和管理，根据实际需要统一安排使用。购置资产、设备等时，各处根据需要提出意见，经分管财务的副主任审批后，由综合处统一办理。

（二）因公出差或工作需要借用公款或支票，应凭出差会议通知或有关凭据，填写《国土资源部机关职工借款申请表》或《预借支票凭单》，经分管财务工作的副主任签字后，到办公厅财务处按规定办理借支手续，并在费用发生后及时办理报销手续。

（三）持公务卡公务消费的报账手续，严格按财政部和国土资源部的有关规定执行。

四、附则

（一）本规定自2009年1月1日起执行。

（二）如因财政部或国土资源部有关财务管理和费用报销等要求调整，本规定将进行相应修订。

（三）本规定由国家土地总督察办公室综合处负责解释。

国家土地督察北京局

关于建立联席会议制度
加强定期交流的有关请示

国家土地督察北京局：

为严格土地监管，落实共同责任，加强与国家土地督察北京局的沟通与联系，构建保障科学发展新机制，经请示天津市政府同意，按照国家土地督察北京局的设想，拟建立天津市政府与国家土地督察北京局的联席会议制度，进行定期交流。

一、联席会议人员组成

天津市参加联席会议的人员包括；市政府主管副市长熊建平、主管副秘书长王维基、办公厅六处处长李剑光，市国土资源和房屋管理局局长吴廷龙、主管副局长张中夫人及有关人员。联络员为市政府办公厅李剑光、市国土房管局杜艳霞。

北京察局参加联席会议的人员包活；局长樊志全、主管专员王仕诚及有关人员。

二、联席会议主要内容

（一）天津市方面介绍的主要内容

1.近期土地利用有关情况，包拨新增建设用地情况，执行土地利用规划、计划情况，土地供给情况等；

2.耕地保护责任目标的落实情况；

3.执行国家土地调控政策和产业政策的情况；

4.执行国家有关土地管理法律法规情况，违法用地查处情况；

5.近期有关加强土地管梁的做法。措施、经验等；

6.对北京督察局提出的有关信访案件的查处及有关督察建议的落实情况。

（二）北京督察局方面通报的主要内容

1.近期中央有关土地管理的文件规定和土地调控政策、产业政策情况；

2.近期有关土地督察工作的安排和其他活动要求等；

3.近期北京督察局的工作重点和督察方式；

4.有关天津市土地信访和上访情况；

5.认为近期天津市土地利用管理存在的突出问题等。

双方主要围绕以上内容进行沟通协调，每次会议根据具体情况可以有所侧重，同时就当前土地管理中存在的突出问题进行座谈交流，形成加强土地监管、落实国家有关土地政策的共识，进一步加强上地管理，落实共同责任。

三、联席会议主要形式及成果

联席会议初定每季度召开一次。由联络员联系协商每次会议召开的时间、地点、主要内容及参加人员等。

每次联席会议后形成会议纪要，双方就有关达成共识的问题认真落实。北京督察局负责将会议召开情况及落实情况及时上报国家土地总督察。

此外，我们还殷切地期盼着国家土地总督察徐绍史同志、副总督察甘藏春同志莅临天津对我市的土地督察工作进行现场指导。

妥否，请批示。

关于印发《监督检查建设用地审批事项暂行办法（试行）》的通知

局各处室：

为全面落实国家土地督察制度，切实加强土地督察工作，局研究制定了《监督检查建设用地审批事项暂行办法（试行）》。现印发给你们，请遵照执行。

监督检查建设用地审批事项暂行办法（试行）

为做好华北五省区市土地管理审批事项和土地管理法定职责履行情况的监督检查，加强对省级人民政府土地利用和管理情况的督察，确保华北各地农用地转用、土地征收行为符合土地管理法律法规、土地利用总体规划及计划、国家产业政策和国家宏观调控政策，根据《国务院办公厅关于建立国家土地督察制度有关问题的通知》（国办发［2006］50号），本着严格把关，简化程序，提高效率的原则，制定本暂行办法。

一、监督检查范围

（一）华北五省区市依照土地法律法规规定须由国务院审批的农用地转用和土地征收项目或批次用地。

（二）华北五省区市依照土地法律法规规定须由省级人民政府审批的农用地转用和土地征收项目或批次用地。

二、监督检查依据

依据国家土地管理法律法规、经批准的土地利用总体规划及计划、国家产业政策和国家宏观调控政策等，对省级人民政府上报国务院审批以及省级人民政府自行审批的农用地转用和土地征收项目或批次用地进行监督检查。

三、监督检查程序

省级人民政府上报国务院审批和自行审批的农用地转用和土地征收项目或批次用地监督检查程

序：

（一）省级人民政府在上报国务院审批农用地转用和土地征收项目或批次用地时，将上报国务院审批项目或批次用地材料及用地请示文件二份抄送给国家土地督察北京局。

省级人民政府在批准农用地转用和土地征收项目或批次用地时，将批准的项目或批次用地材料及批准用地文件二份抄送给国家土地督察北京局。

（二）国家土地督察北京局办公室收到项目或批次用地材料及有关文件，在进行登记后，分送各督察室和局审核处。

（三）各督察室对收到的项目或批次用地材料及有关文件进行检查。就项目或批次用地是否符合国家土地管理法律法规、经批准的土地利用，总体规划及计划、国家产业政策以及国家宏观调控政策等方面进行具体审核。并于15个工作日内，将审核意见报经主管专员同意后送局审核处。预期不能提出审核意见的，应作出书面说明。

（四）局审核处于10个工作日内，对各督察室报送的审核意见进行审查，提出处理意见上报局务会研究。

（五）经局务会研究，决定是否向国家土地总督察报告或向省级人民政府提出纠正意见。

四、报送材料要求

（一）依照土地法律法规规定由国务院审批的农用地转用和土地征收项目或批次用地，省级人民政府在上报国务院时，应将上报文件同时抄送国家土地督察北京局，同时增加项目或批次用地勘测定界图资料（拐点坐标系国家统一坐标系）。

（二）依照土地法律法规由省级人民政府审批的农用地转用和土地征收项目或批次用地，应当报送国家土地督察北京局的材料包括：农用地转用和土地征收正式批准文件；项目可行性研究报告和初步设计批复文件；项目或批次用地勘测定界图资料（拐点坐标系国家统一坐标系）；项目或批次用地所在地土地利用总体规划图件及文本。

（三）地方报送的材料不齐或不符合要求的，国家土地督察北京局向总督察报告或向省级人民政府发出纠正意见的时限，按照补齐材料之日起计算。

五、监督检查结果处理

（一）对省区市上报国务院的审批项目或批次用地，发现违反土地管理法律法规、土地利用总体规划及计划、国家产业政策、国家宏观调控政策的，由国家土地督察北京局在30个工作日内向国家土地总督察报告。

（二）对省级人民政府审批的项目或批次用地，经审核发现违反土地管理法律法规、土地利用总体规划及计划、国家产业政策、国家宏观调控政策的，由国家土地督察北京局在30个工作日内向项目或批次用地所在地省级人民政府提出纠正意见。

（三）超过30个工作日，未向国家土地总督察报告或未提出纠正意见的项目或批次用地，视为国家土地督察北京局没有不同意见。

六、有关整改要求

（一）对国家土地督察北京局提出的纠正意见，有关省级人民政府没有及时进行纠正的，国家土地督察北京局应及时向该省级人民政府提出整改意见。

（二）对整改不力的，由国家土地，总督察依照有关规定责令限期整改。整改期间，暂停被责令限期整改地区的农用地转用和土地征收的受理和审批。

（三）整改工作由省级人民政府组织实施。结束对该地区整改，由国家土地督察北京局审核后，报国家土地总督察批准。

国家土地督察北京局关于印发《土地例行督察工作纪律》的通知

赴河北省沧州市土地例行督察组：

经研究决定，现将《土地例行督察工作纪律》印发给你们，请严格遵照执行。

二OO八年七月十日

土地例行督察工作纪律

为确保土地例行督察工作的严肃性，维护土地督察工作的权威性，加强对土地例行督察工作人员（以下简称“督察人员”）的纪律约束，树立土地督察机构的良好形象，特制定如下土地例行督察工作纪律：

一、督察人员必须严格遵守国家廉政建设有关规定，谢绝督察对象及有关部门赠送的各种形式的礼品、礼金和有价证券；

二、工作用餐本着节俭、卫生的原则，严格控制在国土资源部和局规定标准以内，按规定消费，同时谢绝地方政府和有关部门陪餐及各种类型的宴请；

三、不得到娱乐场所进行桑拿、按摩及其他娱乐活动；

四、不得以公款支付洗衣费用，不得在房间收看收费影视节目；

五、不得在工作时间私自外出，有事须向督察组组长请假；

六、严格坚持集体会审、集体决策和重大问题请示报告制度，不得隐瞒不报，不得擅自做主；

七、严格遵守保密纪律，不得泄露督察工作秘密；

八、严格遵守作息时间，按时工作和休息。

以上工作纪律，请土地例行督察组全体成员（含借用人员及技术单位人员）认真遵守，凡触犯纪律的，按照有关规定严肃处理。

国家土地督察北京局关于开展农用地转用和土地征收审批事项督察有关问题的通知

（国土督察京发〔2008〕24号）

北京市、天津市、河北省、山西省、内蒙古自治区人民政府办公厅：

根据《国务院办公厅关于建立国家土地督察制度有关问题的通知》（国办发〔2006〕50号）、国家土地总督察签发的《农用地转用和土地征收审批事项督察办法》以及《监督检查建设用地审批事项暂行办法（试行）》（国土督察京发〔2008〕1号）的规定，国家土地督察北京局决定从2009年1月1日全面开展对华北五省（自治区、直辖市）的农用地转用和土地征收事项督察。现将有关问题通知如下：

一、申报材料要求

根据有关文件规定，国家土地督察机构依照规定的权限和程序，对应报国务院审批和由省（自治区、直辖市）人民政府审批的农用地转用和土地征收事项及批后实施情况进行监督检查。

1.由国务院审批的单独选址建设项目用地的农用地转用和土地征收事项，省（自治区、直辖市）人民政府在上报国务院时，应将省级人民政府的请示文件和用地报批材料抄送国家土地督察北京局备案。

2.由国务院审批的城市批次建设用地，省（自治区、直辖市）人民政府审核同意城市农用地转用和土地征收实施方案及办理回复文件后，在报国土资源部备案时，应将相关材料抄送国家土地督察北京局备案。

3.由各省（自治区、直辖市）人民政府审批的农用地转用和土地征收事项，省（自治区、直辖市）人民政府在向国土资源部备案时，应将相关材料抄送国家土地督察北京局备案。

4.其他报国土资源部备案的报表，在报部的同时，抄送国家土地督察北京局。

上述材料均须抄送电子文档1套。无电子文档的，抄送纸质材料1套，申报材料清单见附件。

二、时限要求

1.国家土地督察北京局接到相关材料后即开始审查，并于30个工作日内提出意见，抄送材料不完备的，从补齐材料之日起开始审查。

2.报国务院审批的农用地转用和土地征收事项，在上报相关材料的同时抄送国家土地督察北京局；省（自治区、直辖市）人民政府审批的农用地转用和土地征收事项，在报国土资源部备案的同时将有关材料抄送国家土地督察北京局。

三、其他要求

1.各省（自治区、直辖市）人民政府应当明确专人负责相关材料的申报工作。

2.省（自治区、直辖市）人民政府收到国家土地督察北京局提出的意见后，应认真进行整改，并按时报告整改结果。

3.国家土地督察北京局对上报国务院审批的农用地转用和土地征收事项中存在问题的，将及时向国家土地总督察报告。

附件：农用地转用和土地征收审批事项督察申报材料清单

二〇〇八年十二月八日

附件：

农用地转用和土地征收审批事项督察申报材料清单

一、国务院审批的单独选址建设项目用地的农用地转用和土地征收事项

1.省级人民政府建设用地请示文件。

2.省级国土资源管理部门的用地审查意见。

3.建设用地申请表。

4.建设用地项目呈报说明书、农用地转用方案、补充耕地方案、征收土地方案、供地方案。

5.建设拟征（占）土地分类面积汇总表（用地涉及两个以上县市提供）。

6.建设拟征（占）土地权属情况汇总表（表中“土地证号”栏内可填写土地登记卡号）。

7.建设项目用地预审意见。

8.建设用地项目可行性研究报告批复文件或其他立项批准文件。

9.建设用地项目初步设计批准文件或其他设计批准文件。

10.市县人民政府关于建设项目征地补偿费用标准合法性、安置途径可行性及履行法定征地程序的说明。

11.建设用地勘测定界技术报告书和勘测定界图。

12.标注用地位置和补充耕地位置的标准分幅土地利用现状图（1∶1万）。

二、国务院审批的城市批次建设用地的农用地转用和土地征收事项

1.省级人民政府同意城市农用地转用和土地征收实施方案及回复文件。

2.标注用地位置和补充耕地位置的标准分幅土地利用现状图（1∶1万）。

3.国务院批准的城市建设用地农用地转用和土地征收实施方案备案表。

4.国有建设用地供应情况备案表。

5.征地补偿安置情况说明。

三、省（自治区、直辖市）人民政府自行审批的农用地转用和土地征收事项

1.省级人民政府同意城市农用地转用和土地征收批准文件。

2.省级国土资源部门审查意见。

3.标注用地位置和补充耕地位置的标准分幅土地利用现状图（1∶1万）。

4.省级人民政府批准的建设项目用地备案表。

四、其他材料

涉及规划调整、占用基本农田的，应将规划调整文件、规划调整图件和基本农田补划方案、基本农田补划图件一并申报。

农用地转用和土地征收审批事项
督察程序和重点及要求

为规范农用地转用和土地征收督察工作程序，明确责任，提高工作效率，根据《农用地转用和土地征收审批事项督察办法》《监督检查建设用地审批事项暂行办法（试行）》（国土督察京发〔2008〕1号）和《国家土地督察北京局公文运转办法（试行）》（国土督察京发〔2007〕22号），制定本工作程序。

一、督察程序

（一）收文登记

1.局办公室统一负责签收省（自治区、直辖市）人民政府上报的文件、图表及电子文档等备案资料。

2.局办公室对相关材料进行登记、分类，根据各个督察室负责督察区域，将省（自治区、直辖市）人民政府上报的材料分送相应的督察室，同时，将地方上报材料中的请示文件及批准文件等复印送审核处备案。

（二）办理审核

3.各督察室收到审核材料后，根据有关规定和督察重点及要求，及时展开审核工作。

4.督察室应在15个工作日内提出审核意见（如需要提出纠正意见的连同纠正意见），经主管专员同意后送审核处。

5.审核处应在收到审核意见及纠正意见5个工作日内日内提出处理意见，并上报局务会研究。

6.局务会对处理意见、审核意见及纠正意见进行研究，作出是否需要向省（自治区、直辖市）人民政府发出督察文书、或向国家土地总督察报告的决定。

（三）督察结果

7.根据局务会决定，由督察室在3个工作日内起草给省（自治区、直辖市）人民政府的纠正意见或国家土地总督察的报告，审核处会签后，报局长签发并发出。

8.各督察室负责跟踪督办，并在规定的时间内报告相应省（自治区、直辖市）的整改结果。

9.审核处要及时跟踪督办结果，加强同督察室沟通，掌握整改进展情况。

二、督察重点及要求

各督察室收到省（自治区、直辖市）人民政府上报的材料后，按照申报材料清单进行初核，材料不齐的应立即通知有关省（自治区、直辖市）人民政府并告知审核处；对材料齐备的，按照下列要求进行审核：

（一）是否符合国家土地管理法律法规、审批权限和程序

重点核查建设用地审批程序、审批权限是否合法；补偿安置标准是否符合有关规定；项目涉及占用基本农田的，是否符合有关规定；是否实现了“占一补一、占补平衡”等。

（二）是否符合经批准的土地利用总体规划及土地利用年度计划

重点核查项目用地是否符合土地利用总体规划，如有调整规划的，是否符合有关规定、按照权限

调整；是否突破了国家或者省下达的土地利用年度计划指标等。

（三）是否符合国家产业政策及宏观调控政策

是否存在国家规定限制供地和明令禁止类项目供地情况；是否符合国家当前的宏观调控政策。

（四）是否符合用地定额指标和工业项目建设用地控制指标要求

重点核查项目的投资强度、容积率、建筑系数以及行政办公及生活服务设施用地所占比重、绿地率等土地利用控制性指标等。

（五）国务院规定的其他要求

根据国务院当前的有关规定，适时调整审核重点。具体对哪些行业及项目实施“有保有压”，由审核处根据当前的宏观调控政策提出明确要求，报局务会审定后执行。

（六）其他要求

督察室应当对所有项目按照督察重点逐一审查并提出审核意见，需要向省（自治区、直辖市）人民政府发督察文书或向国家土地总督察报告的，应当附代拟稿。

附件：农用地转用和土地征收督察工作流程图

附件：

农用地转用和土地征收督察工作流程图

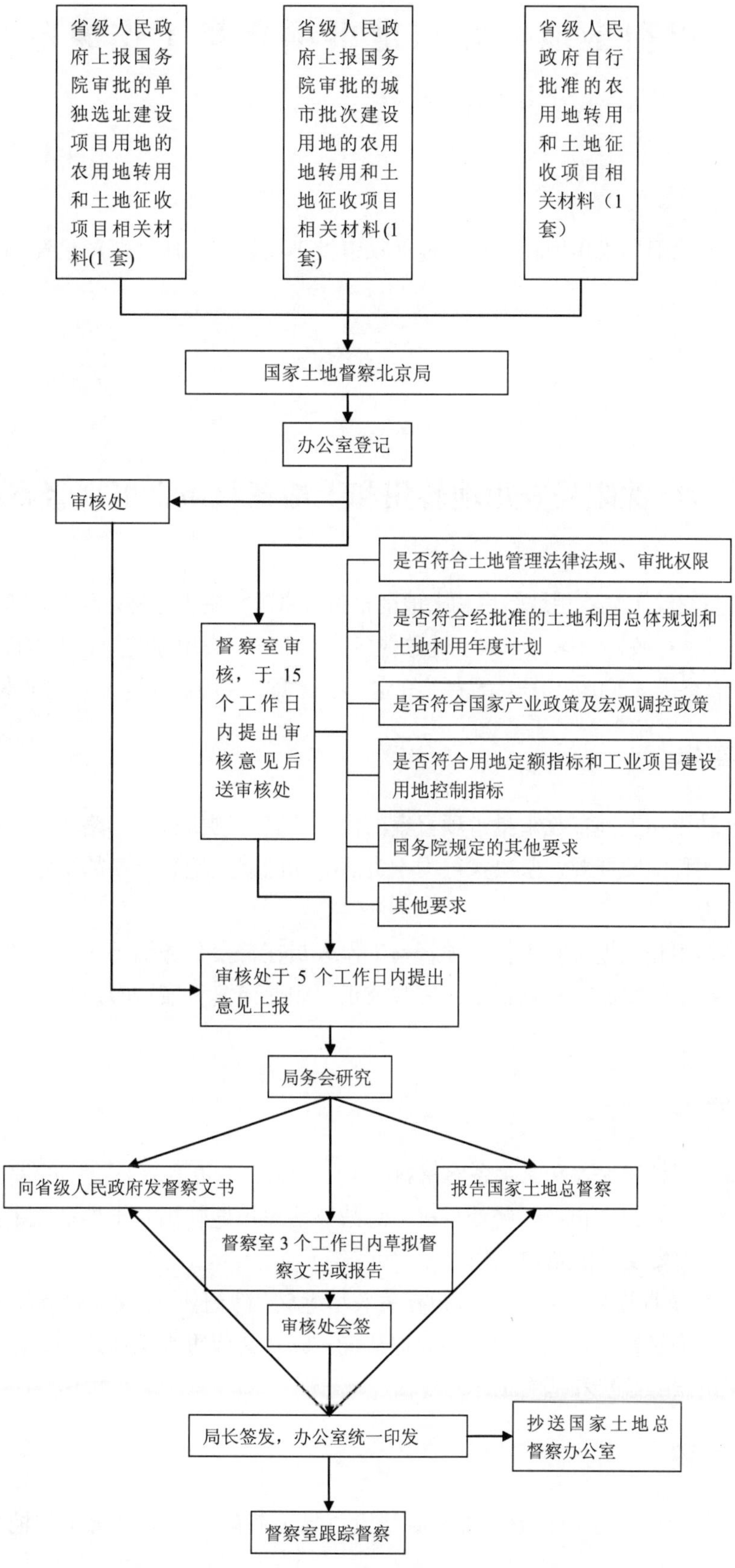

国家土地督察沈阳局

关于印发《国家土地督察沈阳局农用地转用和土地征收审批事项督察工作规范》的通知

（国土督察沈发〔2008〕58号）

局机关各处（室）：

《国家土地督察沈阳局农用地转用和土地征收审批事项督察工作规范》已经局领导审定，现印发给你们，请遵照执行。

二〇〇八年十二月十七日

国家土地督察沈阳局农用地转用和土地征收审批事项督察工作规范

为使国家土地督察沈阳局农用地转用和土地征收审批事项督察工作规范化、制度化，努力提高工作效率和质量，促进依法行政，根据《国家土地总督察关于印发〈农用地转用和土地征收审批事项督察办法〉的函》（国土督察函〔2008〕1号）的有关规定，结合督察区域实际情况，制定本工作规范。

一、总体要求

（一）农用地转用和土地征收审批事项督察工作要认真贯彻执行党的路线、方针、政策和国家法律法规，树立和落实科学发展观，坚决执行国土资源部和国家土地总督察的决定和指示，保证政令畅通，努力提高执行力。

（二）农用地转用和土地征收审批事项督察工作人员在督察公务活动中，要严格遵照“严、明、勤、廉”要求，坚持依法督察、独立督察、客观公正、职业谨慎、廉洁奉公等原则，各司其职，各负其责。

二、职责分工

（一）办公室负责抄送文件和有关备案材料的签收启封、分办和督察文书的发文办理工作。

（二）审核处负责登记、审核、统计分析、总结评估农用地转用和土地征收审批事项和监督检查批后实施情况，以及督察文书的草拟工作。

（三）各督察室负责提供督察范围内的有关农用地转用和土地征收审批事项的领导批示、巡查发现、媒体披露、群众举报、违法违规案件处理情况，以及其他重大土地违规违法行为或者倾向性问题，负责督察结果的跟踪监督和落实工作。

三、督察内容

以遥感信息应用平台和土地督察巡查系统建设成果为基础，采取日常重点抽查、实地核查等方式，主要督察以下内容：

（一）是否符合法律、法规和规章规定的权限和程序。

（二）是否符合国家宏观调控政策。

（三）是否符合经依法批准的土地利用总体规划及其基本农田保护区、土地整理复垦开发等专项规划。

（四）是否符合土地利用年度计划确定的控制指标。

（五）占用耕地和基本农田的，补充耕地和补划基本农田的位置、数量和质量是否符合要求。

（六）占用土地的地类、位置、面积、权属和用途是否真实准确。

（七）存在未批先用、批少占多、改变用途、化整为零（拆分审批）、越权批地、非法占用耕地特别是基本农田、严重侵害农民利益、擅自通过"村改居"等方式将农民集体所有土地转为国有土地等违规违法用地行为的，是否经过依法查处。

（八）是否符合用地标准和土地使用的市场准入标准。

（九）是否符合国家产业政策和供地政策等。

四、督察程序和要求

（一）办公室按照公文处理和网络管理的有关规定，对收到的抄送文件和有关备案材料进行签收、启封，分送审核处和有关督察室办理。

1.纸质材料。审核处留存原件，有关督察室留存复印件。

2.电子文档。省级国土资源行政主管部门以移动存储介质等形式直接报送的，审核处和有关督察室分别复制一套；通过国土资源主干网传送的，审核处和有关督察室分别从网络终端接收。

（二）审核处对收到的抄送文件和有关备案材料进行登记、审核、统计分析，并将有效的建设项目用地、补充耕地勘测定界坐标串加载到遥感信息应用平台。

（三）发现问题的处理方式。

1.对发现的符合法定审批程序和权限，但存在用地报批材料不完备等问题，审核处自发现之日起2个工作日内草拟通报函件，由办公室报请局领导阅批。局领导审签后，发函通报有关省级国土资源行政主管部门处理。

2.对发现的可以定性的违法违规问题，审核处自发现之日起2个工作日内提出书面审核意见后转送有关督察室。有关督察室根据督察范围内的具体情况，在5个工作日内对审核意见提出书面意见。

3.对发现的疑似违规违法问题，自发现之日起7个工作日内由审核处和各督察室联合组成督察组，到有关地区查阅、复制土地审批事项卷宗材料和实地核查。

（1）督察方案由审核处会商有关督察室草拟，经局领导审签后由督察组负责实施。编制督察方案应当运用重要性原则、谨慎性原则，围绕督察目标确定督察的范围、内容、方法和步骤。督察组实施督察方案时，应当深入调查了解被督察单位的情况，以进一步确定督察重点和督察方法。督察组在特殊情况下可以口头请示局领导同意后，调整并实施督察方案。督察结束时，督察组应当及时补办审批手续。

（2）督察组应当在实施督察3个工作日前，向被督察单位送达督察通知书。

（3）督察组实地核查的方式和内容。

就督察事项的有关问题对有关单位和个人进行调查询问，查阅与督察事项有关的文件、资料，取得督察证据。调查询问时应当出示督察人员的工作证件和督察通知书（复印件）。

督察工作人员要充分利用土地督察巡查系统建设成果，采用车载GPS移动基站设备、GPS/PDA

一体式土地核查手持机以及室内数据处理软件，从土地督察遥感应用平台切割局部遥感影像数据（经依法批准的建设项目用地图层）并导入PDA作为调查底图，现场详细记录实地核查建设用地项目的实际现状、四至位置、实测面积、实际用途、违法违规用地类型等信息，填写《督察工作外业调查表》。

（4）督察组应当根据认定的土地违规违法事实，自督察实施之日起7个工作日内提出督察工作报告。

（四）督察意见的提出。

审核处综合有关督察室的书面意见或督察组的督察工作报告，草拟专题报告或督察意见，由办公室报请局领导阅批。局领导审签后，向国家土地总督察报告或向有关省级人民政府发出督察意见。

（1）对省级人民政府报国务院审批的单独选址建设项目，同时向国家土地总督察提出专题报告和向省级人民政府发出国家土地督察纠正意见书。

（2）对省级人民政府批准的单独选址建设项目、城市分批次建设用地、使用集体土地以及省级人民政府审核同意的城市用地实施方案，根据违法违规问题的严重情况，向省级人民政府发出国家土地督察纠正意见书、国家土地督察整改意见书或国家土地督察责令限期整改建议书。

（五）督察结果的落实。

1.各督察室在督察文书确定的执行期限内，跟踪了解督察结果的落实情况，督促有关省级人民政府或省级国土资源行政主管部门按时报送落实结果，并将督察结果落实情况转送审核处备案。

2.被督察单位无正当理由超过30个工作日未执行督察处理意见的，各督察室应草拟专题报告，由办公室报请局领导阅批。局领导审签后，上报国家土地总督察。

3.审核处于每个季度第一个月10日前对各督察室上个季度督察结果落实情况进行汇总，汇总表由办公室报请局领导阅批后通报各处（室）。

五、其他事项

（一）农用地转用和土地征收审批事项督察工作结束后，审核处负责工作档案（纸质和电子）的整理（立卷）和归档工作

（二）审核处每半年草拟分省的农用地转用和土地征收审批事项督察工作总结评估报告，由办公室报请局领导审签后上报国家土地总督察

按照要求填报《国家土地督察工作统计表》和《国家土地督察工作台账》中有关农用地转用和土地征收审批事项督察工作的信息。

（三）督察文书的主要内容

1.督察的范围、内容、方式和起讫时间

2.被督察单位提供文件和资料的真实性和完整性的承诺情况

3.实施督察的步骤和采取的方法及其他有关情况的说明

4.督察查出的被督察单位违法违规行为的事实以及定性、处理引证的法律、法规、规章和具有普遍约束力的决定、命令的条文

5.对被督察单位提出相应的纠正整改意见和建议

（1）要求有关省级人民政府责令有关部门采取核减违规占地面积、撤销调整土地利用总体规划土地面积、补充耕地面积、补划基本农田面积、纠正违反土地供应和地价管理行为、拆除建构筑物面积、行政处罚或者依法采取的其他处理措施进行自行纠正整改。

（2）对被督察单位违法违规行为及其负有直接责任的主管人员和其他直接责任人员，按照《违反土地管理规定行为处分办法》（监察部、人力资源和社会保障部、国土资源部15号令）的有关规定，建议由有关主管部门给予行政处分；按照《土地管理法》的有关规定，建议移送司法机关追究责任人刑事责任。

6.督察处理意见的执行期限

督察文书自签发之日起生效，一般应于30个工作日内执行完毕。特殊情况下，督察文书执行完毕的时间可以适当延长，但必须报经原批准机关批准。

7.其他有关事项

（四）查阅档案材料的要求

本着客观性、相关性、充分性和合法性的原则，结合抄送文件和有关备案材料，查阅、复印、收集有关证明材料，并由提供部门和业务负责人在提供的纸质资料（复印件）上加盖公章、签字，对材料的真实性、完整性和合法性负责。主要查阅以下内容：

1.建设用地、补充耕地勘测定界图（标注分地块的标准西安80坐标系统或北京54坐标系统的坐标）

2.土地利用总体规划修改或调整的报批材料

3.补充耕地和补划基本农田的报批材料

4.土地利用总体规划（包括基本农田保护区和土地整理复垦开发等专项规划）、土地利用现状图（包括1988年土地详查图、历年土地利用变更调查图等）、年度土地变更统计台账、土地利用年度计划台账、耕地占补平衡台账、国有建设用地供应台账等有关资料和图件

5.其他需要有关部门提供的重要证明材料，如书面证据、实物证据、视听或者电子数据资料、与督察事项有关人员提供的口头证据、专门机构或者专门人员的鉴定结论和勘验笔录等。

关于强化和落实各级政府耕地保护目标责任制的函

（国土督察沈函〔2008〕13号）

辽宁、吉林、黑龙江省人民政府办公厅，大连市人民政府办公厅：

为了贯彻落实《国务院关于深化改革严格土地管理的决定》（国发〔2004〕28号）、《国务院关于加强土地调控有关问题的通知》（国发〔2006〕31号）、《国务院办公厅关于印发〈省级政府耕地保护责任目标考核办法〉的通知》（国办发〔2005〕52号）等文件精神，切实加强耕地保护工作，现将强化和落实各级政府耕地保护目标责任制的有关事项函告如下：

一、地方各级人民政府要对土地利用总体规划确定的本行政区域内的耕地保有量和基本农田保护面积负责，政府主要领导是第一责任人。各地要严格执行土地利用年度计划，严格控制新增建设用地总量，特别是新增建设占用农用地和耕地总量。各地要把耕地保护列入政府工作的重要议事日程，在明确考核对象、考核内容、考核时间、考核办法以及奖惩办法的基础上，按照下达的耕地保护责任考核目标，一级抓一级，层层签订责任书，特别是地方政府换届后，要切实把保护耕地这一基本国策落到实处。

二、根据《国务院办公厅关于印发〈省级政府耕地保护责任目标考核办法〉的通知》（国办发〔2005〕52号）的要求，我局对各省、计划单列市耕地保护责任目标落实情况进行监督检查。对在审

核、督察、调研工作中发现的耕地保护责任不落实、擅自调整规划占用耕地特别是基本农田、违反规划和年度计划用地、在年度土地变更调查汇总工作中擅自修改调查资料和数据、批而未供或者供而未用造成耕地闲置、非法占用耕地特别是基本农田等土地违规违法行为，将及时向国家土地总督察报告，坚决予以纠正。

三、县、乡、村要按照有关要求签订基本农田保护目标责任书，将基本农田落实到地块和农户，并在土地所有权证书和农村土地承包经营权证书中注明。省、市（自治州、地区）、县（市、区）、乡（镇）四级基本农田保护图、表、册、卡等档案材料要齐全，并按照规定设立基本农田保护区和土地开发整理复垦项目标志牌。各地应在新一轮土地利用总体规划修编后三个月内，将基本农田保护图件报送给我局备案。我局对监督检查中发现的突出问题要进行通报或者提出整改意见。

四、各地要按照《耕地占补平衡考核办法》（国土资源部令第33号）的要求，规范耕地占补平衡考核工作，督促非农业建设占用耕地的责任单位履行补充耕地的法定义务。同时积极争取财政投资土地开发整理项目，以建设促保护，增加有效耕地面积、提高耕地质量，确保本区域内耕地总量动态平衡。

五、省级人民政府在签订《耕地保护目标责任书》和《基本农田保护目标责任书》后，应及时将复印件抄送给国家土地督察沈阳局。

根据国务院通知的精神和要求，省级人民政府要及时将下列文件抄送我局备案：省级人民政府报送国务院审批的农用地转用和土地征收请示文件；省级人民政府（包括由省级人民政府授权的设区的地市、自治州人民政府）审批的农用地转用和土地征收批准文件；由国务院、省级人民政府（包括由省级人民政府授权的设区的地市、自治州人民政府）审批的土地利用总体规划及其基本农田保护、土地开发整理等专项规划修编、修改、局部调整批准文件；由省级国土资源主管部门（包括由省级国土资源主管部门委托的市级国土资源主管部门）审批的土地开发整理复垦项目批准文件。

六、我局在督察各级政府耕地保护责任目标落实过程中，不仅要对法律规定由国务院、省级人民政府（包括由省级人民政府授权的设区的地市、自治州人民政府）审批的农用地转用和土地征收事项进行审查，还要对土地变更调查、土地利用动态监测成果等资料所反映的实际用地情况进行核查。

我局将按照《关于加强2007年土地利用计划执行和管理的函》（国土督察沈函〔2007〕10号）的要求，对各地2007年度土地利用计划执行情况进行监督检查，按照地方各级人民政府耕地保护责任目标实际落实情况开展督察，并将督察结果报告给国家土地总督察。

各地要切实完善和落实耕地保护责任目标，严格执行经批准下达的2008年土地利用年度计划，认真贯彻执行国家土地调控政策，严格控制新增建设用地，特别是新增建设占用农用地和耕地，为落实耕地保护目标责任制奠定基础。

二〇〇八年四月八日

关于印发《土地管理长效机制建设联系试点工作方案》的函

（国土督察沈函〔2008〕14号）

辽宁、吉林、黑龙江省人民政府，大连市人民政府：

为切实巩固百日行动成果，抓紧建立完善土地管理长效机制，严格土地执法管理，与地方人民政府共同推进土地管理长效机制建设，在今年三省一市土地督察工作座谈会达成共识的基础上，我局研究制定了《土地管理长效机制建设联系试点工作方案》，经征求国土资源部门意见，并与三省一市人民政府协商通过，现将《方案》印发给你们，请抓好有利时机，树好典型经验，积极争取有关方面的支持，及早开展相应工作。

联系试点确定后请及时告知我局。在试点开展过程中，加强与我局的联系沟通，我局将给予积极支持、督促检查和指导。

附件：土地管理长效机制建设联系试点工作方案。

二〇〇八年四月二十二日

附件：

土地管理长效机制建设联系试点工作方案

全国土地执法百日行动基本实现了预期目标，取得了明显成效，但土地管理长效机制建设还任重道远。为切实巩固百日行动成果，抓紧建立完善土地管理长效机制，严格土地执法管理，探索集约节约用地新路子，共同构建保障科学发展新机制，国家土地督察沈阳局制定了土地管理长效机制建设联系试点工作方案。

结合东北地区实际情况，国家土地督察沈阳局将对三省一市人民政府开展土地管理长效机制建设联系试点工作给予积极支持、督促检查和指导，总体要求是：各省（市）人民政府责成国土资源部门选择基础较好、管理规范化水平较高的1～2个市、县先行试点。上半年完成制度试点工作，在总结经验基础上，下半年各省（市）全面推进土地管理长效机制，制定《违反土地管理规定行政首长问责办法》，并由省（市）人民政府发文在省（市）范围内全面执行。在节约集约用地方面提出新举措，建立新机制。

一、试点工作主要内容和要求

各省（市）要加快建立土地管理长效机制，重点围绕以下几个方面先行试点：

1.土地违规违法行为预防制度建设

包括落实国土资源部门执法主体责任，完善土地执法巡查制度，建立、完善土地执法监察信息网络，建立土地违法行为举报管理制度和土地违规违法行为定期报告制度等。

2.土地违规违法行为查处及问责制度建设

包括建立、完善土地执法监察快速反应机制，土地违法案件管辖制度，规范化程序管理制度，异地办案制度；建立土地执法奖励、惩处制度，完善激励和约束机制；完善、落实土地执法问责制度，建立土地执法监察责任与干部任用考核挂钩制度等。

3.土地执法监管制度建设

包括建立行政许可事项与土地执法监察联审机制；建设项目用地分类监察管理制度；探索建立土地执法全面监管制度，扩大行政执法监察、法律监督、社会监督监管面等。

4.土地执法部门联动制度建设

包括建立联席会议制度，强化沟通协调与联合决策；建立土地违法案件联合执法与协调查处机制，以及相应的组织机构等。

5.土地节约集约利用制度建设

包括加强土地利用总体规划控制作用和城乡建设用地规模控制机制；闲置土地处置办法，未利用地、废弃地利用引导、鼓励机制；开发利用城市地上、地下空间鼓励机制；提高开发区和工业项目土地利用效率鼓励机制；提高农村建设用地利用效率鼓励机制；深化土地有偿使用制度，完善建设用地储备制度等。

试点工作中，地方各级政府还要对耕地保护制度、用地审批制度、土地执法监察信息网络制度、被征地农民权益保障制度和土地法律法规宣传教育体系等进行积极探索和完善。

各省（市）要对长效机制建立情况进行调查、清理，优先从部通报表扬的107个百日行动成效显著单位所在地区或条件较好的其他地区选择试点。各试点地区根据自身实际情况，选择3～5项制度开展试点。每个省（市）根据自身实际情况选择制度试点，争取在其中某一方面建立全面、完整、可以在全省（市）范围推广实施的土地管理长效机制；或者就其中几个方面建立起相互密切联系、协调一致、能够发挥倍增效用的土地管理长效机制；各省（市）都要在探索建立和落实土地执法问责制和节约集约用地机制方面有建树、有实效。各省（市）人民政府责成国土资源部门对试点地区制度建设情况进行论证、评估。在前述工作基础上，各省（市）全面建立土地管理长效机制。

国家土地督察沈阳局将对已有长效机制的建设情况，试点地区选择，试点工作落实，具体制度建设、论证、评估，试点地区工作总结进行督导；督促省（市）人民政府根据试点经验制发文件，全面建立土地管理长效机制。

二、试点工作阶段划分和各阶段任务

1．工作部署阶段（4月底以前）

各省（市）对长效机制建立情况进行调查、清理，选定试点市、县，制定土地管理长效机制建设联系试点实施方案。方案要明确土地管理长效机制建设思路、任务和目标；各试点地区的制度建设重点和主要内容，以及通过试点要取得的成果；长效机制建设联系试点工作组织领导和工作机构；各项工作程序和时间安排。4月底前向国家土地督察沈阳局提交长效机制建设联系试点实施方案。

2．试点推进阶段（5月初～6月底）

各试点地区按方案开展试点工作，建章立制。国家土地督察沈阳局将深入各试点地区了解情况，推进工作；宣传国家有关政策和法律法规，介绍外地先进经验、做法；实地指导试点单位建立、完善相关制度和工作机制；组织各试点地区交流经验。对试点地区制度建设和实施效果进行论证、评估。

3．试点总结阶段（7月份）

总结试点地区制度建设情况，交流经验，提出改进的工作建议，在上述几个方面形成较为配套的一系列制度和办法，《违反土地管理规定行政首长问责办法》形成初稿，提出节约集约用地新举措。

4．全面推广阶段（8月以后）

政府发文全面部署各地开展土地管理长效机制建设，并出台《违反土地管理规定行政首长问责办法》，建立节约集约用地相关制度和鼓励政策。

三、组织实施和保证措施

1.各省（市）人民政府明确一名副秘书长以上领导全面负责、组织协调土地管理长效机制建设联系试点工作。各试点地区应成立以政府分管领导为组长、国土资源部门和相关部门为成员的领导小组，领导实施试点工作。

2.各省（市）和试点地区国土资源部门要抓好组织和具体实施土地管理长效机制建设联系试点工作，设立相应工作机构。试点地区国土资源部门及相关部门要抽调精干力量成立工作组，集中精力做好此项工作。

3.要在各阶段加强信息交流和沟通，加大宣传力度。随时掌握、交流工作进展情况；总结和宣传好的经验、做法，发现和解决存在的问题；鼓励先进，以典型引路，督促进展迟缓地区加快工作进度，提高工作质量。

4.国家土地督察沈阳局对各省（市）土地管理长效机制建设联系试点进行督促检查和指导，局主要领导负责此项工作的组织和总体协调，局调研处做好具体协调和指导，相关督察室做好对应省（市）长效机制建设联系试点工作的跟踪、督促。

国家土地督察上海局

关于印发《国家土地督察上海局保密管理工作规定》的通知

（国土督察沪发〔2008〕34号）

局各处、室：

《国家土地督察上海局保密管理工作规定》已经2008年9月11日局筹备组会议讨论通过，现印发给你们，请遵照执行。

二〇〇八年九月十九日

国家土地督察上海局保密管理工作规定

第一章　总　则

第一条　为切实履行国家土地督察机构的职责，加强保密管理，确保国家土地督察工作安全、有效运行，根据《中华人民共和国保守国家秘密法》《国务院办公厅关于加强政府信息系统安全和保密管理工作的通知》和《国家土地督察机构信息网络系统安全管理规范（试行）》，结合土地督察工作实际，制定本规定。

第二条　保密管理工作以严格管理、严密防范、确保安全、方便工作为原则。按照谁主管谁负责、谁运行谁负责、谁使用谁负责的要求建立保密责任制。

第二章　保密范围

第三条　下列事项属保密内容：

（一）各种载体中标明为绝密、机密、秘密和内部刊物的党政文件、资料，以及未公开的各类会议文件；

（二）督察工作中涉及的尚未公开的情况以及有关案件的处理意见；

（三）局领导决策、会议部署和工作安排中的秘密事项；

（四）局领导确定的其他保密事项。

第三章　职责分工

第四条　保密管理工作实行分级负责制。

第五条　成立局保密管理工作领导小组，定期研究局保密工作，分析保密工作中存在的问题，提出相应意见。

第六条　局办公室为保密管理工作部门，主要负责：

（一）局日常保密管理工作。

（二）明确一名机要人员，负责全局机要文件安全管理工作。

（三）明确一名机房管理人员，负责全局计算机及机房安全管理工作。

（四）对从事保密工作的人员定期进行培训，不断加强保密教育。

第七条　各处、室负责人负责本处、室的保密管理工作。

第四章　保密管理工作要求

第八条　公文的制发、接收、分发、登记、传阅、运转、携带、清退、交接、注销、归档等过程中的保密工作按《国家土地督察上海局公文保密规定》（国土督察沪发〔2007〕9号）执行。

第九条　局信息网络、网站和计算机房的安全管理按《国家土地督察机构信息网络系统安全管理规范（试行）》（国土督办发〔2008〕13号）执行。

第十条　具有保密内容的会议和其他活动，必须采取保密措施，选定具备保密条件的会议场所，限定参加会议人员范围并对参加人员进行保密教育，依照保密规定使用会议设备和管理会议文件、资料，确定会议内容是否传达及转达范围，不得擅自决定对外开放或者扩大开放范围。

第十一条　不准在私人交往和通信、通讯中泄露保密事项；不准在公共场所谈论涉密事由；不准在单位内部横向打听和传递保密信息；不准在非保密本上记录保密信息；不准擅自对外透露、发布督察工作中的涉密内容。

第十二条　工作人员必须做到不该说的不说，不该看的不看，不该问的不问，不该记录的不记。如果发现保密内容已经泄露或者可能泄露，应立即采取补救措施并及时向处、室负责人或分管局领导报告，重大情况应立即向局长报告并迅速作出处理。

第五章　检查与责任追究

第十三条　各处、室应组织对本处、室保密管理工作的经常性检查。局办公室每半年对全局保密管理工作进行一次全面检查，认真查找隐患，及时掌握保密安全状况，采取应对措施，减少安全风险。

第十四条　发现违反有关保密规定造成泄密隐患的，按有关规定对有关处室和责任人进行处理。出现失、泄密事件，应查明情况，依法追究有关人员和领导的责任。

第六章　附　则

第十五条　本规定由局办公室负责解释。

第十六条　本规定自印发之日起执行。

关于印发《国家土地督察上海局政务信息工作暂行规定》的通知

（国土督察沪发〔2008〕38号）

局各处、室：

《国家土地督察上海局政务信息工作暂行规定》已经2008年10月17日局筹备组会议讨论通过，现印发给你们，请遵照执行。

二〇〇八年十月二十九日

国家土地督察上海局政务信息工作暂行规定

为进一步加强政务信息工作，发挥政务信息在土地督察工作中的作用，根据国务院办公厅《政务信息工作暂行办法》，结合我局情况，制定本规定。

一、政务信息工作原则

局政务信息工作应遵守国家法律法规和政策，坚持实事求是、突出重点、及时准确、安全保密的工作原则。

二、政务信息工作主要任务

（一）向国家土地总督察、副总督察、总督察办及有关方面报送土地督察工作政务信息，为各级领导了解情况、科学决策提供及时、准确、全面的信息服务；

（二）宣传局重大活动、重要工作，反映局工作动态和本局督察区域土地管理的有关情况。

三、政务信息的主要内容

（一）党的路线、方针、政策，国家土地管理法律、法规和政策，国家土地督察制度和国家土地总督察重要决策的贯彻落实情况；

（二）国家土地总督察、副总督察、国土资源部领导及其他有关领导到上海督察局检查指导工作的情况；督察区域地方人民政府和国土资源部门、国土资源部机关司局与本局沟通联系的情况；

（三）本局工作的新思路、新措施、新成效及新经验；

（四）总督察办、部机关、部直属单位、其他督察局、督察区域五省市与土地督察工作密切相关的信息；

（五）其他应当报送的信息。

四、政务信息工作职责分工

（一）局办公室作为政务信息管理部门，明确一名副主任分管，一名干部具体负责政务信息工作。办公室主要负责：

1.政务信息的组织、协调、指导和监督；

2.政务信息的采集、筛选、加工、编报等日常工作；

3.组织开展政务信息工作经验交流；

4.组织政务信息工作人员业务培训；

5. 明确一名网站管理员，负责局内外网站的信息上传、内容更新和系统维护。

（二）各处、室明确一名具有事业心、责任感，文字表达能力较强的同志担任政务信息员，主要负责撰写本处、室的政务信息稿件，并及时向办公室报送。

五、政务信息报送的基本要求

（一）反映的情况应当真实可靠，有根有据；重大事项上报前，应当核实；
（二）信息中的事例、数字、单位必须准确；
（三）急事、要事和突发性事件迅速报送；必要时应连续报送；
（四）报送的信息要主题鲜明，文字简练，用语准确，格式规范。

六、公布和报送政务信息的形式和程序

（一）形式

本局政务信息通过局内外网站、《要事专报》、《工作简报》、《信息摘要》等形式公布和报送。

1．内外网站

外网网站主要登载土地督察要闻、工作动态、专题专栏信息、督察区域五省市土地管理和利用情况。内网网站主要登载局工作动态、督察要闻、专题活动、领导日程、文件浏览和督察区域基础信息。

2．要事专报

向国家土地总督察、副总督察专题报告重大事项。

3．工作简报

根据局工作进展，不定期编印工作简报。

4．信息摘要

从相关网站、报刊、杂志、简报等信息媒介上定期摘录与局督察工作有关的信息。

（二）程序

需公布和报送的政务信息，均由拟稿人填写审批单，经处室负责人初审后，由办公室负责人审核。

需在局内、外网站登载的政务信息和《工作简报》由分管局领导审批签发。《要事专报》由局长审批签发。

七、政务信息保密

政务信息保密按《国土资源部办公厅关于进一步加强部机关信息网络安全管理的通知》（国土资厅发〔2008〕30号）、《国家土地督察机构信息网络系统安全管理规范（试行）》（国土督办发〔2008〕13号），《国家土地督察上海局公文保密规定》（国土督察沪发〔2007〕9号）和《国家土地督察上海局保密管理工作规定》执行。

八、政务信息工作考核

局办公室每季度通报一次各处、室信息报送及采用情况，每年度对报送信息质量好、采用率高的处、室及个人给予表彰和奖励。

九、政务信息资料保存

政务信息各类纸质资料和电子文档由局办公室负责保存，并按要求存档。

十、本规定由局办公室负责解释

十一、本规定自公布之日起施行

关于同意浙江省结束对批而未供土地专项清理的函

（国土督察沪函〔2008〕4号）

浙江省人民政府办公厅：

根据你厅《关于浙江省农用地转而未供土地专项清理工作情况的函》（浙政办发函〔2007〕69号）的内容，以及我局对专项清理掌握的情况，我局认为，浙江省政府对《督察建议书》（沪〔2007〕1号）高度重视，按照《督察建议书》的建议，在全省范围内认真开展了批而未供土地的专项清理工作。通过专项清理，查清了近三年批而未供土地的情况，找出了产生问题的原因，提出了配套整改的措施，取得了明显成效。经请示国家土地总督察，同意你省结束对批而未供土地的专项清理，并就进一步消化批而未供的土地提出如下意见：

一、专项清理结束后，要严格控制新增建设用地，积极消化利用批而未供的土地。

二、对批而未供土地问题突出的市、县，可按规定采取扣减农用地转用指标等措施，促使其消化利用批而未供的土地。

三、严格按照国发〔2004〕28号文件的要求，合理确定建设用地供应量与批准的农用地转用面积的年度考核比例，确保批准后的建设用地在两年内得到充分利用。

二〇〇八年一月二十二日

国家土地督察济南局

关于进一步强化土地信访工作切实维护社会稳定的函

（国土督察济函〔2008〕11号）

山东省（河南省、青岛市）人民政府：

按照4月16日全国维护稳定工作电视电话会议重要部署要求，我局对近期各地群众的来信来访情况进行了全面研究和分析。综合情况表明，我局督察区域两省一市涉及土地管理利用方面的信访案件与上月相比，形势较为严峻：一是信访件次呈迅速上升趋势。4月份，共接到群众信访近50件次，比上月增加20%；二是集体访和重信重访明显增多。4月份，共接待群众集体访7起、40人次，比上月增加30%。来信来访中，近28%为重信重访；三是信访诉求彰显迫切和激烈。部分上访群众强烈要求尽快解决反映的信访问题，否则将进京信访；四是信访举报的土地违规违法等问题多数属实。根据群众信访举报，我局对群众来信来访的问题进行了部分抽查，反映的情况基本属实；五是信访问题处理不够及时到位。有的信访问题已上访多次，但因种种原因未得到有效解决和处理，个别地方甚至发生威胁和损害信访群众人身财产安全的事件。

为确保全国维护稳定工作电视电话会议精神和国家土地总督察的有关指示要求真正落到实处，我局已组成专门工作班子，进一步强化措施，依法依规全力做好相关工作，为维护地方社会稳定做出我们的努力和贡献。希望你省高度重视当前土地信访工作，积极采取措施，力争把群众反映的问题处理在当地，矛盾化解在基层，确保不因我们的工作不到位导致群众进京上访事件的发生。

二〇〇八年四月二十九日

关于印发《工作人员行为规范》（试行）等规章制度的通知

（国土督察济办发〔2008〕1号）

局机关各处室：

《工作人员行为规范》（试行）等规章制度已经局务会议讨论通过，现予印发，请认真遵照执行。

附：国家土地督察济南局规章制度（试行）目录

二〇〇八年四月二十二日

工作人员行为规范

第一章　总　则

第一条　为规范本局工作人员职业行为，提高土地督察工作水平，根据《公务员法》和《国家公务员行为规范》等法律法规和规范性文件，结合本局实际，制定本规范。

第二条　本规范适用于国家土地督察济南局全体工作人员。

第二章　总体要求

第三条　全局工作人员应以“自力更生、艰苦奋斗、团结协作、无私奉献、严格执法、不辱使命”的建局精神指导全部工作。

第三章　职业道德规范

第四条　爱岗敬业，忠于职守。要热爱国家土地督察事业，树立职业荣誉感、责任感和事业心，做到业务精通，技术娴熟，严肃认真，一丝不苟，优质高效地完成各项工作任务。树立无私奉献的精神，促进土地督察工作顺利开展。

第五条　遵纪守法，廉洁奉公。要严格遵守、执行党和国家法律法规、土地管理和土地督察政策，不以权谋私，不接受单位和个人馈赠的钱物，不准参与经商。做到克己奉公，一尘不染。

第六条　顾全大局，秉公督察。要强化政治意识，坚决同党中央、国务院和国土资源部党组、国家土地总督察保持高度一致；要强化大局意识，从维护国家的根本利益出发，调节和处理好各方面的关系，实事求是地处理问题；要增强依法督察的意识，公正督察，不徇私情。

第七条　团结协作，锐意进取。要牢固树立“一盘棋”思想，同心同德，团结一致，相互支持，发挥整体功能。要解放思想，大胆探索，勇于开拓，不断创新，创造一流工作业绩。

第四章　工作行为规范

第八条　遵守工作纪律，不迟到，不早退，不随意串岗，擅自离岗。

第九条　严格遵守请示报告制度，不越权，不随意表态。

第十条　要按照职能分工，认真履行职责，不推诿扯皮。

第十一条　讲求工作效率，不拖拉，在规定时间内保质保量完成好各项工作任务。

第十二条　执行督察任务时严格自我要求。执行任务之前充分准备，执行任务时有礼有节，完成任务后认真总结，做好资料整理归档工作。

第十三条　热情接待上访群众，认真记录上访群众反映的问题，严格按照信访规定办理，树立良好形象。增强处置突发事件能力，提高应变水平。

第十四条　严格执行保密规定，严守国家秘密和工作秘密，确保不泄密，不失密。

第十五条　树立安全意识，确保人身和财物安全，防患于未然。

第五章　文明礼仪规范

第十六条　保持良好职业形象，使用文明语言，注意礼仪规范，维护国家土地督察干部形象。

第十七条　爱护公物，勤俭节约。按规定操作办公设备，节约用水、用电，节约使用办公耗材。

第六章　附则

第十八条　本规范自印发之日起试行。

工作人员廉洁自律十不准规定

为规范我局工作人员在公务活动中廉洁自律行为，根据党纪、政纪有关规定，结合我局实际，制定本规定。

一、不准利用职权和职务上的影响谋取不正当利益。

二、不准接受或变相收受被督察单位及个人有碍公正执行公务的钱物及有价证券。

三、不准接受被督察单位及个人有碍公正执行公务的宴请和高消费娱乐活动。

四、不准到被督察单位报销应由个人支付的各种费用。

五、不准在督察工作中为被督察单位传递保密信息、提供不应告知的便利条件。

六、不准个人经商、办企业或在经济实体和社团组织兼职或从事有偿中介活动。

七、不准利用外出开会、出差办理各种公务之便，绕道办私事，或到风景名胜区游览；不准私自用公款出国（境）旅游或变相出国（境）旅游。

八、不准利用职权和职务上的影响为配偶、子女及亲友谋取私利。

九、不准超越职权、滥用职权插手干预被督察区域国土资源行政审批工作。

十、不准推诿扯皮、办事拖拉，贻误工作。

本暂行规定自印发之日起试行。

保密工作规定

第一章　总　则

第一条　为把国家最严格的土地管理制度落到实处，确保土地督察工作安全、高效、有序运行，根据国家有关保密工作规定和土地督察工作有关要求，制定本规定。

第二条　维护国家利益，认真履行职责，严格保守秘密是全局工作人员必须遵守的准则。

第三条　保密工作实行分级负责制。局长对国家土地总督察、副总督察和全局负责，副局长、专员、副专员对局长负责，处室负责人对分管局领导和局长负责，处室工作人员对处室负责人负责。

第二章　保密范围

第四条　保密内容主要包括下列事项：

（一）党中央、国务院领导和国家土地总督察领导批示内容及事由；

（二）　领导决策、会议部署和工作安排中的秘密事项；

（三）土地督察行动及信访举报事项；

（四）土地违规违法线索和案件调查处理中的秘密事项；

（五）保密文件和资料；

（六）局领导确定的保密事项。

第三章　保密措施和要求

第五条　保密文件和资料的制作、收发、传递、阅读、保管、复制、邮寄、归档和销毁等应严格遵守国家和上级有关规定。

第六条　采用电脑技术存取、处理、传递的秘密信息由责任处室负责保密。

第七条　具有保密内容的会议和其他活动，必须选定具备保密条件的会议场所，限定参加会议人员范围，依照保密规定使用会议设备和管理会议文件，确定会议内容是否传达及传达范围。

第八条　不准在私人交往和通信、通讯中泄露保密信息；不准在公共场所和家属、子女、亲友面前谈论涉密事由；不准在单位内部横向打听和传递保密信息；不准在非保密本上记录保密信息；不准擅自对外透露、发布涉及督察事项的内容。

第九条　工作人员必须做到不该看的秘密绝对不看，不该问的秘密绝对不问，不该记录的秘密绝对不记。如果发现保密内容已经泄露或者可能泄露时，应立即采取补救措施并及时向处室负责人或分管局领导报告，重大情况应立即向局长报告并迅速作出处理。

第四章　责任追究

第十条　根据《行政机关公务员处分条例》等规定，对违反保密规定的工作人员追究责任，给予处理：

（一）通报批评；

（二）责令作出书面检查；

（三）党纪、政纪处分。

第十一条　未按上级保密制度或本规定要求执行，造成泄密隐患的，给予责任人通报批评。

第十二条　违反上级保密制度或本规定要求，造成一定影响但尚未造成不良后果的，责令直接责任人和其分管领导作出书面检查。

第十三条　违反上级保密制度或本规定要求，泄露国家秘密、工作秘密，造成不良后果的，给予警告、记过或者记大过处分；情节较重的，给予降级或者撤职处分；情节严重的，给予开除处分。

第五章　监督检查

第十四条　建立全局保密工作互相监督机制。处室工作人员、处室负责人和局领导相互提醒，互相监督。

第十五条　办公室负责对全局保密制度执行情况进行统一检查考核，对保密规定执行好的处室和工作人员进行表彰奖励，对执行差的处室和工作人员进行批评教育，直至给予行政处分。

第六章　附　则

第十六条　本规定自印发之日起试行。

信访发现工作制度

第一章　总　则

第一条　接受信访举报是发现土地督察线索的重要手段。为进一步规范信访发现机制，维护正常工作秩序，保护信访举报人的合法权益，根据土地督察工作实际需要和有关规定，制定本制度。

第二条　本规定所称信访举报，是指公民、法人和其他组织（以下简称“信访人”）通过书信、电子邮件、电话、传真、走访等形式，向我局反映情况、举报问题或提出建议意见。

第三条　信访发现工作实行分级负责制，局长对全局信访发现工作负总责，分管领导亲自抓，相关职能处室具体抓。

第四条　局长的主要职责：

（一）阅批重要的信访举报事项，主持研究和处理疑难信访举报问题；

（二）主持研究落实国家土地总督察、副总督察或国家土地总督察办公室领导批转的、要求限期办结和上报结果的信访举报事项。

第五条　分管领导的职责：

（一）定期组织研究信访发现工作，及时了解和处理重大信访举报事项；

（二）负责审查签发信访举报事项转发意见。

第六条　工作人员职责：

（一）依法受理、文明接待、恪尽职守、秉公办事；

（二）做好接待信访举报事项的登记、转送、督办工作；

（三）开展调查研究，定期分析形势，及时提出完善和改进信访发现工作机制的合理化建议；

（四）承办上级交办的信访举报事项。

第七条　公布信访举报公开电话、传真、电子邮件和受理地址，为信访举报者提供方便。

第二章　信访举报事项的办理

第八条　受理。工作人员收到信访举报事项后，应当予以登记。对所有信访举报事项，根据不同事项、不同情形进行摘要登记，摘录信访举报事实理由，并录入计算机。

第九条　转办。工作人员要对信访人反映的问题认真分析，提出处理意见。

对反映的一般事项，经处室负责人报分管领导批准后，由工作人员向信访举报事项所在省、市国土资源主管部门移交。

对反映的重要事项，逐级报局长批准移交信访举报事项所在省、市人民政府处理。

第十条　督察。根据信访举报事项的代表性、典型性、占地规模等情况和我局督察工作安排，选择信访举报信息列为督察线索，拟定督察计划，开展信访举报案件专项督察。

第十一条　督办。要求按规定时间反馈调查处理意见，对不能按规定的时间反馈意见的，工作人员予以督办。对反馈意见的真实性、合法性可进行跟踪督察。

第三章　信访举报文书资料归档

第十二条　对信访发现工作中形成的文件、资料，按文书立卷规定，逐年整理归档。

第十三条　信访举报文书资料归档的内容包括：

（一）来访的登记表及信访举报人的申诉、举报、控告材料。

（二）领导批阅的重要信件，以及重要（紧急）信访举报摘报等呈报批阅材料。

（三）省、市人民政府或国土资源主管部门信访举报案件处理的报结材料，我局处理信访举报案件中形成的各种文字材料。

（四）信访举报工作计算机管理系统中生成的有效数据的存储介质。

（五）涉及信访举报案件的其他材料。

第十四条　根据信访举报案件不同来源，分来访案件档案和领导批示档案两大类。归档时要区分所属省、市，按时间先后编号，年度结束后按市分别归档。

第十五条　信访举报案件档案整理和保存使用应符合档案管理的有关规定。

第十六条　工作人员要遵守保密纪律，不得随意泄露、扩散信访举报反映的情况和问题，不得泄漏内部酝酿讨论处理信访举报问题的情况。

第四章　附　则

第十七条　本制度自印发之日起试行。

调查研究工作制度

第一章　总　则

第一条　为使调研工作规范化、制度化、科学化，充分发挥调研在土地督察工作中的作用，达到摸清情况、研究政策、提供思路、服务决策、促进管理、保障发展的目的，依据国办发[2006]50号文件有关要求，结合我局实际，制定本制度。

第二条　调研工作要以邓小平理论和“三个代表”重要思想为指导，全面贯彻落实科学发展观，坚持解放思想、实事求是、与时俱进；坚持深入基层、深入群众、深入实际；坚持求真务实、注重实效，紧紧围绕土地督察工作中心，通过开展调查研究，发现问题、分析问题、解决问题，切实提出加强土地管理的政策建议，不断促进督察工作水平的提高。

第三条　由调研处负责提出开展调研工作的建议和计划。组织落实国土资源部党组和国家土地总督察指示、交办的调研课题任务；组织协调开展各项综合性和专题性调研活动；组织交流和推广调研成果。重大课题调研在局长统一领导下，由分管局领导具体组织调研处与各相关处室共同落实和实施。

第二章　调研内容

第四条　调研课题选择应与督察工作实际紧密结合，适应土地管理的新形势、新任务，精心选择调研对象，提前了解调研对象基本情况，充分准备调研提纲和有关资料、数据，做到有备而去，提高调研效率，确保调研效果。

第五条　调查研究工作按照内容主要分为：基本情况调研、典型经验调研、新情况新问题调研、决策性调研、督导性调研、突发性问题调研等。主要包括以下几个方面的内容：

（一）耕地保护责任目标落实方面的情况。

（二）运用土地政策参与宏观调控方面的情况。

（三）土地管理审批方面的情况。

（四）土地执法难点、热点问题。

（五）地方人民政府土地利用和管理的情况。

（六）土地管理的有关政策问题。

（七）土地信访处置方面的问题。

（八）上级指定、委托的其他调研课题。

第三章　调研形式和方法

第六条　根据调研内容的不同，可以采取不同的调研形式，包括专题调研与综合调研、短期调研与长期调研、单独调研与联合调研、定期调研与不定期调研等。

第七条　为实现调研目的，应创新调研方法。调研方法包括召开座谈会、个别座谈、实地走访、资料查阅、调查问卷等多种方法。

第八条　建立调研联系点制度。局领导、各处室要与督察区域基层国土资源部门和单位建立定期联系点，形成调研联系点网络。原则上局领导开展调研时间累计每年不少于2个月，寓调查研究于各项督察工作之中。

第四章　调研成果

第九条　每次调研都要形成调研报告或其他专题材料。调研报告应包括实际情况综述、重要问题分析、意见建议反映等部分。对于调研中发现的典型案例、成功经验和做法要及时提炼总结，及时向领导汇报，同时做好宣传工作。

第十条　调研成果和调研过程中搜集到的数据、资料，应及时整理归档，以备日后查阅。如涉及秘密，要做好保密工作。

第五章　调研经费

第十一条　调研所需经费、设备和其他物质保障由办公室负责统筹协调安排。

第六章　调研纪律

第十二条　调研工作要与宣传国家土地督察制度相结合，要强化安全和保密意识，合理安排调研日程及具体活动，严格遵守廉洁自律各项规定。

第七章　附　则

第十三条　本制度自印发之日起试行。

关于印发《国家土地督察济南局2008年党风廉政建设和反腐败工作实施意见》的通知

（国土督察济发〔2008〕14号）

局机关各处室：

根据《中共国土资源部党组关于2008年党风廉政建设和反腐败工作的实施意见》（国土资党发〔2008〕13号）精神和要求，结合我局实际，研究制定了《国家土地督察济南局2008年党风廉政建设和反腐败工作实施意见》，现印发给你们，请认真贯彻执行。

二〇〇八年四月二十三日

2008年党风廉政建设和反腐败工作实施意见

2008年国家土地督察济南局党风廉政建设和反腐败工作的总体要求是，全面贯彻落实党的十七大精神，高举中国特色社会主义伟大旗帜，以邓小平理论和“三个代表”重要思想为指导，深入学习实践科学发展观，按照中央纪委十七届二次全会、国务院廉政工作会议、国土资源部党风廉政建设和反腐败工作会议的部署，紧紧围绕局中心工作，坚持标本兼治、综合治理、惩防并举、注重预防的方针，加强以完善惩治和预防腐败体系为重点的反腐倡廉建设，突出抓好反腐倡廉教育，不断健全完善各项制度，进一步加强对权力运行的制约和监督，以改革创新为动力，促进构建保障科学发展的新机制，为推进国家土地督察事业发展提供有力保障。

一、任务要求

（一）深入学习贯彻党的十七大精神，扎实开展“学习实践科学发展观活动”，促进构建保障科学发展的新机制

当前和今后一个时期，重点加强党的十七大精神的学习，扎实开展“学习实践科学发展观活动”。采取各种有效形式组织党员干部认真学习、全面把握党的十七大精神，切实把党员干部的思想统一到十七大精神上来，用十七大精神统一思想、武装头脑、指导工作。按照部开展深入学习实践科学发展观活动试点工作方案的部署安排，统一认识、提高能力、解决问题、创新机制，组织开展好我局的学习实践活动，使党员干部贯彻落实科学发展观的自觉性和坚定性明显增强，贯彻落实科学发展观的能力进一步提高，影响和制约科学发展的突出问题切实得到解决，保障科学发展新机制的基本框架初步形成，推动我局各项工作跨上新台阶、实现新发展。针对督察区域影响耕地保护和土地宏观调控政策落实等突出问题，组织开展各类督察工作，坚守18亿亩耕地红线，始终以高度的政治责任感和紧迫感，全面完成党中央赋予的这一重要政治任务，向部党组交一份满意的答卷。

（二）进一步加强反腐倡廉教育，在取得实效上下功夫

组织党员干部认真学习贯彻胡锦涛总书记在第十七届中央纪委二次全会上的重要讲话精神和中央纪委十七届二次全会、国务院廉政工作会议、国土资源部党风廉政建设和反腐败工作会议精神。以树立正确的权力观为重点，以廉洁从政为重要内容，进一步加强理想信念、党风党纪和艰苦奋斗教育。切实改进干部队伍的思想作风、学风、工作作风、领导作风和生活作风，自觉做到为民、务实、清廉。探索建立廉政谈话制度，防微杜渐，警钟长鸣。通过组织党员干部观看警示教育片等形式，加强反腐倡廉教育，使党员干部做到自重、自省、自警、自励，筑牢拒腐防变的防线。

（三）进一步加强制度建设，在制度执行上下功夫

根据上级政策规定和工作需要，加强调查研究，有针对性地建章立制。以财务管理试点为契机，进一步健全规范财务管理制度。抓紧修改印发局规章制度汇编，尽快建立起比较完善的制度体系，建立起从源头上防治腐败的长效机制，堵塞漏洞，用制度来规范权力的运行，用制度来规范干部职工的行为。在抓好规章制度制定的同时，更要抓好制度的执行，加强对制度落实情况的监督检查，重点加强对土地督察业务、财务资金使用、机关事务管理等方面的制度办法贯彻执行情况的监督检查，对违反制度的行为，要严肃惩处，确保制度的畅通执行，坚决维护制度的严肃性和权威性，从源头上预防和解决腐败问题。

（四）进一步强化监督，在健全监督机制上下功夫

严格执行党员领导干部报告个人有关事项、述职述廉、廉政谈话、民主生活会等各项党内监督制

度。坚持民主集中制，积极开展批评与自我批评，开好局领导班子民主生活会。进一步健全领导班子议事规则和民主决策程序，加强对处以上干部的监督，加强对人财物管理使用、关键岗位的监督，不断完善制约和监督机制，确保权力在阳光下运行。认真贯彻落实党风廉政建设责任制，成立由局主要负责同志任组长的党风廉政建设领导小组，局主要负责人与机关各处室负责人逐一签订《党风廉政建设责任书》。定期对落实党风廉政建设责任制情况进行监督检查，对存在的问题及时采取措施解决，把落实党风廉政建设责任制情况作为年度总结和先优评比的重要内容。

（五）切实抓好领导干部廉洁自律，在作风建设上下功夫

认真执行中央纪委《关于严格禁止利用职务上的便利谋取不正当利益的若干规定》和《国土资源管理系统工作人员禁令》以及《国家土地督察济南局工作人员行为规范》《国家土地督察济南局工作人员廉洁自律十不准暂行规定》，认真落实、切实抓好部党组确定的领导干部廉洁从政的若干重点工作，严肃查处违反各项廉洁自律规定的行为。以依法行政、效能建设、廉洁从政为重点内容，开展作风建设，形成守法行事、勤廉办事、民主议事、节俭从事的良好风气。进一步严肃政治纪律，处以上领导干部要带头增强组织纪律性，不折不扣地执行部党组和总督察、副总督察作出的一系列重要决策部署和要求，做到遵守纪律、听党指挥、令行禁止，在思想上、政治上和行动上与党中央保持一致，与部党组保持一致。大力提倡勤俭节约、艰苦奋斗作风，坚决反对和制止奢侈浪费。

二、责任分工

为明确责任和任务，确保各项工作落到实处，根据党风廉政建设责任制的要求和“谁主管、谁负责”的原则，提出以下分工意见：

（一）局领导责任分工

李永杰　局长、临时党支部书记。对济南督察局党风廉政建设负总责。对分管的党的建设、干部人事方面及调研处的党风廉政建设负责。

张振国　副督察专员、临时党支部组织委员。对分管的办公室行政方面及督察二室的党风廉政建设负责。

刘志萍 副督察专员、临时党支部宣传委员。对分管的审核处、督察一室、三室的党风廉政建设负责。

（二）各处室具体任务

1．扎实开展“学习实践科学发展观活动”，促进构建保障科学发展的新机制

（1）组织开展“学习实践科学发展观活动”，增强贯彻落实科学发展观的自觉性和坚定性。

试点工作领导小组牵头，各处室配合。

（2）加强调查研究，创新思路方法，建立完善土地督察工作新机制。

调研处牵头，各处室配合。

（3）加强对建设用地审批事项的审核，督促地方政府依法依规管地用地。

审核处牵头，各处室配合。

（4）全面履行督察职责，认真开展各类督察工作。

督察室牵头，各处室配合。

（5）实施督察区域派驻专员和保障科学发展试点工作。

办公室牵头，各处室配合。

2．进一步加强反腐倡廉教育，在取得实效上下功夫

（1）采取各种形式，深入开展反腐倡廉教育。

办公室牵头，各处室配合。

（2）建立廉政谈话制度，警钟长鸣。

办公室牵头，各处室配合。

3．进一步加强制度建设，在制度执行上下功夫

（1）制定完善《济南督察局规章制度汇编》。

办公室牵头，各处室配合。

（2）完成财务管理试点工作。

办公室牵头，各处室配合。

（3）对制度执行情况进行监督检查，不断修改完善。

办公室牵头，各处室配合。

4．进一步强化监督，在健全监督机制上下功夫

（1）签订《党风廉政建设责任书》并切实抓好落实。

办公室牵头，各处室配合。

（2）严格执行民主生活会、述职述廉、诫勉谈话、报告个人有关事项等制度。

办公室牵头，各处室配合。

5．切实抓好领导干部廉洁自律，在作风建设上下功夫

（1）加强作风建设。

办公室牵头，各处室配合。

（2）落实领导干部廉洁自律规定，切实抓好部党组确定的领导干部廉洁从政的若干重点工作。

办公室牵头，各处室配合。

三、组织领导

以党风廉政建设责任制为总抓手，认真落实“一岗双责”，切实把党风廉政建设和反腐败工作纳入局工作规划、纳入领导班子和领导干部的工作目标，与督察业务工作有机结合起来，同部署、同检查，相互促进。机关各处室要按照上述分工，结合各自业务工作，对所承担的任务逐项进行认真研究，制定落实措施，认真抓好落实。

二〇〇八年四月二十一日

关于印发《国家土地督察济南局建设用地审批事项审核办法》的通知

（国土督察济发〔2008〕2号）

局机关各处室：

《国家土地督察济南局建设用地审批事项审核办法》已经2008年1月10日局务会议讨论通过，现印发给你们，请认真贯彻执行。

二〇〇八年一月十一日

国家土地督察济南局建设用地审批事项审核办法

第一条　为加强对督察范围内有关建设用地审批事项的审核，依据《土地管理法》《国务院办公厅关于建立国家土地督察制度有关问题的通知》（国办发50号文）等有关法律及规定，制定本办法。

第二条　依照法律规定由国务院审批的农用地转用和土地征收事项，山东省、河南省人民政府在报国务院时，应将上报文件同时抄送国家土地督察济南局。

依照法律规定由山东省、河南省及青岛市人民政府审批的农用地转用和土地征收事项，应及时将批准文件抄送国家土地督察济南局。

第三条　国家土地督察济南局对山东省、河南省人民政府上报国务院审批以及由山东省、河南省及青岛市人民政府审批的农用地转用和土地征收事项的真实性、合法性依照规定进行审核，包括对建设用地有关文件和资料的审核和对建设项目用地的实地核查。

第四条　国家土地督察济南局的建设用地审核不改变、不取代山东省、河南省及青岛市地方人民政府及其土地行政主管部门的行政许可、行政处罚等管理职能。

第五条　依法由国务院审批的建设用地事项，山东省、河南省人民政府在向国务院请示时，应将建设用地请示文件和有关资料同时抄送国家土地督察济南局。

（一）向国务院请示的城市建设用地有关文件和资料包括：省级人民政府的请示；省级国土资源管理部门的审查意见；城市农用地转用和土地征收方案申报汇总表；标注申请用地位置的土地利用总体规划图和标准分幅土地利用现状图。

省级人民政府审核同意城市建设用地的实施方案后，应及时将省级人民政府的回复文件和审核同意的城市建设用地实施方案抄送国家土地督察济南局。

（二）向国务院请示的单独选址建设项目用地的有关文件和资料包括：省级人民政府的请示；省级国土资源管理部门的审查意见；标注申请用地位置的土地利用总体规划图和标准分幅土地利用现状图。

第六条　依法由省政府审批的建设用地事项，山东省、河南省和青岛市人民政府在批准建设用地后，应及时将城市建设用地批准文件和建设项目用地汇总表抄送国家土地督察济南局；对单独选址建设项目用地只抄送批准文件。

第七条　省级和计划单列市人民政府在抄送建设用地有关文件和资料时，应按要求附送建设用地勘测定界的统一坐标数据光盘；对向国务院请示的城市建设用地，只在抄送回复文件时附送。

第八条　建设项目用地的实地核查，主要是对照省级人民政府向国务院的请示或批准文件，对建设项目占用土地的地类、范围和用途，以及是否存在未批先用、化整为零等问题进行现场核实。

第九条　建设项目用地的实地核查由国家土地督察济南局根据情况安排，对占用耕地面积较大、占用基本农田、影响土地调控以及群众反映强烈的建设项目用地要进行重点核查。

第十条　山东省、河南省及青岛市人民政府对实地核查工作应予以配合，及时通报有关情况，提供相关的建设用地审批台账、卷宗、土地利用总体规划和年度计划执行情况等有关资料、图件及其他工作便利，并组织有关人员配合核查组进行实地核查。

第十一条　在对向国务院请示的建设用地审批事项审核中，发现有违法违规问题的，国家土地督察济南局按要求向国家土地总督察予以报告。

第十二条　在对山东省、河南省及青岛市人民政府批准的建设用地的审核中，发现有违法违规问题的，国家土地督察济南局在30个工作日内提出纠正意见；发现有严重违法违规问题的，拟及时向国家土地总督察报告。

第十三条　对按照国家土地总督察的意见需进行整改的建设用地事项，国家土地督察济南局及时向山东省、河南省及青岛市人民政府提出整改意见，并督促整改。

第十四条　整改地区的市、县人民政府认为已经完成整改，应报经省级人民政府向国家土地总督察提出解除整改的申请。解除整改的申请同时抄送国家土地督察济南局。

第十五条　国家土地督察济南局经审核认为符合解除整改条件的，应及时向国家土地总督察提出对该地区解除整改的建议。

第十六条　国家土地督察济南局发现整改不力的，及时向国家土地总督察提出责令限期整改的建议。对国家土地总督察责令限期整改的，国家土地督察济南局督促该地区整改到位，并监督暂停建设用地审批工作的实施。

第十七条　国家土地督察济南局在对建设用地审批事项督察中未发现问题的，不再另行告知。

第十八条　本办法由国家土地督察济南局负责解释。

国家土地督察广州局

关于印发国家土地督察广州局督察专员工作规范（试行）通知

（国土督察穗字〔2008〕22号）

各处室：

《国家土地督察广州局督察专员工作规范》（试行）经2008年5月21日局专题会议讨论通过，现予印发，请遵照执行。

特此通知。

二〇〇八年五月二十六日

国家土地督察广州局督察专员工作规范（试行）

第一章　总则

第一条　为了更好地落实国家土地督察制度，履行土地督察职责，规范国家土地督察专员（以下简称督察专员）的工作行为，根据《国务院办公厅关于建立国家土地督察制度有关问题的通知》（国办发〔2006〕50号）和国家土地督察广州局（以下简称广州督察局）“三定”方案等相关规定，结合广州督察局工作实际，制定本规范。

第二条　根据工作需要，广州督察局按“三定”方案，向督察范围内的省（区、市）派驻督察专员，并设立督察室。

督察专员对局长负责，领导督察室对其督察区域内人民政府的土地利用和管理情况进行全面的监督检查。

第三条　督察专员开展土地督察工作应遵循以下原则和要求：

（一）不改变、不取代督察区域内人民政府及其国土资源行政主管部门的行政许可、行政处罚等管理职权；

（二）不越权、不越位，严格执行广州督察局各项内部管理规定；

（三）认真履行职责，对督察区域内的土地利用和管理的合法性、真实性负直接责任；

（四）加强学习，在工作实践中不断提高自身政治理论水平和行政执行力。要树立大局观念，做到“严、明、勤、廉”。

第二章　工作职责

第四条　督察专员领导督察室履行以下工作职责：

（一）贯彻执行党和国家土地管理的方针、政策，宣传土地管理的法律、法规；

（二）建立和健全督察室内部管理制度，形成良好的运行机制，组织并督促督察室完成职责范围内的各项工作任务；

（三）建立健全与督察区域内的地方人民政府、国土资源行政主管部门以及局机关的沟通协调机制，畅通督察信息渠道，建立土地督察发现机制；

（四）对督察区域内耕地保护责任目标落实情况、执行国家土地调控政策情况、执行土地管理法律法规情况、土地管理审批事项的合法性、真实性进行监督检查；

（五）对督察区域人民政府上报国务院审批的农用地转用和土地征收文件，以及督察区域人民政府审批的农用地转用和土地征收的批准文件进行检查；

（六）按照有关规定提出责令限期整改建议。对被责令限期整改地区的整改工作实施监督检查，承担对被责令限期整改地区结束整改的审核，提出是否结束对该地区整改的建议；

（七）根据工作需要，适时对督察区域进行例行督察和专项督察；

（八）开展督察区域内相关加强土地管理的调研工作，为督察区域人民政府土地利用与管理提供指导；

（九）向局长反馈督察区域人民政府在土地利用与管理中存在的问题和困难，并提出解决的建议和意见；

（十）完成局长交办的其他工作。

第三章　日常事务

第五条　督察专员对下列情况应当向局长报告：

（一）每周五下午报告本周土地督察工作开展情况；

（二）适时报告有关督察区域耕地保护、农用地转用、土地征收等日常督察以及例行督察和专项督察工作的开展情况和相关意见；

（三）及时报告突发事件及处理情况；

（四）在规定时间内报告局长交办工作的完成情况；

（五）适时报告土地利用和管理的调研情况；

（六）适时报告督察区域人民政府在土地利用与管理方面出台的有关政策；

（七）督察专员在土地督察工作中认为需要向局长报告的其他事项。

第六条　督察专员对下列情况应当及时向局长请示：

（一）对被责令限期整改地区结束整改审核后是否结束对该地区整改的建议；

（二）对督察工作中发现的重大土地违法违规问题提出的处理意见；

（三）需要约见督察区域省级或者计划单列市人民政府、国土资源行政主管部门的负责人，以及拟商谈事项和拟交换的意见；

（四）应邀出席督察区域省级或者计划单列市人民政府、国土资源行政主管部门召开的大型工作会议并作讲话的；

（五）督察专员在土地督察工作中认为需要向局长请示的其他事项。

第七条　督察专员应当建立督察室的公文处理制度，切实提高办文效率和质量。

第八条　督察专员应安排督察室专人负责收发文件，受理文件应做好分类、编号和登记。

在收到广州督察局、督察区域人民政府和国土资源行政主管部门文件后，督察室应在1个工作日内将文件送督察专员批示。如督察专员出差，遇到紧急公文，须在12小时内向督察专员口头请示。

督察专员应将受理的文件尽快分派办理。属督察区域人民政府或者国土资源行政主管部门主送的公文，督察专员应及时批示并报送广州督察局。

第九条　督察专员对督察室所发公文或者涉及其督察工作内容的公文稿件，应当进行认真审核，并经签字确认后，报送广州督察局。

第十条　督察室原则上不对外发文。因对外交流确需发文的，必须通过广州督察局行文。

督察室向广州督察局报送的公文，由局办公室分送、转办或者呈批。

广州督察局向督察区域内的省级或者计划单列市人民政府、国土资源行政主管部门的行文，由广州督察局直接送达并送督察专员备案，必要时可以由督察专员送达。

第十一条　督察专员应当建立督察室的会议制度，实行民主和科学决策。

第十二条　督察专员应每周召开一次督察室工作例会，主要内容是：

（一）传达上级及局党组、局务会精神和局长有关指示；

（二）研究、讨论草拟的文件或拟向局报送的材料；

（三）讨论、决定本辖区的督察、调研计划、方案和相关工作部署；

（四）通报有关重要情况；

（五）督察专员认为需要例会研究讨论的其他事项。

第十三条　督察专员应当出席局务会议和局长办公会议，对会上涉及本督察区域工作中的下列议题，要事先准备好材料，并提出明确意见：

（一）本督察区域土地督察工作要点、重要工作计划、工作方案；

（二）拟向督察区域人民政府发送的督察建议书、纠正意见书、整改建议书；拟向国家土地总督察上报的限期整改意见和建议；

（三）拟由广州督察局向国家土地总督察上报的重大事项；

（四）审议拟由广州督察局向部财务管理部门报送的年度预（决）算；

（五）审议其他重大事项。

第十四条　根据工作需要，督察专员出席厅（局）长联席会议，对会上涉及本督察区域工作中的下列议题，要事先准备好材料，并提出明确意见：

（一）具有普遍性的重大的土地违法信息和动向；

（二）专项行动开展情况及具体工作建议。

第十五条　督察专员应当建立督察室学习制度。每月组织干部职工参加不少于2天的理论和业务学习，学习内容包括国家的法律法规政策、党中央国务院文件、领导讲话以及与土地管理和土地督察有关的政策。理论学习要与实际工作相结合。

第十六条　督察专员应当建立督察室保密制度。涉及督察事项的内容，要严格保密，不得擅自对外透露、发布。

第十七条　督察专员应当建立督察室档案管理制度。办理完毕且具有保存价值的文件、函件、会议纪要、报告材料、简报、照片等资料及时归档，并指派专人负责保管。

第四章　督察工作

第十八条　督察专员应将建设用地审批事项纳入日常督察范围。派驻地督察室直接受理督察区域人民政府报送的建设用地审批事项的文件材料，针对其合法性和真实性，按照下列程序进行审核：

（一）主要审核内容：

1.审批程序和权限是否合法；

2.是否符合土地利用总体规划和年度计划；

3.是否符合国家产业政策和土地利用政策；

4.征地补偿安置是否符合有关规定；

5.占用耕地补偿是否符合有关规定；

6.是否存在未批先用等违法行为。

（二）审核应采用逐件审查与部分抽查相结合的方式，通过书面审查、实地勘察、重点核查相结合的方法进行。

（三）对检查中发现的违法违规问题，督察专员应当在10个工作日内向广州督察局书面报告，并提出纠正意见。

（四）对被责令限期整改的，督察专员应当督促督察区域人民政府组织实施整改工作，并审核整改结果，提出是否结束对该地区整改的建议。

（五）建设用地审批事项的文件材料应当由专人整理、归档和保管，审核督察情况应造册登记备案。

（六）督察专员应当于每季度开始的前10天内，将上一季度建设用地审批事项的审核督察情况进行总结分析，形成书面报告报送广州督察局。

督察专员对审核结果负责。

第十九条　督察专员应当将耕地保护目标与土地利用年度计划执行情况纳入日常督察范围，加强监督和检查。具体程序如下：

（一）具体督察内容：

1.督促省级或者计划单列市人民政府及时签订当年的耕地保护目标责任书；

2.督促省级或者计划单列市人民政府做好土地利用年度计划分解工作；

3.督促省级或者计划单列市人民政府制定耕地保护责任目标考核实施办法；

4.监督检查新增建设用地占用耕地占补平衡工作完成情况；

5.监督检查补充耕地和基本农田保护工作完成情况。

（二）督察专员对监督检查中发现的问题及处理意见要及时向局长报告，如建议提出整改意见，应将附带的证据材料一并书面请示局长。

（三）督察专员应当分别于年中和年底，对上半年和全年的耕地保护督察情况进行总结分析，形成书面报告报送广州督察局。

第二十条　督察专员要重视信访督察工作，畅通信息渠道，切实维护群众权益。土地信访案件由督察室安排专人受理，并予以登记备案。

第二十一条　对土地信访案件的处理，本着“不改变、不取代”的原则，按有关规定交由地方人民政府或者国土资源行政主管部门处理，并主动与他们进行沟通协调，加强跟踪督办和督察。

督察专员可根据情况，指派督察室人员对土地信访案件进行事实核查，经查实属重大案件的应加大督办力度，并及时报告局长。

督察专员应当对土地信访情况按季度分析总结，形成书面报告报送广州督察局。

第二十二条　督察专员应当按照广州督察局的统一部署和要求，根据实际情况开展专项督察或者例行督察。

第二十三条　开展专项督察或者例行督察时，应当制定详细工作方案，明确督察任务及目标、督察内容、督察方式、时间安排、参加人员、经费预算、预期成果和注意事项等方面的内容。

专项督察在方案中应对督察事项可能存在的问题以及重点检查的内容补充说明。

例行督察在方案中应对督察地区基本情况进行说明，需要聘请专业机构参与督察的，还应就专业机构选择、工作要求、保密等进行说明。

第二十四条　专项督察或者例行督察工作方案经局长批准后，督察专员应当按照方案开展督察工作。督察工作包括：

（一）听取地方人民政府或者国土资源行政主管部门的工作汇报，了解督察事项的基本情况；

（二）查询相关档案，了解督察事项的合法性；

（三）实地勘察了解督察事项的真实性；

（四）如引进专业机构参与例行督察，督察专员应指派督察室的业务骨干参与组织、指导和协调，为专业机构提供工作便利。

第二十五条　督察专员应在督察工作结束后10个工作日内组织督察组完成督察报告，报送广州督察局。

对督察中发现的问题，应在督察报告指明确提出处理建议，并将佐证材料作为督察报告的附件之一。

聘请专业机构参与的例行督察，专业机构应从专业的角度编写出督察报告，作为专员的督察报告附件之一。

第五章　调查研究

第二十六条　督察专员要重视督察区域内与土地利用与管理相关的调查研究工作，并根据工作实际，在每年11月底前拟定下一年度调研计划报送广州督察局。调研计划应列明重大调研项目名称、牵头单位、项目的背景、必要性、预期目标、实施进度、工作人员、经费预算等内容。拟定的调研计划经局长办公会研究同意，纳入广州督察局年度调研计划。

第二十七条　调研工作可采取重点调研、抽样调研、实地调研等形式，开展调研时应注意调研资料收集工作，要不断深入基层、深入工作实际，全面收集和使用各方面的基础资料。

如与地方合作或委托需要签订协议，由广州督察局统一办理，督察专员及其分管的督察室不对外签订协议。

第二十八条　专题调研应形成调研报告。调研报告应内容翔实、论证有力、重点突出，一般应包括明确的工作对策建议。调研报告应按期提交广州督察局，由广州督察局组织专家组评审。督察专员应积极运用调研成果为督察区域人民政府和国土资源管理部门服务，推进调研成果的转化。

第六章　突发事件处理

第二十九条　督察专员遇到下列情况，应当立即向局长报告：

（一）督察区域涉及土地管理和土地督察的重大群体性事件或者突发性事件；

（二）经初步核实的关于重大土地违法行为的投诉、举报；

（三）督察区域内省级或者计划单列市国土资源行政主管部门报告的重大事件；

（四）分管的督察室工作人员发生违法违纪行为或工作中出现重大失误。

对上述情况，督察专员应当在知道后1小时内通过电话向局长口头报告，在24小时内向局长作书面初报，根据处理进展情况向局长作书面阶段报告，处理完毕向局长做书面总报告。

第三十条　遇到突发事件，督察专员应当迅速做出反应，督促地方人民政府和国土资源管理部门立即平息事态，稳定局面。如有必要，应亲自靠前督办。

督察专员应及时对突发事件的处理向局长提出参考建议，按照局长的指示，跟踪督察地方人民政府和国土资源行政主管部门开展调查，妥善处理。

第三十一条　督察专员应当及时对引起突发事件的原因、调查处理的过程及结果进行总结分析，从中发现具有普遍性或者苗头性的问题，提出对策建议，形成书面报告报送广州督察局。

第七章　对外联络和信息发布

第三十二条　督察专员应当与所督察的省级或者计划单列市人民政府及其国土资源行政主管部门

建立联络员制度，及时掌握相关信息。

在对外公务活动中，涉及本规范第六条第（三）（四）项规定的事项，督察专员应当按规定向局长事前请示，经局长批准同意后方可实施。

对外公务往来中，既要坚持原则，又要谦虚谨慎，维护广州督察局的权威和社会形象。

第三十三条　广州督察局实行新闻发言人制度，一个口径对外发布新闻信息。

督察专员及其分管的督察室负责派驻地新闻的信息采集、选题报道等工作，并将所需信息报送广州督察局；

局办公室负责督察范围内新闻发布的准备和组织工作，经局长批准后由局新闻发言人按照批准的内容和确定的口径对外发布。

督察专员及其所分管的督察室未经批准不得对外发布新闻信息。

第八章　责任追究

第三十四条　督察专员应当勤勉克己、忠于职守，自觉接受监督，不得有玩忽职守、滥用职权、徇私舞弊的行为。

第三十五条　督察专员的工作发生下列情形的，局长应当责令其限期纠正，消除不利影响：

（一）贯彻落实总督察、副总督察、局党组、局长的指示不坚决或措施不力的；

（二）不认真履行职责，对区域内人民政府土地利用和管理情况监督检查不力的；

（三）改变或者取代地方人民政府及国土资源行政主管部门的管理职权的；

（四）未经批准擅自对外发布信息或者透漏内部保密信息的；

（五）分管的督察室内部管理不到位，出现失职、渎职和其他违纪行为的；

（六）出现突发事件未能及时报告并采取有效措施的；

（七）未经批准擅离工作岗位造成工作出现重大失误的；

（八）依照国家有关规定应当追究责任的其他情形。

督察专员未如期改正，或者上述情形产生严重后果的，由局长提出处理建议，或者直接按照干部管理权限和纪检监察的有关规定报国土资源部相关规定，追究督察专员和督察室相关人员的责任。

第九章　附则

第三十六条　本规范由国家土地督察广州局负责解释。

第三十七条　本规范自公布之日起试行。

关于印发《国家土地督察广州局公文处理制度》等规章制度的通知

（国土督察穗字〔2008〕34号）

各处室：

《国家土地督察广州局公文处理制度》、《国家土地督察广州局新闻发布制度》、《国家土地督察广州局机关印章使用管理暂行办法》、《国家土地督察广州局公务车管理暂行规定》、《国家土地督察广州局宿舍管理试行办法》、《国家土地督察广州局信访督察暂行办法》、《国家土地督察广州局调研课题项目管理暂行办法》、《国家土地督察广州局与督察范围内四省区市工作联系人制度》（试行）等八项规章制度已经2008年7月14日局专题会议讨论通过，现予印发，请遵照执行。

此前印发的《公文处理制度》、《新闻发布制度》和《珠江新城宿舍管理试行办法》同时废止。

特此通知。

二〇〇八年八月四日

国家土地督察广州局公文处理制度

一、为进一步提高我局的公文处理效率，确保公文处理质量，根据《国土资源部机关公文处理办法》的有关规定，结合本局工作实际，制定局公文处理制度。

二、局办公室为局系统公文处理、综合协调、督查督办部门。

三、参与公文处理的工作人员要牢固树立全心全意为人民服务的思想，发扬深入实际、联系群众、调查研究、实事求是和认真负责的工作作风，保持良好的精神面貌，依法行政、忠于职守、廉洁正派。

四、具体承担公文处理的部门在公文处理过程中，要相互协调，密切配合，保证公文运转及时、准确、安全、保密。

五、公文处理坚持自下而上、分级负责、职责明确、集体办文的原则，其过程主要包括收文、分办、办理、呈送、核稿、审批、发文、督办、反馈、归档等环节。

六、收文处理

（一）对主送广州局的公文，原则上统一由局办公室收文，但文件直接送到各督察室的，督察室应当受理，然后及时报局办公室。

但是在公文办理过程中，需申办单位补送的附属性文件、证明性文件或补充说明，由承办部门与申办单位联系，并直接送承办部门，不需送办公室。

群众来信属于土地信访问题的，办公室应及时转有关督察室受理。

建设用地审批备案由各督察室直接受理审核。

（二）对主送广州局的公文，办公室或办事窗口工作人员办理收文时，应认真核对来文单位、件数和密级情况，留下对方联系办法，确认无误后方可签收，并注明签收日期。

（三）办公室收文后，应分类登记，输入电脑（对秘密文件的登记只登记标题），进行编号，再送有关部门、领导办理和批阅。

七、公文分办

（一）收文一般按下列原则分办。

1.上级主管部门转来急件，由办公室呈局长批示，根据批示转相关部门办理。其他急件由办公室根据来文内容、紧急程度分办，但都纳入急件范围处理。

2.平件，由办公室转相关部门提出处理意见，再报主管局领导批示。

3.阅件，由办公室根据领导分工和部门职能转相关局领导和部门阅知。局领导有批示的，按平件程序办理。

4.送来的简报、资料、信件等，除指定专送的以外，由办公室转相关局领导和部门阅知。

5.会议通知（含书面通知、电话通知）。上级主管部门和辖区各省、计划单列市人民政府召开的重大会议或专项会议，需派局领导参加的，报局长批示；其他会议通知，由办公室根据分工安排局领导和工作人员参加。

凡外出参加会议带回文件、资料、讲话稿等应及时送交办公室归档。

6.信访件由各督察室受理，并按土地信访督察制度处理。

（二）对需多个部门共同完成的公文，由局办公室指定其中一个部门为牵头部门负责办理，其他部门为协办部门。牵头部门可召集协办部门负责人共同协商，形成书面意见送办公室；不能形成统一意见的，要将主要意见和不同意见书面送办公室，由局办公室报局领导决定。

已指定牵头部门负责的需多个部门共同办理的公文，由牵头部门传递，不得通过局办公室转协办部门提出意见。

（三）承办部门对公文分办有异议，应及时向局办公室反映，并商转送其他部门办理。但办公室认为合理的，承办部门应当执行，不得拒绝。

八、公文办理

（一）接到局办公室转来公文应在下列期限内完成：

1.特急件应即到即办，当天将有关处理意见送回局办公室，办公室当天报局长批示。

其他急件应在2个工作日内提出办理意见，情况特别复杂的，涉及多个部门的，应在3个工作日内提出处理意见。

2.平件应当在5个工作日内提出处理意见。

涉及多个部门业务的，由牵头部门在10个工作日内负责提出综合处理意见。

3.阅件应当在2个工作日内阅后退回办公室。阅件部门认为应当复印存档的，由该部门直接复印留用。

文件内容重要，涉及部门较多的阅件，由办公室复印发相关部门，同时报局领导传阅。

4.密件应及时处理，当天退回局办公室保密柜统一保管。涉及有关办理内容的，主办处室可以摘抄但不得复印。

但来文有明确要求回复时间的，应按来文要求时间完成，不受上述时限限制。

（二）承办部门对公文没有提出具体、明确、完整办理意见或建议的，不得办结，局办公室有权退回重办。

（三）对来文内容简单、变样重复来文、或承办部门认为事实清楚、法律依据充分、意见明确，可以直接拟文答复的，由承办部门提出处理意见并直接拟文，承办部门认为需多个部门会审的，可直接加具意见转相关部门会审，再送回局办公室。

（四）局领导批示需提交局长办公会议或局务会议研究的公文，局办公室登记后转原承办部门准备会议汇报材料，会议研究有决定的，由承办部门应在2个工作日根据会议决定拟文，报局领导签发。

九、公文呈送

（一）公文原则上按局领导排序和分工，局办公室按先报主管领导、最后报主要局领导的排序呈送。

（二）公文呈送过程中，如局领导出差、出访等情况，不能批阅公文的，按下列办法处理：

1.急件，报局主要领导批示或签发，承办部门负责人要协助办公室向局主要领导汇报相关情况，以便领导决策。

2.平件，可以请示主要局领导，交由其他局领导签发。

3.对来文内容较简单、变样重复来文、或承办部门认为事实清楚、法律依据充分、意见明确的，可以直接拟文答复的，由承办部门提出处理意见并直接拟文，由办公室电话请示主管领导同意，先发文后补签。

十、公文审批

（一）未经正常程序直接呈局领导的公文和格式不规范的公文，局领导一般不在来文直接批示，可退回来文单位按程序报送或交局办公室登记后按程序处理。特殊情况特批后，需本局办理的有关批件，应交局办公室按有关规定处理，不得交来人直接带走。

（二）审批公文时，对有具体请示事项的，主管局领导应签署明确意见、姓名、审批日期，其他审批人圈阅视为同意。局领导应当在3个工作日内批示或签发。

十一、核稿

拟发公文文稿必须经严格审核，文稿审核按下列程序进行：

（一）承办部门核稿。承办部门拟稿人和负责人需对拟正式发文的公文进行认真审核，审核内容包括：引用法律依据是否准确、文中数据是否正确、来文要求是否全部回应、随文附件是否对应提供等。核稿人核稿后必须签名并注明时间。

（二）审核处核稿。对有关土地审批事项审查意见局长签批前的法律审核把关、对实行责令限期整改建议和结束责令限期整改建议的法律审核把关、所有以广州局名义向外或向上发出的有关文书的法律审核把关工作由局审核处负责。

（三）办公室核稿。办公室应当指定人员负责核稿工作，对全局拟发文稿进行审核，重要内容包括：是否需行文、行文方式是否妥当、是否符合行文规则和拟制公文的有关要求、公文格式是否符合本办法的规定。核稿人核稿后必须签名并注明时间。

（四）文件正式签发时，修改超过5处或有实质性修改的，打印后发文前再送承办部门核稿、校对。核稿人、校对人核稿后必须签名并注明时间。

十二、发文

（一）文件经局领导正式签发，局办公室编号、登记、确定印制份数后，交打字室打印，局办公室盖章后发文。联合行文的，局办公室还应负责文件的会签工作。

公文正式印发前，由拟稿人和局办公室最后复核一次，复核重点是：审批、签发手续是否完备，附文件材料是否齐全，格式是否统一、规范，抄送、抄报是否准确齐全等。

（二）一般文件由办公室统一发送、邮寄。

对于需在媒体刊登的公告（通知）、在外地张贴的通知、通告，以及需专人送达的法律文书、财务报表等由承办部门派专人送达。

（三）正式发文后，办公室应当将已发文件各送1份给局领导和承办部门查阅、跟踪、存档。

（四）已发公文底稿（原件）存局办公室归档。

十三、督办和效能监察

（一）在文件分办时，由局办公室按本制度规定和来文要求注明办结期限，承办部门应当按要求办结。

（二）对超过办结期限尚未办结的，由办公室发出催办通知书，同时报局领导。多次超时办结的，部门负责人应向局领导提交书面解释报告，并作为年度考核的参考。

十四、跟踪反馈

承办部门要对承办的业务工作进行跟踪服务，并向局领导反馈有关办理进展信息。对局长办公会议、局务会议、局专题会议研究的问题，要进行深入的跟踪服务，发现问题及时反映；特别对上级主管部门来文要求处理的问题、人大代表建议和政协委员提案以及群众来信来访反映的问题，要做耐心细致的解释和深入的调查，及时答复，高效办结，切实帮助企业和群众解决问题。

十五、归档

（一）公文办理完毕后，由办公室按档案管理有关规定办理归档。个人不得保管应当归档的公文。

（二）归档文件包括：已办理完毕具有保存价值的各种文件、函件、会议纪要、简报、图片、影像资料等。

其他零散文件材料，包括上、下级的来文、电报、调查材料、信息、信访、值班情况反映，纳入短期档案保管。

（三）由于工作需要向办公室借阅文档，应当办理借阅手续，确定归还时间。工作人员调离工作岗位时应当将本人暂存、借阅的公文按照有关规定移交、清退。

十六、本制度自印发之日起施行

国家土地督察广州局新闻发布制度

为进一步发挥新闻舆论的宣传和教育作用，建立权威、有效、顺畅、快捷的土地督察信息传播及沟通渠道，为落实土地宏观调控政策和实施最严格的土地管理制度营造良好的新闻宣传环境和社会舆论氛围，国家土地督察广州局建立新闻发布制度。

一、设立新闻发言人

新闻发言人代表国家土地督察广州局向新闻媒体，并通过新闻媒体向公众发布政务信息，通过介绍政策、通报情况、说明立场和回答新闻媒体记者提问等方式，实现广州局与公众之间顺畅高效的沟通，为土地督察营造一个良好的舆论环境。

新闻发言人由局指定。

二、新闻发布的内容

（一）贯彻国家土地督察重大政策和决策的部署和措施。

（二）辖区范围专项土地督察情况。

（三）涉及辖区范围土地督察工作的重大问题、重要活动、热点问题和突发性事件。

（四）对新闻媒体有关报道的回应和事实说明。

（五）其他应予新闻发布的事项。

三、新闻发布的形式

（一）举办新闻发布会、记者招待会等发布新闻信息。

（二）通过书面形式发布新闻通稿。

（三）通过本局互联网站发布新闻信息。

（四）通过接受记者采访、向新闻界发表谈话或发布新闻信息。

四、新闻发布会的时间

新闻发布会根据需要不定期举行，遇重大突发性事件等待特殊情况，可随时举行。

五、新闻采集的工作机制

建立健全信息报送途径，推进信息采集工作制度化。

（一）辖区内有关土地督察重大事件的信息采集与报送、各省市的重要事件的信息采集与报送、突发性重大事件报道的信息采集，由各专员和局办公室负责，并由局办公室统筹。

（二）日常例行的新闻发布的选题与采集，由局办公室负责。

六、新闻发布的审批管理

（一）涉及贯彻国家土地督察重大政策和决策的部署和措施，由局办公室根据局长的指示进行。

（二）例行的新闻发布活动，由局办公室编制计划与内容，报局长批准。

（三）对社会公众关注的热点问题、新闻媒体报道的敏感话题、重大突发事件的新闻发布，由各专员或局办公室提出意见，报局长批示进行。

（四）辖区范围专项土地督察情况由局办公室或各专员根据督察整改意见书的内容，报局长批示进行。

七、新闻发布会的组织

（一）局办公室负责督察范围辖区内新闻发布的信息采集、选题报送、发布活动的准备；各专员及督察室负责本辖区新闻发布的信息采集、选题报道等工作。

（二）规范新闻发布方式。一般情况下，综合性的信息、重大决策、全局性情况介绍由局新闻发言人进行发布；重大突发事件、专项督察等特殊情况的新闻发布可由局新闻发言人组织相关人员参加。

（三）新闻发布会由局办公室具体组织。

八、新闻发布的纪律

（一）新闻发布要坚持新闻真实性原则，坚持正面宣传的舆论导向，遵守新闻宣传纪律和有关保密规定，维护国家安全，维护社会稳定。

（二）举办新闻发布会应严格按照批准的内容进行，所发布的内容按照确定的口径统一对外发布。如需变动，要重新审批。

（三）未经批准任何人不得以局名义发布新闻。

九、本制度自印发之日起施行

国家土地督察广州局信访督察暂行办法

第一条　为建立健全发现机制，及时了解掌握督察范围内各地区在土地管理和利用方面存在的问题，更好地履行土地督察职责，根据《信访条例》和《国务院办公厅关于建立国家土地督察制度有关问题的通知》（国办发〔2006〕50号），结合本局工作实际，制定本办法。

第二条　信访督察是指我局通过对信访人以走访、书信、电话、电子邮件等形式反映的督察范围内各地区在土地管理和土地利用方面存在的问题进行汇总分析，并予以督办、监督检查或者开展专项督察、提出纠正整改建议。

第三条　信访督察工作遵循以下原则：

（一）不代替、不改变地方人民政府及国土资源管理部门的信访工作职责；

（二）属地管理；

（三）轻重有别，区别对待；

（四）督察与疏导教育相结合。

第四条　各督察室负责所督察区域内的信访督察工作。主要职责如下：

（一）负责接待受理督察区域内信访人直接向其反映的信访事项；

（二）负责办理局机关转办或者上级批转的发生在该督察区域内的信访事项；

（三）对接访事项进行统一分类登记，并按季度对本督察室信访督察工作分析汇总，形成书面报告；

（四）对接访事项进行分析，区别情况相应采取存档、转办督办或者督察核查等处理措施，并跟踪落实。对重大紧急信访事项及时向分管督察专员或者局长报告；

（五）负责办理局领导交办的其他信访督察事项。

第五条　信访人通过走访、书信、电话或者电子邮件等形式直接向我局反映的信访案件，由督察一室负责接待受理。

对信访人直接向我局反映的信访事项，属于广东省和尚未派驻督察室的地区的案件，由督察一室直接办理并跟踪落实；属于已派驻督察室的地区的案件，由督察一室及时转交相关派驻地方的督察室按规定办理。

第六条　要注重发挥信访在土地督察中的发现渠道的作用。各督察室应当设专人负责信访督察工作，接访人员要熟悉国家土地管理法律法规和政策，认真负责、主动热情。

对属于我局督察职责内的土地管理、利用等方面的信访事项，接访人员要耐心听取来访者意见及诉求或者阅读信访材料，认真解答信访人提出的问题或者给予其法律政策咨询，引导其依法反映解决问题。要对反映问题进行摘要整理，逐案填写《信访督察登记表》，并录入计算机。

对不属于我局督察职责范围内的信访事项，应当告知信访人向有权的机关提出。

第七条　各督察室要对信访反映的问题进行认真分析，分清轻重缓急，做到区别对待、分类处理。

对普通民事纠纷、权属争议、咨询性信访案件或者已经进入地方信访办理程序、司法渠道处理的信访案件，登记后存档，供汇总分析使用。

对反映地方可能在土地管理和利用方面存在违法违规问题以及通过信访举报的重大土地违法线索，应当作为转办督办案件交由相关省级和计划单列市人民政府处理。

对反映问题严重且情况紧急的信访案件，要及时向督察专员和局领导报告，进行现场核查或者督察，防止事态扩大。

第八条　对需要转办督办的信访案件，由相关督察室提出建议，经审批以局信访督察专函形式转至相应省级或者计划单列市人民政府办理，并要求其限期反馈办理结果。

信访督察专函由局办公室统一编号管理，由相关督察室拟稿，报分管督察专员或者局长审批后印发。

各地对我局以信访专函形式交办督办案件的办理反馈情况列为信访季度统计分析内容，由督察一室负责汇总分析，视情况在督察范围内进行通报。对信访督察不重视或者问题较多的地区，可建议对其开展专项督察。

第九条　实行信访督察季度分析报告制度。各督察室负责督察区域内的信访督察情况的分析报告，督察一室负责广东省以及没有派驻督察室的地区的信访督察情况的分析报告。

全局信访督察情况的汇总分析报告由督察一室负责。

各督察室的信访督察季度分析报告要于下一季度第一个月5日前报督察一室。全局季度信访督察分析报告要于下一季度第一个月15日前报局领导，供决策参考。

第十条　对在信访督察中了解和掌握的各地在土地管理和利用方面存在规律性、倾向性问题，相关督察室要及时提出督察建议，转审核处进行审核。

经审核处审核并报经局领导批准，按程序核发《土地督察建议书》。审核处负责跟踪督察整改工作。

第十一条　各督察室要做好信访督察案卷的立卷归档备查工作，定期整理、妥善保存。

第十二条　本办法自印发之日起施行。

国家土地督察广州局调研课题项目管理暂行办法

第一章　总　则

第一条　为深入开展土地利用与管理的调查研究，加强调研课题项目的管理，根据《国务院办公厅关于建立国家土地督察制度有关问题的通知》（国办发〔2006〕50号）以及国家土地督察广州局（以下简称广州督察局）三定方案等相关规定，并结合广州督察局实际，制定本办法。

第二条　本办法所称调研课题项目管理包括年度调研课题的项目计划编制、项目实施、项目评审、项目验收以及项目经费管理等方面。

第三条　调研处负责组织开展土地利用和管理的调查研究，组织协调有关调研课题项目的管理；

办公室负责调研课题项目经费的管理；

牵头处室负责本处室调研课题项目的具体实施工作。

第二章　计划编制

第四条　调研课题的计划编制工作在每年六月底由调研处组织实施。各处室结合工作实际，提出下一年度调研计划，项目调研计划列明重大调研项目名称、牵头单位、项目的背景、必要性、预期目标、实施进度、工作人员、经费安排等内容，并按当年新增项目、延续项目、预备项目、计划外项目进行分类。

第五条　计划编制遵循以下原则：

（一）调研课题与业务工作相结合，课题安排要少而精；

（二）调研经费尽量节约；

（三）调研结果应当突出应用性和实效性。

第六条　调研处在对各处室所报课题进行汇总、协调的基础上，编制广州督察局调查研究项目计划，并纳入局年度预算，经局长办公会审议后下达。

第三章　项目实施

第七条　纳入当年调查研究工作计划的调研项目根据项目难易、复杂程度等情况，经批准后可采用项目牵头处室自行开展调研、与地方政府或国土部门合作开展调研以及委托专业机构开展调研等多种方式。

第八条　经批准纳入当年计划，由牵头处室自行开展调研的，牵头处室要做好项目可行性报告，报局长办公会研究确定。可行性报告应包括以下内容：

（一）调研目的及依据；

（二）主要研究内容、目标；

（三）时间安排；

（四）预期研究成果及其水平；

（五）社会经济效益预测；

（六）已有工作基础、人力、物力条件；

（七）经费概算及用途说明、经费来源等。

第九条　自行开展调研的牵头处室负责人为该项目负责人，负责项目的实施和完成。项目组成员要有明确分工，在项目负责人的领导和协调下完成指定的调研工作。项目组内实行任务目标公开，进度公开和经费公开的原则。主管局领导有责任督促、检查项目执行情况。

第十条　调研项目完成后，牵头处室及时将调研成果提交局长办公会审议。调研成果包括调研报告、相关政策建议等，调研报告中的数据真实、可靠，具有时效性。

第十一条　调研项目如需与地方合作或委托专业机构调研，由广州督察局统一签订合作或委托合同，具体由项目牵头处室办理。合作合同或委托合同应统一格式，合同双方各持三份，广州督察局项目牵头处室、办公室和调研处各持一份。

合作合同或委托合同须明确项目名称、具体要求、付费方式和付费条件、知识产权归属等内容。

第十二条　与地方合作或委托专业机构调研的项目在签订合同前须提交广州督察局组织的局内会审会和专家评审会审议。

（一）局内会审会议由局长办公会议组成人员参加，主要审核调研项目具体实施方式以及选择合适的委托单位。会前项目牵头处室或拟委托单位应做好项目可行性报告、项目建议书，报主管局领导批准后提交局内会审会议审定；

（二）局内会审会议通过后，由调研处协同项目牵头处室组织专家评审会进行项目评审，评审专家人数为不少于5人的单数；

（三）调研处组织建立局专家咨询库。

第十三条　项目承担单位根据项目要求，接受项目牵头处室的管理和监督检查，具体按有关办法依据合同进行管理。

第十四条　项目牵头处室于每年十一月底以前向调研处报送本年度项目执行情况及阶段性成果（包括进展情况、存在问题、解决建议）。

第十五条　调研项目一旦立项或签约，必须按期按质完成，不得随意更改计划，若因不可抗力或其他特殊原因不能按时完成的，项目负责人应及时写出书面延期或撤销申请报主管局领导签署意见后报局长办公会审定，按申报、审定、签约的程序申请调整或撤销。

第十六条　对已完成的合作或委托调研项目，由调研处会同牵头处室组织有关调研成果的验收工作。

第十七条　调研项目验收前，项目承担单位提供以下材料：调研项目成果简介、调研项目研究成果目录、调研项目重要代表性成果、调研项目研究工作总结、资料汇交证明等。

第十八条　调研处根据项目承担单位提供的材料，协同项目牵头处室组织专家小组对项目进行验收，验收的内容包括：项目合同规定的预期目标、研究内容及考核指标完成情况、研究成果应用前景等，并形成《调研项目验收初步意见》和《技术性审查专家意见反馈表》。

第十九条　调研处将《调研项目验收初步意见》和《技术性审查专家意见反馈表》及时上报局长办公会讨论研究。经局长办公会研究通过的调研项目，如项目未获通过，则由项目承担单位根据局长办公会意见进一步完善后再报。

第二十条　调研处建立调研项目成果台账，并将相关情况汇总报局长办公会，以便及时将成果转化为行政决策的依据和参考。

第四章　项目经费管理

第二十一条　办公室负责调研课题项目经费的管理。牵头处室建立调研项目经费使用台账。

第二十二条　由项目牵头处室自行开展调研的，经局长审批，调研经费实报实销。

第二十三条　与地方政府或国土部门合作开展调研的，牵头处室根据项目进度和双方合作合同约定提出意见，办公室按财务管理程序审核后拨付相应款项。

第二十四条　委托专业机构开展调研的，牵头处室根据项目进度和双方合作合同约定提出意见，办公室按委托合同约定拨付相应款项。

第二十五条　调研经费的使用范围包括：用于调研项目的信息资料费、调研差旅费和交通费、会议费、计算机及办公用品费、专家咨询费及稿费、印刷费、项目评审和鉴定费、其他相关费用。项目承担单位在项目完成、提交调研成果的同时，提交调研经费的使用情况说明，接受广州督察局的审核。

第五章　奖惩

第二十六条　调研任务完成情况纳入全年工作考核内容。调研项目未按期完成又没有按程序申请延期或撤销的，或调研成果数据不真实的、质量不高的，对调研项目牵头处室通报批评。

第二十七条　局内每年组织一次调研工作交流会，交流、总结调查研究工作，分析存在问题，找出努力方向。

第二十八条　局内每年对撰写的调研报告进行一次评比，对优秀的调研报告进行表彰并给予适当奖励。

第六章　附则

第二十九条　本办法自发布之日起执行。

国家土地督察广州局与督察范围内
四省区市工作联系人制度（试行）

第一条　为加强国家土地督察广州局（以下简称广州督察局）与督察范围内广东、广西、海南、深圳四省区市的工作联系和信息沟通，经广州督察局会商四省区市政府办公厅和国土资源部门同意，议定本制度。

第二条　本制度所指联系人，是广州督察局和四省区市政府及国土资源部门进行督察工作联系的相对固定人员，包括广州督察局指定的联系人和四省区市政府、国土资源部门指定的联系人，广东、广西还包括地级市政府和国土资源部门指定的联系人，海南、深圳包括县市区级政府和国土资源部门指定的联系人。广州督察局指定局办公室主任和办公室、调研处各一名工作人员为总联系人，指定各督察室一名人员为派驻省区市的直接联系人。

第三条　广州督察局与政府和国土资源部门的工作联系、办文发文督办、信息沟通，原则上通过联系人进行，实现一个口子进出。建立联系人工作登记制度，确保工作效率和质量。

第四条　联系人实行定期会晤制度，广州督察局与各地政府和国土资源部门根据工作需要商定年度会晤计划，可集中或分片召开联系人会议，确保通过会晤解决实际问题。

第五条　联系人应在单位综合部门工作，熟悉办公室业务和单位的综合情况，具有较强的工作责任心。

第六条　联系人应当履行下列职责：

（一）负责广州督察局和联系人所在政府、国土部门的工作沟通、联络。

（二）负责相互来往文件的督办。

（三）负责按照规定必须抄送对方的有关信息、资料的督办。

（四）负责及时反馈工作中的意见和建议。

第七条　各地政府和国土资源部门应将联系人的姓名、职务和办公电话、传真和手机号码等资料提供给广州督察局，广州督察局负责编写联系人通讯录并适时更新。

第八条　联系人一经确定，应当保持相对稳定。如发生变动的，应会商更换，并在变动的5天内通知对方。

第九条　联系人有下列行为之一的，广州督察局可会商其所在部门更换。

（一）不履行本规定要求的职责的；

（二）工作不负责任造成联系工作和文件办理低效或漏办程度较严重的；

（三）工作变动不适于再担任联系人的。

第十条　本制度由广州督察局会商各地政府和国土部门后，自发布之日起实施。

国家土地督察武汉局

国家土地督察武汉局 湖北省国土资源厅 关于建立土地管理协调配合工作机制的意见

（国土督察武发〔2008〕35号）

为进一步严格土地管理，加强国家土地督察武汉局（以下简称武汉督察局）与湖北省国土资源厅（以下简称湖北省厅）的沟通联系，着力构建相互配合、相互协作、相互支持的工作机制，进一步促进土地管理法律法规和国家宏观调控政策的落实，更好地服务地方经济社会的发展，根据《国务院办公厅关于建立国家土地督察制度有关问题的通知》（国办发〔2006〕50号）精神，现就建立土地管理协调配合工作机制提出如下意见：

一、建立工作联席会议制度

适时召开土地督察工作联席会议，由武汉督察局和湖北省厅领导共同主持，武汉督察局和湖北省厅相关处室参加，相互通报工作情况，分析当前的土地管理形势，明确下阶段的工作任务，交换工作意见，及时总结经验，共同研究解决湖北省土地管理工作和国家宏观调控政策执行中遇到的困难和问题。湖北省厅召开的有关土地管理工作重要会议，应邀请武汉督察局参加。

二、建立工作协作配合制度

建立相互支持的工作制度。武汉督察局积极支持湖北省厅依法行政，严格执行土地管理法律法规和国家土地宏观调控政策，不改变、不取代湖北省厅行政许可、行政处罚等土地管理职权。武汉督察局积极服务、支持并主动参与湖北省经济社会的发展，在着力保护耕地的同时，通过引导和推进节约集约用地，保障地方经济社会发展合理的用地需求。及时了解并帮助解决湖北省土地利用与管理中的突出问题，对湖北省土地利用与管理中好的经验做法进行总结推广，对合理化建议积极向国家土地总督察反映，并及时转化运用到土地督察工作实践。湖北省厅积极参与、支持和配合武汉督察局开展土地督察工作，核查有关土地利用和管理情况；邀请武汉督察局对湖北省土地管理工作进行指导、督办检查，及时解决实际问题；适时邀请武汉督察局对部督办的重要工作和省厅重点工作进行督察，促进高质量、高效率完成工作任务。

建立重大项目建设协调制度。由湖北省各级国土资源行政主管部门定期向武汉督察局通报重大项目的建设情况和用地情况，武汉督察局对重大项目建设中存在的问题、遇到的困难等及时给予指导，并积极帮助解决。

建立督察共建联系点制度。在湖北省开展共建督察联系点工作，围绕构建保障和促进科学发展的新机制，会同湖北省厅加强土地利用与管理工作研究，建立开源节流机制、土地执法监管长效机制等，强化共同责任，积极探索相互支持的新思路、新方法。

三、建立信息互通制度

建立重要信息、资料通报制度。双方及时抄送本单位的有关土地管理方面的重要文件、年度工作计划和工作总结及重要工作简报等。每季度的首月，湖北省厅向武汉督察局通报全省土地利用年度计划执行、用地审批和土地供应等情况。向武汉督察局及时提供开展土地督察和建设用地审核所需的相关资料和图件；及时抄送土地利用总体规划修编后的各级规划、第二次土地调查县级土地利用现状情况及每年经国土资源部审定的土地变更调查省级汇总表。

建立土地信息资源共享制度。双方建立的内网逐步实现互联互通，有关土地调查成果、监测、规划、用地审批、土地供应等业务数据可提供对方使用。

完善土地违法违规案件通报制度。武汉督察局在不违反国家土地督察保密规定的前提下，应将发现的重大土地违法违规案件线索通报湖北省厅；武汉督察局在发出整改建议书、整改意见书等督察文书前应通报湖北省厅。湖北省厅于每季度的首月，向武汉督察局通报上一季度有关土地违法违规案件查处情况和土地违法违规案件查处系统数据，并及时通报发现的重大土地违法违规案件线索。

构建土地督察信息网络。双方共同建立和完善省、市、县、乡、村五级土地执法监察和土地督察信息网络，努力开创信息来源广、上报情况准、处置反应快的良好工作局面。各级国土资源行政主管部门要积极主动配合土地督察工作，建立土地监管长效机制，畅通土地督察信息反映渠道。

四、建立运转协调制度

健全土地信访通报和转办制度。湖北省厅应将重大土地信访情况及时告知武汉督察局，并将土地信访统计报表和情况分析报告按季抄送武汉督察局。武汉督察局对涉及湖北省的土地来信来访，涉及重要问题的，及时书面转湖北省厅处理，省厅应按要求将处理情况及时反馈武汉督察局。

建立重大突发事件应急协调机制。双方加强苗头性、倾向性问题的情况沟通，积极协调配合做好化解工作。对上级交办、媒体曝光、群体性上访等涉及湖北省内土地管理的重大突发性事件，双方可联合开展调查和应急处置。湖北省厅应及时协调处理武汉督察局通报的涉及土地管理的突出问题、重大土地违法违规案件、重大土地信访案件。

建立局（厅）机关内部协调机制。双方通报、抄送的材料，由局（厅）办公室归口协调。有关业务处室要及时提供准确数据和资料，经分管局长、专员或分管厅领导审定，送局（厅）办公室汇总、报局（厅）主要领导审定后，统一通报对方。武汉督察局和湖北省厅办公室对报送程序负责，业务处室对报送内容负责。

五、建立重大课题联合调研制度

围绕武汉城市圈“资源节约型、环境友好型”综合配套改革试验区的建设及湖北省区域内土地管理热点、难点等问题进行调查研究，努力探索和创新解决区域性发展中存在问题的思路和方法。

国家土地督察武汉局 湖南省国土资源厅
关于建立土地管理协调配合工作机制的意见

（国土督察武发〔2008〕36号）

为进一步严格土地管理，加强国家土地督察武汉局（以下简称武汉督察局）与湖南省国土资源厅

(以下简称湖南省厅)的沟通联系,着力构建相互配合、相互协作、相互支持的工作机制,进一步促进土地管理法律法规和国家宏观调控政策的落实,更好地服务地方经济社会的发展,根据《国务院办公厅关于建立国家土地督察制度有关问题的通知》(国办发〔2006〕50号)精神,现就建立土地管理协调配合工作机制提出如下意见:

一、建立工作联席会议制度

适时召开土地督察工作联席会议,由武汉督察局和湖南省厅领导共同主持,武汉督察局和湖南省厅相关处室参加,相互通报工作情况,分析当前的土地管理形势,明确下阶段的工作任务,交换工作意见,及时总结经验,共同研究解决湖南省土地管理工作和国家宏观调控政策执行中遇到的困难和问题。湖南省厅召开的有关土地管理工作重要会议,应邀请武汉督察局参加。

二、建立工作协作配合制度

建立相互支持的工作制度。武汉督察局积极支持湖南省厅依法行政,严格执行土地管理法律法规和国家土地宏观调控政策,不改变、不取代湖南省厅行政许可、行政处罚等土地管理职权。武汉督察局积极服务、支持并主动参与湖南省经济社会的发展,在着力保护耕地的同时,通过引导和推进节约集约用地,保障地方经济社会发展合理的用地需求。及时了解并帮助解决湖南省土地利用与管理中的突出问题,对湖南省土地利用与管理中好的经验做法进行总结推广,对合理化建议积极向国家土地总督察反映,并及时转化运用到土地督察工作实践。湖南省厅积极参与、支持和配合武汉督察局开展土地督察工作,核查有关土地利用和管理情况;邀请武汉督察局对湖南省土地管理工作进行指导、督办检查,及时解决实际问题;适时邀请武汉督察局对部督办的重要工作和省厅重点工作进行督察,促进高质量、高效率完成工作任务。

建立重大项目建设协调制度。由湖南省各级国土资源行政主管部门定期向武汉督察局通报重大项目和建设情况和用地情况,武汉督察局对重大项目建设中存在的问题、遇到的困难等及时给予指导,并积极帮助解决。

建立督察共建联系点制度。在湖南省开展共建督察联系点工作,围绕构建保障和促进科学发展的新机制,会同湖南省厅加强土地利用与管理工作研究,建立开源节流机制、土地执法监管长效机制等,强化共同责任,积极探索相互支持的新思路、新方法。

三、建立信息互通制度

建立重要信息、资料通报制度。双方及时抄送本单位的有关土地管理方面的重要文件、年度工作计划和工作总结及重要工作简报等。每季度的首月,湖南省厅向武汉督察局通报全省土地利用年度计划执行、用地审批和土地供应等情况。向武汉督察局及时提供开展土地督察和建设用地审核所需的相关资料和图件;及时抄送土地利用总体规划修编后的各级规划、第二次土地调查县级土地利用现状情况及每年经国土资源部审定的土地变更调查省级汇总表。

建立土地信息资源共享制度。双方建立的内网逐步实现互联互通,有关土地调查成果、监测、规划、用地审批、土地供应等业务数据可提供对方使用。

完善土地违法违规案件通报制度。武汉督察局在不违反国家土地督察保密规定的前提下,应将发现的重大土地违法违规案件线索通报湖南省厅;武汉督察局在发出整改建议书、整改意见书等督察文书前应通报湖南省厅。湖南省厅于每季度的首月,向武汉督察局通报上一季度有关土地违法违规案件查处情况和土地违法违规案件查处系统数据，并及时通报发现的重大土地违法违规案件线索。

构建土地督察信息网络。双方共同建立和完善省、市、县、乡、村五级土地执法监察和土地督察信息网络，努力开创信息来源广、上报情况准、处置反应快的良好工作局面。各级国土资源行政主管部门要积极主动配合土地督察工作，建立土地监管长效机制，畅通土地督察信息反映渠道。

四、建立运转协调制度

健全土地信访通报和转办制度。湖南省厅应将重大土地信访情况及时告知武汉督察局，并将土地信访统计报表和情况分析报告按季抄送武汉督察局。武汉督察局对涉及湖南省的土地来信来访，涉及重要问题的，及时书面转湖南省厅处理，省厅应按要求将处理情况及时反馈武汉督察局。

建立重大突发事件应急协调机制。双方加强苗头性、倾向性问题的情况沟通，积极协调配合做好化解工作。对上级交办、媒体曝光、群体性上访等涉及湖南省内土地管理的重大突发性事件，双方可联合开展调查和应急处置。湖南省厅应及时协调处理武汉督察局通报的涉及土地管理的突出问题、重大土地违法违规案件、重大土地信访案件。

建立局（厅）机关内部协调机制。双方通报、抄送的材料，由局（厅）办公室归口协调。有关业务处室要及时提供准确数据和资料，经分管局长、专员或分管厅领导审定，送局（厅）办公室汇总、报局（厅）主要领导审定后，统一通报对方。武汉督察局和湖南省厅办公室对报送程序负责，业务处室对报送内容负责。

五、建立重大课题联合调研制度

围绕长株潭城市群“资源节约型、环境友好型”综合配套改革试验区的建设及湖南省区域内土地管理热点、难点等问题进行调查研究，努力探索和创新解决区域性发展中存在问题的思路和方法。

国家土地督察武汉局 贵州省国土资源厅
关于建立土地管理协调配合工作机制的意见

（国土督察武发〔2008〕37号）

为进一步严格土地管理，加强国家土地督察武汉局（以下简称武汉督察局）与贵州省国土资源厅（以下简称贵州省厅）的沟通联系，着力构建相互配合、相互协作、相互支持的工作机制，进一步促进土地管理法律法规和国家宏观调控政策的落实，更好地服务地方经济社会的发展，根据《国务院办公厅关于建立国家土地督察制度有关问题的通知》（国办发〔2006〕50号）精神，现就建立土地管理协调配合工作机制提出如下意见：

一、建立工作联席会议制度

适时召开土地督察工作联席会议，由武汉督察局和贵州省厅领导共同主持，武汉督察局和贵州省厅相关处室参加，相互通报工作情况，分析当前的土地管理形势，明确下阶段的工作任务，交换工作意见，及时总结经验，共同研究解决贵州省土地管理工作和国家宏观调控政策执行中遇到的困难和问题。贵州省厅召开的有关土地管理工作重要会议，邀请武汉督察局参加。

二、建立工作协作配合制度

建立相互支持的工作制度。武汉督察局积极支持贵州省厅依法行政，严格执行土地管理法律法规和国家土地宏观调控政策，不改变、不取代贵州省厅行政许可、行政处罚等土地管理职权。武汉督察局积极服务、支持并主动参与贵州省经济社会的发展，在着力保护耕地的同时，通过引导和推进节约集约用地，保障地方经济社会发展合理的用地需求。及时了解并帮助解决贵州省土地利用与管理中的突出问题，对贵州省土地利用与管理中好的经验做法进行总结推广，对合理化建议积极向国家土地总督察反映，并及时转化运用到土地督察工作实践。贵州省厅积极参与、支持和配合武汉督察局开展土地督察工作，核查有关土地利用和管理情况；邀请武汉督察局对贵州省土地管理工作进行指导，督办检查，对部督办的重要工作进行督察，及时解决实际问题，促进高质量、高效率完成工作任务。

建立重大项目建设协调制度。贵州省厅定期向武汉督察局通报重大项目的建设情况和用地情况，武汉督察局对重大项目建设中存在的问题、遇到的困难等及时给予指导，并积极帮助解决。

建立督察共建联系点制度。在贵州省开展共建督察联系点工作，围绕构建保障和促进科学发展的新机制，会同贵州省厅加强土地利用与管理工作研究，建立开源节流机制、土地执法监管长效机制等，强化共同责任，积极探索相互支持的新思路、新方法。

三、建立信息互通制度

建立重要信息通报制度。双方及时抄送本单位的有关土地管理方面的重要文件、年度工作计划、工作总结及重要专项工作情况等。每季度的首月，贵州省厅向武汉督察局通报全省土地利用年度计划执行、用地审批和土地供应等情况。向武汉督察局及时提供开展土地督察和建设用地审核所需的相关资料和图件；及时抄送土地利用总体规划修编后的各级规划、第二次土地调查县级土地利用现状情况及每年经国土资源部审定的土地变更调查省级汇总表。

建立土地信息资源共享制度。有关土地调查成果、监测、规划、用地审批、土地供应等业务数据可提供对方使用。

完善土地违法违规案件通报制度。武汉督察局在不违反国家土地督察保密规定的前提下，应将发现的重大土地违法违规案件线索通报贵州省厅；武汉督察局在发出整改建议书、整改意见书等督察文书前应通报贵州省厅。贵州省厅于每季度的首月，向武汉督察局通报上一季度有关土地违法违规案件查处情况和土地违法违规案件查处系统数据，及时通报发现的重大土地违法违规案件线索。

构建土地督察信息网络。双方共同建立和完善省、市、县、乡、村五级土地执法监察和土地督察信息网络，努力开创信息来源广、上报情况准、处置反应快的良好工作局面。各级国土资源行政主管部门要积极主动配合土地督察工作，建立土地监管长效机制，畅通土地督察信息反映渠道。

四、建立运转协调制度

健全土地信访通报和转办制度。贵州省厅应将土地信访年报、半年报资料和重大土地信访情况及时告知武汉督察局。武汉督察局对涉及贵州省的土地来信来访，涉及重要问题的，及时书面转贵州省厅处理，省厅应按要求将处理情况及时反馈武汉督察局。

建立重大突发事件应急协调机制。双方加强苗头性、倾向性问题的情况沟通，积极协调配合做好化解工作。对上级交办、媒体曝光、群体性上访等涉及贵州省内土地管理的重大突发性事件，双方可联合开展调查和应急处置。贵州省厅应及时协调处理武汉督察局通报的涉及土地管理的突出问题、重大土地违法违规案件、重大土地信访案件。

建立局（厅）机关内部协调机制。双方通报、抄送的材料，由局（厅）办公室归口协调，统一通报对方。武汉督察局和贵州省厅办公室对报送程序负责，业务处室对报送内容负责。

五、建立重大课题联合调研制度

围绕毕节开发扶贫、生态建设试验区和安顺多种经济成分共生繁荣改革实验区的建设及贵州省区域内土地管理热点、难点等问题进行调查研究，努力探索和创新解决区域性发展中存在问题的思路和方法。

关于印发《国家土地督察武汉局建设用地审批事项督察暂行办法》的函

（国土督察武函〔2008〕13号）

湖北省、湖南省、贵州省人民政府：

为加强土地监管，进一步规范建设用地审批工作，现将《国家土地督察武汉局建设用地审批事项督察暂行办法》印发。请督促省国土资源管理部门依法做好建设用地的审查和报批工作，按要求及时报送相关审核材料，与我局加强协作，共同做好用地审批的督察工作，更好地为地方经济发展提供有效的用地保障。

国家土地督察武汉局建设用地审批事项督察暂行办法

第一条　为落实中央土地调控政策，依法实行严格的耕地保护制度，加强建设用地审批事项的审核与督察工作，不断完善土地督察发现机制和纠正机制，依据《国务院办公厅关于建立国家土地督察制度有关问题的通知》（国办发〔2006〕50号）和国家土地总督察办公室下发的《建设用地审批督察办法（试行）》，特制订本办法。

第二条　本办法所称的建设用地，包括新增建设用地和需征收的集体建设用地。建设用地审批事项督察，是指根据土地管理法律、法规和有关政策以及土地利用总体规划、年度土地利用计划，对建设用地审批事项的真实性和合法性进行监督检查，包括对建设用地报批有关文件和文本资料的审核以及对建设用地的实地核查。

第三条　建设用地审批事项的督察，主要是对督查范围内的省级及省级授权设区的市（州）人民政府批准的建设用地事项进行审核与核查。不取代国土资源部有关司局、省级和省级以下地方人民政府及其国土资源管理部门的相关职能；不重复国土资源部有关司局、省级和省级授权设区的市（州）国土资源管理部门的业务工作；督察工作遵循依法、公正、及时的原则。

第四条　对建设用地报批有关文件和文本资料的审核，主要是结合掌握的情况，对建设用地审批的权限、程序、征地补偿安置标准以及实施法律、法规和政策等情况进行审核。重点审核各类建设用地审批是否符合法定权限；是否符合土地利用规划并纳入年度土地利用计划；征地补偿是否符合法律、法规和政策规定的标准；被征地农民的社会保障和安置是否符合法律、法规和政策规定；是否严格履行法定征地程序；涉及规划调整和占用基本农田的，是否符合法律、法规和政策规定的条件等。

第五条 对建设用地报批有关文件和文本资料的抄送与审核，要及时、快捷。积极推行利用互联网系统进行网上同步审核制度。实行限时审核制。

第六条 对建设用地报批有关文件和文本资料的审核，包括对省级和省级人民政府授权设区的市（州）人民政府农用地转用和土地征收审批以及报国务院批准的各类建设用地审批事项的审核。重点是对下列用地审批事项进行审核：

（一）对督察范围内报国务院审批的土地利用总体规划确定的城市建设用地范围内的建设用地。

（二）县域经济发展较快、用地量和单宗面积较大的市、县的建设用地。

（三）国家和省级开发区（尤其是省管开发区）建设用地。

第七条 依法报国务院审批的建设用地，省级人民政府在向国务院请示时，应将建设用地文件和有关资料同时抄送国家土地督察武汉局。

（一）报国务院审批城市建设用地应抄送文件和资料包括：省级国土资源管理部门的审查意见；城市农用地转用和土地征收方案申报汇总表。

省级人民政府审核同意城市农用地转用和土地征收实施方案后，应将回复文件、城市农用地转用和土地征收实施方案、单宗地块面积200亩以上并标注项目用地位置的标准分幅土地利用现状图，在用地批准后10日内抄送国家土地督察武汉局。

（二）报国务院批准的单独选址项目建设用地，在省级人民政府向国务院请示时，应将省级国土资源部门的审查意见和项目用地的平面布置图同时抄送国家土地督察武汉局。

第八条 依法报省级人民政府审批的城市分批次建设用地，与国土资源部目前实行的建设用地动态备案方式相衔接，省级人民政府应在用地批准后10日内，将建设用地批准文件、建设用地备案表、单宗地块在150亩以上并标注项目用地位置的标准的分幅土地利用现状图，抄送国家土地督察武汉局；依法报省级人民政府批准的单独选址建设项目用地，省级人民政府在用地批准后10日内，将建设用地批准文件和项目用地的平面布置图抄送国家土地督察武汉局。

依照法律和法规的规定由省级人民政府授权设区的市（州）人民政府审批农用地转用的建设用地，涉及农民建房的用地，不再抄送有关审核材料，但应在年度土地利用计划执行情况分析报告中进行特别的说明；涉及乡镇公共、公益设施和乡镇企业以及农业产业化项目用地，参照建设用地备案方式，抄送相关的用地审核材料。

第九条 建设用地的实地核查是对建设用地审批事项进行全程跟踪督察的重要环节，也是建设用地审核工作的延伸。实地核查主要是对照省级人民政府向国务院请示或批准文件，对建设项目占用土地的地类、范围和用途，以及是否存在未批先用、化整为零等问题进行现场核实。

第十条 建设用地的实地核查采取重点地区核查、指定项目核查和其他项目随机抽查相结合的方式进行。主要是对督察范围内的报国务院审批的城市主城区范围内的建设用地；国务院和省级人民政府审批的单独选址项目用地；县域经济发展较快、用地量较大的市、县的建设用地；国家和省级开发区（尤其是省管开发区）建设用地进行现场核查。尤其对占用耕地面积较大、占用基本农田、影响土地调控以及有群众举报或信访的建设项目用地进行重点核查。

第十一条 建立定期用地核查制度。省级和省级以下的地方人民政府对实地核查工作应予以配合，及时汇报有关情况，提供相关的建设用地审批台账、卷宗、土地利用总体规划和年度计划执行情况等有关资料、图件及其他工作便利，并组织有关人员配合核查组进行实地核查。

第十二条 在对省级和设区的市（州）人民政府批准的建设用地审批事项的督察中，发现有违法违规问题的，在30个工作日内由国家土地督察武汉局提出纠正意见，并及时送达给相关省级或地方人民政府。发现有严重违法违规问题的，报国家土地总督察。在对向国务院请示的建设用地审批事项督察中，发现有违法违规问题的，按上述程序及时报国家土地总督察。

第十三条 对按照国家土地总督察的意见需进行整改的建设用地审批事项，由国家土地督察武汉局向相关省级或省级以下地方人民政府提出整改意见，并督促整改。

整改地区的市、县人民政府认为已经完成整改，应经省级人民政府向国家土地督察武汉局提出解除整改的申请。国家土地督察武汉局接到申请后，对整改情况组织检查验收，认为达到整改要求的，提出解除整改的建议，报国家土地总督察。对整改不力的，提出责令限期整改建议。

第十四条 省级人民政府对抄送的建设用地审查材料、建设用地审批事项的合法合规和真实性负责；我局对省级人民政府建设用地审批事项的事前、事中、批后督察工作负责。

第十五条 在对建设用地审批事项督察中未发现问题的，不再另行告知。

第十六条 本办法自发文之日起施行。

国家土地督察成都局

国家土地督察成都局工作规则

第一章　总　则

一、为使国家土地督察成都局（以下简称局）各项工作规范化、制度化和科学化，进一步提高工作质量和行政效能，根据《国家土地督察机构工作规范》（试行），结合局工作实际，制定本规则。

二、局工作指导思想：高举中国特色社会主义伟大旗帜，以邓小平理论和“三个代表”重要思想为指导，深入贯彻落实科学发展观，代表国家土地总督察，对重庆、四川、云南、西藏四省（区、市）人民政府的土地利用和管理情况进行监督检查，落实耕地保护目标责任制，监督国家土地调控政策的实施，维护土地利用国家利益，促进土地资源科学、合理、可持续利用和经济社会又好又快发展。

三、局工作准则：坚持依法行政，推进政务公开，实行民主决策，建全监督制度，完善工作机制，提高工作效能，形成行为规范、运转协调、公正透明、廉洁高效的工作格局。

四、严格遵照“严、明、勤、廉”的要求，坚持解放思想，实事求是，严明纪律，严格管理，明确任务，忠于职守，勤政务实，勤俭办事，廉洁自律，开拓创新。

第二章　职责分工

五、局实行局长负责制，局长主持全面工作，副局长协助局长工作。

六、副局长按分工负责处理分管工作。受局长委托，负责其他方面的工作或者专项任务。

七、督察专员、副专员对局长负责，并对其督察的省、自治区、直辖市行政区域内土地利用和管理的合法性和真实性负直接责任。

八、局长出差期间，由局长指定一位局级领导代行局长职责，主持工作。副局长、专员、副专员出差期间，由局长指定其他局级领导代行其职责。

九、各处室和专员办按照局“三定”方案承担相应职责。

十、各处室及工作人员要不断改进工作方式和工作作风，各尽其责，团结一致，通力配合，创造性地开展工作，确保局各项工作部署得到贯彻落实。

第三章　职责履行

十一、局在督察区域内履行以下监督检查职责：

（一）对省级人民政府的土地利用和管理情况进行监督检查。结合当地实际，研究拟订督察工作计划和工作制度，报国家土地总督察批准后实施。

（二）监督检查省级人民政府耕地保护责任目标的落实情况。

（三）监督检查省级人民政府贯彻中央关于运用土地政策参与宏观调控要求情况。

（四）监督检查省级人民政府执行土地管理法律法规和履行土地管理法定职责的情况。

（五）对省级人民政府上报国务院审批以及由省级人民政府审批的农用地转用和土地征收事项依照规定进行监督检查。

（六）对监督检查中发现的问题，应及时报告，并向相关省级人民政府提出纠正或整改意见。对整改不力的，按照有关规定提出责令限期整改的建议报国家土地总督察。负责对被责令限期整改地区的监督检查，督促有关省级人民政府组织实施整改工作，负责对被责令限期整改地区结束整改的审核，并向国家土地总督察提出是否结束对该地区整改的建议。

（七）开展土地利用和管理的调查研究，提出加强土地管理的政策建议。

（八）承办国家土地总督察、副总督察及其他部领导交办的其他工作。

十二、各处室要认真履行相关职能，各司其职，共同推进全局工作：

（一）办公室负责组织协调局内部日常工作；负责有关会议的组织安排；负责文秘、宣传、档案、保密、安全、人事、财务、资产、后勤等工作；负责有关事务的协调、联络和服务工作； 负责编辑相关土地督察工作简报、要事专报；承办局长交办的其他工作。

（二）调研处负责组织开展土地利用和管理的调查研究，提出加强土地管理的政策建议；负责制度、规范和有关综合性材料的研究起草工作；负责土地督察信访处理工作；承办局长交办的其他工作。

（三）审核处负责督察范围内土地利用和管理中重大违法违规行为的核查工作；负责对督察范围内有关土地审批事项审查意见报局长签批前的法律审核把关工作；负责所有以局名义向外或向上发出的有关文书的法律和政策审核把关工作；承办局长交办的其他工作。

（四）督察一室负责对重庆市人民政府的土地利用和管理情况进行监督检查；承办局长和督察专员交办的其他工作。

（五）督察二室负责对四川省人民政府的土地利用和管理情况进行监督检查；承办局长和督察专员交办的其他工作。

（六）督察三室负责对云南省人民政府的土地利用和管理情况进行监督检查；承办局长和督察专员交办的其他工作。

（七）督察四室负责对西藏自治区人民政府的土地利用和管理情况进行监督检查。负责局信息管理工作，负责局综合统计工作；承办局长和督察专员交办的其他工作。

第四章　民主决策与监督

十三、规范重大事项的决策规则和程序，完善群众参与、专家咨询和领导决策相结合的决策机制。

十四、各处室提请局研究决定的重大事项，应经过深入调查研究。特别重大的事项，还需经过专家或研究、咨询机构等进行必要性、可行性和合法性论证。涉及有关地方政府、部门及群众利益的，应当主动征询和认真听取意见和建议，必要时可向社会公开征求意见。

十五、要重视群众来信来访工作，不断完善信访制度，充分发挥信访在发现土地违法违规线索方面的重要作用；局领导要亲自阅批重要的群众来信，必要时应亲自接访。

十六、要自觉接受新闻舆论的监督。对新闻媒体报道和各方面反映的重大问题，要积极主动调查有关情况，督促有关地方查处和整改，并向国家土地总督察报告。

十七、要积极推进政务公开制度和电子政务建设，及时发布政务信息，便于群众知情、参与和监督。

十八、贯彻落实行政问责和过错追究制度，明确督察工作人员的责任，保证国家土地督察制度有效实施，防范失职渎职行为的发生。

第五章　工作安排和落实

十九、加强工作的计划性、系统性和预见性，搞好年度工作安排布局，并根据形势和任务的变化及时做出调整。

二十、在每年初要根据国家土地督察年度工作安排布局，结合实际，制定局年度重点工作安排，报国家土地总督察办公室备案后实施。在年中和年末分别向国家土地总督察报告执行情况。

二十一、各处室要认真落实局年度工作安排，并在年中和年末分别向局报告执行情况。

二十二、坚决贯彻国土资源部工作部署和国家土地总督察、副总督察及其他部领导的批示、指示，各处室要严格按照局领导要求和办理时限认真落实，办公室应做好督促检查和统一上报工作。

二十三、重要情况及重大紧急情况要及时向国家土地总督察、副总督察报告，并向总督察办备案。办公室负责做好重要情况的内部通报工作。

第六章　会议制度

二十四、局实行局务会议、局长办公会议、局专题会议、局全体会议和例会制度，并可根据需要设立其他内部会议形式。

二十五、局务会议不定期召开，由局长召集和主持，参加人员为副局长、督察专员、副专员、各处室主要负责人。会议召集人可根据需要，确定有关人员列席会议。其主要任务为：

（一） 审议确定土地督察工作要点、重要工作计划和方案。

（二） 审议确定拟向省级人民政府发送的督察建议书、纠正意见书、整改意见书；审议确定拟向国家土地总督察提出的限期整改的意见和建议。

（三）审议拟向国家土地总督察报告的重大事项。

（四）审议制定各种规范性文件。

（五）审议年度预（决）算报告及重大财务事项。

（六）传达国土资源部和国家土地总督察、副总督察的重要工作部署和指示。研究议定局阶段性工作安排。

（七）审议其他重大事项。

二十六、局长办公会议不定期召开，由局长召集和主持，参加人员为副局长、督察专员、副专员。办公室主要负责人列席并记录。其他列席人员由会议召集人根据会议内容确定。其主要任务是研究解决有关重大事项。

二十七、局专题会议不定期召开，由局长、副局长、督察专员、副专员按照分工召集和主持，或由局长委托副局长、督察专员、副专员召集和主持，有关处室负责人参加。其他参加或列席人员由会议召集人根据会议内容确定。其主要任务是研究、协调和处理督察工作和局内部管理工作中一些专项问题。

二十八、局全体会议由局长召集，根据需要召开，全体干部参加。其主要任务是通报局务会议、局长办公会的重要决议以及需要全体人员周知的其他事项。

二十九、局例会原则上每周一或节假日后第一个工作日上午召开，由局长召集和主持，参加会议人员由会议召集人确定。其主要任务是传达上级文件和指示精神，听取工作汇报，通报有关情况，研究部署近期工作等。

三十、需提交局务会议和局长办公会议讨论的议题，由各处室提出，经分管副局长、督察专员、副专员审查后报局长确定。提交审议事项涉及几个处室的，会前应进行协商。

三十一、办公室负责会议的准备和组织，重要事项应将议题和有关文件材料于会前送达或通知与会人员。出席会议人员不能参加会议的，应向召集人请假。

三十二、局各种会议要指定专人负责记录，局务会议和局长办公会议要及时编写会议纪要，其他会议根据需要编写会议纪要，会议纪要报主持会议的局领导签发。

三十三、会议记录和资料按有关规定整理、归档。对于会议研究、讨论的各项内容，有关人员必须严格执行保密规定，未经批准不得擅自传达和扩散。

第七章 公文办理

三十四、向省级人民政府发送各类督察文书时，须同时抄送总督察办。其中，发送整改意见书、结束整改意见书前，须报经国家土地总督察、副总督察审示同意。对整改不力的，应及时向国家土地总督察提出责令限期整改建议。

三十五、除土地督察文书外，不直接向各省级人民政府发送通知。商洽工作和业务往来应使用“函”，尽量主送各省级人民政府办公厅。向各省级人民政府及国土资源部机关有关司局、直属单位等发送的函件，须抄送总督察办。

三十六、局办理的公文内容必须与国土资源部确定的原则相一致，涉及的业务数据必须与国土资源部确认的数据相一致。

三十七、以局名义报送的所有文件，须由局主要负责人签署。

三十八、各类公文的办理，按局《公文运转细则》执行。

第八章 作风纪律

三十九、应注重理论及专业知识的学习，努力创建学习型机关。领导干部要做学习的表率，密切关注国际国内经济、社会、科技等方面的新情况、新趋势。建立并完善工作人员培训、学习制度，不断提高整体素质。

四十、应注重深入基层，调查研究，解决实际问题。

四十一、全体工作人员要严格遵守中央有关廉政建设的规定和《国土资源管理系统工作人员禁令》，严守纪律，勤政廉洁。严格要求亲属和身边的工作人员，不得利用特殊身份拉关系、谋私利。

四十二、全体工作人员必须坚决执行上级的决定和指示，如有不同意见可在内部提出或通过组织渠道反映，在没有重新作出决定前，不得有任何与之相违背的言论和行为。

四十三、副局级以上负责同志出差及出访严格按照国土资源部有关规定执行。副局级以上负责同志出差（出访）请假要填写《国家土地督察局副局级及以上领导干部出差（出访）审批表》，报总督察审批。

四十四、局主要负责同志离开所辖区域出差（由国家土地总督察、副总督察召集或总督察办根据国家土地总督察、副总督察指示通知和安排的会议和活动除外，下同），事前应向国家土地总督察、副总督察请示，经同意后方可成行；其他司局级干部离开所辖区域出差，事前应向国家土地副总督察请示，经同意后方可成行。处级干部离开所辖区域出差，事前应向局长请示，经同意后方可成行。

四十五、副处级以上干部离开所辖区域出差期间，要保证24小时通讯畅通。

四十六、全体工作人员不得参加地方组织的出访团组。参加国土资源部内组织的出访团组，除国土资源部科技司履行相应的报批程序外，行前应按前款要求向国家土地总督察、副总督察请示同意后方可成行。出访人员必须严格遵守外事纪律。

四十七、全体工作人员应按照国家有关规定执行休假和探亲制度。

四十八、全体工作人员要严格遵守保密法律、法规、制度和纪律。凡涉及督察事项的内容，要严格保密，不得擅自对外透露、发布。涉密文件、资料及机要文件管理应遵守《中央文件发布、阅读和管理工作暂行规定》（中办发〔2004〕37号）和《国土资源部保密文件管理暂行规定》（国土资厅发〔1999〕105号）。严格执行计算机、网络管理及信息保密、会议保密、电信通讯、外事活动及宣传、新闻报道等相关保密规定。

四十九、严格按照《国家土地督察机构财务管理办法》和政府统一集中采购的相关制度和要求，做好预算编制、财务管理和设备采购等各项工作，自觉接受国土资源部财务及审计主管部门的监督和检查。

五十、实行政务公开，规范行政行为，增强服务观念，认真履行职责，树立规范服务、清正廉洁、从严治政的新风。公务接待要按照国家及国土资源部有关规定执行。需对外协调事宜特别是与省级人民政府交换意见等，经局务会议研究具体方案后，一律由主要负责同志或由主要负责同志授权的负责同志出面。

五十一、全体工作人员公务往来中，既要坚持原则，又要态度和蔼，谦虚谨慎。对职权范围内的事项按程序和时限积极主动办理，对不符合规定的事项坚持原则不予办理；不得用公款相互送礼和宴请，不得接受地方的送礼和宴请；对因推诿、拖延等官僚作风造成影响和损失的，要追究责任；对越权办事、以权谋私等违规、违纪、违法行为，要严肃查处。

第九章　附　则

五十二、本规则自印发之日起施行。

国家土地督察成都局重要事项督办制度

为确保重大决策和领导批示事项及各项工作目标的顺利完成，特制定国家土地督察成都局重要事项督办工作制度。

一、督办工作的主要内容

（一）总督察办督办的国家土地总督察、副总督察批示事项或国家土地总督察、副总督察主持召开会议议定事项。

（二）国土资源部和国土资源部办公厅文件中，要求向部或部办公厅报告贯彻落实情况或需要督办的事项。

（三）局各类会议议定事项中，明确办理时限，需要有关处室报告执行和落实情况或需要督办的事项。

（四）局领导批示中，需要有关处室报告执行和落实情况或需要督办的事项。

（五）局领导交办的其他需要督办的事项。

二、督办工作的原则及要求

（一）突出重点。按紧急程度、重要程度不同将督办事项分为不同档次，采取不同的督办力度。对紧急、重要事项，要跟踪督办。对其他督办事项，也要做到事事有着落，件件有结果。

（二）注重实效。对确定的督办事项要有明确的时限要求，承办处室要在规定时限内及时办理，及时反馈结果，确保督办的质量和效果。

（三）明确责任。凡需督办的事项，办公室及有关处室应及时在《国家土地督察成都局重要事项督办情况表》上进行登记，以备核查。各处室主要负责同志为所承担的督办事项第一责任人。各处室应明确一名同志负责协调、办理本处室督办事项。各处室之间要加强沟通协调，紧密配合，共同做好督办工作。

三、督办工作的职责划分

（一）办公室全面负责组织开展局内督办工作。确定一名同志负责督办工作的组织、协调等有关事宜，按月对承办文件和重要督办事项办理情况进行汇总，适时通报，并作为年度考核依据。

（二）各业务处室负责对涉及有关地方政府及部门事项的督办。

（三）局领导直接向处室负责人或工作人员交办的重要事项，不列入办公室督办内容。办理结果直接向交办此项工作的局领导汇报。

四、督办工作的形式和时限

（一）领导批示交办事项，由办公室根据局领导的指示交有关处室承办或直接督办。各处室可根据需要，采用电话催办、发函或督办通知单、实地督办等形式落实。

重大督办事项，有关处室根据需要拟定督办方案，报局长同意后，按方案进行。需要组织有关人员深入基层进行调研督办的，由有关处室提出建议，报局领导同意后组织实施。

领导同志批示件有明确要求的，要按照特事特办的原则处理。其中国务院领导同志的批示事项一般应在1个月内办结。

（二）各处室承办的督办事项，涉及地方政府及有关部门的，应做好沟通协调工作，并按时限要求报告办理情况和督办结果。

（三）督办工作要结合办公自动化系统建设，逐步实现自动化、智能化。

五、其他

本制度自印发之日起施行。

附表：国家土地督察成都局重要事项督办情况表（略）

国家土地督察成都局土地违法违规行为发现处置办法

第一条　为及时发现、有效处置土地违法违规行为，根据国务院办公厅《关于建立国家土地督察制度有关问题的通知》（国办发〔2006〕50号）赋予国家土地督察机构的工作职能，特制定本办法。

第二条　发现处置土地违法违规行为应做到事实清楚、定性准确、适用法律法规正确。

第三条　土地违法违规行为线索来源主要有：上级机关转交、有关部门移送、群众举报、媒体披露、网上信息、遥感监测、动态巡查等。

第四条　举报土地违法违规行为一般用书面举报方式。如接受口头举报，必须详细记录，经核对无误后，由举报人确认。举报人应当尽量使用真实姓名；举报人不愿意使用真实姓名并要求保密的，应当尊重举报人的意愿。

第五条　接到举报土地违法违规行为，应当进行审查，确需由局组织调查的，应当及时组织调查。应当由省级以下国土资源行政主管部门组织调查的，向举报人说明，同时将举报信函或者笔录移送给相应的省级国土资源行政主管部门。

第六条　局组织调查下列土地违法违规行为：

（一）国土资源部、国家土地总督察交办的。

（二）有关单位移送、群众举报和媒体披露的重大线索。

（三）有重大社会影响的。

（四）其他需要调查的。

第七条　需由局组织调查的土地违法违规线索，应当填写《土地违法违规线索调查呈批表》，经主管局领导批准后，及时组成调查组，明确负责人。调查组不得少于2人，必要时可邀请有关单位派员参加。

第八条　调查组在开展调查前应熟悉案情，制定周密的调查方案。调查方案主要包括调查目的、内容、步骤、方法和措施等。

第九条　调查组按以下程序和要求开展调查。

（一）听取情况介绍。由土地违法违规行为发生地人民政府及有关部门负责人介绍相关情况。

（二）询问。向当事人、证人或关系人询问违法违规行为有关情况，并做好询问笔录。询问笔录应由被询问人签字确认。

（三）取证。为核实有关情况，应查验书证、物证或勘验现场。

（四）通报情况。调查组向有关人民政府及部门负责人通报调查情况，听取意见。

第十条　调查土地违法违规行为，承办人、主管领导有下列情形之一的，应当回避：

（一）与被调查当事人有近亲属关系的。

（二）本人或近亲属与本案有利害关系的。

（三）与本案当事人有其他关系，可能影响公正查处案件的。

承办人员的回避，由主管领导决定；主管领导的回避，由局长决定。

第十一条　证明土地违法违规行为真实情况的一切事实都是证据。包括物证、书证、视听材料、证人证言、当事人陈述、调查笔录和勘测笔录、鉴定结论等。

承办人必须认真鉴别上述证据，未经查证属实，不得作为认定事实的依据。

第十二条　调查组可采取以下措施调查取证：

（一）查阅、复制与土地违法违规行为有关的文件、资料、图表、台账、单据、会议记录等书面材料。

（二）要求有关单位提供与土地违法违规行为有关的文件、资料、图件、台账、单据等。

（三）就有关事项对相关人员进行询问或录音、拍照、摄像。

（四）对调查所涉及的问题，可提请有关专门机构或人员做出鉴定。

（五）收集其他能够证明土地违法违规行为真实情况的证据。

第十三条　调查取证要做到：

（一）收集物证、书证，应尽量收取原物原件；不能收取原物原件的，也可拍照、复制，但须注明保存单位和出处，书证还须由原件的保存单位或个人签字、盖章。

（二）收集证言，应对出证人提出要求，讲明责任。证言材料要一人一证，可由证人书写，也可由调查人员作笔录，并经本人认可。所有证言材料应注明证人身份、出证时间，并由证人签字、盖章或押印。证人要求对原证做出部分或全部更改时，应重新出证，并注明更改原因，但不退原证。与证人谈话，调查人员不得少于2人。

（三）对有关机关移送的相关材料，必须认真审核，经调查人员认定后才可作证据使用。

第十四条　应认真鉴别证据，严防伪证、错证。发现证据存在疑点或含糊不清的，应重新取证或补证。

第十五条　调查取证工作结束后，调查组应经集体讨论，写出调查报告。调查报告包括以下内容：

（一）调查的简要过程。

（二）主要违法违规事实和性质。

（三）有关责任人员的责任。

（四）处理建议和依据。

第十六条　调查报告须由调查组全体成员签名。调查组内部对违法违规性质认定、有关人员的责任及处理建议有不同意见未能取得一致时，应按调查组长的意见写出调查报告，但对不同意见应在报告中作适当反映，或以其他书面形式反映。

第十七条　调查组一般可将调查报告经领导同意后的主要内容，向被调查地区省级人民政府或国土资源部门通报。

第十八条　调查应在1个月内完成，特殊情况经主管领导批准，可适当延长。

第十九条　调查结束后，视情况分类处理：

（一）认定举报不实或证据不足，未发现违法违规事实的，终结调查。

（二）认定违法违规事实清楚、情节轻微的，向省级国土资源行政主管部门通报情况，督促调查处理。

（三）认定违法违规事实清楚、情节严重的，经批准，向有关省级人民政府发出督察整改意见。情节特别严重或整改不力的，报请国家土地总督察责令限期整改。

第二十条　调查中，要遵守保密规定，注意为举报人、证人保密。

第二十一条　本办法自印发之日起施行。

附表：

土地违法违规线索调查呈批表

编号：　年度第　号

案件线索来源	
案件线索反映的主要问题	
承办人初审意见	
处室负责人审查意见	
局分管领导审核意见	
局长审批意见	

国家土地督察成都局
派驻国家土地督察专员试点暂行办法

第一章 总 则

第一条 为了切实履行国家土地督察职责，完善国家土地督察制度，规范派驻国家土地督察专员（以下简称督察专员）试点工作，根据国务院办公厅《关于建立国家土地督察制度有关问题的通知》（国办发〔2006〕50 号）精神和国家土地总督察要求，结合局工作实际，制定本办法。

第二条 局向重庆市派驻督察专员，设立督察专员办公室（以下简称专员办）。实行局长负领导责任，督察专员负主要责任，督察专员对局长负责。

第三条 督察专员开展土地督察工作应遵循以下原则：

（一）依据国办发〔2006〕50 号的要求，代表局对重庆市土地利用和管理实施监督检查。

（二）严格执行局各项管理规定。

（三）不改变、不取代重庆市政府及其国土资源行政主管部门的行政许可、行政处罚等管理职权。

第二章 工作职责

第四条 督察专员在局统一领导下，领导专员办开展工作，履行监督检查职责：

（一）贯彻执行党和国家土地管理的方针、政策，宣传土地管理的法律、法规。根据局统一部署和安排，结合重庆市的实际，研究拟订督察工作计划和工作制度，报局批准后实施。

（二）监督检查重庆市落实耕地保护责任目标、贯彻中央关于运用土地政策参与宏观调控以及执行土地管理法律法规的情况。

（三）审核重庆市上报国务院审批以及由市人民政府审批的农用地转用和土地征收事项的合法性和真实性。

（四）在监督检查土地利用和管理中发现的问题，按照有关规定及时向有关地方政府通报，重大问题向局提出是否发出督察文书的建议，并负责督促落实。对结束整改的请示进行初步审核，向局提出是否结束整改的建议。

（五）开展土地利用和管理的调查研究，提出加强和改进土地管理的政策建议。

（六）承办局领导交办的其他事项。

第三章 日常事务

第五条 督察专员应正确处理与重庆市人民政府、重庆市国土房管局的关系，建立良好的协调沟通机制、协同配合工作机制。

第六条 建立发现机制。督察专员应通过巡回检查、遥感监测、信访举报、调查研究、媒体报道、相关部门提供材料、审批事项审核等渠道，获取重庆市土地利用和管理的有关信息，及时总结经验、发现问题，分析土地违法违规发生规律和发展趋势。

第七条 开展建设用地审批事项审核。

（一）专员办直接受理重庆市抄送的建设用地审批事项的文件材料，并进行备案登记。根据督察工作需要，查阅与工作相关的文件资料，对审批事项的合法性和真实性进行核查，对项目用地的批后实施情况进行跟踪检查。

（二）对审核、核查和检查中发现的问题及时提出整改建议和意见。

（三）督察专员应按季度对建设用地审批事项的审核情况进行总结分析，形成书面报告报局。

（四）督察专员对审核结果负责。

第八条 开展耕地保护目标与土地利用年度计划执行情况的督察。

（一）督促重庆市人民政府及时签订当年的耕地保护目标责任书、制定完善耕地保护责任目标考核实施办法、落实耕地占补平衡制度、严格保护基本农田。监督检查土地利用年度计划执行情况。

（二）对监督检查中发现的问题及时提出整改建议和意见。

（三）对全年的耕地保护督察情况进行总结分析，形成书面报告报局。

第九条 重视信访举报工作，畅通信息渠道，切实维护群众权益。

（一）按有关规定将土地信访举报案件交由地方人民政府或有关部门处理，并跟踪督办。

（二）根据情况，指派专人对土地信访举报案件进行核查，重大案件应及时报局，并加大督办力度。

第十条 加强土地利用与管理的调查研究工作。

（一）根据工作实际，年底前拟定下一年度调研计划报局。调研计划应列明调研项目名称、项目背景、必要性、预期目标、实施进度、人员组织、经费预算等内容，调研计划经局同意后纳入局年度调研计划。

（二）调研工作采取重点调研、抽样调研、实地调研等形式，必要时可聘请相关单位协助。

（三）调研完成后应及时形成调研报告报局。

第十一条 组织开展专项督察和例行督察。

（一）制定详细工作方案，包括督察地区基本情况、任务目标、督察内容、督察方式、时间安排、参加人员、经费预算和注意事项等内容，需要聘请相关机构和人员参加的，还应就机构选择、工作要求等进行说明。

（二）工作方案经局批准后，由督察专员组织实施。在开展督察工作时，应听取地方工作汇报，查询相关资料，了解督察事项的基本情况、合法性、真实性。

（三）对发现的问题及时提出整改建议和意见。

（四）督察结束后，应形成书面报告报局。

第四章 工作制度

第十二条 建立专员办会议制度，实行民主和科学决策。每周召开一次专员办工作例会，主要内容是：

（一）传达局工作部署和要求。

（二）研究、讨论草拟的文件或拟向局报送的材料。

（三）研究、讨论督察工作计划、方案和相关工作部署。

（四）通报有关情况。

（五）督察专员认为需要例会研究讨论的其他事项。

第十三条 督察专员在出席局务会和局长办公会时，对下列议题要事先准备好材料：

（一）本督察区域土地督察工作要点、重要工作计划、工作方案。

（二）拟向督察区域人民政府发送的和向国家土地总督察上报的督察建议、纠正意见、整改建议、限期整改建议，拟结束整改的建议。

（三）需提交局审议的其他重大事项。

第十四条　建立专员办学习制度。每月组织干部参加不少于2天的理论和业务学习，内容包括国家的法律法规政策、上级有关文件、领导讲话以及与土地管理和土地督察有关的政策。

第十五条　严格执行局保密制度。涉及督察事项的内容，要严格保密，不得擅自对外透露、发布。

第十六条　严格执行局档案管理制度。明确专人负责，凡需归档保存的文件资料要及时归档。

第十七条　加强公文管理，切实提高办文效率和质量。

（一）安排专人负责收发文件，受理文件应做好分类、编号和登记。收到局、地方人民政府和有关部门文件后，应及时将文件送督察专员批示，督察专员应将受理的文件尽快分派办理。

（二）督察专员对上报的公文稿件负责审核，签字确认后报局。

（三）专员办不对外正式发文。

第十八条　督察专员及时应对、妥善处理突发性事件。遇到突发性事件，应及时与地方人民政府和有关部门联系沟通，了解情况，采取措施，稳定局面；同时向局汇报，按局要求跟踪督办。事后，对引发事件的原因、处理结果以及存在的问题及时形成书面材料报局。

第十九条　督察专员如需对外发布新闻信息，须报局批准，通常由局统一对外发布。

第二十条　督察专员及专员办要严格执行党风廉政建设的有关规定。不准接受被督察单位的钱物和有价证券，不准违反规定到被督察单位报销应由个人支付的费用，不准接受影响督察工作公正的宴请和其他消费，不准利用职务之便为特定关系人谋取不正当利益，不准参与打麻将及其他带有赌博性质的活动。

第二十一条　督察专员及专员办工作人员应当勤勉克己、忠于职守，自觉遵守国家法律法规及局各项规章制度。

第五章　附　则

第二十二条 本办法自印发之日起试行。

国家土地督察成都局
派驻国家土地督察专员请示报告制度

第一条　为加强派驻国家土地督察专员（以下简称督察专员）试点工作的规范化建设，贯彻执行国家土地总督察、副总督察、局领导的指示和要求，建立良好的工作秩序，提高督察工作效率，结合工作实际，制定本制度。

第二条　督察专员应适时将督察区域的下列情况向局报告：

（一）耕地保护、农用地转用、土地征收等日常督察、例行督察、专项督察、重点督察以及共建联系点工作的开展情况等。

（二）突发性事件及处理情况。

（三）土地利用和管理的调研情况。

（四）地方政府在土地利用与管理方面出台的有关政策。

（五）局长交办工作的完成情况。

（六）其他需要向局报告的事项。

第三条　督察专员对下列情况应当及时向局请示：

（一）对重大土地违法违规问题的处理建议。

（二）对整改地区是否结束整改的建议。

（三）拟约见市级领导商谈事项或交换意见。

（四）拟出席市政府、国土资源行政主管部门召开的重要工作会议并作讲话的。

（五）其他需要向局请示的事项。

第四条　专员办加强与局相关处室的联系配合。适时向有关处室通报工作开展情况，协同有关处室在督察区域开展工作。

第五条　专员办负责人应将重点工作开展情况、各类土地违法违规案件线索及时向督察专员请示、报告，特殊情况下可直接向局请示、汇报。

第六条　专员办工作人员接待新闻单位采访和调查，须报经督察专员同意。

第七条　专员办工作人员离开成都、重庆（由局长安排的公务除外），须经督察专员同意。

第八条　本制度自印发之日起试行。

国家土地督察成都局例行督察管理办法

第一章　总　则

第一条　为了切实履行国家土地督察职责，规范例行督察行为，提高工作质量，根据《中华人民共和国土地管理法》和《国务院办公厅关于建立国家土地督察制度有关问题的通知》（国办发〔2006〕50号）精神，结合工作实际，制定本办法。

第二条　土地例行督察，是指对地方人民政府一定时期内的土地利用和管理情况开展的全面监督检查。根据工作需要，也可重点就土地利用和管理的特定方面开展监督检查。

第三条　土地例行督察不取代、不改变地方人民政府及其土地行政主管部门的行政许可、行政处罚等管理职权。

第二章　例行督察对象

第四条　例行督察对象原则上为市（地）级人民政府，根据需要也可为县级人民政府。

第五条　例行督察对象根据以下情况确定：

（一）国家土地总督察的工作部署。

（二）局一定时期内的督察工作计划。

（三）在执行国家土地法律法规方面反映问题较多，信访举报量较大的地区。

第六条　在督察区域省级范围内，每年确定的例行督察对象原则上不少于3个（西藏除外），根据督察装备和队伍建设情况逐步增加。

第七条　各督察室每年年初提出拟开展例行督察的对象，报局务会审议确定。特殊情况下可临时确定。例行督察任务应在当年内完成。

第三章 例行督察内容

第八条 例行督察应当对督察对象的土地利用和管理情况的真实性、合法性进行全面监督检查，根据需要对土地利用和管理情况的合理性进行审查。

第九条 例行督察内容主要包括：

（一）耕地保护责任目标落实情况。

（二）土地整理复垦开发及耕地占补平衡情况。

（三）土地规划、计划执行情况。

（四）土地审批、供应及使用情况。

（五）土地调控政策执行情况。

（六）土地征收征用有关政策落实情况。

（七）土地调查及登记情况。

（八）土地执法监察情况。

根据工作需要，可以确定以上部分内容作为工作重点。

第四章 例行督察方案编制

第十条 在实施土地例行督察前，应当编制例行督察工作方案。

第十一条 例行督察工作方案由相应督察室会同审核处编制，内容包括编制依据、督察对象基本情况、工作目标任务、工作内容与重点、工作方法与步骤、人员组成与分工、经费预算、保障措施等。工作方案经分管督察专员审核后报局务会审定。

第十二条 例行督察工作方案，由分管督察专员组织实施，特殊情况可由局统一组织实施。人员以相应督察室为主，并聘请具有相应资质的技术单位人员参加，组成工作组，负责例行督察的具体实施工作。

第五章 例行督察的实施

第十三条 例行督察工作方案确定后，由局向督察对象所在的省级人民政府发送例行督察通知书。

第十四条 例行督察可采用以下方式：

（一）听取汇报。全面了解该地区土地利用和管理情况。

（二）查阅案卷。审核该地区有关土地利用和管理方面的相关资料，并要求被督察单位及相关人员就有关情况做出说明。

（三）实地巡察。利用各种技术手段，对督察区域进行巡察或抽查，对重点区域进行实地踏勘，并要求被督察单位及相关人员就有关情况做出说明。

（四）走访调查。走访当地群众、相关单位和个人，听取对该地区土地利用和管理工作的意见。

（五）延伸督察。根据需要，可对涉及的相关事项进行调查，要求相关部门、单位和个人配合。

第十五条 工作组应当全面分析评估督察对象的土地利用和管理情况，对好的做法和经验要认真总结，对存在的问题要逐一指出，并与督察对象交换意见。督察对象对存在问题有异议的，工作组应进行核实，并做出必要的说明。

第六章 例行督察报告

第十六条 现场工作结束后，应及时形成例行督察报告。例行督察报告主要包括以下内容：

（一）工作的基本情况。

（二）督察对象的基本情况。

（三）对督察对象土地利用和管理情况的总体评价。

（四）好的做法和典型经验。

（五）存在的主要问题。

（六）处理意见和建议。

第十七条　例行督察报告形成后送局审核处审核。审核的主要内容包括：

（一）督察目标是否实现。

（二）主要事实的认定是否清楚。

（三）适用法律、法规和政策是否准确。

（四）评价、定性、督察处理意见和建议是否恰当。

第十八条　审核处应在5个工作日内出具审核意见，必要时可提出补充调查的建议。

第十九条　例行督察工作报告和审核意见经分管督察专员审查后报局，由局务会或局长办公会听取工作汇报，研究决定督察处理意见，并审定例行督察工作报告。

第二十条　工作组根据局务会或局长办公会研究意见，负责起草对省级人民政府的例行督察意见书，经审核处审核，由局报国家土地总督察审定后送有关省级人民政府。相应督察室负责例行督察意见落实的跟踪督办。

第二十一条　建立例行督察资料档案。相应督察室应按照档案管理要求，负责组织例行督察资料收集、整理、立卷及移交工作。

第七章　保障措施

第二十二条　例行督察要积极争取省级人民政府及有关部门的支持和配合。例行督察工作人员既要坚持原则，严肃指出存在的土地违法违规问题；又要注意工作方法，充分尊重地方政府及相关部门。

第二十三条　督察工作人员应严格要求、廉洁自律，不得向当地提出除工作以外的特殊要求，不得接受督察对象的钱物和有价证券，不得在督察对象处报销任何费用，不得接受督察对象的宴请和高消费娱乐活动，不得泄露督察工作秘密。重大问题严格遵守请示报告制度，不得隐瞒不报，不得擅自做主，不得擅离职守。

第二十四条　例行督察工作情况应纳入年度考核重要内容，对工作成绩突出的由局给予表彰。

第七章　附　则

第二十五条　本规定自印发之日起施行。

国家土地督察西安局

关于印发《国家土地督察西安局督察工作程序规定（试行）》的通知

（国土督西发〔2008〕12号）

机关各处室：

经局领导研究决定，现将《国家土地督察西安局督察工作程序规定（试行）》印发给你们，自2008年4月1日起执行。

附件：1.国家土地督察西安局督察工作方案

2.国家土地督察西安局督察工作实施方案

3.土地督察工作记录

4.土地督察报告（封面）

5.土地督察处理意见复核表

二〇〇八年三月二十九日

国家土地督察西安局督察工作程序规定（试行）

第一章　总　则

第一条　为了规范土地督察行为，提高土地督察工作质量，明确督察责任，根据《中华人民共和国土地管理法》和《国务院办公厅关于建立国家土地督察制度有关问题的通知》（国办发〔2006〕50号）文件规定，结合国家土地督察西安局工作实际制定本规定。

第二条　西安督察局代表国家土地总督察对陕西省、甘肃省、青海省、宁夏回族自治区、新疆维吾尔自治区人民政府和新疆生产建设兵团的土地利用和管理情况进行督察时，内设机构和人员应当遵守本规定。

第三条　实施督察行为过程中遇有情况突然或重大变化，经局长或其授权的副局长批准，可以适当调整本程序相关规定。

第二章　土地督察方案编制

第四条　西安督察局在实施督察行为前，应当编制土地督察工作方案和土地督察实施方案。

第五条　西安督察局在编制土地督察工作方案和土地督察实施方案前，应当安排适当的人员和时间，对督察对象的有关情况进行事先调查。

第六条　事先调查应当了解督察对象下列基本情况：

（一）督察区域的自然概况，政治、经济和社会发展，历史文化、民族宗教、民俗风情等基本情况；

（二）督察区域土地利用和管理的基本情况；

（三）耕地保有量、基本农田面积及土地利用总体规划和土地利用年度计划及其执行情况；

（四）年度土地利用变更情况；

（五）遥感监测资料比对及实地核查情况；

（六）通过举报、来信来访和媒体披露等途径发现的督察线索；

（七）以往接受调研督察情况；

（八）其他需要了解的情况。

第七条 土地督察工作方案的主要内容：

（一）土地督察工作目标；

（二）土地督察区域范围；

（三）土地督察对象；

（四）督察内容与重点；

（五）督察工作组与分工；

（六）工作要求；

（七）其他有关内容。

土地督察工作方案应当具有指导性和约束性。

第八条 土地督察工作方案由相关督察室具体负责编制，经相关督察专员、分管副局长逐级审核，报局长批准，并下达到相关督察专员和督察室实施。

重要的土地督察工作方案应当经局务会议审定。

第九条 土地督察工作方案经局长批准或局务会议审定后，应当向督察对象发送督察通知书，编制土地督察实施方案。督察通知书的主要内容包括督察对象、督察的目的和内容、时间要求等有关事宜。

第十条 土地督察实施方案的主要内容：

（一）编制的依据；

（二）督察对象的名称和基本情况；

（三）督察工作目标；

（四）督察的区域范围、内容、重点以及方法步骤；

（五）预定的督察工作起止时间；

（六）督察工作组组长、成员及其分工；

（七）编制的日期；

（八）其他有关内容。

第十一条 相关督察室具体负责起草督察通知书，编制土地督察实施方案，并经相关督察专员审核，报局长批准，由相关督察专员组织相关督察室负责实施。

相关督察室应当组织督察工作组具体实施督察工作。

重要的土地督察实施方案，应当报局长或由局务会议审定。

第十二条 对土地督察实施方案进行审核的主要内容：

（一）督察目标的可行性；

（二）督察区域范围、内容和重点的适当性；

（三）督察方法步骤的可操作性；

（四）时间安排的合理性；

（五）工作分工的恰当性；

（六）其他需要审核的事项。

第十三条 督察工作组应当将事先调查情况、督察方案审核情况以及督察实施方案调整情况加以记录。督察人员对事先调查过程中形成的有关记录的真实性和完整性负责。

相关督察室应当及时将批准后的土地督察工作方案和土地督察实施方案抄送调研审核处备案。

第三章 土地督察资料收集

第十四条 督察人员应当按照土地督察实施方案确定的具体内容要求，在实施督察过程中收集土地督察资料。

第十五条 土地督察资料的形式包括文字资料、图件资料、视听或者电子数据资料以及其他资料。

第十六条 土地督察资料应当具备客观性、关联性、合法性、充分性。

第十七条 督察人员按照下列方法收集督察资料：

（一）通过询问、调查和要求报告等方法获取有关信息和资料；

（二）通过检查的方法收集督察资料；

（三）通过遥感监测及其资料比对和实地核查的方法收集督察资料；

（四）通过接受举报、来信来访和媒体披露等途径收集督察资料；

（五）经局长批准，可以通过暗访的形式收集督察资料；

（六）通过其他方法收集督察资料。

第四章 土地督察工作记录

第十八条 土地督察工作记录是督察人员以人为单位按时间顺序反映其每日实施督察全过程的书面记录。

第十九条 督察人员应当在实施督察过程中逐日编写土地督察工作记录。督察工作组也可以指定专门人员编写土地督察工作记录。

第二十条 土地督察工作记录的要素：

（一）督察事项名称；

（二）督察人员姓名；

（三）工作分工；

（四）实施督察的日期；

（五）督察工作具体内容 。

第二十一条 土地督察工作记录记载的具体内容：

（一）督察事项的名称；

（二）实施督察的方法步骤；

（三）事先调查及实施督察中收集的资料名称和数量；

（四）督察人员的分析判断和查证结果；

（五）其他需要记录的情况。

第二十二条 督察人员应当真实、完整地编写土地督察工作记录，不得遗漏、虚构、隐匿、毁弃，其他人不得删改。

土地督察工作记录，应当要素齐全，内容完整，简明扼要。

第五章　土地督察报告

第二十三条　土地督察报告是实施督察后，对督察对象的土地利用和管理情况的真实性、合法性、适当性发表督察意见的书面文书。

第二十四条　土地督察报告包括下列基本要素：

（一）标题，统一表述为“土地督察报告”；

（二）编号，一般表述为“****年*第*号”；

（三）督察对象名称；

（四）督察事项名称；

（五）内容；

（六）督察机关；

（七）签发日期。

第二十五条　土地督察报告的内容：

（一）督察依据，即实施督察所依据的法律法规和政策规定。

（二）督察对象的基本情况。

（三）实施督察的基本情况，一般包括督察区域范围、督察方式和督察实施的起止时间。

（四）督察评价意见，即根据不同的督察目标，以督察结果为基础，对督察对象土地利用和管理情况的真实性、合法性及适当性发表评价意见。

（五）对督察对象正面典型经验进行总结。

（六）督察发现的督察对象违法违规问题的事实和定性以及督察处理意见。

（七）对督察对象提出改进土地管理的意见和建议。

第二十六条　督察工作组实施督察后，应当提出土地督察报告。

第二十七条　督察报告经督察工作组组长审核后，可以征求督察对象意见。

第二十八条　督察对象对征求意见的土地督察报告有异议的，督察工作组应当进行核实，并作出说明。必要时，应当修改土地督察报告。

征求意见的土地督察报告应予保留。

第二十九条　对督察对象违法违规行为需要发出《督察建议书》、《整改意见书》、《限期整改通知书》等督察文书的，由相关督察室代拟有关督察文书。

第三十条　相关督察室应当将其代拟的土地督察报告、相关督察文书、督察对象对督察报告的意见以及其他有关材料报送调研审核处复核。

第三十一条　调研审核处应当对下列事项进行复核：

（一）督察实施方案确定的督察目标是否实现；

（二）主要事实的表述是否清楚；

（三）适用法律、法规、规章和政策是否正确；

（四）评价、定性、督察处理意见和工作建议是否准确恰当；

（五）督察程序是否符合规定；

（六）其他需要复核的事项。

调研审核处应当在规定的期限内提出复核意见，出具复核意见书。

第三十二条　相关督察室应当将代拟的土地督察报告、相关督察文书和调研审核处的复核意见书，报送相关督察专员、分管局长审核后，经局长或其授权的副局长同意后审定。

重要的督察事项召开局务会议讨论审定。参加人员除局务会议成员外，应当包括督察工作组组长和其他有关人员。

第三十三条 相关督察室参与局务会议审定事项的记录工作，并根据局务会议决定修改土地督察报告、相关督察文书。

第三十四条 相关督察室应当将土地督察报告报送分管副局长审核后，由局长签发。相关督察文书应当按照规定向国家土地总督察、副总督察请示后由局长签发。

第三十五条 土地督察机关应当按照规定在一定期限内将出具的土地督察报告上报国家土地总督察、副总督察，将出具的相关督察文书送达督察对象。

第六章 土地督察资料整理

第三十六条 相关督察室应当按照文件档案管理要求组织督察工作组整理与督察工作有关的资料，建立土地督察资料档案。

第三十七条 土地督察资料档案实行督察工作组负责制，督察工作组组长对督察资料档案反映的业务质量进行审查验收。

第三十八条 督察工作组应当确定立卷责任人及时收集督察工作的相关资料；督察行为终结后，立卷责任人及时办理立卷工作。

第三十九条 立卷责任人应当将与督察工作有关的下列资料归入督察工作案卷：

（一）结论类资料，主要是督察工作报告及局务会议记录、复核意见书、督察工作组的说明、被督察对象对督察工作报告的意见等土地督察报告形成过程中形成的文件材料、督察文书及相关文件材料等；

（二）验证类资料，主要是事先调查收集的资料、土地督察资料、土地督察工作记录等；

（三）立项类资料，主要是上级机关的指令性文件、与督察事项有关的举报材料及领导批示、督察工作方案及实施方案、事先调查记录等相关材料、督察通知书等；

（四）备查类资料，主要是不能归入前三项的其他文件材料。

第四十条 文件资料按照督察项目立卷，一个项目可立一卷或者若干卷，但不得将数个项目合并立为一卷。

跨年度的督察项目，在工作完成的年度立卷。

第四十一条 立卷责任人应当按照下列规则排列文件资料：

（一）案卷内的文件资料按照结论类、验证类、事项类和备查类的顺序排列；

（二）结论类采用逆督察程序并结合文件资料的重要程度排列；

（三）验证类按照土地督察工作记录及所附督察资料与督察实施方案所列事项对应的顺序排列；

（四）立项类按照文件资料形成的时间顺序，并结合文件资料的重要程度排列；

（五）备查类按照文件资料形成的时间顺序，并结合文件资料的重要程度排列；

（六）案卷内的每份或者每组文件之间按照正件在前附件在后、定稿在前修改稿在后、批复在前请示在后、批示在前报告在后、重要文件在前次要文件在后、汇总性文件在前基础性文件在后的顺序排列；

（七）土地督察记录以人为单位记录的按照督察工作组组长及成员顺序排列，可以单独立卷和存放。

第四十二条 立卷责任人将文件资料归类整理、排列后，交由督察工作组组长审查验收。

督察工作组组长按照有关规定对文件资料进行审查验收，并签署审查意见。对不符合规定的，应当责成有关人员改正。

第四十三条 督察工作组应当按照规定期限将检查合格的督察资料案卷移交归档。

第七章 督察工作责任

第四十四条 督察工作组组长及其成员、相关督察室负责人、审核机构负责人和复核人员、相关督察专员、督察机关领导在实施督察行为过程中，违反有关法律、法规和政策及本规则有关规定的，应当按照国家有关规定追究相应责任。

第四十五条 追究土地督察工作责任包括下列处理形式：

（一）责令改正错误；

（二）告诫、批评教育；

（三）责令书面检查；

（四）通报批评；

（五）停职培训、转岗；

（六）情节严重的，按照有关规定给予行政处分；

（七）构成犯罪的，依法追究刑事责任。

第四十六条 对违反督察工作有关规定的行为，由局务会议责成有关部门进行调查，并根据调查结果按照规定作出处理决定或提出处理建议。

第四十七条 西安督察局可以根据督察工作情况组织年度优秀土地督察工作项目评选，对被评为优秀的单位给予通报表扬，并对参加工作的有关人员给予奖励。

第八章 附 则

第四十八条 西安督察局实施遥感监测督察的工作程序按有关规定办理。

第四十九条 本规定自2008年4月1日起施行。

附件一：

国家土地督察西安局督察工作方案

编号：2008 第 号

督察区域	
督察目标	
督察内容和重点	
督察工作组组成	
工作要求	
局领导审批意见	

主办处室负责人： 拟稿人： 编制日期：

附件二：

国家土地督察西安局督察实施方案

督察依据	
具体督察区域	
督察内容 重点 方法 步骤	
督察工作组 成员分工	组长：　　　　　　　　记录人： 报告起草人：　　　　　立卷人：　　　　　其他成员：
督察起止时间	
局领导 审批意见	

主办处室负责人：　　　　　　拟稿人：　　　　　编制日期：

附件三：

土地督察工作记录

督察事项：______________________________

督察人员：______________________________

工作分工：______________________________

督察日期：______________________________

督察方法步骤：______________________________

督察资料名称和数量：______________________________

初步查证结果：______________________________

其他需要记录事项：______________________________

记录人：（签名）

第　页　共　页

附件四：

土 地 督 察 报 告

2008 第 号

督察区域：
督察组组长：
起草人：
编制时间：

国家土地督察西安局

附件五：

土地督察处理意见复核表

编号：

<table>
<tr><td>督察区域</td><td></td></tr>
<tr><td>主办处室</td><td></td></tr>
<tr><td>督察业务文书名称</td><td></td></tr>
<tr><td rowspan="5">复核意见</td><td>督察目标是否实现：</td></tr>
<tr><td>主要事实表述是否清楚：</td></tr>
<tr><td>程序是否规范：</td></tr>
<tr><td>适用法律法规和政策是否正确：</td></tr>
<tr><td>处理意见或建议是否适当：</td></tr>
</table>

复核人：　　　　　审核处负责人：　　　　　复核日期：

关于开展国家土地督察工作问题调研分析的报告

（国土督西发〔2008〕30号）

国家土地总督察办公室：

按照国家土地总督察办公室《关于开展国家土地督察工作调研的函》（国土督办函〔2008〕5号函）的要求，我局结合西北土地督察工作实践，重点围绕调研提纲设计的5个问题进行了分析和研讨。现将有关情况报告如下：

一、实施国家土地督察制度的几点体会

我局自建立以来，在部党组和国家土地总督察、副总督察的直接领导下，在西北各省区和新疆生产建设兵团的大力支持、配合下，始终坚持以科学发展观为统领，认真贯彻落实国办发〔2006〕50号文件精神，联系西北实际，大胆探索创新，边组建、边工作，认真实施国家土地督察制度，取得了明显成效。总结一年多来的土地督察工作，主要有以下三点体会：

（一）加强基础建设，是实施好国家土地督察制度的前提

一是强化制度基础。坚持把正常的工作规范和制度建设有机结合在一起，用制度管人、用制度管事，明确了工作责任。目前，我局已初步建立一系列土地督察办公制度和业务工作制度，已执行和试行20件。特别是为了规范土地督察工作，提高督察工作效率，我局制定了《国家土地督察西安局督察工作程序规定（试行）》，受到甘藏春副总督察的批示肯定。从一年多来的运行情况看，已执行的各项制度都得到了较好的实施。

二是强化工作基础。一年多来，由局领导带队，采取调查研究与监督检查相结合的方法，围绕土地利用和管理中存在的突出问题、耕地保护责任制落实情况、对土地督察工作的意见和建议等问题，全局先后开展了多次调研和督察活动。多次拜会了各省级机构主要领导，会见或约见了20多个市（州、地）政府（行署）领导，先后与500多位市县（区）和乡镇国土资源部门的干部座谈，了解土地利用与管理情况，调研了相关省、市、县国土资源管理部门及乡所（站）工作开展情况。同时，开展专项督察，实地检查了一批重点地区的建设用地现场。通过调研和督察，加深了对土地督察机构工作性质的认识，掌握了大量第一手资料和一些重要线索，督促查处了一批主要案件，为全面开展工作打下了坚实基础。

三是强化作风基础。采取“自学与集中学习”相结合的方式，多次组织政治理论学习活动。对所有新进人员，都坚持了先培训后上岗的原则，并强调了自律、低调、学习、安全的基本要求。通过学习，把全体职工的思想统一到科学发展观的理论实践上来，统一到党的十六大以来对土地管理工作提出的新思路、新要求上来，统一到“建设高效廉洁的国家土地督察西安局”的工作目标上来，使大家增强使命感与政治敏锐性，强化了纪律观念，提高了廉洁自律的能力。

（二）突出工作重点，是实施好国家土地督察制度的关键

西北地区国土面积大、管理队伍相对薄弱、督察工作人员少、工作距离太长等客观因素决定了我局必须采取抓重点的工作思路和方法。

一是督促落实耕地保护责任目标。去年到3月28日、今年到3月25日，6个省级机构全部与市（州、地、师）签署了耕地保护目标责任书，成为全国最早落实责任目标的地区之一。同时督促部分省区完善了考核办法。目前，6个省级机构均形成了各具特点的耕保责任目标体系。

二是全程参与百日行动。我局及时制定了工作方案，落实了督察责任。三次召开座谈会，交流各省（区）工作经验，探讨有关问题的处理方式，督促指导各地百日行动的开展。运用技术手段，全面真实掌握了督察区域三类违法违规用地情况，先后派出20多个工作组，对西安、兰州等10多个市，以及西安市长安区、兰州七里河区等20多个县市（区），咸阳市高新区等7个开发区典型案件进行现场督察。对银川市金凤区等部督办的重点整改地区及重大典型案件进行了实地督促检查。对各地后续处理工作和建立土地管理长效制度的情况开展督促检查。对西北各省区土地违法违规案件的特点、成因和趋势以及查办案件中存在的问题进行分析研究，提出对策措施；同时向有关省级机构分管领导进行通报，提出建议，引起高度重视，压制了违法违规用地反弹。

三是围绕土地利用和管理中存在的突出问题进行调研督察。调研涉及5个省区和兵团，西安等15个地级以上城市，70多个市、州、县、区，30多个开发区，提出了正面疏导开发区建设、提高土地利用水平等方面的建议和调研报告。

四是结合西北实际，及时召开西北地区土地督察工作座谈会；正确分析形势，印发了《2008年西北地区土地督察重点工作安排》。从学习实践科学发展观、巩固百日行动成果、督察落实土地宏观调控政策和耕地保护目标责任制、加强专项督察、创新督察工作方式和机制、开展调查研究、加强督察能力和基础建设等7个方面，明确了2008年度的19项重点工作任务。

（三）创新工作方法，是实施好国家土地督察制度的保证

建局伊始，我局确定了“调查研究与监督检查相结合，以利于推进工作；技术手段与传统手段相结合，以利于发现问题；主动沟通与纠正整改相结合，以利于达到目标；重点任务与基础工作相结合，以利于加强管理”的工作方法。一年多的实践表明，“四结合”工作方法符合西北实际、符合西北地区土地利用和管理实际、符合西安督察局工作特点，取得良好效果。在具体的思路和做法上，有四个方面值得总结。

一是“应用信息化等手段推进土地督察”工作的探索。一年多来，结合试点，有重点、分时段开展了9个批次的遥感监测督察工作，监测区域面积达45277.0平方公里，监测出变化图斑2847块，面积144836.7亩。运用遥感监测技术手段，全面、及时、客观地掌握了这些地区的土地利用现状变化，直接发现了一批重要违法违规用地案件线索，为迅速有效地查处整改提供了条件，为年度土地利用计划执行情况考核、建设用地审核工作的深化，提供了技术参考；有力地促进了地方政府土地管理工作的积极性和主动性，提升了土地督察工作的效能和科学性。我局的技术资料，得到绝大多数督察对象的高度重视，陕西、宁夏等省区政府主管领导明确要求调阅参考。

二是“正面推动、严格监督、疏堵结合、改进管理”的探索。西北地区各方面基础薄弱，干部朴实宽厚但倔强保守，解决问题的能力与东部差距较大，加上自然、经济、社会、文化、历史和宗教等方面的因素，在发展的起步阶段，各地政府对土地严管的一系列政策措施、特别是土地督察普遍存在抱怨甚至抵触情绪。针对这种情况，我局特别注意了坚持与人为善，以解决问题为目的开展工作。对发现的问题，涉及原则绝不迁就；对问题的处理，在严格执行政策的同时，积极主动地提出一些合理化的建设性意见。我局把这种工作方式概括为“正面推动、疏堵结合”，继而总结为“正面推动、严格监督、疏堵结合、改进管理”。这种方法得到西北各级政府领导的欢迎和好评，树立了国家土地督察机构的正面形象，增强了各级领导依法用地的意识，有效遏制了土地违法案件上升的态势。

三是“软措施”的探索。针对西北大部分地区土地违法违规情况相对不太严重、面积规模较小、主观故意较少、省级领导对严管土地的重视程度日益加大、特别恶劣（既不合情又不合理更不合法）的案件不多等实际情况，我局经过探索，除特别严重的案件外，基本采取了一些“软措施”。例如：直接与案件发生地的领导谈话、发送“省级土地督察要点”，向省级主管领导通报该地区“土地违法

违规案情分析概要”，向各省级机构和领导印发《西北土地督察情况交流》等方式，虽然没有正式督察文件，但是督察压力并没有减少，反而更加易于接受，减少了抱怨和抵触情绪，避免了发生对立的状况，形成了良好的工作环境和氛围，取得了较好的效果。

四是监管省级机构宏观决策方面的探索。借西北各省区分别召开“两会”及国土资源管理工作会议之机，组织力量收集分析省级宏观决策信息，对于有些地方在总体工作布局中忽视耕地保护问题提出督察和改正建议，找到了一条获得土地督察工作主动权的重要途径。

二、探索构建保障和促进科学发展土地管理新机制的进展情况

按照部党组统一要求，我局结合学习实践科学发展观试点活动，以党中央提出的“统一认识、提高能力、解决问题、创新机制”为总体目标，以贯彻落实科学发展观为统领，以构建保障和促进科学发展土地管理新机制为核心，把学习实践活动与贯彻落实党的十七大对土地管理、土地督察工作提出的新要求相结合，与西北地区土地督察工作实际相结合，认真总结西北各地土地利用和管理实践中的有效做法和成功经验，不断推进西北地区土地管理、土地督察工作思路和机制创新。这一段时期的工作主要有以下特点：

（一）着眼于与地方共建，提出“四个共同”目标

在今年的西北地区土地督察工作座谈会上，侯海生局长在工作报告提出，构建保障和促进科学发展土地管理新机制将是今后一段时期西北地区土地管理和土地督察工作的根本任务，是西安督察局和省级机构及国土资源厅（局）的共同目标；对地、市、州以下地方政府和国土部门的监督是双方的共同职能；对西北地区土地利用和管理形势调研是双方工作的共同基础；土地督察和土地管理方式方法的多样性，需要双方共同磋商。从“找准定位，共同推进”、“相互借力，共同督察”、“掌握形势，共同调研”、“沟通协调，共同磋商”等四个方面明确了共建保障和促进科学发展土地管理新机制的指导思想、工作思路，明确了建立宏观调控机制、共同责任机制、开源节流机制、土地执法监管长效机制等方面的工作重点。

（二）开展集中调研，力求破解难题

围绕构建保障和促进科学发展土地管理新机制的主题，我局在4月中旬至5月初，开展了三次调研活动。一是开展欠发达地区土地利用和管理情况调研。由局长侯海生同志带队，赴陕西汉中市及洋县、南郑县、勉县、西乡县进行调研。结合贫困地区的实际，提出了针对性的土地利用和管理建议。二是开展开发区节约集约用地情况调研。由孙英辉副局长带队，先后深入到西安高新技术产业开发区、阎良国家航空高技术产业基地、西安国家民用航天产业基地、西安曲江新区调查了解促进节约集约用地情况。5月初，由局长侯海生同志带队，再度深入西安高新技术产业开发区，就总结开发区节约集约用地经验、破解历史遗留问题、合作共建保障开发区科学发展新机制等问题进行了调研，进一步深化调研课题。三是开展落实百日行动后续工作督察调研。结合遥感监测资料，对甘肃省三个州市百日行动整改未到位重点地区进行跟踪督察。同时，在天水、平凉、银川、吴忠等市开展了建立土地执法监管长效机制、保障和促进科学发展新机制试点情况调研活动。

在广泛、深入调研的基础上，开展了两次集中学习研讨活动。一是利用4月28、29日两天时间，召开局内调研成果交流研讨会，就西北地区土地利用和管理的特殊矛盾、土地督察工作面临的形势和督察重点、共建保障和促进科学发展土地管理新机制试点、贫困地区土地利用管理政策差别化分析、基础设施建设土地利用和管理、基层土地管理存在问题、开发区土地节约集约利用评价、建设用地审批改革、应用信息化等技术推进土地督察9个方面的问题进行了研讨。二是5月22日，对新出台的《违反

土地管理规定行为处分办法》进行了集中学习研讨，提出了督促建立土地管理问责制的初步意见。

（三）立足解决问题，形成初步成果

一是在5月16至17日，召开西北地区土地督察工作座谈会。西北各省区政府和新疆生产建设兵团主管秘书长、办公厅负责联系土地督察工作的处长，国土资源厅（局）长和办公室主任以及西安督察局处级以上干部参加了会议。会议明确了今年土地督察工作的重点任务，在构建保障和促进科学发展土地管理新机制方面达成共识。

二是汇总调研和研讨成果，调整、完善调研选题计划。初步形成了《西北地区土地利用管理的形势和督察工作重点》、《立足陕西地域性特征，探索完善土地督察方式》等两篇调研报告，提出了共建试点的初步意见。围绕西北地区土地利用管理的特殊性，有针对性地选择了西北地区土地管理基础状况、基础设施用地利用和管理、贫困地区土地利用和管理政策、开发区土地节约集约利用评价系统研究等九个方面的调研课题。聘请有关教授、专家，组成西安督察局专家咨询委员会，适时召开会议，启动相关课题研究，进一步推动西北地区构建保障和促进科学发展土地管理新机制工作。

三是完善土地督察问题发现和整改机制，提高土地督察能力。出台了《“应用信息化等技术开展土地督察”试点工作方案》，局域网建设工程开始运行。计划在6月底前，形成“信息化”试点初步成果，并先在陕西省试行。争取在7月下旬，完成“信息化”试点第一阶段目标任务，并适时召开汇报研讨会。5月23日，结合试行《国家土地督察西安局土地督察工作程序规定》，开展了土地督察档案管理实务培训，进一步提高了土地督察业务能力。

四是建立和完善土地督察机构与各省级机构之间的沟通、磋商机制。督促西北5省区政府和新疆生产建设兵团全部出台了支持配合土地督察工作的通知文件。制订了西北地区2008年土地督察相关会议计划。在召开西北地区土地督察座谈会的基础上，拟召开相关座谈会、研讨会，充分发挥通报介绍情况、总结交流经验、分析研究问题、信息互动平台的作用和效果，进一步加强与西北各省级机构的沟通、协商。

五是结合抗震救灾，调研震后重建涉及土地管理问题。5月23日至27日，徐绍史部长、总督察先后深入陕西宝鸡市扶风县、汉中市宁强县、略阳县，甘肃陇南市康县、武都区、文县等地震重灾区，实地察看地震灾情和引发的地质灾害情况。我局随行工作人员充分发挥熟悉督察区域基本情况的优势，结合抗震救灾和震后重建工作，提供了《关于陕西督察区域背景资料》、《关于甘肃陇南市土地管理基础和震后重建涉及土地问题的初步调研情况》等资料，就震后重建涉及的土地管理问题提出了四点政策倾斜建议。

三、关于建立有利于科学发展的土地督察工作机制的思考

目前，国家土地督察制度仍处在完善制度设计的阶段，需要不断探索土地督察工作的新空间。在构建保障和促进科学发展新机制的大格局中，作为国家土地督察机构，如何发挥保障和促进作用？除国家已明确建立和完善的土地督察体制、机制、法制外，还需进一步探索创新、建立和完善以下方面的督察工作机制。

（一）加强事前防范，建立督察预防机制

加强土地督察机构与地方政府之间的沟通联系，在地方政府作出有关土地管理和利用决策部署之前，建立关口前移的督察预防机制。一是开展宣传督察，将土地管理法律政策的宣传贯穿土地督察和调研活动始终，从地方领导观念上预防违法用地的发生；二是加强决策督察，在政府决策和政策制定环节预防违法用地的发生；三是完善与各省级机构沟通协调机制、与部相关司局协调配合工作机制，

及时沟通、反馈相关信息和意见，增强督察工作的主动性、预见性、超前性、权威性和有效性。

（二）加强过程跟踪，建立全程督察机制

实行专项督察、例行督察和重点督察“三管齐下”，督促整改纠正和采取“软措施”并重，解决审核机制“短板”制约问题，加强对建设用地审批、供应和批后监管情况的督察，建立事前、事中、事后全过程的督察机制。

（三）强化共同责任，建立督察问责机制

督促地方政府建立以科学发展观为导向的绩效考评机制、干部任用机制、耕地保护第一责任人的问责机制、政府有关部门共同责任机制等，把共同责任落到实处。

（四）坚持依靠督察机构和整合利用相关资源相结合，多方参与，齐抓共管，建立社会督察机制

按照甘藏春副总督察提出的实行人民督察的思想，整合社会资源，聚集各方力量，聘请人大代表、政协委员、老领导、老专家、社会中介组织和新闻媒体等作为兼职土地督察员或信息员；加强与纪检监察、审计、财政、发改、建设、环保、公安等部门的联系，扩大信息来源，拓展督察范围；充分发挥土地监察队伍和村级信息员的作用，形成严格土地管理的立体化监管网络。

（五）坚持监管和服务相结合、督察和调研相结合，建立督察服务机制

强化服务意识，注意找准中央与地方、全局与局部利益的结合点，做到既要贯彻好中央的政策，又要切实为地方和群众服务好。支持地方节约集约用地、依法依规管地、维护群众合法利益。

三、关于进一步增强土地督察队伍凝聚力的建议

实践证明，西安督察局初步形成了一支经得起考验、能打硬仗的队伍，是一个上下团结一心、凝聚力很强的集体。一年多来，土地督察队伍和基础建设得到了总督察、副总督察和其他部领导的关怀，得到了总督察办、部人事教育司和其他相关司局及西北各省级机构的支持。目前，值得注意的是，在土地督察干部队伍建设方面存在一些潜在的问题因素。核心问题是干部的进步发展以及后顾之忧，如果此类问题不能及时有效地得到解决，干部的凝聚力会慢慢松散。为此，就增强土地督察队伍凝聚力的有关问题，提出以下建议：

（1）进一步加强土地督察干部管理工作，研究出台土地督察干部人事管理配套制度

（2）对西部欠发达地区工作的土地督察干部，参照国家有关规定，在各项待遇、医疗保险等方面实行倾斜政策

（3）研究出台土地督察干部学习培训及学历学位进修方面的激励政策

（4）研究出台土地督察退休干部集中管理制度，建议分区域建立土地督察干部退休养老基地，切实解决老有所养问题

二〇〇八年六月五日

统计资料
TONG JI ZI LIAO

关于印发《国家土地督察工作统计报表（试行）》的通知

各派驻地方的国家土地督察局：

2008年7月3日部党组第32次会议研究决定，要加快建立国家土地督察工作统计制度。国家土地总督察办公室按照《国务院办公厅关于建立国家土地督察制度有关问题的通知》（国办发〔2006〕50号）等规定，在充分研究派驻地方的国家土地督察局现有统计报表及实践工作经验的基础上，制定了《国家土地督察工作统计报表（试行）》。经国家土地总督察批准，现将国家土地督察统计制度有关要求印发实施。

一、充分认识统计制度对国家土地督察工作的重要性。规范的统计制度是全面、及时掌握国家土地督察工作状况的有力工具，对发挥土地政策参与宏观调控作用和完善土地管理政策具有重要意义，各国家土地督察局要把统计工作纳入督察工作重要日程，加强组织领导，完善管理制度，严格统计纪律，做好与相关工作的统筹协调，认真填报国家土地督察工作统计报表，确保统计数据全面准确。

二、建立土地督察工作登记台账，按时报送统计报表。各国家土地督察局要按照通知要求，建立统计事项的登记台账，及时做好日常登记工作，做到月清季累。实行季报表制的报表，每年4月10日、7月10日、10月10日和次年1月10日前上报季度统计报表。实行半年报表制的报表，每年7月10日前和次年1月10日前上报统计报表。遇节假日，上报时间提前到节前1个工作日。请各国家土地督察局按照规定时间，及时将纸质报表连同电子报表（光盘）一并报送国家土地总督察办公室。

三、认真履行国家土地督察职责，严格落实统计责任。各国家土地督察局要指定专人负责统计工作，落实岗位责任。报送的统计报表必须经制表人和主要负责同志审核签字，并加盖单位公章。报表质量将作为对各国家土地督察局和统计人员年终考核的重要内容。对统计工作成绩突出的单位和个人给予适当的表彰和奖励；对统计工作不力的单位和个人给予通报批评，造成严重后果的，按有关规定追究相关责任。

四、加强研究总结，不断完善统计制度。本通知下发后，各国家土地督察局要尽快组织开展统计工作，2008年8月25日前上报第一次统计数据，其中：实行季报表制的统计报表填报的数据为2008年1～6月数据；实行半年报表制的统计表填报的数据为2008年1～6月数据。同时，各国家土地督察局要对《国家土地督察工作统计报表（试行）》实施中遇到的问题及时研究总结，提出合理化建议和措施。9月上旬，国家土地总督察办公室将组织有关人员对国家土地督察工作统计报表体系进一步修改完善。

为便于工作联系，请各国家土地督察局于8月9日前将负责统计工作的人员名单以书面形式报国家土地总督察办公室。

联系人：李振亮，章波

电　话：（010）66558597，8599

传　真：（010）66558224

E_mail：tddc_bgs@mail.mlr.gov.cn

二〇〇八年七月二十九日

关于国家土地督察工作统计报表制度试行情况的报告

部领导：

2008年7月3日部党组第32次会议研究决定，要加快建立国家土地督察工作统计制度。2008年7月29日总督察办向各督察局印发《关于印发〈国家土地督察工作统计报表（试行）〉的通知》（国土督办发〔2008〕14号，以下简称《通知》），在国家土地督察机构开始试行统计制度。按照要求，各局对 2008年1～6月份国家土地督察工作统计报表进行了第一次填报。现将有关汇总情况报告如下：

一、统计报表的基本情况

《通知》印发后，各督察局对国家土地督察工作统计报表制度的实施高度重视，立即部署学习报表制度，深刻领会国家土地督察统计制度的重要意义，并认真组织填报。为落实岗位责任，各督察局均指定了统计人员，总督察办也明确统计工作由综合处负责，并确定了各处室审核把关人员。由于是第一次填报，各局对试行报表填报过程中遇到的问题，及时与总督察办沟通、咨询，总督察办也及时给予指导，各局主要负责同志亲自把关，从而使第一次报表较规范、较顺利填报。同时，各局对进一步修改完善试行统计报表也提出了很好的意见和建议，保证了首次统计报表填报试行工作的顺利进行，并为进一步修改完善及建立统计信息系统奠定了良好的基础。截至8月25日，北京、上海、南京、广州、武汉、西安督察局按时上报了2008年1～6月份统计报表；至8月28日各局统计报表均报送完毕。

从首次统计报表的填报情况看，各局基本上能够按照要求进行填报，报表中的数据比较客观，一定程度上反映了各局1～6月份督察工作开展情况及本辖区内土地利用和管理的基本情况。其中，北京局、广州局、成都局、西安局的报表填报细致，较为规范，质量较高，反映出基础工作较扎实。同时，个别单位存在报表拖延、不规范、理解不到位、缺乏沟通等情况。就试行统计报表本身而言，也反映出：一方面当前需要规范各督察局业务台账、日常登记表等基础性工作，进一步增加统计报表的内容，以便更加全面地掌握国家土地督察工作开展情况及辖区土地利用和管理的形势。另一方面充分体现，通过报表，能够及时掌握国家土地督察工作状况，对进一步指导、规范国家土地督察工作和促进国家土地督察制度的落实具有重要意义。

二、统计指标执行的基本情况

《国家土地督察工作统计报表（试行）》的主要内容包括专项督察、农用地转用和土地征收审批事项督察、例行督察、督促纠正、处理信访和批办事项、沟通协作机制、干部培训及学历教育等情况的统计。2008年1～6月份主要统计指标汇总情况如下：

（一）专项督察情况

1～6月份，北京、沈阳、上海、济南、广州、成都等6个督察局开展的专项督察共计9项（其中1月1日前已经开展的专项督察有4项，统计时段内启动的专项督察有5项，统计时段内结束的有3项），发出督察建议书3份，整改意见书6份；6个局共组织人员赴实地监督检查166人次，历时67天，督察的市（县、区）达29个，实地巡查地块151宗，涉及土地面积5733公顷，其中耕地面积3212公顷。专项督察工作取得了明显成效，发现违规违法行为57件，督促相关国土资源部门立案56件，立案率达

98%，结案55件，结案率达96%；拆除建筑面积3600平方米，没收建筑物面积107万平方米，罚款1391万元，复垦耕地面积2101公顷，行政处分14人；撤销违规文件3份，新制定政策文件46份。

（二）农用地转用和土地征收审批事项督察情况

1～6月份，有8个督察局开展了省、区、市及计划单列市农用地转用和土地征收审批事项抄送备案工作，涉及25个省（区、市，含新疆兵团），共抄送2770件，其中报国务院审批单独选址项目122件、国务院批准城市建设用地后省政府审核同意实施用地134件、省政府批准2514件。新增建设用地面积58271公顷，征收土地面积55653公顷。8个督察局中，武汉局受理的抄送备案材料最多，为1081件，占抄送备案材料总件数的39%。

从审批情况看，省政府批准的件数占总件数90%，新增建设用地面积占总面积50%，土地征收面积占总面积56%；报国务院单独选址建设项目用地虽然件数仅占总件数4%，但新增建设用地面积却占总面积40%，土地征收面积占总面积33%。从目前抄送备案情况来看，一是由于报国务院批准城市建设用地方案于6月份刚刚全部批复，省政府审核同意的方案相对数量还不多；二是多数省份未做到全部备案，尽快规范省级政府农用地转用和土地征收审批事项的备案工作十分必要。

1～6月份，沈阳、上海、济南、武汉、成都、西安等6个督察局开展了农用地转用和土地征收审批事项督察抽查检查，共抽查748件，占抄送备案材料总件数的27%。其中，农转用面积11402.6公顷，占备案材料中农转用总面积的22%；征收土地面积10947公顷，占备案材料中征收土地总面积的20%。在上述6个督察局中，上海局抽查检查工作量最多，抽查563件，涉及农转用面积3055公顷，土地征收面积2411公顷，分别占抽查备案材料总件数、抽查农转用总面积和土地征收总面积的75%、27%和22%。

从已经完成抽查检查结果分析的185件农用地转用和土地征收审批事项看，符合法定权限和程序审批的有146件，占79%，涉及农转用面积占70%，征收土地面积占73%。不符合法定权限和程序审批的有39件，占21%。其中，越权审批7件、不符合产业政策4件、不符合用地政策5件、违规调整基本农田1件、未批先用17件、批少占多2件、补充耕地不落实1件、其他2件；未批先用件数占不符合法定权限和程序审批件数的44%，仍是违规违法的主要问题。这体现督察局的抽查检查，能及时发现地方土地管理审批中的问题，开展日常监督和实地核查很有必要。

（三）督促纠正情况

1～6月份，9个督察局对通过多种渠道获得的1276件违规违法用地事项进行了督办转办。这些违规违法用地事项按来源来分，来信来访举报491件，领导批办事项30件，媒体披露6件，卫片发现382件，实地巡察发现166件，其他途径发现201件。按照主要违规违法用地性质分，非法批地93件，非法占地786件，破坏耕地60件，非法转让106件，违反土地利用总体规划52件，违反土地宏观调控政策41件，征地补偿不到位105件，其他情况33件。从办理方式上分，按职能转相关部门处理139件；转省级人民政府44件，其中办理结果反馈11件，占25%；转省级国土资源部门1093件，其中已反馈549件，占50%。

（四）处理信访和批办事项情况

1～6月份总督察办和9个督察局共处理信访事项1193件，其中来信818件，来访345批次、1033人，领导批办30件。从信访反映的主要问题分类，反映非法批地130件、非法占地400件、破坏耕地85件、非法转让85件、违反土地利用总体规划29件、违反土地调控政策48件、征地补偿不到位305件、其他事项111件。从这些信访事项的处理结果看，对30件领导批办事项，各局均按要求上报了调查结果，全部按时办结；自行调查核实情况后，发现情况不属实的有35件，转省级政府的有11件，转省级国土资源部门183件，发出督察建议书的有9件；直接转省级政府的有15件，直接转省级国土资源部门的有717件，直接转其他部门179件；另有14封重复信。

（五）沟通协调机制落实情况

1～6月份各督察局围绕构建和保障促进科学发展的土地管理新机制和土地督察工作新机制，与各省级人民政府、省级国土资源部门召开联席会议34次、联合发文9件、开展联合动态巡查86次、案件通报155件、联合查办41件、其他事项72件。土地管理共同责任机制和土地督察工作新机制逐渐形成。

上半年，北京、南京、济南、成都等督察局进行了例行督察试点准备工作，自7月以来陆续启动例行督察（在1～6月份报表内未反映相关情况）。

三、统计数据的基本分析

（一）总体工作按照预定目标稳步推进，取得积极成效。上半年，国家土地督察机构按照部党组的统一部署，认真贯彻落实年初全国国土资源管理工作会议和国家土地督察工作座谈会的精神，各项工作按照预定目标稳步推进，取得积极成效。从试行统计报表汇总的基本情况看，各督察局重点从四个方面加强了对省级及计划单列市人民政府土地管理和利用情况的监督检查。一是专项整治工作平稳推进，大量违法用地问题得到及时纠正。上海、广州、成都局2007年启动的三次专项督察取得预期成效，圆满完成了整改工作。沈阳局启动的专项督察已验收，监察部正在处理。2008年1～6月份北京、沈阳、济南、广州督察局针对土地违规违法突出问题又开展了五次专项督察，相关省政府高度重视，迅速行动，整改工作落实较为有力。二是继续推进农转用和土地征收审批事项督察试点工作，拓宽督察领域。从省（区、市）人民政府报国务院审批和自行审批的农转用和土地征收审批事项抄送备案入手，加强了对备案材料的抽查检查力度。先期试点工作表明，农转用和土地征收审批事项督察定位准确，立足于批后监管，对发现的建设用地审批、供应和使用方面存在的问题，及时提出纠正整改意见，可以有效督促省级人民政府认真履行土地审批法定职责，落实中央调控政策。三是探索构建共同责任机制的新途径，开展共建试点、联系点工作。36个省级和计划单列市人民政府发文支持国家土地督察机构工作，宁波也即将发文。北京、上海、南京、成都、西安督察局与省级人民政府开展了共建保障和促进科学发展土地管理新机制试点工作，重点在落实共同责任、促进节约集约用地等方面探索新机制。目前，各地试点和联系点工作已形成初步框架。四是全面跟进和督促各地百日行动后续措施、制度和机制的改革完善，推进土地执法监管长效机制建设，巩固扩大了百日行动成果。上半年土地形势分析表明，土地违规违法行为得到了初步遏制。

（二）不断探索和创新督察工作机制，拓展了督察工作形式和内容。试行报表是按照“急用先行”的原则设计的，突出了土地违法违规方面的情况。表内指标目前尚不能充分反映各局现有工作情况。除了统计表内主要指标外，上半年各局做了其他大量工作，进一步丰富了国家土地督察工作的形式和内容。包括以监督检查土地利用年度计划执行情况为重点，督促各省（区、市）认真落实耕地保护目标责任制和国家宏观调控政策。围绕贯彻落实15号令，督促省级政府建立土地违法问责制政策规定。有针对性地开展调查研究，为部加强和改善土地管理提供决策参考。探索例行督察，在选定区域内开展试点，实施遥感监测督察核查等拓宽督察领域和工作方式。扎实推进信息化建设，情况稳步推进派驻督察专员试点工作等。

（三）工作中还存在薄弱环节和不足。主要表现在：一是基础性工作有待于进一步加强。统计报表一定程度上反映出各局的基础性工作水平。在报表填报过程中，日常督察工作台账齐全、管理规范的督察局，报表的时效性和质量相对较高。反之，报表的时效性和质量会受到一定影响。二是督察工作开展不平衡，试行报表中的统计指标在个别督察局仍是空白。1～6月份开展的9次项专项督察主要集中在6个督察局，9个督察局中有8个局开展了农用地转用和土地征收审批事项抄送备案，有6个局开展了农用地转用和土地征收审批事项督察抽查检查。

四、进一步修改和完善统计报表

（一）针对统计报表试行过程中出现的问题，以及各局提出的意见和建议，年底前修改完善统计报表。并就报表设计的规范性、科学性向部统计工作主管司局征求意见和建议，保证国家土地督察工作统计报表的严肃性和与部国土资源统计工作管理办法的衔接和一致。

（二）进一步加强和规范督察基础工作，深入调查研究，尽快设计符合国家土地督察工作需要的基础工作台账和日常工作登记表，完善健全统计报表，逐步形成统一、规范的国家土地督察工作统计报表体系。

（三）会同部信息中心根据国家土地督察统计工作的具体需求，进行深度研发，建立切实可行的国家土地督察统计工作运转模式和满足“一办九局”督察工作统计信息化要求、结构合理、安全高效的网络直报系统。

（四）择时对国家土地督察系统统计人员进行以统计知识、督察统计报表填报、网络直报系统软件应用等为主要内容的培训，争取在较短时间内提高各局的统计工作水平和统计质量，为各级领导科学决策以及推进国家土地督察制度的实施提供数据支撑。

（五）注意研究、总结和探索现有督察业务，探索土地督察工作的规范化、标准化管理问题，加强对各督察局工作的指导和协调力度，进一步规范和推动各局督察工作的开展。

（六）拟向各局通报国家土地督察工作统计报表制度试行情况。

附件：1.2008年1～6月份国家土地督察工作统计汇总表
2.各督察局1～6月份统计报表

总督察办
二〇〇九月二十二日

关于国家土地督察机构2008年第三季度统计报表制度试行情况的报告

国家土地总督察：

2008年7月3日部党组第32次会议研究决定，要加快建立国家土地督察工作统计制度。2008年7月29日国家土地总督察办公室向各督察局印发《关于印发〈国家土地督察工作统计报表（试行）〉的通知》（国土督办发〔2008〕14号），在国家土地督察机构开始试行统计制度，并于8月25日前首次组织进行了上半年国家土地督察工作统计报表的填报。在认真总结首次报表情况并进一步修改完善、补充说明等基础上，10月中旬又组织各督察局进行统计报表制度试行以来的第二次填报暨第三季度的统计报表工作，完成了前三季度国家土地督察工作统计报表的填报，总督察办及时进行了认真汇总和分析。现将有关情况报告如下：

一、第三季度统计报表填报的基本情况

在总结分析上半年报表填报情况的基础上，根据总督察的批示精神，总督察办及时向各督察局通报了上半年统计报表的填报情况、存在的不足与问题，以及下一步工作安排。为切实做好第三季度统计报表的报送工作，总督察办针对报表编制及填报中的有关问题，在征询各局意见的基础上进一步修改完善，准确界定指标概念，并就具体事项向各督察局发了便函，要求正确理解统计报表中设定的各项指标，认真填报，按时报送。截至10月13日，各督察局都在规定时间前上报了统计报表，时效性比首次填报时明显改观。

从填报情况看，本次报表质量相对首次报表有了明显提高，报表填报较为细致、规范，基本上能够按照要求进行填报，报表中的数据比较客观。充分表明，各督察局对实施国家土地督察工作统计制度非常重视，能够自觉和主动加强和改进国家土地督察基础性工作。也体现出，通过报表，能够及时掌握国家土地督察工作状况，对进一步指导、规范国家土地督察工作和促进国家土地督察制度的落实具有现实和历史意义。

二、主要统计指标基本情况

第三季度《国家土地督察工作统计报表（试行）》的主要内容包括专项督察、农用地转用和土地征收审批事项督察、例行督察、督促纠正、处理信访和批办事项、沟通协作机制、干部培训及学历教育等情况的统计，从不同侧面反映了督察机构主要工作开展的基本情况。主要统计指标汇总情况附后（附件1）。

三、统计数据的基本分析

（一）总体情况

前三季度，根据部党组的统一部署，北京、济南等7个督察局按照“围绕一条主线，抓住三个重点，建立三项机制”的工作思路，就土地利用和管理中的突出问题和热点、难点问题开展了10次专项督察，如针对河北石家庄市公安干警在农村圈地建别墅、山东聊城茌平县信发铝电集团非法占用耕地、德州市擅自调整土地利用总体规划、海南文昌等高尔夫球场“以租代征”等问题开展的专项督察，督促整改工作落实较为有力。沈阳、上海等8个督察局开展了省（区、市）及计划单列市人民政府农用地转用和土地征收审批事项抄送备案工作，试点的深度和广度进一步加大，并初见成效。各督察局积极宣传督促地方政府落实土地违法问责制，济南督察局还集中近20天的时间，由局领导带队赴山东、河南有关地市宣讲15号令，引起强烈反响和震动，使地方各级政府认识到对土地违法应当承担的领导责任，构建保障和促进科学发展的新机制有了坚实的基础。同时，前三季度，各督察局还在例行督察、遥感监测督察核查、督察信息化建设、督察专员派驻试点等方面进行了积极探索，进一步拓宽了督察领域和工作方式，各项工作按照预定目标稳步推进，取得积极成效。

（二）与上半年比较，督察工作出现的新特征和新趋势

1.各督察局相继在第三季度开始探索例行督察工作新模式

继北京督察局7月份在河北沧州首先开展例行督察试点以来，成都督察局在云南玉溪、重庆南岸区和渝北区开展了例行督察，济南督察局在河南省信阳市罗山县、许昌市禹州市、鹤壁市淇县也启动了例行督察试点工作。10月以来，南京、沈阳、武汉、广州督察局也陆续着手对督察区域内的部分市、区（县）开展例行督察工作。例行督察对所开展工作的区域有全覆盖、全流程、综合性的特点，

充分体现了国家土地督察机构对地方人民政府土地利用和管理情况监督检查的性质。同时，有利于全面、综合地了解和掌握本区域的土地利用和管理现状。

2.农用地转用和土地征收审批事项督察试点工作初见成效

到第三季度末，8个督察局以核查建设用地批准文件与实际用地情况的一致性为重点，同时对相关的土地利用总体规划调整、年度计划执行、耕地补充、土地调控政策执行等情况进行抽查检查，相继开展了试点工作，25个省（区、市，含新疆兵团）抄送农用地转用和土地征收审批事项备案材料3947件，比上半年增加42.49%。备案审查和实地核查表明，各地建设用地审批中存在不规范和违规违法问题，开展农转用和土地征收审批事项督察，有利于及时发现纠正地方土地管理审批中的问题，促进依法行政，进一步规范业务工作，强化自身素质，是开展日常监督的必要和有效手段。

3.遥感监测在督察发现机制中的作用日益突出

前三季度，各督察局通过各种渠道发现2161件违规违法用地线索。按来源渠道看，违规违法用地线索数量排在前两位的依次是卫片遥感监测和来信来访举报，分别占44.7%和34.2%。而上半年通过来信来访举报发现的违规违法用地线索数量排在第一位，占38.5%；卫片遥感监测占29.9%，排在第二位，且主要是西安督察局开展了卫片遥感监测。与上半年相比，截至9月底，沈阳和武汉督察局在来信来访举报增幅较小的情况下，违规违法用地线索发现量分别增加451%和193%。主要原因是这两个局在第三季度也开始了卫片遥感监测工作。西安、沈阳、武汉督察局前三季度通过卫片遥感监测发现的违规违法用地线索数量分别是625件、214件和113件，分别占本局违规违法用地线索发现数量的83%、75%和90%；占9个督察局发现违规违法用地线索总量的53.96%。充分表明，通过卫片遥感监测能够大幅度提高督察工作的效率，增强督察工作的主动性和针对性。

4.部分地区涉地信访量居高不下

前三季度，济南、成都、南京、上海督察局处理的信访事项分别占9个督察局信访总量的22%、21%、15%、13%、12%，累计占信访总量的83%。与上半年相比，分别增加140%、106%、61%、38%、27%。其中济南、成都、南京三个督察局督察区域内的信访量增幅均超过50%。表明这些区域的用地行为较为活跃，应加大执法监察和土地督察工作力度。

四、统计工作反映出的当前土地利用和管理特征

国家土地督察统计工作一方面反映了各督察局督察工作开展情况，另一方面一定程度上也反映出督察区域内土地利用和管理的基本情况。这也是国家土地督察统计制度的特征，即：一方面从国家土地督察的视角开展调查研究，审视、分析辖区内土地利用和管理的形势。另一方面，通过督察职能的落实及督察工作的实际开展，如专项督察、例行督察、日常督察等工作，审查土地利用和管理状况，了解和掌握辖区内土地利用和管理的形势。从本次统计情况看，与上半年相比，第三季度土地利用和管理显现出以下几个突出特征：

（一）农转用和土地征收审批事项无论在数量上还是涉及土地面积上，增幅较大。

（二）通过各种渠道发现的违规违法用地线索有所增加。

（三）违规违法用地主要表现为未批先用和不符合用地政策。

五、国家土地督察机构需要进一步强化和拓展的工作

从以上统计分析可以看出，当前土地违规违法形势仍然严峻，各督察局下一阶段需继续强化对土地利用和管理的督察。

（一）要及时研究总结例行督察试点工作情况，研究提出全面开展例行督察工作的总体思路、主要内容、工作方法等，着手考虑例行督察的程序和规范以及信息技术支撑等工作，逐步扩大例行督察试点范围，探索对土地利用和管理行为进行全面监管的有效途径。

（二）随着《农用地转用和土地征收审批事项督察办法》的实施，各督察局应及时与省级政府做好沟通协调，抓好农用地转用和土地征收审批事项的抄送备案、抽查检查和纠正整改等规范性工作，全面启动农用地转用和土地征收审批事项督察。

（三）要高度重视遥感监测在督察发现机制中的重要地位，结合督察信息化建设，加强和推进遥感监测等技术手段的应用，不断提升督察工作效能。

六、进一步完善健全土地督察统计制度

（一）根据两次统计报表的试行情况，我们对统计报表的有关运用情况又进行了完善和补充，力争尽可能充分地反映督察工作全貌。

（二）结合试行报表运行情况，我们在充分研究各督察局工作现状的基础上，从督察局抽调部分统计人员共同编制完成了一套国家土地督察工作台账和日常工作登记表，待批准后发各督察局试行，以便进一步指导、统一和规范各督察局的基础工作，更好地做好统计工作。

（三）在上述工作的基础上，会同信息中心进行深度研发，建立切实可行的国家土地督察统计工作运转模式和满足“一办九局”督察工作统计信息化要求、结构合理、安全高效的网络直报系统。

（四）为提高国家土地督察统计工作水平，拟于11月下旬组织各局统计工作人员培训。

（五）拟向各督察局通报2008年第三季度国家土地督察工作统计报表制度试行情况（通报稿附后）。

专此报告

附件：1.2008年前三季度国家土地督察工作主要统计指标汇总情况

2.2008年1～9月份国家土地督察工作统计汇总表

总督察办

二〇〇八年十一月十一日

附件1：

2008年前三季度国家土地督察工作主要统计指标汇总情况

一、专项督察情况

（一）前三季度，北京、沈阳、上海、济南、广州、武汉、成都7个督察局开展的专项督察共计10项。其中，2008年1月1日前已经开展的专项督察有4项，统计时段内启动的专项督察有6项。与上半年相比，武汉督察局在第三季度也启动了专项督察。

（二）发出督察建议书2份，整改意见书8份；截至目前，已经结束整改的有4项。

（三）7个督察局共组织人员赴实地监督检查221人次，历时216天，督察的市（县、区）达73个，实地巡查地块247宗，涉及土地面积2.4万公顷，其中耕地面积1.34万公顷。

（四）专项督察工作取得了明显成效，发现违规违法行为134件，督促相关国土资源部门立案126件，立案率达94%；结案118件，结案率达88%。拆除建筑面积26.39万平方米，罚款5050.42万元，复垦耕地面积2126公顷。行政处分60人，党纪处分21人，追究刑事责任10人。撤销违规文件7份，新制定政策文件42份。

二、农用地转用和土地征收审批事项督察情况

（一）前三季度，沈阳、上海、南京、济南、广州、武汉、成都、西安8个督察局开展了省（区、市）及计划单列市人民政府农用地转用和土地征收审批事项抄送备案工作，涉及25个省（区、市，含新疆兵团），共抄送3947件，比上半年增加42.49%，主要原因在于第三季度省级人民政府自行批准的农转用和土地征收审批事项大幅增加。8个督察局中，由于武汉督察局今年以来全面启动了备案试点工作，该局受理的抄送备案材料最多，为1681件，占抄送备案材料总件数的42.59%。

（二）前三季度，上述8个督察局开展了农用地转用和土地征收审批事项督察抽查检查，共抽查1094件，占抄送备案材料总件数的27.72%。其中，上海、武汉、成都局三局共抽查检查901件，占抽查总数的82.4%。

除上海局抽查的637件正在分析汇总外，抽查的其他457件审批事项中，有382件符合法定权限和程序，占83%。不符合法定权限和程序的75件，涉及土地面积1841.84公顷。问题主要集中在两类，一类是未批先用，件数占42%，涉及土地面积639.72公顷，占34%，另一类是不符合用地政策，件数占18%，涉及土地面积504.33公顷，占27%。

（三）从审批事项督察纠正统计情况看，仅广州局和武汉局在第三季度开展了农用地转用和土地征收审批事项督察纠正工作。其中广州局发函通报3件；武汉局发函通报5件，发出督察意见1件。虽然督察纠正工作在第三季度刚起步，但已充分表明，进行建设用地审批事项备案、检查、纠正，做到日常督察、及时发现、及时纠正，是开展督察工作的有力抓手。

三、例行督察情况

按照年初国家土地督察工作务虚会安排，今年以来，各督察局不断进行督察工作新模式的探索和尝试，其中北京、成都、济南督察局在第三季度开展了例行督察试点工作。

（一）目前北京督察局对沧州的例行督察已基本完成了内业审查、外业核查等工作，正在进行数据整理和总结汇报的准备工作。

（二）成都督察局对云南省玉溪市和重庆市渝北区、南岸区开展土地例行督察工作共派出60人次，内业审查卷宗1953件，涉及土地面积3364公顷（其中耕地面积2193公顷）；实地核查地块315块，涉及土地面积1237公顷（其中耕地面积263公顷）。共发现违法用地11宗，涉及土地面积393公顷。除4宗已自行纠正外，成都督察局对另外7宗违法用地问题已向当地人民政府发函通报，并已全部纠正到位。目前正在进行总结汇报的准备工作。

（三）济南督察局在河南省信阳市罗山县、许昌市禹州市、鹤壁市淇县启动了例行督察试点工作。

（四）10月以来，南京、武汉、沈阳、广州督察局也陆续对督察区域内的部分市、区（县）启动了例行督察。

四、督促纠正情况

（一）前三季度，9个督察局对通过上级批办事项、媒体披露、信访举报、卫片发现、实地巡查

等多种渠道获得的2161件违规违法用地线索进行了督办转办。从总量上看，与上半年相比，第三季度净增885起，相当于上半年总量的69%。主要原因有两方面，一是第三季度西安、沈阳、武汉等督察局采用遥感监测技术进行督察，违规违法用地线索发现量大幅度增加；另一方面也反映出土地违规违法形势不容乐观。

（二）从违规违法用地线索来源看，卫片遥感监测和来信来访举报为主要渠道，分别发现违规违法用地线索966件、739件，占44.7%、34.2%。

（三）按照反映的主要违规违法用地性质划分，反映非法批地191件，非法占地1450件，破坏耕地83件，非法转让117件，违反土地利用总体规划51件，违反土地宏观调控政策39件，征地补偿不到位163件，其他情况67件。其中，与上半年相比，反映三季度非法占地线索净增664起，相当于上半年总量的85%；非法批地线索净增98起，相当于上半年总量的105%，其增加的趋势十分突出，值得关注。

（四）从办理结果上看，按职能转相关部门处理18件；转省级人民政府27件，其中反馈办理结果21件，占77.78%；转省级及以下国土资源部门2116件，其中已反馈1288件，占60.87%。

五、处理信访和批办事项情况

（一）前三季度，总督察办和9个督察局共处理信访事项1915件，其中来信1336件，来访525批次、1470人，领导批办54件。按督察区域统计，山东、河南、浙江、广东、江苏、河北6省的来信来访量占来信来访总量的48.88%。

（二）从信访反映的主要问题数量看，非法占地和征地补偿不到位信访居高，占信访总量的61.72%。

（三）从这些信访事项的处理结果看，各督察局对54件领导批办事项，已完成47件批办事项的调查，并按要求上报调查结果，其余7件正在调查核实。对其他来信来访事项，均通过自行调查核实、转省级政府、省级及以下国土资源部门、其他有关部门等渠道进行办理。

六、沟通协调机制落实情况

前三季度，各督察局围绕构建和保障促进科学发展的土地管理新机制和土地督察工作新机制，与各省级人民政府、省级国土资源部门召开联席会议57次、联合发文14件、开展联合动态巡查121次、案件通报172件、联合查办59件、联合调研52件，其他事项98件。土地管理共同责任机制和土地督察工作新机制逐渐形成。

七、干部培训及学历教育情况

围绕提高督察干部队伍素质，提升督察工作能力建设，前三季度，总督察办和9个督察局通过多种形式加强了干部培训和教育，组织参加包括初任培训、督察业务培训等在内的岗位培训461人次，参加党校、行政学院及专业主管单位举办例行培训2人次。在职人员参加研究生以上学历教育9人次，其中取得博士学位1人，取得硕士学位4人。

关于2008年1～12月国家土地督察工作统计分析情况的通报

各派驻地方的国家土地督察局：

国家土地督察工作统计制度实施以来，各督察局根据《关于印发〈国家土地督察工作统计报表（试行）〉的通知》（国土督办发〔2008〕14号）的要求，较好地完成了2008年1～6月、1～9月和1～12月的统计报表填报工作。日前，总督察办对2008年1～12月国家土地督察工作统计报表进行了汇总、分析，形成统计分析报告报送国家土地总督察、副总督察。 徐绍史总督察3月21日批示：请部领导、两总师及相关司局阅。继续探索，不断完善。部党组成成员鹿心社、贠小苏 、汪民、王寿祥、甘藏春、冀文林及两总师胡存智、张洪涛相继圈阅此报告，对国家土地督察统计工作给予了肯定和鼓励。现将2008年1～12月国家土地督察工作统计分析情况通报如下：

一、统计报表填报的基本情况

从总体情况看，相对于前两次填报，2008年1～12月统计报表填报质量普遍提高，报送时效明显增强。其中，北京、沈阳、南京、武汉、成都、西安督察局的报表填报细致，较为规范，质量较高，反映出基础工作不断扎实、完善；沈阳、上海、广州、西安督察局报表时效性较强。这充分表明，通过国家土地督察工作统计制度的实施，统计工作已纳入各督察局日常规范工作中，初步实现了土地督察统计工作常态化。同时，统计责任体系普遍建立，各督察局的基础性工作也得到进一步加强和推进。

另外，1～12月统计报表的一个新特点是，各督察局在进行统计报表填报的同时，基本按要求结合统计数据对本督察区域内的土地利用和管理形势进行了分析，并随表报送了统计分析报告，其中，沈阳、上海、济南、西安督察局的分析报告比较认真，既有面上数据，又有深度剖析，从一定程度上反映了督察工作开展情况及本辖区内土地利用和管理的基本情况。各督察局撰写统计分析报告将成为今后国家土地督察统计工作的重要组成部分。

二、主要统计数据的基本分析

2008年国家土地督察机构按照部党组的统一部署，深入学习实践科学发展观，认真贯彻落实年初全国国土资源管理工作会议和国家土地督察工作座谈会以及国家土地督察务虚会的精神，按照“围绕一条主线，抓住三个重点，建立三项机制”的工作思路，边探索、边总结、边实践、边提高，扎实推进国家土地督察工作，督察核心业务进一步强化，督察体制机制进一步完善，督察软实力建设进一步提升，督察成效进一步显现。

（一）发挥专项督察的威慑力，促进督察区域土地利用和管理局面的好转

2008年，北京、沈阳、上海、济南、广州、武汉、成都等7个督察局围绕突出和热点问题开展了10次专项督察（含2007年延续到2008年的4次专项督察），涉及9个省（市）的66个市（县、区），实地巡查地块228宗，涉及土地面积2.35万公顷，其中耕地面积1.17万公顷。如针对河北违规占地建设公安别墅、吉林省辽源市“违规设区”、山东聊城市茌平信发铝电违法用地、山东德州违规设区扩区、海南海口文昌“以租代征”、贵州黔东南州擅自调规占用基本农田开展的专项督察等，对土地违规违法行为起到了震慑作用，各级政府依法用地的意识普遍增强。

专项督察工作取得了明显成效，发现违规违法行为183件，违法土地面积5165公顷，督促相关国土资源部门立案175件，立案率达96%，结案167件，结案率达91%；拆除建筑面积26.76万平方米，没收建筑物面积107万平方米，罚款6475万元，复垦耕地面积2126公顷；行政处分65人，党纪处分21人，追究刑事责任10人；撤销违规文件4份，新制定政策文件42份。截至2009年2月底，已有4个结束整改。

（二）开创例行督察工作的新方式，打造国家土地督察工作新的生机与活力

继北京督察局2008年7月份首次在河北沧州开展例行督察试点以来，至年底，有8个督察局开展了11次例行督察，试点对象涉及11个省（区、市）的6个地级市和10个县（区）。其中南京、济南、成都督察局各2项，北京、沈阳、武汉、广州、西安督察局各1项。成都督察局8月对云南玉溪、9月对重庆南岸区和渝北区启动了例行督察试点工作。第四季度，沈阳督察局对辽宁抚顺市；南京督察局对江苏省连云港市和安徽省蚌埠市；济南督察局对山东青岛平度市、淄博张店区、菏泽巨野县和河南信阳罗山县、许昌禹州市、鹤壁淇县；广州督察局对广西玉林市；武汉督察局对湖北武汉新洲区；西安督察局对西安市未央区开展了例行督察试点工作。目前上海督察局也在开展例行督察的前期准备工作。

通过开展例行督察试点工作，各督察局能够较为全面深入地掌握地方政府土地利用和管理的基本情况，震慑了土地违法者，营造了依法严管土地的良好氛围。例行督察的开展是丰富督察方式、提高督察效能的重要尝试，是深入调研、了解掌握土地利用和管理最基本情况的有效方法。对依法用地、批地、管地有很强的监督和指导意义。同时，也有利于加强农村土地管理，加大中央政府对地方政府土地利用与管理的调研和监督力度，是创新国家土地管理制度、破解土地监管难题的有效手段之一。通过开展例行督察，督察干部的业务水平、实战能力和工作作风有了新的提升，锻炼了国家土地督察队伍。

（三）落实农用地转用和土地征收审批事项督察职能，规范和强化土地督察业务工作

2008年，沈阳、上海、济南、南京、广州、武汉、成都、西安8个督察局普遍在各自督察区域内开展了省（区、市）及计划单列市人民政府农用地转用和土地征收审批事项抄送备案试点工作，全年收到备案材料6334件。各督察局以核查建设用地批准文件与实际用地情况的一致性为重点，对相关的土地利用总体规划调整、年度计划执行、耕地补充、土地调控政策执行等情况进行检查抽查，全年共抽查1358件，占备案总件数的21.4%，其中符合法定权限1282件，占抽查总件数的94.4%；不符合法定权限和程序的76件，占抽查总件数的5.6%，主要表现为未批先用和不符合用地政策，这两类占不符合法定权限和程序审批事项总数的60%。从纠正情况来看，共发函通报11件，发出督察意见1件。从整改情况看，撤销调整土地利用总体规划面积34.7公顷，纠正违反土地供应和地价政策用地10宗；立案15起，处罚决定拆除建筑物10.89万平方米，处罚决定罚没款253.35万元，行政处分7人。

通过试点，各督察局逐渐形成了有关农用地转用和土地征收审批事项督察的实施细则和工作规范。2008年10月经部批准，《农用地转用和土地征收审批事项督察办法》印发实施，这是今后国家土地督察机构开展农用地转用和土地征收审批事项督察的依据和指导性文件。各督察局以此为契机，在第四季度加大了督促备案力度。共收到备案材料2387件，比第三季度增加了103%，占全年的37.7%。备案审查和实地核查表明，开展农转用和土地征收审批事项督察有利于及时发现纠正地方土地管理审批中的问题，促进依法行政。

（四）完善土地督察发现机制，提升监督检查土地利用及管理的能力和水平

一年来，国家土地督察机构通过办理来信来访举报、领导批办事项、媒体披露、卫星遥感监测、实地巡查以及其他方式发现2891件土地违规违法用地线索（其中，卫片遥感监测和来信来访为主要渠

道，占发现违规违法用地线索总量的82%），分别采取直接调查、转交省级政府及国土资源管理部门办理等方式进行了调查核实和处理（省级政府的办理结果反馈率为93.88%,省级及以下国土资源部门的办理结果反馈率为61.96%），有效查处和遏制了土地违规违法行为，土地督察发现机制基本形成。西安、沈阳、武汉等督察局高度重视卫片遥感监测在发现违规违法用地方面的作用，大幅度提高了督察工作的效率，增强督察工作的主动性和针对性，对非法占地等违规违法行为有较强的震慑力（非法占地为违规违法行为的主要表现形式，占违规违法用地线索总量的71.46%）。三个督察局通过卫片遥感监测发现的违规违法用地线索分别占本局违规违法用地线索发现数量的87%、70%和69%；占九个督察局发现违规违法用地线索总量的44.55%。初步形成了"天上看，地上查，网上管"的督察工作格局。

（五）加强督察软实力建设，营造土地督察的良好环境和氛围

一是从预防、监管、问责、约谈、部门联动、集约用地、强化执法等多个方面与地方政府共同推进共同责任机制和长效机制建设。一年来，国家土地督察机构与各省级人民政府、省级国土资源部门召开联席会议74次，联合发文16件，联合动态巡查160件、案件通报98件、联合查办76件、联合调研62次，开展其他联合工作102次。各督察局已确定近30个构建保障和促进科学发展的土地管理新机制试点单位和联系点。土地管理共同责任机制和土地督察工作新机制初步形成。二是宣传督促地方政府落实15号令，强化土地违法问责制意识，使地方各级政府认识到对土地违法应当承担的领导责任，为贯彻落实15号令发挥了积极作用。三是督促各地建立和实施土地执法监管长效机制，在发现防范、案件移送、部门联合立案查处等方面已形成了百余项制度性成果。另外，国家土地督察机构还在督察信息化建设、督察专员派驻试点、督察干部队伍建设等方面进行了积极探索，进一步拓宽了督察领域和工作方式，取得积极成效。

三、统计工作反映出的土地利用和管理的总体形势

国家土地督察统计工作一方面反映了国家土地督察机构督察工作的开展情况，另一方面一定程度上也反映出督察区域内土地利用和管理的基本情况。总体上看，2008年，国家土地督察机构紧紧围绕坚守18亿亩耕地红线和落实最严格的土地管理制度，着眼于经济社会发展中的重点问题、土地利用和管理中的突出问题以及群众关心的热点、难点问题，坚持全面落实科学发展观，严格履行土地督察职责，主动夯实业务基础，创新和丰富督察方式，不断完善土地督察制度，有力地促进了最严格的耕地保护和最严格的节约用地制度的落实。土地利用和管理形势出现以下变化：

（一）提高了地方政府对耕地保护责任目标的重视。绝大多数省（区、市）人民政府根据土地利用年度计划指标分解情况，层层签订了耕地保护目标责任书，严格执行土地利用年度计划，严格控制新增建设用地总量，形成了地方政府严格耕地保护和执法监管的土地管理新格局。

（二）发挥了地方政府保护和合理利用土地的作用。通过对地方政府的监督、提醒、沟通和协作，大幅提高了地方政府对土地管理的重视程度。许多地方党委、政府主要领导都把土地管理工作列入重要议程，加强组织领导，从政策文件、财政投入、机构编制等各方面积极支持地方国土资源部门开展工作。

（三）遏制了土地违规违法行为的上升态势。据统计，2008年土地违规违法案件数和涉及土地面积同比明显下降。全国共发现土地违法约9.8万件，涉及土地面积4.87万公顷，其中耕地面积1.87万公顷，同比分别下降19%、49.6%和56.3%。

（四）确保了中央土地调控政策的有效落实。通过对天津市滨海新区、成渝统筹城乡综合配套改

革试验区、农村宅基地管理、中央扩大内需政策等重大热点问题的跟踪调研，发现问题后，及时督促地方政府纠正或者提出政策建议，保证了地方政府依法管地用地和有效落实中央土地调控政策。

（五）营造了土地督察和依法管地用地的良好氛围。一年来，国家土地督察机构通过积极引导，主动服务，与地方政府共建保障和促进科学发展土地管理新机制的试点工作进展顺利，各国家土地督察局已确定近30个试点单位和联系点，共建试点工作已经取得多项制度性成果，构建了土地管理共同责任机制的雏形。国家土地督察制度得到了地方人民政府的理解和支持。

在土地利用和管理形势取得明显好转的同时，必须清醒地看到，在土地管理工作面临“两碰头、一忧虑”的背景下，耕地保护形势依然严峻，建设用地供需矛盾还很突出，非法占地等违规违法现象在一定时期内还将长期存在，土地督察工作面临着更加严峻的挑战和更加艰巨的任务。

四、需要进一步强化和拓展的工作

统计汇总的情况也反映出当前督察工作中存在的薄弱环节和不足。主要表现在：

（一）督察工作开展不平衡。报表中的统计指标在个别督察局仍是空白。如，开展的专项督察主要集中在7个督察局。农用地转用和土地征收审批督察工作进展不平衡，有8个局开展了审批事项抄送备案，但存在备案不全面、不及时，抽查（抽查数量仅占抄送备案材料总数的21.4%）比例偏少等问题，有待于依据《农用地转用和土地征收审批事项督察办法》，进一步加强组织、指导和规范。

（二）基础工作有待于进一步加强。统计工作既可以真实记录各督察局的工作量，又可以“客观”记录土地利用和管理的状况，一定程度上能够反映各督察局的基础工作水平和督察区域内土地利用和管理的形势及特征。从2008年度开展的三次统计报表填报情况看，日常督察工作台账齐全、管理规范的督察局，报表的时效性和质量相对较高。而基础工作薄弱，基础积累不充分的督察局，报表的时效性以及统计数据的连续性和可比性等都会受到一定影响。因此应当以完善土地督察统计制度为契机，进一步规范和提升督察机构的业务基础工作，夯实基础。

（三）应尽快研究建立统一的土地督察业务规范和技术标准。国家土地督察制度实施以来，各督察局按照“边组建、边工作”的原则，在开展督察业务方面进行了一系列有益的探索和试点，形成了各具特色、形式多样、内容丰富的督察工作实践。但目前尚未没有形成系统的操作规范和技术标准，不利于土地督察整体工作的统一指导和共同推进，也影响了国家土地督察工作统计制度的实施。

（四）要重视卫星遥感监测等技术手段在督察发现机制中的重要作用。从各督察局获得的土地违规违法线索看，非法占地仍是当前土地违规违法的主要方面。在督察局人力有限的情况下，结合督察信息化建设，加强和推进遥感监测等技术手段的应用，提升督察工作效能，显得尤为迫切和必要。

各督察局要深入贯彻国家土地总督察、副总督察的重要指示精神，重视和加强基础建设，不断完善和推进国家土地督察统计工作制度，实现统计工作与业务工作的双促进。当前，要着力按照最新印发的《国家土地督察工作统计报表（修订）》和《国家土地督察工作统计台账（试行）》（国土督办发〔2009〕5号）要求，按时汇交第一季度统计数据，认真组织统计分析，并提交统计分析报告。

二〇〇九年三月

附件1：

2008年1～12月国家土地督察工作主要统计指标汇总情况

一、专项督察情况

（一）2008年北京、沈阳、上海、济南、广州、武汉、成都等7个督察局开展的专项督察共计10项。其中2008年内启动的专项督察有6项，分别是针对河北违规占地建设公安别墅、吉林省辽源市“违规设区”、山东聊城市茌平信发铝电违法用地、山东德州违规设区扩区、海南海口文昌“以租代征”、贵州黔东南州擅自调规占用基本农田的专项督察；2007年延续到2008年的有4项，分别是针对黑龙江省哈尔滨市松北区土地违规违法、浙江省温州市土地批而未供、广东省中山市及惠州市土地大量闲置、重庆市经济技术开发区违规用地等问题开展的专项督察。

（二）发出督察建议书2份，整改意见书8份。截至目前，已有4项结束整改。

（三）7个督察局共组织人员赴实地监督检查203人次，历时206天，涉及9个省（区、市）的66个市（县、区），实地巡查地块228宗，涉及土地面积2.35万公顷，其中耕地面积1.17万公顷。

（四）专项督察工作取得了明显成效，发现违规违法行为183件，违法土地面积5165公顷，督促相关国土资源部门立案175件，立案率达96%，结案167件，结案率达91%；拆除建筑面积26.76万平方米，没收建筑物面积107万平方米，罚款6475万元，复垦耕地面积2126公顷，行政处分65人，党纪处分21人，追究刑事责任10人；撤销违规文件4份，新制定政策文件42份。

二、农用地转用和土地征收审批事项督察情况

（一）2008年沈阳、上海、南京、济南、广州、武汉、成都、西安等8个督察局在各自督察区域内普遍开展了省（区、市）及计划单列市人民政府农用地转用和土地征收审批事项抄送备案试点工作，共收到抄送备案材料6334件（其中报国务院审批单独选址建设项目用地抄送备案245件、国务院批准城市建设用地后省级政府审核同意实施用地抄送备案172件，省级政府批准农转用和土地征收抄送备案5917件）。与前三个季度相比，第四季度收到的抄送备案材料数量最多，为2387件，是全年的37.7%，比第三季度增加了103%。其主要原因在于2008年10月《农用地转用和土地征收审批事项督察办法》印发后，各督察局加大了督促备案的力度。在上述8个督察局中，武汉督察局、广州督察局和沈阳督察局收到的抄送备案材料分别为2317件、980件、949件，三局合计为4246件，占抄送备案材料总数的67%。

（二）上述8个督察局对收到的农用地转用和土地征收审批事项抄送备案材料，组织进行了抽查检查。全年共抽查1358件，占抄送备案材料总数的21.4%。从抽查检查情况来看，符合法定权限的有1282件，占抽查总件数的94.4%；不符合法定权限和程序的有76件，涉及土地面积1850.54公顷。发现的违规违法用地问题主要集中在两类，一类是未批先用，占41%；另一类是不符合用地政策，占18%。

（三）从审批事项督察纠正工作统计情况看，仅上海（上海局在对建设用地审批事项的实地核查中，发现了20件不属于审批事项范围内的违法用地）、广州和武汉督察局从第三季度开始了农用地转用和土地征收审批事项督察纠正工作，共发函通报11件，发出督察意见1件。

三、例行督察情况

（一）2008年7月，继北京督察局在河北沧州首先开展例行督察试点后，成都督察局8月对云南玉

溪、9月对重庆南岸区和渝北区也启动了例行督察试点工作。第四季度，沈阳督察局对辽宁抚顺市，南京督察局对江苏省连云港市和安徽省蚌埠市，济南督察局对山东青岛平度市、淄博张店区、菏泽巨野县和河南信阳罗山县、许昌禹州市、鹤壁淇县，广州督察局对广西玉林市，武汉督察局对湖北武汉新洲区，西安督察局对陕西西安市未央区开展了例行督察试点工作。至2008年底，8个督察局正在开展的例行督察共计11项，其中南京、济南、成都督察局各2项，北京、沈阳、武汉、广州、西安督察局各1项。试点对象涉及11个省（区、市）的6个地级市和10个县（区）。

（二）上述8个督察局通过例行督察，共审核1.12万份土地管理文件和卷宗，涉及土地面积2.76万公顷（其中耕地面积1.67万公顷）；实地核查用地项目5963个，涉及土地面积2.87万公顷（其中耕地面积1.73万公顷），发现违规违法用地3414宗，涉及土地面积1.16万公顷。至2008年底，除北京督察局对河北省沧州市例行督察的处理意见正在与省政府沟通外，沈阳、南京、济南、广州、武汉、成都、西安督察局对发现的1325件违法用地案件，督促地方人民政府立案810件，立案率61%；结案481件，结案率59%。通过开展例行督察试点工作，各督察局能够较为全面深入地掌握督察区域土地利用和管理的基本情况，总结好的做法和经验，发现存在的不足与问题，震慑土地违法者，营造依法严管土地的氛围。也进一步拓展了督察形式，达到了锻炼队伍、树立形象、扩大影响的目的。

四、督促纠正情况

2008年9个督察局对通过上级批办事项、媒体披露、信访举报、卫片发现、实地巡查等多种渠道获得的2891件违规违法用地线索，督促有关省级及计划单列市政府、省级国土资源管理部门进行了调查核实和处理。

（一）从分布上看，西安、上海、济南、沈阳督察局获得的违规违法用地线索分别为1096件、557件、334件、314件，分别占违规违法用地线索总量的37.91%、19.26%、11.55%、10.86%，四局累计2301件，占发现违规违法用地线索总量的79.59%。特别是西安督察局在西北地区幅员辽阔，督察局人手少的情况下，重视和坚持应用卫星遥感监测手段，卫星遥感监测督察的效力得到了充分发挥。另外，与第三季度相比，第四季度违规违法用地线索发现数量略有下降。

（二）从违规违法用地线索来源看，卫片遥感监测和来信来访举报为主要渠道，分别发现违规违法用地线索1306件、1057件，占45.17%、36.56%。

（三）按照反映的主要违规违法用地性质划分，反映非法占地2066件、征地补偿不到位235件、非法批地141件、非法转让136件、破坏耕地100件、违反土地利用总体规划59件、违反土地宏观调控政策53件、其他情况101件。其中主要的表现形式是非法占地，占总量的71.46%。与前三季度相比，反映第四季度非法占地线索净增616起，相当于上半年非法占地线索总量，与第三季度增幅基本持平。

（四）从督办转办情况看，按职能转相关部门处理21件；转省级人民政府49件，其中反馈办理结果46件，占93.88%；转省级及以下国土资源部门2821件，其中已反馈1748件，占61.96%。

五、处理信访和批办事项情况

（一）2008年，国家土地督察机构一办九局共处理信访事项2430件（次），其中，总督察办处理来信445件，占总量的18.3%；信访量较多的督察局依次是成都局、南京局、上海局、济南局、广州局，分别占总量的18%、12.55%、12.52%、12.38%、10.57%。

（二）从信访反映的土地违规违法形式看，主要表现为非法占地和征地补偿不到位，其中非法占地847件，占总量的34.85%；征地补偿不到位693件，占总量的28.51%，两者合计占总量的63.36%。

（三）从办理情况看，对61件领导批办事项，除有2 件正在调查核实外，其余均已办结并上报了调查结果，办结率为96.7%。对收到的信访事项，各单位主要采取了转送省级及以下国土资源部门调查办理的方式，转办率为75.67%。

六、沟通协调机制落实情况

2008年，各督察局围绕构建和保障促进科学发展的土地管理新机制和土地督察工作新机制，与各省级人民政府、省级国土资源部门召开联席会议74次，联合发文16件，联合动态巡查160件、案件通报98件、联合查办76件、联合调研62次，开展其他联合工作102次。土地管理共同责任机制和土地督察工作新机制逐渐形成。

七、干部培训及学历教育情况

2008年是国家土地督察机构干部队伍建设的关键一年。至年底，督察干部总数已经达到编制数的三分之二。围绕提高督察干部队伍素质，提升督察工作能力建设，总督察办和9个督察局通过多种形式加强了干部培训和教育，创新干部培训模式，尤其是在第四季度实施了督察系统处以上干部整训。全年累计组织包括初任培训、整训、业务培训等在内的岗位培训718人次，参加党校、行政学院及专业主管单位举办例行培训4人次。在职人员参加研究生以上学历教育11人次，其中已取得博士学位1人，取得硕士学位5人。

附　录
FU LU

2008年国家土地督察机构局级及以上领导同志任命情况

牛珏同志在挂职锻炼期间任国家土地总督察办公室副主任（2008年4月2日，国土资任〔2008〕2号）。

蔡可军任国家土地督察北京局巡视员；顾龙友任国家土地督察南京局副专员；刘志萍任国家土地督察济南局副局长，免去李永杰国家土地督察济南局局长职务（2008年11月4日，国土资任〔2008〕8号）。

常嘉兴任国家土地督察成都局局长，免去董祚继国家土地督察成都局局长职务（2008年10月27日，国土资任〔2008〕9号）。

李永杰任国家土地督察北京局局长；高向军任国家土地督察上海局局长；王广华任国家土地督察武汉局局长，免去常嘉兴国家土地督察武汉局局长职务；免去侯海生国家土地督察西安局局长职务（2008年12月16日，国土资任〔2008〕13号）。

免去张乃贵国家土地督察上海局局长职务；免去樊志全国家土地督察北京局局长职务（2008年12月5日，国土资任〔2008〕15号）。

国家土地督察大事记（2008年）

一 月

1月1日起，中国国土资源报将由2007年的每周出版40个版，扩为每周出版52个版，内容上也作出了较大调整。其中以报道土地督察制度建设、法制建设、重要工作部署、工作经验、新闻事件为主线，以动态新闻和深度报道的形式，每周新增设《土地督察》专版，力求反映全国土地督察工作的风貌，办成土地督察人员的“知心版”。

1月2日，总督察办主任、部百日行动领导小组办公室副主任马毅主持召开全国土地执法百日行动领导小组办公室会议，总结部圈定的12个重点地区和37个典型案件整改查处情况，安排百日行动总结电视电话会筹备工作，研究百日行动107个成效显著单位情况，研究百日行动总结和数据上报情况。

1月4日，全国土地执法百日行动领导小组办公室审核了各省（区、市）上报的对未批先用违法用地的整体性处理意见，以及对违规违法用地行为处理使用节余或今后用地计划指标的安排意见，并形成了审核方案，确定了审核原则和审核程序。

1月5日，党组书记、部长、国家土地总督察徐绍史签发《关于国家土地督察制度组织实施工作情况的报告》（国土资发〔2008〕2号），专门向国务院报告了2006年7月《国务院办公厅关于建立国家土地督察制度有关问题的通知》（国办发〔2006〕50号）下发以来国家土地督察工作的有关情况。

1月6日，党组书记、部长、国家土地总督察徐绍史就落实全国土地执法百日行动“既查处事，也查处人”有关事宜，致函监察部屈万祥副部长。

1月11日，国家土地督察济南局印发了《关于印发〈国家土地督察济南局建设用地审批事项审核办法〉的通知》（国土督察济发〔2008〕2号），全面启动建设用地审批事项审核工作。

1月12日，中央电视台《新闻调查》栏目配合部“全国土地执法百日行动”播出录制节目，其中包括对甘藏春副总督察的采访以及“百日行动”清查的相关典型案例。1月13日进行了重播。甘藏春副总督察在接受采访时表示，土地的特性决定了管住管好土地，既要发挥土地管理部门的作用，又要发挥地方各级政府的作用。

1月14日，全国土地执法百日行动领导小组办公室在《中国国土资源报》上公示了北京市国土资源局海淀分局等107个拟通报表扬的百日行动成效显著单位，公示期为七天。这107个单位是经各省（自治区、直辖市）、计划单列市、新疆生产建设兵团百日行动领导小组推选，各派驻地方的国家土地督察局审核等严格推选程序后产生的。

1月15日，甘藏春同志主持召开全国土地执法百日行动领导小组办公室会议，专题研究全国土地执法百日行动的相关工作。会议议定以下事项：1.原则同意关于12个重点整改地区和37个重大典型案件查处工作的处理意见。各派驻地方的国家土地督察局要抓紧完成验收工作。2.原则同意全国土地执法百日行动领导小组第四次扩大会议和全国土地执法百日行动总结电视电话会议方案，并抓紧做好准备工作。3.原则同意关于各地查处纠正违规违法行为处理意见方案的审核意见，对还没有通过审核的，要催促有关省厅补充上报相关材料，抓紧分批审核。4.新闻宣传工作要集中宣传百日行动取得的成效和各地的典型经验，重点宣传百日行动中涌现出来的整改到位、监管到位的好典型。5.抓紧研究起草上报国务院的全国土地执法百日行动总结报告，争取在全国土地执法百日行动总结电视电话会议结束后，即向国务院上报。6.全国土地执法百日行动总结电视电话会议前完成全国土地执法百日行动“未批先用”情况分析报告、建立土地管理长效机制研究报告的起草工作。

1月16日，在部机关B508会议室，部党组书记、部长、国家土地总督察、全国土地执法百日行动领导小组组长徐绍史主持召开了全国土地执法百日行动领导小组第四次扩大会议，听取了各督察局主要负责同志就督察区域内百日行动成效总体评估，重点对部及各地圈定的重点地区整改情况验收工作及典型案件查处情况的发言；百日行动领导小组办公室关于百日行动中表现突出成效显著地区的评选、公示情况的说明、对百日行动成效总体评估及新闻宣传工作的汇报；并就土地执法百日行动善后工作和成果巩固有关事宜进行了部署。王世元、王寿祥、甘藏春、王瑞生出席。

1月17日，应中国国土资源报社邀请，新华社、《人民日报》、《光明日报》、《农民日报》、《瞭望》周刊等中央主要新闻媒体记者与《中国国土资源报》记者一起，畅谈百日行动。大家充分肯定了百日行动取得的成绩和产生的巨大社会效应，同时建议巩固百日行动成果，进一步加强新闻宣传，扩大社会舆论认知度。

同日，国家土地督察成都局在云南省昆明市召开西南四省（区、市）土地督察工作座谈会。会议传达了部领导在全国土地执法百日行动领导小组第四次全体（扩大）会议上的重要讲话精神，通报了2007年西南四省（区、市）土地督察工作情况和2008年工作设想，深入分析了本督察区域当前的土地利用和管理形势，要求努力探索保障科学发展的土地督察新机制。国家土地督察成都局负责人，西南四省（区、市）政府副秘书长、国土资源厅负责人等参加了会议。

1月21日，全国土地执法百日行动总结电视电话会议在部机关B503会议室召开。部党组书记、部长、国家土地总督察徐绍史在会上强调，全国土地执法百日行动重点突出、领导有力、措施得当、工作扎实，实现了预期目标，取得了明显成效。要以党的十七大精神为指导，贯彻落实科学发展观，做好思想准备、组织准备和工作准备，一鼓作气，一抓到底，巩固成果，扩大成效，坚持不懈地强化土地执法监管。部党组成员、副部长鹿心社主持会议，王世元、王寿祥、甘藏春、王瑞生出席主会场会议。会上，北京市国土资源局、福建省国土资源厅、四川省国土资源厅和国家土地督察沈阳局分别代表省级国土资源部门和各国家土地督察局发言，山西省晋城市国土资源局、青岛市胶南市国土资源局分别代表107个受表彰单位和重点整改地区发言。全国土地执法百日行动总结电视电话会议共计40128人出席，其中，设主会场1个，394人出席；省、自治区、直辖市及计划单列市分会场35个（新疆兵团与新疆厅同一会场），2630人出席；市（地）、县（市）分会场921个，37104人出席。山东省才利民副省长、青海省马顺清副省长及31个省、自治区、直辖市及5个计划单列市政府、新疆生产建设兵团分管副秘书长（办公厅副主任）分别在主会场、分会场出席。

同日，部机关党委印发了《关于成立国家土地督察上海局临时党支部的批复》（国土资机党发〔2008〕6号），批准成立国家土地督察上海局临时党支部，张乃贵任临时党支部书记，徐建新任临时党支部组织委员，董海滨任临时党支部宣传委员。

1月29日上午，九个派驻地方的国家土地督察局局长在部机关B508会议室进行了集体述职；1月29日下午，国家土地总督察办公室主任、副主任进行了述职。在国家土地总督察办公室主任、副主任述职会上，甘藏春副总督察对总督察办一年来的工作给予了肯定：1.形成了团结和谐能打硬仗的工作团队；2.干出了一流的工作业绩；3.初步形成具有特色的机关文化。关于2008年的工作，他希望总督察办：1.要进一步提高服务基层的水平和能力；2.在当好参谋、谋划督察制度的推进上进一步提高水平；3.在提高执行力上进一步提高水平；4.在培养、培育、积累健康进步的机关文化上做出探索，总的要求是有理想、有知识、有文化、能谋事、能干事、能共事。

1月23日，总督察办印发《国家土地督察机构工作规范》（试行）（国土督办发〔2008〕2号），旨在促进国家土地督察机构工作规范化、制度化和科学化，努力提高工作效率和质量，推进依法行政。

同日，中国国土资源报社举办百日行动座谈会，浙江省东阳市、山西省晋城市、河北省唐山市丰润区的政府领导和基层国土资源部门负责人，土地和社会学领域的专家出席。他们一致表示，百日行动扭转了土地执法被动局面，建议探索建立长效机制，继续巩固和扩大百日行动成果。

1月27日，部向国务院报送了《关于全国土地执法百日行动总体情况的报告》（国土资发〔2008〕17号）。

1月28日，甘藏春副总督察主持召开专题会议，研究国家土地督察机构和部有关单位的合作配合、沟通联系机制，13个相关单位负责同志参加会议。会议就如何配合国家土地督察机构开展工作事项基本达成一致。

1月29日，为切实巩固百日行动成果，抓紧建立完善土地执法长效机制，严防违规违法用地反弹，国土资源部下发了《关于巩固扩大百日行动成果加快建立土地执法长效机制的通知》。通知要求：1.全面完成案件查处纠正工作；2.加快建立土地执法长效机制；3.继续严厉打击土地违法违规行为。

同日，部办公厅发文，对在全国土资执法百日行动中取得显著成效的北京市国土资源局海淀分局等107个市、县国土资源管理部门予以通报表扬。

二　月

2月1日，在全国国土资源管理工作会议期间，国家土地督察工作座谈会在京举行。部党组书记、部长、国家土地总督察徐绍史同志在座谈会上强调，一年多来，国家土地督察工作阔步前进，打开了局面。要清醒认识国家土地督察工作面临的形势，以党的十七大精神为指导，解放思想，改革创新，开创性地做好国家土地督察工作。座谈会由部党组副书记、副部长、国家土地副总督察李元主持，鹿心社、贠小苏、汪民、王世元、王寿祥、王瑞生同志出席座谈会。甘藏春同志讲话。座谈会的主要任务是：总结国家土地督察机构运行一年多来土地督察工作，部署2008年工作；交流对土地督察机构自身运转，与部、地方人民政府协调配合的工作机制等的意见和建议；交流如何充分发挥国家土地督察工作的作用，促进耕地保护责任目标和土地调控政策的贯彻落实。江苏省国土资源厅厅长陶培荣、陕西省国土资源厅厅长王登记，部法规司司长王守智、财务司司长赖文升、人教司副司长李海兵和中国土地勘测规划院院长朱留华，国家土地督察武汉局局长常嘉兴和成都局局长董祚继先后在座谈会上发言。各国家土地督察局驻地所在省（市）国土资源部门主要负责人，部机关有关司局、直属单位和各派驻地方的国家土地督察局主要负责人参加座谈会。

2月19日至20日，国家土地督察工作务虚会在广东省佛山市召开。部党组成员、国家土地副总督察甘藏春同志主持会议并讲话，国家土地总督察办公室和各派驻地方的国家土地督察局主要负责同志参加了会议。会议进一步学习了部党组书记、部长、国家土地总督察徐绍史同志在全国国土资源管理工作会议上所作的工作报告和徐绍史、甘藏春同志在国家土地督察工作座谈会上的讲话。并按照部党组学习贯彻党的十七大精神的总体部署和要求及徐绍史部长提出的解放思想、改革创新的总要求，回顾总结国家土地督察实践经验，审视存在问题与挑战，围绕构建保障科学发展的国土资源管理新机制这个中心，就“国家土地督察在贯彻科学发展观过程中应承担什么任务、发挥什么作用，在整个国土资源管理系统内如何定位，国家土地督察应把握哪些环节，督察队伍如何建设，以及有哪些需要改进、需要提高”等展开广泛的讨论。会议还就《2008年国家土地督察工作安排》（征求意见稿）进行了研究和讨论，初步形成了2008年国家土地督察工作的思路、方向、内容和具体安排。

2月23日，曾培炎副总理在部《关于国家土地督察制度组织实施工作情况的报告》（国土资发〔2008〕2号）上批示：一年多来，国家土地督察队伍边组建、边工作，在开展土地执法百日行动等活动中经受了考验和锻炼。希望今后继续按照“严明勤廉”的要求加强机构、队伍和制度建设，解放思想，创新方法，扎实工作，为深入贯彻落实科学发展观，实现最严格的土地管理制度，促进经济社会又好又快发展，发挥应有作用。2月28日，徐绍史总督察批示：培炎副总理十分关心国家土地督察制度组织实施工作，既给予高度评价，又寄予殷切的期望。请各地方局认真组织学习，坚持开拓创新，更好地推进督察工作。甘藏春副总督察2月27日批示：已嘱总督办。将培炎同志的批示传至各地方督察局，并组织督察系统认真学习，不断解放思想，以改革创新的精神推进国家土地督察制度的建设，力争在新的一年有新的进步。

2月25日，甘藏春副总督察主持召开全国土地执法百日行动领导小组办公室会议，研究全国土地执法百日行动的后续工作。会议议定：1.请各派驻地方的国家土地督察局立即启动对重点整改地区整改、重大典型案件查处和整体性处理意见落实的督办工作；2.请执法局抓紧督促各省（区、市）国土资源管理部门按要求,在3月20日前向部报送百日行动清查出案件纠正总体情况、本地区涉及重点整改地区和典型案件整改查处情况和长效机制建设工作情况的报告；3.各派驻地方的国家土地督察局要抓紧对督察范围内各省（区、市）百日行动情况进行分析研究，并于3月底前向部报送对各省（区、市）百日行动的评估意见；4.新闻宣传的重点除了加强对107个百日行动先进典型宣传外，还要注重对各地强化整改、建立土地管理长效机制情况的宣传；5.总督察办要积极配合人教司做好107个先进单位的培训工作，在总结其典型经验的基础上进一步加强对先进典型的培养；6.百日行动领导小组办公室要在原来工作的基础上，进一步做好土地执法百日行动的分析汇总工作。

2月27日，甘藏春副总督察主持召开专题会议，研究《国家土地督察条例》的起草工作。会议议定：1.抓紧研究起草《国家土地督察条例》，既有必要性，也有现实性，起草《国家土地督察条例》的时机已经成熟。2.《国家土地督察条例》起草工作要把握好以下几条原则：一是紧紧围绕《国务院办公厅关于建立国家土地督察制度有关问题的通知》（国办发〔2006〕50号）为主线，着力把50号文件明确了的制度设计法制化；二是要坚持速度服从质量，着重解决一些重大突出问题；三是要认真总结一年多来土地督察工作实践中的成熟经验和突出问题，体现实践成果；四是要借鉴国外行政监督检查方面的做法和经验；五是要认真总结并借鉴我国相关监督部门的成功经验。3.加快《国家土地督察条例》的研究起草工作，成立起草工作协调组，负责条例研究起草工作的组织协调工作，由甘藏春同志任组长，总督察办、法规司、信息中心、法律中心负责同志为协调组成员。

同日，部直属机关党委下发了《关于成立国家土地督察成都局临时党支部的批复》（国土资机党发〔2008〕10号），同意成立国家土地督察成都局临时党支部，尚波同志任临时党支部书记。

三 月

3月5日，第一次土地执法监察与土地督察工作联席会议在部机关B202会议室召开，执法监察局张新宝局长主持会议。会上，执法监察局张璞副局长、总督察办李全人副主任分别通报了有关情况，会议议定了土地执法百日行动延续工作、卫片执法检查以及其他事项。执法监察局和总督察办负责同志及有关处室人员与会。

3月11日，甘藏春同志主持研究国家土地督察公告起草工作。

3月14日，甘藏春同志主持召开专题会，研究《国家土地督察条例》基本框架。

3月4日至15日，为巩固强化全国土地百日行动成果，各国家土地督察局共组织32个督察组，深入到29个省（区、市）、77个县（市、区），实地查看部圈定的重点地区和部分重大典型案件的后续处理工作，随机抽查各省（区、市）确定的重点地区的整改和典型案件的查处工作，调查“未批先用”整体性处理意见的落实工作。从对百日行动后续工作督察情况的总体评估报告老看，百日行动重点地区整改和典型案件查处工作扎实推进，成果进一步巩固和发展，但还存在少数地区进展缓慢，整改、查处落实不到位的情况。

3月19日，部机关党委印发《关于成立国家土地督察沈阳局临时党支部的批复》（国土资机党发〔2008〕16号），批准成立国家土地督察沈阳局临时党支部，崔岩任临时党支部书记，孙弘、潘宏勇任临时党支部委员。

3月26日，《中国国土资源报》以“创新思路，完善措施”为题，全面报道了国家土地督察机构贯彻落实国土资源管理工作会议精神情况。

3月27日，总督察办下发了《关于印发〈2008年国家土地督察重点工作安排〉的通知》（国土督办发〔2008〕8号）。通知要求重点做好六方面工作：（一）巩固百日行动成果，严防违规违法用地行为反弹；（二）坚决贯彻落实国家宏观调控方针，监督土地调控政策落实；（三）强化耕地保护目标责任督察，落实共同责任；（四）加大专项督察力度，探索督察工作新方式；（五）深化制度建设，创新督察工作机制；（六）加强基础建设，全面提升督察工作能力。

3月20日至22日，部“巩固百日行动成果，强化土地执法监管”第一期研讨班在厦门举行。部党组成员、国家土地副总督察甘藏春、福建省人民政府副省长苏增添出席并讲话，厦门市人民政府副市长裴金佳出席。来自全国18个省市（区、市）、2个计划单列市和新疆生产建设兵团54个受表彰单位的地方政府负责人、国土资源管理部门负责人共132人参加。

3月25日至27日，部“巩固百日行动成果，强化土地执法监管”第二期研讨班在厦门举行。部党组成员、国家土地副总督察甘藏春，厦门市人大常委会副主任黄诗福出席开班仪式并讲话，部党组成员王瑞生作结业式讲话。研讨班开展了专题报告、实地考察和经验交流等项活动。来自全国15个省市（区、市）、3个计划单列市53个受表彰单位的地方政府负责人、国土资源管理部门负责人共127人参加。

3月31日，全国土地执法百日行动领导小组第五次扩大会议在部机关B103会议室召开。部党组书记、部长、国家土地总督察、全国土地执法百日行动领导小组组长徐绍史主持会议并作重要讲话，他强调，土地执法监管任务艰巨，任重道远。要继续跟踪督察，强化日常督察，着重防止出现新的土地违规违法案件；要加强调查研究，推进长效机制建设；加强队伍建设，着力推进反腐倡廉建设。部党组成员、国家土地副总督察、全国土地执法百日行动领导小组副组长甘藏春讲话中要求抓住有利时机，继续巩固、扩大和提升百日行动成果。会议听取了执法监察局局长、全国土地执法百日行动领导小组办公室副主任张新宝关于各省百日行动整改落实汇总情况汇报，总督察办主任、全国土地执法百日行动领导小组办公室副主任马毅关于土地执法百日行动后续工作总体评估情况汇报，各督察局主要负责同志关于各督察区域土地执法百日行动后续工作评估情况汇报。会议并就百日行动后续工作安排进行了部署。全国土地执法百日行动领导小组及其办公室成员及有关人员，各派驻地方的国家土地督察局主要负责同志，相关司局有关负责同志出席会议。

3月底，国家土地督察西安局制订了《督察工作程序规定（试行）》，对事先调查、方案编制、资料收集、工作记录、报告编制、资料整理、工作责任等工作环节进行了全面规范，进一步提高了督察工作质量和效率，避免了督察活动的随意性。

四 月

4月1日，按照部开展深入学习实践科学发展观活动的工作部署，总督察办成立了深入学习实践科学发展观活动领导小组，马毅主任任组长，纪东义、李全人副主任任副组长，并下设学习辅导组和组织协调组，全面负责总督察办学习实践科学发展观活动的组织和领导。4月2日，总督察办召开全体人员会进行深入动员，并就开展学习实践科学发展观活动提出了明确要求。

4月2日，部印发《关于牛珏、高明任职的通知》（国土资任〔2008〕2号），牛珏同志在挂职锻炼期间任国家土地总督察办公室副主任。

同日，华南地区土地督察工作座谈会在深圳召开。国家土地督察广州局督察区域内的广东、广西、海南省（区）和深圳市政府分管秘书长和政府办公厅工作联系人，国土资源厅局长和分管副厅局长、联系人，广州、南宁、海口市政府分管副秘书长、国土资源局长参加会议，深圳市政府领导到会致辞。会议部署了2008年度华南地区土地督察工作，并对加强土地利用及土地督察工作进行了交流。

4月3日，总督察办纪东义副主任主持召开了第二次土地执法监察与土地督察工作联席会议。会上，总督察办有关处室负责同志对全国土地执法百日行动重点整改地区整改和重大典型案件查处以及整体性处理意见落实情况督察中发现的有关问题，“巩固百日行动成果，强化土地执法监管研讨班”有关情况，一季度收集的典型信访案件线索，以及《国家土地督察条例》研究起草情况进行了通报。执法监察局张璞副局长对《违反土地管理规定行为处分办法》修改以及与公安、检察、法院、监察部门建立协调配合机制进展情况，对直接查办案件、配合查办案件以及3月份发函督办案件进展情况进行了通报。联席会议议定了加强土地督察与执法监察工作间协调配合的有关事项。总督察办、执法监察局领导及处室负责同志参加了会议。

4月8日，甘藏春同志主持召开专题会议，研究落实全国土地执法百日行动领导小组第五次扩大会议精神，巩固百日行动成果。会议议定了宣传、部分案件上收查办、督察文书下达以及整改查处情况与土地利用年度计划下达挂钩等事项。全国土地执法百日行动领导小组办公室成员单位有关人员参加。

4月9日，由总督察办编印，旨在为国家土地督察提供文化建设平台的内部刊物——《新视野》创刊。

同日，国家土地督察西安局层层签订廉政建设责任书，在全局建立了完善封闭的廉政建设责任体系。至此，以制订工作人员守则，树立廉洁自律意识，丰富职工业务文化生活，建立党风廉政建设责任体系为主要内容，党风廉政建设工作与土地督察业务工作统筹部署、一并检查、共同考核的党风廉政建设工作格局在国家土地督察西安局逐渐形成，推动了西北地区土地督察工作的深入开展。

4月11日，部办公厅通报了全国土地执法百日行动后续工作有关情况（国土资源部通报2008年第13期），通报内容包括：案件查处总体情况、重点地区整改情况、典型案件查处纠正情况、“未批先用”整体性处理意见落实情况、存在的问题，通报还提出了继续强化查处纠正和监督工作的要求。

4月14日，全国土地执法百日行动新闻发布会在部机关B103会议室召开，主要通报全国土地执法百日行动成果和后续工作。部办公厅副主任于孔让主持新闻发布会，部执法监察局副局长张璞及9个派驻地方的国家土地督察局负责人就百日行动相关问题回答了记者提问。这也是国家土地督察制度建立以来，各派驻地方的国家土地督察局局长首次集体接受新闻媒体的采访。

同日，国家发展和改革委员会下达了《国家发展改革委关于国家土地督察机构建设项目建议书的批复》（发改投资〔2008〕914号），批准建设九个国家土地督察局办公及附属用房，并购置必要的技术装备，项目总投资额控制在14053万元以内，并安排在中央预算内投资解决。

4月7日至16日，按照部深入学习实践科学发展观活动试点工作领导小组安排，九个国家土地督察局副局级以上干部、总督察办全体工作人员参加了部深入学习实践科学发展观活动集中培训班，认真参加了集中辅导、分组讨论、大会交流总结等活动。

4月17日，部直属机关党委下发《关于成立国家土地督察北京局临时党支部的批复》（国土资机党发〔2008〕23号），批准成立国家土地督察北京局临时党支部，樊志全任临时党支部书记，李平任临时党支部副书记，杨地任临时党支部组织委员，赵苛然任临时党支部宣传委员，窦敬丽任临时党支部群工委员。

4月20日，党组书记、部长、国家土地总督察徐绍史带领部深入学习实践科学发展观调研组在四川省调研期间，专程到国家土地督察成都局看望全体督察干部。徐绍史同志充分肯定了国家土地督察成都局的工作，希望国家土地督察成都局在2007年良好开局的基础上，进一步探索创新，认真做好三项工作：一是继续积极探索、大胆创新；二是一定要把制度建设放到重要位置上来；三是要把深入学习实践科学发展观活动切实搞好。

4月21日，总督察办印发《关于协助开展部重点调研工作有关事项的通知》（国土督办发〔2008〕9号），由总督察办会同各派驻地方的国家土地督察局共同开展以全国土地执法百日行动107个先进地区政府的主要负责同志为对象的问卷调研。调研问卷由各派驻地方的国家土地督察局负责分送、回收和初步分析，总督察办负责形成总体分析报告。

4月22至27日，按照《关于开展闲置土地清理处置检查工作的通知》（国土资电发〔2008〕23号）及部统一部署，由总督察办、利用司、国家土地督察上海局、土地整理中心组成的检查组，赴浙江、福建两省进行了检查调研。检查组听取了两省和部分市关于闲置土地清理处置情况的汇报，与嘉兴、湖州、福州、莆田市政府和有关部门及法院、银行、房地产开发公司相关人员进行了座谈，观摩了两省建设用地供应动态监管系统演示，实地察看了部分典型案例，初步了解了两省闲置清理处置工作的进展情况。

4月22日，国家土地督察济南局研究制订了《建设用地审批事项审核操作细则》，作为对《建设用地审批事项审核办法》实施的具体补充。《建设用地审批事项审核操作细则》从相关资料受理、内业审查、实地核查、批后督察等方面对审核工作如何开展进行了较为详细的规定。

4月23日，总督察办副主任李全人带领有关处室负责同志，与部信息中心领导就加强土地督察系统信息化建设工作进行沟通和研究，决定按照先易后难，局部突破，急用先行，先干起来再完善的原则，先行启动九个国家土地督察局的基础数据库和土地批供用补实时动态查询系统、土地督察系统网站及视频会议系统建设。

同日，国家土地督察系统信息化建设工作小组成立，总督察办副主任李全人任组长，信息中心副主任蒋文彪任副组长，成员由总督察办和信息中心有关处室负责同志组成，并分别在总督察办和信息中心设立联络员。工作小组的主要职责是做好国家土地督察系统信息化建设的协调与配合。

同日，部办公厅印发《关于建立部有关司局及直属单位与国家土地督察机构协调配合工作机制的通知》（国土资厅发〔2008〕1号），就充分发挥部有关司局、直属单位与国家土地督察机构在土地监管工作中的优势，建立协调配合工作机制提出了明确意见和要求。

4月24日，国家土地督察成都局局长董祚继就派驻国家土地督察专员试点工作与重庆市政府副市长凌月明进行了商谈。凌月明副市长代表重庆市政府表示，将积极支持成都督察局派驻土地督察专员工作，并为工作开展提供所需条件。至月底，国家土地督察成都局尚波副专员和有关同志已经到位，并开展工作。

4月23日至25日，总督察办召开学习实践科学发展观活动学习心得交流汇报会。全体干部紧紧围绕国家土地督察系统、总督察办以及本人存在哪些影响和制约保障科学发展新机制的深层次、具体的思想障碍，以及在工作作风和执行力方面存在哪些突出问题，紧密联系实际，认真查摆思想、工作、作风中存在的突出问题，谈想法，找问题，究原因，达到了思想认识上的统一。

4月29日，国家土地督察上海局举行揭牌仪式。部党组成员、国家土地副总督察甘藏春和上海市副市长沈骏为国家土地督察上海局揭牌。甘藏春副总督察在揭牌仪式上作了重要讲话。揭牌仪式由总督察办副主任李全人主持。上海、浙江、福建省和宁波、厦门市人民政府副秘书长、国土资源厅（局）长及有关负责同志出席了揭牌仪式。

4月29日，国家土地督察机构与地方政府探索共建保障科学发展的土地管理新机制试点工作率先在上海市展开。根据总督察办的批复意见，同意由上海市政府授权市房地局代表市政府与国家土地督察上海局开展共建试点，重点是在落实耕地保护共同责任、推动土地节约集约利用、加强土地宏观调控和建立土地执法长效机制等方面，探索和实践建立保障科学发展的土地管理新机制。

五 月

5月4日至9日，按照《国土资源部开展深入学习实践科学发展观活动试点调查研究工作方案》要求，由总督察办牵头，包括部试点办、利用司、法律中心等单位在内的部党组实地调研组，围绕服务地方科学发展，建立国土资源管理综合评价指标体系，调动中央、地方两个积极性科学配置国土资源的利益机制调整等方面，分别到江西、浙江开展实地调研。

5月4日，国家土地总督察徐绍史签署国家土地总督察公告（第1号），向社会发布《国家土地督察公告（2007年）》，使全社会更好地了解国家土地督察制度及其实施情况，接受社会监督和评议。《公告》重点介绍了国家土地督察制度、基本工作思路、专项督察、推进百日行动、实施耕地保护目标责任督察、探索督察工作机制和2008年督察重点工作等内容。5月7日，在国土资源报和国土资源部门户网站上全文公开。

5月6日，总督察办在部门户网站上增设“学习实践科学发展观国家土地督察在行动”专题栏目，方便学习、讨论和交流。

5月7日，第3次土地执法监察与土地督察工作联席会议召开。执法监察局介绍了《违反土地管理规定行为处分办法》、《关于国土资源行政主管部门与人民法院、人民检察院、公安机关、监察机关在制止和查处国土资源违法犯罪行为工作中加强协作配合的若干意见》、《关于建立健全土地执法监管长效机制的若干意见》3个文件的进展情况和4月份监察部办公厅国土资源部办公厅联合发函督办、部办公厅、执法监察局发函督办的国土资源违法案件以及辽宁省宽甸县违法分子暴力抗法事件处理的有关情况，总督察办介绍了《国家土地督察公告（2007年）》和国家土地督察济南局、广州局分别对山东聊城、德州、海南海口、文昌土地违法发出的整改意见书以及浙江东阳兴建圆明园新圆等情况。会议议定了其他事项。

同日，总督察办印发了《关于加快开展派驻地方的国家土地督察局信息化建设的通知》（国土督办发〔2008〕10号），要求按照“急用先行、试点引路”的原则，在2008年7月30日前，开展并完成各督察局信息化基础环境建设、土地监管信息分析系统建设、网站建设和视频会议系统建设等四方面工作。

5月9日至12日，由总督察办、国土资源报社以及山西晋城市国土资源局组建的“学习实践科学发展观国土资源青年在行动”主题活动调研小组以“总结基层国土资源执法实践与创造”为主题，深入山西晋城市“蹲点”调研。

5月12日四川省汶川特大地震发生后，部党组成员、国家土地副总督察、部抗震救灾前线总指挥甘藏春立即到成都市国土资源局、四川省国土资源厅和国家土地督察成都局看望干部职工，叮嘱做好防震工作，确保生命财产安全。

汶川特大地震发生后，国家土地督察成都局立即启动应急预案，安排24小时值班，与四川相关部门保持密切联系，随时向部报告最新情况，并派出工作组主动参与抗震救灾。

汶川特大地震灾害后，国家土地督察西安局组织全体干部职工积极应对，主动投身到避险、自救的有关工作中，保持了正常的工作和生活秩序，以实际行动展示了国家土地督察干部队伍的良好形象。

5月13日至30日，总督察办主任马毅赴法国参加中央组织部举办的“小康社会领导者培训项目”——城市公用事业管理与可持续发展研究班。

5月14日，在5月12日四川汶川县发生7.8级地震灾情后，按照机关党委部署，总督察办及九个派驻地方的国家土地督察局全体党员干部积极响应党中央号召，发扬“一方有难、八方支援”的精神，紧急行动起来，向灾区捐款52420元。

5月14日至15日，部党组成员、国家土地副总督察、部抗震救灾前线总指挥甘藏春率部专家组赴都江堰、崇州、彭州市龙门山区等抗震救灾第一线，指导抗震救灾工作。

5月16至17日，国家土地督察西安局在西安市召开了西北地区土地督察工作座谈会。会议的主题是围绕学习实践科学发展观，加强土地管理，构建保障和促进科学发展的土地管理新机制。会议在构建保障和促进科学发展的土地管理新机制、2008年土地督察工作的重点任务以及在相互支持、相互配合、共同推动工作等方面达成共识。西北各省区政府和新建生产建设兵团主管秘书长、办公厅负责联系土地督察工作的同志、国土资源厅（局）长等参加会议。

5月17日，国家土地督察机构与江西省人民政府“加强土地督察与土地管理工作联席会议”在南昌召开。受部党组成员、国家土地副总督察甘藏春同志委托，总督察办副主任李全人同志宣读书面讲话；江西省副省长熊盛文同志到会，并代表江西省人民政府发表讲话。联席会议的主题：一是深入学习实践科学发展观，共同推进建立保障科学发展的土地管理新机制试点工作；二是研究建立土地执法监管长效机制，落实耕地保护共同责任。会上，国家土地督察南京局和江西省国土资源厅分别通报了各自的工作情况；与会代表就共建保障科学发展新机制试点工作进行了深入交流。会议决定，选择鹰潭市、九江市湖口县、赣州市安远县、宜春市上高县等一市三县作为国家土地督察机构与江西省人民政府共同推进土地管理新机制建设的试点和联系点，围绕宏观调控、共同责任、开源节流、维护权益和土地督察等五项内容建立新机制。国家土地总督察办公室、国家土地督察南京局以及江西省政府有关部门、部分市县政府及各市国土资源管理部门负责同志共60余人出席会议。

5月19日起，部党组成员、国家土地副总督察、部抗震救灾前线总指挥甘藏春参加国务院抗震救灾四川前线指挥部工作。

从5月19日14时28分起，总督察办全体人员参加了部办公厅和机关党委统一组织的3分钟集体默哀仪式，各派驻地方的国家土地督察局在驻地组织了集体默哀仪式，以表达对四川汶川大地震遇难同胞的深切哀悼。

同日，根据部机关党委号召，总督察办及九个国家土地督察局组织党员干部为汶川大地震中受灾的四川省国土资源系统干部职工捐款105494.5元。

5月21日，总督察办及九个国家土地督察局党员交纳77820元“特殊党费”用于抗震救灾。至此，汶川特大地震以来，国家土地督察机构党员干部累计捐款237734.5元。

同日，总督察办分别向国家土地督察成都局、西安局发去抗震救灾慰问信。

5月25日，部党组成员、国家土地副总督察、部抗震救灾前线总指挥甘藏春根据部党组安排从四川抗震救灾一线回京，总督察办全体人员到机场迎接。

5月27日至30日，总督察办副主任牛珏带队，围绕构建保障和促进科学发展土地管理新机制、形成有利于科学发展的国家土地督察工作体制、机制和法制以及总督察办自身建设等方面，赴国家土地督察广州局、武汉局开展实地调研。

5月30日，徐绍史总督察在国家土地督察成都局《关于支持四川省抗震救灾和灾后重建土地政策的建议》上批示：建议很好。复印分送部领导参阅，送规划司研究。

六 月

6月1日，监察部会同人力资源和社会保障部、国土资源部印发的《违反土地管理规定行为处分办法》（监察部令第15号）施行。

6月2日，部党组书记、部长、国家土地总督察徐绍史在汪民副部长、四川省国土资源厅宋光齐厅长等陪同下，到国家土地督察成都局看望和慰问干部职工。在得知国家土地督察成都局在汶川特大地震中无一人伤亡、办公楼房及设施完好、各项工作都紧密围绕抗震救灾有序推进后，徐绍史同志表示慰问和感谢，并希望国家土地督察成都局继续与四川省国土资源厅、成都市国土资源局等有关单位很好地配合、合作，共同把灾后恢复重建工作做好。

同日，国家土地副总督察甘藏春在部机关B202会议室主持召开了国家土地督察专项工作会。总督察办副局级以上领导和各派驻地方的国家土地督察局局长参加了会议。

6月4日至5日，总督察办党支部根据部学习实践科学发展观活动试点工作安排，组织进行了“改进作风、增强执行力”大讨论，全体党员结合实际认真查摆个人及本单位工作作风中存在的突出问题。部党组成员、国家土地副总督察甘藏春参加了讨论活动。

6月10日，部召开学习实践科学发展观活动试点工作调研成果汇报交流会，总督察办汇报了部党组成员带队，总督察办牵头赴江西、浙江实地调研的成果。

同日，总督察办与信息中心领导就国家土地总督察网站栏目及内容设置等情况进行了座谈讨论，决定按照“急用先行”的原则，进一步修改完善栏目内容，制定网站管理的各项规章制度，并尽快试运行。

6月11日，国家土地督察北京局向河北省人民政府下达土地例行督察通知书（国土督察京通〔2008〕1号），决定于2008年7月1日至9月30日对河北省沧州市2007年度土地利用计划执行情况实施土地例行督察。

同日，总督察办马毅主任主持召开了第四次土地执法监察与土地督察工作联席会议。会上，总督察办介绍了与新华社动态清样组建立长期合作机制，围绕全国土地执法百日行动联合策划土地执法宣传情况；执法监察局通报了监察部、人力资源和社会保障部、国土资源部《违反土地管理规定行为处分办法》（第15号令）贯彻执行情况、第八次卫片执法检查督导工作安排、《关于建立健全土地执法监管长效机制的若干意见》和《关于国土资源行政主管部门与人民法院、人民检察院、公安机关、监察机关在制止和查处国土资源违法犯罪行为工作中加强协作配合的若干意见》2个文件的进展情况以及执法监察局5月份发函督办的5件国土资源违法案件的有关情况。会议议定继续利用新华社动态清样宣传土地执法与督察工作。总督察办、执法监察局领导及处室负责同志参加了会议。

6月17日，甘藏春副总督察主持专题会议，研究农用地转用和土地征收审批事项督察办法。

6月18日至19日，总督察办党支部召开了学习实践科学发展观活动专题领导班子民主生活会扩大会议，总督察办处级以上干部参加。部党组成员、国家土地副总督察甘藏春出席并讲话，部试点办、人事教育司、直属机关党委派人参加了会议。

6月25日，甘藏春副总督察召开专题会议，研究《国家土地督察条例》起草工作，总督察办、法规司、法律中心等单位有关负责人员参加。

同日，总督察办党支部召开扩大会议，通报领导班子贯彻落实科学发展观民主生活会召开情况、领导班子贯彻落实科学发展观情况检查分析报告，并请全体党员及民主党派人员、群众讨论、评议。

6月26日，总督察办印发《关于举办“庆祝国家土地督察制度实施两周年”征文活动的通知》

（国土督办发〔2008〕11号），面向国家土地督察机构全体工作人员，征集国家土地督察制度实施两年来，大家针对工作成果和经验等的感悟与体会文章，旨在形成和展示独特的土地督察文化。征文截稿时间为2008年7月31日。

6月30日，国家土地督察北京局在山西省太原市召开华北五省区市土地督察工作座谈会，北京、天津、河北、山西、内蒙古五省（区、市）政府副秘书长和国土资源部门主要负责人，总督察办及国家土地督察北京局负责人出席。会议主题是：贯彻落实监察部、人力资源和社会保障部、国土资源部出台的《违反土地管理规定行为处分办法》，落实土地管理共同责任和土地管理问责制。国家土地副总督察甘藏春出席会议并讲话，他强调，充分认识实施土地违法问责制的重大意义，加快研究建立土地违法问责制实施路径。山西省委常委、常务副省长申联彬出席并致辞。

七 月

7月2日至4日，总督察办协同信息中心举办了国家土地督察网站首批信息维护人员培训班，来自各派驻地方的国家土地督察局网站信息维护人员参加了培训。

7月3日，部党组召开第32次会议，专题研究土地督察与执法工作。会议听取了总督察办2008年上半年工作总结和下半年工作安排汇报、2008年上半年土地违法违规形势分析的报告，听取了执法监察局2008年上半年工作汇报和当前有关工作安排的汇报。并认真研究了当前土地督察和执法监察工作。会议要求研究决定，要加快建立国家土地督察工作统计制度，要继续大胆探索，注重制度设计和制度安排的功效，注重在实践中总结、提炼和规范，把土地督察工作做得更加有力、有效。

截至7月7日，已有内蒙古、天津、黑龙江、吉林、辽宁、福建、山东、河南、江苏、安徽、江西、广东、广西、海南、湖南、湖北、贵州、四川、重庆、云南、西藏、陕西、甘肃、宁夏、青海、新疆26个省（区、市），大连、青岛、深圳3个计划单列市以及新疆生产建设兵团先后发出通知，明确要求所属各级地方政府、各有关部门充分认识建立和实施国家土地督察制度的重大意义，统一思想，明确责任，积极支持、主动配合国家土地督察工作，确保国务院严格土地管理的有关政策落到实处。

7月8日至9日，国家土地督察工作形势分析会在北京召开。甘藏春副总督察主持会议并作重要讲话。会议的主要议题是：总结上半年国家土地督察工作，研究分析国家土地督察工作形势。总督察办及九个派驻地方的国家土地督察局主要负责同志参加了会议。

7月10日，在《国务院办公厅关于印发国土资源部主要职责内设机构和人员编制规定的通知》（国办发〔2008〕71号）中，明确“国务院设立国家土地总督察，授权国家土地总督察对各省、自治区、直辖市，以及计划单列市人民政府土地利用和管理情况进行监督检查，落实耕地保护目标责任制，监督国家土地调控政策的实施。国家土地总督察对国务院负责。委托国土资源部组织实施国家土地督察制度，向地方派驻9个国家土地督察局”。并对国家土地总督察办公室的设置及其职责、国家土地督察机构行政编制等予以明确。

7月11日，国家土地督察网站开通仪式在京举行，国家土地督察网站系统包括1个国家土地督察网站和9个国家土地督察局网站。部党组成员、国家土地副总督察甘藏春出席开通仪式并讲话。他表示，国家土地督察网站开通标志着国家土地督察机构信息化建设迈出了第一步，为国家土地督察创新工作方式履行职责进行了有益尝试。总督察办、信息中心、各派驻地方的国家土地督察局主要负责同志及新闻媒体记者出席了网站开通仪式。

7月14日，由总督察办编印、汇集全体督察干部心声的国家土地督察系统情系地震灾区画册——《在一起》，陆续分发到全体督察干部和灾区国土资源管理部门。该画册汇集了国家土地督察机构全体工作人员对灾区人民及国土资源系统职工的寄语，反映了汶川特大地震发生以来，国家土地督察系统干部职工与灾区人民骨肉相连、患难与共的深厚情谊。

7月15日，总督察办向各督察局印发了《关于印发〈国家土地督察机构信息网络系统安全管理规范（试行）〉的通知》（国土督办发〔2008〕13号），目的在于加强国家土地督察系统信息化管理，确保国家土地督察机构信息网络系统的安全。

7月16日，执法监察局张新宝局长主持召开了第五次土地执法监察和土地督察工作联席会议。执法监察局通报了6月份发函督办案件情况、15号令宣传及政策解读情况、土地执法监管长效机制文件起草情况；总督察办通报了2008年上半年国家土地督察工作形势分析会、北京督察局召开的华北五省区市土地督察工作座谈会情况。会议议定，执法监察局对各督察局组织学习贯彻15号令给予支持和指导。

同日，部直属机关党委、直属机关团委组织召开了"学习实践科学发展观，国土资源青年在行动"汇报展示会，总督察办与国土资源报社团员青年联合作了题为"小神能管大菩萨"的展示汇报。

7月17日，甘藏春副总督察专门听取了总督察办各处处长有关学习实践科学发展观整改措施落实进展情况的汇报。

7月23日，总督察办组织进行了完善土地督察工作机制讨论会，甘藏春副总督察出席并讲话。全体同志围绕"土地督察工作怎么做，处室工作怎么做"进行了深入讨论，提出了有针对性的意见和建议。甘藏春副总督察在讲话中希望年轻同志要珍惜机遇、不断学习、深入思考，立志把职业当成事业去做，同时要求督察系统积极探索，不断创造人才脱颖而出的机制。

7月29日，经国家土地总督察批准，总督察办向各派驻地方的国家土地督察局下发了《关于印发〈国家土地督察统计报表（试行）〉的通知》（国土督办发〔2008〕14号），要求各督察局把统计工作纳入督察工作重要日程，并从8月份开始报送统计报表。

八 月

8月3日，派驻地方的国家土地督察局处级以下工作人员选配书面测试在沈阳、郑州、成都、西安四个考点同时进行，来自全国国土资源系统的520余名考生参加了书面测试。

8月5日，部召开《国家土地督察条例（征求意见稿）》专家座谈会，甘藏春副总督察出席会议并讲话。全国人大常委会法工委、环资委、农委，国务院法制办农林司、中央编办法规司、监察部、审计署法规司等部门有关领导及应松年、姜明安等专家出席论证会。总督察办、法规司、法律中心有关负责同志参加。

8月6日，部党组成员、国家土地副总督察甘藏春出席了国家土地督察机构和天津市人民政府召开的第一次联席会。会上，甘藏春与天津市副市长熊建平签署了国家土地督察机构、天津市人民政府建立联席会议制度的框架协议。甘藏春在会上指出，土地督察机构要支持各级政府管住管好土地。

8月7日，在深入学习实践科学发展观活动中，总督察办年轻同志积极响应部直属机关团委"学习实践科学发展观，国土资源青年在行动"主题活动的号召，与有关地方国土资源部门、派驻地方的国家土地督察局的年轻同志一起，对全国土地执法百日行动成效显著单位创造的新实践、新经验调查研究后形成文字材料以快讯形式刊发，供各地借鉴。

8月10日，部党组成员、国家土地副总督察甘藏春在国家土地督察济南局组织的山东、河南、青岛学习贯彻《违反土地管理规定行为处分办法》精神座谈会上指出，监察部、人力资源和社会保障部、国土资源部15号令的颁布实施，是我国土地管理史上的一个重要事件，标志着土地违法问责制制度设计、程序设计已经完成，意味着土地违法问责制正式启动。贯彻15号令精神，要把握土地违法问责制这个重点，深入细致地做好宣传教育工作，发挥制度的威慑力，加快推进土地管理制度改革，为落实共同责任迈出扎实步伐。

8月11日，部向国家发展改革委报送了《国土资源部关于报送国家土地督察技术装备购置方案及土地督察沈阳等四局办公及附属用房购置方案的函》。

8月11日至12日，在国家土地督察制度实施两周年之际，部在山东威海召开国家土地督察机构管理工作座谈会，会议就派驻地方的国家土地督察局管理工作中的有关问题进行座谈，探讨和研究解决问题的办法和措施。部党组成员、国家土地副总督察甘藏春，部党组成员王瑞生出席座谈会并讲话。甘藏春指出，督察制度实施两年来，研究和探索解决国家土地督察机构队伍建设问题的条件已经初步具备，要认真研究土地督察机构队伍建设的目标和内容。土地督察机构队伍建设的首要任务是加强政治建设，包括政治理论建设、领导班子建设、党的建设和党风廉政建设；二是业务建设；三是干部队伍建设；四是文化建设；五是基础设施建设。他特别强调，要加快研究解决当前队伍建设中的突出问题，凡是近期能解决的必须解决，一时解决不了的也要形成一个思路，形成一个方案，以便为解决问题奠定基础。王瑞生强调，要充分认识加强督察局领导班子思想政治建设的重要性，切实增强紧迫感和责任感。坚持用中国特色社会主义理论体系武装头脑，把督察局领导班子建设成为头脑清醒、政治坚定的领导集体；坚持解放思想、开拓创新，把督察局领导班子建设成为干事创业、开拓创新的领导集体；坚持贯彻执行民主集中制原则，把督察局领导班子建设成为团结协调、坚强有力的领导集体；坚持践行党的根本宗旨，把督察局领导班子建设成为求真务实、廉洁勤政的领导集体。要关心爱护督察干部，充分调动大家的积极性、主动性和创新性。部机关有关司局和事业单位负责同志，各派驻地方的国家土地督察局局长参加了座谈会。

8月20日，甘藏春副总督察主持召开专题会议，听取《国家土地督察条例》起草进展情况。会议分别听取了法规司、信息中心关于《国家土地督察条例》起草和国外相关督察制度比较研究的进展情况。会议认为，《国家土地督察条例》起草和国外相关督察制度比较研究这两项工作，正按照预定的目标扎实推进，进展顺利，取得了明显成果。会议议定，下一步《国家土地督察条例》起草重点要转到具体条款的修改推敲上来，要在“精耕细作”上下功夫；国外相关督察制度的比较研究要在现有研究的基础上完善研究内容。总督察办、法规司、信息中心、法律中心有关负责同志参加会议。

8月22日，赣、苏、皖三省构建保障科学发展土地管理新机制座谈会在江西省鹰潭市召开。会议就建立保障科学发展土地管理新机制和贯彻落实《违反土地管理规定行为处分办法》（第15号令）等有关问题进行了座谈。江西省、江苏省、安徽省政府分管秘书长和国土资源厅长以及三省五市国土资源局长参加了会议。甘藏春副总督察在座谈会上指出，构建保障科学发展的土地管理新机制，落实共同责任是前提，严格实行问责是保障，开展联合共建是载体。

8月23日，国家土地督察成都局进驻云南省玉溪市开展土地例行督察。

8月25日，徐绍史部长主持召开第28次部长办公会，其中审议了《农用地转用和土地征收审批事项督察办法（送审稿）》，会议议定，请总督察办根据会议意见和建议进一步修改完善送审稿，督察局要与部有关司局分工协作，各扬所长，互通互补。

8月26日，经国家土地总督察批准并商国办文电处，总督察办设立报国务院及领导同志的简报形式——《国家土地督察专报》，以便及时、快捷地向国务院反映国家土地督察重大工作进展、工作成就及措施建议等。《国家土地督察专报》分正刊、特刊两种形式。

8月下旬，根据部党组要求，国家土地督察机构对2008年上半年土地督察形势进行了认真分析。结果显示，在百日行动、专项整治、专项检查等一系列综合措施的遏制下，2008年上半年发生土地违法案件和涉及土地面积同比分别下降10.17%和48.17%，72个重点城市发生土地违法案件数、立案数和涉及土地面积同比分别下降4.96%、13.46%和35.47%。

8月27日至31日，中央编办和国土资源部组成调研组，就国家土地督察制度实施情况到广东、海南开展调研。

8月28日，《中国国土资源报》以“静悄悄的‘革命’”为题，报道了国家土地督察北京局赴沧州开展例行督察试点第一线工作情况。

同日，部党组书记、部长、国家土地总督察徐绍史致函各省、自治区、直辖市以及计划单列市人民政府、新疆生产建设兵团领导同志和其他负责同志，感谢各地对国家土地督察工作的理解和支持，并就落实土地管理共同责任、严格执行土地利用总体规划、切实保护耕地特别是基本农田、坚守18亿亩耕地红线等工作进行沟通。

九 月

9月1日至2009年1月15日，甘藏春副总督察赴美国参加中组部组织的哈佛大学高级行政管理培训。

9月5日，国土资源部印发了《关于建立健全土地执法监管长效机制的通知》（国土资发〔2008〕173号），其中明确：建立土地执法监察机构与国家土地督察机构协作配合机制。

同日，部办公厅印发了《国家土地督察机构管理工作座谈会会议纪要》（国土资厅发〔2008〕129号），要求各有关单位按议定意见和要求，积极落实包括组建督察局党组、公务员录用干部选配和干部交流轮岗、督察干部培训、督察干部落户、规范督察局津贴、对外合作交流、财务管理、基本建设、信息化建设、党风廉政建设等十个方面的事项。

9月6日至8日，2008年度派驻地方的国家土地督察局处级以下工作人员选配面试工作在国家土地督察北京局举行，来自国土资源系统的198名考生参加了面试。

9月10日至13日，总督察办马毅主任赴成都调研国家土地督察成都局到云南和重庆开展例行督察情况。

9月10日，总督察办将徐绍史总督察致各省、自治区、直辖市以及计划单列市人民政府、新疆生产建设兵团领导同志和其他负责同志的信函，转送各省、自治区、直辖市以及计划单列市国土资源厅（局）、新疆生产建设兵团国土资源局、各派驻地方的国家土地督察局，要求各单位根据徐绍史总督察致信精神，结合地方人民政府领导同志批示，进一步做好国土资源管理工作。

9月16日，总督察办向各督察印发了《国家土地督察机构信访工作规范（试行）》（国土督办发〔2008〕15号）。目的在于进一步规范国家土地督察信访工作，提高工作效率。

9月16日至17日，总督察办马毅主任、牛珏副主任陪同中编办有关负责同志赴天津调查了解国家土地督察工作进展情况。

9月26日至27日，国家土地督察北京局召开土地例行督察成果汇总分析座谈会，总督察办及北京督察局全体人员参加。总督察办主任马毅在讲话中指出，随着例行督察试点的逐渐深入，例行督察将成为国家土地督察工作的主流，要进一步解决如何把例行督察主业经营好、如何应用例行督察成果等重要问题。

9月26日，总督察办向徐绍史总督察报告了国家土地督察工作统计报表制度试行情况。从首次统计报表的填报情况看，各督察局基本上能够按照要求进行填报，报表中的数据比较客观，一定程度上反映了各督察局1～6月份督察工作开展情况及本辖区内土地利用和管理的基本情况。

十 月

10月7日，部召开国土资源系统抗震救灾总结表彰视频会议，已开通视频会议系统的沈阳、南京、济南、广州、武汉、西安督察局在驻地分会场参加了会议。

10月8日，部以国家土地总督察名义向各省（区、市）、计划单列市人民政府及新疆生产建设兵团印发了《农用地转用和土地征收审批事项督察办法》（国土督察函〔2008〕1号）。该办法已于2008年8月25日经国土资源部第28次部长办公会议审议通过。

10月9日至10日，总督察办、部信息中心在陕西省西安市召开了国家土地督察机构信息化建设工作现场会。总督察办、部信息中心、中国土地勘测规划院及各派驻地方的国家土地督察局有关负责同志及信息化工作人员参加了会议。会议的主要任务是：认真落实部领导及国家土地督察工作务虚会关于国家土地督察机构信息化建设工作的重要部署，学习借鉴国家土地督察西安局信息化建设试点工作的经验，交流各督察局前期信息化建设方面的情况和成果，征集对国家土地督察机构信息化建设的意见和建议，研究确定下一步信息化建设任务，扎实推进国家土地督察机构信息化建设。会议期间，国家土地总督察办公室、部信息中心对国家土地督察机构信息化建设前一阶段工作进行了总结评估，对下一步的信息化建设工作提出了指导性意见和建议。国家土地督察西安局介绍和演示了试点期间信息化建设和应用情况，与会人员还现场考察了国家土地督察西安局信息系统建设情况。各督察局就信息化建设工作进行了交流发言。

10月9日，《中国国土资源报》刊登了 8月29日国土资源部部长、党组书记、国家土地总督察徐绍史同志致信各省、自治区、直辖市、计划单列市人民政府和新疆生产建设兵团负责同志及各地有关负责同志的回信情况。徐绍史在致信中强调，落实共同责任，坚守耕地红线。徐绍史的信得到各地高度重视和积极响应，有关负责同志迅速作出重要批示或复信。他们认为，国务院审议并原则通过的《全国土地利用总体规划纲要（2006—2020年）》体现了国家和人民的长远利益，体现了科学发展观的根本要义。徐绍史的信客观地分析了保护耕地的艰巨任务，使各地认识到落实共同责任是实施最严格的土地管理制度的根本途径。他们表示，一定要坚决贯彻国务院决策精神，按照国土资源部和国家土地总督察的要求，以落实耕地保护共同责任为核心，健全工作机制，强化土地管理，坚决守住耕地和基本农田红线。要继续加强与国家土地督察机构在构建保障和促进科学发展的土地管理新机制建设方面的试点工作，完善共同责任机制，积极支持配合派驻地方的国家土地督察局在本地区的督察工作。

10月15日，总督察办党支部组织党员干部到军事博物馆参观“万众一心　众志成城——抗震救灾”主题展览，大家纷纷表示要更加努力工作，为中华民族的伟大复兴作出更大的贡献。

10月16日，部召开大会传达贯彻党的十七届三中全会精神。部长、部党组书记、国家土地总督察徐绍史强调，要以完善制度为着力点，全面贯彻落实三中全会精神。总督察办全体党员干部、各派驻地方的国家土地督察局负责人、国家土地督察北京局全体党员干部参加了会议。

同日，总督察办工作人员积极响应部直属机关党委关于向汶川地震灾区“送温暖、献爱心”捐赠活动的号召，共捐款6600元，个人捐赠棉被4条，棉衣12件。针对灾区群众温暖过冬的实际需要，总督察办专门联系军需物资供应部门，用其中部分捐款购买了20条质量可靠的军用棉被。以实际行动为灾区人民排忧解难，向灾区人民奉献一份爱心。

10月22日，部第42次党组会议听取了第三季度国家土地督察和国土资源执法监察和第八次土地卫片执法检查情况汇报。会议强调，按照部党组的统一部署，第三季度国家土地督察和国土资源执法监察工作在深入开展学习实践科学发展观试点活动中，切实履行职责，推进重点工作，强化制度和机制建设，较好地完成了预定的各项任务，有效遏制了土地违法违规势头。会议决定：要结合经济社会发展态势，点面结合，努力做好形势分析和评估工作，要从整个国土资源管理工作出发，从改革改进工作出发，从建立和推进长效机制出发，提出建议；要对前三季度国土资源违法违规情况进行通报；要对86个城市第八次卫片执法检查情况形成通报；适时曝光典型案件；加快推进遥感监测“一张图”和统一监管平台建设工作。

同日，《违反土地管理规定行为处分办法》（监察部令第15号）颁布实施后，国家土地总督察办和9个派驻地方的国家土地督察局始终把认真学习、深入领会、督促各地加快建立完善问责制作为一件大事来抓，分别约请了10位地方领导撰文谈学习15号令体会。国土资源部部长、党组书记、国家土地总督察徐绍史作出重要批示：这些体会文章在贯彻落实《办法》、坚守耕地红线上站位高，认识到位；在贯彻落实《办法》、实行严格的问责制上决心大，措施有力。这表明，落实共同责任、构建保障和促进科学发展新机制有着坚实的基础。

同日，总督察办向各督察局印发《关于通过国土资源专网电子公文传输系统发送文件材料的通知》（国土督办发〔2008〕16号），要求自2008年11月1日起，部及总督察办发各类普发性、非涉密公文、总督察办与各督察局所有非涉密的工作往来文件一律通过国土资源专网上的电子传输专用邮箱进行传输，以提高工作效率和文件传输的安全性。

10月26日，部办公厅印发了《国家土地督察机构信息化建设工作现场会会议纪要》（国土资厅发〔2008〕145号），会议认为，国家土地督察机构的信息化建设必须纳入部信息化建设大的格局中，要抓住部正在构建的土地利用监管平台及金土工程二期规划实施的有利机遇，推动国家土地督察机构信息化建设。会议对国家土地督察机构下一阶段信息化建设的主要任务进行了部署：一是要开展国家土地督察机构信息化建设规划研究工作，二是建设国家土地督察机构OA办公系统，三是研究开发建设用地审批事项督察业务系统，四是建立例行督察信息系统，五是建设实地巡察和视频会商系统，六是要充分用好部机关及有关事业单位信息化建设的成果。

十一月

继国家土地督察北京局2008年7月首次在河北省沧州市开展例行督察试点后，截至11月初，沈阳局对辽宁省抚顺市，南京局对江苏省连云港市，济南局对山东青岛平度市、淄博张店区、菏泽巨野县及河南省信阳罗山县、许昌禹州市、鹤壁淇县，广州局对广西壮族自治区玉林市，武汉局对湖北省武汉新洲区，成都局对云南省玉溪市及重庆市重庆渝北区、南岸区，西安局对陕西省西安未央区陆续启动了例行督察试点工作，例行督察试点全面展开。总督察办及时派出人员参与相关工作，学习和总结相关工作做法和经验。

11月5日，部发出《关于张婉丽等5人职务任免的通知》（国土资任〔2008〕8号）。其中，部党组11月4日决定：蔡可军任国家土地督察北京局巡视员；赵育民任国家土地督察沈阳局副局长，免去其国家土地督察沈阳局副专员职务；顾龙友任国家土地督察南京局副专员，免去其中国国土资源报社副总编辑、党委委员职务；刘志萍任国家土地督察济南局副局长，免去其国家土地督察济南局副专员职务。

11月7日，部发出《关于胡存智等4人职务任免的通知》（国土资任〔2008〕9号）。其中，部党组10月27日决定：董祚继任规划司司长，免去其国家土地督察成都局局长职务。

11月8日，在汇总分析省级国土资源部门统计数据和各派驻地方的国家土地督察局评估意见的基础上，部对2008年前三季度全国土地违规违法形势分析与下一步工作安排进行通报。通报指出，2008年前三季度，全国发现土地违规违法的件数和土地面积保持了下降趋势，但部分重点城市和农村地区土地违法问题相对突出，土地违规违法形势依然严峻。下一步，各级国土资源部门和国家土地督察机构要认真贯彻党的十七届三中全会和《中共中央关于推进农村改革发展若干重大问题的决定》精神，加强土地执法和土地督察工作，坚决落实最严格的土地管理制度。

11月13日，根据《国土资源部办公厅关于组织签订〈保密工作承诺书〉 的通知》（国土资厅发〔2008〕151号）精神，总督察办马毅主任主持召开办全体会议，重申有关保密工作规定，并组织全体人员签订了《保密工作承诺书》。各督察局按部保密办要求组织签订了《保密工作承诺书》。

11月16日，党组书记、部长、国家土地总督察徐绍史在上海督察局视察指导工作时强调，要紧紧围绕构建保障和促进科学发展新机制，深入思考、努力探索，进一步健全国家土地督察制度，创造性地开展土地督察工作，为促进经济平稳较快发展提供服务，同时要严格规范管理，避免不讲资源和环境保护，违反国家产业政策和供地政策、不符合中央精神，盲目投资上项目的现象发生。

11月25日，按照总督察批示，总督察办印发了《关于国家土地督察机构2008年第三季度统计报表制度的通报》。通报了第三季度统计报表填报的基本情况、统计指标的基本分析情况、统计工作反映出的当前土地利用和管理特征等，要求各督察局继续强化对土地利用和管理的督察。

11月30日，为期5天的国家土地督察机构2008年度干部整训班在北京山水宾馆开班，来自总督察办和九个国家土地督察局的124名副处级以上干部参加了整训。总督察办主任马毅在开班仪式上作动员讲话，部人事司副司长李海兵主持。这是国家土地督察制度实施以来最大规模的培训活动。这次培训班以授课为主，课程内容涵盖国内外经济形势分析、土地管理与改革、综合管理、保密工作、危机处理与心理调适等多个方面。

十二月

12月1日，徐绍史总督察约请在第八次卫篇执法检查中发现的占用耕地总量较大、比例相对较高的广州、宁波、西安、郑州、合肥、太原、唐山、洛阳、枣庄等9个城市的市长、国土资源局局长到京面谈，主题是进一步督促有关地方和重点地区有效整改管地用地中存在的问题。并邀请所在8省人民政府分管国土资源管理工作的副秘书长及国土资源厅厅长出席，有关国家土地督察局的主要负责同志列席会议。

12月4日，在国家土地督察机构2008年度干部整训期间， 部党组书记、部长、国家土地总督察徐绍史主持召开国家土地督察干部整训座谈会，在听取9名督察干部的座谈发言后作重要讲话。在讲话中，他充分肯定了这次整训班的成效。他强调，回顾，要充满信心；看势，要迎难而上；做事，要推进工作；展望，要创新发展。124名副处级以上国家土地督察机构的干部参加了座谈会。

12月10日，由甘藏春副总督察任主编并题序、汇集国家土地督察系统干部撰写的103篇文章的“庆祝国家土地督察制度实施两周年”征文文集——《责任与使命》正式出版。

12月12日，部党组书记、部长、国家土地总督察徐绍史致信各省（区、市）人民政府和新疆生产建设兵团分管国土资源工作的负责同志和15个副省级城市人民政府主要负责同志，通报部第八次卫片执法检查及整改查处情况，并就当前国土资源管理形势和下一步严格规范管理、落实共同责任等工作进行了沟通。

12月18日至19日，国家土地督察统计及信息（信访）工作培训研讨会在北京召开。会议的主要内容是：培训国家土地督察统计、信息（信访）工作相关内容和工作规范，总结、研讨国家土地督察机构组建以来统计、信息（信访）工作的经验和问题，研究部署下一阶段国家土地督察统计、信息（信访）工作。各派驻地方的国家土地督察局统计、信息（信访）工作人员，总督察办领导及有关处室工作人员，信息中心有关负责同志及统计系统开发人员参加了培训研讨会。总督察办主任马毅就加强国家土地督察机构基础管理工作，提高土地督察统计、信息（信访）、档案工作水平，作了重要讲话。

12月19日，温家宝总理在部函报〔2008〕76号上批示：土地督察一定要认真负责、一丝不苟。对重要问题要亲临现场调查，了解真实情况。望以此为训，改进工作。李克强副总理12月18日圈阅。徐绍史部长12月20日批示：请总督办认真学习并贯彻落实家宝总理批示精神，进一步改进督察工作。请部领导传阅。总督察办及各派驻地方的国家土地督察局即组织学习贯彻，总督察办及时汇总并向部领导及国务院领导同志报告了有关情况。

12月15日至30日，根据徐绍史总督察指示精神，各派驻地方的国家土地督察局陆续派出督察组，通过听汇报、查资料、看现场等方式，对第八次卫片执法检查中的广州等24个重点城市的整改查处情况进行了实地验收和评估,并逐一提出了评估报告和验收意见。截至12月底，除抚顺、呼和浩特、本溪还需进一步加大整改工作力度外，其他城市均建议通过验收。

12月31日，部印发《关于姚义川等18人职务任免的通知》（国土资任〔2008〕13号），其中部党组2008年12月16日决定：李永杰任国家土地督察北京局局长，免去其国家土地督察济南局局长职务；高向军任国家土地督察上海局局长，王广华任国家土地督察武汉局局长；常嘉兴任国家土地督察成都局局长，免去其国家土地督察武汉局局长职务；免去侯海生国家土地督察西安局局长职务。

12月31日，部印发《关于潘明才等3人免职的通知》（国土资任〔2008〕15号），其中部党组2008年12月5日决定：免去樊志全国家土地督察北京局局长职务；免去张乃贵国家土地督察上海局局长职务。

国家土地督察机构通讯录

国家土地总督察办公室 电话：010-66558595
地址：北京西四阜内大街64号 邮编：100812

国家土地督察北京局 电话：010-88306216
地址：北京西城区车公庄大街12号核建大厦 邮编：100037

国家土地督察沈阳局 电话：024-62573333
地址：沈阳市沈北新区道义经济开发区沈北路39-1号 邮编：110136

国家土地督察上海局 电话：021-51562805 51563112
地址：上海市大木桥路123号 邮编：200032

国家土地督察南京局 电话：025-83219706 83219708
地址：南京市玄武区北京东路10号 邮编：210008

国家土地督察济南局 电话：0531-88153979 51669647
地址：济南市经十路14668号（燕子山庄3号楼） 邮编：250014

国家土地督察广州局 电话：020-83569679 83569670
地址：广州市东风中路437号越秀城市广场南塔楼32层 邮编：510030

国家土地督察武汉局 电话：027-59611668 59611669
地址：武汉市东湖翠柳村特一号 邮编：430077

国家土地督察成都局 电话：028-87019010
地址：成都市青羊区金沙遗址路1号 邮编：610091

国家土地督察西安局 电话：029-88586940 88586950
地址：陕西省西安市丈八东路8号中心大厦六楼 邮编：710065